北京农村年鉴

2011

中 国 农 业 出 版 社

北京农村年鉴

2011

2010年5月18日，中共中央政治局委员、北京市委书记刘淇到门头沟区军庄镇东山村调研

2010年12月2日，中共北京市委副书记、市长郭金龙视察北京妙峰山中芬生态谷展示区，市委常委牛有成、市人大副主任赵凤山陪同

2010年5月7日，北京市人大常委会主任杜德印到崔各庄乡何各庄村调研农民宅基地组织化经营模式

2010年7月24日，中共北京市委常委牛有成到朝阳区金盏乡蓝调庄园视察都市型现代农业

2010年6月，北京市副市长夏占义在通州区视察“三夏”工作

门头沟中门寺沟生态治理工程完工后碧水荡漾的景观

门头沟区滨河世纪广场

朝阳区朝来绿色家园

朝阳区郊野公园开园

2010年6月16日，丰台区召开整建制撤村建居工作领导小组会议

2010年7月22日，怀柔区内111国道一期完工通车剪彩

平谷区新城广场夜景

平谷区挂甲峪新型农村社区

朝阳区高碑店村

怀柔区长哨营乡七道梁村新型农村社区

大兴区采育新镇

昌平区小汤山镇

大兴区庞各庄镇

密云县石城镇张家坟山村搬迁到平原新村

密云县不老屯镇史庄子山村搬迁到平原新村

延庆县大榆树镇小张家口村道路硬化

延庆县大榆树镇岳家营村垃圾分类

延庆县大庄科乡慈母川村阳光浴室

密云县农村污水处理站

密云县大城子利用新能源建设的来缘山庄乡村酒店

2010年7月7日，海淀区召开新农村"五项基础设施"工程验收培训会议

海淀区太舟坞南果种植枇杷

海淀区上庄西马坊水稻收割节

通州区马驹桥镇实现食用菌规模化生产

密云县开展特色农产品展卖周活动

密云县东邵渠镇汇源设施农业基地已成规模

密云县葡萄基地建设

怀柔区农业大棚

第七届苹果文化节

2010年9月29日，门头沟区委书记刘云广在雁翅镇2010红富士苹果采摘文化节上为苹果王果农颁奖

2010年9月12—15日第十八届北京种子大会在丰台区开幕

2010年8月，国家科技部、北京市人民政府共建国家现代农业科技城签约仪式在昌平举行

门头沟区特色农产品推介会开幕

2010年北京市设施农业工作会召开

彩虹樱桃

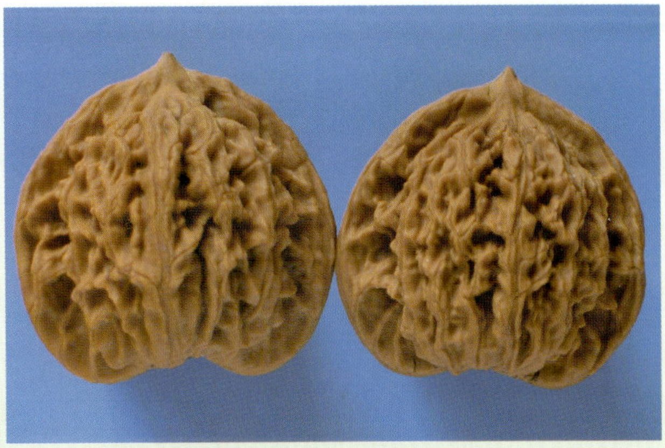

华艺1号核桃

京春娃2号白菜

京红四号萝卜

京椒5号辣椒

京茄20号茄子

市农科院新品种介绍

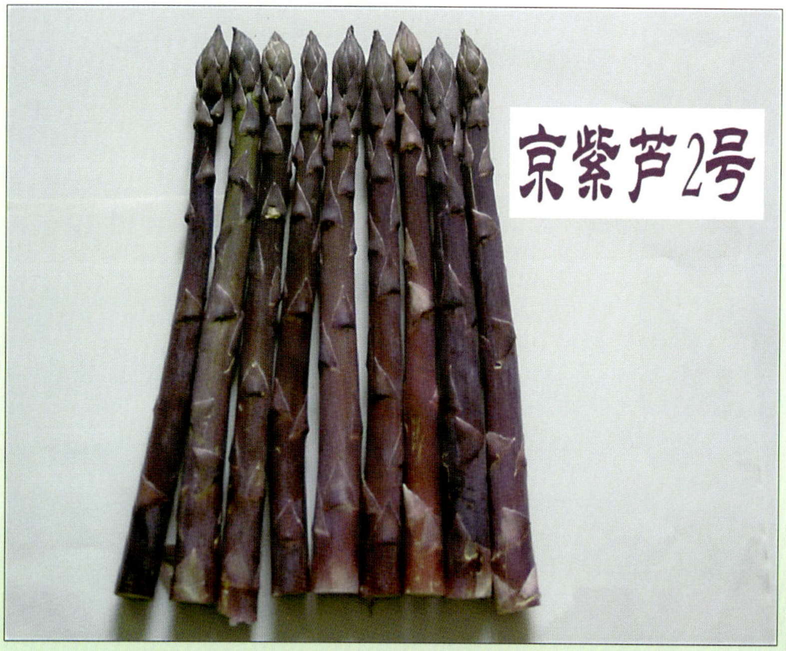

京紫芦2号芦笋

秋甘4号甘蓝

瑞都无核怡葡萄

瑞光39号油桃

书香草莓

市农科院新品种介绍

延庆县百里山水画廊被评为国家4A级旅游景区揭牌仪式举行

向日葵大地景观

新业态之山水人家集聚区——百里画廊

新业态之山水人家集聚区——百里山水画廊

怀柔区蓬勃发展中的沟域经济

房山区南窖乡花港村建设青山竹楼接待游客

市民在通州区西集镇泊浒乐园体验农作生产

怀柔区雁栖镇风筝节

怀柔手工艺品展

门头沟京西古道风景区

朝阳区蓝调庄园

坐落在延庆县的新业态之休闲农庄——义和庄园

延庆县大柏老小学学生走进东龙湾实践基地进行摘葫芦的劳动体验

2010年5月14日，妙峰山传统民俗庙会在门头沟区妙峰山风景区隆重举行

2010年4月26日，第二届北京市旅游山会开幕

海淀区东升乡博展股份社一届一次会议

2010年延庆县张山营镇龙聚山庄股份经济合作社兑现红利233万元，个人股东分配红利达到2974元

2010年8月20日，延庆县召开农村集体经济产权与林权制度改革相关政策听证会

延庆县旧县镇颁发新型股份经济合作社登记证

2010年11月30日，延庆县张山营镇在龙聚山庄召开农村集体经济产权制度改革总结大会暨龙聚山庄股份经济合作社成立大会

密云县十里堡镇东旭旺养殖专业合作社为社员返还盈利

房山区霞云岭乡龙门台村成为太阳能取暖第一村

通州区台湖镇全民健身活动

门头沟区雁翅镇淤白村成立威风锣鼓队活跃农村群众文化生活

朝阳区体育六进社区系列活动

延庆县八达岭镇秧歌队代表北京市参加全国农民健身秧歌比赛

位于密云县的北京曜阳国际老年公寓

2010年3月31日，北京农商行推出“银政惠民账户”

2010年3月15日，海淀区太舟坞农民田间学校开学典礼

杏花人家

海淀区苏家坨镇车耳营村村民农闲时编制竹篓

大兴区西红门镇三村每月10日开展“党员活动日”活动

房山区青龙湖镇举办创先争优活动专题辅导报告会

丰台区举办乡镇党代表任期制工作新闻发布会

丰台区卢沟桥乡党代表任期制培训会

怀柔区九渡河镇四渡河村举办民主日活动

怀柔区庙城镇“三山”设施农业产业园区党总支揭牌仪式

平谷区熊儿寨乡魏家湾村第八届村委会换届选举动员大会

全市开展村庄社区化管理工作推进会

通州区于家务回族乡仇庄村第八届村委会换届选举投票现场

2010年北京市召开农村党的建设暨村“两委”换届选举工作会议

2010年北京市乡镇长培训班开班

2010年北京市乡镇党委书记培训班开班

延庆县大榆树镇岳家营村

通州区潞城镇大营村

顺义区张镇良山村

平谷区熊儿寨乡老泉口村

密云县新城子镇曹家路村

门头沟区王平镇韭园村

怀柔区渤海镇北沟村

海淀区温泉镇高里掌村

丰台区卢沟桥乡大井村

房山区青龙湖镇南观村

大兴区长子营镇留民营村

朝阳区崔各庄乡何各庄村

昌平区长陵镇康陵村

《北京农村年鉴》编辑委员会

《北京农村年鉴》编辑部

凡　例

一、《北京农村年鉴》是集中反映北京郊区经济和社会发展情况的大型资料性工具书和史料文献。在中共北京市委农村工作委员会和北京市农村工作委员会的领导下，由北京市农村经济研究中心主持编纂。

二、《北京农村年鉴》在马列主义、毛泽东思想、邓小平理论和“三个代表”重要思想的指导下，贯彻科学发展观，以丰富、翔实的资料和客观、真实的记述，使社会各方面增进对北京郊区农村的认识与了解，促进北京地区各行业和国内外与京郊农村的合作、交流，也为地方史志的编写积累珍贵的历史资料。

三、依据年鉴编纂惯例，当年出版的《北京农村年鉴》，标为本年度，而反映上个年度的情况。为增强年鉴的时效性，对本年度年初中共中央和中共北京市委发布的指导农业和农村工作的重要文件，也予以收入。

四、《北京农村年鉴》基本写作形式为条目体，并选载适量文章，辅以图片、图表，使读者对北京郊区情况有一完整了解。

五、《北京农村年鉴》所设栏目与类目基本固定，而依据年度变化情况作适当调整。

六、《北京农村年鉴》稿件，由市委农工委、市农委各职能部门，市农业系统各单位，各郊区县，和邀请各有关部门，确定专人撰写，均经各该部门主管领导审阅。有关数据采用国家和市统计部门发布的权威数字；未列入国家和市统计范围的，采用业务部门经过核实、可以发布的数字。

目 录

特 载

文献选载

领导视察

综　述

郊区城乡一体化进程

社会主义新农村建设

都市型现代农业

郊区园林绿化美化建设

郊区二、三产业

农村金融

农产品流通

郊区城镇建设

农村基础设施建设

山区建设

科技进步

农民生活与农村社会保障

农村改革与管理

农村社会事业

农村法制建设

维护农村社会稳定

农村基层党组织建设和民主政治建设

区域合作

区县农情

市农业系统行政、事业单位

大 事 记

统计资料

特　　载

中共中央　国务院关于加快水利改革发展的决定

（2010年12月31日）

水是生命之源、生产之要、生态之基。兴水利、除水害，事关人类生存、经济发展、社会进步，历来是治国安邦的大事。促进经济长期平稳较快发展和社会和谐稳定，夺取全面建设小康社会新胜利，必须下决心加快水利发展，切实增强水利支撑保障能力，实现水资源可持续利用。近年来我国频繁发生的严重水旱灾害，造成重大生命财产损失，暴露出农田水利等基础设施十分薄弱，必须大力加强水利建设。现就加快水利改革发展，作出如下决定。

一、新形势下水利的战略地位

（一）水利面临的新形势。新中国成立以来，特别是改革开放以来，党和国家始终高度重视水利工作，领导人民开展了气壮山河的水利建设，取得了举世瞩目的巨大成就，为经济社会发展、人民安居乐业作出了突出贡献。但必须看到，人多水少、水资源时空分布不均是我国的基本国情水情。洪涝灾害频繁仍然是中华民族的心腹大患，水资源供需矛盾突出仍然是可持续发展的主要瓶颈，农田水利建设滞后仍然是影响农业稳定发展和国家粮食安全的最大硬伤，水利设施薄弱仍然是国家基础设施的明显短板。随着工业化、城镇化深入发展，全球气候变化影响加大，我国水利面临的形势更趋严峻，增强防灾减灾能力要求越来越迫切，强化水资源节约保护工作越来越繁重，加快扭转农业主要“靠天吃饭”局面任务越来越艰巨。2010年西南地区发生特大干旱、多数省区市遭受洪涝灾害、部分地方突发严重山洪泥石流，再次警示我们加快水利建设刻不容缓。

（二）新形势下水利的地位和作用。水利是现代农业建设不可或缺的首要条件，是经济社会发展不可替代的基础支撑，是生态环境改善不可分割的保障系统，具有很强的公益性、基础性、战略性。加快水利改革发展，不仅事关农业农村发展，而且事关经济社会发展全局；不仅关系到防洪安全、供水安全、粮食安全，而且关系到经济安全、生态安全、国家安全。要把水利工作摆上党和国家事业发展更加突出的位置，着力加快农田水利建设，推动水利实现跨越式发展。

二、水利改革发展的指导思想、目标任务和基本原则

（三）指导思想。全面贯彻党的十七大和十七届三中、四中、五中全会精神，以邓小平理论和“三个代表”重要思想为指导，深入贯彻落实科学发展观，把水利作为国家基础设施建设的优先领域，把农田水利作为农村基础设施建设的重点任务，把严格水资源管理作为加快转变经济发展方式的战略举措，注重科学治水、依法治水，突出加强薄弱环节建设，大力发展民生水利，不断深化水利改革，加快建设节水型社会，促进水利可持续发展，努力走出一条中国特色水利现代化道路。

（四）目标任务。力争通过5年到10年努力，从根本上扭转水利建设明显滞后的局面。到2020年，基本建成防洪抗旱减灾体系，重点城市和防洪保护区防洪能力明显提高，抗旱能力显著增强，“十二五”期间基本完成重点中小河流（包括大江大河支流、独流入海河流和内陆河流）重要河段治理、全面完成小型水库除险加固和山洪灾害易发区预警预报系统建设；基本建成水资源合理配置和高效利用体系，全国年用水总量力争控制在6 700亿立方米以内，城乡供水保证率显著提高，城乡居民饮水安全得到全面保障，万元国内生产总值和万元工业增加值用水量明显降低，农田灌溉水有效利用系数提高到0.55以上，“十二五”期间新增农田有效灌溉面积4 000万亩；基本建成水资源保护和河湖健康保障体系，主要江河湖泊水功能区水质明显改善，城镇供水水源地水质全

面达标，重点区域水土流失得到有效治理，地下水超采基本遏制；基本建成有利于水利科学发展的制度体系，最严格的水资源管理制度基本建立，水利投入稳定增长机制进一步完善，有利于水资源节约和合理配置的水价形成机制基本建立，水利工程良性运行机制基本形成。

（五）基本原则。一要坚持民生优先。着力解决群众最关心最直接最现实的水利问题，推动民生水利新发展。二要坚持统筹兼顾。注重兴利除害结合、防灾减灾并重、治标治本兼顾，促进流域与区域、城市与农村、东中西部地区水利协调发展。三要坚持人水和谐。顺应自然规律和社会发展规律，合理开发、优化配置、全面节约、有效保护水资源。四要坚持政府主导。发挥公共财政对水利发展的保障作用，形成政府社会协同治水兴水合力。五要坚持改革创新。加快水利重点领域和关键环节改革攻坚，破解制约水利发展的体制机制障碍。

三、突出加强农田水利等薄弱环节建设

（六）大兴农田水利建设。到2020年，基本完成大型灌区、重点中型灌区续建配套和节水改造任务。结合全国新增千亿斤粮食生产能力规划实施，在水土资源条件具备的地区，新建一批灌区，增加农田有效灌溉面积。实施大中型灌溉排水泵站更新改造，加强重点涝区治理，完善灌排体系。健全农田水利建设新机制，中央和省级财政要大幅增加专项补助资金，市、县两级政府也要切实增加农田水利建设投入，引导农民自愿投工投劳。加快推进小型农田水利重点县建设，优先安排产粮大县，加强灌区末级渠系建设和田间工程配套，促进旱涝保收高标准农田建设。因地制宜兴建中小型水利设施，支持山丘区小水窖、小水池、小塘坝、小泵站、小水渠等“五小水利”工程建设，重点向革命老区、民族地区、边疆地区、贫困地区倾斜。大力发展节水灌溉，推广渠道防渗、管道输水、喷灌滴灌等技术，扩大节水、抗旱设备补贴范围。积极发展旱作农业，采用地膜覆盖、深松深耕、保护性耕作等技术。稳步发展牧区水利，建设节水高效灌溉饲草料地。

（七）加快中小河流治理和小型水库除险加固。中小河流治理要优先安排洪涝灾害易发、保护区人口密集、保护对象重要的河流及河段，加固堤岸，清淤疏浚，使治理河段基本达到国家防洪标准。巩固大中型病险水库除险加固成果，加快小型病险水库除险加固步伐，尽快消除水库安全隐患，恢复防洪库容，增强水资源调控能力。推进大中型病险水闸除险加固。山洪地质灾害防治要坚持工程措施和非工程措施相结合，抓紧完善专群结合的监测预警体系，加快实施防灾避让和重点治理。

（八）抓紧解决工程性缺水问题。加快推进西南等工程性缺水地区重点水源工程建设，坚持蓄引提与合理开采地下水相结合，以县域为单元，尽快建设一批中小型水库、引提水和连通工程，支持农民兴建小微型水利设施，显著提高雨洪资源利用和供水保障能力，基本解决缺水城镇、人口较集中乡村的供水问题。

（九）提高防汛抗旱应急能力。尽快健全防汛抗旱统一指挥、分级负责、部门协作、反应迅速、协调有序、运转高效的应急管理机制。加强监测预警能力建设，加大投入，整合资源，提高雨情汛情旱情预报水平。建立专业化与社会化相结合的应急抢险救援队伍，着力推进县乡两级防汛抗旱服务组织建设，健全应急抢险物资储备体系，完善应急预案。建设一批规模合理、标准适度的抗旱应急水源工程，建立应对特大干旱和突发水安全事件的水源储备制度。加强人工增雨（雪）作业示范区建设，科学开发利用空中云水资源。

（十）继续推进农村饮水安全建设。到2013年解决规划内农村饮水安全问题，“十二五”期间基本解决新增农村饮水不安全人口的饮水问题。积极推进集中供水工程建设，提高农村自来水普及率。有条件的地方延伸集中供水管网，发展城乡一体化供水。加强农村饮水安全工程运行管理，落实管护主体，加强水源保护和水质监测，确保工程长期发挥效益。制定支持农村饮水安全工程建设的用地政策，确保土地供应，对建设、运行给予税收优惠，供水用电执行居民生活或农业排灌用电价格。

四、全面加快水利基础设施建设

（十一）继续实施大江大河治理。进一步治理淮河，搞好黄河下游治理和长江中下游河势控制，继续推进主要江河河道整治和堤防建设，加强太湖、洞庭湖、鄱阳湖综合治理，全面加快蓄滞洪区建设，合理安排居民迁建。搞好黄河下游滩区安全建设。“十二五”期间抓紧建设一批流域防洪控制性水利枢纽工程，不断提高调蓄洪水能力。加强城市防洪排涝工程建设，提高城市排涝标准。推进海堤建设和跨界河流整治。

（十二）加强水资源配置工程建设。完善优化水资源战略配置格局，在保护生态前提下，尽快建设一批骨干水源工程和河湖水系连通工程，提高水资源调控水平和供水保障能力。加快推进南水北调东中线一期工程及配套工程建设，确保工程质量，适时开展南水北调西线工程前期研究。积极推进一批跨流域、区域调水工程建设。着力解决西北等地区资源性缺水问题。大力推进污水处理回用，积极开展海水淡化和综合利用，高度重视雨水、微咸水利用。

（十三）搞好水土保持和水生态保护。实施国家水土保持重点工程，采取小流域综合治理、淤地坝建设、坡耕地整治、造林绿化、生态修复等措施，有效防治水土流失。进一步加强长江上中游、黄河上中游、西南石漠化地区、东北黑土区等重点区域及山洪地质灾害易发区的水土流失防治。继续推进生态脆弱河流和地区水生态修复，加快污染严重江河湖泊水环

境治理。加强重要生态保护区、水源涵养区、江河源头区、湿地的保护。实施农村河道综合整治，大力开展生态清洁型小流域建设。强化生产建设项目水土保持监督管理。建立健全水土保持、建设项目占用水利设施和水域等补偿制度。

（十四）合理开发水能资源。在保护生态和农民利益前提下，加快水能资源开发利用。统筹兼顾防洪、灌溉、供水、发电、航运等功能，科学制定规划，积极发展水电，加强水能资源管理，规范开发许可，强化水电安全监管。大力发展农村水电，积极开展水电新农村电气化县建设和小水电代燃料生态保护工程建设，搞好农村水电配套电网改造工程建设。

（十五）强化水文气象和水利科技支撑。加强水文气象基础设施建设，扩大覆盖范围，优化站网布局，着力增强重点地区、重要城市、地下水超采区水文测报能力，加快应急机动监测能力建设，实现资料共享，全面提高服务水平。健全水利科技创新体系，强化基础条件平台建设，加强基础研究和技术研发，力争在水利重点领域、关键环节和核心技术上实现新突破，获得一批具有重大实用价值的研究成果，加大技术引进和推广应用力度。提高水利技术装备水平。建立健全水利行业技术标准。推进水利信息化建设，全面实施“金水工程”，加快建设国家防汛抗旱指挥系统和水资源管理信息系统，提高水资源调控、水利管理和工程运行的信息化水平，以水利信息化带动水利现代化。加强水利国际交流与合作。

五、建立水利投入稳定增长机制

（十六）加大公共财政对水利的投入。多渠道筹集资金，力争今后10年全社会水利年平均投入比2010年高出一倍。发挥政府在水利建设中的主导作用，将水利作为公共财政投入的重点领域。各级财政对水利投入的总量和增幅要有明显提高。进一步提高水利建设资金在国家固定资产投资中的比重。大幅度增加中央和地方财政专项水利资金。从土地出让收益中提取10%用于农田水利建设，充分发挥新增建设用地土地有偿使用费等土地整治资金的综合效益。进一步完善水利建设基金政策，延长征收年限，拓宽来源渠道，增加收入规模。完善水资源有偿使用制度，合理调整水资源费征收标准，扩大征收范围，严格征收、使用和管理。有重点防洪任务和水资源严重短缺的城市要从城市建设维护税中划出一定比例用于城市防洪排涝和水源工程建设。切实加强水利投资项目和资金监督管理。

（十七）加强对水利建设的金融支持。综合运用财政和货币政策，引导金融机构增加水利信贷资金。有条件的地方根据不同水利工程的建设特点和项目性质，确定财政贴息的规模、期限和贴息率。在风险可控的前提下，支持农业发展银行积极开展水利建设中长期政策性贷款业务。鼓励国家开发银行、农业银行、农村信用社、邮政储蓄银行等银行业金融机构进一步增加农田水利建设的信贷资金。支持符合条件的水利企业上市和发行债券，探索发展大型水利设备设施的融资租赁业务，积极开展水利项目收益权质押贷款等多种形式融资。鼓励和支持发展洪水保险。提高水利利用外资的规模和质量。

（十八）广泛吸引社会资金投资水利。鼓励符合条件的地方政府融资平台公司通过直接、间接融资方式，拓宽水利投融资渠道，吸引社会资金参与水利建设。鼓励农民自力更生、艰苦奋斗，在统一规划基础上，按照多筹多补、多干多补原则，加大一事一议财政奖补力度，充分调动农民兴修农田水利的积极性。结合增值税改革和立法进程，完善农村水电增值税政策。完善水利工程耕地占用税政策。积极稳妥推进经营性水利项目进行市场融资。

六、实行最严格的水资源管理制度

（十九）建立用水总量控制制度。确立水资源开发利用控制红线，抓紧制定主要江河水量分配方案，建立取用水总量控制指标体系。加强相关规划和项目建设布局水资源论证工作，国民经济和社会发展规划以及城市总体规划的编制、重大建设项目的布局，要与当地水资源条件和防洪要求相适应。严格执行建设项目水资源论证制度，对擅自开工建设或投产的一律责令停止。严格取水许可审批管理，对取用水总量已达到或超过控制指标的地区，暂停审批建设项目新增取水；对取用水总量接近控制指标的地区，限制审批新增取水。严格地下水管理和保护，尽快核定并公布禁采和限采范围，逐步削减地下水超采量，实现采补平衡。强化水资源统一调度，协调好生活、生产、生态环境用水，完善水资源调度方案、应急调度预案和调度计划。建立和完善国家水权制度，充分运用市场机制优化配置水资源。

（二十）建立用水效率控制制度。确立用水效率控制红线，坚决遏制用水浪费，把节水工作贯穿于经济社会发展和群众生产生活全过程。加快制定区域、行业和用水产品的用水效率指标体系，加强用水定额和计划管理。对取用水达到一定规模的用水户实行重点监控。严格限制水资源不足地区建设高耗水型工业项目。落实建设项目节水设施与主体工程同时设计、同时施工、同时投产制度。加快实施节水技术改造，全面加强企业节水管理，建设节水示范工程，普及农业高效节水技术。抓紧制定节水强制性标准，尽快淘汰不符合节水标准的用水工艺、设备和产品。

（二十一）建立水功能区限制纳污制度。确立水功能区限制纳污红线，从严核定水域纳污容量，严格控制入河湖排污总量。各级政府要把限制排污总量作为水污染防治和污染减排工作的重要依据，明确责任，落实措施。对排污量已超出水功能区限制排污总量的地区，限制审批新增取水和入河排污口。建立水功能区水质达标评价体系，完善监测预警监督管理制度。加强水源地保护，依法划定饮用水水源保护区，强化饮用水水源应急管理。建立水生态补偿机制。

（二十二）建立水资源管理责任和考核制度。县级以上地方政府主要负责人对本行政区域水资源管理和保护工作负总责。严格实施水资源管理考核制度，水行政主管部门会同有关部门，对各地区水资源开发利用、节约保护主要指标的落实情况进行考核，考核结果交由干部主管部门，作为地方政府相关领导干部综合考核评价的重要依据。加强水量水质监测能力建设，为强化监督考核提供技术支撑。

七、不断创新水利发展体制机制

（二十三）完善水资源管理体制。强化城乡水资源统一管理，对城乡供水、水资源综合利用、水环境治理和防洪排涝等实行统筹规划、协调实施，促进水资源优化配置。完善流域管理与区域管理相结合的水资源管理制度，建立事权清晰、分工明确、行为规范、运转协调的水资源管理工作机制。进一步完善水资源保护和水污染防治协调机制。

（二十四）加快水利工程建设和管理体制改革。区分水利工程性质，分类推进改革，健全良性运行机制。深化国有水利工程管理体制改革，落实好公益性、准公益性水管单位基本支出和维修养护经费。中央财政对中西部地区、贫困地区公益性工程维修养护经费给予补助。妥善解决水管单位分流人员社会保障问题。深化小型水利工程产权制度改革，明确所有权和使用权，落实管护主体和责任，对公益性小型水利工程管护经费给予补助，探索社会化和专业化的多种水利工程管理模式。对非经营性政府投资项目，加快推行代建制。充分发挥市场机制在水利工程建设和运行中的作用，引导经营性水利工程积极走向市场，完善法人治理结构，实现自主经营、自负盈亏。

（二十五）健全基层水利服务体系。建立健全职能明确、布局合理、队伍精干、服务到位的基层水利服务体系，全面提高基层水利服务能力。以乡镇或小流域为单元，健全基层水利服务机构，强化水资源管理、防汛抗旱、农田水利建设、水利科技推广等公益性职能，按规定核定人员编制，经费纳入县级财政预算。大力发展农民用水合作组织。

（二十六）积极推进水价改革。充分发挥水价的调节作用，兼顾效率和公平，大力促进节约用水和产业结构调整。工业和服务业用水要逐步实行超额累进加价制度，拉开高耗水行业与其他行业的水价差价。合理调整城市居民生活用水价格，稳步推行阶梯式水价制度。按照促进节约用水、降低农民水费支出、保障灌排工程良性运行的原则，推进农业水价综合改革，农业灌排工程运行管理费用由财政适当补助，探索实行农民定额内用水享受优惠水价、超定额用水累进加价的办法。

八、切实加强对水利工作的领导

（二十七）落实各级党委和政府责任。各级党委和政府要站在全局和战略高度，切实加强水利工作，及时研究解决水利改革发展中的突出问题。实行防汛抗旱、饮水安全保障、水资源管理、水库安全管理行政首长负责制。各地要结合实际，认真落实水利改革发展各项措施，确保取得实效。各级水行政主管部门要切实增强责任意识，认真履行职责，抓好水利改革发展各项任务的实施工作。各有关部门和单位要按照职能分工，尽快制定完善各项配套措施和办法，形成推动水利改革发展合力。把加强农田水利建设作为农村基层开展创先争优活动的重要内容，充分发挥农村基层党组织的战斗堡垒作用和广大党员的先锋模范作用，带领广大农民群众加快改善农村生产生活条件。

（二十八）推进依法治水。建立健全水法规体系，抓紧完善水资源配置、节约保护、防汛抗旱、农村水利、水土保持、流域管理等领域的法律法规。全面推进水利综合执法，严格执行水资源论证、取水许可、水工程建设规划同意书、洪水影响评价、水土保持方案等制度。加强河湖管理，严禁建设项目非法侵占河湖水域。加强国家防汛抗旱督察工作制度化建设。健全预防为主、预防与调处相结合的水事纠纷调处机制，完善应急预案。深化水行政许可审批制度改革。科学编制水利规划，完善全国、流域、区域水利规划体系，加快重点建设项目前期工作，强化水利规划对涉水活动的管理和约束作用。做好水库移民安置工作，落实后期扶持政策。

（二十九）加强水利队伍建设。适应水利改革发展新要求，全面提升水利系统干部职工队伍素质，切实增强水利勘测设计、建设管理和依法行政能力。支持大专院校、中等职业学校水利类专业建设。大力引进、培养、选拔各类管理人才、专业技术人才、高技能人才，完善人才评价、流动、激励机制。鼓励广大科技人员服务于水利改革发展第一线，加大基层水利职工在职教育和继续培训力度，解决基层水利职工生产生活中的实际困难。广大水利干部职工要弘扬“献身、负责、求实”的水利行业精神，更加贴近民生，更多服务基层，更好服务经济社会发展全局。

（三十）动员全社会力量关心支持水利工作。加大力度宣传国情水情，提高全民水患意识、节水意识、水资源保护意识，广泛动员全社会力量参与水利建设。把水情教育纳入国民素质教育体系和中小学教育课程体系，作为各级领导干部和公务员教育培训的重要内容。把水利纳入公益性宣传范围，为水利又好又快发展营造良好舆论氛围。对在加快水利改革发展中取得显著成绩的单位和个人，各级政府要按照国家有关规定给予表彰奖励。

加快水利改革发展，使命光荣，任务艰巨，责任重大。我们要紧密团结在以胡锦涛同志为总书记的党中央周围，与时俱进，开拓进取，扎实工作，奋力开创水利工作新局面！

中共北京市委副书记、市长郭金龙在2011年2月24日北京市农村工作会议上的讲话（摘要）

2011年2月24日北京市农村工作会议召开。会议深入学习贯彻党的十七届五中全会、中央农村工作会议和市委十届八次全会精神，总结2010年及“十一五”时期的郊区农村工作，部署今年的任务。市委副书记、市长郭金龙出席会议并讲话。市人大常委会主任杜德印出席会议。市委副书记、市政协主席王安顺主持会议。

郭金龙在讲话中指出，要充分认识郊区农村发展面临的新形势。在充分肯定郊区农村去年以及“十一五”时期各方面工作取得的巨大成就后，郭金龙指出，当前，首都已经进入了一个新的发展阶段，根据党的十七届五中全会和中央对北京市工作的要求，市委十届八次全会提出了首都要率先形成城乡经济社会发展一体化新格局的任务，对郊区农村工作提出了新的更高要求。在郊区农村工作的同志们一定要准确把握全市发展的态势，准确把握郊区农村发展面临的机遇和挑战，以更加奋发有为的精神状态，推动郊区农村的改革发展。实现首都的现代化，当前的重点、难点仍然在郊区农村。随着首都发展步伐的不断加快，郊区农村在首都经济社会发展中的地位和作用更加重要，在加快建立创新驱动的发展模式方面，郊区农村是重要的战略新区；在解决人口、交通方面，郊区农村是城市发展的战略腹地；在完成成为转变经济发展方式的标兵和火炬手、走在全国最前面的任务中，郊区农村是主战场和新的增长极。经过多年努力，郊区农村已经具备了新的发展条件，正处于更大发展的前夕。全市上下都要高度重视郊区农村的发展，把郊区农村作为加快转变经济发展方式、推动科学发展的重要方面，积极参与、集中力量加快郊区农村发展，使郊区农村成为“十二五”时期推动首都科学发展的新区、加快转变经济发展方式的示范区。

郭金龙强调，要扎实推动郊区农村的科学发展。一是要着力抓好郊区农村经济发展。要坚持都市型现代农业的发展方向，大力发展籽种农业、设施农业、会展农业、循环农业、休闲农业，打造郊区农村经济的品牌。要建设高科技、现代化、高效益的“菜园子”，提高首都农产品的供给能力和农业生产率。要积极发展节水、节地农业，尽快提高农业的劳动生产率，进一步降低农业对资源的消耗水平。要充分利用好中央企业的优势资源，着力引入高端要素，实现郊区经济的跨越式发展。要积极筹办好第七届世界草莓大会、2012年世界食用菌大会、2014年世界种子大会，带动提升郊区农业整体发展水平。二是要加快郊区城镇化步伐。要加快城乡结合部50个重点村的建设，千方百计地完成今年的任务。要加快新城建设，重点抓好通州新城建设，力求取得重大突破。要加大工作力度，积极推动商务、教育、文化、医疗、行政以及国际活动等功能向新城疏解。要下大力气抓好新城的产业发展，强化新城的产业功能，尽可能地通过产业落地促使当地居民就地就业，实现“有城有业、以业带城、以业控人”。要积极推进小城镇建设，加快培育小城镇特色产业，打造一批园区经济强镇、特色农业名镇、旅游休闲名镇、商贸物流重镇等特色小镇。要深入推进新农村建设，全面改善农村生产生活条件，同时加快启动10个新型农村社区建设试点，探索规划、土地、筹资、就业、新民居建设以及社区服务的新途径。三是要加快推动生态涵养发展区的发展建设。要下更大的力气建设绿色、宜居的山区生态发展示范区，加大对山区生态涵养发展区的转移支付力度，支持山区基础设施建设、村庄改造、环境整治、产业发展和向农民群众提供基本公共服务。要积极探索适合生态涵养需求的发展路子，提高沟域经济发展的总体水平，推动山区的绿色发展、低碳发展。四是要着力提高农民群众的收入水平。在新的发展阶段，富裕农民是最重要的目标。要在统筹城乡一体化发展中，加大城市反哺农村力度，加大支持产业发展和公共服务均等化的转移支付力度。在工作上，要促进农民持续增收，提高农村社会保障水平，提升农村社会事业发展水平。

郭金龙要求，要切实加强郊区农村基层党组织建设。要以创先争优活动为抓手，加强群众工作，推动郊区农村基层党组织建设。要加强基层党组织负责人建设，加强党员干部执行党的农村工作政策的本领，民主管理、依法办事的本领，带领群众发展经济、增收致富的本领，着力提高农村基层党组织负责人做好新形势下群众工作的能力，进一步改进做好群众工作的方式方法，建立开展群众工作的长效机制，妥善处理各种利益关系，引导群众以理性合法的形式表达利益诉求，及时化解社会矛盾，维护好农村的稳定。要抓好郊区农村社会管理工作和精神文明建设，特别是要总结推广农村社区化管理经验，加强农村社会治安综合治理和农村公共安全体系建设，为广大农民群众创造更好的工作生活环境。要做好郊区县和乡镇换届工作，真正把那些人民群众拥护、信任、品德好、能力强的领导干部选拔到重要领导岗位上来，通过换届进一步树立正确的用人导向。要切实加强农村基层党风廉政建设，严肃查处农村基层干部以权谋私和损害农民利益的突出问题。

北京市副市长夏占义在2011年2月24日北京市农村工作会议上的工作报告

这次会议的主要任务是，全面贯彻落实党的十七届五中全会、中央经济工作会、中央农村工作会和市委十届八次全会精神，总结2010年和“十一五”时期农业农村工作，分析当前形势，部署“十二五”和2011年农业农村任务。一会儿，郭金龙同志将作重要讲话，我们要深入学习领会，认真贯彻落实。下面，我讲四点意见：

一、认真总结、坚定信心，巩固发展农业农村好形势

2010年，在市委市政府坚强领导下，全市上下深入贯彻落实科学发展观，集中力量统筹城乡，集中资源聚焦“三农”，全面加快城乡一体化，农业农村发展取得了重大进展。一是城乡结合部重点村城市化工程取得重大进展，50个重点村“调规、拆迁、建设、转制、转居、基层组织建设”等各项工作加快推进。二是都市型现代农业建设取得重大进展，粮食生产喜获丰收，会展农业成为新亮点，设施农业、籽种农业收入增幅超过20%，对总产值增长贡献率达到155%。三是沟域经济建设取得重大进展，圆满完成七条沟域发展规划的国际招标，重点建设的七条沟域特色产业初具规模。四是重大项目取得重大进展，创建“一镇一企”合作模式，中航工业、中青旅、中粮等大批央企以及中科院、中影集团等国字号项目纷纷落户郊区。五是农村基础设施建设取得重大进展，“五项基础设施”建设四年规划两年完成。六是农村改革取得重大进展，全年新完成集体经济产权改革单位1 672个，林权制度改革完成2 984个村。七是农民就业增收工作取得重大进展，全市农民人均纯收入达到13 262元，工资性收入比重超过60%。2010年“三农”工作取得的显著成绩，为完成“十一五”规划任务划上了圆满句号！

回顾“十一五”，可以说是全市新农村建设扎实起步、深入推进的五年，是统筹城乡发展、形成城乡经济社会一体化格局的五年，为首都经济社会又好又快发展作出了重要贡献。一是农村经济发展方式全面转变。沟域经济、园区经济、走廊经济、会展农业地位不断提升，农产品加工业和乡村旅游业大幅增长。全市设施农业达到30万亩，粮食高产示范方达到15万亩。农业功能全面开发，一、二、三产融合发展，都市型现代农业体系进一步确立。二是农民就业增收渠道全面拓宽。千方百计开辟农民就业渠道，35万名农村劳动力实现转移就业。促进农民持续增收，农村低收入群众增收步伐加快。三是农村公共服务水平全面提升。新型农村合作医疗制度全面建立，城乡居民养老保障制度实现并轨，就业失业管理制度城乡统一，近郊区居民低保标准城乡统一，义务兵优抚费、残疾人救助、丧葬补贴等保障城乡统一。四是农村基础设施支撑水平全面提高。村庄规划建设扎实推进，“五项基础设施”实现全覆盖，农村文化教育卫生健身等设施实现全覆盖，公交、邮政、有线电视、超市实现全覆盖，“三起来”工程深入实施。山区泥石流易发区、生存条件恶劣地区农民搬迁工作加快推进。“十一五”期间，各级政府用于农林水的投入达到540亿元，比“十五”时期增长了2.9倍。五是农村各项改革全面深化。规范了农村土地承包经营权流转，提高了土地管理能力。乡村集体经济产权制度改革累计完成60%。加快发展农民专业合作社，登记注册4 400个。农村金融服务体系不断完善。六是生态环境建设全面开展。全市累计创建园林小城镇66个、首都绿色村庄260个，环境优美乡镇123个、生态村1 204个，朝阳、海淀、顺义成为全国绿化模范城市，密云、延庆成功创建国家生态县。建成了以大兴南海子公园一期、通州滨河森林公园一期为代表的一批新城精品公园。截至2010年，全市林木绿化率达到53%，城市绿化覆盖率达到45%，人均绿地达到50平方米，超额完成了“十一五”各项规划目标。全面启动永定河绿色生态走廊建设，莲石、门城、宛平三湖成功蓄水，昔日“燕京八景”之一的“卢沟晓月”重现京城。七是农村基层党组织执政能力全面加强。深入开展保持共产党员先进性教育、学习实践科学发展观、创先争优活动，基层党组织和党员作用充分发挥。大学生“村官”制度全面建立，农村实用人才培养累计超过3.2万人。全面推行村级重大事项“四议两公开”，3 799个村实现了“村账托管”。

发展成绩来之不易，实践经验尤为宝贵。一是始终坚持城乡统筹发展方略。把解决“三农”问题作为全部工作的重中之重，深入学习实践科学发展观，提出率先形成城乡经济社会发展一体化新格局的要求，建立了加快城乡一体化发展的体制机制。二是始终坚持强农惠农政策取向。把实现好、维护好、发展好广大农民根本利益作为“三农”工作的出发点和落脚点，经济上发展农民的物质利益、政治上保障农民的民主权利，让农民真正参与于改革发展，受益于改革发展，共享改革发展成果。三是始终坚持改革创新工作导向。一切从实际出发，尊重群众首创精神，鼓励

试点试验，推进理念创新、思路创新、政策创新、制度创新和实践创新，凝聚了加快城乡一体化发展的强大动力。

同志们，“十一五”时期各项成绩的取得，主要归功于市委、市政府的科学决策、正确领导，归功于各区县各部门恪尽职守、锐意进取，归功于基层干部群众迎难而上、奋力拼搏，归功于社会各界真心关注、倾力支持。在此，我代表市委、市政府，向农村广大干部群众，向所有关心支持“三农”发展的同志们、朋友们，表示崇高的敬意和衷心的感谢！

二、认清形势、明确方向，牢牢把握农业农村工作主动权

根据党的十七大和十七届五中全会精神，市委十届八次全会确定了“十二五”时期首都经济社会发展的指导思想、目标任务、重大举措，对在新的起点上全面推动首都科学发展作出了战略部署。要抓住当前大有可为的战略机遇期，深入贯彻市委“十二五”规划建议和“十二五”规划纲要要求，着力推动“三农”科学发展。

准确把握“率先一体化”的发展格局。郊区是首都进一步发展的战略腹地，是疏解中心城人口的战略支撑，是城乡一体化发展的战略重点。“十二五”时期提出率先形成城乡经济社会发展一体化新格局，必将为郊区带来新机遇、新优势、新发展。一是中心城功能向郊区疏解，产业向郊区转移、人口向郊区聚集、公共资源向郊区配置，不仅能够在郊区增加大量就业机会，而且对郊区产生的巨大需求将创造更多的创业机会。二是城乡区域均衡发展，郊区县区域经济快速发展，“工业反哺农业、城市支持农村”的能力不断增强，“三农”发展将得到更加有力的支撑。三是郊区的快速发展，促进农村集体资源、市场要素不断升值，农民群众将得到更多实惠。各级领导干部要善于发现机遇、创造机遇、叠加机遇，努力把机遇变为发展的现实优势。

准确把握“三化同步”的发展内涵。十七届五中全会明确提出了“在工业化、城镇化深入发展中同步推进农业现代化”的重大任务；中央农村工作会议进一步把“三化同步”提升到了我国社会主义现代化建设理论创新和实践创新最新成果的高度，作为客观规律、重大原则、重要遵循，进行了深刻阐述和全面部署。和全国相比，北京郊区推进“三化同步”有基础、有优势，同时任务也更加艰巨。一是郊区工业化必须走新型工业化道路，坚持信息化引领工业化，大力发展资源节约、环境友好的战略性新型产业。二是郊区城镇化必须走中国特色、首都特点的城镇化道路，加快构建以中心城—新城—小城镇—新型农村社区为节点的现代城镇体系。三是农业现代化必须走都市型现代农业发展道路，坚持把首都农业作为世界城市的特色产业、首都生态宜居的重要基础、城市高端农产品供应和应急安全的基本保障，打造成为一、二、三产相互融合、充分体现人文、科技、绿色特征的低碳产业。

准确把握转变发展方式的发展要求。“十二五”时期，最突出的工作要求就是必须坚持科学发展这一主题、加快转变经济发展方式这一主线。我们必须不断解放思想，坚持与时俱进，提高素质能力。一是创新发展理念，要把城市工作和农村工作有机结合起来，强农惠农的思想认识只能增强不能削弱、强农惠农的政策力度只能加大不能减小，毫不放松地抓好“三农”工作，巩固和发展农业农村好形势。二是创新发展模式，要把“强区”工作与“富民”工作有机结合起来，既要不断增加区县的经济总量，又要不断增加农民收入。三是创新工作方法，要把“多予”、“少取”和“放活”有机结合起来，在加快推进城乡基本公共服务均等化的同时，全面深化农村改革，保护农民合法权益。注重加强和改进新形势下的群众工作，切实做到思想上尊重群众、感情上贴近群众、工作上依靠群众，发挥好农民群众在城乡一体化中的主体作用。

准确把握推动世界城市建设的发展瓶颈。“三农”现代化是中国特色世界城市建设的重要组成部分。没有“三农”科学发展，就难以建成中国特色世界城市。但由于受外部环境和内部动因的共同作用，“三农”工作还面临着一定的困难。一是北京“三农”发展基础仍然相对较弱，都市型现代农业整体水平有待提高，农民持续快速增收压力加大，维护农村和谐稳定还有一些难题急需破解，成为推动世界城市建设的“短板”。二是首都人口资源环境约束不容忽视，人口增长过快、资源相对不足、环境容量有限，耕地减少、水资源匮乏等资源约束日益趋紧。三是农业农村宏观环境影响不断加大，农产品供求进入紧平衡阶段、农业生产进入高成本阶段、工农城乡关系进入互动增强阶段，“三农”发展的压力越来越大，解决“三农”问题，需要付出更多的努力。

面对新形势、新任务、新要求，“十二五”期间城乡一体化总体目标是：都市型现代农业结构进一步优化，生态服务价值明显增长，全市林木绿化率达到57%，蔬菜总面积达到70万亩；农民收入持续快速增长，农村居民人均纯收入增速达到8%；城镇化和新农村建设全面推进，城乡基础设施和公共服务差距明显缩小；城乡社会管理实现基本统一，城乡居民养老、医疗保险参保率达到95%。各级政府要牢固树立科学发展观，创新思路，凝聚力量，抓住机遇，努力形成城乡经济社会发展一体化新格局。

三、攻坚克难、开拓创新，全力推动农业农村发展新突破

2011年是“十二五”的开局之年，也是中国共产党建党90周年，做好农业农村工作具有特殊重要意义。根据中央农村工作会议精神，结合北京实际，市委、市政府专门出台了《关于坚持科学发展，促进

城乡融合，统筹推进郊区工业化、城镇化和农业现代化的意见》。各级党委、政府要切实增强责任感和紧迫感，真正抓好贯彻落实。总体上，今年的农业农村工作，要紧紧抓住突出问题和关键环节，力求重点突破、带动全面发展，为"十二五"时期加快城乡一体化进程奠定坚实基础。

（一）全面推进郊区城镇化　要把加快城乡结合部改革与发展作为最紧迫的任务。城乡结合部是推进城市化的前沿，是城乡一体化要求最急迫的区域。要加大工作力度，确保基本完成城乡结合部50个重点村城市化工程拆迁工作，统筹解决好产业发展、农民上楼、就业社保和集体资产处置管理等问题。同时，要坚持因地制宜、分类指导，积极探索其他村庄建设改造的新途径、新机制、新模式。

要把加强重点新城建设作为最根本的方向。新城是建设"人文北京、科技北京、绿色北京"和世界城市的具体体现，承担着疏解中心城功能、聚集产业、转移人口，带动区域发展的重要任务。要结合落实区县城市和产业发展功能定位，坚持分类指导、统筹推进，聚焦通州国际新城，积极推动顺义、亦庄和其他新城建设，促进重大产业、重大项目向新城聚集，促进教育、医疗、行政等公共服务资源向新城配置，力争到"十二五"末，形成一批千亿产业、百亿企业，提升新城宜居宜业水平。

要把强化小城镇建设作为最关键的环节。小城镇是群众生产生活的重要载体，具有吸纳农村人口、集聚特色产业、促进农民就地城镇化、带动农村发展的功能。要深化小城镇规划编制工作，加快形成经济社会发展规划、镇域总体规划、土地利用规划、产业规划、人口和环境规划等"五规合一"的规划体系。出台推进小城镇改革发展试点工作的政策意见，以加强农民就业基地和产业园区建设为突破口，加快培育特色产业，壮大镇域经济，力争用3～5年时间，建成一批园区经济强镇、特色农业名镇、旅游休闲名镇、商贸物流重镇，吸纳当地农民就业居住，促进农村经济加快发展。

要把深化新农村建设作为最基础的工作。新农村建设是城镇化的基础，是一项长期的历史任务。在村庄体系规划基础上，按照规模适度、宜居宜业、就地实现城市基础设施和公共服务的标准，全面启动新型农村社区建设规划。开展10个新型农村社区建设试点工作，探索规划、土地、筹资、就业、新民居建设的新途径。坚持和完善村庄社区化管理，夯实基层基础，保障群众安居乐业。建立新农村基础设施和公共服务设施运行管护长效机制，确保已建设施正常运转。继续动员和引导社会力量参与新农村建设，聚集资源、聚焦农村、共谋发展。

要把创新城镇化的途径和机制作为最有效的方法。推进城镇化途径很多，而农转居对实现城镇化具有十分重要的意义。各级政府必须高度重视，要结合实际，强化属地责任，创新政策机制，坚持逢征必转，全面、及时完成新征地项目的转居工作，突出解决好征地转居"应转未转"问题。

（二）全面提升都市型现代农业发展水平　坚持优化产业体系。深入开发农业的生产、生活、生态等多种功能，不断完善都市型现代农业的实现形式。进一步加强籽种农业、休闲农业、循环农业、会展农业建设，促进农业专业化、标准化、规模化、集约化发展。加强京承高速都市型现代农业走廊建设，推进都市型现代农业示范镇建设。

坚持一、二、三产融合发展。这是都市型现代农业的显著特征和发展趋向。要大力发展农产品加工业，加强农产品加工基地和示范乡镇建设，扶持中小型农产品加工企业改造升级。实施涉农企业上市培育工程，打造涉农企业上市板块，增强涉农企业核心竞争力。加快乡村旅游业提档升级，开展休闲农业示范区县、示范乡镇和京郊旅游品牌创建活动。大力发展沟域经济，高水平抓好7条重点沟域规划编制公开招标工作，发挥重大产业项目的带动作用，引导会展产业、创意产业、生命健康产业及总部研发机构向沟域聚集，提高沟域经济发展总体水平。

坚持强化农业服务体系。注重"创新驱动"，积极推进国家现代农业科技城建设。特别要加强科研攻关，启动农业智能装备、育种服务平台、农业物联网等一批重大项目，落实国家转基因生物新品种培育重大专项，提升首都农业科技水平。完善基层农业技术推广服务体系，推进乡镇农业综合服务中心建设，新增500名村级全科农技员，实现"千村千人"目标。全面落实规划任务，加快构建新型农业社会化服务体系。

坚持农业的国际化和开放式发展。以昌平小汤山国家现代农业园和顺义都市型现代农业示范区为重点，推进"种业之都"建设。抓好第七届世界草莓大会、2012年世界食用菌大会、2014年世界种子大会、国际马铃薯亚太中心等一批现代化农业项目筹办落实工作。完善农业海外人才创业园配套政策，着力引进一批国际高端人才，发挥好示范和带动作用。

（三）以农民持续增收为核心改善农村民生　促进农民持续增收。要将逐步缩小城乡居民收入绝对差距，作为今后一个时期的重要工作目标。坚持分级负责、分类指导、部门联动、政策集成，分年度制定农民增收计划和具体措施，切实提高农民家庭经营收入、工资性收入、财产性收入和转移性收入。当前，各级政府要切实把转移就业作为增加农民收入的主渠道，让农民真正走进二、三产业就业这个富裕之门。要靠加强教育转变就业观念，靠发展非农产业增加就业岗位，靠热情服务保障就业质量，确保年内完成5万名农村劳动力转移就业任务。深入落实共同致富行动计划，加快低收入农户增收步伐。支持经济薄弱地区、少数民族乡村加快发展。

促进农村社会保障水平不断提高。围绕提高标准、缩小差距、整合制度，加快推进社会保障城乡一体化进程。提高城乡居民养老金、新农合筹资标准，完善农村最低保障标准调整机制。推动“新农合”市级统筹，加快构建城乡一体化医疗保障新格局。全面落实城乡低收入家庭救助制度，逐步降低门槛，拓展范围。推动扶贫助残基地建设，加强对农村残疾人的生活救助。

促进农村社会事业加快发展。进一步改善农村中小学办学条件，加快完善县乡村三级学前教育网络，促进城乡教育均衡发展。进一步完善农村医疗卫生基础设施和服务体系，提高农村社区卫生服务水平。完善公共文化、体育服务设施，大力推进文化惠民工程，推动农村广播电视由“村村通”向“户户通”拓展。完善农村计划生育利益导向政策，稳定农村低生育水平。研究制定“九养政策”的配套措施，推进农村公益性养老机构建设。

（四）切实提高“菜篮子”工程有效供给　确保落实工作机制。创新体制机制，形成市、区县、乡镇和街道行政一把手多层次负责的工作机制。落实属地责任，全面加强“菜篮子”产品的生产、流通、销售、价格调控和质量安全工作。加大市和区县投入力度，“菜篮子”工程建设资金列入财政预算。制定新菜地开发建设基金征收管理办法，对基本菜田、蔬菜良种等“菜篮子”工程建设重点项目给予支持。

确保提高生产能力。划定基本菜田，年内新增基本菜田5万亩，全市基本菜田面积达到63万亩，“十二五”期间达到70万亩。扶持建设一批高科技、现代化、标准化的“菜园子”，重点新建5个千亩以上的设施蔬菜标准园、5个集约化蔬菜育苗基地。加强蔬菜生产，年内蔬菜自给率提高到30%以上。深化区域合作，新增一批外埠蔬菜生产基地。提升畜禽良种体系，加强规模养殖基地建设，推广生态健康养殖模式，稳步提高肉、蛋、奶等畜产品市场供给能力。

确保健全流通体系。重点抓好冷链物流设施、批发市场、终端销售网络建设。推进新发地农产品批发市场升级改造，加快北京东南部农产品中央国际物流港项目建设，加强社区零售终端网络规划、建设和管理。加强与中央国家机关、驻京部队、高等院校、科研院所、大型企业等在京单位合作，大力推进农餐对接。建立市、区两级“菜篮子”应急储备，建设一批“菜篮子”主要产品的应急保障基地，实现“屯菜于田”、“存肉于栏”、“存鱼于塘”。

确保农产品安全放心。推进农业标准化生产，加快农产品质量安全标准体系、检测检疫体系和追溯体系建设，实施农产品质量全程监管。加强品牌建设，鼓励开展无公害农产品、绿色食品、有机农产品、地理标志农产品等质量安全认证，打造北京农产品质量安全品牌。

（五）加强生态环境建设　不断推进郊区绿色发展。强化生态管理和可持续发展意识，把环境容量作为郊区产业选择和项目设置最基本的限制因素，大力发展低碳、绿色产业。要淘汰高污染、高耗能、高耗水的低端产业，建立适应区县功能定位、成长性好的产业体系。加强农村地区节能减排降耗工作，推进农村新能源、清洁能源和可再生能源利用。加快城市休闲公园、四大郊野公园和42个小城镇园林绿化建设，11个新城滨河森林公园全部建成开放。加强农村绿化工作，推进村庄公园绿地建设，巩固新农村绿化成果。

不断推进农村环境整治。开展生活垃圾分类达标活动，重点抓好50个乡镇、1 200个村试点工作。深入开展生态创建活动，年内创建5个市级环境优美乡镇、100个生态村，创建5个首都绿化美化园林小城镇、80个首都绿色村庄。

不断推进城乡水利建设。深入贯彻中央《关于加快水利改革发展的决定》，结合北京实际，大幅度增加投入力度，加快缓解水资源短缺局面。加强潮白河及周边环境综合治理，加快永定河绿色生态走廊建设，稳步推进南水北调北京段等重点工程。结合推进农业基础建设和综合开发，加强农业节水工作，年内新增改善节水灌溉面积17万亩，建设雨洪利用工程100处。当前，各级政府要深入贯彻全国粮食生产电视电话会议精神，树立长期抗旱的思想准备和物质准备，认真落实抗旱补贴政策，千方百计保吃水，全力以赴保抗旱，努力夺取抗旱保丰收的全面胜利。

（六）进一步深化农村改革　全面加强农村土地管理。落实最严格的耕地保护制度和节约用地制度，落实耕地和基本农田保护领导干部离任审计制度。积极推进农村集体土地所有权、建设用地使用权、宅基地使用权确权登记颁证工作。探索建立城乡统一的建设用地市场，规范集体经营性建设用地交易行为，引导农村集体建设用地规范流转。全面开展农村土地承包档案清查归档工作，推进农村土地承包经营权登记试点。健全农村土地流转合同签订和备案制度，认真做好农村土地承包经营纠纷调解仲裁工作。

全面推进农村集体经济改革发展。年内完成1 230个乡村集体经济组织产权制度改革，力争使全市完成改革的行政村数达到90%左右。全面推进农村集体林权制度改革，加快落实林地生态补偿。加强农村集体资源、资产、资金管理，制定扶持政策，促进新型集体经济持续健康发展。完成义务教育债务化解工作，开展村级公益事业建设“一事一议、筹资筹劳”财政奖补试点工作。

全面提升农村金融服务水平。加大涉农中小企业集合票据发行力度，探索建立社区银行，推动农村资金互助社等新型金融机构健康发展，支持有条件的农民专业合作社开展信用合作。探索开展农业设施抵押贷款。推进农村金融综合改革试验区建设。完善政策性农业保险制度，全面推行理赔“一卡通”。探索建立政策性农业保险与农户信用建设、农业担保、农业信贷及小额信贷联动机制。依托北京农村产权交易所，探索建立集体林权、农民土地承包经营权、农村集体资产流转市场。依托北京农副产品交易所，探索远郊区县规模特色农副产品上柜交易。

全面做好其他各项改革工作。抓好乡镇机构改革。完善乡镇管理体制，加快乡镇政府职能转变，强化乡镇政府在经济建设、社会管理、公共安全等方面的作用。规范和发展农民专业合作社。力争使入社农户数量达到从事一产农户数量的70%。培育创建50家市级示范社，支持示范社独立承担涉农项目。

四、加强领导、扎实推进，努力开创农业农村工作新局面

打好“十二五”开局第一仗，关键在于加强和改善党的领导。郭金龙同志将就进一步加强党对农村工作的领导作出全面的部署，这里我主要强调几点。一是各级党委和政府要自觉落实“重中之重”的要求，在政策制定、工作部署、财力投放上动真格，在落实任务、强化指导、加强监督上下功夫。要真正确保预算内固定资产投资郊区农业农村基础设施建设的比例高于50%。二是抓好乡镇党政领导班子换届选举，选好配强干部队伍，加强基层领导班子建设和干部队伍建设。三是继续深入开展创先争优活动，树立优良工作作风，加强调查研究，做好群众工作，解决“三农”发展中的突出问题。四是高度重视并妥善处理影响农村和谐稳定的突出矛盾，洞察和把握农村可能出现的新情况新问题，力争及早发现，未雨绸缪，善于应对，推进城乡和谐发展。

同志们，做好2011年农业农村工作意义十分重大。我们要在市委、市政府的坚强领导下，振奋精神，坚定信心，攻坚克难，扎实工作，努力开创农业农村工作新局面，推进城乡一体化发展，以优异成绩迎接中国共产党成立90周年！

文　献　选　载

中共北京市委　北京市人民政府
关于集中力量统筹城乡集中资源聚焦“三农”
全面推进城乡一体化进程的若干意见

（2010 年 3 月 19 日）

2009 年以来，全市认真贯彻党中央、国务院及市委、市政府部署，深化农村改革发展，扎实推进社会主义新农村建设，城乡一体化发展取得良好开局。当前，首都经济社会发展已经进入了全面建设现代化国际大都市的新阶段，要从建设世界城市的战略高度，坚持把统筹城乡发展作为全面建设小康社会的根本要求，把改善农村民生作为调整国民收入分配格局的重要内容，把扩大农村需求作为拉动内需的关键举措，把建设现代农业作为转变发展方式的重大任务，把建设社会主义新农村和推进城镇化作为保持经济平稳较快发展的持久动力。集中力量加大城乡统筹力度，集中资源加快农村发展，全面推进城乡一体化进程。

2010 年全市农业农村工作的总体要求是：全面贯彻党的十七大和十七届三中、四中全会以及中央农村工作会议和市委十届七次全会精神，深入贯彻落实科学发展观，紧紧围绕建设“人文北京、科技北京、绿色北京”的战略任务，牢牢把握率先形成城乡经济社会发展一体化新格局的根本要求，以重点建设为抓手，加快拓展新的战略发展空间；以产业融合为途径，加快农业农村经济调结构上水平；以改善民生为目标，加快农村基础设施和公共服务体系建设；以改革创新为动力，加快资源要素向农村配置；以党的建设为保障，加快农村基层民主政治建设。按照抓改革促统筹、强基础惠民生的思路，毫不松懈地抓好农业农村工作，确保“十一五”时期社会主义新农村建设任务全面完成，确保农民收入持续快速增加，确保农村经济社会又好又快发展，为首都现代化建设事业作出新的贡献。

一、集中力量抓好重点工程，拓展新的战略发展空间

1. *抓紧编制城乡一体化发展规划。*推进城乡一体化，是首都发展的重大战略任务。结合编制“十二五”规划，与总体规划相衔接，按照空间布局、土地利用、产业布局、生态规划和人口布局“五统一”的要求，制定北京市率先形成城乡经济社会发展一体化新格局实施纲要，进一步明确推进城乡一体化的具体目标、实施步骤、重点任务和保障措施。同时做好城乡结合部、小城镇、沟域经济、新农村社区和新民居建设等专项规划。各郊区县都要编制本地区推进城乡一体化发展规划。

2. *全面推动城乡结合部改革发展。*城乡结合部关系首都形象，是经济发展最具活力的地区，也是推进城乡一体化的难点。要以保护和发展农民合法利益为核心，把改善农民居住条件、促进产业发展、稳定农民就业、完善社会保障放在突出位置，同时推动旧村拆迁、新村建设、环境整治、绿化与产业发展。坚持政府主导、农民主体、部门联动、社会参与，强化区县政府的主体责任和综合协调作用，充分发挥农民主体作用，创新工作推进机制。实行一村一策，2010 年整体启动 50 个重点村的城市化工程，同步推进“城中村”建设治理。探索集体土地利用、拆迁安置补偿新模式，确保农民利益有发展、就业有岗位、社会保障有提高、增收有途径。促进农村集体经济发展壮大，推进综合管理体制改革。

3. *切实解决好新城建设中的涉农问题。*新城主要承担疏解中心城区功能、产业，转移城市和农村人口，带动区域发展的任务。新城建设要统筹落实征地、拆迁、安置、就业、社会保障等工作。落实新城建设规划，制定完善新城规划区域内的旧村改造政策。加大农转居工作力度，对于新城规划区域内符合条件的镇村，及时实施整建制农转居。2010 年要集中力量抓好通州新城建设。

4. 加快小城镇发展。小城镇主要承担转移农村人口、集聚农村产业、促进农民就地城镇化的功能。全面完成小城镇总体规划编制审批，加快区县、乡镇土地利用总体规划修编工作。推进小城镇产业、环境等专项规划编制，合理确定重点小城镇的功能分区和空间布局，确保每个重点小城镇拥有适度规模的产业集中发展用地。创新管理与服务机制，促进特色产业、优势项目向产业园区和农民就业基地集聚。加强小城镇基础设施和公共服务设施建设，提高重点小城镇与高速公路连接线公路的等级。完善加快小城镇发展的财税、投融资等配套政策，安排年度土地利用计划要支持小城镇发展。在坚持农村土地集体所有制的前提下，鼓励集体建设用地向小城镇集中，壮大集体经济；鼓励农户宅基地向小城镇置换，促进农民进镇定居。农村宅基地和村庄整理所节约的土地首先要补充耕地，调剂为建设用地的，在区县行政区域内按照土地利用总体规划使用，纳入年度土地利用计划，主要用于小城镇产业集聚发展，方便农民就近转移就业。深化户籍制度改革，放宽小城镇落户条件，促进符合条件的农业转移人口在小城镇落户并享有与城镇居民同等的权益。推动小城镇行政管理体制改革，下放管理权限，科学设置机构和配备人员编制。

5. 加快沟域经济发展。坚持高起点谋划、高标准规划、高水平建设，把发展沟域经济作为促进生态涵养发展区建设的重要突破口。编制全市 62 条重点沟域 5 年发展规划，启动重点沟域建设工程，开展 7 条沟域规划国际招标工作。市和区县政府都要安排资金，促进沟域经济发展。探索整合配置、集中利用沟域内分散建设用地的有效途径。坚持政策集成、农民主体、市场运作、多元投资，注重发挥农村集体经济组织、农民专业合作社的作用，发展特色产业。要创新发展沟域经济的体制机制，通过股份合作制改革，使山区农民成为拥有集体资产的市民。

二、增强都市型现代农业开放度，促进一、二、三产业融合发展

6. 加快发展都市型现代农业。都市型现代农业是建设世界城市的特色产业，是首都生态宜居的重要方面，是首都高端农产品供应和城市应急安全的基本保障。要按照高端、高效、高标准的要求，着力提升都市型现代农业的国际化和开放性水平，积极培育一批国内外领先的产业集群。大力发展籽种农业，加快良种培育，支持畜禽良种繁育体系建设，鼓励种子企业与科研单位联合，抓紧培育有核心竞争力的大型种子企业，打造北京种业之都。继续扶持设施农业的发展，年内新增设施农业约 2 666.7 公顷（4 万亩），注重提高质量效益，充分发挥设施农业在保障市场供应、增加农民收入方面的作用。积极培育会展农业，认真抓好种业、草莓、园林花卉等会展工作。鼓励支持休闲观光农业，发展创汇农业。加快发展林业产业，推进果品产业、花卉种苗产业、蜂产业、林下经济提质增效。积极争创国家都市型现代农业示范区。加强政策引导，吸引国内外知名企业参与都市型现代农业建设。着力提高农业综合生产能力，新建并完成 2 万公顷（30 万亩）都市型现代农业基础建设及综合开发工程建设。

7. 强化农业科技支撑能力。立足都市型现代农业高端化，加快科技创新体系建设，鼓励自主创新和引进消化吸收再创新。重点支持良种培育，扩大国际交流与合作，加强与国家转基因生物新品种培育科技重大专项对接。坚持产学研用结合，充分发挥企业的主体作用，加快科技成果产业化，促成一批农业高新技术成果在郊区落地。加强基层农业技术推广体系建设，围绕区域主导产业，加快乡镇农技推广机构改革与建设，建立村级农业综合服务点，推行农业科技特设岗位计划，以种养业为主的村每村设立 1 名全科农技员。

8. 构建都市型现代农业服务体系。编制都市型现代农业服务体系发展规划，围绕产前、产中、产后的关键环节，加快构建公益性服务与经营性服务相结合、专项服务和综合服务相协调的新型农业服务体系。着力加强安全放心农产品质量体系建设，落实农产品质量安全 3 年行动计划，建立农产品质量安全监管体系和检验检测体系。推进农产品生产标准化，力争用 3 年时间实现全覆盖。打造本市农产品质量安全品牌，发展无公害农产品、绿色食品、有机农产品。加强重大动植物疫病防控。推广农业综合信息平台应用，提高农业农村信息化水平。

9. 推进农村二、三产业发展。按照优化一产、做强二产、做大三产的思路，重点加快农产品加工业和乡村旅游业发展，推动一产与二、三产业融合发展。加强规划引导，促进镇村工业调结构、上水平，用高新技术改造提升传统产业，以信息化引领工业化，加快形成区域产业支撑。继续支持龙头企业发展，鼓励有条件的农业龙头企业上市。大力扶持以农民专业合作社为母体的中小型特色农产品加工业发展。制定促进乡村旅游产业发展的意见，加强旅游用地规划，推进乡村旅游与都市旅游在接待机构、市场、服务产品、旅游商品等方面的对接，打造一批乡村旅游特色业态聚集区和旅游集散特色镇。支持民俗旅游村参与政府采购活动。大力开拓农村消费市场，加大家电、汽车、摩托车等下乡实施力度，落实国家大幅度提高家电下乡产品最高限价的政策，增选 1 个品种纳入补贴范围。加强农村现代流通网络建设，推进供销合作社改革创新，扩大连锁便民店和农资超市覆盖面。

10. 加强农产品市场体系建设。统筹制订全市农产品批发市场布局规划，推进高水平农产品物流交易中心建设，鼓励和支持重点农产品批发市场升级改造

和集聚整合。在电子商务物流港基础上，推进农产品现代物流建设。完善鲜活农产品冷链物流体系，支持大型涉农企业投资建设农产品物流设施，确保鲜活农产品市场供应。加强对市场农产品供应监测和预测，做好调控预案，完善农产品储备制度，确保农产品市场供应稳定、价格合理。深化农业区域合作，支持本市大型龙头企业在外埠建设农产品生产基地，增强首都市场控制力。

三、统筹城乡生态建设，提升生态文明水平

11. *构筑牢固的绿色生态安全屏障。*加快大兴区三海子郊野公园等大型公园绿地建设，年内新建郊野公园10处，全面完成第二道绿化隔离地区163平方公里绿化。推进京津风沙源治理、三北防护林、废弃矿山生态修复、重点通道绿化等重点生态工程建设。编制出台一批农村绿化重点规划，构建城乡一体的林木绿地体系。加强林业基础设施建设和林木有害生物防治，加强生态修复治理，强化生物多样性保护。加强城镇绿地系统规划管理，加快推进绿线划定、绿地确权和规划绿地建档立账工作，逐步完善集体绿地管护补偿机制。启动林业碳汇行动计划，完善相关政策，鼓励社会单位和市民认建认养树木绿地、购买碳汇，探索运用市场机制进行碳汇交易的途径和办法，全面提高林业碳汇能力。广泛开展园林小城镇、首都绿色村庄等创建活动。

12. *科学开发利用农村水资源。*立足首都水资源的总体规划利用与有序开发，统筹考虑水资源承载能力、产业布局及未来发展需要。落实最严格的水资源管理制度，全面推进节水型村镇建设。继续推进山区生态清洁小流域建设，深入开展永定河水岸经济带建设、北运河流域水系综合治理，加快潮白河流域生态建设。加强以农田节水、再生水利用、雨洪利用等工程为主的农田水利基本建设，实现农业用水的优化配置、高效利用。统筹推进重点镇集中供水和污水处理等基础设施建设，实施农村供水一户一表和管网改造、重要地表水源地和市级民俗旅游村污水治理工程。制定农村供水工程、污水处理工程电价优惠政策，实行农业用电低谷价格。

13. *加强农业农村环境治理和保护。*继续抓好山区泥石流易发区及生存条件恶劣地区农户搬迁工作。加快退出高污染、高耗能、高耗水企业和工艺，实施污染物总量控制，逐步建立节能减排运行机制，发展绿色经济、低碳经济、循环经济。继续实施裸露农田治理，加快推进规模养殖场粪污治理，控制农业面源污染。加强农村生活垃圾统筹管理和基础设施建设，推广生活垃圾分类收集、运输和处理，推进可再生资源的循环利用，抓好生活垃圾填埋场污染防治。继续推进生态区县、生态示范区、环境优美乡镇、生态村创建活动。落实污染源属地监管职责，构建社会化监测体系。

四、加大强农惠农政策力度，促进城乡基本公共服务均等化

14. *继续增加农业农村投入。*按照加快城乡一体化发展的要求，不断加大对“三农”投入力度。要确保财政支出优先支持农业农村发展，预算内固定资产投资优先投向农业基础设施和农村民生工程，土地出让收益优先用于农业土地开发、农村基础设施建设、统筹解决征地转居的历史遗留问题和支持农村集体经济发展。耕地占用税税率提高后，新增收入全部用于农业。严格按照有关规定计提和使用用于农业土地开发的土地出让收入，严格执行新增建设用地土地有偿使用费全部用于耕地开发和土地整理的规定。对各区县土地收入用于农业农村的各项资金征收和使用情况进行专项检查。继续增加现代农业生产发展资金和农业综合开发资金规模。健全适合都市型现代农业特点的补贴政策体系，坚持已有直补政策，进一步增加良种补贴和农机具购置补贴，把林业和抗旱、节水机械设备纳入补贴范围。

15. *促进农民就业创业和农村社会事业发展。*加强新型农民培养工作，实行普惠制、实名制、劳动预备制的培养制度。实施农民创业工程，制定促进农民创业的扶持政策，加大财政、信贷扶持力度，拓宽农民创业途径。加强就业服务与管理，将高失业率地区就业倾斜政策延伸到生态涵养发展区，深化城乡就业协作，建立纯农就业家庭就业援助制度，帮助7万名农村劳动力实现转移就业。继续实施共同致富行动计划，加大低收入农户增收帮扶工作力度。落实城乡免费义务教育的各项政策，改善农村幼儿园办学条件。推进农村基层卫生服务体系建设，提高乡镇医疗卫生服务能力和公共卫生保障能力，完善镇村两级卫生服务设施，建立基层卫生服务机构与大医院双向转诊制度。建立稳定的农村文化体育投入保障机制，加快完善农村文化体育公共设施。完善农村部分计划生育家庭奖励扶助制度和计划生育家庭特别扶持制度。

16. *提高农村社会保障水平。*城乡结合部、新城、小城镇等城镇化进程较快的地区和建设征地涉及的乡村，要及时做好农转居工作，转居人员纳入相应的社会保障体系，提高保障水平。完善城乡居民养老保险筹资机制，增加参保农民的缴费补贴，确保农民参保率提高到90%以上。推动城镇居民基本医疗保险与新型农村合作医疗的制度整合，逐步建立城乡统一的居民医疗保障制度。构建城乡统一的社会化养老服务体系。适度提高农村低保标准。逐步提高农村五保供养水平。

17. *推进农村基础设施建设。*进一步加大政府固定资产对郊区的投入，全面推动水电气路及生态环保、信息化等大型基础设施向农村延伸和覆盖。推进山区旅游环线和新建旅游景区标识建设。加快工作进度，年内实现村庄建设规划全覆盖。全面完成新农村“五项基础设施”建设工程。深入实施“农村亮起来、

农民暖起来、农业资源循环起来”工程，不断拓展新领域、丰富新内容、探索新机制。抓紧实施新一轮农村电网改造升级工程，提升农村电网供电可靠性和供电能力。启动重点镇燃气工程项目。启动新农村社区与新民居建设试点。加快推进农村危房改造。加快推进农村房屋抗震节能改造。鼓励通过多种形式支持农民依法依规建设改造安全、节能、环保的自用住房。推动建材下乡，促进优质、环保建材在农村地区广泛应用。

18. 加强农村人才工作。各农林院校要为“三农”发展服务，调整优化专业课程设置，培养各类急需人才。加快推进农村中、高等职业教育免费进程。加大农村实用人才培养力度。继续选聘高校毕业生到村任职，开展选聘高校毕业生到农民专业合作社工作试点，鼓励高校涉农专业毕业生到基层农技推广机构工作。健全科技、教育、文化、卫生等下乡支农制度，推动城市优质人才资源向农村流动。建设都市型现代农业海外人才创业园，引进一批行业领军人才和高端专业人才。

19. 推动社会资源投向农业农村。动员和引导社会力量参与新农村建设，完善工作推进机制。加大服务中央企业工作力度，鼓励首都企业、科研院所、驻京部队和各类社会组织与乡村结对帮扶，参与农村产业发展和公共设施建设。企业通过公益性社会团体、县级以上人民政府及其部门或者设立专项的农村公益基金会，用于建设农村公益事业项目的捐赠支出，不超过年度利润总额12%部分准予在计算企业所得税前扣除。深化区县合作机制，推出一批合作项目，形成一批合作成果。

五、协调推进城乡改革，增强农业农村发展活力

20. 健全完善农村土地制度。坚持最严格的耕地保护制度，切实保护好基本农田。坚持农村基本经营制度，继续做好农村土地承包管理工作，规范流转行为，确保农村现有土地承包关系稳定。完善流转合同签订和登记备案制度，健全市场机制，提高服务能力和水平。严格执行《中华人民共和国农村土地承包经营纠纷调解仲裁法》，加快构建农村土地承包经营纠纷调解仲裁体系。加快农村集体土地所有权、宅基地使用权、集体建设用地使用权等确权登记颁证工作，工作经费纳入财政预算。力争用3年时间把农村集体土地所有权证确认到每个具有所有权的农民集体经济组织。有序开展农村土地整治，农村宅基地和村庄整理后节约的土地仍属农民集体所有。鼓励农村集体经济组织依照规划利用存量建设用地建设农民入股的租赁房。研究制定农村集体建设用地流转办法。完善多元化征地补偿机制，推广留地安置、资产补偿等办法。加大对农村违法占地和违法建设的查处力度，切实维护农民利益。

21. 全面推进集体林权制度改革。以“明晰产权、确立主体、放活经营、强化管理、保障收益”为主要内容，全面推进林权制度改革，力争2011年底前基本完成主体改革任务，不断深化配套改革措施，探索建立现代林业产权制度。规范林地承包合同管理、林权登记发证、林木采伐限额管理和集体林权流转。建立生态效益促进发展机制，实施生态公益林生态效益补偿。探索集体林业经营权抵押贷款、林业政策性保险等具体办法，拓宽林业融资渠道。加快构建新型林业社会化服务体系，支持发展农民林业专业合作社、股份合作制等林业合作组织、林业专业协会。

22. 继续加大农村集体经济产权制度改革力度。坚持“资产变股权、农民当股东”的方向，加大力度、加快进度，使更多的农民成为拥有集体资产的市民。全市拥有集体净资产的乡村，都要推进产权制度改革。没有集体净资产的村，要全面做好集体经济组织成员身份界定、劳龄统计和清产核资等基础性工作。各郊区县要确定改革工作计划和年度工作任务。2010年，重点加快城乡结合部地区、绿化隔离地区、新城规划区、重点小城镇以及群众积极性较高地区的改革。探索新型农村集体经济组织运营管理办法，建立健全各项管理制度。加大对新型农村集体经济组织基础设施建设和产业发展的扶持力度，壮大农村集体经济实力。

23. 进一步规范和发展农民专业合作社。认真贯彻落实《北京市实施〈中华人民共和国农民专业合作社法〉办法》，采取政府资金支持、开展教育培训、落实金融保险政策、实施农超对接等措施，加大对农民专业合作社的扶持力度，鼓励农民专业合作社承担支农项目。实施农民专业合作社示范社建设行动计划，支持示范社产业化经营，开展农产品加工、配建仓储与运销设施建设。支持有条件的农民专业合作社开展信用合作，兴办农村资金互助社。

24. 提高农村金融服务质量和水平。制定金融支农意见，引导更多信贷资金投向“三农”。加快培育村镇银行、小额贷款公司、农村资金互助社，引导社会资金投资设立适应“三农”需要的各类新型金融组织。针对本市农村特点，创新农村金融产品，推广农户小额信用贷款和农户联保贷款，在银行间市场探索发行涉农中小企业集合债券等创新产品。扩大政策性农业保险覆盖面，探索建立信贷保证保险、“保信贷贴”联动等新产品。鼓励各区县对特色农业、农房等保险进行保费补贴。发挥农业投资公司、农业担保公司、农业产业投资基金等农业投融资平台作用，加大对农业产业投资力度。加大“信用户”、“信用村”、“信用乡镇”等“三信工程”建设力度。加大对涉农企业上市融资支持服务力度。推动本市农副产品交易所建设。支持农村金融改革试验区建设。

25. 深化农村综合改革。深入推进乡镇机构改革。深化县乡财政管理体制改革，构建有利于科学发展的区县和乡镇财政管理体制。加大化解农村义务教育债务工作力度，各区县要根据市级审核锁定农村义

务教育债务额度安排配套资金，基本完成农村义务教育债务化解工作。推进其他公益性乡村债务清理化解试点，防止发生新的乡村债务。

六、加强农村基层组织建设，巩固党在农村的执政基础

26. *加强和改进农村党的建设*。党的农村基层组织是党在农村全部工作和战斗力的基础，是落实党的农村路线方针政策和各项工作任务的战斗堡垒。创新农村基层党组织设置，扩大基层党组织对农村新型组织的覆盖面。加强乡镇党委书记队伍建设，选好配强乡镇党委班子。采取党员和群众公开推荐与上级党组织推荐相结合的方式，做好村党组织换届选举工作。注重从转业退伍军人、致富能手、农村基层任职高校毕业生和乡镇机关干部等党员中选拔村党组织书记。加强村党组织负责人培训工作。以明确责任、考核监督、保障服务为重点，加强基层党组织领导班子管理。进一步完善村干部"一定三有"（定职责目标和收入有保障、干好有希望、退后有所养）政策，推进从优秀村干部中考录乡镇公务员、选任乡镇领导干部工作。深化农村党的建设"三级联创"活动，研究制定在推进城乡一体化中充分发挥村党组织作用的意见。巩固和扩大学习实践科学发展观活动成果。稳步推进农村基层党组织党务公开。

27. *进一步加强农村党风廉政建设*。加强农村党员干部思想和作风建设，深入开展农村党员干部作风建设年活动。加强农村反腐倡廉制度建设，加大执行力度，全面推进廉政风险防范管理向农村基层有公共权力的部门和岗位延伸。加强和规范农村集体资金、资产、资源管理，强化干部任期经济责任和离任审计，推行农村集体经济在线审计工作。加强对党中央、国务院及市委、市政府重大决策部署与各项强农惠农政策落实情况的监督检查。健全党和政府主导的维护群众权益的长效机制，尊重农民的首创精神，发挥农民的主体作用，维护农民的主体利益，坚决纠正损害群众利益的突出问题，严肃查处违法违纪案件。

28. *进一步完善农村基层治理机制*。落实村务公开和民主管理工作规程，发展和完善党领导的村级民主自治机制。加强村务公开和民主管理"难点村"治理。学习借鉴本村重大事项由村党组织提议、支委会和村委会联席会议商议、全村党员大会审议、村民代表会议或村民会议决议，以及决议公开、实施结果公开的"四议两公开"等做法，总结推广村级民主决策"八步工作法"、"四议一审"等典型经验，不断探索和规范村级民主的有效载体和实践形式。依法组织好村委会换届选举工作。加强村民代表队伍建设。创新基层治理机制，推动城乡结合部改革发展。总结推广建立乡镇驻村工作站、村民服务中心等做法，整合服务资源、完善服务设施，培育发展农村社区服务性、公益性、互助性组织。

29. *加强农村精神文明建设*。坚持正确的舆论导向，加强对农民的教育和引导，为推进城乡一体化奠定思想基础，营造良好氛围。继续开展"寻找北京最美的乡村"宣传评选活动和"城乡统筹文明先行"主题社会实践活动。积极开展农村文化和全民健身活动。组织开展第21届农民艺术节暨乡村戏剧节，抓好乡村小剧场、合唱团、歌舞团、戏剧团等"一场三团"试点。

30. *切实维护农村稳定*。健全完善农村社会矛盾排查化解工作体系，严格落实属地党政主要领导在化解、稳控矛盾纠纷及处置群体性涉访问题方面的第一责任，充分发挥人民调解、司法调解、行政调解的作用，切实预防、减少并妥善处理农村社会矛盾纠纷。全面推进平安村创建活动，整合农村综治力量，健全农村维稳工作机制，推进农村警务建设。加大农业综合执法力度。加强农村防灾减灾和消防工作，健全农村应急反应机制。全面贯彻党的民族政策和宗教工作基本方针，加快民族地区经济社会发展，依法管理农村宗教事务。

做好2010年农业农村工作意义十分重大。各级党委和政府要站在建设世界城市的战略高度，切实加强和改善党对农村工作的领导。按照促进科学发展的党政领导班子和领导干部考核评价办法的要求，细化考核指标，把农业生产、农民增收、耕地保护、环境治理、和谐稳定等纳入领导班子绩效考核范围。充实完善各级新农村建设领导机构，加强领导小组综合办公室建设，完善部门联动机制，整合各方力量，加强规划引导，强化督促检查，统筹推进城乡一体化工作。各级领导干部要弘扬优良作风，传承北京奥运精神，加强调查研究，创造性地开展"三农"工作，奋力开创农业农村工作新局面！

北京市实施《中华人民共和国农民专业合作社法》办法

（2009年11月20日北京市第十三届人民代表大会常务委员会第十四次会议通过）

第一章　总　　则

第一条　为了实施《中华人民共和国农民专业合作社法》，结合本市实际情况，制定本办法。

第二条　本办法适用于本市行政区域内农民专业合作社的设立、生产经营，以及相关的规范管理、指

导、扶持和服务活动。

第三条 农民专业合作社是在农村家庭承包经营基础上，同类农产品的生产经营者或者同类农业生产经营服务的提供者、利用者，自愿联合、民主管理的互助性经济组织。

农民专业合作社以其成员为主要服务对象，提供农业生产资料的购买，农产品的销售、加工、运输、贮藏及与农业生产经营有关的技术、信息等服务。

第四条 农民专业合作社应当遵循下列原则：

（一）成员以农民为主体；

（二）以服务成员为宗旨，谋求全体成员的共同利益；

（三）入社自愿，退社自由；

（四）成员地位平等，实行民主管理；

（五）盈余主要按照成员与农民专业合作社的交易量（额）比例返还。

第五条 农民专业合作社应当依法从事生产经营活动，诚实守信，遵守社会公德和商业道德。

第六条 市和区、县人民政府应当将促进农民专业合作社发展与本地区农业及相关产业发展相结合，加强统筹协调，创新工作机制，及时组织农业行政主管部门和其他有关部门、有关组织制定政策，加大财政、科技和人才支持，落实金融、税收优惠政策，完善农业社会化服务体系。

乡、镇人民政府和街道办事处应当支持当地农民专业合作社发展，宣传有关政策，制订落实措施，为农民专业合作社的设立和生产经营等活动提供服务。

村民委员会、村集体经济组织对农民专业合作社的设立和生产经营活动依法给予支持和帮助。

第七条 市和区、县人民政府对在促进农民专业合作社事业发展中做出显著成绩的单位和个人，予以表彰、奖励。

第二章 设立与运行

第八条 本市农村家庭承包经营基础上同类农产品的生产经营者或者同类农业生产经营服务的提供者、利用者，自愿联合，依法从事下列生产经营活动的，可以申请设立农民专业合作社：

（一）种植业、养殖业；

（二）农产品销售、加工、贮藏、运输；

（三）农业休闲观光和民俗旅游；

（四）农民家庭手工业；

（五）农业机械作业服务；

（六）农业技术服务；

（七）依法开展的其他互助性农业生产经营活动。

设立农民专业合作社的，应当向所在区、县工商行政管理部门提出设立登记申请，依法取得农民专业合作社法人营业执照。

农民专业合作社的业务范围有属于法律、行政法规或者国务院规定在登记前须经批准的项目的，应当提交有关批准文件。

第九条 设立农民专业合作社的，应当依法制定章程。章程的制定，可以参照本市农民专业合作社示范章程。

农民专业合作社应当健全内部管理制度，履行章程的约定。

第十条 农民专业合作社的成员中，农民至少应当占成员总数的80%。

农民专业合作社的成员为农民的，成员身份证明为本市农业人口户口簿；拥有本市农村土地承包经营权证的非农业户籍人员，凭本人居民身份证和本市农村土地承包经营权证或者村民委员会、居民委员会出具的身份证明，可以以农民成员身份申请办理入社登记。

第十一条 农民专业合作社自愿联合组成新的互助性经济组织，可以向工商行政管理部门提出设立登记申请，依法取得农民专业合作社法人营业执照。

第十二条 农民专业合作社应当为每位成员设立成员账户。

第十三条 农民专业合作社成员可以用货币出资，也可以用实物、知识产权及其他能够用货币估价并可以依法转让的非货币财产作价出资。

第十四条 农民专业合作社章程应当对成员的出资方式、出资额进行规定；成员应当按照章程规定出资，出资额应当计入该成员账户。

农民专业合作社成员的出资方式、出资额及成员出资总额，应当在出资清单上载明，并经全体出资成员签名、盖章确认。

第十五条 农民专业合作社成员大会由全体成员组成，是本社的权力机构，依法行使职权。

农民专业合作社成员超过150人的，可以依照章程设立成员代表大会。成员代表大会按照章程规定可以行使成员大会的部分或者全部职权。

设立的成员代表大会，成员代表人数不少于成员总数的30%；成员超过500人的，成员代表人数不少于成员总数的20%。成员代表大会代表的选举办法由章程规定。

第十六条 农民专业合作社设立理事会、执行监事或者监事会的，农民专业合作社成员在150人以下的，理事会成员一般不少于3人，至少设执行监事1人；成员151人至500人的，理事会成员一般不少于5人，监事会成员一般不少于3人；成员超过500人的，理事会成员一般不少于7人，监事会成员一般不少于5人。

第十七条 农民专业合作社应当依法建立财务管理制度。财务管理制度应当明确规定成员大会、理事长、理事、经理的财务权限和职责，并经成员大会审议通过。

农民专业合作社应当建立财会人员的岗位责任制，明确相关岗位的职责权限。

农民专业合作社可以设置专职会计人员，也可以委托会计服务机构代理记账。

第十八条 农民专业合作社应当按照农民专业合作社财务会计制度进行独立会计核算，并按时进行财务年度决算。

农民专业合作社在进行年终盈余分配或者返还前，应当准确核算全年的收入和支出；清理财产和债权、债务，将其真实完整地记入成员账户。

第十九条 在弥补亏损、提取公积金后的当年盈余，为农民专业合作社的可分配盈余。

农民专业合作社的可分配盈余按成员与本社交易量（额）比例返还，返还总额不得低于可分配盈余的60%；剩余部分以成员的出资额、公积金份额及本社接受国家财政直接补助和他人捐赠形成的财产平均量化到成员的份额，按比例分配给成员。可分配盈余的具体分配办法，按照章程规定或者经成员大会决议确定。

年度盈余分配方案，应当经成员大会批准后实施。

第二十条 成员资格终止的，农民专业合作社应当按照章程规定的方式和期限，退还记载在该成员账户内的出资额和公积金份额，并依法将该成员资格终止前的可分配盈余向其返还。

成员资格终止后，农民专业合作社应当在会计年度终了时，将该成员账户内记载的由国家财政直接补助形成的财产份额，重新平均量化到本社现有成员。

第二十一条 农民专业合作社应当向成员实行社务公开。

农民专业合作社的重大经营决策、国家财政对农民专业合作社的直接补助和他人捐赠形成财产的到账和使用情况，以及其他涉及成员切身利益的事项应当向成员公开。

农民专业合作社应当在会计年度终了时向成员公布经营和财务状况，接受成员的监督。

第二十二条 执行监事或者监事会负责对农民专业合作社财务的监督和内部审计工作，审计结果应当向成员大会报告。

成员大会可以委托有关审计机构对本社的财务进行年度审计、专项审计和换届、离任审计。

农民专业合作社应当接受并配合政府有关部门对国家财政直接补助资金开展的审计监督工作。

第二十三条 农民专业合作社应当按照国家和本市有关规定报送统计、财务报表。

第二十四条 农民专业合作社应当加强对成员的培训，帮助成员增强法律意识、合作意识、自律意识，提高生产技能和经营水平。

第二十五条 农民专业合作社与成员之间发生纠纷时，应当依照章程和有关约定协商解决；协商不成的，可以向农村合作经济经营管理机构申请调解，也可以直接向人民法院起诉。

第三章　指导与服务

第二十六条 市和区、县人民政府应当建立由有关部门和机构参加的促进农民专业合作社发展的联席会议制度，研究和协调解决农民专业合作社发展中的重大问题。

第二十七条 市和区、县农业行政主管部门负责下列与农民专业合作社建设和发展有关的指导、扶持和服务工作：

（一）制定指导和扶持农民专业合作社发展的具体政策；

（二）提供有关政策咨询，收集发布相关信息；

（三）引导帮助农民专业合作社开展农业标准化、农产品质量安全、认证申报、品牌培育、产品营销、开拓市场等工作；

（四）开展农民专业合作社典型示范和推广交流活动；

（五）其他帮助农民专业合作社提高组织化程度，增强自我服务、抵御风险和市场竞争能力的工作。

第二十八条 市和区、县农村合作经济经营管理机构负责下列与农民专业合作社建设和发展有关的指导和服务工作：

（一）指导农民专业合作社制定章程、建立健全内部运行机制、财务会计等管理制度；

（二）指导农民专业合作社申报建设项目；

（三）开展对农民专业合作社的统计监测、人员培训等工作。

区、县农村合作经济经营管理机构可以为农民专业合作社的设立提供咨询、指导和登记代办服务。

第二十九条 市和区、县工商行政管理、财政、发展改革、商务、税务、科学技术、国土资源、规划、环境保护、交通、园林绿化、水务、旅游、知识产权和质量技术监督等行政管理部门应当依据各自职责，对农民专业合作社建设和发展给予指导、扶持和服务。

供销社、农产品行业协会、科学技术协会等有关单位或者组织应当对相关的农民专业合作社给予指导、扶持和服务。

第三十条 工商行政管理部门应当将农民专业合作社信息纳入本市法人基础数据库，为相关部门及组织统一提供基础数据的共享交换服务。

农业和工商行政管理等部门应当加强沟通协调，建立、健全部门之间的信息交流与共享机制。

第三十一条 本市将农民专业合作社纳入企业信用信息系统，对农民专业合作社实施信用监管。

第三十二条 办理农民专业合作社工商、税务登记的，登记机关不收取登记费用。

第四章　扶持与促进

第三十三条 市和区、县人民政府应当推进新型农业社会化服务体系建设，支持各类农业社会化服务组织为农民专业合作社发展提供市场营销、科技推广、人才引进、农资供应、农业信息、农村金融和保险等服务。

第三十四条 市和区、县人民政府应当安排资金，重点用于扶持农民专业合作社的下列项目：

（一）农业标准化生产基地建设；

（二）农产品加工、仓储、销售设施建设；

（三）农产品质量标准与认证、产品包装、品牌建设和市场营销；

（四）农业机械、农产品运输设备购置；

（五）信息服务、科技推广、人才引进和培训；

（六）其他重点扶持项目。

本市各级人民政府应当对扶持农民专业合作社的资金使用情况予以监督。

第三十五条 农民专业合作社有下列情形之一的，不列入国家和本市财政资金扶持范围：

（一）与本社成员的交易量（额）不足全部交易量（额）50%的；

（二）可分配盈余未依法按成员与本社的交易量（额）返还给成员的；

（三）未依法实行民主管理造成不良影响的。

第三十六条 农民专业合作社可以独立申报、承担农业建设项目、农业科技项目及其他政府支持发展农业和农村经济的建设项目。

有关部门应当对承担政府支持发展农业和农村经济建设项目的农民专业合作社加强指导和服务。

第三十七条 本市应当完善农产品市场流通体系，加强仓储、流通、信息等基础设施建设，改善农产品销售的市场环境。

市和区、县商务、农业行政主管部门应当采取措施，组织、引导、支持农民专业合作社与市场对接，为农民专业合作社生产的农产品进入市场销售提供便利和信息咨询服务。

鼓励农产品加工、销售和会展企业与农民专业合作社建立直接联系，对农民专业合作社生产的农产品进行加工、销售和展览展销。

第三十八条 农产品生产、加工、销售企业，以及其他有销售渠道、生产加工技术、开拓创新能力的企业，可以联合农民创办或者加入农民专业合作社，带动农民专业合作社发展。

引导农业产业化龙头企业和农民专业合作社通过资本、劳动等方面合作，建立稳定的利益联结机制，共享农产品生产、加工、仓储、销售等环节的利益。

鼓励农业产业化龙头企业为农民专业合作社及其成员提供技术、信息、农业生产资料等多种服务。

第三十九条 鼓励高等院校、中等职业学校和科研院所与本市农民专业合作社开展技术合作。依托农民专业合作社建立科研试验示范基地的，享受相关政策优惠。

第四十条 农民专业合作社享受国家规定的对农业生产、加工、流通、服务和其他涉农经济活动相应的税收优惠。

第四十一条 政策性金融机构应当采取多种形式为农民专业合作社提供信贷服务。鼓励商业性金融机构对农民专业合作社开展信贷服务，提供资金支持。

农民专业合作社申请的相关贷款，符合市财政、农业行政主管部门有关规定的，财政部门根据项目用途和实际需要给予贴息支持。

鼓励社会担保机构开展农民专业合作社贷款担保业务。政府扶持的政策性担保机构应当为农民专业合作社提供担保服务。

第四十二条 农民专业合作社可以组织成员依法开展内部资金互助服务，解决成员在农业生产经营活动中的资金困难。

第四十三条 政策性农业保险机构应当开发适合农民专业合作社特点的保险产品。

鼓励政策性、商业性保险机构通过农民专业合作社为农民提供农业保险服务。

第四十四条 本市各级人民政府应当采取措施鼓励各类人才到农民专业合作社工作。高等院校毕业生到农民专业合作社工作的，享受有关优惠待遇。

支持农业技术专家及其他各类优秀人才以咨询、培训等方式加强与农民专业合作社的合作。

鼓励各类科技人员为农民专业合作社提供技术服务。

第四十五条 农民专业合作社的农产品生产基地、农业机械服务场所、规模养殖场、设施农业，以及其他有关项目的建设，应当符合土地利用总体规划和城乡规划；前述项目相关用地，未使用建筑材料硬化地面或者虽使用建筑材料但未破坏土地并易于复垦的，按照设施农用地进行管理。

农民专业合作社建设农产品加工、仓储、冷藏和人员培训及设施农业附属的管理和生活用房等永久性建筑物的用地，使用农村集体建设用地的，应当符合土地利用总体规划和城乡规划，按照乡镇集体企业用地办理用地手续；使用农用地的，应当依法办理农用地转用审批手续。

农民专业合作社从事种植、养殖及本社成员农产品初加工、仓储、冷藏的用水用电，按照有关规定执行农业生产水电价格标准。

第四十六条 农民专业合作社申请认证无公害农产品、绿色食品、有机食品、原产地标记、地理标志和注册商标的，政府有关部门和相关组织应当给予指导、扶持和帮助。

第四十七条 本市将农民专业合作社信息平台建设纳入全市信息化体系，通过信息化手段为农民专业合作社及其成员提供相关生产经营信息服务。

第五章　法律责任

第四十八条 国家行政机关和负有管理职责的机构及其工作人员有下列行为之一的，根据情节轻重对直接负责的主管人员和其他直接责任人员，依法给予相应行政处分：

（一）非法干预农民专业合作社及其成员生产经营活动的；

（二）侵占、挪用、截留农民专业合作社及其成员财产或者应当属于农民专业合作社及其成员财产的；

（三）非法向农民专业合作社及其成员收费或者摊派的；

（四）强迫农民专业合作社及其成员接受有偿服务的；

（五）其他玩忽职守、滥用职权、徇私舞弊侵害农民专业合作社及其成员合法权益的。

前款所列行为构成犯罪的，由司法机关依法追究刑事责任；给农民专业合作社造成损失的，依法承担民事责任。

第四十九条 农民专业合作社违法开展生产经营活动的，由农业、工商行政管理、质量技术监督等有关部门依法处理。

第五十条 农民专业合作社管理人员侵占、挪用、私分农民专业合作社及其成员财产的，依法追究其法律责任。

第五十一条 农民专业合作社成员违反农民专业合作社章程及财务管理制度，造成本社或者其他成员财产损失的，应当依法承担民事责任。

第六章 附 则

第五十二条 本办法自2010年3月1日起施行。

北京市农业机械化促进条例

（2010年12月23日北京市第十三届人民代表大会常务委员会第二十二次会议通过）

第一章 总 则

第一条 为了鼓励、扶持农民和农业生产经营组织使用先进适用的农业机械，促进本市农业机械化，建设都市型现代农业，根据《中华人民共和国农业机械化促进法》，结合本市实际情况，制定本条例。

第二条 本条例所称农业机械化，是指运用先进适用的农业机械装备农业，改善农业生产经营条件，不断提高农业的生产技术水平和经济效益、生态效益的过程。

本条例所称农业机械，是指用于农业生产及其产品初加工等相关农事活动的机械、设备。

第三条 市和区、县人民政府应当加强对农业机械化工作的领导，将推进农业机械化纳入国民经济和社会发展规划，确定农业机械化发展目标，加大政策扶持和资金投入，充分发挥市场机制的作用，按照因地制宜、经济有效、保障安全、保护环境的原则，促进农业机械化的发展。

乡、镇人民政府负责本行政区域内农业机械化工作，做好对农民和农业生产经营组织的服务和指导，确定专门人员开展促进农业机械化的具体工作。

第四条 市和区、县人民政府农业机械化主管部门（以下简称市和区、县农业机械化主管部门）负责本行政区域的农业机械化促进和农业机械安全监督管理工作。

市和区、县人民政府有关部门应当按照各自的职责分工，共同做好农业机械化促进和农业机械安全监督管理工作。

第五条 鼓励和支持开发、推广先进适用、安全可靠、节能环保的农业机械。

从事农业机械科研开发、推广、生产、销售、维修、作业和示范基地建设的单位和个人，依法享受政府扶持、税收优惠和金融支持等政策。

第二章 科研开发与推广

第六条 市人民政府及其有关部门应当组织科研机构、院校和企业，开展基础性、关键性、公益性的农业机械化技术攻关，支持开发节能减排、低碳和适应都市型现代农业发展的农业机械化新技术、新产品、新工艺。

第七条 市农业机械化主管部门根据农业发展规划和农业生产需要，组织制定本市农业机械化科研开发项目计划。科技、财政部门应当在资金安排、项目组织、创新奖励等方面对农业机械化科研开发项目的技术攻关予以支持。

第八条 鼓励农业机械技术人员和使用者根据农业生产实际需要，开展技术改进和技术革新活动，提高农业机械化水平和农业生产效率。市和区、县农业机械化主管部门应当会同财政、科技等有关部门予以支持。

第九条 农业机械生产者或者销售者，可以委托农业机械试验鉴定机构，对其定型生产或者销售的农业机械产品进行适用性、安全性、可靠性检测，作出技术评价。

农业机械试验鉴定机构应当公布具有适用性、安全性、可靠性的农业机械产品的检测结果，为农民和农业生产经营组织选购先进适用农业机械提供信息。

第十条 市农业机械化主管部门所属的农业机械试验鉴定机构应当提供农业机械推广鉴定服务，按照国家规定受理农业机械生产者或者销售者提出的推广鉴定申请，对其定型生产或者销售的农业机械产品进行适用性、安全性、可靠性检测，如实出具试验鉴定报告。通过推广鉴定的农业机械的相关信息由市农业机械化主管部门予以公告。

第十一条 市和区、县农业机械化主管部门应当组织制定农业机械化推广计划。农业机械化重点推广项目应当列入同级人民政府的科技发展计划。农业机械化推广工作由农业机械技术推广机构组织实施。

第十二条 市和区、县人民政府应当通过建立农业机械化示范基地，加快农业机械化新技术、新产品的引进和试验，为农民和农业生产经营组织使用先进适用的农业机械提供示范服务。

本市农业机械化示范基地建设标准，由市农业机械化主管部门会同有关部门制定并公布。

第十三条 支持在本市举办农业机械化高科技产品展览会、演示会或者技术交流研讨活动。

第三章 质量保障

第十四条 农业机械生产者、维修者、作业者应当执行农业机械产品质量、维修质量和作业质量的国家标准或者行业标准。

本市根据都市型现代农业的需要，建立和完善农业机械维修质量和作业质量标准。没有国家标准或者行业标准，又需要在本市范围内统一农业机械技术要求的，市农业机械化主管部门应当会同质量技术监督部门及时制定地方标准。

第十五条 质量技术监督部门应当依法组织对农业机械产品质量的监督抽查。工商行政管理部门应当依法加强对农业机械产品市场的监督管理工作。

市农业机械化主管部门可以根据农业机械使用者的投诉情况或者农业生产的实际需要，组织对在用的特定种类农业机械产品的适用性、安全性、可靠性和售后服务状况进行调查，并公布调查结果。

第十六条 农业机械生产者、销售者应当对其生产、销售的农业机械产品质量负责，按照国家有关规定为使用者提供零配件供应、培训等售后服务，并承担相应的维修、更换、退货责任。

销售、使用的农业机械产品，应当符合本市相关环保要求。

第十七条 从事农业机械维修经营的，应当向当地区、县农业机械化主管部门提出申请，取得相应等级的农业机械维修技术合格证书，并依法办理工商登记手续。

第十八条 农业机械维修者应当在农业机械维修技术合格证书核准的维修范围内开展业务，执行国家有关技术标准、规范，履行与用户签订的维修协议，保证维修质量；维修者应当按照国家有关规定对维修质量承担相应的责任。

第十九条 提供农业机械作业服务的组织或者个人，应当按照相关作业质量标准确保作业质量；没有相关作业质量标准的，当事人双方可以约定作业验收条件。

提供有偿农业机械作业服务的组织或者个人作业质量不符合标准或者未达到约定验收条件，造成经济损失的，应当依法赔偿。

第二十条 因农业机械产品质量、维修质量和作业质量发生争议的，当事人可以协商解决；协商不成的，可以向当地区、县农业机械化主管部门或者其他有关部门申请调解，也可以直接向人民法院提起诉讼。

第四章 社会化服务

第二十一条 市和区、县人民政府应当采取措施，鼓励和扶持多种形式的农业机械服务组织的发展，推进农业机械化信息网络建设，完善农业机械化服务体系。

农业机械服务组织可以根据农民、农业生产经营组织的需求，提供农业机械示范推广、维修、实用技术培训、信息咨询、中介等社会化服务。

第二十二条 支持农业生产经营者通过机械、土地、资本、技术等要素进行联合，在自愿的基础上，依法设立农业机械作业服务合作社。

鼓励农民共同使用、合作经营农业机械，扩大作业规模，提高农业机械利用率和作业效率。

第二十三条 市农业机械化主管部门应当建立全市统一的农业机械化信息服务平台，健全信息搜集、发布制度，为单位和个人购买、使用、租赁、流转、维修农业机械和跨行政区域作业提供信息服务。

第二十四条 市和区、县农业机械化主管部门应当为农业机械跨行政区域作业做好服务工作，提供作业信息，维护作业秩序，依法实施安全监督管理。

公安、交通等部门应当根据农业机械跨行政区域作业实际需要，采取有效措施，合理安排跨行政区域作业的农业机械运行时间和路线，并提供相关保障和服务。

第二十五条 市和区、县农业机械化主管部门应当组织农业机械技术推广机构和农业机械化学校，结合本地区农业生产实际，开展农业机械推广和科普宣传活动，做好农业机械化从业人员的培训和继续教育工作，提高农民对先进生产工具及技术的接受能力和安全操作水平。

第二十六条 鼓励有关高等院校、中等职业学校和培训机构通过远程教育、现场观摩、广播网络等多种形式，开展农业机械化专业人才和农业机械作业、维修、管理等高技术人员培养工作。

第二十七条 农业机械生产者、销售者、维修者可以依法自愿成立行业协会，实行行业自律。

行业协会应当为成员提供农业机械化的相关信息咨询、技术指导、市场营销、宣传培训等服务，维护成员和行业的合法权益。

第五章 扶持措施

第二十八条 市和区、县人民政府应当安排资金，用于下列农业机械化发展相关事项：

（一）农业机械科研开发与推广；

（二）农业机械化从业人员教育培训；

（三）农业机械购置补贴和贷款贴息；

（四）农业机械生产作业用燃油补贴；

（五）农业机械维修服务体系建设；

（六）农业机械化基础设施建设；

（七）其他促进农业机械化发展的事项。

市和区、县人民政府应当加强对农业机械化扶持资金使用情况的监督。

第二十九条 鼓励和支持农业机械生产者增加新技术、新产品、新工艺的研究开发投入。农业机械的科研开发和生产活动，依法享受税收优惠。

第三十条 鼓励农民和农业生产经营组织购买先进适用的农业机械。市农业机械化主管部门会同财政部门，按照国家有关规定制定并公布本市农业机械购置补贴的产品目录。

具有较大规模的农业机械作业服务合作社及其他农业机械作业服务组织购买农业机械产品，可以按照有关规定享受扶持政策。

第三十一条 市和区、县农业机械化主管部门应当组织有关部门和燃油供应单位采取措施，对季节性农业机械生产作业用燃油优先予以保障。

第三十二条 政策性金融机构应当采取多种形式为农民和农业机械作业服务组织购买先进适用的农业机械提供信贷服务，扩大购置农业机械信贷规模，加大扶持力度。

鼓励商业性金融机构开展购置农业机械信贷服务，对农民和农业机械作业服务组织提供资金支持。

第三十三条 建立和完善农业机械保险制度，将农业机械保险纳入本市政策性农业保险范围。

鼓励各类保险机构研究开发适合本市农业机械特点的保险产品。

第三十四条 本市各级人民政府应当采取措施，加强农村机耕道路和农业机械存放场库等农业机械化基础设施建设和维护，改善农业机械作业、通行条件。

农业机械存放场库、维修保养车间等农业机械化基础设施用地，应当符合土地利用总体规划和城乡规划；未使用建筑材料硬化地面或者虽使用建筑材料但未破坏土地并易于复垦的，按照设施农用地进行管理。农业机械化基础设施用地不得挪作他用。

村民委员会对农业机械存放场库、维修保养车间等农业机械化基础设施用地和建设，应当给予配合和支持。

第三十五条 市和区、县农业机械化主管部门应当加强农业机械维修服务体系建设，扶持社会力量及农业机械生产企业兴办农业机械维修服务站点，为农业机械的维修、保养提供便利。

从事农业机械维修经营活动的，依法享受税收优惠。

第六章　安全监督管理

第三十六条 本市完善农业机械安全监督管理体系，建立健全农业机械安全生产责任制。市和区、县农业机械化主管部门应当与同级安全生产、公安、工商行政管理、质量技术监督等部门建立定期通报和工作协调制度，依法做好农业机械安全监督管理工作。

第三十七条 本市农业机械使用操作的安全监督管理及其行政处罚、安全事故处理，由市和区、县农业机械安全监督管理机构实施。

市和区、县农业机械安全监督管理机构应当定期对危及人身财产安全的农业机械进行免费实地安全检验。安全检验的农业机械目录及相关检验标准由市农业机械化主管部门制定。

第三十八条 本市按照国家有关规定，实行农业机械的淘汰和报废制度，具体办法由市农业机械化主管部门会同有关部门制定。

明令淘汰和达到报废条件的农业机械应当停止使用并依法实行回收。

市和区、县农业机械化主管部门应当监督回收单位对回收的农业机械进行解体或者销毁。

第三十九条 农业生产经营组织应当制定农业机械安全管理制度，定期对农业机械进行必要的安全检查，排除安全事故隐患，并对农业机械操作人员及相关人员进行农业机械安全知识教育和操作培训，提高其安全意识和安全操作技能。

农业机械所有人不得将农业机械提供给未依法取得相应操作证件的人员操作，不得将明知存在安全事故隐患的农业机械出租、出借给他人使用。

第四十条 农业机械操作人员在农业机械作业前，应当对农业机械进行安全查验；在作业过程中，应当严格执行农业机械安全生产规章制度和安全技术操作规程，正确佩戴和使用劳动防护用品。农业机械操作人员有权拒绝违章指挥和强令冒险作业。

拖拉机、联合收割机操作人员及其他应当依法取得相应操作证件的农业机械操作人员，在农业机械作业过程中，应当随身携带本人合法、有效的操作证件。

第四十一条 投入使用的农业机械，应当确保安全防护装置、警示标志等安全设施完好。

禁止改装、拆除农业机械安全设施。

第七章　法律责任

第四十二条 违反本条例的行为，相关法律、行政法规对其法律责任有规定的，适用其规定；没有规定的，依照本条例规定执行。

第四十三条 市和区、县农业机械化主管部门以及农业机械鉴定、技术推广、安全监督管理等机构工作人员，在农业机械化促进和安全监督管理工作中玩忽职守、滥用职权、徇私舞弊的，由所在单位或者上级主管部门给予行政处分；构成犯罪的，依法追究刑事责任。

第四十四条　违反本条例第三十九条第二款规定，农业机械所有人将农业机械提供给未依法取得相应操作证件的人员操作或者将明知存在安全事故隐患的农业机械出租、出借给他人使用，导致发生农业机械安全事故的，应当依法承担相应法律责任。

第四十五条　违反本条例第四十条第二款规定，拖拉机、联合收割机操作人员及其他应当依法取得相应操作证件的农业机械操作人员，在作业过程中未随身携带本人合法、有效操作证件的，由农业机械安全监督管理机构给予警告，责令改正，可以并处50元以上100元以下罚款。

第四十六条　违反本条例第四十一条第二款规定，改装、拆除农业机械安全设施的，由农业机械安全监督管理机构给予警告，责令限期改正；逾期不改正的，责令停止使用，并处200元以上500元以下罚款。

第八章　附　则

第四十七条　本条例自2011年3月1日起施行。1997年7月18日北京市第十届人民代表大会常务委员会第三十八次会议通过、2001年5月18日北京市第十一届人民代表大会常务委员会第二十六次会议修改的《北京市农业机械管理条例》同时废止。

中共北京市委农村工作委员会
北京市农村工作委员会
关于进一步加快推进农村集体经济产权制度改革工作的意见

（2010年1月7日）

郊区各区县委、政府：

为全面推进农村集体经济产权制度改革，促进城乡一体化进程，根据市领导要求，现就加快推进全市农村集体经济产权制度改革工作提出如下意见：

一、明确目标和任务

全市农村集体经济产权制度改革的总体要求是：全面加大工作力度，加快工作进度。原则上，全市拥有集体净资产的乡村都要进行改革；没有集体净资产的村，要做好集体经济组织成员身份界定、劳龄统计和清产核资等基础性工作。

各区县要结合本地实际，认真研究制定农村集体经济产权制度改革工作计划和时间表，明确年度改革任务和全面完成此项工作的具体措施。2010年重点推进城乡结合部、新城规划区以及重点小城镇的产权制度改革。

二、增强政策支持

各区县要认真按照市委、市政府《关于进一步深化乡村集体经济体制改革，加强集体资产管理的通知》（京发［2003］13号）、《关于积极推进农户土地承包经营权确权和流转的意见》（京发［2004］17号）等文件规定，结合本地实际，认真研究集体经济组织成员身份界定、整建制撤村建居后的集体资产处置、产权制度改革与土地征占及社会保障政策相衔接的配套措施和办法。同时，建立健全奖励政策和产业扶持等激励机制。

三、强化指导服务

各区县要根据改革计划和任务，建立健全综合素质较高、指导能力较强、工作相对稳定的工作指导组，采取分片包村、一对一指导等方式，真抓实干。区县农村工作部门要承担主要责任，综合协调，整体推进；农村合作经济经营管理部门要及时为改革单位提供指导和服务。

四、加强能力培训

市和区县要全面加强农村集体经济产权制度改革培训工作。对区县和乡镇的相关工作人员重点进行相关法律、法规和政策的培训，提高指导基层改革的能力和水平；对农村集体经济组织负责人、财务管理人员以及参与改革工作的社员代表重点进行改革程序和工作技能等方面的培训，提高改革工作的实际操作能力。

五、鼓励方式创新

各区县要坚持因地制宜、一村一策的原则，可以采取存量资产量化、资源+资本、社员投资入股等多种方式推进改革。同时，要积极支持和鼓励农村集体经济组织根据自身资产和自然资源状况，积极探索，大胆创新，多形式、多途径推进改革。

六、发挥典型作用

各区县要认真总结经验，推出一批先进典型，通过召开现场会、组织观摩和经验交流等多种方式，加大推广和示范。区县之间应当加强相互交流，取长补短，开阔眼界，拓展改革思路。

七、加强组织领导

郊区各区县委、区县政府要切实加强改革工作的组织领导，主要领导要亲自督促改革工作，并进一步建立健全改革工作的组织领导机构，形成主要领导亲自抓、分管领导直接抓、主管部门具体抓、相关部门配合抓的长效工作机制。要认真做好改革的组织协调工作，发现问题要及时研究解决。对涉及全局性的政策性问题，要及时上报，提出解决问题的政策性建议。

建立工作月报和季度分析制度，各区县主管部门于每月3日前将上月改革进度报市农委，每季度上报一次季度工作总结分析。

中共北京市委农村工作委员会 北京市农村工作委员会 北京市旅游局 关于2010年寻找北京最美的乡村宣传评选活动的安排意见

（2010年3月15日）

郊区各区县委、政府：

为深入贯彻落实市委市政府建设世界城市和“人文北京、科技北京、绿色北京”的战略任务以及率先形成城乡经济社会发展一体化新格局的根本要求，总结宣传推广全市新农村建设的典型经验，引导社会各界集中力量统筹城乡、集中资源聚焦“三农”、全面推进城乡一体化进程，根据全市农村工作会议精神，现就2010年“寻找‘北京最美的乡村’宣传评选活动”提出如下安排意见：

一、活动宗旨

以行政村为切入点和聚焦点，站在建设世界城市的高度，全面展示新农村建设的生动实践，宣传推广农村经济社会改革发展的新思路、新模式、新经验、新成果，引导城乡居民和社会各界逐步树立“三农”是“新空间、新产业、新市民”的新观念，努力促进城乡一体化和新农村建设又好又快发展。

二、活动主题

2010年“寻找‘北京最美的乡村’宣传评选活动”的主题为：共建美丽乡村，共享美好生活。

围绕上述主题，通过多种活动载体和活动形式，引导全市上下和社会各界继续强化共识：城乡是同等重要的，都是首都北京不可替代的组成部分，只是承载的功能不同；城乡是相互依存的，有城镇就有乡村，现代城镇和美丽乡村相辅相成才是和谐社会首善之区应有的特征；城乡是相互需要的，城镇展现更多的是经济价值，乡村展现更多的是生态和生活价值；城乡是相互融合的，城镇带动乡村、乡村服务城镇，才能实现城乡的协调发展。只有坚持城乡一体化，主动建设美丽乡村，才会使我们共有的家园更加宜居、共享的生活更加美好。

三、活动安排

本着“丰富城镇居民生活、促进农村居民增收、城乡共建共享新农村”的理念，采取宣评联动、城乡互动的形式，从候选村庄推荐、集中宣传报道、多种形式评选、活动总结表彰、活动深化提升五个方面有序推进。

（一）候选村庄推荐

1. 推荐条件。“北京最美的乡村”应具有自己独特的魅力，是生产美、生活美、环境美、人文美的综合体现，应在首都新农村建设中发挥典型示范作用。候选村庄以行政村为单位，要同时符合以下基本条件：

（1）生产美。产业特色突出，或科技含量较高，或文化内涵丰富，能很好地满足村民增收和社会参与的需要。候选村至少具备以下特点之一：

——都市型现代农业特征突出，产业融合性趋势明显，或高端、高效、安全，或能较好地展示“田园风光”；

——以当地农产品为主要资源的农副产品加工业工艺独特，享有盛誉；

——以自然、人文资源为依托的乡村旅游服务业蓬勃发展，特色突出，管理和接待规范。

（2）生活美。村民生活宽裕、生活条件便利、生活方式文明。主要体现在三个方面：

——较高的收入水平。村民人均纯收入原则上在本区县农村居民人均纯收入平均水平以上；

——良好的生活条件。村庄改水、改厕，农户庭院整洁、居住宽敞；

——文明的生活习惯。村民讲究卫生，无乱倒垃圾污水、乱堆乱放杂物、随地吐痰等现象。

(3) 环境美。村容整洁，生态文明，呈现出景观化特点。主要体现在三个方面：

——基础设施较完善。建设有规划，布局合理，村庄干净、整洁、路畅，有健全的管护机制；

——村民住宅有特色。美观质朴，体现乡村文化符号，与周边环境协调、自然融为一体；

——村庄绿化美化。花草、林木覆盖率达到较高水平。

(4) 人文美。乡风文明和谐。主要体现在三个方面：

——融洽的干群关系。党政领导班子以人为本，管理民主、廉洁奉公，带领群众共同致富。村里无群访、越级上访等事件；

——良好的道德风尚。村民遵纪守法、诚实守信、待人热情，无重大刑事案件、计划生育超生等问题；

——健康的文化活动。文化设施健全，文化活动丰富多彩，村里无封建迷信、聚众赌博、不赡养老人等不文明现象。

2. 推荐方式。候选村庄须于 4 月 10 日之前以区县为单位推荐产生。各区县要严格按照推荐条件、采取自下而上层层筛选的办法推荐候选村庄，远郊每个区县最多推荐 3 个，朝阳区、海淀区、丰台区各推荐 1 个。所推荐的候选村庄经活动组委会审核后确认(已经获得 2006—2009 年度“北京最美的乡村”称号的行政村不再参评)。

(二) 集中宣传报道

活动组委会将主要通过三种渠道对确定的候选村庄进行集中宣传报道。

1. 媒体集中采访新闻性宣传。邀请北京日报、北京电视台、北京人民广播电台、北京晚报、京郊日报、首都之窗、千龙网等新闻媒体对候选村庄进行集体采访，通过专题、专栏、专版等形式，在报纸、电视、广播、网络等平台进行集中宣传报道，帮助市民发现“北京最美的乡村”，深入挖掘乡村之美。

2. 邀请市民参观体验性宣传。编辑印制《2010 年度“北京最美的乡村”候选村庄参观套票》至少 10 万册，通过多种渠道免费赠予有代表性的市民群体，由候选村庄自愿给予参观者消费优惠，吸引广大市民到候选村庄体验参观。

3. 公共交通设施流动性宣传。通过公共交通工具车载移动电视或车身或车站宣传栏等载体，对活动进行流动性宣传，努力吸引更多的市民广泛关注并积极参与到活动中来。

(三) 多种形式评选

继续采取综合评选的方式，产生 10 个 2010 年度“北京最美的乡村”。主要评选形式有四种：

1. 网络投票评选。在市政务门户网站“首都之窗”上开设专题网页，接受广大网民进行投票评选，在采取相关技术手段剔除无效和重复选票后，将候选村庄最终获得的有效票数折算成分数。本项得分占总成绩的 5%。

2. 报纸选票评选。在《北京日报》、《北京晚报》、《京郊日报》等新闻媒体同步刊登选票，采取抽奖等适当方式鼓励广大市民积极参加评选，将候选村庄最终获得的有效票数折算成分数。本项得分占总成绩的 25%。

3. 市民体验评选。采取抽奖等方式鼓励持有《2010 年度“北京最美的乡村”候选村庄参观套票》的市民，在亲身体验后再进行投票评选，将候选村庄最终获得的票数折算成分数。本项得分占总成绩的 35%。

4. 专家评委评选。由主办单位领导、相关方面代表组成专家评委会，在多种形式考察的基础上，严格按照“北京最美的乡村”的评选标准和程序，逐项进行客观公正的评分。本项得分占总成绩的 35%。

上述四项得分相加即为总成绩。排序第 1～10 位的候选村庄将被授予“2010 年度‘北京最美的乡村’”称号；其余的候选村庄将被授予“2010 年度‘北京最美的乡村（提名）’”称号。

(四) 活动总结表彰

2010 年度“北京最美的乡村”评选产生后，将主要通过三种方式对获奖村庄进行总结表彰。

1. 报纸专版发布。充分利用“十一”长假之前的黄金宣传时机，通过中央及市属媒体发布评选结果，在《农民日报》、《北京日报》、《北京晚报》、《京郊日报》等新闻媒体上刊登发布专版，集中宣传获奖村庄。

2. 举办颁奖典礼。与 2011 年农民春节电视晚会相结合，组织隆重的“北京最美的乡村”颁奖典礼，正月初四黄金时段通过北京卫视面向全球播出。

3. 奖励标志性雕塑。对获得“北京最美的乡村”称号的村庄，每村奖励一座“北京最美的乡村”大型标志性雕塑，使之成为村里的一个新的亮丽风景；对获得“北京最美的乡村（提名）”称号的行政村，每村奖励一个奖杯。

(五) 活动深化提升

2010 年是开展“寻找‘北京最美的乡村’宣传评选活动”的第五个年头，累计将有 50 个行政村荣获“北京最美的乡村”称号。这些村庄在经济社会发展的各个方面都发挥了较好的示范带动作用。为了进一步挖掘和发挥这些村庄的引领作用，进而使之形成合力，努力实现其影响力的最大化，从今年开始，要对“北京最美的乡村”这个群体从建设、服务、宣传等方面持续地进行深化提升。

1. 全面加强村庄建设。各区县要高度珍视“北京最美的乡村”这个荣誉和品牌，集中各方力量，聚焦各类资源，全面落实支农惠农政策，针对获奖村庄的薄弱环节和发展需求，帮助他们全面加强建设，努力超越“生产美、生活美、环境美、人文美”的标准。今年要重点在以下五个方面加强指导和建设：一是要加强服务管理，切实增强主动服务的意识，深入了解这些村庄存在的主要不足和发展的制约因素，有针对性地从政府提供公共服务和村庄自身管理两个角度，帮助村庄加快建设和发展；二是要完善基础设施，优先安排获奖村庄的“五十三”工程，不断提升道路硬化、安全饮水、污水处理、垃圾处理、公厕建设、户厕改造等方面的建设水平，为这些村的发展奠定良好的基础；三是要做强主导产业，主动帮助获奖村庄做好产业发展策划，培育发展主导产业，帮助他们学好用好相关扶持政策，努力将特色产业做大做优做强，促进村民增收致富；四是要打造优美环境，从村庄建设与周边环境和谐、村内街巷清洁绿化、农户庭院整洁美化、民俗接待卫生等方面入手，不断提升环境建设水平，促进村庄的快速发展；五是要丰富文化内涵，通过健全文化活动场所、配备活动基本器材、建立文化活动队伍、自主创作文艺节目、培育特色文化形式、提高人文素质等方面的努力，逐步提升村庄的文化软实力和影响力。根据获奖村庄建设和发展的实际情况，以后将建立“北京最美的乡村”退出机制。

2. 主动加强服务管理。以“底数清、情况明、信息准、服务好”为目标，主办单位将逐步加强对“北京最美的乡村”获奖村庄的服务和管理，指导和帮助他们不断提升硬实力和软实力建设水平。今年重点做好两项工作：一是建立动态信息台账，在对获奖村庄进行全面深入调查的基础上，进行动态的信息收集和监控，有针对性地进行指导和服务；二是搭建交流互动平台，每年不定期举办“北京最美的乡村”党支部书记或村主任交流活动，通过集中培训、学习考察等形式，促进这些村庄相互交流和借鉴发展经验，不断取长补短、携手共进。

3. 多种形式加强宣传。为了进一步提升“北京最美的乡村”获奖村庄的知名度和美誉度，进一步巩固和发展“北京最美的乡村”这个品牌，主办单位将应时应势开展形式多样的宣传活动，切实加强对这些村庄的宣传，有效地促进村庄形象提升和城乡沟通互动。今年将重点开展“八个一”活动：

设计一组新标识。公开征集“北京最美的乡村”新标识，包括平面标识、立体雕塑、系列宣传产品和包装产品等，免费让获奖村庄在各个领域使用，通过各方共同努力，进一步强化“北京最美的乡村”的良好社会形象。

征集一首主题歌。公开征集“北京最美的乡村”的主题歌《美丽乡村》（暂定名），通过电视、广播、网络和村庄广播等平台进行循环播放，使之逐步深入人心，号召大家共建美丽乡村、共享美好生活。鼓励获奖村庄每村谱写一首村歌。

招聘一批形象代言人。搭建宣传服务平台，鼓励获奖村庄自主从科学家、艺术家、劳模英模、文体明星等各界知名人士中招聘一名或一组形象代言人，一方面帮助本村加强宣传，另一方面帮忙引进优质资源，促进本村更好更快发展。

绘制一张主题导游地图。于国庆节前绘制一张“北京最美的乡村”导游地图，采取图文并茂的形式集中宣传这些村庄，并通过多种渠道进行免费赠送，努力引导更多的市民走进美丽乡村。

编印一本《美丽乡村》图书。于11月底前，将50个“北京最美的乡村”最独特的美丽之处汇编成一本中英文对照的《美丽乡村》（暂定名）图书，面向国内外公开发行。

举办一次摄影比赛。于4—8月份举办“聚焦美丽乡村”主题摄影大赛，重点拍摄“北京最美的乡村”及候选村，通过不同村庄、不同季节各具特色的美丽之处，来全面诠释“北京最美的乡村”之美。

策划一套纪念邮品。以“寻找‘北京最美的乡村’宣传评选活动”5周年为契机，策划开发一套纪念邮品，包括专题邮册、连体明信片等，进一步增强此项活动的历史感和文化感。

开展一项“聚焦美丽乡村”大型宣传活动。于国庆节前后，积极协调中央核心媒体、市属主要媒体、区县各类媒体形成合力，通过专版、专栏、专题等多种宣传形式，开展“城乡零距离”（暂定名）系列互动活动，重点对50个获奖村庄进行集中宣传，努力实现“电视、广播、报纸、杂志、网站、手机报等”全媒体覆盖的宣传格局。

以上八项活动的具体方案届时另行制定。

四、组织机构

（一）主办单位

中共北京市委农村工作委员会
北京市农村工作委员会
北京市旅游局

（二）活动组委会

主　任：王孝东（市委农工委书记、市农委主任）
张慧光（市旅游局党组书记、局长）
副主任：高　华（市委农工委副书记）
安金明（市旅游局副局长）
成　员：陈立玺（市委农工委宣传处处长）
赵广朝（市旅游局综合与安全管理处处长）
李　彬（市委农工委宣传处调研员、副处长）
张　伟（市旅游局综合与安全管理处副处长）
顾崇华（市委农工委宣传处副处长）
黄　辉（市委农工委宣教中心副主任）

组委会办公室设在市委农工委宣传处。

（联系人：解雯 83979247；传真：83560231；邮箱：meilixiangcun@tom.com；地址：北京市宣武区

枣林前街70号中环广场A912室；邮编：100053)。

（三）支持媒体

主要有经济日报、农民日报、北京日报、北京电视台、北京人民广播电台、北京晚报、京郊日报、首都之窗、千龙网、北广传媒等。

五、工作要求

“寻找‘北京最美的乡村’宣传评选活动”是深入宣传市委市政府站在建设世界城市的高度、按照城乡统筹的方略、扎实推进新农村建设、有效促进率先形成城乡经济社会发展一体化新格局的一项重要活动，也是对各区县新农村建设典型经验和最新成果的一次集中展示，各区县要高度重视，精心安排，精心组织，大胆创新，把相关工作落到实处。

（一）统筹考虑，协调安排。本项活动首先是一项重大的主题宣传活动，同时也是新农村建设的实质性工作，涉及到宣传部、农工委、农委、新农办、旅游局等诸多部门，为此，各区县要加强统筹协调，建立部门联动的工作机制，集合相关资源、集中力量抓好建设、服务和宣传等工作。要明确主管领导、牵头单位、具体负责人，并于4月5日前上报相关情况。

（二）做好候选村推荐工作。各区县要按照推荐条件精心筛选推荐候选村，全面真实地总结候选村的基本情况，认真填写推荐表，并于2010年4月10日前将加盖公章后的推荐表一式两份报送组委会办公室，同时每个候选村提供5张数码照片，每张照片的大小不得低于1M。

（三）做好新闻媒体采访接待工作。组委会将组织多家媒体赴候选村进行集中采访，各区县要按照确定的采访时间（届时提前另行通知），安排好候选村庄环境布置及相关接待工作。

中共北京市委农村工作委员会
北京市农村工作委员会
关于进一步规范本市农村土地承包经营权流转工作的若干意见

（2010年4月29日）

郊区各区县委、政府：

多年来，全市各级党委和政府认真贯彻落实党在农村的基本政策，不断稳定和完善以家庭承包经营为基础、统分结合的双层经营体制。从全市情况看，农村土地承包经营权确权及流转工作符合国家的法律法规和政策，是稳定、健康的，但在完善管理、规范流转和加强服务等方面还存在一些需要解决的问题。根据《中华人民共和国农村土地承包法》、农业部《农村土地承包经营权流转管理办法》（农业部第47号令）等法律法规和政策，现就规范本市依法确权到户的农村农用土地承包经营权流转（以下简称农村土地流转）工作提出如下意见：

一、进一步加强农村土地流转的规范管理

（一）稳定和完善农村土地承包关系。各区（县）要认真对照相关法律法规和政策，依法保障农民对承包土地的占有、使用、收益等权利。依法应确权的土地都要纳入确权范围并确权到户。确权确地的，要全部发放土地承包经营权证书，严格做到承包地块、面积、合同和证书“四到户”；确权确利的，要签订确利合同并将土地确权证书发放到户；确权确股的，要将土地确权证书发放到户。

（二）农村土地流转不得改变土地的性质和用途。农村土地流转不得改变土地集体所有性质、不得改变土地用途、不得损害农民土地承包权益。要妥善处理好近期利益与长远利益的关系，严格遵守农地农用原则，严禁从事非农建设，严禁破坏耕作层，有效防止破坏耕地等侵害农民长远利益的行为发生。

（三）合理确定农村土地流转期限。农村土地流转期限应当尊重流转双方的意愿，根据流转土地的使用情况由双方协商确定，但不得超过原承包合同的剩余期限。原则上，对流转后用于普通农作物种植等投入较小的土地，流转期限不宜过长；对流转后用于发展林果业和设施农业等投入较大的土地，流转期限可以适当延长。采取出租方式流转的，租赁合同期限要遵照《合同法》的规定，不得超过20年。租赁期间届满，当事人可以续订租赁合同，但约定的租赁期限自续订之日起仍不得超过20年。

（四）必须保障农村土地流转收益。土地流转双方应根据土地质量、产出水平和物价变动等因素，合理确定流转价格。流转期限超过5年的，应当建立价格调整机制，明确约定调整时限和幅度，分时段确定流转价格。流转双方应对各种政策性补贴、流转期满后地上物权属及补偿办法、土地征占应得补偿的归属等作出明确约定。确权确地到户后流转的，流转收益归承包农户所有；确权确利和确权确股流转给村集

体，由村集体统一经营或流转给其他经营主体的，土地收益要单独建账、单独核算、专户储存，并严格履行民主程序，合理分配土地收益，确保及时、足额兑现到农户。

（五）依法规范农村土地流转行为。 承包方采取转包、出租等方式流转，应当及时报发包方备案；采取转让方式流转，应当经发包方同意，受让方要与发包方重新签订承包合同，及时办理土地承包经营权属变更手续；采取互换方式流转，双方当事人应到村集体经济组织办理承包合同、土地承包经营权证书变更及备案手续。承包方自愿委托他人（包括各类组织和个人）流转其承包土地的，应当由承包方出具《北京市农村土地承包经营权流转合同（示范文本）》中统一制定的书面委托书。没有承包方的书面委托，任何组织和个人无权以任何方式决定流转农户的承包土地。

（六）健全完善农村土地流转程序。 农村土地流转，在同等条件下，本集体经济组织成员享有优先权。土地流转受让方以转包、出租方式取得的土地进行再流转的，应当经原承包方书面同意，并办理流转备案手续。企业或个人等经营者与村集体签订非家庭承包或流转合同的，未经集体经济组织同意，不得私自进行流转；如需进行流转，土地经营者应当向集体经济组织提出书面申请。集体经济组织流转确权确利和确权确股土地的，须经集体经济组织成员大会或成员代表大会民主讨论决定并进行公示。流转给本集体经济组织以外的单位或者个人的，经民主决策后报乡（镇）人民政府批准。

（七）全面推行农村土地流转合同管理制度。 除代耕期不足1年不需签订书面流转合同外，所有农村土地流转都必须依法签订书面合同。过去没有签订合同的，相关当事人要按全市统一规范的合同文本进行补签；已经签订流转合同双方无异议的，维持原合同不变。流转合同的签订要在乡（镇）农村合作经济经营管理机构和村集体经济组织的监督下，由流转双方在村集体经济组织集中完成，特殊情况下可在其他地点完成，但要做到合同的签订、备案在同一地点一次完成。农村土地承包经营权流转合同一式四份，流转双方各执一份；发包方和乡（镇）农村合作经济经营管理机构各备案一份。

二、全面做好农村土地流转的服务工作

（八）加强农村土地流转服务组织建设。 要结合本地实际情况，依托农村合作经济经营管理机构，并充分发挥村集体经济组织的作用，逐步建立健全区（县）、乡（镇）和村三级农村土地流转服务组织，为土地流转提供相关的法律宣传、政策咨询、流转信息、合同签订指导、矛盾纠纷调处和档案管理等系列服务。

（九）提高农村土地流转信息化服务水平。 要根据本地区实际和农村土地流转各方需要，进一步加强农村土地流转信息平台建设，不断健全和完善流转信息平台功能，认真维护好、管理好、利用好农村土地流转信息平台。本市农村土地流转的转出信息要全部通过农村土地流转信息平台进行发布，同时，要进一步提高全市农村土地流转合同登记、备案和统计分析的信息化管理水平，及时监测农村土地流转动态，汇总农村土地流转数据。要充分利用信息平台，宣传相关法律法规，交流典型经验，切实提高农村土地流转的信息化服务水平。

（十）探索建立农村土地流转价格指导机制。 要加强对土地流转价格的统计、监测和分析，通过农村土地流转信息平台等多种途径和方式，向广大农民提供土地流转价格信息。有条件的区（县）、乡（镇）可根据本地区的区位优势、土地质量、土地产出率等因素，探索开展土地流转价格评估工作，建立健全本地区农村土地流转价格指导机制并实行动态管理。通过公平、合理的价格指导机制，保护土地流转各方利益，引导农村土地承包经营权有序流转。

（十一）做好农村土地承包及流转合同备案和档案管理工作。 要切实加强管理，建立健全农村土地承包及流转备案制度，并实行动态管理。当事人采取互换、转让方式流转要求登记的，区（县）农村土地承包登记管理部门要及时予以登记，并变更土地承包经营权证书。乡（镇）农村合作经济经营管理机构和村集体经济组织对采取转包、出租方式流转的，应当及时进行合同备案；对采取转让、互换方式流转的，应当及时办理土地承包合同变更手续并备案。同时，要认真清理、规范整理，建立健全农村土地承包台账和农村土地流转台账，加强合同档案管理，切实管好农村土地承包及流转的各项档案资料。

（十二）加强农村土地承包经营纠纷调解仲裁工作。 认真贯彻《中华人民共和国农村土地承包经营纠纷调解仲裁法》，按照乡村调解、区县仲裁、司法保障的总体要求，依法建立健全农村土地承包仲裁调解机构，完善调解仲裁程序、调解仲裁方法和调解仲裁制度，依法开展农村土地承包纠纷调解仲裁工作。农村土地承包仲裁调解机构要加强与纪检监察、政府法制、司法、信访等部门的沟通协作，建立起多部门协调解决重大问题的工作沟通机制，健全包括协商、调解、仲裁、司法、信访等多渠道调处纠纷的工作机制，畅通农户诉求渠道，提高调处纠纷能力。

三、切实加强农村土地流转工作的领导

（十三）切实加强领导。 完善农村土地承包管理，保障农村土地规范有序流转，涉及到千家万户，既关系当前，又涉及长远，是一项长期而艰巨的任务。做好这项工作，对于稳定和完善农村基本经营制度、维护农民土地承包权益、减少农村矛盾纠纷、维护农村

稳定、发展都市型现代农业具有十分重要的意义。各区（县）要高度重视，加强领导，健全工作机制和责任追究制度，结合本地实际，研究制定具体实施办法，切实把各项工作落到实处。

（十四）严格明确职责。区（县）政府负责本行政区域内农村土地流转的监管工作，乡（镇）政府负责本地农村土地流转的领导管理工作，各级农业行政主管部门负责依法加强农村土地承包及流转的管理、协调和指导。市农村合作经济经营管理部门负责全市农村土地流转的合同管理、业务指导和数据统计分析等工作。区（县）农村合作经济经营管理部门负责农村土地流转合同文本的统一制发、人员培训和业务指导，并负责土地承包经营权证书的变更、备案、发放和登记等具体工作；乡（镇）农村经济经营管理机构负责流转合同备案等具体工作。

（十五）优化外部环境。要依据《北京市土地利用总体规划（2006—2020）》、本地区土地利用总体规划和本市农业等相关产业发展规划，结合发展都市型现代农业，进一步加大农业产业结构调整力度，加快发展优质、高端、高效农业和融合性产业。大力推广和应用农业高新技术，提高郊区农业现代化技术装备水平。促进农村二、三产业发展，增加非农就业岗位，并广泛开展农民就业教育与培训，提高劳动者素质和就业技能，加快农村劳动力转移就业步伐。进一步加大城乡居民社会保障统筹力度，提高郊区农民社会保障水平。通过综合服务配套措施，不断优化和改善农村土地流转的外部环境。

（十六）及时解决问题。各区县委、区县政府要加强调查研究和工作指导，对土地流转工作中出现的问题，及时予以解决。各级农业行政主管部门和农村合作经济经营管理部门要全面掌握土地流转动态，做好数据统计、检查指导等基础性工作，不断提高农村土地流转管理和服务工作水平。

中共北京市委农村工作委员会
北京市农村工作委员会
关于进一步加强新型集体经济组织
管理、指导和服务的意见

（2010年10月8日）

郊区各区县委、政府：

近年来，本市全面加快农村集体经济产权制度改革步伐，新型集体经济组织大量涌现。现就有关工作提出如下意见：

一、进一步加强新型集体经济组织登记管理工作

改革后成立股份经济合作社的，要按照《北京市农村工作委员会关于印发〈北京市乡村集体经济组织登记管理办法〉的通知》（京农发［2003］61号）的有关规定，及时到区县经管部门办理登记手续。改革后成立企业法人的，要按照《北京市工商行政管理局北京市农村工作委员会关于农村集体经济组织改建登记有关问题的通知》（京工商发［2005］48号）的有关规定，及时到工商行政管理部门登记注册。新型集体经济组织登记注册后，要及时依法变更公章并对外挂牌。

各区县有关部门要提供优质服务，及时为新型集体经济组织办理登记和颁证手续，帮助和督促新型集体经济组织及时到区县质量技术监督部门办理组织机构代码证书。同时，要按照有关规定，加强集体资产产权登记和年检工作。

二、切实加强整建制农转非乡村的集体经济组织管理

整建制农转非的乡村，具备条件的，要按照“资产变股权、农民当股东”的思路，进行集体经济产权制度改革，成立新型集体经济组织。这些新型集体经济组织是在原农村集体经济组织的基础上改革形成的，其成员全部是原农村集体经济组织的成员，因此，其农村集体所有制的性质不变，是集体资产的所有者代表和经营管理主体，仍应享受国家和本市对农村集体经济组织的有关优惠政策。原农村集体经济组织所有的集体土地，在集体经济产权制度改革后，所有权归改革后的新型集体经济组织所有；在符合土地利用总体规划和城市建设规划的前提下，新型集体经济组织使用本集体经济组织土地建设发展的集体经济产业项目，可按占地方式办理建设用地手续，在办理立项、规划、建设、纳税等相关手续时可享受农村集体经济组织相关政策；国家建设征地时，依照相关法律法规和政策规定的土地补偿款应支付给新型集体经济组织，并作为集体资产管理使用。各区县农村工作部门要继续加强对这些新型集体经济组织的管理、指导和服务。

三、不断加强新型集体经济组织内部制度建设

各区县要按照现代企业制度的要求，帮助新型集体经济组织建立健全各项管理制度。

（一）建立健全民主管理制度。帮助新型集体经济组织建立健全股东大会或股东代表大会、董（理）事会和监事会等民主管理架构，并督促其按照章程规定，及时召开股东大会或股东代表大会，按时进行董（理）事会和监事会换届选举工作。凡是涉及资源资产管理、重大项目投资、经济合同签订等重要事项都要认真履行民主程序，实行民主决策；要加强重大事项公开和财务公开，强化民主监督。不断提高民主选举、民主决策、民主管理和民主监督水平。

（二）完善日常管理制度。指导和帮助新型集体经济组织建立健全财务会计管理、财务预决算、内部审计监督、经营收益分配、档案管理等各项规章制度，逐步建立和完善股权分配机制，切实提高运行质量。

（三）加快建立现代企业经营机制。鼓励新型集体经济组织引进资金、技术等生产要素，与社会资本合作兴办新的产业或者企业，促进农村经济发展和农民就业增收。要广泛吸引外部人才，提高新型集体经济组织的经营管理水平，在具备条件的地区积极探索建立新型集体经济组织聘请职业经理人的新机制。要结合实际，探索建立约束和激励机制，充分调动和发挥经营管理人员和业务骨干人员的积极性和创造性。

四、加强对新型集体经济组织的审计监督

各区县要切实加强对新型集体经济组织的审计监督工作。一是建立财务年审制度。对新型集体经济组织经营状况、集体资产增减变动情况进行年度审计。二是加强干部任期经济责任审计。区县农村集体经济审计机构负责乡镇级集体经济组织主要负责人的经济责任审计；乡镇审计机构负责村级集体经济组织主要负责人的经济责任审计。三是开展专项审计。认真开展集体土地征占收入管理使用情况、债权债务管理、农民负担、集体资产对外投资收益情况等重大事项专项审计，并公开审计结果。四是建立健全责任追究制度。对审计查出侵占集体资金和资产问题的，责令当事人如数退还；构成违纪的，移交纪检监察部门处理；构成犯罪的，依法移送司法机关追究刑事责任。

各级人民政府要进一步健全农村集体经济审计机构，充实审计队伍，并通过完善审计监督管理制度、聘请有资质的会计师事务所进行审计、推广在线审计等多种措施，提高审计效能。

五、加强对新型集体经济组织的培训工作

各级农经管理部门，要定期组织新型集体经济组织经营管理和财会人员开展法律法规和政策、财务管理、经营管理等知识培训，提高经营管理水平。各区县农村工作部门要积极协调相关部门，加强农村劳动力转移就业培训和自主创业培训，提高综合素质和就业能力。

六、加强组织领导和服务

各区县要按照城乡一体化的要求，高度重视，进一步加强组织领导。各区县农委要明确主管领导，充实干部力量，切实强化对新型集体经济组织的各项管理工作。进一步加强区县和乡镇农经管理机构和队伍建设，为强化集体经济管理提供组织保障。各级党委和政府要采取有效措施，通过加大指导力度、增加财政投入等措施支持新型集体经济组织发展，增强服务意识，在立项审批、规划建设和土地利用方面，加强对新型集体经济组织的服务，优化外部发展环境。

北京市农村工作委员会　北京市发展和改革委员会　北京市科学技术委员会　北京市商务委员会　北京市财政局　北京市工商局　北京银监局　关于印发北京市农民专业合作社示范社建设行动计划的函

（2010年1月20日）

郊区各区县政府：

为进一步贯彻《农民专业合作社法》，落实农业部、国家发改委等11部委《关于开展农民专业合作社示范社建设行动的意见》（农经发［2009］10号），决定从2010年起实施“北京市农民专业合作社示范社建设行动计划”。

一、目标任务

从2010年到2012年，开展“北京市农民专业合作社示范社建设行动计划”，在全市择优培育扶持一批经营规模大、服务能力强、产品质量优、民主管理好的市级农民专业合作社示范社。主要目标：市级农

民专业合作社示范社标准化生产率达到100%，主要生产资料统一购买率达到80%以上，产品统一销售率达到80%以上，商标注册率达到100%，生产生鲜农产品的农民专业合作社参与“农超对接”的比例达到50%以上，成员收入比当地未入社的同类农产品农户高出20%以上。

二、建设内容

按照高起点、高标准、高效益的要求，科学制定标准，确保农民专业合作社示范社充分发挥示范带动作用。

（一）基本条件

取得农民专业合作社法人营业执照，运行时间一年以上，依照《农民专业合作社法》规定的基本原则办社，得到入社成员的认同和支持。组织治理结构、财务管理和收益分配制度健全。有独立的银行账户，实行独立的会计核算。经营管理水平、成员规模、技术层次和品牌价值不断提升，服务功能得到体现。

（二）建设标准

通过示范社建设行动计划，使示范社在以下10个方面发挥示范引领作用。

1. 产业基础牢。合作社涉及的产业已成为当地优势主导产业、特色产品，生产专业化、布局区域化、产品商品化程度较高。

2. 经营能力强。合作社成员主要生产资料统一购买率达到80%以上，主产品统一销售率达到80%以上。合作社主产品的市场占有率较高、产品销售半径大（县域内、市内、全国或具备出口能力）。

3. 质量安全优。合作社成员的标准化生产率达到100%，所有成员能够按照《农产品质量安全法》的要求，建立完整的生产记录制度，已取得绿色食品或有机食品认证。

4. 品牌效益高。加强品牌建设，建立健全良好规范的信用管理制度。合作社有自主注册商标，在本地区有一定的影响力。

5. 服务设施全。合作社有健全的服务设施，能够及时为成员提供服务。一体化经营程度高，资产状况良好，负债占资产比例小于60%。

6. 带动农户多。合作社成员规模较大，入社农户成员不少于150个。同时，带动社外农户较多。

7. 产权关系清。合作社为全体成员建立了完整的个人账户，成员出资、公积金份额、与合作社交易情况、盈余返还情况等资料记录准确无误。

8. 积累机制好。合作社建立了良好的内部积累和风险保障机制，按照一定比例提取公积金、公益金和风险基金，具有较强的可持续发展能力。

9. 规范程度高。合作社严格按照法律和相关政策规定建设，所有成员必须经工商部门正式登记注册，法人营业执照、组织机构代码证、税务登记证“三证”齐全；严格依章办事，按照《农民专业合作社示范章程》规定，结合实际制订好本社章程，贯彻执行好章程的各项约定，并建有健全的成员（代表）大会、理事会、监事会（执行监事）等三会制度；财务管理制度规范，保障全体成员对合作社内部各项事务的知情权、决策权、参与权和监督权；民主管理好，重大事项实行“一人一票”制度或“一人一票”和附加表决权结合制度（附加表决权不超过总票数的20%）。

10. 社会效果好。合作社在当地享有良好的社会声誉，诚信度较高，合同履约率高；农户成员人均收入比当地未加入合作社农户高20%以上，成为当地经济发展的重要载体，农民增收的重要渠道。

三、扶持措施

1. 市农委、市财政局等部门根据区县农民专业合作社示范社建设内容及实施效果，纳入新农村建设奖励范围，对市级示范社给予奖励。被评为“全国农民专业合作社示范社”的，国家财政给予资金扶持。

2. 示范社可以作为项目实施单位，独立申报、承担相关建设项目，并予以优先安排。对示范社带动基地所在区域的水电路、环保等基础设施建设项目，由区县农委、农民专业合作社服务中心组织示范社捆绑项目进行申报，在同等条件下优先给予安排，并适当提高投入比例。市发改委、市财政局、市农委在示范社农产品加工、农业综合开发、农业标准化建设、农业基础设施建设等项目上给予重点倾斜。

3. 农业机械购置补贴、高产创建、良种补贴、农业标准化、生猪和奶牛标准化规模养殖小区、农村实用人才培训等各类农业财政专项和基本建设项目，优先委托示范社组织实施。

4. 对示范社推广应用新技术、新产品、新品种的，市科委在农业科技成果转化推广方面上给予支持。围绕本区域重点产业发展的示范社，可以通过区县政府申报重大项目，在科技支撑上给予重点支持。

5. 示范社与科研院所、高校及农技部门建立技术依托或产学研合作关系，开展的科技推广工作优先安排。鼓励科技协调员试点与示范社对接，经过三年时间，实现科技协调员对市级农民专业合作社示范社全覆盖。对“科技创新型乡镇”建设发挥重要作用的示范社，给予优先支持。

6. 示范社为成员提供专业技能、生产技术、市场营销等服务所开展的相关培训，参照市级相关培训标准，由区县财政给予资金支持。

7. 农民专业合作社示范社作为农村信用示范社，应在同等条件下实行贷款优先、利率优惠、额度放宽、手续简化的激励机制。建立农业贷款绿色通道，给示范社提供信贷优惠和服务便利。将农户信用贷款和联保贷款机制引入农民专业合作社信贷领域，满足合作社小额贷款需求。

8. 鼓励示范社组织成员依法开展内部资金互助服务，解决本社成员在农业生产经营活动中的资金困难。市和区县要结合示范社行动计划，积极探索开展贷款诚信奖励的工作机制。

9. 支持和鼓励示范社组织社员开展政策性农业保险服务，对示范社参加政策性农业保险实行全覆盖，对示范社作为政策性农业保险实施单位的，给予参保农户成员相应的保费补贴。

10. 示范社所需运输车辆，在实施“现代农业装备对接农民专业合作社工程”中优先给予保障。

11. 示范社生产的果蔬等生鲜农产品，达到超市供货要求的，在进店上给予优先考虑。支持开展示范社农产品直接进入城市大型超市及高校食堂、社区，在城市建立连锁点、直销点等试点工作。积极支持示范社参加有关农产品交易洽谈会、博览会并给予一定的参展费用补助，帮助其开拓产品市场。

12. 对获得中国名牌、北京市名牌产品、中国驰名商标、北京市著名商标、绿色食品认证、有机食品认证的示范社，按照有关规定给予奖励。

四、管理评定

示范社的评定应包括以下程序：申报—审核—专家评审—主管部门审定。

（一）资格申报

农民专业合作社按照要求，以书面、网络两种方式向区县农委申报。示范社的一项建设内容在建设期间内只能申报一次，禁止多头申报和重复申报。

（二）区县审核

区县农委会同区县财政、发改、科委、工商、商务以及经管站、农民专业合作社服务中心等部门，根据申报条件和要求，结合本地合作社发展实际，认真进行审核，评选一批区县级示范社。在区县级示范社范围内，按程序评审、确认和上报符合条件的示范社。

（三）专家初评

组织专家对区县申报项目进行评审，初步评选出北京市农民专业合作社示范社名单。

（四）联合审定

对专家组评选出的市级农民专业合作社示范社，由市农委会同市财政局、市发改委、市科委、市工商局、市商务委等相关部门按照程序和标准，联合审核确定“北京市农民专业合作社示范社”。

（五）管理监测

对市级示范社实行动态管理，每年监测一次，保优去劣。市农委组织市财政局、市发改委、市科委、市工商局、市商务委等有关部门负责示范社的管理和监测。被认定为市级农民专业合作社示范社的，应在每年第一季度向区县农委提出申请，经区县初审，报市农委审查，监测评定合格的，继续作为示范社；不合格的取消其示范社资格，并在三年内不得申报示范社。

提出示范社监测申请的合作社应提供相关监测材料，主要包括：示范社实施以来工作开展情况，上年度资产负债表和收益分配表，法人执照、章程等变更后的复印件。合作社出资结构发生变化的，需提供成员出资原始清单，并对变更情况进行说明。

有下列情形之一的，由同级农业行政主管部门直接取消示范社资格：

1. 在申报和监测过程中，提供虚假材料或存在舞弊行为的；

2. 被工商部门吊销营业执照的；

3. 经营中违反国家政策，存在违法行为的；

4. 不按规定提供监测材料，拒绝参加监测的。

五、保障措施

（一）加强组织领导，完善工作机制

各区县政府要高度重视农民专业合作社示范社建设工作，由区县农委牵头组织有关部门，搞好对示范社的指导和服务，帮助其完善制度，规范管理。各区县应加大对农民专业合作社示范社的扶持力度，有条件的区县应设立专项资金，用于扶持示范社建设。区县发改、财政、科委、商务、工商等部门要进一步加大工作力度，切实采取有效措施，解决发展中遇到的问题。监督检查对合作社各项政策支持的落实情况，反映合作社发展需求，为开展示范社建设行动计划提供支持保障。

（二）加强业务指导，建立健全农民专业合作社辅导员队伍体系

结合示范社建设，培养造就一支政策理论水平高、业务工作本领强、热心合作社事业的农民专业合作社辅导员队伍，进一步健全辅导员队伍体系。各区县要研究制定合作社建设与发展的业务指导操作规范，建立工作考核激励机制。以制订章程和建立成员账户为重点，指导合作社完善财务会计制度、民主管理制度和盈余分配制度，促进示范社规范健康发展。

（三）加强宣传培训，提升示范社的社会形象和影响力

各区县要按照分类指导、分级负责、注重实效的原则，制定培训规划，加强对合作社干部的培训教育。广泛开展面向以理事长为主的经营管理人才，以会计为主的理财能手，以专业技术人员为主的种养能人，以经管干部为主的县乡业务辅导员等培训。对合作社发展提供人才培训所需费用，区县财政要给予支持。同时，要加大宣传力度，认真组织对示范社建设成功事例及示范社带头人先进事迹的总结和经验交流，充分发挥其示范带动作用。加大督查考核力度，建立和完善激励机制，对有突出贡献的农民专业合作社示范社的带头人，纳入本市有突出贡献农村实用人才表彰奖励评选范围，按照本市表彰奖励的有关规定予以表彰奖励。对评定的“北京市农民专业合作社示范社”发文予以公布、统一授牌并表彰。

北京市农村工作委员会　北京市财政局　北京市农业局关于2010年北京市粮食直补和农资综合补贴的意见

（2010年2月23日）

郊区各区县人民政府，市有关单位：

为贯彻落实《中共中央、国务院关于加大统筹城乡发展力度，进一步夯实农业农村发展基础的若干意见》（中发［2010］1号）文件精神及财政部、国家发改委、农业部《关于进一步完善农资综合补贴动态调整机制的实施意见的通知》（财建［2009］492号）精神，结合北京都市型现代农业发展的实际，现提出2010年北京市粮食直补和农资综合补贴的意见。

一、补贴原则

（一）坚持促进生产、普惠农民的原则。以促进农业增效和农民增收为宗旨，以提高种粮农民积极性为目标，确保种粮农民受益。

（二）坚持存量不动、增量倾斜的原则。新增农业补贴要适当向种粮大户、农民专业合作社倾斜。在遵循“自愿、规范、有序”的基础上，鼓励粮食规模化、集约化生产经营，提高综合生产能力和经济效益。

（三）坚持动态调整、只增不减的原则。农资综合补贴标准按照化肥、柴油等农资价格上涨变动进行动态调整，只增不减。

二、补贴范围

对本市农户及农场在耕地内种植的小麦、玉米实施粮食直补和农资综合补贴政策，原有的种植优良品种补贴纳入粮食直补中。

三、补贴标准

（一）粮食直补。小麦为1 050元/公顷（70元/亩），玉米为480元/公顷（32元/亩）。

（二）农资综合补贴。小麦为675元/公顷（45元/亩）、玉米为675元/公顷（45元/亩）。如遇中央调整农资综合补贴政策将随时上调补贴标准。

四、相关要求

（一）直补工作继续按照“农户自愿申请、村委会公示确认、乡镇政府审核、区县政府批准、市农业局备案”的工作程序进行。请各区县分别于3月31日和8月31日前将小麦、玉米直补数据上报市农业局，并分别于4月15日和9月15日前完成兑付工作。

（二）各区县粮食直补资金和农资综合补贴资金必须全部纳入“粮食风险基金”专户管理，专款专用，补贴资金要在粮食风险基金中分别反映，单独核算。

（三）直补工作实行属地管理，各级政府要统筹安排，明确责任。直补工作继续落实市、区县、乡镇“三建档三清楚”制度。

（四）直补工作要继续坚持全过程透明、公开，严格程序，确保补贴资金及时、足额发放到农民手中。各级政府要加强对农业补贴补贴对象、种类、资金结算的监督检查，确保补贴政策落到实处，不准将补贴资金用于抵扣农民交费。对出现问题的，要依据有关规定严肃处理并追究责任，触犯刑律的移交司法机关依法处理。

北京市农村工作委员会　北京市园林绿化局关于转发《农村土地承包经营纠纷仲裁规则》和《农村土地承包仲裁委员会示范章程》的通知

（2010年3月3日）

郊区各区县政府：

为贯彻实施《中华人民共和国农村土地承包经营纠纷调解仲裁法》，2009年12月29日，农业部和国家林业局颁布了《农村土地承包经营纠纷仲裁规则》（中华人民共和国农业部、国家林业局令2010年第1号）和《农村土地承包仲裁委员会示范章程》（中华人民共和国农业部、国家林业局令2010年第2号）。现将《农村土地承包经营纠纷仲裁规则》和《农村土地承包仲裁委员会示范章程》转发给你们，请依法指导本区县农村土地承包仲裁委员会组建工作，切实加强仲裁员队伍和仲裁庭建设，建立健全各项配套制度和相关法律文书，确保本市农村土地承包经营纠纷调解仲裁工作有序开展。

北京市农村工作委员会　北京市经济和信息化委员会关于大力推广应用“221行动计划”信息平台意见的函

（2010年3月31日）

郊区各区县人民政府，市各有关部门：

2009年，市政府第54次常务会议听取了市农委关于“221行动计划”信息平台建设情况的汇报。会议充分肯定了“221行动计划”信息平台前期建设成果，并要求“整合涉农信息，完善服务功能，确保‘221行动计划’信息平台在政府决策、生产经营管理和消费查询等方面提供更加全面服务”。根据会议要求，市农委与市经济信息化委共同研究起草了《关于大力推广应用“221行动计划”信息平台的意见》，现印发给你们，请参照执行。

关于大力推广应用“221行动计划”信息平台的意见

为进一步贯彻落实科学发展观，促进郊区农村经济发展方式转变，提升农业和农村信息化水平，根据市政府2009年第54次常务会议关于“整合涉农信息，完善服务功能，确保‘221行动计划’信息平台在政府决策、生产经营管理和消费查询等方面提供更加全面服务”的精神，现提出以下意见。

一、充分认识推广应用“221信息平台”的重要意义

2004年，市政府启动实施了以“摸清农业资源和市场需求两张底牌，搞好科技和资金两个支撑，搭建一个综合信息平台”为主要内容的“221行动计划”。经过几年的实践探索，“221行动计划”信息平台（以下简称为“221信息平台”）取得了重大阶段性成果，初步整合了市级相关单位和各郊区县的涉农数据，综合集成了多种信息技术和最新农业分析模型，面向消费者、生产者、经营者和管理者等不同群体，开发形成了信息查询、分析决策和综合服务等基本功能。

“221信息平台”是我市“三农”工作的综合信息平台；是有效促进首都农业现代化、国际化、开放性的重要载体；是缩小城乡“数字鸿沟”、建设“数字农业”的重要实践；是都市型现代农业服务体系的重要内容。大力推广和应用“221信息平台”，有利于进一步整合政府、市场和其他社会力量，合力推进农村信息化；有利于政府职能转变，推动思维方式、领导方式和工作方式的创新；有利于一、二、三产业的融合发展，推动北京农业向高端、高效、高标准迈进，促进农民增收致富。

郊区各区县、市级各相关单位要进一步统一思想，提高认识，集中力量、集中资源加快“221信息平台”建设应用，积极推动都市型现代农业发展和城乡一体化进程。

二、明确“221信息平台”推广应用的目标、原则和任务

（一）总体目标

“221信息平台”建设的长远目标是“数字农业”，即实现北京农业的精准化生产、网络化管理、信息化流通和智能化决策。

“221信息平台”推广应用近期目标：一是，积极推动政府各部门、郊区各区县和农村经济各种组织等应用主体，按照自身的组织职能和实际需要，充分利用“221信息平台”可查询、可分析、可决策功能，通过信息化手段，不断提高“三农”工作行政管理与科学决策水平。二是，争取用3到5年时间，通过“221信息平台”推广应用，使郊区农村在信息网络服务覆盖面、农业信息资源开发利用、农业信息化对都市型现代农业贡献率、信息化对促进农民信息能力提高和农民增收致富效果、农村信息化队伍和服务体系建设等方面实现根本提高。

（二）基本原则

1. 坚持统筹协调、分工合作的原则。市级相关部门和郊区各区县都承担着不断完善功能、及时更新数据、加强推广应用的职责。必须在统筹协调的基础

上，加强分工与协作，确保“221信息平台”推广应用的上下协调一致和各级系统有机衔接。

2. 坚持统一标准、共建共享的原则。“221信息平台”推广应用，在技术标准上，必须强调规范和统一，要严格执行全市信息化和“221信息平台”的标准、规范与指导性技术文件，以确保实现共建共享。

3. 坚持典型带动、鼓励先进的原则。在全面部署、梯次推进，保证“221信息平台”推广应用的整体性和协调性的基础上，要突出重点、典型带动。对应用“221信息平台”态度积极、措施具体、效果显现的地区或单位，要给予政策倾斜和扶持鼓励。

4. 坚持解放思想、创新机制的原则。“221信息平台”的推广应用，要努力拓宽思路、拓展视野，不断进行体制机制创新。要在体现公益服务职能、为城乡居民和各类农产品生产流通者提供普惠服务的同时，努力探索市场化的建设运行模式，广泛吸引社会力量参与，逐步形成有关各方共同投入、共同建设的机制，促进长期稳定运行。

（三）重点任务

1. 建设网上办公公共服务平台。依托政务专网应用“221信息平台”，与办公自动化系统深度融合，拓展、深化网上办公。推动农业和农村工作主管部门的主要业务与日常事务的网上办理；为各级政府相关部门对“三农”工作的量化管理和科学决策提供信息化支持，提高全市“三农”工作的业务信息化和决策科学化水平。

2. 建设“三农”公共信息服务网站。基于互联网打造与建设世界城市目标相适应的涉农公共信息服务网站。借鉴国内外经验，赋予“221信息平台”公共服务网站以全新的定位、响亮的名称、丰富的内容和实用的功能，实现对现有的涉农公共网站信息内容、部门和行业涉农信息资源的综合集成，对市、区县、乡镇、村的广泛覆盖。遵从市场规律，从网民需求和商务营销出发，引入第三方服务，探索电子商务、电子农务等发展模式。通过网络、电视、报刊、语音等多种形式，不断完善“北京12316农业服务热线”。

3. 及时更新数据，确保“221信息平台”应用的时效性。继续整合涉农信息资源，通过“221信息平台”最大限度地将各部门现有的“三农”信息资源集中，使信息资源在交换中增量、在共享中增值。郊区各区县、市级各相关单位要根据全市政务信息资源共享工作的目标、途径和原则，及时采集更新各自职能范围内与“221信息平台”相关的信息资源，将其明确列为日常工作范围。

4. 完善系统功能，不断开发“221信息平台”在部门量化管理和辅助决策方面的应用。继续综合集成多种新技术，完善和加强专家系统，深入开展土壤化学、重金属含量等加密调查，为蔬菜、果树、畜禽等20类左右农业管理业务建立决策支持链条，研发多种服务终端，完善“221信息平台”的信息查询、决策分析、综合服务功能。

5. 开展试点示范，引导“221信息平台”广泛应用。按照“内在动力强、业务需求高、信息化基础好”的标准，确定示范试点，从培训、技术、政策等方面予以重点支持。通过树立和培育不同模式、不同类型、不同层级的示范单位，总结服务模式，推进技术应用，促进示范单位信息化服务水平显著提高、辐射带动能力明显提升。

水务、农委、园林绿化、农业等部门，应率先推广应用“221信息平台”，要结合部门工作实际，制定工作方案，出台具体意见，切实加以推进。在应用实践基础上，研究制订“十二五”期间“221信息平台”建设和应用规划。

6. 加强应用培训，提升管理人员素质和各级用户应用能力。全市统一对市级平台管理人员及区县平台负责人、业务骨干、农业龙头企业进行分期、分类培训，提升管理水平和运行效率。郊区各区县对区县一级平台管理人员及乡镇、合作社、村信息员进行培训，提升信息采集、操作使用能力。要关注国际国内的成功经验和做法，及时借鉴，取长补短。

7. 积极总结宣传，提升“221信息平台”的品牌和知名度。认真总结“221信息平台”建设应用的典型经验和应用效果，大力推广先进典型和好的做法。有重点的做好推介工作，采取走出去、请进来的方法，主动向在京国家机关及大型国有企业、国际总部基地介绍情况，加大吸引社会力量参与的力度。

要组织新闻媒体对“221信息平台”进行宣传，提升知名度和社会认知度，为推广应用打下良好的舆论基础。

三、落实“221信息平台”推广应用的保障措施

（一）不断加强部门联动的工作机制

在市信息化领导小组的统筹指导和统一部署下，由市农委、市经济信息化委、市科委、市发展改革委、市财政局、市统计局、国家统计局北京调查总队、市水务局、市园林绿化局、市农业局、市农研中心、市农科院共12个单位，组成“221信息平台”协调小组，统筹规划、组织领导“221信息平台”的建设应用工作。同时，与“221信息平台”建设应用密切相关的12个市级相关单位（包括市规划委、市商务委、市国土局、市工商局、市保密局、市质监局、市气象局、市地勘局、中国人民银行北京营业管理部、市农职院、中央农产品批发市场管委会、中国移动通信集团北京公司）要明确一名具体工作人员负责组织联络和协同事宜。

“221信息平台”协调小组下设办公室，设在市

农委信息中心，具体负责项目建设、系统部署和日常协调联络工作；市农科院负责技术支持。同时成立“221信息平台”专家小组，由信息化和农业分析模型等领域的专家组成。

郊区各区县人民政府要形成相应的“221信息平台”组织领导体制和运行维护机制。区县农业和农村工作主管部门要有副职领导分管、具体机构负责、专门人员从事此项工作。

（二）逐步完善长效运行维护的体制机制

“221信息平台”的运行维护体系分为业务工作体系和技术支持体系两部分。业务工作体系包括协调小组成员单位中的市级部门及区县、乡镇对应单位，以农业和农村工作部门为主体。技术支持体系包括协调小组各成员单位中具体从事信息技术工作的专门机构，以市农委系统各单位的信息中心、郊区各区县农委信息科（信息中心）为主体。

郊区各区县人民政府要加强本区县乡镇、村级“221信息平台”技术支持体系建设。各乡（镇）政府要在农业和农村工作主管机构内设置专职或兼职岗位。加强村级“221信息平台”信息员队伍建设，可以将各村大学生“村官”助理纳入到村级信息员队伍中来，也可以设置村级信息员公益岗位，统筹负责农村各类基层信息采集工作。

（三）认真实施政策引导和督查考核

郊区各区县、市级各相关单位要结合实际，制定有利于“221信息平台”推广应用的激励政策和保障机制，进一步扩大推广应用的受益面，有效支持和保障此项工作的开展。督查考核部门要将“221信息平台”推广应用作为新农村建设督考工作重点，纳入年度绩效和工作考核范围，切实加大督促检查力度，确保“221信息平台”推广应用各项任务的圆满完成。

北京市农村工作委员会
关于申报2010年北京市农民专业合作社示范社
及评定管理办法的通知

（2010年4月8日）

郊区各区县农委：

为加快推进本市农民专业合作社示范社建设，进一步落实市农委等7个部门《关于印发北京市农民专业合作社示范社建设行动计划的函》（京政农函[2010]5号）确定的建设任务，现将申报2010年北京市农民专业合作社示范社及评定管理办法等事项通知如下：

一、申报条件

（一）基本条件

基本条件为申报市级示范社的必备条件，申报市级示范社的农民专业合作社必须全部达到以下五项基本条件，达不到其中任何一项条件的不能参加市级示范社的申报。

1. 农民专业合作社应当依法取得本市或各区县有关主管部门颁发的农民专业合作社法人营业执照、组织机构代码证和税务登记证，且运行时间达到一年以上。

2. 具有规范的农民专业合作社章程，所有成员必须经工商部门正式登记注册，建有健全的成员（代表）大会、理事会、监事会（执行监事）三会制度。

3. 合作社有独立的银行账户，实行独立会计核算，为每名成员单独设立账户，详细记录成员出资额等资产份额和交易额，产权明晰。

4. 合作社的重大事项实行“一人一票”制度或“一人一票”和附加表决权结合制度（附加表决权不超过总票数的20%）。

5. 农民专业合作社的可分配盈余按成员与本社交易量（额）比例返还总额不低于可分配盈余的60%。

（二）其他条件

其他条件为申报市级示范社的导向性条件，可根据合作社的经营范围和特点，进行申报。

1. 入社农户数量较多。合作社规模较大，入社农户成员平原区县应达到150户以上，山区县应达到100户以上。（基础分20分，每增加10户，增加1分）

2. 农资统一采购比例较高。合作社成员主要生产资料统一购买率达到80%以上。（基础分15分，每提高1个百分点，增加0.5分）

3. 产品统一销售能力较强。合作社成员生产的主产品统一销售率达到80%以上。（基础分15分，每提高1个百分点，增加0.5分）

4. 公共服务设施全。合作社有健全的服务设施，能够及时为成员提供服务。包括：统一开展技术培训、统一产品包装和农产品加工。（基础分10分，开展农产品初级加工增加5分，开展农产品深加工增加10分）

5. 带动成员增收明显。合作社农户成员主业产品平均收入比当地未加入合作社的同业农户平均高

20%。（基础分10分，每提高1个百分点增2分，每降低1个百分点减1分）

6. 标准化生产率高。所有成员按照《农产品质量安全法》的要求，建立完整的生产记录制度，合作社成员的标准化生产率达到100%。（基础分10分）

7. 品牌建设工作好。注重品牌建设，建立健全良好规范的信用管理制度，有自主注册商标。（基础分10分）

8. 公共积累机制好。合作社建立了良好的内部积累和风险保障机制，按照一定比例提取公积金、公益金和风险基金，具有较强的可持续发展能力。（基础分10分）

二、申报、评定程序及时间安排

（一）资格申报

5月15日前，由农民专业合作社按照要求，以书面及电子文档两种方式向区县农委进行申报。

（二）区县审核

5月底前，区县农委会同区县经管站、农民专业合作社服务中心，根据申报条件和要求，结合本地农民专业合作社发展实际，认真进行审核。

（三）区县申报

6月10日前，由区县农委以书面及电子文档两种方式向市农委推荐上报2010年北京市农民专业合作社示范社申报书，其中书面材料一式3份。

（四）专家初评

6月底前，由市农委组织专家，按照评分标准，对区县申报的农民专业合作社相关材料进行评审，按总得分进行排序，并组织有关人员进行现场抽查。根据得分排序及现场抽查情况，初步评选出北京市农民专业合作社示范社名单。

（五）联合审定

7月底前，由市农委会同市财政局、市发展改革委、市科委、市工商局、市商务委等相关部门按照程序和标准，对专家组评选出的市级农民专业合作社示范社进行联合审核，确定“北京市农民专业合作社示范社”名单。

（六）授牌表彰

8月底前，经市农委主任办公会讨论，对评定的“北京市农民专业合作社示范社”发文予以公布、统一授牌表彰。

（七）项目扶持

对评定为市级农民专业合作社示范社的，由市和区县按照京政农函［2010］5号文件的有关规定及年度扶持重点，对示范社申报的建设项目优先给予相应的奖励扶持。

附件：2010年北京市农民专业合作社示范社建设项目申报书

表1　农民专业合作社基本情况表

<table>
<tr><td>申报单位全称</td><td colspan="5"></td></tr>
<tr><td>详细通讯地址</td><td colspan="3"></td><td>邮政编码</td><td></td></tr>
<tr><td>法定代表人姓名</td><td></td><td colspan="2">联系电话</td><td colspan="2"></td></tr>
<tr><td>法定代表人身份</td><td></td><td colspan="2">手机号码</td><td colspan="2"></td></tr>
<tr><td>登记成员人数</td><td></td><td colspan="2">网站网址</td><td colspan="2"></td></tr>
<tr><td>注册登记部门</td><td></td><td colspan="2">产品商标名称</td><td colspan="2"></td></tr>
<tr><td>注册登记时间</td><td></td><td colspan="2">主要业务范围</td><td colspan="2"></td></tr>
<tr><td>成员出资总额（万元）</td><td></td><td colspan="2">主要服务内容</td><td colspan="2"></td></tr>
<tr><td>从事何种产品加工</td><td colspan="5">分类____ 包装____ 加工____ 贮藏____ 运输____</td></tr>
<tr><td>产品主要销往地区</td><td colspan="5">本区县____ 本地市____ 本省____ 省外____ 境外____</td></tr>
<tr><td>基地、产品获得何种认证</td><td></td><td colspan="2">获得哪级名牌产品</td><td colspan="2"></td></tr>
<tr><td>是否制定实施生产质量标准</td><td></td><td colspan="2">是否从事营销活动</td><td colspan="2"></td></tr>
<tr><td>上年末资产总额（万元）</td><td></td><td rowspan="3">出资情况</td><td>出资人数</td><td colspan="2"></td></tr>
<tr><td>上年经营服务总收入（万元）</td><td></td><td>货币出资金额（元）</td><td colspan="2"></td></tr>
<tr><td>上年可分配盈余总额（万元）</td><td></td><td>非货币出资金额（元）</td><td colspan="2"></td></tr>
<tr><td>上年按交易量（额）比例返还盈余总额（万元）</td><td></td><td colspan="2">上年出资分红总额（万元）</td><td colspan="2"></td></tr>
<tr><td>申报单位所在地区县级主管部门名称</td><td colspan="5"></td></tr>
<tr><td>联系人</td><td></td><td colspan="2">联系电话</td><td colspan="2"></td></tr>
</table>

说明：表中有__符号的项目，请在____上打√。

表2　北京市农民专业合作社示范社申报条件明细表

评定条件	具体指标情况	备注
1. 入社农户数量		
2. 农资统一采购数量及所占比例（%）		
3. 产品统一销售数量及所占比例（%）		
4. 公共服务设施情况		
5. 带动农户成员增收情况		
6. 标准化生产情况		
7. 品牌建设情况		
8. 公共积累机制情况		

表 3　北京市农民专业合作社示范社建设项目申报及推荐意见表

农民专业合作社意见	本合作社对以上内容的真实性和准确性负责，特申报北京市农民专业合作社示范社。 法定代表人签名：　　申报单位章： 年　月　日
乡镇级主管部门意见	经认真审核，该农民专业合作社申报书内容客观真实。同意推荐申报。 负责人签名：　　单位公章： 年　月　日
区县经管站或农民专业合作社服务中心意见	同意推荐该农民专业合作社申报北京市农民专业合作社示范社。 负责人签名：　　单位公章： 年　月　日
区县农委意见	经组织评审，同意推荐该农民专业合作社申报北京市农民专业合作社示范社。 负责人签名：　　单位公章： 年　月　日

北京市农村工作委员会
关于昌平区回龙观镇二拨子村
整建制一次性农转非有关事宜的意见

（2010 年 7 月 16 日）

昌平区人民政府：

贵区《关于昌平区回龙观镇二拨子村整建制一次性农转非有关事宜的函》（昌政函［2010］143 号）收悉。我委进行了认真研究，鉴于二拨子村已纳入城市中心区发展规划，已无可利用农业用地，全村人口全部搬迁上楼，集体经济组织完成产权制度改革且对集体资产处置无争议的实际情况，原则上同意贵区提出的将二拨子村农民整建制一次性农转非的有关事宜，并建议处理好以下问题：

一、建议妥善解决转非人员社保问题

市政府批准二拨子村整建制农转非后，建议贵区要按照本市现行政策，将全部转非人员妥善纳入到城镇职工社会保障体系和超转人员保障体系，确保农转非人员与城镇居民享受同等社会保障待遇，防止产生遗留问题。

二、建议妥善解决人员就业问题

在整建制农转非后，建议贵区采取有效措施，妥善解决转非劳动力的就业问题，实现可持续增收。

三、建议依法合规处置剩余土地

建议现存的240.99亩集体土地所有权、使用权和收益权仍归原村集体经济组织，待今后将集体土地征为国有土地时，依据相关政策对集体经济组织给予相应的补偿。

四、加强对新型股份制集体经济组织的监管和服务

二拨子村已经完成集体经济产权制度改革，建立了新型股份合作制集体经济组织，整建制农转居后，贵区政府应明确监管主体，切实加强对转居后新型集体经济组织的监督管理和服务，确保集体资产保值增值，保障农转居人员有可持续的收入来源。

五、协调处理好外地户口婚嫁人员问题

对于6名外地户口婚嫁人员的转居问题，建议贵区政府积极协调、征得公安和人力社保等部门的意见，妥善处理。

北京市农村工作委员会　北京市农业局　北京市园林绿化局关于进一步加强防范和打击农（林）业领域非法集资工作的通知

（2010年8月9日）

各郊区县农委、农业局、园林绿化局：

近年来，涉及农（林）业领域非法集资事件呈现上升势头，非法集资涉农案件居高不下，致使许多农民群众上当受骗，侵害了农民利益，扰乱了农村经济的发展，严重影响了农村社会稳定。今年6月10日，有百余名蒙京华投资有限公司投资人及下属员工到国务院法制办聚集上访，在社会上造成了很大影响。针对近期发生的“东方森贸合作造林非法集资千余人上当受骗”、“亿霖木业非法集资案件”和“蒙京华公司回购奶牛非法吸收公共存款”等案件，市委市政府高度重视，多次要求农业、园林绿化主管部门对涉及农业、林业、农产品的非法集资事件要早发现、早禁止、早解决，采取有力措施严密防范和严厉打击，妥善处置，遏制非法集资事件的发生。按照市委市政府的有关要求，为进一步加强防范和打击利用农（林）产品进行非法集资工作，在各郊区县涉农领域深入开展非法集资大排查，现就有关工作通知如下：

一、加强领导，落实责任

郊区各级农业、林业部门要充分认识农（林）业领域非法集资的严峻形势和社会危害，把打击非法集资作为一项事关全局的主要工作来抓，认真贯彻落实国务院办公厅下发的《关于依法惩处非法集资有关问题的通知》（国办发明电［2007］34号）和《农业部办公厅关于进一步加强打击农业领域非法集资工作的通知》（农办经［2010］5号）等有关文件精神，在属地政府的领导下，切实加强组织领导，认真履行职责，积极配合有关部门做好相关工作，将此项工作落实到具体部门和人员，并建立健全工作协调机制和信息沟通渠道。按照法律、法规赋予的行业主管职责，以及监管与市场准入、行业管理挂钩的要求，将打击非法集资工作纳入工作职责范围，配合银监、公安、工商等部门，加强对种子、兽药、饲料、林业等生产经营单位涉嫌非法集资活动的监管和线索收集；加强对相关农业生产经营主体内部融资行为的监控，督促其严格履行融资审批程序，建立风险评估机制。

二、认清当前涉农非法集资的特点

从目前掌握情况看，农（林）业领域涉嫌非法集资案件涉及的行业主要集中在种植、养殖、农产品加工、林业等行业。农业领域非法集资比较突出的特点是虚构产业链条。非法集资者通常都会编制关于产品、市场、高科技等各个方面的谎言，虚构一个高投入、高盈利、高回报的产业链条。以这个虚构的产业链条为依托，以高额回报为诱饵，有的以签订商品经销合同、委托代养合同等形式进行非法集资；有的借项目开发、庄园开发、生态环保投资等名义非法集资；有的利用农产品加工企业、龙头企业的名义进行非法集资。要对群众陌生的特种种养产业，及时进行研究，分析产业特点，总结经营模式，破除高盈利谎

言，揭露虚构产业链条进行非法集资的实质。

三、加强宣传和风险提示

郊区各级农（林）业部门要充分利用广播、报刊、电视、网络等手段加大宣传力度，向广大农民群众宣传国家有关的法律、法规，以及利用农（林）产品及农（林）用地使用权进行非法集资的危害性，通报农业、林业、农产品领域非法集资的新特点和相关的预防措施，要通过开展现场咨询、组织宣传培训会、印发宣传材料等多种形式，使基层农民群众受到亲身教育，认清非法集资的本质，提高农民群众的风险意识和甄别能力。

四、加强信息监测工作

各级农（林）业部门要根据农业领域非法集资的特点尽快建立非法集资日常监测预警制度及信息快速反应机制，做到早发现、早报告。要加强农（林）业系统内部的沟通协调，深入研究农（林）业领域非法集资案件的特点，及时掌握以种养业、林业为名进行非法集资的情况，并据此对重点行业开展风险排查，防止风险积聚，消除非法集资的隐患。要公布举报电话、信箱和电子邮箱，通过有奖举报等方式鼓励公众参与举报，通过媒体披露、舆情监测等多种渠道收集情报，及时甄别和掌握非法集资活动情况。一旦发现非法集资苗头，应及时上报属地人民政府依法妥善处置。

五、加强协调配合

郊区各级农（林）业部门要在当地政府打击非法集资工作领导小组的指导下，切实加强与银监、公安、工商、财政、信访、维稳等相关部门的联系，做到步调一致，信息共享，形成合力。要进一步做好部门之间的沟通协调，加强信息交流，全面掌握农（林）业领域非法集资案件情况；要及时掌握农（林）业领域非法集资案件线索，积极配合做好查处工作，消除农（林）业领域非法集资隐患。

北京市农村工作委员会　北京市农业局　北京市财政局关于印发《北京市村级全科农技员队伍建设试点工作实施方案》的通知

（2010 年 8 月 27 日）

各有关区县农委、农业局、财政局：

为贯彻落实 2010 年中央农村工作会议、北京市农村工作会议精神，加快完善基层农业科技服务体系建设，加快构建村级全科农技员队伍，满足郊区农民日益增长的农业科技服务需求，经研究决定，在房山、通州、大兴、密云、延庆开展村级全科农技员队伍建设试点，现将工作方案印发给你们，请认真组织做好相关工作。

一、尽快成立由农业、科技、教育、林业、财政等部门参加的工作协调小组，明确主责部门，细化部门职责，确定专人负责。

二、结合区域农业产业发展特点和村级技术队伍现状，有针对性地组织制定本区县落实方案。

三、及时总结经验，发现试点工作存在的不足和问题，采取得力措施妥善解决，并向市级相关部门反馈，每月向市农业局报告一次进展情况。

北京市村级全科农技员队伍建设试点工作实施方案

为贯彻落实 2010 年中央农村工作会议、北京市农村工作会议及市政府《关于推进基层农业技术推广体系改革工作的实施意见》（京政发［2007］22 号）精神，加快完善基层农业科技服务体系，加快构建村级全科农技员队伍，满足郊区农民日益增长的农业科技服务需求，依据《农业技术推广法》和《北京市〈农业技术推广法〉办法》，2010 年在部分区县组织开展村级全科农技员队伍建设试点工作。为确保各项工作有序开展，特制定本方案。

一、总体目标与基本原则

（一）总体目标

按照 2010 年全市农村工作会议提出的“建立村级农业综合服务点，推行农业科技特设岗位计划，在以种养业为主的村设立一名全科农技员”的要求，在房山、通州、大兴、密云、延庆等区县，围绕种植、养殖等高效产业，选聘和培养 500 名村级全科农技员（每个区县 100 名）。完善市、区县、乡镇、村农业科技推广服务快速对接联动机制，有效解决科技进村入户“最后一公里”等问题，促进都市型现代农业高端、高效、高辐射发展和农民增收致富。

（二）基本原则

坚持政府主导、政策支持、公益服务的原则；坚持需求导向、因地制宜、发展产业的原则；坚持择优选聘、用培并重、优胜劣汰的原则；坚持试点起步、总结经验、逐步完善的原则。

二、推荐条件和聘用程序

（一）试点村条件

重点选择以种植、养殖产业为主、农业从业劳动力比例较高、本村农民有强烈需求、村级领导班子团结、干群关系良好的村为试点村。试点村的确定可以选择重点农业乡镇，整乡（镇）覆盖；也可以选择农业主导产业，按照区域主导农业产业分布情况确定。

（二）村级全科农技员推荐条件

1. 具有本市户口，身体健康，热爱农村农业工作，责任心、服务意识、科技意识、创新意识及组织协调能力较强，有较好的群众基础和影响力。

2. 具有高中以上文化水平，丰富的农业生产实践经验，较高的农业生产技能，较强的带动和辐射能力。具备农业生产、经营特殊技能的人员可适当放宽。

3. 近年来各级培养的农村实用人才、农民田间学校辅导员和优秀学员、科技示范户、乡土专家、农村科技协调员，以及服务期满的大学生村官、农业专业中高职毕业生、取得国家农业职业资格证书的人员，可优先择优选聘。

4. 凡享受公共服务性补贴或工资性收入的人员不得聘用。

（三）村级全科农技员推荐聘用程序

1. 组织推荐：村级全科农技员推荐工作由试点区县农业主管部门统一组织。人选由试点乡镇政府会同村委会推荐，区县农业主管部门根据试点村条件和推荐人员条件审核确定，按照市农业局统一要求建立村级全科农技员个人电子档案。

2. 培训考核：试点区县农业主管部门对推荐的村级推广员按产业、文化程度、年龄、生产年限等个人情况进行分类，按照市农业局制定的统一岗前培训方案，组织推荐人员到指定的培训机构脱产集中培训，培训结业并经考核合格后，发放由市农业局统一印制的培训证书，并在市农业局备案。

3. 签约聘用：试点村村委会与上岗的村级全科农技员签订聘用协议，明确各项权利义务。区县农业主管部门和乡镇政府备案并监督管理。

三、工作职责和服务标准

村级全科农技员是村级公益性农业技术推广服务的专门人员，其主要工作职责和服务标准如下：

（一）工作职责

村级全科农技员受所在村党支部和村委会领导，依托村级农业综合服务站，重点做好以下工作：

1. 负责本村种养业产前、产中、产后技术指导，与上级农技部门专家联系，解决农户生产中出现的难点问题。

2. 负责建立服务农户台账，及时将农户的技术需求、生产信息上报乡镇农技部门，将上级农技部门或专家团队下达的各类信息在本村传播。

3. 协助上级农技部门开展农业技术示范推广和农民培训等工作。

（二）服务标准

1. 对本村从事种养业生产的农户服务到户率达到100%。

2. 为所服务农户100%建立服务台账。

3. 服务对象的满意率达到80%以上。

4. 带动和培养示范户10户以上。

四、运行机制

村级全科农技员队伍建设，实行“部门管理、动态监测、联合培养、定向指导、实效考核、淘汰竞争”的运行机制。

（一）强化部门管理

市农业局为村级全科农技员队伍建设与管理试点工作的主责部门，重点负责制定相关管理文件与办法，指导组织实施与监督管理，协调优势科技资源，指导区县开展工作。建立全市村级全科农技员信息化管理系统。

试点区县农业主管部门是村级农业综合服务站和全科农技员队伍建设的实施责任主体，负责指导村级农业综合服务站建设，组织村级农技员推荐、培养、使用、管理、考核，探索村级农业综合服务站与村级农技员队伍建设运行模式，总结典型经验。

试点乡镇政府负责统筹、协调、调度本区域资源，协助管理与服务指导村级农业综合服务站和村级全科农技员开展服务工作。

行政村是村级全科农技员开展服务的重要依托，在试点村建立由村支部书记或村委会主任担任站长的村级农业综合服务站，为村级全科农技员开展农技服务及培训等提供必要的设施设备和场所条件，做好相关组织协调工作。

（二）开展动态监测

采取工作日志、联系农户台账及移动网络等方式，加强对村级全科农技员开展服务工作的动态监测，确保其开展及时、有效的技术服务，解决农民生产问题。

（三）实施联合培养

根据村级全科农技员工作中反映出的全局性、普遍性问题，市农林科学院、北京农学院、北京农职院及市、区县级农业推广机构按照市级统一培养方案，对选聘的村级全科农技员开展有针对性的定期培训，提升其服务技能和知识水平。

（四）采取定向指导

区县要以产品为核心、以产业为主线成立技术服务创新团队，明确首席岗位专家和岗位技术指导员的服务区域、服务对象、服务内容和量化工作指标，与村级全科农技员签订培养与技术指导服务责任书。市级组织科研、教育、推广、企业、协会、服务中介等有关专家，建立以产品为核心的产业技术体系创新团队，重点围绕区县主导产业提供技术支撑，全面与区县技术创新团队有效衔接，上下互动，高效运行，为村级全科农技员培养提供定向指导与服务。

（五）突出实效考核

市级统一制订村级全科农技员考核管理办法，村级全科农技员考核以农民的满意率、解决农民实际问题作为主要考核指标。根据签订的服务协议，采取量化打分和实地测评相结合的方式进行考核。考核工作由试点区县农业局统一组织，原则上每季度开展一次。

五、保障措施

（一）加强领导、建立组织

各级各部门加强对村级全科农技员队伍建设试点工作的组织领导，市、区县两级成立工作协调小组，协调小组应有农业、科技、教育、林业、财政等部门参加，要明确专人负责。乡镇要明确一名主管副乡镇长协助区县管理部门开展工作。行政村要明确由村支部书记或村委会主任负责村级服务站点建设。整合和调动市、区农业推广机构、市级农业高校、院所等资源，组建市、区两级专家团队，为推广员队伍提供技术支撑和技术培训。

（二）建立经费保障机制

市、区县两级建立村级全科农技员队伍建设试点工作经费补助机制。补助经费包括村级全科农技员补贴和服务补助，以及技能提升培训补助等。村级全科农技员补贴标准为平均每月 1 500 元/人（含人身意外伤害险），分为基本补贴和绩效补贴两部分，基本补贴应于上岗之日起按月发放，绩效补贴经考核后按季度发放，具体发放办法由试点区县农业主管部门商财政局确定。服务补助、技能提升培训补助标准依据市财政相关办法执行。

（三）积极探索，总结经验

试点区县农业部门根据产业发展特点和村级技术队伍现状，有针对性地制定本区县村级全科农技员队伍建设试点工作方案，细化考核与管理，及时发现试点工作存在的不足和问题，采取得力措施妥善解决，并向市级相关部门反馈。市级相关单位定期不定期召开不同形式的研讨会、座谈会，总结经验、查找问题，为全面推广奠定坚实基础。

北京市农村工作委员会　北京市财政局　北京市农业局　北京市园林绿化局　关于印发《促进设施农业发展实施细则》的函

（2010 年 9 月 14 日）

郊区各区县人民政府：

设施农业作为建设北京都市型现代农业的重要组成部分，是实施“人文北京、科技北京、绿色北京”发展战略的重要内容之一。近年来，在农业扶持政策的引导下，北京市设施农业建设取得了较大发展，成为京郊农业增效、农民增收的又一重要途径，在保障首都农产品供给中发挥了重要作用。为贯彻落实《关于促进设施农业发展的意见》（京政发［2008］30 号）精神，进一步促进我市设施农业产业的健康发展，根据我市设施农业发展情况，结合当前的新形势、新任务，特制定本实施细则，现予以印发，请遵照执行。

促进设施农业发展实施细则

一、年度建设任务安排

自 2010 年起，全市将进一步加强设施农业建设的计划性，一是根据各区县上报建设计划，由市相关部门进行统筹安排，提前下达区县建设任务；二是两区两带多群落和百村万户一户一棚设施农业建设需提前备案；三是连栋温室（大棚）建设需以项目形式提前申报。

（一）年度设施农业建设任务的确定程序

1. 设施农业建设工作由各区县农委（农业局）牵头，会同区县财政局、区县园林绿化局等有关部门，在每年4月底前，对本区县设施农业建设规模进行摸底调查，确定当年建设计划后，报送市设施办。市设施办根据全市年度建设总任务，结合区县建设计划，并参考前一年度区县建设计划完成情况对年度建设任务进行分解，经设施农业建设联席会议审核通过后，将建设任务下达给各区县。列入年度建设任务的，由本年度扶持资金进行补贴，年底验收超额部分列为下一年度区县建设任务。

2. 百村万户一户一棚设施农业重点扶持通州、顺义、大兴、平谷、延庆、怀柔、密云、昌平、房山和门头沟10个远郊区县，每年市级安排扶持每个区县总面积不超1 000亩，其中日光温室面积不超过500亩。

（二）两区两带多群落和百村万户一户一棚备案程序

由建设单位填写《年度设施农业建设项目备案表》，报乡镇政府初审存档后，将《年度设施农业建设项目备案汇总表（二）》报区县农委（农业局），由区县农委（农业局）牵头，组织区县财政局、区县园林绿化局审核后，将《年度设施农业建设项目备案汇总表（一）、（二）》报市设施办备案。

（三）连栋温室（大棚）建设项目申报程序

连栋温室（大棚）建设采取项目形式扶持。项目建设单位需填写《年度连栋温室（大棚）建设项目申报书》，由乡镇政府初审后，报区县农委（农业局），由区县农委（农业局）牵头，组织区县相关部门联合审核，经区国土资源局审核后，报市设施办备案。

二、验收方式

（一）引入全程监理机制

为了规范和加强对各区县设施农业建设的监督和管理，提高财政资金使用效率，自2010年起在设施农业建设工作中全程引入监理机制，由专业监理公司具体负责设施农业建设的检查和验收工作。验收标准由市农委、市农业局、市财政局、市园林绿化局等有关部门联合制定。监理公司按照验收标准进行验收并报市设施办，经设施农业建设联席会议复核同意后，进行补贴。

（二）建立督导服务组

原“设施农业督导组”更名为“设施农业建设督导服务组”，其职责做相应调整：一是加强设施农业技术服务，加快新技术、新品种、新成果的转化和应用，帮助农民提高设施农业管理水平，协调解决生产中的技术难题；二是收集、总结和推广各区县在设施建设中的典型经验和做法；三是检查设施农业建设进度、监理质量等情况。

（三）严格验收要求

1. 两区两带多群落和百村万户一户一棚新建设施农业必须完成主体结构建设，其中：温室必须完成三面墙体建设和钢结构的安装，钢架大棚必须完成骨架的安装；单栋温室作业间（操作间）面积不得超过15平方米。

2. 连栋温室（大棚）必须用于农业（种植业）生产且已投入生产，吸纳当地农民就业率达80%以上。

三、补贴标准

（一）两区两带多群落日光温室和大棚建设项目

1. 中高档温室和简易温室分类标准。

中高档温室：纯砖墙＋钢架结构、内外墙包砖＋钢架结构。

简易温室：纯土墙＋钢架结构、干打垒外贴石棉瓦＋钢架结构、土墙单面贴砖＋钢架结构、其他墙体＋钢架结构。

2. 补贴标准。中高档温室1.5万元/亩，简易温室1万元/亩，钢架大棚0.4万元/亩。

（二）连栋温室（大棚）建设项目

依据连栋温室和连栋大棚在主体结构、配套设施、功能用途上的区别及两者的建造成本上的差异，对连栋温室和连栋大棚实施分类补贴。

1. 连栋温室和连栋大棚分类标准。

连栋大棚：是指以轻型钢结构为骨架，以热镀锌管或方型钢为立柱，以塑料膜、PC板等为覆盖材料的农业设施。

连栋温室：是指以轻型钢结构为骨架，以方型钢为立柱，以塑料膜、玻璃、PC板等为覆盖材料的农业设施。此外，连栋温室还必须具备加温系统、降温系统、补光系统、匀风系统、内外遮阳、50～70厘米的墙体等附属设施。

2. 补贴方式。根据连栋温室和连栋大棚建设项目的具体情况，按照具体用途、拉动当地农业产业发展、带动农户及促进农民增收等情况，以项目形式予以补助。

（三）百村万户一户一棚工程

1. 日光温室按中高档温室和简易温室进行分类补贴。

2. 补贴标准。中高档温室4万元/亩；简易温室2万元/亩；钢架大棚1.5万元/亩。

四、规模化奖励资金的使用方向

规模化奖励资金由市级统筹安排，用于鼓励示范创新，促进设施农业由数量规模型向科技效益型转变，在保持设施农业面积稳步发展的同时，鼓励推动设施农业向高端、高效、高辐射和生态、安全方向发展，鼓励区县在科学管理、科技创新、配套服务、市场开拓等方面进行探索和创新。主要用于以下五个方面：一是扶持设施蔬菜、花卉、果树标准园建设；二是扶持昌平世界草莓大会、丰台世界种子大会等重点项目设施农业建设；三是组织开展农民技术培训；四是完善设施配套建设；五是扶持农民合作组织、行业协会建设，提高农民组织化程度。

五、其　他

1. 设施农业建设项目应符合土地利用总体规划、

乡村建设规划和设施农业发展专项规划。

2. 本着农地农用的原则，切实加强设施农用地的用途管制。严禁项目建设单位擅自或变相将设施农用地用于其他非农建设，尤其是房地产开发；严禁超标准用地，擅自扩大设施用地规模；严禁改变直接从事或服务于农业生产的设施性质，擅自将设施用于其他经营。

本细则自发布之日起实施，请各区县遵照执行。

北京市农村工作委员会　北京市农业局
北京市园林绿化局　北京市发展和改革委员会
北京市科学技术委员会　北京市财政局
关于印发《关于加快推进北京种业发展方式转变的意见》
和《北京种业发展规划（2010—2015年)》的通知

（2010年10月29日）

郊区各区县人民政府：

为抓住建设世界城市机遇，推动首都种业跨越式发展，根据2010年全市农村工作会议部署和要求，结合《“科技北京”行动计划（2009—2012年)》，市农委、市农业局会同市发展改革委、市科委、市财政局、市园林绿化局联合制定的《关于加快推进北京种业发展方式转变的意见》和《北京种业发展规划（2010—2015年)》已经市政府专题会议原则通过。现一并予以印发，请结合实际贯彻执行。

关于加快推进北京种业发展方式转变的意见

种业是农业发展的基础和先导，是都市型现代农业的重要组成部分。经过多年的建设发展，北京种业已初步确立了在全国的领先地位。新形势新阶段，按照“人文北京、科技北京、绿色北京”的战略要求，站在建设世界城市高度，需要进一步强化种业对都市型现代农业的引领作用，根本转变北京种业发展方式，打造“种业之都”。为此，提出以下意见。

一、促进北京种业发展的重要意义

（一）以种业为突破口，提升都市型现代农业整体水平

北京种业拥有得天独厚的科技、市场、信息、人才等优势，具备了超常规、跨越式发展种业的基础和条件，同时，由于种业具有高端、高效、高辐射的特征，在推动农业产业结构调整、促进农业产业集群形成等方面具有明显的比较优势。因此，把种业作为提升都市型现代农业整体水平的突破口具有重要的意义。

（二）促进郊区农业增效，带动农民持续增收

受多种因素制约，北京市的生产型农业不具优势，种业产品同普通产品比较具有较高的市场价值。因此，高效发挥首都资源优势，规避土地不足和劳动力成本过高等劣势，推进种业发展，可以促进郊区农业增效，带动农民持续增收。

（三）引领全国种业发展，做大做强民族种业

2010年中央农村工作会议上提出：要加快种业科技创新，做大做强民族种业。北京种业是全国种业发展的排头兵和引领者，通过集成利用北京优势资源、提高产业集群效应和网络增值效应，不断完善产业链条，对于促进首都种业跨越式发展，强化对全国种业的引领作用，做大做强民族种业具有重要意义。

（四）站在世界城市高度，促进首都种业国际化

种业是世界各国争夺的基础性、战略性产业。我国已步入世界大国行列，北京已进入建设世界城市新阶段，进一步发挥北京种业优势，强化种业创新，提升吸引国际种业企业集聚、链接全球种业市场的能力，增强世界种业进入中国、中国种业走向世界的支撑和服务能力，加快首都种业国际化进程，对于促进首都种业乃至我国种业国际竞争力、影响力和控制力，对于建设世界城市具有重要意义。

二、指导思想、主要原则和目标

（一）指导思想

按照“人文北京、科技北京、绿色北京”的建设要求，紧紧围绕北京都市型现代农业发展，以打造“种业之都”、实现“籽种品种顶尖级”为目标，发展世界城市战略性产业，加大投入、提高能力、搭建平台，通过理念与价值创新、技术与管理创新、模式与体制创新，整合资源，集成政策，努力提高首都种业的影响力、竞争力、控制力和吸引力。

（二）主要原则

兴业富民。坚持以种兴农、以业富民的发展理念，着力提升种业发展的经济效益，强化其促进农民增收致富的作用。

科技引领。整合首都科技资源，以优异种质资源创新为基础，以高新育种技术为先导，实行生物育种和常规育种相结合，加强基础研究和商业化育种，提高种业发展的核心竞争力。

市场运作。坚持市场在种业发展中的基础性作用，依法建立公平、开放、有序的种业市场，提高执法效果，维护市场正常运行秩序。

企业主体。树立企业在产业发展中的主体地位，营造健康、宽松的发展环境，为提高企业竞争能力提供保障。

政策扶持。通过制定和集成政策，完善相关配套措施，引导企业不断加强创新，并以先进的营销理念、成熟的商业运作模式和推广手段，向高端、高效、高辐射方向发展。

（三）发展目标

总体目标是按照“籽种品种顶尖级”的要求，将北京打造成种业之都，逐步形成两个中心，即成为引领种业发展、展示我国种业科研实力的中国种业科技创新中心和服务国内外种业企业、科教机构及各类社会服务机构的全球种业交易交流服务中心。争取到2015年，首都种业销售额达到85亿元，相比2008年增长80%，年均增长约10%。

三、北京种业发展布局

紧紧围绕打造中国种业科技创新中心和全球种业交易交流服务中心的建设目标，按照科技创新、交易交流、展示、生产四个层次进行北京种业的空间布局。

种业科技创新：依托首都功能核心区和城市功能拓展区的科技、人才、资金等资源汇集形成的研发创新与企业聚集中心优势，以海淀区为核心，辐射丰台、通州、顺义等创新点，带动北京种业科技创新。

种业交易交流服务：以发展会展经济、做大做强龙头企业为着力点，以提高北京种业的影响力、竞争力、控制力和吸引力为落脚点，结合城市发展规划，打造丰台种业会展、总部功能区和顺义种业交易功能区。

种业展示：依托三级展示网络，为企业竞争、科研机构示范、农业部门推广、农民选种搭建平台。

种业生产：以区域功能定位为导向、以当地资源禀赋为基础、以产业优势为依托，以点带线、以线连面，分层次打造本市和外埠多个主导功能各异、特色明显的生产展示基地。

四、重点任务

按照布局思路，重点建设“一个核心、两大区域、三类基地、四级网络”。

一个核心：集中打造海淀种业科技创新和企业总部功能区，发挥科技、人才聚集的科技研发优势和企业总部聚集优势，重点打造中关村国际种业园区，辐射带动两区、三基地、四网。

两大区域：重点打造丰台会展和总部功能区、顺义和通州交易功能区，加快会展、交流交易平台建设，提升服务支撑能力，彰显首都作为全球种业贸易和信息交流中心的地位。

三类基地：进一步优化提升本市种植、畜禽、水产、林果花卉四大种业生产基地布局，加大南繁基地建设力度，加强外埠制种基地合作和服务支撑。

1. 本市制种基地。

种植种业生产基地：在通州、大兴、房山和顺义、平谷等东部和南部平原区县建设优质小麦种子产业带；在怀柔、密云、延庆等北部生态涵养发展区建设杂交玉米制种产业带；在房山、通州、顺义、大兴、平谷等城市发展新区建设环形食用菌菌种产业带；在顺义、通州、密云、昌平、延庆、平谷等区县建设瓜菜（草莓）种苗产业带；在延庆盆地建设马铃薯脱毒种薯产业带。

畜禽种业生产基地：在顺义、房山、大兴等区域，建设种猪产业带；在京南的大兴、通州、房山和京北的延庆、密云、怀柔、顺义、平谷等城市发展新区和生态涵养发展区建设奶牛产业带；以生态涵养发展区为重点，建设由房山到平谷的环京西北肉种禽产业带；在京北的延庆、密云、平谷、怀柔和京南的大兴、房山、通州等区县建设蛋种鸡产业带。

水产种业生产基地：以通州、朝阳等区县为重点，打造京东观赏鱼种苗产业带；以怀柔、延庆、平谷等北部生态涵养发展区为重点，打造京北鲟鱼、虹鳟鱼等名优鱼种苗产业带；以房山为重点，发展京南鲟鱼种苗产业带；以昌平区为重点，利用地热资源，发展北部近郊区县罗非鱼种苗产业带。

林果花卉种业生产基地：在生态涵养区建设完善林木良种基地，建设高科技含量、高附加值、规模大、效益好的标准化苗木生产基地，重点打造彩叶树种、大规格园林绿化苗木、生物质能源树种、造型苗木、花灌木、水生植物、容器育苗等特色林木种苗示范基地；按照“八大优势树种”产业带布局建设相应种苗繁育基地外，建立樱桃（海淀）、鲜食杏（顺义）、枣（朝阳）、李子（密云）、板栗（怀柔）、仁用杏（延庆）、梨（大兴）、葡萄（通州）、樱桃（门头沟）、桃（平谷）、柿子（房山）、苹果（昌平）等12个果树品种储备基地。参照《林木种苗工程项目建设标准》中林木种质资源库建设标准，建设大树种的果树品种储备基地，用作品种储备、展示及“圃内成型”大苗的生产。从通州南部到大兴西部，打造东南部平原设施精品盆花种苗生产示范带，从延庆东部到昌平西部，打造北部山区切花百合、彩色马蹄莲、高档切花种球生产示范带；在丰台、海淀、昌平、通州、顺义、延庆、大兴等区县，建立花坛花卉、乡土花卉、切花百合、月季、高档盆花、菊花、彩色马蹄莲、红掌和火鹤等种苗种球生产示范基地。

2. 南繁制种基地。按照整合资源，创新工作机制，加大我市在海南省制种基地建设，将基地建设成为支撑我市种业创新发展的重要基地。

3. 外埠制种基地。按照减少成本、增加收益的基本原则，适度发展种业的外埠制种基地，包括在甘肃地区的玉米、蔬菜制种基地，在河北等省的华北玉米、棉花制种基地带，在江苏、安徽、福建等省的华东水稻制种基地带，在海南、广西的华南水稻、玉米和四川、云南的水稻、蔬菜制种基地带。

四级网络：依托由10个区县级优势作物品种试验展示基地、3个国家级和市级综合品种试验展示中心（国家和市级农作物综合品种试验展示中心、北方国家级林木种苗示范基地和北京黄垡国家彩叶树种良种基地）、7个创新孵化辐射基地（包括中国农科院、北京市农林科学院、中国农业大学、北京农学院、北京顺义农业生物技术孵化器、中国种子集团昌平未来科技城、通州国际种业园区）形成的“10＋3＋7”农作物品种展示基地网络，搭建国家和市级、区县级、科教机构和企业级“10＋3＋7＋N”品种展示孵化四级网络，重点打造昌平、顺义 、通州、丰台展示、孵化和辐射基地，支撑一核、两区、三基地。

五、促进北京种业发展的保障措施

（一）切实加强组织领导

建立“部门联动、政策集成、资源整合、资金聚焦”的工作机制和部门联席会议制度，设立项目办公室，办公室设在市农业局。市农委负责统筹、组织、协调，市农业局具体负责联席会议办公室日常工作，制定年度实施计划并负责种植、畜禽、水产三大种业建设内容的落实；市园林绿化局负责林果花卉部分年度实施计划并组织有关落实；市科委、市发展改革委、市财政局、各相关区县政府根据年度计划安排相关资金，并监督使用；科研单位为种质资源保护、科研育种等项目实施提供技术支撑，加强自主创新；种子企业作为种业发展主体负责具体项目实施；相关产业协会作为补充，搭建政府和企业间有效沟通的桥梁；郊区县政府和相关部门组织生产、展示基地的建设，并为种业总部落地、研发创新创造环境、提供支持。

（二）全面落实“2468种业行动计划”

紧紧围绕打造“种业之都”根本目标，实施“2468种业行动计划”，即围绕建立中国种业科技创新中心和全球种业交易交流服务中心两大基本目标，以种植、畜禽、水产、林果花卉四大种业为载体，以杂交小麦、抗旱型玉米、优势瓜菜（草莓）、食用菌、专用马铃薯、种猪、奶牛、蛋种鸡、肉种鸡、种鸭、鲟鱼、观赏鱼、盆栽花卉、切花、鲜果、绿化树种共十六个种业优势品种为重点，以八大基础工程为主要措施，通过实施24个具体项目，全力推进首都种业的跨越式发展。

八大基础工程为：种质资源创新引进与保护利用工程、优良新品种选育工程、种业园区和新品种展示基地建设工程、良种繁育加工基地建设工程、种业服务平台建设工程、龙头企业及名优品牌培育工程、优势品种产业化工程、种业发展环境优化工程。

（三）强化政策支持，切实加大种业投入力度

加大投入力度，聚焦现有种业发展各方面存量资金，整合各项扶持政策，建立稳定、可靠的资金投入体系。

落实完善国家有关良种补贴政策，定期发布北京良种补贴目录，对列入目录的粮经、畜牧等优良品种给予定额补贴。加大对种质资源保护利用工作的扶持。

贯彻实施《“科技北京”行动计划（2009—2012年)》，加大对特色籽种产业发展的扶持力度，并对优良新品种的引进、培育和关键技术的研究推广给予重点扶持。

加大金融支持力度，促进银企、银农合作，优先安排农投、农担等农村金融服务体系对种业企业给予扶持。

鼓励企业建立良种生产基地，采取以奖代补形式，对于带动本地农户超过千户并且能够促进农民持续增收的种业企业给予奖励。建立政策性制种保险制度。

培育种业名优品牌，建立种业名优名牌认证和骨干企业评选制度，对于经过认定的名优品牌、骨干企业给予奖励。

优化种业企业发展环境，在企业多功能用地、基础设施建设等方面给予优惠和扶持。在符合土地利用总体规划的前提下，对于符合条件的种业企业用地予以优先考虑。加大基础设施建设力度，完善企业发展的硬件环境。

（四）加强机制创新，推动种业可持续发展

加快建设以企业为主体、市场为导向、产学研结合的种业技术创新体系。引导企业增强创新意识。搭建种业科技资源和研发平台，帮助企业增强研发能力。切实增加种业创新项目投资，引导企业增加投入，规划的具体项目实施坚持以企业为主要实施单位。引导企业增强知识产权意识，努力创造、应用知识产权，建立健全知识产权保护制度，加强知识产权管理。

实施项目招投标制度。对于规划中的重大项目，按照有关规定，采取项目招投标制度，规范申报程序

和范围，扩大社会参与面，建立公正、公平的项目管理制度。

北京市社会主义新农村建设领导小组综合办公室关于印发《2010年北京市新农村“五项基础设施”建设实施方案》和《2010年北京市新农村“三起来”工程建设实施方案》的函

（2010年1月20日）

郊区各区县人民政府，市各有关单位：

为贯彻落实市委十届七次全会及市新农村建设领导小组会议精神，加快推进本市新农村基础设施建设，确保《北京市新农村“五项基础设施”建设规划（2009—2012年）》和《北京市新农村“三起来”工程建设规划（2009—2012年）》顺利实施，市新农村建设领导小组综合办公室会同市各相关部门分别制定了《2010年北京市新农村“五项基础设施”建设实施方案》和《2010年北京市新农村“三起来”工程建设实施方案》。现印发给你们，请按照方案要求组织好“五项基础设施”和“三起来”工程建设工作，确保完成各项任务。

2010年北京市新农村“五项基础设施”建设实施方案

2010年是本市落实《北京市新农村“五项基础设施”建设规划（2009—2012年）》，实现四年任务两年完成目标的关键一年，同时也是收尾之年。为完成工程建设任务，切实改善和提升本市农村居民的生产生活环境，特制定本实施方案。

一、指导思想和目标任务

（一）指导思想

全面贯彻落实中央农村工作会议、市委十届七次全会及市新农村建设领导小组会议精神，以科学发展观为统领，紧紧围绕“人文北京、科技北京、绿色北京”的战略任务，牢牢把握率先形成城乡经济社会发展一体化新格局的根本要求，继续围绕强基础、重民生、促增收，从建设世界城市的高度，加强农村基础设施建设，夯实农村发展基础，努力推动农民就业增收，农村环境改善，为加速城乡一体化进程做出新的贡献。

（二）工作目标

到2010年底，全市所有村庄规划基本实现全覆盖，村庄“五项基础设施”基本完善，未硬化的街坊路实现硬化，已破损的路面得到修复；村内因地制宜进行绿化美化；10年以上老化供水管网得到改造，基本实现一户一表；处于全市重要地表水源地规划内的村庄和市级民俗旅游村庄生活污水实现无害化处理；农户垃圾实行源头分类；村内建设卫生公厕，没有达到无害化要求的户厕得到改造；基础设施长效运行管护机制进一步完善。

（三）2010年度建设任务

1. 总体任务。根据《新农村“五项基础设施”建设规划（2009—2012年）》的总体任务，结合2009年任务完成情况，确定2010年任务。2010年，计划新编900余个村庄规划，实现村庄规划全覆盖；完成剩余1 400余个村庄“五项基础设施”建设，其中硬化街坊路2 813万平方米，街坊路两侧绿化1 050万平方米，改造老化供水管网4 868公里，安装水表26万个，在160个村庄实施污水处理工程，为89个乡镇农户配齐垃圾源头分类桶（袋），为71个乡镇配置垃圾分类收集运输车，在66个平原乡镇建设垃圾资源再利用处理设施，在24个边远山区乡镇建设小型垃圾无害化处理设施，改造户厕19.3万座，建设农村公厕3 157座。

2. 分区县任务。具体任务见附表。根据《新农村“五项基础设施”建设规划（2009—2012年）》的总体任务以及四年任务两年完成的要求，结合区县村庄数量、农业人口规模确定了各区县2009—2010年的建设任务，减去各区县2009年工程建设完成部分，计算得出2010年的工程建设任务。由于个别区县2009年实施的工程建设任务超过当年下达的任务，经与区县沟通，结合区县农村实际需求，确定了2010年建设任务。

二、村庄规划编制和工程建设标准

村庄规划编制要依据《关于进一步加强新农村村庄规划编制组织管理的通知》（京新农办函

[2008] 8号）附件中“北京市重点村村庄规划编制工作方法和成果要求”、“北京市一般村村庄规划编制工作方法和成果要求”的规定进行编制，并经过区县政府审批。

新农村“五项基础设施”建设要依据相关标准和管理办法组织施工，确保工程建设质量和施工安全。其中街坊路硬化、污水处理、户厕改造、公厕建设等工程建设依据《北京市新农村“五项基础设施”建设规划（2009—2012年）》中“五项基础设施”工程建设参照标准（试行）进行建设；新农村街坊路绿化依据《北京市新农村建设街坊路绿化工程管理办法（试行）》（首绿办字[2009] 7号）进行组织安排；老化供水管网改造和一户一表依据《关于统筹做好新农村供排水工程建设的通知》（京水务农[2009] 97号）进行组织建设；垃圾源头分类依据《北京市农村地区生活垃圾减量化资源化无害化工作指导意见》进行组织实施。

三、资金安排

（一）总投资

根据2010年新农村“五项基础设施”建设任务及相关投资标准进行测算，2010年计划投入规划编制费、工程建设费、工程监理费、管理和不可预见费67亿元。其中规划编制费1.1亿元，工程建设费61亿元，工程组织及监理费1.8亿元（根据相关标准，工程监理费按工程建设费用的3%计提），管理和不可预见费3.1亿元（根据相关标准，管理费按工程建设费用的0.1%计提，不可预见费按工程建设费用的5%计提）。

（二）投资来源

2010年新农村“五项基础设施”建设仍通过市政府专项转移支付资金、区县配套资金和贷款融资等途径解决。其中市政府转移支付资金21.9亿元，即规划编制费用1.55亿元、街坊路硬化7.883亿元、老化供水管网改造和一户一表4.867亿元、污水处理2.745亿元、垃圾处理1.18亿元、户厕改造0.95亿元、公厕建设1.896亿元，绿化0.83亿元；区县根据工程建设费用的1/3进行配套，工程监理费、管理和不可预见费等由区县财政统筹安排，区县财政需安排资金25.2亿元；在市政府转移支付、区县财政安排部分建设资金后，仍有19.9亿元的资金缺口，区县可按照2009年的方式通过向银行贷款进行解决，贷款本息可在以后年度的转移支付资金中进行安排。

四、工作保障措施

新农村“五项基础设施”建设是一项综合的系统工程，涉及农村道路、绿化、供排水、垃圾处理、厕所改造等多项具体工程，包括从地下到地上，从规划到建设的全过程，具有工程量大、覆盖面广、涉及部门多、受益人口众的特点。而且，今年的新农村“五项基础设施”建设还是市级重点投资项目和市政府为民办实事工程，这就要求市、区各级部门要千方百计、全力以赴的组织安排好此项工程，创新体制机制，确保高水平、高质量、高效率的完成各项建设任务，确保农民在工程建设中就业增收，确保政府投资发挥最大效益。

（一）创新和完善组织管理体系

2009年，各区县经过调整、完善，都建立了领导组织领导机构，形成了部门联动、政策集成、资金聚焦、资源整合的工作体制和分工明确、运转高效的组织推进机制。2010年，各区县、各部门要从建设世界城市、夯实农村基础、推进农村城镇化、促进科学发展的高度，深化对新农村“五项基础设施”建设的认识，把握发展机遇，进一步完善组织机构，切实加强领导。要充分发挥各部门、各乡镇的作用，形成合力，共同推进“五项基础设施”工程建设。

（二）创新和完善责任机制

市新农办会同市各相关部门，负责制定“五项基础设施”建设的标准、检查评估办法，确定工程建设总体任务并下达市政府确定的重点工作，负责对工程建设情况进行监督检查与考核评估；郊区各区县政府为新农村“五项基础设施”建设的组织实施主体，负责“五项基础设施”建设项目的立项、审批，工程的组织实施、检查验收、资金拨付和质量安全监管。按照市级重点工程管理要求，各区县“五项基础设施”建设项目的组织实施单位（区县相关部门）要及时与市建委签定阳光工程责任书，明确主体责任，加强工程施工组织管理。

（三）创新和完善项目审批和农民参与机制

各区县要将新农村“五项基础设施”建设项目列为本区县重点投资建设项目，纳入政府审批绿色通道，加快项目审批。要进一步创新和完善“五项基础设施”建设项目招投标制度，在确保质量的前提下，拓宽农民参与机制。要把农民参与建设作为一项硬任务、硬指标，凡是当地农民能干的，应当让农民去干，把当地农民的参与程度作为项目审批的重要标准，并列为考核的内容，切实增加农民劳务性收入。

（四）创新和完善监督考核机制

一是创新和完善台账备案制度。各区县新农办要按照市新农办下达的新农村“五项基础设施”建设任务，会同区县各相关部门制定本区县新农村“五项基础设施”建设的组织实施方案和任务台账，明确本年度拟实施的村庄名单、具体工程建设任务、各项工程的组织实施主体、工程进度安排和投资计划。并于2010年3月15日前，将本区县2010年新农村“五项基础设施”建设组织实施方案及任务台账报市新农办备案，作为市各相关部门检查评估各区县工作的依据。

二是创新和完善月报告和月通报制度。为掌握各区县“五项基础设施”工程建设进度，及时进行调度和协调解决工程推进中出现的问题，请各区县新农办指定专人从2010年3月份开始，每月25日向市新农办上报本区县《新农村“五项基础设施”建设进展情况统计表》，同时，将项目组织实施中总结的经验及出现的问题一并上报。市新农办从2010年3月底开始根据区县进度每月以《新农村简报（特刊）》的形式进行通报。

三是创新和完善检查评估制度。市新农办会同市各相关部门根据区县工程任务完成情况通过定期与不定期相结合、随机抽查与重点督查相结合等多种方式，加强对“五项基础设施”建设的检查力度。对措施有力，工程又好又快的区县予以表彰鼓励；对工程组织推进过程中创造的好经验、好做法进行推广示范；对措施不力，工程进度缓慢的单位要督促整改。计划于2010年7月和10月分别组织一次“五项基础设施”建设检查评估活动，并将检查情况作为年终奖励的重要依据。

（五）创新和完善资金保障机制

新农村“五项基础设施”建设补助资金属于专项转移支付资金，各区县要切实加强资金的使用，不得挤占、挪用和截留。同时，各区县要按比例将配套资金纳入公共财政保障范围，并根据财力情况对缺口资金进行贷款融资，并根据项目进度及时、足额拨付到位。财政、审计等部门要依法加强对“五项基础设施”建设专项资金使用的监督和审计。

（六）创新和完善长效运行机制

2009年，郊区1 700个村庄完成了新农村“五项基础设施”建设，2010年，还将有1 400余个村庄实施“五项”工程，到2010年底，全市郊区农村街坊路、供排水、垃圾、厕所等基础设施建设任务将全面完成。然而，完成工程建设只是完善农村基础设施的一部分，管好用好已建的设施才是关键。因此，各区县要加快研究、制定和完善农村基础设施长效运行机制，保证设施有人管、运行有制度、资金有保障。市相关部门要根据各自职能，指导并协助区县搞好专业管理人员的培训，提高管护水平。

附件：2010年新农村“五项基础设施”建设任务明细表

附件：

2010年新农村“五项基础设施”建设村庄数量明细表

区县	现有村庄数量（个）	2006—2008年已经实施的重点村（个）	楼房村（个）	2009年已实施村庄数量（个）	已拆迁村庄数量（个）	2010年拟实施的村庄数量（个）
朝阳区	155	16	0	43	55	41
海淀区	84	11	6	46	6	15
丰台区	69	10	0	51	2	6
门头沟区	177	22	0	70	0	85
房山区	462	46	5	207	0	204
通州区	480	46	66	184	4	180
顺义区	426	46	0	190	42	148
大兴区	527	46	37	223	39	182
昌平区	304	30	21	132	19	102
平谷区	273	30	1	121	0	121
怀柔区	284	36	8	126	0	114
密云县	334	30	0	169	0	135
延庆县	376	30	15	173	0	158
合计	3 951	399	159	1 735	167	1 491

注：2010年拟实施的村庄数为区县总村庄数－已实施的村庄数（2006—2009）—楼房村数—已拆迁的村庄数。

2010年村庄规划编制任务明细表

区县	现有村庄数量（个）	2006—2008年编制村庄规划数量（个）	2009年编制村庄数量（个）	已拆迁村庄数量（个）	2010年编制村庄规划数量（个）	2010年编制村庄规划计划投资（万元）	2010年市财政转移支付（万元）
朝阳区	155	25	45	55	30	240	520
海淀区	84	29	46	6	3	24	224
丰台区	69	16	51	2	0	0	208
门头沟区	177	38	98	0	41	492	920
房山区	462	129	207	0	126	1 512	1 660
通州区	480	141	123	4	212	2 544	1 580
顺义区	426	141	133	42	110	1 320	1 625
大兴区	527	159	200	39	129	1 548	1 615
昌平区	304	69	147	19	69	828	1 205
平谷区	273	84	152	0	37	444	1 180
怀柔区	284	76	170	0	38	456	1 565
密云县	334	96	129	0	109	1 308	1 635
延庆县	376	126	173	0	77	924	1 585
合计	3 951	1 129	1 674	167	981	11 640	15 522

注：2010年拟编制规划的村庄数为区县总村庄数－已编制规划村庄数（2006—2009）—已拆迁的村庄数。

2010年全市新农村街坊路硬化和绿化任务明细表

区县	街坊路硬化					街坊路绿化				
	2009—2010年规划面积（万平方米）	2009年实施面积（万平方米）	2010年硬化面积（万平方米）	2010年硬化计划总投资（万元）	2010年市财政转移支付（万元）	2009—2010年规划面积（万平方米）	2009年绿化面积（万平方米）	2010年绿化面积（万平方米）	2010年绿化计划总投资（万元）	2010年市财政转移支付（万元）
朝阳区	131.693	65.800	52.850	6 871	1 576	102.01	39.00	28.30	566.0	340
海淀区	71.910	87.210	36.500	6 388	861	49.17	25.00	24.17	483.4	163.9
丰台区	82.373	27.000	55.373	4 430	986	43.30	22.00	21.30	426.0	144.3
门头沟区	221.065	140.000	81.065	6 485	2 958	113.75	65.00	48.75	975.0	379.2
房山区	738.473	540.000	198.473	15 878	9 775	301.63	150.00	151.63	3 032.5	1 005.4
通州区	658.331	365.000	350.000	37 205	8 762	270.07	135.03	135.04	2 700.8	900.2
顺义区	739.887	300.000	439.887	35 191	9 888	278.88	191.50	87.38	1 747.5	929.6
大兴区	683.170	330.900	352.270	28 182	9 036	325.84	229.30	96.54	1 930.9	1 086.1
昌平区	427.213	220.000	207.213	16 577	5 657	185.67	38.60	147.07	2 941.4	618.9
平谷区	490.251	348.000	142.251	11 380	6 569	177.60	130.00	47.60	952.0	592
怀柔区	472.922	206.400	266.522	21 322	6 394	176.13	88.20	87.93	1 758.6	587.1
密云县	663.159	306.000	357.159	28 573	8 922	226.04	115.60	110.44	2 208.7	753.5
延庆县	553.553	280.000	273.553	21 884	7 451	242.92	179.00	63.92	1 278.3	809.7
合计	5 934.000	3 216.310	2 813.115	240 364	78 833	2 493.00	1 408.23	1 050.06	21 001.2	8 309.9

注：2010年街坊路硬化、绿化面积为规划面积减去2009年已实施的面积，其中海淀区、通州区2009年完成的街坊路硬化面积高于当年下达的任务数，经与两个区县沟通，2009年海淀区计划硬化街坊路36.5万平方米、通州区硬化350万平方米。朝阳区由于土地储备，已经拆迁村庄55个，根据实际情况，2010年该区计划任务调整为：完成街坊路硬化52.85万平方米，完成街坊路绿化28.3万平方米。

2010年全市新农村老化供水管网改造和一户一表任务明细表

区县	2009—2010年老化供水管网改造规划里程（公里）	2009年已经实施老化供水管网改造里程（公里）	2010年老化供水管网改造里程（公里）	2009—2010年一户一表规划数量（个）	2009年一户一表实施数量（个）	2010年一户一表实施数量（个）	2010年计划总投资（万元）	2010年市财政转移支付（万元）
朝阳区	182.153 8	236.000 0	62	16 649	5 008	11 641	3 816.2	1 283.6
海淀区	49.230 8	26.800 0	22	4 837	2 541	2 296	997.5	358.1
丰台区	73.846 2	37.000 0	37	11 609	5 805	5 804	2 045.1	682.4
门头沟区	433.230 8	263.000 0	170	31 237	15 619	15 618	7 209.1	2 774.2
房山区	1 009.230 8	795.000 0	214	48 591	24 832	23 759	9 893.3	5 656.6
通州区	492.307 7	309.000 0	183	60 132	30 066	30 066	10 412.6	3 973.6
顺义区	1 122.461 5	275.100 0	847	54 067	12 907	41 160	28 568.7	6 292.1
大兴区	1 575.384 6	708.000 0	867	83 804	37 712	46 092	30 035.6	9 095
昌平区	644.923 1	322.500 0	322	53 303	29 194	24 109	12 560.0	4 356.5
平谷区	177.230 8	75.000 0	102	20 218	10 109	10 109	4 475.3	1 382.8
怀柔区	871.384 6	486.800 0	385	44 587	23 488	21 099	13 449.8	4 971.8
密云县	807.384 6	745.000 0	745	47 498	23 749	23 749	22 629.8	4 812.8
延庆县	561.230 8	770.000 0	910	23 469	17 470	5 999	23 039.8	3 027.2
合计	8 000.000 0	5 049.200 0	4 868	500 000	238 500	261 501	169 132.9	48 666.7

注：2010年老化供水管网改造里程为规划里程减去2009年已实施的里程，其中朝阳区、密云县、延庆县2009年改造的里程超过当年任务数，经与区县沟通，朝阳区、密云县、延庆县2010年的任务分别为62公里、745公里、910公里。

2010年全市新农村污水处理村庄任务明细表

区县	重要地表水源地未建污水处理设施的重点村（个）	重要地表水源地未建污水处理设施的一般村（个）	水源地外未建污水处理设施的民俗村（个）	2009—2010年需建污水处理设施的村总数（个）	2009年已经实施污水处理设施的村庄数量（个）	2010年实施污水处理的村庄数量（个）	2010年计划总投资（万元）	2010年市财政转移支付（万元）
朝阳区			0	0	0	0	0	0
海淀区			0	0	16	0	0	0
丰台区			2	2	1	1	450	150
门头沟区			9	9	9	4	1 800	675
房山区	20	17	9	46	25	21	9 450	3 450
通州区			2	2	1	1	450	150
顺义区			4	4	2	2	900	300
大兴区			8	8	4	4	1 800	600
昌平区			17	17	68	9	4 050	1 275
平谷区			15	15	10	5	2 250	1 125
怀柔区	46	11	14	71	33	38	17 100	5 325
密云县	73	32	7	112	77	35	15 750	8 400
延庆县	57	10	13	80	40	40	18 000	6 000
合计	196	70	100	366	286	160	72 000	27 450

注：2010年污水处理村庄数量为规划总数量减去2009年已实施的数量，其中门头沟区、昌平区2009年实施的污水处理工程均高于当年的任务数，经与区县沟通，门头沟区、昌平区2010年污水处理村庄的任务分别为4个和9个。

2010年全市新农村垃圾设施建设任务明细表

区县	乡镇总数（个）	边远山区乡镇（个）	其他乡镇（个）	2008年市发改委重点支持的乡镇（个）	实施垃圾户分类乡镇（个）			配置垃圾运输车乡镇（个）			建资源再利用设备、厂房、分类垃圾储存场所及集中打包设备乡镇（个）			建小型垃圾处理机及厂房乡镇（个）			2010年计划投资（万元）	2010年市财政转移支付（万元）
					2009—2010年数量（个）	2009年数量（个）	2010年数量（个）	2009—2010年数量（个）	2009年数量（个）	2010年数量（个）	2009—2010年数量（个）	2009年数量（个）	2010年数量（个）	2009—2010年数量（个）	2009年数量（个）	2010年数量（个）		
朝阳区	19		19		19	10	9	19	10	9	19	10	9	0	0	0	3 317.4	1 228.7
海淀区	7		7		7	3	4	7	3	4	7	3	4	0	0	0	1 474.4	430
丰台区	5		5		5	2	3	5	2	3	5	2	3	0	0	0	1 105.8	307.2
门头沟区	9	6	3	3	9	5	4	6	3	3	3	2	1	6	3	3	1 799.4	647.9
房山区	20	8	12	4	20	10	10	16	8	8	12	6	6	8	4	4	4 066	1 355.3
通州区	11		11	4	11	6	5	7	3	4	11	6	5	0	0	0	1 618	622.4
顺义区	19		19	4	19	10	9	15	8	7	19	10	9	0	0	0	3 157.4	1 113.9
大兴区	14		14	4	14	7	7	10	5	5	14	7	7	0	0	0	2 420.2	806.7
昌平区	15	3	12	4	15	8	7	11	6	5	12	6	6	3	2	1	2 555.2	935.7
平谷区	16	4	12	3	16	8	8	13	7	6	12	6	6	4	2	2	3 058.8	1 032.9
怀柔区	14	9	5	3	14	7	7	11	5	6	5	2	3	9	4	5	3 425.2	1 022.6
密云县	18	10	8	6	18	9	9	12	6	6	8	4	4	10	5	5	3 752.4	1 250.8
延庆县	15	8	7	4	15	8	7	11	6	5	7	4	3	8	4	4	2 960.2	1 048.2
合计	182	48	134	39	182	93	89	143	72	71	134	68	66	48	24	24	34 710.4	11 802.3

注：2010年垃圾分类的认为2009—2010年的总体任务减去2009年已安排的数量。

2010年全市新农村厕所改造任务明细表

区县	户厕改造					公厕建设				
	2009—2010年规划数量（万座）	2009年已实施数量（万座）	2010年实施数量（万座）	2010年计划总投资（万元）	2010年市财政转移支付（万元）	2009—2010年计划建公厕数量（座）	2009年已建设数量（座）	2010年建设数量（座）	2010年计划总投资（万元）	2010年市财政转移支付（万元）
朝阳区	0.000			0.000	0	406	150	140	2 800	1 217
海淀区	0.671	0.529	0.142	240.550	141.8	252	131	121	2 420	759
丰台区	2.211	1.100	1.111	1 887.850	539.2	181	44	137	2 740	539
门头沟区	0.341	0.170	0.171	290.700	79.4	190	96	94	1 128	566
房山区	6.531	3.270	3.261	5 543.700	1 887.2	614	307	307	3 684	1 827
通州区	8.771	4.579	4.192	7 126.230	1 902.2	863	426	437	5 244	2 568
顺义区	7.851	6.347	3.925	6 672.500	1 409.5	711	355	356	4 272	2 116
大兴区	3.231	1.615	1.616	2 746.350	787.5	827	413	414	4 968	2 461
昌平区	1.301	0.650	0.651	1 106.700	349.8	436	218	218	2 616	1 298
平谷区	1.802	0.900	0.902	1 532.550	481.2	402	201	201	2 412	1 196
怀柔区	3.541	1.770	1.771	3 010.700	891.6	354	186	168	2 016	1 054

（续）

区县	户厕改造					公厕建设				
	2009—2010年规划数量（万座）	2009年已实施数量（万座）	2010年实施数量（万座）	2010年计划总投资（万元）	2010年市财政转移支付（万元）	2009—2010年计划建公厕数量（座）	2009年已建设数量（座）	2010年建设数量（座）	2010年计划总投资（万元）	2010年市财政转移支付（万元）
密云县	0.741	1.077	0.000	0.000	279	447	224	223	2 676	1 330
延庆县	3.211	1.605	1.606	2 730.200	751.6	683	342	341	4 092	2 032
合计	40.200	23.611	19.346	32 888.030	9 500	6 366	3 093	3 157	41 068	18 963

注：2010年户厕改造、公厕建设数量为规划总任务减去2009年已实施的数量，其中朝阳区由于土地储备，已经拆迁村庄55个，根据实际情况，2010年该区计划任务调整为：完成公厕建设140座。顺义区、密云县2009年户厕改造数量均高于当年任务，其中密云县已完成规划总任务。经与两个区县沟通，2010年顺义区户厕改造为3.925万座，密云县暂不安排户厕改造。

2010年北京市新农村“三起来”工程建设实施方案

为进一步夯实北京农村发展基础，推进农村新能源、新环境和新生活建设，2010年继续在北京郊区实施“让农村亮起来、让农民暖起来、让农业资源循环起来”（以下简称“三起来”）工程建设。按照市委市政府建设资源节约型和环境友好型社会的发展战略，以及科学有序地安排新农村“三起来”年度工程建设的要求，确保“三起来”工程顺利实施并取得实效，特制定本实施方案。

一、指导思想

全面贯彻中央农村工作会议、市委十届七次全会及市新农村建设领导小组会议精神，以科学发展观为统领，紧紧围绕“人文北京、科技北京、绿色北京”的战略任务，按照率先形成城乡经济社会发展一体化新格局的根本要求，以创建资源节约型和环境友好型新农村为目标，从解决农民群众最关心、最直接、最现实的问题入手，加快资源要素向农村配置，扎实推进新农村、新能源、新环境和新生活建设以及与之相配套的管理和服务，进一步改善农村生产生活条件，提高农民收入和生活质量，为加速城乡一体化进程做出新的贡献。

二、建设原则

（一）规划先行，稳步推进。发挥规划的引导作用，按规划安排建设项目。在工程推进中，根据技术成熟程度、资源禀赋和农民需求以及村庄的自身特点，因地制宜，有计划、按标准分类推进，实现集约、节约、环保、安全建设。

（二）两级统筹，鼓励创新。“三起来”工程建设实行市区（县）两级统筹：市新农办协调相关部门全面统筹各项工作；区县政府是本区县实施工程建设的主体，在确保完成市规划的基础上，可自主选择符合建设方向且本地农民欢迎的建设项目。对区县创新且具有推广意义的项目、技术与模式市级给予奖励，并根据郊区农民需求将其充实进“三起来”工程。

（三）调动主体，惠及农民。尊重农民主体地位，发挥农民主体作用，培养农民责任意识，各项工程的实施要制定相应惠农政策，为农民提供更多的就业、务工机会，增加农民工资性收入，让农民得到更多的实惠。

（四）建管并举，完善机制。“三起来”工程建设要突出实效，建管同步，着眼于长效机制建设。在工程建成后，及时进行产权移交，明确管理主体，确立管护责任，健全管护制度，促进政府投资效益的最大化，促进“三起来”工程可持续发展。

三、建设目标

2010年“三起来”工程建设，主要以太阳能、生物质能利用为重点，加强农村沼气、生物质气化技术创新、管理维护和配套服务，年底前将现有“两气”工程存在的问题逐一解决，使已建成的“两气”工程全部实现安全、稳定、高效运转；以农宅改造和建设、公共浴室建设为重点，大力推广节能环保新材料在农村的应用，不断提高农民的生活质量；以治理养殖场环境、建设雨洪利用工程为重点，大力推进资源综合利用模式，不断改善农村生态环境，提高农村居民的宜居指数；以加强运行管理，提高政府资金使用效率为重点，大力推进管护机制创新，不断推进可持续发展。基本实现农村“生态环境靓化、生活能源清洁化、人居环境舒适化”。

四、建设内容

（一）“亮起来”工程。更换户用节能灯765.5万只；更换村内公共场所节能灯11 680只；更换村内节能路灯45 411盏；安装太阳能灯9 700盏，重点解决偏远地区、农业产业园区以及未安装路灯的村庄，已有普通照明路灯的村庄原则上不再安装太阳能灯，主要以改造更换节能路灯为主。

（二）“暖起来”工程。建设太阳能公共浴室133处（未含市发改委待批项目200处）；对16 900户农民既有住房进行墙体保温改造，对4 160户农民新建住房进行示范建设，开展多种节能技术综合利用；建设800户地热采暖示范工程。

（三）“循环起来”工程。科学利用成熟技术，以“一站多村、联村供气”的方式发展大中型沼气站8处，大型生物质气化站8处，对2009年以前建设的“两气”工程进行技术攻关改造，解决焦油污染问题，完善服务体制，提高设备完好率和供气效率；新建生物质燃料成型加工厂3个；示范推广自动跟踪聚光太阳灶100台；推广户用沼气500户；建设雨洪利用工程150处；开展粪污治理工程和有机肥厂建设140处。

五、建设标准

新农村“三起来”工程建设依据《北京市新农村“三起来”工程建设规划（2009—2012年）》中的《北京市新农村“亮起来、暖起来、循环起来”工程建设参照标准（试行）》、《关于北京农村“两气”工程建设指导意见》进行建设，确保工程建设质量。

六、保障措施

为确保“三起来”工程的顺利实施，各级政府部门要按照市委市政府对新农村建设的统一部署，采取有效措施，狠抓落实，不断创新，使郊区“三起来”工程建设取得实效。

（一）完善机构，加强领导。按照“部门联动、政策集成、资金聚焦、资源整合”工作机制，市级成立“三起来”工程建设推进领导小组，全面统筹“三起来”工程建设工作。区县政府也要完善相应组织机构，履行相应职责。

市新农办负责全市“三起来”工程建设规划实施的总体协调，市发展改革委、市财政局、市建委、市科委、市市政管委、市农委、市水务局、市园林绿化局、市环保局、市农业局等市相关部门要相互配合，进一步完善信息沟通、资源共享、联合检查等工作制度，按照部门职责分工，认真履行各自职责，在规划统筹、标准制定、评估考核等方面做好衔接，形成工作合力。

区县新农办负责对本区县工程建设的综合协调、督促检查工作，要以工程规划为依据，结合农民实际需求，就年度计划任务、实施地点、建设内容、推进措施、实施进度、完成任务时间及相应配套政策进行科学规划、统筹安排。

（二）编制计划，明确任务。各区县新农办要按本实施方案要求，编制本区县2010年“三起来”工程建设实施方案和任务台账，明确本年度拟实施名单、具体工程建设任务、各项工程的组织实施主体、工程进度安排和投资计划。各区县在确保完成市政府规划任务的基础上，可根据实际情况适当增加自主建设内容，并于3月15日前将本区县实施方案及任务台账上报到市新农办备案，作为市各相关部门检查评估本年度“三起来”工作的依据。

（三）简化程序，农民参与。2010年“三起来”工程建设项目的审批全部下放到区县政府，特殊审批要求的除外。各区县政府要组织有关部门，完善审批程序，建立绿色通道，减化审批步骤，缩短审批时间，建立健全农民参与机制，提高工作效率。凡是当地农民能干的，应当让农民去干，要把当地农民的参与程度作为项目审批的重要标准，并列入市对区县考核的重要内容，切实增加农民劳务性收入。

（四）落实资金，专款专用。按照2009年市区财政体制改革方案，2010年“三起来”资金继续从三个渠道保障：一是市级专项转移支付资金，今年继续安排48 581万元，其中：新农村建设专项资金（市农委）44 581万元，雨洪利用工程资金（市水务局）4 000万元，这部分资金专款专用。二是市相关部门安排年度专项资金，各区县根据市相关部门的要求进行申报。三是“三起来”工程维护运转费用以及各区县自主安排的项目，由区县财政自行统筹。各区县要设立专门账户管理，确保资金落实到位。

（五）健全制度，加强监管。按照月例会、月调度的工作机制，继续对“三起来”工程进行督导。一是继续执行检查通报制度。各区县要选定专人负责各项工程的任务落实和统计工作，从2010年3月份开始，每月25日前向市新农办上报当月“三起来”工程建设进展情况，市新农办每月对各区县工程进展情况全市进行排名通报，对进展缓慢、措施不力的区县重点进行督导。二是继续执行评估制度。2010年7月和10月份，市新农办分别组织一次“三起来”工程检查评估活动，并将检查情况作为年终评比奖励的重要依据。三是加强资金审计。各区县要切实加强资金使用的监管，不得挤占、挪用和截留。同时，各区县要按比例将配套资金纳入公共财政保障范围，按建设项目和工程进度及时、足额拨付到位。市财政、审计等部门要依法加强对“三起来”工程建设专项资金使用的监督和审计。

（六）完善机制，建管同步。各区县要在“三起来”工程建设的同时，建立和完善长效管护机制。工程建设完成后，要及时明确产权归属和管理主体，落实管护责任，要根据工程运行要求，建立完善服务体系，健全管护制度，建立专兼职管护队伍。市相关部门要按照各自职能，指导并协助各区县搞好专业管理人员的培训，提高管护人员技能和素质，提高管护水平。

附件：2010 年全市新农村“三起来”工程建设　　任务及资金投入明细表

附件：

2010 年全市新农村“三起来”工程建设任务及资金投入明细表（一）

类别 区县	资金总投入（万元）			亮起来											
	2010 年市财政转移支付资金额度	2010 年计划投入资金（不含区县自主建设）	2010 年计划投入资金（含区县自主建设）	8 个远郊区县户数（万户）		节能灯更换						太阳能路灯安装		照明灯具长效管护运行费用（万元）	合计（万元）
				非农户	农业户	户用（万只）	投入资金（万元）	村内直管荧光灯（只）	投入资金（万元）	村内节能路灯（盏）	投入资金（万元）	安装数量（盏）	投入资金（万元）		
朝　阳	1 332	3 132	3 132							2 000	100.0	1 500	750	482.0	1 332.0
海　淀	852	3 565	4 165											275.0	275.0
丰　台	866	2 866	2 866									1 500	766	100.0	866.0
通　州	5 800	6 255	6 255							12 000	4 495.0			300.0	4 795.0
延　庆	3 470	4 375.5	4 375.5	5.9	7.2	65.5	65.5			1 600	112.0			300.0	477.5
密　云	3 685	4 940.1	4 940.1	8.5	11.5	100.0	100.0	6 680	4.7	811	32.4	1 700	680	176.0	993.1
门头沟	1 945	18 905.5	22 905.5	8.0	3.1	55.5	55.5			10 000	600.0			200.0	855.5
房　山	6 783	8 775.5	8 775.5	18.6	15.5	170.5	170.5					4 000	2 200	300.0	2 670.5
顺　义	4 475	7 245	7 245							10 000	400.0				400.0
昌　平	3 273	6 343	6 343	12.8	9.0	109.0	109.0			5 000	375.0			220.0	704.0
大　兴	5 278	6 015.4	6 415.4	12.6	10.8	117.0	117.0			3 000	620.0			130.4	867.4
平　谷	3 739	5 721.5	5 721.5	8.5	8.0	82.5	82.5							239.0	321.5
怀　柔	3 083	6 254	6 254	5.7	7.4	65.5	65.5	5 000	3.5	1 000	40.0	1 000	810	500.0	1 419.0
合　计	44 581	84 393.5	89 393.5	80.6	72.5	765.5	765.5	11 680	8.2	45 411	6 774.4	9 700	5 206.0	3 222.4	15 976.5

说明：表格中各区县户用节能灯更换户数数据来源于 2009 年统计年鉴，更换数量以实际更换户数为准。

2010 年全市新农村“三起来”工程建设任务及资金投入明细表（二）

类别 区县	暖　起　来								
	太阳能公共浴室（处）	投入资金（万元）	生物质地热采暖示范（户）	投入资金（万元）	新建节能民居（户）	投入资金（万元）	既有住房节能改造（户）	投入资金（万元）	合计（万元）
朝　阳									
海　淀	3	270							270
丰　台									
通　州					50	100	600	630	730
延　庆	5	300			200	400	500	550	1 250
密　云	24	1 080			400	800	300	342	2 222

（续）

区县＼类别	暖起来								
	太阳能公共浴室（处）	投入资金（万元）	生物质地热采暖示范（户）	投入资金（万元）	新建节能民居（户）	投入资金（万元）	既有住房节能改造（户）	投入资金（万元）	合计（万元）
门头沟					600	1 200	10 000	16 000	17 200
房　山	5	450	600	200	600	1 200	600	780	2 630
顺　义	56	3 360			50	100	600	660	4 120
昌　平	20	1 200			300	600	2 000	2 200	4 000
大　兴	6	540			610	1 220	750	825	2 585
平　谷					600	1 200	1 000	1 100	2 300
怀　柔	14	840	200	80	750	1 500	550	605	3 025
合　计	133	8 040	800	280	4 160	8 320	16 900	23 692	40 332

说明：表格中太阳能公共浴室任务数量未含市发改委待批项目200处。

2010年全市新农村“三起来”工程建设任务及资金投入明细表（三）

区县＼类别	循环起来																	
	大中型沼气站（处）	投入资金（万元）	大中型生物质气化站（处）	投入资金（万元）	“两气”站长效管护运行费用（万元）	自动跟踪聚光太阳灶示范（台）	投入资金（万元）	生物质燃料成型加工厂（处）	投入资金（万元）	户用沼气池（户）	投入资金（万元）	雨洪利用工程（处）	投入资金（万元）	粪污治理工程（处）	投入资金（万元）	有机肥厂（处）	投入资金（万元）	合计（万元）
朝　阳												8	1 800					1 800
海　淀	3	240										10	2 500	4	280			3 020
丰　台												8	2 000					2 000
通　州					230							8	500					730
延　庆			2	600	888	100	10	1	150			8	700	3	300			2 648
密　云	2	200	2	300	325							10	500	10	300	1	100	1 725
门头沟					50							13	800					850
房　山	3	700	2	300	725			2	100	500	100	15	1 000	20	550			3 475
顺　义					225							15	2 500					2 725
昌　平			1	339	200							7	800	8	300			1 639
大　兴			1	440	323							8	1 300	22	500			2 563
平　谷					100							30	1 800	70	1 200			3 100
怀　柔					750							10	1 000	2	60			1 810
合　计	8	1 140	8	1 979	3 816	100	10	3	250	500	100	150	17 200	139	3 490	1	100	28 085

2010年全市新农村“三起来”工程建设任务及资金投入明细表（四）

类别 区县	自主建设						
	光伏电站（座）	投入资金（万元）	液化气下乡或天然气工程（处）	投入资金（万元）	地源热泵（台）	投资金（万元）	合计（万元）
朝阳							
海淀	1	600					600
丰台							
通州							
延庆							
密云							
门头沟			3	4 000			4 000
房山							
顺义							
昌平							
大兴					1	400	400
平谷							
怀柔							
合计	1	600	3	4 000	1	400	5 000

北京市社会主义新农村建设领导小组综合办公室关于公开征集沟域经济发展规划的工作意见

（2010年3月29日）

为提高沟域经济发展水平，促进山区经济繁荣，按照市委十届七次全会部署，现就做好沟域经济发展规划征集工作，提出以下指导意见。

一、发展规划征集的主要内容

沟域经济发展规划以保护环境、改善生态、服务首都、富裕农民为目标，以产业发展为主线，主要包括以下三部分内容：

（一）沟域经济发展的主题概念创意。通过运用产业融合、低碳循环、绿色有机、环境友好等先进理念，确定沟域的发展模式、产业定位、形象设计等重大方向性问题，突出沟域经济发展的特色，提升发展的水平。

（二）节点布局及其设计。通过对沟域内自然环境资源、生产性资源和文化资源的充分挖掘、利用和保护，围绕沟域发展的主题创意，对沟域内主要产业节点的规划布局和具体建设内容进行方案设计。此部分为沟域经济发展规划的主要内容，节点设计应体现沟域产业定位，既要有创意性、前瞻性，也要有很强的可实施性。节点及其规划内容主要包括以下几个方面：

1. *重要景区景点。*包括自然风光类和人文历史类两类景区景点。重点是围绕景观开发、古建筑修缮、景区标志性建筑建设和改造、旅游环境和配套设施完善、物质及非物质文化遗产申报等内容进行规划，打造知名度高、辐射面大、区域发展带动力强的景区景点龙头。

2. 农业产业节点。包括农业观光园、果品采摘园和农事体验园等。主要是按照一、二、三产业相融合的都市型现代农业要求，围绕林果、瓜菜、香草、花卉、药材、食用菌等特色种植业和蜜蜂、柴鸡、肉鸭、肉鸽等绿色养殖业发展，通过运用科技、文化创意等手段，对建设以观光、休闲、采摘为一体的都市型现代农业园进行规划，塑造高水平、高标准的农业观光园区域品牌。

3. 村庄节点。包括古村落、民俗文化村落、中心村等。主要是围绕村庄传统文化挖掘、村庄布局调整、环境整治与美化、新民居建设、接待设施建设、旅游产品开发、旅游形象设计等进行规划，建设特色鲜明、文化内涵深邃、内容丰富、布局合理的乡村旅游产业体系。

4. 二、三产业节点。包括农产品加工包装企业、特色餐饮业、销售展示中心、总部研发基地、休闲娱乐会所等。主要是对沟域内的工矿用地、村庄宅基地等建设用地使用方向进行规划，为引进发展高端、低碳、循环的新型产业打好基础。

（三）生态环境提升工程。通过对沟域内“山、水、林、田、路、村”的整体包装打造，提升沟域经济发展的环境条件和形象。生态环境的提升既是沟域经济实现又好又快发展的重要条件，也是沟域经济实现可持续发展的内在要求。主要包括以下内容：

1. 生态建设工程。包括宜林荒山绿化、小流域综合治理、废弃矿山及裸露山体生态修复，太阳能、沼气、秸秆气化等清洁能源的推广利用等。

2. 环境整治工程。包括河道治理，水环境营造，农田整治，道路沟渠两侧、梯田边坡、林网下层植被绿化，村庄环境净化、绿化、美化等。

3. 基础设施建设工程。包括农村路网建养、客货运停车场、接待站、观景台、旅游商品销售亭、新农村“五项基础设施”建设等。

二、发展规划征集工作方式

沟域经济发展规划征集工作采取“全市统一部署、区县自主组织、市里提供政策保障和服务”的方式推进。市级部门负责指导服务；区县政府作为主体，按照市新农办要求，从实际出发，自主选择招标或邀标的方式，制订实施方案，具体组织实施。

发展规划征集工作由市新农村建设领导小组综合办公室（市农委）牵头，市规划委、市发展改革委、市财政局、市国土局、市旅游局、市水务局、市园林绿化局、市交通委、市住房城乡建设委、市环保局等相关部门参加，组成沟域经济发展规划征集工作指导小组，由市新农办主任任组长，各相关部门主管领导为成员；指导小组办公室设在市农委，相关部门业务处室负责人为成员，对全市沟域经济发展规划征集工作进行组织、指导、调度和服务。

沟域经济发展规划征集工作指导小组各成员单位，根据职能对发展规划征集工作给予指导，并承担相应职责。

市农委：负责总体工作的部署、宣传、协调、调度、总结及成果推介等；

市规划委：提出沟域经济发展用地空间指导意见；

市发展改革委：衔接平衡沟域经济发展规划和全市经济社会发展规划，及生态建设和新能源利用等专项规划的关系；

市财政局：落实沟域经济发展规划征集工作的扶持资金；

市国土局：对土地利用、存量建设用地的盘活整合规划提供政策服务；

市水务局：负责水源保护、小流域治理、供排水等方面的政策指导与专业技术支持；

市园林绿化局：负责荒山造林、废弃矿山生态修复、道路沟渠绿化、农田林网建设、村庄绿化美化、生态林建设等方面的指导；

市旅游局：对景区景点建设、乡村旅游发展和旅游产品开发等给予指导；

市交通委：配合市规划委，参与路网布局规划；

市住房城乡建设委：指导新民居改造；

市环保局：指导生态创建工作。

各区县比照市级部门成立由主管区县长为组长、有关部门参加的沟域经济发展规划征集工作领导小组，明确各部门分工，组织开展发展规划征集工作。

三、发展规划征集工作的任务及原则要求

七个山区县各选择一条沟域，开展发展规划公开征集工作。重点把那些自然山水优良、产业资源丰富、基础设施比较配套、人文遗迹有较高开发价值、领导班子较强、农民积极性较高的沟域，列入此次沟域经济发展规划征集工作范围。

沟域经济发展规划征集工作要坚持以下五项原则：

（一）坚持高标准、高起点的原则。紧扣建设“人文北京、科技北京、绿色北京”的主题，以建设世界城市的要求为标准，开展发展规划征集工作。投标人应是在经济发展规划、文化创意、景观环境设计等方面具有丰富经验和良好业绩的公司和团队，一般应具备甲级资质。

（二）坚持生态优先可持续发展的原则。沟域选择应综合考虑各种限建要素，避免选择位于规划禁止建设区内的沟域作为此次公开征集发展规划的沟域。沟域规划应以生态环境保护为前提，根据生态环境承载力统筹考虑沟域经济发展的规模，保证山区发展的

可持续性。

（三）坚持宏观概念创意和微观可实施相结合的原则。规划应既具有国际先进水准的概念创意和战略设计，又应具有包括节点详细规划在内的实际可操作性。

（四）坚持依法依规原则。沟域经济发展规划应符合《北京城市总体规划（2004—2020年）》、《北京市山区协调发展总体规划（2006—2020年）》、《北京市土地利用总体规划（2006—2020年）》及沟域所在地的乡镇发展规划。沟域经济发展规划征集工作，应面向国内外的规划设计团队，依法按程序、公开公平公正推进。

（五）坚持以区县为主体的原则。沟域经济发展规划征集工作应发挥区县、乡镇和农民的积极性，由区县具体组织实施。

四、发展规划征集工作的总体安排

（一）市新农办印发《关于公开征集沟域经济发展规划的工作意见》；召开有区县和相关部门参加的专题会议，对沟域经济发展规划征集工作进行正式动员部署。

（二）区县制定实施方案，敲定拟公开征集发展规划的沟域，并将发展规划征集工作方案和组织领导机构名单一并上报市指导小组办公室备案。

（三）市指导小组办公室统一对外发布拟公开征集发展规划沟域的相关信息。

（四）区县按照市统一部署及本区县拟定的公开征集工作方案，明确部门职责，有步骤地开展沟域经济发展规划的征集工作。

（五）市指导小组办公室定期调度区县工作进度，协调解决问题，10月底前完成发展规划的征集和编制工作。

五、推进措施

（一）政策扶持。市财政对七条沟域的发展规划征集工作给予定额资金补助，专项用作沟域经济发展规划征集工作的费用补贴。

（二）营造氛围

1. 市里召开一次有新闻媒体和规划设计单位参加的新闻发布会，发布发展规划征集工作信息，营造舆论氛围。

2. 选择重点媒体专版登载拟公开征集发展规划沟域的相关信息。

3. 在首都之窗网站上建立公开征集沟域经济发展规划工作信息平台，跟踪报道公开征集工作进展情况。

（三）组织参与。整合相关规划资源，组织、协调、推荐园林景观设计、旅游策划和文化创意等领域的规划设计单位，参与各区县沟域经济发展规划的公开征集工作。

（四）评比推介。沟域经济发展规划公开征集工作结束后，市里集中组织，举办一次“北京沟域经济发展规划展示暨招商推介会”。展示各区县的沟域经济发展规划成果，组织专家和社会公众对发展规划进行评价，评选出综合设计一、二、三等奖及优秀创意等单项奖，并组织社会投资者到会观摩。

北京市沟域经济发展规划公开征集工作指导小组成员名单

组长：王孝东　市新农办主任、市农委主任
成员：蒋力歌　市发展改革委委员
　　　李玉国　市财政局副局长
　　　曹跃进　市规划委委员
　　　毕小刚　市水务局副局长
　　　曹鹏程　市旅游局副局长
　　　甘　敬　市园林绿化局副局长
　　　张　维　市国土局副局长
　　　冯可梁　市住房城乡建设委副主任
　　　李晓松　市交通委副主任
　　　李晓华　市环保局副巡视员

北京市沟域经济发展规划公开征集工作指导小组办公室成员名单

办公室主任：王建中　市农委委员
成　　　员：赵玉荣　市农委山区处处长
　　　　　　来现余　市发展改革委区县处副处长
　　　　　　孟和国　市财政局农业处副处长
　　　　　　朱铁华　市规划委总体处副处长
　　　　　　李永贵　市水务局水保总站主任
　　　　　　庞林华　市旅游局规划统计处副处长
　　　　　　蔡宝军　市园林绿化局造林营林处处长
　　　　　　陶志红　市国土局规划中心主任
　　　　　　刘小军　市住房城乡建设委村镇建设处处长
　　　　　　王亚雄　市交通委农村交通办公室调研员
　　　　　　郑春景　市环保局水和生态处处长

北京市社会主义新农村建设领导小组综合办公室 北京市发展和改革委员会 北京市公安局 北京市民政局 北京市财政局 北京市人力资源和社会保障局 北京市国土资源局 北京市人民政府法制办公室 关于加快推进本市农转非工作的通知

（2010年7月15日）

郊区各区县人民政府：

为进一步做好农转非工作，加快城乡一体化进程，现就加快推进本市农转非工作通知如下：

一、充分认识农转非工作的重要性

加快推进农转非工作，是顺应城市化进程、促进城乡一体化的客观要求，也是建设世界城市的迫切需要。通过农转非工作，可以有效提高郊区广大农民的生活水平，显著缩小城乡差别，实现共同富裕，促进社会和谐。做好农转非工作事关农民切身利益、事关发展改革大局、事关社会和谐稳定，积极稳妥地做好农转非工作，具有重大意义。为此，各级政府和相关部门要高度重视、密切配合，扎实工作，抓紧落实。

二、切实明确各级政府工作职责

各区县政府作为责任主体，统筹负责本辖区内农转非工作的组织协调，要把此项工作列入政府工作的重要日程，研究切实可行的工作措施和办法，指导各乡镇开展工作。同时，要加强调查研究，摸清底数，掌握情况，总结经验，认真研究提出推进农转非工作的配套政策和工作建议，为推进农转非工作提供政策支持。当前，要把解决征地转非遗留问题作为农转非工作的头等大事，抓实抓好。各乡镇政府要根据自身实际情况，制定工作计划，采取分片包村、一对一指导等方式，逐村指导落实，确保按各类政策批准农转非指标的完成。

三、明确主管部门，建立工作机制

市里建立由市新农村建设领导小组综合办公室牵头，市发展改革委、市公安局、市民政局、市财政局、市人力社保局、市国土局、市法制办参加的“北京市农转非工作协调小组”，研究沟通情况、协调推进全市农转非总体工作。

各区县政府都要参照市里的部门联动形式，结合本地实际，建立本区县农转非工作协调工作机制，明确牵头单位，统筹研究农转非工作，了解本地区农转非工作进展情况，加强督促检查。各职能部门要认真履行职责，共同推进本地区农转非工作。

四、加强组织领导，建立定期统计通报制度

各区县政府要切实加强农转非工作的组织领导，建立健全农转非工作的组织领导机构，形成主要领导亲自抓、分管领导直接抓、主管部门具体抓、相关部门配合抓的长效工作机制。要认真做好农转非工作的组织协调工作，发现问题要及时研究解决，本级政府可以解决的问题要尽快解决，需要上级部门协调的问题应尽快上报。

市里建立农转非定期统计通报制度，及时通报督促全市农转非工作。各区县要认真完成相关情况报送工作。具体要求是：

1.8月10日前，报送本区县农转非工作牵头部门及联系方式。

2.8月30日前，报送“市政府148号令”实施后，本区县农转非指标落实情况进度表和书面总结材料。

3. 从9月份起，每月5日前各区县向市新农办报送北京市农转非月报表。

领导视察

中共中央总书记、国家主席、中央军委主席胡锦涛在北京考察工作

2010年12月29日，中共中央总书记、国家主席、中央军委主席胡锦涛冒着严寒，在北京市实地考察保障和改善民生工作，看望慰问基层干部群众，代表党中央向全国各族人民致以新年的祝福。

民生无小事，民生最关情，胡锦涛总书记时时惦念着广大人民群众的生活。29日上午，他在中共中央政治局委员、北京市委书记刘淇等陪同下，来到北京市一些基层单位，深入到困难群众家庭，详细了解民生工作落实情况，给大家带来了党中央的真情关爱。

在考察保障性住房小区时，总书记要求：向低收入群众提供更多实用价廉的住房

帮助低收入群众解决住房困难，是保障和改善民生的一件大事。胡锦涛一直把这件大事放在心上，这次特意前往朝阳区管庄路保障性住房常营项目建设区考察。

一路上，总书记听取了北京市保障性住房规划建设总体情况汇报。他希望各级党委和政府高度重视、切实抓好保障性住房建设，进一步加大资金投入，增加用地供应，确保工程质量，建好配套设施，搞好管理服务，向低收入群众提供更多实用价廉的住房。

到常营项目丽景园小区后，胡锦涛首先观看了项目规划沙盘模型，具体了解这个保障性住房项目的建设和分配情况。

接着，总书记来到廉租房住户郭春平家中看望。郭春平和女儿租住的这套两居室，虽然面积不大，但户型规整、厨卫齐全。

胡锦涛仔细察看房间格局，亲切地同主人拉起家常、家里几口人？什么时候搬到这里的？以前的居住情况怎么样？……

郭春平告诉总书记，过去一直没有固定的住处，现在才有了家的感觉，心里特别踏实。

“一个月租金多少？能不能承担得起？”胡锦涛问。

“一个月77块，承担得起。”郭春平笑着回答。

听说郭春平的女儿正在上大学三年级，总书记鼓励她用功学习，将来照顾好母亲。

胡锦涛对她们说：“看到你们家居住条件有了改善，我感到很高兴。党和政府特别重视民生问题，已采取了一系列措施，下一步还会进一步采取措施，改善困难群众的生活。”

郭春平母女俩听了十分激动，连声感谢党和政府的好政策。

离开郭春平家，胡锦涛又看望了丽景园小区经济适用房住户李波一家。总书记同主人在客厅里促膝而坐，从新房的面积到价格，聊得十分融洽。胡锦涛还关切地问起小区服务设施配套情况，叮嘱有关方面一定要把配套设施建设好，让群众生活得更方便。临行时，总书记祝愿李波一家日子越过越好。

在考察供热企业时，总书记要求：一定要让广大群众温暖过冬、温暖过节

冬季供热工作做得好不好，关系着广大群众的冷暖，也牵动着总书记的心。考察途中，胡锦涛对有关

负责同志说，保障冬季供热是一件暖人心的实事。现在已进入数九寒冬"两节"也很快就要到来。一定要毫不放松地抓好供热工作，让广大群众温暖过冬、温暖过节。

北京市热力集团所属的方庄供热厂，参与承担北京东部城区的供热任务。在企业生产车间，一座座高大的锅炉正满负荷运转，滚滚热流从这里源源不断地输向千家万户。胡锦涛同企业干部职工交谈起来，详细询问当前生产运营和供热保障情况。得知企业通过技术改造、设备更新，既提高了供热能力，又减少了污染排放，总书记对他们为首都经济社会发展和群众生活改善作出的积极贡献给予充分肯定。

为保证节日期间正常供暖，方庄供热厂安排了值班人员，应急抢修队也已做好准备。总书记同节日值班人员和应急抢修队员亲切握手，希望他们以高度负责的精神，努力完成好冬季供热任务，满足广大人民群众用热需求。

听了总书记的话，大家深受鼓舞，纷纷表示一定全力做好供热工作，让总书记放心，让广大市民放心。

在考察蔬菜生产基地时，总书记要求：千方百计保障蔬菜供应和价格基本稳定

"菜篮子"与群众生活息息相关。近一个时期，保障蔬菜供应、稳定蔬菜价格成为广大群众普遍关注的问题。带着这个问题，胡锦涛来到北京金福艺农农业科技发展有限公司考察。

这是一家主要从事有机蔬菜生产的企业，每年向首都市场供应1 500多万斤蔬菜。在公司位于通州区的生产基地，总书记走进西红柿、大蒜温室大棚，看蔬菜长势、问销售价格，深入了解企业生产经营情况。企业负责人告诉总书记，这里生产的蔬菜品种多、质量好，许多产品通过"农超对接"直接进入超市，胡锦涛听了十分满意。他勉励企业进一步依靠科技创新、加强科学管理，不断增强蔬菜供应能力，让更多的北京市民吃到"放心菜"。

考察时，北京市有关负责同志向总书记汇报了全市蔬菜基地建设和节日供应情况。胡锦涛强调，要进一步落实好"菜篮子"市长负责制，有效保障蔬菜供应和价格基本稳定，解决好广大群众的吃菜问题。

中共中央政治局常委、国务院总理温家宝在北京考察工作

正是三九寒冬，北京最低气温已是零下10摄氏度。1月16日，中共中央政治局常委、国务院总理温家宝在中共中央政治局委员、北京市委书记刘淇等陪同下，利用周末时间，一大早就冒着严寒来到农产品批发市场、供热公司、保障性住房小区，调查了解民生情况。

近一个时期，受持续低温降雪天气影响，北方主要城市菜价均有不同程度上涨。每天都看各地价格监测报表的温家宝总理十分关心蔬菜供应和市场菜价情况，今天要实地看看。

温总理到的第一站是新发地农产品批发市场。这里供应了北京地区70%的蔬菜和80%的水果，是北京地区最大的农产品批发市场。上午8时许，温家宝走进蔬菜储备库。高高的仓库里，一袋袋土豆、大蒜、白菜和菜花装得满满当当。总理一连看了5个仓库，还向工作人员询问货源、储备品种等情况。听说储备库里有3 200吨蔬菜，全市有1万吨储备菜，能及时满足市场供应，总理脸上露出欣慰的笑容。他叮嘱随行的有关部门负责人说，作为一个大城市，最重要的就是要确保渠道畅通，储备充足。工作人员说："总理，北京市政府储备蔬菜是从奥运会开始的。"总理表示肯定："这件事做得对，要坚持下来。政府储备，能起到安定人心的作用。"

随后，温总理迎着寒风，踩着泥泞的道路，来到露天蔬菜交易点。这里人头攒动，十分热闹，一辆辆来自山东、河北、海南、广西等地的大货车旁，人们正在紧张卸货、交易。温家宝微笑着和大家握手，并和商户、货车司机亲切交谈。商户鲁德传刚从海南运来一车蔬菜，正在忙着卸货。总理详细询问蔬菜产地、品种、价格和运输销售情况，并对他说，蔬菜供应主要有三个环节，一是生产，二是流通，三是储备和销售，缺一不可，都是为了满足群众需要。鲁德传接过总理的话茬："对，就是满足群众的菜篮子。"他的话说得大家都笑了起来。

这时，海南驻北京农产品流通办事处主任黄栋挤进人群告诉总理，海南为北京种植的冬季瓜菜面积比过去又有所增加。温家宝说："海南蔬菜供应北京，既带动了海南农业的发展，又保证了首都群众的需要。"

"总理，给您一张名片。"黄栋从身上拿出一张名片。总理接过来，微笑着对他说："如果北京没菜，我就找你。"总理幽默的话，把大家逗得笑了起来。

几辆大货车旁，北京泰和创业精品果业公司总经理赵新文正在过秤记账。温家宝走过去问他："有什

么困难?”

“冬天冷点，但正常。”

“北京上千万人等菜吃，冷一点也值得。”

“民以食为天，我们在做天大的事。”

听了他的话，总理和大家都笑了起来。温总理认真地说：“这话不假，你们的工作直接关系群众生活。”

人们渐渐围了过来，越聚越多。温总理亲切地和大家握手，传递着党和政府对民生问题的关切……

地处天坛公园东门的物美便利超市天东分店主要供应粮油蔬菜及各类副食品。温家宝走进这家超市，只见货架上各类食品琳琅满目。由于是周末，顾客明显比平常多。他沿着货架细细看过去，特别留意商品的价格。还不时停下脚步，与购物的群众亲热地聊天，了解他们的收入和生活状况。离开时，温家宝对大家说，商品供应尤其要抓好流通和储备工作，真正做到生产足、货架满、价格稳、人心安。

天寒地冻，北京市供暖情况牵动着温总理的心。目前，北京市总供热面积6亿多平方米，其中住宅面积占72%。温家宝来到位于丰台区的京桥热电有限责任公司考察。在锅炉车间主控室，温家宝详细了解燃气、供热保障和极端寒冷天气下的应急预案，询问了供热管网建设情况，并看望热力系统职工。在听取北京市有关负责人关于首都天然气供应发展规划的介绍时，温家宝说，要保证首都电力、天然气和煤炭等能源供应。坚持先民用后工业的原则，贯彻节能的方针，通过科学管理和合理调度，做到省气、省热、省电，尤其要严格控制高耗能、高污染和产能过剩的产业发展。

地处北京市朝阳区的弘善家园，是为修缮整治前门历史文化保护区、安置外迁居民而建设的保障性住房项目，部分居民已经入住。温家宝来到这里。走进尚未入住的一居室、两居室套房，从卧室、厨房到阳台一一察看，详细询问。看到户型合理，节能保温，他十分高兴。

在64岁的居民宋国赞家，温家宝和老两口促膝而谈。在政府的支持和补贴下，宋国赞一家从前门原来14平方米的平房搬进了现在这套73平方米的两居室，自己花了不到两万元。他激动地对总理说：“这里多宽敞，多明亮，我们非常满意。”温家宝告诉他，国务院刚出台了促进房地产市场平稳健康发展的11条政策，其中最重要的一条就是政府要加快保障性安居工程建设，解决低收入困难家庭的住房问题。

北京是文化古城，旧城区改造任务十分繁重，近年来本着“修缮、改善、疏散”的指导思想加大了改造力度，去年修缮完成近50万平方米，2.3万户居民的住房条件得到改善。温家宝来到前门街道草厂9条3号院，这里原来残破不堪，修缮后，小院焕然一新。温总理先后走进李爱萍和孙春莲两家，坐下来亲切地聊起家常。李爱萍高兴地带着总理参观客厅和厨房，她说，政府出钱对小院进行了修缮，住房条件大大改善，现在有了天然气，既干净，又方便。孙春莲的儿子和儿媳送给总理两个大红的中国结，希望总理保重身体。

北京市有关负责人向总理介绍，北京市认真贯彻落实国务院部署，全面推进保障性安居工程，计划三年基本解决28万户困难居民的住房问题，2009年已经完成了三分之一。温家宝赞赏道，这是一个民心工程，要继续抓紧实施，把好事办得更好。

中共北京市委书记刘淇到郊区视察

2月11日刘淇到密云县北庄村、朱家湾村看望基层党员群众
“你们过得好我们就高兴”

2月11日市委书记刘淇一行轻车简从，翻过一座座山，越过一道道沟，驱车往返240多公里，来到密云县深山区北庄镇北庄村和朱家湾村，给基层党员群众带去了新春的问候。

山脚下的北庄村，家家户户大门口都挂上了红灯笼，处处洋溢着节日的喜庆。刘淇一见到老村委会主任李化国，就握着他的手说，你在村里干了32年，当了17年村主任，感谢你为村子发展付出的辛劳。在老李家，刘淇与老两口坐在炕沿儿上，唠起家常，“马上就要过年了，我代表市委市政府给您拜年，也想看看您的生活情况。”“挺好的。”老李笑着说，现在，市里给农村60岁以上的老人每人每月200元老年津贴，我们两口就400元；县里还给农村干部每人每月390元的养老保险；村里每月也给补150元。“加起来一个月有940元。”刘淇给老李算起了账。“那看病有困难吗?”刘淇接着问。“这不，参加新农合看病能报销，知足了。”话越唠越热乎。老李还告诉刘淇这几年村里的喜人变化：节能路灯亮了、街道硬化了、更加重视环境保护了……刘淇说，2009年全市经济社会发展很好，今年要加大城乡统筹力度和对农村的投资，您对我们的工作有什么要求？老李想了想，“还是要坚持对农业的扶持政策，抓住机遇，加快发展。”得知老李家还是第三批开展深入学习实践科学发展观活动的小组学习中心点，刘淇高兴地说，您真是充分发挥了党员的先锋模范作用，感谢您几十年如一日，为村子发展做出的贡献。

71岁老党员王学林的家里鲜花争艳，春意盎然。刘淇坐在红色布艺沙发上，向老王仔细询问：有什么收入来源、生活怎么样、还有什么困难……说起自己的幸福生活，务农的老王打开了话匣子。“我种的7亩多地，一年能打8 000斤玉米，有6 000多元的收入。”更让人高兴的是，得益于国家政策，现在种一亩地还能获补贴100元。他说，“除此之外，他和老伴每月还有400元的老年津贴。真是感谢党和政府!”刘淇说，随着经济发展，北京的养老标准也会提高，让农村老人都能过上幸福的晚年。得知老王的四个儿子个个孝顺，还被评为和谐家庭，刘淇连连称赞，儿女孝顺是福，并祝老人健康长寿。临别时，看到老王意犹未尽，刘淇笑着说，“来，我们合张影吧。”老人全家和市领导站在一起，在象征着丰收的金色玉米前，咔嚓一声快门响，一张张笑脸被装进了取景框。

当面包车经过村里的小广场，看到村民正在用传统的舞狮表演喜迎新年，刘淇兴致勃勃地下车，走到村民中间攀谈起来。身着红色表演服的王凤祥老大爷告诉刘淇，自己都打了5年的鼓了，这可是村里一辈又一辈传下来的手艺。刘淇还招呼不远处舞狮的村民过来一起唠。听说大家不仅会舞狮，还能舞龙、踩高跷，刘淇高兴地称赞他们“全能”，说一定要把村里的传统文化活动传承下去，不断丰富村民的文化生活。

看着刚住上两三个月的新房，68岁的朱家湾村村民王友海就乐得合不拢嘴。在宽敞的客厅里，老王告诉刘淇，以前住的是石头房，属于危房。得益于山区搬迁政策，再加上村里的补贴，去年底，自己没掏一分钱，就住上了新房子。“不但住上新房，村里还给我们送来了格力空调、海尔冰箱。”老王指了指村支书陈万如说，全凭他带着村民一起奋斗，才有了今天的好日子。近年来，朱家湾村通过发展百合花卉产业，不断壮大集体经济，使老王这样的60户农民从危旧房搬进了节能新居。

说起这些喜事，不善言谈的老王变得爱说了。他还告诉刘淇，屋外的厨房、卫生间全是现代化装备，跟城里一样。“听你这么一说，我还真想看看了。”刘淇站起身，饶有兴趣地逐屋参观。浴霸、太阳能热水器、秸秆燃气，各种设施很是齐备。

为庆祝即将喜迁新居，老两口去年还补拍了婚纱照。看着照片上老王一身黑色燕尾服、老伴刘瑞元一身洁白婚纱，刘淇幽默地说，“这是先拍婚纱照，再喜迁新居呀。”一席话，把大家逗得哈哈大笑。刘瑞元激动地说，能住上这么好的房子，真是从心眼儿里高兴。我们虽然做不了什么了，但一定要教育孩子做国家的好公民。“看到你们能过上好日子，我们为你们高兴。”刘淇祝愿老王一家春节愉快，日子越过越红火。

随后，刘淇还察看了朱家湾村党支部基层组织建设情况。

2月20日刘淇到海淀区唐家岭村和朝阳区北苑村进行专题调研时强调
充分发挥农民主体作用加快城乡结合部建设

2月20日，市委书记刘淇，市委副书记、市长郭金龙来到海淀区西北旺镇唐家岭村和朝阳区来广营乡北苑村，就加快城乡结合部建设、推进城乡一体化发展进行专题调研。刘淇强调，要充分发挥农民的主体作用和基层党组织堡垒作用，坚决打好城乡结合部50个重点村改造整治这场硬仗。市委副书记王安顺一同调研。

唐家岭村位于海淀区高新技术园区腹地，近5万外来人口在此租房居住，违法建设面积高达60万平方米，环境卫生、社会治安、消防安全等方面都存在重大隐患，是市级挂账整治督办重点村之一。目前村庄整体改造方案已初步制定完成。对于“宅基地腾退置换、农民就近上楼、适度预留产业用地、积极发展集体经济”的改造整治原则，刘淇予以肯定，并要求相关部门尽快确定规划改造方案、出台实施细则。郭金龙也叮嘱有关部门，安置房建设要及早开工，加快进度，保证质量。“看见新房正在建设，群众心里就踏实了!”

刘淇又问村党支部书记：“村民们对村庄改造有什么意见?”“大伙儿对拆迁都很赞同。农民能赶上上楼的机会，那是福气!”刘淇嘱咐镇村负责人，一定要发挥村民自治组织的作用，发动农民积极参与规划和改造方案的讨论；及时了解群众思想状况，耐心做好解释说服工作。拆迁工作启动后，党员干部要带头执行有关规定。村支书说，我们村54名党员和43名村民代表，都要带头搬迁，我是头一个!

紧邻五环路的北苑村是来广营乡最后一个拆迁的自然村。去年12月24日，朝阳区采取土地储备的模式，启动了北苑村拆迁腾退工作。20天内已有425个住宅院落、949户签约拆迁，签约率高达99.7%，现已拆除住宅近80%。对于朝阳区在改造中遵循“安置房建设、基础设施建设、产业发展、农民社会保障”四优先的原则，刘淇也给予肯定。他要求朝阳区利用土地储备的机遇，注意区域统筹平衡，加快推进城市化进程，将城乡结合部改造与产业发展规划紧密结合起来，积极发展生产性服务业、文化创意产业等符合首都特点的高端产业。在建设安置房过程中要注意集约用地，多盖高层住宅，增加绿化面积，提高居住品质。

刘淇在调研中强调，在推进城乡一体化发展过程中，要充分发挥农民的主体作用，确保农民自主决策、自主建设、自主管理、自主发展；充分发挥基层党组织的堡垒作用，做好宣传、说服和维稳等工作，为搬迁工作创造良好环境；大胆改革创新，根据各村实际实行“一村一策”，创造性地解决遇到的问题；坚持依法依规办事，严格保护耕地，严格拆除违法建设。

2月21日刘淇到丰台区石榴庄村和石景山区边府地区进行专题调研时强调 切实维护和发展农民合法权益 全面推进城乡一体化进程

2月21日，市委书记刘淇，市委副书记、市长郭金龙来到丰台区石榴庄村和石景山区边府地区，再次就加快城乡结合部建设、推进城乡一体化发展进行专题调研。刘淇强调，加快城乡结合部建设要统筹考虑改善农民居住条件、促进产业发展、完善社会保障和稳定农民就业，确保农民利益不受损、就业有保障、增收有途径，不断提高农民生活质量，实现城乡结合部的可持续发展。市委副书记王安顺一同调研。

石榴庄村是市级挂账整治督办重点村。刘淇、郭金龙等市领导登上顶秀欣园楼顶，俯瞰村容村貌，仔细了解拆迁整治工作。该村地处南三、四环之间，由四个自然村组成，蒲黄榆路、宋家庄交通枢纽等工程在此建设，拆迁任务繁重。同时，由于特殊的地理位置，还聚集了大量流动人口，环境卫生、社会治安、交通秩序、村政设施等方面的建设和管理难度逐年加大。刘淇详细询问了拆迁安置工作方案，当了解到该村正在探索利用集体土地建设集体租赁房，以租金方式增加农民收入时指出，在旧村改造中，要着眼长远，统筹考虑改善农民居住条件、促进产业发展、完善社会保障和稳定农民就业，切实维护和发展好农民合法权益。

八大处山脚下的边府地区，也是市级挂账整治督办重点村。该地区由10个自然村和市铁路疗养宿舍组成，现有户籍人口7 180人，流动人口21 031人，同样存在着流动人口比例倒挂、市政基础设施薄弱、卫生环境脏乱、刑事治安案件高发等问题。刘淇关切地向石景山区负责人询问拆迁启动、回迁房建设的具体“时间表”，同时指出，边府地区自然条件优越，要在保护生态环境的基础上，发挥优势，吸引更多高端人才、高端产业聚集，不断提升产业结构。要同步推进旧村拆迁、新村建设、环境整治和产业发展，积极创造就业条件，帮助农民就业，增加农民收入，提高农民生活质量，实现区域可持续发展，努力探索推进城乡一体化发展的新路子。

3月18日刘淇到昌平区进行专题调研时强调 统筹考虑确保旧村顺利改造农民得实惠

3月18日，市委书记刘淇，市委副书记、市长郭金龙等市领导围绕“加快城乡结合部建设，推进城乡一体化发展”主题，到昌平区进行专题调研。刘淇强调，要充分发挥农民的主体作用，统筹考虑旧村改造和产业发展、公共配套设施建设，确保旧村改造各项工作顺利推进，让农民得实惠。市委副书记王安顺一同调研。

昌平区南端的东小口镇中滩村、贺家村，是市级挂账整治督办重点村。刘淇、郭金龙等市领导乘车察看村容村貌后，在贺家村村委会，结合展板仔细了解东小口镇旧村改造、规划建设和产业发展等情况。据介绍，该镇在旧村改造中坚持组团建设原则，力求“改善住房、整合资源、村庄还绿、促进增收”多赢。初步估算，旧村改造后，通过建设劳动力安置用房、出租房屋和就业等多种方式，农民人均年收入将从现在的16 000多元增至30 000元左右。刘淇十分关心工程进度和农民利益保护。他关切地询问旧村改造什么时候完工、农民过渡房怎么安置。得到明确答复后，刘淇指出，旧村改造各项规划、措施已经十分明确，任务艰巨。要坚持农民的主体地位，充分调动农民的积极性，加快推进旧村改造，切实维护好农民权益。

八达岭高速公路西侧，昔日私搭乱建严重、环境脏乱差，常住和流动人口比例严重倒挂的市级挂账整治督办重点村——回龙观村，已经拆迁完毕。市领导乘车察看拆迁腾退和定向安置房建设情况。如今，旧村原址塔吊林立，回迁楼和医疗、教育等公共配套设施正在加紧建设。明年，一幢幢颇具现代气息的28层回迁楼将拔地而起。这里，将要着力发展的物业经济和实施的安置农民就业等措施，预计会给村民每年带来5 000万元的分红。刘淇还听取了昌平全区旧村改造工作汇报。该区“先规划再拆迁、先安置再拆迁、先改革再拆迁、先拆违再拆迁、逢迁建必保障”的做法，充分调动了农民的积极性。得益于此，占地4平方公里、1 418户的回龙观村，在去年仅用短短半年时间就完成了全部拆迁工作。当了解到地理位置优越的北七家镇海鹊落村，将由镇村农民共建 30 万平方米的公租房，特别是 5 月就将启动 10 万平方米的建设时，刘淇非常高兴，给予充分肯定。

刘淇特别重视施工质量，在回迁楼施工现场仔细察看工程建设情况。他还特意走到摆放整齐的螺纹钢前仔细察看，称赞钢材质量好。刘淇叮嘱有关负责人，要坚持安全第一，高度重视施工质量，加强监督检查，督促施工单位逐级落实责任，严格按规程要求施工，确保把回迁楼建设成为样板工程。

3 月 24 日刘淇到大兴区进行专题调研时强调
牢牢把握机遇　奋力推动跨越式发展　高水平建设南部增长极

3 月 24 日，上午，市委书记刘淇来到大兴区，围绕“转变经济发展方式，加快产业结构优化升级”主题进行专题调研。他强调，要牢牢把握机遇，奋力推动跨越式发展，高水平建设南部增长极。市委副书记、市长郭金龙，市人大常委会主任杜德印，市委副书记王安顺一同调研。

南六环南侧的中关村国家自主创新示范区大兴生物医药产业基地，是本市生物医药产业技术创新、研发和生产的主要聚集区。刘淇、郭金龙、杜德印、王安顺等市领导在这里，挥锹铲土，为康美（北京）药业有限公司、北京同仁堂（集团）有限责任公司、北京四环科宝制药有限公司的三个项目开工奠基。康美药业的中药饮片生产基地，达产后预计年新增产值 8 亿元，税收 1 亿元。同仁堂的中药前处理生产基地建成后，将具备年药材前处理 500 万公斤、精制饮片 100 万公斤的能力，年新增产值 10 亿元，税收 1.2 亿元。四环科宝打造的集生物制剂产品研究、生产、配套服务于一体的产业基地，可带来 4 亿元的年销售收入和 6 000 万元的税收。市委常委赵凤桐在奠基仪式上致辞说，生物医药产业是首都的重要战略性新兴产业之一。我们要紧紧抓住大兴区和北京经济技术开发区行政和空间资源整合的机遇，发挥北京经济技术开发区的辐射带动作用，加大重大产业项目的引进力度，推动生物医药产业和首都南部现代制造业聚集区的发展。

位于北京经济技术开发区的京东方 8.5 代线项目工地，9 000 多名建设者正在加紧施工，一派热火朝天的繁忙景象。明年 6 月，三层高、70 万平方米的厂房将全部竣工投产。刘淇等市领导在施工现场，仔细了解项目建设和北京数字电视产业园发展情况，并关切地询问工程进度、技术指标、产业发展预留空间等问题。京东方 8.5 代线项目的建设，首次打破了国际上对我国大尺寸 TFT—LCD 液晶屏市场的垄断，是我国建设自主 TFT—LCD 产业体系的关键一步。特别是在建设中，突出了“绿色工厂、绿色制造”理念，一些指标成为全球亮点：工厂总用水量中 85% 为再生水，每年可节水 900 万吨；利用屋顶光伏太阳能，每年将节电 1 500 万度；采用热回收冷水机组，每年要省下燃气费 5 040 万元……目前，以京东方项目为核心的北京数字电视产业园，已经吸引冠捷、住友化学等一批知名公司入驻。

在随后的座谈会上，市领导听取了大兴区、北京经济技术开发区行政资源整合，和开发区一季度经济发展情况汇报。

郭金龙讲话说，大兴区和北京经济技术开发区的行政资源整合，取得了初步成效，“1＋1＞2”的前景已经显现。他要求，要进一步凝聚共识，提高对市委市政府整合两区资源、理顺管理体制重要意义的认识。要加快工作机制的融合创新，建立更有效率、更富活力的工作机制，通过行政资源整合，使开发区享受到执法和社会事业发展的服务，拥有更大的发展空间；使大兴区更好地得到开发区的辐射带动，在推动开发区建设和城乡一体化进程方面发挥更大作用，实现又好又快发展。要抓紧开展当前所做的各项工作，认真做好开发区扩区工作、谋划“十二五”发展规划。市政府有关部门要对新体制机制下的大兴区、北京经济技术开发区转变发展方式、加快科学发展给予大力支持。

刘淇讲话说，大兴区和北京经济技术开发区认真落实市委市政府决定，在行政资源整合过程中，实现了开好局、起好步的阶段性目标。这充分说明了两区的领导班子和广大党员干部觉悟高、认识到位，顾大局、识大体，工作得力。

刘淇要求，要牢牢把握机遇，奋力推动跨越式发展，高水平建设南部增长极。整合两区行政资源，是市委市政府落实科学发展观、转变经济发展方式的重要举措，要在已经取得的“建设好产业园区，实现产业聚集发展”的成功经验基础上，加快推进。当前，首都进入了新的发展阶段，正在从建设世界城市的高度，以更高标准加快推进人文北京、科技北京、绿色北京建设；同时，行政资源的整合，意味着开发区将拥有更大的发展空间，大兴区踏进了高端制造业领域，双方都站上了更高的起点。这些都给两区发展带来了难得机遇。我们要倍加珍惜、切实利用好难得的发展机遇，充分发挥优势，在多年来开发区奠定的基础上，推动制造业发展，加快做强二产；认真规划，促进产业发展和农民转移就业，加快周边地区城镇化和城乡一体化步伐。

刘淇强调，当前，要加强优势互补，千方百计促发展。一是创新体制。建立起科技驱动、内生增长的发展模式，使新体制效率高、活力强、动力足。二是高水平规划。要按照建设世界城市的要求，加快编制“十二五”规划。三是加强政策集成和创新，增加招商引资的规模和吸引力。从降低成本等方面认真研究，主动吸引符合北京产业发展方向的大项目尽快落地。四是加强领导，突出重点。稳步推进行政资源整合，以重大项目落地为动力，实现超常规、高水平、跨越式发展。全市各相关部门都要全力支持两区行政资源整合，为推动发展做出更大贡献。

3月26日刘淇到顺义区进行专题调研时强调
加快城镇化步伐　让农民在城乡一体化进程中得实惠

顺义境内东六环东侧，一排排灰白相间的崭新楼盘拔地而起，漂亮的澜西园住宅小区，正在等待着新主人——市级挂账整治督办重点村梅沟营村村民回迁新居。3月26日，市委书记刘淇，市委副书记、市长郭金龙等市领导来到这里，就“加快城乡结合部建设，推进城乡一体化发展”主题进行专题调研。刘淇强调，要进一步增强责任感、紧迫感，加快经济发展方式转变，加快城镇化步伐，让农民在城乡一体化进程中得实惠。

整洁、精致的澜西园很是打眼。刘淇、郭金龙等市领导乘车绕小区一周，仔细察看建设情况。小区住宅板塔结合，追求改良的中式风格，在保留传统民居中砖墙、坡屋顶等传统要素的同时，以灰色瓷砖为主，饰以红色瓷砖、白色涂料做点缀，古朴而现代。小区公共服务设施也很完备：中心休闲区，新移栽的树木错落有致，再加上典雅的凉亭、舒缓的步道和蜿蜒的景观水路，颇有“小桥流水人家”的味道。楼下，充足的车位，让居民“出了车门进楼门”，十分方便。

市领导兴致勃勃地走进2号楼1单元202房间，逐屋察看回迁房户型和回迁准备工作。这个90平方米的房间由三室两厅一卫组成，阳光充足，推窗见景。澜西园优美的环境，“惹”得等待回迁的农民都有些迫不及待了。听着顺义区有关负责人的介绍，刘淇笑着说，我们建设回迁房，就是要坚持高质量、高标准，一定要给农民提供更加舒适的居住和生活环境，让农民满意。在洒满阳光的客厅，市领导结合展板听取了梅沟营村和顺义区旧村拆迁工作汇报。顺义共有426个村，截至去年底，已经拆迁54个，7.5万名农民转居上楼，融入城市生活。按照规划，今年再拆迁31个，到2020年只保留264个村。当了解到拆迁难度最大的市级挂账整治督办重点村——天竺，由于措施得力，将在5月顺利拆迁，刘淇十分高兴，充分肯定顺义区拆迁工作取得的成效，并仔细询问了全区旧村拆迁后宅基地腾退、产业发展、农民就业安置等情况。刘淇鼓励有关负责人说，到2020年，我们要实现全面建设小康社会的奋斗目标。近年来，顺义区经济社会发展迅速，城镇化步伐不断加快。有了这样良好的工作基础，更要进一步增强责任感、紧迫感，加快经济发展方式转变，加快城镇化步伐。在旧村拆迁和城乡结合部整治中，要解放思想，结合实际，高标准、高质量建设好回迁楼；珍惜土地这一宝贵资源，做到节约集约用地，提高土地利用率。要在城乡一体化进程中，推动产业发展，实现农民就业，促进农民增收，保护农民利益，让农民得实惠。

5月14日刘淇到丰台区、通州区调研时强调
算好土地账经济账　让农民多得实惠

5月14日，市委书记刘淇就“加快城乡结合部建设，推进城乡一体化发展”到丰台区和通州区进行专题调研时强调，在城乡结合部建设中要集约利用宝贵的土地资源，算好土地账和经济账，切实保障农民利益，大力发展集体经济。市委副书记王安顺一同调研。

丰台区南苑乡大红门村久敬庄、自然村，是市级挂账整治督办重点村，现在回迁房地块已经完成清理平整。大红门村党总支书记于连山向刘淇汇报说，回迁房建设下月开工，不走房地产开发的模式，而是由村建筑企业建设。拆迁整治和回迁安置总体方案已经村民集体讨论确定，许多村民已按照图纸签字选房。

久敬庄村是大红门村所属的5个自然村之一，这次总体改造将抓住契机把5个自然村连片建设，靠近南四环两个村的黄金地段以土地储备形式积累发展建设资金，久敬庄村核心地段建设回迁房，还能节约出部分土地用于发展集体经济。刘淇对多村连片建设规划发展的做法表示肯定，他叮嘱村干部要在开发过程中依靠农民力量参与建设，让农民多得实惠；要解决农民转居后的社会保障问题，并采取村民集体入股等形式把产业用地开发利用好，使农民的长远发展有前

景。刘淇同时要求驻区企业和单位积极参与到城乡结合部建设中来，统筹推进当地市政基础设施建设。

通州区梨园镇高楼金村也是市级挂账整治督办重点村。地处京沈高速与通州新城间的高楼金村交通便利，形成了户籍人口与外来人口比例 1∶7 的严重倒挂，给当地长远发展带来巨大压力。城乡结合部建设动员大会召开后，该村加快了拆迁改造工作进度。刘淇察看了回迁小区“高楼金第”。村党支部书记王德竹汇报说，回迁房 13 栋楼今年 9 月全部封顶，力争明年 8 月全村集体动迁。

刘淇问村支书：“有没有算过土地账?”“算过了，我们村村域面积 2 700 亩，宅基地能腾退出 1 200 多亩，其中 150 亩用于建设回迁房，还有一部分拿出来招拍挂解决发展资金问题，集体产业用地计划建设商厦写字楼和公租房。”刘淇又问：“有没有给大家算过经济账?”“也算过了：集体产业用村民股份制的形式投资建设，10 万平方米的商厦写字楼和 1 000 套公租房每年能有三四千万的经营收入，人均分红能达到八千至一万元，而且还能解决村民转居后的就业问题，日子不会比现在差!”刘淇说：“对！我们在城乡一体化进程中必须保护农民利益，促进农民就业，实现长远发展。”

5 月 18 日刘淇到门头沟区调研时强调
以沟域经济为抓手　加快山区发展方式转变

5 月 18 日，市委书记刘淇到门头沟区，围绕落实绿色北京行动计划，推进城乡一体化新格局主题进行专题调研。他强调，生态涵养发展区要坚持发展是第一要务，统筹协调生态涵养与发展，把沟域经济作为重要抓手，加快山区发展方式转变。

雨后的东山沟格外青翠，生机盎然。这里是有 400 年种植史、北京唯一京字头果品京白梨的故乡。刘淇等市领导在山林环抱的孟悟村京白梨园，边沿石板甬道拾级而上，边听取村支书朱凤敏关于发展特色果木种植情况的汇报。该村把精品农业与观光旅游紧密结合，变“贩卖赚钱”为“采摘赚钱”，短短几年，京白梨的身价便飙升到每斤 30 元！单这一项，村里的京白梨专业合作社，去年就入账 210 万元。

听到乡亲们富裕了，刘淇十分高兴。他还特别关心基层组织建设情况。“村里有多少党员?”“63 个。”都多大年龄？后备力量怎么样？有没有大学生村官？党员先锋模范作用发挥得怎么样……朱凤敏逐一详细回答。根据党员年龄结构，在村党支部的统一领导下，还成立了田间地头党支部，负责发展生产；老年党支部，引导退休党员发挥余热，全村上下形成了齐心促发展的强大合力。了解到这些，刘淇高兴地鼓励朱凤敏，要充分发挥基层党组织的战斗堡垒和党员的先锋模范作用，进一步密切干群的血肉联系。要依靠科技，不断提高果树品质，把京白梨产业做大做强，继续壮大集体经济实力，带领农民增收致富。满山白色山楂花花团锦簇，油绿油绿的京白梨挂满枝头，一派喜人的景象。朱凤敏热情邀请市领导再次莅临指导。

同一条沟里的东山村，则围绕京白梨作起了另一篇文章——吸引台资企业开发沟域生态资源，建成以台湾生态农业模式经营的生态庄园，发展田园式旅游。这是对传统农业发展模式的突破。市领导仔细察看了东山村台湾农场的建设情况。刘淇特别关注农民就业问题。“140 名员工全部是本村村民。”来自台湾的农场负责人对这里的发展信心十足。在有着 446 棵百年京白梨老树的大清贡梨园，刘淇察看了生态保护与园区发展情况，建议农场主引进更多的台湾民俗、餐饮，建设一条“台湾沟”。

随后，市领导听取了门头沟区发展的有关情况汇报。

刘淇充分肯定门头沟良好的发展态势，表示相信通过编制好“十二五”规划，利用好当前宝贵的发展机遇，门头沟一定会实现跨越式发展。刘淇指出，实践证明，沟域经济充分利用了山区的山、水资源，体现了北京特色，符合首都产业发展方向，是一种成功的经济发展模式。山区不是包袱是财富，要对发展沟域经济充满信心。认真研究，采取多种方式，通过发展沟域经济加快山区经济社会发展。

刘淇强调，生态涵养发展区，要坚持发展是第一要务，把沟域经济作为重要抓手，积极转变发展方式。要认识到保护生态不是束缚发展，而是为了更好的发展，发展的结果是使生态得到更好的保护。要把产业发展与生态保护结合起来，在保护好生态的前提下，大力发展生态旅游业、特色林果业，以及高新技术、文化创意和服务业等产业。

刘淇要求，要继续扩大开放，大力引进社会资本，推动发展。要拓宽招商引资视野，吸引更多企业落户北京。要学习借鉴台湾在先进农业、利用山区发展经济等方面的经验；要打开思路，认真谋划、高起点规划中芬生态谷建设，聚集更多的高科技产业，不断扩展合作空间。

刘淇强调，要坚持高标准做规划。现在距离全国到 2020 年全面实现小康社会目标还有十年时间。要进一步增强紧迫感，紧密结合首都实际，按照世界一流的标准，利用世界最高水平的智力资源，切实做好沟域规划、新城规划、永定河绿色生态发展带规划等，充分体现国家首都的形象。

5月22日刘淇到延庆县调研时强调
坚持高端一流标准把延庆建成绿色北京示范区

5月22日，市委书记刘淇等市领导翻山越岭，往返300多公里，来到燕山山脉深处的延庆县千家店镇，再次围绕落实绿色北京行动计划，推进城乡一体化新格局主题进行专题调研。他强调，山区是北京广阔的战略发展空间，要以科学发展观为指导，按照区域功能定位的要求，开动脑筋，创新思路，千方百计寻找生态涵养发展区科学发展之路，坚持高端一流标准，把延庆建成绿色北京示范区。

延庆县是生态涵养发展区，在探寻生态涵养与经济发展双赢中，做大了山水资源文章。刘淇等市领导在乘车察看千家店镇百里山水画廊规划建设时，详细了解了该镇依托生态资源优势加快发展，带动农民致富增收情况。车窗外，山青似黛，碧水潺潺，山水相依。沿途村庄干净整洁，粉刷一新的徽派风格外立墙，在绿树掩映之中充满诗情画意。良好的生态，吸引来众多游客，甚至还有许多艺术院校的学生以此为“定点”，在林间、在河畔，用手中的画笔纵情写意。2009年，该镇乡村旅游综合收入达2 800万元，同比增长40%。流经境内的白河、黑河，把国家级木化石展示区、市级大滩生态自然保护区、县级红旗甸绿色农业示范区串联起来，用这里的山魂、水韵、奇石、风情、野趣，铸造了一个既体现民俗文化，又符合现代生活需求的百里休闲旅游产业带，成为延庆县沟域经济的新亮点。

在环境优雅的燕山书院，市领导了解引入社会资金共同发展沟域经济情况后，听取了延庆县关于生态涵养发展区建设情况的汇报。

刘淇充分肯定延庆县取得的成绩。他说，近年来，延庆县广大干部群众坚持生态涵养发展区的功能定位，积极探索，走出了一条体现生态文明要求的科学发展之路，经济社会发展取得长足进步。

刘淇对百里山水画廊一年来发生的巨大变化印象深刻。他指出，百里山水画廊建设给区域经济社会发展带来了四大变化：一是农村环境更加干净整洁。二是农业从比较单纯的传统农业转变为一、二、三产业相结合的多功能现代农业，既有经济价值，又有生态观赏价值。三是农民更加关心、爱护生态，同时，文明素质的提高又促进了产业发展，带动了农民就业能力和收入的提高。四是城乡一体化资源整合互补正在发挥作用。沟域经济发展前景广阔。我们要充满信心，认真总结经验，找准抓手，充分利用好山水资源，一条沟一条沟的开发，大力发展沟域经济。

谈到下一步发展，刘淇强调，实践证明，我们对生态涵养发展区的功能定位是正确的。北京拥有一万平方公里的山区面积，这是北京广阔的战略发展空间。加快生态涵养发展区的发展，对于推动首都科学发展，建设人文北京、科技北京、绿色北京意义重大。要鼓励区县和基层干部，按照科学发展观的要求和建设人文北京、科技北京、绿色北京的发展方向，创造性地开展工作，坚持国际一流的标准，高水平做好土地、建设规划，努力在集体土地利用、农民利益保护、社会主义新农村建设、城乡资源整合互补、社会资本引入等方面创造性地工作，实现高水平发展。

刘淇对延庆县建设绿色北京示范区的工作目标表示肯定。他指出，实现这一目标，要围绕绿色生产、绿色消费、绿色生态环境狠下功夫。在绿色生态环境方面，要坚持不懈地加强生态环境建设，尤其要倍加珍惜难得的水资源，采取先进技术，保护水质。在绿色生产方面，要下大力气发展具有循环经济特点的农业、新能源、高端文化创意等产业，扩大新能源在农村中的使用比重，继续做大绿色产业。在绿色消费方面，要大力推进垃圾减量和分类，引导游客在景点使用绿色环保代步工具，更加爱护生态环境。

刘淇特别关心基层党组织建设。他强调，要狠抓基层党组织建设，紧密结合正在开展的创先争优和党员作风建设年活动，通过多种方式培训，进一步开阔基层干部思路，提高他们领导科学发展、做好群众工作的能力，更加与首都经济社会发展的新形势新要求相适应。市各有关部门要多出主意，多想办法，多推荐项目，全力支持和帮助生态涵养发展区加快发展。

市领导还兴致勃勃地察看了乌龙峡谷开发建设情况。

6月1日刘淇到怀柔区调研时强调
进一步加强基层党建　加快京郊农村发展

6月1日，市委书记刘淇翻山越岭，来到有京北第一乡之称的怀柔区喇叭沟门满族乡，进农村、访农家，围绕加强基层党组织建设和党员干部作风建设主题进行专题调研。他强调，要从加快统筹城乡发展、深入推动城乡一体化进程的目标出发，进一步加强和改进基层党组织建设，充分发挥基层党组织的战斗堡垒和党员的先锋模范作用，调动广大基层党员干部的积极性、主动性和创造性，为农村产业发展、农民增收致富、推动社会主义新农村建设、加快京郊农村发展步伐提供坚强的组织保障。市委副书记王安顺一同调研。

经过近三个小时的长途跋涉，刘淇首先来到东岔村，一下车就和“老”朋友村支书刘显文亲切握手，询问村子建设情况。2004 年，刘淇曾来到这里，寻求城乡统筹发展之策。6 年来，该村坚持以党支部为核心，干部出思路，党员带头干，发生了翻天覆地的变化。刘显文指着淡黄色新农居，喜滋滋地告诉刘淇，现在全村 530 口人都住上了统一建设的节能新房，数字影院建成了，秸秆气化技术用上了，当年的肉鸡饲养业也正向观光采摘等现代农业转变，人均年收入从 2004 年 7 000 多元猛增至去年的 12 800 多元。喜人的变化，让刘淇连连点头称赞。

喜搬新居的彭兴友还高兴地当起“向导”，带着市领导在自家逐屋参观。在宽敞的客厅，刘淇还招呼该村党支部全体成员围坐在一起，向他们询问基层党组织建设情况。“村里有多少党员，什么年龄结构?”“总共有党员 40 名，50 岁以下的 13 人。”“有大学生村官吗?”“有。”听到市领导招呼自己，正在忙碌的靳海员赶忙进屋。“他帮助好多村民学会了用电脑。”刘显文对这个充满朝气的村官很是满意。在大幅牡丹富贵图挂画映衬下，客厅的气氛温馨而热烈。从基层组织建设经费保障到发展新党员，从丰富群众文化生活到加强对农民的培训和教育，从村子发展面临的困难到破解之策，市领导和村党支部成员热烈交谈、探讨着。刘淇称赞村里发生的喜人变化，充分肯定村党支部把新农村建设与产业发展相结合的发展思路，鼓励村党支部要充分发挥基层党组织的战斗堡垒和党员的先锋模范作用，进一步拓宽思路，真抓实干，带领全体村民共同致富。临行前，刘淇特意选择在展现东岔村美好未来的新村示意图前，与村党支部全体成员合影留念。

青山脚下的四道穴村干净整洁。凿壁偷光、哭竹生笋等历史典故都被“搬”上了墙，营造了浓郁的传统文化氛围。基层党建工作在这里开展得有声有色。刘淇等市领导来到村党支部党员远程教育中心时，部分党员正在通过网络听取农村学习实践科学发展观活动巡回报告。刘淇热情地和大家打招呼。“你们都什么时候来这里学习?”“每月 5 日、25 日是规定的学习日，都得来。”“这里谁党龄最长?”“我 1959 年 8 月 25 日入党。学习一次不落。”79 岁的彭光宽对入党日期记忆犹新，回答起来声若洪钟，充满自豪。刘淇还先后来到党风廉政建设教育室、党员活动室等，仔细了解基层党组织建设情况。该村在村务公开、党务公开方式上不断创新，还针对党支部无职务党员设置了扶贫帮困岗、全程办事受理岗等 20 个责任岗，以充分发挥党员的先锋模范作用，进一步密切党员与群众的血肉联系。在党员活动室，首都文明村、经济发展先进村、环境整治先进村……满满一墙的奖牌格外醒目，从一个个侧面生动记录着该村扎实的党建工作。村支书吴瑞祥高兴地告诉刘淇，在这里工作舒心!

该村十星文明户刘国忠是个老党员。他热情地把市领导迎进客厅，讲述起自己的幸福生活。“我跟老伴当护林员每月有 800 元，还有 400 元无保障农民补贴，我还负责村里的绿化养护，每月再有 400 元。”老刘乐呵呵地说。刘淇给老刘算起了账，一个月稳稳当当的就有 1 600 元收入。“看病有没有保障?”刘淇关切地询问。“都上了医保，能报销。现在日子真是越过越好。”说起这些，刘国忠老伴喜上眉梢。现在，老两口还做起了民俗接待生意。了解到这些情况，刘淇高兴地说，随着旅游业的发展，相信你们的日子会越过越好，你们过好了，我们就高兴。

随后，刘淇等市领导还来到位于白桦谷的濒危植物园和白桦林，察看了沟域经济发展及生态保护情况。

6 月 5 日刘淇到房山区调研时强调
围绕发展抓党建　抓好党建促发展

6 月 5 日，市委书记刘淇来到房山区，再次围绕加强基层党组织建设和党员干部作风建设主题进行专题调研。他强调，要以科学发展观为指导，围绕发展抓党建，抓好党建促发展，让农民在发展中得到更多实惠。市委副书记王安顺一同调研。

绿树掩映之中的窦店镇河口村，干净整洁，环境优美。刘淇等市领导在数字化影院观看宣传片后，与村“两委”班子成员面对面坐在一起，谈村情，话发展。“村里有多少党员?”“28 名。”“党支部发挥了什么作用，农民得到了哪些实惠?”村支书刘德新一一详细回答。该村以党建为抓手，结合新农村建设，大力发展大棚等设施农业；成立北京翠林花海农产品专业合作社，建立产供销联合体，形成公司加基地、基地连农户的生产经营模式，最大限度保障农民收益。生活富裕了，环境也随之一变。短短几年，昔日“晴天一身土，雨天一身泥”的脏乱村，变成了今天北京最美的乡村。听到这些喜人的消息，刘淇连连点头。他还特别询问，下一步发展有什么想法?精明的刘德新早就有所盘算：同样一亩地，种粮食收入也就几百元，种菜能到几千元，种花则达六七万元。“我们准备发展花卉和农产品深加工业，进一步提高附加值。”刘淇充分肯定村子建设取得的成绩和下一步发展思路，鼓励村党支部要积极谋划，扎实工作，进一步增强基层党组织的凝聚力，加快发展步伐，让农民得到更多实惠，并建议村子带头实施垃圾分类，为保护首都的优美环境做出更大贡献。刘淇还特意向两名大学生村官丁志国、刘存洋，了解了工作感受。随后，市领导来到设施农业基地，察看了蔬菜大棚建设情况。

穿过一片片绿色的麦田，市领导来到琉璃河镇西地村村委会。院内，六块展板直观形象地展示了该村扎实的党建工作。刘淇对该村在开展创先争优活动中提出的“六有”目标印象深刻。他说，基层党建有创新，经济发展有实招，民主健全有制度，精神充实有载体，环境良好有标准，幸福生活有保障这“六有”目标，把创先争优活动进一步具体化，找到了抓手，拿出了实招，是一大创新。展板上的一段文字还引得刘淇轻声读了起来：支委成员专人负责，成立保洁队伍，每天下午四点带领所有低保户走上街头参加公益性劳动，清扫自己责任区的卫生，确保西地村不用花一分钱，一年365天环境整洁。刘淇连声称赞这个办法既保持了村容整洁，又通过发挥党员带头作用，带动了全体村民的保护环境自觉意识。

刘淇特别关心基层党组织的战斗力。在村成人文化技术学校了解推广手工编织技术，实现农民增收时，刘淇向围拢在身边的村支部全体成员逐一询问各自的分工和职责，详细了解下一步发展思路。一位年仅25岁的小伙子吸引了刘淇的目光。小伙子叫王健，当村官三年，由于工作出色，被选为村党支部支委。王健告诉刘淇，当选后，感到发展空间更广阔了。“有决心在农村扎根吗?”“有。”王健的回答简单而有力。看着眼前朝气蓬勃的小伙子，看到又有新鲜血液注入党的基层组织，刘淇十分高兴，对王健的当选表示祝贺，鼓励他扎根农村，艰苦奋斗，充分发挥自己的优势，为社会主义新农村建设做出更大贡献。

非公企业党建是刘淇此次调研的又一重点。北京三江宏利牧业有限公司，是集种鸭养殖、种蛋孵化、肉鸭饲养等于一体的产业化龙头企业。该企业非常重视党建工作，充分发挥9名党员的作用，培养了70位专业技术人员，带出了144个小老板，与养殖户签订帮带协议205份，使养殖户户均年收入增加两到三万元。党员的先锋模范作用，进一步增强了党组织的凝聚力。公司董事长孙洪力也提交了入党申请书，表达了想早日加入党组织的迫切愿望。刘淇对基层党组织的蓬勃发展感到高兴，鼓励企业充分发挥基层党组织的作用，不断发展壮大，在激烈的竞争中抢占更大的市场份额。

6月7日刘淇到大兴区调研时强调
深入开展创先争优　发挥战斗堡垒作用

6月7日，市委书记刘淇来到有京南第一镇之称的大兴区榆垡镇，第三次围绕加强基层党组织建设主题进行专题调研。他强调，要通过深入开展创先争优活动，切实提高农村基层党组织带领群众致富、推动农村发展、建设和谐乡村的能力，充分发挥基层党组织的战斗堡垒作用。

在求贤村，刘淇与基层党员面对面，直接了解情况。从发展党员到党务公开，从壮大村集体经济到丰富村民文化生活……荣誉室、党员活动室、村委会大院，都成了市领导与村党支部成员交流、讨论的“会场”。

刘淇十分关心党员年龄结构和带动发展能力。村支书何宗福说，全村62名党员中，30岁以下的7名，50岁以下的38名。在党员的带动下，农民走上了致富路——蔬菜大棚从2002年的30多个变成现在的1 000多个。去年，人均纯收入14 800元。

大学生村官工作怎么样？刘淇来到了党员电教室。在这里，大学生村官胡璇、刘晓静没少下功夫，从如何开机关机教起，让农民学会熟练上网查询信息。以前陌生的网络，变成了农民及时掌握市场行情的“帮手”。了解到这些，刘淇十分高兴，还请村民现场上网演示如何查询市场信息。

如何更好地开展创先争优活动是调研的一个重点。“我们在活动中提出了‘一带二比三落实’的口号。”“好啊，你具体说说。”刘淇对此很感兴趣。“一带就是一个党员带动10户农民增收致富、促进和谐；二比就是比哪个党员带出的文明户、示范户多，工作有实效；三落实就是党员要落实好上级党组织提出的各项任务。”村党支部支委张文芹干脆地回答。交谈中，一封关于做好拆迁工作的公开信引起刘淇的关注。“……决不让投机行为占便宜，决不让老实人吃亏……”，读到这里，刘淇称赞这种方法能够让群众知晓政策、理解政策，让党和政府的工作得到更多支持，建议在城乡结合部重点村拆迁中，对这种方法加以学习借鉴。张文芹还透露一个“小秘密”：村党支部一班人正“摩拳擦掌”，准备在创先争优活动中争当市级先进党支部。刘淇对此表示赞赏，指出，要进一步做好宣传动员工作，让每一个党员都积极参与到创先争优活动中来，把创先争优活动成果体现到每一个党员身上。

农民富了，对精神文化生活也有了新的需求。村里的吵子会、秧歌队家喻户晓，河北梆子剧团更是远近闻名。在能容纳800人的村民剧场，市领导饶有兴趣地欣赏了村民自编自演的三句半、新编河北梆子表演。朴实幽默的三句半表演熔精神文明宣传和拆迁政策宣讲等于一炉，生动贴近，不时引起市领导们的阵阵笑声。演出后，刘淇高兴地走上舞台，与村民演员们合影留念，鼓励村党支部继续努力，不断创新，以群众喜闻乐见的方式，进一步丰富群众文化活动，让先进文化占领农村阵地，吸引更多农民在参与中收获快乐。

刘家铺村与河北省交界。在刘家铺采摘观光园竹门前，刘淇等市领导结合展板，详细了解了该村党建和产业发展情况。虽然只是个 85 户、279 口人的小村，党员却有 20 个！党员比例高，并不意味着党员好当。村支书李书国告诉刘淇，在这里入党要过“四关”，即积极分子储备、党员票决、发展党员公示、责任追究。如今，在村党支部的带动下，该村已发展成种梨专业村。“农民收入怎么样？”刘淇关切地询问。“通过采用高接换优等技术，不但果品改良了，产量提高了，售价也翻了番。2008 年还成为北京奥运会推荐果品。”李书国兴奋地告诉刘淇，就说梨树吧，亩产值已经突破 9 000 元，去年村里果品收入超 10 万元的就有 20 户。“好产品就得卖出好价钱。”刘淇一边听着介绍，一边叮嘱李书国：一是提高食品安全意识，努力生产精品水果；二是进一步拓宽销售渠道，做好农超对接；三是缩短流通环节和时间，力争果品一下树就尽快进入市场，保证果品新鲜、口味纯正，这样才能卖出好价钱。

800 亩梨树连成一片绿色的海洋，生机盎然。刘淇兴致勃勃地走进梨园，察看了果树栽培、病虫害防治等工作。在一人多高的梨树下，在长势喜人的果实前，刘淇叮嘱年轻的大学生村官曹洋、曾庆蔚安心工作，再接再厉，力争取得更好的成绩；鼓励村党支部全体成员进一步加强团结，心往一处想，劲往一处使，充分发挥基层党组织的战斗堡垒作用，更好地带领全体村民增收致富，推动村子加快发展。

6 月 11 日刘淇到昌平区调研时强调
结合实际创新形式　深入开展创先争优活动

6 月 11 日，市委书记刘淇来到昌平区南口镇，第四次围绕加强基层党组织建设主题进行专题调研。他强调，要结合实际，创新形式，深入开展创先争优活动，不断加强基层党组织建设，为推动农村产业发展、促进农民就业增收提供有力保障。市委副书记王安顺一同调研。

基层党组织的创先争优活动进展怎么样，有哪些创新，是市领导调研的重点。刘淇来到东李庄村委会，详细了解了基层党建、经济发展、群众生活等情况。村支书秦福生告诉刘淇，村党支部以“筑坚强堡垒，树先锋形象，全面推进新农村建设”为主题，把创先争优活动具体化为“五讲五看”，即讲发展看成效、讲作风看服务、讲文明看村风、讲整洁看容貌、讲奉献看形象。刘淇称赞“五讲五看”紧密结合了新农村建设实际，很有创新。“村集体经济发展怎么样？”刘淇关切地询问。“长期以来，村里荒滩多、废弃沙坑多，不但严重影响了生态环境，还制约了集体经济发展。我们在‘变废为宝’上下了功夫。”秦福生列举了村里的一系列举措：从 2000 年至今，先后投入 620 余万元进行治理，荒滩变成了燕岭农业生态园、盛世绿色农业生态园、百合蔬菜轮作园和农副产品加工区，解决了本村和周边村 400 多人的就业。去年，全村经济总收入 640.5 万元，人均年收入达到 11 800 元。听到这些，刘淇十分高兴，充分肯定该村走出的这条“生态修复与产业发展、农民就业增收相结合”的新路子。

在民情恳谈室、党员活动室，刘淇与基层老党员亲切交谈，与村“两委”班子全体成员深入座谈。在热烈的气氛中，市领导与基层党员干部们就发挥党员先锋模范作用、深入开展创先争优活动、破解村里发展难题等深入交流探讨。刘淇叮嘱村“两委”班子，要进一步加强基层党组织建设，通过定岗定责和党员承诺等方式，充分发挥党员的先锋模范作用。要把修复生态与吸引企业入驻、解决农民就业结合起来，注重加强对农民的培训，提高他们的就业能力。要以土地入股等方式确定和保障农民权益，在壮大集体经济的同时，保证农民增收。刘淇还实地察看了专门服务村民的太阳能公共浴室。

创先争优活动在本市蓬勃开展，活动内容不断深化、创新，已经初步形成了“千帆竞秀、百舸争流”的喜人局面。相邻的西李庄村，提出了“以创先争优为动力，以产业发展为依托，以强村富民为目标，进一步加强党员干部队伍建设”的活动主题。这个村重点发展的是百合种植。在百合种植基地、在大棚，刘淇认真听取了村支书刘德刚的汇报。与东李庄村一样，该村也是荒滩地多。

怎么“废地利用”？在区农业局和林业局的指导下，村党支部组织农民种百合，一下子找到了致富的“金钥匙”。在村支部带领下，短短四年，荒滩地变成了百合园，135 栋百合大棚，解决就业 76 人，使集体年收益达 40 万元，村民年人均收入从三四千元增加到 12 000 元。往日的负债村、上访村，变成了富裕村、稳定村。

尝到了甜头的农民，学习百合种植技术的愿望更加迫切。设在种植基地的田间学校成了种植户的“必选课”。刘淇来到这个露天课堂时，种植户正分成三个小组，在技术辅导员的带领下，从现象、原因、措施三个方面，对各自遇到的种植问题进行深入交流、讨论。

农民们热烈生动的学习场面吸引了市领导。刘淇饶有兴趣地听完两个组的交流发言后，走到前排，高兴地对大家说，早就听说有个田间学校，这是我第一次来听。这种互动的授课方式很好，它把农业知识的学习与农业种植实践直接挂钩，既生动又切合实际，是对教育方式的一种创新，值得推广。刘淇感谢技术辅导员的辛勤付出，对农民兄弟积极钻研科学技术，努力提高生产水平的执着精神表示钦佩，对大家在种植百合方面取得的成绩表示祝贺，他希望通过推广田间学校，促进农民不断提高农业科技水平，尽快富裕起来。在热烈的掌声中，刘淇祝愿大家把百合种得更好。

6月24日刘淇到密云县调研时强调
找准着力点　扎实推进创先争优活动

6月24日，在距离市区140公里的“燕京门户”——密云县古北口镇，市委书记刘淇第六次围绕加强基层党组织建设主题进行专题调研，并向基层党组织和广大党员送去了节日的问候。他强调，要把党员作风建设年活动作为重要抓手，围绕中心，找准着力点，扎实推进创先争优活动。要按照“五个好”和“五带头”的要求，充分调动基层党组织和党员的积极性和创造性，在推动首都科学发展、促进社会和谐中，切实发挥战斗堡垒和先锋模范作用。市委副书记王安顺一同调研。

沿着历经沧桑的古御道，途经灰墙灰瓦的民居，刘淇等市领导来到古香古色的古北口村文化大院。在枣花满枝的枣树下，在古朴的会议室里，刘淇认真听取村支书的汇报，并与其他市领导一起，和村两委班子促膝交谈，全面了解全村党员结构、村党支部建设和产业发展等情况。在文化大院的益民书屋里，69岁的老党员庄福兴，正和几位乡亲拿着住户示意图，商讨着如何更好地做好村里的维稳工作。自打村里无职党员和志愿者自发组织起和谐创安自治协会，村里更和谐稳定了。刘淇称赞这种方式是群防群治的创新，并向这些为维护村里和谐稳定而默默奉献的老党员致以节日的慰问。

刘淇十分关心这里的基层党组织开展创先争优活动的情况。古北口镇党委书记何丽娟介绍说，镇里正紧密结合实际，落实县委提出的“十个体现”的创先争优活动目标，即：一是要体现在提高思想认识水平上；二是要体现在良好的精神状态上；三是要体现在开拓创新的工作能力上；四是要体现在经济发展的重要指标上；五是要体现在促进农民增收致富上；六是要体现在不断增强发展后劲上；七是要体现在维护社会和谐稳定上；八是要体现在提升城乡环境质量上；九是要体现在强化基层党组织建设上；十是要体现在抓班子带队伍上。刘淇充分肯定这十个活动目标贴合实际，找准了活动的着力点，要求要围绕推动经常性工作开展创先争优，让党员在本职岗位上创先进、争优秀。随后，刘淇还兴致勃勃地察看了村办企业灯笼坊生产情况。

“七一”党的生日即将来临，市领导惦念着困难老党员的生活。“‘七一’快到了，我代表市委看望您来了。”一进屋，刘淇就握着老党员周锦栋的手对他致以亲切的问候。在整洁的客厅，刘淇与老周老两口坐在一起，从家庭收入到身体状况，从医疗保障到子女生活，一一仔细询问。“我和老伴每月共有400元无保障农民补贴，一年就是4 800元，种粮食每年还有1 000元的收入，子女们再给点，够花了。”老周乐呵呵地说。“我还特别想知道您的医疗保障问题，感觉看病负担重不重?”刘淇关切地询问。“她可是享受到了好政策。”老周指了指一旁的老伴，笑着说，不久前，她摔着了，住院花了一万多。有了合作医疗，负担就减轻多了，真得感谢党和政府的好政策。当了解到老周时时处处都以党员的标准严格要求自己，发挥自己懂建筑的专长，积极参与村里民俗户仿古建筑设计时，刘淇感谢他在改善村容村貌、促进村民增收方面做出的贡献，并饱含深情地说，中央要求上级党组织要为下级党组织服务，要从工作、生活上真情关心基层党员。我们始终惦记着像您这样的基层党员，希望您能继续发挥自己的专长，为社会主义新农村建设做出更多贡献。

汤河村在发展中做起了香草文章。青山绿水之间的紫海香堤香草艺术庄园里，五大类80多种香草把庄园装饰得绚烂多彩。在一片片香草之间，刘淇仔细询问香草产品开发、园区规划等情况。庄园负责人指着山脚下茂密的紫色薰衣草，高兴地介绍说，这种特色种植，大大提高了土地的亩收益。种植传统农作物每亩每年大约只有1 600元到1 800元的收入，而种香草后，则陡增到了2万元。我们在发展观光旅游的基础上，正在努力开发香草精油等俏销产品，还计划引入影视制作等产业，进一步拓展业务领域。去年实现收入400万元，今年预计将突破1 000万元。刘淇对庄园发展呈现出的勃勃生机感到高兴，充分肯定这种把创意与农业相结合的产业形式。他说，庄园发展特色种植业，把第一产业和第三产业很好地结合起来，实现了传统农业和现代农业、创意农业的融合发展，提高了土地附加值，促进了农民增收，希望继续努力，把庄园做成发展特色种植业的示范园。刘淇还告诉庄园负责人，北京工商大学有教授专攻香料研究，建议加强与该校的联系，充分利用首都的科技资源，加快香草产业发展。

市领导还来到司马台村，察看汤泉香谷沟域规划建设情况。刘淇着重了解了长城保护工作，指出，长城是北京独特的宝贵资源，要高度重视，切实保护和利用好这一著名的世界级人类优秀文化遗产，推动旅游产业健康发展。

7月3日刘淇、孟建柱到大兴区调研时指出要推行村庄社区化管理　加强社会管理创新

7月3日，中共中央政治局委员、市委书记刘淇，国务委员、公安部部长孟建柱等来到大兴区西红门镇，围绕“推行村庄社区化管理，促进‘平安北京’建设”主题进行调研。刘淇强调，要把加强社会建设、创新社会管理作为深入贯彻落实科学发展观、构建社会主义和谐社会的重要任务，不断创新体制机制，推行村庄社区化管理，加强社会管理创新，促进“平安北京”建设。市委副书记、市长郭金龙一同调研。

刘淇、孟建柱、郭金龙等领导冒着酷暑，来到大兴区西红门镇大生庄村。大生庄村是本市第一个实行社区化管理的自然村，与城里的小区一样，这里的村口也设有门禁系统，所有人员、车辆进入必须出示证件。刘淇拿起一张个人出入证，上面登记的项目除姓名、性别、民族等信息，还有原籍、在京职业、身份证号和手机号。他仔细询问当值的巡防队员：“你们是专职还是兼职？队里一共有多少人？是24小时值守吗？”一旁的市公安局大兴分局负责人介绍说，大生庄村是大兴区人口倒挂现象较为严重的村之一，目前有流动人口2 400多人，与常住人口比例为7比1，治安问题一向比较突出。实行社区化管理以来，通过“建围墙、安街门、把路口、设岗亭、人车持证出入”等措施，全村已连续三年实现刑事案件零发案。目前，大兴金星地区16个村庄已全部实行社区化管理，社区民警、村庄专职巡防队员、流动人口管理员共计414人已全部到岗开始工作，监控探头、监控终端等技防设施设备全部安装到位。

杨桂梅是大生庄村的老住户，家里5间出租房屋，有9名租住人。刘淇翻开了她家的外来人口登记资料，逐一了解每名租住人的来源、就业及子女上学情况。他还向杨桂梅问起了出租房屋的手续：“是不是要到流管办备案？什么样的房屋符合出租条件？”杨桂梅拿出一本出租房屋责任书说，无论是冬季的取暖安全，还是雨季的房屋安全，村民都要与流管站签订安全协议后，才可出租房屋。“租户对这里的治安管理满意吗？”刘淇问。杨桂梅手一指窗外：“您看那辆自行车，放了一个多月了。以前可不敢，车放到街上一小时，回来准丢了！”

大生庄村的综治中心包含了警务站、巡防站、流管站、调解室等多个部门，一套完整的电子台账，包含了全村每一户每个人的基本信息。刘淇叮嘱管片民警，一定要随时监控、全面掌握人口流动信息，切实提升流动人口服务管理水平。

刘淇等还来到西红门镇综治维稳中心，了解了各村推行社区化管理的总体情况。

随后的座谈会上，刘淇、孟建柱、郭金龙等领导观看了大兴区村庄社区化管理多媒体演示片，并听取了大兴区和市公安局的相关工作汇报。

孟建柱在讲话中对北京市委、市政府对公安工作给予的高度重视和大力支持表示感谢，对大兴区推行的村庄社区化管理工作给予了充分肯定。他说，近年来，伴随着经济的快速发展，流动人口大量增加，给城市管理带来了许多新难题。大兴区创造的村庄社区化管理新模式，思路新，机制好，工作实，成效明显。思路新，党委政府主导，公安机关组织，群众自主参加；机制好，“三站一室”设置和“两支力量”的配置合理；工作实，将人口管理和服务工作有机地结合在了一起；成效明显，各类犯罪率大幅度下降，部分村庄实现了零发案。

孟建柱指出，北京市的各项工作着眼于想长远、办大事、打基础，大兴区推行的村庄社区化管理模式就是其中之一，它对破解城市管理难题是积极的探索和尝试，希望大兴区继续把这项工作推向深入。孟建柱还充分肯定了市公安局近半年来所做的工作，并希望市公安局继续保持良好作风，积极向其他省、区、市公安机关学习，把北京市的公安工作做得更好，为全国创造更好的经验。

刘淇在讲话中对公安部长期以来对北京市的大力支持表示感谢。他说，大兴区推行的村庄社区化管理模式，是北京在城乡统筹发展、城乡一体化进程中进行的积极有效探索。这一模式取得了四大成效：一是创新管理模式，提高了村庄管理水平；二是采取多种措施，大大降低了发案率，提高了社会治安水平；三是有效改善了村庄环境；四是群众的安全感和满意度大幅提高。大兴区探索的村庄社区化管理经验，今后要在全市大力推广。希望大兴区继续创新，为全市社会管理工作不断提供新经验。

刘淇要求，要把加强社会建设、创新社会管理作为深入贯彻落实科学发展观、构建社会主义和谐社会的重要任务，按照中央要求，坚持社会管理创新工作不动摇，在体制机制方面不断创新。随着首都经济快速发展，流动人口数量不断增加。要在服务好流动人口的同时，不断加强管理，使之既符合首都发展需要，又适合首都资源环境承载力。

刘淇强调，要解放思想，转变观念，把农村社会管理放在和城市社会管理统一的高度上统筹谋划和推

进。一是要提高认识，高度重视村庄社区化管理创新工作，把社会管理作为农村工作的一项重要任务，树立城乡统筹观念，把农村社会化管理提高到新的水平。二是要充分发挥基层党组织的坚强领导作用，提高基层执政能力。三是要加大投入，充分利用现有科技手段提高管理水平。四是要坚决落实责任制，充分发挥专业队伍和群众的作用，形成群防群治的合力。五是要加强公安队伍建设，关心、爱护广大干警，加大投入，科学安排、合理配置警力。全市公安机关要在坚持好经验、好做法的同时，认真学习借鉴兄弟省、区、市公安机关的先进经验，使队伍建设不断满足中央要求和首都需要。

7月12日刘淇到平谷区调研时强调
促进重大项目建设　加快发展方式转变

7月12日，围绕“转变经济发展方式，加快重大项目落地与建设”主题，市委书记刘淇深入平谷区两家企业进行专题调研。刘淇强调，要坚持高端发展方向，着力增强自主创新能力，切实把发展思路转化为具体可执行的工程项目，使重大项目成为加快首都科学发展的切入点、着力点和支撑点，努力在更高的层次上推动首都经济社会又好又快发展。市委副书记、市长郭金龙一同调研。

国能风力发电公司成立于2007年。短短三年，公司依靠自主创新，成功突破了一系列技术难关，开拓了大功率垂直轴风力发电广阔的市场。在生产车间，刘淇、郭金龙结合多媒体演示了解了垂直轴风力发电机组项目研发、技术特点及产业化等情况。与水平轴风力发电技术相比，垂直轴风力发电技术具有成本低、占地少、电质高、噪音低、易维护等优点。在车间外的一片开阔地，由8片36米长叶片组成的垂直轴风力发电机组样机巍然矗立。刘淇、郭金龙来到这座十多层楼高、81吨重的庞然大物跟前仔细察看。“机组启动需要多大风力?”刘淇感兴趣地问。“启动风速只要每秒两米，发电风速在每秒三点五米至五十米之间都行。”项目总设计师陈铭回答。谈话间，微风拂过，发电机叶片慢慢转了起来。“风速每秒二点三米!”现场工作人员高声汇报，而不远处的红旗仅扬起一角。“您看才这么点风，这大家伙就能转起来。”陈铭很是自豪。刘淇称赞企业依靠自主创新，敢于瞄准世界标准攻克尖端技术。他勉励企业负责人和研发团队要再接再厉，加快自主创新成果产业化步伐，充分发挥重大项目带动作用，积极推动垂直轴风力发电及相关装备制造产业在京生根发展。

随后，刘淇、郭金龙来到北京华东乐器有限公司。这家位于平谷区东高村镇的提琴生产领军企业，带动了周边100多家农户、500多个农民就业，年销售收入近1亿元。刘淇、郭金龙一行走进华东提琴文化体验馆，兴致勃勃地察看了提琴生产流程。看着一把把提琴在制琴工匠手中一点点完成，刘淇连连称赞，不时向制琴师询问提琴制作的技巧与要领。从上个世纪80年代纯手工作坊生产开始，整个平谷区已发展到华东、长安、千秋业等20余家骨干企业，150余家家庭工厂，年产提琴30万把，产品畅销欧、亚、美、澳4大洲40多个国家和地区，占全世界产量的三分之一。依靠自主创新，平谷提琴产业实现了跨越式发展。

如今，平谷区计划以提琴产业基地为基础，汇聚全国及世界各地乐器生产和演出团体资源，打造一个集研发、生产、销售、创作、演出、展览、旅游于一体的中国音乐产业园区。刘淇对平谷区利用重大项目拉动区域经济发展表示肯定，要求切实把发展思路转化为具体可执行的工程项目，使重大项目成为加快首都科学发展的切入点、着力点和支撑点。他叮嘱区、镇有关负责人要进一步细化园区发展规划，把音乐产业与当地的音乐教育和普及结合起来，互动发展，形成特色。要抓住即将召开的第29届世界音乐教育大会契机，借助这一汇聚全球数千名音乐家、音乐教育家的盛会，主动宣传园区规划理念与发展目标，为中国音乐产业园区建设凝聚更多的智力资源。

8月14日刘淇到丰台区调研时强调
统筹规划科学设计　加快推进永定河绿色生态发展带建设

8月14日，市委书记刘淇到丰台区永定河绿色生态发展带重点建设项目现场调研时强调，要统筹规划，合理布局，科学设计，注重细节，加快推进永定河绿色生态发展带建设，打造山清水秀的京西绿色生态走廊，为建设中国特色世界城市提供支撑。市委副书记、市长郭金龙一同调研。

刘淇、郭金龙调研的第一站，是永定河丰台段绿色生态发展带的重要建设项目——宛平湖。这段河道长1.31公里，平均宽526米，总面积73.7公顷，其中水面面积51.55公顷。施工现场，一派热火朝天的景象——湖底已经平整完成，防渗工程铺设过半。刘淇、郭金龙察看了施工进展情况。丰台区有关负责人介绍说，宛平湖的整体工程计划明年5月竣工，届时，大片清澈的湖水将使这里的环境大大改善。

随后，刘淇、郭金龙来到位于丰台区王佐镇的青龙湖，这里是北京青龙湖国际文化会都项目所在地。整个项目总面积2 534.79公顷，其中规划建筑面积253.36公顷。在观看了项目宣传片后，刘淇、郭金龙又实地察看了项目的规划和建设情况。站在湖区的观景台上，远山近水尽收眼底。清澈的湖面上，苍翠的绿树间，游人们在尽情游玩。项目负责人汇报说，这里将规划建设成为一个以全球性文化品牌会议为主导、重要国际文化组织机构聚集为特征的集会议展览、旅游观光、商务休闲、产品研发等功能为一体的、富有中国特色的文化会都。青龙湖是丰台、房山两区的界湖。刘淇叮嘱两个区要搞好对接，统筹规划，科学开发。他强调，要做好规划，妥善解决好湖水水源问题；要通过会都建设，拉动周边地区发展。

第九届中国（北京）国际园林博览会园区，位于丰台区永定河以西地区，北至莲石西路，西至鹰山公园，东临永定河新右堤，南至规划梅市口路，占地总面积267公顷。在园博会规划设计方案展厅，刘淇、郭金龙结合展板和沙盘，了解了园区的规划方案及园博会筹备进展情况。园区在设计中引入了中国文化元素，古今相融，中西合璧。刘淇强调，园区的规划设计既要体现中国文化的精髓，又要突出北京的鲜明特色。要善于运用现代手法表现中国文化的深刻内涵，使整个园区景观与文化背景相协调、与周边环境相一致，既传承历史，又充满现代感。要从细节入手，细化设计方案，把园区建设成精品。

园博会园区紧邻永定河堤的一处施工现场，几十台推土机和卡车正紧张地忙碌着。刘淇、郭金龙来到这里，察看了工程进展情况。这里原是上世纪90年代大规模采砂后形成的若干大坑、后来又被倒进了大量垃圾渣土，环境脏乱差。有关负责人介绍说，这片占地150亩的垃圾坑经填埋和处理后，将成为园博会园区的重要组成部分。工程竣工后，将彻底改变这里的环境面貌。刘淇强调，要加快生态环境修复和建设，把永定河绿色生态发展带建设成生态文明、山清水秀、设施完善、经济繁荣、社会稳定的宜居、宜业、宜游之区。

9月30日刘淇、郭金龙、王安顺出席海淀区北坞村村民入住新居

在喜迎国庆之际，城乡一体化试点村——海淀区北坞村又迎来一喜：北坞嘉园经过一年半紧张而精心的建设，全面竣工。1 500余户、3 222位村民即将乔迁北坞嘉园新居。9月30日下午，市委书记刘淇，市委副书记、市长郭金龙，市委副书记王安顺出席北坞嘉园入住仪式，并在甜美的《好日子》歌声中，向村民代表发放了寓意开启幸福生活之门的“金钥匙”。

北坞嘉园是本市城乡一体化试点工作的重点安居工程，市委、市政府高度重视。自2009年1月5日第一次踏入北坞，寒来暑往，刘淇、郭金龙带领市委、市政府相关部门多次亲临现场，深入扎实搞调研，从北坞村民的生产生活需要出发，问需、问计于民，加快推动试点工作。经过一年零六个月的精心施工，如今，漂亮、大气的北坞嘉园终于由图纸变成了现实。同时，30万平方米的北坞公园用绿色告别了昔日脏乱的破旧村庄，20公顷的产业用地规划使村民安居乐业得到了有效保障。

看着眼前的新居，入住村民代表张连宝激动地说，北坞嘉园建设速度之快，超出了想象，充分体现了党和政府对老百姓说到、做到，对做好北坞村试点工作的决心和信心。海淀区四季青镇玉泉村党总支书记在仪式上介绍了北坞嘉园基本情况，党员先锋岗代表宣读了《党员服务承诺》。

副市长夏占义讲话说，北坞试点工作为全市进一步贯彻落实科学发展观、建设世界城市、推动城乡一体化探索了新路子、创造了新经验。希望海淀区四季青镇玉泉村党总支进一步服务和管理好小区，在改善居民生活、小区绿化美化、维护社会治安等方面，继续创造能够在全市推广、复制的好经验。

刘淇、郭金龙还兴致勃勃地察看了小区户型设计和环境建设情况。崭新的小区里，芳草萋萋、绿树茵茵，生机盎然。红彤彤的充气灯笼拖拽起巨大条幅，迎风飘扬。写有“喜迁新居喜洋洋、居住舒适精神爽”等字样的条幅抬眼可见，充分抒发着村民迎接美好生活的喜悦之情。

刘淇指出，北坞嘉园的建成，极大改善了村民的生活环境，要采取有效措施，进一步加强出租房屋管理等工作，发动广大村民共同维护好小区的良好环境和秩序。海淀区推动城乡一体化发展任务艰巨，要继续努力，再接再厉，不断创造新经验，取得新成绩。

10月11日刘淇到大兴区调研时强调
推动资源整合　优化发展环境　提升区域核心竞争力

10月11日，市委书记刘淇深入大兴区农村和企业，了解该区推动资源整合、优化发展环境等情况。他强调，大兴区要通过整合资源，优化发展环境，提升区域核心竞争力，建设宜居宜业的产业新区。

刘淇首先来到大兴区南海子公园。这是北京城南行动计划重点生态项目，位于大兴区亦庄、旧宫、瀛海三镇交界，占地面积7.86平方公里。目前，公园一期建成的景观总面积达3 700亩，形成湖面450多亩。从新建的南海子公园牌楼往北看去，成片的树林一望无际，清澈的湖面环绕其间，成群的游人穿行其中。刘淇乘坐电瓶车，察看了公园的枫林醉爱、观鹿台等重点景观建设情况。大兴区负责人介绍说，南海子公园以生态建设为依托，以自然休闲为理念，通过挖湖堆山、园林绿化等工程，将建成五大景区、十六景点。项目完工后，将大大改善周边居民的生活环境和企业的发展环境。刘淇对南海子公园的建设进展情况表示满意。他说，建设南海子公园将为群众休闲娱乐提供一个好去处，希望有关方面加强管理和服务，建管并重，进一步提升亦庄新城的环境品质，增强对高端产业要素的吸附力，建设宜居宜业的世界城市产业新区。

亦庄新城扩区拆迁工作，是市委、市政府年初确定的重要工作。拆迁工作涉及18个村、4 500户村民、12 000多人，总征地面积21 000亩。拆迁工作关乎群众切身利益，刘淇对此非常关心。在亦庄新城扩区拆迁现场，刘淇详细了解了拆迁工作进展和亦庄新城规划布局情况。有关负责人汇报说，由于工作细致，拆迁安置工作目前进展顺利。为增加被拆迁安置农民收入、解决亦庄新城产业员工住房问题，他们还探索推行代理租赁制，将农民多余的近50万平方米安置房集中起来，统一租赁给亦庄新城产业员工，可大大节省政府建设政策性保障房的费用。刘淇对此表示赞赏。他强调，新建拆迁安置房要充分考虑群众的需求和城市景观，在规划设计时切忌千篇一律，要注意风格多样，外形美观大方。

随后，刘淇先后来到位于北京经济技术开发区的高新技术企业——中金数据系统有限公司和神州细胞工程有限公司。中金数据公司是一家为金融、政府和公共事业等重要行业提供信息技术系统外包服务的专业服务商。刘淇在了解了该公司的经营及扩建项目规划建设情况后，又到公司的环境监控中心和中央机房，了解公司如何确保数据系统安全稳定、如何为客户提供业务持续性管理等情况。神州细胞公司是一家生物医药高科技企业，该公司通过科技攻关和产品研究开发，建立了具有国际先进水平的动物细胞大规模技术平台和临床生产的快速产业化通道，推动了科技成果的转化。刘淇在听取了该公司的总体情况汇报后，又来到公司分子生物学实验室等地，了解细胞蛋白规模化培育生长的过程，并察看了公司的产品。

刘淇对中金数据公司和神州细胞公司以科技创新为动力、加快企业发展的做法表示肯定。他要求有关部门要进一步提高服务意识，为企业的创新和发展提供支持。

10月30日刘淇到顺义区调研时强调
提高管理服务水平　控制人口过快增长

10月30日，市委书记刘淇深入顺义区开发区、公寓和农村，围绕调控人口规模、加强人口管理问题进行专题调研。他强调，要深入贯彻落实党的十七届五中全会精神，加强和创新社会管理，不断提高基层管理和服务水平，有效控制人口过快增长。市委副书记、市长郭金龙一同调研。

统筹人口、资源、环境协调发展，是贯彻落实科学发展观的必然要求。如何通过加强管理和服务、控制首都人口过快增长，是市领导高度关注的问题。近年来，顺义区通过“以产引人、以业控人、以房管人”等措施，有效控制了人口规模过快增长，促进了人口、资源、环境协调发展。

一大早，刘淇、郭金龙一行来到顺义区天竺空港经济开发区。在管委会一层大厅，市领导一边看着展板和沙盘，一边认真听取汇报。顺义区负责人介绍说，在人口管理工作方面，近年来，该区坚持新增城市人口以农转居为主、区内人口转移以农村人口向城镇转移为主、引进区外人口以产业发展需要人员为主的原则，大力发展高端、高效、高辐射产业，严格控制低小散劣企业发展，严格控制一般商品房建设规模，严格出租房屋和流动人口证照管理，取得了理想效果：“十一五”期间，全区GDP年均增长20%以上，而流动人口数量年均增长约5%。天竺空港开发区管委会负责人汇报了开发区调整产业结构、促进产业升级，规范对流动人口精细化服务管理工作的情况。刘淇对上述工作给予了充分肯定。

随后，市领导来到天竺空港开发区天馨公寓。天馨公寓共有宿舍 452 间，可满足 3 500 人同时入住。公寓由开发区管委会统一管理，主要为入区企业员工提供公寓式住宿，实现了对流动人口的集中教育、集中管理、集中服务、集中住宿。由于管理和服务到位，公寓生活便利、秩序良好，多年未发生治安刑事案件。在公寓门前的展板前，刘淇认真翻阅入住员工的登记表，详细询问了公寓的管理和服务情况。市领导还走进宿舍，与入住公寓的七星华创公司员工亲切交谈，详细了解他们的工作、收入和食宿情况。听到企业员工对住宿条件很满意后，刘淇高兴地说，这种管理和服务方式，改善了流动人口的生活条件，促进了流动人口的规范管理，值得推广。

顺义区仁和镇平各庄村村委会门前，悬挂着“同住一个村，共为一个家；爱村如爱家，家和万事兴”的横幅。村党支部书记蔡玉民向市领导汇报说，全村现有户籍人口 2 484 人、流动人口 3 232 人，有 402 户人家对外出租房屋。为加强服务和管理，村委会成立了来京人员出租房屋服务站，实现了“一站式”办公。服务站建起流动人口服务管理台账，实行一户一档，一人一卡，分户管理。谁家出租房屋多少、入住的是什么人、流动人口何时来村何时离村，台账上一目了然。服务站里，一本本装帧精美的人口服务和管理档案整齐地码放着。刘淇对平各庄村在人口服务和管理工作方面的创新之举表示赞赏。市领导还走进村委会法律服务室，亲切慰问了正在值勤的片区民警和人口普查员。

刘淇强调，要深入贯彻落实党的十七届五中全会精神，进一步加强和完善人口管理工作，不断提高基层人口管理和服务水平，有效控制人口过快增长。要加强和创新社会管理，积极探索建立农村出租房屋集中管理模式，实现村庄社区化管理，抑制流动人口无序盲目聚集膨胀的势头。要坚持党的群众路线，扎实做好新形势下联系群众、宣传群众、组织群众、服务群众、团结群众的工作，在人口管理和服务工作中取得群众的理解和支持。要推广顺义区在调控人口规模方面的成功经验，提高发展的全面性、协调性、可持续性，实现首都经济社会又好又快发展。

11 月 26 日刘淇在通州区调研时强调
集中力量聚集通州　加快建设现代化国际新城

11 月 26 日，市委书记刘淇深入通州区部分重点工程和相关安置房项目所在地，围绕“加快重大项目投资，推动通州新城建设”主题进行调研。他强调，要加快重大项目投资，推动重点新城建设，集中力量聚焦通州，尽快把通州建成与首都发展需求相适应的现代化国际新城。

紧邻京哈高速和地铁规划 S 6 线的京贸家园，是通州新城运河核心区及西海子棚户区改造拆迁安置房项目。刘淇来到项目所在地，步行察看了小区规划及建设情况。如今，京贸家园小区 9 栋板楼、2 172 套安置房已全部竣工，幼儿园、小学、托老所等各类配套服务设施一应俱全。通州区负责人汇报说，通州区始终坚持高标准建设定向安置房，该小区所有建筑都荣获了长城杯，居民本月底便可全部入住。

刘淇走进小区已入住的居民家中，实地察看了房屋的户型结构和建筑质量。今年 50 岁的范玉华一家，原先住的是两间小平房，虽然每月只用交少量租金，但房屋老旧而且产权是公家的。拆迁后，她一家三口拥有了一套属于自己的两居室，75 平方米的屋子格局方正，通透敞亮。“买这房子我一分钱没添，手里反倒多了 2 万多元（拆迁款），真是感谢党和政府的好政策!”说起自己的新家，范玉华笑得合不拢口。刘淇高兴地祝贺范玉华和所有京贸家园业主喜迁新居，叮嘱通州区负责人要继续扎实细致地做好通州新城各项改造拆迁工作，高标准规划整理出来的土地，发展好符合区域功能定位的特色产业，为首都可持续发展提供强劲动力。

位于通州区台湖镇的“两站一街”项目，是通州新城建设的一项重点工程。该项目中的两站是轻轨 L2 线通州段次渠站和亦庄火车站，一街指的是两个车站沿线的商业街。刘淇来到施工现场，结合展板了解了项目规划建设情况。该项目用地总规模达 17.09 平方公里，总规划建筑面积约 1 800 万平方米，其中有约 100 万平方米是东城区对接安置房项目。东城区负责人汇报说，该安置房项目建成后，可承接东城区疏解的 2.5 万名居民，同时东城区的教育、医疗、商业等优质资源也将随之而来，进一步促进“两站一街”地区经济社会发展。刘淇对此表示肯定，要求东城区在疏解人口、产业的同时，落实好区域功能定位，选准替代项目，保护好古都风貌。东城和通州两区要进一步加强沟通与合作，通过人口、产业、功能向新城疏解，逐步解决首都功能核心区资源过于集中的问题。

为支持“两站一街”项目建设，台湖镇有 14 个村涉及搬迁，1.68 万名村民需要安置。刘淇来到村民定向安置房项目所在地，走入尚在施工的住宅楼，实地察看了房屋设计和建设情况。该定向安置房项目，分为南北两区，可提供 7 621 套住房。为让拆迁农民住上称心满意的新房，通州区坚持高标准规划设计，定向安置房做到了南北通透、户户朝阳，社区内幼儿园、小学、商业服务、地下车库等配套服务设施完备。刘淇称赞通州区定向安置房建设速度快、质量好。他强调，在拆迁安置过程中一定要切实保护好农民利益，做到补偿合理，保证群众不吃亏、得实惠。要不断提高安置房小区的社会管理和公共服务水平，为群众提供更好的工作生活条件，让大家享受到城市社区化服务的便利，使上楼农民真正成为新市民。

12月16日刘淇到丰台区、石景山区调研时强调 加快重点村整治步伐 推进城乡一体化发展

12月16日，市委书记刘淇，市委副书记、市长郭金龙深入丰台区、石景山区的城乡结合部城市化工程重点村，就“加快重点村整治，推动重点工程落实”主题进行调研。刘淇强调，要加快全市城市化工程重点村整治步伐，推动城乡结合部建设，推进城乡一体化进程，实现首都科学发展。

刘淇、郭金龙等市领导冒着严寒，首先来到石景山区苹果园地区的刘娘府村，察看该村整治工作进展情况，并结合展板听取了石景山区的相关工作汇报。刘娘府村位于八大处山脚下，是全市城市化工程的50个重点村之一。全村共有1 743户居民需要拆迁安置，目前已拆迁安置1 199户。石景山区负责人汇报说，该区共有3个村被列入全市重点村，在整治过程中，他们精心制定拆迁方案，做到了有情拆迁、依法拆迁，尽最大可能保障被拆迁户的权益。目前，包括刘娘府村在内3个村的整治工作进展顺利，居民安置房已经开工建设，其他各项工作正按计划有序进行。刘淇对石景山区重点村整治工作进展情况表示满意，他勉励石景山区负责人加快重点村整治步伐，妥善安置好被拆迁居民，科学规划和利用拆迁后腾退出来的土地，努力探索推进城乡一体化发展的新路子。

随后，市领导来到丰台区卢沟桥乡西局村，察看并了解这个市级重点村的整治工作进展情况。西局村是丰台区第一个实现立项、融资、宅基地腾退突破的重点村，目前，1.64平方公里范围内的地上建筑已基本拆除完毕，村民回迁安置房也于上月底奠基。在回迁安置房工地，市领导详细了解了西局村推进整治工作、规划建设回迁小区的情况。有关方面负责人介绍说，在拆迁过程中，他们加大了宣传力度，并注重发挥基层党组织作用，做了大量细致的工作，得到了被拆迁村民的理解和支持。刘淇对西局村整治工作给予了充分肯定，他叮嘱丰台区负责人，要对村民在安置后的出租富余房屋进行统一、规范管理，更好地为村民增收；要加强教育和培训，让村民掌握理财知识，引导他们用好拆迁安置款。

夏家胡同村是丰台区重点村整治工作实施难度最大的村。这里流动人口众多，违章建筑泛滥，没有完善的村级机构，基层组织作用难以发挥。整治工作初期，部分村民有抵触情绪，导致工作人员进不去、宣传材料无人领、政策宣讲无人听。在整治过程中，丰台区做到了以情感人、以理服人、依法办事，经过大量艰苦细致的工作，终于赢得了村民的理解和支持，拆迁工作得以顺利进行。在夏家胡同城市化建设指挥部，市领导认真听取了该村的整治工作汇报，并看望慰问了正在值班的村临时党支部党员。村临时党支部在整治工作中推出党员联系户工作制度，要求支部每名党员联系10户村民，并为村民建立服务档案，提供全程服务；即便村民到了新的安置点，党员仍进行后续服务。这一举措受到了村民欢迎，也大大加强了基层党组织的凝聚力和影响力。刘淇称赞这一举措很有特色，是加强新时期农村基层党组织建设的有益探索。

随后，市领导乘车察看了夏家胡同村的整治工作进展情况。刘淇强调，实现城乡结合部的城市化，是转变经济发展方式、满足广大群众期盼、实现城乡结合部可持续发展的迫切需要。有关区县和部门要切实增强责任感和紧迫感，加快推进重点村整治步伐，加快推进城乡结合部城市化工作，确保按计划完成50个重点村整治任务，推进首都城乡一体化进程，实现首都科学发展。

12月21日刘淇到石景山区和门头沟区调研时强调 加快保障性住房建设 办好惠及民生的大事

12月21日，市委书记刘淇深入石景山区和门头沟区的社区、拆迁现场和采空棚户区改造安置房项目所在地，围绕“加快保障性住房建设，推动重大工程项目落实”主题进行调查研究。他强调，要加快保障性住房建设，解决好群众住房问题，办好各项惠及民生的大事。市委副书记、市长郭金龙一同调研。

刘淇、郭金龙等市领导首先来到石景山区衙门口保障性住房项目所在地。这里紧临西五环及莲石路，交通便利，社区配套设施完善。1 170套经济适用房已建设和装修完毕，通过摇号选到房子的居民，已经

拿到了新房的钥匙。在政府部门支持下，社区业主委员会已经先期成立。在社区业委会办公室里，市领导详细了解了全市保障性住房建设进展情况。有关方面负责人汇报说，年底前，本市将建成和收购各类保障性住房14万套，超额完成年初确定的目标，满足群众住房需求，刘淇对此表示肯定。市领导还与社区业委会成员亲切交谈，详细了解了业委会的工作开展情况，并慰问了正在加班为居民提供一站式服务的工作人员。随后，市领导走进小区楼房内，实地察看了保障性住房的户型结构、建筑用材等。这些住房户户朝阳，室内宽敞明亮，布局合理。工作人员介绍说，衙门口保障性住房项目按照经济适用房装修导则对每套房子进行了装修，实现了业主"拎包入住"的需求，刘淇对此表示赞赏。

在轨道交通S1线门头沟段的拆迁项目现场，市领导察看了拆迁工作的进度。轨道交通S1线建设拆迁工作，共涉及门头沟区永定镇11个村，拆迁面积153.4万平方米。门头沟区负责人汇报说，目前两个村已拆迁完毕，拆迁工作顺利进行。刘淇叮嘱说，要妥善解决好拆迁居民的住房安置问题，切实维护好群众的合法权益；拆迁后整理出来的土地，要实现科学规划和开发，关键是发展好产业，实现可持续发展。

途中，市领导察看了中门寺沟的环境整治情况。中门寺沟是永定河城市段的一级支沟，全长4.5公里。这里一度污水横流，环境脏乱。作为一项重要的民生工程，门头沟区投资3 000万元对河道进行了清理和美化，建成了一道绿色的生态走廊。站在河道的桥上，放眼望去，清澈的河水缓缓流过，远山近水，风景如画。

门头沟采空棚户区改造安置房项目，位于石门营、中门寺等多个地块。整个项目涉及改造区域和安置房建设用地约800公顷，需搬迁安置居民8.5万人。在石门营环岛附近的项目现场，刘淇、郭金龙察看了安置房的建设进度，详细询问了采空棚户区改造工程的进展情况。得知全市采空棚户区共搬迁安置5万户、门头沟区占了3万多户时，刘淇对门头沟区负责人说："你们干了一件重大的民生工程！"区负责人汇报说，3万多户采空棚户区的搬迁安置，全部是政府投资，搬迁居民不用出钱，就实现了平房换楼房、小房换大房、差房换好房。刘淇听后非常高兴。他强调，采空棚户区改造安置工程是一项重要的惠民工程，一定要狠抓工程质量，确保施工安全，把惠民工程真正办成放心工程、民心工程。

北京市市长郭金龙到郊区视察

9月19日、20日郭金龙到延庆县、门头沟区调研时强调
加快生态文明建设　促进首都可持续发展

9月19日、20日，市委副书记、市长郭金龙轻车简从，翻山越岭，长途跋涉420余公里，北上延庆县官厅水库，南至门头沟区三家店水库，就延庆县、门头沟区的生态环境和水资源保护进行深入调查研究。他强调，要切实搞好水资源保护，加快生态文明建设，促进首都经济社会可持续发展。

19日下午，郭金龙乘坐越野车，穿过泥泞的土路，来到野鸭湖湿地水边，仔细察看生态保护情况。夕阳下，妫水河自东向西静静流过，湖面芦苇深深，野鸟翔集。10万亩的野鸭湖，是北京面积最大、最为典型的湿地生态系统，动植物资源丰富，对保护官厅水库水质具有重大意义。郭金龙对湿地得到有效保护给予充分肯定。

20日一早，郭金龙就出延庆，借道河北，直抵官厅水库大坝。官厅水库是新中国成立后兴建的第一座大型水库，是阻挡永定河洪水威胁北京的重要屏障。站在大坝极目远眺，水面宽阔，水天一色。河北省怀来县委书记景庆雨专程赶来介绍情况，并感谢北京市对怀来县生态建设的大力支持。郭金龙饱含深情地说，北京市真诚感谢包括怀来人民在内的河北人民在水资源和生态保护、官厅水库建设等方面做出的巨大贡献。当前，北京正在认真贯彻落实党的十七大精神，大力加强生态文明建设，特别是提出了加快建设永定河绿色生态发展带的目标，努力把永定河北京城市河湖段改造成一条生态的河、有水的河、安全的河、节水的河。北京是缺水的城市，水是非常宝贵的资源之一，我们要倍加珍惜先辈们给我们打下的物质基础，倍加珍惜每一滴水。希望京冀两地进一步加强合作，共同把水资源利用好，把官厅水库建设好。

经过官厅水库，永定河进入了峡谷地带。市领导乘坐越野车，沿永定河河谷，冒大雨、碾沙石、踏泥泞、穿险峡，在只能勉强通过一辆车的崎岖山区土路上，艰难前行，察看沿途水资源保护和生态建设情况。

进入门头沟境内，市领导沿着永定河流过的官厅山峡，实地察看，详细了解永定河中下游水库规划建设情况。永定河开发、河湖改造、水资源利用……郭金龙与相关部门负责人热烈交谈。

郭金龙充分肯定延庆县和门头沟区在水资源保护和生态建设方面取得的成绩。他指出，抓好首都生态

文明建设，是党的十七大提出的要求，也是我们做好“四个服务”的基础。我们一定要加快生态文明建设，促进经济社会可持续发展。特别是在“十二五”规划中，要继续把生态文明建设作为一件大事切实抓紧抓好。要坚持深化改革、扩大开放，围绕加快生态文明建设，认真分析自身优势，找准抓手，进一步搞好农业产业结构调整，在现有基础上不断提升民俗旅游水平和档次，带动农民致富增收。同时，北京要努力建设节水型城市，开源节流，循环利用，在全社会树立强烈的节约用水人人有责的意识，下决心严格限制高耗水行业发展。要切实涵养和保护好水资源，提高水资源利用率。

在延庆县调研期间，郭金龙还察看了龙庆峡景区的生态环境和水资源保护情况、北京归原生态农业发展有限公司的有机奶生产流程及资源循环利用情况。

北京市人大常委会主任杜德印到郊区视察

4月28日杜德印到密云县调研时强调
发挥农民主体作用　维护农民基本权益

4月28日，市人大常委会主任杜德印来到密云县，调研旧村改造试点、农村产业发展等工作。

市级旧村改造试点村密云县巨各庄镇蔡家洼村，从2008年起用400亩土地集中建设居民小区。杜德印走进76岁的村民刘秀云家，只见南北通透的单元房敞亮舒适，水电气热一应俱全。刘秀云老人的三个儿子都成了家，在旧村改造中用原有的宅基地换得6套单元房，三家各住180平方米的2套单元房。旧村改造置换出的2 200亩村庄土地，由蔡家洼村经济合作组织统一规划用于发展二、三产业，吸纳大量村民就业。每名村民还能按照户口和土地折合股份，定期从村经济合作社分红，实现了“资产变股权、农民当股东”。

杜德印一行还考察了北京张裕爱斐堡国际酒庄和韩国万都（北京）汽车底盘系统有限公司。这些投资数亿元的企业，依托密云良好的生态发展环境，积极吸纳当地劳动力就业，实现了企业、地区共同发展。

在听取了密云县委、县人大的工作汇报后，杜德印说，密云县坚持环境立县，把生态优势转化为发展优势，探索出一条保护水源与富民强县相统一的可持续发展之路，取得了可喜的成绩。

杜德印指出，蔡家洼旧村改造的实践证明，农村城市化不是简单的农民身份转换和土地使用权转移，而是农民生产生活方式的根本转变。要充分发挥农民在农村城市化进程中的主体作用，探索由政府引导，村经济合作组织带领广大农民，通过土地资源的合理置换，实现有资本、有产业、有就业、有组织、有社会保障、有公共服务的可持续发展，切实保障农民在农村城市化进程中的各项基本权益。

杜德印表示，在农村城市化进程中，可以按照功能和区位特点，实现规划先行、股权明晰的跨村、跨乡镇区域综合开发，实现住宅区、产业区、服务区的科学布局，良性互动。特别是要通过产业开发、宅基地置换等方式，盘活浅山区荒山荒地这块宝贵的土地资源。

5月7日杜德印到朝阳区调研时强调
农村城市化制度基础应以农民为主体

5月7日，市人大常委会主任杜德印来到朝阳区，调研农村城市化、城乡结合部建设等工作。

通惠河畔的高碑店村是远近闻名的古典家具产业村。2006年以来，村民代表大会通过了旧村改造方案，占地15.5万平方米的西区旧村每户村民自觉缩减15%的宅基地，按照规划自拆自建3层的古典式商住两用小楼。过去1.5米宽的蜿蜒土路变成纵横整齐、最少5米宽的棋盘式路网，水电气热等市政基础设施配套齐全。村民李新一家5口，过去仅有4间平房，在改造中仅花50万元就建成了3层400多平方米的小楼，楼下两层出租年收入20万元。杜德印对“通过村庄整理，提升人居环境，促进产业升级”的做法表示肯定。

东北五环的大望京村是城乡结合部建设的试点村，仅用不到两个月时间就完成了数十万平方米的村内企业和农民拆迁。村民在获得拆迁补偿的基础上，今后还将按照人均50平方米的标准，优惠购买集体安置小区的新楼房。杜德印指出，要在城乡结合部建设中充分保护农民利益，明晰土地使用权的流转价值，结合土地储备，统筹推进城市化建设，优化区域发展环境。

崔各庄乡何各庄村通过农民住宅组织化经营，将过去的旧民房改造成具有中国民族传统特色的文化产业院落。农民房屋出租收益成倍增加，人口密度得到疏解，出现了外国人、外地人和本村人和睦共居的和谐场景。

在听取朝阳区负责人关于城乡结合部建设和农村城市化工作汇报后，杜德印指出，朝阳区的实践证明，要根据不同地区、不同土地功能的实际情况，因时因地制宜，采取多种方式推进农村城市化。在当前全市大范围推进城乡结合部建设和农村城市化进程中，关键是要奠定以农民为主体的制度基础、组织保障，确保农民的根本权益。

杜德印指出，要抓住农村城市化、土地使用权流转的机遇，建立完善农村土地产权、集体资产的股份合作制组织形式，通过土地流转解决好农民住房、资产、产业、就业等现实和长远发展问题，进而实现农村社会保障和公共服务与城市的有机衔接，促进农民生产生活方式的现代化，实现农村城市化利益的共赢共享。

5月13日杜德印到顺义区调研时强调 以产业为支撑寓管理于服务　统筹推进城乡发展

5月13日，市人大常委会主任杜德印率市人大常委会首都经济社会发展情况专题调研组来到顺义区，就城乡一体化与合理调控城市人口规模进行调研。

位于顺义空港工业区的天馨公寓，为区内企业的近3 000名员工提供了便捷、优惠的租赁宿舍。来自全国各地的青年技工，通过顺义区职介机构介绍统一来京就业生活，实现了流动人口“集中教育、集中管理、集中服务、集中住宿”。杜德印说，政府、企业为务工人员统一规划解决生活需求是个好办法，要把对流动人口的管理与服务有机结合起来。

紧邻牛栏山酒厂东墙的牛栏山镇下坡屯村，有不少村民已经是酒厂多年的老职工了。正在进行的村企携手推进农村城市化中，该村农民拆迁统一建设回迁房，为酒厂发展提供了土地资源，酒厂又为下坡屯村新增500个就业岗位，基本解决了全村农民转居后长期生计问题。杜德印指出，农村城市化应该以产业为支撑，让农民离开了土地也能有稳定的工作和收入。

无论是牛栏山酒厂等当地企业、京日东大食品公司等外资企业还是东方太阳城社区等服务业项目，都通过顺义区职介服务机构，在劳动密集型岗位上优先招收顺义籍、北京籍劳动力就业。企业负责人介绍说，优先招收本地工人政府有补贴，还给免费培训，住宿和交通成本也低，最主要的是通过政府职介机构招收的工人我们用着放心。

调研组还考察了顺义区垃圾处理和再生资源利用及仁和镇外来人口管理等情况，并听取了顺义区负责人的工作汇报。

杜德印指出，顺义区瞄准城市新城的发展定位，统筹推进城乡一体化取得了成绩，积累了经验。顺义新城发展建设和农村城市化过程中，优先发展产业富裕农民生活，让农民先在工作和生活方式上实现城市化，再完成户籍身份的转换。顺义依靠产业调控优化人口结构，通过提供统一完善的劳动用工服务，寓管理于服务中，既解决了本地农民就业，又避免了流动人口的无序增长，为合理调控城市人口规模提供了思路。

杜德印要求，在农村城市化推进过程中要坚持以农民为主体、以产业为支撑的科学规划，不仅要有土地空间规划，还要有产业、人口、资源、环境综合规划。要抓住农村土地储备获得收益的关键机会，拿出资金及时彻底解决农转居后当地群众社保城乡接轨等问题，确保长远发展不留隐患。

北京市政协主席阳安江到郊区视察

3月23日阳安江参加市政协调研流动人口管理服务工作

为制定“十二五”规划出谋划策是今年上半年市政协的中心工作，为此，市政协组建了七个专题调研组。3月23日，“首都人口资源环境协调发展”调研组的委员们来到朝阳区，就流动人口管理服务情况进行调研。市政协主席阳安江参加调研。

委员们先后来到十八里店村和龙爪树村，察看了村容村貌，了解了当地流动人口服务和管理工作情况。据了解，目前朝阳区流动人口登记数量为198万，出租房屋登记数量为30万户，流动人口数量占全市同期流动人口登记总量的25%，为北京市流动人口最多的区县，流动人口已超过户籍人口数，成为人口倒挂区。

阳安江在座谈会上讲话。他说，人口资源环境协调发展是落实科学发展观的必然要求。人口膨胀是许多迅速发展的大城市都要面临的问题，从建设世界城市的高度，推进人文北京、科技北京、绿色北京建设，要求我们通过产业调整等政策，合理调控人口规模，控制流动人口的无序、过快增长。要根据首都资源、环境的实际承载力，确定合理人口规模，实施总量控制；要积极调整产业布局，限制低端产业发展，不断优化外来人口结构，吸引高端人才；要强化对外来人口的服务和管理，做好调查摸底工作，实现管理的人性化、精细化，引导外来人口有序流动。

（摘自《北京日报》）

综　述

2010年北京郊区经济社会发展综述

中共北京市委农工委研究室

2010年是"十一五"规划的收官之年，在市委市政府正确领导下，郊区农村按照建设"人文北京、科技北京、绿色北京"的战略任务和率先形成城乡经济社会发展一体化新格局的根本要求，集中力量统筹城乡、集中资源聚焦"三农"，经过郊区上下共同努力，全面完成了2010年及"十一五"时期的工作任务。

一、"十一五"时期的成效和特点

刚刚过去的"十一五"，是全市新农村建设扎实起步、深入推进的五年，是统筹城乡发展、形成城乡经济社会一体化格局的五年，为首都经济社会又好又快发展做出了重要贡献。"十一五"期间，郊区农村呈现"四个有力有效"和"三个突破"。

1. 规划引导，有力有效。市里通过规划整合统筹资金、资源，区县通过规划支配利用资金、资源。在规划引导下，通过试点建设，新农村建设形成了"部门联动、政策集成、资金聚焦、资源整合"的工作机制，按照新农村"五项基础设施"和"三起来"工程建设规划要求和市委、市政府关于新农村"五项基础设施"建设四年任务两年完成的总体部署，依据村庄规划，在全市各级干部群众的共同努力下，截止去年底，全年"五十三"工程建设任务圆满完成。2010年，还着手健全了三个体系：一是城乡一体化规划体系。编制了"1＋3"规划体系（城乡一体化发展规划和沟域经济发展规划、重点小城镇发展规划和都市型现代农业发展规划）。二是都市型现代农业服务体系。围绕农业产前、产中、产后关键环节，构建农技推广、农资、农信等九大服务体系；同时，编制了种业、畜牧业、水产业、加工业发展规划。三是农村金融服务体系。农业担保体系初步建立，农业投融资体系成效明显，农村金融改革试验区稳步推进，村镇银行、小额贷款公司等新型金融组织相继成立，金融支农的力度不断增大。

2. 政策推动，有力有效。及时研究制定强农惠农政策，加大对农业农村工作的推动力度。一是参与制立了一部新法。贯彻落实国家合作社法，研究制定了《北京市实施〈中华人民共和国农民专业合作社法〉办法（草案）》，有力推动了全市农民经济合作组织的发展。二是制定了一批政策。市委、市政府《关于加快都市型现代农业和农村经济发展，扎实推进社会主义新农村建设的意见》、《关于切实加强农业农村基础建设，进一步促进城乡经济社会发展一体化的若干意见》、《关于加快农村改革促进农民增收的若干意见》和《关于集中力量统筹城乡集中资源聚焦"三农"全面推进城乡一体化进程的意见》，紧密结合北京实际，全面贯彻中央1号文件，有力推动了城乡经济社会一体化发展；《市政府关于促进沟域经济发展的意见》，成为"三农"发展、山区发展的新途径，沟域经济已经成为北京的特色，引起了全国的关注；《市政府关于统筹推进本市"菜篮子"系统工程建设保障市场供应和价格基本稳定的意见》，为提高首都"菜篮子"保障水平、推动京郊农业产业化发展提供了有力的政策支撑。三是出台了一系列新意见。组织、协调力量，研究制定了《关于进一步规范本市农村土地承包经营权流转工作的若干意见》、《促进设施农业发展实施细则》、《关于加快发展农产品加工业推进农业产业化经营的指导意见》、《关于加强农村党风廉政基本制度建设的意见》等意见，研究了由党组织统筹推进城乡结合部地区拆违等工作的政策措施。

3. 统筹协调、有力有效。统筹各种资源、协调各方力量，大力推进各项年度任务的落实。北京郊区创造了三个领先。一是农村基础设施建设在全国领先。"五十三"工程是北京的首创，市委、市政府对此给予充分肯定。按照四年工程任务两年完成的目标，农村五项基础设施建设全部完成，"三起来"工程全面推进，让全市3 955个行政村、300万农民群众切身感受到了新农村建设的成效。二是政策性农业保险在全国前列。在全国率先构建由农民、保险公司、政府三个主体和农民、商业保险公司、商业再保险公司、巨灾风险准备金四个层次组成的“多方参与、风险共担、多层分散”的农业保险风险防控体系，被誉为政策性农业保险制度建设的“北京模式”。三是“寻找‘北京最美的乡村’宣传评选活动”在国内首创。这个活动在全国影响力很大、社会各界参加评选活动多。2010年，浙江、天津等6个省市专门组团到北京观摩学习，农业部要借鉴推广北京的经验，在全国开展“魅力乡村”评选活动。

4. *动员社会力量，有力有效*。通过多种形式，动员党政机关、社会企事业单位和私营企业及个人共同参与新农村建设，促进农民增收。一是召开了引导社会力量参与新农村建设工作经验交流会、观摩会，研究制订了社会参与的具体实施办法和方案。推出了“光彩惠农行动”，开展了“万侨助万村活动”，为推进新农村建设注入了新的活力。二是举办在京央企与重点小城镇建设对接座谈会，组织多家央企对接乡镇活动，乡镇与央企、国企联姻，实现“一镇一企”合作。中粮集团、中青旅、中国五矿、中国恒天、中影等国字号项目纷纷筹备落户北京郊区。科技部发展战略研究院与门头沟区王平镇、中国人民大学与海淀区农委分别建立了结对联系机制。三是搭建民营企业参与新农村建设平台。协调有关部门，开展了“联民营企业、牵新农村建设”等活动，200多家企业“联牵”了定点村；开展了城乡“手拉手”和“春风行动”等就业援助活动，促进了8万余名农村劳动力实现转移就业。

“十一五”期间的“三农”工作，实现了三个新突破。一是沟域经济建设实现新的突破。召开了沟域经济发展规划成果展示暨招商推介会，重点打造的七条山区标志性旅游名沟，特色产业已经初具规模。二是重点镇的建设实现了新的突破。确定的42个重点小城镇的发展总体规划、50个市级重点村的规划实施方案基本上都获得了批复，进入了全面落实阶段。三是农村集体经济产权制度改革实现了新的突破。2010年全市1 672个集体经济组织完成产权制度改革，累计达到2 484个，占全市总数的59.6%，预计2011年能达到90%左右。

“十一五”期间的发展成绩来之不易，实践经验更为宝贵。最突出的有以下三个特点：

1. *始终坚持城乡一体化发展的战略方向*。市委、市政府高度重视“三农”工作，坚持把解决“三农”问题作为全部工作的重中之重，把统筹城乡发展作为建设“三个北京”和世界城市的重大战略任务，置于全局工作的突出位置。

五年来，全面调整工农关系和城乡关系，贯彻以工补农和以城带乡的方针，确立了城乡一体化发展的重大战略思路，提出了率先形成城乡经济社会发展一体化新格局的要求。市委、市政府主要领导多次深入农村调研，研究解决“三农”发展中的重大问题；市委书记刘淇同志明确提出了要重新认识首都的“三农”，郊区农村是首都新的战略发展空间；首都农民是拥有集体资产的市民；首都农业是都市型现代农业，是一、二、三产相融合，充分体现人文、科技、绿色特征的低碳产业，奠定了首都统筹城乡发展的理论框架，为解决“三农”问题提供了科学的决策依据。

2. *始终坚持强农惠农政策取向*。近年来，始终把实现好、维护好、发展好广大农民根本利益作为“三农”工作和推进城镇化的出发点和落脚点，经济上发展农民的物质利益、政治上保障农民的民主权利，使农民实实在在享受到改革发展的成果。

落实党在农村的基本政策，维护农民主体地位。毫不动摇地坚持以家庭承包经营为基础、统分结合的双层经营体制，赋予农民更加充分而有保障的土地承包经营权。在家庭承包耕地确权、确利、确股的基础上，按照“依法、自愿、有偿”原则，推动土地规范流转；政府主管部门加强了信息服务和合同管理，去年制定了承包合同动态调整办法，建立了农户土地承包经营权流转价格动态调整机制。大力支持农民专业合作社发展，提升了农民的组织化程度和统一经营水平，郊区农村共有农民专业合作组织4 000多家，覆盖从事一产农户近70%。

深化农村改革，确保农民拥有集体资产。按照“资产变股权、农民当股东”的方向，全面加快农村集体经济产权制度改革，通过改革壮大了集体经济，富裕了农民。按照“山有其主、主有其权、权有其责、责有其利”的目标，启动集体林权制度改革，明晰生态公益林产权股本，全面放开商品林经营，更多的农民成为生态林股东。开展农村集体土地所有权、集体建设用地使用权、宅基地使用权等确权登记颁证试点工作。

提高农民素质，提升农民市场竞争能力。全面加强新型农民培养，提高农民的教育水平和工作技能，增强市场竞争能力。构建城乡一体化的就业创业机制，加大农民转移就业扶持力度，促进更多农民在非农产业就业，获取更多的工资性收入。

统筹解决农民城市化中的利益保障。在城乡结合部重点村城市化以及新城、小城镇发展建设中，充分尊重农民意见，充分考虑农民的“出路”和“退路”，在土地使用、劳动就业、教育医疗、社会保障、基层组织等方面寻求思路创新和实践突破，确保农民利益不受损、就业有保障、增收有途径，实现农民在自己土地上富起来的城市化。

3. *始终坚持改革创新工作导向*。坚持一切从实际出发，尊重群众首创精神，鼓励试点试验，推进理念创新、思路创新、政策创新、制度创新和实践创新，凝聚了加快城乡一体化发展的强大动力。推进科学决策。探索建立“部门联动、政策集成、资金聚焦、资源整合”的决策和工作推进机制，搭建项目平台和工作平台，有效整合了政府资源，推动了新农村建设。创新实施机制。每年实施100项左右的新农村建设折子工程，形成由市委督查室、市政府督查室和市新农办组成的联合督查机制，确保了折子任务的顺利完成和新农村建设的扎实推进。重视产业创新。创造性地发展都市型现代农业，探索了大都市周边农业发展模式，创新了土地资源缺乏条件下提升农业效益、服务城市、富裕农民的途径。提出并测算出了大农业的生态服务价值，农林水生态服务价值达到1万亿元，与全市GDP相当，为提高首都北京的城市品质做出巨大贡献，显示了农业在建设生态宜居世界城市中的重要地位和作用。结合北京实际，创造性地探索了沟域经济发展形态，为山区农民增收开辟了新渠道。着眼于提高农业的国际化水平和开放性程度，成功探索了会展农业、循环农业、低碳农业发展模式。创新农村金融服务。大力推进农村金融服务体系建设，不断创新农村金融服务产品和服务方式，有效缓解了农村经济发展的瓶颈制约。特别是在应对国际金融危机中，探索财政资金与金融资金捆绑使用的办法，有力推进了新农村“五项基础设施”和“三起来”工程建设，实现了全市3 900多个村“五年大变样”。

二、2010年农业农村经济社会发展情况

2010年，郊区把促进农民增收与转变经济发展方式结合起来，在广大农村干部群众的共同努力下，保持了农村经济平稳较快发展，效益与质量不断提升。当年农林牧渔总产值实现328亿元，同比增长4.1%；农民人均纯收入达到13 262元，实际增长8.1%，高于城市居民近2个百分点；全市村庄基础设施建设完成全覆盖；农村改革和社会事业实现新突破；农村社会保持了和谐稳定。

（一）农业农村经济不断繁荣

一年来，按照一、二、三产相融合的方向，农村经济发展方式进一步转变，农业和农村经济实现了又好又快发展。

1. *都市型现代农业加快发展*。农业基础设施建设和综合开发顺利推进，完成2.23万公顷农业基础设施建设和综合开发任务，启动2.04万公顷建设工程。新增设施农业面积0.27万公顷，粮食直补政策落实到位；克服不利气候影响，粮食生产保持稳定。积极应对蔬菜市场形势，市政府印发了《关于统筹本市“菜篮子”系统工程建设，保障市场供应和价格基本稳定的意见》（京政发［2010］37号）。成立“菜篮子”生产供应领导小组，建成9个部（市）级设施蔬菜标准园试点，建立蔬菜高产高效示范基地20个。畜牧业生产能力显著提升，连续6年未发生区域性重大动物疫情。全面启动质量安全监管体系及管理工作，农产品质量安全保持较高水平，新认证无公害农产品352个，有机农产品59个；成立了北京安全农产品流通服务中心。开展“农超对接”，提升改造农产品批发市场，农产品流通服务体系建设取得明显成效。构建九大农业服务体系，相关工作意见已由市政府审议通过。尚农网正式开通，221信息平台进入推广应用阶段。北京现代农资物流服务中心开工奠基。顺义区被农业部认定为国家现代农业示范区。加强全市特需产品工作组织保障体系和安全责任监控体系，打造了一批具有北京特色的特需产品，确保了全年特需任务的完成。

2. *农村产业进一步融合*。提升观光农业园和乡村旅游发展水平，建立了观光农业与乡村旅游动态监测点体系，成功举办北京草莓季、花季、樱桃季、鲜桃季等农产品流通季活动。全市观光农业园接待游客1 774.9万人次，同比增长11.1%，实现收入17.8亿元，同比增长16.7%；民俗旅游接待游客1 553.6万人次，同比增长11.5%，实现收入7.3亿元，增长20.7%。出台扶持政策，打造北京农业上市板块，年内已上市涉农企业9家，拟上市企业40家。农产品加工业快速发展，规模以上农产品加工企业493家，主营业务收入655.7亿元，同比增长13.6%。农村产业重点项目进展顺利，已开工建设37个，实际到位投资29.1亿元。汽车摩托车下乡工作取得阶段性成果，全市完成补贴27 417台。成功举办第十八届北京种子大会，参会企业817家，参会者5万人次，交易额5.5亿元。顺利筹备2014年世界种子大会和第七届世界草莓大会工作。

3. *沟域经济建设取得较大进展*。召开全市第三次山区工作会议，市政府印发了《关于促进沟域经济发展的意见》（京政发［2010］36号），出台了十个方面的政策举措。开展了七条沟域经济发展规划国际招标，完成了高标准规划，并举办了成果展示及招标推介会，签订投资意向25项，投资额319亿元。整合旅游景点、自然风景区、观光采摘园、民俗文化和村落资源，集成政策资金1.3亿元，吸引社会资金3.5亿元，打造七条山区标志性旅游名沟，特色产业初具规模。加大搬迁力度，圆满完成山区2 535户6 617人的搬迁任务，搬迁政策延长到2015年。治理小流域22条，310平方公里。市委市政府主要领导同志都对山区建设给予了高度评价。

4. *科技兴农作用继续增强*。选聘500名村级全科农技员，探索出了村级综合服务的新途径。在设施农业村中确定近1 500名示范户，组织设施农业骨干农民赴境内外研修3 170人次，培训2万人次。大力推广农民田间学校，全年开办633所，培养辅导员505人，农民学员1.7万人。协助农业部为29个省市培养农民田间学校师资185人。强化农业科技示范推广，在籽种产业、观光休闲、安全高效生产、生态循环节约农业等重点领域组织实施科技支撑项目4大类60项，推广新技术1 552项次、新品种1 165个次。实施百村百场科技入户工程，主推品种和主推技术入户率达90%。农业机械化发展步伐加快，全市农机总动力增长4.5万千瓦，主要粮食作物耕种收综合机械化水平达到64%。围绕推动都市型现代农业机械装备现代化，在大兴、昌平等区县将无线传感器网络技术进行应用示范，有望实现果园灌溉劳动力投

人减少30%以上，设施蔬菜单产提高10%以上；在延庆县开展设施生产机械化技术应用示范，有望达到生产全过程机械化程度75%的目标。推进现代农业产业技术体系创新团队建设，组织3个产业技术研发中心、16个功能研究室，40名优秀技术专家，14个综合试验站，119个农民田间学校工作站集中开展技术攻关，得到农业部肯定。“都市型现代农业海外人才创业园”开园。

5. *农产品流通工作进一步加强*。一是成立北京安全农产品流通服务中心，宣传京郊农产品品牌形象，打造安全放心的农产品质量体系。二是启动2010流通季系列活动，成功举办北京草莓季、花季、樱桃季、鲜桃季等农产品流通季活动。有力推动了广大市民到郊区旅游、购买农产品，推动乡村旅游上档次、上水平。三是会同市商委开展农超对接工作，促进沃尔玛（中国）与平谷区合作，建立平谷鲜桃直采基地。四是现代农资物流服务中心建设取得进展，“北京现代农资物流服务中心”开工奠基。五是配合做好农产品批发市场建设提升改造工作，组织相关单位就新建农产品批发市场召开研讨会。六是完成北京特色农产品专项调查，撰写草莓、板栗等农产品调查报告。七是推动上海西郊国际农产品展示直销中心北京厅正式营业，加强与长三角地区流通和品牌交流，提高首都农产品的品牌竞争力。

6. *农业区域合作和对口支援力度加大*。制定了《北京市“十二五”农业区域合作发展规划意见》，明确了今后五年农业区域合作的指导思想、基本原则、发展目标、发展重点等一系列重要问题，为下一步开展工作奠定了基础。各项工作不断深化，合作与支援区域从河北张家口、承德、湖北巴东、安徽金寨等传统区域拓展到内蒙古、新疆、四川、青海等地。组织了张家口、承德等地的农超对接、农餐对接活动，加大对这些地方的支持，提高了外埠蔬菜供京能力。张家口市年均供京蔬菜180万吨，是北京冷凉蔬菜重要来源地。向四川什邡市赠送3万枚北京油鸡种蛋，并提供技术服务；组织北京农业技术专家赴什邡开展培训，并接受什邡市现代畜牧业及新农村建设班赴京培训。赴新疆和田地区就援助方案进行调研，成功组织新疆首届名优特色农产品北京交易会，对口支援新疆和田地区工作稳步推进。组织了创意农业、沟域经济两个专题赴台考察团，推动了京台间农业学术交流和人员培训，农业的合作已在企业、技术、流通、信息、质量、管理等多方面展开。

（二）城镇化进程加快基础设施建设加快

一年来，坚持城镇化与新农村建设“双轮驱动”，加快了基础设施建设进度，农村面貌发生了重大改观。

1. *新农村建设“五十三”工程快速推进*。全市1 400个村庄实施了“五项基础设施”工程，提前两年实现全市村庄的全覆盖。完成街坊路硬化2 687万平方米，街坊路绿化1 246万平方米，改造老化供水管网5 733公里，实施污水处理工程188处，改造户厕19.3万座，新建公厕2 375座，为40万农户配置了垃圾分类容器。“三起来”工程进一步深入，更换户用节能灯800余万只、村内节能路灯4.8万盏，安装太阳能路灯8 700余盏；建设太阳能公共浴室121座，地热采暖820户，抗震节能民居4 073户，实施既有住房改造2万余户；建设“两气”工程19处，户用沼气池500户，雨洪利用工程150处，示范推广太阳灶110台；维护太阳能路灯6.1万盏。新农村“五十三”工程完成投资69亿元，各项建设任务超额完成。

2. *有序开展小城镇建设和新型农村社区建设*。加强乡村规划编制，郊区114个需要编制总体规划的乡镇中，已有107个得到正式批复；村庄规划编制全部完成。举办了重点镇规划建设与产业发展培训班及拉练观摩活动；从资金、土地、产业发展等方面提出了促进小城镇建设的政策措施，并建立了重点镇监测制度。重点镇土地纳储总面积30平方公里，已有22个项目完成审批手续。年内42个重点小城镇实现乡镇财政收入45亿元，完成固定资产投资208亿元。继续加强旧村改造试点，完成改造面积80万平方米，搬迁上楼2 072户，改善了村民住房条件和村庄环境，促进了产业发展。开展新型农村社区建设试点的前期准备工作，为完善构建全市城镇体系培育新的节点。

3. *参与推进城乡结合部城市化*。重点围绕城乡结合部50个重点村开展了工作，一是推进集体经济产权制度改革，25个村已经完成，其余正在进行；二是举办了这些村的党组织书记培训班；三是在这些村开展了充分就业示范社区（村）创建活动。总结了城市化进程中农村创造“村居合一”、拆迁“四个四”等经验，并加以推广。就充分发挥农村基层党组织在防控整治违章建设中的作用，提出了意见。就推进城市化过程中保护农民利益问题开展系列调研，形成了调研报告和政策建议。

4. *农村生态环境进一步改善*。强化都市型现代农业的生态功能。新增节水灌溉面积1.2万公顷。开展北运河流域农业面源污染综合防治，推广测土配方施肥1.23万公顷，化肥施用量减少30%；开展生物防治、物理防治和精准施药面积0.2万公顷，减少农药用量25%。第16阶段控制大气污染工作任务全面完成。召开了全市新农村绿化工作会，推广了顺义区“百村万户绿化美化工程”经验。总结推广了门头沟区生活垃圾户分类等农村环境管理的先进经验，农村环境管护机制逐步科学化、规范化和长效化。

（三）加快改善民生，农村社会事业进一步发展

社会事业是新农村建设的重要内容。一年来，从援助就业入手，以提高农民工资性收入、改善生活质量为目标，积极协调相关部门出台政策，落实各项措施；积极推进基本公共服务均等化，农村公共服务体系建设取得新进展，农民生活质量进一步改善，农村各项社会事业进一步发展。

1. 多渠道帮助农民转移就业，农村实用人才队伍建设成效明显。以有效提升农民职业技能和就业增收能力为目标，着力开展农村劳动力转移就业培训，全年完成转移就业培训5万人。积极开发公益性岗位，深入推进城乡“手拉手”就业协作机制，开展“春风行动”等就业援助活动，启动“纯农就业家庭”劳动力转移就业援助计划，9.6万余名农村劳动力实现转移就业。实施生态涵养区就业资金帮扶政策，由失业保险基金给予50%的资金补贴；开展农民以灵活就业身份参加城镇职工社会保险试点工作，城乡就业一体化有新的进展。扎实推进农村实用人才工作，开办多种专题培训班，开展等级评定试点，全年新增农村实用人才8 128人，10名“有突出贡献的农村实用人才”受到市委市政府表彰。成功举办了2010北京市农村实用人才成果展示推介活动。5天的展示推介期间，共展出13大类3 500余项作品，接待中外游人16万余人次，现场销售农村实用人才作品15 000余件。

2. 低收入农户快速增收，农民群众幸福指数不断提升。通过“促进转移就业、发展农村产业、加强帮扶工作、推进农村改革、提高社会保障、加强组织领导”等措施，“共同致富行动计划”取得显著进展，年初制定的五项主要目标任务圆满完成。一是全市低收入农户人均纯收入增长10%以上；市经管站监测的8.1万有劳动能力的低收入农户人均可支配收入同比增长24.6%。其中，房山区年底同比增力600元，增长30%。二是人均纯收4 500元以下的低收入农户减少12%以上；其中，怀柔区人均可支配收4 500元以下的低收入农户减少了15%。三是低收入农户劳动力在二、三产业就业比重提高近5个百分点；其中，大兴区实现低收入农户劳动力在二、三产业新增就业203人，比2009年底增长了11.1%。四是公益性岗位安置低收入农户劳动力人数增加20%；其中，平谷区公益性岗位从业人员中，低收入农户305人，同比增长20.5%。五是269个重点低收入村实现100%对接帮扶。其中，密云县98个重点低收入村实现100%对接帮扶。

3. 完善社会保障政策，农村社会保障水平进一步提高。参与协调相关部门完善出台政策，各项社会保障和救助政策城乡统筹力度进一步加大，养老保险城乡差距进一步缩小，保障覆盖面进一步增加。养老保障制度实现城乡一体化，农村养老保险累计参保人数153万人，参保率92%。从2011年1月起，城乡无保障老人福利养老金从每月200元提高为230元，城乡居民基础养老金从每月280元提高为310元。按照《北京市2010—2011年深化医药卫生体制改革实施方案》整合城乡居民基本医疗保障制度体系，新型农村合作医疗农民参合率达96.7%，实现年人均筹资520元。全面实施《居家养老（助残）服务（“九养”）办法》，大力开展居家养老（助残）服务，向重度残疾人和80岁以上老人每月发放100元居家养老（助残）券，7万多名农村老人和重度残疾人受益。全年共建扶贫助残基地90个，帮扶农村残疾人7 000多名。从2011年起农村低保标准进一步提高，由每月人均170元提高到300元，同时鼓励有条件的区县逐步实现城乡并轨。

4. 农村教育文化体育卫生不断加强，农村公共服务体系建设取得新进展。教育、文化、体育等公共服务均等化稳步推进，在基础设施改善、人才队伍建设及综合服务能力提升等方面取得了新的成效。农村中小学及幼儿园办学条件进一步改善，师资力量配备进一步加强。市文化主管部门将70%的文化投资投到农村，建设群众艺术馆和区县文化馆20个，实现覆盖率100%；街道、乡镇文化站310个，实现覆盖率98%，行政村文化大院（文化室）3 702个，实现了文化设施覆盖率98%以上的规划任务。实施“周末场演出计划”和“文艺演出星火工程”，演出9 605场。开展文化志愿者下乡和“一场三团”，建设活动，丰富农村文化生活。全市100%的乡镇、行政村均配建了健身设施，全民健身组织网络逐步形成，95%的行政村成立了体育组织。农民体质监测工作有序进行。

（四）农村改革进一步深化

围绕新农村建设和城乡一体化中的重点、难点问题，推动体制机制创新，在多个方面取得重要突破。

1. 农村集体经济产权制度改革全面推进。2010年是这项改革工作力度最大、改革进度最快的一年。下发了《关于进一步推进农村集体经济产权制度改革工作的意见》，建立了数据月报、季度汇报会和分析通报制度。组织召开了全市产权制度改革工作会议和经验交流会，提出了3年内完成全市产权制度改革工作的要求。总结汇编了昌平区木厂村“产权+林权”、丰台区精图村“整建制转居”、顺义区北郎中村“个人投资入股”等9种产权改革模式，供基层学习借鉴。通过开展市级培训、典型模式调研、召开改革进度汇报会等措施，工作进度全面加快。年内新完成产权制度改革的乡村集体经济组织1 672个，是市政府折子工程确定任务的3.7倍，86万农民成为集体经济的股东；正在推进改革的单位有503个。

2. 集体土地确权流转逐步规范。加强农村土地流转规范管理和服务，切实保障农民对承包地的权益，切实尊重农民在土地流转中的主体地位。建设农村土地承包经营纠纷调解仲裁体系，各区县农村土地承包仲裁委员会、仲裁庭和仲裁员队伍基本到位。全市初步形成了具备一套管理制度、一个流转信息平台和一套调解仲裁体系的农村土地承包、流转管理服务格局。配合有关部门开展农村集体土地所有权及建设用地使用权确权试点，取得积极进展，三个试点乡镇已全部完成前期基础工作。

3. 规范发展农民专业合作社。通过多种方式组织学习《北京市实施〈中华人民共和国农民专业合作社法〉办法》等法律法规，引导农户参加合作社，依法规范建设合作社。开展示范社建设，评选出全市第一批农民专业合作社示范社50家，示范社建设单位49家，对示范社购置运输车辆进行补贴，并给予以奖代补等扶持。完成现代装备对接农民专业合作社工程收尾工作，共扶持车辆601辆。全市注册的合作社发展到4 395个，辐射带动农户45.3万户，占从事一产农户的近70%。

4. 继续开展农村综合改革。推进农村义务教育债务化解，相关工作基本完成。组织开展了乡村其他公益性债务调研。开展县乡财政管理体制、农村义务教育和乡镇机构改革工作。对全市农村基层运转保障经费进行了全面检查。积极协调市相关部门研究农村“一事一议”财政奖补试点工作。召开全市农村经管工作会和农村集体财产管理现场会。会同有关部门加强村级会计委托代理服务，全市96%的村实行了这项代理，72.6%的村实行了财务与资金双代理，农村集体资产和财务管理进一步规范。

5. 大力推进农转非工作。建立了由市新农办牵头，市级8个部门参加的“北京市农转非工作协调小组”，定期协调沟通情况。指导区县建立相应机构并正常开展工作。建立数据月报制度，及时了解各区县工作动态，加强督促督查。重点就征地农转非情况开展调查研究，进一步研究推进农转非工作的政策措施。全年完成农转非52 085人。

6. 健全完善农村金融体系。全年涉农贷款余额1 162.7亿元，同比增长42.3%。农业投资公司运营良好，投资3.45亿元设立13家小额贷款公司，投资的天翼、华利丰两个设施农业项目，已竣工936座；北京农村产权交易所正式设立，北京农副产品交易所开业运营；农业担保公司与各远郊区县建立起以股权为纽带的全市农业担保体系，担保项目355个，批准担保金额18.89亿元；农业产业投资基金及管理机构正式运营，北京农业产业投资基金新募集2亿元，投资了六个项目2.55亿元；农业投融资体系带动社会投资96.8亿元。农村金融改革实验区稳步推进，新型金融组织相继成立，7家村镇银行相继营业，存款16.03亿元，发放贷款3.01亿元；28家小额贷款公司已完成审批，有24家正式对外发放贷款，累计对外发放贷款40.6亿元，大兴乐平资金互助社已正式批筹。创新发行“北京农业（一期）中小企业集合票据”，成为全国第一支以农业企业为主的集合票据。稳步推进政策性农业保险，险种扩大到18种，覆盖全市主要农业资源近40%。全年收取保费3.7亿元，同比增长7.8%；参保农户26.7万户次，同比增长11%。赔付农户9.8万户次，赔付支出2.2亿元。

7. 农村集体土地所有权及建设用地使用权确权前期试点取得积极进展。配合市国土局积极开展集体土地所有权和集体建设用地使用权确权试点。目前，市级三个试点乡镇已全部完成前期基础工作。会同市国土局就公路及河流占地确权界线等问题与市相关部门进行了积极协调。目前，由国土局、市农委和市农研中心三家组成的确权工作办公室已经成立，并开始进行前期工作。

（五）统筹规划社会力量齐参与

积极组织和动员各方面力量投入新农村建设，城乡统筹的工作机制更加顺畅。

1. 抓好全市各项“三农”工作的落实。市委市政府印发了《关于集中力量统筹城乡，集中资源聚焦“三农”，全面推进城乡一体化进程的若干意见》（京发［2010］4号），作为2010年全市“三农”工作的总方针。据此制定新农村建设折子工程6大类90项，市委督查室、市政府督查室、市新农办实行项目管理责任制，加大跟踪督查力度，确保了相关工作的落实。召开新农村建设领导小组全体会议两次，研究部署重要工作，推进相关工作落实。各相关区县和市有关部门集中力量统筹城乡，集中资源聚焦“三农”，认真落实“三农”各项工作任务，全面推进城乡一体化进程，确保了新农村建设取得可喜成绩。

2. 认真筹划“十二五”时期的“三农”工作。编制了《北京市“十二五”时期城乡经济社会一体化发展规划》，以及3个专项规划，即《都市型现代农业发展规划》、《重点小城镇建设规划》和《沟域经济发展规划》。这些规划总结了“十一五”时期的成就，深入分析了新的形势，明确提出了“十二五”时期推进城乡规划一体化、产业一体化、基础设施建设一体化、公共服务一体化、劳动和社会保障一体化、社会管理一体化等六大方面的重点任务，以及相应的保障措施。还编制了“十二五”时期《都市型现代农业服务体系建设总体规划》、《种业发展规划》、《畜牧业发展规划》、《休闲农业发展规划》、《农产品流通体系发展规划》等。

3. “三农”调研取得良好成绩。根据当前及今后一个时期的新农村建设和城乡一体化工作，组织各有关部门、区县和科研单位，就新型农村社区建设、促进低收入农户增收、农产品流通、农村基础设施管护机制等问题开展了调研，为统一思想、制定政策提供了可靠依据。统筹全市涉农调研力量，年内共确定调研课题70个，48个调研课题已经发挥了较好的决策参考作用。市委农工委、市农委被市委市政府评为全市调研工作先进单位，并获得全市优秀调研成果一等奖。

4. 扎实推进社会力量参与新农村建设工作。召开了引导社会力量参与新农村建设工作经验交流会、观摩会，研究制订了社会参与的具体实施办法和方案。一是引导国有企业参与新农村建设。搭建央企、市区国有企业参与新农村建设工作平台，积极协调在京的国有大中型企业建设大型产业项目落户京郊重点镇，推动重点镇产业升级，提升产业水平，促进农民就业。举办在京央企与重点小城镇建设对接座谈会，组织多家央企对接乡镇活动，其中恒天集团、五矿集团、国药集团已与郊区达成合作意向。二是引导非公经济参与新农村建设。搭建民营企业和非公经济参与新农村建设平台，推出了“光彩惠农行动”，重点推动农村产业发展、帮扶低收入村户、开展公益事业等。三是引导外资企业参与新农村建设。组织侨资、台资和外资企业参与新农村建设，从产业发展、农民就业、公益事业建设等方面扶持低收入村脱贫。开展了“万侨助万村活动”，为推进新农村建设注入了新的活力。四是引导党政机关主动参与新农村建设。搭建市、区直机关系统和中央部委支持新农村建设平台，深入开展“三进二促”活动，积极组织行政机关与农村结对，推动机关干部工作作风转变。据统计全市有100多家行政、事业单位，以各种方式参与新农村建设，活动过百，项目过千，人次过万，对农民增收促进作用明显。

（六）农村基层组织建设和管理水平全面提升

1. *村“两委”换届选举工作圆满完成*。13个郊区县3 911个村党组织和3 944个村委会参加了本次换届选举。村“两委”班子结构进一步优化，“两提高、两降低”的目标顺利实现，农村基层民主进一步扩大。全市近1/3的村党组织采取“直选”的方式选举产生了村党组织书记。村党组织书记和村委会主任“一人兼”的村有2 299个，占62.5%，比上届提高23.6个百分点；村“两委”交叉任职6 967人，占村委会成员总人数的57.6%，比上届提高9.7个百分点。85名大学生“村官”进入村党组织班子。中共中央政治局委员、中央组织部部长李源潮同志对北京市村党组织换届选举工作给予充分肯定，作出重要批示。中组部于2010年7月份在京召开了部分省（区、市）村“两委”换届选举工作座谈会，就北京市多渠道选优配强村党组织班子的经验进行了推广交流。

2. *农村基层党建工作力度不断加大*。一是以“三级联创”为载体，认真组织“三级联创”检查考评和工作部署，着力提高农村基层党组织建设整体水平。二是指导推动全市农村创先争优活动。推广农村基层党组织创造出的“一带二比三落实”、“五讲五看”等鲜活载体，提高了活动的实效性，得到了李源潮和刘淇同志的高度肯定。三是推进农村基层党建工作创新。总结了密云县“五星级党组织”创建等成功经验。四是着力提升推进城乡一体化进程中基层党建服务中心工作的水平。会同市委组织部一起制定下发了《关于充分发挥农村基层党组织在推进城乡一体化发展中作用的意见》，提出了农村基层党组织和党员在防控整治违章建设工作中发挥作用的意见。五是加强农村基层干部队伍建设。举办了50个重点村党组织书记培训班和以城乡一体化为主题的乡镇党委书记、乡镇长轮训班。各郊区县举办农村干部培训班1 640期，累计培训农村基层干部5.8万人次，提高了农村基层干部推动城乡一体化发展的能力和水平。

3. *农村基层民主政治建设进一步深化*。一是推进农村基层党务公开。认真组织编制党务公开指南和公开目录，建立党务公开预先审核、保密审查、监督评议、责任追究等制度，确保党务公开信息的准确性、权威性和时效性。二是完善村级运行机制。以完善村党组织领导下的村民自治机制为重点，理顺村“两委”关系，规范村级工作运行模式，切实保障农民群众的知情权、决策权、参与权、监督权。三是加强村民代表队伍建设。推行村民代表承诺制、村民代表设岗定责、村民代表包户、村民代表“民情日记”等工作机制，为村民代表发挥作用搭建平台。

4. *农村法制建设进一步加强*。一是开展专项法制宣传教育活动。召开了《北京市实施〈中华人民共和国农民专业合作社法〉办法》学习贯彻落实座谈会。二是深入开展建设社会主义新农村相关法律法规的宣传教育，引导广大群众自觉学法、用法、守法。三是以集中轮训和现代远程教育为主要形式，对乡镇干部、村“两委”干部、农村党员、村民代表、村民小组长等五类群体普遍开展培训，提高广大农村党员干部依法行政能力和化解矛盾能力。

5. *农村精神文明建设取得新进展*。继续推动“寻找‘北京最美的乡村’宣传评选活动”成为知名品牌，80多万人次直接参与，确认有效选票800多万张。“北京最美的乡村”成为了市民体验新农村的热点和亮点，得到农业部的充分肯定并参照北京经验在全国推广“魅力乡村”评选。不断强化新闻宣传，中央及市属主要新闻媒体累计报道500多篇次，在《人民日报》头版头条刊发了《新型能源点亮京郊》，《乡村新发现》等电视节目得到广大市场好评，为新农村建设提供了有力的舆论支撑。成功举办了第20届北京市农民艺术节，带动13个区县组织开展了100多项、3 000多场群众文化活动，吸引了300多万人次参加。承办首届“中国农民艺术节”并了最佳设计奖和最佳组织奖。组织编写《北京市乡风文明建设指导测评指标体系》，促进全市文明乡风的进一步形成。

6. *农村信访和社会管理工作继续加强*。深入排查化解涉农各类社会矛盾，先后制发了《关于进一步加强防范和打击农（林）业领域非法集资工作的通知》（京政农发［2010］10号）等一系列文件，接待群众直接来访为156批580人次，来信140件次，办理领导信箱、投诉信箱、咨询信箱、政风行风热线、市长信箱信访件共计420件。整合郊区农村平安建设的工作资源，成立农村综治工作协调委员会。加强社会治安重点地区调研和排查整治工作力度。切实抓好生产安全工作，采取签订安全维稳责任书和督导检查等多种措施积极预防各类重大事故。会同市农业局、安监局、公安交通管理局召开了“创平安农机，促安全生产”为主题的北京市农机安全生产联合行动。强化农户冬季采暖煤气中毒等隐患排查，扎实做好新农村消防工作。

7. *农村基层党风廉政建设扎实推进*。进一步贯彻落实《关于加强农村党风廉政基本制度建设的意见》，参与制定了《关于进一步加强北京市村级会计委托代理服务工作的实施意见》。会同市纪委、市新闻出版局出版发行了《农村基层干部反腐倡廉知识读本》，配发了总计2万册向乡村干部普及。与市纪委联合下发了《关于在全市新一届村“两委”干部培训中强化反腐倡廉教育的通知》，加大对农村“两委”干部反腐倡廉基本知识和法律常识的教育培训。协助市纪委举办了乡镇纪委书记培训班。将反腐倡廉建设、农村基层职务犯罪预防等作为乡镇党委书记、乡镇长等培训班的重要培训内容，把农村党风廉政建设工作纳入基层组织创先争优活动之中，广泛开展群众民主评议活动，努力营造风清气正、干事创业的良好氛围。

（市委农工委研究室　王修达　王　东）

郊区城乡一体化进程

概 述

2010年，是北京城乡经济社会一体化发展取得重要进展的一年。这一年，市委、市政府全面贯彻2010年中央1号文件精神，深化落实城乡统筹方略，研究制定了《关于集中力量统筹城乡集中资源聚焦"三农"全面推进城乡一体化进程的若干意见》(京发[2010] 4号)，并在此指导下出台了一系列政策文件，进一步健全完善了加快城乡一体化发展的政策体系。这一年，市委十届八次全会首次明确提出"两个率先"，即率先形成创新驱动的发展格局、率先形成城乡经济社会发展一体化新格局的奋斗目标，标志着城乡一体化成为北京建设世界城市的战略举措。这一年，胡锦涛总书记等中央领导先后到京郊视察都市型现代农业发展、"菜篮子"工程、新农村建设等工作，刘淇书记、郭金龙市长等市领导带头深入农村、深入山区、深入城乡结合部地区考察调研，市委农工委、市农委统筹协调，新农村建设领导小组各成员单位配合联动，各郊区县和乡镇创新实践，郊区农村持续快速健康发展，北京城乡一体化发展开创崭新局面。

【城乡规划一体化取得新进展】 京郊功能区差异化、特色化格局初步形成。修编了"十二五"时期北京城乡经济社会一体化发展规划、沟域经济发展规划、重点小城镇发展规划、农村社区和新民居规划、都市型现代农业发展规划等重要规划初稿，完成了北京市种业、畜牧业、休闲农业、水产业、加工业发展规划，研究制定了新一轮"菜篮子"工程建设指导意见，初步形成了城乡一体化发展的规划体系。空间规划深入推进。截至2010年底，全市郊区114个需要编制总体规划的乡镇中，已得到正式批复107个，上报市规划委在审5个，其余2个在编；50个市级重点村的规划实施方案已有49个获得批准；42个重点小城镇中，有40个镇的总体规划得到了批复；全市村庄规划全面完成，基本形成了覆盖全市、城乡衔接的新城、乡镇和村庄的空间规划体系。积极探索城镇化的实现途径，根据北京城市总体规划，按照"两轴—两带—多中心"的要求，进一步确立了以中心城—新城—小城镇—新型农村社区为节点的现代城镇体系。

【城乡产业一体化取得新进展】 都市型现代农业的新型业态得到长足发展，推动了一产与二、三产业的融合，促进了城乡经济的联动。设施农业方面，全年新增设施农业0.27万公顷，蔬菜播种面积达8.07万公顷；会展农业方面，第十八届北京种子大会成功举办，交易金额达到5.5亿元；籽种农业方面，收入增幅超过20%，对总产值增长贡献率持续提高；休闲农业方面，观光农业和乡村旅游接待收入分别实现10.6亿元和5.4亿元，同比增长14.9%和21.8%。农村集体经济产权制度改革加速推进，全年新完成1 672个集体经济组织改制，是历年完成总数的两倍；全市累计完成2 484个，占乡村集体经济组织总数的59.6%。农民专业合作社蓬勃发展，全市工商登记注册的农民专业合作社达到4 400多个。启动了示范社建设行动，推动农民专业合作社从外延式发展向内涵式发展转型。沟域经济建设稳步推进，重点打造七条山区标志性旅游名沟，特色产业已初具规模。推动农村金融体系建设，搭建"七农"金融服务平台，金融支农力度不断加大。积极推动涉农企业上市，2010年大北农集团成功在深交所挂牌上市，北京市辖区内涉农上市企业达到9家，拟上市的企业40家。探索央企与地方合作统筹解决"三农"问题的新途径，创建"一镇一企"合作模式，中航工业、中青旅、中粮等大批央企以及中科院、中影集团等国字号项目纷纷落户郊区，直接带动郊区产业转型升级和劳动力就业，为郊区工业化、城镇化和农业现代化发展催生新的活力。

【城乡基础设施建设一体化取得新进展】 薄弱地区发展能力得到增强，新城建设扎实起步，基础设施架构基本形成。"五项基础设施"建设任务全面完成，顺利实现"四年任务两年完成"目标。继续实施"三起来"工程，太阳能利用、雨洪利用、粪污治理、生物质供气、节能民居建设等任务全面完成。积极开展"十大重点区域、百项重点工程"农村环境整治活动，全年有6个乡镇、248个村通过郊区环境优美乡镇、生态村考核验收。"村村通公交"、"村村通邮"、"村村通有线电视"、"村村配置全民健身设施"、"村村有超市"基本实现。在新农村建设的第五个年头，北京农村生产生活水平有了显著的提升，城乡差距逐步缩小，为“十二五”时期新农村建设向更高水平推进奠定了良好基础。

【城乡公共服务一体化取得新进展】 以城乡公共服务均等化为目标，农村各项社会事业快速发展。教育方面，坚持财政投入向农村地区倾斜，落实每年新增教育经费70%用于农村的政策，2010年市级财政对远郊区县教育事业转移支付42.5亿元，郊区农村教育软硬件水平都有新提升。医疗卫生方面，农村卫生服务体系建设进一步加强，全市所有行政村卫生室实现全覆盖，完成了1 000个农村社区服务站建设任务，10个远郊区县区域医疗中心建设加快推进。新型农村合作医疗制度进一步完善，农民参合率达到96.74%。科技方面，全面完成科技北京行动计划2010年折子工程，积极开展村级全科农技员队伍建设试点工作，继续深入实施“设施农业百村万户科技入户示范工程”，推进现代农业产业技术体系北京创新团队建设，农业科技对都市型现代农业发展和新农村建设起到了积极支撑作用。文化体育事业方面，实现农村地区文化设施和体育健身设施全覆盖，各级各类文体演出活动广泛开展，农民精神生活得到充实。

【城乡劳动和社会保障一体化取得新进展】 千方百计给予农村群众最大实惠。广泛开展各类农民培训，大力开发公益性岗位，开展城乡“手拉手”和“春风行动”等就业援助活动，近9万名农村劳动力实现转移就业。继续开展“田间学校”等加强农民培养工作。深入推进“共同致富行动计划”，重点帮扶的8.1万低收入农户人均可支配收入同比增长21%。2010年农民收入结构中，工资性收入保持在60%以上，体现了加强转移就业对于促进农民增收的重要作用。经过多年努力，新型农村合作医疗制度全面建立，城乡居民养老保障制度实现并轨，就业失业管理制度城乡统一，近郊区居民低保标准城乡统一，义务兵优抚费、残疾人救助、丧葬补贴等保障城乡统一，社会保障制度率先基本实现城乡一体化。

【城乡社会管理一体化取得新进展】 农村经济建设、政治建设、文化建设和社会建设明显加强。村“两委”换届选举工作顺利完成。基层干部队伍、党员队伍、实用人才队伍建设得到加强。深入开展农村党的建设“三级联创”活动和创先争优活动，积极推进农村基层党建工作创新。全面推行“四议一审两公开”为核心的村级民主决策规程，农村基层民主制度有效落实。3 799个村实行“村账托管”，农村在线审计全面推开。农村精神文明建设和民主法制建设稳步推进，社会治安综合治理和矛盾纠纷排查调处力度不断加大，农村地区总体和谐稳定。进一步规范农村集体资产和财务管理，3 812个村实行了村级会计委托代理，占全市总村数的96%；2 884个村实行了财务与资金双代理，占总村数的72.6%。初步建成农村土地承包经营纠纷调解仲裁体系。农村廉政风险防范活动纵深推进。开展了涉及农民切身利益的多项检查，对发现的违规问题进行了纠正和处理。

（市委农工委协调联络处　邱　睿）

社会主义新农村建设

概　述

2010年，按照加快形成城乡一体化新格局的总体思路及“保增长、保民生、保稳定”的目标要求，适应财政体制改革，转变工作方式，创新工作方法，以村镇规划为基础，加强农宅、农村基础设施建设标准制定和检查验收，引导区县加快村镇建设和发展，旧村改造、新农村基础设施、小城镇建设、环境整治和生态示范创建等工作取得新进展。同时，依据“示范引路、政策扶持、服务到位、节能惠民”原则，继续开展抗震节能型新农宅建设和既有农宅节能改造，加强村镇工程建设的技术指导与服务。

工作信息

【本市部署2010年新农村“五＋三”工程建设及郊区环境整治工作】 1月22日，市新农办会同市各相关部门在昌平区召开本市2010年新农村“五＋三”建设和郊区环境建设工作会议。会议对2009年本市新农村“五＋三”和环境建设工作进行了总结，对2009年被命名为北京郊区“环境优美乡镇”和“生态村”的单位进行了授牌，对2010年的工作任务和要求进行了具体的部署。2010年本市仍将重点实施新农村“五＋三”工程，计划投资65亿元，按照“缺什么，补什么”的要求，完成剩余1 400余个村庄“五项基础设施”建设，继续推进太阳能路灯、太阳能公共浴室、“两气”工程、既有住房改造、新建抗震节能住房等工程建设。加强农村环境整治和生态建设，重点开展“十大重点区域、百项重点工程”整治活动，完成5个环境优美乡镇和100个生态村创建任务，实现农村生活垃圾源头分类设施全覆盖，进一步改善和提升郊区农村环境水平。

【华北、东北八省市村镇处长会议在北京召开】 9月6—10日，华北、东北地区村镇建设工作交流研讨会在北京召开。会议交流了各省市村镇建设及推进城乡一体化发展的做法和经验，实地考察了本市房山区韩村河、南观、朝阳区高碑店、平谷区挂甲峪、延庆县岳家营、柳沟等村新农村建设的经验和做法，共同探讨了困扰当前工作的问题，对华北、东北地区村镇建设工作和农村城镇化的发展形成了五个方面的共识：一要坚持规划先行，统筹推进村镇建设工作有序开展；二要坚持发展农村产业，稳步增加农民收入、富裕农民；三要坚持加强农村的基础设施、公共服务设施和农民住宅建设，不断提升农村城镇化的基础和承载能力；四要坚持农村生态建设，推进村镇建设实现可持续发展；五要坚持创新，不断突破农村城镇化中的一些瓶颈问题。通过此次交流和研讨，有力地推动了华北、东北地区村镇建设的发展，实现了“交流研讨、协调提高、推进发展，共创辉煌”的宗旨。国家住房和城乡建设部村镇建设司副司长赵晖、综合处处长白正盛同志出席了会议。赵晖副司长做了重要讲话，并对华北、东北地区省市自治区联合举办区域性村镇建设工作交流研讨会的方式给予了充分肯定。北京、天津、河北、内蒙古、山西、辽宁、吉林、黑龙江、河南和新疆共10个省、市、自治区的51名村镇建设系统领导参加了会议。

【《关于加强土地管理推进小城镇建设的意见》出台】 2010年6月，按照率先形成城乡一体化新格局要求，为了给小城镇发展提供更加合理的空间，市国土局与市农委联合出台了《关于加强土地管理推进小城镇建设的意见》（京国土研［2010］395号）。该意见在健全农村土地管理制度，盘活存量、节约集约用地、推进小城镇建设用地管理工作等方面提出了相关政策，对解决重点小城镇发展建设用地的相关问题具有指导作用。

【小城镇“总规—土规”基本实现对接和全覆盖】 规划是发展的龙头，乡镇域总体规划和土地利用总体规划是指导郊区乡镇科学发展的手段，市农委会同市规划委和市国土局加快完善“总规—土规”的对接，到2010年底已基本实现全覆盖。本市郊区114个需要编制总体规划的乡镇中，已得到正式批复的有107个；42个重点小城镇中，有40个镇的总体规划得到了批复；以新城总规为基础，郊区县土地利用总体规划已全部编制完成，各区县乡镇级土地利用总体规划也正在同步编制和审查。“总体—土规”的对接和全覆盖为小城镇建设的加速发展提供了基础性保障。

【重点小城镇建设用地纳储工作情况】 根据市国

土局储备中心数据，截至2010年底，42个重点小城镇涉及纳储项目共47个，手续办理完备的已有22个，占46.8%，正在等待市国土局审核相关手续的项目有5个，还有20个项目正在准备相关上报材料。47个项目计划占地3 003.9公顷，2010年项目已完成投资65.19亿元，其中非住宅类纳储项目有24个，占地2 326.5公顷，当年项目总投资56.8亿元，非住宅类项目数量、占用土地、当年投资分别占42镇所有纳储项目的51.1%、77.4%和87.1%；产业园区内纳储项目有6个，占地131.9公顷，当年项目总投资1.49亿元，小城镇产业项目纳储工作继续推进。

【重点小城镇产业和园区建设情况】 通过近年来市政府各部门对重点小城镇产业园区和农民就业产业基地的政策扶持和资金投入，42个重点小城镇中规划有集中、成规模的产业园区（含农民就业基地）38个，其中10个为市级工业开发区、20个为市级农民就业产业基地。2010年底，重点小城镇产业园区规划用地10 558.6公顷，项目累计投资558.7亿元，入区企业1 103个，产业园区从业人数11.5万人；产业园区的稳步发展也增强了重点小城镇的吸引力，2010年42个重点小城镇共引入产业项目95个，规划占地2 487.6公顷，解决劳动力就业7 316人，预计总投资450.2亿元，其中预计总投资10亿元以上的超大型项目6个。

【本市举行平原地区重点小城镇产业发展现场观摩活动】 6月10—11日，市农委会同市相关委办局组织各远郊区县主管区县长、区县主管部门负责人和42个重点小城镇的书记或镇长，对处于平原地区的顺义区高丽营镇、赵全营镇、杨镇，通州区的西集镇、台湖镇，大兴区的采育镇、安定镇等7个重点小城镇产业园区建设、产业发展情况进行了拉练观摩，并召开座谈会。会上主管区县长、区县主管部门就进一步推进本区县重点小城镇产业园区建设，加快产业发展情况进行了交流，部分重点小城镇的书记（镇长）就本镇产业园区建设、产业发展情况、存在问题和下一步发展思路进行了发言。市发改委、市财政局、市规划委、市住建委、市国土局、市经信委、市统计局等部门，结合本部门职能，提出了加快推进重点小城镇建设的政策、措施，对下一步小城镇产业园区建设、产业发展提出了具体要求。会上，市委农工委主管领导对42个重点小城镇产业园区建设、产业发展情况进行了通报，分析了当前存在的突出问题，对下一步推进重点小城镇产业园区建设与发展提出具体要求。

【本市举行山区重点小城镇产业发展现场观摩活动】 为了推进山区重点小城镇的产业发展和产业园区（就业基地）建设，2010年8月，市农委组织7个山区县主管部门负责人、22个山区重点小城镇的领导，对密云县、怀柔区的7个重点小城镇产业发展和产业园区（就业基地）建设情况进行现场观摩，并召开了座谈会。座谈会上，各区县村镇建设主管部门和重点小城镇的领导围绕重点小城镇的发展建设，从规划编制、政策措施、基础设施和公共服务设施建设、产业园区（就业基地）建设、招商引资等方面进行研讨发言，市农委就下半年的工作做了部署。各区县、各重点小城镇认真学习落实牛有成常委、关于加快小城镇建设的讲话精神，小城镇建设工作取得了新进展，特别是山区小城镇建设进展明显。一是小城镇建设发展的思路更加明确；二是各区县认真研究制定推进重点小城镇建设发展的政策措施；三是重点小城镇的规划编制进展顺利；四是招商引资力度加大，一些重大项目纷纷落地。

【北京郊区环境优美乡镇生态村创建工作培训班开班】 2010年7月5—6日，市新农办、市环保局共同举办了“2010年北京郊区环境优美乡镇生态村创建工作培训班”。各郊区县负责创建工作的主管部门、环保局及申请参加创建单位负责人370余人参加了培训。在培训班上，有关专家针对农村环保和创建工作的重要性、创建工作的步骤和程序、创建指标体系及验收要求、规划编制等方面进行了详细讲解，并对近年来在创建验收过程中发现的问题进行了分析探讨，提出了避免这些问题再次发生的建议。

【北京市新农村绿化工作现场会在顺义区召开】 8月18日，北京市新农村绿化工作现场会在顺义区召开。会上，首都绿化办王苏梅副主任对全市新农村绿化工作进行了总结，并对下一步推进新农村绿化工作进行了安排部署。顺义区、延庆县分别就推进新农村绿化美化建设的经验做法作了典型发言。全市新农村绿化建设取得明显成效，一是改善了农村的生态环境；二是优化了农民的居住环境；三是增强了农民的致富本领，提高了农民收入。会议对下一步继续深入推进新农村绿化建设工作进行了安排部署，明确了新农村绿化的指导思想、基本原则、主要任务和村（或新型农村社区）组织办公场所绿化、村民庭院绿化、街道道路绿化、村内（或新型农村社区）集中公园绿地绿化、村庄（或新型农村社区）周边绿化、农田林网绿化和乡村旅游景点绿化等七个方面的新农村绿化内容。市农委、首都绿化办、首都环境办、首都文明办、市妇联以及各郊区县园林绿化局（绿化办）、区县新农办、区县环境建设办的主管领导共50余人参加了此次会议。

【组织开展“十大重点区域、百项重点工程”环境整治活动】 针对影响农村环境的主要问题和重点区域，2010年开展了“十大重点区域、百项重点工程”村庄环境整治活动，确定了247项环境整治任务。同时，配合夏季市容环境卫生集中治理行动和“五一”、“十一”等重大节日开展了环境专项治理活动。重点整治积存、暴露垃圾，“白色污染”，乱堆乱放、私搭乱建、乱贴乱画小广告等突出环境问题。据不完全统计，郊区各区县共出动人员6万余人次、车辆4 000余台次，清理垃圾渣土18万多吨，清理乱堆乱放5 000余处，清除乱写乱画8万余处，捡拾白色污染物5 300余千克。年初确定的整治任务基本完成，农村脏乱差现象明显减少，村容村貌明显改观。

【生态示范建设工作超额完成】 2010年，共有房山区蒲洼乡、顺义区李遂镇等6个乡镇、通州区永乐店镇老槐庄村、平谷区金海湖镇黑水湾村等248个村达到了北京郊区环境优美乡镇和生态村建设标准，获得了市里的命名，超额完成了市政府为民办实事中确定的5个乡镇、100个村的创建任务。在抓好创建工作的同时，2010年还对获得2004—2006年度市级环境优美乡镇和生态村命名的镇村进行了复查，进一步巩固了生态创建成果，提升了生态环境质量和建设管理水平。

【新农村“五＋三”工程超额完成】 到2010年11月，全年“五＋三”工程建设任务圆满完成。全市农村“五项基础设施”建设累计完成投资60.5亿元。完成街坊路硬化2 687万平方米；街坊路绿化1 246万平方米；改造老化供水管网5 733公里；完成一户一表24万个；实施污水处理工程188处；改造户厕19.33万座；新建公厕2 375座；为40余万农户配置了垃圾分类容器。“三起来”工程累计完成投资约9亿元。为8个远郊区县更换户用节能灯800余万只；为村内公共场所更换直管荧光灯10 000余只；安装、更换村内节能路灯48 000余盏；安装太阳能路灯8 700余盏；建设太阳能公共浴室121个；地热采暖示范820户；新建节能抗震民居4 073户；实施既有农宅改造20 881户；新建、扩建大中型沼气站9处（含3处管网铺设）、大中型生物质气化站10处（含5处管网铺设）；建设生物质燃料加工厂2个；安装太阳灶110台；建设户用沼气池500户，建设雨洪利用工程150处，建设粪污治理工程144处；维护太阳能路灯6.1万余盏；维护改造“两气”工程120余处。

【年底市新农办对新农村“五＋三”工程完成情况进行全面检查】 12月，根据有成常委的批示精神，市新农办会同市各相关部门成立了“五＋三”工程检查工作领导小组，分成6个检查小组，按照近年来我市新农村“五项基础设施”和“三起来”工程建设实施方案及年度工作计划要求，制定了检查方案，全面细致、认真严格、实事求是地对全市对全市13个郊区县五年来实施新农村“五＋三”工程的村庄进行全面抽查检查。

（市农委村镇处　孙　峰）

新农村建设折子工程

【新农村建设折子工程发布】

一、集中力量抓好重点工程，拓展新的战略发展空间

1. 按照空间、土地、产业、人口、生态“五统一”的要求，制定本市率先形成城乡经济社会发展一体化新格局实施纲要。

责任单位及责任人：市农委主任王孝东

协办单位：市发展改革委、市规划委、市国土局、市科委、市交通委、市园林绿化局、市水务局、市市政市容委、市人力社保局、市公安局、市卫生局、市社会办

完成时限：2010年11月底

2. 完善城乡结合部建设有关规划工作。

责任单位及责任人：市规划委主任黄艳

协办单位：市发展改革委、市国土局、市农委、市住房城乡建设委、市园林绿化局、市市政市容委、市交通委，相关区县政府

完成时限：2010年11月底

3. 编制完成重点镇建设发展专项规划。

责任单位及责任人：市发展改革委主任张工

协办单位：市农委、市国十局、市规划委、市经济信息化委

完成时限：2010年11月底

4. 编制完成沟域经济建设专项规划。

责任单位及责任人：市农委主任王孝东

协办单位：市规划委、市发展改革委、市交通委、市旅游局

完成时限：2010年11月底

5. 编制完成新农村社区和新民居建设专项规划。

责任单位及责任人：市住房城乡建设委主任隋振江

协办单位：市农委、市规划委、市发展改革委、市财政局、市国土局、市园林绿化局、市人力社保局、市民政局、市社会办、市公安局、市水务局、市园林绿化局、市统计局、国家统计局北京调查总队

完成时限：2010年11月底

6. 加快区县、乡镇土地利用总体规划修编工作。

责任单位及责任人：市国土局局长魏成林

协办单位：相关区县政府

完成时限：2010年11月底

7. 创新小城镇产业发展模式，制定镇村产业基地项目准入标准，启动市级开发区带动镇村产业基地的“牵手工程”，促进镇村企业调结构、上水平，加快特色产业优势项目向产业园区和镇村产业基地集聚。

责任单位及责任人：市农委主任王孝东、市经济信息化委主任朱炎

协办单位：市发展改革委，相关区县政府

完成时限：2010年11月底

8. 加快农村信息化基础设施建设。加大协调力度，推动第3代移动通信技术（3G）网络建设，扩大信号覆盖范围：组织制定信息化村和宽带小区建设标准及验收流程，开展300个信息化村试点：探索电信网、计算机网、有线电视网等3大网络统筹规划和共建共享机制，减少重复建设，降低农村综合服务费用。

责任单位及责任人：市经济信息化委主任朱炎

协办单位：市通信管理局、市农委，相关区县政府

完成时限：2010年11月底

9. 加强重点镇基础设施和公共服务设施建设，继续统筹推进重点镇产业园区、镇区道路和重要联络线建设，加快完善集中供水、污水处理、集中供热和文化体育活动中心等设施建设，提高重点镇的人口和产业聚集能力。

责任单位及责任人：市发展改革委主任张工

协办单位：市农委、市规划委、市环保局、市国土局、市水务局，相关区县政府

完成时限：2010年11月底

10. 完成国道111线（一期）主体工程建设，继续建设国道108复线、七北路等工程，继续推进重点镇与高速公路连接线提级改造工作。

责任单位及责任人：市交通委主任刘小明

协办单位：市发展改革委、市财政局、市农委，相关区县政府

完成时限：2010年12月底

11. 宅基地和村庄土地整理后所节约的土地要优先复垦为耕地，仍有结余的经批准后可作为建设用地，按照土地利用总体规划在本区县调剂使用并纳入土地年度利用计划，主要用于促进小城镇产业集聚发展和农民就近转移就业。

责任单位及责任人：市国土局局长魏成林

协办单位：市发展改革委、市规划委、市农委、市经济信息化委，相关区县政府

完成时限：2010年11月底

12. 推动小城镇行政管理体制改革，下放管理权限，科学设置机构和配备人员编制。

责任单位及责任人：市编办主任黄强

协办单位：市民政局、市农委、市社会办，相关区县政府

完成时限：2010年11月底

13. 发挥行政区划调整对农村重点发展地区的引导作用，推进具备条件地区的街道、乡镇行政区划调整，合理划分城乡结合部地区部分街道、乡镇管辖范围。

责任单位及责任人：市民政局局长吴世民

协办单位：相关区县政府

完成时限：2010年11月底

14. 完善农业生态服务价值监测评价方法及内容，继续开展农村全面小康建设进程、农村城镇化进程、新农村建设进程、农业生态服务价值4项监测工作，对本市“三农”经济社会运行状况进行全面综合评价，开展重点镇经济运行状况定期统计监测和低收入农户增收情况定期监测工作。

责任单位及责任人：市统计局局长苏辉、国家统计局北京调查总队总队长潘璠

协办单位：市园林绿化局、市水务局、市农业局、市公园管理中心

完成时限：2010年12月底

二、增强都市型现代农业开放度，促进一、二、三产业融合发展

15. 按照高端高效高标准的要求，着力提升都市型现代农业的国际化和开放性水平，积极培育一批具有国内外领先水平的产业集群，争创国家都市型现代农业示范区。

责任单位及负责人：市农委主任王孝东

协办单位：市农业局、市园林绿化局、市科委，相关区县政府

完成时限：2010年11月底

16. 增强良种供应能力，支持畜禽良种繁育体系建设，改扩建种猪场15个，增加种猪7万头；扩建原种鸡场1个，建设饲养父母代种鸡场2个，增加雏鸡3 000万只；建设良种奶牛科技示范园区1个，饲养成乳牛3 000头；继续开展种猪、种禽、种奶牛良种选育，继续实施种畜禽性能测定和畜禽良种补贴。鼓励种子企业与科研单位联合，抓紧培育有核心竞争力的大型种子企业，打造种业之都。

责任单位及责任人：市农业局局长赵根武

协办单位：市科委、市园林绿化局

完成时限：2010年11月底

17. 加快发展林业产业，推进果品产业、花卉种苗产业、蜂产业、林下经济提质增效，完成约666.67公顷（1万亩）水蜜桃、约66.67公顷（1 000亩）柿子树改良；引进国内外花卉优良品种10个，新建名优花卉生产示范基地30公顷（450亩）；发展林下经济2 000公顷（3万亩）；完成10个国家蜂产业技术体系示范基地和5个养蜂专业乡建设，重点扶持蜂业专业合作组织4个，培养养蜂能手、科技协调员1 500名及示范户500个，全市蜜蜂饲养量达24万群，实现产值1.6亿元。

责任单位及负责人：市园林绿化局局长董瑞龙

协办单位：相关区县政府

完成时限：2010年11月底

18. 继续举办“春华秋实——百万市民观光果园采摘游”活动。

责任单位及负责人：市园林绿化局局长董瑞龙

协办单位：相关区县政府

完成时限：2010年11月底

19. 抓紧培育有核心竞争力的大型林木种苗企业，支持黄垡苗圃彩色树种、房山区生物质能源树种、通州区优良造林树种培育工作，推广应用林木良种。

责任单位及负责人：市园林绿化局局长董瑞龙

协办单位：相关区县政府

完成时限：2010年11月底

20. 深化农村科技服务体系建设，利用农村科技服务港形成农村科技协调员、市级资源站、科技信息库、农业科技服务平台“四元联动”的科技资源服务

体系，建立食用菌、大桃、观赏鱼3个产业示范链，培育京郊优势特色产业。

责任单位及责任人：市科委主任闫傲霜

协办单位：市农委、市农业局、市园林绿化局

完成时限：2010年11月底

21. 实施籽种产业科技促进工程，推进籽种产业发展。加快种质资源创新，推进安全高效育种技术研究、品种选育及新品种应用工程。完善籽种产业依靠科技创新发展的环境。推进优势籽种科技成果产业化开发，增强籽种产业的竞争力。

责任单位及责任人：市科委主任闫傲霜

协办单位：市农委、市农业局、市园林绿化局

完成时限：2010年11月底

22. 建设食品安全及农产品加工科技保障体系，研究开发快速检测仪器与试剂，并在农产品批发市场应用推广。开发超高压果品加工技术和果蔬采后处理技术，提高农产品附加值。

责任单位及责任人：市科委主任闫傲霜

协办单位：市农委、市工商局、市农业局、市园林绿化局

完成时限：2010年11月底

23. 开展生态涵养发展区建设科技支撑工程，引进符合沟域特点、产业发展前景好的优新品种，研究生态友好、经济高效的农林（养）复合系统，推动沟域经济发展。

责任单位及责任人：市科委主任闫傲霜

协办单位：市农委、市农业局，相关区县政府

完成时限：2010年11月底

24. 创立首都新农村建设科技创新服务联盟。支持该联盟开展重大产业技术创新活动，创新运行机制，促进农业科技成果推广应用。

责任单位及责任人：市科委主任闫傲霜

协办单位：市农委、市农业局、市园林绿化局、市水务局

完成时限：2010年11月底

25. 加强基层农业技术推广体系建设，围绕区域主导产业，加快推进乡镇农业技术推广机构改革，建立村级农业综合服务点，推行农业科技特设岗位计划，在以种养业为主的村设置1名全科推广员。

责任单位及责任人：市农业局局长赵根武

完成时限：2010年11月底

26. 编制都市型现代农业服务体系发展规划。围绕产前、产中、产后的关键环节，加快构建公益性服务与经营性服务相结合、专项服务和综合服务相协调的新型农业服务体系。

责任单位及责任人：市农委主任王孝东

协办单位：市发展改革委、市财政局、市科委、市农业局、市水务局、市园林绿化局、市气象局、市商务委、市供销合作总社

完成时限：2010年11月底

27. 加强农产品质量体系建设，落实农产品质量安全3年行动计划，推进农产品生产标准化。打造本市农产品质量安全品牌，发展无公害农产品、绿色食品、有机农产品。

责任单位及责任人：市农业局局长赵根武

协办单位：市园林绿化局、市质监局、市食品办、市工商局、市发展改革委、市财政局、市科委

完成时限：2010年11月底

28. 加强重大动物疫病防控。实现重大动物疫病应免率100%，重大动物疫病监测面100%。全面落实《北京市动物防疫体系建设规划》，建设畜牧兽医社会责任主体、监督监管、绩效评价3人体系，启动畜禽养殖生物安全隔离区试点建设工程、奶牛布鲁氏菌病及结核病净化工程、畜牧兽医人员素质提升工程。

责任单位及责任人：市农业局局长赵根武

完成时限：2010年11月底

29. 大力推进“221信息平台”应用推广工作，提高农业农村信息化水平。

责任单位及责任人：市农委主任王孝东

协办单位：市经济信息化委，相关区县政府

完成时限：2010年11月底

30. 制定促进乡村旅游产业发展的意见和综合管理办法，推进乡村旅游与都市旅游在接待机构、市场、服务产品、旅游商品等方面的对接。开展乡村旅游现状调查，培育乡村旅游新产品，打造乡村旅游特色业态聚集区和旅游集散特色镇。推行乡村旅游新业态标准。鼓励民俗旅游村参与政府采购活动。

责任单位及责任人：市旅游局局长张慧光

协办单位：市农委，相关区县政府

完成时限：2010年11月底

31. 大力开拓农村消费市场，加大家电、汽车、摩托车等产品下乡政策实施力度。落实大幅度提高家电下乡产品最高限价政策，并增选1个品种纳入补贴范围。

责任单位及责任人：市商务委主任卢彦

协办单位：市农委、市财政局、市质监局、市经济信息化委、市工商局、市委宣传部

完成时限：2010年11月底

32. 制定全市农产品批发市场布局规划，继续鼓励和支持重点农产品批发市场升级改造，鼓励农产品批发市场进一步完善基础设施和交易设施，支持检测、监控、信息、结算和垃圾处理等项目改造，拓展完善服务功能；支持冷藏冷冻、加工配送、分拣包装等增值设施建设。

责任单位及责任人：市商务委主任卢彦

协办单位：市农委、市发展改革委、市规划委、市工商局

完成时限：2010年11月底

33. 推动农产品现代物流体系建设，鼓励冷链物流及保鲜技术的应用，支持鲜活农产品储存、加工、运输和配送等冷链物流设施、设备建设。

责任单位及责任人：市商务委主任卢彦

协办单位：市农委

完成时限：2010年11月底

34. 深化农业区域合作，支持本市大型龙头企业在外埠建设农产品生产基地，增强市场控制能力。

责任单位及责任人：市农委主任王孝东

协办单位：市发展改革委、市财政局、市国资委

完成时限：2010年11月底

35. 引导农产品加工业园区化、资本化、规模化发展，培育重点龙头企业上市，引导扶持中小型农产品加工企业发展。推进农产品加工重大项目建设，打造基础设施完善、经济效益良好、带动农民就业增收作用突出的农产品加工示范基地。

责任单位及责任人：市农委主任王孝东

协办单位：市财政局、市发展改革委、市金融局

完成时限：2010年11月底

三、统筹城乡生态建设，提升生态文明水平

36. 推进京津风沙源治理、三北防护林、废弃矿山生态修复、重点通道绿化等重点生态工程建设。在门头沟、房山、昌平、平谷、怀柔、密云、延庆等区县完成营造林约2.83万公顷（42.5万亩），在朝阳、海淀、丰台、房山、通州、顺义、大兴等区完成人工造林及补植补造约1.67万公顷（25万亩）。完成京承高速公路（三期）、京山铁路（二期）绿化建设。

责任单位及责任人：市园林绿化局局长董瑞龙

协办单位：相关区县政府

完成时限：2010年11月底

37. 加强林业基础设施建设和林木有害生物防治，加强生态修复治理，强化生物多样性保护。继续做好美国白蛾等危险性林木有害生物防控工作。

责任单位及责任人：市园林绿化局局长董瑞龙

完成时限：2010年11月底

38. 加强城镇绿地系统规划管理，加快推进绿线划定、绿地确权和规划绿地建档立账工作，逐步完善集体绿地管护补偿机制。

责任单位及责任人：市园林绿化局局长董瑞龙

协办单位：市规划委、市财政局、市国土局

完成时限：2010年11月底

39. 启动林业碳汇行动计划，完善相关政策，鼓励社会单位和市民认建认养树木绿地、购买碳汇，探索运用市场机制进行碳汇交易的途径和办法，全面提高林业碳汇能力。

责任单位及责任人：市园林绿化局局长董瑞龙

完成时限：2010年11月底

40. 全面推进节水型村镇建设。完善村镇用水计量管理体系，强化用水月统月报管理。

责任单位及责任人：市水务局局长程静

协办单位：市农委，相关区县政府

完成时限：2010年11月底

41. 推进北运河流域水系综合治理，实施生态治河工程。完成顺义区引温入潮（二期）、通惠河北部城区污水截流工程，实施朝阳区小场沟、丰台区马草河、中关村创新园内河道、昌平区半壁店沟、顺义区龙道河治理工程。

责任单位及责任人：市水务局局长程静

协办单位：市发展改革委、市规划委、市国土局、市农业局，相关区县政府

完成时限：2010年11月底

42. 加强以农田节水、再生水利用、雨洪利用等工程为主要内容的农田水利基本建设，实现农业用水的优化配置、高效利用。新增节水灌溉面积1.2万公顷（18万亩），农业利用再生水3亿立方米，建设雨洪利用工程150处。

责任单位及责任人：市水务局局长程静

协办单位：市农业局、市发展改革委，相关区县政府

完成时限：2010年11月底

43. 继续实施裸露农田治理，加快推进规模养殖场粪污治理，控制农业面源污染。

责任单位及责任人：市农业局局长赵根武

完成时限：2010年11月底

44. 加强农村生活垃圾统筹管理和基础设施建设，推广生活垃圾分类收集、运输和处理，抓好生活垃圾填埋场污染防治。

责任单位及责任人：市市政市容委主任陈永

协办单位：市农委、市商务委、市环保局，相关区县政府

完成时限：2010年11月底

四、加大强农惠农政策力度，大力推进城乡基本公共服务均等化

45. 加大对“三农”投入力度，确保财政支出优先支持农业农村发展，预算内固定资产投资优先投向农业基础设施和农村民生工程，土地出让收益优先用于农业土地开发、农村基础设施建设、统筹解决征地转居的历史遗留问题和支持农村集体经济发展。耕地占用税税率提高后，新增收入全部用于农业。

责任单位及责任人：市财政局局长杨晓超

完成时限：2010年11月底

46. 继续增加现代农业生产发展资金和农业综合开发资金规模。健全适合都市型现代农业特点的补贴政策体系，坚持已有直补政策，进一步增加良种补贴和农机具购置补贴，把林业和抗旱、节水机械设备纳入补贴范围。

责任单位及责任人：市财政局局长杨晓超

协办单位：市农业局、市农委、市园林绿化局、市水务局

完成时限：2010年11月底

47. 加大对农民创业的扶持力度。引导银行业金融机构加大对农民创业的信贷扶持力度，鼓励小额贷款公司为农民创业提供资金支持。

责任单位及责任人：市金融局局长王红

协办单位：北京农村商业银行、北京银行等在京

银行业金融机构

完成时限：2010 年 11 月底

48. 推进农村基层卫生服务体系建设，提高乡镇医疗卫生服务能力和公共卫生保障能力，完善村级卫生服务设施，探索基层卫生服务机构与对口支援医院双向转诊机制。

责任单位及责任人：市卫生局局长方来英

协办单位：市发展改革委、市人力社保局

完成时限：2010 年 11 月底

49. 适度提高农村低保标准，逐步提高农村五保供养水平。

责任单位及责任人：市民政局局长吴世民

协办单位：市财政局

完成时限：2010 年 11 月底

50. 研究整合城镇居民基本医疗保险与新型农村合作医疗制度，逐步建立城乡统一的居民医疗保障制度。

责任单位及责任人：市人力社保局局长张欣庆

协办单位：市卫生局，相关区县政府

完成时限：2010 年 11 月底

51. 继续提高山区路网服务水平，支持山区旅游发展。继续加大投资力度，加快建设改造国道 111 线（二期）、谭王路、滦赤路等旅游公路工程。

责任单位及责任人：市交通委主任刘小明

协办单位：市农委、市发展改革委、市财政局，相关区县政府

完成时限：2010 年 12 月底

52. 完成平谷区、门头沟区新建及提级的 AAAA 级旅游景区沿线国道、市道、县道指路标识改造工作。

责任单位及责任人：市交通委主任刘小明

协办单位：市农委、市财政局、平谷区政府、门头沟区政府

完成时限：2010 年 12 月底

53. 科学编制村庄规划，督促相关区县抓紧进行审批和报送，实现全市村庄规划全覆盖。总结新农村规划编制经验，探索建立可持续发展的机制。

责任单位及责任人：市规划委主任黄艳

协办单位：市农委，相关区县政府

完成时限：2010 年 11 月底

54. 加快推进农村危房改造，将农村危房翻建工作转变为常态化的住房救助制度，对于符合条件的对象按照程序给予救助，实现制度化、规范化管理。

责任单位及责任人：市民政局局长吴世民

协办单位：市住房城乡建设委、市财政局、市农委，相关区县政府

完成时限：2010 年 11 月底

55. 鼓励通过多种形式支持农民依法依规建设安全、节能、环保的自用住房。继续开展农村抗震节能型住宅建设工作。加速推进农村既有住宅节能增温改造。开展农村既有住宅抗震加固改造研究工作。推动建材下乡，促进优质、环保建材在农村地区广泛应用。启动新农村社区与新民居建设试点。

责任单位及责任人：市住房城乡建设委主任隋振江

协办单位：市农委、市财政局，相关区县政府

完成时限：2010 年 11 月底

56. 继续选聘高校毕业生到村任职，并开展经常性培训工作。

责任单位及责任人：市人力社保局局长张欣庆

协办单位：市教委、市委农工委，相关区县政府

完成时限：2010 年 11 月底

57. 建设都市型现代农业海外人才创业园，引进吸收一批行业领军人才和高端专业人才。

责任单位及责任人：市农委主任王孝东

完成时限：2010 年 11 月底

58. 认真贯彻落实国家各项涉农结构性减（免）税收优惠政策，就完善促进小城镇发展的税收政策开展调研工作；做好用于建设农村公益事业项目捐赠支出的企业所得税税前扣除工作；采取多种方式搞好各项涉农税收优惠政策的宣传、辅导工作。

责任单位及责任人：市地税局局长王晓明

协办单位：市国税局、市财政局

完成时限：2010 年 11 月底

59. 深化区县合作机制，推进产业共建基地建设，加强公共服务领域与生态建设领域合作，促进生态涵养发展区协调发展。

责任单位及责任人：市发展改革委主任张工

协办单位：市经济信息化委、市规划委、市国土局、市财政局、市科委、市农委、市教委、市卫生局、市人力社保局、市园林绿化局、市旅游局，相关区县政府

完成时限：2010 年 11 月底

五、协调推进城乡改革，增强农业农村发展活力

60. 继续做好农村土地承包管理工作，规范农户土地承包经营权流转工作，建立健全农村土地承包经营纠纷调解仲裁体系。

责任单位及责任人：市农委主任王孝东

协办单位：市园林绿化局，相关区县政府

完成时限：2010 年 11 月底

61. 研究制定农村集体建设用地流转办法。完善多元化征地补偿机制，推进留地安置、实物补偿等多元化征地补偿试点工作。

责任单位及责任人：市国土局局长魏成林

协办单位：市发展改革委、市规划委、市农委、市住房城乡建设委，相关区县政府

完成时限：2010 年 11 月底

62. 推进林权制度改革，规范林地承包合同管理、林权登记发证工作、林木采伐限额管理和集体林权流转制度。开展林地承包管理调研，提出规范管理的意见；修订《北京市林权登记管理办法》，制定林地确权现地调查实施方案；抓好集体林木采伐管理改

革试点。

责任单位及责任人：市园林绿化局局长董瑞龙

完成时限：2010年11月底

63. 探索集体林业经营权抵押贷款具体办法。推动银行业金融机构和新型农村金融组织开展集体林业经营权抵押贷款，拓宽林业融资渠道。

责任单位及责任人：市金融局局长王红

协办单位：市园林绿化局、北京银监局，北京农村商业银行、北京银行等在京银行业金融机构

完成时限：2010年11月底

64. 全面推进农村集体经济产权制度改革，完成450个集体经营组织改革任务。

责任单位及责任人：市农委主任王孝东

协办单位：相关区县政府

完成时限：2010年11月底

65. 开展农民专业合作社示范社建设，培育50个以上市级示范社。

责任单位及责任人：市农委主任王孝东

完成时限：2010年11月底

66. 加快培育新型农村金融组织。加快设立村镇银行，规范小额贷款公司的经营管理，支持有条件的农民专业合作社组建农村资金互助社，不断优化农村金融服务网点布局。

责任单位及责任人：市金融局局长王红

协办单位：北京银监局

完成时限：2010年11月底

67. 创新农村金融产品和服务。针对农村特点，推广农户小额信用贷款和农户联保贷款，在银行间市场探索发行涉农中小企业集合票据等创新产品。

责任单位及责任人：市金融局局长王红

协办单位：北京银监局、北京农村商业银行、北京银行等在京银行业金融机构

完成时限：2010年11月底

68. 综合协调农业投资公司、农业担保公司、农业产业投资基金等农业投融资平台重大事项，充分发挥农业投融资平台作用。

责任单位及责任人：市金融局局长王红

完成时限：2010年11月底

69. 加大农村信用体系建设力度。总结信用户、信用村、信用乡镇等“三信工程”经验，开展农村信用体系建设试点。

责任单位及责任人：市金融局局长王红

协办单位：市经济信息化委、市农委、人民银行营业管理部

完成时限：2010年11月底

70. 加大对涉农企业上市融资支持服务力度。加强对涉农企业的上市辅导和政策支持，引导和鼓励有条件的农业龙头企业及其他涉农企业上市融资。

责任单位及责任人：市金融局局长王红

协办单位：市财政局、市农委

完成时限：2010年11月底

71. 推动本市农副产品交易所建设，支持交易所投融资工作，探索交易方式、增加交易品种、制定交易规则。

责任单位及责任人：市金融局局长王红

协办单位：市农委、市农业投资公司，相关区县政府

完成时限：2010年11月底

72. 举办“北京农村金融论坛”活动，推动农村金融综合改革试验区建设。

责任单位及责任人：市金融局局长王红

协办单位：大兴区政府

完成时限：2010年11月底

73. 制定金融支农意见。对符合规定的农村新型金融机构涉农贷款给予定向费用补贴。

责任单位及责任人：市金融局局长王红

协办单位：市财政局、市农委

完成时限：2010年11月底

六、加强农村基层组织建设，巩固党在农村的执政基础

74. 全面贯彻落实《关于进一步加强村党支部书记队伍建设的意见》，健全完善村党支部书记的选拔培养、教育培训、管理监督和激励保障机制，落实“一定三有”政策。

责任单位及责任人：市委组织部副部长吕和顺

协办单位：市委农工委

完成时限：2010年11月底

75. 做好村党组织换届选举工作，进一步拓宽选人渠道，注重从优秀企业经营管理人员，外出务工经商人员，区县、乡镇机关、企事业单位人员和大学生“村官”党员中选拔村党组织班子成员：进一步扩大农村基层党内民主，扩大村党组织书记“直选”范围，选优配强村党组织班子。

责任单位及责任人：市委组织部副部长吕和顺

协办单位：市委农工委

完成时限：2010年3月底

76. 认真落实《关于贯彻落实党的十七届三中全会精神加强新时期农村基层组织建设的意见》，进一步深化农村党的建设“三级联创”活动；加强城乡结合部地区党建工作，制定关于在推进城乡一体化发展中充分发挥村级党组织作用的意见，深入开展城乡基层党组织结对帮扶、城乡党员结对互助等活动，以城乡结合部50个重点村为突破口，研究探索以加强基层党组织建设促进地区和谐发展的有效途径。

责任单位及责任人：市委组织部副部长吕和顺

协办单位：市委农工委

完成时限：2010年11月底

77. 加强农村反腐倡廉制度建设，继续贯彻落实《关于加强农村党风廉政基本制度建设的意见》，全面推进廉政风险防范管理向农村基层有公共权力的部门和岗位延伸。稳步推进农村基层党组织党务公开。加大对中央及市委、市政府推进农村改革发展重大决策

和各项强农惠农政策落实情况，以及乡村干部执行廉洁从政规定情况的监督检查力度，严肃查处侵害农民利益的违法违纪案件。

责任单位及责任人：市纪委副书记、市监察局局长张厚崑，市纪委副书记隋秀梅，市委农工委书记王孝东

协办单位：市有关部门，相关区县党委、政府

完成时限：2010 年 12 月底

78. 加强和规范农村集体资金、资产、资源管理，强化干部任期经济责任和离任审计，逐步推行农村集体经济在线审计工作。

责任单位及责任人：市农委主任王孝东

协办单位：相关区县政府

完成时限：2010 年 11 月底

79. 开展新农村五项基础设施建设资金投入绩效审计调查。

责任单位及责任人：市审计局局长李颖津

完成时限：2010 年 11 月底

80. 做好全市第 8 届村委会选举工作，认真研究解决村委会换届选举后出现的新情况、新问题，理顺和规范村“两委”关系；贯彻落实《北京市村务公开和民主管理工作规程（试行）》，抓好 105 个村务公开和民主管理“难点村”治理工作，进一步健全和完善村党组织领导下的村民自治机制。

责任单位及责任人：市委组织部副部长吕和顺

协办单位：市委农工委、市民政局

完成时限：2010 年 11 月底

81. 加强乡镇社区服务中心、农村社区服务站建设，培育发展农村社区服务性、公益性、互助性组织。建立以农村社区党组织领导为核心、村民自治为基础、农村居民广泛参与、各类社区组织互动合作的农村社区民主治理机制。

责任单位及责任人：市民政局局长吴世民

协办单位：市委农工委，相关区县政府

完成时限：2010 年 11 月底

82. 继续开展“寻找北京最美的乡村”宣传评选活动。

责任单位及责任人：市委农工委书记王孝东

协办单位：市旅游局

完成时限：2010 年 12 月底

83. 组织开展第 21 届农民艺术节暨乡村戏剧节，抓好乡村小剧场、合唱团、歌舞团、戏剧团等“一场三团”试点。

责任单位及责任人：市委农工委书记王孝东

协办单位：市委宣传部、市文化局

完成时限：2011 年 1 月底

84. 继续实施郊区“周末场演出计划”，全年演出 700 场；继续实施农村“文艺演出星火工程”，全年演出 6 000 场。

责任单位及责任人：市文化局局长降巩民

完成时限：2010 年 11 月底

85. 继续贯彻落实《关于加强北京市公共文化服务体系建设的实施意见》，加强农村公共文化服务体系建设，完善长效督促检查机制。研究制定基层公共文化服务设施管理办法，明确服务标准。在部分大型社区推行“群众文化组织员”试点工作。

责任单位及责任人：市委宣传部副部长陈启刚

协办单位：市文化局

完成时限：2010 年 11 月底

86. 加强农村基层调解组织建设，在全市人民调解化解矛盾纠纷专项攻坚活动中，注重解决涉及农民切身利益且久拖不决的纠纷，充分发挥各区县流动调解团的作用，积极配合郊区农村重大建设工程和城乡结合部环境整治工作。

责任单位及责任人：市司法局局长于泓源

协办单位：相关区县政府

完成时限：2010 年 12 月底

87. 进一步完善农村社会矛盾排查化解工作体系，建立以乡镇人民内部矛盾调处中心为主的矛盾排查化解的工作格局，严格落实属地党政主要领导的第一责任；充分发挥人民调解、司法调解、行政调解的作用，切实预防、减少并妥善处理涉农上访问题，避免发生涉农群体性事件。

责任单位及责任人：市信访办主任薄钢

协办单位：市司法局，相关区县政府

完成时限：2010 年 12 月底

88. 继续深化平安村创建活动，推进郊区县社会治安防控体系建设，不断完善农村警务运行机制和农村维稳机制。严厉打击农村各类犯罪行为，大力整治农村突出治安问题。切实加强农村消防工作。

责任单位及责任人：市公安局局长傅政华

完成时限：2010 年 12 月底

89. 做好农村救灾工作，完善灾民救助应急预案，健全农村应急反应机制。力争完成乡镇灾害信息员 5 级职业技能培训和鉴定工作，积极推动基层灾害信息员队伍整体水平的提高，促进本市防灾、减灾和救灾工作职业化、专业化的发展。

责任单位及责任人：市民政局局长吴世民

协办单位：相关区县政府

完成时限：2010 年 11 月底

90. 全面贯彻党的民族政策，支持少数民族乡村经济发展项目及文化设施建设，促进少数民族乡村经济社会发展。

责任单位及责任人：市民委主任申建军

完成时限：2010 年 11 月底

【新农村建设折子工程落实情况】《2010 年北京市社会主义新农村建设折子工程》发布后，市委督查室、市政府督查室、市新农办实行项目管理责任制，加大跟踪督查力度，确保了 6 大类 90 项新农村建设折子工程落实。各相关区县和市有关部门集中力量统筹城乡，集中资源聚焦“三农”，认真落实新农村折子任务，全面推进城乡一体化进程，新农村建设取得

了可喜的成绩。预计农民人均纯收入 13 000 元。

【重点工程全面推进】 一是规划编制全部完成。城乡一体化“1+4”规划（城乡一体化经济发展实施纲要和沟域经济发展规划、重点小城镇发展规划、农村社区和新民居规划、都市型现代农业发展规划）编制工作已完成。《北京“十二五”都市型现代农业服务体系总体规划》已编制完毕，起草了《关于全面推进北京都市型现代农业服务体系建设的意见》，“十二五”时期涉农规划体系已经形成。同时，编制了北京市种业、畜牧业、水产业、加工业发展规划，研究制定了新一轮“菜篮子”工程建设指导意见。全市村庄规划实现全覆盖，50 个市级重点村的规划实施方案已有 49 个获得批准。

二是重点镇建设稳步推进。推进小城镇建设与发展。郊区 114 个需要编制总体规划的乡镇中，已得到正式批复的 107 个。42 个重点小城镇中，40 个镇的总体规划得到了批复。13 个郊区县土地利用总体规划已全部编制完成，其中有 3 个区县获得批复，乡镇土地利用总体规划编制全部进入审查阶段。制定了《关于加强土地管理推进小城镇建设的意见》、《促进镇村企业发展指导意见》，组织了重点小城镇产业园区建设发展观摩拉练活动，42 个重点镇新引入产业项目 95 个，预计总投资 450.2 亿元，预计解决劳动力就业 7 316 人，其中解决当地劳动力就业 4 810 人，占 65.7%。同时，重点镇土地纳储工作也有了新的进展。重点镇土地纳储项目 47 个，总面积3 003.9 公顷，已有 22 个项目完成了各种审批手续。

三是山区建设得到加强。推动山区沟域经济发展，制定颁发了《关于促进沟域经济发展的意见》，总结推广了典型经验做法。集成政策资金 1.3 亿元，吸引社会资金约 3.5 亿元，整合旅游景点、自然风景区、观光采摘园、民俗文化和村落资源，打造七条山区标志性旅游名沟，特色产业已初具规模。实施七条沟域经济发展规划国际招标，有 40 家规划设计单位直接参与了规划设计，并召开了沟域经济发展规划成果展示暨招商推介会，达成意向投资 320 亿元。圆满完成泥石流易发区 2 535 户 6 617 人搬迁任务。小流域综合治理稳步推进，2010 年治理小流域 22 条，水土流失面积 310 平方公里。累计治理小流域 401 条，水土流失面积 5 428 平方公里，治理率达到 82%。

【都市农业融合发展】 一是设施农业稳步发展。制定并下发《关于印发〈促进设施农业发展实施细则〉的函》（京政农函［2010］45 号），进一步规范设施农业的有关扶持政策。全年新增设施农业 0.27 万公顷。建成 3 个部级 5 个市级蔬菜标准园；建立蔬菜高产高效示范基地 20 个；全市蔬菜播种面积达 8.07 万公顷，上市量 35.4 亿千克，上市收入 55.5 亿元，同比增长 11.8%。加快推进标准化规模养殖，奶牛入区养殖比例达到 95%以上，规模猪场出栏生猪占全市 60%以上，禽类规模养殖比重达到 75%以上，全市 23 家畜禽养殖场入选首批国家级畜禽养殖标准化示范场。全年出栏生猪 310 万头，出栏家禽 1.3 亿只，禽蛋产量 15.9 万吨，生鲜乳产量 68 万吨；畜牧业产值 140 亿元；饲料总产量 315 万吨，销售额达 251 亿元。渔业生产实现稳定发展，水产品产量达 5.8 万吨。全市粮食播种面积 22.35 万公顷，克服不利气候影响，总产达到 112 万吨。京张、京承等区域合作领域不断拓宽，外埠基地建设成效明显，提高了市场控制能力。

二是休闲农业延伸拓展。加大果蔬品种结构调整力度，推进有机、绿色、无公害果蔬基地建设。全市果品产量 9.08 亿千克，直接收入 36.6 亿元。加大开放果园建设，采摘园已由 2009 年的 926 个增加到 1 114 个，接待游客 904 万人次，观光采摘直接收入达 3.3 亿元。推动花卉产业壮大发展，全年花卉生产面积达 0.45 万公顷、产值 14 亿元，分别比 2009 年增长 4.5%、15%。新增林下经济面积 0.2 万公顷，农民增收 1.3 亿元，全市林下经济总产值突破 13 亿元。举办草莓季、花季、樱桃季、鲜桃季等农产品流通季系列活动，向市民发放地图、光盘 15 万余册（张），引导市民到郊区采摘、观光，进一步彰显都市农业新功能。规范乡村旅游发展，观光农业园和乡村旅游接待游客收入分别实现 10.6 亿元和 5.4 亿元，同比分别增长 14.9%和 21.8%。

三是种子产业不断壮大。成功举办第十八届北京种子大会，2012 年世界草莓大会和 2014 年世界种子大会筹备工作进展顺利。开展北京优势作物、蔬菜高效育种技术研究及品种选育等工作。新选出各类种质材料 100 余份，培育作物、蔬菜新品种 20 种。建立作物、蔬菜新品种示范基地 50 个，推广作物新品种 4 万公顷。全市 10 家种猪场改扩建工作全面开工，建设原种鸡场、父母代种鸡场、良种奶牛科技示范园区项目目前已完成选址；完成 4 万头成乳牛 DHI（生产性能）测定和 25 个种猪场纯种猪活体生产性能检测任务；开展了蛋种鸡、肉种鸡、种猪、种奶牛和种鸭良种选育工作。完成传统涩柿品种高接换优 95.25 公顷、32 446 株，新栽植甜柿 22.33 公顷。完成传统硬肉桃高接优质水蜜桃 92.47 公顷、5 万株，繁殖水蜜桃苗木 20 个品种 10 万株，栽培 146.67 公顷。引进优新观赏苗木、花卉品种 20 个，开始百合种球采后冷藏库建设及采后处理设备的筛选，目前已种植百合籽球 500 万粒，新建百合、月季等名优花卉生产示范基地 30 万公顷。收集保存了彩叶树种良种资源 100 余个品种，20 余万株苗木；建设了黄连木母树林 6 公顷；引进了优良白蜡品种 10.9 万棵。

四是加工流通增效明显。加快农产品加工企业发展，推动涉农企业上市，大北农集团在深交所正式挂牌上市，已上市的涉农企业达到 9 家，拟上市企业达到 40 家。制定《关于推进镇村企业发展的指导意见》，开展农民专业合作社示范社建设行动，全市工商登记注册的专业合作社达到 4 395 个，共培育专业合作社示范社 50 家，示范社建设单位 49 家，现代装备对接农民专业合作社工程全面完成。“十二五”时期农产品批发市场规划已编制完成。加大农产品批发市场建设提升改造工作力度，对新发地、顺鑫石门、回龙观、延庆日上、顺义北务、平谷大桃市场进行了项目改造。开展“农超对接”、“农批对接”，与30家超市建立了农超对接关系，其中有8大商超企业建立了38个直采基地，年销售果蔬9.1亿元。加入农产品标准生产和质量安全管理，完成了房山、大兴2个区县级综合质检站建设。发布《生鲜乳收购站建设与管理技术规范》、《大豆品种抗旱性鉴定方法及评价》等13个农业地方标准。新认证无公害农产品143家企业352个品种，新认证绿色食品2家加工企业、2个产品，有59家企业的相关农产品获得有机认证。

五是科技服务逐步完善。推进“221信息平台”互联网应用。首都涉农综合服务门户网站“尚·农”网开通运行，提升了北京农业信息化建设水平，为推动农民持续增收提供了信息平台。顺义区成为首批国家现代农业示范区。选聘和培养了500名村级全科农技员，健全完善基层农技服务体系。建立技术成果共享资源站24家，12 396科技服务网站咨询服务达12万人次。继续实施科技入户示范工程，在56个设施农业低收入村中确定了1 500名示范户，组织140余名各级专家及技术人员开展技术指导3.2万人次，培训农户2.02万人次。在每个区县建立了一个新品种新技术示范基地，共示范35个优良品种和18项先进技术，辐射带动周边农户1万余户，农民技能提升和增收效果明显。积极开展新型农民培养，全市各级各类职业学校共开展农村劳动力转移就业培训4.6万余人，农民成人学历教育招生人数达9 200余人。深入推进“共同致富行动计划”，重点帮扶的8.1万个低收入农户人均可支配收入同比增长21%。

【生态环境明显改善】 一是郊区生态取得新进展。全市新增造林1.07万公顷，共栽植各类苗木3 200余万株。三北防护林、太行山绿化、京津风沙源治理等重点工程全面完成，造林面积0.5万公顷，补植补造1.33万公顷；重点绿色通道完成绿化面积0.29万公顷；完成废弃矿山生态修复工程0.15万公顷，山区困难地区人工造林0.33万公顷，彩叶树种造林0.13万公顷，林木抚育2万公顷，加快了郊区林业生态建设步伐。开展林业碳汇系列活动，公众参与林业碳汇行动的意识明显增强，全市共认建认养绿地268块、684公顷，认养树木26.3万株：社会单位共投入林业绿地认养认建资金5 034.5万元。

新增改善农业节水灌溉面积1.2万公顷，全市节水灌溉面积已达到28.47万公顷，占总灌溉面积的88%，再生水灌溉面积达58万公顷。完成海淀翠湖、通州永乐店、朝阳北甸等污水处理厂新建改建任务，新增污水处理能力7万吨/日。完成朝阳小场沟、房山刺猬河等10条区县河道治理以及引温入潮二期和万亩滨河森林公园河道治理工程建设任务，郊区生态水环境明显改观。

二是郊区环境明显改观。确定了11家再生资源回收主体企业，建设了7个分拣中心，规范和新建了1 526个再生资源回收站点，配置户用垃圾分类桶、袋40余万套，垃圾收集机动运输车400余辆，建设垃圾中转站点350余处。组织了“十大重点区域、百项重点工程”整治活动，绿化美化农村环境。全年有6个乡镇、248个村通过“环境优美乡镇”、“生态村”的考核验收，并对2004—2006年度命名的北京郊区环境优美乡镇和生态村开展专项复检，巩固创建成果。农村保洁队伍不断壮大，目前，已达43 095人。

三是农业面源污染逐年减小。完成30家规模化畜禽养殖场粪污治理和资源化利用，预计年消纳COD（化学需氧量）1 500吨。积极开展农业面源污染防控，预计年减少化肥施用量30%，减少农药使用量25%。开展裸露农田治理，共完成冬春季生物覆盖面积达17.562万公顷。继续全面实施保护性耕作13.4万公顷，农作物秸秆禁烧率达100%，有效降低了农田扬尘和碳排放。

【公共服务日趋完善】 一是农村基础设施水平有了新提高。实现“五项基础设施”建设全覆盖，顺利实现“四年任务两年完成”的目标。2010年共完成街坊路硬化2 687万平方米，街坊路绿化1 246万平方米，改造老化供水管网5 733公里，完成一户一表24万个，实施污水处理工程188处，改造户厕19.33万座，新建公厕2 375座，为40余万农户配置了垃圾分类容器。新农村“三起来”建设任务超额完成，为8个远郊区县发放户用节能灯800余万只，为村内公共场所更换直管荧光灯1万余只，安装、更换村内节能路灯4.8万余盏，安装太阳能路灯8 700余盏，建设太阳能公共浴室121个，地热采暖示范820户，新建节能抗震民居4 073户，实施既有农宅改造20 881户，新建、扩建大中型沼气站9处（含3处管网铺设）、大中型生物质气化站10处（含5处管网铺设），建设生物质燃料加工厂两个，建设户用沼气池500户，建设雨洪利用工程150处，建设粪污治理工程144处，维护太阳能路灯6.1万余盏，维护改造“两气”工程120余处。加强旧村改造试点工作，11个试点村已经完成改造面积80.02万平方米，累计上楼近2 072户。加强农村信息化建设，制定三网融合方案，实施300个信息化试点，推进农村3G网络建设和宽带建设，新增3G用户254万。

二是强农惠农政策体系有了新发展。加大“三农”投入，年内投入“三农”资金共计61.2亿元，安排农业超收入资金3.1亿元，支持农业建设。安排设施农业扶持资金6亿元。及时拨付粮食直补、农资综合补贴和农机补贴资金3.97亿元，支持农民生产。投入3.44亿元，完成农田培肥、田园清洁循环和沟路林渠配套工程建设。拨付资金1.6亿元，对山区泥石流易发区及生存条件恶劣地区村（户）实施搬迁。拨付资金7 783万元，为水库移民发放生活补助，惠及12.97万人。实施农村住房救助长效机制，25 146

户农民得到实惠。补贴家电下乡产品 36.9 万台(部)，补贴金额 1.02 亿元，补贴汽车、摩托车 27 421辆，补贴金额 9 489.5 万元。

三是农村社会保障有了新变化。加快促进农民转移就业，大力开发村邮、育林护林、保洁等公益性岗位，开展城乡“手拉手”和“春风行动”等就业援助活动，鼓励农民参与新农村建设工程获得增收，8.88 万余名农村劳动力实现转移就业。开展社会力量参与新农村建设和共同致富行动计划活动，推出“光彩惠农行动”，组织 641 家在京央企、部队、党政机关、群众团体、民营企业参与新农村建设，主要与低收入村进行帮扶对接、发展农村产业、捐款捐物、开展培训、吸纳农民就业。完善社会救助政策，农村低保标准从年人均 2 040 元调整为 2 520 元、农村五保供养标准逐年提高；建立城乡特困人员大病住院押金垫付制度，缓解困难群众看病难问题；规范了低收入家庭学生教育救助工作的政策，高等教育新生入学救助覆盖所有低收入家庭；完成 1 000 个农村社区服务站建设任务。加强农村卫生服务体系建设，10 个远郊区县区域医疗中心建设得到推进，新型农村合作医疗制度进一步完善，农民参合率达到 96.74%，年人均筹资达到 520 元，政策范围内住院费用报销比例达到 61.19%。

【农村改革不断深化】 一是农村集体经济产权和林权制度改革全面推进。加大产权制度改革指导力度，积极总结推广产权制度改革的 9 种模式，年内全市完成产权制度改革的集体经济组织 1 672 个，累计达到 2 484 个，占全市乡村集体经济组织总数的 59.6%。正在进行改革的乡村集体经济组织共有 503 个。城乡结合部 50 个重点村已完成改革 34 个，其余 16 个村已全部启动。林权制度改革稳步推进。年内共完成 2 984 个村林权制度改革，确权林地面积 81.4 万公顷。山地生态公益林改革，已界定集体经济组织成员 50.9 万户、120.22 万人，完成发放股权证 205 071 本，涉及 46.1 万人，涵盖林地面积 26.25 万公顷。规范林地承包合同 10.6 万份，林权权利人 12 万户。

二是农村金融体系逐步建立。农业投资公司运营良好，投资 3.45 亿元设立 13 家小额贷款公司，投资的天翼、华利丰两个设施农业项目，已竣工 936 座；北京农村产权交易所正式设立，北京农副产品交易所开业运营；农业担保公司与各远郊区县建立起以股权为纽带的全市农业担保体系，担保项目 355 个，批准担保金额 18.89 亿元；农业产业投资基金及管理机构正式运营，北京农业产业投资基金新募集 2 亿元，投资了 6 个项目 2.55 亿元：农业投融资体系带动社会投资 96.8 亿元。农村金融改革实验区稳步推进，新型金融组织相继成立，7 家村镇银行相继营业，存款 16.03 亿元，发放贷款 3.01 亿元；28 家小额贷款公司已完成审批，有 24 家正式对外发放贷款，累计对外发放贷款 40.6 亿元，大兴乐平资金互助社已正式批筹。已获准发行“北京农业 2010 年度第一期中小企业集合票据”，确定 8 家农业产业化龙头企业，发行 3.04 亿元。截至第三季度，涉农贷款余额 1 114.3 亿元，同比增 46.3%亿元，比年初增加 297.1 亿元。扩大农业保险覆盖面，全市共收取保费 3.69 亿元，同比增长 8.2%；参保农户 26.91 万户次，同比增长 11.8%；总保险金额 95.4 亿元，同比增长 9.3%。

三是农村综合改革进展顺利。农村土地承包经济纠纷调解仲裁体系初步建成，农村土地承包仲裁委员会、仲裁庭全部到位，仲裁员全部持证上岗。农村集体土地所有权及建设用地使用权确权试点工作进展顺利。乡镇机构改革试点成效明显，乡镇机构改革全面启动。完成 9 个区县义务教育债务化解，对其他公益性乡村债务进行了调研，计划开展“村级一事一议、财政奖补”试点工作。创建农转非部门协调联动机制，年内完成农转非 36 850 人，有效地促进农转非政策的落实。

【基层建设逐步加强】 一是农村基层组织建设。以村“两委”换届选举为契机，多渠道选优配强村党组织班子，村级干部队伍建设得到了加强，实现了“两提高两降低”的目标。加大农村基层干部教育培训力度，分别举办了城乡结合部 50 个重点村党组织书记培训班；全市乡镇党委书记、乡镇长轮训班；全市大学生“村官”和新一届村党组织书记、村委会主任示范培训班。指导各郊区县举办各类农村干部培训班 1 640 期，培训农村基层干部达 5.8 万人次，提高了农村基层干部推动城乡一体化发展的能力和水平。组织开展了农村党的建设“三级联创”活动和创先争优活动，积极推进农村基层党建工作创新，农村基层组织不断得到加强。

二是农村反腐倡廉建设。继续贯彻落实《关于加强农村党风廉政基本制度建设的意见》，督促各涉农区县健全完善相关制度框架。构建农村集体资产管理、资产审计、财务管理制度体系，农村集体资产和财务管理进一步规范。全市已有 174 个乡镇 3 812 个村实行了村级会计委托代理，占总村数的 96%，其中 2 884 个村实行了财务与资金双代理，占总村数的 72.5%。结合村两委换届选举，全市农经审计系统共对 2 928 名村级干部进行了经济责任审计，规范了农村集体财务管理。加强重点工程审计，对全市五项基础设施建设进行了责任审计。依托党务公开、政务公开，强化社会监督，动员农民群众一起防范农村存在的廉政风险。

三是农村民主法治建设。推广以“四议一审两公开”为核心的村级民主决策规程，健全大村社区化服务管理体系，开展了基层调解组织整顿活动，设立农村专职人民调解员队伍，全面实施人民调解参与社会矛盾化解工作，调解各种矛盾纠纷 18 179 件。开展法律服务 7 488 次，受服务人员 38 986 人次。严厉打击农村各类刑事犯罪活动，郊区县共破获各类刑事案件 22 348 起。开展农村地区火灾隐患排查整治，农村火灾事故起数同比下降0.52%，死亡人数同比下降50.%，直接财产损失同比下降33.33%。推进农村消防队（站）建设，完成4座消防队（站）建设，9座在建。目前，乡镇已建立政府专职消防队伍106支，共1 700人，配备各种车辆130辆。

四是农村基层文化建设。开展乡村新发现、寻找最美的乡村等系列宣传活动，创办《美丽乡村》网站、杂志，公开征集最美乡村标识、摄影作品、歌曲等，13个村当选为2010年北京最美的乡村，目前已达到53个。组织参加了首届“中国农民艺术节”，30类197件北京郊区农民文化艺术品受到广泛认可。实施“周末场演出计划”和“文艺演出星火工程”，年度共演出9 605场。开展文化志愿者下乡和“一场三团”建设活动。开展了“京郊乡风文明评价体系”的调查研究，逐步建立乡村文明激励机制。

【创新新农村建设督查方式方法，不断提高履职尽责能力水平】 社会主义新农村建设督查工作是确保党和政府“三农”决策和部署落到实处的重要手段；是联系决策层与执行层重要桥梁；是服务于“三农”、推动工作落实的重要力量。近几年，市农委督察处注重摸索督查工作规律，结合新农村建设特点，创新督查方式方法，有效地促进了新农村建设质量的提高。

一是变单打独斗为联合督查。新农村建设涉及到方方面面，需要集中力量统筹城乡，集中资源聚集“三农”，这几年随着农委职能的转变，综合协调、制定政策、规划引领、督促检查成为工作的重点。针对新农村建设范围广、综合性强的特点，市农委督察处与市委督查室、市政府督查室建立了联合督查机制，与各处室建立了专项督查机制，制定了年度督查方案，建立了“一月一例会，一月一调度”的工作机制，督促建设进度，分析存在问题、研究解决办法、促进建设质量，确保了新农村建设折子工程任务的完成。

二是变一线平推为重点督办。实践中把握督查工作重点，从督查内容上做到“五督五查”即上级部署的推进任务必督、重点建设项目必督、强农惠农政策必督、群众关心热点问题必督、领导批转件必督；查任务完成、查建设质量、查群众呼声、查问题解决、查末端落实；从督查方式做到每月突出一个重点，每季突出一个专题，通过重点任务的突破牵引整体任务的完成。2010年按照每月一个重点、每季一次考评的思路，采取自查与抽查、抽查与普查的形式和听取汇报、资料核查、实地查看、群众暗访、座谈了解的方法，重点督查各项专项规划编制、强农惠农政策的落实、农村产业融合发展、农村基本制度落实、农村各项改革进程，通过严格的督查确保新农村建设各项工作落到实处。

三是变单纯检查为典型示范。督促检查的根本目的是促进工作落实，实践中注重应用典型引导工作。2010年把督查过程作为发现先进典型的过程，先后总结宣扬了《注重打造特色乡村推动农村持续发展》、《深化区县合作促进共同发展》等10个典型经验，结合两委各处室工作开展创新创优活动，“多渠道选优配强村党组织班子”、“北京沟域经济发展及规划公开征集工作”、“北京都市型现代农业‘221信息平台’推广应用”、“推进涉农企业上市融资”等18项年度工作走在全国前列。

四是变定期督查为跟踪落实。坚持常抽查、月督查、季调度、半年讲评、年终考评，实行“全程督、督全程”，对措施无力、落实缓慢的项目及时通报，对一些重点项目按照落实详单全程跟踪督查，通过全程跟踪落实，及时发现问题解决问题。2010年重点对山区搬迁、“五十三”基础设施建设、0.27万公顷设施农业建设等政府实事进行全程跟踪，确保了各项任务提前完成。

五是变被动督查为主动服务。实践中注重从被动督查向主动服务转变，按照“和谐督查”思路开展工作，工作中努力搞好“三个结合”，即督查与调研结合。针对督查过程中发现的各种问题，深入调查分析原因，提出切实可行的解决方法，为领导提供真实可行的政策建议；督查与指导工作结合。帮助基层查找问题，开阔思路，明确方向；督办与解决难题相结合。对催办过程中发现的问题和矛盾，发挥督查综合协调服务功能，帮助承办单位共同解决。

（市农委新农村建设督查处　高精华）

社会力量参与

【社会力量参与的积极性得到了提高】 各区县政府都能做到统一部署，并要求区直部门纷纷出台实施意见，组织安排新农村共建活动；利用各自的优势，组织力量投身新农村建设；同时，加强宣传和引导社会各界力量积极参与新农村建设。通过编制行政村的情况介绍和区内重点企业情况介绍，确定帮扶项目目录，建立宣传和推介网页，并通过召开座谈会、联谊会、组织参观考察等形式，做好牵线搭桥等项服务。截至2010年底，全市已有市区政府机关和事业单位384个单位，累计投入资金和实物近3 000万元，帮扶村数量达500多个村，带动农民就业数量近9 000人，培训农民达41 000多人次；央企、本市国企31家，累计投入资金和实物近140万元，帮扶村数量达20多个村；民企221家，累计投入资金和实物近9亿元，帮扶村数量达100多个村，培训农民达4 000多人次，带动农民人均增收达5 000元以上；驻京部队13家、其他单位如社会团体达200多家。

【社会力量参与的模式得到了创新】 在引导社会力量参与新农村建设过程中，各区县积极稳妥、大胆实践，聚集各种资源，形成有效合力，为新农村建设提供了强大的支撑，社会力量参与新农村建设形式不断丰富和完善。经过归纳，我们总结出五种模式：

一是对口帮扶。各区县区直机关、企事业单位与辖区内经济薄弱村结成帮扶对子，由区直单位选派一名干部作为联络员，深入村镇，以产业帮扶为重点，坚持造血与输血并重，推动农村集体经济发展，提升农村基础设施建设水平，促进农村各项事业的全面发展、和谐稳定。同时，帮助重点村推进农村改革。如房山区实施了“百村帮扶”工程，区直机关、企事业单位与200个经济薄弱村结成帮扶对子，由区直单位选派一名处级后备干部作为联络员，深入村镇，以产业帮扶为重点，坚持造血与输血并重，一年来共投入资金3.76亿元，实现集体增收1 533万元，解决劳动力就业6 784人。

二是联牵共建。大多数区县组织统战部、新农村建设办公室、工商业联合会、私营个体经济协会等相关部门，开展了“联民营企业、牵新农村建设”等活动，搭建了民营企业参与新农村建设的有效平台。动员号召民营企业选择企业驻地、与企业经营关系密切或企业经营者家乡的村，按照整合资源与合作双赢的原则，采取“自由结合”或组织牵线的方式，建立一企一村、多企一村或一企几村的紧密型牵手关系，通过优势互补，相互支持，实现共同持久的发展。目前，有全市已有200多家企业“联牵”了定点村，投资建设企业项目23个，基础设施、公益项目13项，总投资额近3亿元，同时，民营企业还无偿支援新农村建设修路、装路灯、绿化美化以及扶助贫困，安置农村劳动力就业。

三是院地共建。各区县充分利用北京的教育研究资源优势，开展了各种形式的院地共建。如：海淀区农委与中国人民大学联合建设产学研基地；房山区大石窝镇与清华大学进行全面合作，从规划调整修编、汉白玉资源保护性开采、水资源及生态环境保护建设、都市型现代农业建设、特色乡村旅游、石材文化创意园等方面围绕新农村建设开展互惠合作等。

四是军民共建。在新农村建设中，各区县把开展军民共建新农村，作为全面推进小康社会建设、构建平安和谐社会的重要工作。健全完善了包括组织领导、规划计划、检查监督、总结表彰等内容的共建机制，保障了共建活动有目标、有计划、有措施，推进共建活动上新台阶。把开展公民文明素质提升工程、精神文明创建工程、先进文化建设工程和社会事业发展工程四大工程作为支撑点，提出了通过军警民共建，动员组织所有驻区部队积极与村镇开展共建活动，在新的形势下，探索出一条军（警）民共建活动的新途径，为新农村建设提供推动力。

五是平山结对。部分远郊区县把区内和区外、平原和山区、经济发展较快和相对落后地区的优势资源结合起来共建新农村。如房山区蒲洼乡芦子水村与朝阳区平房乡姚家园村结成“平山友好结对村”，时间为三年。“平山友好结对村”协议内容主要在于推动双方党建工作、产业发展、百姓增收等各项事业的快速发展，分别突出平原与山区特色、经济发展较快地区与革命老区特色、科技发展较快与农产品特色，共建绿色食品基地，探讨山区农村发展模式，以互帮互助，优势互补，互利双赢为宗旨，开展各项合作。

【社会力量参与的长效机制不断完善】 在搞好宣传发动的同时，各区县注意加强制度建设，努力形成共建共享、合作双赢的长效机制。工作中，主要完善了四种机制：

一是工作协调机制。在各区县新农村建设领导小组领导下，由主管副区长牵头，建立每月一次的区直相关部门负责人联席会制度和乡镇新农村建设负责人的汇报会制度，听取社会力量参与新农村建设内容的工作汇报，通报情况，总结经验，整合资源，形成“政府引导、部门联动、农民为主、社会参与”工作体制和分工明确、运转高效的组织推进机制。

二是经验交流机制。各区县新农村建设领导小组除经常下乡了解和掌握工作情况外，坚持每半年召开一次社会力量参与新农村建设经验交流会，并不定期地组织参观学习，了解新农村建设的成果，推动帮扶工作顺利开展。

三是目标管理机制。大多数区县将引导社会力量参与新农村工作列入乡镇、村领导班子和主要干部的工作考核体系。加强指导、督促、检查和考核，与干部的个人绩效挂钩，增强各级干部做好社会力量参与新农村建设工作的责任感。

四是参与表彰机制。各区县都建立了总结表彰大会制度，并分别设定集体名额和个人名额，对为全区新农村建设做出突出贡献的单位和个人进行表彰，以激励先进，鞭策后进，推动工作，以此调动各类社会力量参与新农村建设的积极性和创造性。

（市农委督查处　徐成响）

都市型现代农业

概　述

2010年，大力提升都市型现代农业发展质量。着眼基础设施最领先、成果转化首选基地、籽种品种顶尖级、机械装备现代化、服务体系最完备、人才素质第一流的标准加强农业建设。

种　植　业

【总体情况】 年内，农作物播种总面积31.73万公顷，其中：粮食作物22.35万公顷，经济作物0.87万公顷，其他农作物8.51万公顷。粮食作物中：夏粮6.16万公顷，其中：冬小麦6.15万公顷。秋粮16.19万公顷，其中：玉米14.97万公顷，豆类0.74万公顷，薯类0.24万公顷，水稻0.027万公顷。经济作物中：油料0.54万公顷，棉花0.04万公顷，药材0.29万公顷。其他农作物中：蔬菜6.75万公顷，饲料0.5万公顷（其中牧草0.15万公顷），瓜类及草莓0.78万公顷（其中西瓜0.7万公顷），花卉0.29万公顷。

【落实粮食直补政策】 年内，全市各项直补总面积达21.4万公顷，补贴资金达3.51亿元。其中：粮食直补资金2.81亿元（包括粮食直补13 777.62元，农资综合补贴资金14 341.59万元）；生态作物补贴资金3 821.52万元；中央财政农作物优良品种补贴资金3 112万元。

【稳步发展设施农业】 年内，新增设施农业面积0.27万公顷，全市设施农业面积达到了2.08万公顷。在规模发展的同时，更加注重适用技术的推广和质量效益的提高，在通州、大兴、延庆建设了3个部级设施蔬菜标准园，在全市建设了5个市级蔬菜标准园，在8个区县建立了20个蔬菜高产高效示范基地。

【召开北京市设施农业工作现场观摩会】 2010年10月29日，市农委、市农业局组织市相关单位和13个区县的农业主管部门领导在延庆县召开了北京市设施农业工作现场观摩会，实地观摩了康庄镇、延庆镇的设施农业建设和生产情况。会上总结了加强设施农业建设的典型经验。为了推进设施农业健康发展，规范和加强对各区县设施农业建设的监督和管理，自2010年起在设施农业建设中引入监理机制，由监理公司具体负责设施农业建设的检查和验收工作，同时成立了7个由农业专家组成的“设施农业建设指导小组”，重点负责解决设施农业建设和生产方面的实际问题。各区县也根据实际情况，在设施农业建设中不断创新工作方式，推进设施农业快速发展。一是领导高度重视，推进措施有力。各区县对设施农业建设工作高度重视，在促进设施农业建设中，采取了各种行之有效的办法和措施。如顺义区采取“六结合”的方法，即设施农业建设与农业基础建设、土地流转、土地违法建设检查、优质籽种更新工程、农产品质量安全工程、观光休闲农业相结合，稳妥推进设施农业建设。大兴区加强政策宣传，调动农民建设积极性，同时开展设施农业实用技术培训，并对往年建设设施进行效果跟踪，对高效地块及创新经营模式进行广泛宣传。延庆县设施农业成立以副县长为组长的延庆县设施农业领导小组，县农业局、发改委、财政局等相关部门共同参与，齐抓共管。同时，在设施农业建设过程中重视研究制定科学合理的管理模式，不断探索适合本地的设施农业管理方式。密云县严格履行申报审批程序，实行“一审二批三测量”的审批流程，杜绝违规建设设施农业，同时加强生产技术培训，搭建平台实现产销对接。二是结合主导产业，区域特色突出。今年各区县在设施农业建设中紧密结合当地的农业发展规划和主导产业功能定位，以市场需求为导向，建设适合本区县的设施结构，打造各具特色的优势设施产业。如大兴区围绕庞安路等设施产业带建设钢架大棚，重点用于发展西瓜产业。昌平区依托世界草莓大会，以发展高档日光温室为主，重点用于草莓生产。丰台区一是围绕“两廊一区”开展建设，重点发展果树、蔬菜种植；二是结合丰台区种子大会，以建设连栋温室为主，重点发展籽种展示、花卉生产等相关产业。通州区以发展蔬菜产业为主，重点推进张凤路、觅西路等设施产业带节点建设；三是强化管理措施，规范设施建设。为了加强设施农业建设的规范化管理，市农委、市财政局、市农业局、市园林绿化局联合下发了《促进设施农业发展实施细则》，一是确定了设施农业建设的审批备案程序；二是在建设过程中引入全程监理机制；三是建立督导服务组；四是严格验收标准。通过各项措施的实施，促进了设施农业建设的规范化管理，新建设施未出现违规设施，推进了设施农业的健康发展。

【设施蔬菜标准园创建工作初见成效】 2010年是设施蔬菜标准园创建的第一年，按照农业部标准园创建的要求，结合北京产业特点，重点打造三个部级设施蔬菜标准园，10月底前完成所有标准园的基础建设，并全部实施集约化育苗，全面应用标准化生产技术。全市发放蔬菜施肥建议卡270份，配发良种10多个，覆盖生产面积6.67公顷，育苗盘3 000张，基质1 500袋，有机肥720多吨，蔬菜专用配方肥109多吨，吊袋式CO_2肥540袋，石灰氮2 000千克，生物农药500千克，黄板2万张，防虫网1万平方米，臭氧施药机10台，绑蔓机和振荡授粉器各50台。另外还协调农机补贴项目，配备一批小型农机、保温被、卷帘机、冷库等，同时还进行了省力化农机—电动开膜机和运输滑道的示范，建成田园废弃物处理场一座，园区建设初见成效。

【北京都市型现代农业基础建设及综合开发】 年内，工程共计实施4.08万公顷，农田水利改善工程新打及更新机井600多眼，铺设输水管线800多千米，建设井房等配套设施600多处，项目区已经基本实现了节水灌溉，大田实现节水20%以上，设施农田实现节水40%以上；农田培肥工程补贴施用有机肥30多万吨，配方肥3万多吨。土壤深松1.67万公顷和秸秆还田2.47万公顷；田园清洁循环工程，建设了52个农药包装废弃物回收示范点，回收农药包装废弃物640多万个，3.67万公顷农田得到了清洁。人工释放赤眼蜂150多亿头，取代了140余吨化学农药，可防治虫害农田面积达11.33万公顷次，防治效果达76.9%。建设了14个废弃物循环利用示范点，年处理农业生产废弃物1.6万余吨；沟路林渠配套工程，修建桥涵1 200多座，新建修补田间路近400千米，补植田间林木16.17万株。打造出顺义大孙各庄镇，通州于家务镇，大兴魏善庄镇、房山长阳、张坊镇等十余个核心示范区。工程区农业基础设施的水平得到明显提高，农民的生产与生活环境得到初步改善，为都市型现代农业可持续健康发展提供强有力的保障。

【开展高产创建活动】 年内，小麦、玉米、大豆、花生、甘薯示高产创建示范区2.53万公顷。0.93万公顷全市小麦高产创建示范区平均亩产400.1千克，比计划指标增产5.4%。示范区亩效益423.1元，亩均效益比去年示范区增3.3%；1.4万公顷全市玉米高产创建示范区平均亩产673.3千克，比计划指标增9.8%，比上年示范区增0.4%。示范区增效显著，亩均收益804.4元，春、夏玉米示范区分别为928.1元/亩和742.5元/亩，分别比上年示范区提高了0.2%和36.0%，平均增收17.8%。花生万亩示范区平均亩产251千克，超过产量指标31千克，增14.1%；甘薯万亩示范区平均亩产1 934千克，比计划指标增产61.2%；大豆万亩示范区平均亩产173.1千克，比计划指标增产4.9%。

【冬小麦高产创建主推优质品种】 在顺义、通州等8个区县共建立小麦高产创建百亩、千亩和万亩示范方30个，示范面积共计1万公顷。示范推广了农大211、烟农19、农大3432等9个高产、优质和节水的品种。全市小麦高产创建示范方亩产410.9千克，亩生产效益389.6元，平均较目标产量（380千克）增产7.3%，增效14.3%。1万公顷示范方共计增产小麦463.5万千克，增收973.4万元。

【实施玉米品种更新换代】 春播形成了以郑单958为主栽品种，以中单28为主要搭配品种的基本格局，郑单958的应用率已从2007年的5.5%，上升到2010年的23.3%。而原主栽品种农大108以年均0.67万公顷的速度急剧下降，应用率从2007年的44.5%，下降到2010年的25.0%，预计2011年将仅剩5%左右。夏播以郑单958为主栽品种，以京单28、纪元1号为主要搭配品种的新布局。

【实施油料作物品种升级换代】 引进优势品种花生、大豆50余个，谷子12个、红小豆4个、绿小豆4个，芝麻2个、黍子3个，筛选并示范推广花育22、冀花4号、中黄30、冀豆12、张杂5号、冀谷18等品种。示范区花生主推“深耕耙地、增施基肥、机械覆膜、密植保苗、除虫防病”技术；大豆主推“深松整地、精量播种、配方施肥、综合防控”技术；甘薯主推“增施有机肥、补钾肥、高起垄、平栽苗、隔沟灌、提薯秧、机械种植收获”等技术。花生万亩方测产加权平均亩产251千克，超过万亩示范田产量指标31千克，亩增效186元；大豆千亩方的亩均产量达到173.1千克，增产8.1千克，亩增效24.3元；甘薯脱毒万亩高产示范方亩均产量1 697.3千克，平均亩增产306千克，平均亩增效428.4元。

【推广设施蔬菜新品种】 以番茄、黄瓜和甜（辣）椒为重点，围绕春大棚、秋大棚、冬季日光温室三大茬口，年内示范推广了中农16、津优35、金棚1号、蒙特卡罗等优新品种45个，示范推广嫁接栽培、节水灌溉、优质栽培、温光调控、病虫害综合防治等高产高效栽培技术5类18项、推广应用面积达到0.77万公顷，增产增收效益明显。

【示范推广西甜瓜高产高效栽培】 年内，在11个区县建设高产示范点32个共101.33公顷，示范推广小西瓜超越梦想、中果型西瓜北农天骄、甜瓜京蜜11等设施高效品种22个，薄皮甜瓜多果多茬高产栽培等高效技术6项。示范区总增收达到320万元，辐射推广0.13万公顷，总增收近1 600万元。

【示范推广设施食用菌高产高效栽培技术】 结合食用菌科技入户项目、百村万户项目及设施食用菌高效栽培模式示范推广项目，年内，在9个区县推广食用菌高效栽培技术，推广主推品种17个，主推技术6项，推广香菇、平菇、双孢菇、杏鲍菇等比较好的品种及配套技术，推广面积800余公顷，亩增收3 000元左右，共增收3 600万元。

【示范推广设施草莓高产高效栽培技术】 在昌平、房山、怀柔等区县建设11个高产高效生产示范田，示范面积33.3公顷，推广面积133.3公顷，展示红颜、章姬等优质品种和草莓套种西甜瓜、宽畦栽培、避雨育苗、基质育苗、土壤消毒、病虫害防治等技术6项。平均亩增产100千克，亩增效益3 000元。

【示范推广设施花卉高效生产模式】 通过切花红掌日光温室改造及环境调控试验，自7月23日至11月23日，3 840株盆栽红掌共生产切花7 030支，且商品率和A级花率逐月增加，11月份切花商品率达98%，A级花比例约占1/3。围绕百合与功能型花卉集成高产高效种植模式，项目在6个区县建立示范点8个，面积40.67公顷，开展高产高效种植模式、高效专用品种、专项技术的示范推广工作。辐射推广66.7公顷。示范点平均亩效益6万元以上，总效益3 660万元以上，总增效637.5万元。

【越冬油菜景观效果显著】 年内，在通州、密云、房山、怀柔等7个区县，以平均越冬率在70%以上的陇油6、7、8和9号等4个抗寒性好的品种为主，示范种植冬油菜86.67公顷，达到了四种效果：一是生态效益显著，冬油菜春季3、4月份抑尘效果高达99%，与小麦相当。二是景观效益良好。“五一”期间进入盛花期，成片的金黄色油菜花很好的提升了农田景观，吸引了大批市民前往游览，带动了京郊旅游，缩短了城乡居民的距离。三是经济效益可观。北京种植冬油菜收获籽粒亩效益在220～300元，与小麦相当。四是社会效益明显。冬油菜种植期和收获期比冬小麦提前半个月左右，能有效缓解冬小麦与夏玉米一年两茬种植模式中夏玉米由于光热资源不足而成熟不好的矛盾。

【开发向日葵景观功能】 主推品种金色08和绿波仙子，并在延庆、房山、通州、昌平等区县建立了6个示范点，示范面积200.67公顷，培育了延庆千家店消夏葵海、房山长沟镇水岸葵花及通州布拉格农场等综合示范效益显著的典型示范点。示范向日葵景观栽培亩直接种植效益达800元以上，示范推广效益显著。

【实施测土配方施肥工程】 年内，共实施测土配方施肥面积32.07万公顷；分析化验土壤样品4 825个；发放施肥建议卡198 583份；指导服务农户253 668户；推广应用专用配方肥91 830吨。调查统计表明：小麦平均每亩增产17.64千克，总增产1.53万吨，每亩增收节支44.79元，总增收节支3 890.01万元；玉米平均每亩增产31.47千克，总增产6.09万吨，每亩增收节支69.53元，总增收节支13 461.01万元；经济作物平均每亩增产52.09千克，总增产1.19万吨，每亩增收节支155.47元，总增收节支3 561.82万元；蔬菜平均每亩增产107.42千克，总增产6.55万吨，每亩增收节支147.46元，总增收节支8 992.11万元；果品亩均增产40.43千克，总增产3.40万吨，亩增收节支208.09元，总增收节支17 500.37万元；其他作物平均每亩增产39.91千克，总增产1.30万吨，每亩增收节支76.27元，总增收节支2 485.42万元。全市各类农作物总增产20.07万吨，总增收节支5.00亿元，总减少化肥投入1.32万吨。

【实施农田节水工程】 年内，在京郊共建立高效节水技术示范区201个计0.27万公顷，示范滴灌施肥、覆膜沟灌施肥、测墒节灌、膜面集雨高效利用和随机灌溉管理等13项节水技术，示范区总节水296万立方米；辐射推广11.07万立方米次，节水2 922万立方米。示范推广区累计实现节水3 200多万立方米，相当于16个昆明湖的蓄水量。“十一五”期间，重点围绕都市农业走廊、水源保护地、裸露农田治理区等区域，通过示范推广农业节水技术，本市农业用水量连年下降。全市农业用水量已由2006年的12.8亿立方米减少到2010年的11.6亿元，占全市用水总量的比重由37.3%下降到了32.5%，下降了4.8个百分点。

【落实京津风沙源草地治理任务】 2010年京津风沙源治理建设项目主要包括人工草场、草种基地、围栏封育、暖棚建设和饲料机械五项工程内容，其中人工草场0.33万公顷；草种基地0.02万公顷；围栏封育0.67万公顷，暖棚建设8.0万平方米。通过人工种菜，冬春季覆盖可减少土壤风蚀量8～10吨/亩，抑制农田扬尘效果非常明显。平均实现每亩收入300元。

【成功举办北京市首届小麦收获节】 6月13－20日，在顺义区大孙各庄镇举行（主会场）。主题是“京郊小麦喜开镰，市民下乡来体验。”主要活动有：麦田踏青放风筝、作家下乡采风、摄影征文比赛等预热活动；农耕文化展、小麦科普展、小麦工艺品展、小麦插花制作、小麦面食制作品尝、夏粮种植能手评比，割麦子趣味比赛、开幕式等。主要效果：一是对发挥北京都市型现代农业多功能性，特别是创意农业发展以及生活功能的开发进行了有益的探索和尝试；二是市民参与非常热烈，仅收获节开幕式当天，自发参加的市民就超过3 000人次，家长和孩子参与积极性高涨，踊跃参加了割麦子、打麦捆、拾麦穗比赛；三是农民反映强烈，主会场所在地小塘村的住宿和餐饮接待准备不足，应接不暇，收获颇丰；四是媒体报道热烈，多家中央和本市媒体（电视、电台、报纸、网站）进行了多次连续报道，北京晚报还在活动后发表多篇收获节评论文章，如《麦收体验着实看好》、《珍惜粮食从儿童抓起》等。

【农业绿色防控取得实质进展】 组织开展了“放飞百亿天敌、推动绿色防控；转变发展方式、共建绿色北京”为主题的农业绿色防控系列活动。大力推广生物物理方式进行农作物病虫害防治，如放飞赤眼蜂（天敌）防治玉米螟、生物农药使用等。全年天敌防治面积达到8.04万公顷次，在保障防效的前提下减少化学农药使用量77.9吨。

【番茄黄化曲叶病毒病防控工作取得实效】 2010年是北京番茄黄化曲叶病毒病防控工作全面实施的第一年，2月22日，全市启动“灭虱清园”行动，春、秋两季，全市共投入防控药剂近60吨，防虫网78万平方米，黄板15万块，市区两级共完成培训110多期，培训人次近万人，印发宣传挂图5万套（10万张），简明问答折页技术手册15万册，光盘5万张，区县通过制作电视宣传片、手机短信、科普赶集等形式进行广泛宣传，发放宣传材料56万多份，全市集中灭虱清园面积累计达0.8万公顷。

【实现农区统一灭鼠并全面覆盖】 到2010年，全市农区灭鼠工作取得明显成效，实现了农区统一灭鼠和全面覆盖（包括农田、畜禽养殖场、水产养殖场），总体害鼠发生和危害程度进一步减轻。全年组织开展春季和秋季2次全市农区统一灭鼠行动，全年累计完成灭鼠任务：农田20.31万公顷；畜禽养殖场2 925家、养殖户170 482户；水产养殖场5 207.67公顷。

2010年主要畜禽品种数量

区域		生猪（出栏，万头）	肉禽（出栏，万头）	蛋鸡（存栏，万只）	奶牛（存栏，头）
全　市		311.92	11 779.74	1 382.24	148 707
生态涵养保护区	平谷区	34.46	711.92	252.63	1 423
	怀柔区	8.94	1 322.59	48.61	10 523
	密云县	20.9	3 084.97	234.27	19 750
生态涵养保护区	延庆县	9.49	1 204.99	260.31	22 399
	门头沟区	0.84	323.99	8	377
	合　计	74.63	6 647.63	803.82	54 472
城市发展新区	顺义区	93.97	1 200.21	134.21	14 459
	房山区	36.68	1 487.22	113.7	10 521
	通州区	31.04	812.86	50.23	18 865
	大兴区	59.60	1 446.06	163.35	31 792
	昌平区	11.92	137.9	96.05	10 984
	合　计	233.22	5 084.25	557.54	86 621
城市功能拓展区	朝阳区	0	0	0	3 753
	丰台区	1.46	2.67	13.74	1 070
	海淀区	2.61	44.36	7.14	2 791
	合计	4.07	47.03	20.88	7 614

【种植业行政许可工作进展顺利】 年内，共办理《肥料登记》403件，其中临时登记34件，正式登记279件，审核申请农业部颁发的肥料临时/正式登记90件；办理农药广告登记2件，种子检验机构考核1件，主要农作物品种审定43个。

（市农业局　任辉霞　黄生斌　张立新　贺建德　喻绍春　申永锋）

畜　牧　业

【概述】 年内，认真贯彻落实中央各项扶持政策，积极应对产业波动，组织全市畜牧业生产企业、农民经济合作组织和养殖户，调结构、上水平、创品牌、占高端、保安全和增效益，全市畜牧业呈稳定发展态势。全年肉类总产量达到46.26万吨，鸡蛋产量14.73万吨，牛奶产量64.1万吨，自给率分别达到31%、56%、58%，产值达到139.58亿元，占农业产值的42.55%。生猪、牛、羊、家禽出栏量分别为311.92、11.09、86.44、11 779.74万头（只）；全年生猪、牛、羊、家禽存栏量分别为183.13、20.69、60.63、2 737.52万头（只）。饲料总产量315万吨，饲料销售额预计达251亿元。具体数量见下表：

【《畜牧业发展规划（2010－2015）》全面启动】 年内，出台了《〈畜牧业发展规划（2010—2015）〉实施意见》，进一步明确工作分工、量化工作任务，针对畜牧生产、标准化规模养殖、畜禽保有量提出了明确目标，确保了总体规划的贯彻落实。

【继续推行标准化规模养殖】 稳步推进奶牛标准化规模养殖。在巩固2009年奶牛入区（场）工作的基础上，加大对全市规模养殖场（奶站）机械挤奶和冷链设备建设支持力度，年内共争取市级财政补贴资金3 974万元，对全市10个区县的146家奶牛养殖场进行支持，新增机械设备562台，全市规模奶牛养殖场100%实现了机械化挤奶。大幅提升生猪标准化规模养殖程度。改新建生猪标准化规模养殖场42家，组织启动对22家生猪规模养殖场的改扩建项目，截至目前基本完成了建设任务。项目有效地促进了生猪的标准化规模养殖，对稳定本市生猪自给率和市场控制力提供了政策和资金保障，截至目前全市规模猪场达到834个，出栏生猪占全市60%以上。肉蛋禽规模化养殖取得效益明显。改新建标准化肉禽舍和蛋鸡饲养舍700个，全市禽类规模养殖比重达到75%以上，通过与本市肉禽龙头企业的紧密对接，建立了肉禽生产、加工、销售一体化的产业链条，提高北京市肉禽自给率7个百分点，达到63%，为保障本市肉禽产品的有效供应和质量安全奠定了坚实的基础。扎实开展畜禽养殖标准化示范创建活动。按照农业部的统一部署，组织开展畜禽养殖标准化示范创建活动，以畜禽良种化、养殖设施化、生产规范化、防疫制度化、粪污处理无害化为重点，制定下发了《北京市畜禽养殖标准化示范创建活动实施方案》，全力推进示范场创建工作，年内我市共有26家畜禽养殖场获得“国家级畜禽养殖标准化示范场”称号，对全市畜禽养殖标准化建设起到很强的示范带动作用。

【畜禽良种产业发展迅猛】 大力推进畜禽良种生产基地建设。新建祖代以上种猪场10个，每个种猪场饲养基础母猪300头以上，重点支持水电路等基础设施建设、种猪更新、猪舍建设、设备购置等，全市增加种猪供应能力4万头以上。全面开展种畜禽种质检测。规范开展种猪、奶牛生产性能测定，获得完整、准确的生产性能记录，作为品种选育的依据。组织开展30 000头成乳牛DHI（泌乳生产性能）测定任务；以种猪场为单位，全面开展纯种种猪遗传评估性能测定；开展生猪良种精液质量检测，全年检测500支。有力提升了种畜禽质量，提高了我市种畜禽市场竞争力。实施种畜禽健康检测。对种畜禽场危害畜牧生产严重疫病和人畜共患病进行检测，将种畜禽疫病监测作为种畜禽生产经营许可的前置条件，年内共对了171家种畜禽场的4 135头（只）种畜禽进行监测，组织指导企业开展疫病净化13次。开展畜禽良种选育。利用科技优势资源和国家、地方农业产业技术体系，组织开展了京红1号、京粉1号、农大三号等蛋鸡配套系的选育；开展了大白猪、长白猪、杜洛克和北京黑猪选育；开展了奶牛种子公牛选育，组建了种子奶牛群；开展了北京鸭选育，引进了腌肉型品种枫叶鸭。加强种质资源保护和利用。加大政策和资金扶持力度，利用现代生物和基因工程技术等手段，遵循着保种、选育、开发并重的原则对列入国家畜禽品种资源保护名录的北京鸭、北京油鸡两个品种开展遗传资源保护工作。组织国家生猪核心育种场申报工作。组织全市三家种猪龙头企业参加国家生猪核心育种场申报，其中两家单位先后接受了农业部评审组的现场评审。

【积极培育畜牧龙头企业】 鼓励顺鑫农业股份有限公司、北京二商集团大红门等功能齐全、带动作用大、辐射能力强的龙头企业扩大生产规模，通过合同协议方式与本市和外埠养殖场、生猪营销经纪人建立稳定产销关系，目前已与山西、吉林、河北和辽宁等地签署了产销协议，龙头企业在外埠已建成基地8个，在建基地6个，屠宰加工企业积极开发中高档市场，提高市场控制能力。大发正大和华都肉鸡公司企业向外埠扩展，产业发展模式辐射到承德、张家口、任丘和保定一带，肉鸡屠宰能力增加6 000万只。三元金星鸭业和北京龙建天鸿顺鸭业有限公司的联合，进一步促进了全市鸭业产业的跨越式发展。龙头企业不断开发产品，抢占市场，依靠品牌效应开拓中高档市场。肉禽市场控制能力65%。

【畜禽粪污治理稳步推进】 年内，本着减量化、无害化和资源化的原则，根据畜禽场的污染情况和处理难易程度，投入治理资金1 100万元，重点对22家规模化猪场、牛场利禽场进行治理。以大兴为重点推广发酵床生态养猪，全年新建、改扩建发酵床生态猪舍5万平方米，消除了猪舍废水、废气、恶臭、粪便对周围环境的污染，达到零排放，实现了资源节约、环境保护、循环经济和提高效益的目标。

【畜禽良种产业科技示范园区建设工程成效显著】 以打造北方地区最大的畜禽良种产业基地为目标，以现有的大型种畜禽龙头企业为基础，围绕奶牛、种猪、蛋鸡良种繁育体系，组织建设3座具有国内先进水平的畜禽良种产业科技示范园区。

【开展畜牧业生产预警预测】 年内，组织开展了《北京市生猪等畜禽产品信息监测统计项目》和《蛋鸡、肉鸡和生鲜乳收购站监测项目》，并积极实施省（市）部共建监测活动。通过对66个监测点的生产和效益情况的月度监测，获取了大量的基础数字，掌握了翔实的第一手资料，做到了底数清、情况明，荣膺“全国畜牧业统计监测工作先进单位”称号。

【加强饲料生产经营管理】 一是强化饲料生产经营准入管理。全年共组织80批次，256人次的专家对142家饲料企业进行了现场验收，企业一次通过率为10%，整改通过率35%，严格程度高于往年。二是完善产品批准文号审批条件，企业须提供由养殖场提供的产品饲喂实验报告，确保了申报企业材料的真实有效性，提高了产品质量安全水平。三是结合饲料企业年度备案，淘汰一批“小、乱、差”企业，全年共申请农业部注销25家生产企业，全市饲料企业数量下降，企业生产经营水平明显提升。

【规范种畜禽生产经营管理】 一是依据本市畜禽良种产业发展需求，制定下发了《北京市农业局关于加强种畜禽生产经营管理的意见》，重新修订了北京市种畜禽生产经营许可标准（种猪、蛋种鸡、肉种鸡、种鸭、种牛）和现场验收审核程序，进一步规范了种畜禽生产经营许可工作，目前我市已形成了比较完善配套的种畜禽管理规章和规范性文件体系。二是制订从国外引种计划，严格执行种畜禽引种审核制度，审核26批次从境外引进种畜禽遗传资源。三是严把种畜禽的引进和调出关，实行种畜禽生产经营许可证、种畜禽合格证和检疫合格证明制度。四是强化行政审批准入门槛和执法监督，组织专家75人次开展现场验收工作，共审核发放25个种畜禽生产经营许可证。四是加强畜禽定点屠宰企业（除生猪）行政许可工作。全年办理定点屠宰许可证16家。配合农业部完成了200批次的畜禽产品监测工作，检测项目为β兴奋剂、磺胺类药物、氟喹诺酮类药物和三聚氰胺，检测结果全部合格。通过管理，畜禽屠宰行业得到规范。五是强化牧草种子管理。开展草种经营企业现状和品种调研，组织牧草种子相关培训，完成90批次的草种进出口审核。

【落实国家支农惠农政策，促进产业平稳健康发展】 继续实行能繁母猪补贴，补贴标准每头能繁母猪补贴100元，补贴年度为2010年7月1日至2011年6月30日，已组织区县实施。落实生猪良种补贴。通过公开招标采购良种猪精液50万剂，实现全市的生猪人工授精率50%，对提高养猪生产水平、推广良种猪养殖、增加养殖效益起到积极作用。实施奶牛良种补贴。2010 年通过公开招标方式采购良种公牛精液 24.8 万剂，组织对全市的荷斯坦母牛进行人工授精，推广良种奶牛养殖，提高生产水平。开展奶牛 DHI 性能测定。在历年奶牛生产性能测定的基础上，本着集中连片、重点突出、奶农受益的原则，对全市泌乳牛存栏 100 头以上的规模养殖小区（场）实施性能测定，全年共测定 3 万头，指导养殖场户科学管理，开展品种登记和后裔测定，加快了奶牛良种化进程。

（市农业局　张保延）

水　产　业

【概述】 年内，渔业水域面积 20 860 公顷，其中池塘养殖面积 4 526 公顷。全年水产品总产量达 63 365 吨，名优品种产量 28 398 吨，鱼苗产量 69 615.5万尾，鱼种产量 15 344.9 万尾。

【实施池塘改造试验示范项目】 年内，市农业局组织实施了通州区唐大庄观赏鱼养殖示范园、北京市进忠水产养殖场休闲渔业示范园和小务名优鱼养殖示范基地三个试点养殖场的池塘改造，项目批复资金 992.73 万元，其中工程费用 979.13 万元，三个试点项目涉及养殖水面总计 19.67 公顷。通过池塘清淤、池塘护坡加固、池底硬化、进排水的改造、水循环处理、道路硬化、供电设施等方面建设，实现养殖池塘标准、布局合理、管网畅通。项目建成后实现鱼池容积扩大、水质良好，水池塘单产水平可提高 30%，同时大大减少病害的发生，为提高水产品质量安全水平奠定了基础。

【开展水生生物资源养护工作】 全年共投入鱼种放流资金 1 176.5 万元，其中中央转移支付资金 500 万元，市级财政资金 376.5 万元，区县级资金 300 万元。共放流鲢、鳙、草鱼、青鱼、细鳞斜颌鲴、鲂、中华鳖等水生生物 3 185.336 万尾。其中鲢、鳙 1 977.786 万尾，草鱼 48.5 万尾，青鱼 15 万尾，鲂 4 万尾，细鳞斜颌鲴 1 000 万尾，观赏鱼 139.4 万尾，中华鳖 0.6 万尾。水生生物资源养护工作产生了良好的生态效益，有效降低了水域富营养化，净化了水质。

【水产种业规模扩大】 在原有 34 家水产苗种场的基础上，年内新增中国水产科学研究院房山基地等 5 家苗种生产单位。全年鱼苗鱼种产量达 84 960.4 万尾。将北京市通州鑫淼水产总公司建设改造纳入 2010 年农业综合开发良种繁育及优势特色种养示范项目。该项目总投资 900 万元。中央预算内资金 120 万元，北京市地方配套资金 240 万元，自筹资金 540 万元。建设内容包括锦鲤孵化、培育车间 3 600 平方米；观赏鱼产卵、繁育车间 1 857 平方米；变压器及线路改造、水处理设备等配套设施。项目完成后每年可保种各类观赏鱼亲鱼 1.5 万组，为养殖户可提供优质苗种 3 000 万尾。

【加强水生野生动物自然保护区建设】 北京市房山区拒马河水生野生动物自然保护区建设项目，列入农业部第四批扩大内需项目，项目总投资 473 万元，其中中央投资 300 万元，地方投资 173 万元。建设内容主要为建设界桩界碑 234 个，管理实验用房 800 平方米，购置食品设备 9 台套，配套供电、排水等辅助设施建设。

【成功举办第三届观赏鱼大赛】 为弘扬中国金鱼文化，促进观赏鱼产业发展，提高观赏鱼养殖水平，2010 年 9 月 27 日至 10 月 7 日，全国水产技术推广总站、市农业局、市农林科学院联合在朝阳公园举办了"2010 北京金鱼·锦鲤大赛"，为全市观赏鱼养殖、观赏鱼销售和交流搭建了平台，架起了生产与市场间的桥梁，为观赏鱼产业的持续发展提供了动力。

【开展区县级水生动物动物疫病防治站建设】 年内，在顺义、平谷、通州、怀柔、密云五个区县实施县级水生动物疫病防治站建设，总投资 200 万元，购置仪器设备 59 台套。

【渔业机械采购与补贴】 2010 年增氧机、投饵机等渔机采购 830 台套。总投资 135.67 万元，其中市财政补贴 67.835 万元。

【渔业资源保护执法】 渔政部门严格执行禁渔期、禁钓区制度，重点加强了密云水库、官厅水库、顺义潮白河段等重要渔业水域监管，全年共查处破坏渔业资源违法案件 129 起，罚款 5.64 万元，没收网具 5 万余米，地笼 887 个，电捕工具 21 套、船只 16 条、鱼竿 937 支。

【水产养殖环节执法】 全年共检查水产养殖场（户）2 576 家次，开展孔雀石绿快速检测 1 390 起、氯霉素快速检测 1 315 起，查处违法案件 12 起，进行无害化处理 1 000 千克不合格的水产品。

【水生野生动物保护执法】 年内，全市共查处违法经营利用国家保护水生野生动物及制品案件 54 起，罚款 7.67 万元，罚没国家重点保护水生野生动物有红珊瑚、海龟、玳瑁和苏眉等物种，价值人民币近 500 万元。

【渔业行政许可情况】 全年共办理水生野生动物行政许可 201 件，其中国家二级重点保护水生野生动物经营利用审批 93 件，国家重点保护水生野生动物运输许可 10 件，国家重点保护水生野生动物进出口审核 41 件，国家一级保护水生野生动物审核 39 件，进口种用野生动物免税申请 7 件，驯养繁殖许可 11 件。全年征收水生野生动物资源保护费 63.3 万元。

（市农业局　李文超）

农　机　业

【概述】 年内，全市农机总动力达到 276 万千瓦。拥有各种拖拉机 21 484 台，其中大中型拖拉机 8 293 台，小型拖拉机 13 191 台。拖拉机配套农具 24 388 部，其中机引犁 4 056 台，机引耙 1 534 台，旋耕机 5 513 台，小麦播种机 4 267 台，玉米播种机 5 002 台，机施化肥装置 4 330 台，秸秆粉碎还田机 2 240 台。农用排灌动力机械 47 010 台，节水灌溉类机械 10 894 套。植保机械 137 595 台，其中机动植保机 20 380 台。收获机械 2 583 台，其中稻麦联合收割机 1 408 台，玉米联合收获机 677 台，青饲料收获机 123 台。大棚卷帘机 26 839 台。农副产品加工作业机械 8 574 台。畜牧养殖业机械 10 827 台，渔业机械 14 289 台。林果业机械 4 071 台。农用运输车 65 882 辆。农业机械原值达 31.05 亿元。机耕水平 78.87%，机播水平 66.87%，机收水平 40.79%，耕种收综合机械化水平 63.8%，比上年提高了 2 个百分点。机电灌溉面积 17.99 万公顷，机械植保面积 20.07 万公顷。拥有各类农机作业服务组织和农机户 46 277 个，其中农机作业服务组织 895 个，农机户 45 382 个。拥有农机维修厂及维修点 495 个。年内，全市发生一般农机事故 7 起，死 1 人，伤 4 人，直接经济损失 53.8 万元。

【《北京市农业机械化促进条例》出台】 《北京市农业机械化促进条例》由北京市第十三届人民代表大会常务委员会第二十二次会议于 12 月 23 日审议通过，自 2011 年 3 月 1 日起施行。《条例》共八章四十七条，包括总则、科研开发与推广、质量保障、社会化服务、扶持措施、安全监督管理、法律责任、附则等内容。

【《北京市贷款购置农业机械财政贴息资金管理办法》出台】 12 月 8 日，市财政局与市农业局联合印发了《北京市贷款购置农业机械财政贴息资金管理办法》，对北京市农机大户、大型农机服务组织、农民专业合作社购买都市型现代农业产业发展急需的大型、先进、适用的农业机械实行贷款贴息制度。这是继农机购置补贴政策后的又一重大政策，拓宽了对购置大型先进农机具的扶持方式。《办法》规定了贴息范围和方式、贷款贴息的程序、贴息的管理与监督等内容。年内，针对农户对进口大型青贮收获机需求强烈的情况，探索了农户向银行贷款购买进口的大型青贮收获机，贷款利息和相关手续费由市财政提供补贴的这一新的补贴方式，共进口了 8 台大型青贮收获机，满足了青贮收获作业的需求。

【落实农机购置补贴政策】 用于购置农业机械的补贴资金不断增加。年内，各级财政共安排农机购置补贴资金 1.35 亿元，其中中央资金 7 000 万元，市级资金 4 700 万元，市级购置补贴资金比例达到 50%。补贴购置的机具涵盖了粮食生产、设施农业、畜牧水产养殖和农产品质量安全等 11 类 28 个品种。大型拖拉机、玉米收获机、畜牧水产养殖设备、产后加工等急需的作业机具数量和质量都大幅度提高，农机装备结构日趋合理。

【玉米机收取得突破性进展】 增加对玉米收获机械的购置补贴，年内共补贴购置了 302 台玉米收获机，大大提升了玉米机械收获的能力。加强对机手的技术培训，启动了“北京市百机万亩绿色工程暨玉米机械收获技术培训工程”，提高了机手的技术素质。全市共完成玉米机收面积 6.6 万公顷，比上年增加了 2.67 万公顷，机收面积占可机收面积的 57%，玉米机收取得了突破性进展。

【举办“北京市玉米机收作业技术竞赛”活动】 9 月 1 日市农业局下发了《北京市农业局关于开展北京市玉米机收作业技术竞赛的通知》，在全市范围内开展了“十大玉米机收优胜机组”评选活动，这是本市首次举办农机作业评比活动。竞赛活动从 9 月 15 日开始，至 10 月 20 日结束，按照竞赛办法和程序，评选出了全市玉米机收作业技术竞赛十个优胜机组。从结果上看，全市单台玉米收获机作业面积平均 56.67 公顷左右，而十个优胜机组“三秋”期间总计作业了 1 376.92 公顷，单台平均作业面积达到了 137.67 公顷，是全市平均数的 2.4 倍：其中第 1 名单台作业面积达到 180.89 公顷，创造了全市近年来单台玉米收获机作业面积记录。12 月 16 日，市农业局隆重召开了“北京市玉米机收作业技术经验交流会”，对十个优胜机组进行了表扬。

【首家“农机 4S 店”在大兴开张】 4 月 26 日，由全球 500 强企业之一，世界最大的农机生产企业美国约翰·迪尔公司经销商北京富力众诚公司建立的全国首家农机 4S 店，在大兴区青云店镇落成。该店是集农机销售、维修、零配件、宣传培训为一体的经销服务店，并以此为基础，在京郊设立了 6 家京郊农机维修服务站。标志着北京市农机化服务向现代化、专业化、规范化、标准化方向迈进，农机服务体系建设进入一个新阶段。

【农机作业服务能力增强】 全市各类农机化作业服务组织及农机户达到 46 277 个，比上年增加 932 个，其中作业服务组织达到 895 个，特别是农机服务专业合作社达到 99 个，比上年增加 46 个，增幅达 87%；农机户达到 45 382 个，比上年增加 895 个。农机原值在 20 万元（含）以上的农机服务组织和农机户达到 1 083 个，比上年增加 275 个，增幅达到 34%，农机户和农机服务组织向大型化方向发展，服务能力得到提高，有利于开展社会化服务。

【积极开展农业机械化教育培训】 全市各级农机部门共组织各类培训班 400 余期，累计培训 40 594 人次，其中开展农机管理人员培养 1 109 人次，农机技术人员培训 3 926 人次，农机操作人员培训 29 859 人次（其中新购机人员培训 6 487 人次），农机监理人员 2 133 人次。继续加强农机职业技术教育培训工作，全年 160 人通过职业技能鉴定。有力地促进了全市农机从业人员的素质提高。

【农机化新技术推广成绩显著】 保护性耕作技术应用得到巩固。全年玉米、小麦共推广免、少耕播种面积 19.77 万公顷，占播种面积的 92%。其中小麦免、少耕播种面积 5.84 万公顷，玉米免少、耕播种面积 13.93 万公顷。继续加强深松作业利秸秆粉碎还田技术的推广应用，全市共完成深松作业面积达到 1.13 万公顷，机械化秸秆还田面积达 14.23 万公顷。

【农机化安全生产形势基本稳定】 市农村工作委员会、市农业局、市安全生产监督管理局、市公安局公安交通管理局、市质量技术监督局、市工商行政管理局共同拓展了农机安全生产联席会议会商制度，印发了《2010 年北京市农机安全生产联合行动实施方案》，市和区县共联合开展农机安全隐患排查治理行动 75 次，检查农机行业有关生产单位和有关场所 10 819 个次，检查拖拉机、联合收割机等农业机械 15 880 台件，发现各类事故隐患 3 667 项，整改 3 412 项，整改率 93.05%。市农业局、市质监局、市工商局共同对农机生产、销售、维修企业开展了联合执法检查，共开展农机联合执法检查行动 11 次，检查农机生产、销售、维修企业 89 家，农机配件 36 种共 1 574 件，下发责令限期整改通知书 13 份。组织开展了《农机安全隐患专题调研》工作，共调查拖拉机、联合收割机、微耕机、卷帘机等 7 种危及人身安全的农业机械 2 766 台、农机驾驶（操作）人员 1 506 人、农机作业服务组织 346 家、农机维修企业 320 家，共获得调研数据 8 万余个，明确了对农机安全生产有重大影响的机具、人员、环境三方面因素存在的各项事故隐患，为制定科学合理、针对性强的农机安全隐患防范和治理工作措施奠定了基础。加强监理装备建设，建成 3 条固定式、14 条移动式拖拉机检测线，配备了农机检测车，为 8 个设有拖拉机驾驶培训学校的区县农机监理机构配备了 8 套拖拉机—联合收割机电子桩考仪及配套联网控制、视频采集设备、160 台驾驶员无纸化考试用电脑和 8 套拖拉机教学教具模型，全面规范了农机驾驶人员培训、考试工作。规范农机监理行业标识使用，为农机监理人员配备了识别工作服。年内，全市共发生一般农机事故 7 起，死 1 人，伤 4 人。其中发生饲料搅拌车致人死亡事故 1 起、微耕机伤人事故 3 起、手扶拖拉机配套机具伤人事故 1 起、联合收割机起火事故 2 起。与上年相比，事故起数增加 4 起，死亡人数增加 1 人，受伤人数增加 2 人。

（市农业局　梁井林）

动物疫情防治

【推进全市重大动物疫情应急管理体制机制建设】 年内，一是继续落实动物防疫责任制在专门制定并印发《北京市畜牧兽医管理机构绩效考评办法》的同时，年内，组织召开了北京市防治重大动物疫病指挥部工作会议暨北京市农业工作会议，组织 18 个区县政府与市政府签订了《北京市动物防疫工作责任书（2010 年度）》会议同时对 30 个“2009 年度北京市动物防疫工作先进集体”和 60 名“2009 年度北京市动物防疫工作先进个人”进行了表彰。二是完善社会动员机制，组织建立全市重大动物疫情应急志愿者队伍在继续加强全市重大动物疫情专业处置队伍、专家学者队伍建设的基础上，根据市委、市政府《关于进一步加强和改进志愿者工作的意见》的文件精神，开展了北京市重大动物疫情应急志愿者队伍建设，依托北京市小动物诊疗行业协会，面向社会宠物医师招募选拔了 80 人作为本市第一批重大动物疫情应急志愿者，并于 2010 年 2 月 3 日，举行了北京市重大动物疫情应急志愿者宣誓仪式。三是重大动物疫情应急处置联防联动机制建设年内，组织召开了第 26 届京津冀晋蒙及北京军区武警部队重大动物疫病联防会议。北京、天津、河北、山西、内蒙古五省（市、区）及北京军区、武警部队兽医主管部门负责人，北京市农业局相关处室和相关单位、北京市各区县兽医主管部门负责人共 120 人参加了会议。四是进一步有效落实重大动物疫情强制扑杀补偿制度。经多次与市农委、市保监会沟通协调，最终就参加农业保险养殖场户强制扑杀补偿问题达成一致。按照《北京市政策性农业保险统颁条款（试行）》的规定，凡是经畜牧兽医行政管理部门确认为发生疫情，并且经区、县级以上政府下命令扑杀的，保险公司按照国家规定的扑杀定价，按比例给予被保险人赔偿：其中市级财政补偿 40%，区（县）级财政补偿 40%，保险公司补偿 10%，被保险人自行承担 10%。以此降低养殖场户在强制扑杀中的经济损失。

【强化应急管理基础能力建设】 年内，一是推动区县级重大动物疫病应急指挥技术系统建设在原有市级指挥平台建设的基础上，制定并印发了《北京市区县级重大动物疫情应急指挥系统平台建设指导意见》，加强了对各区县具体实施工作的督促和指导，推动区县级应急指挥技术系统的建设步伐。二是加强全市重大动物疫情应急系统日常工作的规范化建设先后制定印发了《北京市突发重大动物疫情现场指挥部设置与运行方案》（京防指办字［2010］37 号）、《北京市突发重大动物疫情应急演练管理办法》（京防指办字［2010］38 号。三是加强对区县机构应急工作的指导和培训重点对各区县在应急演练、预案管理、应急处置等方面加强了指导，于 2010 年 4 月 7—8 日全市畜牧兽医系统局长培训班上就《重大动物疫情应急管理》的内容进行了培训，并于 11 月 23 日，组织了全市重大动物疫情应急系统信息宣传培训班。

【全市重大动物疫病防控工作】 一是在重大动物疫病防控的关键时期，以指挥部的名义有针对性地部署防控工作在年初本市出现 A 型口蹄疫监测疫情等防控工作的关键时期，先后组织召开专题会议 7 次，对相关疫病防控工作进行专项部署，全年以市防治重大动物疫病指挥部或指挥部办公室名义累计印发文件 51 期。二是突发事件处置年内，根据日常监测工作中发现大兴区某养殖场 23 头奶牛 A 型口蹄疫监测阳性的实际，采取措施，将阳性牛和同群牛总计 575 头全部扑杀，避免了疫情扩散。

【“5·12 防灾减灾日”举办“珍爱生命，关注健康，动物卫生，共筑和谐”主题宣传活动】 整个宣传活动悬挂“防灾减灾”相关标语 6 条，展示宣传展板 42 块，累计发放宣传资料 20 余种 1.4 万份，展示展卖放心安全动物产品 35 种 500 余千克、展示病害动物产品标本 10 件，接受群众现场咨询 1 100 余人次。同时，按照市防治重大动物疫病指挥部的统一部署，5 月 7—13 日，各区县也分别围绕“做好应急准备，严防重大动物疫情发生，保障人民群众切身利益”这一主题，以各种形式开展宣传活动。全市累计设立宣传点 194 个，悬挂宣传横幅 182 条，摆放宣传展板 169 块，发放宣传材料 38.7 万份，接受群众咨询 3.9 万人次。

【落实动物强制免疫】 对高致病性禽流感、口蹄疫、猪瘟、高致病性猪蓝耳病和狂犬病（登记犬）继续按程序实行强制性免疫。全年全市累计实施牲畜口蹄疫疫苗免疫猪、牛、羊共 844.2 万头/只，实施高致病性禽流感疫苗免疫鸡、鸭、鹅等禽类共计 9 041.68 万羽，实施高致病性猪蓝耳病疫苗免疫猪 432.32 万头，实施猪瘟疫苗免疫猪 614.04 万头。截至 10 月底，实施狂犬病疫苗免疫注册犬 70.04 万条。

【实施动物疫病监测】 全年按照市级监测与区县级监测相结合、血清学监测与病原学监测相结合的监测工作机制。在血清学监测方面，全市共监测动物血清样本 796 299 份次，其中市级监测 96 777 份次，区县级监测 699 522 份次，实现重大动物疫病免疫抗体监测面 100%。在病原学监测方面，全市共监测禽流感 11 176 份次，新城疫 8 538 份次，口蹄疫 16 340 份次，猪瘟 4 600 份次，蓝耳病 4 830 份次。

【强化动物及动物产品检疫监督】 全年产地检疫动物 29 164.560 9 万头（只），其中生猪 134.481 6 万头、牛 2.788 8 万头、羊 6.871 0 万只、禽 28 989.772 4 万只、马属动物 0.248 4 万匹、其他动物 30.398 7 万只；产地检疫动物产品 2.958 2 万吨。全市累计屠宰检疫畜禽 7 895.967 8 万头（只），其中生猪 804.721 1 万头、牛羊 1.797 2 万头、禽 7 089.449 5 万只。共检出病害畜禽 37.668 9 万头（只），其中生猪 1.421 0 万头、禽 36.247 9 万只；病变组织及有害腺体 874.506 5 吨，全部进行无害化处理。全市 27 个公路动物卫生监督检查站累计监督检查进京动物及动物产品车辆 17.724 3 万辆次；动物 3 134.214 2 万头（只），其中生猪 669.513 9 万头、牛 15.791 0 万头、羊 54.098 4 万只、家禽 2 391.611 3 万只、其他动物 0.919 1 万头（只）；肉类产品 48.936 8 万吨，其中猪肉 10.933 4 万吨、牛肉 6.650 1 万吨、羊肉 4.042 7 万吨、禽肉 26.970 9 万吨、其他肉类产品 3 396.542 吨；副产品 8 989.348 吨，其中畜副产品 6 939.699 吨、禽副产品 305.789 吨、生皮 27.467 2 万张。根据重大活动或事件特点，适时采取的有针对性的、阶段性的监管手段，确保两会、亚运会参赛马匹、世博期间供沪动物及动物产品安全。截至 11 月全市共组织动物卫生监督执法检查 10 392 次，出动执法人员 27 344 人次，联合执法检查 333 次。共查办案件 844 起，其中简易程序案件 224 起，一般程序案件 620 起，涉案金额 752.958 2 万元，罚没金额 80.620 2 万元。

【强化兽药行政审批】 全年共审核兽药产品批准文号申报材料 486 件，其中新兽药临床试验审批 26 件、兽药生产企业审核 17 件、兽药产品批准文号审核 150 件、兽药经营企业审批 12 件、兽药广告审查 15 件、进口兽药通关单核发 266 件。

【强化兽药生产、经营企业的监管】 2010 年 9 月组织市及区县上报的兽药 GSP 检查员进行了业务培训。2010 年 9 月开始，对申报企业开展兽药 GSP 检查验收工作，目前市农业局已完成 12 家兽药经营企业的兽药 GSP 认证工作，海淀区、大兴区等区县完成了 6 家兽药经营企业的兽药 GSP 认证工作。

【稳步推进兽药执法】 全年共检查兽药生产、经营、使用单位 3 961 个次，出动执法人员 8 022 人次，查处违法行为 52 起，立案 15 起，其中简易程序 3 起，一般程序 12 起，5 万元以上大案 1 起，查获假劣兽药 2 431 千克，货值及罚没金额总计 26.45 万元。

【强化兽药检验和兽药残留监测】 全年计划检测兽药样品 380 个，全年实际抽检兽药产品 380 批，总体合格率为 92.1%，其中抽检本市产品 105 批，合格率为 100%；抽取外埠药品 275 批，合格率为 89.1%，30 批不合格；本市抽取样品的合格率高于外埠样品 10.9 个百分点。共检测动物及动物产品样品 7 958 份，其中农业部计划 392 份，涉及猪肉、猪尿、猪肝、鸡肉、鸡肝、牛奶等产品，检测项目涉及盐酸克伦特罗、磺胺类等 16 个项目，其中检出了牛、羊肉含有盐酸克伦特罗情况，共计 11 个样品。

【完成全国执业兽医资格考试】 此次考试参加的人数为 2 645 人，北京市教育考试指导中心设有 28 个考场，北京科技大学设有 62 个考场，考务人员 200 多名。考务领导小组本着严密、严格的原则，采取多项措施确保考试顺利实施。据统计，全国参加考试人数 7 万余人，考试成绩达到执业兽医师合格分数线的 9 743 人，通过率为 13.12%；达到执业助理兽医师合格分数线的 13 662 人，通过率为 18.40%。全市共有 2 645 人通过资格审核参加考试，成绩达到执业兽医师合格分数线的 628 人，通过率为 23.74%；达到执业助理兽医师合格分数线的 589 人，通过率为 22.27%，通过率明显高于全国平均水平。尤其是从事诊疗行业的报考人员，在合格人员中通过率高达 42.6%，居全国之首。

【落实兽医实验室考核认证】 为做好全市兽医系统实验室考核工作，根据北京市兽医实验室考核程序和考核标准，成立了考核专家组，对13个区县的兽医实验室实施考核，目前，考核工作已顺利结束。

【推进奶牛布鲁氏菌病及结核病净化项目】 完成FPA、SAT、RBT和c-ELISA等四种布鲁氏菌病检测方法的对比实验；完成大兴、延庆等14个区县125 671头奶牛样品的采集和布病监测工作，共检测血清样本125 671份。阳性数1 745份，总体阳性率为1.39%，其中上半年监测52 165份，阳性数512份，刚性率为0.98%；下半年监测样本73 506份，阳性数1 233份，阳性率为1.68%。完成全市189 758头奶牛的结核病检测工作，阳性数167份，阳性率为0.09%。为营造良好的项目实施环境，通过电视、报纸、互联网等媒体向社会宣传奶牛两病净化工作的重要性和积极意义，向各区县和奶牛养殖场发放奶牛布鲁氏菌病和结核病防控宣传手册1 000余册、宣传挂图800余份。

【持续推进动物卫生与畜牧行业管理素质能力提升工程】 全年全市已完成畜牧兽医人员素质提升工程培训班10期，培训动物卫生行政管理人员80人，畜牧兽医监督执法人员160人，疫病预防控制人员390人。

【有效办理涉及宠物管理的人大、政协提案】 办理人大、政协提案8件，提案涉及流浪动物管理、宠物殡葬、限养标准、宠物管理等方面，委员、代表均答复满意。

（市农业局　方　芳　张佳艳）

农产品质量安全

【深化农产品质量安全整治】 年内，根据《农业部关于印发2010年深化农产品质量安全整治方案的通知》精神，北京市农业局成立了专项整治领导小组，结合北京市实际工作情况，正式下发了《2010年北京市深化农产品质量安全整治》文件，全力推进北京市2010年深化农产品质量安全整治工作，重点推进农药产品专项整治、兽药产品专项整治、农产品批发市场专项整治等9项专项整治工作。同时，定期召开的例会制度，及时发现问题，及时处理问题，具体指导全市农产品质量安全整治工作的开展。

【加强无公害农产品、绿色食品、有机食品和农产品地理标志认证】 年内，全市共有189家企业、556个产品新获得了无公害农产品认证证书，其中：种植业企业113家，产品461个，认定产地规模3 190公顷，产量94 325吨；畜牧业企业50家，产品55个，认定产地规模193万头（只、羽），产量36 840吨；渔业企业26家，产品40个，认定产地规模62公顷，产量960吨。全市无公害农产品获证企业数达881家，获证产品数1 868个，其中种植业获证企业数577家，产品1 470个，认定产地规模44 007公顷，产量709 056吨；畜牧业企业224家，产品230个，认定产地规模13 192万头（只、羽），产量731 392吨；渔业企业80家，产品168个，认定产地规模669公顷，产量5 279吨。年内，有3家企业的7个产品首次获得绿色食品证书，14家企业的57个产品进行了续展，截至年底，全市有效使用绿色食品标志的企业总数43家、产品总数193个、实物总量135万吨、监测面积36 667公顷。年内共有59家企业的相关农产品获得有机认证，到年底共有463家企业的1 800多个产品获得了有机食品认证。年内，对“昌平草莓”、“安定桑椹”和“通州大樱桃”农产品地理标志登记材料进行审核，组织专家完成了产品品质鉴定和现场核查，并将相关材料上报农业部。“昌平草莓”农业部已公告，保护面积2 133公顷，现生产面积1 000公顷，年产量34 000吨；“安定桑椹”获得了农业部颁发的农产品地理标志证书，登记面积300公顷，年产量2 759吨。

【构建农产品质量安全检测体系】 利用《全国农产品质量安全检验检测体系建设规划》（简称“国家一期规划”），完成了大兴、房山2个县级综合质检站建设。按照整体建设规划，经与农业部农产品质量监管局、市发改委积极协调，已确定了市级检测中心和朝阳、延庆、怀柔、门头沟4个县级综合质检站的2011年投资计划。市级检测中心建设共涉及到市农业环监站、市植保站农药检定所、市土肥站、市畜牧环监站、市兽药饲料监察所和市水产技术推广站6个单位，农业部已批复投资。

【加强农产品质量安全监测】 年内，共完成检测样本14 235个，其中：产品类10 603个，样本的总体合格率为98.07%，投入品类1 959个，样本的总体合格率为97.04%，环境类1 673个，样本的总体合格率为87.53%。同时，根据相关检测结果书时采取了以下处理措施：一是及时将检测结果书面通报给不合格产品所属区县及生产主体、工商等相关职能部门；二是相关区县加强对生产主体的跟踪管理，提出针对性的整改措施进行整改。

【蔬菜质量安全工作扎实推进】 年内，全市总计检查蔬菜生产基地和企业1 410家次，其中检查蔬菜生产经营单位789家次，农民经营合作组织485家次，生产配送企业136家次；共计发放宣传材料74 705份，进行媒体宣传31次；组织指导培训444场，培训人数15 060人；共计监测场所360个，出动人次8 090人次；蔬菜产品抽样数量19 738个，合格数量19 657个，合格率为99.6%。

【深入开展生鲜乳质量安全专项整治】 一是规范生鲜乳生产、收购行为，完成生鲜乳收购站清理整顿扫尾工作。严格执行生鲜乳收购许可和运输许可申请、审核、审批制度，把好生鲜乳收购站市场准入关，落实生鲜乳收购和运输环节“两证一单”管理制度，推进生鲜乳收购站规范化管理。目前，本市共有奶站63个，其中乳品企业性质的18个、奶牛合作社性质的17个、奶畜养殖场性质的28个。二是加大生鲜乳质量安全检测力度。结合本市实际，制订了北京市生鲜乳专项检测计划，重点检测三聚氰胺等违禁添加物质。监测工作覆盖了全市所有奶牛养殖场、生鲜乳收购站、生鲜乳运输车辆。共对全市435家单位的785批次样品进行了检测，三聚氰胺、皮革水解蛋白等违禁添加物质检测合格率100%。三是强化监督执法工作。2010年通过专项检查、联合检查、集中检查、突击夜查等形式，出动执法人员2 702人次，检查奶畜养殖场、生鲜乳收购站等各类场所1 730个次，纠正记录不规范等问题376起，立案查处生鲜乳违法案件5起，没收并销毁违法收购的生鲜乳1 500千克，违法生产设备3件，罚款共计22 359元。通过保持高压执法态势，对违法行为予以坚决打击，对生鲜乳生产行业中的不法分子形成了强大的威慑力，维护了生鲜乳收购秩序，保护了奶农的利益。

【开展饲料质量安全专项整治】 一是强化日常监督执法。2010年，全市共出动执法人员4 432人次，开展包括“绿剑行动”、“宠物饲料”等综合执法行动4次，“蛋白原料”、“三无”饲料、“饲料标签”等专项执法11次，开展饲料执法监测2次，检查饲料生产企业、自配料养殖场、宠物饲料经营场所共计1 967个次，针对饲料产品标签不合格、饲料生产、检验记录不健全、原辅料混放等问题下发监督意见书936份，监督销毁不合格饲料1 459千克、不合格饲料产品标签2万余枚，立案20起，罚没款15.07万元，有效地打击了饲料和饲料添加剂生产、经营、使用环节的各种违法行为，进一步消除了饲料行业的安全隐患。二是增加饲料产品监测。2010年共抽查饲料及原料样品1 751批次，饲料样品合格率为98.74%，同比提高0.6个百分点。

【水产品质量安全水平逐年提升】 全年农业部抽检合格率为96.7%，比上年提升了9.2个百分点，由2009年全国30个大城市抽检排名第21位提升到并列第5位。

【加快推进北京市农业标准化】 年内，完成了《生鲜乳收购站建设与管理技术规范》等15个北京市农业地方标准的制定、评审、报批工作，安排了2011年18个地方标准的制定任务；与市农委等三个委办局共同开展了“北京市农业标准化基地普查和确认”工作；完成了《农业标准化基地等级划分与评定管理（征求意见稿）》。

【确保重大活动农产品安全供应】 累计组织向北京市“两会”、全国“两会”、全国“劳模表彰大会”和2010年北京世界武搏运动会驻地供应了24个品种的活鱼、牛奶制品和鸡肉制品52 500.6千克，圆满完成了三次保障任务。

【农村能源建设节能减排效果显著】 年内，继续稳步推进新农村可再生能源建设：安装太阳能路灯140个村1万盏；改造村内节能路灯4.5万盏；推广标准化户用太阳能热水器5万户；建设村级太阳能公共浴室211座；新建生物质地采暖示范户900户；实施在建、新建沼气和生物质气化集中供气工程45处；建设规模化养殖场粪污处理与资源化利用工程139处。综合全市农村能源工程设施，年节约与开发5万吨标准煤，受益农户近7万户，年减排二氧化碳13.3万吨、二氧化硫、氮氧化物和可吸入颗粒物近2千吨，农村能源建设和资源利用节能减排效果显著。

【北运河流域水系农业面源污染防控取得实效】 稳步推进北运河流域水系综合治理工程：实施测土配方施肥1.23万公顷，推广有机肥5 000吨、配方肥3 000吨、缓释肥500吨、二氧化碳气肥13万袋，减少菜田化肥施用量30%。通过精准施药、生物防治、物理防治、推广生物农药等措施使北运河流域减少化学农药用量25%。实施规模养殖场粪污治理与资源化利用，治理规模化畜禽养殖场80个，消纳COD 3 500吨。通过农业面源污染控制，提升了农田生态功能。

【第一次农业污染源普查数据更新】 2010年进一步完善了北京市第一次全国污染源普查（农业源）数据库和相关资料，更新动态数据5 000余个；组织完成了种植业、养殖业、渔业污染源普查技术报告和产排污系数报告的评审，通过加大养殖场粪污治理与资源化利用的力度，大力开展减少化肥农药用量等面源污染控制工作，积极促进了成果资源转化。

【圆满完成控制大气污染治理第16阶段任务】 为圆满完成控制大气污染治理第16阶段任务，继续开展秸秆综合利用，提高综合利用率，推广秸秆青贮饲料1.73万公顷，小麦秸秆还田达到90%以上，玉米秸秆还田8.33万公顷，有效提高了农田有机质的含量；落实小麦秸秆连续11年全面禁烧，有效的保护了大气环境；继续实施保护性耕作13.4万公顷，在减少冬春季农田扬尘同时，有效的降低了碳排放；全面完成京津风沙源治理工程任务，完成人工种草0.2万公顷，围栏封育0.44万公顷，草种基地0.01万公顷，暖棚建设4.1万平方米，十年风沙治理效果明显；继续治理裸露农田，积极开展冬春季生物覆盖，冬小麦播种面积保持在6万公顷以上，有效的减少了冬春季扬尘。

【积极开展沼气建设】 为积极落实科学发展观，促进都市型现代农业发展，以沼气综合利用为切入点，充分利用沼渣、沼液优质有机肥料资源，实现沼肥与农田、果园、蔬菜基地有机对接，建立了132个生态农业示范园区，使沼肥的利用率达到了70%以上，相当于施用有机肥40万吨，节约化肥20万吨。同时，开展沼渣、沼液定量施肥试验133.3公顷，扩大试验示范覆盖面积1 333.3公顷，为指导农民科学合理的使用沼肥提供了依据。

【努力落实《“绿色北京”农业行动计划（2010年）》】 根据市政府《“绿色北京”行动计划（2010—2012）》的要求，组织制定并圆满完成了《“绿色北京”农业行动计划（2010年）》的各项任务，共计完成18个工程、30个子项目，包括：深入推进都市绿色农业，实施2.54万公顷农业基础及综合开发工程建设；积极淘汰传统落后养殖技术，完成13个规模奶牛场、50个生猪规模养殖场改扩建工作；加大农机具更新推广力度，新增土壤深松面积15万亩，玉米秸秆粉碎还田面积增加30万亩；开展农业机械节能减排综合技术试验示范，推广蔬菜滴灌施肥、覆膜沟灌施肥等技术26万亩；组织开展农产品质量、农药专项整治等各项重大行动保证农产品质量安全。通过各项行动充分体现了都市型农业绿色与环保的低碳功能，为全市开展“绿色北京”建设做出了贡献。

（市农业局　张潇月　张立新　张保延　崔洁净　李文超）

农业产业化及农产品加工业

【概述】 近年来，北京市把推进农业产业化经营作为统筹城乡发展的重要抓手、工业反哺农业的重要载体和确保农产品有效供给、保障农产品质量安全、促进农民就业增收的重要举措，不断加大引导扶持力度，农业产业化经营和农产品加工业发展取得了显著成效。截至2010年底，全市共有农产品加工企业1 800余家，规模以上农产品加工企业493家，资产总额由2004年的369.6亿元增加到711.3亿元，年均递增57%；主营业务收入由2004年的303.5亿元增加到655.7亿元，年均递增58.7%。龙头企业资产总额702亿元，完成销售收入637亿元，实现利润25亿元。从年际变化来看，企业利润从2000年的9亿元增加到2010年的25亿元，增长177%。

【主要工作】 会同市经济信息化委印发《关于推进镇村企业发展的指导意见》。在新形势下，以建设世界城市，率先形成城乡一体化新格局为总要求，以促进农民就业增收为出发点，以努力培育特色产业集群、特色经济带，走新型工业化发展道路为目标，以转变发展方式，促进产业升级为手段，大力推进镇村企业向高端、高效、高标准升级，全面提升镇村企业发展水平。

研究提出《关于鼓励涉农企业上市的奖励办法》。为进一步落实《关于加快发展农产品加工业推进农业产业化经营的意见》（京政办发［2009］41号），引导涉农企业上市融资，促进涉农企业“上规模、上水平”，加快发展，研究提出《关于鼓励涉农企业上市的奖励办法》，符合条件的企业将获得600万元资金奖励。

推进涉农企业上市融资，打造北京都市农业上市板块。一是，开展多种形式的培训。为贯彻落实北京市农村工作会议精神，不断推动北京农业及其加工企业向更高层次发展，5月5日，召开北京市农产品加工企业上市服务工作座谈会。副市长夏占义，市农业产业化领导小组成员单位、市金融局、北京证监局，各郊区县的主管区（县）长、农委主任、发改委主任、金融办主任，部分拟上市重点企业负责人、市级龙头企业代表和有关新闻媒体100余人参加了会议。夏市长在会上指出：推动农业企业上市，是发展北京都市农业的必由之路，是提高北京农业核心竞争力的重要途径，要进一步提高对农业企业上市的认识，强化为农业企业服务的意识，下决心抓好农业企业的上市工作，打造北京都市农业上市板块。10月15日，市农委与市金融局共同举办2010年北京市第四期拟上市企业（涉农企业专题）培训会。参加会议的有市领导夏占义副市长，市农委、市金融局的主要领导，郊区县主管区（县）长、农委主任、金融办主任，以及部分涉农企业负责人和新闻媒体的记者，共约300人。在培训会上，根据《关于鼓励涉农企业上市的奖励办法》，为表彰大北农公司成功上市为其他涉农企业进入资本市场树立了榜样，夏占义副市长特颁发600万元资金支票予以奖励，并在开班动员中肯定了培训会的举办是非常及时，非常有必要的。他还强调，抓好涉农企业上市工作是政府各级部门必然的选择和重要的使命。要想建成世界城市，要想加强北京都市农业建设，就要下决心抓好涉农企业上市工作，特别是政府各级部门要把过去只抓春种、春收这种思维方式和工作方法向更加注重提高农业效益、提升农业质量和竞争力上转变。同时，会同市金融局、北京证监局印制了《北京市涉农企业上市实务手册》，对涉农企业上市目标、操作流程、注意事项等进行了汇编，普及企业上市基础知识。

二是，建立涉农企业上市服务机制。对已进入改制阶段或有上市意向的涉农企业，由区县负责建立包案制，及时向市农委、市金融局反馈需市级层面协调解决的问题。对已进入辅导期的涉农企业，由市农委、市金融局、市经济信息化委建立包案制，明确责任单位、责任人，进行全程跟踪服务。

跟踪服务农村产业重大项目，加快农业农村经济调结构上水平围绕建设世界城市和“三个北京”的战略任务，对郊区县2010年新建农村产业投资项目进行了调查，确定了41个重大项目，总投资70.3亿元。截至年底，有25个项目完工，实际到位投资29.1亿元；实现销售收入7.9亿元，实现利润1.6亿元，农村产业重大项目呈现多样化发展趋势。

（市农委产业发展处　潘　望）

休闲农业

自20世纪90年代初至今，北京市休闲农业与乡村旅游的发展经历了近20个年头。大致可分为四个阶段：一是自发萌芽发展时期（1994年以前）；二是政府引导成长时期（1995—2002年）；三是规范管理启动时期（2003—2005年）；四是品质提升发展时期（2006年至今）。

2010年，北京郊区开展观光休闲服务的农业园有1 303个，其中市级观光园95个；市级民俗旅游村207个，市级民俗旅游户9 970户。2010年，全市休闲农业共接待游客3 328.5万人次，同比增长

11.3%；实现收入25.2亿元，同比增长18.3%。

20年来，尤其是近几年来，在需求拉动、供给推动、政策引导的合力作用下，休闲农业与乡村旅游从小到大，从点到面，迅速发展起来，“十二五”期间，北京市休闲农业已进入了提档升级的关键阶段。从总体上看，呈现出六个特点：一是从认识上看，有关方面对休闲农业与乡村旅游，从最初的质疑、怀疑，到现在的思想统一、大力支持；二是从产业形态上看，从简单的“吃农家饭、住农家院、摘农家果”，向休闲、体验、养生、健身，乃至商务、度假等功能多样化、产业融合化、服务综合化方向发展；三是从空间布局上看，休闲农业项目从最初的分散在旅游景区、景点周围，向近郊、平原、山区全方位发展；四是从经营规模上看，从一家、一户、一园的分散状态，向一沟一谷、一片一带、一个乡镇甚至几个乡镇的规模化、集群化方向发展；五是从经营主体上看，从以农户经营为主，向农民专业合作社、社会资本参与、专业酒店托管等投资主体多元化、股份社会化、经营专业化方向发展；六是从发展成效上看，休闲农业从最初的副业、零打碎敲、星星点点，向目前的区域性主导产业、支柱产业发展。在郊区有些乡镇、有些地区，休闲农业与乡村旅游已经成为农民增收的主要来源。

（市农委产业处　田亦平　范子文）

农业投入

【财政投入】 加大“三农”投入，年内投入“三农”资金共计61.2亿元，安排农业超收入资金3.1亿元，支援农业建设。安排设施农业扶持资金6亿元。及时拨付粮食直补、农资综合补贴和农机补贴资金3.07亿元，支持农民生产。投入3.44亿元，完成农田培肥、田园清洁循环和沟路林渠配套工程建设。拨付资金1.6亿元，对山区泥石流易发区及生存条件恶劣地区村（户）实施搬迁。拨付资金7 783万元，为水库移民发放生活补贴，惠及12.97万人。实施农村住房救助长效机制，25 146户农民得到实惠。补贴家电下乡产品36.9万台（部），补贴金额1.02亿元。补贴汽车、摩托车27 421辆，补贴金额9 489.5万元。

（市农委新农村建设督察处　高精华）

【集体经济组织资产投入】 近几年，北京郊区适应首都特殊的经济与社会环境，转变经济增长方式，稳步推进、协调控制郊区与城市的发展步伐。在郊区经济得到持续健康发展的同时，大力开展社会主义新农村建设，郊区农村的村容村貌得到根本改观，正在向“平原城市化、山区城镇化”的宏伟目标迈进。经济的发展，村容村貌的改观，靠的是强大的物质投入作后盾。截至2010年底，乡村两级集体经济组织累计资产投资达3 451亿元，比2009年底的2 972.4亿元净增478.6亿元，同比增长16.1%。其中用于企业的累计资产投资达1 541.9亿元，占44.7%。

1. *固定资产投资*。截至2010年底，北京郊区集体经济组织累计固定资产投资达878亿元，占累计资产投资总额的25.4%，比2009年底的821.7亿元净增56.3亿元，同比增长6.9%。其中：乡镇级累计固定资产投资329.2亿元，占固定资产投资总额的37.5%，比2009年底的326亿元净增3.2亿元，增长1%；村级累计固定资产投资548.8亿元，占62.5%，比2009年底的495.7亿元净增53.1亿元，增长10.7%。

2. *流动资产投资*。截至2010年底，乡村两级集体经济组织各项非固定资产性投资总规模达到2 292.3亿元，占累计资产投资总额的66.4%，比2009年底的1 895.5亿元净增396.8亿元，增长20.9%。其中：乡镇级1 019.7亿元，占44.5%，比2009年底的919.2亿元增加100.5亿元，增长10.9%；村级1 272.6亿元，占55.5%，比2009年底的976.3亿元净增296.3亿元，增长30.4%。

3. *资产投资的区域分布*。近郊集体经济组织累计资产投资达1 788.9亿元，占全郊区累计资产投资的51.8%，人均40.3万元，是全市平均数10.8万元的3.7倍；平原地区集体经济组织累计资产投资1 243.9亿元，占全郊区累计资产投资的36%，人均8.1万元，是全市平均水平的74.7%，仅为近郊人均的1/5；山区集体经济组织累计资产投资418.3亿元，占全郊区累计资产投资的12.1%，人均3.5万元，是全市平均水平的32.3%，仅为近郊人均的8.7%。这组数字表明，地区间的资产拥有量极不均衡，经济实力相差悬殊。

【公益事业及基础设施投入】 北京郊区公益事业与基础设施规划与建设迈出新步伐。郊区农村统筹安排水、电、路、通讯等基础设施建设项目，优化农村环境整治工作，重点建立完善农村信息网络体系，为农村经济发展和农民增收致富创造良好的环境条件。据北京市农村经济收益分配统计结果显示，2010年北京郊区乡村集体经济组织及其所属企业共获各级财政各种补贴达26.3亿元，有358个农民专业合作经济组织获各级财政扶持资金0.8亿元。北京郊区乡镇级集体经济组织当年用于公益事业方面的支出为6.1亿元；用于村镇建设及基础设施方面的投入3.1亿元，比2009年减少723.8万元，同比下降2.3%。

【农户投入】 据北京郊区3 000户农户家庭住户调查资料反映，2010年农户人均生产性投资总额为1 804元，同比增长5%。其中：人均购置生产性固定资产支出98元，占人均生产性投资支出总额的5.4%，同比下降32.7%。其中购置运输工具的投入为46元，同比下降35%。人均家庭经营费用性支出依然是农户投入的主体，达到1 706元，占人均生产性投资支出总额的94.5%，比2009年增长8.6%。人均家庭经营费用性支出中，第一产业是主体，达1 029元，占到人均生产性投资总额的57%，比2009

年增长7.1%。一产支出中，牧业达709元，占到一产支出总额的68.9%，同比增长7.7%；农业264元，占一产支出总额的25.7%，同比增长4.6%。这组数字表明，北京郊区的农村家庭经营依然处在以第一产业为主的状态，二、三产业则相对薄弱。第二产业支出195元，占人均生产性投资总额的10.8%，比2009年增长23.5%。其中工业107元，比上年增长39.6%。第三产业482元，占人均生产性投资总额的26.7%，比上年增长6.5%。其中运输业283元，比上年增长2.9%（见表1）。

表1　北京郊区2010年人均生产性支出统计表

单位：元

指标名称	2010年	2009年	增长（%）
合　计（元）	1 804	1 718	5.0
一、购置生产性固定资产支出	98	146	−32.7
其中：购置运输工具	46	71	−35.0
二、家庭经营费用支出	1 706	1 572	8.6
1. 一产业支出	1 029	961	7.1
其中：农业	264	252	4.6
牧业	709	658	7.7
2. 二产业支出	195	158	23.5
其中：工业	107	77	39.6
3. 三产业支出	482	453	6.5
其中：运输业	283	275	2.9
批零贸易业、饮食业	163	150	8.8
社会服务业	29	26	12.4

从不同类型地区农户投入情况看：2010年城市功能拓展区农户人均生产性投资总额为132元，比上年增加4元，同比增长3.1%。132元的人均生产性投资总额全部为家庭经营费用性支出，其中，第一产业支出6元，占人均家庭经营费用性支出的4.5%，比上年减少4元，同比下降40%。其中农业2元，比上年减少2元，同比下降50%。牧业0元，比上年减少6元；第二产业支出空白，与上年相同；第三产业人均支出126元，占人均家庭经营费用性支出的95.5%，比2009年的117元增加9元，同比增长7.7%。其中运输业人均支出121元，比上年增加7元，同比增长6.1%（详见表2）。

城市发展新区农户人均生产性投资总额为2 040元，比2009年的1 909元增加131元，同比增加6.9%。其中：人均购置固定资产性支出74元，占人均生产性投资支出总额的3.6%，比2009年的97元减少23元，同比下降23.7%。人均购置固定资产性支出中购置运输工具的支出35元，比上年减少7元，同比下降16.7%。人均家庭经营费用性支出1 966元，占人均生产性投资支出总额的96.4%，比2009年的1 812元增加154元，同比增长8.5%。人均家庭经营费用性支出中，第一产业支出1 079元，占人均家庭经营费用性支出的54.9%，比2009年的972元增加107元，同比增长11%。其中农业350元，比上年增加49元，同比增长16.3%。牧业669元，比上年增加73元，增长12.2%；第二产业人均支出316元，占人均家庭经营费用性支出的16.1%，比2009年的289元增加27元，同比增长9.3%。其中工业219元，比上年增加62元，同比增长39.5%；第三产业人均支出571元，占人均家庭经营费用性支出的26.9%，比2009年的551元增加20元，同比增长3.6%。其中运输业人均支出323元，比上年减少8元，同比下降2.4%（详见表3）。

表2　北京城市功能拓展区2010年人均生产性支出统计表

单位：元

指标名称	2010年	2009年	增减额	增长（%）
合　计（元）	132	128	4	3.1
一、购置生产性固定资产支出	0	1	−1	−100.0
其中：购置运输工具	0	0	0	—
二、家庭经营费用支出	132	127	5	3.9
1. 一产业支出	6	10	−4	−40.0
其中：农业	2	4	−2	−50.0
牧业	0	6	−6	−100.0
2. 二产业支出	0	0	0	—
其中：工业	0	0	0	—
3. 三产业支出	126	117	9	7.7
其中：运输业	121	114	7	6.1
批零贸易业、饮食业	4	3	1	33.3
社会服务业	0	0		—

表3　北京市城市发展新区2010年人均生产性支出统计表

单位：元

指标名称	2010年	2009年	增减额	增长（%）
合　计	2 040	1 909	131	6.9
一、购置生产性固定资产支出	74	97	−23	−23.7
其中：购置运输工具	35	42	−7	−16.7
二、家庭经营费用支出	1 966	1 812	154	8.5
1. 第一产业支出	1 079	972	107	11.0

（续）

指标名称	2010年	2009年	增减额	增长（%）
其中：农业	350	301	49	16.3
牧业	669	596	73	12.2
2. 第二产业支出	316	289	27	9.3
其中：工业	219	157	62	39.5
3. 第三产业支出	571	551	20	3.6
其中：运输业	323	331	−8	−2.4
批零贸易业、饮食业	221	201	20	10.0
社会服务业	14	15	−1	−6.7

2010年生态涵养发展区农户人均生产性投资总额为2 471元，比2009年的2 393元增加78元，同比增长3.3%。其中：人均购置生产性固定资产支出192元，占人均生产性投资总额的7.8%，比2009年的305元减少113元，同比下降37%。其中：人均购置运输工具支出90元，比上年减少66元，同比下降42.3%。人均家庭经营费用性支出2 279元，占人均生产性投资总额的92.2%，比2009年的2 088元增加191元，同比增长9.1%。人均家庭经营费用性支出中，第一产业1 580元，占人均家庭经营费用性支出总额的63.9%，比2009年的1 519元增加61元，同比增长4%。其中：农业296元，比上年减少34元，同比下降10.3%。牧业1 200元，比上年增加56元，同比增长4.9%。第二产业人均支出135元，占人均家庭经营费用性支出总额的5.9%，比2009年的59元增加76元，同比增长128.8%。其中：工业5元，比上年增加1元增长25%。第三产业人均支出564元，占人均家庭经营费用性支出总额的24.7%，比2009年的510元增加54元，同比增长10.6%。其中：运输业321元，比上年增加32元，同比增长11.1%（详见表4）。

表4　北京市生态涵养发展区2010年人均生产性支出统计表

单位：元

指标名称	2010年	2009年	增减额	增长（%）
合　计	2 471	2 393	78	3.3
一、购置生产性固定资产支出	192	305	−113	−37.0
其中：购置运输工具	90	156	−66	−42.3
二、家庭经营费用支出	2 279	2 088	191	9.1
1. 第一产业支出	1 580	1 519	61	4.0
其中：农业	296	330	−34	−10.3
牧业	1 200	1 144	56	4.9
2. 第二产业支出	135	59	76	128.8
其中：工业	5	4	1	25.0
3. 第三产业支出	564	510	54	10.6
其中：运输业	321	289	32	11.1
批零贸易业、饮食业	174	163	11	6.7
社会服务业	69	57	12	21.1

区县间、远郊与近郊农户生产性投入水平相差悬殊，从区县情况看，2010年农民人均生产性支出总额超过2 000元的有5个区县，比上年减少1个，平谷达到3 735元，排在第一位，其余依次为怀柔、顺义、延庆和房山。不足百元的有2个区，分别是丰台人均11元，朝阳人均83元。从远近郊的情况看，2010年近郊区农民人均生产性支出总额为132元，比上年增加4元，是全市平均水平的7.3%；而远郊区农民人均生产性支出总额则高达2 213元，比全市平均水平高出22.7%，是近郊区的16.8倍。这与当地农民的收入构成、乡村企业的发达程度、农村劳动力的就业状况、地理位置及资源状况等密切相关。由于独特的地理位置，近郊乡村企业较发达，农民的人均工资性收入、财产性收入及转移性收入均远远高于远郊。2010年近郊农民人均工资性收入达11 285元，占农民人均纯收入总额的66.5%，比远郊区高出4 082元；人均财产性收入达2 773元，是远郊区的2.13倍；人均转移性收入达2 756元，高出远郊区1 179元，其中人均退休养老金达到1 940元，高出远郊区74.8倍。这是近郊区农村居民人均生产性投资相对较少、家庭经营相对薄弱的最直接原因（详见表5）。

表 5　各区县、近郊、远郊人均生性投资支出情况表　　单位：元

	2010 年合计	2009 年合计	增减额	增长（%）
全市	1 804	1 718	86	5.0
朝阳	83	95	－12	－12.6
丰台	11	5	6	120.0
海淀	401	368	33	9.0
门头沟	1 487	1 818	－331	－18.2
房山	2 043	2 328	－285	－12.2
通州	1 819	1 106	713	64.5
顺义	2 726	2 499	227	9.1
昌平	1 636	1 361	275	20.2
大兴	1 978	2 181	－203	－9.3
怀柔	2 999	2 929	70	2.4
平谷	3 735	3 171	564	17.8
密云	1 738	1 480	258	17.4
延庆	2 082	2 285	－203	－8.9
近郊	132	128	4	3.1
远郊	2 213	2 105	108	5.1
功能拓展区	132	128	4	3.1
发展新区	2 040	1 909	131	6.9
生态涵养区	2 471	2 393	78	3.3

（市农研中心　刘学军）

郊区园林绿化美化建设

概　述

2010年，是“十一五”收官之年。全市园林绿化系统高标准、高质量完成了市委、市政府和首都绿化委员会第29次全会部署的各项工作任务，以及承办的为民办实事工程和各项折子工程。全市新增造林面积1.07万公顷，新增城市绿化面积617.5公顷，改造绿地面积369.3公顷。

“十一五”时期是全市园林绿化事业实现城乡统筹发展的重要五年。五年来，全市园林绿化系统深入落实科学发展观，紧紧围绕“办绿色奥运、迎六十大庆、建生态城市”的目标，大力推进五大体系建设，圆满完成了奥运盛会、国庆庆典两件大事的景观环境布置和服务保障任务，全面兑现了奥运绿化七项承诺指标，加大了历史名园保护力度，全市山区、平原、绿化隔离地区三道生态屏障基本形成，呈现出城市青山环抱、市区森林环绕、郊区绿海田园的优美景观。全市森林覆盖率由35.47%提高到37%，林木绿化率由50.5%提高到53%，活立木蓄积净增289万立方米，达到1 810.3万立方米；城市绿化覆盖率由42%提高到45%，人均公共绿地由12.66平方米提高到15平方米。育苗面积0.94万公顷，年总产苗量2.51亿株，为首都造林绿化工程提供优良苗木。发动全民尽责，首都义务植树组织水平明显提升。

生 态 建 设

【宜林荒山造林工程】 完成了造林面积5 000公顷，植树529.4万株。其中，爆破造林666.67公顷，植树71.2万株；人工造林4 333.33公顷，植树458.2万株。涉及7个远郊区县、45个乡镇、176个地块，共组建专业施工队伍218支，施工人员9 632人，修建作业道路172 497米，打防火道108 514米，打井21眼，配备水泵612台，铺设管线548 102米。

【播草盖沙】 完成播草盖沙面积1 066.67公顷，栽植植物主要有二月兰、板蓝根、饲料桑、紫花苜蓿等。

【五河十路绿色通道建设】 新建绿色通道绿化面积3 793.33公顷，主要包括2009年六环路西线、京包线、S2线三条公路2 826.67公顷及2010年京承高速三期和京山铁路二期两条道路966.67公顷。

完成2.57万公顷五河十路绿色通道绿化带养护工作，补植补造树木11.9万株，树木修枝整形98.3万株，抗旱浇水530万株，树干涂白650万株，林地除草23吨，清理垃圾143吨，病虫害防治750万株，全市绿色通道护林员人达到2 762人。

【绿化造林工程】 2010年，计划完成绿化造林1.07万公顷。全市新增造林1.07万公顷，补植补造1.33万公顷，共栽植各类苗木3 200余万株。其中：三北防护林工程建设、太行山绿化工程完成造林3 333.33公顷，补植补造1.33万公顷；二道绿隔完成绿化面积2 400公顷；重点绿色通道完成绿化面积2 866.67公顷；京津风沙源治理工程完成人工造林1 000公顷，爆破造林666.67公顷；废弃矿山生态修复工程完成绿化1 466.67公顷；山区困难地区造林工程完成人工造林3 333.33公顷；彩叶树种造林工程完成造林1 333.33公顷；公路河道绿化工程完成绿化300千米；生态林管护工程完成林木抚育2万公顷。

【城镇绿化】 2010年全市完成新增城市绿化面积617.5公顷，改造绿地面积369.3公顷的建设任务。其中：新建公园绿地面积365.6公顷，改造公园绿地面积219公顷；完成滨河森林公园建设1 715.4公顷；新建、改建道路绿化287.6公顷；完成居住区绿化103公顷；改造老旧小区100余处；新建屋顶绿化53 125平方米，停车场绿化63 650平方米。

【京津风沙源治理工程】 北京市2010年国家级京津风沙源治理工程人工造林任务1 000公顷、爆破造林666.67公顷、封山育林2.67万公顷，市级荒山造林任务3 333.33公顷。涉及怀柔、密云、门头沟、昌平、平谷、延庆、房山等区县。截至目前，工程建设任务全部完成。

【立项关停废弃矿山植被恢复工程】 2010年（2008年立项）实施关停废弃矿山植被恢复工程总面积1 486.67公顷，涉及房山、密云、门头沟、顺义、怀柔、平谷、丰台、延庆、昌平等区县。全市累计完成建设面积1 093.13公顷，占计划任务的73.5%，栽植苗木 112.2 万株，清理浮石 12.4 万立方米，弃渣平整 134 万立方米，干砌挡墙 6.4 万立方米，浆砌挡墙 9.2 万立方米，使用生态袋 16 781 立方米，植生袋 17 171 立方米，客土回填 110 万立方米，配备水泵 149 台，建蓄水池 148 座。

【平原治沙工程】 2009 年平原治沙工程建设任务 4 570.13 公顷，其中：沙坑治理 172.4 公顷，灌草覆盖 1.38 万公顷，残次林改造 1 265.67，示范区建设 106 667 000 公顷。涉及昌平、大兴、房山、海淀、怀柔、平谷、顺义、通州、密云、丰台等区县及共青、黄堡市属林场苗圃。截至目前，主体工程建设已经全部完工，2010 年 9 月，有关部门对有关区县工程建设完成情况进行了检查验收。

【退耕还林工程】 按照国家林业局退耕办有关工程检查验收的通知要求，全市先后于 2009 年 11 月和 2010 年 2 月安排部署了 2010 年阶段检查验收工作和年度检查验收工作。2010 年 1 月，我市对全体检查验收的人员培训了《退耕还林工程退耕地还林阶段验收办法（试行）》和《退耕还林工程年度检查验收办法》。2010 年 3—4 月，我市完成了对密云、怀柔、平谷、延庆、昌平、门头沟等六区县的退耕还林验收工作。

【巩固退耕还林成果】 北京市巩固退耕还林成果专项 2009 年开始实施，总体进展比较缓慢。目前，规划确定的 2008 年年度任务已部分完成；2009 年巩固退耕还林工程林业项目计划任务是建设 20 个观光采摘示范园，目前任务刚刚开始启动；2010 年年度任务计划将与 2011 年年度任务统筹实施；2010 年和 2011 年任务计划将在对规划进行优化调整后，在 2011 年统筹组织实施。

【水源保护林建设工程】 根据市发展改革委关于 2008 年度水源保护林建设工程立项批复，水源保护林建设工程任务 1 266.67 公顷，涉及延庆、密云、怀柔、昌平、平谷、门头沟、房山等区县。2009 年 1 月，市发展改革委正式批复了市园林绿化局水源保护林建设工程项目建议书（代可研）。2009 年 2 月，按照项目建议书（代可研）批复的要求，完成初步设计的招标工作。2009 年 3 月完成监理招标工作。2009 年 6 月完成施工招标工作。2009 年 9 月，市发改委下达初步设计批复。2010 年 3 月，完成了对北京市 2007—2008 年度水源保护林建设工程的全面检查验收工作，涉及密云、平谷、昌平、怀柔、房山、门头沟六区县的 19 000 亩水源保护林。

【林下经济建设】 林下经济建设任务　2010 年是 2000 公顷，按照“实事求是、科学预测、靠前安排、积极推进”的原则。全年共完成林下经济建设 3 686.67 公顷，超额完成 1 686.67 公顷。涉及昌平、大兴、房山、海淀、丰台、怀柔、门头沟、平谷、顺义、通州、延庆等区县。林下经济示范基地建设 2010 年进一步加大了示范基地建设力度，建设数量和建设规模都相应增加，重点是在房山、平谷、密云、延庆等区县确定适宜的地块，进行了以林缘玫瑰、林下仿野生菌、林下中草药、林下饲料桑、芳香类等为主要建设对象的示范建设并对 2009 年建设的部分示范基地进行了完善。2010 年共建设和完善各类示范基地 576.67 公顷，建设成效良好，初步达到了示范推广、辐射带动的效果。其中：林缘玫瑰示范基地 96.67 公顷、林下仿野生菌种植示范基地 313.33 公顷、中草药示范基地 13.33 公顷、林下饲料桑种植示范基地 86.67 公顷、芳香类植物种植示范基地 66.67 公顷。

【维护生态安全，首都森林资源管理水平得到新提高】 本年度防火期，全市共接到森林火情报警 82 起，较上年同期减少 94 起，下降 54%。其中，发生一般森林火灾 5 起，过火面积 1.41 公顷，过火有林地面积 0.70 公顷。与去年同期相比，过火面积减少 13.04 公顷，下降了 90%；过火有林地面积减少 6.65 公顷，下降了 90%，均取得了首都园林绿化体制改革以来的最好成绩。

2009 年 11 月至 2010 年 9 月，全市共接警情 1 517 起，较上年减少 11%；已结办 1 396 起，结办率为 92%。全市森林公安机关受立案 514 起，其中刑事案件 58 起，林业行政案件 447 起，治安案件 9 起；按案别分，盗伐案件 79 起，滥伐案件 186 起，毁林案件 117 起，其他案件 132 起。与上年相比，案件总数下降 5%，其中刑事案件增加 38%，林业行政案件下降 8%，治安案件下降 31%；按案别分，盗伐案件减少 14%，滥伐案件增加 5%，毁林案件下降 24%，其他案件增加 15%。

1. 森林防火机制保障体系建设进一步完善。一是航空护林机制不断完善。市编办正式批复成立北京市航空护林站，各项基础设施建设资金现已全部到位，力争将在年内建设开工，以期全面推动本市航空护林体系建设的纵深发展。二是长效投入机制不断完善。目前，森林防火资金已纳入市级财政预算，森林防火通讯设备、车辆装备、扑救物资、宣传教育、科技研发以及市属专业森林消防队运行等经费得到了有效保障。区县财政也进一步加大森林防火投入，长效稳定的投入保障机制得到了巩固和加强。三是生态管护机制不断完善。下发了《关于完善本市山区生态林补偿机制的通知》，建立了稳定的生态管护补偿增长机制，实行了全员投保制度，并根据本市森林防火工作实际，将生态林管护员轮岗时间调整为每年的 6 月底，全面加强岗前培训和岗位管理，不断提高其业务水平和履行职责能力。四是联防互动机制不断完善。京津冀两市一省和区县级森林防火部门多次召开区域联防会议；成功举办了京冀森林保护合作项目森林防火物资交接仪式，前期共投资 1 325 万元，主要用于环京 11 县市重点火险区的综合治理，为确保本市交界区域森林资源安全提供了有力保障。本年度防火期，共接报边界火情 4 起，同比下降 2 起，均做到快速反应、处置得当，未形成森林火灾。

2. 森林防火基础装备体系建设进一步加快。一是预警监测体系建设明显加强。新建瞭望塔 36 座，使全市瞭望塔总数达到 179 座，瞭望监测范围从上年的 60%提高到了 65%；新建视频监测 3 套，使全市视频监测总数达到 57 套，监测范围从上年的 43%提高到 43.3%，设置各类临时森林防火检查站 242 个，成功申报了森林火险预警系统和全自动火情监测识别系统项目，逐步形成气象预警、高山瞭望、视频监测、定点检查的综合预警监测体系。二是林火阻隔体系建设稳步加强。西山林场森林防火阻隔系统一期工程全部竣工并交付使用；西山、八达岭、松山等三个林场森林防火阻隔系统建设项目二期初步设计已获市发改委批复，核定工程总投资近 1.3 亿元，目前正在组织实施；各级森林防火机构组织人工开设隔离带和清理林下可燃物共计 6.19 万公顷，培育生物防火隔离带 2 324 公顷。三是应急通讯体系建设稳步加强。市森林防火指挥系统投入正常运营，投资近 300 万元用于更新移动通讯系统，使之与新建成的移动指挥系统相互匹配，全面提高森林火灾应急移动通讯指挥效能。四是指挥扑救体系建设稳步加强。目前，全市专业森林消防队已达到 99 支 2 844 人，半专业森林消防队达到 258 支 5 550 人，以分布合理、点面结合的专业森林消防队为核心力量，以乡镇专业森林消防队为有效力量，以武警森林部队及驻京部队为坚强后盾的扑救体系格局进一步得到巩固。市级防扑火物资储备总量达到近 2 万件（套），各区县有效扑火物资储备合计 7.3 万件（套）。

3. 森林防火综合管理体系建设进一步加强。一是做到因时设防。针对本年度森林防火期雨雪天气多于常年的特点，市防火办准确把握阶段形势，先后 6 次召开工作会议并下发通知，还特别针对农村两委换届可能引发的负面影响进行了有针对性的超前部署。与此同时，夏占义副市长和安钢副秘书长先后在重要时间节点几次深入一线检查森林防火工作；门头沟区、房山区、顺义区、怀柔区、延庆县和密云县等主要领导亲临一线指导检查森林防火工作；市园林绿化局领导两次分组到各区县督导检查，市防火办领导赴各区县检查防火工作十余次，全市森林公安民警特别在元旦、春节、元宵节、清明节、“五一”等重要时间节点全部停休，坚持战斗在森林防火一线。二是坚持因地制宜。针对火情多发地区，市防火办派出工作组，有针对性地加强监督和检查，并协调武警森林指挥部机动支队历时 60 天在房山区和怀柔区驻扎官兵 100 人，实施“防控前置、扑救前移、靠前驻防”，为有效预防和扑救森林火灾发挥了重要作用。另外，昌平区则在该区重点部位封山封沟 142 条，制作警戒线悬挂在山沟路卡入口，强化源头管理，工作成效明显。三是落实因险而动。针对大风、高温等极端高火险天气，市森林防火指挥中心发布橙色预警 5 次，各级森林防火机构调配增加人员，延长看护时间，从源头上管住了火源。本年度森林防火期，全市共接报各类火情 82 起，均启动预案及时，指挥得当、扑救迅速，未形成大的森林火灾。

4. 森林防火法治保障体系建设进一步强化。一是严格落实各级森林防火责任制。全市认真贯彻落实新修订的《森林防火条例》精神，严格落实地方行政首长负责制，坚持“三长”负责制和区县领导包乡镇、乡镇领导包村的“两级包片”责任制，层层签订各类责任状共计 19.3 万份，确保了全市森林防火工作的各项部署一贯到底，全面落实。二是构建完善森林防火法治规范体系。年内，《北京市实施〈森林防火条例办法〉》立法项目取得了突破性进展，房山区、密云县依据新《条例》划定了森林防火区，并以人民政府名义发布实施；市防火办修订完成了《北京市森林防火年度考核办法》，重点针对区县森林防火指挥部（即区县政府）的责任制落实、工作保障、森林火灾预防和扑救等内容进行了量化考核；制定完善了《北京市森林防火指挥中心工作规范》和《北京市森林火灾扑救前线指挥部工作规范》，进一步促进了森林防火工作的科学化与规范化管理。三是建立完善了森林防火宣教体系。市防火办以学习和宣传《森林防火条例》为主题，特邀国家防火办曹真巡视员深度解读《森林防火条例》；11 月份，全市统一组织了森林防火宣传月活动，共发放各类宣传品 179.7 万份，挂横幅 8 900 余条，发送短信 5 700 余条，设置固定宣传牌 6 200 余块，设置新型太阳能森林防火语音宣传杆 10 个，并举办了“5·12 防灾减灾日”森林防火宣传活动，营造出了“人人防火、树树平安，时时防火、国泰民安”的浓厚氛围。四是加大森林防火责任追究力度。本年度防火期，共制止违章用火 4 361 起，总计罚款 14 000 元。延庆县强化责任落实，严格追究倒查，本年度共有 121 名护林员因脱岗、旷工或缺勤受到处罚，共计扣除工资 33 281 元，并有 74 人被取消管护资格。

5. 森林公安执法水平进一步提升。4 月 1 日至 6 月 30 日，按照国家林业局的统一部署，组织开展了以打击盗伐、滥伐、非法运输木材、放火或失火烧毁林木、非法占用林地等为重点的“春季行动”。全市各单位共出动人员 7 339 人次，其中森林公安民警 5 338人次，出动车辆 2 823 台次；接到群众举报线索 72 条，根据线索查破案件 21 起；刑事立案 6 起，破案 3 起，破获特大案件 1 起；清查木材交易市场 168 处次，清查木材经营加工场所 215 处次，清查征占用林地场点 97 处次；抓获犯罪嫌疑人 4 人，行政处罚 90 人，林政罚款 112 005 元。

6. 加强办案监督，规范刑事办案工作。为进一步规范刑事执法活动，明确职责，提高效率，确保执法质量，市园林绿化局制定下发了《关于进一步规范刑事案件办理工作的通知》，认真开展督办工作，积极指导调查取证、侦查措施手段的合理运用，办案能力进一步提高，办案程序更加规范，未出现程序违法，重要证据、重要线索漏取、漏查问题。刑侦部门共审核指导案件184次，审阅案卷材料213次，发现问题310余个，纠正问题190余个，参与具体办案74次，制作修改法律文书236件、其他材料186件。

7. 法制工作。一是加强法制审核。法制部门共审核案件35起，其中盗伐林木案16起，滥伐林木案6起，破坏野生动物案11起，破坏生产经营案1起，非法占用农用地案1起。移送检察机关审查起诉23起，退回办案部门补充证据3起，正在侦查中9起。涉及犯罪嫌疑人60名，其中拘留犯罪嫌疑人44名，取保犯罪嫌疑人10名，责令具结悔过2名，因证据不足未同意对犯罪嫌疑人采取强制措施4名。提请逮捕犯罪嫌疑人39名，批准逮捕犯罪嫌疑人39名，批准逮捕率100%。二是开展案件评查。按照上级统一部署，在全市开展了案件评查工作，完成47起案件的评查。其中刑事案件5起、涉法信访案件4起、林业行政案件38起。三是开展法制业务培训。编撰案件主办民警职责业务培训教材。先后为7个办案部门的221名民警讲课11次。公安部执法细则和市公安局执法大纲。

【林木有害生物防治】 2010年，全市林木有害生物发生面积3.96万公顷，有效防治面积3.93万公顷，防治率达到了99.43%，无公害防治率达到了100%；测报准确率98.9%。全市果树病虫害发生面积18.72万公顷次，防治面积29.76万公顷次；应施种苗产地检疫面积1.28万公顷，种苗产地检疫率达到了100%；成灾面积40公顷，成灾率0.058‰。测报准确率、无公害防治率分别比国家下达指标任务提高13.9、20.0个百分点，成灾率比国家下达指标任务降低了1.342个千分点，全市未发生美国白蛾灾害。

【林政稽查】 2010年，林政稽查紧紧围绕加强森林资源保护、构建首都和谐社会这个中心，以全面提高党员素质、加强党支部工作作为队伍建设的重点；以注重执法活动的社会效果、用人性化的执法方式体现为人民服务的思想；以加强理论学习促进各项工作为目标要求，认真履行森林资源保护的行政执法职能；2010年，稽查大队共受理各类行政案件172件。其中受理各类野生动物保护行政案件146件；受理林木、林（绿）地类案件26件。在受理的146件野生动物类案件中，受理举报直接查处案件32件，转督办案件32件，专项检查行动81件，协查案件1件，案件处理率达100%。在查处案件过程中共出动396人次，108车次。共收缴各种野生动物603只（条），其中北京市重点保护野生动物143只（条）；国家保护的有益的或者有重要经济、科学研究价值的陆生野生动物460只。收缴非法粘鸟网具12套，翻笼1个。

1. 严格审批，努力保护园林绿化资源。“十一五”期间，坚持依法行政，严格按法律法规的规定，认真履行了程序，落实许可文书和现场审核，有效的保护了本市的园林绿化资源。2006年至2010年上半年，直接办理行政许可审批6 012件（其中城市树木移伐4 911件，林木468件，使用林地633件），组织指导完成审批28 102件。共批准移伐林木1 089.272万株，其中：采伐林木808.227万株，共计99.84万立方米，移植林木281.045万株。共批准伐移城市树木16.1万株：其中砍伐树木5.4万株，移植树木11.7万株。批准使用林地共计633件，3 528.32公顷，其中征占用林地505件，3 152.55公顷；批准临时占用林地121件，345.22公顷；批准为林业生产服务设施占用林地7件，30.55公顷。

2. 开展林地保护利用规划的编制工作。按照国家林业局的部署，组织各区县开展了2010—2020年林地保护利用规划编制工作，已有13个区县完成了编制工作，将按国务院关于全国林地保护利用规划纲要（2010—2020年）的通知和国家林业局的要求进行编制和修改工作。

3. 野生动物驯养繁殖行政许可办理。共办理行政许可465件。其中审核类行政许可315件；审批类行政许可114件（做出3件不予行政许可决定）；核准类行政许可36件。共核发《国家重点保护野生动物驯养繁殖许可证》5个，《北京市重点保护野生动物驯养繁殖许可证》16个，《陆生野生动物出省运输证明》36个；严格遵守行政许可程序规定的要求，出具《不予受理通知书》7件、《行政许可补正材料通知书》8件、《办理期限告知书》9件、《核实材料登记表》20件、《监督检查与处理结果记录》3件。

【国际合作项目】 全年与德国、联合国发展计划署（UNDP）、世界自然保护联盟（IUCN）合作开展了6个项目，成功申请中韩森林保护项目和中日小渊基金2个国际合作项目，组织开展了“中朝友好苗圃”对外援助项目。

5年来，与德国、日本、韩国、马来西亚等5个国家及世界自然保护联盟（IUCN）、联合国开发计划署（UNDP）、世界自然基金会（WWF）等3个国际组织合作，共同在近自然森林经营、流域保护、森林认证、林业社区发展、菌根技术等方面开展了9个项目，实际吸纳外资1.42亿元。此外，在实施好既有项目的同时，紧密结合首都实际，积极探索合作方式，及时实现成果转化，逐步形成了以“交流—合作—引进—试验—示范—推广—标准”为主线的工作思路和模式，开拓了崭新的工作局面。2010年，林业碳汇和国际合作紧紧围绕首都园林绿化工作的重点，全年共实施了13个项目，其中4个项目完成结题；组织研讨、考察和培训共计48次、1 400余人；接待来自21个国家、地区和国际组织的专家、学者和项目官员19批130余人；办理因公出访团组15批58人次；开展林业碳汇宣传活动60余次、受众50余万人；编发工作动态53期。

1. 努力推进林业碳汇研究与示范。五年来，实施碳汇营造林项目6个，完成高标准碳汇造林280公顷，建设碳汇经营示范区93.33公顷，建成果园复合系统固碳增汇试验示范基地170公顷，杨树速生丰产林固碳增汇试验示范基地178.67公顷，为开展碳汇造林和经营提供了试验示范。积极开展林业碳汇研究，开发北京森林绿地碳汇生产、计量、监测、核查认证和交易指南。成立了中国绿色碳汇基金会北京碳汇专项基金，为首都碳汇林业建设筹集资金。已经收到捐资312万元。这些资金已经陆续用于全市碳汇林的建设当中。

2. 继续加强合作与交流。五年来，累计接待来自美国、英国、马来西亚、朝鲜、IUCN等50多个国家和国际组织168批1 703人次的参观考察，其中包括11个国家的34位部长级官员；办理因公出访团组78批，共计373人次。组织或承办大型国际会议15次，主要包括“防治荒漠化国际会议”、“林业碳汇与生物质能源国际研讨会”等，共有来自55个国家和地区、40多个国际组织的500余名代表参会。根据项目需求，外国林业专家为我办工作12 450人日，其中韩国专家辛教升先生、日本专家三岛征一先生均获得了北京市长城友谊奖。与此同时还加强了国内交流，内蒙古、宁夏、浙江等10个省区多次来参观学习森林健康经营和林业碳汇工作。

3. 顺利完成示范区建设任务。完成了全市10个郊区县和5个国有林场的万亩级碳汇营林和造林示范区的筛选工作。在延庆县实施碳汇造林26.67公顷，在八达岭林场实施碳汇林经营93.33公顷，建成果园复合系统固碳增汇试验示范基地170公顷，杨树速生丰产林固碳增汇试验示范基地178.67公顷。

4. 开展多部门联动，壮大北京碳汇专项基金。采取了与不同领域多部门联动的新模式，共同开展推进北京碳汇专项基金工作。由北京市委市政府、市人大、市政协、北京市市直机关工委和市局共同发起的“应对气候变化，推进林业碳汇”的活动，带动了全市各大市直机关积极投入到林业碳汇建设中来。在各级领导的关注和支持下、在公众的积极参与下，北京碳汇专项基金稳步发展，截至目前，共收到各级领导、市局机关干部、企业、个人的碳汇捐款312万余元，共计1 093人，这些资金将陆续用于全市碳汇营林、造林及相关宣传活动中。

公园事业

【以绿色理念引领发展，生态园林文化建设成果丰硕】 一是都市园林文化大力弘扬。大力加强对全市公园的分级分类管理和公园设计方案的审查审核，加大对历史名园、风景名胜区的环境整治和配套设施建设，深入挖掘皇家园林深厚的文化底蕴，使一大批历史名园得到有效保护。全市公园数量从“十五”末的190个增加到339个，其中注册公园达到313个，免费开放比例达到85.6%，初步形成综合公园、专类公园、街区公园构成的公园管理体系，各级公园和风景名胜区年接待游客量达2.2亿人次。

二是节庆游园文化丰富多彩。以重大会议和节日庆典景观布置为主题，节庆游园文化快速发展。奥运期间规划实施了“两区花港、三线花廊、五环花带、六类花境、百座花园”的赛时花卉布局，11家市属公园推出了“中华文明、光彩奥运”等一批大型文化展演活动；国庆景观布置形成了“广场敬献花篮、轴线立体装扮、节点花岛呈现、环线花带成链、绿地鲜花不断、千园添彩无限、社区芬芳吐艳”的格局，策划推出了“十方乐奏、百园展示、千园添彩”的大型国庆游园和文化展演活动，打造了首都精品园林文化品牌。

三是特色会展文化成效显著。高水平、高质量完成了第二届中国绿化博览会、第七届中国国际园林花卉博览会、日本滨松国际立体花坛大会、台北国际园艺博览会等多项国内外博览会的参展工作，扩大了首都园林绿化的影响力。成功举办了“高水平、有特点”的第七届中国花卉博览会，突破了历届花博会之最。成功获得第九届中国国际园林博览会举办权，公共区建设及招展工作井然有序。

四是绿色休闲文化日趋繁荣。依托全市丰富的林木绿地和历史人文资源，建成了一批特色主题文化公园，形成了“百万市民观光采摘游”、“三节一展”花事活动等一批大型特色文化品牌。大力发展以森林旅游为主体的绿色休闲文化，全市共建成各类自然保护区26处，森林公园和森林旅游区24处，年接待旅游人数达2 000万人次。

【登记注册工作】 全面完成全市第一次系统、完整的公园登记注册工作，摸清了全市公园的数量、布局及其他基本情况。改革开放30多年来，公园事业有了突飞猛进的发展。综合公园、社区公园、遗址公园、郊野公园等各具特色的公园不断涌现。同时，公园事业发展还面临着诸多挑战：一是公园总量不足，尤其是城四区和新城城区内缺少公园，人均指标偏低；二是布局不够合理，尚未实现公园500米服务半径全覆盖；三是体系不够健全；四是质量参差不齐。要解决公园建设管理中存在的问题，发展北京市的公园事业，必须首先摸清全市公园基本情况，做到数字清，情况明，为提高全市公园管理水平奠定基础。

全市公园总数共339个。全市注册公园总数313个。在注册公园中，收费公园45个，占14.4%；免费公园268个，占85.6%。全市注册公园总面积10 063.318公顷。其中绿化面积6 594.518 4公顷。全市有森林公园24个，湿地公园2个。

花卉产业、蜂产业、果树产业

【花卉产业】 2010年前三季度生产鲜切花4 500万支，盆栽植物1.25亿盆。预计全年花卉生产面积

0.47万公顷、产值14亿元，分别比去年增长4.5%、15%。

1. *花卉文化宣传活动*。围绕“绿色北京，让美好走进生活”的办节主题，组织开展了“三节一展”为主的花事活动。先后展示3 000多个品种的月季、菊花、郁金香等花卉1 500万株，吸引游客近百万人次。以花为媒，宣传北京花卉产业、弘扬花卉文化，引导花卉消费，推动产业发展。一是在北京国际鲜花港成功举办“2010年北京郁金香文化节”。集中展示“巴塞罗那”、“羞色美人”、“唐吉诃德”等73个品种300万株郁金香，并辅以百合、番红花、风信子、洋水仙、花毛茛等八大类春季时令花卉，营造出令人神往的花海景观效果。在室内举办国内首个大型百合展——“百合中国秀”，展出百合优良品种106个，20万株。同时引进了30多家国内外知名花卉企业特有的近百个品种花卉及苗木进行集中展示。节日期间吸引游客14万人，实现销售收入462万元。二是在北京植物园成功举办“第二届北京月季文化节”。本届月季文化节通过盆栽月季展评、切花月季展、精品月季拍卖、月季造景展、月季科普展、月季插花比赛等16项丰富多彩主题活动，集中展出了1 500个品种，15万株地栽月季以及100个品种，8 500余支切花月季。节庆期间，首次举办精品月季拍卖和月季大师评选，对国内外月季生产企业和研究单位精心栽培的6个品种的精品月季进行了拍卖；从月季生产者中评选出3名月季大师进行表彰，鼓励大家积极参与月季栽培与推广，这对于推动月季产业的发展，逐步形成“养月季、懂月季、爱月季”的良好氛围，起到了积极的促进作用。节日期间，吸纳游客25万人。三是组织开展了“第二届北京菊花文化节”。本届菊花文化节于2010年9月24日—11月30日在北京国际鲜花港、北海公园、北京植物园、世界花卉大观园等地同时举办。共展出1 200余个品种、6万余盆独本菊，300余个品种、1 200余万株小菊和草本花卉以及2 000余盆造型菊、艺菊和盆景菊。通过菊花评比、“北京菊艺大师”评选、“斗菊”等8项丰富多彩的主题活动，为菊花正名，弘扬市花文化。截至目前吸引游客20多万人次。四是组织开展系列年宵花展。2010年北京年宵花生产近300万盆，其中蝴蝶兰86万盆、凤梨63万盆、火鹤48万盆、蕨类32万盆等，竹芋、大花蕙兰、仙客来、长寿花、宝莲灯、石斛兰以及特色球根花卉等50多万盆。春节前后，先后在顺义区举办云花年宵花会，展销山茶、高山杜鹃、国兰、大花蕙兰、地涌金莲等10多个品种的特色花卉；在龙潭湖公园首次举办牡丹梅花展，20多个品种的牡丹和徽派、中原派、苏州派和川派20余种梅花盆景同时展出；在中国科学院北京植物园举办“催化牡丹迎展评”；在北京植物园举办“第六届北京兰花展”，集中展示了300余个品种，2万余株兰花等。对于丰富节日生活，增强节日色彩，烘托节日气氛起到了积极的促进作用。五是组织开展花卉园艺进社区系列活动。通过与北京花卉协会等单位合作，邀请花卉专家、花卉生产一线的技术人员，走进社区，为社区居民讲解养花知识，推广花卉布置，表演家居插花，宣传花卉文化。与丰台区政府联合举办“让园艺花卉走进家庭暨第一届世纪奥桥家庭园艺花卉展”。通过园艺生活DIY体验园、阳台花园、家庭蔬菜花园体验园、草坪婚庆体验园和开展全民参与的“我爱生活·世纪奥桥阳台花园设计大赛”，展示了北京各主要花卉生产企业的数百种应季花卉、苗木、观赏草、水生植物等栽培技术的新成果。

2. *组织参加系列花卉展*。积极参加第十届中国菊花展览会。中国菊花展览会创办于1982年，是由中国风景园林学会组织的一项全国性专类花卉展览活动，菊花展每三年举办一次，已成为国内闻名的专类会展品牌。本届菊花展于10月18日—11月8日在河南省开封市举办，全国21个省市区的60个城市组团参展，主会场及11个分会场布展菊花150万盆，制作大型室外景点170余个。市园林绿化局组织参展，精心培育的120个品种800余盆精品菊花，将参加专项品种、百菊赛等13个项目的评比。北京室外展区应用菊花为主的5万多株花卉，构筑了一幅立体画卷，点明“华彩菊颂”的主题，成为展会的一大亮点。也为北京市申办2013年的第十一届中国菊花展奠定了基础。

3. *加强国际合作*。“十一五”期间，以筹备“绿色奥运”为契机，以建设“三个园林”为重点，转变思路，建立城乡统筹的国际合作与交流，紧抓机遇，引进林业碳汇先进理念，强化管理，打造国际合作精品项目，培养高素质工作团队，圆满完成了既定的各项工作目标。5年共引进外资1.42亿元人民币，先后实施了中德、中韩等9个国际合作项目，推广了近自然森林经营、森林健康和参与式土地利用规划等先进理念试验示范1.18万公顷，引进了景观恢复、森林认证和林业碳汇等国际理念，制定各类技术标准、规程和模式10余项。

【蜂产业】 2010年全市蜜蜂饲养量达26.3万群，比上年的23.7万群增加10.7%；引进优良种蜂王1 500只，蜜蜂良种率达50%；蜂蜜产量627万千克，比上年增加18.98%；蜂王浆产量11.4万千克，比上年增加58.33%。全市共有蜂业专业合作组织54个，有蜂业产业基地56个，售蜂收入450万元，蜂授粉收入1 100万元，养蜂总产值1.7亿元，蜂产品加工产值超过9亿元，出口创汇超过1 000万美元。

【果树产业】 2010年，全市果树产业继续以建设都市型现代农业为方向，用新理念引领产业发展、新技术支撑产业发展、新机制推进产业发展，以实现果树产业实现“三个转变”和建设“两个一流”为工作重心，以抓好果品专业村（镇）建设为重要内容，以农民增收致富为落脚点，推广一流技术，建设一流水平的果品生产基地，实现“安全、优质、高效、生活、生态”五位一体的发展目标。

1. *果品收入4.7亿元，果农户均果品收入1.18万元。*尽管去冬今春遭遇严重冻害，各级政府主管部门鼓励果农严格采取减灾措施，全力推进科学化管理如不疏花晚疏果、人工授粉、施足有机肥、增加套袋等一系列保树保质措施，2010年果品总收入同比增长4.7亿元。

2010年全市果品产量为9.08亿千克，同比减产7.1%。其中鲜果产量达到8.5亿千克，同比减产7.6%；干果产量达到5 781.8万千克，同比略有增长。全市果品直接收入将达36.6亿元，同比增长14.7%，创历史新高。其中，鲜果收入达到29.5亿元，同比增长12.0%；干果收入7.1亿元，同比增长27.4%。板栗产量同比减少8.7%，因产量降低，市场变得紧俏，导致收入猛增到3.7亿元，占到干果收入的52.1%。樱桃因冻花芽较重，减产25.3%，但收入还达到了8 400万元，与上年基本持平。

平谷大桃收入增长1.4亿元，达到9.4亿元，平谷区整体果品收入可达到12亿元。密云果品总收入达4.4亿元，增长1.1亿元。房山果品总收入3.5亿元，增长8 000万元，通州、顺义也有较显著增长，分别达到2.56亿元和2.79亿元。

从2006年以来，全市果品收入连续四年增长超过10个百分点，2010年全市30.9万户果农户均果品收入达1.18万元，同比增长10.3%。

2. *完成春季果树发展。*据初步统计，全市春季完成果树发展0.51万公顷，440.9万株。其中，结合退耕还林结构调整新发展果树0.29万公顷（鲜果0.19万公顷）、304.5万株，其中山区县占2 600公顷；更新老杂劣果树1 266.67公顷，73.6万株（山区县933.33公顷，51.2万株）。各山区县继续积极利用酸枣及山杏等野生资源嫁接品种。全市共完成野生果树资源嫁接147.4万株。其中，酸枣接大枣134.3万株，怀柔占到122.9万株。山杏嫁仁用杏13.1万株，主要集中在昌平、密云。

3. *加大桃、柿子、苹果的品种结构调整力度。*按照果树产业“十二五”发展规划要求，调整传统磨盘柿、硬肉桃系列品种结构，改接日本甜柿品种、早中熟苹果品种及国内外水蜜桃系列品种。2010年昌平、房山、平谷三个区县完成传统涩柿品种高接换优95.25公顷、32 446株，新栽植甜柿22.33公顷、12 967株（大兴13.33公顷、8 000株，平谷7.33公顷、4 600株，昌平1.33公顷、167株，朝阳0.33公顷、200株）。甜柿品种主要有阳丰、次郎、早生次郎、西村早生等。

4. *设施果树继续成为增收亮点。*近几年设施果树栽植稳步发展，效益逐年提高，平均亩收入在1.7万～2.6万元。到2010年，全市已有设施果树1 193.33公顷，其中结果面积733.33公顷，生产设施果品1 310万千克，收入27 521万元，平均亩收入2.5万元，惠及万余户果农。

因设施栽培果品提前上市，温室花期、果品成熟期分别与春节、清明节、“五一”假期相逢，大大提升了市民前往郊区休闲、赏花、摘果的兴趣和内容，极大地丰富了都市型现代农业的内涵，在为果农带来丰硕的经济效益的同时，产生了很好的社会效益，反之又推动了设施果树栽培技术的提高和树种的不断扩大，鲜杏、樱桃、草莓、李子、果桑设施栽培等都有较大程度的发展，特别是近些年一些南果北种也有了较快发展。

5. *京郊果园观光采摘效益持续攀升。*2010年京郊果园观光采摘直接收入达3.3亿元。据统计，2010年京郊果园共接待游客904.7万人次，采摘果品总量达4 163.8万千克，采摘直接收入达3.3亿元。京郊采摘开放果园已由上年的926个增加到1 114个，面积达到3.43万公顷（同比增长4.9%）。通过观光采摘促销果品6 356.3万千克，促销收入2.9亿元，与去年基本持平。

2010年，号称“春果第一枝”的樱桃因冻花芽较重，减产25.3%，总产量319.5万千克，但市民采摘的兴致未减，在仅有两周多的采摘期内约有69.8万人次的市民来到果园，实现采摘收入0.84亿元，采摘的樱桃量占总产量的59.3%，而采摘收入占到了总收入的64.6%。平谷北寨红杏成熟时，北寨村接待游客4万余人次，50万千克红杏有20万千克被采摘，综合采摘收入达到180万元。大兴安定镇千亩古桑园接待观光采摘10万人次，采摘15万千克桑椹，收入170万元。

（市园林绿化局　黄桂林）

郊区二、三产业

概　述

按照市委要求，2010年注意大力发展都市型工业和生产性服务业、生活性服务业，大力发展新能源产业和循环经济，使郊区在能源结构上实现跨越式发展；积极为首都经济营造发展空间。引进高端生产要素，向郊区聚集。推动一、二、三产业融合发展，促进镇村工业结构调整和产业升级。在大力发展农产品加工业和乡村旅游业方面下工夫。要以建设旅游之都的新定位发展郊区旅游业。10个远郊区县2010年规模以上工业总产值6 046亿元，同比增长22.5%，比全市增速21.7%高0.8个百分点。10个远郊区县2010年全社会固定资产投资总额2 437.5亿元，同比增长18.4%，比全市增速13.1%高5.3个百分点。

农村经济结构进一步优化调整。据市农研中心农经统计信息系统资料，2010年，郊区农村经济主营业务收入4 174亿元。其中，第一产业收入230.7亿元，比2009年增长2%；比“十五”末期2005年的189.6亿元增长了19.3%。农村第二产业收入1 885亿元，比2009年增长10.8%；比“十五”末期2005年的1 278.9亿元增长了47.4%。农村第三产业收入2 058.2亿元，比2009年增长10%；比“十五”末期2005年的1 338.1亿元增长了53.8%。农村三次产业所占比重分别为5.5%、45.2%和49.3%，而2009年农村三次产业所占比重分别为5.95%、44.8%和49.25%；“十五”末期2005年，农村三次产业所占比重分别为6.8%、45.6%和47.6%，农村产业结构进一步优化。

镇村企业

【综述】 2010年是实施“十一五”规划的收官之年，京郊镇村企业深入贯彻落实科学发展观，紧紧围绕率先形成城乡经济社会发展一体化新格局，大力推进各项重点工作，积极推进产业结构调整和发展方式转变，克服了金融危机带来的负面影响，使京郊镇村企业继续保持稳定健康的发展态势。

“十一五”期间，在市委市政府正确领导和大力推动下，镇村企业获得了迅速发展，较为圆满地完成了“十一五”规划目标，为促进郊区经济和社会发展、带动农民就业增收和社会主义新农村建设提供产业支撑，做出了重要贡献。据统计：2010年镇村企业总收入达到4 266.6亿元，5年增长64.7%，年均递增13.9%；利润总额242.7亿元，5年增长83.7%，年均递增12.9%；增加值777.0亿元，5年增长71.7%，年均递增14.1%；工业增加值442.8亿元，5年增长98.8%，年均递增14.7%；职工人均报酬17 648元，5年增长70.4%，年均递增11.2%，通过五年的发展，镇村企业已经成为农村经济发展的支柱、统筹城乡发展的载体、小城镇发展的引擎，是北京建设世界城市的重要力量。

【镇村企业基本情况】 2010年京郊镇村企业个数为152 778家，同比减少7 097家。152 778家企业中规模企业4 169家，同比增加17家。职工人数136.5万人，同比减少36 195人。

按照工商登记注册类型划分：京郊镇村企业共有内资企业152 413家，同比减少7 047家，港、澳、台商投资企业117家，同比减少24家，外商投资企业248家，同比减少26家。内资企业中集体企业2 073家，占内资企业的1.4%；股份合作企业622家，占0.4%；联营企业168家，占0.1%；有限责任公司7614家，占5%；股份有限公司219家，占0.1%；私营企业11 708家，占7.7%；个体工商户130 009家，占85.3%。

私营以上企业按国民经济行业划分：农业企业341家，占1.5%；工业企业12 773家，占56.1%；建筑业920家，占4%；交通运输仓储业1 292家，占5.7%；批发零售业3 758家，占16.5%；住宿及餐饮业999家，占4.4%；居民服务、其他服务和娱乐业2 103家，占9.2%；其他企业583家，占2.6%。

私营以上企业按产业划分：一产341家，占1.5%；二产13 693家，占60.1%，三产8 735家，占38.4%。

私营以上企业职工人数按一、二、三产业划分：一产10 006人，占1.2%；二产596 900人，占70.5%；三产239 534人，占28.3%。

【主要特点】

1. 经济总量较快增长。2010年京郊镇村企业经济发展态势良好，经济总量保持较快增长，运行质量稳步提高，实现了速度、效益同步提高。2010年，京郊镇村企业实现总收入4 266.6亿元，增加值777亿元，利润总额242.7亿元，工业增加值442.8亿元，出口产品交货值146.1亿元，同比分别增长15.5%、15.8%、16.9%、16.6%、13.8%；其中工业增加值占全北京市工业增加值的16.4%。

2. 工业主导地位显著。2010年京郊镇村工业企业23 077家，比上年减少388家，同比减少1.7%；职工人数62.8万人，比上年减少21 737人，同比减少3.4%；实现营业收入2 282.1亿元，同比增长19.1%；增加值414.2亿元，同比增长16.6%；利润总额117.0亿元，同比增长24.2%。镇村工业企业总数、职工人数、营业收入、增加值、利润总额占镇村企业总量比重为15.1%、46.0%、53.5%、57.0%、52.9%，镇村企业工业主导地位进一步得到增强。

3. 产业结构有所优化。2010年京郊镇村企业（私营以上）一、二、三产的增加值比重为3.4∶71.1∶28.4，一产比去年同期下降0.2个百分点，二产下降0.8个百分点，三产增加1个百分点，产业结构略有优化。第二产业主要经济指标占镇村企业的比重都超过60%，仍占镇村企业的主要地位。

4. 规模企业健康发展。2010年京郊镇村规模企业4 169家，比上年同期增加17家。实现营业收入3 175.5亿元，同比增长23.7%，占全部镇村企业的比重74.4%；利润总额153.9亿元，同比增长26.3%，占全部镇村企业的比重63.4%；增加值515.4亿元，同比增长20.9%，占全部镇村企业的比重66.3%。规模企业主导作用更加明显，规模企业健康快速地发展对推动京郊镇村经济起着举足轻重的作用。

5. 职工收入明显提高。2010年，京郊镇村企业积极响应党中央、国务院关于改善民生、让劳动者更好地共享经济发展成果的号召，大幅提高职工工资性收入，增长速度远高于往年，也高于农村居民人均纯收入的增长速度。全年支付职工劳动者报酬240.9亿元，同比增长15.3%；人均劳动者报酬17 652元，同比增长18.4%，比增加值增长高2.6个百分点，比全市农村居民人均纯收入（13 262元）高4 390元。人均劳动者报酬增长比上年高11.1个百分点，比全市农村居民人均纯收入增长高7.8个百分点。

6. 外贸出口恢复增长。2010年，镇村企业在外贸出口连续两年出现负增长、深受国际金融危机重创的情况下，采取多项措施积极应对金融危机的影响，逐步迎来了恢复性发展。2010年镇村企业完成出口产品交货值146.1亿元，同比增长13.8%，但仍比2007年金融危机前减少11.3亿元，下降7.2%。2010年镇村出口企业548家，比上年减少48家，比2007年减少60家；年出口500万元的企业321家，比上年减少18家，比2007年减少57家。

7. 资产负债率略有下降。2010年镇村企业（私营以上）拥有资产总额4 251亿元，比上年增长18.9%。镇村企业本年金融机构贷款总额72.2亿元，同比增加4.5亿元，增长6.7%。镇村企业（私营以上）负债总额229.1亿元，同比增长18.3%，资产负债率64.1%，同比下降0.3%。

8. 镇村经济实力增强。2010年，镇村企业营业收入超过5亿元（含）的乡镇数为136个，同比增加1个，占全市189个乡镇的72.0%；超过10亿元（含）的乡镇数105个，同比增加7个，占全市的55.6%；超过50亿元（含）的乡镇数23个，同比增加4个，占全市的12.2%。

9. 职工总体素质提升。2010年镇村企业积极开展素质提升工程，多层次、多渠道、多形式地开展镇村企业职工教育培训工作，大大提高了镇村企业职工的人员素质。全年累计培训职工3.8万人次，镇村企业职工中具有拥有大专及以上文化程度的18.2万人，同比增长12.1%，占镇村企业职工总数13.4%，比上年增加1.8个百分点；拥有中专及技校文化程度的28.5万人，同比增长8.1%，占镇村企业职工总数20.9%，比上年增加2.1个百分点；具有初级及以上技术职称的人数12.6万人，同比增长1.2%，占职工总数9.2%，比上年提高0.3个百分点。

10. 社会贡献进一步加大。2010年镇村企业上交国家税金170.2亿元，同比增长20.7%，增加了国家财政收入。上交支农、建农资金及补助社会性支出总额3 053万元，有力地支援了郊区农业生产和农村各项事业的建设和发展，为社会主义新农村建设做出了应有的贡献。

（北京经信委镇村处　尤　靖）

商业服务业与新兴产业

【大型品牌商业助力新城发展】 2010年有12家大型商贸企业入驻全市10个郊区县，其中菜市口百货入驻房山区，华联（BHG）入驻通州区武夷花园购物中心，西单商场三期、新世界百货商城、美廉美超市入驻顺义区，物美大卖场、王府井百货、乐购超市入驻大兴区，苏宁电器入驻平谷区，环球新意百货店入驻延庆县金锣湾商贸中心，国泰百货、华联（BHG）入驻昌平区。

【“一乡一集市”工程基本覆盖乡镇】 通过对未完成“一乡一集市”的区县重点攻关，在地域面积大、人口居住分散的乡镇，加密改造的农村集贸市场布局，2010年北京市完成36家农村集贸市场改造工程，硬化市场地面超过24.88万平方米，建设交易厅棚和商业用房近5.96万平方米。填补“一乡一集市”空白的项目共有12个，全市“一乡一集市”覆盖率提高8个百分点，达到80%。

【启动“场店对接”工作】 北京市于2010年12

月10日正式启动农产品批发市场与社区菜市场“场店对接”工作。先期在10个城区对接市民日常生活所需的大白菜、圆白菜、白萝卜、黄瓜和西红柿5个重点品种。对接工作通过4项措施保障本市蔬菜市场供应：①组织新发地、大洋路、顺鑫石门、八里桥等本市大型农产品批发市场与东城、西城、朝阳、海淀等10个区的重点规范化菜市场进行“场店对接”，在蔬菜流通“最后一公里”实现场店无缝对接，最大限度减少中间流通环节和流通费用；②建立绿色车队，统一明示专用标识，压缩蔬菜运输“最后一公里”在途时间，开辟快捷、通畅的蔬菜运输“绿色通道”；③设立由菜市场直接经营的“保本菜”摊位，每天固定时段为低收入群体供应“保本菜”，同时发挥保本菜摊对稳定菜价的示范引导作用；④建立场店对接监测日报制度，为政府部门保障蔬菜市场供应提供第一手信息。

【农超对接工作取得成效】 2010年内，全市6家大型连锁超市企业已与全国110多个农业生产基地建立了合作关系，其中50%以上在外埠，主要分布在河北、山东、天津、新疆、内蒙古、海南、福建、甘肃、广西、江西等地区。北京市超市连锁企业通过“农超对接”渠道直接采购果蔬额占超市果蔬总采购额的45%，降低果蔬经营成本10%～15%；超市“农超对接”蔬菜平均售价比城区菜市场平均售价低近15%。2010年6家超市果蔬销售额达到9亿元，销售量超过14万吨。

【家电下乡工作稳步推进】 2010年以来，家电下乡政策发生了很大变化：家电下乡补贴品种从6种增加到10种；产品限价均有不同程度提高；扩大了补贴对象的范围；限购政策从一台提高到两台；补贴兑付流程简化等。在4个直辖市中，北京市家电下乡工作一直名列前茅。截至2010年12月31日，全市家电下乡产品销售量为45.3万台，销售额为9.9亿元，其中2010年销售量为28万台，销售额为6.5亿元，销售量和销售额分别为2009年的1.6倍和1.9倍；补贴家电下乡产品36.9万台，补贴额为1.02亿元；备案销售网点735家。

（北京市商务委员会　郭亚天）

旅　游　业

【概述】 2010年，北京市贯彻落实《国务院关于加快发展旅游业的意见》，坚持统筹城乡旅游协调发展，重视开发农村旅游资源，坚持“一区（县）一色”、“一沟（村）一品”的特色发展道路，大力培育各具特色的旅游新产品、新业态，推动旅游产业优化升级。在全国范围内首次推出乡村酒店、国际驿站、采摘篱园、生态渔村、休闲农庄、山水人家、养生山吧、民族风苑等八种全新乡村旅游业态。全市民俗旅游村达到344个，民俗旅游户发展到2万余户，直接或间接从事乡村旅游服务的人员超过60余万人。

【假日乡村游接待与收入】 春节黄金周期间，全市乡村民俗户接待58万人次，同比增长7.4%，民俗户收入5 380万元，同比增长13.6%；“五一”假期，乡村民俗户接待游客总人数达151万人次，同比增长29.4%，旅游总收入达1.41亿元，同比增长26.7%；端午假期，全市远郊乡村民俗户接待游客总人数达98.6万人次，同比增长19%，旅游总收入达9 596万元，同比增长33%；中秋节期间，北京游客在乡村民俗游84.5万人次，旅游收入7 839万元；“十一”黄金周期间，北京乡村民俗户接待游客总人数达283万人次，日平均接待量同比增长18%，乡村旅游收入达2.77亿元，同比增长23.6%。

【丰台区王佐镇被评为市生态休闲旅游度假区】 2月2日，市生态休闲旅游度假区评定委员会依照北京市《生态休闲旅游度假区评定规范》和《生态休闲旅游度假区评定管理办法》，授予丰台区王佐镇为“北京市生态休闲旅游度假区”。

【首批北京市乡村旅游特色业态单位评出】 2月8日，北京市乡村旅游特色业态评定委员会根据《乡村旅游特色业态标准及评定》（DB11/T 652—2009）北京市地方标准，发布首批北京市乡村旅游特色业态单位名单。国际驿站（1家）：怀柔慕田峪村小园餐厅；采摘篱园（5家）：门头沟区樱桃沟采摘园、房山区北石门村、大兴区大东农业观光园、大兴区梨花庄园航天科技观光园、平谷区鱼子山村温室大棚；乡村酒店（14家）：门头沟区山景苑度假村、门头沟区北京腾午度假村、房山区天毓山庄、房山区小河人家、昌平区雪雅小庄、昌平区鲜果乐园、昌平区香堂国际观光园乡村酒店、昌平区昌源祥温泉会馆、昌平区乡居楼、平谷区鱼子山村润泽园、怀柔区劳模山庄、怀柔区鹅和鸭农庄、密云县青箐顶、延庆县香龙园聚贤山庄；养生山吧（2家）：房山区北台民俗村、平谷区玻璃台村；休闲农庄（7家）：门头沟区古民居爨底下、房山区富恒农业观光园、大兴区玛莱特红酒庄园、大兴区留民营生态农场、平谷区丛海逸园、延庆县华坤庄园、延庆县义和庄园；生态渔家（2家）：密云县神农乐园、密云县溪鹊林度假村；山水人家（5家）：门头沟区古道酒家、平谷区雕窝村、怀柔区八宝堂村、密云县圣水渔村、密云县穆湖渔村；民族风苑（2家）：大兴区巴园子满族文化民俗村、怀柔区项栅子正蓝旗村。

【北京请您来过年春节群众评选活动】 3月3日，由北京市旅游局、北京市商务委员会、北京市文化局、北京市公园管理中心、北京晚报等共同主办的“2010北京请您来过年——春节十大系列群众评选”活动获奖名单公布。评选本着群众评选的原则，分别通过网络和短信两大通道接受群众投票，并同时在新浪网、沸腾都市网、北京旅游信息网同时开设了投票平台。评选共设立十大奖项：分别是最受喜爱的年夜饭（100家）、最受喜爱的十大庙会、最受喜爱的十大节庆活动、最受喜爱的十大购物街区、最受喜爱的十大餐饮街区、最受喜爱的十大滑雪场、最受喜爱的十大温泉、最受喜爱的十大旅游商品、最受喜爱的十大民俗户、最具旅游人气的区县。

最受喜爱的十大景区节庆活动有：海淀区的虎虎生威　拳猜天下英雄汇——中塔首届“京探杯”石头剪刀布 PK 擂台活动、紫竹院公园迎新春北京运动游园会；怀柔区的慕田峪长城“登长城迎新春”活动、红螺寺祈福游园会；朝阳区的欢乐谷“新春百艺欢乐节”活动、鸟巢欢乐冰雪季、世界巧克力梦公园春节主题：寅虎“巧”盼迎新春活动、奥林匹克公园冰雪嘉年华；西城区的北京海洋馆“庆虎年，迎新春”猜灯谜系列活动；延庆县的第二十四届龙庆峡冰灯艺术节。

最受喜爱的十大滑雪场有：平谷区的渔阳滑雪场；怀柔区的怀北国际滑雪场；密云县的云佛山滑雪场、北京南山滑雪度假村；延庆县的八达岭滑雪场；昌平区的军都山滑雪场、雪世界滑雪场；房山区的云居滑雪场；顺义区的莲花山滑雪场、乔波室内滑雪馆。

最受喜爱的十大温泉有昌平区的红栌温泉山庄、龙脉温泉度假村、温都水城、九华山庄、北京金隅凤山温泉度假村；大兴区的北京龙熙温泉度假酒店阳光温泉水世界、金海温泉；延庆县的金隅八达岭温泉度假村；丰台区的南宫温泉旅游景区；朝阳区的郁金香温泉花园。

最受喜爱的民俗户（100 户）有：怀柔区的京郊民俗第一家 00001 号、劳模山庄、长圆渔场、春阳农家院、丽泽山庄、朱雀山酒家；延庆县的李记炸糕、绿茵溪谷农家餐厅、北京龙庆峡农家乐民俗餐厅、北京铁友民俗餐厅、豆香阁农家院、香龙园聚贤山庄、北京独山清泉农家饭庄、杏花山庄、胡志英民俗户、余庆人家、义和庄园、北京兴秀龙泉农家餐厅、珍珠泉山庄、刘淑祥农家餐厅、“小辣椒”农家院、妫川大宅院、青山园、祁林飞农家院、豆香斋农家院、泉水香鸭、于久华农家餐厅、张宽农家餐厅、豆香亭农家院、怡情园、惠英农家院；房山区有小河人家农家院、坤润山庄农家院、栗春荣民俗户、北京芳香谷种植园、俣辰庄园农家院、王新华民俗户、周景辉民俗户、碧泽龙农家院、吕丽蓉民俗户、张秀红民俗户；平谷区有王辛庄镇绿波廊民俗餐厅、王学军农家乐旅游观光园、吉庆宝民民俗餐厅、刘呈存农家乐旅游观光园、鸿运来农家院、全顺新农家院、樱桃苑、书香农家院、学军农家院、刘宝恒民俗餐厅、刘全利农家乐旅游观光园、王来宝农家乐旅游观光园、北京桃花海忆香园民俗餐厅、王玉凤民俗餐厅、北京孙进财民俗餐厅、幸福使者农家院、王艳芬民俗餐厅、成义农家院、荣欣农家、郑连锁农家院、北京刘宝勤民俗旅店；通州区的北京泊浒采摘园；大兴区的北京满园春民俗旅游服务部、北京老憨采摘园、淑君民俗旅游服务部、崔书义民俗旅游服务部、张凤同民俗旅游服务部、朝增民俗旅游服务部、爱民民俗旅游服务部、鲍维芝民俗旅游服务部、崔红霞民俗旅游服务部、靓味渔村农业观光园、李景友民俗旅游服务部、刘振群民俗旅游服务部、士玲民俗旅游服务部、杨钢民俗旅游服务部、振云民俗旅游服务部、崔书华民俗旅游服务部、扈丽霞民俗旅游服务部、俊发民俗旅游服务部、晓月梨园民俗旅游服务部、梁国学民俗旅游服务部、刘景兴民俗旅游服务部、书启民俗旅游服务部、淑萍民俗旅游服务部、王凤利民俗旅游服务部、于庆友民俗旅游服务部、张士翠民俗旅游服务部、赵晨春民俗旅游服务部；昌平区的怡然湾民俗户、大宅院农家乐、又一村、北京白虎涧庄稼园农家乐、大燕北农家、田园山庄、盛雅园农家院、红焱农家乐、北京静心别院农家乐旅游观光园；海淀区的北京西山美庐观光采摘园。

【推动乡村旅游产业发展研讨会召开】 4 月 6 日，北京市推动乡村旅游产业发展研讨会召开，会议提出了完善乡村旅游部门联动，政策集成机制，即旅游局牵头，农委、财政、发改委、园林、国土、卫生、工商、税务、公安、民政、环保、妇联等行政管理部门通力协作，形成合力，共同做好乡村旅游的指导、监督、管理，促进北京市乡村旅游的持续健康发展。北京市乡村旅游对北京郊区农民脱贫致富起到了关键性作用，产业升级、品质提升是乡村旅游发展的重点，部门联动、政策集成是制度保障。

【入选全国首批旅游标准化试点单位】 6 月 10 日，国家旅游局确定北京延庆县为首批全国旅游标准化试点县，北京的中国国际旅行社总社有限公司、中青旅控股股份有限公司、北京昌平十三陵特区办事处、北京天坛公园为首批全国旅游标准化试点企业（单位）。

【北京首家生态休闲旅游度假区挂牌】 6 月 23 日，北京市旅游局为丰台区王佐镇南宫举行生态休闲旅游度假区授牌仪式，这是本市第一家生态休闲旅游度假区。20 多家旅行社出席了授牌仪式，中国国际旅行社总社有限公司与南宫生态休闲旅游度假区签订了《旅游协议书》。

2010 年 11 月，北京市旅游局在全国范围内率先开展了《北京市生态休闲旅游区评定规范》的制订工作，规定了北京市生态休闲旅游区在术语与定义、资源与环境保护、基础与配套设施建设、旅游设施建设、管理制度规范、组织与评定等方面的基本要求。强调生态、休闲等产业转型升级要求，突出产业聚集、辐射等全新产业发展理念。规范中规定“生态休闲旅游区”应具有明确地域界限，面积不小于 100 平方公里，生态环境良好，生态系统多样性、生物多样性、景观多样性得到有效保护和永续利用，是以开展生态休闲旅游活动为目的的特色旅游功能集聚区。

丰台区南宫位于北京西南，距市中心仅 20 公里，集社会主义新农村建设、现代地热科普教育、农业观光采摘、温泉养生、休闲娱乐度假、登山健身、感悟佛教文化于一体。

【北京首家汽车露营地开营】 7 月 6 日，位于怀柔九谷口自然风景区内的北京首家汽车露营地——怀北国际汽车营地举行开营仪式。副市长丁向阳出席并宣布开营，北京市旅游局副局长于德斌，怀柔区长池维生、副区长朱淑霞等领导及私家车车主和房车旅游爱好者出席了开营仪式。

作为北京首家汽车露营地——怀北国际汽车地以低碳、健康、时尚、环保为建设理念，引入国际露营协会（CARSCAMPING）5 星标准，是集露营、房车、旅游、休闲、食宿为一体的自驾车主题度假营地。整个营地规划范围总面积 12 万平方米，其中帐篷露营地规划 2 万平方米，可容纳 2 000 顶帐篷，房车、汽车露营地规划 4 万平方米，可容纳 400 辆汽车进入景区露营。其中房车露营车位及相关附属设施 80 套。山景徒步游览线路 6 条，全长 28 公里，水景休闲区 1.2 万平方米。营地内以综合服务中心为轴心，向西、北、南三方面成放射状分列四大主题营地—边关营地（A 区）、运动营地（B 区）、水岸营地（C 区）、长城营地（D 区），该营地还将引进 20 辆带有卧室、客厅、厨房的大型公寓式房车，以满足游客的不同需求。

【旅游景区质量等级复核公告】 8 月 19 日，北京市旅游局发布了对 29 个旅游景区的质量等级复核公告。什刹海风景区等 26 个旅游景区经复核达到现有质量等级标准。其中 4A 级（13 个）：什刹海风景区、首都博物馆、圆明园遗址公园、北宫国家森林公园、世界花卉大观园、圣莲山旅游度假区、中国航空博物馆、温都水城、北京野生动物园、金海湖风景区、京东石林峡风景区、北京密云黑龙潭旅游区、北京密云桃源仙谷自然风景区；3A 级（9 个）：北京大观园、北京老舍茶馆、北京湖广会馆大戏楼、北京京辉高尔夫俱乐部、北京韩美林艺术馆、通州运河公园、大兴采育葡萄大世界观光采摘园、幽谷神潭自然风景区、北京八达岭国家森林公园；2A 级（4 个）：北京提香高尔夫俱乐部、通州西海子公园、北京密云云蒙山自然风景区、北京青菁顶自然风景区。北京沟崖自然风景区等 3 个景区经复核未能达到现有质量等级标准，取消其质量等级资格。其中 3A 级（1 个）：北京沟崖自然风景区；2A 级 2 个：北京葡香苑艺场、通州大运河水梦园。

【北京首个红色旅游书屋挂牌】 8 月 24 日，“红色旅游书屋”挂牌仪式在顺义焦庄户地道战遗址纪念馆举行，北京市旅游局受国家旅游局红色旅游工作办公室委托，为焦庄户地道战遗址纪念馆“红色旅游书屋”授牌。北京市旅游局副局长安金明、副巡视员赵广朝出席，顺义区旅游局、区文委、焦庄户地道战遗址纪念馆相关领导参加。

“红色旅游书屋”是国家旅游局红色旅游工作办公室为推动红色旅游工作，在全国旅游行业开展的创建活动，计划在各省市红色旅游景区创建百个“红色旅游书屋”，顺义焦庄户地道战遗址纪念馆“红色旅游书屋”是北京市首个挂牌单位，北京市旅游局为创建“红色旅游书屋”配备红色书籍达 2 300 册。

【第二批北京市乡村旅游特色业态单位评出】 8 月 26 日，北京市旅游局发布公告，根据《乡村旅游特色业态标准及评定》（DB11/T 652—2009）北京市地方标准，经北京市乡村旅游特色业态评定委员会评定，批准国际驿站 1 家：北京紫海香堤香草艺术庄园；采摘篱园 16 家：北京绿山水民族农家园、九龙头果园、火村红杏采摘园、韭园农庄、南窖乡花港村、千树农业观光园、张坊镇三合庄村樱桃采摘观光园、北京魏善庄精品梨园、北京御丰园观光园、北京老胡梨园、北京绿四维葡萄基地、北京安定亮民绿奥观光采摘园、北京长力金源农业科技有限公司、北京安定圣泽林生态观光园、北京昌兴梨园、杏花山庄；乡村酒店 25 家：大石窝镇云居坤润农家院饭庄、大石窝镇王学纪农家院饭庄、张坊镇金鸡岭生态观光园、龙溪、白羊水湾、耕乐农庄、祥和佳苑、益泉会所、居庸宝成、木林间、樱水园、大河套农庄、桃花岛、峨嵋苑乡村酒店、川谷度假村、富华垂钓园、晓龙瀑、乡景度假村、来缘山庄、印象会所、古城人家、百味庄园、妫川大宅院、润泽生态园、柳沟；养生山吧 3 家：挂甲峪村养生山吧聚集区、黑水湾村养生山吧聚集区、将军关村养生山吧聚集区；休闲农庄 8 家：北京梅坪乐园、北京瑞丰农庄、北京瓜兴园农业观光有限公司、北京金篮子生态种植有限公司、北京快乐源农庄、好运农庄、清泉农庄、怡情园；生态渔家 12 家：北京青龙湖双新垂钓园、十渡龙头垂钓园、北京榆垡靓味渔村、东高村福良生态渔家、长圆渔场、西保美食城、北京鱼大厨美食城、乡情生态园、北京瀚洋度假山庄、北京红门水源垂钓园、华筵锦园民俗饭庄、北京集贤民俗旅店；山水人家 7 家：北京虎山居农业园旅游观光处、八亩堰山庄、黄草洼村山水人家、官地村、东帽湾村、六渡河村、百里山水画廊；民族风苑 1 家：七道梁村。

【2010 年市级乡村民俗旅游村户评出】 12 月 3 日，北京市乡村民俗旅游村、户评定委员会根据《北京市乡村民俗旅游村等级划分与评定》（DB11/T350—2006）和《北京市乡村民俗旅游户等级划分与评定》（DB11/T351—2006）地方标准，评定出八个区县的 23 个村为市级乡村民俗旅游村。分别是门头沟区的清水镇黄安坨村、妙峰山镇水峪嘴村、斋堂镇黄岭西、火村、马栏村；房山区的青龙湖镇南观村、河北镇黄土坡村、蒲洼乡芦子水村、十渡镇八渡村；昌平区的长陵镇大岭沟村、南口镇花塔村；大兴区的魏善庄镇张家场村、长子营镇沁水营村；平谷区的王辛庄镇井峪村、镇罗营镇张家台村；怀柔区的渤海镇北沟村、雁栖镇石片村；密云县的北庄镇南沟村、石城镇黄土梁村；延庆县的千家店镇下湾村、大庄科乡汉家川河南村、八达岭镇石峡村、下德龙湾村。

门头沟区清水镇马栏村张德金等八区县的 458 户农户被评为市级乡村民俗旅游户。

【5D 秀《炫幻北京》落户通州】 12 月 8 日，派

格太合环球传媒与通州区人民政府在钓鱼台国宾馆签订了“《京华水韵》派格5D秀文化置业项目集群”落户通州的全面合作协议。北京市旅游局副局长于德斌和中国电影集团董事长韩三平、时尚集团总裁刘江、著名制片人张纪中、著名画家韩美林等出席签约仪式。通州区区长岳鹏与派格太合环球传媒董事长孙健君在协议上签字。

该项目包括娱乐、餐饮、购物、时尚消费四大板块，其中娱乐板块分三大部分，除了5D炫幻秀之外，还有一个拥有36块银幕的新概念多形态动漫影城，一个影视主题数字娱乐互动体验馆。还有北京特色餐饮，时尚餐饮，电影主题餐厅，主题景观的街区式购物中心，世界品牌体验馆等。

【“魅力京郊”乡村旅游摄影大赛评选】 12月9日，由北京市旅游局主办，北京市旅游行业协会摄影分会（筹）与北京摄影家协会共同承办、北京市区县旅游局协办的“魅力京郊”乡村旅游摄影大赛摄影作品评选会召开。北京市旅游局副局长孙维佳、安金明，北京摄影家协会主席叶用才，副主席王越、石玉洁，中国摄影函授学院副院长许喜占等有关领导和专家对3 200余张摄影作品进行了甄选。北京旅游行业协会常务副会长熊玉梅主持评选会。本次摄影大赛设特等奖一名、一等奖两名、二等奖五名、三等奖十名及优秀奖80幅（组）。

【首批红色旅游景区评出】 12月23日，北京市红色旅游景区评定委员会根据《北京市红色旅游景区（点）评定规范（试行）》评选出天安门广场、中国国家博物馆、中国革命军事博物馆、新文化运动纪念馆、中国人民抗日战争纪念馆、卢沟桥文化旅游区、李大钊烈士陵园、焦庄户地道战遗址纪念馆为北京市首批“红色旅游景区”。

【新评等级旅游景区】 年内，北京龙徽葡萄酒博物馆、北京黄芩仙谷景区、北京大兴区留民营生态农场景区、北京九谷口自然风景区、北京云龙洞自然风景区、北京辉煌国际会议度假区、北京市宣南文化博物馆、北京市宣武艺园、北京市宣武区大栅栏商业街区、北京朝阳区三里屯VILLAGE、北京蓝色港湾、北京爨柏景区、北京顺义汉石桥湿地景区、北京顺义国际鲜花港、北京顺义焦庄户地道战遗址纪念馆、北京顺鑫绿色度假村、北京鹅和鸭农庄风景区、北京云梦仙境自然风景区、北京延庆石京龙滑雪场为国家3A级旅游景区。北京汇通诺尔狂飚乐园为国家2A级旅游景区。

【A级被投诉旅游景区公示】 年内，北京市旅游局对受理的A级旅游景区的有效投诉276件进行了公示，共涉及75家景区。被投诉的景区有：北京欢乐谷（25件）；北海公园（15件）；恭王府花园（14件）；龙庆峡（13件）；居庸关长城（11件）；颐和园（8件）；中华民族博物院（7件）；以下景区各为6件：北京动物园、京东大溶洞、圆明园；以下景区各为5件：八达岭长城、八大处公园、香山公园、北京海洋馆；以下景区各为4件：莲花山滑雪场、大观园、北京民俗博物馆、慕田峪长城、青龙峡；以下景区各为3件：龙脉温泉、天坛公园、雍和宫、朝阳公园、中国科技馆、北京植物园、十渡风景名胜区、潭柘寺、百望山森林公园、黑龙潭、石花洞、司马台长城、生存岛、周口店北京人遗址博物馆；以下景区各为2件：世界花卉大观园、首都博物馆、南山滑雪滑水度假村、怀北国际滑雪场、故宫博物院、军都山滑雪场、中央电视塔、双秀公园、雪世界滑雪场、石景山游乐园、陶然亭公园、石京龙滑雪场、中国钱币博物馆、中国农业博物馆、老北京风情园、古观象台、精灵谷自然风景区、中国人民革命军事博物馆、中科院北京植物园、戒台寺、京都第一瀑、虎峪自然风景区、北京野生动物园、凤凰岭自然风景区、桃源仙谷、十三陵、玉渊潭公园、妙峰山、中山公园、十三陵明皇蜡像宫、云峰山自然风景区、太平洋海底世界、鹫峰国家森林公园、京东石林峡、珍珠湖、神堂峪、詹天佑纪念馆、十三陵昭陵、孤山寨。

（市旅游局　王文生）

农村金融

概　述

2010年1月31日，《中共中央国务院关于加大统筹城乡发展力度进一步夯实农业农村发展基础的若干意见》正式发布。文件着重强调推进农村金融改革，并部署农村金融工作。为促进首都城乡一体化发展，2010年，在市委、市政府领导下，本市加大农村金融改革力度，努力构建农村金融服务平台，在全国率先构建金融服务体系，金融支农、强农、惠农能力进一步提升。

【农村金融创新发展，形成“北京模式”】 一是农村金融组织不断丰富，农业信贷体系进一步完善。截至2010年12月底，全市涉农贷款余额1 162.69亿元，同比增长42.3%；农户农贷款余额42.86亿元，同比增长3.37%；创历史新高。加快农村新型金融组织设立进程。目前，本市设立27家小额贷款公司、批筹6家；设立4家村镇银行，房山区、通州区、平谷区、门头沟区正在进行村镇银行设立的前期准备工作。大兴乐平农村资金互助社11月18日正式批筹。二是政策性农业保险健康发展。截止2010年12月底，全市共实现保费收入3.69亿元，同比增长8.2%；参保农户26.91万户次，同比增长11.8%；总保险金额95.4亿元，同比增长9.3%；简单赔付支出24 549.97万元，同比下降2.9%；总计赔付农户142 837户次，同比下降4.9%。三是农业投资平台作用显现。市农业投资公司参与设立11家小额贷款公司，投资的天翼项目、华利丰温室工程等设施农业项目运营顺利，已竣工设施936座，有效带动周边地区农村经济的发展和农民增加收入。四是农业产业基金支持农业龙头企业发展。加强资金募集工作，2010年11月建信信托认购2亿元。目前，基金合伙人承诺出资规模为6.2亿元。积极支持农业龙头企业发展，已投资中地种畜、现代农装、银丰棉花等3个农业项目，投资额1.05亿元。五是政策性农业担保有效改善“三农”融资条件。截至2010年12月，市农业担保公司共审批通过了担保项目355个，批准担保规模18.89亿元。加大对农民创业扶持，创新农户小额信贷担保服务方式，对农户15万元以下小额贷款，简化申报手续，开展无抵押信用担保。六是农村信用环境建设加快推进。截至2010年12月底，信用户评定面达到19.3万户，比年初增加3.6万户，增幅23%，共评定出信用户8.6万户，比年初增加1.5万户，增幅21%；信用村324个；信用乡镇12个。七是加强涉农企业上市培育，拓宽涉农企业融资渠道。对100家涉农企业进行重点培育，组织专场培训。大北农集团成功登陆A股中小版，IPO上市发行6 080万股，首发募集资金21亿元，市值超过240亿元。鼓励涉农企业拓展融资渠道，本市第一支农业龙头企业集合债券即将发行，发行规模3.05亿元。八是涉农要素市场逐步建立。截至2010年12月，全国棉花交易市场交易额1 500亿元；北京国家粮食交易中心交易；中国林权交易所交易；北京农副产品交易所2010年底正式开业，组织开展订单交易；北京农村产权交易所等相继成立，目前，正在研究制定交易规则和交易方式。涉农要素市场稳步发展。九是农村金融综合改革试验区全面推进。试验区紧紧围绕建立现代农村金融制度，加大农村金融综合改革，大兴区已成为全市农村地区新型农村金融组织样本最全、数量最多的地区，对促进区域经济社会发展成效显著。指导大兴区积极申报全国农村改革（农村金融）试验区。10月30日举办首届北京农村金融改革论坛，从理论和实践角度探讨深化农村金融改革路径，中央政策研究室、农业部、人民银行等中央部门和知名专家学者莅临指导，并发表主题演讲，全市160余金融机构和市属部门参加了论坛活动，有力提升大兴农村金融综合改革试验区的影响力。指导昌平区探索建立城乡一体化金融改革试验区，完成试验区建设方案。

（市金融局　李俊霞）

【北京农村商业银行股份有限公司运行状况】
2010年，北京农村商业银行股份有限公司（以下简称北京农商银行）坚持按规矩办事的治行理念，以首个中长期发展战略规划为指导，围绕“经营质量攻坚、制度建设和流程优化”三大发展主题，统筹推进资产、负债和中间业务协调发展，统筹推进优质信贷市场拓展和不良贷款处置，统筹推进市场营销和风险控制，逐步提升风险控制能力、金融服务能力和市场竞争能力，全行经营质态持续向好。作为首都农村金融主力军，荣膺由中国银行业协会颁发的“最佳服务三农贡献奖”等奖项，在北京银监局组织开展的北京地区2010年“三农”金融服务先进集体和个人表彰活动中，荣获多个奖项，“乡村便利店”荣获“2010年度三农金融服务特色产品”。

截至2010年末，全行资产总额3 358亿元，较上年末增长18%；各项存款余额3 008亿元，较上年末增长15%；全年实现拨备前利润31.7亿元，较上年末增长25.8%；监管指标大幅改善，资本充足率达到14%，核心资本充足率达到9%，拨备覆盖率达109%。

1. 贷款业务。出台“城乡结合部重点村改造”金融服务指导意见，以“大三农”视角重新定位北京农商银行涉农业务发展模式，打造城乡“二元化”业务结构体系。遵循“发展一批、调整一批、巩固一批、退出一批”的原则，积极推进客户和业务结构调整，健全集中审查审批机制，调整优化授信业务流程，信贷业务快速增长。截至年末，各项贷款余额1 390.7亿元，增长13.9%；涉农贷款余额432.77亿元，占全市涉农贷款余额的37.41%，较年初增加95.81亿元，高于全行贷款平均增速14.53个百分点，余额占比较年初增加3.5个百分点，达到了银监会对农合机构涉农贷款增量、增速、占比“三个不低于”的监管要求；农户贷款余额33.96亿元，占全市农户贷款余额的79.24%。

2. 负债业务。增强主动负债意识，加强总支行联动，开展“对公存款百日营销竞赛”，负债业务稳步增长，存款规模突破3 000亿元。截至年末，各项存款达到3 008.4亿元，较年初增加391.6亿元，增长15%，位居全市银行机构第9位，股份制银行第4位，其中储蓄存款净增21 3亿元，位居全市银行机构第4位，股份制银行第2位。

3. 中间业务。业务转型成效显现，中间业务增长迅猛，截至年末，全行实现中间业务收入5.42亿元，增幅40.8%。积极开展金融产品创新和服务创新，推出银行同业第一个专属银保品牌“凤凰随心保”，开通“银政惠民账户”，积极建设“乡村便利店”、“乡村自助店”，推出“凤凰亲情卡”和“亲情速汇通”；推出“新农家”农户贷款服务方案，开办代理销售实物贵金属产品业务，开发设计出“国际一站通”、“金凤凰出国金融服务”系列金融服务产品，产品创新水平有效提升。

4. 金融市场业务。克服国家宏观经济政策波段性调整带来的诸多不利影响，合理摆布资产配置，实现金融市场业务健康发展、投资规模平稳增长，经营资产达1 526.2亿元，较年初增加113.8亿元；实现经营利润13.5亿元，同比增加5.5亿元，增长69.2%，资金运营收益显著提升。

5. 风险防控。完善全面风险管理委员会及其专业委员会工作规则，明确职责分工，健全风险管理机制，启动管辖支行全面风险管理体系建设。建立风险预警管理体系和贷后管理评价体系，规范中介机构准入和运行管理。积极落实“三个办法一个指引”，加大政府融资平台贷款的调查、监测和解包还原力度，加强银行承兑汇票管理。坚持落实“会计主管委派制”，实施会计基础工作合规工程，强化会计检查监督和营运风险控制能力。完善内部审计体制，确定垂直管理的一级审计管理体制，有效提高了内审部门的独立性。加强合规建设，加大操作风险管理力度，突出专项审计检查，强化内部控制。

6. 信息科技。实现亦庄新数据中心的/顷利切换，初步构建了北京农商银行信息系统的生产、灾备、开发测试三中心雏形。完成信贷系统、个贷系统、资金债券系统、国际结算系统等约300个应用项目的开发及投产工作，建设业务处理监督中心，有力地促进了经营管理水平提升。成立信息科技管理委员会，规范、完善产品开发、测试和运维体系，健全科技管理机制。

7. 内部管理。将“按规矩办事”治行理念和相关要求有效落实到各项经营管理工作中，按“规矩”决策、执行、操作，推动全行稳健合规运行。按照依法合规、统筹协调、有序推进、衔接上市的原则，做好增资扩股及不良资产批量处置各项工作，并于年底顺利完成，共募集股份44.77亿股、134亿元，有效突破经营发展瓶颈。遵循“情况明、数字准、职责清、制度严、作风实、效率高”的标准，深入推进总支行三级行政运行机制建设，加强行政运行效能考评。按照“准入、运行、退出”的系统运行理念，有效推进全行业务运行机制建设，搭建前中后台分离的集中作业及监督体系，实现同城票据交换业务的区域性集中处理，完成分理处对公账户迁移工作，开通行内转账支票通存通兑业务，投产运行票据集中提入处理平台，对法人客户授信业务管理体制和流程进行调整，优化个人金融业务流程，积极推进网点战略转型。积极推进营业网点“合规高效”劳动竞赛活动，文明规范服务水平有效提升。确定“浓情浓意农商行”的新品牌口号，提升北京农商银行品牌和市场形象。

（北京农商银行　李　燕）

农产品流通

概述

2010年，统筹制定全市农产品批发市场布局规划，推进高水平农产品物流交易中心建设。抓好农产品市场建设，加强市场管理和监测，畅通首都农产品市场流通渠道，确保市场安全稳定供应。

农产品市场状况

【明确“十二五”期间本市农产品流通体系建设发展思路】 按照《国务院关于进一步促进蔬菜生产保障市场供应和价格基本稳定的通知》（国发［2010］26号）、《国务院关于稳定消费价格总水平保障群众基本生活的通知》（国发［2010］40号，以及《北京市人民政府关于统筹推进本市“菜篮子”系统工程建设保障市场供应和价格基本稳定的意见》（京政发［2010］37号）、《北京市人民政府关于切实做好稳定消费价格水平保障群众基本生活有关工作的通知》（京政发［2010］39号）等一系列文件要求，牵头研究制定了《北京市“十二五”时期农产品流通体系发展规划》。

【优化生活必需品市场监测系统】 2010年，将北京市粮油经销大户北京盛华宏林粮油批发市场纳入生活必需品监测体系，使生活必需品监测的样本企业保持在98家，包括：14家生猪屠宰加工企业、12家批发市场、20家零售企业及52家社区菜市场。

【大力发展规范化菜市场】 2010年，重点在朝阳区、海淀区、丰台区的乡镇区域和城市化建设较快的新城区域做好规范化菜市场推广发展工作。全年北京市十区县共发展规范化菜市场36家，建筑面积达9.32万平方米，营业面积6.5万平方米，售菜面积2.92万平方米。

【大米、面粉和食用油交易量增加】 北京盛华宏林和锦绣大地玉泉路粮油批发市场粮油交易量约占全市交易总量的70%。两家批发市场2010年大米交易总量为97.94万吨，较2009年增加11.17万吨，增幅12.88%。全年面粉交易总量为19.85万吨，较2009年增加1.70万吨，增幅9.36%。2010年食用油交易总量为12.23万吨，较2009年增加2.08万吨，增幅20.50%。

【大力推进“放心肉”服务体系建设】 按照商务部关于开展“放心肉”服务体系建设试点工作的有关要求，完成了生猪屠宰监管技术系统和肉品品质可追溯系统平台建设的调研，制定出建设方案，并通过市经信委电子政务和市财政评审。试点企业已经开展了肉品品质信息可追溯试验性工作。

【食品、农产品冷链物流配送体系更加完善】 提升食品、农产品流通质量，保障了居民消费安全。冷链物流基础设施不断完善，根据8个重点跟踪服务的冷链物流项目统计，共新建、改扩建冷库10万立方米，购置冷藏运输车辆70余辆，建设相关信息化管理系统以及购置相关加工、检测、包装等设备80余台（套），企业冷链物流运作能力和水平得到提升。

【成立全国棉花交易市场监督管理委员会】 根据商务部有关要求，2010年11月，成立了全国棉花交易市场监督管理委员会，成员单位包括中华全国供销合作总社、市商务委、市公安局、市工商局、市金融局和中国人民银行营业管理部、北京银监局、北京证监局以及西城区政府。制定了工作方案，确定了工作职责，明确了工作分工，完善交易资金第三方托管和银行监管制度，加强日常监管工作，确保市场规范安全运行。

【粮油市场保供稳价工作成效显著】 按照国家发展改革委等五部门保供稳价的工作要求，本市成立了由主管副市长挂帅的“粮油市场保供稳价工作小组”，每月向本市加工企业定向销售市储备稻谷，共销售稻谷19万吨。认真组织本市加工企业参与国家临时存储粳稻竞价交易，共采购稻谷57万吨，加工的大米限价出厂、限地销售，有效地稳定了北京市大米市场。根据市政府办公厅《关于做好本市秋粮收购和当前粮食市场调控工作的通知》精神，全面开展了秋粮收购监督检查工作，核查了91家企业的最高库存量和235家企业的收储资格，有力地保障了粮油市场供应，维护了粮价基本稳定。

【粮食流通产业稳健发展】 巩固粮油仓储主业，各级财政和企业积极投资建设和维修粮食仓房，储粮设施设备明显改善。“十一五”期间累计完成投资约9.17亿元。截止2010年末，全市有效粮食仓容达到415万吨，比2005年增长12%；油脂罐容达到14.6万吨，比2005年增长26%。粮油加工业稳步发展，小麦年处理能力达到100万吨，稻谷年处理能力达到138.4万吨，加工能力趋于合理、均衡、稳定。食用植物油加工能力逐步向本市周边地区和天津港转移，玉米加工、饲料生产企业结构进一步优化。

【粮食市场体系进一步健全】 北京市基本形成了以北京国家粮食交易中心为龙头，重点粮食批发市场为骨干，大卖场、超市、便利店为居民粮油消费主渠道，“万村千乡”农村连锁销售网点为补充，统一开放、竞争有序的粮食市场体系。北京国家粮油交易中心发挥竞价交易平台的作用，带动了大宗粮油贸易的开展。重点粮食批发市场发挥成品粮油集散中心的作用，丰富了成品粮油的市场供应。大卖场、超市、便利店和社区菜市场普遍经销粮油商品，满足和方便了城乡居民的日常消费。

【市储备粮规范化管理取得新进展】 推广科学储粮和绿色储粮，圆满完成了稻谷储存3年的试验，启动了糙米储存试验。加快储粮远程监控系统建设，仓储信息化管理水平进一步提高。加强市储备粮规范化管理工作，全面开展规范化“千分制”评价工作，促进了市储备粮规范化管理水平的提高。2010年，本市6家企业被国家粮食局授予“先进企业”，20家企业被市粮食局评为“优秀企业”。

【农产品出口继续保持超10亿美元】 2010年，北京市出口超10亿美元的商品有9种，分别是手机、成品油、船舶、钢材、服装及衣着附件、集成电路、肥料、煤和农产品。

【大豆等实施自动进口许可管理】 商务部、海关总署公告2009年第109号公布，自2010年1月1日起对大豆、油菜籽、豆粕、猪肉及副产品实施自动进口许可管理。

各区县社会消费品零售额

区县	金额（亿元）	增幅（%）	比重（%）	区县	金额（亿元）	增幅（%）	比重（%）
全市	6 229.3	17.3	100	房山区	119.8	20.9	1.9
首都功能核心区	1 197.9	18.9	19.2	通州区	187.7	16	3
原东城区	447.2	19.5	7.2	顺义区	180.5	16.3	2.9
原西城区	373	13.3	6	昌平区	168.3	16.1	2.7
原崇文区	197.8	24.9	3.2	大兴区	133.7	16	2.1
原宣武区	179.8	23.8	2.9	亦庄开发区	150	35.7	2.4
城市功能拓展区	3 861.3	16.5	62	生态涵养发展区	230.1	14.9	3.7
朝阳区	1 737.5	17.5	27.9	门头沟区	25.4	17.1	0.4
丰台区	722	13.7	11.6	怀柔区	56.2	15.4	0.9
石景山区	217.6	23.7	3.5	平谷区	38.2	19.5	0.6
海淀区	1184.2	15.4	19	密云县	64.3	12.8	1
城市发展新区	940	19.5	15.1	延庆县	46	12.5	0.7

（北京市商务委员会　郭亚天）

农产品行情分析

【概况】 农产品价格高企是第4季度最显著的特征，农产品价格波动频繁更是贯穿在2010年全年。大部分农产品价格处于历史最高水平，尤其是以蔬菜价格高位运行为代表，成为影响居民生活的主要因素之一。人工成本上升、天气因素、原材料价格上涨和通胀环境是影响和主导2010年农产品价格运行的主要因素。

从2010年全年市场运行情况来看，蔬菜、羊肉、白条鸡、鸡蛋、东北大米和富强粉同比涨幅分别为21.9%、12.1%、7.2%、14.7%、20.7%和7.8%。其余农产品价格涨跌幅不大。与上年同期相比，蔬菜、白条猪、羊肉、白条鸡、鸡蛋、淡水鱼、东北大米、富强粉和食用油价格分别上升22.4%、9.9%、15.8%、14.6%、27.4%、10.8%、24.3%、7.8%和22.2%，牛前腱价格下降1.7%。其中，蔬菜、羊肉、白条鸡、鸡蛋、东北大米和富强粉等6类农产品的平均价格为2002年以来的同期最高值。

与2010年三季度相比，四季度蔬菜、白条猪、白条鸡、牛前腱、羊肉、东北大米、富强粉和食用油价格分别上升20.3%、4.8%、4%、1.7%、6.4%、5.3%、7.8%和22.7%，淡水鱼价格下降4.8%。

【蔬菜】 2010年蔬菜上市总量为73.3亿千克，比上年同期减少3.7%，日均上市量为2 112万千克。

平均价格为每千克 2.78 元，比上年同期上升 21.9%。2010 年北京批发市场蔬菜主要来自河北省、山东省、北京市和辽宁省，所占比例分别为 29.1%、24.5%、10.4%和 8.9%。

四季度蔬菜价格季节性上升，同比高于上年价格水平，综合来看，蔬菜价格处于历史高位运行。10 月和 11 月上半月蔬菜价格普涨现象明显，蔬菜价格连续走出历史高位，至 11 月 16 日达到每千克 3.16 元的最高日价格，此后在蔬菜上市量增加和国家调控措施双重作用下，蔬菜价格迅速回落并于 12 月 7 日低于上年同期水平。四季度和 2010 年蔬菜价格变化的主要特征和主要影响因素分析总结如下：一是蔬菜价格环比涨幅较大，价格先升后降。大部分品种价格同比上涨，价格达到新的水平。二是 12 月份价格下行在往年较为少见，且是唯一低于上年价格水平的月度。三是四季度蔬菜供应量明显多于往年，进入 12 月份后日均上市量均在 2 400 万千克以上，这与 2010 年蔬菜价格居高和资本的逐利性息息相关。也反映出蔬菜价格上涨并非由于供给紧张引起。四是生产成本上升是推高蔬菜价格的根本原因。首先就是人工成本的上升，据三联周刊对主要蔬菜产地寿光的调研，2010 年人工成本相比前两年涨了一倍，不计算建设大棚的初始成本，雇工投入占到种植成本的 1/5，仅人工成本上升对蔬菜价格的贡献为 20%。如果再加上建设大棚时建筑工人工资的上涨引起的初始成本投入增加，成本将更高。五是企业参与经营蔬菜种植短期拉高了蔬菜价格。随着农村劳动力结构和就业意愿调整以及资本力量的介入，企业开始向蔬菜生产的初级链条延伸，而企业经营菜地的建设成本和种植成本均高于家庭经营，其次是生产资料价格上涨。而且由各种成本上涨引起的蔬菜价格上涨仍将在未来一段时期存在。六是低价储存菜价格不再“低”。大白菜、洋白菜、土豆、胡萝卜等冬季耐储存的蔬菜占市场权重大，价格低时会拉动蔬菜整体价格处于较低水平，而 2010 年四季度这 4 种蔬菜价格同比涨幅均在 40%以上，平均涨幅为 56.3%，拉动蔬菜整体价格同比上升 13.5 个百分点，贡献率为 60.3%。七是国务院和地方政府出台物价调控措施，对进京蔬菜免收各种费用，降低流通环节成本，对降低北京市场蔬菜价格起到积极作用。八是流通环节的油价和人力成本上升再次拉升蔬菜价格。

2010 年蔬菜价格在 2009 年达到 2 元水平的基础上继续上行，达到 2.5 元的水平之上，是天气因素、成本上升和国内通胀环境等因素综合作用的结果。

【猪肉】 2010 年猪肉上市总量为 2.7 亿千克，比上年同期下降 5.3%。平均价格为每千克 14.61 元，比上年同期上升 0.8%。北京批发市场的白条猪基本采取定点供应的方式，主要来自五肉联、鹏程等 10 个厂家，2010 年来自北京、河北和天津的比例分别为 72.7%、15.7%和 11.5%。

四季度猪肉价格环比季节性上升，同比高于 2009 年，全年价格呈现前低后高，总体与上年持平略涨。据对猪肉价格的监测和分析，下半年猪肉价格走势相对比较温和，仅在 10 月下旬和 11 月上旬出现一波强上升走势，其余时间价格表现较为稳定。综合来看，从供需关系来看，随着 7、8 月份生猪价格的回升，生猪存栏的数量有所增加，9、10、11 月份生猪存栏稳定在 4.5 亿头左右，能繁母猪占生猪存栏的比例维持在 10%以上，这是保障全国生猪供应的基础。从影响价格变动的因素来看，一是受到食品消费价格上升带来的传导效应，二是整个通胀环境对猪肉价格带来的上涨压力，三是冬季猪肉需求呈现扩大效应。这几个因素都会引起猪肉价格走高。因此除了内在的供需关系影响外，外围市场环境的影响较大，也是四季度价格上升的主要原因。综合全年来看，猪肉整体价格与上年相比变化不大。在监测的所有农产品中属于比较稳定的品种，在 2010 年农产品价格大幅上涨和 CPI 持续走高的环境下，猪肉价格走势对经济环境是有积极贡献的。

【牛肉】 2010 年牛肉上市总量为 4 984.2 万千克，比上年同期上升 18.9%。平均价格为每千克 25.65 元，比上年同期下降 2.6%。2010 年北京批发市场的牛肉主要来自河北和天津，比例分别为 69.6%和 29.4%。

四季度牛肉价格走势平稳，全年价格水平低于上年，上市量相比上年大幅增加。2010 年牛肉行情走势有些特别，在大部分农产品价格走高的情况下，牛肉价格一直运行在上年的水平之下，使近几年持续上升的牛肉价格有所降温。2010 年，牛肉价格平稳运行可能与市场供应改善有较大关系，2010 年牛肉月均上市量比上年多 56 万千克。从消费量来看，牛肉仍然属于小肉种消费，其年消费量仅为猪肉消费量的 20%。未来随着收入水平提高和饮食结构转变，牛肉消费量仍将会呈现增长的态势，因此需要增加肉牛养殖，关注牛肉产业发展。

【羊肉】 2010 年整羊上市量为 3 980.3 万千克，比上年同期上升 4.2%。平均价格为每千克 26.01 元，比上年同期上升 12.1%。2010 年北京批发市场羊肉主要来自内蒙古和河北，所占比例分别为 31.7%和 36.3%。

四季度羊肉价格继续高位运行，走出历史同期最高水平。在肉类产品中，羊肉行情的表现最为强势，与上年的月度价格曲线敞口较大，尤其是四季度，羊肉价格上升速度明显加快，与上年的平稳行情形成鲜明对比。羊肉价格高位运行和快速上升，一方面与羊肉市场供需相关，供给相对不足是羊肉价格持续上升的主要原因，另一方面，下半年 CPI 逐步走高，对羊肉价格走势形成一定的压力。

近几年羊肉价格逐年走高基本成为一种常态，每年价格都有一个跃升，以 2007、2008 年和 2010 年价格升幅最大。

【白条鸡】 2010年白条鸡上市量为5 992.5万千克，比上年同期下降0.6%。平均价格为每千克11.24元，比上年同期上升7.2%。2010年北京批发市场白条鸡主要来自河北、北京和天津，所占比例分别为48.2%、40%和11.9%。

四季度白条鸡价格环比上升，同比高于上年，2010年白条鸡价格整体高于上年。四季度白条鸡价格走势主要受以下因素影响，一是生产成本，二是出口环境，三是通胀环境。从生产成本来看，主要是人工成本上升和玉米价格上升引起的饲料价格上涨，根据生产企业的数据，玉米价格涨幅为6.8%，工人工资上涨50%以上。从外围环境来看，鸡肉及制品出口会对国内市场鸡肉价格形成传导作用。2009年由于金融危机影响，鸡肉出口量减少，导致国内价格下降，而2010年全球处于金融危机后的复苏期，鸡肉出口环境改善刺激鸡肉价格上行。国内通货膨胀环境也对鸡肉价格形成上涨压力。

从全年来看，白条鸡行情基本恢复到2008年的水平，市场产销环境均有较大的改观。北京批发市场的白条鸡有四成来自本市，自给率较高，因此加强批发市场与生产企业的信息沟通与联系，有助于平抑鸡肉价格波动和增加企业经济效益。

【鸡蛋】 2010年鸡蛋上市量为1.63亿千克，比上年同期下降3.8%。平均价格为每千克7.01元，比上年同期上升14.7%。2010年北京批发市场鸡蛋主要来自内蒙古、辽宁和河北，所占比例分别为44%、39.5%和11.2%，其中内蒙古赤峰市是北京市鸡蛋主要供应基地。

四季度鸡蛋价格同比大幅上升，并且创下历年来的最高水平，全年平均价格处于历史最高水平。鸡蛋价格高位运行引起较多关注，鸡蛋价格从5月份开始上升，6—8月份升幅加快，达到8元的历史最高水平，10月下旬鸡蛋价格再次发力上行，11月价格高达每千克8.4元。2010年鸡蛋价格持续波动上升的行情在历年较为少见，根据监测和调研情况分析，一是供需矛盾，蛋鸡存栏不足的现象始终存在，例如种代鸡、父母代鸡同比降幅分别达到40%和30%。据企业反映，即使在鸡蛋价格处于历史最高水平且盈利时，养殖户补栏的积极性仍然不高，侧面反映出目前鸡蛋养殖业存在一些问题。二是生产成本上升，主要是饲料价格和人工成本上涨引起，据企业的计算，当前鸡蛋的盈亏点在3.1元左右。三是散户数量持续减少，退出趋势明显。根据固定样本监测，2008—2010年散户数量分别为10万、7万和4万。

【淡水鱼】 2010年淡水鱼上市量为2.15亿千克，比上年同期下降18%。平均价格为每千克10.11元，比上年同期上升3.9%。2010年北京批发市场草鱼主要来自天津、河北、北京和山东等地，所占比例分别为33.9%、27.9%、19.1%和12%。

四季度淡水鱼价格小幅走低，同比高于上年，全年价格略高于上年水平。

从全年来看，淡水鱼行情走势较为平稳。自2010年3月份开始，淡水鱼市场价格即稳定在每千克10.5元左右的水平，10—12月价格运行在下行区间，价格水平在每千克10元左右。从分品种来看，草鱼价格较低，而鲤鱼价格涨幅较大，处于历史较高水平。

【粮油】 东北大米。2010年东北大米上市量为4.59亿千克，比上年同期下降24%。平均价格为每千克3.91元，比上年同期上升20.7%。2010年北京批发市场东北大米主要来自黑龙江、辽宁和吉林，所占比例分别为42.4%、35.3%和17.8%。

富强粉。2010年富强粉上市量为4.42亿千克，比上年同期下降21.9%。平均价格为每千克2.63元，比上年同期上升7.8%。2010年北京市场富强粉主要来自河北、北京和山东，所占比例分别为43%、28.2%和17.6%。

食用油。2010年食用油上市量为1.62亿千克，比上年同期下降1.9%。平均价格为每千克8.02元，比上年同期上升5%。2010年北京批发市场食用油主要来自天津、河北和北京，所占比例分别为43%、29%和23.4%。

四季度粮食价格季节性上升，东北大米价格同比涨幅超过两成，富强粉价格上涨略微温和。粮食价格上涨是推动近期CPI持续走高的主要动力，粮食产量实现七连增，对于保障我国粮食供应非常重要，也是保障粮食价格稳定的基础。粮食价格上涨的部分原因来自种植环节，生产资料价格上升直接推动小麦和大米价格上升。

四季度食用油价格升幅较大，拉动全年食用油价格高于上年水平。四季度厂商集中对食用油提价，月度价格升幅较大，10月和11月价格涨幅均在10%以上。食用油价格波动主要受国际市场的影响，南美和北美大豆生产和预期情况是左右食用油价格的主要原因。

（市农委督查处　徐成响）

蔬菜市场供销

【概况】 2010年全市蔬菜价格总体上涨较快，对市民生活产生一定的影响。为了掌握全市蔬菜一年内不同时期主要消费品种、主要来源地以及价格情况，市农委农产品流通处会同北京市农业局信息中心对2010年北京蔬菜市场供销形势进行了分析，主要判断如下：

1. 全年上市量居前的20个品种分别是土豆、大白菜、洋白菜、葱头、葱、冬瓜、番茄、胡萝卜、黄瓜、白萝卜、西葫芦、小辣椒、茄子、芹菜、菜花、蒜、姜和土豆，占上市总量的78.32%。其中大白菜、洋白菜、土豆、葱头、冬瓜、胡萝卜、白萝卜、南瓜8种蔬菜较耐储存，是市商委确定的主要储备品种。

2. 冬淡季一般指12月至次年3月，这一时期北京市场蔬菜主要消费品种是大白菜、土豆、葱、葱头、白萝卜、胡萝卜等储存菜，番茄、黄瓜、柿子椒等山东的设施蔬菜以及来自南方地区的时鲜蔬菜。

3. 夏淡季一般指7月下旬到9月下旬，这一时期北京市场蔬菜主要消费品种是产自张家口坝上、承德等冷凉地区的土豆、大白菜、洋白菜、菜花、白萝卜等。

4. 从全年来看，河北、山东、辽宁、北京是北京蔬菜主要供应地，占到北京蔬菜供应总量的70%以上。

【蔬菜来源分布】 2010年（截至12月5日），北京八大农产品批发市场54种蔬菜上市总量为691.28万吨。其中上市量居前的20个品种是土豆、大白菜、洋白菜、葱头、葱、冬瓜、番茄、胡萝卜、黄瓜、白萝卜、西葫芦、小辣椒、茄子、芹菜、菜花、蒜、姜和土豆。这20个品种上市总量为541.42万吨，占54种蔬菜上市总量的78.32%，2009年这一比例是75.39%，基本稳定。从上市量总量和消费习惯来看这20个蔬菜品种是北京主要蔬菜品种。其中大白菜、洋白菜、土豆、葱头、冬瓜、胡萝卜、白萝卜、南瓜8种蔬菜较耐储存，是市商委确定的主要储备品种。2010年，这8种蔬菜的上市量为275.27万吨，占蔬菜上市总量的40%，其市场情况见表1。

表1　8种储存菜的市场情况

品种	价格（元/千克）	同比（%）	上市量（千克）	同比（%）
白萝卜	1.16	11.54	215 844 720.3	8.71
葱头	1.71	23.02	398 603 500.3	9.43
大白菜	1.27	67.11	474 559 100.2	19.70
冬瓜	1.14	1.79	316 264 900.3	6.75
胡萝卜	1.18	−2.48	262 048 200.2	14.91
南北瓜	1.72	0.58	116 899 800.2	15.40
土豆	2.25	82.93	563 158 600.3	−1.36
洋白菜	1.44	19.01	405 289 800.2	4.47
合计	1.54	31.62	2 752 668 622	8.21

蔬菜来源情况。根据对北京市八大农产品批发市场的追踪监测，从全年来看，河北、山东、辽宁、北京是北京蔬菜主要供应地，占到北京蔬菜供应总量的70%以上。

根据季节变化情况，蔬菜供应地由南向北转移。冬春季节，以南方地区、山东和河北的设施菜供应为主，夏季炎热，主要依靠河北坝上地区、承德及东北等冷凉地区蔬菜供应，进入秋季，主要以北方地区秋茬菜供应为主。

1. 冬春季节蔬菜供应分布。12月至次年4月份，属于冬春季节，近两年春寒时间有所延长，4月天气处于乍暖还寒。这一时期蔬菜供应以山东居多，其次是河北、南方地区（海南、广东、广西、云南四省）、辽宁和北京。山东设施菜面积较大，是供应北京的主要供应地，这个季节平均比例为27.3%，12月份最高占比32.7%。其中，潍坊市、聊城市是山东设施菜的主要来源地，对北京的供应比例分别是13.5%和10%。冬春季节北京蔬菜供应分布见表2。

表2　12月至次年4月北京蔬菜主要来源分布

单位：%

	北京	河北	辽宁	山东	南方省份	合计
12月	6.1	16.6	10.8	32.7	4.8	70.9
1月	6.1	19.5	11.6	27.8	16.0	81.0
2月	6.2	17.2	12.3	27.7	15.0	78.5
3月	4.4	17.0	12.7	23.7	21.5	79.3
4月	5.7	19.7	11.5	24.6	15.6	77.1
平均	5.7	18.0	11.8	27.3	14.6	77.4

这一时期，山东和南方省份蔬菜价格较低，从2009和2010两年的监测数据看，12月至次年4月，山东蔬菜的价格为每千克2.67元，南方省份蔬菜价格为每千克2.63元，北京市场与这两个主供地市场蔬菜差价约为每千克0.4元。这一时期，北京及其蔬菜来源地批发市场的蔬菜价格情况如表3所示。值得注意的是，北京与其来源地批发市场蔬菜价格有可能出现“倒挂”现象，如北京与辽宁的蔬菜价差为负，这是由于冬季辽宁大部分地区气温偏低，蔬菜价格较高，并不是北京蔬菜的实际来源地；只有北京周边的锦州地区是其实际来源地。如2009年12月到2010年4月，北京蔬菜市场辽宁的供应比例为11.74%，其中锦州的供应比例为11.45%。所以，如果把辽宁全省做为北京蔬菜来源地进行价格比较时就会出现北京蔬菜价格低于来源地批发市场价格的现象。

表3　12月至次年4月北京及其蔬菜来源地价格情况

单位：元/千克

	北京	河北	辽宁	山东	南方省份
12月	3.00	3.17	3.56	2.68	2.79
1月	3.05	2.3	3.37	2.62	2.64
2月	3.17	2.65	3.71	2.78	2.32
3月	3.11	3.13	3.38	2.75	2.76

（续）

	北京	河北	辽宁	山东	南方省份
4月	3.00	2.90	3.03	2.53	2.63
平均	3.07	2.83	3.41	2.67	2.63
北京与来源地差价	0	0.24	−0.34	0.40	0.44

2. 夏季蔬菜供应分布。5月份，随着天气转暖，露地蔬菜生产逐渐取代设施大棚，北京市蔬菜供应来源地开始从山东转向北京本地、河北和辽宁地区。2010年监测数据显示，1—4月份，河北蔬菜供应比例小于山东，从5月开始，河北蔬菜供应比例逐步接近并超过了山东的供应比例。6、7月，河北蔬菜的供应比例超过了40%，其中廊坊、保定等北京周边地区蔬菜供应比例较大；北京本地菜供应比例仅次于山东菜的供应比例。夏季北京蔬菜供应分布见表4。

表4　5—7月北京蔬菜主要来源分布

单位：%

	北京	天津	河北	辽宁	山东	南方省份	合计
5月	9.19	6.01	24.34	11.91	25.74	10.15	87.34
6月	15.32	5.98	40.54	7.86	15.95	3.63	89.28
7月	16.60	5.01	43.48	6.47	18.82	0.96	91.34
平均	13.70	5.67	36.12	8.75	20.17	4.91	89.32

这一时期，做为北京市场蔬菜来源比例最大的两个省区，河北和山东蔬菜价格较低，从2009和2010两年的监测数据看，5—7月，河北蔬菜价格为每千克1.70元，山东蔬菜价格为每千克1.75元，北京与这两个地区的蔬菜价差约为每千克0.60元。这一时期，北京及其蔬菜来源地批发市场的蔬菜价格情况如表5所示。

表5　5—7月北京及其蔬菜来源地价格情况

单位：元/千克

	北京	河北	辽宁	山东	南方省份
5月	2.56	2.30	2.63	2.07	2.56
6月	2.11	1.80	2.08	1.54	2.56
7月	2.22	1.01	1.94	1.64	2.62
平均	2.30	1.70	2.22	1.75	2.58
北京与来源地差价	0	0.60	0.08	0.55	−0.28

3. 秋季蔬菜供应分布。从8月份开始，河北张家口坝上地区、内蒙古等冷凉地区的蔬菜陆续上市，对北京的供应比例不断加大。这一时期，北方地区秋茬菜也是北京市场的主要供应来源。河北、山东、北京本地的供应比例较大，内蒙古、辽宁、甘肃地区的供应比例也比夏季有所增加。秋季北京蔬菜供应分布见表6。

表6　8—10月北京蔬菜主要来源分布

单位：%

	北京	天津	河北	内蒙古	辽宁	山东	南方省份	合计
8月	15.48	5.89	39.03	4.74	5.61	20.66	0.70	92.11
9月	16.87	6.19	33.29	8.81	9.06	17.79	0.77	92.78
10月	9.88	5.28	29.34	9.37	8.44	23.62	1.91	87.84
平均	14.08	5.79	33.89	7.64	7.70	20.69	1.13	90.91

这一时期，河北蔬菜价格最低，从2009和2010两年的监测数据看，8—10月，河北蔬菜价格平均为每千克1.27元，北京与河北的蔬菜差价达到了每千克1.16元。这一时期，由于秋茬菜和张家口冷凉地区蔬菜陆续大量上市，从而拉低了河北整体蔬菜价格。山东蔬菜由于向国内外销售较多，整体价格偏高，与北京市场蔬菜价差处于一年中最小的水平。秋季，北京及其蔬菜来源地批发市场的蔬菜价格情况如表7所示。

表7　8—10月北京及其蔬菜来源地价格情况

单位：元/千克

	北京	河北	内蒙古	辽宁	山东	南方省份
8月	2.37	1.07	2.08	2.43	2.06	2.69
9月	2.44	1.38	1.95	2.65	2.24	2.81
10月	2.49	1.36	2.41	2.57	1.91	2.95
平均	2.43	1.27	2.15	2.55	2.07	2.82
北京与来源地差价	0	1.16	0.28	−0.12	0.36	−0.39

【主要蔬菜品种数量供应及价格变化】

1. 大白菜。从近5年上市量来看，大白菜上市量呈现先增后减的情况，2008年大白菜上市量最多，达到5.54亿千克，2009年由于受自然灾害影响降幅较大。综合来看大白菜上市量占比平均在6.6%左右。

近年来大白菜价格呈现波动上升的趋势。2008、2009和2010年连续3年上升，2010年大白菜价格为每千克1.27元，历史上首次进入1元区间（表8）。

表 8　2006—2010 年大白菜上市量及价格数据

单位：元/千克，万千克

	2006		2007		2008		2009		2010	
月份	价格	上市量	价格	上市量	价格	上市量	价格	上市量	价格	上市量
1	0.80	4 033.2	0.56	5 568.6	0.72	6 455.0	0.45	5 682.0	1.46	6 622.4
2	0.86	2 689.0	0.62	3 849.5	0.86	4 665.6	0.42	4 392.9	1.63	4 076.7
3	0.83	3 729.0	0.75	4 710.2	0.79	6 293.8	0.79	4 789.4	2.04	4 680.7
4	1.19	2 968.7	0.95	4 262.4	0.84	4 611.4	1.75	3 465.1	2.30	4 024.2
5	0.48	3 071.4	0.54	3 479.4	0.77	3 910.6	1.00	2 426.5	1.09	3 735.2
6	0.35	2 621.4	0.91	2 518.6	0.45	3 972.9	0.75	1 869.8	0.53	2 976.1
7	0.37	2 029.4	1.15	2 388.1	0.89	3 381.7	0.71	2 087.7	0.96	3 110.0
8	0.49	2 720.9	0.90	3 143.9	0.73	3 478.8	0.84	2 637.7	0.78	3 607.5
9	0.74	3 271.8	0.57	3 549.7	0.63	3 685.9	1.18	3 137.4	0.67	3 967.8
10	0.26	3 577.7	0.79	4 054.8	0.61	4 059.6	0.53	4 107.7	1.02	4 162.3
11	0.26	5 373.5	0.75	5 726.0	0.32	5 288.9	0.46	4120.7	1.09	5 647.3
12	0.45	6 205.0	0.73	7 501.9	0.36	5 556.6	0.70	5 689.6	1.13	1 259.2
合计	0.57	42 290.8	0.75	50 753.1	0.66	55 360.8	0.76	44 406.4	1.27	47 869.2

2. 土豆。从上市量来看，土豆年度上市量呈现逐年增加的趋势，2006 年上市量为 5.1 亿千克，2009 年达到 6.2 亿千克，增加幅度比较大。预计 2010 年上市量基本维持在 2009 年的水平。

从价格情况来看，逐年度上升趋势明显。2006—2009 年价格均在 1～1.5 元之间波动，2010 年价格上升到 2 元以上，升幅较大（表 9）。

表 9　2006—2010 年土豆上市量及价格数据

单位：元/千克，万千克

	2006		2007		2008		2009		2010	
月份	价格	上市量	价格	上市量	价格	上市量	价格	上市量	价格	上市量
1	1.19	3 984.0	1.22	5 257.4	1.35	5 938.2	1.20	5 000.0	1.97	5 480.0
2	1.36	2 549.5	1.27	3 783.3	1.48	4 177.3	1.16	4 406.3	2.28	3 771.7
3	1.33	3 759.6	1.30	4 264.1	1.44	5 677.9	1.15	5 520.7	2.51	5 176.5
4	1.41	4 108.9	1.15	5 063.8	1.57	4 982.3	1.2	6 012.2	2.61	5 811.8
5	1.38	3 976.9	1.22	4 064.5	2.06	5 199.9	1.31	6 054.4	2.90	6 389.2
6	1.09	3 668.4	1.12	3 850.1	1.55	4 754.7	1.43	4 731.3	2.35	4 828.8
7	0.88	4 087.2	1.12	4 355.7	1.35	5 040.1	1.01	4 455.8	1.59	4 831.9
8	0.84	4 485.2	1.34	4 543.9	1.34	4 732.5	1.08	4 593.0	1.95	4 432.5
9	0.85	4 719.8	1.29	4 942.7	1.21	4 392.0	1.19	4 753.7	1.93	4 313.7
10	0.88	4 778.5	1.25	5 276.2	1.08	5 081.4	1.18	5 213.2	1.76	5 131.9
11	1.02	5 121.2	1.31	5 835.9	1.15	5 270.3	1.48	5 353.7	2.46	5 419.6
12	1.13	5 500.9	1.38	6 402.0	1.18	5 592.7	1.70	6 066.9	2.54	1 166.7
合计	1.09	50 740.2	1.25	57 639.5	1.39	60 839.1	1.27	62 160.9	2.25	56 754.2

3. 芹菜。芹菜上市量呈现逐年下降的走势，2006 年上市量为 2.4 亿千克，2009 年为 2.17 亿千克，2010 年预计略低于 2009 年水平。在蔬菜总量中的比例呈现缩小的走势（表 10）。

价格走势与上市量走势正好相反，价格水平呈现逐年上升的走势。从2009年开始上升速度有所加快。

表10　2006—2010年芹菜上市量及价格数据

单位：元/千克，万千克

	2006		2007		2008		2009		2010	
月份	价格	上市量	价格	上市量	价格	上市量	价格	上市量	价格	上市量
1	1.74	1 705.6	1.03	2 533.4	1.00	2 238.6	1.39	2 042.7	2.42	1 663.7
2	1.88	1 674.8	0.78	2 177.4	1.84	1 593.9	1.69	1 691.6	2.56	1 316.7
3	1.21	2 256.5	0.98	2 212.0	1.63	1 873.0	2.37	2 104.2	1.92	2 101.0
4	1.34	1 846.7	1.06	1 968.2	1.16	1 820.0	2.38	1 843.8	1.56	2 092.2
5	0.86	1 916.0	0.94	1 821.1	1.33	1 742.8	1.75	1 501.4	1.28	2 061.1
6	0.50	1 803.7	1.10	1 529.1	1.07	1 573.3	1.35	1 432.6	0.96	1 351.4
7	0.46	1 630.7	1.42	1 453.6	1.09	1 446.4	1.30	1 488.6	1.22	1 195.6
8	0.70	2 256.1	1.13	1 727.0	0.96	1 726.5	1.30	1 688.7	1.27	1 395.8
9	0.85	2 784.4	0.79	2 286.9	0.83	2 278.7	1.34	1 846.1	1.13	1 790.6
10	0.52	2 580.4	0.95	2 199.1	0.96	2 000.7	0.97	1 904.6	1.65	1 658.1
11	0.57	1 945.4	1.19	1 888.9	0.70	2 091.3	1.11	2 117.2	2.09	1 876.9
12	0.95	2 075.4	1.03	2 539.6	0.99	2 097.5	1.89	1 997.6	1.80	368.4
合计	0.94	24 475.7	1.02	24 336.2	1.11	22 482.6	1.58	21 659.1	1.65	18 871.6

4. 大蒜。从上市量来看，近5年大蒜上市量基本呈现逐年减少的趋势，但是市场供应总体比较平稳。2010年上市量减幅较大，上市量水平明显低于历年水平。预计基于当前的高价格，未来上市量将有所恢复。

从近5年情况来看，大蒜价格波动比较剧烈，起伏较大。2008年到2009年5月份是近年中大蒜价格最为低迷的时期，也直接导致2009年下半年到2010年大蒜价格长期居高不下（表11）。

表11　2006—2010年大蒜上市量及价格数据

单位：元/千克，万千克

	2006		2007		2008		2009		2010	
月份	价格	上市量	价格	上市量	价格	上市量	价格	上市量	价格	上市量
1	3.72	2 465.0	4.71	2 171.9	1.01	2 492.9	0.57	2 044.3	7.43	1 729.6
2	4.23	1 929.2	4.74	1 675.4	0.92	1 683.5	0.56	1 812.4	7.68	1 134.4
3	5.50	2 200.1	4.36	1 951.7	0.73	2 273.8	0.55	2 194.8	7.59	1 608.2
4	6.83	2 089.5	2.99	1 937.6	0.70	2 092.6	0.61	2 154.0	9.39	1 631.7
5	4.85	3 078.1	2.08	1 731.5	0.70	1 695.0	1.00	2 497.9	7.93	2 094.2
6	2.81	3 298.8	1.49	1 995.0	0.78	2 372.5	2.33	2 452.1	7.57	1 991.8
7	2.57	2 918.3	2.07	2 415.7	0.87	2 217.4	3.09	2 443.0	9.69	1 807.2
8	2.98	2 479.6	1.98	2 955.1	0.95	2 178.1	4.07	2 279.5	11.37	1 504.3
9	3.75	2 357.6	1.70	2 571.7	1.07	1 871.9	4.10	2 284.1	12.26	1 393.4
10	4.03	2 443.8	1.57	2 521.7	1.02	1 991.6	5.44	1 754.0	11.87	1 443.6
11	4.80	2 099.6	1.37	2 282.2	0.84	2 091.8	6.94	1 582.4	10.76	1 611.3
12	4.85	2 211.8	1.22	2 420.0	0.69	1 987.5	7.07	1 711.2	8.85	303.0
合计	4.13	29 571.4	2.42	26 629.3	0.86	24 948.6	2.85	25 209.7	9.29	18 252.4

5. 黄瓜。近两年黄瓜上市量大幅减少。2006—2008年黄瓜上市量分别为3.82亿千克、3.84亿千克和3.47亿千克，到2009年降到2.88亿千克，预计2010年上市量基本与2009年持平。

黄瓜价格平稳上升。2009年虽然市场上市量降幅很大，但是价格并未出现大幅上升（表12）。

从量价关系来看，市场消费黄瓜的比例变化较大，从2009年至今黄瓜的消费比例减小，应该是消费者偏好转移的体现。

表12　2006—2010年黄瓜上市量及价格数据

单位：元/千克，万千克

	2006		2007		2008		2009		2010	
月份	价格	上市量	价格	上市量	价格	上市量	价格	上市量	价格	上市量
1	4.36	2 612.3	3.14	3 047.1	3.61	2 901.7	3.73	2 178.4	3.31	2 196.3
2	3.33	2 234.8	2.72	2 348.0	4.15	2 387.1	4.45	1 897.7	4.82	1 701.9
3	3.01	2 836.2	3.66	3 081.1	3.63	3 090.4	3.85	2 572.7	4.11	2 337.9
4	1.98	3 118.2	2.40	3 595.7	2.33	2 979.8	2.95	2 702.8	2.98	2 639.2
5	1.40	3 359.8	1.59	4 368.9	1.54	3 511.0	2.08	2 714.9	1.95	2 758.4
6	1.06	3 888.7	1.04	4 200.4	1.09	3 898.3	1.41	2 616.0	1.25	2 607.2
7	0.82	3 625.0	1.24	3 298.9	1.53	3 369.0	1.51	2 607.4	1.70	2 424.7
8	1.25	3 306.5	1.65	2 966.3	2.03	2 418.4	1.66	2 561.8	2.58	2 251.4
9	1.66	3 223.7	1.46	2 873.9	1.74	2 647.9	2.18	2 487.8	2.05	2 414.8
10	1.17	3 778.6	2.61	2 700.2	2.06	2 800.2	1.69	2 425.6	2.88	2 316.2
11	2.18	3 362.4	2.72	2 915.0	2.26	2 533.7	2.65	2 056.4	2.86	2 202.9
12	3.52	2 854.1	3.08	3 003.5	2.94	2 188.8	4.01	1 975.7	2.55	468.6
合计	2.01	38 200.4	2.20	38 399.0	2.33	34 726.4	2.60	28 797.1	2.68	26 319.4

6. 番茄。番茄和黄瓜在蔬菜中属性相似，在食用特征上也有较大的相似。因此番茄的量价变化与黄瓜基本一致，价格逐年稳步上升，上市量呈现下降趋势（表13）。

表13　2006—2010年番茄上市量及价格数据

单位：元/千克，万千克

	2006		2007		2008		2009		2010	
月份	价格	上市量	价格	上市量	价格	上市量	价格	上市量	价格	上市量
1	3.65	2 144.1	2.52	3 043.5	3.04	2 550.5	3.46	2 081.3	3.97	2 119.3
2	2.87	1 961.0	2.48	2 182.1	3.62	1 892.9	3.56	1 783.6	4.32	1 545.6
3	3.51	2 591.1	2.94	2 681.2	3.89	2 427.5	3.41	2 360.1	4.06	2 383.9
4	3.02	2 786.7	2.80	2 905.5	3.27	2 471.5	3.59	2 071.7	4.33	2 412.4
5	2.33	2 657.0	1.98	3 374.7	2.27	2 929.3	2.81	2 435.1	3.16	2 529.2
6	1.37	3 133.0	1.21	2 759.1	1.42	3 205.3	1.72	2 394.8	1.20	2 890.4
7	0.64	3 538.7	1.52	2 342.2	1.13	3 422.6	1.53	2 623.1	1.07	2 696.6
8	0.84	3 614.4	1.88	2 295.2	1.38	3 171.8	1.71	2 569.0	1.83	2 672.7
9	1.22	3 588.2	1.25	2 687.0	1.51	2 765.8	2.10	2 561.4	1.96	2 639.7
10	1.14	3 142.6	2.07	2 484.8	1.68	2 734.0	2.03	2 612.4	3.32	2 572.1
11	1.65	2 724.0	1.77	2 737.9	1.47	2 576.5	2.50	2 531.6	3.29	2 224.4
12	2.7	2 923.4	2.20	2 706.1	1.85	2 542.3	3.83	2 314.4	3.04	464.9
合计	1.93	34 804.2	2.06	32 199.3	2.11	32 689.9	2.62	28 338.5	2.83	27 151.0

7. 结球生菜。生菜属于叶菜中消费量较大的品种。近几年来市场上市量增加明显，说明市场需求在增加。2007 年上市量为 1 亿千克，2009 年为 1.19 亿千克，2010 年预计将达到 1.5 亿千克。

从价格变化来看，近几年生菜价格基本在每千克 2.5 元左右波动，价格较为稳定。年度内冬春季节价格水平与平常时期差距较大（表 14）。

表 14 2006—2010 年生菜上市量及价格数据

单位：元/千克，万千克

	2006		2007		2008		2009		2010	
月份	价格	上市量	价格	上市量	价格	上市量	价格	上市量	价格	上市量
1	2.12	366.4	3.02	909.9	2.45	932.4	5.58	589.3	3.13	946.6
2	2.83	358.2	2.87	564.7	4.01	737.7	5.57	601.4	3.20	950.1
3	2.58	447.6	4.28	764.2	3.70	1 077.8	3.74	963.3	4.48	1 002.9
4	2.47	448.9	2.95	814.5	1.80	761.2	2.58	946.2	5.15	860.0
5	1.15	491.0	0.80	1 137.5	1.04	846.7	1.49	866.9	2.02	1 191.5
6	1.27	432.6	1.53	720.2	0.96	1 241.6	1.61	1 037.8	1.59	1 306.6
7	1.37	490.2	1.94	713.6	2.00	1 078.2	1.42	1 171.8	1.92	1 510.9
8	2.45	515.5	1.14	948.0	1.41	1 171.1	2.53	1 069.9	1.66	1 833.9
9	2.37	320.4	2.14	812.4	2.02	1 304.7	2.40	1 049.1	2.18	1 582.6
10	0.94	311.3	4.05	699.2	1.53	1 174.9	1.33	1 207.6	2.88	1 311.1
11	1.54	290.6	3.37	923.7	1.46	1 101.5	1.92	1 428.2	3.35	1 320.1
12	2.72	634.5	2.18	1 041.1	3.54	710.9	3.41	966.4	2.62	272.1
合计	2.02	5 107.2	2.44	10 049.0	2.06	12 138.5	2.54	11 897.9	2.68	14 088.5

8. 茄子。从近年来看，茄子的上市量呈现减少的走势。2006 年茄子上市量为 2.68 亿千克，2009 年降为 2.45 亿千克，2010 年预计将下降为 2.2 亿千克左右。

价格水平波动上升。从 2007 年开始进入 2 元的价格区间，2010 年价格预计将在 2.8 元左右，相比 2009 年有较大的升幅（表 15）。

表 15 2006—2010 年茄子上市量及价格数据

单位：元/千克，万千克

	2006		2007		2008		2009		2010	
月份	价格	上市量	价格	上市量	价格	上市量	价格	上市量	价格	上市量
1	4.55	1 587.5	3.64	1 811.7	4.66	1 890.8	3.30	1 880.9	5.50	1 854.5
2	3.57	1 397.5	3.44	1 457.3	4.99	1 260.1	3.95	1 463.0	5.60	1 209.1
3	3.89	1 793.0	3.75	1 865.1	4.38	1 791.3	4.52	1 643.5	5.36	1 426.2
4	2.71	2 194.6	3.21	1 739.4	3.41	1 963.9	3.40	1 571.3	4.56	1 604.0
5	1.89	2 470.5	2.07	1 819.0	2.49	2 246.1	2.55	1 795.4	3.54	1 450.4
6	0.99	2 593.9	1.53	1 759.6	1.43	2 173.6	1.09	2 362.1	1.75	2 316.3
7	0.47	2 812.6	1.21	1 893.9	0.96	2 064.9	0.76	2 645.8	1.34	2 302.4
8	0.59	2 660.5	1.07	1 985.5	0.83	2 160.1	0.99	2 539.0	1.27	2 321.5
9	0.67	2 742.2	0.93	2 007.8	1.02	2 503.5	1.55	2 153.4	1.09	2 141.5
10	0.69	2 492.5	1.87	2 020.1	1.69	2 047.1	1.42	2 097.6	1.84	1 959.7
11	1.50	2 130.9	2.78	2 064.2	1.72	2 016.4	2.09	2 313.0	2.61	1 942.8
12	2.48	1 876.4	3.60	2 190.5	2.18	2 112.3	4.25	2 005.5	2.46	438.0
合计	1.74	26 752.2	2.40	22 614.1	2.32	24 230.2	2.29	24 470.6	2.83	20 966.4

张家口市蔬菜产销

【总体情况】 2010年7—9月份张家口市19个区县蔬菜播种总面积8.75万公顷，比上年增加6.1%。蔬菜总产量为476.6万吨，比去年略减0.2%，亩产面积减少5.9%。呈现面积增产量减的局面。产量减少的主要原因是受病害和降雨天气的影响。

【区域分布情况】

1. 重点区域。张北、康保、沽源和尚义4县蔬菜播种面积达4.61万公顷，占全市播种面积的52.6%，比上年增加0.32万公顷，产量为286.4万吨，占总产量的60.1%，比上年减少1.68%。这4个县中仅有尚义县的播种面积和产量均有不同程度的增加。大白菜、洋白菜、菜花、芹菜和白萝卜是主要的种植品种。

2. 重点上市时间。7月中旬前，张家口市蔬菜主要以坝下的怀安、宣化、赤城和怀来县为主，主要生产品种是茄子、豆角、柿子椒、番茄为主。7月下旬，张家口市蔬菜刚开始上市，以尚义和沽源蔬菜居多，尚义的大白菜、白萝卜和圆白菜上市量比较大，尚义县大白菜上市量最多。8月份，坝上4县蔬菜均开始大量上市，其中以康保县上市量最多，其次是沽源和张北。大白菜上市量最多的是康保、沽源和张北，圆白菜上市量最多的是康保和张北，芹菜上市量最多的是康保和尚义，白萝卜以张北、尚义为主，菜花主要以沽源居多。9月份，仍属于坝上蔬菜上市旺季，张北蔬菜上市最多，其次是尚义和沽源。大白菜上市最多的是张北和沽源，圆白菜是沽源和张北，芹菜和白萝卜主要产自尚义，菜花主要产自沽源。

表16 2008—2010年张家口17区县面积及产量情况

单位：万亩，吨

县区	2010年		2009年		2008年		上市时间
	面积	产量	面积	产量	面积	产量	
张北县	18	648 000	18	692 884	18	1 032 807.5	8、9月
康保县	17.9	805 000	16.3	846 264	17.82	886 439	8月
沽源县	21.2	900 000	19.5	847 425	19.7	626 799	8、9月
尚义县	12	511 000	10.5	526 291	14.9	580 113	7、9月
蔚县	8	80 000	6.4	155 449	5	45 204	
阳原县	2.4	60 000	3.1	61 328	2.6	11 303	
怀安县	8.06	282 100	4	74 232	5.3	263 445	
万全县	3.3	98 000	3.1	91 165	2.78	23 355	
怀来县	4.8	107 195	4.3	93 031	5	116 389	
涿鹿县	3.1	150 000	3	139 868	3.5	33 576	
赤城县	8.6	263 750	9.3	216 653	9.6	325 081	
崇礼县	12	400 000	10.8	354 426	11.64	504 925	
桥西区	0.2	4 870	0.18	5 566	0.183	2 081	
高新区	1.9	99 874	3.6	205 902	2.119	30 090	
宣化区	2.5	105 000	2.7	103 535	2.47	6 800	
下花园区	0.9	35 860	0.5	10 669	0.7	15 392	
察北区	0.6	18 000	1	35 805	0.77	541	
塞北区	0.2	5 832	0.1	2 413	0.01	56	
宣化县	5.9	161 970	7.2	313 725	6	26 090	
合计	131.3	4 766 451	123.8	4 776 631	128	4 530 486	

注：15亩=1公顷

（市农委督查处 徐成响）

郊区城镇建设

概　述

2010年是“十一五”的收官之年，也是谋划“十二五”的关键之年。按照市委市政府和两委关于加快推进城乡一体化的要求，着眼建设世界城市的目标要求，围绕重点镇建设、新农村“五十三”工程、环境整治和生态建设、旧村改造试点及新民居建设等项工作，扎实工作，使各项工作取得了新的进展。

小城镇建设

【概况】 按照全市加快推进城镇化的重要部署，会同市各相关部门，通过督促规划编制、组织产业发展拉练、建立重大项目台账、研究制定促进政策等措施，进一步推进了全市小城镇建设与发展。据初步统计，2010年，42个重点小城镇乡镇财政总收入达到45亿元，实际上缴税金93.3亿元，固定资产投资完成额208亿元；42镇累计引进企业18 636个，其中一产企业1 241个、二产企业5 367个、三产企业12 029个，2010年企业总收入约949.3亿元，企业利润总额达到54亿元。

【协调市规划委加快规划编制审批】 截至2010年底，本市郊区114个需要编制总体规划的乡镇中，已得到正式批复的有107个，上报市规划委在审的有5个，其余2个在编。42个重点小城镇中，有40个镇的总体规划得到了批复。

【加强对区县小城镇工作的指导】 一是督促区县进一步明确重点镇建设的主管部门和职责；二是加强对重点镇产业发展的指导。市农委会同市相关委办局分别在6月份和8月份组织各区县主管部门和42个重点镇主要领导按平原地区和山区（半山区）分片进行了产业发展拉练观摩活动；三是市农委会同市相关部门于10月份举办了重点镇规划建设及产业发展培训班，就重点小城镇发展过程中的相关政策、法规及办事程序，对远郊区县和重点小城镇的主要领导进行了集中培训；四是积极协调土地纳储工作。市农委与市国土局储备中心积极协调，继续推进重点镇土地纳储工作；五是研究制定支持政策。市农委会同市相关部门研究制定支持重点镇的政策意见，与市国土局联合制定的《关于加强土地管理推进小城镇建设的意见》已经下发。

【建立重点镇监测制度和通报制度】 与市统计局和国家统计局北京调查总队从2009年第四季度开始建立重点小城镇数据统计季报、年报制度并建立台账，并已对2009年度重点镇发展情况进行了模拟监测。

【加紧编制“十二五”重点镇规划】 编制完成了《“十二五”时期北京市重点小城镇建设规划》（初稿）。计划用5年时间，在42个重点小城镇中建设一批与中国特色世界城市要求相适应的示范小城镇。

农村环境建设

2010年，农村环境建设工作按照建设“人文北京、科技北京、绿色北京”的要求，瞄准建设世界城市目标，以“三级联创”为抓手，积极开展“十大重点区域、百项重点工程”农村环境整治活动，北京郊区环境优美乡镇、生态村创建活动以及农村地区生活垃圾分类活动，农村环境长效管护机制进一步完善，农民生产生活条件明显改善，农民环境意识显著增强，郊区环境变得更加干净整洁、生态宜居。

【精心组织“十大重点区域、百项重点工程”整治活动】 2010年，市新农办与市市政市容委和首都环境办对13个郊区县进行了两次检查，下发限时整改通知书30余份。据统计，郊区各区县共出动人员5万余人次，出动车辆3 000余台次，清理垃圾渣土15万余吨，清理乱堆乱放5 000余处，清除乱写乱5 800余处，捡拾白色污染2 300余千克。

【扎实推进生态示范建设工作】 2010年有6个乡镇、248个村通过“环境优美乡镇”、“生态村”的考核验收。并对获得2004—2006年度北京郊区环境优美乡镇和生态村命名的镇对进行了复查。

【推进生活垃圾户分类工作】 市农委会同市文明办、市市政市容委、市商务委等部门，在郊区开展了8场系列垃圾分类进农村活动，较好的推动了农村垃圾分类工作的开展。

【开展新农村绿化建设】 会同首绿办在顺义区召

开了全市新农村绿化工作，推广了顺义区“百村万户绿化美化”工程经验，动员全市各郊区县积极开展新农村绿化美化建设，强化绿化作为新农村建设中“有生命的基础设施”的地位，巩固绿化成果。同时，下发了《关于进一步推进本市新农村绿化工作的指导意见》（首绿办函［2010］5号），明确了新农村绿化工作主要任务、基本原则、工作内容、标准及相关政策。

【建立和完善长效机制，进一步巩固和提升郊区环境水平】 相继总结推广了平谷区“四制”制度、顺义区“五化”管理模式以及门头沟区生活垃圾户分类等农村环境管理的先进经验和做法，使农村环境的管护机制逐步走上科学化、规范化和长效化。

旧村改造和新型农村社区建设

【继续加强旧村改造试点村工作指导和政策扶持】 积极指导全市旧村改造试点村推进住房改造和产业发展。到2010年，已经启动改造的11个村已经完成改造面积80.02万平方米，累计搬迁上楼2 072户，较好的改善了村民的住房条件和村庄环境，同时，这些村产业也得到了较快发展。

【制定新型农村社区试点意见】 为确保年初提出编制《新型农村社区规划》的任务要求，市新农办成立了由市住建委、市规划委、市国土局、市发改委等部门组成的规划编制小组，制定了《规划编制方案》，对郊区历年新农村改造进行了调研，并通过学习借鉴外省市经验，采取全面调查统计分析的方法，进一步加强了《规划》编制工作的前瞻性、科学性和可行性，按时、有序地推进规划编制工作，《规划》文本已编制完成。同时，为开展新型农村试点工作，编写完成了《关于开展新型农村社区建设试点的指导意见》，正在征求各委办的意见并进行修改，待新农村领导小组会议通过后实施该意见。

（市农委村镇处　孙　峰）

农村基础设施建设

概　　述

2010年，政府固定资产对农村的投入进一步加大，以农田节水、再生水利用、雨洪利用等工程为主的农田水利建设进一步加强，水源地建设有新成效，重点镇集中供水和污水处理等基础设施建设继续推进。水电气路及生态环保、信息化等大型基础设施向农村延伸。

公路建设与运输

【概况】 2010年，市交通委系统认真贯彻落实科学发展观，努力构建以“人文交通、科技交通、绿色交通”为特征的新北京综合交通体系，加快农村交通发展，积极推进城乡交通一体化建设，完成京开高速、110国道等多个方便农村交通出行的新改建项目建设，郊区客运公交线网体系进一步完善，为北京农村经济社会发展提供了有力的交通支撑。

【京开高速辅路加宽工程全面贯通】 5月20日，京开高速辅路（京良公路—黄村）加宽工程全面完工。该工程于2008年10月开工，投资5 783万元，在大兴公路分局的积极协调下，各参建单位共同努力，将原有一机一非的路面布置提升为两机一非路面布置，并在具备占地条件的路段采取机非分离的交通组织形式。同时对西红门桥、双星桥、金星桥桥区进行渠化，增加了黄村二中公交港湾，拓宽了人行步道，有效改善了该段道路出行条件，提高了公路服务水平，较好地解决了京开辅路西红门段长期拥堵的问题。

【北京市路网管理中心正式运行】 6月17日，市交通委路政局召开“北京市路网管理中心开通服务新闻发布会”。本次新闻发布会通过北京电视台、北京日报、北京晚报、新华社北京分社、北京交通台、首都之窗等数十家媒体的宣传报道，向广大市民介绍了北京市路网管理与应急处置系统开通的目的、意义以及系统建设、主要构架、服务功能、运行维护和产生效益等，扩大了北京公路服务热线的影响。

【八达岭过境线青龙桥隧道全线贯通】 6月18日，经过最后一次爆破施工，八达岭过境线青龙桥隧道右线顺利贯通。此前，青龙桥隧道左线已于6月4日实现贯通。青龙桥隧道采用双洞分离式设计，左右洞长各为2 825米，隧道起点位于八达岭林场，连续下穿京包铁路、八达岭长城、八达岭野生动物园、八达岭高速，由东沟村出地面。青龙桥隧道右线的贯通，标志着历时1 103天的隧道掘进施工基本完成。

【110国道桥梁改造工程提前竣工通车】 6月20日，110国道高庙屯1#、2#、3#及西二道河等4座桥梁改造工程提前竣工通车。该4座桥梁位于110国道延庆县境内，始建于1982年，是晋煤外运和西北各省市最繁忙的交通要道。由于多年的重车碾压，桥墩、桥面板出现了不同程度的病害，成为5类危桥。为保证110国道行车安全，市交通委路政局决定对这四座桥梁进行拆除重建，于6月2日开始施工。按照桥梁施工技术规范要求，这4座桥梁的施工工期应为47天，但考虑到110国道交通流量大、重载车辆多的特殊性，在保证工程质量的前提下，通过采用增加砼标号，桥面现场蒸气养生，伸缩缝改为无缝伸缩缝等工艺，经过18天的昼夜不间断施工，提前竣工通车。累计出动人员9 000余人次，工程机械300余台次。

【房山区国高网相关标志改造工程全部完工】 7月2日，房山区国高网相关标志改造工程全部完工，共计完成新设标志105套、改造标志24套、标志版面重新贴膜82面。该工程分过渡期和实施期两个阶段，过渡期通过附属标志及新设单柱标志的形式对新名称及编号进行宣传，实施期将原标志版面中的高速信息改为国高编号。

【宣传贯彻《公路工程竣工验收办法实施细则》】 7月16日，按照交通运输部《关于印发公路工程竣交工验收办法实施细则的通知》要求，市交通委路政局邀请专家对《公路工程竣交工验收办法实施细则》进行宣贯，并组织负责竣交工验收、工程建设及档案管理人员，对新改建完工项目竣交工验收的具体工作进展情况进行了全面梳理，明确了《公路工程竣交工验收办法实施细则》实施时限及公路项目竣交工验收工作的具体要求和完成时限。

【门头沟南雁路大修工程完工】 7月20日，门头沟南雁路大修工程完工。南雁路位于门头沟区及昌平县境内，起点为昌平区南口镇，终点位于门头沟芹峪口，分别于2003年和2005年进行过中修和稀浆封层，除局部路段出现病害外，道路状况基本良好。为保持路面良好状态，延长道路使用年限，市交通委路政局门头沟分局对K32～K44路段采用了橡胶改性沥青混合料面层的新材料铺装，全长12.1公里，面积76.7平方公里。

【111国道改建一期工程竣工通车】 7月22日，历时4年、总投资约14亿元的111国道改建一期工程（河防口—汤河口）竣工通车。该工程起点为怀柔区怀北镇河防口村，途经怀北、琉璃庙、汤河口等3个镇14个行政村，终点与汤河口镇外环路相接，新建进京线全长37.2公里，出京线利用现状路进行局部改造；全线共新建桥梁56座，总长12 543米；隧道11座，总长10 782米；等级为山区一级，双向四车道，采用上下线分行，设计时速60公里/小时，于2006年初开工建设，其中分水岭隧道和峪道河大桥为全线的控制性工程。

【京开高速公路辅路大修工程完工】 7月31日，京开高速公路辅路大修工程完工，总长度42.6公里，共铣刨旧路约28万平方米。该工程大量采用SMA、抗车辙剂、抗裂贴、温拌沥青等多种新技术，完工后道路设计平均车速由原来的每小时40公里提高到60公里，可节省10分钟车程，为沿线村镇提供更为便利的通行条件。

【首个干线公路示范型公路服务站正式开通】 8月5日，本市首个干线公路示范型公路服务站——富各庄公路服务站正式开通服务。该服务站位于京沈路上，向社会免费提供停车、饮水、卫生间、休息、查询路况信息等多项服务，并免费提供修车工具和常用药品，充分体现了公路行业"以人为本，以车为本"的服务理念。

【110国道大修工程全面完工】 9月13日，110国道大修工程全面完工。110国道是北京西北方向的重要货运通道，由于交通量大，重载车辆多，路面出现不同程度的车辙、推移、网裂下沉等病害。为消除安全隐患，市交通委路政局组织相关单位于8月23日开始对110国道病害路段进行路面大修。大修工程分为平原和山区两段，累计维修路面22万平方米。由于110国道大修工程的特殊性，市交通委、市公安局公安交管局、市交通委路政局、北京国投公司等单位业务骨干人员组成了现场指挥部，负责现场组织、协调工作，提前72小时顺利完成了110国道大修任务，为日后大交通量、重车路线的公路建设与大修维护工作积累了宝贵的经验。

【房山区上万道口平改立工程竣工通车】 9月14日，上万监护道口平改立工程竣工通车。该道口位于房山区青龙湖镇，附近有大型采石场，重载卡车昼夜通行，特别是一些超载卡车经常因故障在道口抛锚，给道口安全带来极大危害。经过各方努力，上万道口平改立工程完工通车，彻底消除了道口存在的安全隐患。

【上堡子路（昌金路延长线）新建工程竣工通车】 9月20日，平谷区上堡子路（昌金路延长线）正式通车。上堡子路（昌金路延长线）起点位于现况昌金路终点（胡陡路交叉口），经靠山集、小东沟村、上堡子村，终点位于平谷区与天津蓟县交界处，与平蓟路相连接，路线全长7.6公里。该新建工程于2007年12月开工，项目总投资1亿余元，设计标准为二级公路，路基宽度12米，路面宽度9米，新建上堡子桥和将军关石河桥2座桥梁。上堡子路的建成，将过境货运车辆改流至平谷外部东西通道——昌金路上，不仅彻底改善了金海湖地区的旅游、交通环境，也提高了昌金路承担平谷东西过境交通的功能，带动了沿线城镇的经济发展。

【六环路大修工程完工】 9月26日，六环路大修工程全部完工。六环路由于道路交通量大，重载车辆多，车辆流量已超过设计流量，路面出现不同程度的车辙、推移、波浪、拥包、网裂下沉等病害。为消除安全隐患，六环路自8月13日起进行路面大修。为减少施工对社会交通的影响，大修利用各条高速公路可变情报板提前进行施工预告，利用收费站发放30万份宣传单，重要收费站悬挂提示条幅，并充分利用报纸、交通台等媒体进行宣传，明确告知施工路段、时间等相关信息；同时施工时采取半幅施工半幅通行的不断路措施，施工作业主要安排在7：00—19：00进行。该大修工程累计处理病害和罩面208万平方米，伸缩缝修复136道，提前5天完成施工任务，有效提高六环路的行驶质量和服务品质。

【108国道复线新建等3项工程完工】 9月29日，房山区108国道复线新建、六石路改建及108国道提级改造等3项工程竣工通车。该3项工程自2004年陆续开工，总投资近9亿元，其中108国道复线新建工程起自河北镇辛庄，终于佛子庄乡贾峪口，全长21公里，建设标准为二级公路；108国道提级改造工程全长65公里，从山区三级公路提级改造为二级公路；六石路改建工程全长30公里，将原来的砂石路改建为三级公路。该3项工程的竣工通车，极大地改善了房山北部山区交通环境和畅通水平，提高了路网的服务水平及交通承载能力，对房山区经济发展起到积极的促进作用。

【孙河大桥大修改造工程顺利完工】 9月30日，孙河大桥大修改造工程完工。孙河大桥位于京顺路朝阳区与顺义区交界处，跨越温榆河，建于1979年12月，4月开始大修改造，为减少桥梁改造给区域交通带来影响，市交通委路政局会同交管部门结合方案结构设计情况多次研究解决措施，在设计阶段确定了半幅施工、机动车道保证两上两下、非机动车道通过搭建便桥保障通行的施工交通导行方案。

【完成郊区县一卡通系统建设】 10—12月，市交通委运输管理局积极推进郊区县一卡通系统建设工作，先后完成密云县、通州区和平谷区一卡通系统安装工作，全市郊区客运企业全部实现一卡通刷卡乘车。

【黄良路一期改建工程建成通车】 11月11日，黄良路一期改建工程建成通车。黄良路是大兴黄村通往房山良乡的市级公路，全长23.13公里。本次改建工程为永定河东堤至长韩路及永定河跨河桥，全长2.18公里，道路设计等级为一级公路，横断面为两幅路形式，路基全宽26米，路面宽21.5米。工程于2009年6月开工，工程完工使黄良路行车更加顺畅，促进了区域经济的发展。

【燕山、昌平完成郊区客运改革】 11月，燕山、昌平完成郊区客运改革。燕山地区郊区客运取消了个体挂靠经营模式，改由八方达公司经营；昌平区郊区客运完成了对11户个体经营者、18部车辆的改制。

【顺义区公路大修工程全部完工】 年内，顺义区京沈路大修、顺平路大修、李魏路大修、木燕路大修、龙塘路大修、昌金路大修，龙塘路预防性养护、京沈路预防性养护及通顺路预防性养护9项大修工程全部完工，工程总长101公里。工程实施采用铣刨机破除旧路面，充分利用旧路面材料，做到旧路材料零遗弃，突出了环保理念。

【完善郊区道路客运线路管理工作】 年内，在2009年全面实施郊区道路客运电子政务网上审批服务系统的基础上，市交通委运输管理局严格线路申报、审批程序，并与各区县交通运输管理部门逐步建立了规范统一的线路监督管理机制。2010年，全市郊区客运行业全年新开线路65条，其中新开24条，调整41条。

【推进郊区客运站建设】 年内，市交通委运输管理局多次深入各区县，对客运场站进行实地勘察，积极推进2008年、2009年客运站续建项目，完成对11个验收完工场站落实中央配套补助资金110万和市级配套补助资金220万。开工建设2010年度客运站项目20个，协调相关部门落实建设项目总投资2 133万元，其中中央补助资金200万元，市级配套补助资金400万元，地方自筹资金1 533万元。

【郊区多个客运站建设完工】 年内，门头沟区新建8个山区五级客运站，包括张家铺、田寺、吕家村、龙门口、大村、岭角、担礼、下苇甸。新建客运站内设施标准规范，集办公、休息、候车、泊车为一体，项目总投资828.888万元，总占地面积10 400平方米，总建筑面积2 108.92平方米。房山区完成史家营青林台村、大安山寺尚村、青龙湖辛开口村、石楼镇吉羊村4个农村客运站、80个公交站亭和200个公交站牌的规划建设。顺义区建设完成北石槽良善庄、龙湾屯山里辛庄、龙湾屯柳庄户3个五级客运站以及130座农村候车亭，更新500套公交站牌，同时积极推进后沙峪公交枢纽建设。延庆县建设完成千家店农村客运场站、100个乡镇候车亭和136个县城公交站点站牌。

（市交通委　顾　涛　张应俊）

水利建设与管理

【概况】 2010年按照市委、市政府建设“人文北京、科技北京、绿色北京”和世界城市的发展战略，北京水务工作坚持大背景站位、大统筹谋划、大社会推动、大联调推进，强化科技支撑，实施精细化管理，有效应对水资源紧缺的风险挑战，突出“一个重心”，展开“两条主线”，强化“三项运行”，开展“四项整治”，加强“五项管理”，圆满完成了各项工作任务。

【全市水资源状况】 2010年，全市平均降水量524毫米，比上年降水量448毫米多17%，比多年平均值585毫米少10%。全市水资源总量为23.08亿立方米，其中地表水资源量为7.22亿立方米，地下水资源量为15.86亿立方米。全市入境水量4.33亿立方米（未包括南水北调调水），比上年3.03亿立方米多1.3亿立方米。出境水量为8.29亿立方米，比上年的8.23亿立方米多0.06亿立方米。2010年末，全市大、中型水库蓄水总量为14.31亿立方米，可利用来水量5.22亿立方米。官厅水库可利用来水量为1.13亿立方米，比上年的0.22亿立方米多0.81%；密云水库可利用来水量为2.94立方米，比上年的1.77亿立方米多66%。官厅水库蓄水1.70亿立方米，比上年增加0.51亿立方米，比“十五”末增加0.11亿立方米；密云水库蓄水10.66亿立方米，比上年增加0.27亿立方米，比“十五”末增加0.36亿立方米。2010年末，地下水平均埋深为24.92米，与上年末比较，地下水位下降0.85米，地下水储量减少4.4亿立方米。

【全市总用水量35.2亿立方米】 2010年，全市总用水量35.2亿立方米，比上年减少0.3亿立方米。其中地表水供水量为7.1亿立方米，占总供水量的20%；地下水供水量为21.5亿立方米，占总供水量的61%；利用再生水6.8亿立方米，占总供水量的19%。总用水量35.2亿立方米中，生活用水14.7亿立方米，占总用水量的42%；工业用水5.1亿立方米，占15%；农业用水11.4亿立方米，占32%；生态环境用水4.0亿立方米，占11%。

【从河北集中输水3.3亿立方米】 2010年，完善与河北省的调水协调机制，从黄壁庄、王快等水库集中输水3.3亿立方米。将安格庄水库纳入河北应急输水的新水源，年增加调水量5 000万立方米；密云、官厅两大水库上游集中输水1.38亿立方米；利用再生水增加到6.8亿立方米。

【南水北调工程建设安全有序质量优良】 2010年，南水北调工程大宁调蓄水库防渗墙浇筑完成91%，泵站、小清河橡胶坝、退水渠、库区平整进展顺利，完成投资4.8亿元。南干渠工程进入主体结构施工阶段，完成投资15亿元。干线北京段49个单位工程和28个合同项目全部完成合同阶段工程验收，

PCCP管道打压试验、联通井和分水口电气安装基本完成，干线工程土地移交全部完成。

【实施最严格的水资源管理制度】 2010年，纳入用水计划管理单位用水总量同比减少2.2%。换装节水马桶1万套，居民家庭节水器具普及率达到91%，建成100个节水型单位和小区，推进海淀区、大兴区、怀柔区全国节水型社会试点工作，进一步发展节水型高端优势产业，退出高耗水企业40家。围绕都市型现代农业发展，大力推广节水灌溉，农业灌溉水利用系数达到0.68。

【完成永定河生态治理主体工程】 2010年，永定河生态走廊莲石湖、门城湖、宛平湖、晓月湖和循环管线“四湖一线”工程总体进展顺利，主体工程完工，增加水面122万平方米，永定河城市段环境明显改善。永定河治理得到社会的广泛赞誉。

【完成北运河流域年度治理任务】 2010年，建成引温入潮二期工程，年调水能力增加到7 000万立方米。建成东南郊水网工程，累计疏浚整治45条河道、沟渠，新建、改建85座橡胶坝、泵站等建筑物。实施辛堡闸改建工程，启动榆林庄闸改建项目。开工建设大兴等4座滨河森林公园和三海子郊野公园，新增水面530万平方米。建成昌平沙河等7处生态湿地，新增水面250万平方米。北运河流域水质整体改善，出境断面COD达到国家考核标准，为流域发展及通州建设现代化国际新城提供了清洁优美的水环境。

【建成22条生态清洁小流域】 2010年，按照“水源保护型、休闲观光型、绿色产业型、和谐宜居型”生态清洁小流域建设模式，建成生态清洁小流域22条，治理水土流失面积310平方公里。截至2010年末，全市已累计治理水土流失面积5 428平方公里，治理小流域401条，其中建成生态清洁小流域150条，为山区经济发展提供了水资源和水环境支撑。

【加快村镇污水治理】 2010年，完成海淀翠湖、通州永乐店、朝阳北甸和房山窦店等污水处理厂新建改建工程，已全部投入运行，新增污水处理能力7万吨/日。开工建设通州台湖、大兴瀛海等污水处理厂，建成后将增加污水处理能力1.8万吨/日。完成100个市级民俗旅游村和重要地表水源地村庄污水治理工程，建成污水处理设施120处，新增污水处理能力5 000吨/日。

【推进农业高效节水设施建设】 2010年，围绕都市型现代农业，以设施农业和果树微灌工程配套为重点，新增改善农业节水灌溉面积18万亩。其中更新机井664眼，新建井房702座，配套水泵和首部806台套，铺设主管路12 235公里。

【实施生态治河与资源配置利用工程】 2010年，完成朝阳小场沟、房山刺猬河等10条区县河道治理，着力打造“清洁的河、有水的河、安全的河”，形成水清、岸绿、流畅、自然的生态水环境。完成郊区150处雨洪利用工程建设，增加蓄水能力300万立方米，汛期集蓄雨洪水200万立方米。改善了区域生态环境，回补了地下水，增加了农村可利用水资源。

【保障城乡供水安全】 2010年，完成第九水厂应急改造工程，增加市区自来水日供水能力7万立方米，完成供水管网改造100公里。制定并启动了《市区供水高峰预警及响应工作方案》，平稳度过夏季高峰用水期，夏季高日用水达到288万立方米。针对供水管网隐患和自备井水量减少、水质降低、设施老化等问题，编制完成了市区公共管网更新改造计划和市区自备井水质改善方案。郊区加快推进密云等新城水厂建设和改造，提前完成村镇供水设施改造任务，年内安装村镇供水入户水表10.7万块，更新改造老化供水管网3 100公里。全市郊区41个日供水5 000立方米以上的集中供水厂实现水质实时监测和预警。

【推进污水处理厂升级改造】 2010年，完成卢沟桥再生水厂主体工程建设。定福庄至高碑店污水调配工程建成通水，五里坨、垡头、东坝三座污水处理厂开工建设。完成城区污水和再生水管线新建、改造147公里。污泥无害化处理取得新进展，两处污泥处理设施投入运行，全市年处理污泥42万吨。全市处理污水11.4亿立方米，削减污染物化学需氧量46万吨，完成累加削减2%的年度减排目标，污水处理率达到81%，城区和郊区污水处理率分别达到95%和53%。

【提高安全迎汛管理水平】 2010年汛前启动了公共排水、再生水管网设施普查工作，建立管网状况、泵站汇水面积、抽升能力等基础档案。加强对大中型水库等水务工程安全隐患排查，完善各项安全迎汛联动机制，对2009年汛后确定的58处积水点和山区泥石流易发区、采空区隐患实行挂账督办。汛期共发布汛情戒备预警7次，蓝色预警5次。全市防汛指挥系统高效运行，各部门及时处置，措施得当，防洪、排涝、水务工程及城市运行安全正常。

【开展百日专项整治行动】 2010年，联合公安、城管、国土等14个部门和16个区县政府，开展对非法洗车、钓鱼、非指定区域游泳、盗采沙石百日专项整治行动。行动期间，共出动巡查执法人员12万余人次，其中查处砂石盗采案件181起、行政拘留46人，取缔和责令整改违规洗车点312家，清劝占道洗车1.2万人次、非指定区域游泳9.8万人次、捕捞垂钓10余万人次。充分发挥宣传舆论作用，全市发放宣传材料30余万份，悬挂宣传横幅1 000余条，树立警示标牌2 000余处，市级以上媒体共发稿件400多篇，形成了良好的舆论环境。

【评选水务法制建设10件大事】 2010年，推举出年度水务法制建设10件大事：①开展“百日整治行动”，得到社会的广泛赞誉。②《北京市排水和再生水管理办法》2010年1月1日施行。③《北京市河湖保护管理条例》通过市人大立项论证。④市人大审议通过《北京市水污染防治条例》。⑤《北京市节约用水办法》修订草案完成。⑥《北京市排水许可管理办法》自5月4日颁布实施。⑦水政监察执法队伍建设取得重大突破，房山、大兴正式组建了水政监察大队，13个区县水政监察大队参公管理。⑧水政监察队伍建设年活动成效显著。⑨行政处罚案卷评查成绩优异。⑩市级水务行政许可与市政府行政许可大厅合并，提高了办事效能。2010年全系统受理行政许可项目2 541件，比上年增加12%。承办的人大代表建议和政协委员提案108件，比上年增加64%。

【加强行业监督管理】 2010年，制定了更加严格的水务工程招投标监管制度，108项施工招投标备案等监督工作无投诉。进行城乡供水水质监督检查，本市为被检城市中唯一全部符合国家标准的城市。通过签订污水处理、污泥处理处置和排水设施监测等服务协议，规范排水行业管理。强化水务安全管理，对供水、排水、水务工程建设与运行等方面进行隐患排查，落实安全责任，规范作业行为。

【加强水务基础设施建设项目管理】 2010年，将水务规划及建设项目与市政府综合规划衔接，为城乡发展提供水务保障。2010年市级水务基本建设项目100项，其中续建67项，新批复33项，涉及水资源管理、供排水行业、水环境建设、郊区水务和水库移民等领域。建立、强化“规划带项目”机制、部门联动审定项目机制和建设项目全程服务机制，加快了项目落地和实施，实现了对项目投资、质量和目标的有效控制。

【严格水务资金使用管理】 2010年，市级水务基本建设落实资金53.6亿元，比上年增加36%。各区县严格落实市级转移支付资金和市基本建设配套资金，强化区级资金投入力度，为区县重点水务项目顺利实施提供了资金保障，加大对重大资金使用的监督检查力度，积极组织项目评审，落实项目资金，提高项目的绩效管理水平和资金的使用效益，使所有在建水务项目均处于严密管控状态，保证了资金安全。

【完成水库移民扶持年度任务】 2010年，按照全市统一部署，完成水库移民农业户口移民扶持工作年度任务，发放后期扶持资金7 783万元。为4.5万名农转非移民的就业技能培训发放补贴资金2 500万元。完成对全市846名移民接收村的项目扶持，全市水库移民接收村扶持专项资金项目共计847项，其中农田水利56项，供水改造71项，沼气、秸秆气化8项，交通、供电、通信214项，文化卫生214项，环境、生态183项，产业扶持58项。全市水库移民接收村扶持专项资金项目总投资2.88亿元。10月，北京市编办批复同意成立北京市水库移民事务中心，为全额拨款事业单位，人员编制15人。

【启动水务普查工作】 2010年，按照国务院《关于开展第一次全国水利普查的通知》要求，启动水务普查工作。市、区县两级分别成立了水务普查领导小组及办公室，组建了专业的普查工作队伍。按照市级与区县“职责不交叉、工作不重复、经费不重叠”的原则分级落实了普查经费。结合市情，编制了北京市水务普查实施方案，增加了供水设施情况和排水设施情况两项普查内容，深化和扩展了普查指标及范围。完成了市级普查培训任务，全市共组织120人次参加了国家级培训。组织编制了北京市水务普查培训教材，完成了全市1 518人次普查骨干人员的培训。

【调整水管单位职能和经费形式】 2010年，按照水务管理公益性特点完成局直属9家水管单位的职能和经费形式调整工作，由自收自支改为完全财政拨款，涉及在职职工和离退休人员近4 000人。完成局属事业单位岗位聘用，保持了人员队伍的稳定。区县水务局13支水政大队255名水政监察员参照公务员管理。推进农民用水协会和管水员队伍管理制度建设，培训管水员4万人次。建立管水员监督管理制度，全市119名管水员监督员上岗。在村两委班子换届选举中，有141名管水员经过海推直选当上了村干部，56名管水员当选村主任、村书记。

（市水务局　王民洲　唐　菊　刘春明）

气象概况与气候评价

2010年（2010年1—12月，下同年内）全市降水略偏少，气温略偏低，日照略偏少。

冬季（2009年12月—2010年2月，下同）气温略偏低，降水偏多；春季（3—5月）气温偏低，降水偏多；夏季（6—8月）气温偏高，降水偏少；秋季（9—11月）气温略偏高，降水显著偏多。各季日照时数均比常年略偏少或偏少。

年内北京市主要的天气气候事件有高温天气、局地性暴雨、大风和沙尘、冰雹、春季低温、降雪、雾霾和雷电。高温日数明显偏多，给本市供水供电带来较大的压力；3、4月份气温持续偏低，尤其4月中下旬受强冷空气影响，气温持续异常偏低，平原地区平均气温比常年同期偏低4.5℃，创1961年以来同期气温的最低值，给农业造成了较大的损失。降雪、局地性暴雨给交通带来一定的不利影响。

【气温】 2010年本市平原地区平均气温为11.8℃，比常年偏低0.2℃，比近十年（2000—2009年，下同）偏低1.0℃，比2009年偏低0.9℃，是自1992年以来首次低于气候值。空间分布上，西部山区和北部山区气温介于4.8～8.4℃，其他地区气温在10.7～12.7℃之间；与常年相比，除观象台、朝阳、观象台、石景山和延庆气温偏高0.1～0.3℃，丰台和昌平与常年持平，其他大部分地区气温偏低0.1～1.2℃不等。

年内，气温7月异常偏高，5月和8月偏高，4月异常偏低，1月和3月显著偏低，其他各月正常。其中，7月本市平原地区平均气温为28.2℃，较常年同期偏高 2.2℃，为 1951 年以来同期第 3 高值，仅低于 1997 年（28.3℃）和 2000 年（29.2℃）；4 月平原地区平均气温为 10.8℃，比常年同期偏低 3.2℃，为 1951 年以来历史同期第 3 低值，仅高于 1979 年（10.7℃）和 1980 年（10.6℃）。

南郊观象台极端最高气温为 40.6℃，出现在 7 月 5 日；极端最低气温－16.7℃，出现在 1 月 6 日。

冬季气温略偏低。平原地区平均气温为－3.5℃，比常年同期偏低 0.8℃，比近十年平均偏低 1.6℃。与常年同期相比，除东南部的通州气温较常年略偏高外，全市大部分地区平均气温比常年偏低幅度为 0.2～2.2℃不等。

春季气温偏低。平原地区平均气温为 11.8℃，比常年同期偏低 1.3℃，比近十年平均和 2009 年春季分别偏低 2.6℃和 3.1℃，为 1981 年以来同期最低。全市 20 个测站季平均气温均偏低，偏低幅度为 0.6～2.4℃不等。

夏季气温偏高。夏季本市平原地区平均气温为 26.2℃，较常年同期偏高 1.2℃，接近十年均值（25.8℃）和 2009 年同期值（25.8℃）。除怀柔、斋堂和霞云岭接近常年外，其余测站偏高 0.6～1.7℃不等。

秋季气温略偏高。秋季本市平原地区平均气温为 12.4℃，比常年同期偏高 0.2℃。与常年同期相比，除汤河口、怀柔、上甸子、斋堂和霞云岭气温略偏低、密云气温持平外，其他地区气温偏高 0.1～1.3℃不等。

【降水】 2010 年本市平原地区降水量为 480.8 毫米，比常年偏少 18%，比近十年平均值和 2009 年分别偏少 3%和 7%。全市各测站降水量在 403～706 毫米之间，降水主要集中在北部的延庆、怀柔、密云、上甸子和平谷；除佛爷顶接近常年，延庆、汤河口、斋堂和上甸子降水量比常年偏多 6%～12%外，其他大部分地区降水量较常年偏少 5%～31%。其中，上甸子年降水量最多为 705.9 毫米，比常年偏多 12%；房山最少为 402.8 毫米，比常年偏少 31%。

年内，1、3、9 月和 10 月降水量较常年同期偏多，4、5 月降水略偏多，其他各月降水偏少。其中 1、3 月和 10 月降水异常偏多，11、12 月无明显降水。

冬季降水偏多。平原地区平均降水量为 14.0 毫米，比常年同期偏多近 5 成，比近十年平均偏多 6 成。本市大部分测站降水量介于 4.9～23.6 毫米，与常年同期相比，大部分地区降水量偏多 1 成至 1.2 倍不等。降水主要出现在 1 月，降水量较常年同期偏多 3.7 倍，主要由 1 月 2—3 日本市普降大到暴雪造成的。

春季降水偏多。平原地区降水量为 91.6 毫米，比常年同期偏多近 5 成，比近十年平均偏多 3 成。降水分布北部多，东部及南部少。与常年同期相比，除平谷降水略少外，其余测站降水偏多 1 成～1.3 倍。

夏季降水偏少。平原地区平均降水量为 246.6 毫米，比常年同期偏少 4 成，比近十年均值和 2009 年同期偏少 2 成。降水空间分布不均匀，东部地区相对较多在 250～370 毫米之间，西部地区相对较少在 200～250 毫米之间。与常年同期相比，全市一直偏少，幅度为 2～5 成。6 月降水比常年同期偏少 2 成；7 月降水偏少 7 成；8 月降水偏少 2 成。

观象台降水日数（日降水量≥0.1 毫米）为 26 天，较常年同期和比近十年平均偏少。其中，6 月降水日数 7 天，7 月 10 天，8 月 9 天，均少于常年同期。

秋季降水显著偏多。平原地区降水量为 128.8 毫米，比常年同期偏多近 7 成，比近十年平均偏多 4 成，比 2009 年同期偏多 8 成多。各测站降水量在 70～210 毫米不等，降水空间分布不均，北部地区相对较多，在 150～210 毫米之间。与常年同期相比，偏多幅度在 30～120 毫米之间。季内降水分布不均，9 月比常年同期偏多 6 成；10 月比常年同期偏多一倍以上，11 月除斋堂和佛爷顶分别有 0.3 毫米和 0.1 毫米的降水外，本市其余测站无降水。

【日照】 2010 年平原地区年日照时数为 2 295 小时，比常年同期偏少 316 小时，比 2009 年偏少 81 小时。全市各测站日照时数在 1 897～2 660 小时之间，其中西南部、北部的密云、怀柔以及城区的海淀年日照时数在 1 897～2 122 小时之间，其他大部分地区在 2 209～2 660 小时之间；各测站日照时数各测站日照时数均比常年同期偏少 80～670 小时不等。

冬季日照比常年略偏少。平原地区日照时数为 475 小时，比常年同期偏少 88 小时。季内，12 月平原地区平均日照时数为 164 小时，比常年同期偏少 14 小时，1 月日照时数 180 小时，较常年同期偏多 17 小时，2 月日照时数 131 小时，比常年同期偏少 60 小时。

春季日照偏少。平原地区的平均日照时数为 640 小时，比常年偏少 108 小时。全市各个测站的日照时数均少于常年。季内，3 月平原地区日照时数为 170 小时，比常年同期偏少 57 小时，4 月日照时数 206 小时，比常年同期偏少 40 小时，5 月日照时数 263 小时，比常年同期偏少 13 小时。

夏季日照略偏少。平原地区的日照时数为 573 小时，比常年同期偏少 97 小时。季内，6 月平原地区日照时数为 198 小时，7 月日照时数为 163 小时，均比常年同期偏少 2 成，8 月日照时数为 212 小时，接近常年。

秋季日照略偏少。平原地区日照时数为 565 小时，比常年同期偏少 64 小时。9 月份日照时数为 196 小时，比常年同期偏少 32 小时，10 月日照时数 177 小时，比常年同期偏少 48 小时，11 月日照时数（194 小时）比常年同期偏多 12 小时。

【主要天气气候事件、气象灾害及其影响】 年内本市主要出现了高温、暴雨、大风和沙尘、冰雹、强降雪、雾霾、雷电等天气气候事件。春季低温给农业造成较大的损失，持续的高温天气给供水供电带来较大的压力，1月初的强降雪和对交通造成较大的不利影响。

降雪。年内南郊观象台降雪日数为12天，其中1月份3天，2月份4天，3月份5天，比常年13.6天偏少。1月2—3日，全市普降大到暴雪，城区大部、西南部分地区以及北部的怀柔、昌平和顺义达暴雪量级，东南部、北部的密云和延庆以及丰台等地为大雪量级。2月降雪出现在6—7日和27—28日，出现小雪。3月7—8日日本市普降中雪，局地大雪。全市平均降雪量为4.6毫米，最大降雪出现在昌平为10.2毫米。3月14日本市出现明显雨夹雪或雪，全市平均降水量为11.7毫米，城区平均降水量为10.5毫米，最大降水出现在昌平为18.2毫米。多次的下雪天气均对公路和航空交通造成一定的影响。降雪过后农田墒情进一步得到改善，十分有利于冬小麦返青和早春播种作物的播种。降雪终日出现在3月25日，比常年（3月17日）偏晚一周。

春季低温。由于3、4月份气温持续偏低，进入气象意义上的春季明显较晚，进入春季的时间为4月18日，比常年（3月29日）偏晚20天。4月中下旬，受强冷空气影响，全市气温持续异常偏低，平原地区平均气温比常年同期偏低4.5℃，创1961年以来同期气温的最低值。观象台终霜日（地表温度≤0℃）出现在4月27日，比常年（4月10日）明显偏晚。

高温。年内观象台高温（日最高气温≥35℃）日数为14天，比常年（6天）、近十年平均（11.9天）明显偏多，比2009年偏少2天。其中，7月份11天，8月份3天。高温天气主要集中在7月份，并具有持续性，南郊观象台极端最高气温出现在7月5日，达40.6℃，为1951年以来观象台出现的第二高值（与1961年并列），仅次于1999年（41.9℃）和2002年41.1℃。

高温天气的持续出现，不仅使心脑血管疾病和发热病人骤增，而且增加了用水量和电力负荷。7月5日市区日供水量达286万立方米，创北京百年供水史上最高，同日15时51分北京电网最大负荷创下历史新高，达到1 435.4万千瓦，突破2009年创下的1 424.6万千瓦的历史纪录。7月下旬用电量节节攀升，7月29日北京电网最大负荷达到1 666万千瓦，创下北京电网负荷历史最高纪录，这也是年内本市用电负荷第7次突破历史纪录。

暴雨。夏季本市共出现了8次局地暴雨和1次全市大到暴雨。20个测站共出现暴雨11站次，主要发生在平原地区，出现在7月中旬和8月下旬，8月21日出现全市性大到暴雨，其中有8个站次出现暴雨；受暴雨影响，昌平区兴寿镇连山石村出现山体滑坡，导致进山主路被阻断。房山十渡景区金鸡岭生态观光园旁发生小范围山体滑坡。土石从约6米高处挤垮路边的水泥墙倾泻到路上，石块砸坏两辆汽车，并将3人剐伤，事故导致通往仙栖洞的道路被阻断。单站降水量8月18日上甸子降水量最大为81毫米。多次暴雨天气过程致使首都机场部分航班无法正常起降，进出港航班延误，并造成城区部分低洼地带积水，严重阻碍了过往车辆通行。

大风和沙尘。年内观象台观测到大风日数为14天，比常年（22.4天）偏少，比2009年少1天。4月12日本市刮起五六级大风，阵风7级，中午11点45分左右，北京工务段丰双线铁路岱头道口南侧约500米的一个正在施工的彩钢板屋顶被大风刮飞，重达两三吨的屋顶被风吹出10多米后，将铁路上方的信号电缆砸断，导致6趟列车晚点。

年内观象台出现沙尘天气6天，比常年明显偏少，分别出现在1月24日、3月20日和22日、5月7日、11月11日和12月10日。其中，1月24日和12月10日为扬沙，其余4天表现形式均为外来沙尘。

大雾和霾。年内观象台出现大雾日数为5天，比常年（20.7天）和近10年平均（12.7天）以及2009年（8天）偏少。其中，10月4天，11月1天。观测到霾日数63天，比常年偏多35天，比2009年偏多13天。

雷电。年内全市发生雷电灾害50起，给国家财产和人民生命财产安全造成很大的损失。其中人身伤亡事故1起；单位电子设备等遭雷击19起；居民区电器设备等遭雷击26起；直击雷造成高压线、民居等受损的有4起。5月4日18时30分左右，一名河北省来京务工男子行至昌平区北七家村大杨树下因雷击死亡。7月11日，位于平谷区某公司因遭雷击造成变压器2台损坏，另有两处高压线被雷电击断，直接经济损失约10万元。雷击造成平谷区的山东庄、夏各庄、东高村、王辛庄等多个村庄的众多农户家电视机、计算机、电冰箱及电话机损坏。有的村庄年内曾连续遭受3次雷击。9月1日02时左右，位于平谷区某公司遭受雷击，造成机器设备及生产过程中的制品损坏。直接经济损失约80万元。顺义区北河村因雷击造成30多户村民家中电视机30台及电话机、计算机、冰箱等50多件损坏，直接经济损失约20万元。

【其他】 初雪日偏晚。从10月25日—12月31日，本市平原地区持续两个多月基本无降水，初雪日较常年（11月28日）和近十年平均（11月24日）明显偏晚。

气候与农业。2010年北京市气候条件对冬小麦和春玉米的生长是不利的，但对夏玉米的生长比较有利，对果树和设施农业生长不利。冬春季节的强降温和降雪，使树木发芽时间较常年明显偏晚，花期推迟，设施果树收获期推迟。据市园林部门统计，全市超过0.8万公顷果树受灾，其中冻死的核桃、板栗、中华圣桃等果树超过0.2万公顷。

（市气象局　张　青　曹冀鲁）

山区建设

概　述

2010年是“十一五”的收官之年，全市上下坚持以科学发展观为指导，按照“建设生态山区、服务绿色北京”的要求，继续加大山区建设工作力度，取得明显进展。一是生态建设取得新进展。截至2010年底，完成京津风沙源治理工程造林任务226.5万亩、封山育林324万亩；关闭小煤矿445个，关停废弃矿山植被生态修复7.5万亩；治理小流域130条，水土流失面积1 715平方公里，治理率累计达到82%，累计建成生态清洁小流域150条。七个山区县林木绿化率达到71.4%，比全市平均水平高8.8个百分点，六个区县成为国家生态示范区（县），83个山区乡镇中59个成为市级环境优美乡镇、32个成为国家级生态乡镇。二是基础建设开创新局面。基本完成山区县重点小城镇集中供水设施建设任务，1 079个村、78万农民安全饮水问题得到解决。山区共建成660余处小型污水处理设施，设计日处理能力2.6万吨，510余个村实现了整村治污；建设13座山区新城集中供热中心，4个山区县实现天然气管道供应。完成151所山区中小学校舍加固改造。加快建设山区标准化社区卫生服务中心（站）和村卫生室。启动182个乡镇文化体育活动中心达标工程，建成202个行政村文化活动室、数字影院，实现行政村文化活动室100%全覆盖。实施“山区星光计划”，全面完成了农村老年福利服务设施建设。大力实施山区泥石流易发区和生存条件恶劣地区农户搬迁工程，“十一五”期间，国家和市级共投入补助资金8.3亿元，搬迁13 463户、33 962人，共建新村199个，聚集自然村303个。三是沟域经济实现新突破。落实生态涵养发展区功能定位，探索创新并大力推进沟域经济这一山区发展新模式，实现了经济、社会和生态效益的有机统一。起步较早的17条沟域已经形成一定规模，促进了山区生态环境质量、农民收入水平和城市居民幸福指数的共同提高。特色产业得到蓬勃发展。四是社会建设迈上新台阶。山区社会保障体系建设全面加强，保障水平大幅提高。新农合报销范围扩大，参合人数146万人，参合率达到96.24%。新农保全面实施，参保率达到90%。城乡无社会保障老人享受政府每月200元的福利养老金，统一了全市农村低保最低保障线，保障水平大幅度提高。

存在的挑战：一是生态建设、环境保护的任务仍然繁重，废弃矿山修复、生态清洁型小流域建设、山区搬迁等任务艰巨。二是沟域经济发展总体上仍处于起步阶段，规划需要提升水平，产业结构需要升级，沟域特色需要强化。转变经济发展方式、提升产业竞争力、促进农民特别是低收入农户持续增收的任务相当艰巨。三是山区基础设施和社会事业仍然滞后，道路交通还不完善，生产性基础设施依然薄弱，农村改革发展的任务更加繁重。

北京市山区工作会议于2010年12月2日召开，市长郭金龙、市委常委牛有成、市人大常委会副主任赵凤山、副市长夏占义等领导和市有关部门、七山区县及山区乡镇领导参加了会议。夏占义副市长做了题为《加快发展沟域经济　建设绿色富裕山区》的工作报告。报告首先肯定了“十一五”北京市山区建设的成绩，提出“十二五”时期山区建设的指导思想和总体目标：“山区工作总的指导思想是：认真贯彻党的十七大和十七届三中、四中、五中全会精神，深入贯彻落实科学发展观，紧紧围绕建设‘人文北京、科技北京、绿色北京’和中国特色世界城市的战略任务，牢牢把握率先形成城乡经济社会发展一体化新格局的根本要求，适应城乡融合和产业融合的趋势，着力转变山区发展方式，坚持走生产发展、生活富裕、生态良好的可持续发展道路，以沟域经济发展为重点，大力加强生态保护，加快发展生态产业，积极开展生态创建，着力提升生态文明，创新山区发展机制，推动山区经济社会又好又快发展。”“到2015年，山区发展的主要目标是：生态环境进一步改善，林木绿化率达到75%，生态清洁型小流域建设率达到60%；发展方式加快转变，产业结构优化升级，资源节约型、环境友好型产业体系基本形成，具备规模效益和品牌效应的沟域经济产业带达到35条左右；农民人均纯收入年均增长10%以上；农村基础设施进一步改善，社会事业全面进步，人民更加安居乐业。”着重强调抓好三项工作：一是加强山区生态环境建设，夯实沟域经济发展基础。二是加大基础设施建设力度，改善沟域经济发展条件。三是加快山区产业转型升级，提升沟域经济发展水平。明确市级由市社会主义新农村建设领导小组综合办公室牵头，建立沟域经济建设联席会议制度，实行“部门联动、政策集成、资金聚焦、资源整合”的工作机制，共同研究解决沟域经济发展中的突出难题和政策衔接问题。市、区县两级财政设立沟域经济发展专项资金，采取以奖代补方式，支持沟域经济重点产业项目建设、规划编制、品牌宣传、项目推介等工作。

山区农民收支情况

【概况】 2010年，山区（以调查户所在村划分）790户农民抽样调查资料显示，全年山区农民人均纯收入11 460元，比上年增加942元，增长9%。其中，工资性收入6 862元，增长8.2%；家庭经营纯收入为2 649元，增长8.3%；财产性收入612元，增长16.8%；转移性收入达到1 337元，增长10.7%。2010年，山区农民人均生活消费支出8 027元，比上年增加125元，增长1.6%。在生活消费各类支出中，家庭设备用品及服务支出和文化教育娱乐用品及服务支出下降，居住支出和医疗保健支出与去年基本持平，食品消费支出和衣着支出增幅低于4%，交通通讯支出和其他商品服务支出增长超过20%。

【人均纯收入】 2010年，山区农民工资性收入达6 862元，比上年增长8.2%，其中在非企业组织中得到954元，比上年增长1.6%，在本地企业中得到1 652元，比上年增长3.2%，外出从业得到1 965元，比上年增长17.2%，其他劳务收入2 291元，比上年增长7.9%；家庭经营收入2 649元，比上年增长8.3%，其中一产业收入1 206元，比上年增长2.1%，二产业收入339元，比上年增长79.4%，三产业收入1 104元，比上年增长2.6%；财产性收入612元，比上年增长16.8%，其中租金收入92元，比上年下降7.1%，集体分配股息和红利107元，比上年增长12.6%，转让承包土地经营权收入137元，比上年增长95.7%，土地征用补偿收入212元，比上年增长37.7%；转移性收入1 337元，比上年增长10.7%，其中农村外部亲友赠送103元，比上年增长22.6%，退休金、养老金665元，比上年增长18.5%。

【人均生活消费支出】 2010年，食品支出2 658元，比上年增长3.6%，其中谷物支出276元，比上年增长10.8%，蔬菜及制品支出227元，比上年增长24.7%，肉、禽、蛋、奶及制品支出598元，比上年下降1.2%，在外饮食567元，比上年增长3.5%；衣着支出531元，比上年增长3.7%，其中服装支出322元，比上年增长9.2%；居住支出1 630元，比上年增长0.9%，其中生活用电支出280元，比上年增长21.2，燃料支出538元，比上年增长23.7%；家庭设备用品及服务支出447元，比上年下降20%，其中机电用品支出203元，比上年下降15.4%，日用品支出133元，比上年下降10.7%；交通和通讯支出1 036元，比上年增长22%，其中交通工具支出389元，比上年增长66.2%，通讯工具支出75元，比上年下降1.3%，通讯费支出329元，比上年增长0.9%；文教娱乐用品及服务支出747元，比上年下降13.5%，其中教育服务消费455元，比上年下降14.3%；医疗保健支出817元，比上年增长0.9%，其中药品支出257元，比上年增长7.1%，医疗费支出533元，比上年下降2%；其他商品及服务支出161元，比上年增长26.8%。

【人均生产性支出】 2010年，购置生产性固定资产支出151元，比上年下降44.1%，其中购置运输工具82元，比上年下降55.4%；家庭经营费用支出2 225元，比上年增长1.6%。其中一产业支出1 076元，比上年下降2.4%，一产业支出中，农业支出242元，比上年下降5.1%，牧业支出752元，比上年下降4.7%；二产业支出462元，比上年增长17.6%，二产业支出中，工业支出383元，比上年增长42.4%；三产业支出687元，比上年下降1.3%，三产业支出中，运输业支出436元，比上年增长2.6%，批零贸易业、饮食业支出186元，比上年下降11%，社会服务业支出63元，比上年增长5%。

山区沟域经济

【打造七条山区标志性旅游名沟】 年初，市政府将“打造七条山区标志性旅游名沟”的工作任务列入2010年市政府为民办实事工程，全年七个山区县共集成政策资金1.3亿元，吸引社会资金约3.5亿元，投入到各项重点工程中。门头沟妙旬沟域完成涧沟村国家级标准化基地建设，新发展观光园区5个，生态科普示范基地1个，完善苇甸沟国家级水利风景区，妙峰山云顶国际休闲体育度假村完成了前期手续。房山仙栖沟域里，蜜蜂文化写生园、观光采摘园、民俗户改造和乡村别墅建设已完工，补植各类苗木4 600株和四季花草2万余株，仙栖木屋群、生态农庄等7个节点主体已完工。昌平区十三陵休闲产业区中，十三陵景观大道四个农产品销售港湾已经投入使用，完成了十三陵景观大道，对沿线果园大门进行改造，完成大宫门村整体包装改造方案，十三陵景观大道（二期）已立项。怀柔区长城国际文化村共治理河道2 000米，统一规划制作长城国际文化村村碑和广告牌，对各村内部进行街道清理并进行混凝土路面铺设和统一房屋粉刷，修建停车场、公园和亲水休息设施。平谷十八弯风光旅游带中，东指壶峰景区基础设施建设工程项目、黄松峪乡黑豆峪村鸣翠谷天然氧吧休闲娱乐项目已完成主体工程，五里庙村食用菌基地已完工。密云县汤泉香谷里，新城子镇完成垃圾清理、违章建筑拆除、村庄外立面整治、绿化带补植、树林涂白等工程，古北口镇房车营地项目、香草园的木屋项目、司马台景区长城综合开发项目等正在进行施工，沿线六个节点的设计方案已完成。延庆千家店百里山水画廊结合创建国家AAAA级旅游景区，完善5处湿地景观，新建7处湿地景观，升级改造5个民俗村，新发展写生接待户127户，推进写生基地建设，完成自行车租赁基地建设。

【公开征集沟域经济发展规划】 为提高沟域经济发展水平，促进山区经济繁荣，市新农办第一次面向社会公开征集沟域经济发展规划。市新农办出台《关于公开征集沟域经济发展规划的工作意见》（京新农办发［2010］2号），指出公开征集发展规划的主要内容：一是沟域经济发展的主题概念创意。二是节点布局及其设计，包括对重要景区景点、农业产业节点、村庄节点、二三产业节点的布局设计。三是生态环境提升工程，包括生态建设工程、环境整治工程和基础设施建设工程。《意见》指出，公开征集采取“全市统一部署、区县自主组织、市里提供政策保障和服务”的方式推进。市级部门负责指导服务；区县政府作为主体，按照市新农办要求，从实际出发，自主选择招标或邀标的方式。发展规划征集工作由市新农村建设领导小组综合办公室（市农委）牵头，市规划委、市发改委、市交通委、市住建委、市环保局等相关部门参加，组成沟域经济发展规划征集工作指导小组，由市新农办主任任组长，各相关部门主管领导为成员；指导小组设在市农委，相关部门业务处室负责人为成员，对全市沟域经济发展规划征集工作进行组织、指导、调度和服务；各成员单位根据职能对发展规划征集工作给予指导，并承担相应职责。各区县比照市级部门成立由主管区县长为组长、有关部门参加的沟域经济发展规划征集工作领导小组，明确各部门分工，组织开展发展规划征集工作。《意见》规定了需坚持的五项原则，一是坚持高标准、高起点的原则，二是坚持生态优先可持续发展的原则，三是坚持宏观概念创意和微观可实施相结合的原则，四是坚持依法依规原则，五是坚持以区县为主体的原则。《意见》还对征集工作的总体安排和推进措施做了说明。4月1日，市新农办召开会议，对全市沟域经济发展规划公开征集工作进行动员部署，7个山区县分别选择一条沟域开展公开征集工作。4月8日，市新农办组织召开了“北京市沟域经济发展规划公开征集工作新闻发布暨区县与规划设计公司对接会”，北京市沟域经济发展规划公开征集工作指导小组成员、七个山区县有关部门、沟域所在乡镇负责人、20余家媒体及40余家国内外设计单位出席了此次发布会，其中国外设计团队10家。同日，在北京日报做了专版广告，首都之窗和市农委网站建立了专栏。经过探索实践，公开征集初步形成了公司遴选、方案遴选、方案完善、方案审定四步骤规划公开征集工作模式。公司遴选阶段，按资质和业绩选择出若干高水平的规划设计公司，进行方案初步设计；方案遴选阶段，聘请专家组从若干初步设计方案中选择最佳方案；方案完善阶段，由最佳方案设计公司综合其他方案优点，优化完成规划方案；方案审定阶段，规划设计公司听取各方面意见，对设计方案进行完善后，报区县政府进行审定。门头沟妙峰山沟域由艾罗帕罗海默生态城有限公司设计，采用国际最先进的生态设计理念和环保新技术，设计打造一座面积达100平方公里的数字低碳生态城，计划投资10亿欧元。将建设25座展览馆和会展中心，建筑物将充分利用采石场挖空的山体，依山而建，高达数百米。通过巧妙的生态设计，利用山地充足的光热条件，形成四季常青的低碳山体建筑。“中芬生态谷”建成后，不仅是中国第一个真正意义的数字低碳生态城，而且将成为世界上最大的“生态城”。房山南窖沟域中标公司为芬兰萨米宁建筑事务所与北京创新景观园林设计有限公司联合体，打造燕山绿谷·丰饶之角。南窖乡的山谷的形状似角，盛产香花水果。历史典故的运用可以用一种鲜明的形象和关联让各国游客记忆深刻；28季谷。南窖的8个村落中，选出7个具有发展潜力的村落保留和投资。各个村子都因位置、大小、景点和农产品等因素而别具风味。同时，这里有着气候特征分蛤的4个季节。旨在为游人创造出丰富的体验，7村4季组合出一年28个季节，合成一道独特风景。平谷区十八弯沟域中标公司为北京土人景观与建筑规划设计研究院，从雨洪管理与水源保护、地质灾害及水土流失防治、生物多样性保护、乡土景观与文化遗产保护、游憩体验过程保护和视觉体验过程保护这六个方面入手，构建规划区生态基础设施。在空间上保护以地表、地下水源、地下回补区为核心，保护以历史文化遗产点和各类乡土景观核心资源为主体，线性文化遗产和乡土景观为骨架的遗产网络；保护以核心游憩资源为主体，线性文化遗产和主要游憩廊道为骨架的游憩网络；保护以山体、水库等高视觉质量景观为核心主体，以游憩、通勤等视觉体验过程为连接带的综合视觉安全格局。分宏观、中观和微观三个尺度来进行区域整体的规划设计。选择具有推广价值的代表性节点，包括干河道景观、废弃地利用、完善的服务体系等。昌平西峰古道沟域由北京天创智业城市规划设计院设计，打造一条健康谷，以健康农业、健康科技产业、休闲旅游产业为切入点建设一个试验区，打造绿色健康产业驱动力一条百里环形廊道，5年投资400亿元形成初具雏形的发展格局。怀柔区天河川沟域中标公司为北京清美同创景观工程有限公司，以创意新型沟域经济为出发点，与国际接轨，与北京发展世界城市和怀柔建设国际会都的同步跟进。把天河川分为四大产业景观带，即十里水泽、“天河放歌”奇幻世界、千年仙踪和林涧溪谷。十里水泽是以白河优美的湿地资源为依托，构建一个长15公里的现代化生态节能型汽车滨水营地，将成为吸引北京周边游客的亮点；“天河放歌”奇幻世界是以产业经营性为主的现代景观建筑度假区为体验的产业设计，根据项目资源设计了五大景观建筑度假区；千年仙踪是以项目内民俗宗教文化为依托的民俗文化旅游设计，与景观和度假区形成文化上的产业互动；林涧溪谷是以天河原生态为主的保护地开发，利用原有生态资源，打造一条以民俗接待为产业的景观休闲带。密云县司马台·雾灵山国际休闲度假区中标公司为北京道顺规划设计有限公司，打出“雾灵·开心谷”理念，满足未来的市场需求。密云“三个走在前列”的建设目标要求沟域发展选择绿色、低碳的产业。现代休闲产业是后工业时代的产物，亚里士多德认为休闲中包含了生活的一切快乐，这种快乐是对人类所缺乏的更高雅的东西的终极追求。开心所包含的愉悦、快乐、放松、自我认识等元素是现代休闲体验的核心。“开心”是沟域项目建设的核心理念，是沟域休闲旅游的最佳体验，也象征着休闲经济引领民富沟强和谐发展的未来。延庆四季花海沟域中标公司为北京京师天成旅游规划设计咨询有限公司，依托世界城市宏观背景，利用优质资源条件，对接庞大市场需求。形成四海花谷——四季花海高端低碳产业集聚带，人类终极向往的理想境地。创意林果精致农业区、茶菊山谷生态旅游区、四季花海复合产业区、四海花园小镇—游客服务中心、珍珠水链；采纳生态设计，强调绿色生态环保理念，设计结合自然。

【北京沟域经济发展规划展示暨招商推介会】 12月1—3日，在北京国际会议中心举办，郭金龙市长、牛有成常委、夏占义副市长等到会参观。展会现场分为市展区和区县展区，市展区展示了沟域经济的概念、发展背景、相关政策等，区县展区用生、光、电等现代化手段分别展示了7个面向国际公开征集的高标准沟域经济发展规划成果和招商项目，生动体现了山区经济发展在理念更新、境界提高、视野拓宽、产业升级、农民致富方面取得的成绩，吸引山区县、近郊、企业等前来参观，累计接待近5 000人次，26个沟域经济建设项目达成合作意向，投资总额达319亿元。展会还设立了北京沟域经济发展规划综合水平奖、展示创意奖及优秀组织奖，对7条沟域经济发展规划公开征集工作进行总结表彰。

【出台《促进沟域经济发展意见》】 全称是《北京市人民政府关于促进沟域经济发展的意见》（京政发［2010］36号）。主要内容包括：①加强生态建设。到2015年，完成荒山荒地造林面积40万亩，改造低效林130万亩，林木抚育300万亩；继续实施废弃矿山植被修复工程；规划治理小流域160条。②设立沟域经济发展专项资金。采取以奖代补方式给予扶持。③全面提升乡村旅游服务水平。打造一批山区旅游集散特色镇和国内外知名的乡村旅游目的地；开展酒店式管理民俗村试点。④提升沟域特色林果业发展水平。到2015年，完成10万亩山地果园集雨工程、50万亩零农药残留果园建设工程、100万亩果园沃土工程。⑤加大基础设施建设力度。编制《沟域经济建设规划》，加大公共服务性和产业性基础设施的建设投入力度；继续加快实施山区旅游环线工程，实现贯穿7个山区县的环线全线贯通；全面启动重点镇与高速公路联络线建设，到2015年全面建成连接景点、乡镇、高速公路的山区路网。⑥推进山区农民搬迁。2015年底前基本完成地质灾害和生存条件恶劣地区农户搬迁。⑦集约节约利用土地。实行建设用地指标向沟域经济倾斜的政策。在年度土地利用、供应和储备计划上对高端项目等必要的用地需求给予支持。⑧促进农民就业。沟域经济建设中适合农民经营的项目，鼓励农民自主创业与经营；适合农民参与的工程，尽可能吸纳农民参与；政府采购的公益性岗位，优先安排给低收入农户。⑨鼓励社会力量参与。吸引社会资本以多种形式参与沟域经济整体规划建设和具体项目开发。⑩建立“部门联动、项目集成、资金聚焦”的工作机制。市政府相关部门的年度投资项目和区县政府投向山区发展的资金，优先、集中扶持年度重点启动建设的沟域，形成投资合力。

【沟域经济发展保障措施】 一是明确组织机构。由市社会主义新农村建设领导小组综合办公室牵头，建立沟域经济建设市级联席会议制度，实行“部门联动、政策集成、资金聚焦、资源整合”的工作机制。各相关区县政府需明确相应机构，统筹推进本区县沟域经济规划建设工作。二是强化规划编制。采取市有关部门指导、区县政府自主组织的方式实施规划方案公开征集，坚持高起点规划、高标准建设、高质量发展、高水平管理，推动沟域经济又好又快发展。三是引导社会参与。广泛动员和引导党政机关、企事业单位、社会团体和个人等各界力量，以多种形式帮扶沟域经济发展。丰富区县合作内涵，鼓励结对区县动员组织所属单位采取经济合作、慈善捐助公益事业等多种形式，与沟域内的乡镇、村开展多层次的广泛合作。四是完善激励机制。加强督促检查，建立沟域经济发展评价指标体系，适时对沟域经济发展机制、重点项目实施情况和发展成效等方面进行评价，并根据综合评价结果给予不同档次的奖励。加强调查研究，加大宣传力度，营造有利于沟域经济发展的良好舆论环境。

【典型沟域】 延庆县千家店镇依托良好的山水资源组合，率先规划设计并全面开展百里山水画廊一期建设，2010年顺利通过了国家4A级景区验收，成为全国首个涵盖全镇域的4A级旅游景区。一是管理机制创新，由单一的政府行政管理逐步转向制度化和标准化管理。制定了旅游产业发展规划、民俗户评定标准和各项管理制度，实现了管理规范、发展有序。在创建4A级景区中形成了“六个统一”，即“统一规划布局、统一旅游标准、统一施工建设、统一品牌特色、统一市场营销和统一评估验收”。二是发展模式创新，由过去的弱规划指导转变为统一规划先行，严格按规划办事。百里画廊沟域经济建设以创建国家4A级旅游景区为目标，按照“一环三区十二个空间节点”的规划布局，共规划设计生态产业发展项目4类6个项目、基础设施建设2类9个项目和环境景观建设2类3个项目。通过科学规划，实现资源要素相融、生态环境与经济社会的双赢发展。三是环境保护创新，由传统的农村环境整治转变为景区大环境的改造与利用。大力推进创建北京市卫生镇工作；以秀水湾等8个自然村作为试点村，为400户农户配备分类垃圾桶、三轮车和垃圾房；建立“1435”农村管理模式，强化长效管理机制，对3 000名生态管护人员实行网格化管理。独特的田园风光吸引来众多游客，丰厚的经济效益使广大农民更加爱惜生态环境。四是产业融合创新，从单纯的“农家乐”转向创意性的休闲度假产业。把简单的种植产业提升为“千亩葵海、万亩茶园”的创意农业，种植向日葵138.67公顷、黄芩253.33公顷，开发黄芩茶、葵花籽等农产品精深加工产业；把传统的民俗户升级换代成“山水人家”，与20多所高校签订写生协议，新发展写生接待户127户，引进自行车骑行等文体内容，形成了内容丰富的产业体系。五是建设方式创新，由过去简单的节点打造转变为4A级景区的整体打造。完成干沟旅游接待中心、秀水湾民俗村、长寿岭国际长寿文化村建设、朝阳寺升级改造、旅游购物中心、古家山寨画家村、硅化木景区、上乃山水景观、滴水壶景区、乌龙峡谷景区、关帝庙升级改造、牦牛沟等景观建设，设立6个景区景点通票销售服务。按照国家4A级旅游景区建设标准，修建红石湾等沿线观景台7处，完善六道河等5处湿地景观建设，新建上乃山等停车港湾12处，在镇区等重要节点建设旅游星级公厕9个，增设景区及民俗标识80块，建设旅游导视系统。六是特色品牌创新，由注重产品的量转变为注重培育独特品牌。设计“百里山水画廊”Logo，并在国家工商总局进行七大类共25种商品及服务中注册商标，重新设计柴鸡蛋、鸭蛋、杏仁、瓜子等旅游产品包装。

山区泥石流易发区及生存条件恶劣地区农户搬迁工程

【概况】 按照《关于实施新一轮山区泥石流易发区及生存条件恶劣地区农民搬迁工程的意见》（京政办发［2008］5号）要求，山区泥石流易发区及居住条件恶劣地区农民搬迁工作由市政府统一领导，建立由市农委负责，市发展改革委、市规划委、市建委、市政府法制办、市财政局、市国土局、市水务局、市园林绿化局等部门共同参与的山区搬迁市级联席会议制度，负责审核各区县年度搬迁实施方案，及时下达年度计划并拨付补助资金，加强指导、监督和检查，及时研究解决搬迁中出现的普遍性问题。各区县政府负责本地区搬迁工程的组织实施。2010年全市共搬迁2 535户、6 617人，涉及29个乡镇58个行政村。其中处于泥石流易发区的农民870户、2 371人，占总任务的36%。集中新建23个村，合并74个自然村，聚集2 059户、5 331人，占总任务的81%。

【主要成效】 一是保障了居住安全，减少了灾害隐患。应对突发性地质灾害最有效的办法就是搬迁，在这方面本市走在了全国前列。据2003年调查结果，本市山区处于地质灾害地区需要搬迁的农民约6.8万人，近年来，本市处于重大和较大级别地质灾害区的农民相继得到搬迁安置。通过搬迁，山区农户房屋结构更加安全，土木结构房屋从39.4%降低到零，砖混结构房屋从8.5%提高到75.5%，消除了危房隐患，搬迁农户居住安全得到切实保障。二是改善了居住条件，优化了居住环境。通过统一规划建设，199个新建村不仅实施了街坊路硬化和街道绿化美化工程，还配套了太阳能路灯、污水处理设施，极大改善了农民居住出行条件。部分新村通过改良，并结合传统民俗文化，成为远近闻名的旅游目的地，其中5个搬迁村被市民评为最美乡村。搬迁农户房屋建设使用了节能环保材料，应用了太阳能、沼气等新能源和节能吊炕等新技术，有的农民还住上了二层小楼，居住环境得到极大改善。平谷区将军关村搬迁农居仅靠太阳能取暖，冬天室温就能达到12～15℃，再辅以电暖等设施就能达到城市居民供暖标准。三是保护了生态环境，集约了土地资源。通过搬迁，4.9万名农民从重点生态保护区搬迁出来，山场实行封山育林等措施，减少了人为活动对山林地的破坏；295个自然村（片）和分散居住地得到有序整合，共节约建设用地333.33公顷，用于恢复耕种、生态修复和发展环境友好型产业。仅密云县2008—2010年，搬迁村就节约建设用地46.67公顷。四是拓宽了就业渠道，促进了农民增收。搬迁工作注重保障农民利益，鼓励在村域内重新选址的内迁方式，不改变原有土地、山场的承包关系，农民在从事农业生产的同时，还可通过看山护林实现生态就业。同时注重新型产业的培育，设立3 000万元的搬迁村产业发展专项扶持资金，对100多个特色种植、绿色养殖和乡村旅游产业项目给予扶持；搬迁村的建设按照适应新型产业发展的标准进行规划，60个搬迁村建设成为颇具特色的民俗接待村，旅游接待户人均收入超万元。如怀柔区东岔村搬迁53户、136人，整合建设用地3.33公顷，建新房160间，带动30户农民发展民俗旅游，户均增收3 000元；同时优化肉鸡产业和西洋参基地建设，年出栏肉鸡93万只，产值2 000万元，带动农户52户，人均增收4 500元；6.67公顷西洋参基地带动农户22户，户均增收1.5万元。昌平区搬迁农民中有42.1%的劳动力脱离了农业生产，进入了二、三产业。

【主要做法】 一是加强领导，落实责任。建立联席会议制度，市农委、发改、财政、国土、水务等部门为成员单位，并将市政府法制办和市住房城建委纳入其中。明确区县委搬迁工程实施主体，及时协调解决问题。区县政府做好计划制定、组织宣传、任务落实等工作，妥善处理好搬迁农民就业安置、户籍、子女入学、资产处置等问题。市农委牵头召开搬迁工作联席会议，下达搬迁任务，定期组织联合检查，协调解决问题。市国土资源局制定搬迁标准，对区县搬迁计划进行核定，对已搬迁的地区，联合市水务局对其安全性进行勘察验收。市发展改革委下达生态移民任务及资金。市财政局下拨搬迁补助资金，严格监督搬迁资金的使用情况。市水务局配合市国土资源局做好泥石流易发区的勘察及验收工作。市园林绿化局对搬迁后山场实行封山育林、绿化造林等生态修复工程。市住房城乡建设委在新型节能建材利用等方面对搬迁村加大扶持力度。市政府法制办在政策制定及执行环节进行指导和审定。二是部门联动，形成合力。市农委每年组织搬迁计划的编制和任务下达，与各部门进行对接。除财政设立搬迁专项补助资金外，市发展改革委每年安排生态移民资金1 000万～2 000万元，用于集中新建村的基础设施配套；市住房城乡建设委2010年对1 800余户使用新型节能保温建材的搬迁农民给予每户2万元的补贴，覆盖面达到60%。同时，新农村“五项基础设施”和“三起来”工程与搬迁工程配套跟进。三是依法自愿，严格程序。首先由农委、国土、水务等部门联合确定搬迁范围，召开村民代表大会确定搬迁后，由搬迁农户填写申请书，搬迁对象在村中张榜公示，对于搬迁新址，区县农委联合国土、水务等部门科学规划、合理布局，把搬迁户建房用地调整好。区县农委核实拟搬迁人员，对每个搬迁农民登记、拍照、建档，使搬迁工程按既定的政策执行。部分乡镇、村聘请了工程施工监理单位。由于管理规范，近两轮搬迁中，多数区县无一例上访。四是因地制宜，形式多样。搬迁工作始终坚持“搬得出、稳得住、能致富”的原则，对于搬迁形式、新村规模、建房风格，在保证新址安全及符合国家规定和政策的基础上，不作统一规定，各区县根据实际情况，由搬迁村农民自主选择。各区县在实际工作中探索出自由搬迁、集中搬迁、搬迁到山下、就近搬迁等多种模式，确保了搬迁工程顺利实施，其中以就近区域内迁为主，此方式不改变原有土地、山场承包关系，农民在生产资料和就业上得到保障，是一种易于操作、较为稳妥、农民欢迎的模式。自由搬迁则不进行统一新村建设，在尊重农民意愿的基础上，通过政策引导由农民自主选择新的居住地点。选择这种方式的农民大多具有一定经济实力，有的在县城已购置房屋，或者子女已在山下就业。

（市农委山区建设处　王景辉）

科 技 进 步

概　　述

2010年，北京市农业科技工作认真贯彻落实党的十七届三中全会、中央农村工作会议、市委十届七次全会、北京市农村工作会议和北京市科技工作会议精神，以科学发展观为指导，着眼于建设世界城市的目标，按照城乡经济社会一体化发展和科技北京行动计划的总体要求，瞄准京郊农业主导产业发展中存在的关键共性技术问题，广泛整合在京农业科技、人才资源，进一步完善首都农业科技推广应用工作平台，主要采取政府购买服务和委托实施两种方式，积极组织和动员各级农技推广机构、在京农业科技单位和相关社会力量参与，开展各类农业科技服务。组织实施一批农业技术示范推广项目，储备和熟化有苗头和代表我市农业发展方向的相关技术，有效解决影响郊区农业生产和农村发展的关键共性技术问题；围绕果类蔬菜、生猪、观赏鱼三大产业努力探索构建北京现代农业产业技术体系；协调相关单位，全面完成我委作为主责单位的11项科技北京行动计划2010年折子工程，协调落实12项转基因生物新品种培与重大专项的对接工作；积极推动基层农业技术推广体系改革，探索开展村级农业推广员队伍建设试点工作，公开选聘和培养500名村级农业推广员；深入开展农业人才引进与培养工作，组织438名设施农业骨干农民赴境内外进行系统研修，共开办农民田间学校633所，继续推动都市型现代农业海外人才创业园建设。

科技推广与科技成果

【科技导入、农民培养推动设施农业发展】 配合市政府“百村万户一户一棚援助型设施农业工程”，为进一步促进低收入村经济发展和农民增收，继续深入实施“设施农业百村万户科技入户示范工程”，在10个郊区县、50个设施农业低收入村中确定1 500名示范户，组织了140余名技术人员进村入户开展多种形式的技术指导，在每个区县建立了一个新品种新技术示范基地，共示范35个优良品种和18项先进技术，农民技能提升和增收效果明显。选派300余名设施农业骨干农民，到生产、管理和营销水平较高的在京园区、外埠地区进行系统的研修培训，其中70余人将于年内赴日本、韩国和台湾地区开展研修培训。重点围绕蔬菜、西甜瓜、草莓、食用菌、花卉、南方果树等高效作物，示范推广了17种亩效益万元以上的设施农业优质高效生产模式，建立试验示范基地100公顷，辐射推广1 733.33公顷，示范区平均亩效益达3万元左右，效果明显。克服园艺作物连作障碍关键技术研发与示范项目取得显著的阶段性成果，筛选出设施果菜抗重茬砧木3个、抗重茬设施蔬菜栽培品种2个、抗重茬草莓新品种1个、果树抗重茬制剂1种，创新性地研究开发出营养液无基质育苗系统。

【汇聚资源、部门合作助推农业会展经济发展】 配合2012年第七届世界草莓大会的筹办，结合当前京郊草莓产业发展科技需求和技术瓶颈，从种苗繁育、科学施肥和病虫害综合调控等关键技术研发等方面入手，整合市农业局、市农科院及各郊区县科技力量，开展“优质草莓生产关键技术集成与示范”项目，在构建北京地区草莓种苗繁育体系及改善草莓生产土壤环境等方面取得阶段性成果。配合2014年世界种子大会的筹办，以丰台农业新品种展示基地为重点，整合市区两级资源，重点开展“农作物新品种展示园功能拓展模式试验示范”项目，以优良品种展示为主线，以籽种文化展现为特色，建设了集种业成果展示、观光、科普为一体的籽种科技示范观光园，在2010年种子大会期间得到与会领导专家及市民的一致好评。

【对接转基因国家重大专项】 2010年，对口管理的国家转基因生物新品种培育重大专项课题共计11项，中央扶持资金总计5 310.49万元，各课题进行顺利，已取得阶段性成果。按照《科技北京行动计划》及《国家科技重大专项配套管理办法》要求，协调市科委从市科技专项资金中对北京奥瑞金种业有限公司承担的《植酸酶转基因玉米新品种中试》课题落实配套资金500万元，正在协调对北京三元济普霖生物技术有限公司承担的《转基因牛中试与产业化基地》课题给予地方资金配套。

【深入推进都市型现代农业海外人才创业园建设】 贯彻落实市委市政府关于聚集海外人才的“一个意见

两个办法”，“都市型现代农业海外人才创业园”于年初揭牌开园。创业园由丰台区承建，核心区位于丰台区王佐镇。经过近一年时间的补充完善，创业园从运营团队、配套设施、政策制度等方面已具备吸引海外高端人才开展研发、创业的基本条件，陆续有多个团队和个人咨询洽谈。

（市农委社会发展处　董艳华）

【启动都市型现代农业服务体系及村级全科农技员队伍建设】 12月7日，市长郭金龙主持研究推进北京都市型现代农业服务体系建设，印发北京市人民政府《关于全面推进都市型现代农业服务体系建设的意见》（京政发［2011］8号），实施农业技术推广、动植物疫病防控、农产品质量安全、农业信息化、农资、农机、农业用水、农产品流通、农村金融等九大服务体系，组织开展39项建设工程。按照2010年全市农村工作会议提出的“建立村级农业综合服务点，推行农业科技特设岗位计划，在以种养业为主的村设立一名全科农技员”的要求，在房山、通州、大兴、密云、延庆5个区县，围绕种植、养殖等高效产业，选聘了504名村级全科农技员，每人每月补贴1 500元，以完善市、区县、乡镇、村农业科技推广服务快速对接联动机制，有效解决科技进村入户“最后一公里”等问题，促进都市型现代农业高端、高效、高辐射发展和农民增收致富。

【现代农业产业技术体系北京市创新团队建设稳步推进】 现代农业产业技术体系北京市创新团队建设被列入市政府2010年在直接关系群众生活方面拟办重要实事之一，市财政安排专项经费3 695万元，果类蔬菜、生猪和观赏鱼三个团队共建设产业技术研发中心3个，聘任首席专家3人，建设功能研究室16个，聘任岗位专家37人，建设综合试验站14个，农民田间学校工作站119个。6月4日，市农业局与市财政局联合召开了2010年工作会议，针对制约产业发展的技术瓶颈，制定了五年任务规划，明确了团队建设五年目标和任务。年内，开展41项新技术研发与集成，11个新产品的开发。果类蔬菜团队在开展新品种试验示范66.67公顷，新技术试验示范324公顷，新品种推广2 000公顷，新技术推广1 646.67公顷，推广配方肥及小檗碱农药等新产品1万公顷，推广新型农机具290台套；生猪团队开展新技术试验示范58万头，新产品试验示范45万头，推广新技术应用范围80万头，新产品应用范围50万头，推广新美系种猪1万头；观赏鱼团队开展新技术新产品试验示范453.33公顷，推广新技术、新产品、新品种18 000公顷；岗位专家指导区县综合试验站建设429次，深入农民田间学校现场756次；综合试验站站长和农民田间学校工作站站长指导农民田间学校开办4 675次，创新团队层级之间工作指导力度明显加大。团队共组织培训382次，12 867人次参加；组织观摩561次，17 416人次参加；全年共组织农民活动日2 536次，73 718人次参加培训，共培训新型农民3 704人。通过一年的建设，探索了科技与生产的有效对接，既解决了生产技术性问题，又有效解决了机制性问题，实现了科技成果的快速转化，为都市型现代农业发展提供了技术支撑。

【开办农民田间学校704所】 年内，针对郊区蔬菜、瓜果、草莓、食用菌、生猪、奶牛、肉羊、肉蛋禽、鱼、粮食作物、花卉、中草药以及果树等13个主导产业，累计开办农民田间学校704所，培养农民学员17 000余人，举办活动日4 150次，培训农民108 141人次，推广新技术1 552项次，推广新品种1 165个次；举办农民田间学校辅导员培训班12期，培养初中级辅导员505人。录制《发展甜玉米、小蜂来帮忙》等农民田间学校宣传片20部，在北京电视台播出。6月11日，市委书记刘淇在昌平区调研时专门考察了南口镇李庄村农民田间学校，对此项工作给予了高度评价。他指出，“农民田间学校这种互动式、非常生动的、切合实际地的教学方式对于教育革命具有启发意义。农民田间学校是推动农业和科学技术相结合的特别好的形式，应该大力推广”，并在8月25日《昨日市情》批示“把‘农民田间学校’的作法在全市各区县推广，扩大普及，实现学习型农村的目标”。协助农业部举办全国农民田间学校辅导员师资培训班四期，共为全国为29个省市的71个县（市、区）培养农民田间学校师资185人。农业部张桃林副部长、全国政协常委、副秘书长，致公党中央常务副主席王钦敏，全国人大常委、华侨委副主任、致公党中央副主席杨邦杰4月调研给予充分肯定。孟加拉国农业技术推广考察团、联合国粮农组织驻塔吉克斯坦代表团、西班牙代表团、非洲代表团观摩了顺义、密云、昌平、延庆等区县多所农民田间学校。

【基层农技推广体系改革与建设示范县稳步推进】 年内，继续推进大兴、密云、延庆、房山4个全国首批基层农技推广体系改革与建设示范县建设。深入推进指导员包村联户责任制，启动基层农技人员知识更新培训。4个项目县确定的13个优势主导产业，选聘区县首席专家岗位和技术指导员，对接联系村，全年组织科技示范户培训观摩等量化指标，确保责任到人、落实到事、任务到点。评估并认证了市农业技术推广站（小汤山特菜基地）和市畜牧兽医总站2个市级现代农业技术培训基地，制定了2010年北京市基层农技推广体系建设示范县培训工作实施方案。10月13—15日举办了第一期岗位技术指导员参与式知识更新培训，共培训基层农技人员80人。全年于6月、11月两次开展了对示范县工作的全面督导考评，考核结果表明，示范县运转1年以来，总体良好，一是组织运行良好，管理日趋完善和规范。二是五大任务的规定动作完成良好。三是抽查结果表现良好。两次绩效考评共抽查了300名技术指导员和科技示范户，形成了良好的督导考评氛围。

【百村百场科技入户成效显著】 年内，针对设施农业和规模化养殖，围绕食用菌、西甜瓜、生猪、奶牛、名优水产等主导产业和特色产业，组织实施科技入户项目5项，共聘请专家61名、技术指导员198名，组成四级技术专家指导团队。技术服务覆盖了10个远郊区县315个示范村和208个规模养殖示范场，主推品种70个，主推技术30项，累计培训技术指导员3 000人次、农民25 653万人次，入户指导的技术员达2 000人次，接受入户指导的农民达26 000万人次，发放入户手册4 561份，发放技术资料29 198份，培养核心示范户3 615户，种植业辐射带动1 460公顷。主推品种和主推技术入户率达90%，增收节支效果明显。

（市农业局　武　山）

【2010年农业技术推广奖评审结果揭晓】 2010年北京市农业技术推广奖共评定63项奖励成果，其中：一等奖10项，二等奖23项，三等奖30项，共有721名农业科技人员受到表彰奖励。

表1　2009年北京市农业技术推广奖获奖清单

序号	项目名称	获奖名称及等级	主持单位
1	奶牛优质冻精及配套技术推广	北京市农业技术推广一等奖	北京奶牛中心
2	京郊玉米旱作节水技术集成与示范推广	北京市农业技术推广一等奖	北京市农业技术推广站
3	偶蹄家畜重大和常发疫病防治关键技术研究与推广	北京市农业技术推广一等奖	北京市兽医实验诊断所
4	池塘水环境生物调控技术研究与推广	北京市农业技术推广一等奖	北京市水产科学研究所
5	季节性裸露农田综合治理技术集成与示范推广	北京市农业技术推广一等奖	北京市农业技术推广站
6	测土配方施肥技术推广应用	北京市农业技术推广一等奖	北京市土肥工作站
7	设施黄瓜、番茄高产高效技术试验示范与推广	北京市农业技术推广一等奖	北京市农业技术推广站
8	耐密、高产、多抗玉米品种京单28示范与推广	北京市农业技术推广一等奖	北京市农林科学院玉米研究中心
9	设施农业生产智能监控技术产品示范与推广	北京市农业技术推广一等奖	北京农业信息技术研究中心
10	番茄抗根结线虫系列品种的示范与推广	北京市农业技术推广一等奖	北京市农林科学院蔬菜研究中心
11	京郊保护性耕作技术的研究与应用	北京市农业技术推广二等奖	北京市农业局农业机械化管理处
12	观赏草及其生产应用技术示范推广	北京市农业技术推广二等奖	北京草业与环境研究发展中心
13	副干酪乳杆菌在再制干酪中的应用与产品开发	北京市农业技术推广二等奖	中国农业大学
14	梅花鹿、马鹿人工授精技术与性别控制精液的示范与推广	北京市农业技术推广二等奖	北京绿神鹿业有限责任公司
15	鱼类真菌性疾病和锦鲤疱疹病毒病防控技术试验示范	北京市农业技术推广二等奖	北京市水产技术推广站
16	京郊耕地质量演变与培肥技术推广应用	北京市农业技术推广二等奖	北京市土肥工作站
17	北京市水产养殖环境监控及水质净化技术的研究与应用	北京市农业技术推广二等奖	北京市水产技术推广站
18	猪用微生态制剂复合卵黄抗体饲料添加剂应用技术示范与推广	北京市农业技术推广二等奖	北京市饲料监察所
19	北京油鸡品种及规模化散养关键技术示范推广	北京市农业技术推广二等奖	北京市农林科学院畜牧兽医研究所
20	系列早熟甜油桃新品种及配套栽培技术推广	北京市农业技术推广二等奖	北京市农林科学院农业综合发展研究所
21	大兴区防护林更新改造技术集成研究及应用推广	北京市农业技术推广二等奖	北京市大兴区林业工作站

（续）

序号	项目名称	获奖名称及等级	主持单位
22	BGB生物菌肥在有机果品生产中的示范推广	北京市农业技术推广二等奖	北京市嘉博文生物科技有限公司
23	肉用乳鸽人工乳育新技术的研究与示范推广	北京市农业技术推广二等奖	北京市农林科学院畜牧兽医研究所
24	精品无特定病原种猪培育技术示范推广	北京市农业技术推广二等奖	北京市动物卫生监督所
25	养分缓释型育苗基质的研发与推广	北京市农业技术推广二等奖	北京市农林科学院植物营养与资源研究所
26	基于农民田间学校综合推广绿色生态植保技术	北京市农业技术推广二等奖	北京市植保站
27	池塘水环境综合调控技术研究与推广	北京市农业技术推广二等奖	北京市水产科学研究所
28	食用菌高效生产关键技术集成与推广	北京市农业技术推广二等奖	北京市农业技术推广站
29	草莓优新品种与GAP生产技术推广应用	北京市农业技术推广二等奖	昌平区农业服务中心
30	向日葵多功能开发的技术示范推广	北京市农业技术推广二等奖	北京市农业技术推广站
31	林木安全生产综合配套技术研究与示范	北京市农业技术推广二等奖	北京市林业保护站
32	设施农业深耕机械化技术示范与推广	北京市农业技术推广二等奖	北京市农业机械试验鉴定推广站
33	果蔬类农产品物流管理系统的示范与推广	北京市农业技术推广二等奖	北京农业信息技术研究中心
34	奥运花卉展览技术及特色花卉品种规模化生产技术示范推广	北京市农业技术推广三等奖	北京市植物园
35	土壤速测箱的研究示范与推广	北京市农业技术推广三等奖	北京市农林科学院植物营养与资源研究所
36	顺义区土壤资源管理信息系统的建立与应用推广	北京市农业技术推广三等奖	北京市顺义区农业科学研究所
37	甘薯密选1号的推广	北京市农业技术推广三等奖	密云县原种场
38	延庆县鲜食玉米品种引进、筛选及配套栽培技术研究与推广	北京市农业技术推广三等奖	延庆县种植业服务中心
39	有机蔬菜土壤培肥与养分调控技术示范推广	北京市农业技术推广三等奖	北京市农林科学院
40	北京市循环农业模式研究与示范	北京市农业技术推广三等奖	北京市农林科学院农业综合发展研究所
41	大兴区瓜菜水肥调控技术研究与推广	北京市农业技术推广三等奖	北京市大兴区农业科学研究所
42	中甘21号甘蓝在延庆引进示范与推广	北京市农业技术推广三等奖	延庆县种子管理站
43	顺义区水源保护地农田节水技术集成与示范推广	北京市农业技术推广三等奖	北京市顺义区农业科学研究所
44	农林有机废弃物资源化利用示范基地建设与配套技术研究	北京市农业技术推广三等奖	北京市丰台区农业技术推广站
45	运用林业技术推进延庆生态发展涵养区建设	北京市农业技术推广三等奖	延庆县园林绿化局
46	基于双向视频诊断系统综合推广农业先进适用技术	北京市农业技术推广三等奖	北京市农林科学院农业科技信息研究所
47	红薯生产机械化技术改进与试验示范	北京市农业技术推广三等奖	北京市农业机械试验鉴定推广站
48	温室新型材料及配套作业机具的研发和示范	北京市农业技术推广三等奖	北京市农业机械研究所
49	5LT-315型板栗脱蓬机研制与示范	北京市农业技术推广三等奖	北京市怀柔区农机具研究所

（续）

序号	项目名称	获奖名称及等级	主持单位
50	基于个人数字助理的草食家畜饲料配方技术示范推广	北京市农业技术推广三等奖	北京市畜牧兽医总站
51	犬狂犬病综合防控技术在北京市昌平区的推广应用	北京市农业技术推广三等奖	北京市昌平区动物疫病预防控制中心
52	天然植物添加剂预混饲料在生猪生产中的研发与推广	北京市农业技术推广三等奖	大兴区动物卫生监督管理局
53	北京地区夏季奶牛热应激及控制措施的研究与应用推广	北京市农业技术推广三等奖	北京三元绿荷奶牛养殖中心
54	长双歧杆菌的筛选、功能评价及产业化应用研究	北京市农业技术推广三等奖	蒙牛乳业（北京）有限责任公司
55	腊肉制品现代化加工技术示范推广	北京市农业技术推广三等奖	北京雨润食品有限公司
56	现代化养猪生产管理标准化技术推广	北京市农业技术推广三等奖	北京养猪育种中心
57	牛粪无公害处理及有机肥生产技术	北京市农业技术推广三等奖	北京农学院
58	水产品绿色环保型高效饲料技术示范推广	北京市农业技术推广三等奖	北京市水产技术推广站
59	红罗非鱼的引种、人工选育及早繁技术推广	北京市农业技术推广三等奖	北京市水产技术推广站
60	通州区草鱼四联疫苗综合免疫技术应用推广	北京市农业技术推广三等奖	北京市通州区水产技术推广站
61	北京宫廷金鱼良种繁育和精养技术研究与推广	北京市农业技术推广三等奖	北京市水产科学研究所
62	北京市林果乡土专家科技服务体系建设与新技术应用	北京市农业技术推广三等奖	北京市林业科技推广站
63	果园芳香植物引进及应用技术研发与示范	北京市农业技术推广三等奖	北京农学院

【荣获2010年北京市农业技术推广奖一等奖、二等奖的农业技术推广项目介绍】

1. 奶牛优质冻精及配套技术推广。该项目到2008年推广覆盖牛群规模为17.6万头，覆盖面达到100%，累计使用54头优秀验证公牛和20头优秀青年公牛（PTPI>700）的优质冻精766 725剂；配种母牛366 782头次，繁殖优良母牛158 470头。包含五大关键实用技术，包括科学选种选配技术的应用、正确的发情鉴定和适时输精技术、有害基因检测技术控制缺陷种牛的应用、奶牛阶段饲养和TMR饲喂技术。2006—2009年，改良后代母牛胎次305天平均产奶量比母本提高515千克，牛群平均产奶量提高1 200千克；情期受胎率提高1.8%；牛群总受胎率提高1.26%；繁殖率提高1.07%；妊娠牛流产率下降0.79%。通过成果推广实施，提高了北京地区奶牛繁殖效率和遗传种质，增加了奶牛产奶量，实现了资源的有效利用，减少了环境压力，实现了"低碳经济"，促进了京郊奶业持续健康发展，经济、社会、生态效益显著，对全国奶牛的遗传改良和生产水平的提高起到了推动和示范作用。同时还培养了一批高素质、技术过硬的科技服务队伍，提高了京郊奶农奶牛养殖的技术水平和科技含量。本项目被评为2010年北京市农业技术推广奖一等奖。

2. 京郊玉米旱作节水技术集成与示范推广。针对北京地区水资源匮乏，严重制约社会、经济和生态发展的现实问题，组织实施玉米旱作节水科技示范推广工程，取得显著成效：①创建玉米旱作节水综合配套技术体系。以提高自然降水利用效率为核心，在鉴选抗旱品种、等雨播种、等雨追肥技术指标化等关键技术上取得突破，解决了"一次播种保全苗"、"规避卡脖旱"和"适期追肥与降雨衔接"三大技术难题，建立综合配套技术体系，形成操作规范，探索出适合本地区玉米旱作节水技术途径。②创建土壤墒情与气象信息服务体系。围绕墒情和雨量的监测预报，建立土壤墒情及气象信息技术服务体系，实现墒情监测和气象信息服务快捷、高效和准确，保障了新技术的成功应用。③研发并组装玉米旱作节水技术扩散体系。开发出掌上电脑应用的专家系统，制定干旱应急预案，形成全面、实用的技术扩散体系，建立了技术应用的长效服务机制。④取得节水和效益双赢目标。三年累计推广36.53万公顷，其中2009年推广14.77万公顷，占全市玉米播种面积的98%；总节水1.72亿立方米，总增产43 904.5万千克，总增收5.75亿元。⑤科技人员和农民的节水意识明显提高。为指导京郊农业结构调整，促进本市节水农业的发展起到了示范与推动作用。本项目被评为2010年北京市农业技术推广奖一等奖。

3. 偶蹄家畜重大和常发疫病防治关键技术研究与推广。本项目针对免疫布病疫苗的奶牛群检疫净化中自然感染抗体和免疫抗体及相关菌属的非特异性反应等鉴别诊断问题、奶牛隐性乳房炎的早期确诊和不开展药敏试验乱用药的问题、猪Asia-Ⅰ型与O型口蹄疫疫苗免疫程序问题、严重危害养殖业并造成经济损失的寄生虫病防治技术落后和不规范等问题，一方面开展了奶牛布病鉴别诊断技术、奶牛隐性乳房炎早期诊断技术、猪口蹄疫免疫程序、寄生虫病驱虫程序等试验研究，另一方面将研究形成的成果同已有成熟技术进行组装与集成，形成了适应疫病防控新形势的4套集成技术：奶牛布鲁氏菌病鉴别诊断技术、奶牛隐性乳房炎早期快速诊断和药敏试验配套应用技术、猪接种牛Asia-Ⅰ-O型口蹄疫二价灭活疫苗免疫程序及偶蹄家畜主要寄生虫病规范化驱虫程序，并编制了《偶蹄家畜重大和常发疫病防治技术手册》，录制了配套电视教学片，在全市1 644个养殖场、218个养殖小区，31 187个养殖户进行了推广应用，推广辐射规模455万头，共培训技术人员3 615人次，现场指导2 292人次，发放技术手册和光盘1 000套，发放相关资料3 200份。项目产生直接经济效益1.189 6亿元。本项目被评为2010年北京市农业技术推广奖一等奖。

4. 池塘水环境生物调控技术研究与推广。该项目通过开展水生蔬菜、水培陆生蔬菜和花卉等20余种植物的遴选工作，筛选出了适合北京地区生长的经济价值高、水质净化能力强的水蕹菜和养心莲进行示范和推广，并通过不同组合的植物，以及人工浮床载体的选择与研究，探索并建立了适合北京地区池塘养殖人工生物浮床净水模式；在国内首次根据不同池塘水质和底质条件，以及不同季节的水温和天气状况，结合微生态制剂中所含菌株种类与剂量开展了微生态制剂的池塘测水施用技术；同时，还开展了人工生物浮床和微生态制剂联合对池塘水质进行调控的技术。上述技术能使池塘的水环境得到明显改善，换水减少，饵料利用率提高，单位产量增加，鱼病损失减少，实现平均亩增效益510元。2007—2009年，分别在通州、房山、平谷、顺义、密云和延庆等郊区县开展成果的示范与技术推广工作，示范面积200公顷，推广面积0.30万公顷，实现新增效益为2 315余万元，总经济效益为1.302 1亿元，并开展了大量的技术培训与服务工作。同时，该技术推广到重庆、湖北、广东、辽宁等十余省市，取得了显著的经济、社会和生态效益。该成果的推广为北京市乃至全国发展节能、节水、绿色的水产养殖业提供了很好的示范作用，具有广阔的推广应用前景。本项目被评为2010年北京市农业技术推广奖一等奖。

5. 季节性裸露农田综合治理技术集成与示范推广。针对京郊平原、山区、沙源区以及果园种植区四种类型裸露农田的成因，筛选出5种抑尘效果好的越冬作物，开展了节水小麦、小黑麦、越冬油菜和耐阴中药材等作物新品种引进与筛选、实用技术研究与集成，以及秸秆覆盖、果药（草）间作防尘技术探索，提出了生物覆盖、秸秆覆盖和林间覆盖3大类11种治裸模式及配套品种和技术；采用遥感信息技术客观、准确地确定裸露农田面积和分布；应用生态价值评价技术首次实现京郊农田生态价值定量评估。项目通过综合应用作物栽培与耕作、农业遥感信息和生态价值评价三项技术，构建起了适合不同耕作区特点的、系统的季节性裸露农田综合治理模式和技术体系。通过行政推动、政策驱动、技术带动和订单拉动等方式在全市进行了大规模推广应用。通过项目实施，京郊冬春季农田覆盖率由62%提高到91%，其中生物覆盖率由39%增加到52.5%，农田扬尘减少50%以上。同时，促进了北京市空气质量改善，二级和好于二级的天数平均每年增加15天。三年累计减少扬尘4 432.1万吨，农田生态价值提高44.6亿元，农户增收1.5亿元。项目实施还促进了市政府在全国率先出台生态作物补贴政策。本项目被评为2010年北京市农业技术推广奖一等奖。

6. 测土配方施肥技术推广应用。四年来根据农业部有关文件精神，在京郊九个区县累计推广16.61万公顷，投资4 612万元，取得了显著的成效：第一，项目主要开展了大面积土壤养分调查，累计采集检测土壤样品45 022个。第二，在多种作物、不同地力土壤上开展了氮、磷、钾肥效试验510个，建立了粮食、蔬菜、经济等11种主要农作物施肥指标体系，提出了用于粮食、蔬菜、瓜果的20个专用肥配方。第三，开发了信息管理和专家推荐施肥系统，实现了对大量数据的科学管理与应用；探索了多种测土配方施肥技术推广模式，逐步形成了测配一站型、站企合作型、连锁配送型、农资加盟型和科技入户型五种推广模式。项目实施以来，农作物累计增产57.51万吨，节肥（纯养分）4.09万吨，增收节支9.35亿元，肥料利用率平均提高了8.8～10.2个百分点，取得了明显的经济、生态和社会效益，为建设人文北京、科技北京、绿色北京和世界城市，发展低碳农业奠定了基础并做出了应有的贡献。本项目被评为2010年北京市农业技术推广奖一等奖。

7. 设施黄瓜、番茄高产高效技术试验示范与推广。针对全市设施黄瓜、番茄生产水平不高、品种选择应用、关键技术环节模糊不清等问题，从2007年开始，以黄瓜、番茄为主，围绕日光温室、塑料大棚两种主要设施，持续开展了“设施黄瓜、番茄高产高效技术试验示范与推广”工作，取得了显著的成效：一是解决了设施黄瓜、番茄高产高效栽培的关键技术问题：①筛选出不同设施、不同茬口的适宜品种10个，改善了目前品种应用混乱、主导品种过于单一的现状；②引用改进了番茄震荡授粉器，并获得了专利；③引进番茄果穗柄防折环，解决了番茄果穗柄弯折问题；④优化了设施黄瓜、番茄栽培的系列关键技术，包括播期、嫁接技术、群体结构、设施温光调控技术；⑤集成创新了黄瓜、番茄不同设施茬口的技术规范6套。二是建立示范点416个、培训25 560人次，培养技术能手88名，发表论文50篇，成果推广应用8 504公顷，累计增产6 291.8万千克，总产值216 896.84万元，新增纯收益16 985.2万元，效益显著。本项目被评为2010年北京市农业技术推广奖一等奖。

8. *耐密、高产、多抗玉米品种京单28示范与推广*。京单28玉米品种通过了北京市和国家审定，以及天津、河北、内蒙古和黑龙江等省（市）审（认）定，并获得植物新品种权保护。主要技术内容为：一是选育出京单28玉米品种，该品种具有耐密植、早熟、高产、稳产、优质、多抗、广适等优点，明显优于目前推广品种。平均生育期95天，熟期适宜。亩产比对照增产15%～20%。抗多种病虫害，特别抗倒、抗旱，成为京津唐夏播玉米主栽品种。二是通过良种良法配套、技术培训、观摩、宣传等紧密结合，建立起科学的推广体系。研究出亩产500千克以上的高产制种技术，以及通过推广方法的创新，加快了推广速度。三是京单28连续4年被列为北京市良补品种，连续三年被农业部推荐为耐密植高产主导品种，这在京津唐区夏播品种中是唯一的。玉米是高产之王，是我国粮食增产的主力军，经济社会效益和生态效益显著，在北京都市型现代农业发展中具有重要地位和作用。四是成为在北京夏播玉米面积最大品种，在全国推广70.27万公顷，增产粮食5.2亿多千克，增创产值6.8亿多元。在北京市累计推广21.33万公顷，覆盖率达到50.7%，列全市夏播玉米品种第一位。在全国初步统计，累计推广面积70.27万公顷。并且抗旱节水，生态效益显著，推广前景广阔。本项目被评为2010年北京市农业技术推广奖一等奖。

9. *设施农业生产智能监控技术产品示范与推广*。该项目通过综合利用传感技术、网络技术、智能决策技术研究开发出一批拥有自主知识产权的设施农业生产智能监控关键技术产品，在国内率先集成构建了适合我国国情的网络数据管理及远程综合服务平台，实现各类设施农业环境的本地及远程监控。获得软件著作权15项，申报、获得国家专利11项，发表相关学术论文21篇。本成果总体技术居国内先进水平，其中创新的核心技术达到国内领先水平。在北京市的顺义区、大兴区、通州区等9个区县中选择16个典型基地示范推广2 650套，累计指导设施生产面积达4 837.2公顷，共增收5 309.9万元；由于对设施农业生产进行了智能监控，共节约成本407.7万元；使农药用量减少30%～50%，提高产品质量，商品率提高到85%～90%，由此增加效益2 143.8万元；共产生经济效益7 861.4万元本项目被评为2010年北京市农业技术推广奖一等奖。

10. *番茄抗根结线虫系列品种的示范与推广*。此项成果破解了京郊设施番茄根结线虫危害严重、防治困难的重大难题。利用植物自身的抗线虫基因，把自主选育的仙客系列番茄抗线虫番茄品种在生产中示范推广，是防治根结线虫的一大突破，符合北京都市型现代农业可持续发展战略。在不使用任何杀线虫药剂的情况下，与主栽品种相比，抗线虫品种对根结线虫的防控效果100%，且均为粉色大果，符合北京生产及消费需求。示范推广选取根结线虫发生最严重的农户棚室，真实直观地把科技成果展现给农民，是种育种家＋农技推广＋农民无缝对接的、并与农民田间学校工作体系有机融为一体的、高效务实的示范推广模式。2006—2009年，在主推区累计推广仙客系列品种0.2万公顷，新增产值5 314.39万元，节约农药开支1 253.89万元，创总经济效益6 568.28万元，2009年主推区核心品种覆盖率66.18%。该成果的推广，免除了番茄生产中因防治根结线虫带来的农药污染，确保产品质量安全，增产、增收、节支、绿色环保，经济、社会和生态效益显著。该成果的主要技术内容及Mi抗线虫基因分子标记技术，将为提升北京籽种产业提供支撑，推广前景广阔。本项目被评为2010年北京市农业技术推广奖一等奖。

11. *京郊保护性耕作技术的研究与应用*。该项目开展了28项技术研究，研制、改进和选型了11种机具，确定了适宜北京地区的5种技术模式，制订了3套田间技术规程；获得专利5项，发表论文16篇，鉴定新产品3项，培养推广硕士5名。通过实施，新增各类保护性耕作机具4 054台，建立127块示范田，累计推广应用63.67万公顷，占全市粮田面积的92.7%。培育大型农机作业服务组织202家，培养保护性耕作经纪人500多名；发放宣传资料13万余册，召开培训会和现场会等550次，培训人数18.5万余人次。项目实施后，保护性耕作地小麦和春玉米亩节约成本65元，占亩均农机作业成本的32.5%，分别增产2.5%和1.8%，累计节本增效8.0亿元；小麦和春玉米保护性耕作地分别比传统耕作降低扬尘59.8%和18.7%；土壤有机质含量年均增加0.099个百分点；减少农机作业碳排放3.18万吨。通过项目实施，北京成为我国首个整体基本实现保护性耕作的省市，产生非常显著的社会影响。确定的机具和技术模式已在北方地区推广应用；接待国内省市参观考察87次，国际交流21次，农业部召开现场会1次。本项目被评为2010年北京市农业技术推广奖二等奖。

12. *观赏草及其生产应用技术示范推广*。本项目首次系统地开展了观赏草品种选育、评价筛选、种苗生产、应用管护研究。国内首次选育出观赏草新品种5个；筛选出适宜北京地区应用的观赏草40种；开发了观赏草种苗繁育、标准化生产、应用管护等系列技术；并推广应用于城市园林、村镇建设、废弃地改造、山区与水域的生态治理、旅游观光园区的绿化美化与生态环境改善，增加了生态环境的植物多样性，推进了节约型绿化事业。成果完成单位制作了电视专题片、光盘、宣传册、课件、讲义作为宣传和培训材料，与北京市园林绿化局等相关部门合作，采取建立示范基地、参展、现场展示等多种形式宣传推广本成果。通过技术培训带动企业和农户生产观赏草，使北京成为全国的观赏草种苗供应中心，加强了科技首都的地位。在北京地区推广应用188万平方米，生产种苗1 080万株，新增纯收益2 684万元。种苗生产技术辐射至天津、河北、山东、云南等省市，累计生产种苗1 240万株，新增纯收益3 390万元。本项目被评为2010年北京市农业技术推广奖二等奖。

13. 副干酪乳杆菌在再制干酪中的应用与产品开发。本项目自2006年立题，受国家"十一五"支撑计划项目资助。项目首次采用了分段冷却工艺，并建立了副干酪乳杆菌再制干酪加工的全套生产工艺。项目技术申请了一项国家发明专利，并通过了教育部专家鉴定。本项目技术经由中国农业大学和北京三元联合组建的课题组经过技术研发、中试、生产线组建、生产调试等工作，建立了北京市唯一的再制干酪生产线，生产能力位列全国第一，技术水平达到国际先进。2007—2009三年应用本项目成果生产的新型再制干酪共创造产值1.2亿元，其中新增纯收益为2 699万元，并创造就业岗位120个，带动养殖户增收5 000万元，具有显著的经济效益和社会效益。本项目填补了国内益生菌在再制干酪中应用的空白。本项目被评为2010年北京市农业技术推广奖二等奖。

14. 梅花鹿、马鹿人工授精技术与性别控制精液的示范与推广。通过对怀柔区六个养鹿大镇实施人工授精技术和性控冻精的推广应用，技术覆盖度达到适繁母鹿的85%，并辐射到山东、河北等地。该项目主要技术内容包括：①项目共选育出高产种公鹿20头。采用浅麻醉及电刺激法采精，三年共生产优秀茸鹿（马鹿和梅花鹿）冷冻精液32 500剂，推广优秀冻精20 000剂、Y-精子性控冻精868剂。②采用高产马鹿和梅花鹿种公鹿冻精，对11 029头梅花鹿和马鹿母鹿直肠把握人工授精，受胎率达80.0%；使得种公鹿配种负荷由自然交配的1∶15提高到1∶300。③利用Y-精子性别控制冻精，通过短期间隔试情法对母鹿进行准确的发情鉴定，直肠把握子宫内一次输精，平均受胎率80.5%，产公鹿率96.8%。项目生产花马和马花杂交鹿，使杂交鹿比梅花鹿鹿茸产量提高2～3倍。通过人工授精三年累计获得杂交鹿8 830头。根据经济评估报告测算，共新增纯收益3 631.90万元。本项目被评为2010年北京市农业技术推广奖二等奖。

15. 鱼类真菌性疾病和锦鲤疱疹病毒病防控技术试验示范。通过项目的实施，目前已经建立了水生动物真菌性疾病和锦鲤疱疹病毒（KHV）病检测技术，二者检测准确率分别达到98%和95%以上，并形成了水生动物真菌性疾病和锦鲤疱疹病毒病防控技术规范；筛选出有效防治水霉病的2种中草药方剂和1种西药，并在通州、顺义、平谷等7个区县进行试验示范，取得较好的防治效果。项目实施以来，为养殖户免费发放防治水霉病药物1.5吨，累计示范推广养殖水面0.172万公顷，新增纯收益1 200余万元。项目实施基地水霉病发病率降低30%以上，防治有效率在85%以上；在通州、顺义、大兴、朝阳四个区县32家养殖场开展KHV监测，其中2008年在同一批次的5个样品中检出1个阳性；2009年在27个样品中未检出阳性。2008—2009年，共组织10期培训班，培训人数达1 000余人次，发放技术资料3 000余册，水质快速分析盒400盒。编写2个技术规范和2个北京市地方标准，标准分别为《北京市锦鲤疱疹病毒病监测技术规范》（草稿）和《水产养殖动物疫区划定与处理技术规范》（已发布）。本项目被评为2010年北京市农业技术推广奖二等奖。

16. 京郊耕地质量演变与培肥技术推广应用。项目自1987年开始执行，已形成完备的耕地质量监测体系，开发建成监测信息管理系统和对外发布网络，实现监测信息的数字化、自动化和网络化分析、管理与发布共享。项目从耕地土壤肥力、土壤健康及可持续利用等方面全方位分析了23年来耕地质量演化规律，并从多角度动态跟踪分析了肥力演化特征的内在原因，揭示了耕地种植利用方式、肥料投入和农业功能区划定位等因素是驱动耕地肥力演化的关键驱动因子。项目基于不同区域耕地土壤的肥力特征，围绕农业发展的功能定位，提出了京郊耕地土壤分区培肥、有机培肥及新菜田培肥改良等多项核心技术模式，经示范推广应用，使京郊耕地质量监测与培肥综合技术有机整合集成，为京郊耕地质量保护提供了对策，为有关部门耕地质量管理提供了决策依据。项目实施取得了一系列重要技术成果，有力地推动了有机肥培肥地力、北京都市型现代农业基础建设及综合开发规划等一系列耕地质量提升大型工程及补贴政策的启动实施。项目实施效益显著，近3年推广应用6.92万公顷，实现增收节支2.61亿元。本项目被评为2010年北京市农业技术推广奖二等奖。

17. 北京市水产养殖环境监控及水质净化技术的研究与应用。通过项目的实施，掌握我市渔业总体情况，为全市提供全面的普查数据。同时，对全市渔业环境及污染源的排放和分布等情况开展系统的分析研究，准确了解污染物的排放情况，提出结构调整、渔业环境整治及管理等方面的建议及对策，为科学制定生态环境保护政策和规划、切实改善渔业环境质量提供基础。针对水质存在的问题，选择高效、安全的水质改良技术进行试验、示范，使渔业水体生态环境大大改善，同时减少了水产养殖业对生态环境造成的污染。项目示范面积418.27公顷，新增总产值464.5万元，新增纯收益283.16万元。实施本项目取得了极为显著的社会、经济效益。本项目被评为2010年北京市农业技术推广奖二等奖。

18. 猪用微生态制剂复合卵黄抗体饲料添加剂应

用技术示范与推广。本成果在规模化猪场、养殖小区等进行推广。目前已在北京市9个郊区县的201个养殖场应用此项技术，累计示范推广仔猪401.2万头。以“二元活性抗体制剂及其制备方法”专利技术为基础，形成的猪用微生态制剂复合卵黄抗体饲料添加剂应用技术。主要内容包括：①高纯度微生物原料菌粉生产工艺的优化；②卵黄抗体粉生产工艺的优化；③微生态制剂和卵黄抗体粉二者复合技术优化。通过项目实施，每头仔猪多投入2.3元，增加收益27.9元，推广仔猪401.2万头，产生的经济效益为10 270.7万。本项目被评为2010年北京市农业技术推广奖二等奖。

19. *北京油鸡品种及规模化散养关键技术示范推广*。经科技人员多年选育和研究，北京油鸡品种质量又得到进一步提高，并形成《北京油鸡规模化散养技术规范》1套。在散养模式下，北京油鸡商品鸡120日龄上市公母平均体重1.56千克，肉质优异；母鸡年产蛋182枚，比普通柴鸡品种提高32枚，鸡蛋大小适中，平均蛋重50克左右，口味纯正。鸡肉中游离氨基酸等风味物质的含量以及鸡蛋中的卵磷脂含量明显高于普通产品，被认定为北京市优质特色农产品及特需农产品。2007—2009三年累计推广北京油鸡196万只，极大地促进了京郊柴鸡品种的更新换代和养殖技术的整体提升，新增社会总产值18 760万元，新增纯收益6 174万元，带动农户300户以上，户均年收入增加2万～3万元。北京油鸡产品进入246家大型超市，极大的丰富了首都消费市场，成为北京市特色产品，经济效益和社会效益显著。本项目被评为2010年北京市农业技术推广奖二等奖。

20. *系列早熟甜油桃新品种及配套栽培技术推广*。该项目选育出系列早熟甜油桃新品种“丽春”、“超红珠”、“春光”、“新春”、“秀春”、“望春”和“金春”等7个品种，并于2003—2006年分别通过了北京市农作物品种委员会、北京市林木品种委员会审定。该系列品种比第一代油桃品种成熟期更早、果型更大、品质更优，适宜在全国桃主产区种植。2004—2009年这些优良品种以科研机构＋企业（绿之星公司）为主体进行示范基地建设，共建成示范基地10个，面积33.3公顷；通过与郊区县农业、林业部门的合作在本市进行推广应用，有统计的面积已达1万余亩。2007—2009年，累计进入盛果期面积280.67公顷，新增产值5 189.7万元。本项目被评为2010年北京市农业技术推广奖二等奖。

21. *大兴区防护林更新改造技术集成研究及应用推广*。项目采用调查、规划、试验、推广相结合的方法，通过对大兴区防护林现状及存在问题分析，研究确定了：①防护林的更新年龄：小美旱杨为20～25年，加杨为25～30年；②防护林更新改造适宜的树种：乔木16种、亚乔木6种、花灌木11种、经济树4种；③全带更新、隔带更新、带外更新和补植造林等更新改造方式适用条件；提出了骨干路河景观型防护林、普通路河防护林、农田防护林和防风固沙林等4类15种更新改造模式；④优选了杨树伐根嫁接优良品种，研究形成了系统的杨树伐根嫁接技术、苗期管理技术和幼林抚育技术。项目研究集成了上述更新造林技术，在全区推广应用防护林网2 897.5千米，防护片林1 720公顷，仅木材年均增加收益3 634.8万元，十年的收益3.6亿元。取得了显著的生态、经济、社会效益，并探索出一套适用的技术推广方法。本项目被评为2010年北京市农业技术推广奖二等奖。

22. *BGB生物菌肥在有机果品生产中的示范推广*。2006年以来，本成果通过施用2 750吨BGB高能微生物菌剂和13 400吨生物有机肥，对北京周边区县有机果园进行种植改造、示范推广面积累计达13.63万亩次。项目实施期间，嘉博文公司通过技术配套，先后面对面辅导农民1 400次，举办培训班28期，培训人数14 000人次以上。通过指导农民使用微生物菌剂，减少化肥使用量70%～100%，节水30%～55%，大大缓解了面源污染；同时微生物菌剂的施用使土壤有益微生物含量当年提高1个数量级，改善土壤微生态条件；促进有机肥快速分解利用，提高土壤氮磷钾速效养分含量，增加土壤的有机质含量；提高果品产量约5%～30%，优果率达到87%，提高果品风味和品质，可溶性固形物提高1～2度，使产出的果品符合有机农产品认证标准，提高果品竞争力，使农民平均增收1 078.5元/亩以上。本项目被评为2010年北京市农业技术推广奖二等奖。

23. *肉用乳鸽人工乳育新技术的研究与示范推广*。该项目针对肉鸽繁殖性能低下，生产效益难提高等问题，从鸽蛋人工孵化、雏鸽人工饲喂入手，通过大量试验，研发了三个方面的关键新技术，第一，建立乳鸽人工孵育新技术，包括人工孵化、人工合成鸽乳、饲喂技术、设备、饲喂工具、环境控制、车间布局等配套技术。第二，建立乳鸽产品安全保障新技术，包括提高乳鸽新城疫母源抗体，全程不用疫苗免疫，添加自主分离的鸽乳酸菌剂，不用抗生素，保证乳鸽肠道菌群平衡，屠体无药残。第三，建立鸽毛滴虫病净化新技术，人工哺喂乳鸽留种，切断毛滴虫传染源，为鸽毛滴虫病净化提供了技术保障。通过项目实施，乳鸽人工孵育技术与亲鸽哺育相比，孵化率高出10%；出栏体重高出89.06克；群体整齐度提高5.1%，出栏成活率与亲鸽哺育相等，达95%以上。全市有20万对、8个郊区县饲养肉鸽，此成果已在6个郊区县推广，到2009年底，已推广12万对，占全市种鸽存栏量60%。三年累计人工哺喂乳鸽出栏570多万羽，增加纯利润5 180多万元。同时培训出100多名的人工哺喂技术人员。本项目被评为2010年北京市农业技术推广奖二等奖。

24. *精品无特定病原种猪培育技术示范推广*。2007年至2009年12月，本项目以农业部全国畜牧兽医总站《全国种猪遗传评估方案》和北京市种猪联合育种方案为技术基础，引入HACCP管理理论，建立了疫病净化技术完善、疫病控制技术先进、生物安全体系严密、选种培育技术科学的精品无特定病原种猪培育技术并以北京顺鑫农业茶棚种猪场等5个种猪场为示范基地，向本市10家种猪选育场进行推广，使精品种猪群扩大了33%，无特定病原良种覆盖率目前达到86.8%。三年来推广种猪216 190头（其中推广到北京市场34 594头），销售区域覆盖全国30个省市自治区，带动近1 540个场、户，取得了显著的社会效益。为保障技术有效推广，举办培训班16期，培训2 365人次。本项目被评为2010年北京市农业技术推广奖二等奖。

25. *养分缓释型育苗基质的研发与推广*。该项目成果主要研发了缓释型育苗基质营养配方、农业有机废弃物无害化处理、育苗基质块压缩成型、散状育苗基质复混加工等技术，把无害化、基质化处理后的食用菌渣、牛粪、沼渣等农业有机废弃物，混配具有保水、粘接、膨胀、缓释营养等功能的辅助剂，经过压缩或复混工艺生产成育苗基质块和散状育苗基质产品，广泛应用于蔬菜、花卉、林木、药材等作物育苗使用。成功开发了育苗基质块、散状育苗基质、缓释型育苗基质营养母料3个系列6类产品，养分缓释期30～80天，实现育苗期无需施肥、育成的幼苗健壮整齐、抗病力增强、定植后无需缓苗的效果。2007—2009年间，在北京地区产品累计使用面积达到5.33万亩，占本区育苗基质产品行业产业规模的82.5%，累计实现农民节支增收5 016万元。面向全国累计推广面积达到2.21万公顷，实现农民节支增收2.3亿元。取得了良好的经济、社会与环境效益。本项目被评为2010年北京市农业技术推广奖二等奖。

26. *基于农民田间学校综合推广绿色生态植保技术*。该项目针对京郊番茄、黄瓜、草莓等7类蔬菜18种突出病虫，开展了26项绿色生态植保核心技术试验，凝练农民典型经验窍门27项，共示范推广抗病品种、物理防治、生物防治技术40余项，并优化集成7套绿色生态植保综合防控技术体系。项目以农民田间学校为载体，培养辅导员师资207人、农民科技示范户5 700余人，制作并发放技术材料5万余份。在9个区县的115个优势产业村，示范推广7套绿色生态植保综合防控技术，核心技术覆盖面积1.18万公顷，2.95万公顷次，覆盖率达70.02%。农户经济分析表明：平均挽回生产损失18%，经济纯收入平均亩增加633.5元，5年累计挽回经济损失2.8亿元。每季减少化学农药使用3～10次，减少化学农药用量148.8吨，整体杜绝了中毒以上农药使用。本项目被评为2010年北京市农业技术推广奖二等奖。

27. *池塘水环境综合调控技术研究与推广*。本成果科学地整合了新品种培育、环保饲料应用、水环境生态修复、疾病防治等在国内处于领先地位的技术和成果，形成以黄颡鱼、斑点叉尾鮰、鲟鱼和澳洲宝石鲈的养殖和推广为龙头的节水型高效生态池塘养殖模式，与常规养殖相比，该模式能显著提高单位产出价值，降低药物的使用量和换水量，在土地资源、水资源、饲料、药物等的节约和合理循环利用方面起到了良好的示范带动作用。不仅实现了农民增收和城郊水产养殖业的产业结构调整和升级，而且还带动推广区域的水产养殖业向着环保、低耗、高效的良性健康养殖方向发展。在成果推广前期，先在昌平、房山、平谷等地进行了养殖模式的小范围实验，取得了较好的经济效益，总结了一些经验。随着成果推广的深入，在北京地区共示范推广了节水型高效生态池塘养殖模式476.27公顷，减少池塘换水量700多万立方米，增加直接经济效益500余万元。在全国累计推广面积1.6万公顷，培训养殖户5 000余人次，累积在天津、河北、辽宁、河北、河南、湖北、湖南、广东等地的示范推广中为养殖户增收1.2亿元，减少换水量近4 000万立方米。本项目被评为2010年北京市农业技术推广奖二等奖。

28. *食用菌高效生产关键技术集成与推广*。项目组通过引进、筛选食用菌新品种，开展高效栽培关键技术和菌渣无害化、资源化利用技术等方面的大量研究，筛选出16个优良品种，明确了不同种类食用菌的栽培方式、催蕾方法、栽培料优化配方和新型菌种使用等方法，探索了菌渣再利用的途径，集成了9种主要食用菌的高效生产技术规范。通过科技入户和农民田间学校等示范推广形式，聘请专家和技术指导员建立了技术保障体系，遴选了100个科技示范村实施整村推进式示范推广，建立10个示范基地和2 000个科技示范户，组织灵活多样形式培训技术人员和种菇农户1.96万人次。项目实施三年来，在房山、通州、顺义、密云、延庆和大兴等食用菌产区累计示范推广3 954公顷，核心技术覆盖率达82.5%；累计增收14 216万元，平均亩增收约2 400元。本项目被评为2010年北京市农业技术推广奖二等奖。

29. *草莓优新品种与GAP生产技术推广应用*。该项目采取与科研院所、基地合作、建设GAP示范基地，优新草莓繁育基地，确定了主栽品种。通过组建专家组和推广指导队，编制《昌平草莓良好农业生产技术规范》，开展科普培训现场会，发放宣传资料，进行实物补贴，政策引导等方式普及推广GAP生产技术。昌平区草莓种植户均不同程度得到宣传和培训，其中有59人通过考试取得GAP内审员资格，2个示范基地取得了GAP认证。应用GAP生产技术的种植户经济效益增加，2008年全区草莓产品未发现农药残留超标现象，在第四届全国草莓文化节精品草莓擂台赛中，本区有82个样品获奖，占获奖样品总数的59%；2009年全区草莓产品未发现农药残留超标现象，在第五届全国草莓文化节精品草莓擂台赛中，本区有48个样品获奖，获奖样品数占总样品数的36.4%。本项目被评为2010年北京市农业技术推广奖二等奖。

30. *向日葵多功能开发的技术示范推广*。本项目针对北京都市型现代农业发展和京郊农民增收致富需求，建立了品种评价体系，筛选出适宜京郊种植的向日葵杂交新品种 14 个；探索、总结了沟域经济景观栽培、农业文化创意栽培以及切花周年栽培三种种植模式及相应的配套栽培技术，打造了延庆千家店向日葵百里画廊沟域经济景观模式、房山向日葵主题观光园等现代农业景观；运用花季文化创意理念，创新了推广方法；把市民引到了农村，把葵花送进了城市，实现了富裕农民、服务市民的双重目的。通过项目的实施，累计在京郊建立了示范点 20 个，并培育了一些示范典型；促进了京郊向日葵种植面积由原来不足 3.3 公顷的零星种植到 2007 年 22.67 公顷、2008 年 533.87 公顷、2009 年的 1 316.8 公顷的跨越式发展，其中杂交品种的应用率达 85%以上；带动了 45 个园区及景点在向日葵景观营造上的应用，其中本市 36 个、外省市 9 个，模式应用率达 95%；3 年共为农民带来直接种植收入 3 467.95 万元，纯收益为2 086.05 万元。此外通过营造向日葵景观吸引了大量的市民前去赏葵，在为市民提供休闲去处的同时，为农民实现民俗增收 3 010 万元。本项目被评为 2010 年北京市农业技术推广奖二等奖。

31. *林木安全生产综合配套技术研究与示范*。柏、杨、梨安全生产综合配套技术研究是北京市科委重点项目（课题编号：D0705002040291）“林果安全生产综合配套技术研究与示范”的主要内容，是在研究实用可行的生物防治技术和提高树木抗性的基础上，提出综合生物防治技术措施并建立相应的技术体系，实现对柏树、杨树和梨树等主要有害生物的可持续控制，实现梨园有机果品的认证。2005 年以来，该项目在北京市示范面积 290.67 公顷，双条杉天牛灾害持续控制综合配套技术研究推广应用面积 1.17 万公顷，杨树安全生产综合配套技术研究推广应用面积 1.18 万公顷，梨园安全生产技术研究推广应用面积 0.14 万公顷次，共取得经济效益 1.18 亿元，2 个果树示范基地获得有机认证证书，取得了显著的经济效益、社会效益和生态效益。本项目被评为 2010 年北京市农业技术推广奖二等奖。

32. *设施农业深耕机械化技术示范与推广*。本项目是针对京郊设施农业发展过程中，翻耕土地劳动强度大，缺乏相应的机械设备，导致设施农业发展中出现的土壤板结、犁底层浅、劳动效率低等问题，通过试验示范设施深耕技术，打破传统的犁底层，降低劳动强度、提升京郊设施农业生产机械化水平和设施农业生产综合效益。项目在京郊八个区县示范推广设施深耕机 130 台套，建立试验示范点 58 个；组织召开技术培训班 33 次，现场演示及观摩会 20 次，技术指导、培训农民 5 000 人次，发放各类宣传材料5 000 份；技术辐射设施园区面积 10 万亩，辐射园区、农户 1 000 个；完成设施深耕作业面积 0.67 万公顷，完成作业温室大棚 1.81 万个。通过试验深耕机旋耕深度达到 22～30 厘米，作业效率比人工作业提高 12 倍，比传统微耕机作业提高 0.5 倍；项目节约劳动力直接成本 160 万元，增加产量 190 万千克，增产收益 380 万元；累计增加经济效益 540 万元。本项目被评为 2010 年北京市农业技术推广奖二等奖。

33. *果蔬类农产品物流管理系统的示范与推广*。该项目在国家“十一五”科技部科技支撑计划课题“农产品流通过程信息化关键技术与系统研发”的支持下，研发了具有自主知识产权的农产品物流管理系统。集中在北京市大兴区、顺义区、昌平区等区县的 10 个规模较大的典型农民专业合作社或农业企业成功推广应用。目前系统在北京圣泽林梨专业合作社、北京天安农业发展有限公司等单位运行状态良好，成为这些企业物流管理不可缺少的工具。示范单位 3 年总示范种植面积达 0.87 万公顷，3 年累计新增纯收益 2 110 万元。其中大兴区多个示范单位共辐射带动大兴区梨种植面积 0.14 万公顷，年产梨 3.1 万吨，占大兴区梨组织化种植面积的 50%。示范推广工作期间，举办各种技术培训 20 次，培训基层技术人员、农民总计达 1 000 人。本项目被评为 2010 年北京市农业技术推广奖二等奖。

34. *奥运花卉展览技术及特色花卉品种规模化生产技术示范推广*。本项目针对 2008 年北京奥运期间城市绿化中花卉种类偏少和应用形式单调问题，系统筛选出适合奥运期间气候特点、表现良好的菊花、月季各 3 个，垂吊花卉 10 个，地被植物 10 个、木本 3 个品种；通过对照试验，研究光照、掐尖、摘蕾、修剪、控水等技术措施对盛花期的影响，摸索出不同植物的最佳处理措施，将这些品种的盛花期控制在奥运期间；针对筛选出的品种进行试验，得出最适繁殖方法，规模化生产逾 330 万株。建立单株地被植物及组合景观观赏效果评价体系并设计了多种花卉应用菜单。2008 年奥运期间，项目研究成果广泛应用于多个奥运项目中，创造了逾千万的经济效益。其中北京植物园“五环连五洲”世界花卉展运用多种花期调控技术在奥运期间展示了 204 个国家和地区的国花国树和代表植物 141 种，产生了良好的社会效益。2009 年，在国庆 60 周年活动中，项目成果继续应用于海淀区、门头沟区等城区、公园的绿化美化中，创造了 700 多万的经济效益。本项目被评为 2010 年北京市农业技术推广奖三等奖。

35. *土壤速测箱的研究示范与推广*。本项目对土壤有机质、硝态氮、速效磷和有效钾的速测方法进行研究，从方法的筛选、试剂的调配、步骤的简化等方面进行，结果表明改进的方法精确度较高，可满足速测的需求。主要技术内容：一是进行有机质速测方法的筛选、水土比确定及比色卡筛选；二是硝态氮试剂分配；三是速效磷测定中反应体系的选择、显色液 pH 确定、水土比选择；四是速效钾掩蔽剂的混配、比浊液筛选等。2007—2008 年先后向北京市农业生产资料公司销售 200 套，配备给北京农资连锁网络 8 个分销中心，210 个农资连锁店，覆盖了全市 13 个郊区县、京郊80%的农业种植区域。2009年向中国科协农技中心销售54套，装配到科普大篷车上，配发给全国49个县级科协作为试点。2007—2009年向相关农科部门或基点提供12套。多次为京郊农民测土和推荐施肥。经过速测箱的测土配方施肥，每亩可减少化肥投入10～30元，以推广面积80万公顷，每亩减少化肥20元计算，及增加产量提高品质的效益，3年累计减少化肥投入7 000万元。本项目被评为2010年北京市农业技术推广奖三等奖。

36. *顺义区土壤资源管理信息系统的建立与应用推广*。该项目依托《农业部测土配方施肥补贴项目》建立顺义区土壤资源管理信息系统，以第二次土壤普查成果为基础，结合测土配方施肥成果，应用现代高新科技手段，有计划、分步骤开展耕地地力评价，拯救了大量珍贵数据，建设完成一个系统和一个网站，编辑出版《顺义区土壤耕地地力与质量评价》一书，培养了一批科研人员。通过开展此项工作，摸清了不同耕地土壤类型的肥力状况，提出因土改良、因土施肥、因土种植等措施，以优势产业为主导发展都市型现代农业，促进农业增效和农民增收。全区推广总面积15.96万公顷，节本增收效益达到1.35亿元，经济效益明显；减少化肥用量折合纯量4 098吨；肥料利用率提高了6.5个百分点。化肥用量的减少与肥料利用率的提高，有效地解决了过量施肥带来的环境污染问题，生态效益非常显著。本项目被评为2010年北京市农业技术推广奖三等奖。

37. *甘薯密选1号的推广*。密选1号甘薯新品种，是密云原种场2004年选育，2008年通过国家级的品种审定。比当地原有品种增产30%以上，平均亩产2 500千克，淀粉含量高达32%，甘薯加工企业收购价平均提高0.24元/千克。该品种薯形好，口感好，又是很好的鲜食型品种。为加快密选1号的繁育，密云原种场对育苗工作进行了多项技术改进，每年繁育茎尖脱毒原种40万株，满足了生产中对高质量秧苗的需求。针对密选1号，密云原种场进行了配套综合生产技术的试验示范，总结出了山区果薯间作等配套高产技术。2007年组织成立了北京双丰薯业合作联社，下辖8个基层社，分布全县5个乡镇8个村，吸收社员2 653户，种植密选1号0.09万公顷，建立了“联社＋基层社＋农户”的技术推广和产业发展体系。2009年，密云县种植密选1号0.09万公顷，占全县的甘薯种植面积的70%，每亩甘薯增收1 216元，全县全年增收1 700万元，取得了良好的经济效益、生态效益和社会效益。本项目被评为2010年北京市农业技术推广奖三等奖。

38. *延庆县鲜食玉米品种引进、筛选及配套栽培技术研究与推广*。该项目自2006—2009年，引进鲜食玉米新品种33个，筛选出具有产业化开发价值的高产、优质新品种京科糯2000、科甜脆1号等多个，以及以中农大413和京紫糯218为代表的水果玉米和彩色玉米多个。同时进行了核心栽培技术研究，制定了鲜食玉米生产技术规程。主要进行了种植密度、播期筛选、施肥技术研究、间套作生产模式试验和地膜覆盖新品种示范，总结出了一套适合延庆发展鲜食玉米的种植技术，并在井庄镇、延庆镇、康庄镇建立了甜糯玉米高效种植模式示范基地97.67公顷。同时利用不同播期建立民俗旅游水果玉米采摘示范基地，总面积达到100公顷，取得很好经济效益和社会效益，形成观光旅游采摘为一体经营模式。组织了延庆各乡镇参加的甜糯玉米采摘品尝观摩会；10次室内理论讲座和田间操作技术培训，培训技术人员、农民1 000多人次；发放技术资料2 000余份。辐射带动全县甜糯玉米种植0.1万公顷，带动农户5 000户。2006—2009年应用鲜食玉米新品种新技术0.1万公顷，累计增加收入2 540万～2 690万元。本项目被评为2010年北京市农业技术推广奖三等奖。

39. *有机蔬菜土壤培肥与养分调控技术示范推广*。本成果针对近年来北京市有机蔬菜种植面积不断扩大，多数园区土壤肥力较低的突出问题，利用农业有机废弃物生产有机肥，进行有机蔬菜土壤培肥与养分调控，并进行技术集成与示范推广，特别是研发出沼液灌溉施肥技术，解决了有机农业追肥难题。本成果在市、区两级科研和农业主管部门的大力资助下，采用科研院所技术研究与企业生产相结合、示范试验与大面积推广相结合的研究推广方式，兼顾经济、生态和社会效益，在京郊有机蔬菜园区进行推广应用，三年累计推广580公顷，核心技术覆盖率达62%。有机蔬菜园区土壤有机质平均提高1个百分点，肥料利用效率提高15%；有机蔬菜品质显著提高，各类蔬菜平均增产10%～15%，价格较普通蔬菜提高20%～30%，亩均增收1 200元/年左右，通过生产销售有机蔬菜可使农民累计增收节支达996万元。举办了24期区（乡）级培训班，培训农民2 800余人次，发放蔬菜施肥技术规程4 500份，申报5项国家专利，发表文章14篇，出版专著两部。本项目被评为2010年北京市农业技术推广奖三等奖。

40. *北京市循环农业模式研究与示范*。围绕循环农业的3R原则和资源高效利用，该项目在2007—2009年对多项循环农业单项技术进行了集成研究与示范，并进行了模式构建，形成了设施蔬菜循环农业技术集成与模式、设施蔬菜循环农业技术集成与模式、种养循环农业技术集成与模式、板栗废弃物循环农业技术集成与模式、林下经济模式、气候资源高效利用模式。并在设施农业沼液追施实用技术，栗蘑林下栽培技术、新型堆肥池设计等方面实现了技术创新。成果在4个区县、7个乡镇进行了循环农业技术（模式）示范、推广：累计培训农民3 789人次，示范推广板栗废弃物堆肥682.67公顷，食用菌生产180栋，栗蘑栽培40万棒，林下养鸡27 300只，林下经济433.6公顷，发酵床养猪50 000头，设施蔬菜循环农业技术153公顷，沼气示范1 069户，冷凉气候催花35万株。新增总产值5 178万元，新增纯收益 2 536 万元，促进了农民增收，同时也取得了较好的生态效益，经粗略估算，共处理和减少粪污排放 5.8 万吨，减少 COD 排放 1 543 吨；节约标煤 1 195 吨，减少 CO_2 排放 3 339 吨。本项目被评为 2010 年北京市农业技术推广奖三等奖。

41. 大兴区瓜菜水肥调控技术研究与推广。该项目针对大兴区瓜菜水肥管理粗放、节水设施利用率低、水分生产效率低等问题，通过开展大兴区瓜菜水肥调控技术研究与推广，应用水肥一体化灌溉方法（M 畦膜下灌溉、滴灌精量控制方法等）、灌溉指标、施肥技术及水肥综合调控等方面的研究，集成了节水型地面灌溉技术省水灌溉方法，筛选出节水型地面灌溉技术专用配方肥，在此基础上，总结提出了四种节水型地面灌溉技术节水技术模式：微灌施肥技术、节水型地面灌溉施肥技术、重力滴灌施肥技术和膜面集雨水肥一体化技术。通过建设示范基地、开展科技入户、开办田间学校和建立物化服务体系，有力地促进了大兴区瓜菜水肥调控技术研究与推广的应用。2005—2009 年在全区累计瓜菜水肥调控技术面积示范 0.26 万公顷（含复种面积），亩均增产 303.3 千克，总增产 1 182.9 万千克；亩均节本增收 624.6 元，总节本增收 2 435.8 万元；亩均节水 130.6 立方米，总节水 509.3 万立方米；亩均节肥 11.5 千克，总节肥 44.8 万吨。在全区累计推广瓜菜水肥调控技术面积 0.84 万公顷（含复种面积），亩均增产 291.3 千克，总增产 3 670.9 万千克；亩均增收 471.4 元，总节本增收5 939.7万元；亩均节水 123.4 立方米，总节水1 554.8万立方米；亩均节肥 10.5 千克，总节肥 132.7 万吨，取得了显著的经济效益和社会效益。本项目被评为 2010 年北京市农业技术推广奖三等奖。

42. 中甘 21 号甘蓝在延庆引进示范与推广。该项目针对延庆县出口春甘蓝生产中，存在的缺少一个丰产、抗病、抗逆性强、品质好、结球紧、耐裂、耐抽苔、耐贮运等综合性状优异且适合出口的甘蓝品种的问题，于 2004、2005 年选择了中甘 21 等 7 个特征特性相近的春甘蓝品种进行了区域试验。试验结果表明，中甘 21 表现突出，具有丰产、早熟、优质、抗逆性强等优点，比对照中甘 11 增产极显著。2005—2009 年，在延庆县春甘蓝主产区康庄镇、大榆树镇、沈家营镇、延庆镇、香营乡等乡镇进行了中甘 21 的示范推广，并探索出了一套高产栽培模式。5 年来共示范推广中甘 21 甘蓝 2 497 公顷，累计总产量达到 14 704.46万千克，累计总收入达到 9 994.93 万元，比对照当地主栽品种中甘 11 号累计增产 2 545.29 万千克，增加直接经济效益 1 722.61 万元，平均亩产达到 3 926 千克，比对照平均单产 3 246 千克增产 680 千克，平均亩增收 460 元。本项目被评为 2010 年北京市农业技术推广奖三等奖。

43. 顺义区水源保护地农田节水技术集成与示范推广。该项目示范区总建设面积为 200 公顷，其中：张镇 133.33 公顷、大孙各庄镇 20 公顷、北务镇 46.67 公顷。在瓜菜、粮经、花卉等作物上，重点示范了水肥一体化、膜上灌溉、重力滴灌、培肥保墒、膜面集雨、保水剂等 10 项综合节水技术。经统计示范区粮经作物年节水 83.1 立方米/亩，花卉作物年节水 120.5 立方米/亩，蔬菜作物年节水 171.5 立方米/亩。推广区粮经作物年节水 47.5 立方米/亩，花卉作物年节水 73.2 立方米/亩，蔬菜作物年节水 100.2 立方米/亩。粮经示范区年增收 82.5 元/亩，花卉示范区年增收 435.2 元/亩，蔬菜示范区年增收 357.2 元/亩。推广区粮经作物年增收 47.6 元/亩，花卉年增收 252.3 元/亩，蔬菜年增收 195.8 元/亩。项目区三年累计增收 8 540.13 万元。通过项目实施，示范区蔬菜农田节水技术覆盖率从 2007 年的 15.8%提高到 2009 年的 73.2%，果树农田节水技术技术覆盖率从 2007 年的 16.4%提高到 2009 年的 71.1%，大田农田节水技术覆盖率从 2009 年的 46.4%提高到 2010 年的 79.2%。编写《水源保护地农田节水技术手册》在全区发放1 000份，举办各种技术培训班 9 次，组织现场观摩 10 次，培训示范农户 3 000 人次。本项目被评为 2010 年北京市农业技术推广奖三等奖。

44. 农林有机废弃物资源化利用示范基地建设与配套技术研究。该项目以城区集约化处理、城郊集中处理、乡村覆盖处理三类示范模式推广应用，截止 2009 年 12 月，建设农林有机废弃物资源化利用示范基地 14 个，投资规模、示范基地建设、配套技术研究和应用推广工作在全国尚属首例。城区集约化处理示范基地 3 年处理废弃物 20 000 吨，形成有机肥 5 000吨，直接经济效益 556 万元；8 个城郊集中处理示范基地 3 年共处理形成有机肥料 15 000 吨，直接经济效益 979.5 万元；4 个乡村覆盖处理示范基地年减少 2 250 立方米废弃物消纳及运输，覆盖 300 公顷，三年累计覆盖 1 万亩次，累计直接经济收益 364.425 万元。本项目被评为 2010 年北京市农业技术推广奖三等奖。

45. 运用林业技术推进延庆生态发展涵养区建设。该项目的主要技术内容为：一是应用油松纵坑切梢小蠹聚集素诱芯诱杀油松纵坑切梢小蠹、应用肿腿蜂防治双条衫天牛、应用周氏啮小蜂防治鳞翅目害虫、应用 20%除虫脲悬浮剂防止杨树和油松害虫、应用频振式杀虫灯诱杀害虫、应用测报、检疫工具，在全县重点测报点进行虫情监测及产地和调运检疫检查。通过多种生物防治技术的运用，防治油松、杨树等树种病虫害重点发生面积 0.38 万公顷。二是采用了乔灌草配置技术，建立生态经济型防护林示范区面积 16.67 公顷。此技术适用于气候干旱、地表裸露、扬尘扬沙的荒滩绿化。在实现近自然的森林立体防护效能的同时，选用有经济价值的灌草品种，引导地区经济发展。三是开展“延庆科技统计平台”工作，建立完善了科委科技政务信息公开平台建设。本项目被评为 2010 年北京市农业技术推广奖三等奖。

46. 基于双向视频诊断系统综合推广农业先进适

用技术。该项目将现代信息技术应用于农业技术推广工作，基于双向视频咨询诊断系统，创建了“远程视频咨询诊断＋远程直播培训＋网络信息服务＋专家现场指导”为一体的新型农业技术推广服务体系，在各区县开展了农业适用技术综合推广工作。目前已建立111个基层终端站点，组建了涉及农业各领域、由88名专家组成的咨询服务团队，与各区县合作建设了200多人的农业技术推广员队伍。按设施农业生产、果蔬病虫害防治、节水抗旱、特色蔬菜与食用菌栽培管理、花卉栽培管理、果树栽培管理、畜禽水产养殖、农产品贮藏加工、农产品安全生产、农村新能源开发利用等10个类别凝练农业先进适用技术118项，面向京郊各区县推广，先后培训农民36万多人次，开展远程视频咨询服务1 200多人次，提供网络答疑服务100多万人次。通过开展以上工作，推广适用技术0.19万公顷、增加产值1.2亿元，实现农民新增纯收入4 800万元。本项目被评为2010年北京市农业技术推广奖三等奖。

47. *红薯生产机械化技术改进与试验示范*。该项目通过筛选优化整合、改进与试验示范红薯种植机械（整地、施肥、起垄、铺膜组合机械）和收获机械，实现农机与农艺的结合，在京郊红薯种植面积较大的大兴区、顺义区、怀柔区、密云县建立了红薯生产机械化试验示范点，三年来共计建立试验点24个；共计推广示范机具114台（套），其中红薯起垄（铺膜）机59台（套），红薯收获机55台；三年完成起垄铺膜作业面积1 366.67公顷，收获作业面积926.67公顷，累计完成红薯机械作业面积2 293.3公顷。目前作业面积已初具规模，薯农的作业服务需求呈现快速增长态势。本项目被评为2010年北京市农业技术推广奖三等奖。

48. *温室新型材料及配套作业机具的研发和示范*。该项目主要对温室新型材料、电动采摘车和蔬菜秧苗移栽机设施设备进行了研究开发和示范推广，全面提高了我国设施水平和温室作业的机械化水平、作业质量和生产效率。开发的新型墙体材料，不仅保温性能好，且降低了温室造价，新型保温被从根本上解决了防水问题，使保温性能提高了15％以上；纳米自清洁玻璃新技术的应用，很好的解决了温室维护、清洗中费力费工的问题；电动采摘车实现了零排放、无污染，并可进行多种农事作业，作业效率比人工提高了6～7倍；秧苗移栽机实现了机械移栽技术取代了人力手工移栽劳动。通过试验示范推广，目前已在全国16个省（直辖市、自治区）累计示范推广120.67公顷，为用户带来直接经济效益达2 740余万元。项目实施以来，承担单位温室及其配套产品市场综合占有量达到1.6亿元，市场份额提高到23％。本项目被评为2010年北京市农业技术推广奖三等奖。

49. *5LT—315型板栗脱蓬机研制与示范*。该项目为了配合建立板栗生产大区的需要，满足板栗生产户的迫切需求，从2003年开始研制5LT—315型板栗脱篷机，到2008年3月机具研制成功，并通过了市级新产品鉴定和推广鉴定，同时被列入国家农机新产品推广目录。2008年通过政府补贴的方式向采购200台板栗脱篷机。截止目前共有275台5LT—315型板栗脱篷机分布于怀柔、密云、延庆等板栗产区。分别在渤海镇和怀北镇建立了5LT—315型板栗脱篷机示范点。该机每小时生产率200千克。经测算，每台机具一个生产季节可脱栗果3万千克，是人工作业的20倍。几年来应用该机具共脱栗果2 000万千克，降低脱蓬作业成本240万元，减少霉变损失400万千克，按每千克6元计算，可减少损失2 400万元，合计经济效益达2 640万元。本项目被评为2010年北京市农业技术推广奖三等奖。

50. *基于个人数字助理的草食家畜饲料配方技术示范推广*。该项目技术以农户和养殖场饲料配方技术应用需求为重点，开展详细用户需求调查跟踪，并针对调查中所反应出的需求难点，结合现有软件信息技术资源和实现手段，完成了基于个人数字助理的奶牛和肉羊饲料配方系统设计，按照配方系统设计实现了营养标准数据库、饲料原料数据库及配方计算系统进行了有效结合，开发出了2套基于PDA的饲料配方软件。利用该饲料配方软件在31个示范点开展技术应用（其中奶牛20个，肉羊11个），在试验示范期间该饲料配方技术使奶牛饲料转化效率提高了12.2％，肉羊饲料转化效率提高了15.8％，每只肉羊育肥期增收40.57元，每头奶牛奶产量提高0.8千克。在技术推广的过程中，在10个远郊区县为300名村级防疫员和180名农民田间学校辅导员进行了软件安装和技术培训，覆盖108个养殖场、85个村镇，项目三年累计推广规模达到130万只，其中繁殖母羊20万只，育肥羊100万只，奶牛10万头。本项目被评为2010年北京市农业技术推广奖三等奖。

51. *犬狂犬病综合防控技术在北京市昌平区的推广应用*。该项目为有效控制昌平区犬狂犬病的发生，采用ELISA和荧光免疫检测技术对辖区内犬狂犬病免疫抗体水平和狂犬病病毒携带情况进行调查，按照北京市制定的免疫程序进行狂犬病灭活疫苗免疫，并依据抗体监测效果，指导全区犬狂犬病防控工作。综合防控技术实施结果证明，免疫犬均获得良好免疫保护，免疫后犬的唾液中不带有狂犬病病毒。项目实施过程中，共组织了6次大型“科学防控狂犬病、共建和谐社区”为主题的大型宣传活动，开展专题培训67次，培训人员500余人次。现场咨询人员累计4 000多人次。上报信息18篇。发放各种宣传资料37万余份，开通技术咨询热线；发表论文4篇。项目推广全区覆盖面积100％，全区犬免疫262 849条次，注册犬免疫率100％，免疫抗体监测面100％，抗体保护率100％。本项目被评为2010年北京市农业技术推广奖三等奖。

52. *天然植物添加剂预混饲料在生猪生产中的研发与推广*。该项目核心技术为绿色生猪无抗饲料配制技术，核心产品为天然植物添加剂预混合饲料（在维生素、微量元素和酶制剂等营养物质的基础上添加生物活性物质蜜蜂花粉多糖复配而成）。该技术成果可提高猪体免疫力和抗病力，促进生长，减少抗生素类饲料添加剂的使用，改善猪肉质量安全。经过四年的推广应用，在大兴区生猪产业的覆盖率达到86.92%。示范效果表明，生猪日增重提高了5.98%，达到了784克/天；料肉比降低了3.72%，达到2.78：1；营养物质消化率明显提高，仔猪粪便日均氮、磷、铜、锌排出量明显降低。出栏猪平均出肉率提高了6.11%，滴水损失降低了10.27%。项目期内推广范围覆盖大兴区10个镇的50多个规模养殖场，约育肥生猪128万头，合计产生经济效益7 680万元。本项目被评为2010年北京市农业技术推广奖三等奖。

53. *北京地区夏季奶牛热应激及控制措施的研究与应用推广*。该项目针对暑期热应激长期困扰奶牛生产这一瓶颈问题，自2006年启动“北京地区奶牛夏季热应激及控制措施技术研究与应用推广”研究课题。项目实施四年来，通过不断创新、研究与应用，建立了以物理降温、营养调控、饲养管理等为一体的北京地区奶牛夏季抗热应激综合配套技术体系，该体系集成、凝练了暑期抗热应激的先进理念和措施，是对传统奶牛暑期管理的一次重大创新和突破，填补了国内暑期奶牛管理的空白，达到了国际同行业先进水平。暑期抗热应激综合配套技术体系在北京市各郊县规模化奶牛场和养殖小区得到广泛应用，成果推广区域奶牛暑期降奶幅度由30%降低到15%，特别是三元绿荷2万头成母牛的暑期降奶幅度由15.9%下降到10.5%，在整个项目实施期间，累计实现直接经济效益6 016万元，效果显著。本项目被评为2010年北京市农业技术推广奖三等奖。

54. *长双歧杆菌的筛选、功能评价及产业化应用研究*。该项目利用分子生物学手段，研究了双歧杆菌在长寿老人肠道中生态地位；利用选择培养技术分离到具有显著体外免疫调节功能的双歧杆菌菌株BBMN68，并在国内首次对该菌株进行了全基因组序列测定，为开展该菌株益生功能机理研究及功能基因定位奠定了基础；对双歧杆菌BBMN68菌株的安全性、益生功能特性进行了全面系统评价，为菌株应用奠定了理论基础；研究了益生菌深层冷冻直投发酵剂的生产技术，实现了菌株发酵剂的工业化生产，开发了益生菌发酵乳产品，经过技术研发、中试、生产线组建、生产调试等工作，建立了益生菌发酵乳生产线，替代进口益生菌菌株，实现了自主知识产权益生菌发酵乳工业化生产，显著提高企业经济效益。自2007年起在蒙牛乳业生产了益生菌发酵乳，共计生产益生菌发酵乳产品3万吨，新增收益2 976万元。本项目被评为2010年北京市农业技术推广奖三等奖。

55. *腊肉制品现代化加工技术示范推广*。该项目在保持传统肉制品特色风味的基础上，借鉴西式肉制品加工先进技术，开展传统工艺的现代化技术改造，实现原料配方和产品质量标准化、生产工艺现代化、产品包装科学化、卫生安全检测自动化。具体技术措施如下：原料肉（标准化）→滚揉预处理→腌制（注射→静置）→烘烤→（高湿预热→高温低湿快速脱水→恒温恒湿烘烤）→烟熏→冷却→包装→成品。通过项目实施，开发了腊肉及灌肠类2个系列的新产品。项目执行期间销售收入增长率达15.3%，利润增长率达21.6%，市场占有率增加值达2.3%，项目带动社会投资超过1 300万元，产业增加值增长率达到31%。同时能够带动1 000家农户的生猪养殖和100家养殖场的生猪养殖，带动养殖户增收2 000万元，同时直接增加300人的加工厂就业岗位。本项目被评为2010年北京市农业技术推广奖三等奖。

56. *现代化养猪生产管理标准化技术推广*。该项目通过建立和实施推广标准化技术体系，使先进、规范的管理理念运用到养猪生产中，不断提高企业的技术、管理水平和产品质量诸方面。推广范围涉及到大兴、海淀、延庆、密云和昌平等大部分区县的100多个猪场以及浙江、江西、黑龙江、河南、新疆等地的规模化猪场，通过标准化养猪生产管理技术推广，各单位养猪全过程从环境、品种、饲料、饲养、疫病防治、兽药使用及无害化处理等环节都建立了一系列行之有效的标准化体系文件，每个生产环节都得到了有效控制，生产水平和企业核心竞争力得到提高，强化了养猪饲养环境，降低了环境污染，标准化技术推广过程中，推广优质种猪和精液各10万余头和近35万份，累计实现经济效益3.52亿元，增加利润4 630万元。本项目被评为2010年北京市农业技术推广奖三等奖。

57. *牛粪无公害处理及有机肥生产技术*。该项目针对延庆养牛产业发展和牛粪污染现状，于2007年获北京市科委资助。研发了牛粪发酵菌剂及相应的堆肥工艺，研制了翻堆除臭、环境监控和堆肥设备。并在旧县大柏老建立了有机肥示范工厂，实现了有机肥标准化生产，年处理牛粪超过2万吨，年生产符合国家卫生和质量标准的优质有机肥超过3 000吨。有机肥在延庆旧县镇、四海镇、沈家营镇和昌平兴寿镇进行推广示范，累计达300公顷，新增纯收益533.2万元。申请相关专利6项，授权一项，5项正在受理中；培养农民科技协调员10名，带动110个农户直接受益。本项目被评为2010年北京市农业技术推广奖三等奖。

58. *水产品绿色环保型高效饲料技术示范推广*。该项目于2007年开始首次推广应用水产品绿色环保型高效饲料，共开展了“四种绿色添加剂对吉富罗非鱼生长、非特异性免疫能力和鱼体营养成分的影响”，“不同饲料对草鱼生长影响的研究”，“绿色环保高效草鱼膨化饲料示范试验”，“环保型膨化草鱼饲料示范试验”，“环保型膨化鲤鱼饲料示范试验”，“绿色环保复合添加剂与诱食物质饲喂甲鱼的效果研究”等。形成相关技术的同时，在房山、通州、朝阳等5个区县推广应用该饲料养殖面积586.67公顷，辐射带动20 000亩，带动养殖户240户。养殖池塘亩增效益976元，项目总增效益达到了858.7万元，开展相关技术培训32期，培训养殖户1 800余人次。发放技术资料6 500余份、技术光盘520余张，电视、网络、报刊等媒体宣传报道15次，开展科技下乡宣传等12次，使该饲料在我市得到快速发展。本项目被评为2010年北京市农业技术推广奖三等奖。

59. 红罗非鱼的引种、人工选育及早繁技术推广。该项目针对我市养殖水体有机物、氮、磷等富营养化指标的升高，造成水体的生态环境不断恶化的现状，从2007年开始，在全市开展了水产养殖业环境普查、监测工作。并针对目前水产养殖存在的环境问题，合理使用微生态制剂改善水条件，控制水产动物的疾病发生，促进和保持水产养殖健康、稳定发展。通过项目的实施，对全市渔业环境及污染源的排放和分布等情况开展系统的分析研究，准确了解污染物的排放情况，提出结构调整、渔业环境整治及管理等方面的建议及对策，为科学制定生态环境保护政策和规划、切实改善渔业环境质量提供基础。示范面积418.27公顷，新增总产值464.5万元，新增纯收益283.16万元。本项目被评为2010年北京市农业技术推广奖三等奖。

60. 通州区草鱼四联疫苗综合免疫技术应用推广。该项目针对预防草鱼“四病”，包括赤皮病、烂鳃病、肠炎病、出血病。自2001年开始，经过不断地改进和总结经验，掌握了草鱼疫苗注射技术的操作规范。项目实施以来，累计示范推广养殖水面133.33公顷，新增纯收益1 000万元。成果实施基地草鱼发病率降低30%以上，防治有效率在90%以上，提高了水产品质量，保障食用安全，同时也使养殖产量增加，三年来新增产量累计2 000余吨。2007—2009年，组织了10期培训班，2次现场会，参加人数达800余人次，发放技术资料3 000余册，取得了很好的推广效果。本项目被评为2010年北京市农业技术推广奖三等奖。

61. 北京宫廷金鱼良种繁育和精养技术研究与推广。该项目针对制约金鱼产业发展的瓶颈问题，开展了北京宫廷金鱼良种繁育和精养技术的研究工作，通过对宫廷金鱼种质的改善和繁养殖技术的研发，建立了以北京宫廷金鱼为基础的亲本群体。经过连续3代的选育，确定龙睛8＃、琉金13＃、狮头38＃为遗传性状稳定，品种特征明显的优良品系；通过对传统的金鱼苗种繁育技术的总结、研究及优化，集成了北京宫廷金鱼苗种繁育配套技术规程；通过对水体容量、苗种下塘时机、放养密度等方面的改进，消除池塘养殖对宫廷金鱼品质的影响，编写了《北京宫廷金鱼精养技术操作规程》；形成了《北京宫廷金鱼良种繁育和精养技术研究与推广》等科研成果。推动了宫廷金鱼养殖业的健康发展，提升我国宫廷金鱼品质，提高养殖效益，促进产业升级。2007—2009年，该成果分别在北京昌平、通州、朝阳等地的池塘进行了示范推广。苗种及繁养殖技术不仅辐射到京郊各区县，还推广到天津、河北、江苏、福建、广东等省市地区。印发北京宫廷金鱼苗种繁育及精养技术操作规程万余册。集中培训7次，现场指导5次，累计北京推广面积0.073万公顷，外省市0.16万公顷，共计0.23万公顷，共新增渔业经济效益1 400万元，产生间接经济效益2.2亿元，经济效益显著。本项目被评为2010年北京市农业技术推广奖三等奖。

62. 北京市林果乡土专家科技服务体系建设与新技术应用。该项目在全市13个区县102个乡镇遴选了273名果树种植大户，通过“农民进城培训、专家进村指导”等培养方式的有机结合、综合运用与合理外延，聘请知名专家，采取师傅带徒弟的形式，培养成为当地不走的林果乡土专家，实现了新型农民科技培养方式的创新。在建立市、区、乡镇三级林果乡土专家工作站的基础上，使林果乡土专家成为林业科技服务体系的神经末梢，实现了当地不走的林果乡土专家林业科技服务体系建设的创新。采取“家政式”服务方式，组建119支林果技术服务队，服务农户42 335人，面积2.02万公顷，2009年人均创收6 480元。通过项目实施，乡土专家掌握了10大技能，农艺节水、高光效树体改造和有机果园栽培技术得到广泛应用，273名林果乡土专家所种植的果园分别占75.1%、64.5%和86.4%，30.8%通过有机认证，面积达1 330.3公顷。3年来，林果乡土专家经营的果品收入累计达到42 599.53万元，新增纯效益3 302.51万元；辐射带动农户8.9万户，新增纯效益42 734.55万元，户均增收0.48万元。本项目被评为2010年北京市农业技术推广奖三等奖。

63. 果园芳香植物引进及应用技术研发与示范。该项目针对果树有机化生产的实际需要，①筛选引进适合苹果、梨、桃和葡萄等果园应用的芳香植物种质资源，并对重要资源的生物学特性、适应性和栽培技术要点进行研究，同时对间作芳香植物对果园的土壤微生物数量、土壤养分状况、土壤肥力的效应等进行了研究，确定了果园芳香植物间作技术。②对果园芳香植物间作区节肢动物群落、害虫亚群落和天敌亚群落的组成、结构与功能、多样性特征及其在果树不同发育时期的时序变化规律进行了研究，确定了间作芳香植物条件下果园节肢动物群落时序聚类、最优分割与果园主要害虫及天敌群落的相关性、主效应因素、生态位宽度及重叠的多样性特征，建立芳香植物对果园生态体系中节肢动物群落多样性调控机制。③以5种芳香植物源营养液、混合营养液为处理，研究了果树营养生长、叶片养分、果实品质、发病率情况，确定了营养液抗病抑菌效果。④在北京10个郊区县果园芳香植物间作技术为核心，在大兴、昌平等地，通过基地示范、集中培训、现场指导等方式，建立芳香植物资源圃和芳香植物种苗繁育基地各1个。建立芳香植物应用示范园 0.47 万公顷、培训果农 1.2 万余人次，发放技术资料 1 万余份，辐射应用面积达到 20 万余亩，取得了良好的经济社会和生态效益。本项目被评为 2010 年北京市农业技术推广奖三等奖。

（市农委社会发展处　董艳华）

【北京市农林科学院成效显著】 年内，市农林科学院坚持自主创新，科研综合实力得到显著提升。实现了与国家重大科技项目与重大基础建设项目的有效对接。科技产出显著提高，获得各类科技奖项 37 项。坚持服务“三农”，科技成果转化成效显著。

30 多种奥运蔬菜端上世博会餐桌　由市农林科学院引进、选育的生菜、薄荷、百里香等 30 多种奥运蔬菜，在 2008 年北京奥运会餐桌露脸后，再次亮相上海世博会，供中外游客品尝。4 月 9 日，市农林科学院专家携 30 余份奥运蔬菜种子前往上海，与青浦区举行了“奥运蔬菜转化世博蔬菜”项目合作签约仪式与种子移交仪式。“奥运蔬菜”成果亮相世博会，是北京高端农业在全国乃至世界农业的窗口作用的体现；同时也进一步提升了上海农业的“软实力”，丰富了上海市民的菜篮子。

市农林科学院“三化”推进“221 信息平台”建设　一是组织管理长效化。建立了以院领导，科研处、信息中心及项目承担专家的三层长效管理体制，全面组织协调，扎实推进信息平台的建设；二是资源整合全面化。全面整合院内、外的各类涉农资源：整合了院内农业新品种、新技术、新产品、各类科技服务组织的信息、远程教育多媒体资料等多种科技资源，极大丰富了“221 信息平台”的内容；整合了院外市级相关单位和各郊区县的涉农数据 105 类、490 项，数据库容量超过 20GB。三是研发队伍团队化。组建了一支跨学科、多专业的复合型人才组成的 40 余人研发团队，开展建立模型、功能研发、数据整合等各种创新工作；组织了熟悉最新农业科技动态、熟悉郊区情况的专家参与指导“221 信息平台”的建设工作，尤其对分析模型、分析结果进行重点把关，进一步提高了“221 信息平台”的科技含量。

市农林科学院技术服务四川什邡　年内，市农林科学院多次选派畜牧、蔬菜、土壤肥料、植保等领域的专家赴四川什邡市开展智力援助活动。先后支援什邡市的 2 万枚油鸡种蛋；为什邡市引进京春娃娃菜、京研快菜等 20 余个蔬菜品种，建立示范、展示基地面积达 2 公顷；吸纳农户开展品种示范，涉及农户 20 余户，面积达 0.27 余公顷；9 月底将“树脂包衣控释肥料生产技术”向四川什邡市好时吉化工有限公司转让，该技术在国内同行业中处于领先水平，可生产出用于花草和经济作物的高质量控释复合肥，进一步提高了灾区肥料产业的生产水平和质量。该院还多次选派畜牧兽医、植物保护、食用菌等相关领域的专家赴什邡市开展技术培训。10 月 21 日，北京市隆重举行“北京对口支援什邡灾后重建总结表彰大会”，会上该院畜牧所荣获“北京市对口支援什邡灾后重建先进集体”。

市农林科学院自主研制的“马流感 H3 亚型抗原与阴、阳性血清”试剂用于广州亚运会赛马流感监测　经过广东出入境检验检疫局的试用，尤其是与国外同类产品的对比试验，该院研制的马流感检测试剂具有敏感、特异、稳定，便于实验室操作等特点，达到了国际上同类产品的标准。在第十六届亚洲运动会上，广东出入境检验检疫局采用了该院自行研制的“马流感 H3 亚型抗原与阴、阳性血清”抗原替代进口抗原，用于参赛马匹马流感的检疫。马流感 H3 亚型血凝抑制试验抗原与阴、阳性血清的毒株、配方、工艺等均由市农林科学院、中国兽医药品监察所分离鉴定和自主联合研制，弥补了国内马流感诊断（抗体检测）试剂的空白。

优良玉米新品种“京单 28”力保京郊粮食稳产增收　由市农林科学院玉米研究中心选育的“京单 28”是高产、稳产、耐密、抗倒、抗旱型优良玉米品种。年内，该品种已通过国家、北京、天津、河北、内蒙古审（认）定。因春季持续低温导致小麦晚收，夏玉米播期较常年推迟一周以上，但“京单 28”早熟稳产，玉米千粒重为 323.9 克，高于“郑单 958”的 246.7 克，且不影响下茬小麦正常播种。同时，在农业部玉米大面积高产创建活动中，“京单 28”在北京延庆春播亩产高达 1 117.1 千克，创造了近十年来京郊一茬春玉米高产新纪录。

番茄抗线虫和抗黄化曲叶病毒新品种选育取得重大进展　针对京郊设施番茄根结线虫危害严重、防治困难的重大难题，市农林科学院蔬菜研究中心自 1997 年开始番茄抗线虫育种研究及新品种选育，利用植物自身的 Mi 抗线虫基因，自主选育出抗线虫番茄新品种“仙客 5 号”、“仙客 6 号”以及“仙客 8 号”（秋展 16），与主栽品种相比对根结线虫的防控效果 100%，免除了生产中因防治根结线虫带来的农药污染，且粉色大果，商品性好。这项研究成果是防治根结线虫的一大突破。近 3 年在顺义、大兴、通州、房山、密云等番茄主产区推广 0.2 万余公顷，核心品种覆盖达率达到 68%以上。年内，该院还针对黄化曲叶病毒（TYLCV）在北京菜田发生严重，极大的危害番茄生产的局面又选育出抗 TYLCV 高端特色番茄新品种串红、红曼和最新推出的新品系（大红试 1、2、4－9），为蔬菜安全生产、农民增收提供了科技支撑，将对北京新一轮菜篮子工程的实施，设施蔬菜产业和籽种产业的发展起到促进作用。

《数字农业测控关键技术产品与系统》荣获国家科学技术二等奖　市农林科学院农业信息技术研究中心历经 9 年，系统开展了数字农业作物与环境信息传感探测、生产管理智能决策控制、平台构建与系统集成三个方面的创新研究。研制出 9 种农业环境专用传感器，3 款语音型便携式环境信息采集器，5 款环境监控产品，3 种负水头控制方法和 5 种用水管理设备，并构建了自主产权的配套化、实用化测控技术产品体系。其主要产品技术性能指标、稳定性、一致性和恶劣环境适应性达到国际同类产品水平，成本降低50%～70%。通过“技术套餐”模式，成果在设施农业和大田生产的环境监控/灌溉/施肥/施药等方面大面积应用，节能20%～30%，节肥水药20%～50%。在全国14个省市累计应用37.33万公顷、技术培训1.3万人次，增收节支21.2亿元；近3年累计应用26万公顷，增收节支15.5亿元。该项目荣获年度国家科技进步二等奖。

选育新品种，获得国家专利，助力新农村建设　年内，市农林科学院审（认）定新品种66个，其中4个品种通过国家审定，24个品种通过省市级审定，选育出玉米、小麦等大田作物品种9个，桃、樱桃、核桃等林果类品种15个，审定、鉴定或认定大白菜、辣椒等各类蔬菜新品种25个。获得专利授权72项，其中包括国家实用新型专利34项，国家发明专利32项。

早熟高产、多抗、优质玉米杂交种“京玉7号”、“京玉11号”选育与推广经济效益明显　由市农林科学院玉米研究中心选育的“京玉7号”和“京玉11号”是京津唐地区夏播玉米主要种植品种。“京玉7号”具有早熟、稳产性好特点，夏播生育期95天，生产中高产田亩产700千克以上；品质达普通玉米一级标准；通过北京市、河北省、国家品种审定。“京玉11号”高产稳产，抗倒伏能力很强，生产中高产田亩产750千克以上；品质达普通玉米一级标准；通过北京市品种审定、天津市品种认定。2002—2008年，两品种在京、津、冀三地共累计推广面积54.93万公顷，增产玉米4.12亿千克，增收5.356亿元。

鸽子等动物禽流感流行病学与免疫防治的研究社会效益显著　市农林科学院畜牧兽医研究所采用病理学、病毒学、分子生物学和免疫学的研究技术，发现鸽自然状态下不发生H5亚型禽流感；鸽对目前流行的来源于不同动物的H5N1亚型禽流感病毒不易感；初步解释了鸽胚、鸡胚和鸡对H5N1亚型禽流感病毒易感，而鸽对H5N1亚型禽流感病毒不易感的原因。该成果被鉴定为国际先进水平。该成果为北京市科学防控高致病性禽流感提供了决策依据，并且为国家体育总局、中国信鸽协会参加国际赛事提供了科学依据。为保护首都人民身体健康和社会安定做出了应有的成绩。

优质早熟京欣西瓜与砧木品种大面积示范推广　近年来，市农林科学院蔬菜中心在全国20多个省市自治区累计推广“京欣”系列西瓜14.33万公顷，“京欣砧”系列砧木新品种10.27万公顷，合计24.6万公顷。为农民新增亩纯收益在466.3～2 970元之间。“京欣2号”获得我国第一个西瓜新品种权，在同类型市场占有率超过50%以上，是我国保护地早熟西瓜的换代首选品种。“京欣3号”2005—2010连续六年获得大兴西瓜节全国西瓜擂台赛大型西瓜综合组第一名。“京欣4号”适合商品产区远距离运输，增产幅度大。“京欣砧”系列西瓜嫁接砧木品种具有更强的抗病性与丰产性。

玉米真实性检测试剂盒及其检测方法专利技术在实际生产中发挥作用　由市农林科学院玉米中心发明的玉米真实性检测试剂盒及其检测方法，解决了现有玉米真实性检测试剂盒存在的引物在染色体上分布不均匀和不适合组合多重PCR的要求的问题。从而大大地缩短了检测时间，提高了检测水平，已被国家和多个省、市农作物管理部门应用。累计检测的品种数量已达5 272个，实现了国家区试与各省区试品种联合监控，推动了国家及各省区试工作规范化进程。

主要落叶果树种质资源收集、保存、评价与创新取得较大进展　市农林科学院林业果树研究所从2001年开始收集引进奇、特、优、新的林果类种质资源850份，保存总量达到2 075份。并从中筛选出优异种质资源78份，在京郊建立了十几个示范基地，培育杂交苗47 873株，选育优系54个，审定新品种20个。为果树基础研究、育种及果树产业的持续发展奠定了坚实基础。该项目成果整体达到了国际先进水平，在杏×扁桃远缘杂交技术、并获得新品系方面达到了国际领先水平。

鲟鱼全年规模化全人工繁育技术取得突破　市农林科学院水产科学研究所国内率先建立测定鲟鱼类促性腺激素的放射免疫方法。利用检测11-KT含量实现了鲟鱼早期性别鉴定的成功。总结出了鲟鱼全人工繁殖技术路线和工艺流程。从而实现了鲟鱼全年规模化人工繁育，从根本上摆脱了鲟鱼苗种依靠进口的状况。自2001年以来，新技术应用与优质苗种推广面积1.87万公顷，增产商品鱼3 450万千克，新增产值15.5亿元，新增利润5.6亿元。相关技术和优质苗种辐射到全国21个省市和地区，有力地促进了我国鲟鱼产业的发展和农民增收致富。

节水灌溉控制与远程监测关键技术在京郊推广　市农林科学院农业信息技术研究中心研究了包括灌溉控制、墒情监测和用水管理三大系列的软件和硬件产品及应用系统，基本涵盖了节水灌溉控制与远程监测技术的各个环节。该成果在京郊顺义、怀柔、房山、大兴、海淀、昌平、密云、顺义等区县设施农业区域示范推广应用，安装控制、采集、传感器和管理系统1 000多套，应用核心区面积0.067万公顷，节约用水30%～50%，增产30%，产生了良好的经济、社会和生态环境效益。在示范应用的同时，举办了多期共有700多人参加的技术培训班，使更多的人掌握了先进的节水技术，为在更大范围内推广该项技术创造了条件。

设施农业生产智能监控技术产品示范与推广　市农林科学院农业信息技术研究中心综合利用传感技术、网络技术、智能决策技术研究开发出一批拥有自主知识产权的设施农业生产智能监控关键技术产品，在国内率先集成构建了适合我国国情的网络数据管理及远程综合服务平台，实现各类设施农业环境的本地及远程监控。该成果总体技术居国内先进水平，其中创新的核心技术达到国内领先水平，产品操作简单、实用性强，与国外同类产品相比价格降低 50%～70%，具有长远的发展前景。

池塘水环境综合调控技术研究与推广　市农林科学院水产科学研究所通过开展水生蔬菜、水培陆生蔬菜和花卉等 20 余种植物的遴选工作。筛选出了适合北京地区生长的经济价值高、水质净化能力强的水蕹菜和养心莲进行示范和推广；开展了人工生物浮床和微生态制剂联合对池塘水质进行调控的技术研究。上述技术使池塘的水环境得到明显改善，换水减少，饵料利用率提高，单位产量增加，鱼病损失减少，实现平均亩增效益 510 元。2007—2009 年，在北京郊区示范 200 余公顷，辐射 0.3 万公顷，新增效益 2 315 余万元。

养分缓释型育苗基质得到大面积推广　市农林科学院营养资源与环境发展研究所成功开发了育苗基质块、散状育苗基质、缓释型育苗基质营养母料 3 个系列 6 类产品。2007—2009 年间，在北京地区产品累计使用面积达到 0.35 万公顷，为农民节支增收 5 016 万元。

系列早熟甜油桃新品种及配套栽培技术得到示范推广　市农林科学院综合发展研究所选育的系列早熟甜油桃新品种"丽春"、"超红珠"、"春光"、"新春"、"秀春"、"望春"和"金春"等 7 个油桃品种成熟期更早、果型更大、品质更优，适宜在全国桃主产区种植。2004—2009 年在北京市进行推广面积已达 0.067 万公顷。2007—2009 年，累计进入盛果期面积 280.67 公顷，新增产值 5 189.7 万元。

（市农科院　郭建强）

【北京市农业技术推广站成绩显著】　2010 年市农业技术推广站扎实工作，全面履行农技推广公益职能，为郊区农村实现农业稳产、高效做出突出贡献。

1. 开展高产创建和调优栽培技术示范推广，实现冬小麦优质高产。1 万公顷小麦高产创建示范方，亩产较目标产量增加 7.3%。在顺义、通州等 8 个区县共建立小麦高产创建百亩、千亩和万亩示范方 30 个，示范面积共计 1 万公顷。示范推广了"农大 211"、"烟农 19"、"农大 3432"等 9 个高产、优质和节水的品种，主推了"一选三调五改进"等关键技术，积极应对气候变化造成的影响，共在示范田建立 51 个农情监测点，及时调查高产创建地块苗期、墒情和灾情，并聘请专家会商，及时采取了早管、早促、连续促进的管理措施，促进了高产创建地块小麦转化升级。全市小麦高产创建示范方亩产 410.9 千克，亩生产效益 389.6 元，平均较目标产量（380 千克）增产 7.3%，增效 14.3%。1 万公顷示范方共计增产小麦 463.5 万千克，增收 973.4 万元。

冬小麦调优栽培技术示范推广效果显著。在全市建立 52 块小麦调优栽培综合技术示范田，示范面积 0.172 万公顷，示范区平均亩产 340.5 千克，较全市的 303.3 千克增产 37.2 千克，亩均增收 78.1 元，亩增产增效 12.3%，示范田共计增收 201.5 万元。辐射推广 2 万公顷，推广区平均亩产 323.2 千克，较全市小麦 303.3 千克增产 20 千克，增幅 6.6%，亩增收 41.8 元，亩增效 6.6%，推广区共计为农户增收 1 254.0 万元。在通州、顺义等 8 个小麦主产区县布点 300 个，利用遥感图像得知北京 80%的地区适宜种植强筋小麦，东北部地区比西南部地区更适宜种植强筋小麦。

2. 开展高产创建和品种更新换代，实现玉米再续佳绩。京郊玉米高产创建工程多灾之年再续佳绩。按照市政府和农业部的部署，2010 年对示范区进行了大规模扩建，部、市级示范区总规模达到 1.4 万公顷，比上年度增加 2.5 倍，其中春玉米示范区面积 0.47 万公顷，夏玉米示范区面积 0.93 万公顷，涉及 9 个区县、25 个镇、225 个村。示范区玉米在上年春季遭遇低温冷害，生育需水临界期发生 50 年一遇严重干旱的情况下，全市各级农业部门密切配合，通过强化"一增二改三提高"6 项关键增产技术集成，并及时准确提出应对灾害的技术措施，狠抓落实，保障了示范区玉米生产在大灾之年再创佳绩。按照农业部制定的《全国粮食高产创建测产验收办法》实地测产，示范区 1.4 万公顷玉米平均亩产 673.3 千克，比目标产量增 9.8%，比上年增产 0.4%，亩均纯收益 804.4 元，比上年增加 17.8%。

京郊玉米品种建立新的主栽、搭配格局，更新换代工作稳步推进。针对京郊主栽玉米品种老化退化问题，市农业技术推广站于 2008 年起实施了玉米品种更新换代项目，将前期筛选出的紧凑型高产抗旱中熟新品种"郑单 958"作为换代主栽品种，进行多年多点示范，并列入高产创建主推品种强化示范推广。经过三年努力，京郊春、夏玉米品种布局发生了重大变化，已建立新的品种布局。为京郊玉米多灾之年高产稳产及实施高产创建奠定了坚实基础。春播品种形成了以"郑单 958"为主栽品种，以"中单 28"为主要搭配品种的基本格局，"郑单 958"的应用率已从 2007 年的 5.5%，上升到 2010 年的 23.3%。2010 年"郑单 958"应用面积为 1.82 万公顷。

3. 完成油料作物品种升级换代，扎实稳健推进油料作物高产创建活动。为推进郊区油料作物产业发展，开展优良品种升级换代工作，引进优势品种花生、大豆 50 余个、谷子 12 个、红小豆 4 个、绿小豆 4 个、芝麻 2 个、黍子 3 个，筛选并示范推广花育 22、冀花 4 号、中黄 30、冀豆 12、张杂 5 号、冀谷 18 等品种。相继开展了花生、大豆、甘薯高产创建工作。示范区花生主推"深耕耙地、增施基肥、机械覆膜、密植保苗、除虫防病"技术；大豆主推"深松整地、精量播种、配方施肥、综合防控"技术；甘薯主推"增施有机肥、补钾肥、高起垄、平栽苗、隔沟灌、提薯秧、机械种植收获"等技术。花生万亩方测产加权平均亩产251千克，超过万亩示范田产量指标31千克，亩增效186元；大豆千亩方的均产量达到173.1千克/亩，增产8.1千克，亩增效24.3元；甘薯脱毒甘薯万亩高产示范1 697.3千克/亩，平均亩增产306千克，平均亩增效428.4元。带动全市油料作物及甘薯种植面积花生稳定种植面积在0.88万公顷、大豆种植面积1.01万公顷。

4. *蔬菜高产高效创建活动*。为提高设施蔬菜的生产技术水平，保证全市设施蔬菜产业的健康发展，市农业技术推广站持续以番茄、黄瓜和甜（辣）椒为重点，围绕春大棚、秋大棚、冬季日光温室三大茬口，开展了设施蔬菜高产高效创建活动，以此带动全市蔬菜产业的发展。全年共建立高产示范点116个，示范推广了“中农16”、“津优35”、“金棚1号”、“蒙特卡罗”等优新品种45个，示范推广嫁接栽培、节水灌溉、优质栽培、温光调控、病虫害综合防治等高产高效栽培技术5类18项、推广应用面积达到0.77万公顷，示范点的日光温室黄瓜和番茄高产点平均亩产达到11 846.6千克和7 992.9千克，较全市平均水平增加102.7%和58.7%；春大棚黄瓜、番茄高产点平均亩产达到7 729.91千克、8 331.3千克，比全市平均亩产增加47.7%、65.4%；秋大棚黄瓜和番茄高产点平均亩产分别达到6 795.75千克和7 285.8千克，比全市平均亩产增加82.6%和55.9%。全市设施蔬菜技术水平的稳步提升，以黄瓜、番茄等果菜为重点的设施蔬菜平均产量为5 178.2千克，比上年增加2.5%。主持的“设施黄瓜、番茄高产高效技术试验示范与推广”项目获北京市农业推广奖一等奖。参加的“养分缓释型育苗基质的研发与推广”项目获北京市农业推广奖二等奖。

5. *西甜瓜高产高效栽培示范推广*。在11个区县建设高产示范点32个共101.33公顷。示范推广小西瓜超越梦想、中果型西瓜北农天骄、甜瓜京蜜11等设施高效品种22个，薄皮甜瓜多果多茬高产栽培等高效技术6项。针对春季温度偏低的情况，重点示范推广了双幕覆盖提温技术。示范点在气温偏低的情况下获得了高产。温室小型西瓜平均亩产量2 840千克、亩效益2.27万元，分别增加145千克和0.55万元；春大棚小型西瓜平均亩产量3 328千克、亩效益1.54万元，分别增加178千克和0.31万元；春大棚中果型西瓜亩产4 280千克，亩效益0.98万元，增加1 740元；秋大棚小型西瓜平均亩产量1 425千克、亩效益0.64万元，增加0.14万元。示范区总增收达到320万元，辐射推广0.13万公顷，总增收近1 600万元。怀柔、房山、延庆等新建设施区县温室平均亩效益超过1.5万元、春大棚亩效益达到0.9万元，较种植叶菜和西红柿作物效益高出30%以上。

6. *设施食用菌高产高效栽培技术示范推广*。结合食用菌科技入户项目、百村万户项目及设施食用菌高效栽培模式示范推广项目，在9个区县推广食用菌高效栽培技术，推广主推品种17个，主推技术6项，推广香菇、平菇、双孢菇、杏鲍菇等比较好的品种及配套技术，推广面积800余公顷，亩增收3 000元左右，共增收3 600万元。其中食用菌高产高效栽培技术示范推广，在6个区县筛选20个核心示范村，带动620名示范户，示范推广新品种、新技术5 000余亩。通过技术培训，农民生产技术有所提高，制棒成品率提高到97%以上，蘑菇产量增加，平菇生物效率最高达150%，亩产值达8万元左右；百村万户一户一棚高效栽培技术示范推广，以香菇高效栽培技术为切入点，在密云西山村推广冬季设施香菇高效栽培技术，推广27个棚，面积480平方米/棚，产菇15 000千克，产值6万元左右，亩效益2万～3万元，带动种菇户人均增收7 000元以上；推广双孢菇立体高效栽培技术，引进河南双孢菇砖棚立架栽培技术，在密云苇子峪、尖岩，通州草场等地示范推广，在19米×8米的面积内，搭架7层，实际播种面积达600平方米，大大提高了土地利用率，扣除成本每棚（占地面积152平方米）效益达2万元以上。2008—2010年实施的食用菌高效生产关键技术集成与推广项目获得了北京市农业技术推广奖二等奖。

7. *设施草莓高产高效栽培示范推广*。在昌平、房山、怀柔等区县建设11个高产高效生产示范田，示范面积33.3公顷，推广面积133.3公顷，展示红颜、章姬等优质品种和草莓套种西甜瓜、宽畦栽培、避雨育苗、基质育苗、土壤消毒、病虫害防治等技术6项。针对连作危害，示范推广石灰氮土壤消毒技术，净化田园，提高产量。平均亩增产100千克，亩增效益3 000元；针对草莓种苗死苗率高的现象，示范推广基质育苗的使用，减少劳动力成本，生产苗定植成活率提高20%～40%，草莓提早上市10天以上，每亩节本增收5 000元；针对草莓园后期休闲期较长的地区，重点推广草莓套种西甜瓜高效栽培技术，平均亩增效益2 000～3 000元，最高亩增18 000元；针对露地育苗种苗繁殖系数低，带病率高等问题，示范推广基质育苗技术和避雨育苗技术，获得种苗60万株，种苗繁殖系数提高20%，带病率降低20%～40%。示范区总增收达到500万元。

8. *设施花卉高效生产模式示范推广*。重点围绕“切花百合优质高效栽培技术试验示范”、“切花红掌日光温室栽培技术试验示范”、“设施高效生产模式示范推广”三个科技项目开展花卉科技试验示范推广工作。通过切花红掌日光温室改造及环境调控试验，自7月23日至11月23日，3 840株盆栽红掌共产切花7 030支，且商品率和A级花率逐月增加，11月份切花商品率达98%，A级花比例约占1/3。针对京郊设施花卉发展过程中高效种植模式普及率不够、设施综合生产能力不强、种植品种单一等技术问题，围绕百合与功能型花卉集成高产高效种植模式，项目在6个区县建立示范点8个，面积40.67公顷，开展高产高效种植模式、高效专用品种、专项技术的示范推广工作。辐射推广66.67公顷。示范点平均亩效益6万元以上，总效益3 660万元以上，总增效637.5万元。

9. 扎实推进农田节水工作，成效显著。针对安全高效瓜菜、生态粮经作物和优质特色果品，开展作物需水耗水规律、精量滴灌施肥、重力滴灌施肥、水肥药一体化、覆膜沟灌、痕量灌溉和化学抗旱等节水技术试验研究20多项，集成完善主要作物滴灌施肥、覆膜沟灌施肥、交替沟灌施肥、痕量灌溉施肥、微喷灌溉施肥和膜面集雨高效利用等6套水肥一体化技术模式。在京郊共建立节水高效技术示范区201个，计0.27万公顷，示范区总节水249万立方米。辐射推广应用11.07万公顷次，实现节水2 900多万立方米。

建设农业走廊节水示范工程，促进都市低碳农业发展。围绕京承、京平、机场第二高速等都市农业走廊，积极开展综合节水示范工程建设，在京郊10个区县36个乡镇49个村，建立1.03万公顷都市农业走廊综合节水示范基地，其中蔬菜573.3公顷、果树353.3公顷、粮经作物106.67公顷，重点应用微灌施肥、随机灌溉管理、灌溉自动控制、集雨高效利用和新型喷灌等五项节水技术。到2010年，该工程已全部完工，并投入使用。通过该工程的实施，每年可节水209万立方米、节本增收1 173万元。

加强墒情监测与节水技术集成，为粮经作物高产创建提供支撑。建立小麦和玉米墒情监测点170个，覆盖面积0.22万公顷，开展墒情监测18期，获得墒情数据1.8万个，发布墒情与旱情简报16期，指导小麦和玉米合理灌溉。建立11个小麦和玉米高效节水技术示范点，示范面积0.08万公顷，示范抗旱品种、化学抗旱、缓释肥底施、保护性耕作、冻水合理运筹和滴灌施肥等方面的技术，辐射推广应用9.53万公顷，实现亩增产31千克，亩节本增收23元。

应用水肥一体化技术，提升园艺作物标准园创建水平。蔬菜节水方面，在顺义、大兴、平谷等区县建立13个蔬菜滴灌施肥技术示范区共210.67公顷，平均亩节水117立方米，总节水37.2万立方米。建立6个重力滴灌施肥技术示范点共22.13公顷，确保“一户一棚”滴灌设施高效利用，年总节水6.8万立方米，总节肥7.7吨，总节本增收56.5万元。建立膜上沟灌、膜下沟灌、交替沟灌等节水型地面灌溉技术示范区140公顷，亩均节水100立方米以上，节约纯养分6千克以上，亩增产260千克，节本增收380元以上。辐射带动0.11万公顷，推广区瓜菜亩节水70立方米以上，亩节本增收287元以上。果园节水方面，建立16个果树水肥一体化技术示范园区，示范环绕滴灌施肥和覆膜沟灌施肥技术。示范区总面积220公顷，辐射推广0.2万公顷。环绕滴灌较常规灌溉节水71立方米/亩，增产129千克/亩；覆膜沟灌较常规灌溉节水58立方米/亩，增产97千克/亩。

示范膜面集雨高效利用技术，实现雨水资源化利用。在顺义区大孙各庄镇和平谷区平谷镇新建2个膜面集雨高效利用综合示范区，共建设2 000立方米集雨窖。每年每亩可收集雨水100～120立方米，减少地下水开采80～100立方米。全市有230公顷膜面集雨示范区，集雨窖总容积9.7万立方米，全市集雨窖共收集雨水20多万立方米。

申请了一种设施农业膜面集雨重力滴灌系统实用专利1项；“蔬菜高效灌溉施肥技术研究与推广”获2010年全国农牧渔业丰收奖二等奖；痕量灌溉技术研究与应用、菜田水肥一体化精量控制技术通过成果鉴定；成功申报了农业部948重大项目“农作物高效节水管理技术引进与研发”，全国仅40个重点项目，节水方面仅1个。

10. 拓展农业功能，打造农田景观和休闲农业。

优化栽培技术，越冬油菜景观效果显著。在通州、房山和怀柔继续开展品种筛选、播期、密度、节水栽培和肥料施用等试验，筛选出陇油6、7、8和9等4个抗寒性好的品种，平均越冬率在70%以上。在7个区县示范种植冬油菜86.67公顷，生态效益显著，冬油菜春季3、4月份抑尘效果高达99%，与小麦相当。经济效益可观，北京种植冬油菜收获籽粒亩效益在220～300元，与小麦相当。冬油菜种植期和收获期比冬小麦提前半个月左右，还能有效缓解冬小麦与夏玉米一年两茬种植模式中夏玉米由于光热资源不足而成熟不好的矛盾，且景观效果良好。

开发向日葵四种功能，营造优美田园景观，促进地区经济的发展。围绕向日葵景观栽培和切花向日葵周年栽培两个重点，开展了品种筛选、播期、采后保鲜等13套试验，筛选出适宜品种7个；进一步完善了向日葵配套栽培技术，初步总结形成向日葵沟域景观栽培及切花向日葵露地栽培2套技术规范；进一步丰富了向日葵的栽培模式，在总结完善山区沟域景观栽培、平原农田景观栽培、观光园区景观栽培及切花向日葵的周年栽培等4总模式的基础上，对向日葵种养结合模式进行了初步探索，初步形成了5种适宜都市农业发展要求的向日葵栽培模式；并在延庆、房山、通州、昌平等区县建立了6个示范点，示范面积200.67公顷，种植效益达800元以上。向日葵多功能开发的技术示范推广项目工作中做出成绩，获得北京市农业技术推广奖二等奖。

系统研究南果北种技术，建立新的示范基地。以番木瓜为重点，掌握了番木瓜在北方温室的种苗繁育技术、研究了番木瓜在北方温室的最佳定植时期等系统栽培技术。在通州、海淀等区县新建了3个示范基地，示范番木瓜、枇杷、火龙果、番石榴等品种及其栽培技术，展示面积7.07公顷。

草莓高架基质省力栽培模式，成为都市农业新亮点。草莓高架基质栽培模式的示范研究取得成功，在小汤山基地，示范0.33公顷。草莓基质栽培避免连作障碍；高架栽培，管理方便，采摘容易；引进新的生产资料，如黑白两面地膜、日本鱼肥和生物天敌，果实洁净安全；环境优化，生长整齐，观光效果显著，充分体现了现代化温室的功能，提高了草莓生产的附加值，成为都市农业的又一亮点。

探索城市农业、创意农业发展模式，推进城乡一体化协调发展。成功举办了举办首届“北京市鲜食玉米节”、北京市首届小麦收获节。研究中药材栽培技术，打造金银花主题公园；以美化科普为主，打造校园，在八中郁闭林下种植了黄芩、桔梗、薄荷和蒲公英4种适宜校园种植的观赏药食同源的中药材；以母亲节、父亲节为形式开展花卉进社区活动，同时，还举办了首届“花卉推广杯”市民插花巧手评选大赛；在南宫地热博览园连栋温室6区和大兴区自然绿种植中心建设实施了蔬菜迷宫建设，共种植从国内外收集的100余个观赏蔬菜品种进行了“春、夏、秋、冬”四季观赏园主题建设，通过种植与主题园颜色相近的蔬菜，达到景观效果；在原琉璃河镇立教村的“向日葵主题公园”的基础上重新规划设计了占地8公顷的“北京农作物大观园”；受网络的“开心农场”启发，建立了“现实版的开心农场”。租赁者自己耕种自己收获，体验农情。开心农场占地面积大约在2～5亩，每个小农场在3平方米左右，租金为150元，租期为半年。

11. 打造都市型现代农业走廊，集成示范推广技术。

形成了都市型现代农业走廊产业和景观一体化建设配套技术体系。完成北京市农委、市科委“京承都市型现代农业走廊建设技术集成示范推广工程项目”、“京承路都市型现代农业走廊生态、景观及瓜菜主题园区建设技术集成示范”项目验收工作。项目首次将农业产业发展与廊道景观建设相结合；完成“玉米迷宫”主题园、奥运主题种植景观园、蔬菜四季观光采摘主题园、瓜类观光采摘主题园7类11处农业主题园区的建设和技术集成示范；开展了观赏作物造景技术、蔬菜四季栽培技术、农业产业-景观一体化规划技术等8项技术集成示范；项目筛选出甜玉米、糯玉米、特色杂作物品种17个、观赏性作物品种15个、观赏采摘蔬菜品种15个、引进和示范瓜类新品种151个，培育牧草品种6个，并开展了相关栽培技术体系研究；完成20项技术标准或技术规程，获得4项目专利，形成了都市型现代农业走廊产业和景观一体化建设配套技术体系。本项目结合节点项目示范，示范面积5.3万亩，累计经济效益约1个亿。

完成京承都市型现代农业走廊三期规划及节点项目实施方案。完成了“京承高速三期都市型现代农业走廊规划”；完成北京密云北庄一心四谷沟域经济规划；规划了2011年三期节点项目及主要实施方案；完成了都市农业生态景观建设和低碳生产综合示范区可行性研究报告。

12. 加强培训和交流，不断提高农民素质。全年共开设各种培训班252期，培训人员达22 409人次，组织观摩交流活动260次，参加观摩人数达到19 600人。

继续开展科技入户工作。在大兴、顺义、延庆等个区县，遴选示范户1 000余户、实施设施西甜瓜、设施蔬菜、食用菌等高产高效技术科技入户。围绕示范田开展培训和观摩，采用“示范田+培训观摩”的形式进行技术推广，举办市、镇、村多层次观摩培训275期，培训技术指导员、农户20 730人次。录制专题技术宣传片28期，通过项目实施，品种和技术入户率均达到100%，农户增加了对新技术和新品种的认识，带动了产业发展，取得了良好的经济效益。

加强骨干农民培养。举办各种专业技术培训班252期，共计培训骨干农民和技术人员22 409人次，将京郊的骨干农民培养为技术能手，可以及时指导和带动周边农户生产。

田间学校辅导员培训。2010年市农业技术推广站举办田间学校初级辅导员培训班一期，培养了30名初级辅导员。举办辅导员提高班2期共108人。协助农业部科教司举办了3期全国农民田间学校辅导员师资培训班，共培养了来自28个省市的科教处及54个县的技术人员共136人。共指导建设农民田间学校186所，8 000余名农民学员在辅导员的带领下，系统地学习农业生产知识、科学地进行田间管理。农民田间学校全年共组织各种技术培训活动2 300多次，培训农民57 500人次；培养示范户近1 000户，培养生产技术能手300多人。接待农业部领导视察农民田间学校两次，组织拍摄农民田间学校宣传片4部。

全科农技员培训。组织并参与了第一期通州、大兴、密云、房山、延庆5个区县选拔的300名全科农技员的岗前培训工作。

13. 组织新闻宣传及时发布信息，传播都市农业发展成果。

新闻宣传工作。全市遭遇了多年不遇的寒春，风雪频发，对农作物生产产生了很大影响，积极应对抗寒保生产，市农业技术推广站在第一时间联系了北京电视台记者到小汤山采访，请科技人员教菜农如何防寒保暖保生产，报道了《设施农业做好增温措施 恢复生产保障市场供应》。围绕“农业进城、市民下乡”这一主题，推出了《百亩观赏向日葵绽放》、《小麦收获节》等报道。截至2010年12月5日，在报刊、广播、电视、网络播发新闻788篇次。

信息工作。截至2010年12月7日，市农业技术推广站网站共发布各种来源稿件4 212篇，共收到专家咨询问题12件，对网站上21条有关农业的留言进行了回复，共回答各类咨询电话500余个。

建设农业基础设施及信息系统，为全市基本农田管理提供数字化运行平台。2010年，基本农田管理系统建设初步建成，系统功能基本实现，即将进入试运行阶段。通过本系统的建设和利用，将摸清工程实施区域内基本农田现状，建立基本农田综合信息数据库，开发“北京市基本农田数字化管理系统”，为基本农田以及农业基础项目的监管提供手段与工具，达到对基本农田“建一块、管一块、用一块”的目标。

14. 建立帮扶点，扎实开展创先争优工作。全站建立了6个结对帮扶联系点。一是粮作支部与顺义区大孙各庄镇赵家峪村；二是经作支部与密云县西田各庄镇西山村；三是蔬菜支部与怀柔区庙城镇“三山”设施农业产业园区；四是蔬菜支部与密云县古北口镇龙洋村；五是蔬菜支部与大兴区榆垡镇求贤村；六是花卉支部与密云县河南寨镇套里村。站总支书记、站长王树忠同志亲自带队到定点帮扶的赵家峪村进行调研，研究确定了对该村开展帮扶的总体思路和帮扶形式，筹集资金15万元捐助该村修缮道路。同时，安排四名硕士毕业生到赵家峪村和求贤村蹲点，调查摸清基本村情，有针对性地开展帮扶。

（北京市农业技术推广站　陈世高）

信息化建设

【12316农业热线提供农业信息服务】 北京12316农业服务热线依托农业专家和信息资源为京郊农民提供农业信息咨询服务37 500余次，信息服务内容包括农作物种植技术、农作物病虫害防治、市场信息、畜牧养殖技术、动物疫病、市场价格、质量追溯等方面。农业专家现场值班224人次，现场解答咨询2 322次。12316综合服务网站点击量达到1 095万次。

【建设以“三电合一”为主的农业信息服务体系】 市农业局紧密围绕都市型现代农业发展需要，夯实全市10个远郊区县的软硬件基础，开展市级“三电合一”服务平台建设。一是开发建设了北京市“三电合一”信息综合服务平台，实现了“五个统一”：统一的农业信息资源，是统一的12316短信服务平台，统一的视频互动咨询服务平台，统一的视频在线点播服务平台，统一的平台数据接口。二是各区县紧密结合当地农业生产特点，建立了“三电合一”网站。三是试点示范工作全面启动。以昌平区作为试点单位，开展“县级平台—乡镇信息服务站—村级信息服务点”上下联动的信息服务体系建设，探索出具有昌平特色的，集电视、电话、电脑、移动通讯四种信息为载体的“四电合一”信息化建设工程。

【建设、推广应用“221行动计划”信息平台】 市农业局认真落实2009年市政府第54次常务会议精神，大力推广应用“221行动计划”信息平台。制定下发了《北京市农业局“221信息平台”运维管理暂行办法》，建立了“221信息平台”的运维工作机制。共收集13个单位的46类业务数据，提交各类数据文件130个，数据逾50万条。在此基础上，市农业局在业务工作如设施农业管理、土壤肥力、动物卫生监管、农产品市场监测、服务农民和农业企业、促进城乡融合中大力推广应用“221信息平台”。如在指导土壤肥力工作方面，应用平台资源开展施肥区划。在对耕地土壤肥力状况进行统计分析的基础上，依照统计分析结果针对不同的作物进行施肥区划，开发区域配方肥20个，推广应用12.1万吨，经济效益达1.93亿元。在完善农产品市场监测方面，新增农贸、产地市场信息监测点18个，达到对整个农业产业链各环节、各方面的行情信息进行监测，并将这些行情信息进行联合分析，提升了北京市农产品市场行情分析水平。

【金农工程（北京市建设部分）建设完成，率先在全国通过验收】 年内，金农工程（北京市建设部分）建设完成并在全国率先通过验收，为北京市农业宏观管理和领导决策提供了更有力的信息化工具。其中，宏观经济与农业发展子系统搜集整理了17大类数据，169个具体指标，能够实现产业经济分析、价格指数分析、农业生产分析、人民生活分析、乡镇企业分析、农业投入分析等功能。通过该子系统，能够将农业数据放在宏观经济背景下进行分析，从宏观角度观察农业发展的态势，开展宏观决策，及时提供高效的参考信息服务。北京市农业发展子系统完成了北京市区县经济统计信息、设施农业信息、畜牧生产免疫信息和郊区县可再生能源建设情况等四个部分的建设。通过该子系统，能够从区域经济的角度，对北京市农业产业结构、农业发展、种养殖业生产等情况进行分析，帮助业务主管部门及时掌握情况，协助管理。

【推广应用业务报表系统，推进“一表化”信息采集】 市农业局在农业生产各行业信息采集工作中积极推进“一表化”，开发了北京市农业局业务报表管理系统。该系统能够实现业务数据采集、审核和查询、分析功能，涉及5个行业、59张报表，已成为北京市农口管理者必备的业务数据资源管理工具之一。

【推进信息资源目录工作】 年内，市农业局信息资源目录建设工作紧密结合全市信息化业务协同、资源共享的新要求，着手开展站所信息资源目录系统建设，建立“市级—局级—站所”互联互通的信息资源目录体系。在前期目录建设的基础上，对全局重要业务进行了梳理和完善，基本完成了全部业务的梳理；并且对因机构调整而发生变化的业务进行了更新。另外，市农业局积极探索推进信息资源目录在信息化项目审核、信息系统架构设计中的支撑作用。由于建设理念及应用领先，市农业局被市信息资源管理中心列为2010年信息资源目录建设于应用试点单位，并在全市信息资源共享交流会和政府信息化架构设计交流会上作为典型案例进行了介绍。

【信息系统支撑农业宏观管理与领导决策】 市农业局3S农业宏观决策支持系统和领导决策信息系统支撑农业宏观管理和领导决策。根据业务发展更新了畜牧生产、设施农业、能源生态等业务数据，充实了农业基础数据库。完善后的3S系统在农业行业管理方面的应用更进一步，为领导和业务部门在种植业布局，动物疫病防控，农业环境监测，土壤肥力监测，设施农业规划，农村可再生资源的开发利用等方面提供了科学决策的依据。领导决策信息系统全年共提供信息近700条，累计共3 000余条，提供农业生产行业数据和农产品市场行情信息1 600余条，累计共9 000条，在2008年奥运期间、国庆60周年农产品市场信息服务领导决策工作的经验基础上。

【动物防疫基础信息管理平台运行良好】 动物防疫基础信息管理平台利用3S技术建立了畜牧饲养基础数据的网络报送和地理信息平台，实现全市的三维地理信息和管理对象的信息展示。年内，该平台进行升级改造后，拓展出如下功能并取得了较好的运行效果：①犬防疫信息管理，针对狂犬病疫情形势严重和疫苗免疫，针对犬只个体实现饲养、免疫信息的网络化管理；②动物防疫可移动监管，针对防疫人员在防疫现场不能直接进行信息传送的问题，基于GPRS无线网络实现防疫任务下达和信息报告；③防疫物资管理，针对物资管理手工效率低、不能适应疫病防控需要的现状，实现了库存管理、物资申请、调拨、统计等功能。

【引入虚拟化技术，推进低碳信息化建设】 市农业局在全市农业行业内首次引入虚拟化技术构建新一代机房。虚拟化技术的应用，能够降低70%中心机柜占用空间，节省机房建设投资数百万元；避免了服务器等硬件设备的数量膨胀，将现有60多台服务器上的应用整合到20台，服务器利用率从此前的10%上升到75%；使中心服务器能耗降低75%；同时降低了信息化建设运维和软件购买成本约30%；较大幅度地提高了管理水平和系统安全水平。《北京市电子政务动态》以《市农业局率先引入虚拟化技术，探索低碳信息化建设新模式》为题对该项目的建设情况进行了报道。

【建设农产品市场信息体系，支撑领导决策】 一是结合农产品市场行情分析需要，开展农产品产地信息监测系统、农资市场信息监测系统建设和采集工作部署，初步形成了“产地—批发市场—零售市场”及农资市场全链条的农产品市场信息监测工作格局。二是开展农产品生产及市场信息的综合应用。市农业局立足市场行情系统丰富的市场信息资源以及业务报表系统多年积累的行业生产信息资源，结合都市型现代农业的发展需要，开展农产品生产和市场监测分析，全面把握全市农产品供应形势，深入挖掘农产品从生产到零售消费各环节的价格变动规律，同时建设形成了农产品信息综合服务平台，为领导决策提供全面、有深度的信息参考。三是加强农产品市场信息的分析研究。开展果蔬产品产销地价格传导关系研究、果蔬产品价格影响因素及价格预测的定量研究，提高了分析研究水平。四是圆满完成农产品应急分析报告。年内，农产品价格普遍上涨，“菜篮子”、“米袋子”再次成为各级领导及社会公众高度关注的问题。市农业局按照市领导的指示，利用农产品市场信息体系积极应对农产品价格波动，加强市场监测分析，形成了《食用油市场行情分析报告》、《土豆市场行情分析报告》等20余份应急分析报告，为领导提供了及时客观的数据资料和规律性的趋势分析。

（市农业局　肖金科）

【参加首届全国农业信息化与现代农业博览会】 2010年11月20—22日，首届全国农业信息化与现代农业博览会在农业展览馆举办。全市以“221信息平台”推广应用阶段性成果作为参展内容，汇集“221信息平台”推广应用的阶段性成果，展示并广泛宣传通过“221信息平台”促进北京都市型现代农业的总体情况和最新进展，获得了广泛好评。

【“221信息平台”互联网站——尚·农网上线运行】 2010年5月26日，北京市城乡经济信息中心与中国移动北京公司、北京农信通科技有限责任公司三方签署《共同推进“221信息平台”建设应用协议》。建设目标是打造首都农业信息航母，建设特点是“双资”合作：政府出资源，企业出资金；“双向”服务：面向百万农民，面向千万农民的信息服务。建设内容是建设一个以农为主、为农服务、联系城乡的“221信息平台”互联网站——尚·农网。2010年11月20日，尚·农网开通仪式在农展宾馆举行，市委常委牛有成、副市长夏占义出席仪式。尚·农网正是上线运行，成为首都涉农综合服务的门户网站。

【《农村基础信息数据元》正式颁布实施】 依据《北京市信息化促进条例》中关于本市信息化“统筹规划、资源共享”、“规范市和区、县两级行政机关采集政务信息的活动”等要求，为了更好地规范涉农信息的采集、共享和开发利用工作，市农委与市经信委共同立项，由北京市城乡经济信息中心、北京市农村合作经济经营管理站和北京市信息资源管理中心起草编制了《农村基础信息数据元第1部分到第6部分》（标准号DB11/T 699.1—6 2010）。作为北京市地方性推荐标准，该标准以当前农村信息化工作为基础，吸收相关标准化研究成果，用以指导北京市各级政府部门涉农政务信息资源的规划、采集、存储、交换、共享和开发利用工作，以及涉农信息系统的规划建设、运行维护和服务等工作。该系列标准包括“总体框架”、“个人基础信息”、“组织基础信息”、“社会基础信息”、“经济基础信息”和“自然资源基础信息”6个部分，于2010年3月9日通过北京市质量技术监督局批准，并于2010年7月1日正式颁布实施。

【面向决策的信息资源整合和分析利用成效显著】 2010年农研中心开展面向决策的信息资源整合和业务数据资源整合，加强分析预测工作，创办了《北京城乡经济信息》、《城乡经济通讯》两个信息刊物。刊载的《北京郊区发展亟需加大引入社会资本的力度》、

《2010年上半年京郊农村经济发展分析》、《关于北京农民收入增长问题的分析报告》、《进一步完善转移性收入的制度安排是缩小城乡居民收入差距的重要途径》、《关于“十二五”时期农民收入增长的分析预测》等分析预测报告，获得了市委、市政府主管领导的表扬，一些意见和观点被市委“十二五”规划建议、“十二五”城乡一体化发展规划采纳。

（市农研中心　张春林）

农民生活与农村社会保障

概　述

就业是民生之本，保障是和谐之源。2010年，北京市委、市政府及地方各级党委政府为了确保“保增长、保稳定、保民生”目标的实现，出台并实施了一系列促进农民就业、促进农村经济建设又快又好发展及加快城乡居民社会保障一体化建设的政策措施，使北京郊区农民的就业状况、社会保障面及保障力度大为改观。市委市政府将中央“多予、少取、放活”的方针进一步细化、实化、具体化。财政对远郊区投入的范围进一步扩大，投入力度进一步加大，投入比例进一步提高，远郊区经济建设和社会建设得到进一步发展，农民收入稳步增长，农民人均纯收入达到13 262元，同比增长10.6%。与此同时，农民工养老保险、农村合作医疗、农民最低生活保障等农村各项社会保障工作也取得实质性进展。特别是《北京市城乡无社会保障老年居民养老保障办法》的贯彻实施，真正实现了全市城乡居民的老有所养；全市65岁以上老年人在全市范围内免费乘坐公交车，以及家电下乡活动的开展，都从不同角度改善着农民生活，增加着农民收入，提高了农民的生活质量。

农村劳动力就业

北京郊区农村劳动力就业动态监测结果显示：2010年度北京市各级政府继续加大对农村劳动力就业安置工作力度，郊区非农就业人数继续增加，就业状况进一步改善。

【农村劳动力基本状况】 截至2010年底，全市共有农村劳动力186.8万人，比2009年底减少0.7万人。其中就业人数174.9万人，比2009年底减少0.7万人，就业率达到93.6%，与去年持平。近郊区（丰台、海淀、朝阳、石景山）农村劳动力资源总数为27.3万人，比上年减少0.1万人。其中就业劳动力25.4万人，与上年持平，占近郊劳动力资源总数的93.1%，就业劳动力所占比重较上年高出0.3个百分点；平原地区（大兴、通州、顺义及山区县中29个平原乡镇）农村劳动力资源总数为89.5万人，比上年减少0.8万人，就业劳动力84.1万人，比上年减少0.7万人，占平原劳动力资源总数的93.9%，与上年基本持平；山区（山区县中的83个山区乡镇）农村劳动力资源总数为70万人，比上年增加0.1万人，就业劳动力65.4万人，与上年持平，占山区劳动力资源总数的93.3%，比上年下降0.2个百分点（农村劳动力就业分布状况见表1）。

表1　2010年北京市农村劳动力就业区域分布状况表

单位：万人

区县	劳动力总数			就业人数		
	2009年	2010年	增减（%）	2009年	2010年	增减（%）
北京市	187.6	186.9	−0.4	175.6	174.9	−0.4
近郊	27.4	27.3	−0.4	25.4	25.4	0.0
平原	90.3	89.5	−0.9	84.8	84.1	−0.8
山区	69.9	70.0	0.1	65.4	65.4	0.0

【农村各行业的劳动力分布】 2010年北京郊区农村劳动力在各行业的分布特点是，一产就业比重进一步下降，非农产业就业比重进一步提高。农村劳动力实现非农就业125万人，同比增加1万人，增长0.8%，占就业人员总数的71.5%，比上年提高0.9个百分点；在各类企业就业41.1万人，比上年减少近0.1万人。从三次产业情况看，第一产业从业人员49.9万人，比上年减少1.7万人；第二产业从业人员39.4万人，比上年减少0.4万人；第三产业从业人员85.6万人，比上年增加1.4万人。三次产业从业比由上年的29.4∶22.7∶47.9变为28.5∶22.5∶48.9，第一产业所占比重同比下降0.9个百分点，第二产业下降0.1个百分点，第三产业上升1个百分点。

2010年，北京郊区农村劳动力进一步向非农产业转移，农业从业劳动力为35.8万人，比上年减少1万人；林业从业人员6.6万人，比上年减少0.3万人；畜牧业从业人员6.8万人，比上年减少0.2万人；渔业从业人员0.8万人，比上年减少0.1万人。

农、林、牧、渔四业在就业人员总数中的比重分别为20.5%、3.8%、3.9%和0.5%，农业就业比重比上年下降0.5个百分点，林业比上年下降0.1个百分点，畜牧业比上年下降0.1个百分点，渔业与上年持平。

第二产业中，工业就业人员25.2万人，比上年减少0.4万人，占就业人员总数的14.4%，比上年又下降了0.2个百分点；建筑业从业人员14.1万人，比上年减少0.1万人，占就业人员总数的8.1%，所占比重与上年持平。

第三产业就业人数继续保持增加态势，但各业间发展亦不均衡。近几年北京郊区城市化建设步伐进一步加快，加之政府对各项公益性事业的投入不断加大，在房地产业得到较快增长的同时，还催生了包括社区物业、卫生社保及公益福利事业的形成和发展，从而促进了相关产业的就业。另一方面，近几年民俗旅游业的进一步发展也带动了相关行业的发展，从而使第三产业就业人数进一步增加。交通运输业就业人员达到15万人，占就业人员总数的比重为8.6%，就业人数比上年减少0.1万人，占就业人数的比重与上年持平；商饮业就业人数13.6万人，比上年增加0.4万人，占就业人员总数的7.8%，比上年上升了0.3个百分点；服务业从业人员44.5万人，比上年增加1.3万人，占就业人员总数的25.4%，比上年上升0.8个百分点；其他行业从业人员12.5万人，比上年减少0.2万人，占就业人员总数的7.1%，比上年下降0.1个百分点（农村劳动力产业及行业就业结构见表2、表3）。

表2　2010年北京市农村劳动力三次产业就业结构表

产业类别	人数（万人）			占就业总人数的比重（%）	
	2009年	2010年	增减（%）	2009年	2010年
合计	175.6	174.9	−0.4	100.0	100.0
第一产业	51.6	49.9	−3.3	29.4	28.5
第二产业	39.8	39.4	−1.0	22.7	22.5
第三产业	84.2	85.6	1.7	47.9	48.9

表3　2010年北京市农村劳动力各行业就业结构表

行业类别	人数（万人）			占就业总人数的比重（%）		行业类别	人数（万人）			占就业总人数的比重（%）	
	2009年	2010年	增减（%）	2009年	2010年		2009年	2010年	增减（%）	2009年	2010年
合计	175.6	174.9	−0.4	100.0	100.0	建筑业	14.2	14.1	−0.7	8.1	8.1
农业	36.8	35.8	−2.7	21.0	20.5	交运业	15.1	15.0	−0.7	8.6	8.6
林业	6.9	6.6	−4.3	3.9	3.8	商饮业	13.2	13.6	3.0	7.5	7.8
畜牧业	7.0	6.8	−2.9	4.0	3.9	服务业	43.2	44.5	3.0	24.6	25.4
渔业	0.9	0.8	−11.1	0.5	0.5	其他	12.7	12.5	−1.6	7.2	7.1
工业	25.6	25.2	−1.6	14.6	14.4						

【不同区位的就业结构特点】　从不同区位的就业结构特点看，近郊（丰台、海淀、朝阳、石景山）农村劳动力就业以第三产业为主，其第三产业就业比重达到73.3%；平原地区（大兴、通州、顺义及山区县中的29个平原乡镇）和山区（83个山区乡镇）尽管也是第三产业就业比重最高，但其所占比重比近郊均低了20多个百分点，相比之下，第一产业就业比重则比近郊高出2～3倍。

随着近几年北京郊区城市化建设步伐的加快，近郊第一产业的生存空间不断萎缩，从业人员呈现进一步下降趋势。2010年近郊区第一产业就业人数为2.8万人，比上年减少0.2万人，占近郊就业人员总数的11%，比上年下降0.9个百分点。其中：农业就业人数1.7万人，与上年持平；林业0.9万人，比上年减少0.2万人；畜牧业和渔业也均与上年持平，就业人数均为0.1万人。受城市化建设步伐加快和环境治理致使部分工业企业向外拆迁影响，近郊第二产业就业人数持续下降。2010年近郊第二产业就业人数为4万人，比上年减少0.4万人，占近郊就业人员总数的15.7%，比上年下降1.4个百分点，其中：工业就业人员3万人，同比减少0.3万人；建筑业就业人员1万人，比上年减少0.1万人。在第一、二产业从业人员连年减少的同时，第三产业成了近郊农村劳动力从业的主要支柱，2010年近郊第三产业从业人员达到18.6万人，比上年增加0.6万人，占近郊就业人员总数的比重达到73.3%，比上年又上升了2.3个百分点。

2010年平原地区第一产业就业人数23.7万人，比上年减少0.9万人，占平原地区就业人员总数的28.2%，比上年下降0.9个百分点。从各业来看，农业从业人员18万人，比上年减少0.7万人，占就业人员总数的21.4%，比上年下降了0.7个百分点；

林业就业人员 1.1 万人，与上年持平；畜牧业从业人员 4.1 万人，比上年减少 0.2 万人，占就业人员总数的 4.8%，比上年下降 0.2 个百分点；渔业从业人员 0.5 万人，人数与所占比重均与上年持平。第二产业从业人员 22.8 万人，与上年持平，占就业总人数的 27.1%，比上年上升 0.1 个百分点。从各业看，工业就业人数 15.1 万人，与上年持平，占就业人员总数的 18%，比上年上升 0.2 个百分点；建筑业就业人数 7.7 万人，与上年持平，占就业人员总数的 9.2%，比上年上升 0.1 个百分点。第三产业从业人员达到 37.7 万人，比上年增加 0.2 万人，占就业人员总数的比重为 44.7%，比上年上升 0.7 个百分点。从各业看，服务业从业人员达到 17 万人，比上年增加 0.3 万人，占就业人员总数的 20.5%，比上年上升了 0.6 个百分点；交通运输业从业人员 7.9 万人，与上年持平，占就业人员总数的比重为 9.4%，与上年持平；商饮业 6.5 万人，比上年增加 0.2 万人，所占比重为 7.7%，比上年上升 0.3 个百分点；其他行业就业人数 5.9 万人，比上年减少 0.2 万人，占就业人员总数的比重为 7.1%，比上年下降 0.2 个百分点。

2010 年山区第一产业就业人数为 23.4 万人，比上年减少 0.5 万人，占就业人员总数的 35.7%，比上年下降 0.9 个百分点。从第一产业内部看，农业 16 万人，同比减少 0.4 万人，占就业人员总数的 24.5%，比上年下降 0.5 个百分点；林业就业 4.5 万人，同比减少 0.1 万人，占就业人员总数的 6.9%，比上年下降 0.2 个百分点；畜牧业和渔业分别为 2.6 万和 0.2 万人，均与上年持平。第二产业从业人员 12.6 万人，与上年持平，占就业人员总数的 19.3%。其中工业 7.1 万人，占就业人员总数的 10.8%，就业人数与所占百分比均与上年持平；建筑业 5.5 万人，占就业总数的 8.4%，也均与上年持平。第三产业从业人员 29.5 万人，比上年增加 0.6 万人，占就业人员总数的 45%，比上年上升了 0.9 个百分点。其中：交运业从业人员 5.8 万人，与上年持平，占就业人员总数的 8.8%，比上年下降了 0.1 个百分点；商饮业 4.5 万人，占就业人员总数的 6.9%，人数与所占比重均与上年持平；服务业 16.8 万人，同比增加 0.7 万人，占就业人员总数的 25.7%，比上年上升 1 个百分点；其他 2.3 万人，与上年持平，占就业人员总数的 3.5%，比上年下降 0.1 个百分点（不同地区行业就业结构见表 4）。

表 4　不同地区农村劳动力各行业就业结构表　　单位：%

行业类别		近郊			平原			山区		
		2009 年	2010 年	增减	2009 年	2010 年	增减	2009 年	2010 年	增减
合计		100.0	100.0	0.0	100.0	100.0	0.0	100.0	100.0	0.0
第一产业	小计	11.9	11.0	−0.9	29.1	28.2	−0.9	36.6	35.7	−0.9
	农业	6.8	6.7	−0.1	22.1	21.4	−0.7	25.0	24.5	−0.5
	林业	4.2	3.7	−0.5	1.3	1.4	0.1	7.1	6.9	−0.2
	畜牧业	0.5	0.4	−0.1	5.0	4.8	−0.2	4.0	4.0	0.0
	渔业	0.4	0.3	−0.1	0.6	0.6	0.0	0.4	0.4	0.0
第二产业	小计	17.1	26.5	9.4	27.0	27.1	0.1	19.3	19.3	0.0
	工业	13.0	12.0	−1.0	17.8	18.0	0.2	10.9	10.8	−0.1
	建筑业	4.0	3.7	−0.3	9.1	9.2	0.1	8.4	8.4	0.0
第三产业	小计	71.0	73.3	2.3	44.0	44.7	0.7	44.1	45.0	0.9
	交运业	5.1	5.1	0.0	9.4	9.4	0.0	8.9	8.8	−0.1
	商饮业	9.5	10.1	0.6	7.4	7.7	0.3	6.9	6.9	0.0
	服务业	39.9	41.2	1.3	19.9	20.5	0.6	24.7	25.7	1.0
	其他	16.5	16.9	0.4	7.3	7.1	−0.2	3.6	3.5	−0.1

（市农研中心　刘学军）

农民收入

【总体概况】 2010 年，北京市委、市政府及郊区各级党委政府采取了更直接、更有力的措施，将中央的“多予、少取、放活”的方针进一步细化、实化、具体化，确保了郊区农民收入的稳步增长。据北京市农村经济收益分配汇总结果显示：2010 年全市农民人均劳动所得达到 11 944.1 元，比上年增加 990.5 元，同比增长 9.0%。

【产业构成情况】 在 11 944.1 元的农民人均劳动所得中，第一产业所得 2 152.5 元，占农民人均劳动所得总额的 18.0%，比上年增加 103.5 元，同比增长 5.1%，对农民收入增长的贡献率为 10.4%。其中：农业 1 105.3 元，占人均所得总额的 9.3%，比上年增加 69.2 元，同比增长 6.7%，对农民收入增长的贡献率为 7.0%；林业 181.6 元，占人均所得总额的 1.5%，比上年增加 15 元，同比增长 9%，对农民收入增长的贡献率为 1.5%；畜牧业 788.2 元，占人均所得总额的 6.6%，比上年增加 15.9 元，同比增长 2.1%，对农民收入增长的贡献率为 1.6%；渔业 77.5 元，占人均所得总额的 0.6%，比上年增加 3.5 元，增长 4.7%，对农民收入增长的贡献率为 0.4%。第二产业实现人均所得2 516.4元，占人均所得总额的 21.1%，比上年增加 170.4 元，增长 7.3%，对农民收入增长的贡献率为 17.2%。其中：工业 1 486.6 元，占人均所得总额的 12.4%，比上年增加 63.6 元，同比增长 4.5%，对农民收入增长的贡献率为 6.4%；建筑业 1 029.8 元，占人均所得总额的 8.6%，比上年增加 106.8 元，增长 11，6%，对农民收入增长的贡献率为 10.8%。第三产业 7 275.2元，占人均所得总额的 60.9%，比上年增加 716.7 元，同比增长 10.9%，对农民收入增长的贡献率达到 72.4%。其中：交通运输业1 331.4元，占 11.1%，比上年增加 91.8 元，同比增长 7.4%，对农民收入增长的贡献率为 9.3%；商饮业1 367.8元，所占比重为 11.5%，比上年增加 152.3 元，同比增长 12.5%，对农民收入增长的贡献率为 15.4%；服务业 3 036.4 元，所占比重 25.4%，比上年增加 334.9 元，同比增长 12.4%，对农民收入增长的贡献率为 33.8%。其中人均劳务收入 982.2 元，所占比重 8.2%，比上年增加 68.7 元，同比增长 7.5%，对农民收入增长的贡献率为 6.9%。其他业1 539.6元，占 12.9%，比上年增加 137.7 元，增长 9.8%，对农民收入增长的贡献率为 13.9%。其中人均财产性净收入 489.7 元，占人均所得总额的 4.1%，比上年增加 28.4 元，同比增长 6.2%，对农民收入增长的贡献率为 2.9%（详情见表 5）。

表 5　人均劳动所得行业构成分析表

指　　标	金额（元）				占总额（%）		增长贡献率（%）
	2009 年	2010 年	增减额	±（%）	2009 年	2010 年	
合计	10 953.6	11 944.1	990.5	9.0	100.0	100.0	100.0
第一产业小计	2 049	2 152.5	103.5	5.1	18.7	18.0	10.4
农业	1 036.1	1 105.3	69.2	6.7	9.5	9.3	7.0
林业	166.6	181.6	15	9.0	1.5	1.5	1.5
畜牧业	772.3	788.2	15.9	2.1	7.1	6.6	1.6
渔业	74	77.5	3.5	4.7	0.7	0.6	0.4
第二产业小计	2 346	2 516.4	170.4	7.3	21.4	21.1	17.2
工业	1 423	1 486.6	63.6	4.5	13	12.4	6.4
建筑业	923	1 029.8	106.8	11.6	8.4	8.6	10.8
第三产业小计	6 558.5	7 275.2	716.7	10.9	59.9	60.9	72.4
交通运输业	1 239.6	1 331.4	91.8	7.4	11.3	11.1	9.3
商饮业	1 215.5	1 367.8	152.3	12.5	11.1	11.5	15.4
服务业	2 701.5	3 036.4	334.9	12.4	24.7	25.4	33.8
其中：劳务收入	913.5	982.2	68.7	7.5	8.3	8.2	6.9
其他业	1 401.9	1 539.6	137.7	9.8	12.8	12.9	13.9
其中：财产性收入	461.3	489.7	28.4	6.2	4.2	4.1	2.9

【不同经济成分构成情况】 汇总结果显示：非公经济是北京郊区农民劳动所得的主体。2010 年北京郊区农民人均劳动所得中，从非公经济获取的所得为 9 647.8 元，占到人均所得总额的 80.8%，比上年增加 785 元，同比增长 8.9%，对农民收入增长的贡献率达到 79.3%。其中人均家庭经营净收入9 266.1 元，占人均所得总额的 77.6%，比上年增加 741.1 元，同比增长 8.7%，对农民收入增长的贡献率为 74.8%；私营企业主所得 381.7 元，占人均所得总额的 3.2%，比上年增加 43.9 元，同比增长 13%，对农民收入增长的贡献率为 4.4%。从公有经济获取的所得为 2 296.3 元，占人均所得总额的 19.2%，比上年增加 205.5 元，同比增长 9.8%，对农民收入增长的贡献率为 20.7%。其中：从乡镇公有经济获取的

所得为478.4元，占人均所得总额的5.7%，比上年增加72.2元，同比增长11.9%，对农民收入增长的贡献率为7.3%；从村公有经济中获取的所得为1 617.8元，占人均所得总额的13.5%，比上年增加133.2元，同比增长9%，对农民收入增长的贡献率为13.4%。其中从村级集体经济组织获取的所得为575.8元，占人均所得总额的4.8%，比上年增加60.2元，增长11.7%，对农民收入增长的贡献率为6.1%。从各类企业获取的所得为2 050.9元，占人均所得总额的17.2%，比上年增加186.8元，同比增长10%，对农民收入增长的贡献率为18.9%（表6）。

表6　农民人均劳动所得结构分析表

项　　目	人均所得（元）				占人均所得总额（%）		增收贡献率（%）
	上年	本年	增减额	±（%）	上年	本年	
合计	10 953.6	11 944.1	990.5	9.0	100.0	100.0	100.0
一、从公有经济所得	2 090.8	2 296.3	205.5	9.8	19.1	19.2	20.7
1. 从乡镇公有经济中得到	606.2	678.4	72.2	11.9	5.5	5.7	7.3
2. 从村公有经济中得到	1 484.6	1 617.8	133.2	9.0	13.6	13.5	13.4
其中：从村合作经济组织中得到	515.6	575.8	60.2	11.7	4.7	4.8	6.1
二、从非公经济所得	8 862.8	9 647.8	785	8.9	80.9	80.8	79.3
1. 家庭经营净收入	8 525	9 266.1	741.1	8.7	77.8	77.6	74.8
2. 私营企业主所得	337.8	381.7	43.9	13.0	3. 1	3.2	4.4

【农民收入水平与集体经济实力密切相关】 集体资产规模及经济实力的高低是地区产业发展水平的直接体现，而产业的发展规模是当地农民就业的基石，直接关系农民收入水平的高低。对2010年农民收入水平与村集体经济实力相关性分析结果表明，村集体经济实力越强，农民收入水平就越高，反之则越低，农民收入水平与集体经济实力呈现高度的正相关。2010年北京市农村经济收益分配报表汇总结果显示：北京郊区村级集体经济实力明显增强，薄弱村减少，强村增多。人均集体净资产在2 000元以下的村数比上年减少173个，特别是人均集体净资产500元以下的薄弱村比上年减少31个，资不抵债村比上年减少8个；而人均集体净资产在5 000元以上的村数比上年增加255个，特别是人均10 000元以上的集体经济强村比上年增加154个（具体相关程度见表7）。

表7　村集体经济实力与农民收入相关性分析表

村人均集体净资产	村数			人均所得（元）	其中：人均集体所得（元）
	2009年	2010年	增减个数		
1. 500元以下	453	422	−31	11 643	2 145.1
其中：资不抵债	259	251	−8	11 282.5	1 170.9
2. 500～2 000元	693	551	−142	9 905.1	752.7
3. 2 000～5 000元	978	889	−89	10 216.3	601.4
4. 5 000～10 000元	656	751	95	11 067.8	1 237
5. 10 000～30 000元	606	690	84	12 231.4	2 216.5
6. 30 000～50 000元	192	194	2	14 340.9	4 013.2
7. 50 000～100 000元	188	216	28	15 500.2	5 974.9
8. 100 000元以上	231	277	46	17 176.1	7 980.3

全市十强乡镇2010年人均集体所有者权益达38.6万元，农民人均劳动所得达到23 068.7元，分别比全市平均水平高出34.3万元和11 124.6元，是全市平均水平的8.9倍和1.9倍。十富乡镇人均劳动所得达26 849.3元，人均集体所有者权益也高达27.8万元，分别比全市平均水平高14 905.2元和23.5万元，是全市平均水平的2.2倍和6.4倍。2010年全市百强村人均集体所有者权益高达41万元，人均劳动所得达18 827.6元，分别比全市平均水平（村级人均所有者权益为29 221.6元）高出38万元和6 883.5元，

是全市平均水平的14倍和1.6倍。百富村人均集体所有者权益16.7万元，人均劳动所得29 187元，分别比全市平均水平高出23.8万元和17 242.9元，是全市平均水平的9.1倍和2.4倍。

分析结果还表明：不同地区间集体资产规模及集体经济实力相差悬殊，这是造成不同地域间农民收入相差悬殊的重要原因之一。2010年全市农村人均集体资产总额10.8万元，而近郊达到40.3万元，高出全市平均水平29.4万元，是全市平均水平的3.7倍；高出平原地区32.2万元，是平原地区的5倍；高出山区36.8万元，是山区的11.5倍。全市农村人均集体净资产43 269.8元，而近郊达到122 277.2元，高出全市平均水平79 007.4元，是全市平均水平的2.8倍；高出平原地区82 645.9元，是平原地区的3.1倍；高出山区10.4万元，是山区的6.6倍。山区人均集体资产总额仅为全市平均水平的32.2%，仅为近郊的8.7%；人均集体净资产仅为全市平均水平的43.1%，仅为近郊的15.2%（见表8）。

表8　不同地区集体资产规模、集体经济实力表及人均所得一览表

单位：元

	人均集体资产总额	人均集体净资产	人均所得		人均集体资产总额	人均集体净资产	人均所得
合计	108 388.2	43 269.8	11 944.1	大兴区	47 638.9	40 679.9	13 509.8
近郊	402 879.8	122 277.2	16 869.5	怀柔区	78 351.3	39 757.3	12 691.6
平原	80 592.0	39 631.3	12 266.1	顺义区	56 754.1	39 520.3	11 257.4
山区	34 955.9	18 643.3	9 700.7	通州区	129 710.4	38 168.8	12 632.0
石景山区	421 661.8	307 105.6	20 620.9	房山区	91 415.3	30 599.2	8 609.8
海淀区	348 089.9	162 174.2	15 230.5	门头沟区	21 731.7	28 184.3	9 981.6
朝阳区	1 044 222.6	101 487.1	20 659.2	延庆县	64 377.2	18 233.5	11 093.6
丰台区	408 034.3	100 819.9	14 177.2	平谷区	13 558.6	11 041.7	10 325.7
昌平区	73 221.9	42 725.6	11 351.6	密云县	35 090.6	7 385.4	10 052.1

【城乡及不同地区间农民收入差距进一步拉大】 2010年北京市农民人均纯收入13 262元（市统计局数据），城镇居民人均可支配收入29 073元，二者相差15 811元，城乡居民收入差距比上年又拉大了1 059元，城镇居民人均可支配收入是农民人均收入的2.2倍。郊区不同地区间农民收入差距也在拉大，2010年近郊农民人均劳动所得达到16 869.5元，比平原地区的12 266.1元高出4 603.4元，平原与近郊的差距比上年又加大了782.8元，近郊比山区的9 700.7元高出7 168.8元，山区与近郊的差距比上年又加大了1 134.7元。

【多数村农民收入低于全市平均水平】 2010年全市农民人均劳动所得在平均水平11 944.1元以下的村有2 558个，占全市总村数的64.2%，这表明平均数掩盖了农民收入的不均衡。全市还有18个村农民人均所得不足3 000元，占全市总村数的0.5%；农民人均劳动所得在3 000～5 000元的村81个，占全市总村数的2%；5 000～7 000元的村262个，占总村数的6.6%；7 000～11 944.1元的村2 197个，占55.1%；在平均数11 944.1元以上的村1 429个，占35.9%；其中30 000元以上的村7个，占0.4%。从表5的数据可以看出：近郊75.7%的村农民人均劳动所得在全市平均数的11 944.1元以上，而山区则有85.5%的村农民人均劳动所得尚未达到全市平均数，可见，郊区农村中低收入村主要分布在远郊区的山区及偏远的平原地区（各组数据及其分布见表9）。

表9　北京郊区2010年农民人均劳动所得按村分组表

	合计	3 000元以下		3 000～5 000元		5 000～7 000元		7 000～11 944.1元		11 944.1元以上		其中：30 000元以上	
		村数	占总村数（%）	村数	占总村数（%）	村数	占总村数（%）	村数	占总村数（%）	村数	占总村数（%）	村数	占总村数（%）
合计	3 987	18	0.5	81	2.0	262	6.6	2 197	55.1	1 429	35.8	33	0.8
近郊	329			1	0.3	7	2.1	72	21.9	249	75.7	25	7.6
平原	1 984			7	0.4	22	1.1	1 016	51.2	938	47.3	1	0.1
山区	1 674	18	1.1	73	4.4	233	13.9	1 109	66.2	242	14.5	7	0.4

【区县农民收入】 2010年农民人均劳动所得超过全市平均数11 944.1元的区县有7个，依次为：朝阳20 659.2元、石景山20 620.9元、海淀15 230.5元、丰台14 177.2元、大兴13 509.8元、怀柔112 691.6元、通州12 632元。7个未达到全市平均数的区县中，还有两个人均所得不足万元，分别是：门头沟9 981.6元和房山8 609.8元（各区县农民人均劳动所得排序见表10）。

表10 各区县人均劳动所得排名表

序号	区县	人均劳动所得（元）	序号	区县	人均劳动所得（元）
1	朝阳区	20 659.2	8	昌平区	11 351.6
2	石景山区	20 620.9	9	顺义区	11 257.4
3	海淀区	15 230.5	10	延庆县	11 093.6
4	丰台区	14 177.2	11	平谷区	10 325.4
5	大兴区	13 509.8	12	密云县	10 052.1
6	怀柔区	12 691.6	13	门头沟区	9 981.6
7	通州区	12 632	14	房山区	8 609.8

（市农研中心　刘学军）

农村消费

近年来，随着本市郊区经济的持续、快速和稳定发展，北京市郊区居民无论是生活消费需求，还是在调整生产结构，提高科技水平、改善劳作条件的生产消费方面，都开始了由温饱向小康、由传统向现代渐进升级的转变，其间也蕴藏并释放了相当的消费潜能。通过对近年来本市农村消费相关数据进行分析，呈现以下主要特点。

【农村居民收入水平和消费能力提高】 据市农调队3 000户农民家计调查资料显示，2010年农村居民人均纯收入为13 262元，比上年增长10.6%。其中，20%低收入户实现人均纯收入5 358元，同比增长8.2%；20%中低收入户实现人均纯收入9 033元，同比增长10.6%；20%中等收入户实现人均纯收入11 903元，同比增长10.3%；20%中高收入户实现人均纯收入15 789元，同比增长10.7%；20%高收入户实现人均纯收入26 335元，同比增长10.9%。收入水平的高低和前期收入积累的多少是决定消费能力高低的最直接因素。因此，收入水平的提高无疑会使农村居民的消费能力得到相应提高。

从消费支出看，2010年农村居民人均生活费支出10 109元，比上年的9 141元增长10.6%。农村居民恩格尔系数为30.9%，比2009年下降了4.6个百分点。

尽管农村居民收入同比增幅较城市居民高出1.9个百分点，人均消费支出较城镇居民低9 825元，但农村居民消费倾向（即消费支出占人均纯收入的比重）却高出城镇居民7.6个百分点，这表明农村居民的收入积累无论是绝对数量还是相对数量都比城镇居民低，收入积累的多少是影响日后消费潜能高低的直接因素。2010年郊区农民消费倾向为0.762，同比下降0.1个百分点；尽管城市居民消费倾向为同比上升1.7个百分点，但二者仍有7.6个百分点的差距（见表11）

表11 城镇、农村人均收支、消费倾向情况表

单位：元

年份	城镇居民			农村居民		
	可支配收入	消费支出	消费倾向	纯收入	消费支出	消费倾向
2009	26 738	17 893	0.669	11 986	9 141	0.763
2010	29 073	19 934	0.686	13 262	10 109	0.762

【农村居民工资性收入增加是农民消费水平的基础性因素之一】 农业经济结构调整，生产专业化程度的提高，促进了农民工资性收入的增长，而工资收入的货币特征是影响农民消费水平的基础性因素之一。据市农调队3 000户农民家计调查资料显示，2010年本市农村居民人均工资性收入达到8 007元，比2009年的7 274元增加733元，同比增长10.1%，工资性收入在人均纯收入中的比重也比上年同期提高了1.6个百分点（见表12）。

表12 农民人均工资性收入及比重

年　度	2001	2002	2003	2004	2005	2006	2007	2008	2009	2010
农民人均工资性收入（元）	3 356.5	3 672.5	3 909	4 358	4 774.3	5 225	5 676	6 354	7 274	8 007
占纯收入（%）	65.8	62.5	60	60.8	60.7	60.6	59.4	59.1	60.7	60.4

【农村人口及家庭结构的新变化为农村消费品市场扩大提供了有力支撑】 近些年的城市化进程加快导致了农村人口的减少，在一定程度上促进了农村收入水平和消费能力的提高；农村大家庭生活习惯的逐渐隐退，以两代人为主的小家庭增加，增加了重复购买的可能性。北京市农村户均人口由2009年的3.27人下降到2010年的3.26人；在郊区土地开发中，进入本市郊区打工的外地务工人员数以百万

计，成为拉动农村消费品市场的重要有生力量。由于外地人员具有（相对本地人员）极强的流动性，从而产生更多的重复购买机会。因而，从某种意义上说，这些外地务工人员的购买力甚至比本地农民还要高。这些都为以家庭消费为主的农村消费品市场的扩大提供了有力支撑，从而有力的拉动了郊区的消费品市场。

【农民生活必需品消费支出比例上升】 2010年，尽管农民用于自身发展和享受生活的消费支出显著增加，现代家庭生活的许多耐用消费品，如电话，移动电话、空调、电脑、照相机、摄像机、汽车、中高档乐器等进入农民家庭，农民的精神生活日益充实，但农民生活必需品消费支出增势更猛，特别是其所占比例出现了不降反升的局面（见表13、表14、表15）。

从2010年农民家庭人均生活消费支出情况数据看，京郊农村八项农民家庭人均生活消费支出，除“家庭设备、用品及服务”项目比上年减少34元，同比下降5.7%外，其余7项均呈现增长态势。其中，居住支出增长最为突出，增长额达到427元，增幅高达24.1%。食品支出、交通和通讯支出增加额也在百元以上，分别达到了160元和214元。从增长幅度看，排在前4位的依次是：其他商品与服务增长36.7%，居住支出增长24.1%，交通和通讯支出增长19.3%，衣着支出增长11.3%。尽管2010年郊区农民家庭人均生活消费支出有了较快增长，但与城市居民相比，其人均消费支出总量仍相对较低，2010年农民人均生活消费支出总量为10 109元，比城镇居民的19 934元仍低9 825元，仅是城镇居民人均消费的50.7%。从消费构成看，农村居民生活必需品消费所占比重过高，且居高不下，从某种程度上使农民的生活质量打了一定折扣。2010年农村居民人均用于食品和居住方面的支出在消费总额中的比例高达52.6%，比上年又高出0.8个百分点。

表13　2010年农民家庭人均生活消费支出情况表

单位：元

项　目	2009	2010	增减额	±（%）
合计	9 141	10 109	968	10.6
食品支出	2 961	3 121	160	5.4
衣着支出	700	779	79	11.3
居住支出	1 774	2 201	427	24.1
家庭设备、用品及服务	598	564	－34	－5.7
医疗保健	864	897	33	3.8
交通和通讯	1 108	1 322	214	19.3
文化教育娱乐用品及服务	959	983	24	2.5
其他商品及服务	177	242	65	36.7

表14　2010年北京城市、农村八大类人均消费支出对比表

项　目	消费支出（元）		构成（%）	
	2009	2010	2009	2010
食品	2 961	3 121	32.4	30.9
衣着	700	779	7.7	7.7
家庭设备用品及服务	598	564	6.5	5.6
医疗保健	864	897	9.5	8.9
交通和通讯	1 108	1 322	12.1	13.1
教育文化娱乐服务	959	983	10.5	9.7
居住	1 774	2 201	19.4	21.8
其他商品与服务	177	242	1.9	2.4

表15　2010年北京市农村居民每百户耐用消费品拥有量情况表

消费品名称	单位	2009	2010	±（%）
洗衣机	台	101	103	2.0
电冰箱	台	105	107	1.9
空调机	台	98	107	9.2
抽油烟机	台	66	71	7.6
吸尘器	台	9	9	0.0
微波炉	台	50	55	10.0
热水器	台	86	91	5.8
自行车	辆	181	175	－3.3
摩托车	辆	26	24	－7.7
汽车（生活用）	辆	12	16	33.3
固定电话	部	109	105	－3.7
移动电话	部	212	224	5.7
彩色电视机	台	138	139	0.7
黑白电视机	台	1	1	0.0
摄像机	台	5	5	0.0
影碟机	台	50	46	－8.0
照相机	架	42	42	0.0
家用计算机	台	58	64	10.3
中高档乐器	件	3	2	－33.3

【农民消费倾向与其收入水平关系密切】 统计数据显示：不同收入群体其消费水平存在较大差异，其消费水平与其收入正相关，消费倾向与其收入水平负相关。2010年全市3 000户调查数据显示：人均消费水平为10 109元，消费倾向为0.762。其中：20%低收入户人均消费水平为5 786元，同比增长1.4%，

其消费倾向为1.080，继续处于入不敷出状态，表明该群体的生活状况更为艰难，抵御风险的能力进一步降低；20%中低收入户人均消费水平为7 476元，同比增长6.6%，消费倾向为0.828，表明其生活状况较为艰难，积累水平很低，抵御风险的能力亦非常低；20%中等收入户人均消费水平为9 550元，同比增长19.0%，消费倾向为0.802；20%中高收入户人均消费水平为11 993元，同比增长12.9%，消费倾向为0.760；20%高收入户人均消费水平为16 891元，同比增长9.8%，消费倾向为0.641（见表16）。

表16　2010年北京农村居民不同收入群体消费情况一览表

单位：元

	人均纯收入	人均消费	消费倾向
合计	13 262	10 109	0.762
20%低收入户	5 358	5 786	1.080
20%中低收入户	9 033	7 476	0.828
20%中等收入户	11 903	9 550	0.802
20%中高收入户	15 789	11 993	0.760
20%高收入户	26 335	16 891	0.641

【不同类型地区消费水平差异明显】 功能拓展区农村居民人均消费支出为14 150元，高出全市平均水平4 041元，消费倾向为0.834；城市发展新区（包括昌平区、顺义区、通州区、大兴区和房山区）农村居民人均消费支出为9 703元，比全市平均水平低406元，消费倾向为0.772；生态涵养发展区（包括门头沟区、平谷区、怀柔区、密云县和延庆县）农村居民人均消费支出为8 251元，低于全市平均水平1 858元，消费倾向为0.686。从八大类人均消费数额看，除个别类别的个别其中项外，不同功能区农村居民人均消费支出额排序均是城市功能拓展区最高，城市发展新区次之，生态涵养发展区最低（详见表17）。

不同功能区人均消费实物量除粮食、豆类及豆制品、学杂费、医疗费等个别品种外，其人均消费量次序也基本上是城市功能拓展区最高，城市发展新区次之，生态涵养发展区最低。个别品种消费规律的特殊性体现了不同区域食物构成、学杂及医疗费负担的差异，为制定相关政策提供了参考（详见表18）。不同功能区每百户拥有19种主要耐用品量特点规律也与上述雷同（详见表19），表19数据的规律特点及其数据的大小是修订北京市家电、汽车等下乡政策的重要考量依据。

表17　2010年不同功能区农民人均生活消费支出情况一览表

单位：元

指标名称	全市	城市功能拓展区	城市发展新区	生态涵养发展区
合　　计	10 109	14 150	9 703	8 251
一、食品支出	3 121	4 382	2 936	2 627
其中：谷物	287	267	296	287
蔬菜及制品	290	412	277	234
肉、禽、蛋、奶及制品	722	1 008	694	587
在外饮食	615	865	549	562
二、衣着支出	779	1 420	662	563
其中：服装	496	956	408	346
三、居住支出	2 201	2 936	2 150	1 829
其中：生活用电	371	544	369	269
燃料	538	683	486	528
四、家庭设备用品及服务支出	564	716	546	498
其中：机电用品	234	247	246	210
日用品	159	228	154	124
五、交通和通讯支出	1 322	1 777	1 421	898
其中：交通工具	542	544	694	313
通讯工具	97	153	88	77
通讯费	373	545	345	309
六、文教娱乐用品及服务支出	983	1 543	889	781
其中：教育服务消费	482	673	438	431
学杂费	257	125	281	300
机电用品	210	290	191	188
文娱费	217	467	191	104
七、医疗保健支出	897	952	884	882
其中：药品	282	297	277	281
医疗费	574	585	571	572
八、其他商品及服务支出	242	424	215	173
附：服务性支出	3 373	4 928	3 167	2 731

表 18　2010 年不同功能区人均实物量消费情况一览表

指标名称	单位	全市	城市功能拓展区	城市发展新区	生态涵养发展区
一、人均年内粮食收入	千克	364.1	87.4	424.1	443.3
1. 家庭经营生产	千克	197.7	0.1	248.4	242.7
2. 购入	千克	152.8	80.8	169.1	172.3
3. 其他	千克	13.6	6.5	6.6	28.3
二、人均年内粮食支出	千克	312.6	83.7	350.3	396.0
1. 生活用粮	千克	105.1	81.0	114.6	105.8
其中：小麦	千克	45.2	29.8	54.4	40.9
稻谷	千克	40.7	34.1	38.6	47.8
2. 出售粮食	千克	134.4	2.3	142.3	203.2
3. 其他	千克	73.1	0.4	93.4	87.0
三、人均消费					
1. 粮食	千克	105.1	81.0	114.6	105.8
其中：小麦	千克	45.2	29.8	54.4	40.9
稻谷	千克	40.7	34.1	38.6	47.8
玉米	千克	2.8	1.6	4.0	1.8
2. 豆类及豆制品	千克	6.4	6.0	6.3	6.7
其中：豆制品	千克	5.1	4.3	5.0	5.8

指标名称	单位	全市	城市功能拓展区	城市发展新区	生态涵养发展区
3. 蔬菜及菜制品	千克	97.9	105.3	97.3	94.2
4. 植物油	千克	9.2	8.8	8.5	10.4
5. 动物油	千克	0.0	0.0	0.0	0.0
6. 肉禽及其制品	千克	24.6	28.2	24.8	22.0
其中：猪肉	千克	13.3	13.0	13.3	13.6
牛羊肉	千克	4.2	7.1	4.3	2.3
家禽	千克	3.2	3.9	3.2	2.7
7. 蛋类及其制品	千克	10.5	13.5	10.2	9.1
8. 奶和奶制品	千克	11.3	20.3	9.9	7.8
9. 水产品	千克	4.9	6.6	5.3	3.4
其中：鱼类	千克	4.1	5.0	4.4	2.9
10. 食糖	千克	1.0	1.1	1.1	1.0
11. 白酒	千克	4.7	5.2	4.3	5.0
12. 啤酒	千克	11.0	9.7	10.5	12.4
13. 果酒	千克	0.1	0.2	0.1	0.1
14. 茶叶	千克	0.6	1.0	0.6	0.3
15. 干鲜瓜果类	千克	39.7	47.2	39.7	35.1
16. 卷烟	盒	43.9	44.2	42.6	45.7
17. 服装	件	4.1	5.1	3.9	3.8

表 19　不同功能区每百户主要耐用消费品拥有量情况一览表

指标名称	单位	全市	城市功能拓展区	城市发展新区	生态涵养发展区
洗衣机	台	103	110	103	101
电冰箱	台	107	115	108	101
空调机	台	107	162	117	65
抽油烟机	台	71	98	68	59
吸尘器	台	9	23	6	6
微波炉	台	55	88	53	40
热水器	台	91	99	88	90
自行车	辆	175	190	180	161
摩托车	辆	24	18	23	29
汽车（生活用）	辆	16	21	18	9

指标名称	单位	全市	城市功能拓展区	城市发展新区	生态涵养发展区
固定电话	部	105	125	104	96
移动电话	部	224	235	224	219
彩色电视机	台	139	153	142	127
黑白电视机	台	1	0	1	1
摄像机	台	5	11	5	3
影碟机	台	46	51	42	49
照相机	架	42	71	41	29
家用计算机	台	64	92	68	44
中高档乐器	件	2	5	1	3

（市农研中心　刘学军）

农村社会保障

【城乡居民养老保险】 完善筹资机制，落实对参保人员的缴费补贴。年内，进一步完善了制度，增加了缴费补贴机制，对符合享受补贴条件的参保城乡居民全部予以补贴。有88.26万符合条件的人，享受了30元的缴费补贴，落实补贴资金2 648万余元。

调整相关政策，稳定缴费标准。年内，为确保本市城乡居民养老保险制度顺利实施，农民能够持续缴费和保持一定的待遇水平，经市政府同意，2010年调整本市城乡居民养老保险缴费标准，仍维持最低缴费960元，最高缴费7 420元的标准。

城乡居民养老保险参保人数、保障水平稳步提高。年内，全市城乡居民养老保险累计参保人数达到168.5万人，其中城镇居民9.2万人；当年参保缴费人数126万人，其中续保人数119.5万人，新增参保缴费人数6.5万人。领取养老金人数17.75万人，其中城镇居民领取人数0.92万人；累计发放养老金14.6亿元（其中基础养老金11.3亿元）。农民参保率超过92%。城乡居民养老金月平均水平约400余元。

城乡无保障老年人养老制度实施平稳。年内，享受福利养老金的人数为61.3万人，比上年底减少了2.9万人，全年发放福利养老金15亿元。

（市人力资源和社会保障局　冯晓晴）

【社会救助工作】 2010年，按照统筹城乡、规范管理的思路，本市积极探索解决制约社会救助工作发展的难点、重点问题，进一步优化城乡社会救助体系，落实各项救助政策，大幅提高救助标准，拓展救助范围，全面保障了困难群众基本生活。

一是，农村低保和农村五保工作。按照现行社会救助相关标准调整机制，经市政府批准，2010年7月1日开始，全市农村低保最低标准由家庭月人均170元调整到210元，上调幅度为23.53%。其中，朝阳区、海淀区、丰台区为430元；顺义区为280元；门头沟区、大兴区为240元；昌平区为230元；通州区为220元；房山区、怀柔区、平谷区、密云县和延庆县为210元。

依据《北京市实施〈农村五保供养工作条例〉办法》，全市各区县农村五保供养标准从2010年7月1日起按照上年度本地区农村居民消费性支出水平统一上调，全市13个郊区县农村五保供养标准最高为年人均13 305元，最低为年人均6 239元，平均供养标准为年人均9 266元。其中朝阳区13 297元；海淀区13 305元；丰台区10 971元；门头沟8 312元；房山区8 234元；通州区8 296元；顺义区8 056元；昌平区9 683元；大兴区8 671元；平谷区7 626元；怀柔区8 939元；密云县8 831元；延庆县6 239元。

12月，为贯彻落实党中央、国务院关于各地要采取措施保障困难群众基本生活指示精神，确保本市困难群众生活水平不因物价上涨而有所降低，按照市委、市政府的要求，市民政局会同统计和财政部门，再次测算城乡低保保障标准并提出调整方案，经市委、市政府审议通过，于2011年1月实施。全市农村低保最低保障标准从家庭月人均210元调整到300元，上调幅度为42.86%。

截至2010年底，全市共有农村低保对象4.7万户、8.2万人，其中农村五保对象4 605人（集中供养2 358人、分散供养2 247人），全年共支出资金1.87亿元。

表20　北京市农村低保对象统计表

（2010年12月）

区县	户数（户）	人数（人）	其中			全年累计资金支出（万元）
			低保对象	五保对象		
				分散供养	集中供养	
朝阳区	908	1 522	1 470	2	50	645.59
丰台区	706	1 342	1 299	6	37	490.05
海淀区	617	1 090	1 005	10	75	556.87
门头沟区	1 847	2 939	2686	150	103	1 480.21
房山区	8 570	16 404	15 840	379	185	3 051.52
通州区	4 069	7 117	6 903	24	190	1 251.22
顺义区	4 061	7 603	7 359	107	137	1 868.00
昌平区	2 102	3 226	3 068	28	130	971.47
大兴区	2 295	4 306	4 085	102	119	1 140.59
怀柔区	5 546	9 041	8 145	613	283	1 859.73
平谷区	4 442	9 372	8 809	345	218	1 839.74
密云县	6 143	9 644	8 892	118	634	2 268.71
延庆县	5 273	7 992	7 432	363	197	1 358.77
合计	46 579	81 598	76 993	2 247	2 358	18 782

二是，农村低收入工作。2010年7月1日开始，全市农村低收入家庭认定最低标准由家庭月人均289元调整为357元。其中，朝阳区、海淀区、丰台区为731元；顺义区为476元；门头沟区、大兴区为408元；昌平区为391元；通州区为374元；房山区、怀柔区、平谷区、密云县和延庆县为357元。

各区县依据《北京市低收入家庭认定暂行办法》开展低收入家庭认定的具体工作。并按照救助对象的救助申请需求，民政、住房、教育等部门均及时按照程序给予救助，缓解了低收入家庭面临的临时性和暂时性生活困难。截至年底，全市经认定的城乡低收入对象共5.2万人。其中，城市低收入对象1.5万人，农村低收入对象3.7万人。

三是，专项救助工作医疗救助。在统筹城乡医疗救助制度，提高救助报销比例和额度的基础上，为有效缓解城乡特困人员无力支付住院押金的实际困难，

2010年10月，市民政局会同市财政局、市卫生局联合下发了《关于建立城乡特困人员住院押金减免和出院即时结算制度的通知》（京民社救发［2010］501号），规定经民政部门审核确认的城乡特困人员，可享受定点医疗机构住院押金减免和出院即时结算。该制度的实施简化了特困人员住院救助的报销程序，减轻了他们看病就医的实际困难。截至2010年底，通过实施门诊救助、住院救助及贫困孕产妇救助，共安排医疗救助资金7 326万元，救助对象16万人次。

同时，按照市委、市政府印发的《北京市2010—2011年深化医药卫生体制改革实施方案》（京发［2010］8号）和市政府办公厅印发的《北京市深化医药卫生体制改革2010年主要工作安排》（京政办函［2010］51号），为配合全市医疗卫生体制改革，市民政局会同市财政局等部门，按照政府引导、社会参与，统筹规划、量入为出的原则，着手研究起草关于设立本市慈善医疗救助基金的实施方案。

采暖救助。为缓解蜂窝煤价格上涨对困难家庭生活的影响，2010年11月，市民政局会同市财政局下发《关于提高城乡低保家庭冬季燃煤自采暖救助标准的通知》（京民社救发［2010］507号），本市享受城乡低保和生活困难补助待遇对象中依靠燃煤自采暖过冬的家庭，每个采暖季救助标准由每户300元提高到400元。冬季燃煤自采暖，共计发放7万户，支出资金2 834万元；清洁能源自采暖共救助2 400户，支出资金234万元。

农村住房救助。为更好地保障农村困难群众基本住房需求，2010年3月，市民政局会同市财政局、市住房城乡建设委员会、市农委联合下发了《北京市农村住房救助实施办法（试行）》（京民救发［2010］101号）。实施办法进一步规范了申请、审核、审批程序，制定了危旧房认定及房屋建设相关标准，规定补助标准要随着建筑材料的价格变化和人民生活水平的提高适时调整，同时明确了农村住房救助范围由低保家庭扩展到低收入家庭，并明确了市区两级主管部门及乡镇政府的职责权限。农村住房救助制度的建立实施，实现了农村危旧房翻建维修工作的制度化、规范化、常态化管理，提升了社会救助的综合效应。11月，市民政局又下发了《关于做好2010年本市农村住房救助工作的通知》，从规范化管理、部门协作、实时进度监督等各方面再次提出了明确要求，确保农村住房救助工作落实到位。截至年底，全年共为社会救助对象翻修房屋1 407户、5 084间，投入资金5 524万元。其中翻建1 163户、4 119间；维修244户、965间。

教育救助。为做好各项教育救助工作之间的有效衔接，2010年7月，市民政局、市教委、市人力社保局联合下发《关于做好低收入家庭困难学生教育救助有关工作的通知》（京民救发［2010］328号），规范了低收入家庭困难学生教育救助的有关政策，进一步完善了低收入家庭子女申请教育救助的程序。高等教育新生入学救助拓展到了低收入家庭，继续按当年参加全国普通高等教育入学考试、在本市或全国其他省市高等教育招生计划内被正式录取、考入普通高等学校接受全日制本科、专科或高等职业教育的学生每人救助4 000元的标准落实。全年市级财政支出资金1 964万元，共救助新生4 929人。

“两节”慰问工作。2010年元旦、春节期间，全市各级民政部门对本市城乡低保家庭进行了普遍走访慰问，发放了慰问金和慰问品。其中农村慰问金发放标准为：农村低保对象一人户每户200元，2人以上户每户400元。全市走访慰问农村低保及生活困难对象8.2万人。

临时生活补贴发放。针对2010年10月份以来国内市场粮油、蔬菜等涉及城乡居民生活必需品的价格上涨较快，给低保家庭带来一定困难的情况，11月，经市政府批准，市民政局会同市财政局联合下发《关于为本市城乡低保对象发放临时生活补贴的通知》（京民社救发［2010］527号），为全市城乡低保对象、农村五保对象和城乡生活困难补助人员发放每人100元一次性临时生活补贴。各级民政部门按要求加班加点，在一周内全部发放到位，有效保障了城乡困难群众的基本生活。本次临时生活补贴发放惠及8.12万农村低保对象，支出资金812万元。

临时救助。全年共有10.4万名农村低保和低收入对象享受临时救助，各级财政共安排救助资金3 380万元，使因病、因灾等原因造成生活暂时困难人员得到了及时救助。

（市民政局社会救助处　钱洁凡）

农村改革与管理

概 述

2010年，加快推进农村各项改革。其主要内容是，促全完善农村土地制度。坚持农村基本经营制度，继续做好农村土地承包管理工作，规范流转行为，确保农村现有土地承包关系保持稳定。大力推进乡村集体经济产权制度改革。坚持"资产变股权、农民当股东"的方向，加大力度加快进度，使更多的农民成为拥有集体资产的市民。进一步规范和发展农民专业合作社。农村其他各项综合改革进一步深化。

农村土地承包管理

【制定出台规范农村土地承包经营权流转工作的意见】 为了进一步规范郊区农村土地承包经营权流转，保护农民的土地承包权益，2010年4月29日，市委农工委、市农委制定下发了《关于进一步规范本市农村土地承包经营权流转工作的若干意见》。该意见共分为三部分、十六条，主要内容是：①稳定和完善农村土地承包关系。依法应确权的土地都要纳入确权范围并确权到户却确权确地的，要全部发放土地承包经营权证书，严格做到承包地块、面积、合同和证书"四到户"；确权确利德，要签订确利合同并将土地确权证书发放到户；确权确股的，要将土地确权证书发放到户。②农村土地流转不得改变土地的性质和用途。农村土地流转不得改变土地集体所有性质、不得改变土地用途、不得损害农民土地承包权益。③合理确定农村土地流转期限。农村土地流转期限应当尊重流转双方的意愿，根据流转土地的使用情况由双方协商确定，但不得超过原承包合同的剩余期限。④必须保障农村土地流转收益。土地流转双方应根据土地质量、产出水平和物价变动等因素，合理确定流转价格。⑤依法规范农村土地流转行为。承包方采取转包、出租等方式流转，应当及时报发包方备案；采取转让方式流转，应当经发包方同意，受让方要与发包方重新签订承包合同，及时办理土地承包经营权属变更手续；采取互换方式流转，双方当事人应到村集体经济组织办理承包合同、土地承包经营权证属变更及备案手续。⑥健全完善农村土地流转程序。集体经济组织流转确权确利和确权确股土地的，须经集体经济组织成员大会或成员代表大会民主讨论决定并进行公示。流转给办集体经济组织以外的单位或者个人的，经民主决策后报乡（镇）人民政府批准。⑦全面推行农村土地流转合同管理制度。除代耕期不足1年不需签订书面流转合同外，所有农村土地流转豆必须依法签订书面合同。农村土地承包经营权流转合同一式四份，流转双方各执一份；发包方和乡（镇）农村合作经济经营管理机构各备案一份。⑧加强农村土地流转服务组织建设。依托农村合作经济经营管理机构，并充分发挥村集体经济组织的作用，逐步建立健全区县、乡镇和村三级农村土地流转服务组织，为土地流转提供相关的法律宣传、政策咨询、流转信息、合同签订指导、矛盾纠纷调处和档案管理等系列服务。⑨提高农村土地流转信息化服务水平。要根据本地区实际和农村土地流转各方需要，进一步加强农村土地流转信息平台建设，不断健全和完善流转信息平台功能，认真维护好、管理好、利用好农村土地流转信息平台。⑩探索建立农村土地流转价格指导机制。通过公平、合理的价格指导机制，保护土地流转各方利益，引导农村土地承包经营权有序流转。⑪做好农村土地承包及流转合同备案和档案管理工作。要认真清理、规范整理，建立健全农村土地承包台账和农村土地流转台账，加强合同档案管理，切实管好农村土地承包及流转的各项档案资料。⑫加强农村土地承包经营纠纷调解仲裁工作。认真贯彻《中华人民共和国农村土地承包经营纠纷调解仲裁法》，按照乡村调解、区县仲裁、司法保障的总体要求，依法建立健全农村土地承包仲裁调解机构，完善调解仲裁程序、调解仲裁方法和调解仲裁制度，依法开展农村土地承包纠纷调解仲裁工作。⑬切实加强领导。各区县要高度重视，加强领导，健全工作机制和责任追究制度，结合本地实际，研究制定具体实施办法，切实把各项工作落到实处。⑭严格明确职责。区（县）政府负责本行政区域内农村土地流转的监管工作，乡（镇）政府负责本地农村土地流转的领导管理工作，各级农业行政主管部门负责依法加强农村土地承包及流转的管理、协调和指导。⑮优化外部环境。通过综合服务配套措施，不断优化和改善农村土地流转的外部环境。⑯及时解决问题。各区县委、区县政府要加强调查研究和工作指导，对土地流转工作中出现的问题，及时予以解决。

【举办《农村土地承包经营纠纷调解仲裁法》培训班】 2010年初，由市农委体改处、市经管站共同举办了《农村土地承包经营纠纷调解仲裁法》培训班，邀请农业部经管司的有关领导、区县农村土地承包仲裁委员会的仲裁员等重点讲授了《农村土地承包经营纠纷调解仲裁法》、《农村土地承包经营纠纷仲裁规则》、《农村土地承包仲裁委员会示范章程》、农村土地承包经营纠纷仲裁实务等内容。共培训区县土地承包管理人员100人次，为考核通过并且资格审查合格的人员颁发了《北京市农村土地承包经营纠纷仲裁员资格证书》，共计89人取得证书。2010年4月份和11月份，由市经管站组织昌平、平谷、大兴区经管站的有关土地承包管理人员参加了2次农业部举办的农村土地承包经营纠纷仲裁培训班，并取得相关证书。

【完成区县农村土地承包仲裁委员会设立备案工作】 2010年4月19日，市农委下发了《关于农村土地承包仲裁委员会设立及变更备案工作的通知》（京政农发［2010］7号），由市农委对区县农村土地承包仲裁委员会的设立实行备案管理。备案的内容包括：区县农委正式备案函、区县政府批准组建农村土地承包仲裁委员会的正式文件或复印件、仲裁委员会组成人员基本情况、依据《农村土地承包仲裁委员会示范章程》（中华人民共和国农业部、国家林业局令2010年第2号）制定的农村土地承包仲裁委员会章程。《通知》明确本市农村土地承包仲裁委员会备案具体工作由北京市农村合作经济经营管理站负责。2010年5月底，市经管站组织完成了区县农村土地承包仲裁委员会的设立备案工作，并通过市农委的网站，将各区县仲裁委员会的联系人和联系电话向社会进行了公布。

【加强农村土地承包档案管理】 为进一步加强农村土地承包档案管理工作，2010年12月8日，市农委、市档案局联合下发了《转发农业部国家档案局关于加强农村土地承包档案管理工作意见的通知》，提出三点要求：一是认真学习贯彻，高度重视农村土地承包档案管理工作。各级农村土地承包管理部门要高度重视农村土地承包档案管理工作，加强组织领导，保证档案管理必需的人员、经费和设施条件，为档案工作的顺利开展提供有力保障。二是及时组织实施，全面开展农村土地承包档案清查归档工作。《通知》要求各区县农委自2010年12月20日至2011年3月31日，组织开展农村土地承包档案自查工作。三是切实加强监督，联合开展农村土地承包档案管理的检查工作。市农委和市档案局要联合组织召开全市农村土地承包档案管理工作座谈会，并根据各区县农村土地承包档案清查工作开展情况组织联合检查。

完成《北京农村土地流转的现状及规范管理研究》课题的调研工作。2004年北京市开展农村土地确权、全面落实《中华人民共和国农村土地承包法》以来，广大农户获得了长期而有保障的土地使用权，农民向二、三产业转移、流转土地的积极性明显提高。特别是近年来，一些科技含量较高的企业进入农村土地流转市场，产业结构由传统农业开始向规模化、现代化农业方向发展，促进了当地农业发展，农民的流转收益也逐年提高，土地流转总体上取得了显著成效。但是，在完善管理、规范流转和加强服务等方面还存在一些需要解决的问题，例如土地流转后进行非农化使用或撂荒，部分土地流转租金过低、期限过长，部分土地流转特别是农民间流转合同签订率低，容易引发纠纷，等等。为解决这些问题，引导北京市农村土地流转健康、有序发展，土地确权后，市、区县、乡镇等各级农业行政主管部门采取多种方式规范农村土地流转管理，不断创新土地流转机制。主要有：根据各地区经济发展水平程度和农民就业情况，因地制宜落实农户土地承包经营权，在确权确地的基础上，发展了确权确利和确权入股两种确权和流转方式；搭建农地流转信息平台，建设"北京农地流转信息网"，向土地流转双方及时提供流转信息；加强对土地流转收益的管理，建立流转收益长效保障机制，并首创农村土地流转指导价格评估机制；制定规范流转管理政策，下发《北京市农村土地承包经营权流转合同（示范文本）》（共10种），不断规范农村土地流转行为，维护流转双方的合法权益。通过努力，北京市土地流转数量目前稳中有升，管理日渐规范。同时，土地流转的发展在一定程度上促进了郊区农业生产经营方式的转变，提高了土地产出效率，流转土地的农民逐步向二、三产业转移，对加快北京市都市型现代农业起到了积极作用。通过研究，我们认为，面对郊区农村经济持续发展、农业产业结构不断调整、城市化进程加快等形势，土地流转的规范管理工作还需要进一步加强和完善。特别是以下六个方面：①进一步完善和稳定农村土地承包关系，确保合同签订到户、证书发放到户；②建立土地流转收益持续增长机制，保证农民获得与土地价值相适应的流转收益；③健全完善农村土地流转程序，制定土地流转工作规范；④全面推行农村土地流转合同管理制度，加强对合同签订双方的法律指导，维护当事人合法权益；⑤加强农村土地流转服务组织建设，切实提高农村土地流转服务水平；⑥加强农村土地承包经营纠纷调解仲裁工作，畅通农户诉求渠道，引导土地流转健康、有序、规范发展。

【完成2009年农村管理信息化合同管理模块的数据检测和分析】 2010年3月，根据《北京农经平台》中"土地承包管理"模块数据的汇总、分析，2009年本市农村土地承包、流转及仲裁的基本情况是：①农村土地确权情况。2009年，因土地征占或拆迁、撤销集体经济组织等原因，全市应确权村3 747个，比2008年底的3 786个减少39个。全市确权面积31.11万公顷，比2008年底的31.47万公顷减少了0.37万公顷。其中，顺义区、大兴区因拆迁、征地，村集体经济组织撤销，确权面积减少较多，分别减少0.1万公顷和0.88万公顷，其他区县除密云县和延庆县外，确权土地比上年均有小幅减少。确权面积中，实行确权确地的17.83万公顷，占57.3%；确权确利的11.25万公顷，占36.2%；确权确股的2.02万公顷，占6.5%。确权确地面积、确权确利面积分别比2008年底减少0.2万公顷和0.34万公顷；随着产权制度改革进程的不断加快，确权确股的面积比2008年底增加0.19万公顷。按区域划分，近郊区确权面积2.43万公顷，其中以确权确利面积为主，占60.2%。平原区、山区则以确权确地为主。平原区确权面积12.89万公顷，确地面积占59.9%；山区确权面积15.79万公顷，确地面积占63%。②土地流转面积和流转方式。2009年，全市农地流转总面积14.5万公顷，其中，确利流转11.25万公顷，占77.6%；确股流转2.03万公顷，占14%；确地后流转面积1.22万公顷，占8.4%。确地后流转主要有以下几种形式：转包0.21万公顷，占17.5%；转让0.17万公顷，占14.2%；互换0.047万公顷，占3.8%；出租0.54万公顷，占44.3%；其他形式0.25万公顷，占20.2%。出租是确地后流转土地的主要方式。③确利、确股土地的经营形式。2009年郊区确利、确股土地共计13.28万公顷，按经营形式划分，集体经营3.76万公顷，占28.3%；大户承包3.87万公顷，占29.1%；对外租赁4.07万公顷，占30.6%；其他经营方式1.59万公顷，占12%。④确利收益兑现及股金分红情况。2009年，郊区实行确权确利、确地与确利相结合的村共2 051个，涉及土地面积11.25万公顷，184.3万人。应兑现确利收益7.07亿元，已兑现7.05亿元，兑现率为99.7%。确利土地亩均收益418元，人均收益383元。有43个村没有按约定兑现确利收益，占2.1%；有33个村没有全部兑现确利收益，占1.6%；有193个村没有约定向农民确利或尚无2009年确利收益兑现方案，占9.4%。郊区实行确权入股、确地与确股相结合的村共236个，涉及30.4万人，股金分红总额3.4亿元，人均1 113元。由于有的村采取土地确权与产权制度改革配套进行的方式，股金分红总额中，不仅包括土地股分红金额，也包括资产股分红金额。⑤仲裁机构队伍建设及土地承包纠纷调处情况。13个区县已全部建立健全了农村土地承包仲裁委员会及其办事机构，由区县农委、法制办、信访办、法院、经管站等相关部门及村集体经济组织代表、农民代表和法律、经济等相关专业人员组成。仲裁委员会的日常办事机构设在各区县经管站，延庆、密云县经管站除土地承包管理科外，又单独成立了土地承包经营纠纷仲裁科。同时，大多数区县要求乡镇成立农村土地承包经营纠纷调解委员会，村设立农村土地承包经营纠纷调解员一名。2009年，北京市各区县、乡镇、村共受理土地承包纠纷1 134件，其中，土地承包纠纷873件，占77%，土地流转纠纷105件，占9.2%，其他纠纷156件，占13.8%。共调处解决纠纷1 076件，调处率94.9%，其中，调解解决的812件，占75.5%，仲裁调解解决的224件，占20.8%，仲裁裁决的40件，占3.7%。调解是当前北京市解决土地承包纠纷的主要方式。

【认真完成农业部部署的三项专题调查】 一是按照农业部经管司《关于报送农村土地承包管理部门基本情况的通知》（农（经综）函2010［10］号），组织各区县对当地农村土地承包管理机构、人员组成及基本建设情况进行了调查，完成了调查表和分析报告。二是根据农业部经管司《关于报送〈农村土地承包经营纠纷调解仲裁法〉贯彻实施有关情况的通知》，组织对各区县对法律贯彻实施工作进展及主要做法进行了调查，完成了《北京市贯彻实施〈农村土地承包经营纠纷调解仲裁法〉进展情况的报告》。三是根据农业部经管司《关于配合做好妇女权益保障执法检查工作的通知》（农（经综）函［2010］12号）的要求组织区县进行全面调研。完成了《关于做好妇女权益保障法工作的情况汇报》。

（市农研中心经管站　任玉玲）

农民专业合作建设和发展

【发展现状及特点】 从21世纪初以来，北京郊区农民专业合作社呈现出蓬勃发展的良好态势。截止到2011年6月底，全市工商登记注册的农民专业合作社达到4 395个，其中：种植业2 630个，养殖业939个，农产品加工、贮藏、销售108个，其他718个。合作社成员出资总额达到39.7亿元，正式登记注册的合作社成员总数为11万名，辐射带动农户达到45.3万户，占全市从事一产农户总数的近70%。据初步调查，从事同类农产品生产的，合作社成员农户比非成员农户收入提高20%左右。合作社已经成为提高农业生产市场组织化程度、促进农民增收、推进社会主义新农村建设的一支重要力量，在创新农业经营体制机制、转变农业发展方式、提高农业规模化集约化生产水平、推进都市型现代农业建设中发挥着越来越重要的作用。当前，郊区农民专业合作社发展呈现出以下特点：

合作社的规范化水平不断提高。几年来，全市不断依法推进合作社的规范化管理工作，多数区县制定了统一的合作社规范管理制度，取得明显成效，郊区已经涌现出一大批产权结构清晰、分配制度规范、管理制度健全、实行民主管理的合作社。密云县制定了每年定期开展两次合作社民主日制度，召开成员大会，面向成员公开财务、社务、档案等；房山区专门开展了财务规范化示范社建设行动，第一批规范了9家财务示范社；怀柔区与档案局联合制定了合作社进行档案规范管理办法，完成10多家示范社的档案规范；昌平区依托农经信息平台，开展了合作社在线审计试点，进一步强化了对合作社规范建设的监督指导。在2009年启动的农民专业合作社示范社建设行动计划中，有50家合作社被评为北京市第一批示范社，走在了全市合作社规范化建设的前列。

合作社发展与区域主导产业、特色产业紧密结合。各区县紧密围绕本地区的主导产业和特色产业，培育出了一大批产业基础牢固、产品特色突出、带动能力较强的合作社。如：昌平区围绕本地区的“一花三果”主导产业，重点培育苹果、板栗和草莓专业合作社；大兴区围绕西甜瓜产业带，重点培育西甜瓜专业合作社；门头沟区围绕山区特点，重点培育蜜蜂养殖及山茶种植专业合作社。目前，这些合作社已经成为带动当地主导产业和特色产业发展的中坚力量。

合作社产业融合成为发展趋势。在发展都市型现代农业进程中，合作社正在成为促进一、二、三产相互融合的重要载体。目前，全市融合三次产业的合作社达到826家，占全市合作社总数的18.8%，其中从事农产品加工、储藏、销售的达到108家。通过产业融合，延长了产业链条，提高了经济效益。如：密云县的奥金达蜂产品专业合作社，2007年投资320万元建起了自己的蜂产品加工生产线，产品涉及4大类18个品种，年加工能力达到2 000吨，申请注册了“花彤”牌商标；2008年，合作社投资40万元建成养蜂科普观光园，年接待游客2万人次。怀柔区结合当地乡村旅游，组织山区农民建立了一批手工业及民俗旅游专业合作社，规范和促进了相关产业发展，提升了产品质量和服务水平。

合作社的品牌意识和质量安全意识逐步增强。合作社开始树立以市场为导向、以经济效益为核心的经营理念，产品品牌和质量安全意识进一步增强。目前，全市已有248个合作社注册了自己的产品商标；有386个合作社通过了各类农产品质量认证。在带动农户开展标准化生产，加强品牌建设，提高市场竞争力方面发挥了重要作用。

合作社间的联合以及内部的资金互助机制不断创新。一方面，合作社相互联合的趋势不断增强。郊区已有一批合作社通过相互联合、共建销售平台、共同开展农产品加工等多种方式走向联合。如：密云建立了板栗、柴鸡蛋等合作社联合组织；延庆县成立了蔬菜和综合农产品联合社；昌平区由12家合作社建立了产品销售联盟；房山区建立了网上联合社；通州区成立了合作社联合会。另一方面，合作社内部资金互助试点取得积极进展。通州区于家务乡果村蔬菜专业合作社率先实践了合作社内部资金互助试点，有效解决了成员生产资金短缺的问题。目前合作社内部资金互助试点工作已扩展到4个区县，累计达到35家。

合作社市场营销体系建设不断完善。按照建设都市型现代农业发展要求，立足于服务首都市场宗旨，合作社初步建立起以发展观光休闲、社区专营店、电子商务、团购配送、有机农产品宅配、农超对接、展会，以及广泛的互助联销为主要形式的市场营销体系。平谷区合作社服务中心组织合作社在北京城区开办了40家社区农产品直销店，极大地带动了全区农副产品销售。房山区经管站通过网上联合式形式，为全区120家合作社开设了网店，年销售收入达2 280万元，社均增收19万元，户增收2 814元。通州区合作社联合会在通州繁华地段开办了合作社超市，为全区合作社名特优农产品提供了展销平台。延庆县通过“时鲜快递”方式，积极发展有机农产品宅配业务，实现了农产品从田间到餐桌的对接，更好地服务了首都市民。

【政策扶持及指导】 完善政策法规，制订发展规划。一方面，在坚持《农民专业合作社法》基本原则的前提下，根据全市都市型现代农业发展要求，结合农民专业合作社建设的实际，出台了《北京市实施〈农民专业合作社法〉办法》，已于2010年3月正式实施。《办法》从设立与发展、指导与服务、扶持与促进等方面，有针对性地增加和细化了一些法律内容，明确了指导、服务农民专业合作社的部门职能和支持、促进农民专业合作社发展的政策，为促进合作社规范发展奠定了法律基础。昌平、通州、平谷、房山、怀柔、延庆、密云等区县农业主管部门相继制定了扶持促进合作社发展的具体措施。

坚持发展规范并重，实施示范社建设行动。在加快数量发展的同时，更加注重合作社内部产权制度、民主制度、分配制度等制度建设，保证合作社发展质量。2010年，市农委、市发改委、市科委、市财政局、市工商局等七部门联合发文，启动了北京市农民专业合作社示范社建设行动计划。按照“科学、可看、可比”的原则，评出50家市级示范社和49家示范社建设单位，171家区县级示范社。市里对市级示范社和示范社建设单位统一给予授牌表彰，各项政策扶持重点向示范社倾斜。通过培育一批优秀示范社典型，使全市合作社建设水平提升到了一个新的高度。

坚持部门联动、强化政策扶持。为进一步整合政策资源，加强对合作社的扶持，市农委和经管站积极与相关部门和单位联动，取得了明显成效。市财政局会同市农委和市公安交通管理局等部门组织实施了“现代农业装备对接农民专业合作社工程”，为合作社配备了601辆货物运输车。市人力社保局会同市经管部门，启动了大学生“村官”进合作社试点，参照“村官”相关政策和管理办法，2010年为145个合作社配备了专职“合作社理事长助理”。市农林科学院、市供销总社、农行北京市分行与市经管部门签订了“共同促进农民专业合作社发展合作协议”，在推广应用先进科学技术，建立农资供应体系、扩大销售渠道、提供资金信贷等方面为合作社提供了良好服务。此外，市发改委在加强基础设施建设、改善合作社生产条件，市科委在提供科技项目支持，市商务委在促进农超对接等方面也做了大量卓有成效的工作。

创新工作机制、加强指导服务。为进一步加强合作社指导服务，从2007年起，市里从农业部、中国社科院、中国农大等单位聘请了9名专家，组成专家指导组，对区县进行一对一的指导。同时，从各区县农委、经管站选拔培训36名业务骨干，建立了辅导员队伍。密云县、延庆县、平谷区专门成立了合作社指导服务中心，其他大部分区县经管部门都设立了农民专业合作社业务科室，配备了专职干部，全面加强对合作社的扶持、辅导和帮助。2010 年至今，市、区县、乡镇三级共举办合作社培训班 80 余次，培训乡镇、村基层干部和合作社管理人员 10 197 人次。

但是，从总体看，北京市农民专业合作社总体上仍然处在初级发展阶段，存在经营规模偏小、经济实力较弱、产业链条较短、服务层次较低、带动能力还不强等问题，特别是由于合作社登记门槛较低，造成没有活动内容的“微小社”和“空挂社”占有相当比例。一些部门、区县特别是乡镇主要领导对合作社的重视和关注程度还有待提高，在财政资金、信贷资金、产业项目、科技项目等方面的扶持还有待进一步加强。

（市农研中心　韩　生）

集体经济管理

2010 年，北京市乡村集体经济进一步加强经营管理，集体经济实力进一步发展壮大。

截至 2010 年底，全市有乡（镇）级合作经济组织 193 个，村级合作经济组织 3 987 个。乡村集体经济组织总资产（含所属乡村集体企业资产，下同）达到 3 451.0 亿元，比上一年度的 2 972.4 亿元增加了 16.1%；乡村集体经济组织净资产达到 1 377.7 亿元，比上一年度的 1 206.6 亿元增加了 14.2%。

2009 年，全市乡村集体经济组织实收资本金 419.3 亿元，比上一年度的 391.3 亿元增长 7.2%。实收资本金中，乡集体资本金 91.0 亿元，占 21.7%；村集体资本金 141.2 亿元，占 33.7%；国家资本金 11.3 亿元，占 2.7%；法人资本金 83.7 亿元，占 20.0%；个人资本金 83.1 亿元，占 19.8%；外商资本金 9.0 亿元，占 2.1%。乡村集体经济组织实收资本结构的多元化，反映了集体经济产权制度改革的成果。

为加强农村集体经济的管理，2010 年主要采取了以下措施：

1. 稳步推进农村财务管理规范化建设。市纪委、市财政局、市农委、市民政局制定了《关于进一步加强村级会计委托代理服务工作的实施意见》，全市有 95.9%的村实行了村会计委托代理，其中 72.6%的村是财务与资金双代理。适应农村改革发展新形势的需要，修订了《北京市村合作经济组织会计制度实施细则》。为促进乡镇代理机构的规范运作，开展了农村财务管理规范化示范乡镇评选工作，评选出 11 个示范乡镇。全市共举办各类财会人员培训 869 班次，培训财会人员 39 772 人次。

2. 加强农村集体资产管理。认真贯彻落实《北京市农村集体资产管理条例》，初步建立了农村集体资产产权登记、财务收支预决算、重大经济事项招投标、资产资源台账等多项管理制度。按照《北京市农村集体资产产权登记及其管理办法》，组织区县乡镇经管部门开展了乡村集体经济组织的产权登记证年检工作。深入开展全市乡镇级集体资产管理情况、农村集体资产清产核资、农村集体资金资产资源管理、农村集体资产资本市场化运作情况等专题调查研究。进一步加大对全市土地征占补偿费、集体资产和资源租赁费的使用管理情况的检查力度，加强对产权制度改革清产核资和撤制村、队集体资产处置方案审批工作的监督和指导。

3. 强化农村集体经济审计监督。结合村级“两委”换届选举工作共对 2 928 名村干部进行了经济责任审计，其中任期经济责任 2 231 个，离任经济责任审计 697 个。按照国务院农村综改办的要求，对村级组织运转经费落实情况进行了专项督查。农村集体经济审计机构对村级专项补助资金管理使用情况进行了年度审计，开展财务收支审计 3 029 个、信访案件审计 22 项、清产核资结果审计确认 507 项。全年共对 9 947 个单位进行了审计，审计资金总额 1 059.6 亿元。经过审计，查出违纪违规单位 42 个，违纪违规金额 631.9 万元；查出损失浪费金额 206.8 万元，促进增收节支 496.7 万元。

4. 推进农村管理信息化，创新集体经济管理手段。按照巩固、完善、提高的指导思想，进一步提升了农村经管信息系统功能，提高了管理、监督、指导农村经济信息化、现代化水平。完成了《农村经济在线审计系统》、《北京农经管理平台》、《北京郊区自然资源与社会经济信息管理平台》等项农村经管平台的开发应用，实现了市、区县、乡镇三级纵向体系网络化管理。实施了村务公开信息化示范村建设，全市1 000个村配备了电脑触摸屏，提高了民主理财、村务公开水平。依托农村管理信息化建设，提高了统计数据的及时性、真实性、准确性。围绕农村经济运行、低收入农户监测、农村劳动力就业、农产品成本核算监测等事项，开展了专项调查和统计分析，为各级党委、政府制定农村政策提供了重要依据。

（市农研中心经管站　吴汝明）

集体经济产权制度改革

2010 年是全市农村集体经济产权制度改革推进力度最大、完成数量最多的一年。全年新完成改革的乡村集体经济组织达到 1 672 家，是年初确定的市政府折子工程任务的 3.7 倍，是 2009 年以前累计完成总数的 2.06 倍。截至 2010 年底，全市累计完成改革的乡村集体经济组织达到 2 484 家，占全市乡村集体经济组织总数的 59.6%，其中：村级达到 62.3%。城乡结合部 50 个重点村中，2010 年新完成产权制度改革的村为 11 个，累计达到 34 个。

2010 年农村集体经济产权制度改革的主要措施

和特点是：

1. 领导重视、组织推动。市领导高度重视，连续两次召开全市性的会议进行部署。各区县主要领导重视，部署得力，加大改革力度、加快工作进度。如：延庆县委常委会先后2次听取汇报、县长办公会先后3次进行研究，县农委和经管站多次召开会议进行部署，大大加快了改革进程，后来居上，已有93.4%的村完成了改革任务，成为全市进度最快的区县。

2. 加强调研、制定政策。为推进改革，加强管理，在反复调查研究的基础上，市和区县相继出台了一系列加快推进改革和加强管理的配套政策措施，规范改革操作，解决难点问题。如：区县普遍出台了加快推进改革的工作意见；昌平区还出台了《关于加强农村股份经济合作社规范管理的指导意见》；延庆县在调研的基础上，经过讨论、公开听证、报请县人大讨论等程序，先后共修改完善16轮，平稳出台了《关于进一步确认农村集体经济组织成员身份的意见》。这些政策的出台，为改革的顺利推进提供了保障。

3. 统筹安排、协同推进。在推进改革中，各区县统筹安排、协同推进，特别是山区县将农村集体经济产权制度改革与集体林权制度改革相结合，把集体经济组织成员身份界定作为两项改革的基础性工作同步组织实施，大大加快了改革进程。此外，一些经营性资产较少的乡村，还将集体林权制度改革纳入产权制度改革一并进行。如：昌平区兴寿镇木厂村在进行林权制度改革的基础上，将集体林地作价参与集体资产量化，在全市率先完成产权、林权两项改革，农民在领到林权证的同时也拿到了股权证。

4. 考核督导、加强激励。一是建立考核机制。各郊区县普遍建立了考核激励机制，将农村集体经济产权制度改革纳入区县对乡镇政府的考核，调动了乡镇的积极性。昌平、延庆、怀柔、平谷、密云等大部分区县都将产权改革工作列入乡镇年度考核评分范围。二是加强督导工作。平谷、密云、怀柔、延庆、大兴从各职能部门抽调人员组成改革督导组，加大对改革监督力度。三是建立激励机制。部分区县对完成改革的村给予奖励，调动了基层改革的积极性。平谷、怀柔、门头沟、密云对完成产权制度改革的村给予3万～5万元的资金奖励。

5. 加强交流、掌握动态。按照年初的安排，市里建立了月报表、季度交流汇报和分析通报的工作制度。在严格实行月报表的基础上，每个季度召开一次全市改革工作汇报及经验交流会，总结经验方法，研究解决问题，加强沟通交流，并将每个季度的进展情况进行通报，使各区县定期了解全市改革工作动态，找准自己的位置，起到了很好的督促和推进作用。

（市农研中心经管站　吴汝明）

农民负担监管工作

【认真开展农民负担执法检查，确保农民负担不反弹】

（一）春季执法检查内容及结果

2010年春季，根据农业部、国务院纠风办、财政部、发展改革委、国务院法制办、教育部、新闻出版总署《关于做好2010年减轻农民负担工作的意见》；国务院农村综合改革工作小组、财政部、农业部《关于做好2010年扩大村级公益事业建设一事一议财政奖补试点工作的通知》；《北京市人民政府关于做好农村综合改革的意见》（京政发［2007］32号）文件要求，组织全市农民负担监督管理机构，开展了2010年度农民负担监督管理春季执法检查。主要内容包括：一是2009年村级公益事业补助资金的使用情况和2010年度的拨付情况；二是规范“一事一议”筹资筹劳；三是认真解决农民信访反映的问题。检查结果如下：

1. 2009年度村级公益事业补助资金的使用情况和2010年度的拨付情况。财政对村级的补助资金包括：村级干部固定报酬及办公经费补贴，农业税附加返还、村级集体公益事业专项补贴资金。2009年全市财政对村级拨付的财政补助资金共计68 289.49万元。其中村级干部固定报酬及办公经费补贴12 973万元，农业税附加返还1 000.49万元、村级集体公益事业专项补贴资金54 316万元。2010年村级集体公益事业专项补贴资金共计应拨付54 476万元。

（1）村级干部固定报酬及办公经费补贴，农业税附加返还的使用和拨付情况。2009年全市财政对村级拨付的村级干部固定报酬及办公经费补贴12 973万元，农业税附加返还1 000.49万元。经查，村级干部固定报酬及办公经费补贴、农业税附加返还已全部拨付到村，这些补助资金的支出也符合规定，没有发现截留、挪用的情况。

（2）村级集体公益事业专项补贴资金的使用和拨付情况。2009年全市村级公益事业专项补助资金54 316万元，实际支出52 904万元，使用率为97.4%。其中用于公益设施建设费用支出24 568万元，占村级公益事业专项补助资金实际支出总额的46.4%；用于公益事业维护费用支出10 536万元，占19.9%；用于社会管理费用支出11 705万元，占22.1%；用于社会事业费用支出4 198万元，占7.9%；用于村务人员工资费用支出1 897万元，占3.6%。可以看出我市2009年村级公益事业专项补助资金用在公益设施建设和维护方面的支出接近70%。村里将公益事业专项补助资金用于环境治理、数字影厅、健身公园、益民书屋、浴室建设等方面的支出，使村级环境日益美观、整洁，不仅有利于村民的身心健康，营造了学习氛围，还提供了休闲娱乐场所，使专项补助资金发挥出了应有的作用。

2010年村级集体公益事业专项补贴资金共计应拨付54 476万元，实际拨付到村金额48 118万元，到位率为88%。到位率较低的区县有门头沟区、昌平区、延庆县，到位率分别为42%、50%和53%。主要受村委会换届选举、办理专项账户、与乡镇财政办理审批手续等影响暂未拨付到村。

2. 规范一事一议筹资筹劳的检查情况。通州、密云、顺义、平谷、延庆等7个区县制定了《村民一事一议筹资筹劳管理实施细则》，对村民一事一议筹资筹劳管理部门、筹资的标准、筹劳的标准、筹资筹劳适用范围与对象、应履行的程序等做出了明确规定。通州区已累计完成村民“一事一议”筹资筹劳规范性试点村21个，村民筹资119.3万元，筹劳72万个工，共为村集体节约成本性开支4 794万元。平谷区去年召开了现场会，对熊尔寨乡东沟村通过一事一议筹资筹劳，加快推进社会主义新农村建设的成功经验在全区进行了推广，一事一议筹资筹劳的村比上年增加5个，累计达到9个村，筹资总额达到33.4万元，筹劳达到11 336个。

3. 对解决农民信访反映的问题的检查情况。本次检查中，对2009年以来农民通过电话、信件及上访等各种渠道反映的问题进行了认真清理。对其中存在的违反国家法律法规、加重农民负担的有关问题认真调查研究，妥善进行了处理和解决。针对密云县农民信访反映“城市路灯照明电费已纳入城市公用事业附加费中列支，农村路灯照明电费由村集体和农民承担”的问题，密云县农民负担监督管理办公室会同有关部门进行了认真调查，根据《北京市财政局北京市物价局关于随电价征收附加费办法的通知》（京财预［1999］1818号）的规定，城市和农村路灯照明电费均应在公用事业附加费中列支。为解决这一问题，密云县政府制定了《关于密云县村级电力设施维护管理补助资金管理办法》，规定了对村级路灯电费的补助金额，全县每年共计补助村级资金618万元。这项措施使长期以来农村路灯电费补贴问题得到了解决，减轻了村集体和农民的负担。

一年来各区县共处理通过电话、信件、上访等问题35件，各种渠道反映和提出的问题基本上都得到了妥善处理，有效保护了农民的利益。各区县还积极做好农村土地承包合同纠纷、产权制定改革纠纷等问题的调查、调解与调处工作，维护了土地承包者及村集体经济组织的合法权益。

（二）秋季执法检查内容及结果

为落实农业部、国务院纠风办、财政部、发展改革委、国务院法制办、教育部、新闻出版总署《关于做好2010年减轻农民负担工作的意见》中关于“深入开展重点领域农村乱收费问题的治理”、“组织在全国范围内开展一事一议专项检查”和农业部农民负担监督管理办公室《关于落实2010年减轻农民负担工作意见有关事项的通知》的要求，我市农村负担监督管理办公室于2010年6月1日至8月31日，组织全市、区（县）农民负担监督管理机构，开展了农民负担专项治理和专项检查工作。

检查的主要内容：一是对农村义务教育阶段学校乱收费、修建通村通乡公路向农民或村集体摊派集资、农民建房乱收费、农村公费订阅报刊摊派等四大问题的专项治理；以及对农民专业合作社、计划生育、办理身份证、结婚登记等方面的乱收费问题。二是检查一事一议制度建设、一事一议组织实施、一事一议方案审核监督、一事一议资金使用管理情况及议事范围、议事程序、限额标准、筹资筹劳方案审核程序的执行情况和所筹资金的使用情况等。

按照农业部农民负担监督管理办公室要求，全市普遍开展了农村义务教育阶段学校乱收费、修建通村通乡公路向农民或村集体摊派集资、农民建房乱收费、农村公费订阅报刊摊派等四大问题的专项治理；以及对农民专业合作社、计划生育、办理身份证、结婚登记等方面的乱收费问题的检查。从检查结果看，未发现乱收费、乱摊派、乱集资等问题。

1. 农村中、小学乱收费问题得到治理。按照市有关规定，本市义务教育阶段的中小学收费，除按规定寄宿学校收取的住宿费外，不准收取或代收其他任何费用。各区县认真贯彻落实，并列入了农民负担监督管理工作的监控重点。如通州区对中小学收费实施了“一明确两严格”，“一明确”即：明确责任。区农民负担监督管理办公室分别与各中小学校长签订了《党风廉政建设责任书》，把治理中小学乱收费工作作为党风廉政建设的一项重要内容，明确各中小学校长为第一责任人。“两严格”：一是严格收费程序。学校收费必须有相关部门核发的收费许可证，必须在收费之前先核定收费项目和标准，并依此向学生家长发放收费通知书，才可收费，必须开具正式收费票据；二是严格检查与查处。对查出的问题及来信、来访反映的收费问题给予严肃查办，凡属违规或不合理的收费，一律清退，情节严重的对责任人予以政纪处理。

近年来，治理中小学乱收费工作取得了显著成效，工作重心已由“治乱”转向“逐步规范”的轨道。农村义务教育收费实行一卡制后，取消的收费项目有5项，减轻农民负担1 425万元。取消的项目有：①小学课后管理班费；②高中借读费；③小学借读费；④中学借读费；⑤初三毕业班讲义费。

2. 制定限额，农村公费订阅报刊摊派问题得到有效治理。为使农村公费订阅报刊摊派问题得到有效治理，实行了乡镇、村和农村中小学报刊订阅费用限额制。按照市委农工委等部门下发的《关于实行村级报刊订阅费用限额控制制度的通知》（京农发［2002］43号）的要求，公款订阅报刊费用每年不得超过规定限额。根据各村集体经济发展水平，每年3 000元、3 500元和8 000元的公费订阅报刊限额。凡未经社员民主决议，超过规定限额的公款订阅费用，由责任人自己支付，村集体财务不予报销。2004年市财政局等部门进一步规定：“享受市级追加补贴资金的集体经济薄弱村，公款订阅报刊费用每年不得超过3 000元”。根据《通知》要求，向各村发放了《北京市村级公费订阅报刊监督卡》。凡是村级报刊订阅开支必须在监督卡上进行登记。凡是超过限额标准的，一律不予报销。为有效遏制农村公费订阅报刊摊派问题，全市加大了检查力度，每年春季和秋季执法检查中，专门对农村公费订阅报刊情况进行检查，发现问题，及时处理。这次专项治理中，未发现超限额公费订阅报刊等问题。

3. *政府支持，确保通村通乡公路畅通*。按照北京市财政局、北京市交通委员会下发的《关于印发北京市关于乡村公路养护管理划转事项管理暂行办法的通知》规定，北京市各区县乡村公路建设、养护费用由市财政补助、区县政府和乡镇政府共同承担。检查中未发现在修建通村通乡公路方面向农民或村集体收费等问题。

4. *农民建房收费情况趋于规范*。这次专项治理检查中，对农民建房乱收费问题进行了专项检查。农民建房收费指农民依法利用农村集体土地新建、翻建自用住房时负担的行政事业性收费。主要包括：①国土资源部门收取的土地证书工本费，普通证书每本5元，国家特制证书每本20元，由农民自愿选择。②建设部门收取的《房屋所有权登记证书》工本费，每本10元。除上述两项费用外，检查中未发现向农民收取其他费用。

另外，对农民专业合作社、计划生育、办理身份证、结婚登记等方面的乱收费问题也进行了重点检查，我市在农民专业合作社、计划生育、办理身份证、结婚登记等方面，都是按照相关政策规定办理，除按规定标准收取证书工本费外，未发现搭车收费和推介保险，收取押金、保证金，及强制服务并收费等。

【农民负担监督管理工作存在的几个问题】 农村税费改革以后，农民负担形势发生了根本性转变，农民直接承担的负担大大减轻。但由于城乡分割的二元管理体制障碍还没有完全消除，建立城乡统一的公共产品供给体制的目标还没有实现，损害农民利益、加重农民负担的根源还没有得到彻底治理，特别是农村集体经济组织负担重的问题还比较突出。所以，农村税费改革以后，减轻农民负担的工作任重道远，农民负担监督管理工作不仅不能放松，反而必须进一步加强。在统一思想认识的基础上，我们要求全市农村合作经济经营管理部门，把强化农民负担监督管理，巩固农村税费改革成果，防止农民负担反弹，作为落实科学发展观、建设社会主义新农村、保护农民合法财产权的一项重要任务来抓。而实际情况是，部分单位及部分领导对农民减负认识不到位，对管理和制度的执行有所放松。

村级公益事业补贴资金的缺口越来越大。村级公益事业补助资金制度是2004年税费改革以后，为了维持村级组织的正常运转，市委、市政府专门设立的财政专项资金，当时确定一定四年，到2010年已实施7年。随着农村经济社会的变化，财政投入在农村建立了太阳能浴室、文化大院、数字影院、公共厕所、体育健身器材等设施，但缺少后续维护管理资金的支持，农村集体没有能力维护、维修、管理。已形成农村新的财力负担。原来的补助额度已经难以满足农村的实际需要。基层强烈要求，提高村级公益事业补助资金补助标准，建立村级公益事业补助资金的增长机制。

农村集体经济组织承担非农人口管理费用问题日益突出。村级集体经济组织承担城镇居民管理费用情况。2007年春季执法检查发现有5个区100个村在不同程度上负担了城市居民的管理费用，共计8 343.04万元。同年秋季执法检查中，各区县对由村委会管理的非农户和人口数进行了调查摸底。全市由村委会管理的非农户共561 975户，非农人口数为980 759人。

农村中小学校建设侵害农民利益情况比较严重。通过调查发现，有些村在村内建学校或几个村共建学校等均无偿占有了集体土地，至今没有任何补偿，由于农村土地的增值、学校生源的变化、校舍的变更，矛盾愈加突出，从而引起纠纷。同时也造成了农村集体经济组织和农民的间接负担。

（市农研中心　吴新生）

私营个体经济

【综述】 年内，本市私个经济保持了平稳较快的发展。截至年底，本市私营企业和个体工商户129.2万户，占全市市场主体88%，其中私营企业同比增长14.85%，从业人员同比增长12.5%，注册资金同比增长30.2%；个体户同比减少1.51%，从业人员同比增长1.7%，注册资金同比增长4.98%。2010年，全市私企和个体共纳税360.79亿元，同比增长27.4%，其中私企纳税321.26亿元，同比增长27.1%，个体纳税39.53亿元，同比增长29.76%。私营个体经济中从事外贸经营的21 227家，同比增长14.7%，占全市外贸经营户总数81.4%；完成进出口额116.54亿美元，同比增长43.14%。私营个体经济已成为首都经济发展越来越重要的力量。

【政策与措施】 完善政策环境。年内，市发改委出台了《北京市贯彻国务院关于鼓励和引导民间投资健康发展的若干意见的实施意见》和《北京市工程研究中心管理办法》、《北京市工程实验室管理办法》，会同相关部门制订了《中关村国家自主创新示范区条例》、《中关村国家自主创新示范区空间范围和布局规划方案（2010—2020年）》、《北京市贯彻国务院关于促进中小企业发展若干意见的实施意见》等规范性文件，将私个经济纳入全市高新技术产业发展范畴，为私个经济提供良好的创新创业政策环境。

强化政府资金支持引导作用。年内，市发改委联合国家发改委、财政部在电子信息、生物医药和高技术服务业等领域设立4只创投基金，基金总规模10亿元，重点扶持处于初创期、成长期的创新型企业和高成长性的私企、个体工商户。

完善企业创新发展环境。年内，市科委出台“促进设计产业发展指导意见”、“加强科技孵化体系建设若干意见”等政策措施，进一步夯实民营科技企业创新发展的良好环境。

加强各类联盟组织建设。为推进民营科技企业参与产学研合作，市科委制定了《关于促进产业技术创新联盟加快发展意见》，首次设立“产业技术创新联盟促进”专项资金。截至2010年底各类产业技术创新战略联盟已达160余个，成员单位逾7 000家。

帮助民营科技企业开展研发活动。年内，市科委利用首都科技条件平台共撬动开放科技资源达109亿元（相当于政府用1元撬动85元社会科技资源），促进423个国家和市重点实验室、工程中心和近两万台套仪器设备向全社会开放共享，梳理出397项符合市重点领域发展需求、国家投入且比较成熟科研成果，促其落地北京，形成以14家研发实验服务基地和电子信息、生物医药等7大领域平台、9个区县和1个产业类工作站为主的“三位一体”科技条件平台工作体系和科技资源开放服务体系，服务合同额达5.2亿元，服务企业达5 100家。

科技企业孵化器和大学科技园建设。年内，全市形成有利于民营科技初创企业成长的科技孵化体系，全市科技企业孵化器达82家，其中国家级26家，新认定市高新技术产业专业孵化基地20家。全市大学科技园达26家，其中国家级14家，新认定5家市级大学科技园。设立专项资金支持26家孵化器和大学科技园，提升为科技初创企业提供深层次服务的专业能力。

生产力促进中心达60家。年内，全市生产力中总数达60家，其中国家级示范中心12家，另有26家单位提出成立申请。发起成立北京地区生产力促进服务联盟，设立专项资金重点支持30家左右生产力中心和科技咨询机构，为中小企业提供管理咨询等服务。

为民营科技企业搭建交流展示平台。年内，市科委组织科技企业参加上海世博会北京馆科技企业科技项目展示工作、北京科博会、重庆高交会、北京软博会等展览展示活动。

为科技型中小企业提供技术创新资金。年内，市科委受理企业申报创新资金项目700项，同比增长19%，立项资助项目170项，同比增长42%，资助金额7 121万元，同比增长52%。2005年以来，全市创新资金累计立项数量达2 133项，立项资金7.8亿元。

开展自主创新产品认定工作。年内，市科委共组织5批自主创新产品认定工作，确定488家单位1 009项产品为市自主创新产品，累计认定1 632家单位的4 566项产品为市自主创新产品；推进10批共612个政府采购签约项目采购中关村自主创新产品，金额84.5亿元，通过政府采购方式帮助民营科技企业开拓市场。

本市技术市场快速发展。截至12月底，北京技术市场实现技术合同成交额1 579.5亿元，同比增长27.8%，占全国技术市场比重40.4%。

开展高新技术企业认定工作。年内，市科委认定高新技术企业近1 300家，累计认定逾6 500家，占全国总数近1/4；认定64项高新技术成果转化项目，落实财政专项资金2.2亿元，帮助民营科技企业享受国家税收优惠政策，推动其科技成果转化。

建立中小企业创业投资引导基金。年内，市经信委建立中小企业创业投资引导基金，规模为8亿元。已确定三批共13家合作机构，注册资本19.2亿元，其中引导基金出资5亿元，放大效应近4倍。合作机构对北京地区30家中小企业进行股权投资3.2亿元。

为高端制造业提供融资支持。年内，市经信委设立“北京市高端制造业担保代偿资金”平台，为64家企业提供融资支持13.5亿元，受理企业融资申请600余项，向金融机构推荐企业400余家，促成融资100余家，融资额20亿元。

创新多种融资产品。年内，市经信委推出“北京中小·成长之星中小企业集合资金信托计划”，整合社会资源，建立集合融资长效工作机制，发行19期中小企业集合信托，融资额7.125亿元。

促进企业优化升级。年内，市经信委推出促进企业优化升级，着力调整产业结构：一是安排中小企业发展专项资金支持140项，金额3亿元。二是安排支持“三高”企业退出，补助资金1 930万元。三是获得国家中小企业发展专项资金和国家工业中小企业技术改造投资96项，补助资金1.67亿元。

制定中小企业发展促进规划。年内，市经信委以第二次全国经济普查数据为基础，编制第一份《市中小企业发展报告》，系统研究北京中小企业整体概况、行业、区域分布及不同经济类型企业发展情况，并完成《北京市“十二五”时期中小企业发展促进规划（征求意见稿）》。

完善社会化服务体系。年内，市经信委提出“以市和区县中小企业服务中心为骨干，行业协会和中介机构为支撑，社会中介组织广泛参与”的社会化服务体系建设思路。共举办培训近200期，人数达2万人；全年安排资金1 649万元，支持市、区县两级中小企业服务体系建设；聘请140多名专家组建顾问团队，提供管理咨询服务。

开展合作交流。年内，市经信委组织优秀中小企业参加第六届APEC技术交流暨展览会和第七届中国国际中小企业博览会，为减轻参展企业负担，对展位费给予一定补贴。

为外地来京开办私企人员办理常住户口。年内，市公安局审批外地来京投资开办私营企业人员进京户口 81 件，231 人。同比增加 14 件、23 人。自 2001 年《北京市促进私营个体经济发展条例》实施以来，累计办理 369 件、1 084 人。

严厉打击黑恶团伙势力。年内，市公安局针对黑恶势力侵害私营企业、个体工商户合法权益等违法犯罪行为，先后打掉多次敲诈勒索图书市场商户、扰乱中关村电子市场经营秩序的势力团伙，以及在新发地长途客运站敲诈勒索、打砸客运车辆、强行收取保护费的恶势力团伙。

深化行政审批制度改革。年内，市监察局按照“加快、简化、下放、取消、协调”工作方针，制发《2010 年深化行政审批制度改革的工作意见》，督促市政府各委办局把绿色审批通道工作机制常态化，使绿通变普通。全市共下放审批事项 103 项。

督查绿色审批通道完成情况。年内，市监察局会同有关部门对 16 个区县绿色审批通道完成情况开展督查。重点检查绿色审批通道项目审批程序、审批效率和信息公开等情况，督促有关部门进一步规范审批行为、提高审批效率。

设立中小企业专项资金。年内，市财政局为支持中小企业发展，专项资金预算安排 5 亿元。其中，4 亿元支持工业中小企业和中小企业服务体系建设项目 249 项，带动项目总投资计 110 亿元；1 亿元支持商业中小企业发展。

争取中央专项资金支持。年内，市财政局争取中央中小企业发展资金 7 740 万元，科技型中小企业技术创新基金 1.34 亿元，地方特色产业中小企业发展资金 6 935 万元。

开展中小企业信用再担保。年内，市财政局增加中小企业信用再担保金 2 亿元，规模达 9 亿元。截至年底，累计受理近 50 家担保机构再担保申请，批准 39 家，实现承保额 326 亿元。

支持文化创意产业发展。本市自 2006 年设立文化创意产业发展专项资金以来，每年安排 5 亿元，目前共支持文化创意重点产业项目 374 个，带动社会资金近 200 亿元进入该领域，成为仅次于金融业的第二大支柱产业。

扶持民营企业。年内，本市实施对商贸、服务等中小企业当年新招用城镇失业人员，享受减免营业税、城市维护建设税等优惠政策。全年拨付资金 7.2 亿元，帮助 458 户企业稳定就业岗位 7.1 万个。

做好民营企业人才工作。年内，市人保局培养高级工以上技能人才 6.9 万人，其中技师、高级技师 1.4 万人，全市技能人才总量达 223 万人。引导大中专毕业生到民营经济组织就业，在中关村国家自主创新示范区、石化新材料等重点区域和项目，开展人才引进试点，全年引进各类高层次人才 2 646 人，同比增长 71%。

维护从业人员合法权益。年内，各级人保部门建立健全监察机构，完善投诉举报制度。对违反劳动保障法律法规、侵害个体和私企从业人员合法权益的行为依法及时纠正处理；指导帮助个体和私企从业人员依法签订劳动合同，维护双方合法权益。在全市民办非企业单位和个体经济组织中开展创建“双百双规范”单位达标活动，形成争创和谐的良好氛围。

完善矿业权管理。年内，市国土局制定《北京市矿业权出让和转让公开交易办法（试行）》，建立统一的矿业权有形交易市场，完成矿业权登记数据更新与换证、矿产资源开发利用年检、探矿权和采矿权实地核查工作，超额完成固体矿山数的控制目标任务。

加强设计行业诚信工作。年内，市规划委为设计企业出京承揽外地业务办理诚信证明 1 269 项；办理外地企业进京备案 266 项。对 35 项违法建设所涉及的 35 家建设单位、43 家设计单位进行调查，维护市场秩序。

非公企业参与基础设施建设和运营。年内，市市政市容管委出台《北京市供热系统节能技术改造财政奖励资金管理暂行办法》等规范性文件，支持非公企业积极参与市政基础设施建设和运营。在推荐使用融雪剂产品 42 家企业中，有 37 家民营企业，占 88%；在户外广告设施使用权公开招标中，有 11 家广告公司中标，全部为非公企业。在基础设施 18 个项目、2.94 亿元政府招标采购中，有 13 家单位中标，其中 11 家为非公经济企业，占 84.6%，中标金额 2.9 亿元，占 98.7%。市交通委对交通基础设施建设企业在资质审批、项目招标资质审查等方面，私个企业与国有大中型企业一视同仁，全年审查通过公路施工企业 8 家，其中 4 家为私企、个体工商户。

鼓励涉农企业上市。年内，市农委会同市财政局等部门制定《关于鼓励涉农企业上市的奖励办法》，对符合条件的私营企业大北农公司成功上市给予 600 万元资金奖励。该公司在深圳证券交易所正式挂牌上市，共募集资金 22 亿元。

支持私企、个体工商户发展商业服务业。年内，市商务委引导私企、个体工商户发展商业服务业设施，构建商业流通体系。投入 70 万元，带动北京港佳好邻居连锁便利店公司投资 430 万元新增 50 家便民连锁店；支持北京富民逢春农资公司 50 万元，进行物流配送中心升级改造以提高配送率；投入 30 万元带动绿得食品公司投资 150 万元改造无糖食品生产工艺。首批评定庆丰包子、老家肉饼、和合谷等一批知名民营企业为早餐示范店；开通“家政服务网”，评选 18 家民办企业为星级服务组织，投入 2 000 多万元支持家政服务培训中心开展培训工作。

推动私企、个体工商户服务居民生活。年内，市商务委完善储备制度，调整新发地等 6 家大型民营批发市场蔬菜储备品种和时限；协调近 100 家私企、个体工商户参与饮食、服务保障。完成对 36 家农村集贸市场改造，“一乡一集市”覆盖率达 80%；促成物美、京客隆、超市发等 6 家民营大型连锁超市与全国 110 多家农业合作社建立合作关系，果蔬直采额达 45%；投入 400 万元支持民营北京蓝色港湾有限公司进行国际商区商业设施升级改造。

帮扶私企、个体工商户拓展市场。年内，市商务委投入85万元支持瑞蚨祥绸布店进行中式服装手工制作技艺传承人工作室建设；投入资金支持电子商务企业进入第三方服务平台，一批骨干民营企业成为电器、图书、百货、汽车等网上市场销量主力军；对中小企业初次投保的保费支持比例从50%提高到70%；推进跨境贸易人民币结算；支持240家企业参加文化创意、高新技术、新能源等七个领域的21个国际展会，开拓国际市场。

助推文化创意产业发展。年内，市文化局为文化创意产业提供扶持，北京银行提供100亿元专项授信额度，助推动漫网游、文艺演出、古玩与艺术品三大类文化创意产业发展；完成文化部“原创动漫扶持计划（2009）”扶持资金拨付工作，共有15项作品和19个创作者（团队）获得509万元的资金支持；落实本市扶持资金，有11个项目获100万元；推荐文化创意企业参加“国家文化产业示范基地”评选活动。

创新扶持方式。年内，市文化局调动社会力量推动艺术创作生产，全年舞台创作生产专项扶持资金申报项目有27个、资助款902.7万元。调动民营院团参与公益惠民演出项目，参加“百姓周末大舞台”演出的32家表演团体中70%为民营团体；参加“周末场演出计划”表演团体中50%以上为民营团体。

加强非物质文化遗产保护。年内，市文化局向市级代表性传承人发放8 000元补助经费；向26个单位发放年度市级非物质文化遗产保护项目补助经费，其中8个项目属私企、个体工商户，补助金135万元，约占总额30%；面向社会为雕漆技艺、象牙雕刻和绣花鞋制作技艺等三个非遗急需保护项目公开招募学徒；通过订购方式，对遴选出的传统美术、传统技艺类9个项目10件作品予以购买，其中，雕漆技艺、古琴传统制作技艺等4件作品的制作团队和个人属私个企业。

开展餐饮服务食品安全整治。年内，市卫生局以落实《食品安全法》等有关法律法规为重点，开展餐饮服务食品安全整治。一是深化餐饮服务单位的分级管理。对34 930户餐饮单位进行量化评级，其中A级2 662户，B级15 203户，C级17 059户，D级6户；二是对违法违章的1 062户进行行政处罚，罚没款222万元；三是严查地沟油、一次性餐具，对59户索证不全的餐馆给予行政处罚，对抽检不合格单位进行查处；四是开展餐饮具集中消毒单位卫生监督检查。

服务业个人所得税负水平降低。年内，市地税局对全市3.3万户个人独资和合伙企业现状进行全面摸底，在此基础上修订《个人独资和合伙企业核定征收管理办法》，规范其税款缴纳行为，使饮食、服务、交通运输业个人所得税负水平略有降低。

对小型微利企业减免企业所得税。年内，市地税局执行小型微利企业的企业所得税减免政策，对符合条件小型微利企业累计减免企业所得税2 658.8万元。另与有关部门确定13家中小企业信用担保机构，报国税总局申请免征营业税。

在集贸市场推广计算机开票。年内，市国税局对全市具备条件的544个集贸市场安装计算机627台，推广使用计算机开票。对不具备条件采用计算机开票的集贸市场，需要开具发票的，采用办税服务大厅设置窗口代开或者委托临近集贸市场代开发票方式，将逐步取消集贸市场手工代开发票。

逐步实现个体户税、库、银批量扣税工作。年内，市国税局为解决现行个体工商户银行网点扣税系统存在的问题，满足个体户日益发展的管理要求，在全市推广运行个体户税、库、银批量扣税，即纳入横向联网业务范畴统一管理。

提升市场准入服务水平。年内，市工商局采取双向寄递、预约办理、推行登记“承诺制”等多种举措，提高市场准入服务便捷性。利用“自然人身份信息联网核查系统”筛查投资人身份信息不实数据，严把市场准入关。加强登记住所管理，防止利用违法建设进行生产经营行为，降低后续监管风险和管理成本。

创新企业融资服务。年内，市工商局办理动产抵押登记807件，商标专用权质押50件，为企业融资近240亿元。

提高年检验照工作水平。年内，市工商局在年检验照工作中，加强宣传，推行网上年检验照，同时采取集中、上门、预约等方式为企业提供方便。坚持“诚信宽待、失信严查”原则，对守信户即时通过年检验照，对轻微违法户采用行政指导等柔性手段予以规范。全市内资企业年检率89.14%，其中网检率达到99.87%；外资年检率94.00%，网检率100%，个体验照率83.79%，其中网检率40.04%。

扶持农村经济发展。年内，市工商局指导农民、企业、合作社申请注册涉农产品商标6 476件，打造“公司＋商标＋农户＋市场”新型经营模式，促农民增收、农业增效。培育农村经纪人队伍，建立“京北五区县合同帮农经纪富农联盟”，引导农村向经济现代化、集约化发展，累计发展农民专业合作社4 395户。

加大无证照经营综合治理力度。为营造私个经济公平竞争环境，本市构建了“政府领导、工商协调、相关部门各司其职”综合治理工作格局，制定《本市无证照经营综合治理工作考核办法》，将无照经营查处取缔纳入社会治安综合治理范围，首次开展对区县政府考核，各方协同加大无照经营打击力度，取缔一批无照经营聚集区，依法查处重点行业领域无照经营。

完善食品生产许可制度。年内，市质监局办理426家生产企业许可申请、审查，305家企业获得生产许可证书。加大获证企业后续监管力度，对1 705

家获证企业、300 家相关产品获证企业开展年度审查。

开展法律法规和技术应用培训。年内，市质监局为促进企业提高产品质量安全主体责任意识和质量保障能力，开展免费质量课堂培训 15 期，参训企业 742 户次、1 130 人次，涉及服装、防水卷材、防水涂料等行业；还为企业专设食品质量安全培训课堂。

推进社区菜市场计价秤统配统管工作。年内，市质监局深入推进社区菜市场计价秤统配统管工作，全年完成 68 家，共配备秤具 4 216 台件；开展计量进社区、进乡村以及西瓜节、苹果节计量器具免费检定活动。

推动诚信计量体系建设。年内，本市实施统配统管的 100 家集贸市场和 500 家加油站全部实现诚信计量自我承诺并公示。

开展非公企业问卷调查。年内，市统计局对分布十六区县和开发区的 853 家非公企业，开展涉及经营管理、技术创新、政策影响等方面的问卷调查。调查显示非公企业在推动社会经济增长、缓解社会就业压力、增强投资动力、增加财政收入等方面都做出很大贡献，但还存在融资困难、资金紧张、人才短缺等问题。

及时发布私个经济统计信息。年内，市统计局首次建立非公经济和中小企业监测信息发布制度。并将限额以上非公经济主要信息纳入统计内外网的数据发布计划，按季度发布统计资料，利用统计刊物发布私个经济信息，填补非公经济日常统计信息空白。

立法工作注意保护非公经济。年内，市政府法制办健全和完善地方立法工作程序和制度，继续做好对非公经济的立法保护，凡是可能涉及私个经济利益或发展的，注意维护其合法权益和发展权利，避免形成不平等或产生不利的限制。在立法的征求意见过程中，扩大非公经济主体的参与度，专门征求有代表性的非公经济企业意见，对他们所提意见进行研究和采纳。对市政府相关部门和区县政府出台的近 500 件规范性文件备案审核工作中，对其中 15 件可能涉及私营个体或中小企业主体发展的文件重点审核，避免从制度上造成不平等待遇。

加大对中小企业信贷支持。年内，人行营管部出台《关于做好 2010 年辖内信贷工作促进首都经济又好又快发展的指导意见》，加大对高新技术产业、文化创意产业、中小企业、民生工程及社会薄弱环节的信贷支持。截至年底，北京市银行业中小企业人民币贷款（不含票据融资）余额 7 282.1 亿元，同比增长 25.5%，其中小型企业人民币贷款余额 2 064 亿元，同比增长 21.7%。商业银行对文化创意产业贷款余额 229.1 亿元，同比增长 31.9%。银行机构加强与相关部门沟通协调，为本市再就业工作做好金融服务，发放 6 笔劳动密集型小企业贷款 1 100 万元。

“首都非公经济金融服务周”启动。8 月 23 日，市工商联和市私个协会主办的“首都非公经济金融服务周”启动仪式在海淀区永泰福朋喜来登酒店举行，主管副市长和市工商联、市私个协会、市金融工作局、驻京金融机构负责人以及民营企业代表近 200 人出席启动仪式，旨在银企对接，解困民营企业融资难。

【私营经济】 私营企业户数增长 14.85%。截至年底，全市私营企业实有 496 492 户，比上年增加 64 202 户，增长了 14.85%。按区县私企户数排序：朝阳区 117 671 户，海淀区 102 905 户，丰台区 49 685 户，通州区 32 168 户，大兴区 31 480 户，西城区 27 438 户，东城区 26 340 户，昌平区 19 456 户，房山区 18 491，顺义区 12 086 户，石景山区 11 553 户，怀柔区11 308户，平谷区 8 919 户，门头沟区 8 719 户，密云县7 965户，延庆县 2 653 户。

私营企业注册资本增长 30.21%。截至年底，全市私营企业注册资本实有 7 603.053 1 亿元，比上年增加 1 764.155 2 亿元，增长 30.21%。

私营企业税收增长 27.12%。截至年底，全市私营企业入库税收 321.269 7 亿元，比上年增加 68.532 8亿元，同比增长 27.12%。其中地税税收 220.572 6 亿元，比上年增加 47.620 5 亿元，增长 27.53%；国税税收 100.697 1 亿元，比上年增加 20.912 3 亿元，增长 26.21%。

私营企业从业人员增长 12.49%。截至年底，全市私营企业实有从业人员 3 162 329 人，比上年增加 351 190 人，增长 12.49%。

非公经济参与绿色北京建设行动。年内，市工商联举行“首都非公经济参与绿色北京建设行动总结大会暨‘绿色企业’颁牌仪式”，评选出 182 家“绿色企业”。

非公经济参与新农村建设。年内，市工商联与市新农办联合，对 74 家参与新农村建设先进民营企业进行表彰。据统计，非公经济在参与新农村建设中，累计实施投资类项目 166 个，到位资金 24.56 亿元，培训农民 4.47 万人，安排农民就业 3.59 万人，带动脱贫 3.83 万人。有 22 个企业与 21 个低收入村签订《村企帮扶协议》。

向灾区捐款。年内，玉树地区地震灾害发生后，全市工商联系统为玉树灾区捐款 3 125 余万元人民币，捐物折合 210 余万元；向毕节试验区捐款 461 余万元。据统计，我市非公企业累计参与光彩事业捐赠项目 1 881 个，捐款 15.7 亿元，捐物折合人民币 1.6 亿元。

【个体经济】 个体工商户户数减少 1.51%。截至年底，全市个体工商户实有 795 648 户，比上年减少 12 238 户，减少 1.51%。其中增加的区县有：石景山区增加 0.61%，门头沟区增加 2.05%，房山区增加 9.83%，通州区增加 18.04%，顺义区增加 6.26%，昌平区增加 7.99%，平谷区增加 3.88%，密云县增加 2.08%，延庆县增加 3.03%；其他 8 区均有减少。

个体工商户注册资本增长4.98%。截至年底，全市个体工商户注册资本实有155.484 0亿元，比上年增加7.381 2亿元，增长4.98%。

个体工商户从业人员增长1.71%。截至年底，全市个体工商户实有从业人员1 141 244人，比上年增加19 153人，增长1.71%。

个体工商户入库税收增长29.76%。年内，全市个体工商户入库税收39.521 4亿元，比上年增加9.064 9亿元，增长29.76%，其中地税32.886 1亿元，比上年增加7.497 5亿元，增长29.53%；国税6.635 3亿元，比上年增加1.567 4亿元，增长30.93%。

【私营个体经济协会】 加强私个协会组织建设。4月，市工商局党组下发《关于进一步加强私营个体经济协会私营个体经济指导服务中心组织建设的意见》（京工商［2010］4号），各区县分局认真贯彻落实，一是区县协会充实人员，全系统调配20名中青年干部到协会工作；二是聘请区县党政领导任区县协会名誉会长或顾问，聘请区县政府主要行政部门领导任副会长，聘请街、乡、镇领导为分会名誉分会长，聘请区县政府主要行政部门派出机构领导为分会会长或副会长；三是按照街、乡、镇辖区组建区县协会分会53个，按照产业特点新建行业分会14个，对分会下设小组进行调整，有会员小组5 355个。

5月，市私个协会下发《关于进一步加强私个协服务工作的意见》，提出建立健全为会员服务工作的7个平台，将服务工作常态化、制度化，下半年召开经验交流会议，推动服务工作深入开展。

年内，私个系统与邮储银行合作，积极推荐会员贷款，邮储银行放贷6 000余笔、22.78亿元；区县协会担保公司担保贷款305户、3.36亿元；区县协会向其他金融机构推荐1 165户，获准866户、贷款5.9亿元；向政府有关部门推荐专项资金支持47户，获准30户、1 782万元。

9月，在市法学会支持下，市私个协会成立了法律专家委员会、市和区县私个协会成立会员法律服务中心。各区县协会统一法律服务咨询日（每周四全天），由律师负责值班，开通热线服务电话和网上在线服务。年内，私个系统组织维权活动162场次，参加会员2 565人次，处理来信来访及法律咨询5 100人次。海淀区协会还在人保部门的支持下，成立了劳动人事争议调解中心，为会员单位排忧解难。

12月24日，市私个协会开发的“北京私营个体经济网”正式开通。网站坚持为会员服务、为社会服务、为政府服务的宗旨，设立了若干服务平台，将为本市广大私营企业、个体工商户和有关管理服务部门提供便捷的信息服务。

（市工商局　党仁先）

农村社会事业

概　述

2010年，全市农村社会事业全面进步，快速发展。农村精神文明建设工作不断深入、宣传思想工作不断创新、形式政策教育形式多样，及时有效地宣传了市委市政府的思路、政策、举措，有效引导农村干部群众迅速统一思想和行动。新农村建设新闻宣传多方开辟阵地，创新宣传形式、丰富宣传内容，为扎实推进新农村建设营造出了良好的舆论氛围。“寻找‘北京最美的乡村’宣传评选活动”顺利开展，展示了首都新农村建设的新理念、新成果，促进了城乡之间的沟通和交流，引起了社会各界和广大公众的广泛关注。第21届农民艺术节围绕“放歌美丽乡村、拥抱美好明天”的主题，不断促进和带动基层群众文化活动健康深入开展，促进了乡风文明建设。农村文化事业、教育事业、卫生事业等各方面都有了显著进步。

宣传工作及精神文明建设

【强化新闻宣传为新农村建设创造有力的舆论支持】 新农村建设宣传工作全面贯彻全市农村工作会议、宣传部长会议精神，紧密结合农村实际，切实围绕新农村建设的中心工作，不断创新宣传形式、拓展宣传外延、提高宣传成效，采取动态宣传、主题宣传、阵地宣传、重点宣传四种形式加强对全市新农村建设的新思路、新经验、新成果的宣传力度，直接涉及“三农”的报道超过2 000篇次。

一是邀请新闻媒体及时进行动态宣传。围绕都市型现代农业、小城镇建设、新型农村社区建设试点、农业综合服务体系建设、沟域经济、农村改革等新农村建设重点工作的动态进展和主要节点，邀请人民日报、农民日报等中央媒体及北京日报、北京电视台等市属新闻媒体共20多家400余人次进行了60余次集中采访，累计播发报道500多篇次。

二是以新闻发布会的形式进行主题宣传。围绕新农村建设的重点工作和政策形势，采取新闻发布会的形式进行主题突出的重点宣传：组织召开了农村工作会新闻发布会，邀请20多家中央及市属新闻媒体参加，撰写提供了10篇新农村建设成就宣传素材，集中宣传报道100余篇次。

三是建设并充分利用长期稳定的宣传阵地。继续与农民日报合办“城乡一体化”专版，作为全国性报纸上刊发的常年性宣传阵地，每周四第七版刊发一版，全年刊发了54个专版。继续与北京电视台合办全市唯一的农业电视栏目——《京郊大地》，每周播出一期，每期30分钟，全年播发了54期。继续与北京人民广播电台合办《生态北京》栏目，每周播出两期，每期30分钟，全年播发了108期。

四是围绕新农村建设发展方向进行重点宣传。在《人民日报》头版头条刊发了《新型能源点亮京郊》，在《农民日报》头版头条连续刊发了《感受北京城乡一体化》上下篇，在《经济日报》陆续刊发了《北京沟域经济》、《北京新型农村金融体系》、《北京水岸经济》、《北京城镇化》等4个专版，在北京电视台《北京新闻》中连续播发了10多篇《乡村新发现》特别报道，已经累计报道近30集。

【组织开展了2010年度“寻找‘北京最美的乡村’宣传评选活动”】 “寻找‘北京最美的乡村’宣传评选活动”经过五年的实践，成为新农村建设宣传工作的一个新品牌，吸引了社会各界和广大市民的持续关注和踊跃参与。

2010年度的“‘寻美’活动”，按照市委重新认识“三农”问题的精神，深化了“展示新农村建设成果、搭建城乡沟通互动桥梁、引导社会各界支持新农村建设”的理念，进一步营造了社会各界共建共享新农村的和谐氛围，明确了“共建美丽乡村、共享美好生活”的宣传主题。在宣传方式上采取了阶段性宣传模式：在集中宣传报道阶段，针对13个区县按照“生产美、生活美、环境美、人文美”的标准，推荐筛选了31个候选村，在BTV-1、BTV-9、北京人民广播电台、《北京日报》、《北京晚报》、《京郊日报》、首都之窗网站等媒体上开辟专栏进行了逐村宣传；在7条线路19辆公交车身上进行了为期一个月的户外公益宣传；精心设计印制了10万份《候选村体验评选套票》免费赠送给市民进行了体验宣传。在综合评选阶段，采取网络票选、报纸票选、体验评选、专家评选四种方式，按照5∶25∶35∶35的权重，进行加权综合评选，据统计有效选票800多万票，80多万人次直接参与，最终评选产生了13个“北京最美的乡村”，累计已有53个行政村获此殊荣。在评比表彰阶段，在《北京日报》、《京郊日报》上刊登了表彰专版，赠送给每一个获奖村庄一座大型的标志性雕塑，录制了《美丽乡村》主题晚会并在北京电视台的黄金时段上星播出。在成果开发提升阶段，将其作为重点环节来抓。从建设、服务、宣传等方面加强对“北京最美的乡村”的整体宣传，开展了征集LOGO、征集主题歌、编印《美丽乡村》图书、出版“北京最美的乡村”主题地图、编印《最美的乡村》主题邮册、创办“北京美丽乡村”网站等系列宣传活动，对“美丽乡村”整体形象进行包装和提升，在社会上引起了广泛关注和强烈反响。

2010年度荣获“北京最美的乡村”称号的村庄：

1. 生态农业第一村——大兴区长子营镇留民营村。从全球环保“五百佳”到“世界有机种植者”大奖，30年生态农业发展之路为留民营村赢得了“中国生态农业第一村”的盛誉。如今，沼气联村供气创造了全国使用新能源的崭新模式，与之相连的有机蔬菜生产成为北京市著名商标，生态庄园等生态旅游吸引着游客纷至沓来，已有30年历史的“千人饺子宴”凝聚着文明乡风。“生态留民营、文化留民营、宜居留民营”，生态、循环的科学发展道路在这里率先变成了生动实践。

2. 水村山郭“小十渡”——房山区青龙湖镇南观村。走进这个有着房山“小十渡”美誉的小山村，干净整洁的乡村道路、汉白玉护栏边的红花绿柳、村民庭院外墙上生动鲜活的图画，让人步移景换、如入画卷。而随处可见的山泉水更是增添了村庄的灵性，数条溪水在地下形成暗河，汇聚于村北的龙潭泉，形成了清泉群涌的奇观。村民敏锐地把握住了资源优势，把潺潺的泉水变成了增收致富的不竭源泉。如今的南观村已经变成了集休闲、旅游、垂钓、餐饮、采摘、居住于一体的乡村旅游专业村。

3. 中外合璧筑新村——朝阳区崔各庄乡何各庄村。随意走进一家看似普通的四合院，看到的却是异国风情的装饰，还有热情好客的外籍主人……全新的村民房屋组织化经营“何各庄模式”，不仅显著提高了村民收入，还帮助村庄走上了中外融合、文化兴村的独特发展道路。一号地艺术园、果园餐厅等时尚场所处处呈现出浓郁的国际艺术氛围，融文化创意产业、高端商务接洽、都市型现代农业、文化旅游产业于一体的新产业体系逐步形成，一个城市乡村、中外文化和谐相处的新农村跃然眼前。

4. 民主和谐乡风新——怀柔区渤海镇北沟村。走进栗林环绕的北沟村，随处可见慕田峪长城。漫步村中，你很容易发现一个少见的景象：大部分村民家都是没有院墙的，并且房门不上锁，和谐的乡风由此可见一斑。一部凝结着全体村民智慧的《村规民约》，不仅带来了整洁优美的生活环境，也促成了公开有序的管理氛围，同时丰富了“忠孝礼义”、闲适充实的精神生活。全市第一个对外开放村委会选举、12户国际友人常驻，都在无声证明：民主和谐的乡风才是新农村的真正魅力。

5. 京西古道小江南——门头沟区王平镇韭园村。韭园村因曾经善种韭菜得名。如今不仅有韭菜，还三季有花、四季有果，昔日的矿山煤坑已经变成了“天然大氧吧”，香椿、樱桃、京白梨、麻核桃等满山遍野。走进村里，家家门前有小桥、座座桥下溪水响，倒映着一排排古朴的石屋，俨然一派江南风光。京西古道、马致远故居、三义庙、碉楼、天然溶洞等让人不由自主地穿梭于时光隧道，彰显出这里不俗的文化底蕴。“养山富民”，韭园村走出了一条生态、文化、经济共赢的新路子。

6. 敢借青山奔富路——密云县新城子镇曹家路村。“岸边映山红，潭中冰块冻。一山分四季，胜景在雾灵。”同是这首歌谣，今天的曹家路人唱起来和12年前的感觉是截然不同的：12年前山是河北的，曹家路人心里只能是羡慕；12年来，山依然是河北的，但是曹家路人九进河北，硬是争取到了联合开发，村民“借”山走上了富裕路，村里也步入了民俗旅游和现代农业的良性发展轨道，如今心里只剩下高兴了。新农村建设，没有资源不怕，最怕的是没有创造资源的眼光和勇气。

7. 碧水环绕倚长安——通州区潞城镇大营村。在百里长安街东端，有一个被京杭大运河、潮白河、运潮减河环抱的别墅村，便是大营村了。从1998年开始，大营村便走上了生态旅游的发展道路，如今170户村民全部都住上了两层别墅，一家一园、一户一景。53户市级民俗接待户把生活资料变成了生产资料，创造了集生活、生产、生态、旅游为一体的庭院经济发展模式。历久弥新的运河孕育了大营村的发展，以水为媒、以园为介，在生态北京的大格局中弹奏出了时代的强音。

8. 方圆之道春饼香——昌平区长陵镇康陵村。“没有规矩不成方圆”，康陵村把方圆之道演绎得淋漓尽致。康陵村因守护明朝正德皇帝的康陵而得名，康陵布局为前方后圆，村庄就在方形的城墙之内。而康陵村最为著名的恰是圆圆的“正德春饼”，薄如蝉翼、白如翠玉，配上鲜嫩味美的一道道农家菜，既有北方风味，又有淮扬精华，再加上诚实守信经营这个“方”，村民借力“春饼宴”快速走上了致富路。康陵人纳方入圆、由圆化方，把小春饼做成了大品牌，创造了发展的方圆之道。

9. 花果飘香溢京华——延庆县大榆树镇岳家营村。走进岳家营村，美观的民居外墙、满眼的绿树鲜花、整洁的大街小巷让人眼前一亮。同样令人大开眼界的，是村里的订单农业，“能示范、能增收、出精品”的发展思路培育了有机蔬菜和精品花卉两大主导产业，除了供应北京市场外，他们还放眼全国乃至全球，有机蔬果远销深圳等地，精品花卉出口日本等国。同时村里还广泛使用太阳能、大力推广节能墙，始终坚持走循环经济之路。善于超前思维、勇于面对市场，正是岳家营成功的启迪。

10. 共同富裕和谐村——顺义区张镇良山村。良山村看似一个普通的平原村庄，却有着发展集体经济带动村民共同富裕的深刻内涵。多年来，村里始终坚持集体经济的发展道路，耕地由集体统一耕种，自建了种猪养殖场等集体企业，引进了莲花山滑雪场等十余家企业，村民实现了高水平的充分就业，集体经济不断壮大。以此为基础，村民的福利不断丰富和提升，不仅每月凭粮本免费领取粮油，而且还有各类奖励和补贴，健全的文化体育设施给村民带来了日益丰富多彩的精神文化生活。

11. 静山净水敬客来——平谷区熊儿寨乡老泉口村。老泉口村成村于清嘉庆年间，村西山谷中有眼清泉，数百年来涌流不止，村庄因此得名。走进村里，房前屋后是菜园，道路两旁花果园，全村是个大公园，如游画中。为了变生态优势为经济优势，村里专门成立了旅游公司，村民入股当股东，每年年终有分红，“种植精品化、养殖集约化、环境园林化、居住田园化、生活舒适化”的目标正在逐步变成现实。老泉口人立足生态、创新机制、共同致富，百年老泉正在喷涌着源源不断的新流。

12. 景观林中生态村——海淀区温泉镇高里掌村。在六环路和北清路的交汇处，一大片生态景观林中掩映着一个小村庄，那就是高里掌村了。这座曾因村容村貌差而远近闻名的村庄如今变成了一个干净整洁、绿化美化的生态大花园，南、北、西三面的生态景观林环抱着村子，从南向北依次展示着春夏秋冬四季景观，农业生态休闲园、垃圾无害化处理、生态环保公厕，村子的发展处处体现着生态环保的理念。高里掌充分利用绿化隔离带的机遇，把自己蜕变成为绿色北京里的一颗闪闪明珠。

13. 都市商务新农庄——丰台区卢沟桥乡大井村。大井村位于西南四环外，曾是市区蔬菜供应的重要基地，也曾是出京西南的必经之路，因有一口大井而得名。自2000年被列入首都绿化隔离地区以来，目前已基本形成村南生活居住区、村北生态旅游开发区的发展格局，初步形成了以商务酒店、高尔夫俱乐部、花卉园艺场为龙头，集运动、休闲、娱乐、餐饮为一体的绿色产业经济链，村庄实现了企业化管理。大井村成功走出了一条“以绿养绿”的发展道路，绿了京城，富了百姓。

【组织开展了北京市第21届农民艺术节暨首届北京乡村戏剧节】 北京市农民艺术节作为全市举办的、面向“三农”的一项群众性文化活动，迄今为止，已连续举办了20届。由中共北京市委宣传部、市委农工委、市农委、市文化局共同举办，郊区各区县大力支持和配合。实践证明，“北京市农民艺术节”已成为有一定社会影响、特色鲜明、农村群众参与广泛的文化活动。这样一项由政府发起组织、以农民为主体的文化活动，从创办到现在，一直发挥着龙头作用，有效地推动了郊区农村文化活动的普及开展，对提升农村群众文化建设水平、推进郊区精神文明建设发挥了重要的历史性作用。2011年初，北京市第21届农民艺术节暨首届北京乡村戏剧节拉开了帷幕，以“放歌美丽乡村，唱响世界北京”为主题，开展了一系列活动：

一是组织开展第21届农民艺术节开幕式暨“2010‘美丽乡村’主题电视晚会”，围绕“放歌美丽乡村，拥抱美好明天”的主题，上演了一幕幕精致的传统歌舞、相声和小品，同时还增加了别具特色的情景串联和观众互动等环节，颁奖活动巧妙地穿插其中，整场晚会独具匠心、精彩绝伦。历时2小时的演出过程中，城乡融合的氛围贯穿始终，观众热情洋溢、掌声不断、情绪高涨。

二是举办首届乡村戏剧节。戏剧、曲艺原创节目大赛。本着“弘扬民族优秀文化，服务现代乡村发展”的目的，本次乡村戏剧节突出了形式与内容的有机结合，着力倡导利用传统形式表现现代生活，鼓励和引导群众自编、自演的创新作品和优秀作品，促进戏曲在郊区的传承和发展。戏剧大赛一共上报51个节目，经过初赛、复赛的评定，最终决出了18个获奖节目，其中7个节目在农民艺术节颁奖现场展现。一等奖：通州区文化馆选送的戏曲小品《宴门官》、丰台区卢沟桥乡人民政府选送的相声《非常嘉宾》；二等奖：密云县文化馆选送的话剧小品《绿色农家》、房山区文化馆选送的小品《搬家》、平谷区文化馆选送的小评戏《十二尺巷》、昌平区文化馆选送的快板《看看咱们的新农村》、大兴区文化馆选送的快板《宠儿自白》、海淀区文化馆选送的快板《四面八方北坞人》；三等奖：丰台区文化馆选送的评剧表演唱《喜看果园村》、门头沟区文化馆选送的小品《理解》、对口快板《我们也算北京人》、大兴区文化馆选送的评剧小品《拆迁》、顺义区文化馆选送的京剧小品《绿港——蓝天》、怀柔区文化馆选送的小品《拉选票》、京东大鼓《采桑葚》、山东快书《猫鼠新编》、朝阳区文化馆选送的数来宝《数唱老北京》、房山区文化馆选送的相声《美食家》。

三是举办首届乡村戏剧节。农家院职业技艺擂台赛。秉承适应都市型现代农业和乡村旅游产业发展需求，宣传树立当代农民的就业观念和创业观念，引导农民掌握新的职业技能，创造特色文化，丰富乡村旅游的活动宗旨。10个远郊区县积极参与，每个区县推选出一个代表本地区地域文化、农民生活特色的农家院进行现场展示。共有近40道特色农家饭菜、地方民俗小吃、30余项特色民间手工艺制作、20余场带有地域文化的花会演出等参与比赛，500余人参与其中。同时，还与北京电视台生活频道《食全食美》栏目组合作，将本次比赛的盛况录制成春节期间的特别节目——“京郊‘食’份快乐”，从正月初一到初十，在黄金时段播出，引起了市民广泛关注和阵阵好评。最终经过综合评选，延庆县的炒干娄、密云县的老汤鱼头、怀柔区的满族特色大油饼、平谷区的石锅五禽鸡、顺义区的菜饽饽、通州区的炸咯吱、大兴区的麻香饼子夹咸鱼、房山区的风味鲟鱼片、门头沟区的自制粉条、昌平区的倭瓜炖虾球，获得“金凤凰”厨艺奖；延庆的豆塑、密云的木节画、怀柔的灯笼、平谷的烫葫芦、顺义的中国结、通州的面人、大兴的手工绣花鞋、房山的京绣、门头沟的蝶翅画、昌平的压画，获得“金凤凰”技艺奖。

四是举办首届北京“聚焦美丽乡村”主题摄影大展。摄影大展对过去五年的“寻找最美乡村”活动进行了回顾和总结，位于首都图书大厦的展览让广大市民零距离直观感受到了五年来“寻美”的丰富成果，以及京郊在城乡一体化过程中的巨大变化。首届北京“聚焦美丽乡村”主题摄影大展分纪实、人物、风光三个类别征稿。经过专家评选，109幅作品从参评的2 000余幅作品中脱颖而出，其中特级收藏作品1幅、一级收藏作品3幅、二级收藏作品6幅、三级收藏作品9幅，优秀作品90幅。同时，有许多作品被推荐参加由市委宣传部、市政府新闻办主办的“2010年人文北京群众摄影大赛”。

五是举办首届“北京·美丽乡村”书法艺术展。此次展览从5月份开始筹备，截止到8月底，共收到各类作品370余幅，经过专家评审，共甄选出165幅体现郊区县书法艺术的最高水平、展示京郊大地上数以千计的书法艺术家们的精神面貌和艺术造诣的作品。对团结广大郊区书法爱好者，提高郊区群众书法艺术水平起到重要意义。

【承办了国家级文化活动“首届中国农民艺术节”】 首届中国农民艺术节由农业部、文化部、中国文联主办，北京市委农工委、市农委、全国农业展览馆、中国民间艺术联合会承办，是我国首次举办的国家级农民艺术节，旨在搭建农民艺术展示、交流及其特色艺术资源抢救、保护、传承和利用平台，加快农村非物质文化遗产的保护，展示我国当代农民的新形象、新风貌。在“农村文化农产品‘一村一品’”展览中，北京市共有31个类别200余件展品以不同展示方式亮相，彰显了北京农村的文化底蕴。北京代表团荣获“最佳组织奖”、“最佳展台设计奖”两项大奖，其中5人被评为先进个人。选送参加农民艺术节开幕式和专场演出的节目“女子中幡”、“扎风车”获得组委会颁发的“精粹奖”和“优秀作品奖”。布糊画、草编、易拉罐金属画、面人由、曹氏风筝、插花等12项被评为优秀项目。12件作品获得优秀作品荣誉称号。两位农民艺术家的易拉罐金属画、蝶翅画共4幅作品被中国农业博物馆永久收藏和展出。

（市委农工委宣传处　顾崇华　王　楠）

农村文化工作

【加强公共文化服务设施网络建设】 全市已形成市、区、街道（乡镇）、社区（行政村）四级公共文化设施网络，采取优先建设乡镇、街道级文化中心，逐步完善行政村、社区基层文化设施的原则，努力实现全市乡镇、街道和行政村、社区文化设施建设的全面覆盖。初步形成了以首都图书馆、北京文化艺术活动中心、首都博物馆、北京画院等大型文化设施为骨干，以城乡四级相应文化设施为基础，覆盖城乡、结构合理、功能健全、实用高效的公共文化服务设施网络。

【建立覆盖城乡、惠及全民的公益演出体系】

1. 面向郊区的“周末场演出计划”。为缩小城市与农村之间的差别，丰富京郊百姓的文化生活，促进此类地区演出市场化运作，培育演出市场，自2006年推出了“周末场演出计划”。“周末场演出计划”是在标准室内剧场举行，政府仅对演出院团和剧场的成本给予一定补贴，不足部分由剧场通过市场化运作以低价售票的方式来解决，从而使以往在城区扎堆的演出开始进入郊区市场。远离城区的延庆、门头沟等12个京郊区县的城镇居民每周都能够在当地剧场以10～30元人民币的价格观赏到高质量、高水准的各种文艺演出。

2. 面向农村的“文艺演出星火工程”。为了弥补农村地区居民文化生活不足，于2006年推出了“文艺演出星火工程”，以政府购买服务为方式，专业院团和经过考评的区县业余文艺演出团队直接进入乡村，村民们不出村、不花钱就能够欣赏到精彩的文艺演出，到2010年已基本实现了全市每个农村行政村每季度观看一场现场文艺演出的目标。

【积极推进公共文化服务体系建设】 市文化局承担了政府实事第37项任务，即“完成6个街道文化中心和202个行政村多媒体综合文化中心建设”。市财政局批复了6个街道文化中心设备经费231.18万元，业已拨付两区文化委进行政府采购，2010年底前完成。召开专门会议，部署7个区县加强202个行政村多媒体综合文化中心运营管理。为了规范标识，方便群众参与，市文化局和7个区县文化委共同设计制作了202个牌匾，11月初安装完毕。为了完善街道文化中心（即市政府折子工程第163项），实施文化惠民工程，在局领导的指导下，选取29个未建有街道文化中心的街道，在用地紧张的情况下，利用街道辖区内条件较好的社区文化活动室，通过高配设备的方式，增加社区设施的辐射范围，满足群众的需求。市财政局批复了29个街道社区文化中心设备资金，共计464.58万元。

【加强公共文化服务人才队伍建设】 为了加强行政村和社区文化队伍建设，市文化局选择延庆县大榆树镇和昌平区大型社区开展群众文化组织员试点工作

（人文北京折子工程第 67 项）。文化组织员试点工作的主要目的在于，通过建立相应的人员规章制度，解决基层公共文化设施无人管理、群众文化活动无人组织和基层群众的公共文化权益无法得到保障等突出问题。大榆树镇以推行文化组织员聘任制为突破口，在全镇 25 个行政村开展了试点工作。为了探索文化资源管理长效机制，该镇出台了文化组织员的选拔、管理和考核等文件，形成了较系统的管理制度。昌平区文化委高度重视大型社区群众文化组织员试点工作，专门成立了试点工作领导小组，制定了详细实施方案，为下一步的深入试点打下了良好的基础。这两区县的试点工作，为推进全市试点群众文化组织员工作，做了有益的探索，提供了实践经验。

【稳步推进全覆盖的公共图书馆服务体系】 北京市各级公共图书馆，根据北京市文化发展规划，积极推进服务网点向街乡、社区（村）扩展，努力开辟公众获取信息与知识的渠道，实现公平、均等的图书馆服务，让农民工方便地阅读各类图书文献。

以北京市公共图书馆计算机信息服务网络为基础，统筹规划、分步实施，通过联网检索、通借通还、数字资源阅览等服务，把文献信息服务辐射到百姓身边，不仅促进了城乡图书馆一体化发展，又维护了农民工平等享受基本文化的权利。

全国文化信息资源共享工程，丰富农民工的精神文化生活。全国文化信息资源共享工程是由文化部、财政部共同组织实施的一项公益事业，北京市分中心在实现了文化信息共享工程基层服务点在本市全覆盖的基础上，进一步加强有针对性的资源建设，注重对农民工的服务。通过北京市分中心、各区县支中心、街道、乡镇、村各级基层服务点，随时为农民工提供有关农民工的就业、务工技能讲座以及各类相关的图书。覆盖全市的服务点，丰富的文化、科技、娱乐等信息资源，及大地丰富了农民工的业余生活。

为发挥公共图书馆引导公众阅读的职能，全市各公共图书馆积极开展了送书下基层活动，将图书送到农民工身边，为使他们便捷地获取各种专业技能及文化知识做出了努力。首都图书馆汽车图书馆充分利用车辆的机动性，根据读者需求定期为外来务工人员配送图书，此项活动受到了服务网点的欢迎和认可。现汽车图书馆服务网点中，为外来务工人员服务的网点为 9 个，2010 年汽车图书馆为外来务工人员送书下基层 17 次，配送图书5 378册次，还书4 771册次，累计行驶1 420公里。

为打工者的子女文化需求服务。自 2004 年 8 月起，朝阳区图书馆先后为腾龙、华城、皮村等打工子弟小学建立了图书室，定期配送图书，赠送学习用具，每逢六一，还邀请打工子弟小学的孩子们走进图书馆，感受图书馆里浓浓的书香氛围。2010 年“4·23世界读书日”，朝阳区图书馆还特意邀请皮村打工子弟小学的师生，参加了“2010 年朝阳区全民阅读活动启动仪式”，现场为学校赠送新书 100 册。怀柔镇张各长小学有 4/5 学生是外地农民工和外来务工人员子女，为使他们的子女也能和其他孩子们一样，在同一片蓝天下，同学习共成长，5 月 10 日，怀柔区图书馆来到怀柔镇张各长小学，特为学校送去 1 000 册关于儿童文学、科普知识等方面的精美图书和 200 份崭新的学习用品，受到孩子们热烈欢迎。燕山地区四所中小学捐来的两千余册图书，全部捐给了房山区农民工子弟校“民仁学校”。

在开展送书、建立图书点的同时，各公共图书馆还开展了多样的阅读活动。丰台区青少年儿童图书馆在青少年剧场承办了“新蕊计划——2010 北京家庭教育公益大讲堂”活动。燕山图书馆充分利用图书馆的音像资料，对小读者进行安全、德育、美育等方面知识的教育，组织他们走进图书馆，观“看英雄故事 做爱国公民”电影展播。丰台区青少年图书馆在丰体时代小学成立了小记者培训基地，培养更多的打工子弟成为小记者。

（市文化局 张 悦）

农村教育工作

【统筹城乡，加快首都基础教育一体化发展】 2010 年，北京教育公平保障水平进一步提高。北京教育投入继续向农村地区、薄弱学校等重点领域倾斜，市级财政对农村地区转移支付 31.84 亿元。北京市自秋季起免除城八区公办学校义务教育阶段在校生教科书费。至此，北京市实现完全免费义务教育，包括对义务教育阶段学校的所有学生免收杂费、教科书费。对山区学生、城乡低保家庭学生、特殊教育学生（含随班就读）、工读学校学生做到“三免两补”：即：免杂费、教科书费、寄宿生住宿管理费，发放学习补助和寄宿生活补助。以上学生减免政策所需资金，全部由政府财政承担，每年惠及义务教育阶段学生 100 余万人。

【学生综合素质整体提升】 2010 年，市教委深入开展社会主义核心价值体系教育，开展“三个北京”主题教育实践活动，完善中小学生社会大课堂建设，“牵手计划”实现 26 万人次农村学生和来京务工人员子女共享新建设成果。推行“阳光体育证书”制度和“国家学生体质健康标准”达标计划，加强“健康促进学校”和中小学卫生保健所建设，百万名学生积极参加世界音乐教育大会等艺术和科技活动，学生综合素质进一步提升。

【加速城乡教育一体化进程】 2010 年，市教育系统通过多种方式加速城乡教育一体化进程。继续开展百对城乡中小学手拉手活动，探索新的对口交流形式，提高活动的实效性；继续开展首都高校对口支援远郊农村中小学活动，各高校利用自身优势对农村中小学给予了力所能及的帮助；通过教学视导、现场评课和面对面的教学指导，有效地提高了远郊农村中小学教师的实际教学水平。

【提高农村学校教学水平】 2010年，市教委采取多项措施提高远郊区县农村学校教学水平。主要通过教学视导、现场评课和面对面教学指导等措施，指导远郊农村中小学教师，提高实际教学水平。

【提供农民教育培训服务】 2010年，市教委继续开展"送教下乡"、"科教兴村"活动。市教委充分发挥职业学校的专业和地缘优势，紧密结合新农建设、农产品生产和营销，采取"校村结合"、"一校包一村，一村办一班"等形式，开展农业实用技术培训、农村劳动力转移培训，为农民致富提供教育培训服务。

【加强农民教育工作队伍建设】 2010年，市教育系统加强农民教育工作队伍建设。市教委指导区县加强农村成人教育专职工作者队伍建设；组织专家对各区县农村成人教育管理干部、乡镇成人学校校长开展专题培训，提高专业化水平和工作能力，为农村成人教育工作持续发展奠定基础。

【开展示范性乡镇成人学校评估】 2010年，市教委开展示范性乡镇成人学校评估。该评估按照修订后的《北京市示范性乡镇成人学校评估细则》，本着"以评促建、以评促改、以评促发展"的原则，组织专家系统评估，认定房山区韩村河镇成人学校、怀柔区北房镇成人学校等8所学校为北京市乡镇成人学校示范校。2010年，市教委还指导66所示范性乡镇成人学校完善学校管理。

【评选北京市农民教育培训优秀项目】 2010年，市教委评选北京市农民教育培训优秀项目。该评选按照公开、公正、公平和服务农民、质量效益优先的原则，共有来自各区县乡镇和学校农民培训项目98个参加申报，经专家评估，认定北京市顺义区第一职业学校的"农村劳动力转移培训"等15个项目为一等奖，延庆县旧县镇成人学校的"蔬菜种植与管理技术培训"等26个项目为二等奖，密云县不老屯镇成人学校"鸭梨栽培与管理技术培训"等33个项目为三等奖。至2010年底，全市共有40万名农民参与各类实用技术培训。

（市教委　马　可　魏旭斌　陈　斌）

【认真做好农村实用人才培养工作】 采取多种方式开发培养农村实用人才。2010年，不断深化专家培养帮带工作，充分利用社会资源，在专家"一对一"培养模式基础上继续创新，不断提高农村实用人才的培养质量。2010年新增农村实用人才8 128人，全市农村实用人才总数达到32 294人，占农村劳动力总数的1.9%，队伍规模进一步扩大，素质进一步提高，结构进一步优化，全面完成了"十一五"期间农村实用人才开发培养任务。

广泛开展农村实用人才培训。7月份市委农工委按照农民专业合作经济组织、种植、养殖、民俗旅游四个专题，举办了全市优秀农村实用人才带头人示范培训班，来自全市13个区县的近300名优秀农村实用人才参加了培训，经过考试，277名学员顺利取得了国家人事部门认定的职业资格技能证书。

举办农村实用人才创业成果展示推介活动。4月份，在玉渊潭公园成功举办了为期5天的北京市农村实用人才成果展示推介活动，共展出13大类3 500余项作品，接待中外游人16万余人次，交易额达到509万元，通过观众评价、专家审核，共评出获奖产品111项，为普通市民了解新农村、了解农村实用人才搭建了平台，取得了良好的经济和社会效益。牛有成同志参观后指出，农村实用人才"有市场、有人才、有资源、有希望"，并要求农村实用人才的培养要在农村实际与市场要求的结合上多研究一些政策，多创新一些机制。

组织农村实用人才积极参与"农情绿意"秋实展。9月20日至10月10日，我们采取市场化运作的方式，组织各区县农村实用人才创业成果参加了玉渊潭公园举办的第二届"农情绿意"秋实展。20天的展示推介期间，共展出11大类2 000余种产品，接待中外游人7万余人次，交易额近60万元，为今后农村实用人才创业产品市场化进行了有益的探索。

开展第二届"北京市有突出贡献的农村实用人才"表彰奖励。7月份，经各区县申报、专家评定和社会公示，并报市委、市政府批准，10名郊区农村实用人才在全市人才工作会上荣获"北京市有突出贡献的农村实用人才"称号，每人获得3万元的奖励。表彰活动有效扩大了农村实用人才在全社会影响力，向社会公众展示了农村实用人才的精神风貌。

（市委农工委干部处　刘继锋　李晟龙）

农村卫生、农村新型合作医疗

【概况】 2010年，北京市农村卫生工作以落实本市医药卫生体制改革各项任务为主线，加快新型农村合作医疗制度建设与管理，开展农村卫生有关政策研究，强化农村医疗卫生机构服务功能和内涵建设，让广大农民享受到便捷、优质的医疗卫生服务。

【新型农村合作医疗】 完善新型农村合作医疗制度，提高农民医疗保障水平。2010年，全市参合人员278.53万人，参合率96.7%；人均筹资520元，全市筹资总额14.86亿元，其中市、区、镇三级政府筹资比例达到87%。截至2010年底，新农合政策范围内住院费用报销比例为60.02%，门诊报销比例为41.05%。

从2010年初开始，新农合就面临与医保制度进行整合的形势。北京市卫生局一方面树立服务医改的大局意识，配合编制和人力社保部门，为制度整合提供新农合运行情况信息，并对整合设计提出意见和建议；另一方面，继续加强全市新农合的综合管理工作。

一是落实卫生部要求，拟定了提高农村儿童重大疾病医疗保障水平的具体工作方案。优先选择几种危及儿童生命健康、医疗费用高、经积极治疗预后较好的重大疾病开展试点，通过新农合制度和医疗救助制度紧密结合，探索有效的补偿和支付办法，提高对重大疾病的医疗保障水平。

二是对下一阶段新农合制度建设工作开展调查研究。2010年是市政府2007年确定新农合筹资的稳定增长机制的最后一年，对于此后新农合的发展尚没有政策支持。为此，北京市卫生局积极开展了关于新农合新发展阶段的政策研究，形成建议报告，提出提高新农合筹资、保障水平和信息化程度，稳步实施市级统筹的设想，逐步将新农合向农村居民的基本医疗保障制度推进。

三是指导各区县规范新农合基金监管措施，确保各级财政补助资金及时、足额到位。健全监管机制，加强对基金运行情况的分析和监控，确保专项基金安全运行。12月份对区县新农合工作进行了督导检查，全面了解全市新农合制度及新农合基金运行等情况，有利于发现并及时解决问题，促进新农合制度健康发展。

四是推动新农合村级定点工作。各区县加强村卫生室规范管理，将符合条件的村卫生室逐步纳入新农合定点医疗机构范围。目前，朝阳区、丰台区和密云县已将405个村卫生室纳入新农合定点范围，方便村民就近就医。

【农村卫生政策】 开展农村基本公共卫生服务绩效调查。为了解近年来农村基本公共卫生服务的实施情况，我们选取了三个分别处于不同功能区的区县，从供需双方的视角对2007—2009年镇村基本医疗卫生服务的供给绩效进行初步评估。在总结成绩、发现不足的同时，提出了下一步工作思路。

开展农村机构定位研究。为提高乡镇医疗卫生机构服务能力，准确定位乡镇医疗卫生机构服务功能，委托首都医科大学开展了《北京市农村乡镇医疗卫生机构功能定位研究》，在部分区县实地开展调研，形成调研报告。落实举措写入社区卫生改革与管理工作会议纲领性文件。

【乡村医生管理】 开展农村基本医疗卫生工作综合评估暨农村初级卫生保健终期评估。根据《卫生部办公厅关于开展农村基本医疗卫生工作综合评估的通知》要求，制定并印发《北京市农村基本医疗卫生工作综合评估的通知》，2010年11—12月在13个涉农区县开展农村基本医疗卫生工作综合评估。11月11日，召开评估工作启动会议，同时按照卫生部有关要求，聘请国家制定评估指标的专家对有关指标进行了讲解和培训。通过近一个月的自查自评、填报数据、总结分析，按照卫生部有关要求如期上报了北京市农村基本医疗卫生工作综合评估报告和延庆县、密云县农村卫生工作相关数据。

补充办理乡村医生城乡居民养老保险。为解决2008年因各种原因未能在规定时限内办理养老保险手续的乡村医生的养老保险问题，2010年经市政府同意，市卫生局与市人力社保局、市政局联合印发《关于补充办理乡村医生城乡居民养老保险工作的通知》（京卫基层字［2010］12号），并组织区县实施。

向乡村医生免费赠送《健康报·村医导刊》。根据《卫生部关于开展2010年度免费赠送〈健康报·村医导刊〉工作的函》的要求，继续开展向乡村医生免费赠送《健康报·村医导刊》工作。2010年全市订阅6 000份，通过北京邮政系统向全市乡村医生免费发放，市卫生局承担报纸发行费用。该报刊内容涵盖卫生政策、法律法规等信息解读、医疗、公共卫生、预防保健、康复、用药等方面的基层适宜技术及传统医药、保健养生等知识的传播。

评选全国优秀乡村医生。根据《卫生部办公厅关于开展2010年全国优秀乡村医生评选表彰活动的通知》（卫办农卫发［2010］73号）要求，经过各区评选、逐级推荐、专家审核、党组通过的一系列程序，推选了两名全国优秀乡村医生，分别为丰台区王佐镇南岗洼村卫生室乡村医生付振生和顺义区张镇乡良山村卫生室乡村医生王少明，其中付振生作为北京市乡村医生代表参加了卫生部召开的全国优秀乡村医生表彰大会，并接受了中央领导接见。

（市卫生局　李志敬）

农村计划生育

【概况】 2010年，市人口计生委按照“小人口”不放松，“大人口”统筹推进的工作思路，扎实工作，低生育水平保持稳定，统筹解决人口问题取得新进展。全年，常住人口出生14.65万人，计生率95%。

着眼于首都人口规模调控，人口战略研究取得积极成果。2009年，市委常委会要求“由市人口计生委牵头，会同有关区县和部门，开展首都城市人口承载规模的分析研究，加强科学管理，推动首都人口与经济、社会、资源、环境全面协调可持续发展”。市人口计生委会同13个委办局和8个区县，聘请有关专家学者，完成了课题研究。结合市委、市政府和市政协的调研任务，市人口计生委围绕人口规模、人口老龄化、流动人口、人口分布、管理体制等10个专题开展了2010年人口战略研究工作。

“十二五”规划编制工作启动，信息化建设进一步加强。牵头编制《北京市“十二五”时期人口发展和调控规划》，会同市发改委、市公安局等委办局多次召开《规划》讨论会，不断完善《规划》内容。稳步推进《北京市“十二五”时期人口和计划生育事业发展规划》。人口信息化建设全力推进，全员人口数据库建设步伐加快。全面完成全市10年来出生人口基础信息核查，协助完成“六普”相关工作。

流动人口服务管理不断强化，“一盘棋”工作成效显著。贯彻落实《流动人口计划生育工作条例》和国家人口计生委流动人口计生“一盘棋”工作“三年三步走”要求，流动人口服务管理工作取得很大成效。牵头召开环渤海区域“七省一区两市”参加的流动人口服务管理区域协作会议，签署了加强区域合作的系列文件，推动区域合作向纵深发展。在全市实施流动人口和人户分离人员计生工作“一盘棋”方案。据统计资料显示，全市已婚育龄妇女孕检率85%，为实行计生的已婚育龄妇女提供免费技术服务率89%，在京居住半年以上的流动人口计生率达到87.3%。继续开展“关怀关爱”活动，对采取长效避孕节育措施流动人口已婚育龄妇女实施一次性奖励。在流动人口计生聚集区建立图书角已达300个。

继续坚持党政一把手亲自抓，负总责，综合治理人口问题，坚持“一票否决”制度，市长继续与区县长签订目标管理责任书，各级人口计生领导小组充分发挥作用，低生育水平继续保持稳定。

宣传教育四大体系建设进一步完善。突出“倡导婚育文明，构建和谐家庭”的核心理念，以“婚育新风进万家”活动为载体，不断加强和完善媒体、环境、人口文化和资源四大体系建设。大力宣传实行计划生育30年的巨大成就，开展“7·11世界人口日文艺调演”、全市百家和谐标兵家庭评选、纪念《公开信》发表30周年大型系列宣传活动，在北京卫视播出《心系国策，共建和谐》大型文艺演出，在《北京日报》等新闻媒体宣传国策成就。积极营造良好的人口文化环境，以18个人口文化公园为龙头，以基层人口文化室、人口文化一条街等为基础构筑了三级人口文化网络阵地。人口文化园被评为北京市市级国家行政机关优秀创新项目。继续推进“首都市民生命全周期健康教育行动计划”工程，编印《成长的烦恼——初中生校园故事》、《最美的花季——高中生青春故事》各40万册，向全市中学生免费发放，为促进青少年健康人格发展起到了引导作用。

政策法规体系不断完善，依法行政水平进一步提高。将修改《北京市人口与计划生育条例》列入了市政府2011年立法计划。加大部门协调力度，努力解决事实收养、涉侨生育等历史遗留问题。推进依法行政，严格执行生育政策和再生育审批，继续做好社会抚养费征收工作。市人大领导和人大代表对全市贯彻执行《北京市人口与计划生育条例》情况进行调研时给予肯定。坚持政府信息公开，畅通信访渠道，全市人口计生系统共受理群众来信、来访262 971件次，多年保持无越级上访等重大信访案件。

加强服务体系建设，提升优质服务水平。将计生服务网络纳入《2010—2011年北京市深化医疗卫生体制改革方案》之中。落实《北京市“十一五”时期人口和计划生育服务体系建设规划》，怀柔、大兴、顺义、密云等区县服务中心已新建并投入使用，人口计生服务网络向标准化规范化迈进。开展“国优”单位“回头看”活动和争创“全国计划生育优质服务示范站”活动，促进全市优质服务水平不断提高。继续向全市已婚待孕和怀孕3个月内的准妈妈发放叶酸。投资700余万元，为全市15万对新婚夫妇免费发放婚育健康服务包。开展计划生育科技大练兵活动，推动免费孕前优生筛查、非意愿妊娠综合干预模式和避孕方法知情选择服务标准的研究和培训。

关注民生，不断完善利益导向体系。组织对现行生育政策和有关惠民政策与计生政策相衔接问题调研，筹备全市利益导向机制工作大会。落实奖励扶助14 495人，发放扶助金1 739.4万元；落实独生子女伤残家庭特别扶助对象9 752人，发放扶助金1 872.384万元；落实独生子女死亡家庭特别扶助对象6 244人，发放扶助金1 498.56万元。继续开展贴息贷款扶助困难计生家庭发展生产工作，全年发放贴息贷款2亿元，扶持5 000余户困难计生家庭发展生产致富。各区县也积极探索利益导向的途径，探索了部分困难计生家庭帮扶救助项目资金、在农村产权和林权制度改革中设立独生子女父母奖励股等帮扶形式。

加大干部培养力度，不断提高干部综合素质。根据市委关于加强交流、加大干部培养力度的要求，研究制定了《北京市人口计生系统干部挂职锻炼实施方案》。与北京大学联合举办市、区两级干部培训班。组织全委50岁以下干部分两批进行了信息化与电子政务培训，并全部通过了考试。继续组织市区两级干部参加素质教育讲座，积极组织村居专干参加生殖健康咨询师考试。

【市政府召开人口和计生工作会】 3月12日，大会总结了2009年全市人口计生工作经验，部署2010年的任务。市委常委梁伟出席并讲话。市政府副秘书长侯玉兰主持。会上授予中组部等74个单位为北京市人口和计划生育工作红旗单位，授予全国政协等62个单位为北京市人口和计划生育工作先进集体，授予1 404人为先进工作者。顺义、大兴、延庆代表区县做大会发言。

【顺义区抓好六大机制建设】 全区户籍人口58.1万人，居住半年以上流动人口15.3万人，常住人口73.4万人。户籍人口出生6 017人，其中，政策外出生230人，政策符合率为96.2%。完成《顺义区早期意外妊娠后人工流产原因分析》、《顺义区人口规模现状及调控措施研究》、《顺义区农村新生儿入非情况调研》调研。

推行“和谐家庭促进计划”，为五类家庭入户指导20 000余人次。针对新婚家庭和怀孕家庭，启动了“健康生育计划”。为4 153对新婚夫妇发放婚育健康服务包。全年发放叶酸增补剂5 200余人份。针对婴幼儿家庭，举办了顺义区“牵手父爱　健康成长”亲子游戏大赛。编印《0～3岁婴幼儿智能提升指南》5 500册下发到婴幼儿家庭中。针对有生殖系统疾病家庭，结合两癌筛查，7万余名群众接受了免费健康检查。其中对农村采取长效避孕措施体检14 238人。组织健康、亚健康人群进行体能测试、动脉硬化检测、糖尿病风险评估共计1 339人。

全区有奖扶对象1 913名，特扶对象363人。在市级奖扶特扶基础上，该区为男孩家庭奖扶对象每人每年发放区级奖励扶助金600元，女孩家庭每人每年800元。为死亡和伤残特扶对象每人每年发放区级特别扶助金1 200元。同时，19个镇全部出台了镇级奖扶政策。2010年，区镇两级共投入奖扶、特扶专项资金303.27万元，其中，区级投入比上年增加47.506万元。

全区有12 172人享受农村养老补助金，发放额达1 726万元。129个村增加了发放额度。最高的天竺镇岗山村每人每年发放7 680元。

自2002年贴息贷款工作在全市推广以来，该区一方面争取增加贷款额度，另一方面帮助群众跳出“农门”，引导被扶持户经营项目由一产逐渐向二、三产业延伸，培养致富带头人，取得了效果。2010年，市3 000万元贴息贷款扶持600户独生子女低收入家庭致富，人均年收入增加2 890元。第七期区100万扶持资金扶助了40个农村计生低收入户发展生产。在市计生协的帮助下，利用120万元“幸福工程”款，扶助118户下岗失业计生家庭脱贫致富。

2010年，区人口计生委与河北等外省市和朝阳区等外区县初步建立了流动人口服务管理区域协作机制，协作双方在流动人口的计生服务、宣教、孕情监测、信息交流、社会抚养费征收等方面达成一致，并出台了《顺义区人口计生委关于做好流动人口和人户分离人员计划生育服务管理的规定》，推动了流动人口和人户分离人员计生“一盘棋”管理。全区范围内发放流动人口违法孕育协查通报12份，给户籍地发函5份。

元旦春节期间全区镇街、区直市属单位、驻顺部队集中性开展人口计生宣教活动1 085场次，走访慰问独生子女户、村级专干、计生先进人物等2 810人。为纪念第21个世界人口日，各村居选送260个节目参加了镇街级组织的文艺汇演，区人口计生委举办了全区“倡导婚育文明，构建和谐家庭”世界人口日文艺汇演。年内表彰了125户和谐标兵家庭。在第11个“男性健康日”下发1 000套《细节成就健康男人》指导书。4月15日在李桥中学举行“青春健康”技能培训会，20所中学参与到“青春健康”项目中。与区教委联合发放首都市民“生命全周期性健康教育”系列丛书《成长的烦恼》、《最美的花季》，在初高中生中广泛开展读书征文活动。

全区建立镇村级人口文化园111个，规范基层人口文化活动室60个，并配备了人口计生图书和书柜，统一安装了展板及标牌。开展关爱女孩行动，扶助90名家庭困难的在读高中或大学成绩优异的独生女孩，为每个女孩发放了400元扶助金和一套励志书籍及印有“关爱女孩”字样的雨伞。

区人口计生系统从2009年11月至2010年9月，全面开展了出生数据核查。通过将WIS中出生人口与近10年来公安户籍人口、卫生院出生人口以及幼儿园小学在校学生信息的核对，补报遗漏的出生数据。截至2010年9月，全区共补报往年出生1 012人，其中政策外出生81人。年底完成了全区58.5万户籍人口个案信息的录入。

全区因年龄、学历和工作能力问题共调整专干14人。2010年，为工作满20年专干兑现一次性奖励26人。按时为68名离任专干兑现月补贴100～150元。

全区收到幸福工程捐款53 622元，全部上缴市计生协。区计生协联合5家大企业和驻顺部队与30个计划生育困难户结对子，基层232个独生子女困难家庭受到帮助。连续两年实施独生子女家庭就业促进计划，解决300名计生家庭劳动力就业。

【大兴区加大人口统筹协调】 全区户籍人口共出生5 478人，其中计划内出生5 213人，计划外出生265人，计生率为95.16%。晚育率为78.63%。共办理再生育审批371件，办结371件。收到群众来信、来访、电话及电子访共计7 755件，其中举报类8件，咨询类5 254件，求决类2 493件，已经全部予以核实、解决，群众对此基本满意，没有出现行政复议和行政诉讼案例。

利用全区避孕药具免费发放网络提供安全有效的避孕药具服务，全区网点总数为1 423个；利用三级人口学校网络开展各类健康讲座500余场；咨询宣传22 500余人次。利用三级计划生育技术服务网络开展生殖健康技术服务，共为56 000余人次已婚育龄群众进行了生殖健康检查并建立档案；免费计生手术5 424例，术后随访5 279例，随访率达97%。

年内发放独生子女父母各项奖励费650万元；奖励扶助对象1 225人，独生子女死亡和伤残家庭特别扶助对象320人的扶助金全部及时发放至个人手中；完成贴息贷款1 535.7万元，扶持281户独生子女家庭增收致富；共为418户兑现利息122.6万余元。

全区基层共申报项目19个，经审查评估确认重点实施6项，其余13个为一般项目。

全区已投入215万元用于西红门镇的村庄社区化管理、瀛海镇的人户分离人员管理、采育镇的区人口素质教育基地、旧宫镇药具发放网络建设等项目的启动。

大兴电视台播出了10个专题片，《大兴报》做了4个人口计生专版，刊登信息40多条；全年在市级以上新闻媒体发表文字消息110多篇，市人口计生委网站登载300多篇。创作的纪录片《奶香飘出的幸福》荣获中国广播电视协会举办的第二届“生命的钥匙——中国家庭纪录片周”作品三等奖，区人口计生委还被授予特殊贡献单位称号。

创办《大兴人》杂志。已经出版三期，共计24万册，全部免费发放。全区各级共投入66万元，组织基层计生专干等2 000多人参与，自下而上进行笔试、预赛、决赛共达23场的“三基”药具知识竞赛。

《公开信》发表30周年之际，历时8个月，组织了一台千人演、万人看的人口文化宣教大戏。创作了一系列宣传品。一是各级人口计生宣教部门制作了大批围裙、购物袋、小扇子、折叠凳、小按摩器等数十种家居实用宣传品20万个；二是结合大兴区两条地铁线路的开通，定制了一万张市政公交一卡通，设计了四种卡片宣传帖，贴在卡的背面进行发放；三是随着家庭电脑的普及，U盘被广泛使用，在发放的U盘内设计flash动画，只要插入U盘，电脑就会自动播放简短动画，进行计生常识和惠民政策的宣传，同时公布了大兴人口计生委的咨询电话和网址；四是请大兴电台录制了人口计生政策播音节目，除了在网上进行视频直播以外，还将把声音文件制成SD卡，配上插卡式收音机进行发放，达到了能够反复收听的长期宣传效果。

全区668个计生协会组织，其中一类协会有295个，二类协会有279个，三类协会有69个，流动人口协会25个，基层会员已达62 356名。同时，在建立7个市级示范会员之家的基础上，审核评定了榆垡镇求贤村、长子营镇留民营村等8个区级会员之家，并投资30万元，用于会员之家的房屋改造、装修和宣传展板的制作。

加大多方配合力度与卫生局进行多项合作。一是利用18家免费定点医疗机构，依托卫生系统建立的162个社区计生服务站为广大育龄妇女开展生殖健康服务；二是开展出生缺陷一级预防，利用优生优育培训班做好叶酸的免费发放工作，全年共为3 000余位准妈妈发放叶酸1.2万余瓶；三是加强避孕药具不良反应监测工作，2010年，监测上报国家避孕药具不良反应251例，不良事件134例，为国家避孕药具采购决策，避孕药具的安全使用提供了依据；四是做好流动人口出生监测工作，全年共采集流动人口出生信息7 034条。

与民政局配合。一是依托民政局的婚姻登记平台发放“新婚健康服务包”7 000余个；二是上街进行了《依法缔结美满婚姻　携手共建和谐社会》的主题宣传，纪念婚姻法颁布实施60周年。在活动现场，区人口计生委共发放避孕药具知情选择、女性健康讲座以及科学育儿的光盘500余张，新婚夫妇读本及计生政策书籍近600册，避孕药具400余盒。

与公安分局、药监局等部门加大联合执法力度。共对区药具器械市场进行了4次综合执法检查。

建立流动人口服务管理新模式。随着全区建设和城市化进程的不断加快，两区行政资源的整合，地铁线路的开通，大量流动人口涌入。截至2010年9月底，全区户籍人口58.7万，流动人口57.4万人，其中流动育龄人口45.4万人，加强对流动人口的计生服务与管理工作显得重大而急迫。为此，制订了《2010年流动人口计划生育“一盘棋”评估标准》，与辽宁、山东、河南、安徽等省的部分市、区（县）签订双向协议56份，形成“区域协作、信息共享、联合执法”的工作机制，对内建立“纵横交错、部门联动、协调配合”机制，以双机夯实“一盘棋”工作基础。

【延庆县落实计生统筹】　年内，户籍出生1 929人，其中计划内出生1 856人，计生率96.22%，比市级下达指标95%高1.22个百分点，低生育水平得到稳定。开展依法行政，维护群众合法权益。一是兑现各项奖励政策：年内100%落实独生子女父母奖励费，落实1 000元一次性奖励255人；落实一次性经济帮助10人，独生子女死亡家庭特别扶助32人，独生子女伤残家庭特扶别助44人，落实农村奖励扶助616人。二是严格依法行政：审批再生育一个子女285例；实施病残儿鉴定24例；开展了人口出生清理清查，加大违法生育处理力度，年内，申请法院强制执行19例，办理结案119例，征收社会抚养费388万。三是利用财政贴息贷款帮助计生家庭脱贫致富。向802户独生子女家庭发放了计生财政贴息贷款2 400万元，比原计划多发放贷款400万元，多扶持102户。四是引导各乡镇村居制定和完善对计生家庭的优先优惠政策。多数乡镇制定了长效避孕奖励、增加独生子女费、增加奖励扶助金、独生子女升学奖励、独生子女家庭合作医疗再报销以及用工优先等利导政策。在农村集体经济产权制度改革中，多个乡镇在产权、林权分配时设立“独生子女奖励股”。

围绕着“倡导婚育文明，构建和谐家庭”宣传核心，以“人口文化映妫川”为主题，调动和指导各乡镇、街道开展丰富活动。一是开展了“国策系百姓，情暖万户春”新春两节主题宣传活动、“情系国策、爱伴我家”计生和谐家庭评选表彰主题宣传活动、“弘扬国策，倡导新风，人口文化映妫川”主题文艺演出、“强素质、增技能、树形象”全县人口计生系统岗位大练兵主题活动和“风雨三十载，丹心国策情”纪念《公开信》发表30周年活动。二是各乡镇、街道办围绕着宣传主题，开展各类宣传活动近300场。三是加大在国家、市县级各类媒体上的计生宣传报道力度，年内县级以上共刊稿337篇，反映张山营镇上板泉村计生专干张伟芹事迹的专题片《“百变”女人》10月21日在中央一套“人口”栏目播出。全年出版《延庆人口报》6期30万份、制发各类计生宣传品50余万份入户到手。新建市级人口文化活动室10个。

为近10万名育龄妇女免费提供妇科检查、乳透、宫颈防癌刮片等生殖健康服务项目，同时为2 000对新婚夫妇免费发放了“婚育健康服务包”。对新婚、孕产、术后、新入户等重点人群近4 000人入户到家开展了技术、知识的服务和指导。

为405名计生专干进行了20项以上内容的健康体检，办理20年专干奖励10人，慰问基层干部百余人。统一制作各类上门服务记录本6 000册、温馨服务指南卡近3万余张；印制了《延庆县基层计生专干工作手册》8 000册。

为流动人口开展“五上门服务”：送政策知识上门，提供咨询服务；送避孕药具上门，开展避孕节育指导；送一份祝福上门，掌握流动人口需求；办理

《婚育证明》上门，为外出人员提供帮助；对流动人口独生子女家庭进行慰问，让他们温情体验在延庆。在全县流动人口中广泛开展知识竞赛；与 36 个省市县签订双向服务管理协议。

深入调研和选取试点，三项措施加强队伍建设。一是将人口理论纳入二级班子和青年后备干部培训计划；组织乡镇（街道）计生主管和计生办主任开展业务知识培训 15 场次，参训人员达 400 多人；有 6 个乡镇组织专干、宣传员参加中专学历班培训；20 名专干参加国家助理咨询师培训；生殖健康指导团深入 400 余个村（居）进行巡回培训。二是 2010 年县人口计生委处级领导 3 人的调研报告被《延庆调研》刊登，同时在系统内征集调研报告 45 篇。三是扩大试点，职业化建设稳步推进。在沈家营、张山营、井庄三镇又推行了 26 个村的专干职业化试点，目前全县已有 60 个村专干实施公开竞聘，为专干职业化建设全面推开奠定了坚实的基础。

（市计生委 刘 磊 士 友 连 义）

少数民族乡村工作

【市民委、市农委、市财政局完成 2009 年度北京市少数民族乡村经济发展情况以奖代补考评工作】 为激励先进，进一步调动区县政府的主体作用，提高少数民族乡村干部群众加快发展的积极性，推动少数民族乡村经济又好又快发展，2010 年初，市民委、市农委和市财政局根据《北京市少数民族乡村经济发展专项资金使用管理补充办法》和《北京市少数民族乡村经济发展专项资金 2010 年以奖代补考评工作实施方案》，对 2009 年度全市少数民族乡村经济发展变化情况和少数民族乡村经济发展专项资金扶持项目完成情况进行了综合考评。房山、大兴等 6 个区县政府获得区县主体作用发挥优秀奖，房山区良乡镇东石羊村果品花卉种植基地建设项目等 40 个项目获专项资金扶持项目优秀奖。

【市委、市政府召开全市少数民族乡村经济工作会】 5 月 18 日下午，北京市少数民族乡村经济工作会议在北京会议中心召开。市人大、市政协民族宗教专委会的有关领导，市委统战部、市发改委、市科委、市民委、市财政局、市交通委、市农委、市水务局、市统计局、市金融局、市银监局等部门主管领导，北京农学院、北京市农林科学院领导，12 个有少数民族乡村的区县统战部部长、主管民族工作的区县长和民委（民宗办）、财政局、农委等相关部门的负责同志，全市 5 个民族乡、49 个有少数民族村的乡镇领导以及 117 个少数民族村的支部书记或村主任参加了会议。市委市政府连续两年召开全市民族乡村经济工作会，充分体现了对少数民族乡村经济发展的重视和关心。

会议由副市长程红同志主持。市民委主任申建军同志作了全市少数民族乡村经济发展情况工作报告。市委统战部副部长张洋同志宣布了《关于表彰 2009 年度北京市少数民族乡村经济发展区县主体作用发挥优秀奖和专项资金扶持项目优秀奖的决定》。房山区政府、怀柔区长哨营满族乡、密云县太师屯镇太师庄村分别作了交流发言。

市委常委、统战部部长牛有成同志出席大会并做了重要讲话。他充分肯定了一年来全市少数民族乡村经济发展取得的成绩；充分肯定了相关部门通力协作，发挥主导作用，共同推动少数民族乡村经济发展所做的工作；充分肯定了各区县乡镇政府发挥主体作用，为加快少数民族乡村经济发展所付出的努力。他着重谈了三点意见：第一，一年来全市少数民族乡村的经济发展情况很好。主要有三个标志：一是形成了“区县领导，乡镇负责，以村为基础”的良好工作格局。二是创造了鲜活的经验。市属各委办局积极努力、各负其责，发挥部门联动的优势，提供了良好的服务和保障；区县党委政府高度重视，优先发展少数民族乡村经济；乡镇政府注重将民族文化特色转化为资源优势、产业优势；少数民族村党支部充分发挥领导核心作用，想群众所想，帮群众所需，结合实际做了大量卓有成效的工作，使群众真正得到了实惠。三是发展效果明显。2009 年全市民族乡人均劳动所得达到 10 844.7 元，同比增长 9.2%；民族村人均劳动所得达到 11 192.2 元，比全市平均水平 10 953.6 元高 238.6 元，同比增长 11.9%。这些数字说明我们所确定的少数民族乡村经济发展方针是正确的，并得到了很好的贯彻落实，大家的共同努力见到了效果，应该坚持。第二，在发展很好的基础上，有条件也有信心努力争取更好。一是首都雄厚的经济基础。2009 年北京人均 GDP 已经超过一万美元，以城带乡，以工促农的条件更趋成熟，为少数民族乡村经济发展提供了最根本的物质基础。二是市委市政府提出率先实现城乡经济社会发展一体化新格局，强农惠农力度进一步加大。三是还有努力的空间。目前还有 75 个民族村人均收入未达到所在区县的平均水平，还有 76 个村未达到全市的平均水平，存在的差距就是努力的空间。要力争 2～3 年使民族村人均收入水平全部达到所在区县的人均收入水平，认真研究论证如何使全市所有的少数民族乡村人均收入水平达到或超过全市郊区农民收入的平均水平。第三，要真正做到更好，关键要怎样做好。一是要创新机制。“区县领导，乡镇负责，以村为基础”工作格局、部门联动机制、社会参与机制都要大胆地创新。二是不断地完善强农惠农政策和激励政策。三是搞好规划。市区两级政府各部门要将少数民族乡村经济发展纳入“十二五”规划，认真研究论证“十二五”少数民族乡村经济发展的目标。他强调，各级党委和政府的主要责任和任务就是帮助农民认识自己的利益，积极组织他们为实现自己的利益努力奋斗。少数民族乡村更是要主动谋求发展。要认真贯彻落实科学发展观，通过认真研究政策、研究市场、研究资源，切实转变发展方式，要依靠科技走内涵的、集约的路子，少数民族乡村经济发展的目标一定能够实现。

最后，副市长程红同志就贯彻落实会议精神提出了要求，市政府相关部门和各区县乡镇政府要认真学习领会，把发展民族乡村经济摆到更加突出的位置，切实抓紧抓好。在今后的工作中，要抓住机遇，振奋精神，以优先发展的原则，不断完善支持政策，优化激励机制，巩固现有的工作格局。要落实区县的责任，强化部门的联动，拓展社会的参与，加强市场的研究和推介，以更加扎实的工作，促进全市少数民族乡村经济实现更好发展，加快城乡一体化进程，为促进首都新一轮的科学发展作出新的贡献。

【市人大常委会听取和审议全市少数民族乡村经济发展情况】 2010年5月28日，市十三届人大常委会第十八次会议听取和审议了市政府《关于本市少数民族乡村经济发展情况的报告》，并提出了意见和建议：一是进一步加强对发展少数民族乡村经济的统筹领导和政策集成力度；二是进一步重视发展民族乡村特色经济，选好项目，有针对性地进行帮扶；三是进一步加大培育民族乡村经济专业合作组织力度，逐步提高民族乡村经济的组织化程度；四是进一步发挥本市科技资源和人才优势，继续组织有关科研院所和其他科技力量，深入开展适宜民族乡村经济发展的科技成果推广和技术培训活动；五是进一步完善有关法规和政策，创造条件修订《北京市少数民族权益保障条例》，制定相关制度措施。

【召开全市少数民族乡村经济工作专题研讨会】 6月9、10日，市民委组织12个有民族乡村的区县民（委）宗办主管领导和有关负责同志召开全市少数民族乡村经济工作专题研讨会，国家民委经济发展司张志刚副司长和冯常海副处长应邀出席会议。

会上，张志刚副司长传达了国家民委党组书记杨传堂关于北京市少数民族乡村经济发展情况的有关批示。各区县分别汇报了本地区关于贯彻落实全市少数民族乡村经济工作会议和牛有成常委指示精神的有关情况，并对少数民族乡村经济发展专项资金使用和以奖代补考评机制完善等内容进行了研讨。市民委马中璞副主任在总结讲话中充分肯定了各区县在贯彻落实会议精神和牛有成常委指示精神中所付出的努力和取得的成果，同时对如何完成民族村达到区县平均水平这一“挂账销账”任务提出了具体要求。

为总结和推广发展经验，还组织大家实地参观了密云县古北口村民族民俗旅游产业和太师庄村设施农业发展情况。

【全面启动北京市少数民族乡村经济发展调研工作】 为了更好地贯彻落实全市少数民族乡村经济工作会议精神和市领导指示要求，8月25日，市民委召开北京市少数民族乡村经济发展调研工作部署会，全面启动专题调研工作。12个有民族乡村的区县民（委）宗办主管领导和负责同志共20人参加了会议。

会上，市民委马中璞副主任出席会议并对调研工作提出了明确要求。他强调，首先，做好调研工作是形势的要求。在肯定北京市少数民族乡村经济发展取得显著成绩的同时，也要正视存在的发展不平衡等问题。近期，在湖北省召开了全国推广湖北省对口支援民族地区发展经验交流会，回良玉副总理的讲话中提出了未来少数民族地区发展的总体目标，即“第一步，从现在到2015年，少数民族聚居区的经济社会发展取得重要进展，各项经济社会发展指标达到所在地区的平均水平；第二步，从2016—2020年，少数民族聚居区的经济社会发展全面迈上新台阶，与本省其他地区同步全面建成小康社会，有条件的要在率先实现现代化的进程中走在全国的前列”。形势要求我们要认真研究思考，努力实现民族乡村经济发展的目标和任务。其次，做好调研工作是发展的要求。只要有民族存在，就会有民族问题，解决民族问题的根本途径就是发展。2010年新疆工作座谈会后，党中央、国务院将就推动新疆跨越式发展和长治久安作出重大决策部署，出台一系列优惠政策支持新疆的建设和发展，就是为了通过发展改善民生，缓和民族关系，确保长治久安。目前全市还有76个村人均劳动所得低于全市平均水平，占全市民族村的65%，发展的任务仍然十分艰巨。需要认真调研，拿出具体的意见和措施。第三，做好调研工作是服务领导决策的要求。无论是做规划还是做项目，关键是要符合民族乡村的实际，针对民族乡村的需求。只有认真做好调研工作，真正做到底数清、情况明、问题准，才能确保决策正确、措施有效。他指出，调研工作分为专业合作调研、区县工作调研和市级工作调研三个层面，各有侧重、互为补充、同步推进，目的就是要进行多角度分析、从多渠道征集意见建议，就是要全面总结“十一五”少数民族乡村经济发展情况，系统分析少数民族乡村经济发展存在的问题和困难，准确掌握少数民族乡村的资源禀赋和发展需求，提出切实可行的意见、要求和对策，确保调研质量。所以，第一个层面请农学院参加，更多地从专家学者的角度进行研究。第二个层面就是要听取区县的意见，就是因为民族乡村的发展区县最有发言权，因为有“区县挂帅，市里挂账”的主体责任要求，有挂账销账的明确任务，希望各区县通过调研，分解出区县自己工作和希望市里帮助解决的困难，形成完整的调研成果。第三个层面就是市民委要深入区县，在及时了解和掌握区县调研进度的同时，深入到乡镇和民族村调研意见和需求。这三个层面的调研要对接，形成最终的调研成果，达到调研目的，并以此来推动工作。

【就少数民族乡村经济发展情况进行实地调研】 从9月2日起，市民委副主任马中璞以“调研论证如何促进低收入民族村超过或达到全市平均水平”为专题，利用4天时间分别深入房山和大兴区调研民族乡村经济发展工作。此次调研采取听汇报、召开座谈会和实地考察等方式，了解目前民族乡村经济发展中存在的突出问题和困难，听取民族乡村干部群众关于加快发展的意见和建议。

【举办全市民族乡村基层干部培训班】 10月27日，由市民委、市农委和市科委联合举办，北京农学院承办的“北京市民族乡村基层干部培训班”圆满结束。此次培训为期三天，全市民族乡主管乡长、民族村数量在3个以上的乡（镇）主管乡（镇）长和民族村干部共160多人参加了培训。市民委副主任马中璞、市农委委员王建中和北京农学院王有年院长出席开班动员会。

此次培训主要有以下三个特点：一是部门联动，重视程度高。市民委、市农委和市科委联合举办，市财政局、市水务局等部门相关负责同志授课，充分体现了市政府相关部门对民族乡村经济工作的关心和重视。二是培训及时，覆盖面广。参训人员覆盖全市，涉及3个民族乡、45个乡镇、近100个民族村。三是培训内容丰富、形式多样、效果突出。培训期间，安排了农村城市化建设、农产品品牌建设等6个方面培训内容。除集中授课外，组织了现场参观和经验交流，收效良好。

【组织民族乡村种植能手赴山东寿光等地考察学习】 近年来，全市少数民族乡村在“百村万户一户一棚援助型设施农业推进工程”和少数民族经济发展专项资金支持下，新建成近4 500亩设施面积，设施农业规模化种植发展形势好、见效快，已成为少数民族乡村增收致富的重要渠道。为进一步提高少数民族乡村设施农业种植水平及科技含量，11月8—11日，由市民委马中璞副主任带队，组织全市45名少数民族乡村村干部和种植能手赴山东省寿光市考察学习设施大棚种植技术。

考察活动期间，参观了山东省蔬菜工程技术研究中心高产示范大棚、寿光市现代农业标准化示范基地、寿光蔬菜博物馆、寿光农产品物流园和全国冬暖式大棚发祥地——寿光市三元朱村，深入当地农户的种植大棚实地观摩，并与蔬菜公司负责人和农户进行了交流。此行还组织大家参观了济南市杨家巷回族村的新农村建设情况。

【组织部分民族村干部赴广西考察学习民族特色旅游建设】 近年来，北京市少数民族乡村民俗旅游和民族特色旅游发展迅速，密云县古北口村等部分民族村已被列为市级民俗旅游村，形成了自己的特色旅游品牌。为进一步提高民族村旅游接待水平，发展少数民族特色旅游品牌，12月中旬，由市民委马中璞副主任带队，组织密云县古北口村、怀柔区小梁前村等12个民族村村干部赴广西考察学习民族特色旅游建设。

考察活动期间，参观了百色市右江区平圩民族新村、濑浩民族新村等具有浓郁民族风情和独特传统民俗文化的少数民族特色村寨。此行还组织大家参观了百色起义纪念馆，对民族村干部进行了爱国主义教育。

【再次召开全市少数民族乡村经济工作专题研讨会】 12月22日，市民委组织全市12个有民族乡村的区县民（委）宗办主管领导和负责同志召开了少数民族乡村经济工作专题研讨会，围绕认真贯彻落实全市少数民族乡村经济工作会议和市委市政府有关领导指示精神，就少数民族乡村经济发展调研阶段性成果和进一步完善以奖代补工作机制等进行了认真研讨和部署。

市民委申建军主任在会上充分肯定了以奖代补工作和阶段性调研成果，他指出，党和国家高度重视民族地区经济发展工作，把民族地区经济工作提高到了政治的高度。北京作为首都，要在“十二五”期间率先实现全市民族乡村全部达到全市平均水平的目标，任务还很重。他强调，一是各区县要提高认识，要积极争取区县领导对民族乡村经济发展工作的重视；二是要继续深化调研，把家底摸清、思路理清，要针对每个民族村做好“一村一策”，尽快建立民族乡村经济发展项目储备库；三是要继续做好以奖代补工作，充分发挥专项资金的引领和激励作用。

【全市少数民族乡村经济继续保持快速发展】 据市农村合作经济经营管理站统计，2010年全市117个少数民族村（因通州区马驹桥镇胜利村和密云县密云镇长安村已全部转为居民，经管站无统计数据，所有数据均按115个民族村计算）农民人均劳动所得为12 501.7元，比全市平均水平11 944.1元高557.6元；民族村较上年11 192.2元增长幅度为11.7%，高于全市平均水平增长9.4%；2010年农民人均劳动所得最高的民族村是大兴区西红门镇星光社区（五村和九村），为29 795.6元，收入最低的是怀柔区汤河口镇银河沟村，为6 168.8元。5个民族乡（因密云县檀营满族蒙古族乡内农民均已转为居民，按4个民族乡计算）农民人均劳动所得为12 052.9元，较上年的10 844.7元增长11.1%。

（市民委　沙海涛）

农村法制建设

概　述

2010年市和区县政府在深入开展的社会主义新农村建设工作中，继续不断推进依法行政，继续重视和加强了农村法制建设。围绕贯彻中央农村工作会、全国农业工作会以及全国农业政策法规工作会精神，有计划地开展了有关涉农地方性法规规章的起草调研工作，大力开展了新涉农法律法规的宣传贯彻和组织实施工作。结合“五五”普法规划的实施验收工作，继续深入开展了对农村农民的法制宣传教育活动，开展了对农村的法律服务和法律援助工作。深入推进和开展了农业行政执法责任制，进一步加强了农业行政执法的规范化建设等，促使农村法制环境水平不断提升。

立法和执法

【根据相关部署参与间接立法】　2010年，市农委等有关单位参与间接立法，完成市人大、市政府有关部门交办的《中关村国家自主创新示范区条例》、《北京市民用机场净空保护区域管理规定》等法规、规章草案征求意见共12件。

【《北京市实施〈中华人民共和国农民专业合作社法〉办法》施行】　2009年北京市第十三届人民代表大会常务委员会第十四次会议通过并公布的《北京市实施〈中华人民共和国农民专业合作社〉办法》于2010年3月1日正式施行。为全面做好该项地方性法规的贯彻实施工作，2010年2月3日上午，市人大和市政府召开了学习贯彻《北京市实施〈中华人民共和国农民专业合作社法〉办法》座谈会。市人大副主任赵凤山、副市长夏占义出席会议并讲话。市委农工委书记、市农委主任王孝东、市农委副主任、市农业局局长赵根武及市有关部门、各郊区县人大和政府有关负责同志参加会议。

会议正式启动了《北京市实施〈中华人民共和国农民专业合作社法〉办法》学习宣传月活动。会议要求各区县及各相关部门，要进一步加大法律宣传工作力度，采取多种形式，广泛宣传《实施办法》，切实把宣传普及工作深入到农民专业合作社和广大农户，落实到干部、群众之中；要进一步加大培训力度，有计划、分层次、有针对性地培训农业部门干部、业务指导人员、乡村基层干部和农民专业合作社负责人；要切实抓好法律实施的各项准备工作，形成合力，抓好配套制度建设，确保法律法规规定的各项措施落到实处。

【根据部署开展有关地方性法规清理】　2010年2月，市政府法制办下发了《关于开展地方性法规清理工作的通知》（京政法制发［2010］9号），要求全市各部门按照市人大和市政府统一部署，对本部门执行或者与本部门有关的地方性法规进行清理。清理工作重点，是本市地方性法规与宪法、法律和行政法规不一致的问题。同时，也对本市地方性法规中存在的明显不适应科学发展观要求且严重影响首都经济社会发展和损害人民群众合法权益的问题，以及本市地方性法规之间明显不协调的问题，一并进行清理。文件所附《需要各部门清理的地方性法规目录》表中列出的115项地方性法规中，有市农委负责起草的7项，分别是：《北京市农民负担管理条例》（1994年颁布）、《北京市农村集体所有荒山荒滩租赁条例》（1994年颁布）、《北京市农村股份合作企业暂行条例》（1996年颁布）、《北京市农村经济审计条例》（1997年颁布）、《北京市农业承包合同条例》（1998年颁布）、《北京市农村集体资产管理条例》（1993年颁布，1998年修订）、《北京市实施〈中华人民共和国农民专业合作社法〉办法》（2009年颁布）。

根据部署，市农委组织市经管站等有关单位开展了对市农业行政管理部门负责起草的这7项地方性法规及有关政府规章清理工作。经认真研究和征求各有关方面意见，对这7项相关地方性法规以及1项政府规章提出了处理意见，并按规定时间和要求，正式报给了市政府法制办和市人大。其意见是：《北京市实施〈中华人民共和国农民专业合作社法〉办法》、《北京市农村股份合作企业暂行条例》2部地方性法规保留；《北京市农民负担监督管理条例》1部地方性法规待上位法修改后，再修改完善；《北京市农业承包合同条例》、《北京市农村集体所有荒山荒滩租赁条例》、《北京市农村集体资产管理条例》、《北京市农村集体经济审计条例》4部地方性法规因个别条款与后颁布实施的上位法不一致或因个别条款与经济社会发展不适应等原因需要修改；《北京市农业联产承包合同纠纷仲裁办法》1部政府规章保留。

【市人大常委会对修改部分地方性法规做出决定】 2010年12月23日，北京市人民代表大会常务委员会发布第15号公告，公布了北京市第十三届人民代表大会常务委员会第二十二次会议通过的《北京市人民代表大会常务委员会关于修改部分地方性法规的决定》，其中包括了对《北京市农村集体所有荒山荒滩租赁条例》、《北京市农村集体资产管理条例》、《北京市农村集体经济审计条例》3部涉农地方性法规的修改决定内容。具体是：《北京市农村集体资产管理条例》修改4处，一是将第十一条修改为："集体资产所有权争议，除法律、法规另有规定的以外，当事人可以协商解决，也可以直接向人民法院起诉。"二是删去第二十六条。三是将第二十八条中的"征用"修改为"征收、征用"。四是将第三十九条中的"农林办公室"修改为"农村工作主管部门"。《北京市农村集体所有荒山荒滩租赁条例》修改4处，一是将第九条第三款中的"《北京市农村林木资源保护管理条例》"修改为"《北京市森林资源保护管理条例》"。二是将第二十四条第一款第（二）项中的"征用"修改为"征收、征用"。三是将第二十八条第一款修改为："租赁合同发生纠纷时，当事人可以通过协商或者由人民政府调解解决。当事人不愿通过协商、调解解决或者协商、调解不成的，可以向农村土地承包仲裁机构申请仲裁，也可以直接向人民法院起诉。"四是将第二十九条中的"农林办公室"修改为"农村工作主管部门"。《北京市农村集体经济审计条例》修改的内容是，将第三条第一款、第三十二条中的"农林办公室"修改为"农村工作主管部门"；将第九条第（六）项中的"土地征用补偿费"修改为"土地征收、征用补偿费"；删去第十二条。《北京市人民代表大会常务委员会关于修改部分地方性法规的决定》自公布之日起施行。

【开展行政规范性文件清理工作】 依据《全国人民代表大会常务委员会关于废止部分法律的决定》和《全国人民代表大会常务委员会关于修改部分法律的决定》的要求，在市政府的统一安排下，在开展对有关地方性法规规章清理的同时，2010年市农委还开展了对不符合法律、法规和规章规定，或者相互抵触、依据缺失以及不适应经济社会发展要求的规范性文件清理工作。结合工作实际，同时也对被新文件代替以及阶段性工作已完成的行政规范性文件，一并做出了清理决定。清理范围是截至2009年12月31日市农委制发和市农委提出的、以市政府或市政府办公厅名义制发的行政规范性文件，总计61份。其中，市农委制发的行政规范性文件53份，市农委提出的、以市政府或市政府办公厅名义制发的行政规范性文件8份。清理结果是：对市农委提出的、以市政府或者市政府办公厅名义制发的8份行政规范性文件予以保留；对合法且符合实际工作需要的34份行政规范性文件予以保留；对已经被其后发布的文件所替代以及适用期已过、适用对象已不存在的18份行政规范性文件予以废止；对个别条款不适合当前农村发展形势需要的1份行政规范性文件准备下一步进行修改。清理工作完成后，市农委清理结果报给了市政府法制办，之后按照政府信息公开工作的要求，在首都之窗市农委网站进行了公布。

【继续开展对有关事项的合法性审核工作】 为全面推进本部门依法行政工作，在进一步建立健全行政规范性文件合法性审查、有关重大决策事项合法性审查、两委专项资金项目实施合同（协议）合法性审核制度和工作流程的基础上，市农委继续开展了对有关事项的合法性审查工作。全年合法性审查行政规范性文件6件；审核有关决策事项、两委专项资金项目实施合同（协议）50件。内容主要涉及农民专业合作社示范社建设、政策性农业保险、粮食直补、农资综合补贴等方面的行政规范性文件以及与有关保险公司、农业科研技术推广单位、培训单位、广告宣传部门等签订的政策性农业再保险、农产品加工质量控制技术推广、人员培训等协议或委托协议。审核过程中，市农委法制机构认真进行研究，积极与法律顾问咨询探讨，对审核事项，均出具了正式的合法性审核意见书。其中，为切实做好两委专项资金项目实施合同（协议）合法性审核工作，既做到签订合同（协议）的程序和合同（协议）的内容合法，又保证专项资金项目工作依法开展和保质、保量完成。同时，针对因市财政局资金批复文件下达比较晚，有部分专项资金项目实施前未签订书面合同（协议），为办理资金支付手续，补办时效已过期的合同（协议）等问题，经认真研究后，又专门起草了两委专项资金项目实施合同（协议）合法性审核七条办理程序和须知，进一步对相关办理程序进行了规范。

【动态调整和公布本部门行政执法职权】 由于2009年新颁布有关涉农法律、法规和规章设定职权，以及相关职能和内设机构有所调整，2010年初，市农委对本委原公布和执行的行政执法职权和依据进行了动态调整变更。具体是：

1. 原公布的市农委行政执法主体为4个，调整变更后的行政执法主体为3个，其中法定行政机关1个：北京市农村工作委员会；法规、规章授权的组织2个：北京市农村建设办公室、北京市农村合作经济经营管理站。调整变更依据是《市委农工委、市农委主要职责、内设机构和人员编制规定》（京办字［2009］19号）。

2. 原公布的市农委行政执法主体执行的现行有效的法律、法规、规章，即行政执法依据总数为20项。①由于市乡镇企业局划出，减少2项：一是《中华人民共和国乡镇企业法》，二是《中华人民共和国乡村集体所有制企业条例》。②由于新颁布涉农法律法规规章，增加4项：一是《中华人民共和国农村土地承包经营纠纷调解仲裁法》（2009年6月27日公布，2010年1月1日实施），二是《北京市实施〈中华人民共和国农民专业合作社法〉办法》（2009年11月20日公布，2010年3月1日实施），三是《农村土地承包经营纠纷仲裁规则》（农业部、国家林业局2010年第1号令，2009年12月29日公布，2010年1月1日实施），四是《农村土地承包仲裁委员会示范章程》（农业部、国家林业局2010年第2号令，2009年12月29日公布，2010年1月1日实施）。调整变更后的行政执法依据为22项。

3. 原公布的市农委行政执法职权为21项。①因市乡镇企业局划出，减少其他行政执法职权3项：一是对本市乡镇企业的“规划、协调、监督、服务、管理、指导”；二是“负责对我市乡村集体企业承包经营地方性法规的组织实施和监督”；三是“对有关违法行为和非法行为责令改正”。②因新涉农法律法规颁布，增加4项其他行政执法职权，另有1项进一步充实了内容：一是北京市农村工作委员会对农村土地承包经营纠纷调解和仲裁工作的指导和支持，法律依据是《中华人民共和国农村土地承包经营纠纷调解仲裁法》第六条第一款、第二款，第十六条第二款。二是北京市农村合作经济经营管理站依法负责对农民专业合作社建设和发展有关的指导和服务工作，法律依据是《北京市实施〈中华人民共和国农民专业合作社法〉办法》第二十八条。三是北京市农村工作委员会负责农村土地承包经营纠纷仲裁委员会设立的备案工作，法律依据是《农村土地承包仲裁委员会示范章程》（农业部、国家林业局2010年第2号令）第二条。四是北京市农村合作经济经营管理站依职责分工承担支持有关调解组织和农村土地承包仲裁委员会依法开展工作及相关管理指导工作，法律依据是《中华人民共和国农村土地承包经营纠纷调解仲裁法》第八条第二款、《农村土地承包经营纠纷仲裁规则》第四条。五是北京市农村工作委员会原对农民专业合作社的建设和发展给予指导、扶持和服务职权内容进一步充实，法律依据是《北京市实施〈中华人民共和国农民专业合作社法〉办法》第二十七条、第三十七条第二款。调整变更后的市农委行政执法职权数为22项，其中行政确认1项：北京市农村合作经济经营管理站负责。其他具体行政执法职权21项：其中，北京市农村工作委员会其他行政执法职权11项；北京市农村建设办公室其他行政执法职权1项；北京市农村合作经济经营管理站其他行政执法职权9项。

4. 行政执法职权调整变更结果是：市农委具有行政执法主体资格的单位3个，其中法定行政机关1个，法规、规章授权的组织2个；行政执法主体执行的现行有效的法律、法规、规章共计22部；具体行政执法职权共22项，其中行政确认1项，其他具体行政执法职权21项。2010年2月28日市农委将《北京市农村工作委员会调整变更后的行政执法职权和依据》正式印发给各有关单位（京政农发［2010］1号）并在市农委网站（页）上向社会进行了公布。同时也向市政府法制办报送了《北京市农村工作委员会关于〈北京市农村工作委员会调整变更后的行政执法职权和依据〉备案及说明的函》（京政农函［2010］7号），市政府法制办也将相关内容在市级网站专门网页上向社会进行了公布。

【分解行政执法职权和调整行政执法职责】 根据全市推行和落实行政执法责任制的工作要求，市农委调整变更后的行政执法职权和依据公布后，2010年上半年，市农委组织本委有关处室和所属有关单位对调整变更后的行政执法职权和依据重新进行了分解。将新增的行政执法职权依职责分解给相关处室和所属有关单位，进一步制定了工作流程、确定了工作时限。对没有变更的行政执法职权分解的原责任制内容又进行了必要的修改和完善。制订出《北京市农村工作委员会调整变更后的行政执法职权分解方案》，并以通知形式（京政农发［2010］9号）向本委和所属有关单位正式印发，要求各有关处室和所属有关单位按照《方案》中确定的行政执法职责落实行政执法责任，规范行政执法工作，继续开展好各项行政执法活动。

【开展依法行政专项考评】 根据《北京市市级国家行政机关绩效考核管理暂行办法》（京政发［2009］23号）相关规定和《两委关于2010年两委绩效管理工作安排的通知》（京农发［2010］11号）要求，市农委2010年年终绩效考核也对依法行政工作进行了专项考评。根据起草试行的《市农委落实机关绩效管理〈依法行政专项考评工作细则〉办法》，认真做好日常依法行政工作各项考评记录，包括对行政规范性文件合法性审查、有关重大决策事项合法性审查和专项资金项目实施合同（协议）合法性审核工作中的计分和扣分、对各处室及所属单位结合职能工作开展法律法规宣传教育工作考评、根据全市部署开展“五五”普法自查验收工作考评，也包括对落实和执行行政执法责任制工作中的依法行政工作考评等内容指标。总结经验，纠正不足，有效推动了依法行政工作。

【组织开展农村法制建设专题培训班】 为提高农业行政管理部门人员依法管理农村经济和社会事务的能力，促进农村法制建设，结合自身职能工作，2010年6月市农委邀请有关高校多名教授学者及律师，就“农村法律状况及对策研究”、“农业市场准入的法律问题”、“农民权益问题研究”、“农村土地依法确权问题的思考”等涉及农村农民的法律问题，以及区县农委从事政策文件起草和研究的有关人员，以及区县经管站具体负责农村土地承包等工作的有关人员，组织进行了培训讲座，取得良好效果。

【根据部署开展“五五”普法自查验收工作】 2010年6月，按照市法制宣传教育领导小组下发的《关于印发〈北京市“五五”法制宣传教育总结验收工作意见〉的通知》（京法宣发［2010］2号），市委农工委、市农委组织各有关处室并协调农口系统各单位开展了“五五”法制宣传教育自查验收工作。对两委近年来在开展农村经济管理、在新农村建设、新型农民培养教育、农村基层组织建设、“三农”工作宣传等项工作中开展法制宣传教育工作的情况，以及在两委理论学习中心组学习和在两委机关干部培训中开展法制宣传教育培训及讲座的情况等，进行了自查和总结。同时作为市法制宣传教育领导小组成员单位之一，会同市有关单位，还参与了对部分区县“五五”法制宣传教育工作的情况检查。自查验收工作完成后，按要求市委农工委、市农委向市法制宣传教育领导小组报送了自查验收总结报告。

（市农委法制处　江顺清）

【全面推进农业依法行政】 2月11日，北京市农业局印发《北京市农业局全面推进依法行政第二个五年规划》。6月20日，组织了全市农业行政执法人员资格考试，种子监督管理等13个执法类别的267人报名参加考试，共有197人通过考试（合格率73%），取得农业行政执法资格。8—9月，开展全市农业系统行政处罚案卷评查，集中评查48卷，合格卷有46份（合格率95.8%），其中90分以上的优秀卷有45份（优秀率93.8%），不合格卷有2份（不合格率4.2%），与上年相比，合格率提高了2.6%，优秀率提高了30.2%。2010年，共出动执法人员7.4万人次，组织执法检查活动2.2万次，查办案件1 401件，涉案金额1 264万元，涉案人员1 115人，罚没款140万元（数据来源：北京市农业局政策法规处《农业行政执法情况统计表》）。

【农资打假工作会议、农业法制工作会议召开】 3月18日，北京市农业局、北京市工商局、北京市质监局、北京市发展改革委员会、北京市经济信息委员会、北京市公安局、北京市供销合作总社七部门联合在北京市会议中心召开“2010年北京市农资打假工作会议”。随后，在北京市农业干部培训中心召开北京市农业法制工作会议，北京市种子管理站、北京市植物保护站、北京市土肥工作站、北京市动物卫生监督所、北京市渔政监督管理站、北京市农机监理总站、顺义区农业局、房山区农业局、大兴区农业局、通州区农业局、平谷区农业局、海淀区农业委员会等单位被评为“2009年度北京市农业法制工作先进单位”。

【农资打假工作成效显著】 2010年，全市各级农业、工商、质监部门共出动农资执法人员33 634人次，检查农资企业16 461个次，整顿农资市场853个次，印发宣传材料110万份，立案114起，查获假劣农资近25万千克（件），货值金额90多万元，为农民挽回经济损失1 000多万元。11月11日，北京市农业局在昌平区马池口镇集中销毁假劣农资产品9 089.64千克，货值金额24.4万元。其中销毁假劣种子6 220千克，假劣农药和过期农药2 515.64千克，假劣兽药354千克。年内，全市农业部门共出动农资执法人员23 238人次，检查农资企业12 553个次，整顿农资市场586个次，印发宣传材料60万份，立案87起，查获假劣农资近20万千克（件），货值金额60多万元，为农民挽回经济损失700多万元。

（市农业局　郭　艺）

法制宣传

【深入开展农村普法　推进社会主义新农村建设】 1月19日，举行2010年北京市“送法下乡”启动仪式。“送法下乡”活动是满足京郊农村群众日益增长的法律需求，把法律送到群众身边的有效方式，是文化、科技、卫生“三下乡”活动的重要组成部分。市司法局投资200余万元编辑制作了50万册《法制宣传系列连环画》，50万册《警惕黑手谨防被骗——打击防范涉众型经济犯罪法制宣传册》，23套法制教育巡回展板及20万册相关配套折页，36 000张《法在身边》电视杂志DVD光盘，陆续送到基层开展普法宣传活动。

【开展农村换届改选法制宣传教育工作】 4—8月，本市开展第八届村委会换届选举工作。为营造和谐的选举氛围，创造良好的选举环境，保证换届选举工作依法有序进行，市及各区县法制宣传教育领导小组办公室充分发挥职能，将法制宣传教育工作贯穿在村委会换届选举始终，开展了多种形式的活动。制定《关于在第八届村民委员会选举期间开展主题法制宣传教育活动的通知》；开展换届选举法律培训；制作换届选举法制宣传挂图；举办法制巡回展；编印换届选举法律书籍；发挥地区传媒作用，制作专题栏目（节目）；结合法律服务、矛盾化解和部门宣传，及时宣传报道选举进展情况及法律知识，取得了明显的宣传效果。

【加强春节和全国“两会”期间农民工法律援助】 2月4日，市司法局发出通知，要求加强春节和全国“两会”期间农民工法律援助工作。一是加强对农民工的法律宣传；二是加强疏导和矛盾化解工作；三是畅通法律援助绿色通道；四是加强对农民工法律援助工作的组织领导，形成市法援中心—区（县）法援中心—街道（乡镇）法援工作站—社区（村）法援工作点的四级联动网络。

【法律援助列入农民工权益保障机制】 4月，《北京市农民工工作联席会议2010年工作要点》（京农办发［2010］2号）下发，文件将法律援助列入健全农民工权益保障机制维护农民工权益的内容。加强农民工法律援助和法律服务工作。进一步畅通农民工法律服务渠道，方便农民工就近及时获得法律服务，鼓励法律服务机构对经济困难的农民工酌情减收或免收服务费。加强对农民工法律服务工作的指导，建立健全重大案件报告制度、信息沟通制度。开展法律援助便民服务主题活动，扩大农民工法律援助覆盖面，降低农民工法律援助门槛。建立健全基层法律援助服务网络，搞好农民工法律援助案件异地协作。各级财政对农民工法律援助予以积极支持。支持各级工会组织开展农民工法律援助工作，提高人民法院审判效率，坚持依法平等保护原则，加大对困难农民工的司法救济力度。开展对外劳务人员的法律援助。

【农民工法律援助专项维权活动部署会召开】 12月8日，市司法局召开全市农民工法律援助专项维权活动部署会，市局党委副书记、副局长郑振远出席并讲话。会议通报全市开展专项维权服务活动的服务内容和活动要求，强调把法律援助做大做强做优、创新优化法律援助便民服务措施以及加快推进基层基础建设等三项重点工作。同时对2011年法律援助信息管理系统使用工作和年度统计工作做具体安排。郑振远要求各区县司法局迅速行动，提出的工作措施既要有形式又要有内容，贴近实际，贴近群众，阶段性工作与全年工作紧密结合。

【召开农民工法律援助专项维权活动新闻发布会】 12月30日，市司法局召开新闻发布会，向中央电视台、中央人民广播电台、新华社、法制日报、千龙新闻网、京郊日报、劳动午报等18家新闻媒体记者介绍农民工法律援助专项维权活动和“十一五”期间全市法律援助工作开展情况以及下一步的工作计划。

（市司法局　武寓文）

人大建议、政协提案办理

【基本情况】 市农委（市农业局）共承办人大代表建议、政协委员提案92件。市农委承办建议提案70件，其中人大建议33件，主办17件，会办16件；政协提案37件，主办16件，会办21件。市农业局承办建议提案22件。从建议提案内容上看：发展农村经济方面29件，农村社会事业发展17件，农村、农业基础设施管理15件，农民搬迁、征地、农转居后的保障问题8件，城乡一体化和小城镇建设6件，农产品生产、加工、流通方面6件。

人大代表和政协委员关注的热点问题：

1. *关注农民持续增收*。在2009年农民增收13.4%的基础上如何促进农民持续增收，进一步缩小收入差距，是代表委员始终关注的问题。提出了支持专业合作社、发展特色农产品、开发浅山区、优化产业等建议提案，要求政府在促进农民增收上给予支持。如王华民委员提出的第0964号提案“关于优化本市产业结构，增强经济增长内在动力的提案”，李信勇代表提出的第0574号建议“关于加速浅山区开发建设的建议”，郑晓东等代表提出的第2182号建议“关于支持农村专业合作组织成为农业科技创新主体的议案”，卫爱民代表提出的第0550号建议“关于实行农民以土地入股建设科技园区，解决农民城市化的建议”，赵荣国委员提出的第0541号提案“关于全面合理提高民众收入水平让老百姓富起来的提案”，黄卫东委员提出的第0513号提案“关于加强北京郊区特色农产品市场体系建设的提案”等。

2. *关注农村产业发展*。代表委员非常关心农村经济增长方式转变，关心农业发展空间的拓展，提出要大力发展都市农业、设施农业、休闲农业、生态农业、创意农业和沟域经济，促进农业可持续发展。比如黄卫东委员提出的第0515号提案“关于高度重视北京农田生态服务价值，将其纳入首都生态建设总体规划之中的提案”，焦守田等代表提出的第0832号建议“关于促进休闲农业与乡村旅游事业发展，解决建设用地问题的建议”，李申虹委员提出的第0457号提案“关于我市都市型现代农业产业建设的提案”，尹幼奇委员提出的第0056号提案“关于进一步发展北京市乡村旅游产业的提案”，梁石明提出的第1300号提案“关于规划建设北京环六环5 000兆瓦光伏农业产业带的提案”等。

3. *关注小城镇建设*。代表委员认为小城镇建设是深化郊区农村改革，加快经济结构调整，促进农村人口向二、三产业转移，大力促进郊区农村经济和社会发展，缩小郊区与市区差别的一项战略措施，是加快形成首都城乡经济社会发展一体化新格局的关键。代表委员建议政府加快小城镇建设力度，推动城镇化进程。比如梅占山代表提出的第2136号建议“关于加大对郊区小城镇建设扶持力度的议案”，蒋学甫等代表提出的第2225号建议“关于加强小城镇建设的议案”，赵殿江代表提出的第2160号建议“关于通过重点镇建设带动新农村发展的议案”，焦守田代表提出的第2168号建议“关于加强重点小城镇产业基础，促进农村城镇化的建议”，王廷月委员提出的第1225号提案“关于设立综合改革试点镇，加快远郊区县小城镇建设的提案”等。

4. *关注农村社会事业发展*。加强农村干部队伍、文化体育、信息化等社会事业建设，不仅关系到基层组织领导新农村建设的能力，也关系到农民在新农村建设中主体作用的发挥，更关系到党和政府惠民政策的落实，代表委员希望政府在社会主义新农村建设中要重视这两股力量。比如张崇国代表提出的第0377号建议“关于市政府调整每年度发放农村村级运转资金的建议”，卫爱民代表提出的第0109号建议“关于认真做好全市村委会换届选举工作的建议”，尹幼奇委员提出的第0057号提案“关于对农村干部进行政策法律培训的提案”，梁晓华委员提出的第0191号提案“关于加强村官队伍建设的提案”，刘静委员提出的第0860号提案“关于加强对新型城市居民建立长效培训机制的提案”，徐践委员提出的第0977号提案“关于建立北京市农业信息化村的提案”、第0225号提案“关于改善新农村建设中文化滞后问题的提案”等。

5. *关注农村基础设施管理*。随着新农村基础设施与公共服务设施建设的日趋完善，与之配套的后期维护管理和运行机制的步伐还没有跟上。代表委员建议把新农村基础设施管理工作纳入重要的议事日程，抓紧研究制定措施，明确责任主体、产权，健全管理组织和队伍，建立新农村设施档案，制定系统的管理、使用、保护制度，巩固和发展新农村建设成果。比如于海霞代表提出的第0335号建议“关于建立新农村基础设施与公共服务设施后期维护长效机制的建议”，邓秀琴代表提出的第0485号建议“关于加强新农村基础设施管理的建议”，郑晓东代表提出的第0963号建议“关于加强农村照明设施管理的建议”，刘军代表提出的第0353号建议“关于建立政府投入机制确保农村垃圾分类工作正常运行的建议”等。

6. *关注民转居保障问题*。随着新农村建设的不断深入，各项政策制度完善，农民利益得到最大化的保障，前几年建设征地安置补助费、农转非、假居民、搬迁等沉淀问题越来越突出，代表委员希望政府出台政策保障失地村民的社会保障权益。比如蔡淑敏代表提出的第0417号建议“关于加快推进朝阳区常营乡农民整建制转居进入城镇社会保障体系试点的建议”，冯乐平代表提出的第0517号建议“关于解决农转非小城镇户口待遇问题的建议”，贾树森代表提出的第0358号建议“关于推进征地后村民社会保制度改革的建议”，张立英代表提出的第0017号建议“关于尽快落实洪寺等10个村村民社会保障的建议”、第0921号提案“关于以人为本的城乡基本公共服务均等化所衍生的新问题及提案”等。

【建议、提案办理工作情况】 市农委始终把建议、提案办理工作当作解决问题、改进工作的过程，当作机关为人民办好事、办实事的过程，当作推动新农村建设，提升新农村建设质量的过程。注重与日常业务、自身建设、创新发展相结合，不断转变作风、拓宽思路、创新机制、解决问题，有效地推动了新农村建设各项工作的落实。

1. *发挥资源优势，带动发展*。人大代表和政协委员来自经济建设的第一线，是农村经济发展的有力推动者和实践者，是推动新农村建设的最直接、最宝贵的人才资源。市农委始终把办理建议、提案过程当作向代表、委员征询意见、调查研究的过程，当作宣传新农村、聚集社会力量参与支持新农村建设的过程。先后两次邀请部分人大代表和政协委员参观考察新农村建设，为新农村建设出谋划策，特别是在制定北京市率先形成城乡经济社会发展一体化新格局实施纲要、编制沟域经济、新农村社区和新民居建设专项规划、实施土地管理流转、农村经营方式转变等政策时，主动听取人大代表、政协委员的意见，确保了政策出台的科学性。例如在办理代表第0613号关于“推进农村产业发展，完善服务机制”建议时，正是编写《北京市都市型现代农业服务体系建设》的关键时期，我们紧紧抓住代表建议办理的有利时机，组织部分代表同房山区农委一起召开了座谈会，认真听取了大家对都市型农业服务体系建设的意见和建议，修订完善了《北京市都市型现代农业服务体系建设》，促进了农村产业发展。同时市农委重视对代表、委员建议提案的研究分析，注重吸收建议提案的优秀成果，丰富了支农惠农政策和城乡统筹的制度设计，推动了整体工作的开展，取得了明显成效。

2. *认真解决问题，推动发展*。市十三届三次会议和政协十一届三次会议闭会后，市农委多次组织相关人员，对今年承办的102件人大建议、政协提案、党派团体提案、界别提案、人大建议议案逐一进行了归类分析，突出与群众生产生活息息相关和普遍关注的热点、难点问题解决，突出新农村建设中出现的新问题、新情况研究，通过办理建议提案来推动新农村建设。对于代表委员提出的社会力量参与新农村建设、适应世界城市发展构建农产品流通体系、农田生态服务价值体现、低碳农业生产等超前性问题，列入年度重点攻关项目进行研究探索。对于代表委员普遍关心的农民持续增收、农产品安全、农村社会事业发展等问题，加大了沟域经济和林下经济的发展，研究制定了涵养区补贴办法，启动实施了农产品标准生产，完善了农产品批发市场基础设施，制定了完善了农村干部队伍、文化体育、信息化等社会事业建设具体措施，有力地促进了各项工作的落实。对于代表委员提出的加快城乡一体化建设，加快小城镇建设，大力发展都市农业、设施农业、生态农业、休闲农业、创意农业等综合性问题，加大统筹力度，积极整合资源、主动聚集力量，编制专项规划，细化落实指标，明确责任单位和完成时限，逐一抓好落实。对于代表委员提出的建立农村基础设施和公共服务设施长期维护管理机制，建立农民拆迁转居、搬迁转居、建设用地转居后社会保障体系，建立生态预警机制等创新性问题，深入基层调查研究，主动听取群众意见，逐步完善制度体系。例如在承办建议0335号、0485号、0963号、2004号、提案0181号、0251号、0781号、1242号时，将建议提案办理与正在进行的建立“五十三”基础设施长效机制工作紧密结合，注重吸收代表的建议和意见，先后召开三次会议，向相关委办局和区县通报建议、提案主要内容，指导各相关区县建立起适合本区县的农村基础设施长效管护机制，并先后制定下发了《2010年北京市新农村“五项基础设施”建设实施方案》和《2010年北京市新农村“三起来”工程建设实施方案》，完善了组织管理、责任追究、项目审批、农民参与、监督考核、资金保障、长效运行等机制，并建立了工程建设费0.1%的维护资金，代表、委员最关心的问题得到有效的落实。

3. *积极创新机制，提升发展*。市农委在办理建议、提案过程中不仅注重具体问题的解决，更重视在制度上创新，从根本上解决问题。结合代表建议和委员提案，组织相关部门，深入调研、逐项研究，丰富了社会力量参与新农村建设的内容和方式，为新农村建设聚集了力量；创新支农服务方式，提升了农村金融服务水平；完善了土地流转办法，推进了林权制度改革。下一步还要紧紧围绕代表、委员所关心的问题，研究出台城乡一体化建设纲要，完成城乡结合部建设、重点小城镇建设、沟域经济建设、新农村社区和新民居建设专项规划，注重用规划引领新农村建设。同时，建立了与人大代表政协委员经常性的沟通机制，充分发挥人大代表、政协委员参与建设、监督落实的作用，壮大了新农村建设的力量。例如第2136号、2160号、2168号、2225号加大郊区重点小镇建设扶持力度推进农村城市化建议，涉及面广、政策性强，并且是市政府主管领导重点督办件，为办理好此项议案，市农委多次组织区县村镇建设主管部门领导、市相关部门领导、重点镇党委书记、镇长等专题座谈会，广泛听取不同层面的意见和建议，共同研究重点镇建设，对重点镇产业园区综合情况、重点企业相关情况进行了调查摸底，在充分吸收代表建议的基础上，初步拟定了《北京市小城镇建设试点实施意见》和《关于加快重点镇建设的意见》，夏占义副市长对办理意见进行了批示。

【建议、提案优秀承办件】 2010年，在两委的领导下，农委系统各相关单位高度重视，认真办理，圆满完成102件人大代表建议、政协委员和党派团体提案办理任务。市农委2010年承办的第0251、0457、0513、0515、2002、2015、2060号建议提案被市政府办公厅评为"优秀承办件"。

1. 建议2160号，题目"关于通过重点镇建设带动新农村发展的议案"，承办单位及承办人：村镇建设处胡建华。

2. 提案0251号，题目"关于整治和改善农村道路照明的提案"，承办单位及承办人：农村建设办公室李然、胡广升。

3. 提案0457号，题目"关于我市'都市型现代农业'产业发展的提案"，承办单位及承办人：产业发展处郑桐富。

4. 提案0513号，题目"关于加强北京郊区特色农产品市场体系建议的提案"，承办单位及承办人：督查（农产品流通）处吴雁军、徐成响。

5. 提案0515号，题目"关于高度重视北京农田生态服务价值，将其纳入首都生态建设总体规划之中的提案"，承办单位及承办人：产业发展处郑桐富。

6. 党派提案2002号，题目"关于进一步加强和改善北京市农业保险的提案"，承办单位及承办人：发展规划处赵乐。

7. 党派提案2015号，题目"关于提升京郊农民专业合作社现代化经营水平的提案"，承办单位及承办人：农村改革和经营管理处侯书江。

（市农委督察处　高精华）

维护农村社会稳定

2010年是实施“十一五”规划的最后一年，是夺取应对国际金融危机冲击新胜利、保持经济平稳较快发展的关键之年。一年来，市委农工委、市农委认真贯彻全国政法工作会议和市政法工作会议精神，以“平安北京”建设为载体，抓基层、打基础，紧紧围绕影响农村社会和谐稳定的源头性、根本性、基础性的问题，进一步落实维护稳定责任制，深入开展矛盾纠纷排查化解工作，全面夯实社会和谐稳定工作基础。推进农村基础设施建设，以农民就业、促进农民增收为重点，积极稳妥开展村务公开和民主管理，破解影响农村发展改革的重点和难点问题，为维护首都和谐稳定和推进城乡一体化营造良好的外部环境。

农村综合治理

【围绕签订首都社会治安综合治理责任书，认真分解细化各项目标任务】 按照全市“平安北京”建设工作的总体部署，2010年初，市委农工委书记、市农委主任王孝东代表两委与刘淇书记、郭金龙市长、王安顺副书记签订了2010年《首都社会治安综合治理责任书》。为落实责任书各项任务，完成首都综治委《2010年首都社会治安综合治理工作要点》有关工作目标，按照市委农工委制定的《关于农委系统单位实行领导班子和领导干部安全稳定工作承包责任制的若干规定》和《关于做好春节、“两会”期间维护稳定和安全生产工作的通知》文件要求，2月底，召开了系统各单位一把手安全维稳工作专题会议，对全年系统的平安建设工作进行部署，王孝东同志分别与农口系统所属局、事业单位8个直属单位党政“一把手”签订了《农委系统“加强社会治安综合治理”责任书》。同时，农委系统单位与其下属基层单位也签订了社会治安责任书200余份，将“平安北京”建设任务和责任层层落实到各基层单位，有效保证了农委系统社会治安综合治理工作件件有人抓，事事有人管。全年农委系统各单位保持全面稳定，为平安北京作出了贡献。

【围绕阶段性重点工作，及时研究制定各项政策措施】 一年来，按照党中央、国务院和北京市委、市政府的各项工作要求，结合两委工作实际，在安全生产工作方面，先后制定了《关于做好春节、“两会”期间维护稳定和安全生产工作的通知》（京农发［2010］1号）、《关于立即开展安全生产大检查的通知》（京政农发［2010］4号）和《关于转发〈北京市2010至2011年冬春季火灾防控专项行动方案〉的通知》（京农发［2010］18号）等文件；在综治信访工作方面，先后制定了《关于进一步加强防范和打击农（林）业领域非法集资工作的通知》（京政农发［2010］10号）、《关于实施重大事项社会稳定风险评估机制的实施意见》（京农发［2010］20号）和《关于印发北京市农村工作委员会网络信箱工作管理办法》（京农发［2010］17号）等文件。这些文件和意见的制定，进一步贯彻落实了中央和市委、市政府提出的各项工作要求，为推进郊区农村和谐稳定和系统单位的平安建设奠定了坚实基础。

【围绕成立农村综治工作协调委员会，进一步推进郊区农村平安建设工作的资源整合】 为认真贯彻落实市委、市政府提出的“平安北京”建设任务要求，按照首都综治委的统一部署，5月份启动成立了首都综治委农村综治工作协调委员会，组织起草了组织机构、职能、任务、议事规则、农村综治工作要点、报告等相关文件。组织召开了农村综治工作协调委员会第一次工作会议。在第一次全体会议上，28家相关单位主管领导，各相关区县政法委书记、综治办主任、农工委书记主任约100人参会。会上市委农工委书记、主任王孝东做了郊区农村社会治安综合治理工作报告，着重从五个方面部署了下一步工作重点。夏占义副市长结合当前首都郊区农村地区维稳综治工作的实际，就下一步加强和完善农村地区维稳综治工作提出了意见。协调委员会的成立，为区县与市属委办局之间在农村维稳综治工作上搭建了相互沟通交流、相互协调统一的工作平台。

【围绕综治工作联系点，进一步加强社会治安重点地区调研和排查整治工作力度】 按照排查整治农村治安混乱地区、深入推进农村平安建设工作的要求，市委农工委配合相关部门进一步加强郊区重点地区治安工作力度。一是按照首都综治委市级治安重点地区组织开展集中整治的工作要求，多次深入联系点通州区西集镇和顺义区北石槽镇农村基层开展调研工作，并安排综治专项资金支持联系点的工作。通过近年工作，联系点镇逐步完善了镇村两级技防设施建设，加强了村级专职巡防队伍建设，建立健全了矛盾调处和社会综治管理的工作机制。二是在全年重点时期对延庆县贯彻全市社会治安重点地区排查整治工作情况进行督导检查，在认真听取延庆县委、县政府有关部门治安整治工作情况汇报的基础上，查阅了延庆县治安重点地区排查整治工作台账及相关资料，实地查看了八达岭镇阳光别墅、龙庆峡景区停车场等治安重点地区开展排查整治工作情况。通过督导检查，有效地推进了延庆县重点地区社会治安工作的深入开展。

【加强利用农产品进行非法集资和传销排查整治】 近年来，涉及农（林）业领域非法集资和传销事件呈现明显上升势头，非法集资传销案件居高不下，致使许多农民群众上当受骗，侵害了农民利益，扰乱了农村经济的发展，严重影响农村社会稳定。根据国务院办公厅下发的《关于依法惩处非法集资有关问题的通知》（国办发明电［2007］34号）和《农业部办公厅关于进一步加强打击农业领域非法集资工作的通知》（农办经［2010］5号）等有关文件精神，按照夏占义副市长的要求，为进一步加强打击利用农产品进行非法集资和传销工作，在各郊区县涉农领域深入开展非法集资传销大排查，会同市农业局、市园林绿化局下发了《关于进一步加强防范和打击农（林）业领域非法集资工作的通知》（京政农发［2010］10号），要求郊区县相关涉农部门综合利用广播、报刊、电视、网络等手段加大宣传力度，向广大农民群众宣传国家有关的法律、法规，以及利用农产品进行非法集资传销的危害性，通报农业、林业、农产品领域非法集资的新特点和相关的预防措施，提高农民群众的风险意识和甄别能力。同时，要求各级农（林）业部门建立健全非法集资日常监测预警制度及信息快速反应机制，做到早发现、早报告，切实维护郊区农村正常的社会经济秩序。

【圆满平稳完成村“两委”班子换届选举工作】 全市村党组织换届选举工作从2009年11月开始，到2010年3月完成；村委会换届选举工作从2010年3月开始，到2010年8月结束。村“两委”换届选举工作启动前，市委农工委会同市委组织部、市民政局要求各郊区（县）委开展重点难点村矛盾纠纷排查，并建立工作台账，将矛盾化解在选举工作开始前。选举工作中，及时与相关区县委沟通情况，并责成相关部门调查处理，将问题化解在萌芽状态，整个选举过程未引发严重的群体性事件和恶性事件，确保了村“两委”选举过程的平稳顺利。

信 访 工 作

一年来，市委农工委、市农委坚决贯彻全国信访会议精神和全市联席会议的整体部署，深入学习党的十七届四中、五中全会、中央和全市农村工作会议精神，坚决贯彻落实科学发展观，认真总结推广“奥运”和“国庆60周年”信访工作的成功经验，继续完善细化各项具体工作措施，以“平安北京”建设为载体，抓基层、打基础，进一步落实信访工作责任制。特别是紧密结合首都“三农”工作和当前城乡经济社会发展一体化建设的实际，认真落实党在农村的基本政策和基本制度，针对影响社会和谐稳定的突出矛盾和问题，深入开展矛盾纠纷排查化解工作，为“人文北京、科技北京、绿色北京”建设提供安全稳定的社会环境。

【深入开展矛盾纠纷排查化解】 以化解人民内部矛盾为主线，全力化解社会矛盾。通过层层排查、定期不定期排查，不断加大排查力度，切实掌握可能激化的重点矛盾纠纷和不稳定因素。大力开展人民内部矛盾定期排查调处工作。年初，结合春节和“两会”的工作实际，按照全市联席会议的工作要求和部署，制定下发了农委系统《关于做好春节、“两会”期间维护稳定和安全生产工作的通知》（京农发［2010］1号），要求农委系统各单位都要认真开展矛盾纠纷排查化解工作，将各类安全隐患消除在萌芽状态，努力构建和营造和谐的社会氛围。在2010年农委系统签订的综治责任书中将“构建矛盾纠纷排查化解工作体系，做到抓早、抓小、抓苗头，努力把矛盾纠纷解决在基层和初始阶段，确保不发生影响首都稳定的信访突出问题及群体性事件”作为重要内容写入责任书中，要求系统各单位切实把《关于深入开展“平安北京”建设的意见》落到实处。

1. 到市以上信访工作情况。2010年1—12月份，远郊区县到市以上部门上访共492批7 410人次，与上年同期349批5 695人次相比分别上升40.9%和30.1%。反映的主要问题有：①占地拆迁及补偿分配问题108批1 936人次，占21.9%；②其他（各类社会矛盾纠纷）问题84批856人次，占17.1%；③反映农村基层干部管理问题61批674人次，占12.4%；④违法违纪（基层换届选举）问题54批727人次，占10.9%；⑤土地征占引发的问题35批629人次，占7.1%；⑥土地承包及流转纠纷31批307人次，占6.3%；⑦企业改制和劳资纠纷问题29批701人次，占5.9%；⑧农村管理问题19批174人次，占3.9%；⑨农村集体资产分配问题17批559人次，占3.5%；⑩转非转工安置16批346人次，占3.3%；⑪产权制度改革引发问题15批220人次，占3.1%；⑫山区搬迁遗留问题10批156人次，占2.0%；⑬社员身份界定问题10批108人次，占2.0%；⑭农村政策性转居问题3批17人次，占0.6%。

2. 到市委农工委上访来信情况。2010年1—12月，到市委农工委直接来访为156批580人次，其中集体访18批165人次；重访8批12人次；来信140件次，其中联名信26件次；来电咨询问题450人次。

3. 办理各类信箱情况。全年共办理领导信箱、投诉信箱、咨询信箱、政风行风热线、市长信箱信访件共计 420 件。

【强化责任落实和追究制度，推进信访矛盾事前防范化解】 2010 年在农委系统的综治责任书中增加了"构建矛盾纠纷排查化解工作体系，做到抓早、抓小、抓苗头，努力把矛盾纠纷解决在基层和初始阶段，确保不发生影响首都稳定的信访突出问题及群体性事件"的内容。按照京农发［2010］1 号文件精神，组织农委系统各单位认真开展了矛盾纠纷排查化解工作，以化解人民内部矛盾为主线，定期不定期层层排查，及时掌握可能激化的重点矛盾纠纷和不稳定因素，及时调解处理各类矛盾隐患，使之消除在萌芽状态。5 月初，针对怀柔区山区泥石流易发区搬迁户王玉勤等人因农村产权制度改革问题反复到市委农工委群体上访等有关情况，市委农工委积极协调怀柔区委、区政府认真调研，制定办法，积极予以化解。

【积极整合网络资源，规范完善网络信箱管理制度】 近年来，通过网络反映问题、表达诉求已成为汇聚民意的重要平台，为充分发挥市农委与人民群众沟通交流这一重要平台作用，根据形势和任务发展的需要，在认真办理市信访办信访综合办公系统、市长信箱、市纪委政风行风热线的基础上，结合市农委工作实际，对两委领导信箱、投诉信箱、咨询信箱进行有效整合，下发了《市委农工委、市农委网络信箱管理办法》（京农发 17 号），进一步明确了农委各处室参与办理群众来信的相关流程，加大了处室参与办理群众来信、来访的力度，使农委信访信息化水平进一步提高，服务郊区百姓的工作水平进一步提升，推进了农民信访投诉和咨询问题得到及时有效的解决，切实做到了"事事有回音，件件有着落"的总要求。

【强化部门联动，形成处理信访突出问题和群体性事件的整体合力】 作为市联席会议农村土地专项小组牵头单位，对区县反映的涉及农村和土地问题的矛盾纠纷，会同市有关部门，从组织协调、情况通报、督促检查，推动工作落实等环节，对涉及跨部门、跨地区的信访突出问题，积极主动做好协调配合工作。特别对土地补偿费管理使用的相关政策，要求区县农业行政管理部门在处理相关问题时，严格按照政策规定的原则操作，为基层处理矛盾提供政策依据。认真围绕涉农信访突出问题，积极提出意见和建议，较好完成了全年各敏感时期、重点时段各类矛盾排查的工作任务，确保了郊区农村正常的信访秩序。

安全生产

面对涉农领域安全生产工作点多面广的工作实际，一年来，市委农工委重点围绕维护农委系统安全稳定，加强农机行业安全生产监管，积极推进新农村建设消防工作三方面，及时研究制定多项安全工作措施，不断完善突发事件应急机制，确保全年未发生重特大安全生产事故。

【认真细致维护农委系统的安全稳定】 农委系统各单位以预防火灾及重特大安全事故为主要内容，明责任、重防范、查隐患、打基础，采取多种形式狠抓各项安全工作的落实。一是强化组织领导，要求各单位主要领导要分别与下属单位签订安全维稳责任书，多次组织召开专题会议部署各项安全生产工作，层层分解落实安全生产责任，切实做到了领导重视、分工明确、措施到位、责任到人。二是加强督导检查，多次组织农委系统各单位深入开展安全生产、消防安全、交通安全大检查，切实做到安全生产有人抓、事故隐患有人查，确保各项安全防范措施落到实处。三是排查安全隐患，对各单位安全维稳工作中的重点隐患进行了分析研判，建立农委系统安全隐患台账，研究制定整改措施。四是加强学习培训，努力提高专业人员的工作能力，组织举办了农委系统各单位相关负责人参加的安全维稳培训班，对农业安全生产、涉农重大决策、项目社会风险评估以及涉农信访等方面进行了学习培训。

【开展安全生产大检查】 按照《国务院安委会关于立即开展全国安全生产大检查的通知》（安委明电［2010］1 号）、《北京市安全委员会转发国务院安委会关于立即开展全国安全生产大检查有关文件的通知》（京安发［2010］7 号）的工作要求，市农委制定下发了《关于立即开展安全生产大检查的通知》（京政农发［2010］4 号文），对农委系统贯彻落实中央和市委、市政府工作部署，提出明确要求。市委农工委、市农委成立了"两委"安全生产大检查领导小组，分别由市农村纪工委书记朱二宏、市农委委员郝霞率相关处室对农委系统各单位落实安全生产大检查及整改落实情况进行了实地检查验收。

【着力加强农机行业安全生产监管】 会同市农业局、安监局、公安交通管理局召开了"创平安农机，促安全生产"为主题的北京市农机安全生产联合行动大会，对全市农机安全整治行动作出全面部署。扎实开展农机安全生产"宣传教育行动、执法行动、治理行动"，加强农机安全生产全员、全过程、全方位管理，推进"安全生产年"目标任务落实。加大农机安全生产执法力度，严厉查处非法违法生产、经营行为，建立规范的安全生产法治秩序；深化农机安全生产专项治理，促进农机安全生产责任制落实，强化农机安全生产监管监察，治理纠正农机违规违章行为，狠抓农机事故隐患排查治理，切实加强和解决农机安全生产薄弱环节和突出问题；加强农机安全教育，牢固树立安全发展理念，增强安全意识，提高农机从业人员的安全生产技能素质，全年实现农机安全生产任务。

【积极推进新农村消防工作】 按照中央七部委下发的《关于印发〈加强社会主义新农村建设消防工作的指导意见〉的通知》（公通字［2007］34 号），2010 年 5 月 1 日，公安部下发了《关于开展〈加强社会主义新农村建设消防工作的指导意见〉贯彻情况专项检查的通知》，要对县（乡、镇）政府消防工作责任制落实情况、公共消防设施和多种形式消防队伍建设情况、消防安全宣传教育培训情况、火灾隐患整治及火灾防控情况等进行检查。在检查过程中，市委农工委向市防火安全委员会上报了《加强社会主义新农村建设消防工作情况报告》，会同村镇建设处、社会发展处、农业局农机能源等相关处室对郊区县新农村建设中开展消防工作整体情况进行了评比打分，年底，市委农工委与市公安局等八部门共同制定了《北京市公安局等八部门关于贯彻中央七部委文件精神进一步加强社会主义新农村建设消防工作的通知》。

【做好重点时期、重点地区、重点人的维稳、督查排查工作】 一是结合重大节日、“两会”期间、敏感时期的特点，提前部署。细致做好农委系统的公共安全排查、督查工作，特别加强了对重点人的管控，确保全年不出现不稳定和重大安全事件。二是配合公安等部门妥善处置了原农研中心职工崔君生扰乱社会治安事件。三是按照首都综治办、流管办、维稳办、610办的统一部署和要求，认真完成了社会治安重点地区排查整治、系统单位流动人口管理服务、近郊区50个挂账村拆迁整治、“法轮功”人员转化稳控、涉疆稳定等重点工作。四是加强郊区民俗旅游户和农村民居冬季采暖煤气中毒安全防范工作。配合市旅游局、市治安总队下发了文件，加大对郊区农产的宣传力度，防止农户冬季采暖煤气中毒事件发生。五是认真宣传贯彻《北京市大型群众性活动安全管理条例》，制定了《两委宣传贯彻〈北京市大型群众性活动安全管理条例〉实施意见》。

【积极开展工作调研，进一步推动综治维稳基础工作】 按照2010年首都综治委提出的加强“社会管理模式创新”等三项重点工作的要求，开展了农村社区服务管理创新调研、北京市农村地区综治维稳调研和新农村建设重大决策与重点项目社会风险评估调研等工作，为推进综治基层基础和社会管理创新提供理论基础。

1. 开展农村社区化管理工作调研。围绕大兴区西红门镇农村社区化管理工作情况进行了调研，实地考察了西红门镇大生庄村农村社区化管理的实际状况。在总结大兴区西红门镇农村社区化管理成功经验的基础上，撰写了《北京市城乡一体化背景下农村社区服务创新研究》调研报告，参加了首都综治委组织的“社会管理创新”论坛活动。

2. 积极开展农村综治和维稳工作基础性研究。按照夏占义副市长的要求，在首都综治委农村综治协调委员会成立后，重点围绕农村综治工作现状，深入基层调查分析当前全市农村在维稳综治工作中存在的主要矛盾和问题，进一步明确各成员单位当前在农村综治工作中所担负的职责与任务，开展“北京市农村地区综治维稳调研”。

3. 开展新农村建设重大决策与重点项目社会风险评估调研。2010年初，按照市维稳办《关于开展社会稳定风险评估调研工作的方案》的要求，专门成立调研课题组，结合当前郊区“三农”工作发展实际，就社会稳定风险评估中涉及推进农村建设和涉农政策制定、调整等方面内容进行了广泛深入的调研，形成了《关于新农村建设重大决策与重点项目社会风险评估调研报告》，出台了市农委《关于实施重大事项社会稳定风险评估机制的实施意见》（京农发[2010] 20号文）

【开展农委系统党外代表人士队伍建设调研活动】 5月7日，牛有成常委主持召开市委统战部专题会，部署全市党外代表人士队伍建设调研工作，市委统战部下发了《关于印发〈加强党外代表人士队伍建设调研工作方案〉的通知》（京统通[2010] 10号）。为落实《北京市2007—2013年党外代表人士队伍建设规划》，进一步了解掌握农委系统党外代表人士队伍建设现状、存在的问题，市委农工委牵头组织开展了相关调研工作，形成了《农委系统党外代表人士队伍建设调研报告》，为进一步加强系统党外代表人士队伍建设提供了理论支持。按照通知精神，在农委系统开展党外代表人士队伍建设调研，调研采取召开座谈会、问卷调查、个别谈话等形式，对农委系统党外代表人士队伍的现状、存在问题及有关政策建议等方面进行分析研究，基本摸清了农委系统党外代表人士后备人选情况。按照市委统战部关于此次党外代表人士人选条件和标准，农委系统党外代表人士共80名，平均年龄44.7岁。其中副局级或正高级以上43人，占54%；处级以上或高级职称28人，占35%；女性37人，占46%；50岁以下65人，占81%；民盟6人，民建3人，民进9人，农工党3人，九三学社8人，无党派51人；土家族2人，回族1人，藏族1人，满族1人，汉族75人；年龄最大的56岁，最小的31岁。

（市委农工委社会管理处　李旭辉）

农村基层党组织建设和民主政治建设

概　述

2010年，郊区农村加强和改进农村基层党组织建设，扩大工作覆盖面。继续深化农村党的建设“三级联创”活动。深入开展创先争优活动，农村基层党组织和党员队伍更加充满活力。

农村基层组织建设

【市委农工委系统各单位推进党建工作，切实服务“三农”发展】 2010年，市委农工委系统各级党组织找准党建工作与中心工作的结合点，在服务“三农”发展的实践中检验了党建工作成效，提升了党建工作水平。一是扎实开展创先争优活动。积极组织开展领导点评创先争优工作，市委农工委书记、市农委主任王孝东同志对系统各单位创先争优活动情况进行现场点评；系统3个单位的党委书记全部深入创先争优活动基层联系点开展了点评；66个基层党组织书记结合调研、检查等工作均开展了形式多样的点评活动，共点评党员1 135名，领导点评实现了全覆盖。开展了“评选群众心目中的好党员”活动，市农林科学院农业科技信息研究所孙素芬同志被评为“北京市群众心目中的好党员”。深入推进系统组织部门“讲党性、重品行、作表率”带头创先争优活动，举行了“做党性最强的组工干部”主题演讲活动。二是创新服务“三农”工作载体。市农林科学院党委深化“院区合作”，深入开展农业技术推广、培训和服务，促进了农民增收致富。北京农业职业学院党委实施“五个一”主题服务工程，充分发挥学院人才、品种、技术集成优势，为农村发展、农业增效、农民增收作出了积极贡献。学院组织开展的“创新科技人才服务‘三农’模式”项目被市委组织部评为全市组织工作创新项目。市农产品中央批发市场管委会党委组织开展“党员商户亮牌经营”活动，发动党员共同维护农产品流通秩序。三是加强党员教育管理。加强党员远程教育教学资源开发工作，全年完成教育课件38.9小时。健全基层党员电教播放网点建设的管理机制，党员电化教育在宣传党的方针政策、推广典型经验、交流学习信息等方面发挥了重要作用。积极开展慰问帮扶工作，春节前和“七一”前，由“两委”领导分别带队，对14名生活困难的党员进行了走访慰问，共发放慰问金22 000元。加强党员信息库规范化建设，顺利通过了市委组织部的验收。四是加大组织指导力度。对系统各单位党委、纪委换届工作进行了摸底调查，会同市委组织部指导北京农业职业学院启动了党委、纪委换届工作。组织系统单位参加北京市先进工作者评选工作，北京农业职业学院畜牧兽医系副教授郭秀山和北京市农林科学院林业果树研究所姜全同志荣获“北京市先进工作者”称号。进一步深化系统单位党务公开和院务公开，北京农业职业学院荣获全国厂务公开民主管理工作先进单位。

（市委农工委组织处　李艳青）

【抓住村“两委”换届选举契机，农村基层干部队伍更加优化】 坚持把村级班子建设作为农村基层组织建设的关键环节来抓，以村“两委”换届选举为契机，采取多种措施提高村级班子的整体素质和工作能力。一是选好配强班子。通过推进村干部跨村交流任职、选派机关干部到村任职、吸引优秀人才回乡任职、推荐优秀后备干部参选任职等方式，进一步改善和优化了村“两委”班子整体结构。二是加大教育培训。以推进城乡结合部建设为主要内容，举办了50个重点村党组织书记培训班；以推进城乡一体化发展为主题，举办了全市乡镇党委书记、乡镇长轮训班；以把握角色定位、提高履职能力为目标，举办了全市大学生“村官”和新一届村党组织书记、村委会主任示范培训班。各郊区县大力实施农村基层干部素质培训工程，全面提升农村基层干部的素质和能力。全市共培训乡镇、村干部12.8万人次。三是完善激励保障。不断完善“一定三有”激励保障机制，调动了村干部的干事创业热情。如通州区认真落实“一定三有”的工作要求，2010年，全区在职村党支部书记基本报酬和绩效奖金平均达到46 870元；全区共有94名支部书记担任区党代会代表、人大代表和政协委员，383名支部书记担任乡镇党代表和人大代表；通过办理社会养老保险、发放生活补贴、定期体检等方式，有效解决了离职书记的后顾之忧。顺义区实施关怀激励工程，研究制定《村党支部书记在职报酬和离职保障暂行办法》，采取缴纳社会保险、建立离职保障金等形式建立村干部离职保障机制。海淀区将建立村干部待遇补贴制度列为区委、区政府重点督察项目，由区财政出资，按照在职村干部每人每年 2 万元、离退职负责人每人每年 6 000 元的标准给予待遇补贴，每年拨付财政资金近 1 600 万元，并建立了递增机制。四是强化管理监督。不断推进村级制度规范化建设，注重完善考核评价机制，开展重点难点村治理工作，加强对村干部的管理监督。如门头沟区深化农村“两委”任期承诺制，采取“十必诺”＋“民意诺”的方式，进一步明确了村“两委”干部的工作职责，约束了村干部的履职行为。房山区建立村党组织书记“三维”考核机制，按照 4∶4∶2 的比例，确定农村党员群众、村“两委”干部和乡镇党委的考核权重值，从不同角度对村党组织书记的工作进行综合评定。丰台区在村主要干部岗位职责中引入 ISO9001 质量认证体系，开发了农村干部信息管理系统，为村干部规范化管理奠定了坚实基础。五是充实后备力量。通过建立人才库、公开招考、结对帮带、强化培训等措施，切实加强农村后备人才队伍建设，进一步促进了人才匮乏问题的解决。如大兴区在黄村、瀛海等镇进行试点，实行了公选考试任用、党员代表推荐任用、随机抽定任用，定人数、定职责、定奖惩的“三任三定”村级非选举干部任用考核机制，促进了村级组织用人的制度化、规范化。密云县按照每村不少于 3 名、35 岁以下高中（中专）以上学历不低于 50%的比例，建立了 1 000 多人的村级后备干部队伍，采取列席“两委”会、参与村重点工作、到镇机关科室挂职等方式，促进后备干部快速成长。

（市委农工委组织处　席俊克　舒　展）

【深入开展创先争优活动，农村基层党组织和党员队伍更加充满活力】 按照中央和市委统一部署，全市农村各级党组织以“统筹城乡创一流、科学发展当先锋”为主题，结合“三级联创”和“党员作风建设年”活动，深入推进创先争优活动扎实开展，为推动科学发展、促进社会和谐提供了动力和保证。一是坚持以鲜明的主题引领创先争优活动方向。如朝阳区围绕建设经济发展方式转变的示范区、建设世界城市的实验区、推进城乡一体化的先行区、促进社会和谐的模范区，确定了“深入学习实践科学发展观，加快推进‘四区’建设”的主题。顺义区将全区创先争优活动主题确定为“学习实践科学发展观，推进城乡发展一体化、经济发展多元化、社会管理精细化、党建工作科学化”，并根据区域发展特点和群众需求对村级党组织和党员发挥什么作用、怎样发挥作用提出明确要求，实行“一村一主题”。怀柔区喇叭沟门满族乡围绕建设京北满族第一强乡的奋斗目标，着力解决部分山区党员干部思想不够解放、视野不够开阔、作风不够扎实的问题，提出了“凝聚党员先锋力量、助推和谐满乡建设”的活动主题。二是坚持以丰富的载体推动创先争优活动开展。认真总结党员承诺制、党员设岗定责、党员示范基地等成功经验，精心设计特色鲜明、务实管用的载体，努力做到“一单位一特色、一村一亮点”，充分调动党组织和党员以及全社会创先争优的主动性。如通州区开展了以“心系发展，只争朝夕建新城；心系效能，发展环境显优化；心系群众，真诚服务解民忧”为主要内容的“三心系”活动；昌平区组织开展了“抓党建，治违建，创先争优促发展”主题活动；密云县深入开展了“五星级村党支部”创建活动；大兴区榆垡镇求贤村开展了“一带二比三落实”活动；房山区琉璃河镇西地村开展了以“基层党建有创新、经济发展有实招、民主健全有制度、精神充实有载体、环境良好有标准、幸福生活有保障”为主要内容的“六有”创建活动。三是坚持以协调的发展检验创先争优活动成效。郊区县各级党组织将创先争优活动与农村中心工作紧密结合起来，重点是与转变农业农村经济发展方式、城乡结合部 50 个重点村建设、防控整治违章建设、村委会换届选举等重点工作融合对接，形成了创先争优活动与各项工作相互支撑、相互促进的良好局面，推动了全市农村经济社会协调发展。

（市委农工委组织处　席俊克）

【继续深化农村党的建设“三级联创”活动】 一是以完善工作机制为重点，农村基层组织建设的组织推动力度更加强劲。2010 年初，会同市委组织部、市民政局，对各郊区县 2009 年“三级联创”活动开展情况进行了检查考评，组织召开了全市农村党的建设暨村“两委”换届工作会议。在总结调研的基础上，会同市委组织部印发了《关于充分发挥农村基层党组织在推进城乡一体化发展中作用的意见》。加强对农村党的建设“三级联创”活动的指导，总结了密云县“五星级党组织”创建、通州区永乐店镇提升乡镇党委凝聚力等经验。全年编发《农村基层组织建设情况通报》75 期，推动了创建工作开展。一年来，先后在《前线》、《北京工作》、《执政党建设研究》等市级刊物上发表文章 4 篇。加强村党支部书记队伍建设“四项机制”被市委组织部评为全市组织工作创新项目。各郊区县认真落实“书记抓、抓书记”的要求，健全区县委、职能部门、乡镇和村党组织各个层面责任体系，进一步完善上下衔接、齐抓共管的党建工作格局，推动了创建工作深入开展。各区县委书记作为“第一责任人”，能够深入基层搞调研、解难题，专题召开常委会研究农村党建工作。各区县认真落实“一定三有”要求，加大投入力度，建立党建创新奖励机制，落实村党组织负责人待遇保障，为农村党建工作提供了有力支撑。通州、怀柔、平谷等区县建立乡镇党委向区县委述职制度，强化了党委书记抓党建的意识和责任。二是以创先争优活动为抓手，农村基层组织建设的服务保障作用更加充分。把创先争优活动与推进城乡一体化发展的中心工作紧密结合，在完成城乡结合部 50 个村整治改造、防控整治违章建设、打造城镇化四级体系等重点工作中，充分发挥基层党组织和党员的核心骨干作用，使创先争优活动融入农村改革发展、农民增收致富的生动实践。朝阳区围绕推进“新四区”建设深入开展创先争优。海淀区实施“创新聚力”工程，加快建设中关村国家自主创新示范核心区。丰台区发挥基层党组织优势，加快实施城南行动计划。门头沟区在全力建设首都西部综合服务区上充分发挥基层党组织作用。房山区把组织创新转化为发展创新，推动“三化两区”建设。通州区紧扣现代化国际新城建设，开展“三个心系”活动。顺义区紧紧围绕“打造临空经济区，建设世界空港城”，推进城乡发展一体化、经济发展多元化、社会管理精细化和党建工作科学化。昌平区深入开展“抓党建、治违建，创先争优促发展”主题活动。大兴区围绕“新区建设我争先，大兴建设我奉献”主题，扎实推进创先争优活动。平谷区以创先争优为动力，推进“生态绿谷”、“京津商谷”、“绿能新谷”和“中国乐谷”建设。怀柔区以“先锋力量引领发展，世界眼光改变怀柔”为主题开展创先争优活动。密云县紧紧围绕“三个走在前列”目标，把创先争优活动与区域经济社会发展结合起来。延庆县围绕打造“三个国际一流”，充分调动基层党组织的积极性、创造性。许多乡镇、村基层党组织也创造了“三看三比”、“一带二比三落实”等典型经验。三是以推进党建工作创新为动力，农村基层党组织自身建设更加有力。坚持以改革创新的精神加强农村基层组织建设，在党建创新的工作内容、工作机制和工作成效上取得了新进展，使基层党建工作更加符合新形势下农村经济社会发展的要求。主要体现在：适应城乡一体化的发展变化，基层组织设置进一步调整；大力推进农村社区、“两新”组织等党建工作，全市农村社区党组织达到 529 个，农民专业合作组织中建立党组织 1 508 个；注重搭建基层党组织和党员联系服务群众平台，党组织服务群众的功能明显增强；强化城乡党组织结对共建机制，全市共建立结对帮扶工作队（组）2 200 个；坚持以党内民主示范带动人民民主，完善党组织领导下的村民自治运行机制，农村基层民主政治建设取得了新进展。如朝阳区适应城市化快速发展的新形势，普遍建立农村社区党员服务中心、党员服务站，通过强化服务凝聚党心民心。房山区、密云县探索实行“五星级党组织”创建活动，激发各类村党组织的创建动力。大兴区创立“四个四”工作模式，建立了抓党建、保拆迁、促发展长效机制。

【基层党组织和党员在防控整治违章建设中充分发挥作用】 市委创先争优活动领导小组、市委农工委认真落实市领导批示精神，制定下发了《关于深入开展创先争优活动　充分发挥基层党组织和党员在防控整治违章建设工作中作用的通知》，要求农村各级党组织把防控整治违章建设工作作为创先争优活动的重要内容和评先评优的重要依据，确保防控整治违章建设工作取得实效。各郊区县把防控整治违章建设工作与开展创先争优活动相结合，充分发挥基层党组织战斗堡垒作用和党员先锋模范作用，使违章建设的蔓延趋势得到了有效遏制。

一是注重加强领导。各郊区县高度重视防控整治违章建设工作，切实加强组织领导，完善一级抓一级、层层抓落实的工作推进体系，有力地推动了工作开展。昌平区结合创先争优活动召开全区干部大会，各镇（街道）领导班子成员共计 188 人全部深入所联系村指导开展工作，督促指导整治违章建设工作。顺义区建立违章建设查处工作报告制度，强化属地管理责任，明确乡镇党政“一把手”为第一责任人，主管领导为主要责任人，科室负责人、村党组织负责人为直接责任人，实现责任到岗、责任到人。

二是注重政策引导。各郊区县将政策导向作为开展工作的基础，在充分调查摸底、全面掌握群众需求的基础上，科学制定拆迁、拆违政策，并把政策交给群众，争取群众的理解与支持。昌平区研究制定了《关于在全区各级党组织和党员中深入开展“抓党建，治违建，创先争优促发展”主题活动的意见》，区政府、区纪委及有关部门也出台配套文件，并制定具体工作方案，明确提出违章建设界定标准，为防控整治违章建设提供制度保障。同时，运用电视、广播、报纸、网络等载体，发挥包村干部、大学生“村官”作用，广泛宣传拆迁拆违政策、违章建设认定标准、整治工作安排，形成了正确的政策和舆论导向。房山区从区直部门抽调了 200 名处级后备干部和副科级以上干部，组成“三化两区”建设政策宣讲团，下村入户、宣讲政策，指导基层加快拆迁工作进程。大兴区制定了定额补偿政策，在合法宅基地内，建房和不建房的补偿实行一个标准，起到了良好效果。采育中心镇区拆迁时拆迁范围以及周边没有出现大规模突击盖房的现象。

三是注重强化监管。各郊区县结合实际，构建专群结合的监管网络，做到无缝隙覆盖、全天候管理。大兴区在各镇普遍成立拆违巡查队的同时，注重发挥老党员、老干部和农村“八大员”作用，形成遏制违章建设的强大力量和声势；密云县组织基层党员干部保证每天巡查 1 次，每次巡查不留死角，并形成“日巡查、日报告、月汇报”的动态监控机制，做到“早发现、早制止、早处置”；海淀区通过运用卫星遥感监测结果、加强日常巡查监管、建立违章建设数据库，发挥高科技手段作用，着力构建“天上看、地上查、网上管”的违章建设管控新格局，对各类违章建设行为实行全程动态监管；丰台区建立村、社区与区城市管理监督指挥中心“双发现”、街乡（镇）与城管“双制止”、帮拆与强拆“双拆除”、职能部门和街乡（镇）“双考核”的工作机制，确保各级各部门在第一时间发现违章建设，在最短时间内制止，在初始阶段拆除。

四是注重党员带头。各郊区县结合党员作风建设年活动，通过“党员责任区”、“党员先锋岗”等载体，充分发挥党员的模范带头作用。丰台区南苑乡广大党员在带头学习拆迁政策的基础上，组成了宣讲团和劝导队，积极劝导违建户自拆，使自拆率达到30%以上。房山区制定《“欠先进”党员告诫转化制度》，对党员建有违章建设规模较大或拒绝拆除的，及时启动“欠先进”党员告诫转化程序，进行严肃处理。通州区永顺镇广大党员积极当好“宣传员、协调员、示范员”，自发组建了党员义务服务队、帮扶工作队、治安维护队，推动了防控整治违章建设工作顺利进行。昌平区小汤山镇酸枣岭村党支部要求村“两委”班子成员和党员严格做到“五不”，即不庇护纵容违章建设，不为违章建设户说情，不干扰查处违章建设行为，不说不利于整治违章建设的话，不做不利于整治违章建设的事。截至目前，村“两委”干部、全村党员和入党积极分子无一人存在违章建设行为。

五是注重保障民生。各郊区县将维护和实现群众利益作为防控整治违章建设的根本目标，按照“群众得实惠”的要求，加快推进农民安置用房建设，绿化美化村庄环境，完善农民就业服务体系，确保防控违建工作真正成为“民心工程”。朝阳区小红门乡按照“高标准规划、高水平设计、高质量施工”的要求，扎实推进农民腾退安置用房建设，解决人口自然增长带来的住房问题，杜绝新生违法建设的形成。目前，一期15.8万平方米农民安置住房已全部竣工，入住1 704户。门头沟区军庄镇根据区域规划布局和群众生产生活需要，在拆除违建后，规划建设了一批公共配套设施，改善了村民的生活环境。大兴区庞各庄镇探索建立让村民工作有岗位、经营有资产、生活有保障、服务有组织的长效机制，最大限度地维护了群众合法权益。

（市委农工委组织处　席俊克　舒　展）

农村基层民主政治建设

【顺利完成村“两委”换届选举工作，农村基层民主政治建设进一步深化】 一是村“两委”换届选举顺利完成。全市村“两委”换届选举工作从2009年10月底开始，到2010年8月底基本结束。从全市村“两委”换届选举结果看，呈现出“四提高、一扩大”的特点，即：村党组织书记和村委会主任“一身兼”比例明显提高、村党组织成员连选连任比例明显提高、村党组织书记直选比例明显提高、村“两委”班子成员基本素质明显提高，选人用人渠道进一步扩大，实现了市委提出的“两提高、两降低”的目标。中组部李源潮部长对北京市多渠道选优配强村党组织班子的做法作出重要批示，给予充分肯定。二是党务、村务公开进一步深化。坚持普遍公开与点题公开相结合，积极推进党务、村务、政务、财务等全方面公开；综合采用村务公开栏、电子显示屏、“明白纸入户”、手机短信、广播等多种载体进行立体公开；坚持定期公开与即时公开相结合，在每季度公开一次的基础上，遇有重大事项随时公开；坚持结果公开与过程公开相结合，做到事前、事中、事后全过程公开，从而形成了立体式的村务公开格局。三是村民自治运行机制不断完善。按照相关法律制度的规定，本着合法、民主、实际和便于操作的原则，在充分反映全体村民意愿基础上，建立健全《村民自治章程》、《村规民约》等制度，有效引导农民群众实行自我管理、自我教育、自我约束。全市农村《村民自治章程》、《村规民约》普及率达到100%，并且绝大多数村都由村委会与村民签订了遵章协议，并建立了村民自治管理档案，促进了村民自治工作落到实处。

（市委农工委组织处　舒　展）

【圆满完成全市第八届村民委员会选举工作】 按照市委、市政府统一部署，郊区农村依法进行了第八届村委会选举工作。全市3 944个行政村中，有3 682个村参加本届选举，262个村不参加本届选举。在全市统一组织领导和各区县科学指导下，投票选举工作依法有序顺利进行，到8月上旬全市各区县普遍完成正式投票选举工作。共有3 680个村完成村委会换届选举，占参选村总数的99.9%，另外还有2个村的选举工作正在进行中。各区县积极对新一届村干部进行了系统培训。此次换届选举共选出村委会成员12 093人，其中主任3 680名。进行登记的279.1万选民中，参加投票的选民有258.6万人，参选率为92.6%。这次换届选举取得了预期成效，为首都农村基层民主政治建设工作的顺利开展奠定了坚实的基础。

1. 村委会成员整体素质稳步提高，村委会班子结构进一步优化。新一届村委会成员平均年龄为46.0岁，具有高中中专以上学历的7 429人，占总数的61.4%，比上届提高8个百分点。妇女当选村委会成员的有2 450人，占20.3%。一批懂经济、善管理的“能人”进入村委会班子，23名大学生“村官”经民主程序当选村委会成员。

2. “两提高、两降低”目标顺利完成，党领导的村民自治机制进一步健全。在换届选举中，农村基层党组织的创造力、凝聚力和战斗力明显提高，各区县普遍实现了“两提高、两降低”的要求，达到了预期的成效。村党组织书记、村委会主任“一肩挑”的村有2 299个，占62.5%，比上届提高23.6个百分点。村党组织、村委会“两委”交叉任职的有6 967人，占村委会成员总人数的57.6%，比上届提高9.7个百分点。村委会主任不是党员的村有608个，占16.5%，比上届降低5.4个百分点。村委会班子中无党员的村有54个，占1.5%，比上届降低0.5个百分点。

3. 选举法律法规广泛宣传，农村干部群众民主法制意识进一步增强。在换届选举中，村民自治相关法律法规得到广泛宣传，广大农村干部群众民主法制观念显著增强。

4. 民主选举范围有效拓展，农村基层群众自治组织进一步完善。全市各村普遍进行了村民小组长、村民代表和村务公开监督小组、村民民主理财小组成员的推选工作，并完善村委会的下设委员会。村民自治组织的健全完善为村级事务民主管理工作的顺利开展奠定了坚实的组织基础。

【深入开展村务公开民主管理示范单位创建活动】 在全市已有50%的乡镇和村达到“村务公开民主管理示范单位”标准的基础上，市民政局继续指导各区县深入开展村务公开民主管理示范单位创建活动。各区县也积极推进村级各项民主制度建设，加强民主实践活动，不断总结示范活动中创造出的好经验、好做法。12月，通过区县推荐和市级专项检查，全市命名表彰了10%的乡镇和村，即21个村务公开民主管理示范乡镇和433个村务公开民主管理示范村，全市共有60%的乡镇和村达到“村务公开民主管理示范单位”标准。

【开展村务公开和民主管理“难点村”专项治理工作】 根据中央统一部署和北京市具体要求，2009—2011年，在全市范围内开展村务公开和民主管理“难点村”专项整治，力争用三年的时间，使现有“难点村”面貌发生根本性转变。全市各区县共排查出村务公开和民主管理“难点村”105个，并逐一建立台账，准确分析原因，制定治理方案。2010年是“难点村”治理工作全面推进的一年，市民政局推广取得的成功经验，宣传发动党员和群众，将村务公开难点村与村委会换届选举难点村治理工作有机结合起来，加大治理力度，结合实际开展治理工作。各级村务公开机构普遍针对治理中的突出问题，深入基层开展专项调研督导。目前，105个村务公开和民主管理“难点村”里，有31个已根本治理、彻底好转，65个已初步治理并取得明显成效，其余9个村正在治理中。

【指导区县开展农村“民主日”活动等村民自治实践活动】 在2010年1月和7月的两次“民主日”实践活动中，市民政局指导各区县认真制定工作方案，明确“民主日”的主题和重点，确保活动的真实性和时效性。通过积极开展“民主日”等村级民主实践活动，提高村民群众的民主法制意识，切实保证了广大村民群众的民主权利。

【积极开展村委会干部培训工作】 在村委会换届选举后，积极开展新一届村委会成员培训工作。为帮助新一届村党组织书记、村委会主任进一步认清形势任务，把握角色定位，提高工作能力，市委组织部、市委农工委、市民政局在10月中旬共同举办了全市村党组织书记和村委会主任示范培训班，全市200名村党组织书记、村委会主任参加了培训。同时，指导各区县、乡镇及时对新一届村委会成员进行培训，提高他们的政治理论、专业知识和综合素质，承担起农村改革发展稳定的重任，更好地为村民服务。

【评选表彰2010年度北京市先进村委会、先进村委会主任】 为进一步调动全市农村基层群众性自治组织和广大基层干部工作积极性，授予朝阳区王四营乡王四营村民委员会等110个单位为“先进村民委员会”荣誉称号；授予朝阳区金盏乡皮村村民委员会主任汪学刚等58名同志为“先进村民委员会主任”荣誉称号。

（市民政局基层政权建设处　秦　琦）

党风廉政建设

【认真贯彻落实《中国共产党党员领导干部廉洁从政若干准则》】 市委农工委、市农委把学习贯彻《廉政准则》作为防腐倡廉建设的重要任务来抓，通过理论中心组扩大学习的方式，在两委机关广泛开展了学习，组织进行了专题辅导、观看了《廉政准则》动漫宣传片；为每名机关干部配发了《廉政准则》释义、《从政提醒——党员干部不能做的150件事》等学习书籍；开展了《廉政准则》试题测试，两委机关干部参与率达100%；制作了《廉政准则》宣传板报，并以贯彻落实《廉政准则》，加强领导班子作风建设为主题，组织召开了支部党员组织生活会和领导班子及成员民主生活会，对照检查自己的从政行为，坚决防止违反规定的行为发生，广大党员干部廉洁从政的意识不断增强。

【积极推进廉政风险防范管理工作】 按照市委和市纪委的工作部署，市委农工委、市农委把有效预防腐败工作放在突出位置来抓，在机关和系统单位深入开展廉政风险防范管理工作，初步实现了“两个延伸”和“全覆盖”。一是明确时间步骤，分层次推进。在两委领导班子和班子成员认真填写《两委领导干部廉政风险防范管理汇总表》的基础上，初步查找岗位风险、监管风险，确定风险等级、制定相应防控措施。按照市纪委《关于推进廉政风险防范管理工作向局级领导班子和领导干部延伸的意见》，制定印发了两委《关于贯彻实施廉政风险防范管理工作向局级领导班子和领导干部延伸的意见》，进一步明确了查找和防控的重点、时间进度、工作步骤和工作要求。两委机关各处室分两批完成了高等级风险项目（事项）、确定制度建设项目、建立台账；编制流程图、检查考核等工作，并将两委查找的风险内容、防控措施、流程图等汇编成册印发全体干部交流学习。系统各单位则结合本单位的实际，按照两委工作部署要求，紧紧抓住涉及人、财、物等公共权力的决策、管理、执行、处置、执法、改革等部门和岗位，在清权确权的基础上，有计划、有重点，积极稳妥全面启动了廉政风险防范管理工作，并取得了阶段性成果。二是注重全员参与，提高风险防范意识。针对两委合署办公，业务关联度高的特点，确定了廉政风险防范管理工作不仅要在政府部门开展，也要在党委部门推进的工作方针，确保两委机关全员参与，不留死角。工作中突出全员参与和过程管理，将党风廉政建设和反腐败工作与处室业务工作紧密结合，较好地解决了两张皮问题，使两委机关干部在学习、查找、评定过程中实现自我教育、自我警示。2010年，两委按时限要求全面完成了廉政风险防范管理的第一轮工作，查找风险点259个，制定防控措施208个，编制流程图33个。

【认真开展行政效能监察工作】 继续对新农村建设“五十三”工程开展行政效能监察工作，坚持在参与中监督、在监督中服务的原则，重点解决效能监察和业务工作“两张皮”问题，初步形成了全面介入、全程参与的效能监察形式。工作中，由市农村纪工委书记担任“五十三”工程检查领导小组副组长，从检查方案议定、会议布置、实地检查、汇报总结、问题反馈等方面全过程参加，给予指导；纪工委、监察处派员担任两个检查小组的组长，深入有工程任务的村，通过听取汇报、走访、座谈、现场检查、督促整改等形式开展具体检查，及时发现问题、提出意见建议、总结典型经验。上半年，会同市农委业务处室组织市政府有关部门成立了6个检查组，对各郊区县“五十三”工程年度建设项目、资金、工程进度和管理等情况进行了检查；12月初，又组织力量对各郊区县2006—2010年实施“五十三”工程的村庄进行全面检查，两次检查的总体情况都在《新农村简报》上予以通报。通过检查推动了“五十三”工程的顺利实施，确保各项任务按时完成，真正成为“民心工程”、“廉洁工程”。

【认真开展专项治理和检查工作】 一是与市财政局、市监察局等有关部门，开展了强农惠农专项资金清理和检查工作。市农村纪工委书记担任市级检查组的一个组长，参加了对郊区县和涉农部门的专项检查，并负责接待了中央检查组的检查。按照全市统一部署，市委农工委、市农委组成专项清查工作领导小组，对2007—2009年市财政下达两委所有用于农村社会事业投入资金、农村基础设施建设资金、对农民的补贴资金及其他重点专项资金的使用和管理情况进行清理和检查。同时，还开展了两委机关、直属事业单位和三个协会“小金库”、“假发票”的专项治理和检查。二是认真开展干部选拔任用工作中行贿受贿行为专项整治工作。按照中央和市委有关部署，成立了由市委农工委书记、市农委主任王孝东同志任组长的整治工作协调小组。组织了集中学习传达，开展了专题讨论，印发了市纪委、市委组织部的相关文件材料，送达至每一名处级以上领导干部，并对照规定要求由干部处和纪工委、监察处，分别对2008年5月以来受理存查的信访举报件进行了一次全面梳理、甄别和排查。同时进一步健全完善了干部处与纪检监察等有关处室联席会议制度，规范了选拔任用干部的基本程序、领导干部选拔任用工作有关事项报告和工作纪实制度，进一步强化了民主推荐、民主测评和任前公示制度。三是开展了2010年度春秋季农民负担监督管理执法检查。对2009年度村级公益事业补助资金使用、2010年度拨付和“一事一议”筹资筹劳制度执行情况，集资摊派、乱收费等问题进行了检查。四是开展了村级组织运转经费落实情况专项督查，对2009—2010年度村主要干部固定补贴和办公经费固定补贴、村党组织工作和活动经费以及村级公益事业专项补助资金的到位及使用情况进行检查。

【积极推进农村党风廉政制度体系建设】 市委农工委、市农委把落实《关于加强农村党风廉政基本制度建设的意见》、《村务公开和民主管理工作规程（试行）》和《村集体经济组织财务规范化管理制度（试行）》三项制度摆在突出的位置，加强督促指导，突出推进农村党风廉政制度体系建设。通过在郊区县召开座谈会、集中听取情况汇报、实地走访调研、专题督促指导等方式，及时了解和掌握郊区县制度建设的基本状况和进展程度，全力推动了工作的落实。各郊区县按照“力争用三年左右时间，基本建立农村党风廉政基本制度框架体系”的要求，结合各自的实际，积极研究部署推动工作的开展。普遍制定了工作规划和实施方案，细化了工作目标和要求，明确了制度建设的主要内容、任务分工和完成时限，并及时召开专题会议进行了全面部署。通过对已有制度的认真梳理，对过时、不再起作用的制度及时废止，对实践证明行之有效的做法加以总结、归纳、提升和固化，对已不符合实际情况、难以操作的制度进行修订完善，对新情况、新问题及时研究，有针对性地出台配套和细化实施细则，初步形成了用制度管人、管事、管财、管权的农村党风廉政建设基本制度体系。

【把农村党风廉政建设工作纳入创先争优活动】 按照刘淇同志：“要认真贯彻何勇同志讲话精神，紧密结合我市实际，把农村廉政工作放入创先争优活动之中，有承诺、有检查、有群众评比，提高农村反腐倡廉水平”的重要批示精神，结合农村基层党组织创先争优活动实际，在与市委组织部研究制定的《关于在乡镇、村党组织中深入开展创先争优活动的指导意见》中，明确提出要将廉洁勤政要求变成党组织和党员干部的具体承诺，把农村党风廉政建设工作纳入基层组织创先争优活动之中，广泛开展群众民主评议活动，努力营造风清气正、干事创业的良好氛围。

【整合资源加强对农村基层干部开展反腐倡廉教育培训】 与市纪委联合下发了《关于在全市新一届村“两委”干部培训中强化反腐倡廉教育的通知》，要求各区县通过整合纪检监察、组织、政法、经管等部门的资源，加大对农村“两委”干部反腐倡廉基本知识和法律常识的教育培训。在与市委组织部、市纪委共同举办的乡镇党委书记、乡镇长、乡镇纪委书记培训班，大学生村官、新一届村党支部书记和村委会主任示范培训班中，通过专家授课和参观反腐倡廉教育基地等形式，将反腐倡廉建设、预防农村基层职务犯罪等作为重要培训内容，普遍加大了对农村基层干部的反腐倡廉教育。

【编写出版发行《农村基层干部反腐倡廉知识读本》】 为更好地加强农村党风廉政建设，推动郊区社会主义新农村建设，市纪委与市委农工委、市新闻出版局共同组织编写了《农村基层干部反腐倡廉知识读本》。该书以通俗易懂的问答和案例形式，帮助广大农村党员干部掌握基本的党纪政纪和法规知识，分清违纪违法的界限，提高廉洁自律和接受监督的意识，自觉做到为民、务实、清廉，扎扎实实为农民群众办实事、办好事。按照市委常委牛有成同志对《农村基层干部反腐倡廉知识读本》"要迅速向乡村干部普及"的批示精神，结合全市村"两委"换届工作，市委农工委拨专款配发了 0.8 万册，郊区各区县自行订购 1.2 万册，总计将 2 万册《知识读本》发放到农村基层干部手中，作为新一届村"两委"干部学习培训的基本教材，深受广大农村基层干部的欢迎。

（市农村纪工委　才庆学　丁　岩）

老干部工作

【概述】 截至 2010 年底，10 个远郊区县和农委系统 5 个局、事业单位离休干部总数为 2 679 人，平均年龄 82.3 岁，其中局级 147 人、处级 1 338 人、科级 399 人、科级以下 875 人，第一、二次国内革命战争时期参加革命的有 1 人，抗日战争时期参加革命的有 542 人，解放战争时期参加革命的有 2 136 人。

在市委、市政府正确领导下，市农口各级党委组织部门、老干部工作部门，认真贯彻全国老干部局长会议、市第二十三次老干部座谈会精神，围绕大局，开拓进取，老干部工作取得了新的进展。

【广泛开展争先创优活动】 各级党组织和老干部部门按照中央和市委的要求，积极组织开展创先争优活动。市委农工委针对离退休干部的特点，制订了农口系统离退休干部党员深入开展创先争优活动的实施方案，明确了活动的指导思想、总体要求、程序步骤、领导责任和活动内容等，并将各离退休干部党支部开展创先争优情况作为支部考核的重要内容。充分利用老干部活动中心、老干部党校及社区课堂等阵地，采取形势报告会、理论读书班、心得交流会、参观等多种形式，组织离退休干部认真学习党的十七大、十七届四中、五中全会精神，加强政治理论、形势政策教育，引导广大离退休干部正确理解党的路线方针政策，始终保持政治坚定、思想常新。

【加大为老同志办实事的力度】 按照中央和市委的要求，各区县、各单位落实市第二十三次老干部座谈会精神，在抓好"三个机制"落实的基础上，着重为离休干部解决实际问题。一是建立困难离退休干部帮扶机制。通过协调各级政府、部门，建立离退休干部帮扶基金，对有特殊困难、患重大疾病的离退休干部及遗属及时进行救助和救济。二是按照京组通［2010］3 号文件精神，元旦、春节期间，对生活困难党员、老党员和老干部普遍进行了走访慰问，向老同志转达党中央和市委的关怀，并帮他们解决实际困难。三是做好离休干部持卡就医、实时结算的前期准备工作。

【积极利用社区资源做好离退休干部服务工作】 按照市委组织部、市老干部局《关于利用社区资源做好离退休干部服务工作的实施意见》要求，"四就近"服务工作扎实推进。各区县各单位老干部工作部门积极发挥牵头作用，统筹各方力量，形成工作合力。完善了相应制度，加大了资金投入，推出典型，加强培训，有效推进了工作规范化、制度化开展。逐步建立起家庭、单位、社区、党委和政府工作部门"四位一体的服务管理体系。服务方式实现多样化，即专职与兼职相结合、义务与补偿相结合，为社区离休干部就近提供多样化、个性化、亲情式服务。社区老干部党支部增至 168 个。社区"四就近"服务管理经费和工作指导经费落实到位。

【认真落实老干部工作的领导责任】 市委农工委以落实《责任制》为抓手，利用会议和文件形式明确要求各区县、单位党政领导认真履行职责。为使《老干部工作领导责任制》落到实处，市委农工委进一步加强了检查督促，完善了《责任制考评办法》，明确了各项责任的定性、定量标准，并于 9、10 月份采取自查、抽查和听汇报、召开老干部座谈会等方式对落实《老干部工作领导责任制》情况进行检查和考评。从检查结果看，各级领导高度重视老干部工作，建立了一套比较健全的层层负责的老干部工作机制，普遍达到了老同志满意、领导满意、老干部部门满意的标准。

【加强老干部工作队伍建设】 市委农工委以开展争先创优活动为重点，深化拓展"讲党性、重品行、作表率"活动，继续加强老干部工作部门的自身建设。2010 年 11 月份，农工委围绕国际国内政治经济形势、老干部政策、心理健康知识等内容，对 60 名老干部部门科长以上干部进行了培训。各区县各单位老干部部门也以开展创先争优活动为契机，加强作风建设和业务培训，积极组织了老干部工作政策业务知识学习、参加了市局第三届老干部工作者运动会。通过培训教育活动，工作人员队伍的素质和能力明显提高，增强了服务意识、大局意识、团结意识。

（市委农工委老干部处　王　岚）

区 域 合 作

【编制发展规划】 编制了《北京市"十二五"农业区域合作发展规划意见》、《北京市"十二五"期间主要农产品区域合作实施方案》、《北京市"十二五"蔬菜区域合作实施方案》、《北京市"十二五"畜牧区域合作实施方案》、《北京市"十二五"水产区域合作实施方案》等一系列发展规划，对北京"十二五"时期的农业区域合作工作进行了部署，明确了今后五年农业区域合作的指导思想、基本原则、发展目标、发展重点等一系列重要问题，为下一阶段工作奠定了基础。

【深化农业区域合作】 根据北京市农委与张家口市政府签署的《京张蔬菜产销合作框架协议》，围绕蔬菜产销对接，大力推进蔬菜膜下滴灌、蔬菜品牌建设、农民蔬菜专业技术培训等项目建设，并积极引导北京农业企业到张家口投资建设生产基地，取得了较好的成效。举办了"京张蔬菜产销对接会"，邀请北京市物美集团、超市发、家乐福、沃尔玛等30余家北京的超市与张家口蔬菜专业合作社和蔬菜加工销售企业进行对接。组织了"走进咱们的菜园子——张家口夏日行"活动，邀请了市农业局、市旅游局、市财政局、市政府研究室、市发改委、市商务委、市交通运输管理局等单位人员赴张家口参观张家口蔬菜基地等京张农业合作项目。

组织了承德农民专业合作社理事长赴京培训班。承德市农民专业合作社理事长、各县区农工委主管农民专业合作社领导、市供销社主管领导等150人参加了培训。组织了京承"农餐对接"活动。10月20日，在北京会议中心举办的2010北京·承德"农餐对接"洽谈会，邀请北京饭店业、中直和国家机关、大专院校、部队、医院食堂、超市、农产品批发市场七个方面相关人员150余人，媒体40家，承德市各县区主管农业的副县区长和市直相关部门领导、百家龙头企业和农民专业合作社负责人，近400人参加了活动。活动展示了150余种产自承德的优质特色、健康营养的绿色有机农产品，是深化京承农业区域合作的又一次有益尝试。

会同市台办共同组织了农委系统干部赴台交流考察活动。组织了创意农业、沟域经济两个专题考察团赴台湾进行考察交流。

【对口支援工作】 根据中央全国对口支援新疆工作会议精神和市委、市政府的统一安排，市农委组成"北京规划调研团农业组"赴新疆和田地区就特色农业、农业园区发展情况及援助初步方案进行调研，形成了《和田地区三县一市、农十四师特色农业及农业园区发展现状及初步援助方案调研报告》。做好墨玉县设施农业试点项目的设计和督导工作，建设50座高标准温室大棚，主要发挥集中育苗、农民培训、蔬菜标准化生产技术示范推广等功能。成功组织了新疆首届名优特色农产品北京交易会，积极配合相关单位做好服务工作。来自新疆的420家重点龙头企业、农民专业合作社参加了展销会，国内的近千家采购商参加了交易和洽谈，参观展会的人数达到7万多人，贸易成交金额158.79亿元。组织了北京·新疆农副产品产销对接会，组织了20家农副产品批发市场和超市采购商赴新疆进行农副产品产销对接和项目洽谈，当场有三个项目签约，签约金额达10.7亿。

积极协调什邡市畜牧局与北京市农林科学院，就什邡引进北京油鸡，优化什邡畜牧业结构组织了对接。北京市农林科学院无偿向什邡赠送3万枚价值6万余元的北京油鸡种蛋，并提供技术服务。组织了北京农业技术专家赴什邡，对什邡市各镇（街道）农业服务中心农技人员、龙头企业技术人员、专业合作社负责人、种养殖大户等人员就农产品流通、农产品质量安全、有机农产品认证等方面进行了培训。9月份，组织了什邡市现代畜牧业及新农村建设赴京培训班。什邡市委农工委、市委政研室及龙头企业、养殖业合作社主要负责人等17人参加了培训。根据北京市政府与什邡市政府签署的《北京市—什邡市合作框架协议（2010—2013年）》，北京市农委与什邡市政府签署了《北京市农村工作委员会　什邡市人民政府2010—2013年农业技术合作协议》，继续加强京什两地在农业技术方面的合作，由短期的对口援建调整为长效的对口合作，着眼建立长效合作机制。关于合作资金事宜，北京市利用援建什邡70亿元剩余资金2亿元，设立京什合作专项资金，已集中拨付什邡市政府，由什邡市统一调配使用。由什邡市根据实际制定培训计划、提出需求，北京市农委结合北京科技、人才、市场等优势，组织好相关专家、科技人员开展培训，为什邡市实现农业发展、农村繁荣、农民增收提供更多的人才保障和智力支持。

（市农委新农村建设督查处　魏　红）

区县农情

朝阳区

概述

朝阳区总面积470.8平方公里，农村地区面积369.8平方公里，占全区总面积的78.5%，辖20个乡（地区办事处），154个村，153个社区，现有农村户籍人口127万人，其中农民14.6万人，另有流动人口56.8万人。2010年，朝阳农村地区紧紧围绕“新四区”发展战略，深入落实科学发展观，大力推进“六大体系”建设，城乡一体化格局实现新突破。农村地区整体经济实力进一步提升，全年实现经济总收入882亿元，实现利润41亿元，农民人均纯收入达到1.8万元。三次产业比重调整为0.3：24.6：75.1。

城乡一体化

【概况】 2010年，朝阳区农村城市化进程快速推进，土地储备拆迁腾退、新农村建设、绿化隔离地区建设、重点工程征占地以及重点村整治等政策性、规划性因素加快了城乡一体化进程，按照城市管理标准实施的产业调整、社会管理、民生保障、劳动就业等社会体系建设健康发展，到2010年底，朝阳区农村城市化综合实现程度达到94.5%。

【土地储备】 统筹推进8个乡41个村土地储备拆迁腾退工作，累计腾退住宅674万平方米，非住宅715万平方米，分别完成总量的95%和71%，12个村住宅腾退全部完成，15个村完成95%以上的住宅腾退任务。启动了300万平方米安置房建设，公共服务配套设施和周边市政基础建设同步推进。

【重点村改造】 2010年北京市确定的50个市级挂账整治督办重点村，朝阳区有9个，分别是东坝乡驹子房村、高碑店乡西店村、金盏乡长店村、来广营乡北苑村、崔各庄乡北皋村、平房乡姚家园村、王四营乡官庄村、小红门乡龙爪树村、十八里店乡十八里店村。在改造重点村过程中，坚持政策集成、因地制宜、分类推进的原则，加快重点村城市化改造。其中，北苑、北皋、长店、驹子房4个村基本完成腾退，姚家园、西店村的旧村改造稳步推进，官庄、十八里店、龙爪树3个村的规划、拆迁方案等前期准备工作基本就绪。

【城乡一体化建设示范村】 高碑店村西区改造投资7.1亿元，178户村民迁入新居，累计入住379户。主体完工正在装修407户；何各庄村投资7 250万元，收租198户，完成改造投入运营82户，正在改造116户。

都市型现代农业

【概况】 加大产业结构调整力度，第一产业向精品化、现代化、集约化方向发展。都市型现代农业在朝阳农业中占据主导地位。北部都市型现代农业示范区建设加快，蓝调庄园熏衣草园等一批新建观光旅游项目建成，成为都市型现代农业的新亮点。作为首都的东大门，动物疫病防控工作常抓不懈，为首都食品安全作出了应有的贡献。

【观光农业】 全区共有郁金香花园、蟹岛生态农庄等农业观光园16个，全年接待旅游人数116.6万人次，观光园总收入3.7亿元，比上年增长16.2%。

【设施农业】 蟹岛规模设施农业、黑庄户都市农汇等9个园区和1个特种养殖园区，累计投资7.8亿元。北部都市型现代农业示范区建成樱桃园二期、葡萄园二期、绿岛蓝莓等园区，共有4.4万平方米联栋温室和6.67万平方米钢架大棚。

【花卉业】 新建东风国际花卉市场，占地30 000平方米，主营鲜切花、绿植盆花等业务，当年营业额达到4 000万元。新建蓝调庄园熏衣草园，占地20公顷，种植熏衣草、马鞭草、迷迭香、百里香、洋甘菊等百余种香草植物，年吸引游客3万人，营业额达到560万元。北京莱太花卉市场年收入达到5 000万元，上缴税金400万元，利润总额60万元，比2009年同期增加利润33万元。

【特种养殖园区建设】 京朝花园有限公司鲟鱼孵化养殖基地新建工厂化温室养殖车间9 000平方米，

已建成的3 000多平方米投入使用，主要养殖热带鱼和观赏鱼。黑庄户乡小鲁店村自筹资金计划分三期建设占地12公顷的观赏鱼养殖示范区，一期占地1.87公顷，建成40栋高标准养殖大棚，已竣工并投入使用。

【水域养殖与出口创汇】 全区渔业养殖总水面326公顷，养殖面积为306公顷，观赏鱼养殖面积227公顷，食用鱼养殖面积79公顷。食用鱼成鱼总产量为393吨，观赏鱼总产量为0.94亿尾。草鲤鱼产量197吨，花白鲢产量138吨，名优品种产量58吨，鱼种总产量为74吨。渔业总产值7 669.6万元，其中：观赏鱼产值5 846万元，食用鱼产值317万元。观赏鱼直接出口2 016万尾，出口创汇额374万美元；间接出口1 807万尾，出口创汇额153万元人民币。

【示范推广节水新技术】 在永顺华蔬菜种植有限公司、樱桃园二期、森禾源示范应用新型节水滴灌设备，实现水肥一体化管理，面积达13.3公顷。在都市农汇等6个园区进行0.33公顷保水剂育苗示范，节约用水达到50%，解决了穴盘育苗、盆栽蔬菜（花卉）浇水量大，管理不及时易导致植株缺水以致死亡的问题。

【有机农业发展】 在蟹岛、永顺华蔬菜种植有限公司、全美樱桃园等有机农业园区推广“一特牌”优质有机肥550吨，减少化肥使用量，提高农产品品质。结合北运河面源污染治理项目，引进“金陵爽”牌吊袋式二氧化碳发生剂1 500袋，在蟹岛、森禾源等基地5公顷温室进行试验示范，使作物生长健壮，果型均匀，坐果率增加，增产15%以上，推动全区有机农业发展。

【特供工作】 为北京“两会”，全国“两会”、“全国劳动模范和先进工作者表彰大会”和“北京世界武术搏击运动会”特供草鱼、鲤鱼、花鲢、鲫鱼、蓝鲨、罗非鱼共计5 118.6千克。为中央各单位特供观赏鱼800多尾，并提供相应技术指导与服务。

【协助组织观赏鱼大赛】 协助市水产技术推广站组织北京金鱼锦鲤大赛，组织本区报名参赛、企业宣传，同时协助做好大赛展示鱼只的保障工作。种养中心获得最佳支持单位奖，黑庄户观赏鱼发展中心获得最佳合作伙伴奖。

【疫病防控】 开展养殖监管、禽流感、狂犬病、口蹄疫等疫病防控行动，强化应急处置能力行动。实现禽流感、狂犬病、口蹄疫等动物疫病应免率100%，监测面100%，出栏动物产地检疫率100%，外埠进京动物检疫监管率100%。

【动物及产品检疫】 2010年，检疫外埠进京猪肉420万千克，猪胴体70.6万头，牛肉2 778万千克，羊肉200.5万千克，鸡肉1 196.4万千克，251.5万只鸡，其他肉品94.7万千克，屠宰检疫生猪9.6万头，检疫各类动物157 367余头（只），无害化处理动物及产品1 789千克。

【医政药政】 2010年，共办理《动物诊疗许可证》47件，《兽药经营许可证》4件，《动物防疫合格证》8件，审批检疫标志使用单位20家，审批狂犬病定点防疫单位1家。分别在朝阳区荷美尔、东坝、团结湖建立了三个官方兽医室。

【粮食直补工作】 落实国家惠农政策，粮食直补工作实现全过程公开、透明，确保直补资金足额发放到农户手中。全区小麦直补发放补贴资金19.552 5万元，玉米直补发放补贴资金22.733 1万元。

【植物检疫】 进行黄瓜绿斑驳病毒病、果斑病、美国白蛾、扶桑绵粉蚧、红火蚁、刺萼龙葵、假高粱、豚草、黄顶菊9种危险性有害生物普查，未发现疫情。

【全年农产品质量安全自检状况】 全区11家生产、加工配送、销售单位全年共自检农产品样品169 783个，合格率为98.4%；其中蔬菜样品106 754个，合格率为97.9%；畜禽样品32 343个，合格率为98.5%；水果样品8 169个，水产样品22 517个，合格率均为100%。较之上年，全区农产品质量安全水平稳步提升，各基层监控点质量安全意识和自检能力进一步强化，自检样品数量增加了38 126个，杜绝了不合格农产品上市，实现了全年无一例重大农产品质量安全事故发生。

【农产品质量安全监管追溯体系项目建设】 2010年，投资358万元启动农产品安全监管追溯体系建设项目，制订出台《朝阳区农产品质量安全监管追溯体系建设立项报告》、《朝阳区农产品质量安全检测人员管理办法》、《监控点检测室管理制度》、《项目例会制度》、《检测人员工作手册》管理制度，实现制度统一上墙，选拔30名专职农产品检测员，项目运行纳入制度化、规范化管理轨道。

非农产业

【概况】 农村第二、三产业比重进一步加大。文化创意产业、现代服务业为主的第三产业蓬勃发展，占据了主导地位，成为农村经济发展的支柱产业。

【农村企业发展】 2010年，农村地区规模以上企业692家，其中，年收入超亿元企业160家，比2009年增加12家。农村地区规模企业实现收入785.7亿元、利润37.4亿元，分别占农村地区总收入、利润的88.3%和91.0%，对农村经济增长的贡献率达到93.3%。

【重点产业项目建设】 48个重点产业项目加快推进，完成投资33亿元，朝来购物中心等9个项目建成开业，中国寰球科研基地等2个项目主体完工，颐堤港等16个项目加紧建设。

【出口创汇】 农村出口企业7家，比2009年减少2家。2010年，实现出口交货值1.39亿元，实现收入4.05亿元，利润3 728万元，就业职工人数746

人。其中豆各庄北京格林万德农业科技公司、孙河方圆平安有限公司、北京实宝来游乐设备有限公司等4家企业出口交货值超过1 000万元。

【文化创意产业】 农村地区文化创意产业998家，2010年实现收入82亿元，吸纳从业人员3.1万人，主要经济指标保持20%左右的增速。崔各庄文化创意产业核心区汇集500家文化艺术机构和2 000名艺术家；高碑店718文化创意产业园形成规模，企业入住率超过90%；三间房动漫企业孵化器有20家企业入住，动漫商务中心、运河时尚项目建设完工；东亿国际传媒文化创意产业园与中央电视台、北京电视台、上海东方卫视等多家电视台合作，形成集文化传媒、影视制作为一体的高端传媒产业园区。

【现代服务业】 现代服务业全年实现收入378.1亿元、利润14.0亿元。其中，汽车销售业实现收入223.2亿元、利润6.4亿元；现代商贸业实现收入137.2亿元、利润7.0亿元；现代物流业实现收入17.7亿元、利润0.6亿元。汽车销售业在来广营、高碑店、王四营、平房、金盏、小红门等地区形成了较为成熟的汽车销售服务板块。现代商贸业形成了特色商业街、大型综合商场、家居建材市场为主的现代商贸服务板块。现代物流业集群发展，十八里店、豆各庄、黑庄户等乡大力打造物流特色品牌，吸纳现代高端物流企业入住，形成了电子商务物流、制造业物流、零售业物流和冷链物流等现代物流特色板块。

【民俗旅游】 民俗旅游接待户30户，接待旅游人数2 588人次，民俗旅游全年总收入17万元。

村镇建设

【农村地区道路建设】 温榆河大道、垡头南路等13条城市主次干路和黑桥中路等10条农村道路建成通车，东坝路等16条城市主次干路开工建设。实施亮点工程建设，十八里店景观公园、崔各庄泉辛路等10处亮点工程建成使用。

【新农村建设】 农民新村建设139.5万平方米，1万户、2.5万人搬迁上楼。“5+3+X”工程基本实现村庄全覆盖。共实施64项工程建设，总投资2.33亿元。其中，基础设施项目投入资金16 158万元，完成街坊路硬化35万平方米，社区内绿化29万平方米，饮水管网80公里，一户一表11 830户，污水管网48公里，雨排水39公里，垃圾分类项目完成源头分类户任务量35 300户，清运车任务量248辆，公用垃圾桶1 137只，公厕完成13座650平方米；公共服务设施投入资金5 558万元，建成便民菜市场9 000平方米，体育健身设施6 600平方米，文化娱乐设施5 650平方米，社区办公场所800平方米；“三起来”工程总投资1 588万元，安装太阳能路灯2 156盏，村内节能灯更换2 000盏。

【村庄社区化管理】 推进村庄社区化管理。试点推进16个村、5个农民新村实施村庄社区化管理。加强“三站两室”建设，白家楼、郎各庄等7个村已基本完成，其他村庄正在建设中。

【农村社区建设】 2010年，55个农村社区规范化建设全部完成。朝丰家园等12个新建社区正式成立，农村社区累计达到153个，新建社区完全按照城市社区标准管理和服务。

【环境治理】 实施垃圾分类。将农村地区建成区（楼房区）生活垃圾分三类，农村地区（平房区）生活垃圾分为四类，按照垃圾种类分别投放、运输和处理。先期启动了山水文园社区、石各庄村等社区（村）垃圾分类工作。开展治理黑车“脉冲行动”。查处各类非法营运车辆3 107辆，其中摩的590辆、人力三轮623辆、电动三轮车1 642辆、其他黑车252辆。完成十八里店景观公园、将府庄园路、丽景苑小区等28处环境建设工程。继续推进广场公园、新修道路两侧、老旧小区等环境建设28处。实现绿化109.3公顷，清河营郊野公园等6个新建郊野公园建成开园。

农村改革与管理

【概况】 农村改革与管理工作继续扎实推进，围绕城乡一体化的发展方向和基本要求，开创性开展农村产权改革、三资管理、农经统计、政策研究等工作，保障和促进了集体经济健康发展，维护了农民的切身利益。

【产权制度改革】 2010年，金盏、孙河乡级资源资产股份合作联社正式成立；崔各庄乡10个村完成村级产权制度改革和新型集体经济组织登记注册工作，量化村级净资产3.89亿元，涉及社员13 193人；金盏乡13个村全部完成社员代表选举工作，推进了劳龄统计工作的展开，12个村申请并通过了入股乡资源资产股份合作联社的决议；孙河乡14个村申请并通过了入股乡资源资产股份合作联社的决议，村集体经济组织劳龄统计工作全面展开。北苑、官庄等9个重点村产权制度改革全面启动，其中，北苑、北皋、长店3个村完成了村集体经济产权制度改革。

【土地确权】 朝阳区采取“确权确利”、“确权确股”两种形式，稳定和完善了农民土地承包关系，实现了农民土地使用权向集体流转，流转土地0.87万公顷。2010年，农村地区13个乡121个村签订土地确权流转协议书53 225份，涉及农民11.93万人，确权收益8 411万元，人均704元。

【集体资产监管】 农村集体账面资产总额658.6亿元、净资产总额158.5亿元、同比增长18.2%和10.4%。全区19个乡和154个村集体经济组织集体资产产权登记证的年检工作全部完成；1个乡股份经济合作联社、11个村股份经济合作社和132个村经济合作社的登记证书通过年检；金盏乡东鹏加油服务中心、十八里店乡北京华林天然保健化妆品厂集体企业改制工作完成，明晰了集体资产产权归属，确认资产 175.4 万元，负债 33.1 万元，净资产 142.3 万元。

【集体资金监管】 全区 14 个乡 131 个村实行了村账托管，占总村数的 85.1%，形成了“三资五监管”、乡级统筹监管和委托代理记账等三种村账托管模式；完成集体财务规范化建设，154 个村实现新旧会计制度并轨和新旧会计科目衔接，崔各庄乡获得北京市农村集体财务管理规范化示范乡镇荣誉称号；开展审计项目 651 个，审计资金 331.7 亿元；完成 150 个村、244 名村干部的任期和离任经济责任审计，核实资产金额 137.4 亿元、收入 365.7 亿元、利润 21.6 亿元、合同 6 881 份，提出审计建议 354 条；推进村级财务公开、政务公开信息化，40 个村达到了村务公开信息化标准；培训农村财务人员 3 252 人，培训中高级农民会计师、经济师 111 人。

【集体资源监管】 农村经济合同 7 548 份，约定土地面积 0.876 万公顷。场地资产租赁合同占农村经济合同总数的 89.2%，约定土地面积占合同面积总数的 89%。农村单一出租土地合同占农村经济合同的 38.7%，约定土地占农村经济合同约定面积的 59.4%。在合同签订和履行过程中，乡村集体和租赁单位对基础设施等进行了投资建设。其中，乡村集体建设面积 437.23 万平方米，投入资产原值 18.33 亿元，现值 16.82 亿元；租赁单位建设面积 1 181.41 万平方米，投入资产原值 65.90 亿元，现值 57.32 亿元。

农 民 生 活

【概况】 围绕城乡一体化六大体系建设，统筹推进经济、就业、保障、教育、文化卫生等协调发展，农民生活水平稳步提高，生活环境明显改善。

【农民收入和消费】 农村居民人均纯收入达到 1.8 万元，比上年增长 10%。农村居民人均生活消费现金支出 13 297 元，比上年增长 18.1%。农村居民每百户家庭拥有家用汽车 16 辆，家用电脑 85 台，空调 176 台，手机 220 部。

【农村卫生和合作医疗】 2010 年，农村地区共出动执法监督车辆 5 400 余辆（次），出动执法人员近 10 000 人（次），累计取缔非法行医 300 户（次），没收药品 162 包（箱），共计 4.44 万元。本区进一步调整和完善了新农合政策，人均筹资标准由 520 元提高到 720 元，125 212 人参加新农合，参合率 99.2%。本年度共筹集资金 9 503 万元，其中大病统筹 5 259 万元，基本医疗筹集资金 4 244 万元，新农合筹资比例进一步提高。

【文化体育和教育】 以争创全国文明城区为契机，对接 316 项创建指标，全力推进文化文明、体育健身发展。区域内业余文体队伍达到 1 025 支。全年举办“社区一家亲”、书画摄影展等群众性文体活动 1 222 次，参与人数达到 72.5 万人次。通过多年实践，形成了“五月鲜花”、重大节日专场文艺演出、地区运动会等文体活动品牌。引进华中师大一附中等名校到农村地区办学。

【劳动就业和社会保障】 实施劳动力培训与转移就业工程，开展素质教育和职业技能培训，全年培训劳动力 1.6 万人次，实现转移就业和安置就业 1.2 万人。3.3 万农村劳动力参加了城镇社会保险，5.1 万农民参加了城乡居民养老保险，城乡居民社会保障覆盖率达 94%。

【安全稳定】 坚持疏堵结合、把握政策、讲究方法，重点围绕土地储备和敏感时期维稳工作，引导农民理性表达合法诉求，矛盾纠纷排查调处工作扎实推进，重大敏感时期非正常访和群体访“双零指标”。以开展“矛盾纠纷集中化解三个月专项行动”为契机，解决了拆迁腾退、搬迁安置等 10 个突出群体性问题。

基层组织与民主政治建设

【概况】 全区农村共有 1 198 个基层党组织，其中乡党委（地区工委）20 个，村党支部（总支）152 个，社区党组织 135 个，非公经济党组织 68 个，34 289名党员（流动党员 782 名）。2010 年，农村地区以开展“创先争优”活动为抓手，以“三级联创”活动为载体，全面构建乡村联动、社会互动、联片共建的大党建工作格局，为推进农村城市化提供了坚强的政治保证和组织保证。

【基层干部队伍建设】 按照“两提高、两降低、一扩大”的要求，圆满完成 154 个村级党组织和 61 个村委会换届选举工作。引进大学生“村官”和社区工作者 236 名。

【民主政治建设与组织建设】 深化党内民主政治建设，党代表任期制试点工作稳步推进。各乡全部建有党员服务中心，村级（社区）党员服务站达到 451 个。成立 11 个地区社会工作党委、5 个商务楼宇工作站和农村地区首家非公企业党委。

【党建创新】 实施党建创新项目化管理。总结推广基层党建创新工作经验。基层上报 57 个项目，太阳宫乡“红芍社”、平房乡村级便民服务为代表的 10 个党建项目初具品牌效应，高碑店乡的“六园一港湾”、崔各庄乡“四双工程”为代表的 15 个党建项目正在积极推进，其余的 32 个项目进入起步实施阶段。下拨创建经费 1 000 万元。

【党风廉政建设】 落实党风廉政建设责任制，强化《中国共产党党员领导干部廉洁从政若干准则》的宣传教育，制定了城乡一体化土地腾退廉政风险防范规程、土地腾退廉政风险点及防控措施。出台了《关于加强农村集体土地征地补偿费管理的意见》，加强了全程监管，建立了预警、纠错、监督检查、考核评估和责任追究机制。

“三农”工作部署和实施

【召开农村城市化工作会议】 会上，区委常委、副区长刘希泉作了题为《抢抓机遇、攻坚克难，在更高起点上推进农村城市化进程》的工作报告。区委书记陈刚发表讲话，区委、区人大、区政府、区政协四套班子主要领导参加了会议，区委副书记、区长程连元主持会议。区委、区政府相关部、委、办、局党政正职，各地区机关科级以上干部，村、社区书记、主任等共 1 300 人出席了大会。

【明确 2010 年农村城市化工作预期目标和工作任务】 2010 年主要预期目标是：农村经济总收入、利润总额、形成区级财政收入分别增长 10%以上，农民人均纯收入增长 8%以上，城乡社会保障覆盖面达到 95%。主要任务要在加快城市化建设、提高发展质量、统筹改善民生、体制机制创新、基层平安建设、党建保障发展上实现新突破。

【市政协主席阳安江调研农村城市化管理】 3 月 23 日，市政协主席阳安江、副主席马大龙到十八里店乡十八里店村和小红门乡龙爪树村实地调研资源环境承载力和人口规模、管理服务等情况，市政协秘书长闫仲秋，区领导陈刚、程连元、辛燕琴、赵全保、赵增华陪同调研。

【召开城乡一体化工作领导小组全体会】 3 月 29 日，召开城乡一体化工作领导小组全体会。区领导陈刚、程连元、王力军、辛燕琴、宋连娣、吴桂英、尚延华、陈宏志、刘希泉、李彦田、闫学锋、赵全保、李建海、张春秀、赵增华出席，区委副书记、区长程连元主持。区委书记陈刚指出以土地储备加快推进农村城市化工作的战略不能动摇、必须坚持。明确乡党委、政府在土地储备工作中的主体责任作用。举全区之力，统筹做好全区土地储备工作。

【开展“四月行动”，控制违法建设】 3 月底，本区召开专题会部署“四月行动”控制违法建设。截止到 4 月底，农村地区共拆除违法建设 964 处、171 万平方米。

【召开农村地区拆违工作专题会】 5 月 12 日，本区召开农村地区拆违工作专题会。区领导陈刚、程连元、辛燕琴、尚延华、陈宏志、刘希泉出席，区委书记陈刚主持。陈刚提出三点要求：要进一步落实乡党委和乡政府齐抓共管责任，强化解决问题的措施。要对区农委、区纪委提出的意见进行归纳、汇总、提升，并抓好落实。要对存在的问题及时加以处理，切实巩固“四月行动”取得的成果，为下一阶段土储工作的顺利推进提供保障。

【新闻出版总署向北京市进城务工人员子弟捐赠图书】 6 月 1 日，新闻出版总署向北京市进城务工人员子弟捐赠百种优秀少儿图书活动在十八里店乡祁庄小学举行。中共中央政治局委员、国务委员刘延东出席捐赠活动。刘延东强调，要更加关爱包括进城务工人员子女、农村留守儿童在内的广大少年儿童，让孩子们平等接受义务教育。

【市人大常委会主任杜德印到朝阳区调研】 5 月 7 日，市人大常委会主任杜德印、副主任赵凤山、秘书长唐龙一行到朝阳区就农村城市化工作进行调研。区领导程连元、王力军、刘希泉、闫学锋以及区委农工委书记王宝军、区农委主任陈晓东陪同。

【召开 2010 年上半年农村城市化工作会议】 7 月 22 日，朝阳区召开了 2010 年上半年农村城市化工作会。上半年，农村地区实现经济总收入 421.2 亿元，同比增长 13.7%；利润总额 16.8 亿元，同比增长 9.3%；农民人均劳动所得 9 078 元，同比增长 1.1%；形成区级财政收入 20.9 亿元，同比增长 36.7%。会议提出下半年要做好城市建设；优化产业结构，加快产业发展；加强就业培训，促进就业保障；加强城市管理，提升公共服务水平；坚持城乡一体，深化体制改革；维护安全稳定，提升社会和谐；加强基层党的建设七个方面的工作。区政协副主席赵增华主持会议，区委常委、副区长刘希泉做工作报告。

【财政部长谢旭人到朝阳区调研】 11 月 8 日，财政部长谢旭人到平房乡了解乡财政预算执行、财政管理基础工作和基层财政建设等情况。市区领导吉林、程连元等陪同。

朝阳区主要领导人

区委书记		陈　刚
	副书记	程连元　宋连娣（女）
	常　委	陈　刚　程连元 宋连娣（女）　吴桂英（女） 尚延华　佟克克　陈宏志 刘希泉　李彦田 谢　莹（女）　陶　晶
区人大常委会主任		王力军（女）
	副主任	闫学锋　李　国　于五一 杨文良　王亚贵
区长		程连元
	常务副区长	吴桂英（女）
	副区长	刘希泉　赵全保　李建海 阎　军　张春秀（女） 王　春　张立新（女）
区政协主席		辛燕琴（女）
	副主席	刘乃晨　关三多 赵增华（女）　茅玉麟（女） 邢念增　高向宇
区纪委书记		尚延华
	副书记	张树安　曲　君 陈　琳（女）

朝阳区各地区办事处（乡）党政正职领导

	工委（党委）书记	办事处主任(乡长)
高碑店	张富生	吴晓军

南磨房	张德亮	张　奎
将　台	荣学强	左景泉
太阳宫	张宏明	王　毅
小红门	康志华	李贺清
十八里店	赵红伟	张启顺
王四营	李世喆	高永荣
平　房	马国勇	米振华
东　坝	孙振东	安永存
金　盏	张　岩	于志刚
来广营	张克斌	马文虎
奥运村	张永红	胡杰华
东　风	张仲凯	龙连柏
孙　河	纪海义	刘伯明
崔各庄	张树宝	陈　杰
三间房	冯永忠	张小峰
常　营	吉广平	蔡淑敏（女）
豆各庄	李云飞	张士华
黑庄户	路　军	李　欣
管　庄	杨建海	周卫东

（朝阳区农委　李荣祥）

海淀区

概　述

海淀区设7个乡镇，2个地区办事处，84个行政村。非农业人口210.6万人，农业人口9.0万人。2010年，海淀区“三农”工作紧紧围绕建设具有全球影响力的科技创新中心为核心，全面推进城乡一体化，扎实推进城乡结合部城市化建设、北部新区建设和新农村建设，积极调整产业结构，产业发展、就业和社会保障、公共服务、社会管理和体制机制改革等方面的各项工作顺利进行，全年目标任务圆满完成。2010年农村经济总收入200.9亿元，增长8.6%；农村经济纯收入42.3亿元，增长9.6%；农村居民人均纯收入17 660.9元，增长10.3%。

城乡一体化

2010年，海淀区坚持“城乡一体、环境一流”标准，着力推进北部地区规划调整和城乡结合部城市化工程，切实加强基础设施和生态环境建设，不断提高城乡建设管理水平。

【全面启动北部地区开发建设】 以“生态良好、用地集约、设施配套、产业集群、城乡统筹”为原则，编制了北部地区控制性详细规划（街区层面），并获得市政府批准。北部地区成为首都北部研发服务和高新技术产业聚集区，为海淀新一轮科学发展创造了有利条件。研究制定了北部地区宅基地腾退安置及补偿工作指导意见等系列配套政策，确立了“区域统筹、镇村主体、农民参与、两级平衡、两个阶段”的开发新模式。开工建设7个农民安置房项目，启动4个新增用地项目土地开发及相关市政配套建设，龙芯芯片等24个产业化项目开工。北部地区完成投资121亿元，增长18%。

【稳步推进城乡结合部城市化工程】 海淀区着力推进8个片区20个村的整治改造。区、镇、村三级精心组织，合力攻坚，各部门通力协作，按期完成了唐家岭、八家、后营旧村腾退工作。唐家岭腾退798个村民院落共2 099户，宅基地建筑总面积95万平方米；非住宅单位94家，建筑总面积53万平方米；4 816名村民妥善周转安置。八家村腾退1 397个村民院落共2 704户，宅基地建筑面积27万平方米；非住宅单位206个（包括11家乡外单位），建筑面积18万平方米；4 692名村民妥善周转安置。后营村腾退100个村民院落，宅基地面积4.5万平方米；非住宅单位12家，建筑面积12万平方米；400名村民妥善周转安置，农民回迁房同步开工建设。北坞村试点工作全面完成，北坞嘉园农民回迁房建成入住。

【科学编制农村建设规划】 2010年，海淀区编制了中关村国家自主创新示范区北部研发服务和高新技术产业聚集区（海淀新区部分）规划，确定了北部地区的功能定位、用地规模、空间布局，街区层面控制性详细规划已获得市政府批复。研究制定了重点村整治改造规划方案，完成了8个重点挂账村农民安置用房规划方案编制工作并获得市政府批复。将《海淀区旅游用地规划》核心内容纳入全区土地利用总体规划，基本完成了《大西山旅游区发展规划》修编，启动了《海淀区西北部高端休闲旅游区总体规划》编制工作。开展新一轮土地规划修编工作，稳步推进城乡一体化地籍管理，实施城乡一体的土地利用分类体系，推进集体土地登记发证工作，农村土地管理与规划利用更加科学。

【举办海淀区城乡一体化发展专题研讨班】 2010年9月14—16日，区农工委、区农委与区委组织部联合组织“海淀区城乡一体化发展专题研讨班”，来自全区城乡一体化领导小组成员单位及相关单位和街道、乡镇部分处级干部共44人参加了研讨班。研讨班采取邀请领导干部、专家学者、一线同志课堂授课、政策讲解、案例剖析、经验介绍、现场教学、座谈交流、实地参观等方式，帮助参训的处级干部正确理解城乡一体化发展内涵，牢固树立城乡一体化发展理念，提高对城乡一体化发展重要性、紧迫性的认识，加深对北京市尤其是海淀区城乡一体化发展现状、思路、目标、重点工作的理解，增强做好海淀城乡一体化发展工作的自觉性、主动性、积极性和创造性，处理把握好海淀城乡一体化发展中遇到的突出问题和关键环节，提高处级干部做好城乡统筹、实现城乡一体化发展的素质和能力，为加快建设中关村国家自主创新示范区核心区、把海淀建设成为富裕民主文明和谐新海淀提供思想政治保证、人才保证和智力支持。

都市型现代农业

2010年，海淀区加大对都市型现代农业的支持力度并实行一定倾斜政策，推进有机化、标准化、规模化、品牌化现代农业，扶持设施建设、引进新品种、创新销售方式、加强农业产业带（区）建设、推进产业融合等，都市型现代农业取得了优异成绩。

【大力发展设施农业】 2010年，在全区各乡镇和西山农场完成占地77.1公顷的设施农业建设，区政府投资6 082万元对设施农业建设予以资金扶持。补贴标准：连栋温室补贴100元/平方米，日光温室补贴5万元/标准棚，新型日光温室5万元/亩，大棚5 000元/亩。通过大力发展设施农业，推广设施农业生产技术，全区68.4公顷规模农业设施创造产值3 193万元，平均亩产值较上年同期增长3万余元，种植品种主要为草莓、食用菌、花卉和高档节庆礼品蔬菜。

【大力发展农村产业与乡村旅游业】 建成上庄国家级水稻标准化农业生产基地并通过验收。初步形成"一河十园"等5个都市农业产业带。新增设施农业面积60多公顷，引进南方水果等新品种9个。内保温式温室初试成功，设施农业创造产值3 193万元。推广标准化、有机化技术，发展生态循环农业。启动"东升花园中心"建设，引导农业向高端、高效、高辐射方向发展。完成与中国农科院"5＋1"院区合作工作，签订了院区合作协议。探索农超对接，创新农产品销售模式。成功举办樱桃节、草莓季、"农情绿意"秋实展等多项节庆活动，组织参加市农博会、国际农交会开展推介活动，树立区域农业品牌。大力推进旅游开发建设，增强旅游业与农业的融合性；完成大西山风景长廊工程和红楼梦源文化旅游带一期项目建设工程；策划推出大西山精品旅游线路，成功举办"第二届大西山金秋旅游登山节"；推进上庄镇滨水休闲旅游带开发工作；调整提升南部乡镇产业结构，在系统研究的基础上明确了南部乡镇产业在核心区中的定位，制定了重大项目建设工作方案；以四季青玉泉慧谷、东升科技园为代表的乡镇产业园发展势头良好。

【全面加强农产品监管】 为进一步提高农产品质量安全水平，根据北京市农业局的统一部署，开展深化农产品质量安全专项整治行动，安排部署专项整治具体工作，制定了《海淀区深化农产品质量安全整治方案》，并分别制定了农药产品、蔬菜产品、饲料质量安全、生鲜乳、兽药及兽药残留、水产品、"三品"产品、农产品批发市场和农资打假9项专项整治分方案。进一步加强对农产品生产基地、大型农产品批发市场和农业投入品生产经营企业进行食品安全质量监督抽检，重点监测蔬菜农药残留、动物产品中瘦肉精、水产品中氯霉素和孔雀石绿。共抽检样本1 298个，其中：蔬菜、果品、水产品和动物产品等农产品1 101个，饲料、兽药等农业投入品197个；按照任务来源不同分：农业部和市级抽样417个，区食品办抽样400个，区农委抽样481个；按生产基地和市场分：生产基地728个、农产品批发市场570个，结果全部合格。区农委全年组织执法检查713次，受理各类行政许可1 431个。

【落实重大动物疫病防控工作】 全区有猪场4个、养猪户72户，总存栏20 118头；有牛场3个、养牛户53户，总存栏3 735头；现有养羊户155户，总存栏3 798只；养禽场6个、养禽户465户，总存栏153 522只。全区畜禽重大动物疫病累计免疫270万头（只）次，其中高致病性禽流感149万只次，口蹄疫15万头（只）次，猪高致病性蓝耳病10万头次，猪瘟11万头次，鸡新城疫80万只次，犬狂犬病5万条。水产养殖户数76户，养殖水面86.33公顷，共有池塘233个，年产量61万千克。根据市政府与区政府签订的《2010年动物防疫责任书》的要求，组织各乡镇政府、街道办事处与区政府签订了《2009年海淀区动物防疫责任书》，组织疫控中心、监督所、乡镇与监管对象签订了动物防疫责任书447份、承诺书252份。调整了由25个成员单位组成的海淀区重大动物疫情应急指挥部联系表；调整了由10个相关单位和7个乡镇共147人、20部车辆组成的应急处理预备队，建立了应急处理预备队联系表和应急车辆联系表。通过加强免疫、监测和消毒，进一步完善《海淀区突发重大动物疫情应急预案》，重大动物疫病强制免疫率100％，确保了全区全年无动物重大疫病发生。

【郊野公园建设取得新成绩】 北坞公园建设在北京市园林绿化局的支持下，设计方案已获市审批，实施方案经区发改委征求土地、环保和规划部门意见后，上报了北京市发改委立项。该公园建设落实了公园地形堆垫、绿化种植总量的70％，土建附属总量的70％，喷灌总量的80％，土方总量的92％，照明总量的30％。完成平庄郊野公园43.87公顷和树村郊野公园37.27公顷公园建设，乔木、小乔木及灌木调整种植17.63万株，地被及草坪铺设30.32万平方米；道路、活动广场和停车场铺装6.89万平方米，安装给水管1.57万米，铺设电缆0.83万米，安装太阳能庭院灯及草坪灯317盏；建管理用房和小卖部2处3 050平方米、生态厕所4个400平方米，完成体育健身器材和儿童游乐设施安装，花架、景石、园椅、果皮箱、标识牌、科普宣传栏等配套设施配备等工程量。完成八家公园管护任务的移交和公园建设工程量结算、工程资金决算审计，八家公园的管护，在东升乡政府的大力支持下，京林公司移交了八家公园管理中心，为海淀区郊野公园的正式移交开了先河。完成了玉东和丹青圃公园建设工程量结算审计。

【第二道绿化隔离地区绿化进展顺利】 第二道绿化隔离地区绿化完成2009年293.2公顷任务，启动2010年77.2公顷任务建设。2010年第二道绿化隔离地区绿化建设，海淀区按照新要求，相应完成了市发改委评审批复任务、编制实施方案和项目建议书报区发改委、施工设计方案报市园林绿化局审批等程序。工程建设地段等准备工作也已完成。

【完成“五河十路”绿色通道建设】 完成2009年六环路（海淀段）重点绿色通道建设，通过北京市专业验收。六环路（海淀段）重点绿色通道完成绿化面积345.65公顷，涉及苏家坨镇、温泉镇和西山林场三个单位。工程建设通过清除渣土、回填好土，种植各类苗木12.32万株，在六环路海淀段形成了绿不断线，与周边绿地结合的景观大道。工程建设通过北京市园林绿化局组织的专业验收，兑现政策资金832万元。

【开展防沙治沙——“播草盖沙”工程】 2010年完成北京市下达海淀区播草盖沙工程建设任务66.67公顷，其中：温泉镇51.33公顷，上庄镇5.33公顷，西北旺镇10公顷，播种板蓝根、二月兰种子2 477千克，有效抑制了新造林地块的扬沙起尘，美化了绿地景观。

【实施山区绿化——太行山绿化工程】 2010年实施太行山绿化工程1 553.33公顷。其中“捆绑”二道绿隔、六环路绿色通道工程等建设完成绿化面积606.67公顷。新增补植补造946.67公顷，栽植各种乔灌花木28.4万株，使四季青镇香山地区和苏家坨镇大西山地区生态林质量得到进一步加强。

【实施山区绿化——彩叶工程】 2010年完成彩色树种造林66.67公顷，为山山观红叶和健康森林建设再创佳绩。种植黄栌等彩色叶苗木7万株，不仅扩大了西山地区彩色树种区，也为凤凰岭自然风景区“七彩凤凰”规划目标的实现和森林旅游环境优化发展提供帮助。

【加强中幼林抚育】 完成中幼林抚育工程实施抚育示范建设8公顷，工程实施地点位于温泉镇杨家庄村安家园子，抚育内容包括清理林地内弱势树种、割灌除草、过密林修剪间伐等，种植黄栌、元宝枫等彩色叶苗木600余株，苗木成活率达到95%以上。

【完成生态林补偿工作】 截至2010年底，全区纳入集体生态林补偿机制政策管理的生态林总面积0.71万公顷。区、乡镇两级签订租地合同542份，组建管护队143支，核定生态林管护员岗位7 539个，兑现政策资金1.06亿元，其中生态林占地补偿4 491万元，管护人员工资6 120万元（其中市补助2 566.63万元，区补助8 044.78万元）。全年在区生态林管护中心安排、检查、监督、指导下，共完成对1 800公顷景观生态林的修剪，雨季补植苗木1万余株，整理排洪沟5.4万延米，清理枯枝落叶等杂物6 000余吨，适时施肥300余吨。

【加强种苗繁育、管理工作】 全区在2010年有苗木生产、经营单位174家，苗圃总面积1 139.8公顷。其中，生产单位95家（含无生产许可证单位37家），累计发放生产许可证58份，注册生产面积828.6公顷，生产许可证办证率60%；经营单位79家，办证率100%。2010年共核发生产许可证12份（其中续办10份、新增2份），注册生产面积225.47公顷，核发经营许可证12份，有效管理了全区林木种苗生产、经营的秩序。

【强化林木有害生物防治检疫】 2010年全区共在29个单位（街乡、林场、中心），363个社区（村、点）发现美国白蛾成虫6 764头，发现幼虫危害树木4 377株，分别是2009年的7.8倍和7.3倍。其他常发性病虫害有小范围发生，但经过有效的防治，均没有形成大面积的灾害。为全面做好林木有害生物防控工作，2010年共设立美国白蛾等林木有害生物监测测报点1 530个、其他危险性林木有害生物监测测报点90个、果树病虫害监测测报点42个。初步形成了区、街乡、社区（村）三级林木有害生物监测测报体系，全年共监测诱杀美国白蛾成虫6 764头，有效减少了美国白蛾发生基数。全年积极组织开展了三次以美国白蛾幼虫为主的林木有害生物普查和普防工作，全区累计普查面积6.67万公顷，普查株数5 000万株，投入防治队伍150余支，出动车辆1 300余车次，使用药剂75吨；开展了3次飞防，共飞行210架次，累计防治面积8 400公顷；释放周氏啮小蜂15.5亿头，累计防控面积6 667公顷。同时，做好检疫执法工作，全年共检疫苗木56.3万株、种子115千克、花卉107.7万株（盆），检疫木材加工厂1家；同时，复检新疆、河北、上海、山东等地调入海淀区的苗木17批次，1.9万株（盆），确保符合检疫要求。根据市园林绿化局的统一部署，从7月份开始，海淀区启动了检疫性林业有害生物普查工作。目前，已完成有关技术规程、外业的调查、样地的选取、仪器使用等前期培训工作，2011年普查工作将全面展开。

【完成农村街坊路绿化任务】 积极采取措施推进2010年街坊路绿化工作，发放北京市建设标准，并到各乡建设地段指导建设。在各级领导和施工单位的积极努力下，全区街坊路绿化完成了近106万平方米，栽植各类乔灌花木89万株，圆满完成了北京市下达的建设任务。

【积极开展古树名木管理工作】 海淀区农村地区共有古树1 623株，其中一级古树207株，二级古树1 416株。2010年全区总共投入450万元（支农资金350万元，区财政专项资金100万元），对全区369株弱势或濒危古树进行复壮，其中城口130株，农口239株，针对每株古树制定专项复壮措施，并邀请专家讨论通过，整个过程实行监理制，从而有效保障了复壮工程的质量，目前全区复壮工程有序进行，已完成总任务量的90%。

【开展2010年野生动物保护工作】 进一步加强

了野生动物疫源疫病监测点、野生动物保护及驯养繁殖管理工作。一是加大宣传培训，组织“爱鸟周”、“野生动物保护宣传月”的主题宣传活动，并组织各个监测点参加全国野生动物信息网络专业技术培训；二是做好疫源疫病监测，全年全区五个监测点共监测鸟类70种近120万只，未发现疫源疫病；三是加强监督检查，联合森林公安对群众举报的4起粘鸟违法行为进行了查处，并对野生动物饰品市场开展了2次专项检查活动，同时对野生动物经营利用和驯养繁殖单位进行了年检活动；四是落实补偿资金，按照《北京市重点保护陆生野生动物造成损失补偿办法》的相关规定，在海淀区支农资金中落实野生动物救护及造成损失补偿的专项政策资金15万元。

【大力发展花卉产业】 据统计，2010年全区注册花卉生产企业10家，从业人员117人；各类花卉种植面积18.58万平方米，花卉总产值1 176.65万元，销售额827.56万元

【蜂业发展势头良好】 为促进海淀区蜂业的基础性进步，区园林绿化局针对蜜蜂新优品种的选用和冬季管理的问题，聘请专家对乡镇林业站、农服中心技术人员和养蜂专业户进行了两次培训。到2010年底，全区现有蜂群777群，其中新发展蜂群65群；有33家蜜蜂养殖户；年蜂蜜产量6 635千克，蜂王浆产量572.5千克，蜂花粉产量247.5千克，蜂胶量30.75千克，蜂蜡产量347.5千克；总收入18.42万元。

【加强林下经济建设】 2010年，林下经济种植面积58.7公顷，在板蓝根种植业的基础上，尝试性地发展林下花卉、林下菌类、林下禽类等多产业项目，部分乡在林下主要进行了播草治沙工作。

【积极开发森林旅游】 继续加强山区森林公园（风景名胜区）、城市绿化隔离地区郊野公园和村镇公园体系建设。全年全区3个森林公园和风景名胜区共接待游人121.3万人，旅游收入799.8万元。

【开展农业技术推广计划】 完成2008、2009年度农业技术推广项目验收工作。2010年3月，由海淀区农委、财政局、科委组成联合验收组，采取会议验收和实地检查相结合，对海淀区东升乡、上庄镇等10个农村科技协调员工作站承担的2008、2009年度农业技术推广项目进行了验收。项目承担单位围绕海淀区的花卉、籽种、林果、京西稻、食用菌、冬枣、樱桃、草莓、小西瓜等农产精品的示范生产，引进消化创新栽培技术，试验筛选适宜品种，并做出了示范样板。开展2010年农业技术推广项目征集工作，在全区7个乡镇4个农口科研单位征集，最终优选出13个项目立项，投入农技推广经费200万元，目前项目正在顺利实施中。

【实施海淀区星火计划】 星火计划是以贷款贴息的方式支持农村先进适用技术的推广，促进农民增收和就业，2010年星火项目滚动执行12项（其中新列4项，延续8项），贷款贴息100万元，实现投资总额17 018万元，其中企业自筹7 330万元，银行贷款总额9 688万元，开发新产品23项，引进专业技术、管理人员82人，年产值38 475万元，年利税3 419万元，星火计划专项技术、管理培训1 300人次。

【深入推进“双百对接”活动】 2010年，区科委积极推进“双百对接”工作，紧密结合海淀区农业科技院所密集、人才众多、成果丰富的区情，发挥优势，整合资源，搭建人才成果转化平台，打造海淀高端农业，积极启动7个村党支部与相关研究院所的党支部进行对接，通过实地调研各村支部的实际需求，了解几大农业高校院所的技术成果情况，最终促成了上庄镇李家坟村党支部与北京市科学技术研究院轻工业环境保护研究所、四季青镇香山村党支部与北京市农林科学院林业果树研究所、西北旺镇土井村党支部与北京市农林科学院植环所、苏家坨镇柳林村党支部与海淀区组培室达成合作，以海淀区科技项目的形式进行支持，并形成“1＋1＋1”的项目对接模式，即“科技部门出资金＋科研院所出技术＋农村基层出设施”，三方共同实施科技项目，为推进农业科技创新成果在海淀的落地转化，提高海淀农业科技水平探索出新模式、新机制。此项工作得到了市科委高度肯定，杨伟光书记出席了海淀区“双百对接”项目签约仪式，并在全市“创先争优”的经验介绍中将此项工作誉为“海淀模式”。本次“双百对接”项目通过科技项目中的新农村建设专项计划进行立项支持，支持资金从科技项目资金中列支，共支持4个项目，支持资金共计240万元。

村镇建设

【新农村建设取得显著成效】 加快乡镇产业结构优化升级，以四季青玉泉慧谷、东升科技园为代表的乡镇产业园发展势头良好，农村一、二、三产呈现融合发展新趋势。初步建成“一河十园”、温泉南山产业带等5个都市型现代农业带。实现农村经济总收入200亿元，增长8.1%。经过31个主要责任单位、23个协办单位的共同努力，区2010年新农村建设折子工程46个项目已经按照规定的时限全面完成。18个责任单位按期协助办理了北京市新农村建设折子工程34个项目。会同区相关部门，验收2个部门、1个农场、1个公司和7个乡镇2009年新农村建设项目33个，下拨区政府扶持资金3 426.11万元。

“十一五”期间，安排建设工程奖励资金20.79亿元，开展了66村新农村“五项基础设施”建设，硬化村庄街坊路540万平方米，绿化172万平方米，实施了7个乡镇垃圾处理工程，共铺设雨污水管线1549.85公里，改造老化管网115.43公里，安装一户一表4 080户，安装太阳能灯6107盏；建设和改造污水处理站26座、公厕194座、户厕1.38万个、太阳能公共浴室17座、太阳能光伏电站1座、生物质气化站1座、沼气站7座、畜禽粪污治理设施14处，配发垃圾分类桶12万余个。经过5年努力，新

农村"五项基础设施"建设任务全面完成，"三起来"工程顺利推进，村庄基础设施基本完善，进一步提高了农民生产生活条件。

【加强水利基础设施建设】 全年的水利基础设施完成情况为：①中关村创新园内河道综合治理工程（创新园内的周家巷沟与东埠头沟为温榆河上游一级支流）。本项目主要建设内容为：治理河道全长 6.3 公里，对河道进行清淤，扩宽，防洪标准为 20 年一遇设计；新建节制闸 1 座，橡胶坝 2 座，入河雨水口 18 个，水源补水口 2 个，灌溉取水口 10 个；建设河道两岸巡河路 8 047 米；景观绿化，等等。总投资 12 048万元。②风格渠（渠首—北清路）综合治理工程。本项目主要建设内容为：治理永丰科技园区内，航天城西侧的渠段，长 1 345 米，将防洪标准提高到 20 年一遇，河道生态断面建设、环境整治，新建跌水 1 处，改造排洪管涵入河、排水口，河道沿线景观设施及绿化等。总投资 9 279 万元（不含征地拆迁）。③上庄后河分洪排水工程。为保证上庄经济适用房区域防洪安全，分担上庄后河行洪压力，将上庄后河部分径流分洪至上庄水库下游，主要工程内容包括：对上庄后河进行分洪排水，新挖河道 1 473.4 米，铺设巡河路 3 255 米及河道两岸边坡绿化、河道附属建筑等。④上庄镇中水回用工程。将上庄小区南侧污水处理厂中水引至上庄家园小区，用于绿地灌溉、洗车等，主要工程内容包括建设灌溉管道管网总长 9 573 米，利用现有的加压泵房，新增离心泵 2 台，配套电机 2 台。⑤消防设施取水码头。在上庄水库、永丰和温泉再生水厂新建 4 座消防取水码头，缓解山后地区消防用水紧张。⑥2009 年农业节水灌溉工程。对海淀区上庄镇、四季青镇、温泉镇、西北旺镇以及西山农场等 37 个地块实施节水灌溉工程，总灌溉面积 544.13 公顷，其中果园低压管道灌溉 289.73 公顷，微灌面积 245.87 公顷，喷灌面积 8.53 公顷，建设水源井 11 眼（其中新增水源井 6 眼，更新水源井 5 眼），建设水源井泵房 14 座，包括更换深井潜水泵及泵房配套机电设施；建设蓄水池 2 座，总容积6 400 立方米。

【完成农村水务工程建设】 积极开展了 2010 年海淀区雨污水收集管网工程：雨污水收集管网工程由各乡镇负责组织实施，涉及海淀乡、上庄镇、四季青镇、西北旺镇、苏家坨镇 5 个乡镇，共 10 个村庄。工程总投资约 1.3 亿元。建设雨污水收集管网 142 464米（含入户管），供水老化管网改造 31 701 米，污水收集管网 8 222 户，一户一表 2 002 户，2 座污水处理站（处理规模均为 500 吨/日）。此外，稳步开展"循环起来"雨洪利用工程。雨洪利用工程作为"循环起来"项目，在海淀区建设 10 处雨洪利用工程，投资 1 454 万元，主要建设为八家郊野公园、西洼生态园、上庄家园小区、温泉二中等 10 处，铺设透水路面约 2.5 万平方米，修建蓄水池、雨水处理池 5 座以及节水喷灌等。

农村改革与管理

2010 年，海淀区继续深化农村各项改革，进一步加强农村集体资产管理，为农村持续发展增添了活力。

【深化农村经济管理和改革】 继续推进集体经济产权制度改革，在 2010 年内完成了玉渊潭、东升乡的改革任务。东升乡直属单位改建成立博展、新东源、海升 3 个股份经济合作社，全区累计成立新型集体经济组织 13 个。全面启动北部乡村改革工作，制定《关于北部地区农村集体经济产权制度改革中界定成员身份的指导意见》（海农发［2010］12 号）。规范农村土地承包政策，制定《关于做好当前农村土地承包工作的指导意见》（海农发［2010］11 号），成立农村土地承包仲裁委员会，加强仲裁庭、仲裁员队伍建设。制定了征地补偿费使用管理、集体经济合同管理等方面的指导意见，探索集体产业用地使用权流转试点，上庄镇启动了土地确权改革试点工作。基本完成全区集体林权制度改革。对涉及 7 个乡镇和玉渊潭经济合作社的 52 个单位进行集体产权制度改革，东升、玉渊潭的改革任务全面完成。全年审计镇村集体经济组织 100 个，培训农村经济信息员 300 多人次，全区 75%的托管办实现电算化记账。农村经济管理工作更加规范。

【进一步加强农村社会管理】 根据海组通［2010］37 号文件，建立了由区、乡镇和村三级共同承担的村干部薪酬机制，区政府对现职行政村党组织、村民委员会干部每人每年补贴 2 万元，对离退休行政村负责人每人每年补贴 6 000 元。建立了村庄基础设施长效管护机制，对农村道路、公厕、太阳能灯和公共浴室、街坊路绿化等农村基础设施管护给予资金补贴。加强基层民主政治建设和社区服务，完成第八届村委会换届选举。进一步理顺了城乡交叉地区管理体制，明确了街道、乡镇的管理职责。新建农村社区服务站 16 个，累计建设 49 个。成立了区综治委农村综治工作协调委员会。实施社会治安综合治理领导责任制。农村地区各项应急管理全部纳入全区指挥系统。聂各庄、南安河、周家巷、西小营村申报市生态文明村通过专家验收。温泉镇高里掌村参加 2010 年度"寻找'北京最美的乡村'"宣传评选活动，被评为"2010 年度北京最美的乡村"。积极做好"平安创建"工作，各乡镇全部建成集治安防控、公共服务为一体的城市综合管理中心。

【提升城乡环境建设水平】 成立区城乡环境建设委员会，投资 3.58 亿元，完成 118 个环境建设项目。深入开展"春季行动"等专项整治工作，拆除违法建设 137 万平方米，新生违法建设得到有效遏制。第十六阶段控制大气污染的各项任务圆满完成，6 项水务工程基本完工，开展了 119 个小区垃圾分类试点，锦绣大地果蔬垃圾资源化处理站投入使用。加强绿化美化建设，建成平庄、树村郊野公园，新建、改造绿化面积 1286 公顷，海淀区荣获“全国绿化模范城”称号。

农民生活

2010 年，海淀区牢固树立“群众利益无小事”的观念，下大力气解决关系群众切身利益的实际问题，各项惠民实事全面落实。

【积极促进农民就业】 在全区所有村委会建立了就业服务站，实施促进农村劳动力转移就业的补助政策。提高了农村劳动力自谋职业社会保险补贴期限和农村公益性就业岗位补助标准。实施农村劳动力参加职业技能提升培训计划、创建充分就业村计划，北坞等 5 个村建设成为充分就业示范村，帮助 4 377 名农村劳动力实现就业。制定了促进挂账村农村劳动力就业的四项措施，根据搬迁整治工作进度及农民就业需求，随时启动就业服务工作。

【大力提高农村社会保障水平】 缩小城乡之间的保障差异，进一步提高农民的社会保障水平。城乡居民基本医疗保险年度住院医疗费用最高支付限额由 7 万元提高到 15 万元；新农合住院医疗费用最高支付限额由 6 万元提高到 18 万元，实行门诊报销政策，参合率达到 98.9%。农民基础养老金领取标准提高到每月 430 元，高于全市每月 280 元的标准。将农民工纳入企业职工基本养老保险制度。初步建立了城乡一体的失业保险制度，实现了本市农民工按照城镇职工标准享受失业保险待遇。全面落实老年人补贴政策，特别是对 80 岁以上高龄老年人实施城乡一致的居家养老服务补贴政策。继续实施城乡一致的“低保”制度。

基层组织与民主政治建设

2010 年，海淀区农村各党组织和广大党员，积极开展“创先争优”活动，在围绕农村当前中心工作，特别在农村“两委”换届选举工作和重点村整治工作中，很好地发挥了党员的先锋模范作用，以实际行动落实、深化了农村系统的“优质服务年”活动。

【深入开展农村系统创先争优活动】 作为巩固和拓展学习科学发展观活动成果的重要举措，海淀区围绕“创新海淀，科学发展”的主题，以“锤炼党性做表率，创新发展当先锋”主题实践活动为抓手，在农村基层党组织和广大党员中深入开展创先争优活动，努力实现推动科学发展、促进社会和谐、服务人民群众、加强基层组织的活动目标。2010 年，区农工委在全区组织召开“群众心目中的好党员先进事迹报告会”，召开副书记、组织部长工作会议，对各乡镇党委创先争优活动进行部署和推进；编发农村系统创先争优简报 20 余期。

【圆满完成换届选举工作】 至 2010 年 3 月，完成了 84 个行政村党组织换届选举工作，农村支部书记和委员的文化结构和年龄结构得到了进一步改善和优化。换届结束后，及时举办了农村支部书记培训班。从 2010 年 4 月起，全区开始了第八届村委会换届选举工作，海淀区共有 71 个行政村参加本届换届选举。到 7 月 10 日，71 个行政村的换届选举全部完成工作。其中书记主任“一肩挑”达 19.7%、“两委”交叉任职达 35.9%，妇女委员比例 28%。

【继续深入开展农村党的建设“三级联创”活动】 2010 年初，市委农村基层党的建设“三级联创”检查组对海淀区 2009 年农村创建活动进行了检查评估。为做好迎检工作，区委组成了由部分成员单位组成的联合检查组，在各乡镇党委自查的基础上，对全区创建工作进行了由上到下的检查，对重点部位、重点问题进行了多次检查，确保市委对海淀区农村创建检查的顺利进行。为做好 2010 年的农村创建工作，海淀区制定了 2010 年本区农村党建工作意见和农村实用人才工作意见，并针对目前城乡一体化的工作重点，拿出城乡一体党建新格局建议。5 月份，召开了全区农村创建大会，对上年农村基层党组织建设工作进行了总结，对 2010 年工作进行了部署，并对全区“五个好”乡镇党委、村党支部、乡镇站所和区涉农部门进行表彰。年底，会同相关单位对全区乡镇党委及村党支部开展“三级联创”活动情况进行验收，顺利通过市委的年度检查。

【认真做好农村实用人才工作】 制定和下发了《2010 年海淀区农村实用人才工作要点》，确定了 2010 年 3 个农村实用人才实训示范基地。为进一步规范基地管理，制定了《农村实用人才实训示范基地管理办法》，同时，不定期对 3 个基地进行检查。积极组织参加北京市农村实用人才创业成果展示推介会和“秋实展”。9 月份，对全区农村实用人才工作进行了验收检查，全年 3 个实训示范基地共开发培养出 125 名农村实用人才。

【认真开展农村干部培训工作】 在当前核心区建设的形势背景下，针对村“两委”换届选举的实际工作，海淀区结合新一届农村基层干部上岗的需要，分别于 2010 年 3 月底和 8 月初对全区 80 余名农村党组织负责人和 160 余名村“两委”干部进行了培训。

“三农”工作部署和实施

【区农村工作会召开】 3 月 26 日，召开海淀区 2010 年农村工作会，会议认真贯彻落实中央、北京市农村工作会议精神和区委十届十次、十一次全会精神，全面总结 2009 年全区农村工作，表彰先进单位和先进个人，研究部署 2010 年工作任务。会议由林抚生区长主持，副区长刘长利代表区委、区政府作农村工作报告，区委副书记关成启宣读 2009 年度新农村建设先进集体、先进个人表彰决定。区委书记赵凤桐讲话。区属有关单位党政正职领导、区农委班子成员及各科科长和所属事业单位领导、各乡镇领导班子全体成员及农服中心主任、玉渊潭和西山农场主要领导、各村党支部书记和村委会主任、驻乡镇的派出所和城管分队的主要领导、区属有关企事业单位的主要领导、城乡结合部街道办事处的主要领导参加了会议。

【组织突发犬伤人事件应急处置演练】 10月26日，区应急办、区养犬管理办公室、区重大动物疫情应急指挥部办公室联合组织"海淀区突发犬伤人事件应急处置演练"。区重大动物疫情应急指挥部指挥长、副区长刘长利，北京市农业局应急处处长姚杰章，北京市公安局治安管理总队处长丁立宪等有关领导和专家，以及区养犬管理领导小组和区重大动物疫情应急指挥部成员单位、各乡镇、街道主管养犬管理工作的负责人120余人参加演练或现场观摩演练。通过模拟"事件的发生、报告、伤人犬捕捉、狂犬病初步诊断、抽样初步检测、应急预案启动、封锁令下达、疫区控制、扑杀、销毁处理、疫区消毒、紧急免疫、人员排查、封锁区监督验收和解除封锁令"等场景，准确、完整地展示了突发犬伤人事件应急处置的全过程。演练体现出了四大特点：一是演练及时，针对性强；二是演练规模较大，参与范围广；三是演练坚持从实战出发，注重仿真模拟实战，演、练结合，以"练"为主，实战性、可操作性较强；四是应急处置能力得到提高，达到了"贴近实际、周密组织、突出重点、注重实效"的目的。

【区农委主持召开农口系统工作务虚会】 12月2日，为认真总结工作，为"十二五"开好局，区农委在稻香湖主持召开了农口系统工作务虚会。区委副书记关成启、副区长刘长利及各乡镇党政一把手、涉农委办局党政一把手等30余人参加了会议。会议请各单位就2010年的工作和2011年的思路以及工作中存在的问题进行了汇报交流。农委主任李殿安就近期的工作进行了总结，对2011年的重点工作提出了建设性的意见。关书记及刘区长对各单位2010年的工作给予了充分肯定，同时，就当前"三农"工作的形势进行了深刻分析，并对"三农"工作重新审视和定位，对2011年的工作提出了希望和要求。

海淀区主要领导人

区委书记		赵凤桐
	副书记	林抚生
	常委	关成启　杨智慧　吴祖安　李晓暐（女）　张伟刚　杨志强　李彦来　刘　鸿（女）　臧桂武　穆　鹏　陈　双（女）
区人大主任		周来升
	副主任	王纪表　蔡长敏（女）　李松波　王鲁豫
区长		林抚生
	副区长	杨志强　刘长利　傅首清
区政协主席		彭兴业
	副主席	王洪秀（女）　刘　恪（女）

海淀区乡镇党政正职领导

	党委书记	乡（镇）长
四季青镇	张连仲	李万生
东升乡	肖熙之	刘振华
海淀乡	李景奇	高念东
西北旺镇	王桐慧	祝的春
温泉镇	方海强	程培衡
苏家坨镇	韩顺新	刘圣国
上庄镇	刘精明	胡宗江

（海淀区农委　许相明）

丰台区

概　述

丰台区总面积305.87平方公里，农村地区面积169.81平方公里，占全区总面积的55.56%。辖5个乡镇，16个街道（地区）办事处，68个行政村，271个社区居委会。全区户籍人口106.3万，其中农业人口12.0万。2010年，丰台农村地区紧紧围绕首都建设中国特色世界城市和"人文北京、科技北京、绿色北京"战略构想，认真贯彻市委市政府城乡一体化战略部署，全面落实城南行动计划，加快"一轴两带四区"建设，新农村建设取得显著成效。全年实现农村经济总收入264亿元，同比增长11.6%；实现税金总额10亿元，同比增长11.1%；实现利润16.6亿元，比上年同期增加0.7亿元，增长了4.5%；农民人均生活消费支出12 089元，同比增长10.2%。

城乡一体化

【城乡经济发展水平】 全年城镇居民人均可支配收入27 081元，比上年增长9%；农村居民人均纯收入14 544元，比上年增长10.4%。"十一五"期间，城镇居民人均可支配收入年均增长11.4%；农村居民人均纯收入年均增长10.1%。城镇居民恩格尔系数为34.4%，比2005年上升2.2个百分点；农村居民恩格尔系数为36.3%，比2005年上升4.9个百分点。城镇居民人均住房使用面积20.6平方米，比2005年增加3.7平方米；农村居民人均住房面积38平方米，比2005年增加1.6平方米。

【城乡管理体制变化】 卢沟桥乡、花乡、南苑乡设立了地区办事处。新建和调整了41个社区。56个转而未管的居住区全部纳入城市化管理。花乡城乡一体化试点的整体规划方案基本编制完成。

都市型现代农业

【概况】 全年实现农林牧渔业总产值3亿元，比上年下降0.6%。其中，花卉产值1.5亿元，增长0.7%，占农林牧渔业总产值的49.4%，比上年提高0.6个百分点；林、牧、渔业产值分别增长1.5%、4.6%和5.9%。

【种植业】 全区耕地利用面积1 091.87公顷，其中：粮田耕地面积507.87公顷，蔬菜耕地面积232.53公顷。设施农业面积229.4公顷（其中温室面积196.13公顷，大棚面积26.73公顷、中小棚面积6.53公顷）。玉米种植面积474.53公顷，小麦种植面积40.73公顷，青饲玉米面积214.67公顷，粮食产量1 314吨；蔬菜播种面积586.6公顷，蔬菜产量13 594吨。全区有规模蔬菜种植基地5家，其中获有机食品认证基地1家，获无公害农产品认证基地4家。全区有蔬菜农业标准化基地4家。

【养殖业】 全区现有畜禽养殖场4家，养殖户228户，生猪存栏14 552头，羊存栏2 261只，肉牛存栏52头，奶牛存栏1 038头，全年产奶量4 186吨。蛋鸡存栏12.5万只，鲜蛋产量1 616吨。水产养殖企业2家，水产养殖面积15公顷，累计成鱼捕捞量680吨，总产值2 398万元。全区动物诊疗机构46个，全年累计发放各类疫苗56万毫升。进行口蹄疫、高致病性禽流感、鸡新城疫、猪瘟、高致病性蓝耳病监测2 480份。进行奶牛布病、结核病检疫2 456头次。马传贫、鼻疽检疫206匹次，未发现阳性病例。全区未发生狂犬病疫情及流浪犬伤人事件，登记注册犬免疫率100%。全年无重大动物疫情发生。

【花卉业】 积极推进花乡花卉千亩基地建设，完善了项目规划设计，完成3万平方米智能联动温室配套设施建设，引进6万株优新红掌种苗，完成园区软化水处理、集雨设施、道路修建及绿化美化工程。白盆窑高档盆花生产基地完成3.1万平方米温室建设，温室内配套设施建设完成90%，7.5万株荷兰瑞恩公司的优新种苗投入生产，无土水培2万余株种苗。继续推广宿根花卉及多种景观花卉种植，其中玉蜓桥景点月季被评为全市10处最美月季景点之一。

【林果业】 栽植各类树木62万余株，完成产地检疫各类苗木716.3万株，复检各类工程苗木81.36万株。全区共悬挂杀虫灯、各种有害生物诱芯、诱捕器等8 000余个，完成防治作业面积2.06万公顷，施用药剂34.6吨。全区未发生林木有害生物灾害。建立了遏制和查处绿地、林地新生违法建设领导小组办公室。全年共受理各类违章案件78起，立案5起，与相关部门一起拆除违章建筑62间，恢复绿地、林地2公顷，收缴城市代征绿地70公顷。完成50公顷林地征占用审核和3万余株树木伐移审核、审批。落实果树乡土专家行动计划，做好新品种、新技术引进推广，推进果树有机化栽培和观光果园建设，实现了果品的提质增效。

【观光休闲农业】 全区10个农业观光园全年共接待游客114.6万人次，比上年增长37.1%；实现总收入2 014.6万元，增长3.1%。全区共有市级民俗村2个，分别为南宫泉怡园度假村和长辛店御景山庄民俗村。北宫南路、长青路两条现代都市农业观光走廊和花卉产业核心区“两廊一区”格局初步形成。中华名枣园、南宫地热博览园、南苑一分地等一批农业休闲观光园区相继建成开园。李家峪农艺风情体验园林禽养殖认养区一期全部实现认养，二期阳光温室完成主体建筑17栋，钢架结构组装完成7栋。庄户新品种展示基地成为华北地区唯一蔬菜品种旗舰展示中心和北京市观光农业示范园。

【北京第十八届种子大会】 9月12—15日，成功举办了北京第十八届种子大会。参会单位与企业共817家，交易额5.5亿元。2010年拍卖品种在上年只有玉米一类的基础上，新增加大豆、小麦和果蔬三类，品种达到12个，黄瓜、西瓜、甘蓝成为首次参加拍卖的果蔬品种。共有来自全国38家企业单位参与竞拍，较上年增加18家，成交品种7个，较上年增加3个，成交额951万元。累计参会人数5万人，日高峰人数1.6万人。交易品种5 000余个，展示品种2 200个，其中最新育种成果、前沿性品种数量200个。大会以对接2014年世界种子大会为目标，引入了网络预订、企业会员制和志愿者服务等新模式。国际种子检验联盟（ISTA）参与组织了分论坛，实现了种子交易、学术交流、国际交往、商业运作等多层面、多角度的扩展。

非农产业

【概况】 农村一、二、三产业分别完成收入7.3亿元、59.9亿元、188亿元，其中第三产业收入比上年同期增加20.1亿元，占总收入增加额的73.4%。各产业收入比重分别为2.8%、23.5%、73.7%，与上年相比变化不大。

【乡镇企业】 全区656家镇村企业实现营业收入110.81亿元，较上年同期116.82亿元下降5.0%；增加值30.42亿元，较上年同期27.33亿元增长11.3%；利润总额9.83亿元，较上年同期8.14亿元增长17.2%；实交税金4.83亿元，较上年同期4.61亿元增长4.7%。职工人数51 405人，人均纯收入69 100元。

【家电下乡】 家电下乡、家电以旧换新、汽车下乡、汽车以旧换新以及黄标车淘汰等各项惠民政策刺激消费效果显著，累计实现销售15.8亿元。其中：销售家电下乡产品18 478台（部），实现销售额5 816万元；家电以旧换新20.5万台（部），实现销售3.93亿元；汽车下乡销售5 238辆，以旧换新688

辆，实现销售10.11亿元。全区共落实上述惠民政策补贴1 230万元，惠及20万消费者，较好地实现了扩内需、保增长的目标。

【重点项目建设】 投资2 400万元对13个重点产业项目进行扶持，引导完成投资2.9亿元，其中，新发地批发市场投资5 000万元升级改造；万丰餐饮街一期开街；北京“龙门阵”文化创意旅游区项目投资2.45亿元，已完成40%的土方工程；千灵山景区已完成全部工程的65%。

【大红门时尚创意产业集聚区】 以城南行动计划为重点，制定促进大红门时尚创意产业集聚区发展意见，确定高端产业转型的发展方向和总体发展思路，制定三年阶段目标；开展区域内可开发利用土地资源基础数据调研，摸清集聚区可供开发的土地资源分布情况和产业资源现状；在充分调研、多方征求意见的基础上，形成了《大红门时尚创意产业集聚区发展规划》初稿，确定了发展方向和阶段性目标，明确了分区布局和发展路径。

【农产品监管】 全年对生产基地抽取蔬菜样品228个，抽取畜产品样品112个，抽取水产品样品50个，检测合格率100%。超市抽取畜产品样品19个，检测合格率100%。全年共检测农产品样品506个，检测参数57种。各执法部门共出动执法车辆601车次，执法人员1 708人次，检查市场、超市、餐饮单位、冷库、生产基地、畜禽养殖场（户）、经营门店等各类农产品及农业投入品生产、经营、使用单位1 766次。共查处农产品安全案件52起，罚款82 556元。责令改正11起，对经营不规范的单位提出口头警告4个。查扣收缴不合格饲料产品标签2万余枚。

【农产品流通】 引导、推动辖区大型连锁企业同农产品基地对接，农产品批发市场和社区菜店对接。在7个社区菜市场设立了18个“保本菜”摊位。组建了拥有29辆车的蔬菜运输“绿色车队”。通过减少流通环节，降低蔬菜流通成本，稳定终端零售价格。保障蔬菜市场供应平稳。监测新发地批发市场和辖区社区菜市场蔬菜价格，关注零售市场变化。

村 镇 建 设

【基础设施建设】 完成40条道路大修改造和8万平方米城乡结合部地区街坊路硬化；完成新农村街坊路硬化59.3万平方米；完成区属道路维修养护725处、10.25万平方米；为182条行政村道路安装了路灯，新建及改造了11条LED节能路灯；完成新改建公厕106座，其中新农村86座、城镇20座。完成13座垃圾楼、5座中转站的建设及永合庄垃圾填埋场雨污分流和北天堂172万方陈腐垃圾治理。

【启动乡史馆和规划馆建设工作】 为传承历史文化，宣传建设成就，展示发展蓝图，7月21日丰台区正式启动乡史馆和规划馆建设工作，成立了领导小组，印发了工作方案和专项工作方案，组织了学习考察。计划2011年9月底完成全区所有乡志村志的编撰出版工作，2011年年底5个乡镇的乡史馆和规划馆全部建成并投入使用。2010年，已完成23个村完成志书的印刷出版，5个乡镇确定了馆址，积极推进场馆设计、建设、改造和装修等工作。

【环境整治】 完成“城中村”、“城市边角地”环境整治项目2个。对全区重点大街进行户外广告规划设计，拆除违规户外广告牌匾25 000余块，拆除面积9 000余平方米，更换改造广告牌匾1 620平方米，设置小广告信息栏100个。全区共拆除新生违法建设823处、16.8万平方米，拆除既有违法建设663处、87.6万平方米。共完成14处城乡结合部环境综合整治工作。清理暴露垃圾渣土37 061吨，清理小广告4.9万张，取缔无照经营36 292起，暂扣各类黑车共计3 247辆，收缴小广告62.1万张，小广告取证1.4万余起，停机6 996部，检查“门前三包”单位12.3万家，规范“门前三包”单位25个。

【农村绿化】 二道绿化实现334.3公顷，太行山绿化实现833.3公顷，街坊路绿化实现21.28公顷，彩叶工程实现33.3公顷，西六环绿化完成183.9公顷，通道绿化完成10公里，全区农村绿化总计完成1 406公顷。千灵山景区周边66.7公顷废弃矿山植被恢复工程顺利竣工。佛门沟废弃矿山植被恢复工程完成了项目建议书及相关手续。建材化工厂平面一期、立面补植和北宫植被恢复工程西侧地块补植工程完成了工程总量的40%。卢沟桥乡大井村被评为该年度“北京最美的村庄”，花乡黄土岗村被评为该年度“北京郊区生态村”。

农村改革和管理

【农村产权制度改革】 加大村级集体经济产权制度改革推进力度，完成了大红门村产权制度改革，东铁营、右安门、万泉寺等村进行了产权制度改革深化，扩大了个人股比例；加快转居转工人员滞留资产处置工作，维护了农转居人员的资产权益。

【整建制撤村建居工作】 成立了区整建制撤村建居工作领导小组，出台了《丰台区整建制撤村建居工作方案》（京丰办发［2010］13号），汇编印发了撤村建居有关政策。启动了南苑乡花园、马家堡、果园、东罗园，花乡六圈、四合庄，卢沟桥乡大井、六里桥8个条件比较成熟的村的撤村建居，其中，马家堡、花园2个村撤村已经区委、区政府研究通过，上报市政府审批。同步启动了大红门村、石榴庄村、周庄子村、小瓦窑村、槐房村、西局村、白盆窑村、夏家胡同8个市级重点村的撤村建居。

【农村集体资产运营状况】 农村集体资产总额为527.7亿元，比上年同期增加164亿元，同比增长45.1%。其中：乡级集体资产总额为57.5亿元，比上年同期增加13.7亿元，增长31.4%；村级集体资产总额为470.2亿元，比上年同期增加150.2亿元，同比增长47%。农村集体所有者权益为152.8亿元，比上年同期增加20亿元，同比增长15.1%。其中：乡级集体所有者权益为17亿元，同比下降21.1%；村级集体所有者权益为135.8亿元，同比增长22.1%。

【农村集体资产管理】 起草了《丰台区进一步加强农村集体财务管理工作的指导意见》和《丰台区关于开展农村集体财务管理规范化建设的实施方案》、《丰台区村级会计委托代理服务试点工作的实施方案》、《丰台区农村集体经济合同管理办法》、《丰台区农村征地补偿费专用存储账户管理办法》4个配套文件；以完善法人治理结构为目标，在调研的基础上起草了《新型集体经济组织规范运行意见》；与区检察院建立了预防职务犯罪信息交流工作联席会议制度，形成了以教育为主的预防农村职务犯罪新机制。

【农村集体资产产权证管理】 完成了各村及其企业的农村集体资产产权登记证的年检，对卢沟桥乡、花乡、南苑乡、长辛店镇、宛平城地区办事处各村及其企业共计269家单位的产权证进行了年检，其中：换证54家、变更19家（包括变更单位名称、法人、地址、占用土地面积）、注销9家。

【农村财务管理】 对村级财务管理工作从健全财会管理制度、规范账务处理程序、完善民主管理机制等7个方面进行了规范，全年共有24个村达到了财务管理规范化建设的要求；采取"村自查、乡检查、区抽查"的方式，以农村财务人员管理情况、财务开支制度执行情况以及2009年财务检查中的问题整改情况为重点，开展了财务大检查；认真贯彻落实《丰台区农村征地补偿费管理使用办法（试行）》，会同区纪委、区监察局、区农委、区国土分局开展了农村征地补偿费管理使用情况专项检查，纠正了征地补偿费管理使用方面存在的制度不健全、使用程序和核算不规范等问题；启动了长辛店镇和宛平城地区办事处村级会计委托代理服务试点，在岳各庄、黄土岗、花园、张家坟、魏各庄等村开展了村级财务预决算试点；建立了农村集体财会人员备案制度，确保会计人员使用依法合规。

【农村审计工作】 开展了村干部经济责任审计工作，全年共对25个村的主要领导进行了审计，审计资金917 113万元；进一步加强了对乡级集体资产的监管，完成了花乡和王佐镇集体资产管理的审计，共审计资金186 413万元；对68个村1 100万元的村级组织正常运转专项补助资金拨付及使用情况进行了审计，未发现截留、挪用和违规使用情况，保证了资金的专款专用；对2009年已审计过的村进行了回访，督促村级组织改正不足，确保审计建议得到落实；起草了农村集体经济审计作业规程和经济责任审计程序两个指导性文件，规范了审计行为。

【合同管理规范化工作】 对40个村的合同管理情况进行了检查验收，其中32个村达到了验收标准，颁发了"2010年度农村集体经济合同管理达标单位"标牌；对2009年18个达标村进行了回访检查；在全市率先开发了农村集体经济合同管理系统，并在各村集体经济组织推广应用。

【农村管理信息化工作】 加强了对农村管理信息化工作的指导，对80余名农村信息化工作人员进行了培训，更新了农村管理信息化11个数据库，更新数据100多万个；为8个村安装了电脑触摸屏，使全区利用电脑触摸屏开展村务公开信息查询的村达到了28个；热情为各级领导和有关部门提供农经数据查询服务，提高了数据应用效率。

农 民 生 活

【农民收入】 农民人均劳动所得达到14 177元，比上年同期增加1 326元，同比增长10.3%。集体经济所得收入仍是农民收入来源的主渠道，农民人均从集体所得为9 202元，比上年同期增加1 265元，占人均劳动所得的65%。农民人均从非公所得为4 975元，其中家庭经营所得为4 317元，比上年增加112元，增长2.7%，与上年2.3%的增速相比变化不大。农民收入区域差别较大，南苑乡人均劳动所得最高，为18 288元，原老庄子乡最低，为10 658元；从各村情况看，南苑乡成寿寺村人均劳动所得最高，达45 709元，王佐镇沙锅村最低，人均劳动所得仅为6 000元。

【农村劳动力分布情况】 农村劳动力统计数字为93 620人，与上年同期基本持平，其中就业人数为86 628人，比上年增加254人；待业人数为6 992人，比上年减少252人。在就业劳动力中，在集体就业的有65 262人，比上年减少603人。集体经济组织仍是农村劳动力就业的主渠道，占就业劳动力的75.3%，其中在乡级就业的有3 898人，在村级就业的有61 364人，分别占就业劳动力的4.5%和70.8%；在私营企业、个体工商户及农户家庭经营等非公经济就业的有21 366人，占就业劳动力的24.7%。

【农民培训】 全年累计培训新型农民9 159人，其中引导性培训5 095人，职业技能培训3 045人，特种作业和特种设备1 019人。全区农民田间学校4所，其中水产田间学校1所，畜牧田间学校3所，共招收学员88人，举办农民活动日40次。开办农村财务人员业务培训班18期，培训人员3 239人，提高了农村财务人员的业务水平。

【农村实用人才队伍建设】 按照《2010年农村实用人才工作要点》，全区完成农村实用人才培养任务100名，其中，5个乡镇分别培养管理型、文化型、技能型人才各20名。年初，以乡镇为主体签订了初级农村实用人才开发培养协议书。4月份和10月份，分别组织全区农村优秀实用人才参加了"北京市第二届农村实用人才成果展示推介活动"和"2010年农情绿意秋实展"活动，其中有9件参展作品分别获得“最受欢迎产品”、“最佳创意产品”、“最佳包装产品”、“最具乡土特色产品”、“最具人气产品”和“最佳礼品”奖励，丰台区荣获优秀组织奖。

【农村公共服务】 社会保障政策实现城乡全覆盖，城乡居民养老保险、低保以及临时救助范围和标准并轨，农村居民社会养老参保率达到98%。农村义务教育“两免一补”全面落实。新型合作医疗实现区级统筹，参合率达到97.9%，人均筹资标准提高到520元。探索了出租房屋契约化管理和“以房管人、以业控人”的流动人口管理服务新途径。

【文化体育建设】 全区现有群众业余文艺团队171支，常年参与活动的有6 419人，南苑乡大红门服装商贸城农民管乐团、南苑乡犇牛摄影协会、卢沟桥乡艺术团等乡镇艺术团队及王佐镇米粮屯高跷会等十余支民间队伍在地区活动中凸显风采。南苑乡大红门服装商贸城管乐团应邀参加了2010第八届瑞士少女峰国际音乐节。花乡白盆窑村合唱团在北京市第20届农民艺术节中，凭借创编歌曲《如诗的花乡与您相约》，赢得了合唱比赛第一名。花乡黄土岗村成立了由106人组成的艺术团，村民可以在艺术团免费学习书法、绘画、器乐等。完成了丰台区农村地区的135套全民健身工程器材的更新工作，向辖区内5个乡镇发放《全民健身科普知识手册》，开展科学健身讲座活动，参与活动的村民近2 000人次。

【农民社会保障】 根据丰台区人均生活消费支出数据，农村五保供养标准由9 385元/年调整到10 971元/年，农村分散供养五保对象的照料费由100元/月调整到200元/月。农民参保人数8.6万人，为参保人进行各项补贴共计落实资金8 800万元，参保覆盖率98%以上。续缴保费人数占上年参保人数的90%以上，保险基金滚存余额已达5.2亿元。享受养老保险待调的农民6 462人。对参保的重度残疾人，按照城乡居民养老保险最低缴费标准给予全额补贴；对参保的其他残疾人，按照城乡居民养老保险最低缴费标准给予50%补贴，共有4 000多名残疾人享受此项补贴政策。

【新型农村合作医疗】 参合总数为128 355人，参合率97.9%。其中，由政府资助的低保人员1 375人，重残人员1 003人。人均筹资标准为520元，其中，个人缴费标准为110元。筹资总额应为6 674万元（含风险金667.4万元）。在区级补偿的基础上，经济条件较好的40个行政村（占行政村总数的58.8%）和25个乡办企业（占乡办企业的75.8%），建立了村级补充报销政策，进一步加大了对参合农民的补偿力度。开展了村级医疗机构新农合准入审批制度，51家村卫生室被纳入新农合定点医疗机构，保证了村民能够就近享有规范的新农合医疗保障。

基层组织与民主政治建设

【农村党建“三级联创”检查考评】 完成农村党建“三级联创”活动年度检查考评和市委检查工作，形成年度创建工作档案12卷、70余册。卢沟桥乡、花乡、王佐镇党委被评为“五个好”乡（镇）党委，三路居村等28个农村基层党组织被评为“五个好”基层党组织，长辛店派出所等18个队（所）被授予“五个好”涉农单位称号，182名农村党员进入“五个好”行列。

【完成农村两委换届选举工作】 制定换届选举实施方案，下发《丰台区农村党组织换届选举工作手册》200本，编发工作简报13期。两委换届选举分别于1月15日、6月20日如期完成。新一届村“两委”班子成员共656人，其中党组织成员428人，村委会成员356人，“两委”交叉任职128人。换届后的两委班子呈现“三提高一降低”特点，即：新任两委成员数量、女性比例、文化水平均比上届有所提高，平均年龄比上届降低。文化结构、年龄结构明显改善，执政能力得到提升。

【基层干部队伍建设】 完善区、乡镇、村“三级联创”机制，组织了以市场经济、行政和社会管理、民主法制、实用技术为主要内容的大批量、多层次教育培训。4月15—16日，举办了新任村党组织书记培训班，21名新任村党组织书记、五个乡镇和宛平城地区党工委组织部长参加。10月20—22日，举办了农村基层干部培训班，68个村的“三套班子”一把手154人参加。10月27—29日，举办了村级党务副书记培训班，68名村级党务副书记参加培训。

【开展农口系统创先争优活动】 8—11月，组织开展了全区农口系统“以民为本加强作风建设，创先争优服务农村发展”主题征文暨演讲比赛活动，共征集到来自5个乡镇、宛平城地区及农委下属单位的稿件211篇。卢沟桥乡党委、花乡党委、王佐镇党委分获组织单位一、二、三等奖，印发了《丰台区农口系统创先争优主题征文暨演讲比赛活动优秀征文选编》500本。自10月份起，按照“承诺、践诺、评诺”三个阶段安排，在全区农村各级党组织和党员中广泛开展了公开承诺活动。

【完善农村干部信息系统】 聘请专业设计开发公司，研发了适合本区需求的“农村干部信息管理软件”。将68个村的党组织班子、村委会班子、经济组织班子成员信息以及大学生村官信息录入，并启用了软件的统计、分析、管理功能。

【农民负担监督管理】 开展了春秋两季农民负担监督管理执法检查，对2009年度村级公益事业补助资金的使用情况和2010年度的拨付情况、一事一议筹资筹劳等情况进行了检查，组织各乡镇开展了丰台区农民负担专项治理和专项检查工作，没有发现农村义务教育阶段学校乱收费、修建通村通乡公路向农民或村集体摊派集资、农民建房乱收费、农村公费订阅报刊摊派四大问题，也没有发现对农民专业合作社、计划生育、办理身份证、结婚登记等方面的乱收费问题。

【农民信访矛盾调处】 认真贯彻落实《丰台区关于贯彻农村土地承包经营纠纷调解仲裁法的实施意见》，开展了农村土地承包经营纠纷调解仲裁法的宣传，成立了仲裁委员会，组建了仲裁庭，聘任了仲裁员，建立了重大问题协调小组，指导乡村建立了土地承包经营纠纷调解机构。积极做好农村信访矛盾调处，接待农村信访人员 37 人次。化解了农村义务教育债务 2 715 万元，争取市级补助资金 1 542 万元。

【农村法制宣传工作】 一是“巡回讲法”解疑点。通过普法班车、巡回普法、民调示范、网上送法等多种形式，面向农村“两委”干部及广大村民传播法律知识。二是“专项普法”聚焦点。结合新农村建设中出现的土地管理、土地承包、土地征用、房屋拆迁等纠纷隐患及矛盾多发点，组建律师法律服务团积极开展专项普法活动。三是“便民送法”攻难点。针对农村地区的孤寡老人、残疾人、下岗失业人员、低保户等弱困群体，组织志愿律师提供解答法律咨询、代写法律文书、申请法律援助等便民送法服务。全区共有 68 个农村法律服务工作站，实现农村覆盖率达 100%。

“三农”工作部署和实施

【召开农村工作会】 4 月 27 日，召开了年度农村工作会议，区领导、区新农村建设领导小组成员、各乡镇和宛平城地区办事处党委政府主要领导及主管领导、68 个行政村负责人共 220 余人参加了会议。会议由代区长崔鹏主持，区委书记李超钢作了重要讲话。副区长张建国作了题为《抢抓机遇，攻坚克难，全面推进城乡一体化进程》的报告，总结了上年农村工作，部署了当年农村工作任务。会议同时表彰了上年度农村党建“三级联创”活动先进单位和新农村建设先进单位，48 个党组织和单位被授予“五个好”称号。

【落实粮食直补政策】 兑付粮食直补、农资综合补贴、小麦生态作物补贴资金 608 469.45 元。享受到粮食综合直补的面积为 462.82 公顷，王佐镇和长辛店镇 5 164 户种粮农户直接受益。

【落实农业机械购置补贴政策】 落实农机补贴机具共 17 台，其中 750 型拖拉机 4 台，田园管理机 3 台，割灌机 10 台，保温被 1 万平方米。财政补贴资金 33.777 万元。对全区 2006—2010 年共计 213 台补贴农机具进行了逐台检查，重点检查了机具使用状况以及是否存在私自转卖、转让的现象。拨付奶牛入小区补贴经费 40.9 万元，兔产业体系实验站经费 30 万元，能繁母猪和后备母牛补贴资金 30.68 万元，完成了“乡镇兽医站基础设施建设项目”的自查及绩效考评工作。

丰台区主要领导人

区委书记　李超钢
副书记　崔　鹏　王苏维
常委　杨逸铮（女）　冀　岩　孙　钫　于长辉　李昌安　孙军民(女)　刘　宁　朱继明
区人大常委会主任　杜瑞琴（女）
副主任　吕跃进　苗　华(女)　郭振江　李　杜　薛　明
区长　崔　鹏
副区长　冀　岩　李昌安　张建国　李丽萍（女）　高　朋　孔令斌
区政协主席　初建华
副主席　周大春（女）　李新民　赵　仑　刘占良　张兆旗　程留恩
区纪委书记　杨逸铮（女）
副书记　胡春溪　毕永丰　李　军

丰台区乡镇党政正职领导

	党委书记	乡（镇）长
卢沟桥乡	吴继东	李惠松
花乡	李　智	牟金萍（女）
南苑乡	王振华	刘永宗
长辛店镇	彭　虹	李振茹
王佐镇	吴　恒	储建军
宛平城地区办事处	刘建伟	杜平勋（主任）

（丰台区农委　汤海丽）

门头沟区

概　述

门头沟区位于北京城区正西偏南，是具有悠久历史文化和优良革命传统的老区。全区总面积 1 455 平方公里，其中，山地占 98. 5%，平原占 1. 5%。全区辖 9 个镇、4 个街道办事处，178 个行政村、99 个社区居委会。2010 年末，全区人口 245 689 人，其中非农人口 186 951 人，农业人口 58 738 人。

2010 年，按照生态涵养发展区的功能定位，门头沟区紧抓新机遇，描绘新蓝图，提出“加快建设新城区，规划发展浅山区，保护涵养深山区，重点发展旅游文化休闲产业，着力打造首都西部综合服务区”的总体思路，确立了“一带两线三点”的空间发展布局。实现建设旅游休闲胜地、高端商务新区、山水宜居新城、首都生态屏障四大目标。全区上下深入贯彻落实科学发展观，加快调整产业结构步伐，积极推动城乡一体化进程，大力推进现代化生态新区建设，圆满完成了年初确定的各项任务。全年实现地区生产总值85.9亿元，同比增长14.8%；实现财政一般预算收入10.7亿元，同比增长15.2%；全社会固定资产投资完成94.8亿元，同比增长11%；农村基础设施投资14.8亿元，同比增长30.2%；农村经济总收入实现85.9亿元，同比下降4.1%；城镇居民人均可支配收入25 312.6元，同比增长8.4%；农民人均纯收入12 672元，同比增长10.4%；农民人均劳动所得9 982元，同比增长3.5%。

城乡一体化

【定向安置房小园地块开工】 9月16日，举行永定镇定向安置房小园地块开工奠基仪式。区领导刘云广、王洪钟、高连广、付兆庚、张永、何震芳、郑伟革参加仪式。

【成立区城乡环境建设委员会】 9月21日，成立门头沟区城乡环境建设委员会（简称区环境建设委），主要负责区城乡环境建设工作的统筹指导、组织协调和督促落实。区环境建设委下设区城乡环境办，为其日常办事机构。区市政市容委加挂区城乡环境办的牌子。主任由区市政市容委主任兼任，设专职副主任一名。

【召开拆迁工作动员大会】 10月2日，区召开千人S1线建设及采空棚户区改造拆迁工作动员大会。区领导刘云广、王洪钟、李慷云、高连广及京煤集团领导付合年、阚兴出席会议。陈志强宣读了《关于充分发挥各级党组织和党员干部作用，在全力推进拆迁工作中创先争优的通知》。会上，宣读了包村单位、人员方案及黑山地块、S1线拆迁工作方案，相关镇(街)、包村单位、抽调干部代表分别作表态发言。

【召开S1线拆迁村民动员大会】 11月6日，永定镇在安置房项目曹各庄地块召开了S1线建设拆迁工作村民动员大会，区领导付兆庚、陈国才出席会议，永定镇11个被拆迁村村民代表、永定镇机关干部及区包村干部等1 100余人参加会议。

【拆迁签约率达98.5%】 截至12月18日24时，区内S1线及长安街西延线建设拆迁涉及的3 498个院，已有3 446个院的村民签订了《腾退补偿协议》，签约率达到98.5%，其中，四道桥村、艾洼村、坝房子村达到100%。拆迁腾退工作的完成，为下一步S1线及长安街西延线建设奠定了基础。S1线及长安街西延线建设工程涉及永定镇石厂、曹各庄、四道桥、贵石、桥户营、艾洼、小园、坝房子、上岸、栗元庄、卫星队11个村，总户数6 428户，1.3万余人。

【“一湖十园、五水联动”开园仪式】 12月30日“一湖十园、五水联动”开园仪式在葡山公园举行。刘云广、王洪钟、李慷云、高连广等区领导出席开园仪式，并参观“一湖十园”建设情况。门头沟区提出“一湖十园、五水联动，打造门城山水景观”的发展战略。一年来，新建和提升改造了京浪岛文化体育公园、福鼎公园、黑山公园、葡山公园、滨河公园、石门营公园、东辛房公园、永定河森林公园、门城新城滨河森林公园和永定河文化广场十大公园，使全癸区公园总面积达到1 005万平方米，公园绿地面积892万平方米，工程总投资近10亿元。完成了永定河门城湖工程、中门寺沟生态治理工程、黑河沟下游段生态治理工程，形成了水清岸绿的城市景观。对中门寺沟、黑河沟、冯村沟、西峰寺沟四条城市排洪水系河道治理工程竣工后，河水将东汇永定河，形成五水联动的独特城市景观。

【“一带、两线、三点”空间发展布局】 以永定河绿色生态发展带为载体，重点建设龙泉休闲商务区、门城生态商务区、永定滨水商务区、三家店旅游文化休闲区；以108、109国道为轴线，大力发展沟域经济，形成以旅游文化休闲产业为主导、多点支撑的生态友好型产业体系；高起点建设中芬生态谷和三个山区特色小城镇：国际旅游休闲名镇——潭柘寺镇、全国旅游名镇——斋堂镇、面向首都的休闲宜居森林小镇——军庄镇，通过重点镇的建设推动山区城镇化进程。

都市型现代农业

【概况】 全区都市型现代农业效益全面提升，108、109国道观光休闲走廊初步形成，加快农产品标准化生产基地建设，特色农产品亮点纷呈，生态建设成效明显，畜牧业内部结构进一步优化。全年农林牧渔业总产值实现39 324.6万元，同比增长8.2%。其中：农业产值实现9 623万元，同比增长48%；林业产值实现17 360万元，同比增长12.2%；畜牧业产值实现11 724万元，同比下降14.6%；渔业产值实现10.8万元，同比下降81.6%；农林牧渔服务业实现产值607.1万元，同比增长6.7%。观光休闲农业共接待100.9万人次，同比增长15.6%；实现总收入7 888.7万元，同比增长29.3%。

【种植业】 全区粮食作物种植面积2 240公顷，其中谷物种植面积1 280公顷，产量204.2万千克，平均每公顷1 595.3千克；豆类作物种植面积820公顷，产量31.9万千克，平均每公顷389千克；薯类作物种植面积46.4公顷，产量10.8万千克，平均公顷2 327.6千克；经济作物种植面积93.6公顷，产量147.2万千克。

【基本粮田、试验田建设】 2010年，完成清水镇等4个镇基本口粮田建设200公顷；在龙泉镇等6个镇进行杂粮、山药、芦笋等新品种、复合微生物肥料和海藻酸类、腐殖酸类肥料的试验示范33.67公顷，推广农业新技术、新品种10个。

【蔬菜、花卉、食用菌健康发展】 蔬菜、食用菌及花卉盆景园艺作物产值为2 448.8万元，为上年的1.3倍。其中，蔬菜产值为864.6万元，同比增长25.2%；花卉产值为127.6万元，为上年的7.9倍；

盆景园艺产值为162万元，同比增长18.2%；食用菌产量为947.5吨，为上年的2.5倍；食用菌产值为1 294.6万元，为上年的5.3倍。

【黄芩茶生产加工发展快】 清水、斋堂、雁翅、潭柘寺4个镇的黄芩茶种植面积已达万亩，共有黄芩收购加工龙头企业6家，新增就业岗位1 000余个，3 000余名农民加入了黄芩茶专业合作社。

【果园面积总体保持稳定】 全区果园面积1 400公顷，比上年减少6.7公顷，下降0.47%，基本保持稳定。其中，梨树面积253.3公顷，同比增长9.3%，占18.1%；苹果面积206.7公顷，同比增长4.5%，占14.8%。种植京白梨新增17.7公顷，雁翅镇红富士苹果新增10.7公顷。城镇建设对果树种植带来短暂影响，对果树种植带来一定限制，果树种植有逐步向深山区转移的趋势。

【特色果品贡献率高】 2010年，全区京白梨、樱桃和红富士苹果的产值分别为901.7万元、1 449.4万元、2 195.5万元，三种特色果品之和占园林水果产值的比重为88.4%。

【特色果品亮点纷呈】 全区苹果产值为2 237.9万元，同比增长104.9%；苹果面积210公顷，比上年增加11.6公顷，同比增长5.8%。特色香椿产量、产值双增长。全区香椿产量为67.6吨，同比增长64.9%；香椿产值为108.2万元，同比增长139.9%。薄皮核桃产值平稳增长。全区核桃产量303.8吨，同比增长1.6%；核桃产值911.4万元，同比增长21.9%。玫瑰花种植面积433.3公顷，产量57.5吨，为上年玫瑰花产量的2倍；实现产值127.6万元，为上年的7.9倍。

【蜜蜂产量下降产值上升】 全区蜂蜜产量为249.4吨，比上年减少4.9吨，下降1.9%。主要原因受气候影响，4、5月份干旱少雨，7、8月份潮湿闷热天数多，致使蜂蜜产量下降。实现蜂蜜产值498.8万元，同比增长24%。增长的原因是蜂蜜价格由2009年的15.82元/千克上涨为2010年的20元/千克，价格同比上涨26.4%，从而推动蜂蜜产值的增长。

【“门头沟京西白蜜”商标颁证】 4月20日，举行“门头沟京西白蜜”原产地证明商标颁证仪式。市工商局张永明副局长、中国养蜂学会张复兴理事长、中国蜂产品协会赵小川副会长、市园林绿化局王振江副局长及李慷云、罗斌等市区领导、蜂农代表120多人参加了仪式。张永明代表国家工商局商标局和市工商局向区养蜂协会颁发了“门头沟京西白蜜”原产地证明商标证书。2009年11月28日，“门头沟京西白蜜”原产地证明商标正式获得国家工商总局商标局的批准，注册成为全国唯一“京”字头的原产地蜂蜜证明商标。

【生猪养殖区域调整初见成效】 按照现代化生态新区建设的需要，龙泉镇、永定镇退出生猪养殖，生猪养殖向深山区转移部署，生猪生产稳步增长。全区生猪生产实现产值1 057.4万元，同比增长24.8%。生猪出栏8 464头，同比增加1 537头，增长22.2%。

【养鸡生产回落】 全年出栏肉鸡323.99万只，同比减少42.67万只，下降11.6%；实现产值7 795.7万元，占畜牧业产值的66.4%，比上年减少5.8%；肉鸡存栏31.78万只，比上年同期减少6.75万只，下降17.2%。主要原因：清水镇减少36.7万只，由于2010年肉鸡价格偏低，农户养殖肉鸡效益甚微，导致部分养鸡大棚闲置；永定镇贵石村2009年新增养鸡大棚11个，2010年该村拆迁，影响了该镇的肉鸡养殖数量。蛋鸡存栏8.16万只，同比下降49%；鸡蛋产量400.23吨，同比下降14.2%。

【养牛生产呈退出趋势】 肉牛饲养逐渐退出新城区。全区肉牛出栏116头，比上年减少443头，下降79.3%；存栏241头，比上年增加128头，增长113.3%；肉牛饲养产值76.2万元，同比下降79.9%。出栏减少主要是2009年对永定镇、龙泉镇和军庄镇出台了奖励肉牛养殖户放弃养殖的优惠政策。

【养羊生产略有回升】 全区出栏山绵羊11 149只，比上年增加3 283只，增长41.7%；存栏15 369只，比上年减少4 184只，下降21.4%。羊的饲养产值882.4万元，同比增长77.1%。虽然作为生态涵养区，限制养羊的发展，但农户受市场价格和山区特有条件影响，养羊数量增加。雁翅、斋堂和清水三个镇山绵羊出栏为9 456只，占全区出栏总量的84.8%。

【水产养殖业】 全区渔业水域总面积295.3公顷，其中珍珠湖、斋堂水库、三家店水闸、上苇甸水库面积266.63公顷，池塘和塘坝面积28.67公顷。从事养殖水面22公顷，养殖品种以鲤鱼、鲫鱼、虹鳟鱼和鲟鱼等品种为主，渔业销量2.5万千克。在四座水库和王平湿地等水域增殖放流鲢鳙、草金鱼和锦鲤等鱼种47万余尾。

【设施农业】 全区设施农业面积103公顷，比上年增长8.8%；设施农业产值1 372万元，比上年增长0.3%。2010年，共建常规设施8.3公顷，其中高档温室7.8公顷，钢架大棚0.5公顷。在清水镇建肉鸡养殖大棚60栋。

【农业标准化基地建设】 2010年底，全区共有农业标准化基地56个，比上年减少19个，减少25.3%。其中：市级农业标准化基地31个，比上年减少19个，减少38%；区级农业标准化基地25个。

【设施蔬菜生产】 设施蔬菜播种面积120.3公顷，产量2 981吨，收入1 359.4万元，分别同比增长11%、16.7%、4.2%；产量占全区蔬菜总产量4 619吨的64.5%，播种面积占全区蔬菜总播种面积256.5公顷的46.9%，同比提高12.5%和4%。设施蔬菜亩产为1.65吨/亩，同比增长5.1%，是露天蔬菜亩产的2.1倍。全区设施蔬菜主要以食用菌为主，价格、单产均明显高于其他蔬菜，带动了蔬菜产值增长。

【籽种业】 全区种业总收入1 457.2万元，为上年的2倍。其中，林业种业收入1 429万元，占总收入的98.1%，同比增长15.3%；农业种业收入6万元，占总收入的0.4%，新增出售食用菌种产量20吨；牧业种业收入22万元，同比减少18.5万元，占总收入的1.5%，出售种畜禽9万只。

【观光农业园】 全区共有观光园48个，同比增加3个，增长6.7%；观光园接待39.1万人次，同比增长29%；平均每个观光园接待8 154人次，同比增长21.3%；观光园实现收入4 441.5万元，同比增长38.8%；观光园采摘实现收入765.2万元，采摘产量313.4吨，同比分别增长49.7%、14.6%。

【观光休闲农业呈现新格局】 全区观光休闲农业从收入来看，新城区发展速度加快，深山区经济效益逐渐突出。新城区总收入1 655.3万元，占总收入的21%；浅山区总收入3 084.2万元，占总收入的39.1%；深山区总收入3 149.2万元，占总收入的39.9%。从接待人次来看，浅山区承载能力逐渐扩大，接待人次出现由深山向浅山区转移的趋势。新城区接待12.1万人次，占总人次的12.0%；浅山区接待57.5万人次，占总人次的57%，同比提高7.8个百分点；深山区接待31.3万人次，占总人次的31%，同比下降8.9个百分点。新城区发展加快，浅山区承载能力逐渐扩大，深山区经济效益突出为全区观光休闲农业形成“三区”互为补充、协调发展的新格局奠定基础。

【会展业总体运行情况】 2010年，全区会展从业人员186人，与上年基本持平；大学本科学历46人，占全部会展从业人员的比重为25%；具有高级职称人数为4人。全年共举办或服务会议3 944个，比上年减少31个；在京举办或服务的会议人数17.6万人次，同比增长34.0%。全年共举办或服务展览15个，比上年多1个；举办或服务展览总面积达到9.2万平方米，同比增长17.7%；在京举办或服务的展览观众人数24 073人，同比增长20.9%。全年会展业单位实现营业收入2.93亿元，同比增长13.5%，其中举办或服务会议和展览的总收入为1.70亿元，同比增长18.3%。会展收入主要以会议收入为主，占全部会展收入的比重达到77.4%。

【妙峰山玫瑰花标准化示范区通过国家级验收】 6月17日，妙峰山玫瑰花标准化示范区通过国家级验收。妙峰山镇涧沟村从2008年开展了“妙峰山玫瑰花国家级农业标准化示范区”建设项目。该示范区依托妙峰山玫瑰谷沟域经济建设，进行高标准规划设计与开发，推进示范区休闲农业发展，示范种植玫瑰花333.3公顷，玫瑰花年种植收入60万元，玫瑰花加工收入500万元，带动相关旅游产业增加收入450万元，村人均收入由9 080元提高到1.2万元。

【薄皮核桃早实丰产技术通过鉴定】 8月29日，由市林业局、河北农业大学、中国农业大学、北京农学院等林果专家组成的专家组就西王平村薄皮核桃“早实丰产技术研究和推广”进行了鉴定。专家组认为，该技术措施科学合理，技术资料完备，经济效益和生态效益良好，核桃综合配套和精细管理技术达到国内先进水平。

【口子沟薄皮核桃示范区通过验收】 9月13日，由中国林业科学研究院、中国农业大学、北京市标准化研究所等单位专家组成目标考核组，对雁翅镇大村口子沟薄皮核桃国家级生产标准化示范区进行考核验收，目标考核优秀。该示范区始建于2008年，通过3年建设，示范区面积达120公顷，达到国家级标准化示范区创建要求，成为继东山京白梨、樱桃沟樱桃、涧沟玫瑰花之后的第四个国家级标准化示范区。

【农业面源污染调查及综合治理】 截至4月底，全面完成污染源调查及数据更新；推广杀虫灯1 023台，防治面积3 744公顷；推广使用新型生物农药3.5吨，防治面积1 333.3公顷，减少农药使用量（折纯）0.8吨；完成测土施肥400公顷，有机肥使用4 500吨，化肥施用量160吨，同比减少31.25%，推广使用生物肥500吨。

【动物疫病防控】 2010年，对禽流感、口蹄疫、狂犬病、猪瘟、蓝耳病和新城疫重大动物疫病开展集中免疫15次，免疫畜禽576.54万头、只次；在抗体监测工作中，采集畜禽血液等样品共2 400份，抗体合格率均达到北京市规定的70%以上的标准；进行奶牛布病、结核病春秋两季检疫净化655头；进行狂犬病免疫注射1.2万余只；完成芹峪口官方兽医室基础设施建设及防疫物资储备。2010年，全区无重大动物疫情发生。

【农业服务】 一是农药配送服务，建成农药连锁服务站9处，全年配送农药0.6万千克，21个品种，实现全区覆盖100%，服务农户0.8万户；二是种子配送服务，免费送种到9个镇100多个自然村，销售和配送大田种子2.75万千克、18个品种，蔬菜种子980袋、32个品种，发放宣传材料0.5万份，接待咨询700多人次，下乡技术指导近20次；三是农机服务，检验车辆535辆，办理保险480余份，完成全部18家农机维修网点上门验证工作。

非农产业

【概况】 2010年，全区实现地区生产总值（GDP）85.9亿元，比上年增长14.8%。其中第一产业实现增加值1.4亿元，比上年增长11.3%；第二产业实现增加值44.2亿元，比上年增长18.1%；第三产业实现增加值40.2亿元，比上年增长11.5%。三次产业比重分别为1.6%、51.5%和46.8%。

【乡镇企业】 2010年，全区镇村企业共有6 383户，其中法人企业216家，个体工商户6 167户。实现总收入57.4亿元，同比减少19%；完成增加值

11.9亿元，同比减少11%。

【开展年货大集活动】 1月29、30日，区商务委会同妙峰山镇、斋堂镇主办了“年货大集”下乡展卖活动。古船集团、大中电器、物美、稻香村等10余家名店的近千种粮油百货、服装鞋帽、糕点小吃走进山区，开展“年货大集、精品下乡、送福到家”活动，通过现场销售、明折明扣、好礼相送等惠民形式，让广大农民实现不出村买年货，不出山过好年。展卖活动共实现销售额22万多元。

【家电下乡】 2010年，全区共补贴家电下乡产品11 811台，金额312.3万多元。

【举行农产品加工企业电子商务签约仪式】 7月22日，门头沟举行农产品加工企业电子商务签约仪式。北京乐畅快递有限公司分别与北京大山鑫港农业技术开发中心、北京清水阿嫂野山茶加工厂、北京谷临门食品有限公司、北京山农生态农业有限公司签署了合作协议。

【区惠民型煤销售正式启动】 9月17日，山区7个镇销售网点开始向农民供应平价型煤，当日销售型煤900吨。全区最后6座乡镇煤矿5月份关闭后，为保障山区7个镇6万名农民的生活用煤供应，按照“政府引导、社会投资、服务百姓”的原则，确定由社会资本（原西宝煤矿）投资2 678万元，建设一座年产10万吨的型煤加工厂，由区财政统一安排资金配套建设销售网点，各销售网点负责本镇农民定量平价用煤的销售。截至年底，生产17 424吨型煤，7个网点销售16 513吨，基本满足山区农民用煤需求。

【农副产品市场健康有序发展】 2010年，全区10个农副产品市场成交额达1.97亿元，同比增长10.6%。双峪、鑫源聚鑫丰等市场拓宽蔬菜进货渠道，扩大蔬菜交易辐射面，严把交易质量关。通过市场自检、工商、防疫抽检等方式的结合，农副产品的质量抽检比例达到100%，确保居民的食品安全需要。

【民俗旅游发展卓有成效】 2010年，全区共有民俗旅游接待村67个，其中市级民俗旅游接待村21个；共有民俗旅游接待户901户，增加81户，同比增长9.9%，其中市级民俗旅游接待户504户；接待能力60人以上的民俗旅游户108户，占总户数的12%。民俗旅游接待61.8万人次，同比增长8.2%，民俗旅游户均接待686人次。民俗旅游收入实现3 447.2万元，同比增长18.9%。观光旅游出售农产品收入2 365.1万元，同比增长32.7%。

【斋堂市级文化创意产业集聚区】 11月19日，举行第五届文博会“北京市文化创意产业重点项目推介签约暨文化创意产业集聚区授牌仪式”，“斋堂古村落古道文化旅游产业集聚区”被认定为市级文化创意产业集聚区。集聚区规划总面积392.4平方公里，以西斋堂、东斋堂为核心区，以建筑与民俗曲艺文化组团、禅文化组团等七大组团为功能节点，形成“七星拱月”空间布局形态。

【全国特色景观旅游名镇】 2010年，斋堂镇被国家住房和城乡建设部、国家旅游局授予全国首批“全国特色景观旅游名镇”荣誉称号。

【农业保险】 2010年，全区政策性农业保险确定参保险种15个，面积300.7公顷，其中玉米23.4公顷、豆类7.3公顷、苹果134.3公顷、梨39.5公顷、樱桃36.6公顷、枣45.5公顷、葡萄6.5公顷、桃4.3公顷、柿子1.5公顷、大棚温室1.5公顷、露地蔬菜0.3公顷，比上年增加41.1公顷。保险金额1 458.6万元，参保农户661户。总保费116.1万元，其中市财政补58.1万元，区财政补34.8万元，农户自筹23.2万元。受灾户466户，受灾面积130公顷，赔款1.43万元。

山区建设

【举行中芬生态谷项目协议签约仪式】 5月26日，中芬生态谷项目协议签约仪式在中国大饭店举行。中共中央政治局常委、国务院副总理李克强和芬兰总统塔里娅·哈洛宁女士见证签约，并对该合作项目给予高度评价。区领导刘云广、王洪钟、翟云峰参加签约仪式。王洪钟代表区政府与芬兰帕罗海默生态城设计有限公司签署协议。协议内容包括《门头沟生态谷（妙峰山沟域经济）总体规划合同及附件》和《门头沟生态谷国际市场推广合同》。

【“中瑞生态谷”概念规划编制完成】 11月26日，王平镇与京煤集团、瑞士经济促进署合作项目——“中瑞生态谷”项目概念规划完成。规划目标是将王平镇打造成5A级旅游休闲名镇，京西休闲服务中心镇，具有瑞士品质的新镇。规划提出“大王平地区”同规划同发展概念，涉及王平、北岭、大台三个地区，提出了5个发展方向，即，生活品质提升与康复中心、环境科技应用演示区、高档住宅区、近郊休闲活动区、高级学习培训与再教育基地。

【参加市沟域经济规划展示会】 12月1—3日，在北京国际会议中心举办沟域经济发展规划展示暨招商推介会，有7个区县的沟域经济成果参加展示。市农委及专家对各区县的展示成果进行了评比，门头沟区展示的中芬生态谷获得展示创意二等奖。妙峰山镇政府与中誉集团签署了框架协议。

【生态林建设成效明显】 全年栽种各类乔灌木420.92万株，林木绿化率达到56.63%，完成京津风沙源治理工程1 566.7公顷，栽植各类苗木160余万株；完成第二道绿化隔离带绿化工程431.3公顷，共栽植油松、侧柏等苗木54.6万株，苗木成活率90%以上；完成彩叶工程146.7公顷、公路绿化工程40公里，栽植各类苗木11.9万株。全区林业产值为17 359.7万元，同比增长18.6%。林业产值增长对农林牧渔业产值增长的贡献率高达91%，成为全区农业生产中的亮点。

【万亩彩叶进入观赏佳期】 10月11日，近万亩彩叶进入了观赏的最佳时期，百花山、双龙峡、妙峰山、天门山和珍珠湖等景区成为金秋旅游观赏红叶好去处。为实现“山山看红叶”的目标，创建层林尽染、万山红遍的生态景观，从2001年开始，按照“集中连片、形成规模、突出景观”的原则，围绕名胜古迹区、风景旅游区、休闲观光区、前山脸地区、主要公路、河道两侧等区域，加大彩叶树种的种植比例，栽植黄栌、五角枫、栾树、火炬等彩叶树种，全区彩叶工程完成达626.7公顷。

【山区农户搬迁工程】 2010年，实施险村险户搬迁工程，涉及3个镇7个行政村1个自然村，完成搬迁107户334人。其中雁翅镇田庄村1户3人、泗家水村3户9人、房良村3户12人；斋堂镇桑峪村5户14人、西斋堂村54户180人、军响村10户42人、高铺刘队25户60人；清水镇达么庄村6户14人。

【永定河生态修复治理工程】 清理疏浚永定河沿河城至军庄之间干流河道84.8公里，并进行生态护砌和环境整治；清理疏浚永定河支流清水河28公里，建设蓄水工程和人工湿地；对永定河军庄至三家店拦河闸之间3.2公里干流河道及军庄排洪沟进行绿化及防汛道路修建。工程总投资17 207万元，共完成土石方开挖48万立方米，防渗、减渗45万平方米，种植土换填24万立方米，植物种植面积150万平方米。

【岭角村生态循环农业项目竣工】 工程总投资290万元，共整修梯田6.7公顷，嫁接山核桃0.5万株，盘树盘0.5万个，建散养蜂点5处，修步行道0.6万米，护栏0.3万米，沟道治理100米，修小水渠150米。恢复水渠0.3万米，建集雨坑塘5处，环保厕所1处。

村镇建设

【概况】 全区178个行政村全部实现了“四通”，即通公路、通邮政、通电话、通电视；编制完成全区村庄体系规划。安装有线电视的行政村178个，达100%；进村道路全部完成硬化，村内主干道路亮化的村178个，占100%；农民使用自来水更加便利，安装了自来水系统的行政村178个，达100%。

【潭柘寺镇定向安置房奠基仪式】 10月18日，占地60公顷、建筑面积56万平方米的定向安置房开工建设，正式拉开了全镇整体开发建设的序幕。潭柘寺镇作为区重点建设的三个小城镇之一，2008年2月，与京投银泰股份有限公司签订了框架协议，总体规划2010年9月得到首规委正式批复。

【斋堂客运换乘中心竣工】 11月27日，斋堂客运换乘中心举行“高沿路改建工程和斋堂客运换乘中心竣工仪式”。斋堂客运换乘中心的建成将服务于斋堂镇、清水镇741平方公里内的61个行政村，该站建设规模设计为客运枢纽站二级站，占地1.58万平方米，建筑面积1 760平方米，可供50部中型客运车辆停泊，连接12条发车线路，能有效解决旅客换乘、当地群众出行问题，拉动当地旅游业的发展。

【新农村太阳能取暖试点工程】 12月1日，妙峰山镇岭角村整村太阳能取暖试点工程通过验收。实施太阳能取暖试点工程，对岭角村66户居民进行太阳能改造，为全区实施农村太阳能取暖提供了技术与政策依据。

【五项基础设施建设工程】 一是街坊路硬化、绿化工程。硬化、维修街坊路20万平方米，投资1 200万元；街坊路两侧绿化工程涉及56个村，绿化面积48.75万平方米，投资975万元。二是老旧管网和一户一表改造工程。解决48个村15 618户36 678人的安全饮水问题，老旧管网改造288公里及入户水表工程，总投资8 378.32万元。三是污水处理工程。新建污水收集管网22 494米，建设污水检查井、跌水井724座，污水处理站3座，土地渗滤3座，总设计处理能力72.1立方米/日，改造原有污水处理站31处，总投资2 008.73万元。四是垃圾处理工程。全区9个镇178个行政村37个居委会64 698户实施垃圾源头分类。累计发放户用垃圾分类桶194 094个，发放宣传材料64 698份，配备保洁员469人，三轮车469辆，垃圾转运站5座，灰土处置厂161个，堆肥厂161个，建设再生资源回收站点43个，总投资1 572万元。五是实施农村厕所改造工程。建设公厕112座，投资1 395.2万元；农村户厕改造5个镇29个村户厕1 700座，投资195.5万元。

【“三起来”工程】 一是暖起来工程。完成农村既有住房节能改造12 199万户；新建抗震节能民居600户。二是亮起来工程。完成更换户用节能灯55.5万盏，安装太阳能路灯480盏。三是循环起来工程。完成雨洪利用工程12处，在妙峰山镇黄台村建设循环水务村工程1个。

【开展生态示范“三级联创”活动】 2010年，继续开展生态区、环境优美乡镇和生态村“三级联创”活动。市生态示范创建领导小组授予龙泉镇“北京郊区环境优美乡镇”称号；授予清水镇的燕家台村、天河水村、双塘涧村、梁家铺村、田寺村、张家铺村、杜家庄村、黄安坨村、椴木沟村、江水河村，斋堂镇的军响村、黄岭西村、青龙涧村、灵水村、马栏村、白虎头村，雁翅镇的田庄村、河南台村、房良村、淤白村、跃进村、下马岭村，王平镇的西马各庄村、西王平村、桥耳涧村，妙峰山镇的南庄村、水玉嘴村、斜河涧村，永定镇的万佛堂村、侯庄子村、卫星队村，龙泉镇的琉璃渠村、城子村、大峪村、滑石道村、门头口村、天桥浮村、西辛房村及军庄镇新村共计39个村“北京郊区生态村”称号。

【环境卫生显著改善】 全区垃圾集中处理的行政村178个，占100%，比2006年的83.6%提高了16.4个百分点；有生活污水收集管网的行政村共101个，占56.7%，比2006年的20.3%提高了36.4个百分点。

【北京最美的乡村韭园村】 2010年，在全市开展的“寻找‘北京最美的乡村’宣传评选活动”中，王平镇韭园村被评为“北京最美的乡村”。韭园村面积3.9平方公里，村庄居住着223户，共527人，森林覆盖率达90%以上，各种树木种类繁多，三季有花、四季有果，是一个“天然大氧吧”。走进村里，家家门前有小桥，座座桥下溪水响，坐落着一排排古朴的石屋。京西古道、马致远故居、三义庙、碉楼、天然溶洞等彰显出文化底蕴。

农村改革与管理

【农民专业合作社建设】 全区在工商局注册的农民专业合作社达218家，其中种植业124家，养殖业82家，其他各业合作社12家。分布在清水镇71家、斋堂镇40家、雁翅镇22家、王平镇15家、妙峰山镇22家、军庄镇9家、龙泉镇12家、永定镇7家、潭柘寺镇19家、大台地区1家。入社农户13 590户，入社资金1.34亿元。

【农民专业合作社示范社建设】 2010年，制定了《关于开展农民专业合作社示范社建设的意见》和《关于做好2010年农民专业合作社示范申报评定工作的通知》两个文件，提出了建设农民专业合作社达标社、规范社、示范社的标准，规定了申报、验收、评定等程序。全区有4家农民专业合作社被评为市级示范社，4家被评为市级示范社建设单位。评出区级农民专业合作社示范社13家、规范社14家、达标社20家。

【为农民专业合作社配备车辆】 实施“现代农业装备对接农民专业合作社工程”，累计为22家农民专业合作社配备了3吨封闭货车16辆、3吨冷藏车4辆、5吨冷藏车2辆。

【农村经济产权制度改革】 2010年，开展农村集体经济产权制度改革工作，全区共有村级集体经济组织184个，年底完成身份界定和劳龄统计工作的村173个，完成清产核资的村174个，完成社区股份制改革的村67个，占村级集体经济组织的36.4%。

【集体林权制度改革完成90%以上】 全区集体林权制度改革涉及9个镇177个行政村，参与林改的农户38 545户，人口82 816人。参与林权改革的集体林地面积114 860公顷，其中商品林（经济林）6 366.7公顷，生态公益林108 693.3公顷。按照《门头沟区集体林权制度改革工作实施方案》的要求，商品林以确定经营主体为主，生态公益林以确定股权为重点，按“均股不分山、均利不分林”的原则，确权确股确利不确地，明晰集体所属林地产权股本，依法进行股权确认，“均股”到户，为本集体经济组织成员颁发个人股权证。截至年底，全区完成主体改革的村162个，占总村数的91.53%；完成林改堪界确权面积108 693.3公顷，占林改总面积的94.47%；界定集体经济组织成员及享权人32 836户、60 452人。已有8个镇发放了股权证，兑现生态公益林发展基金3 771.52万元。

【土地确权】 全区应确权村数174个，已确权村数173个，占应确权村数99.4%；应确权面积4 993.7公顷，已确权面积4 935.8公顷，占应确权面积98.8%；已确权户数29 989户，已确权人口77 673人。其中：确权确地村数52个，确权确地面积914.1公顷，确权确地农户3 475户，确权确地人口10 749人；确权确利村数60个，确权确利面积1 708.8公顷，确权确利农户15 298户，确权确利人口36 331人；确权确股村数2个，确权确股面积35.5公顷，确权确股农户798户，确权确股人口2 638人；确地与确利相结合的村59个，确地与确利相结合中确地面积1 446.4公顷，确利面积831公顷，确地确利相结合农户10 418户，确地确利相结合人口27 955人。未确权村数1个，占应确权村数0.6%；未确权面积57.9公顷，占应确权面积1.2%；未确权农户202户，未确权人口343人；未确权土地的经营形式为大户承包。已确权土地的类型：基本农田1 994.3公顷，其他耕地1 299.6公顷，果园930.5公顷，散生果树34.1公顷，林地379.3公顷，绿化隔离带用地15公顷，其他用地283公顷，其中二、三产业用地8.8公顷。

【土地流转】 全区农户家庭承包土地流转面积48.4公顷，其中转包43.8公顷，出租4.6公顷。经营方式集体经营47.82公顷，对外租赁0.33公顷，其他经营方式0.2公顷。

【土地合同管理】 全区应签确地合同12 432份，已签确地合同12 424份；应签确利合同25 460份，已签确利合同24 381份；应签确股合同798份，已签确股合同798份；应签非家庭承包合同2 358份，已签非家庭承包合同2 358份；应签农户土地流转合同434份，已签农户土地流转合同433份。

【土地证书管理】 应发土地承包经营权证书12 432份，已发土地承包经营权证书份11 648份；应发确权（确利、确股）证书26 187份，已发确权（确利、确股）证书24 994份。

【土地收益】 确利土地当年应兑现收益总额1 171.2万元，已兑现确利收益900.4万元；确股土地当年股金分红总额222万元；非家庭承包合同当年应上交金额385.6万元，已上交金额344.6万元，减免金额3.8万元。

【加强农村“三资”监管】 依托农村“三个中心”（农村会计服务中心、农村招投标委托服务中心、农村集体资产及经济合同监管中心）建设，加强对农村“三资”（集体资产、资源和资金）的有效监管。全区170个村实行了“账、款双托管”，监管农村集体资产35亿元，纳入统一规范管理的农村集体经济合同2 475份，村级项目招投标72个，初步形成了对农村“三资”台账式的管理。

农民生活

【城乡居民收支】 2010年，城镇居民人均可支配收入25 313元，比上年增长8.4%；人均消费支出17 618元，比上年增长10.4%；恩格尔系数为32.7%。农村居民人均纯收入12 672元，比上年增长10.4%；人均生活消费支出8 628元，比上年增长3.9%；恩格尔系数为34%。

【以工资性为主增收特征明显】 全区农民人均生产性收入10 456元，其中农民人均工资性收入为8 067元，同比增长3.2%，农民工资性收入的59.6%来自本地域内收入。农民人均家庭经营纯收入2 389元，同比增长13.1%。

【以财产性为主增收热点突出】 全区农民人均非生产性收入2 215元，其中，人均财产性收入1 239元，人均转移性收入977元，农民与土地有关的收益为人均884元。

【农民收入水平呈阶梯状分布】 2010年，新城区农民人均纯收入16 231元，同比增长10.6%；浅山区农民人均纯收入12 614元，同比增长9.9%；深山区农民人均纯收入9 305元，同比增长11.4%。人均纯收入高于全区人均纯收入水平的有龙泉镇、军庄镇、王平镇和雁翅镇。三个功能分区经济发展水平和产业结构的不同，造成农民收入来源不同。新城区农民收入主要以工资性收入为主，其工资性收入占本地区农民收入的81.1%，在三个功能区中比重最高，家庭经营收入占本地区农民收入的8.8%，在三个功能区中比重最低；深山区农民工资性收入和家庭经营收入并重，工资性收入比重最低，家庭经营收入比重最高，分别占本地区农民收入的53.6%和40.1%；浅山区工资性收入和家庭经营收入占本地区农民收入比重均处于三个功能区中游，分别占68.1%和22.1%。

【农民收入差距较大】 2010年，32%的农村住户人均纯收入高于全区平均水平，其收入占全区农民收入的65.8%；68%的农村住户人均纯收入低于全区平均水平，其收入占全区农民收入的34.2%，收入层次分布呈“3—7”现象，说明收入差距的客观性。农民收入发展在不同功能分区存在不均衡现象，高收入户多数分布在新城区，低收入户多数分布在深山区，高收入户在新城区、浅山区和深山区分布比例为5∶2∶1，低收入户分布比例为0.12∶0.38∶1。高收入户主要收入来源于外出务工收入、运输收入、民俗旅游餐饮收入，而低收入户主要收入来源于农业、临时性工资收入、各种补助和低保金等。2010年，全区农民收入的基尼系数为0.395 8，收入差距处于相对合理的区间，但比2006年的0.366 1高0.029 7，比全市2010年的0.304 5高0.091 3。

【农民收入呈现“三补”格局】 2010年，全区农民收入整体呈现出土地补偿、生态补偿、惠农补偿的格局。第一补，区域发展新契机使得土地补偿成为农民增收最大亮点，带动农民财产性收入高速增长。全区棚户区改造力度不断加大，永定镇80%以上村庄拆迁，使得农民土地征用补偿收入高速增长。年内，人均土地征用补偿499元，对农民增收贡献率39.5%。第二补，生态补偿以各项工程建设深入农村，增加工作岗位，提高农民收入。在486人调查样本中，有241人次、986个月在新农村建设中得到就业机会。直接反映这部分收入的“农民提供其他劳务收入”同比增长7.6%，对农民增收贡献率10.3%。第三补，惠农政策以各种补偿形式增加农民收入。城乡统一的就业管理服务模式，鼓励和支持农民外出就业，使得农民外出务工收入同比增长16.9%；提高低保金标准，每人每月提高到210元，直接拉动农民人均转移性收入增加33.1元；政府提高转移支付比例，政策明显向农民倾斜，农民人均得到各种直接补贴146.2元，直接拉动人均转移性收入增加51元。

【低收入农户大幅减少】 2010年，通过采取低收入农户优先安排就业、增收项目补贴、增加公益性岗位等多项帮扶措施，促进低收入农户增收。全区低收入农户由6 544户减少到1 783户，减少了4 761户，占72.8%。其中：具有劳动能力的由3 747户减少到839户，减少了2 908户，占77.6%；不具有劳动能力的由2 797户减少到944户，减少了1 853户，占66.2%。低收入农户人均可支配收入5 095元，同比增加629元，增长14.1%。其中，具有劳动能力的低收入农户人均可支配收入5 377元，同比增加890元，增长19.8%；不具有劳动能力的低收入农户人均可支配收入4 485元，同比增加65元，增长1.5%。全区低收入村由51个减少到4个，减少了47个村，减少92.2%。4个低收入村分别是：清水镇上清水村，斋堂镇青龙涧、王龙口和双石头村。

【农民人均生活消费支出】 2010年，农民人均生活消费支出8 628元，同比增长3.9%。其中食品支出2 934.0元，同比增长4.1%。

【农民居住条件显著改善】 全区农民户均住房面积94.2平方米，钢筋混凝土和砖木结构住房的比重达到100%；饮用安全卫生达标水的农户比重达到100%，住房卫生设备中拥有卫生厕所的农户比例达到63.3%，使用清洁能源的农户比重达到55.3%。农民百户拥有洗衣机、电冰箱、彩色电视机、空调、微波炉、热水器分别达到105台、110台、129台、52台、54台、79台。

【农村就业人口提高】 2010年底，全区农村劳动力资源数为63 473人，同比增加1 616人，增长2.6%，其中就业人员55 053人，同比增加1 375人，增长2.6%。在就业人员中，男性就业人员29 676人，同比增加832人，增长2.9%；女性就业人员25 377人，同比增加543人，增长2.2%。从国民经济行业分组来看，第一产业就业人员11 245人，同比减少781人，下降6.5%，主要是种植业从业人员减少；第二产业从业人员 10 519 人，同比增加 185 人，增长 1.8%，主要是建筑业从业人员增加；第三产业从业人员 33 289 人，同比增加 1 971 人，增长 6.3%，主要是住宿餐饮业和其他服务业从业人员增加，这与发展乡村旅游有关。从产业划分来看，第三产业从业人员较多，所占比重 60.4%；其次为第一产业，所占比重 20.4%；最后为第二产业，所占比重 19.2%。农村劳动力转移就业 1 509 人，农村就业困难人员转移就业 993 人。

【平原村经管本科班学员毕业】 6 月，潭柘寺镇平原村举行经济管理本科专业毕业生论文答辩，18 名学员全部通过了论文答辩，顺利毕业。

【新型农民培养】 2010 年，共举办各类培训班 450 期，农民实用技术培训 2.1 万人次，内容涉及果树嫁接、养殖、厨师、护林、保洁、计算机、电工、焊工、美发师等。培养新型农民带头人 1 000 名。免费开展转移就业培训 1 579 人次，实现农民转移就业 1 480 人。帮助 5 000 名失业人实现就业。

【农村实用人才队伍建设】 全区农村实用人才 2 703名，其中：男性 1 666 名、女性 1 037 名；按培养渠道分：协议培养 1 726 人，自然成长 908 人，妇联培养 61 人，其他渠道培养 8 人；按类别分：技术类 470 人、管理类 884 人、生产类 896 人、社会（文化）类 445 人、营销（贸易流通）类 8 人。55 名农村实用人才领办的农民专业合作社，得到政策扶持资金 400 万元。

【创建市级健康社区、卫生村】 5 个社区、12 个村通过市级健康社区、市级卫生村验收。全区市级健康社区达到 73 个，占全区社区总数的 73.7%；市级卫生村达到 142 个，占全区村庄总数的 80%。

【新型农村合作医疗情况】 全区参加新型农村合作医疗农民达 55 153 人，比上年末增加 1 010 人，参合率 98.51%。全年共有 10 555 人次报销，同比增长 57.49%。其中住院 3 475 人次，同比增长 19.33%；门诊 7 080 人次，同比增长 86.81%。住院总费用 4 220.52万元，同比增长 30.78%。共支出基金 1 774.61 万元，同比增长 56.55%，其中住院 1 661.98万元，同比增长 51.32%；门诊继续实行定额补偿政策，全年封顶线为 200 元，共补偿 112.63 万元，同比增长 219.61%。

【新农合二次补偿】 2010 年，开展新农合二次补偿工作。补偿对象：2009 年享受住院补偿的参合人员；补偿标准：第一次报销数额的 60%。共支出基金 727.96 万元，3 219 人次受益。通过二次补偿，全区参合村民平均实际住院补偿率达到 54%，在辖区二级医院住院的参合村民平均实际住院补偿率达到 65.8%。

【农村社会事业快速发展】 全区拥有图书室、文化站的行政村 172 个，占 96.6%；拥有体育健身场所的行政村 162 个，占 91%；拥有休闲公园（文化广场）的村 27 个，占 15.2%。

【农民文化娱乐消费比重上升】 2010 年，农民百户拥有固定电话、移动电话、家用计算机、摄像机、影碟机、照相机分别为 105 部、231 部、50 台、0.67 台、65 台、33 架；人均交通和通讯支出 1 211 元，占到生活消费支出的 14%；人均旅游休闲支出达到 68.7 元。

【妙峰山民俗文化大集】 4 月 24 日，“京郊踏青美食行”暨“妙峰山镇民俗文化大集”活动在妙峰山镇京西古道举行，活动现场分为面食技艺展示、民俗表演、土特产品展卖等几部分，为周末踏青、休闲旅游增加了看点，吸引 2 000 多游客及户外运动爱好者参加。

【区第二届全民健身运动会】 5 月 8 日，区第二届全民健身运动会开幕 。来自全区各行各业的 43 支代表队共 1 200 余人参加了开幕式入场式。此次运动会于 6 月份结束，比赛项目包括健身路径、武术、拔河、田径等 9 大项。

【田庄村举办民俗庙会】 5 月 16 日，雁翅镇田庄村青茶山民俗庙会闭幕。庙会分为开幕式、拜庙上香、文艺表演、施斋饭、闭幕式等环节。期间，田庄村的聒子鼓、霸王鞭、山梆子戏，苇子水村的秧歌戏，淤白村的蹦蹦戏等外请的专业团体参加演出。

【市首家大学生村官文学社成立】 11 月 4 日，七彩雁翅文学社正式成立，它是北京市首家由大学生村官队伍组成的文学社。北京市作家协会秘书长王升山、《北京作家》杂志特约编审兼资深文学评论家刘晓川、区文联和雁翅镇负责人出席了成立仪式，雁翅镇大学生村官 40 余人参加了此次活动。

基层组织与民主政治建设

【完成农村党组织换届选举工作】 3 月 15 日，全区 174 个村党组织换届选举工作全部完成。全区共选举产生农村党组织班子成员 616 人，其中党组织书记 174 人。有 57 个村进行了党组织书记直选，占总数的 32.8%。

【成立社会工作党委】 4 月 7 日，召开了区街道、镇建立社会工作党委推进会。会上下发了区委组织部、区委社会工委《关于在街道、镇建立社会工作党委的实施意见》。截至 4 月底，全区 4 街 9 镇全部成立了街、镇层面的社会工作党委，形成了市、区、街（镇）三级联动的社会领域党建工作管理体系。

【完成第八届村委会换届选举工作】 自 4 月下旬至 5 月中旬，全区 178 个村民选委会全部推选产生，有 144 个村党组织书记担任选委会主任，占参选村的 80.9%。

【落实“一定三有”要求】 10 月 14 日，区委制定下发了《关于进一步加强农村党组织书记队伍建设的意见》和《关于村级“两委”班子成员报酬管理考核和养老保险暂行办法》，进一步明确了村党组织书记职责任务，建立健全了村党组织书记选拔任用、教育培训、管理监督和服务激励等工作机制。同时，按照中央和市委有关意见，由区财政按照村党组织书记、村委会主任“一人兼”的1.56万元/（人·年），村党组织书记、村委会主任1.44万元/（人·年），村“两委”委员1.2万元/（人·年）的标准对村“两委”干部基本报酬给予补助，并按照村“两委”干部每人672元/年的标准给予养老保险补贴。

【农村党的建设“三级联创”工作】 12月27—29日，分组对各镇2010年“三级联创”工作进行检查。检查通过听取工作汇报，查看档案资料，入村实地考察和组织群众测评等方式进行。经过自主申报、镇党委推荐、征求相关单位意见、实地检查等环节，区委决定授予潭柘寺镇党委、永定镇党委、龙泉镇党委、妙峰山镇党委、王平镇党委为门头沟区2010年度“五个好”镇党委。

【农口开展创先争优活动】 农口系统参加创先争优活动的单位有14个，包括区园林绿化局、区农业局、区气象局、区经管站、区百花山管理处和9个镇，涉及基层党组织247个，党员11 418名；其中：村级党组织174个，社区党组织23个，机关及企事业单位党组织45个。农口有20个基层党组织和37名党员被区委评为“先进基层党组织”和“群众心目中的好党员”。清水镇洪水口村党支部书记于广云、王平镇西王平村党支部书记魏喜振被区委评为“共产党员标兵”。

【村干部任期和离任审计工作】 完成对8个镇75个村村干部任期和离任经济责任审计工作，其中村干部任期审计49个村，离任审计26个。开展村干部审计，加强了农村党风廉政建设，从源头上预防和治理了腐败，促进村干部廉政勤政，规范了农村财务管理，改变了“新官不理旧账”现象的发生。

【第一次农村民主日活动情况】 全区178个行政村，共有2 775名村民代表参加了村民代表会议，占村民代表总数（2 931名）的94.7%。共提出建议1 040条，对386项议题进行了审议，其中通过371项、修改15项，满意率为96.1%；对870名村干部进行了评议，其中“优秀”712名（占81.9%）、“合格”156名（占17.9%）、“不合格”2名（占0.2%）。

【农村党风廉政基本制度汇编】 区农村基层党风廉政建设领导小组办公室组织编印了《门头沟区农村党风廉政基本制度汇编》。《汇编》分为2册，重点汇集了区农村基层党风廉政领导体制和工作机制、宣传教育、廉洁自律、民主权利保障、农村集体“三资”管理、监督检查6个方面的基本制度，具体包括干部廉政行为规范、民主管理、民主监督等19项69个文件，附录中收录了部分镇的相关制度。《汇编》下发到涉农部门和各镇、村。

【连民心恳谈室】 全区各村、社区“连民心恳谈室”共接待群众来访5 631批（件）、9 534人次，化解各类矛盾纠纷4 216件，控制越级访393批。

【滑石道村全国民主法治示范村】 3月30日，区司法局、民政局联合在龙泉镇举行了“全国民主法治示范村”授牌仪式。龙泉镇滑石道村被司法部、民政部联合评为第四批“全国民主法治示范村”。滑石道村以争创全国民主法治示范村为抓手，以强化民主法制意识、提升法律素质、推行“四民主”和“两公开”为切入点，持之以恒地推进民主法治建设，走出了一条依法治村、民主管理、和谐富民之路，推动了全村小康社会建设进程。

【创业女性邓秀梅获奖】 优秀创业女性邓秀梅被评为“北京市2010年有突出贡献的农村实用人才”获奖者。邓秀梅自主研发了全区唯一特色旅游产品“蝴蝶画”，并将“蝴蝶婚礼放飞”等项目投放市场，带动100多个贫困户，特别是残疾人就业，同时带动周边三产增收80余万元。

“三农”工作部署和实施

【召开农村工作会】 2月5日，门头沟区2010年农村工作会召开。会上，翟云峰作了题为《转变农村发展方式，促进农民持续增收，加快推进城乡经济社会发展一体化进程》的工作报告。郭光磊宣读了《关于表彰2009年度新农村建设先进集体和先进个人的决定》。刘云广主持会议。伊欣欣对做好2010年农村工作提出要求。

【贯彻市农村工作会精神研讨会】 3月2日召开贯彻市农村工作会精神研讨会。区领导刘云广、郭光磊、陈志强、付兆庚、翟云峰，市农委委员王建中，以及市、区相关部门领导，各镇党委书记、村党支部书记代表参加会议，就贯彻落实市农村工作会精神，做好全区农村各项工作进行了研讨。

【农村集体产权林权制度改革会召开】 4月20日，区召开农村集体经济产权制度改革及集体林权制度改革领导小组会。区领导刘云广、王洪钟参加会议，与各镇及相关单位负责人就农村集体经济产权、集体林权制度改革政策制定及进度安排等进行了研讨。4月27—28日，召开第八届村民委员会换届选举、农村集体经济产权、林权制度改革动员及培训会。会上部署了农村集体经济产权、林权制度改革相关工作。转发了《关于加快推进农村集体经济产权制度改革工作的意见》，下发了《门头沟区农村集体经济产权制度改革政策法规及工作指南》、《门头沟区农村集体经济产权制度改革工作100问》、《农村集体经济组织成员界定指导意见》。7月8日，区召开推进农村集体经济产权、林权制度改革工作会。会上，听取了区有关部门及镇、村的汇报。王洪钟讲话。刘云广对农村集体经济产权制度改革提出要求。9月8日，区召开农村集体经济产权、林权制度改革进展情况汇报会，听取了区农委、区园林绿化局、区经管站及各镇的情况汇报。

【妙峰山高山玫瑰节】 6月23日，妙峰山高山玫瑰节开幕。区领导王洪钟、高连广、陈国才、翟云峰出席开幕仪式并为海誓山盟石揭幕。王洪钟宣布玫瑰节开幕，并向新闻媒体介绍了全区落实生态涵养发展区功能定位，不断加强生态环境建设，加大旅游基础设施投入力度，打造“山会”特色旅游品牌方面的工作成果。

【农村“两委”换届选举总结及培训会】 7月30日，农村“两委”换届选举总结及培训会召开。韩生辉对村“两委”换届选举工作进行了全面总结。刘云广作了题为《围绕中心 服务大局 提高农村基层党组织建设科学化水平》的党课讲座，并进行开班动员。7月31日，王洪钟、翟云峰和市委农工委副书记高华分别就如何加快农村改革发展、集体产权林权制度改革及加快推进农村城市化进程等方面为各镇领导和各村党支部书记、主任进行了培训。

【市强农惠农专项资金清查】 8月19日，市强农惠农专项资金清查重点检查小组到区检查工作。区领导赵潮英出席汇报会。翟云峰作专题汇报。并对区强农惠农项目资料进行了检查。检查小组对全区强农惠农专项资金清查工作进展给予了肯定，认为资金使用制度健全、自查认真、成效明显。

【市检查村级运转经费使用情况】 10月19日，由市委组织部、市农委、市财政局等单位组成的联合检查组对全区村级组织运转经费使用情况进行了专项检查，重点对雁翅镇、军庄镇的落实情况进行现场检查和指导。

【森林防火总结动员会】 10月28日，召开2010—2011年度森林防火总结动员会。区领导王洪钟、翟云峰，市园林绿化局副局长黄德峰，市森林公安局政委徐海峰出席会议。翟云峰作了森林防火工作报告并代表区政府与重点防火单位代表签订了森林防火责任书。对2010年度森林防火先进单位和个人进行了表彰。

【召开村庄社区化管理工作会】 11月24日，区召开推进城乡结合部地区实施村庄社区化管理工作会。刘云广、王洪钟分别对推进城乡结合部地区实施村庄社区化管理工作提出要求。

【市检查“五+三”工程建设】 12月14日，市农委督查处调研员高精华带领检查组7人到区检查“十一五”时期新农村“五+三”工程建设情况。听取了区“五+三”工程建设情况汇报，查阅了档案材料，并到各镇村进行了实地检查和座谈。检查组认为实施“五+三”工程建设，实现了“改变农村用能结构、提高农民生活质量、优化农业发展环境、减少农户用能开支”的目标，对建立“五+三”工程长效管护机制，引入行业管理办法，加大对工程的管护力度，巩固新农村建设成果等提出了要求。

【农业补贴】 2010年，落实农机购置补贴政策，补贴资金82.4万元；种植黄芩1 000公顷，生态补贴38万元；完成粮食直补工作，全区种植玉米860.6公顷，涉及种粮农户5 003户。补贴资金993 947.8元，其中粮食直补资金41 3069.8元，农资综合补贴580 878元。

【农业执法】 2010年，全系统共组织农业执法活动220次，组织联合执法50次，出动执法人员800人次，发放宣传材料3万余份。

门头沟区主要领导人

区委书记		伊欣欣（2月免） 刘云广（2月任）
	副书记	王洪钟（3月任） 郭光磊（3月免） 陈志强（5月任）
	常委	王二安 罗斌 付兆庚 张冰（女） 韩生辉 陈国才 赵潮英（女） 张永（9月任）
区人大常委会主任		李慷云
	副主任	何震芳（女） 赵爱娟（女） 聂文玉 谭杰 王建昌
区长		王洪钟（8月任）
	副区长	罗斌 付兆庚 翟云峰 贾文勤(4月免)(女) 姚忠阳 郑伟革（5月任） 李昕（5月任）（女）
区政协主席		高连广
	副主席	杲建忠 侯建华 安冬梅（女） 野京城 朱德友 孙善民
区纪委书记		赵潮英（女）

门头沟区乡镇党政正职领导

	党委书记	镇长
潭柘寺镇	连春国(9月免) 韩瑞昌(9月任)	占永谦(9月任)
永定镇	陈波	史雅林(5月免) 李文凯(5月任)
龙泉镇	刘树军(12月免) 索宝柱(12月任)	付军利(9月免)(女) 闫洪亮(9月任)
军庄镇	王九中	舒伯文(9月免) 曹宝华(9月任)
妙峰山镇	彭利锋	卢佳强
雁翅镇	李国庆(9月免) 谢春雪(9月任)(女)	杜军(9月任)
斋堂镇	万钦	刘贵清
清水镇	张旋里(9月免) 张庆伍(9月任)	杨树国(5月免) 安楠(5月任)
王平镇	耿新民(12月免) 韩兴无(12月任)	彭天和

（门头沟区农委 高万庚）

房山区

概　述

房山区位于北京西南，全区面积2019平方公里。西北部为山区，东南部为平原，以100米等高线为界，山区面积1 327.2平方公里，占全区总面积的65.7%，平原面积691.8平方公里，占全区总面积的34.3%。全区设6个乡、14个镇、8个街道办事处、1个办事处，461个行政村。2010年末，全区出生5 608人，人口出生率7.3‰；死亡7 883人，人口死亡率10.26‰；人口自然增长率为－2.96‰。全区户籍人口达到76.8万人，其中农业人口35.7万人。全年实现地区生产总值342.2亿元，比2009年增长16.6%。其中第一、二、三产业增加值分别为14.43亿元、209.76亿元、118.01亿元。全社会固定资产投资完成403.8亿元，比上年增长15.4%。城镇居民人均可支配收入为23 768.9元，农民人均纯收入为12 492.3元，分别比2009年增长8.3%和10.4%。

城乡一体化

【北京轨道交通燕房线规划方案获正式批复】 北京轨道交通燕房线规划方案经北京市规划委组织相关单位和专家进行论证，并报市政府同意，市规划委已原则同意北京市轨道交通燕房线工程规划方案并获批复。燕房线自燕化产业区南端起，沿燕房路向东南方向走行，入房山线西延终点站；支线起自周口店地区，至京周路接入主线。燕房线全线以高架线为主，线路总长约21.4公里，其中主线长约15.2公里，支线长约6.2公里，共设包括燕化站在内的12座车站，车辆段1座。轨道交通燕房线工程将房山新城燕房、良乡两大核心组团与市中心区进行衔接，切实改善燕房地区外部交通环境问题，加快推进北京石化新材料科技产业基地建设。

【轨道交通房山线正式开通】 12月30日14时，轨道交通房山线正式载客运营。轨道交通房山线全长约24.79公里，沿线共设11座车站，其中高架站9座，地下站2座，起点设在良乡城南长虹西路和苏庄大街交叉口，终点设在丰台郭公庄站，与地铁9号线连接。车辆方面，房山线车辆均采用6辆编组国内第一个时速100公里具有完全自主知识产权的地铁电动客车，列车内以白色为主色调，坐椅颜色为淡绿色和淡黄色，车厢内空间宽敞。

都市型现代农业

【概况】 2010年，房山区农林牧渔业总产值实现42.6亿元，比上年增加1.4亿元，增长3.3%，农、林、牧、渔、服呈“四增一降”，其中：农业产值实现18.8亿元，比上年增长6.9%；林业产值实现1.2亿元，比上年增长1.9%；牧业产值实现20.8亿元，比上年下降0.6%；渔业产值实现0.9亿元，比上年增长28.1%；农林牧渔服务业产值实现0.9亿元，比上年增长6.6%。

【实施4项农业节水灌溉工程】 2010年，以全国小型农田水利重点县建设为契机，实施了4项农业节水灌溉工程，共新增改善农业节水灌溉面积2 200公顷。工程运行后，每年可节水330万立方米，节电100万千瓦时，节省人工6.6万个工日，增加农民收入800万元。

【小型农田水利重点县项目获专家优评】 3月23日，市水务局、市财政局组织专家对房山区小型农田水利重点县项目进行评审。专家组实地察看了项目的建设情况，听取了区水务局建设情况、区财政局配套资金落实情况以及设计单位的设计情况的汇报，对农田水利规划情况、工程建设方案、资金筹措与整合方案、运行管护机制与预期效果等项目方案进行了综合评审，专家组认为房山区所做项目符合水利部对小型农田水利重点县项目的有关要求，项目综合评价为优。房山区小型农田水利重点县建设项目共涉及良乡镇、琉璃河镇、韩村河镇等5个镇11个村52个地块，共发展农业节水灌溉工程面积553.33公顷，其中新建设施农业温室大棚蔬菜滴灌46.27公顷，设施农业温室食用菌微喷18.47公顷，大田喷灌95.73公顷，管道灌溉251.2公顷，蔬菜花卉管道灌溉62公顷，果树管道灌溉79.67公顷。工程主要建设内容为，新打及更新机井7眼，新建泵房51座，配套水泵51台套，安装机井计量水表51块，变频控制装置20套，给水井44座，泄水井81座，铺设管道229公里，滴灌管296公里，管道土方开挖9.667万立方米，管道土方回填9.377万立方米。工程完成后，从经济效益上看，可改善灌溉面积553.33公顷，年新增粮食生产能力120万千克，预计年节能效益为7.24万元，年增收效益为254.73万元，年省工效益为88.33万元，合计年累计效益350.3万元。从社会效益上看，通过对农业节水设施的改善，并依托优越的生产条件，可促进项目区农业生产布局和品种结构调整，加快区域由传统农业向优质、高效的现代农业转换，增加农产品的社会供给能力。同时，发挥节水工程的作用，带动周边地区节水型农业的发展。

【都市型现代农业建设项目通过市级验收】 市农业局、市发改委、市财政局等部门组织专家组对房山区2009年都市型现代农业基础建设及综合开发项目进行验收。验收组听取了房山区2009年度工程实施的情况汇报，查阅了有关资料，并实地察看了石楼、长阳项目区建设情况。2009年，房山区农业基础建设及综合开发项目区涉及长阳、张坊、石楼3个乡镇、19个村，总建设面积2 280公顷，其中：农业综合开发项目1 800公顷，长阳、张坊、石楼各600公顷；土地整理项目479.6公顷，张坊镇153.27公顷，石楼镇326.33公顷。农田水利项目节水工程涉及长阳镇、石楼镇、张坊镇等6个镇，25个行政村，建设节水灌溉总面积1 462.47公顷。长阳、石楼、张坊3个项目区基本形成了沟、路、林、田、网一体化的高标准农田，石楼项目区内的小麦亩产由300千克左右提高到425千克左右，玉米亩产由450千克左右提高到650千克左右。种植的设施茄子，亩产可达2.5万千克，实现收入8万元。验收组对房山区2009年度都市型现代农业建设及综合开发项目给予了高度肯定。

【共和国部长到房山参加义务植树】 3月27日，由全国绿化委员会、中共中央直属机关绿化委员会、中央国家机关绿化委员会、首都绿化委员会共同举办的“共建绿色家园——共和国部长义务植树活动”在长阳镇南水北调中线植树工地举行。来自中央直属机关和中央国家机关各部委、单位的168位部级领导参加了义务植树活动，他们挥锹铲土，栽下了3000多株侧柏、油松、白皮松、雪松、玉兰、毛白杨等树木。这是第九处共和国部长纪念林。北京市委副书记、市委政法委书记王安顺，市委常委、市总工会主席梁伟，副市长刘敬民，市人大副主任吴世雄，市政协副主席熊大新等领导陪同植树。

【市级林下经济建设项目试点落户房山区】 4月9日，市园林绿化局主管部门及沙产业协会相关技术人员到张坊镇瓦沟村实地察看了房山区2010年林下经济建设项目金银花种植试点地块，并将该项目列为市级试点。项目建设面积6.67公顷，规划栽植金银花苗木2.2万株。项目的实施为当地农民与企业之间搭建起营销平台，企业从提供种植技术到采摘收购为农民提供一条龙式支持与服务，解决了当地农民部分就业问题，增加了农民的收益。

【“房山磨盘柿”产业化关键技术研发项目通过验收】 4月20日，由北京市园林绿化局、中国农业大学、北京市农林科学院及北京农学院专家组成的评审组，对房山区《“房山磨盘柿”产业化关键技术研发项目》进行评审，并通过验收。该项目是房山区完成的市科委重大项目之一。通过经过3年的组织实施，建立起“房山磨盘柿”产业发展的科技协调员体系建设；在优系筛选、优良品种引进、栽培技术、病虫害防治、都市农业功能开发、有机栽培、脱涩保鲜、加工产品研发等多个领域开展了深入的研究，解决了影响产业发展的瓶颈性问题；制定了《地理标志产品·房山磨盘柿》国家标准，建立了有机果品生产示范基地，推动了柿子产业化进程。

【两个梨园被评为无公害改造技术示范园】 6月23日，琉璃河京白梨主题公园和窦店网架梨两大梨园被评为“国家梨产业技术体系示范基地无公害改造技术示范园”。琉璃河镇贾河村以京白梨为主的200公顷梨园和窦店镇富恒农业公司的33.3公顷网架黄金梨园纳入国家梨产业技术体系北京试验站示范基地。

【琉璃河京白梨全国梨王赛夺金】 琉璃河镇贾河村世名伟业果树种植专业合作社郭伟选送的京白梨获第八届全国梨王擂台赛秋子梨系金奖，窦店镇天亦园民族旅游观光服务公司孙阿雷选送的黄金梨获砂梨系优秀奖。

【果品生产与上年基本持平】 2010年，房山区果品生产与上年基本持平。果品产量69 683.1吨，同比增加586.3吨，比上年增长0.9%，其中园林水果67 118.7吨，同比增加607.5吨，增长0.9%。

【果品采摘面积减少产量增长】 2010年，全区采摘果园面积427.93公顷，比上年减少35.07公顷，下降7.57%，主要是由于春寒气候影响了果树的生产，张坊镇的磨盘柿、猕猴桃果园果树受冻伤，影响张坊镇采摘果园面积减少40.67公顷。全区采摘水果产量6 670.7吨，比上年增加376.8吨，增长6%，其中梨采摘产量增加212.6吨，桃采摘产量增加304.5吨。

【房山区畜牧业协会正式成立】 3月24日，房山区畜牧业协会成立，协会由从事畜牧业及相关行业的企业、事业单位及个人组成，为全区性的行业联合组织，是具有法人资格的非营利性的社团组织。协会共有注册会员130名，其中个人会员57名，单位会员73名。畜牧业协会宗旨是在行业中发挥服务、协调、咨询等作用，协助政府进行行业管理，维护会员行业的合法权益，加强联系、完善自我，推动全区畜牧业健康发展。涉及业务范围包括：行业管理、展览展示、业务培训、产品推荐、信息交流、制定行为规范、咨询服务、建立自律机制、组织开展公益活动等。

【动物卫生监督执法工作实现实时在线移动办公】 5月17日，按照全市统一要求，房山区全面配备实时在线移动办公设备。此次系统的全面应用将实现市、区（县）、官方兽医室三级动物卫生监督执法网络全覆盖，此次配发的设备有交换机、路由器、计算机、中国移动无线上网数据卡、无线上网卡、语音数据卡、VPN密钥、办公软件、杀毒软件以及移动执法终端机（PDA）。按照要求制定了信息系统管理制度，指定专人为系统管理员，负责设备的日常维护和管理工作。PDA要求由一线执法人员临时固定持有，实行专机、专号、专用制度。动物卫生监督执法工作通过系统对动物及动物产品检疫、执法案卷、证章标志领取、政务信息、执法监督信息、各类报表等信息数据进行全面、实时上传，节省了时间，提高了效率，确保了信息的精确性。

【19万千克清真牛肉供世博会】 按照世博会动物产品供应的统一要求，依据北京市动物卫生监督所制定的标准，房山区被选定为2010年上海世博会动物产品提供单位。为确保供沪动物及动物产品安全，房山区按照供奥期间动物及动物产品安全监管经验，对全区屠宰企业的供沪条件进行了严格的审查，确定了北京卓辰畜牧有限公司、北京天鸿顺鸭业有限公司、北京三江宏利牧业有限公司、窦店益生清真肉业有限公司、崇各庄童英养殖场5家企业的供沪资质，并于2010年3月对5家企业的供沪资质进行了重新审核，报市有关部门备案。区动物卫生监督所成立了供沪动物产品安全保障领导小组，对供沪动物产品认真落实、周密部署，采取分级负责、专职检疫、制度保障、登记备案等措施，出具《出县境动物产品检疫合格证明》22张、消毒车辆22车次，全部通过了上海检疫检验等有关部门的检验验收，确保供沪动物产品无疫安全。世博会期间，房山区共向上海输入清真牛肉19.7万千克、火鸡肉2 930千克。

【完成2010年增殖放流工作】 截至10月27日，全区完成2010年度增殖放流工作。2010年增殖放流工作共分为春、秋两季，涉及青龙湖镇崇青水库等6个乡镇的7处水域，累计放流水域面积1万余亩，共投放鲢、锦鲤、中华鳖等苗种72.38万尾。区渔政监督管理站对放流工作进行了全程监管，并对苗种的药残检测、数量、规格、质量和成活率进行了严格检查验收。

【牛奶产量比上年下降6.6%】 2010年，房山区牛奶产量37 042.3吨，比上年下降6.6%，造成牛奶产量减少的主要原因是由于养殖奶牛利润不高，一部分养殖大户改变了养殖结构。窦店镇牛奶产量减少654.9吨。其中窦店村减少326吨，一街减少151吨，六股道减少128吨。城关镇塔湾村和顾册村，由于饲料涨价，奶牛生病的原因，养殖户没有注重奶牛的养殖，产奶量579吨，比上年下降37.3%。2010年，全区成乳牛比2009年减少647头，也是牛奶产量减少的主要原因。

【山、绵羊出栏略减】 近年来，房山区注重生态环境保护，封山造林以及新农村改造等情况，都限制了山、绵羊的养殖。2010年，全区山、绵羊出栏99 695只，比2009年下降12.8%。主要减少原因在于，长阳镇因为京石快客征占赵庄村土地，导致大部分养羊户于2009年底不再饲养羊，石楼镇年初双孝村的羊感染了病情，部分养殖户将羊清理干净。

【禽蛋产值增幅明显】 2010年，全区累计禽蛋产量10 135.6吨，比2009年增长7.8%，种蛋、柴鸡蛋占比重越来越大，单价上涨，鸡蛋价格由原来的8.1元/千克上涨到9.9元/千克，由于价格的影响，禽蛋产值为1亿元，比上年增长22.8%。

【生猪饲养产值增长一成】 截至2010年末，全区生猪出栏头数为36.7头，比2009年增长2.6%，生猪产值实现5.9亿元，比上年增长11.2%。生猪价格每千克12.5元左右，较2009年增长7.8%，由于生猪市场略有回暖，价格逐步回升，加上国家出台了各项补贴政策，在此影响下养殖户纷纷加大投入力度，扩大养殖规模，产值增长一成以上。

【7家渔业生产企业通过无公害认证】 9月15日，全区有7家渔业生产企业通过了农业部无公害产品、产地认证，获得产品、产地认证证书。全区共有16家渔业生产企业获无公害认证，认证面积达到95公顷，认证品种达到29个，年产量458吨，占全区水产品年产量的22%。

【在2010北京金鱼锦鲤大赛中获20个奖项】 9月30日，2010北京·中国金鱼锦鲤大赛在北京朝阳公园举办。此次比赛共有来自北京、福建、广州、天津、江苏等10余个省市，65个协会、学会、俱乐部、企业等单位参加了金鱼10个组别、锦鲤7个组别共89个奖项的角逐。房山区共有5家养殖单位参加比赛，其中北京红运锦鲤养殖中心养殖的锦鲤分别获全场总冠军和全场总季军，全区共获得包括金鱼、锦鲤品种在内的20个奖项。开奖当天还对获奖鱼进行了现场拍卖，房山区获冠军的锦鲤拍出了120万元的最高价。

【花会播种面积增加43.53公顷】 2010年，房山区花卉（含盆栽观叶植物）播种面积292.2公顷，比上年增加43.53公顷，增长17.5%。主要是琉璃河镇新增10.4公顷，河北镇新增33.3公顷玫瑰种植基地，主要为陆地插秧种植，用以提炼玫瑰精油。

【鲜切花产量下降】 2010年，房山区鲜切花产量91.1万枝，比上年减少51.3万枝，下降36%。主要是鲜花市场需求减少，销路不畅，琉璃河镇减少32.9万枝，窦店镇窦店村和袁庄两个村不再种植鲜切花，导致全镇产量减少36.2万枝。

【盆栽类花卉产量下降】 2010年，房山区盆栽类花卉产量（含盆栽观叶植物）1 070.9万盆，比上年减少182.5万盆，下降14.6%。其中：窦店镇减少95.2万盆，韩村河镇减少61.2万盆，城关街道减少45.9万盆。主要是前两年由于奥运和国庆市场的推动，大力发展盆栽摆花，2010年由于市场需求减弱，区内较大的盆栽花生产基地缩减生产规模。

【中国北京农业生态谷落户房山】 11月17日，北京市人民政府与中粮集团有限公司签署战略合作框架协议，共同建设中国北京农业生态谷。中共中央政治局委员、市委书记刘淇，市委副书记、市长郭金龙，市委常委、常务副市长吉林，市委常委、市委秘书长李士祥，市委常委牛有成，副市长夏占义，市政府秘书长孙康林，中粮集团有限公司董事长宁高宁，总裁于旭波，区领导刘伟、祁红、赵军、马丽英出席签约仪式。中国北京农业生态谷项目建设地点位于琉璃河镇，占地总面积1 146.67公顷。中粮集团有限公司用3～5年，投资280亿元进行建设。该项目在产业布局上，着眼于解决“三农”问题，是央企与地方合作统筹解决“三农”问题的一种模式创新。遵循基本农田不减少、农民全部上楼、劳动力充分就业、农业产业集聚发展的原则，采取政府引导、企业运作、机制创新、政策推动的建管方式，促进一、二、三产业高度融合，实现农村面貌的新改观，农业生产方式和农民生活方式的新转变。

【设施农业获得丰收】 2010年，房山区设施农业播种面积2 366.53公顷，比上年同期增加47.13公顷，增长2%。设施农业充分发挥高技术含量种植和抵御自然灾害的优势，实现收入28 909万元，比上年增加4 047.1万元，增长16.3%。

【药材生产面积、产量增长】 2010年，全区药材种植面积248.07公顷，比上年增加173.73公顷，增长2.3倍，主要是琉璃河镇务滋村增加133.33公顷的金银花种植，史家营新增13.33公顷的黄芩种植，南窖乡扩建13.33公顷的黄芩种植。全区药材产量247.5吨，比上年增加118吨，增长91.1%。琉璃河镇增加60吨，史家营乡发展黄芩种植，收获80吨。

【食用菌生产获得丰收】 2010年，全区食用菌243.07公顷，比上年增加82公顷，增长50.9%；产量14 201.8吨，比上年增加1 987.4吨，增长16.27%。分乡镇来看，主要是西潞街道一个生产蟹味菇的农业企业，面积7.33公顷，产量803吨；长阳镇增加食用菌11.13公顷，增加产量745吨；石楼镇增加食用菌6.67公顷，产量增加359吨。

【蔬菜生产略降】 2010年，全区蔬菜产量（含食用菌）202 665.9吨，同比减少9 176.8吨，下降4.3%。主要原因：一是受春寒天气的影响，一季度陆地菜基本绝收，设施蔬菜部分中小棚不能抵抗低温，菜苗受冻伤，导致产量下降；二是长阳镇、长沟镇等受拆迁因素的影响，蔬菜产量下降。

【实施小麦籽种更新工程】 2010年，为解决全区小麦品种混杂和“三层楼”问题，实施了小麦籽种更新工程，重点对张坊、石楼等6个乡镇的2 933公顷小麦进行了籽种更新，主要推广“京冬8号”等5个高产优质品种，完成了88.3万千克籽种的配送。

【建造现实版开心农场】 7月，由市农业技术推广站、房山区种植业服务中心联合建造的“开心农场”正式开园，来自15个市民家庭、各界游客和多家新闻媒体记者60余人参加了开园活动。其建造目的是为了让长期生活在钢筋水泥丛林中的都市人放松身心、亲近自然，走进乡村、走进农业、体验农耕的辛苦与快乐。该农场位于窦店镇窦店村107国道旁，占地8公顷，由67种作物203个品种组成的“$-CO_2$”（低碳）图案，以向日葵做走道隔离，四周由五颜六色的花卉做衬托。农场分试验区、体验区、采摘区、科普区。

【为42家农业合作社购置47辆运输车】 为提高农民专业合作社的营销运输能力，加强农民专业合作社与市场对接，解决农民专业合作社运输难的问题，房山区启动了“现代农业装备对接农民专业合作社工程”，工程通过政府招标采购，财政按购车全款50%补助的方式，帮助农民专业合作社购置符合北京市汽车排放标准的封闭货车、冷藏车和奶罐车。按照市农委的总体部署，从2009年上半年开始，经过调查摸底、乡镇申报、市区审核等环节，完成了此项工作，全区共涉及17个乡镇。1月10日，房山区举行现代农业装备对接农民专业合作社工程发车仪式，为42家符合条件的合作社购置发放47辆运输车。其中封闭货车32辆，冷藏车13辆，奶罐车2辆，总金额592万元，政府补贴资金296万元，惠及6 888户农民。

【启动2010年新型农民培养工作】 4月30日，房山区举行新型农民培养工作启动暨长阳镇“城乡手拉手”培训就业对接仪式，38家用人单位提供工作岗位1 178个，现场达成就业意向378个。2010年，全区新型农民培养的工作目标是根据农民的实际需求，坚持分类培训模式，完成新型农民培养5.2万人次。同时，积极探索发放培训卡的培训方式，开展特色培训。

【成功创建“全国无公害农产品标志推广与监管示范县”】 11月15日，房山区通过农业部农产品质量安全中心的验收，获“全国无公害农产品标志推广与监管示范县”称号。房山区在创建无公害农产品标志推广与监管示范县过程中，以依法实施标志管理为核心，以积极促进获证企业自觉并规范使用无公害农产品标志为重点，坚持推广与监管有机结合，着力加强品牌产品用标，取得了显著的成效。截至11月，全区无公害农产品认证基地165家，获证产品440个，获证企业累计征订无公害标识465.7万枚，无公害标识加贴率达到100%。

非农产业

【概况】 围绕打造首都高端制造业新区和现代生态休闲新城的功能定位，引进了北控太阳能、西门子“云计算”中心等一批重大高新技术产业项目；加大投资和政策支持力度，推动北京石化新材料科技产业基地、窦店高端现代制造业产业基地等项目。2010年，房山区工业总产值实现966.6亿元，比上年增长24%。从隶属关系来看，中央市属企业实现产值779.6亿元，比上年增长23.8%；区属企业实现产值165.8亿元，比上年增长10.6%。从规模来看，规模以上工业企业实现产值929.3亿元，比上年增长23.5%。

社会消费品零售额实现119.8亿元，比上年增长20.9%。其中，限额以上商业企业实现零售额78.4亿元，比上年增长56.8%，占房山区零售额的比重为65.4%，比上年同期提高14.9个百分点。从商品用途来看，吃、穿、用、烧四类商品零售额均实现两位数增长，分别增长 20.8%、17.2%、22.1% 和 19.8%。从行业来看，批发零售业和住宿餐饮业分别实现零售额 106.4 亿元和 12.2 亿元，分别比上年增长 21.1%和 20.1%。

全年接待游客达到 990.8 万人次，比上年增长 10.2%。房山区 20 家 A 级景区接待游客 252.1 万人次，比上年下降 3.1%；实现收入 9 568.9 万元，比上年增长 12.9%。102 个观光园接待游客 185.7 万人次，比上年增长 42.1%；实现收入 1.6 亿元，比上年增长 17.2%。2 624 个民俗户接待游客 194.6 万人次，比上年增长 30.8%；实现收入 1.1 亿元，比上年增长 64.2%。

截至年底，全区各类金融机构人民币存款余额达 778.9 亿元，比上年增长 22.4%。其中，城乡居民储蓄余额达到 410.3 亿元，比上年增长 16.5%。金融机构人民币各项贷款余额为 190.7 亿元，比上年增长 2.9%。其中，个人住房贷款余额为 42.1 亿元，比上年增长 12.2%；工业贷款余额为 33 亿元，比上年增长 0.8%；房地产业贷款余额为 20.5 亿元，比上年增长 50.1%；农业贷款余额为 10.5 亿元，比上年增长 26.4%。

【国际葡萄酒庄产业集群建设正式启动】 5 月 27 日，房山区举行北京房山（世界·庄）国际葡萄酒庄产业集群启动盛典。北京房山国际葡萄酒庄产业以（世界·庄）“一樽一盏一心海，一房一山一世界”为主题，以青龙湖镇为核心起步区，带动城关街道等 10 个浅山区乡镇发展高端葡萄酒产业。按照原产地、标准化、高质量、品牌化酒庄酒发展原则，打造高端葡萄酒庄园产业带，并与之配套建设相关的商务贸易会展区、加工物流区、科研教育区、生态办公区和人文涵养区。未来房山浅山区将形成以中西文化、田园风光为特色的，集葡萄种植、葡萄酒酿造、交易展示、餐饮娱乐、旅游观光、科研教育为一体的葡萄酒产业带。

【北京百草畔帅旭植物油有限公司正式投产】 8 月 8 日，霞云岭乡四马台村农产品深加工企业——北京百草畔帅旭植物油有限公司举行投产仪式。该企业生产杏仁油、杏仁粉、核桃油及核桃粉等绿色产品，具有年产 300 吨油、1 000 吨粉产品的生产规模，年营业总收入可突破 1.5 亿元，可带动 300 余人就业，缓解关闭煤矿后当地劳动力就业难题。

【北京澳特舒尔保健品开发有限公司在香港挂牌上市】 北京澳特舒尔保健品开发有限公司是一家保健品研发、生产、销售于一体的专业生产经营中国茶疗保健产品的高新技术企业。2009 年销售收入达 5.65 亿元，税金 8 850 万元。其主打品牌为碧生源系列功能性保健袋泡茶，“碧生源”商标获北京著名商标称号。公司引进意大利 IMA 袋泡茶生产线 10 条，该生产线使用非热封天然过滤纸形成茶袋包装茶叶，设备生产速度快，效率高。销售网络覆盖全国 17 个省市和欧美、日韩等 20 多个国家和地区，销售网点超过 7.5 万个。2009 年，该公司主导产品碧生源减肥茶和碧生源常润茶市场占有率达到 42%。9 月 29 日，北京澳特舒尔保健品开发有限公司在香港联合交易所正式挂牌上市，成为房山区唯一一家上市公司。股份代号“926”，首个交易日交投活跃，每股定价 3.12 港元，全日最高价达每股 3.85 港元，收市报每股 3.58 港元。

【积极实施农超对接工程】 2010 年，房山区商务委积极实施农超对接工程，加快推进华冠生鲜配送中心建设，完善冷链物流、分拣、检疫检测等基础设施；强化采购环节建设，发展各类果蔬直供基地，提高采购标准，严格检验程序，确保食品安全和市场供应。

【农村现代流通网络建设提升最快】 2010 年，房山区农村现代流通网络建设提升最快。积极实施“万村千乡”工程，以现代连锁经营方式不断整合农村商业网点，实现了从无到有、从少到多的发展变化，初步形成了农村地区较为完善的流通网络，有效提升了农村地区的市场供应和安全水平。

【5 家单位入选北京市首批乡村旅游特色业态】 全市 38 家乡村游接待单位入选北京市首批乡村旅游特色业态，房山区共有 5 家乡村游接待单位入选。大石窝镇小河人家、周口店镇天毓山庄被评为“乡村酒店”，十渡镇北石门村被评为“采摘篱园”，佛子庄乡北台民俗村被评为“养生山吧”，窦店镇富恒农业观光园被评为“休闲农庄”。

【开展“走千村、进万户——送贷下乡”活动】 为发挥农村金融对农村经济的促进作用，有效缓解农民贷款难问题，农行房山支行积极开展“走千村、进万户——送贷下乡”活动，成立 20 个宣传小组，重点走访 197 个村镇，发放宣传材料 3 776 份。此次活动累计支持农户贷款 498 笔，金额 2 439.28 万元，切实为农民增收致富提供帮扶，实现了农村金融由“坐等上门”到“送贷下乡”的转变。

【加大特色小额农贷的投放力度】 2010 年，农行房山支行按照“主体合格、程序规范、政策支持、风险可控”的原则，拓展对“经济组织＋农户”发展模式的支持力度，对农行房山支行重点支持的“龙头企业＋农户”、“计划生育贴息”和“农家女贴息”贷款实行“及时上报、随时审批”的绿色通道。截至 12 月末，农户贷款余额达到 21 466 万元，抵质押贷款余额 15 282.18 万元，抵质押率 71.19%，累计支持“龙头企业＋农户肉鸭养殖”111 户，金额 435.3 万元，计生贴息贷款 360 户，金额 2 006 万元。

【农行北京分行与区政府成功签署战略合作协议】 4 月 14 日，中国农业银行股份有限公司北京市分行与房山区政府签署战略合作协议。农行北京分行在未来三年内向房山区人民政府提供不少于 100 亿元人民币的信用支持，主要用于区域基础设施建设、公共服务、新城建设、环境保护、产业提升、小企业金融服务等领域，助推房山区经济又好又快发展。

山区建设

【概况】 在"产业友好、生态宜居"新区建设方针的指引下，房山区积极酝酿产业转型、探索高效、低碳发展模式。有序推进煤矿和非煤固体矿山的关闭工作，到2010年底，房山区煤矿全部关闭，从此告别了千年采煤史；61家非煤固体矿山中，除拟整合保留13家汉白玉、石灰石等固体矿山外，其余48家全部关闭。加快"人员出山"步伐，完成543户、1 618人山区险户搬迁，山区人口迁移集中安置项目起步区具备入住条件。六石路、108国道复线、108国道提级改造等道路工程竣工通车，山区交通环境明显改善。持续开展环境整治、废弃矿山修复、水源地保护等工程，完成绿化造林0.4万公顷，山区生态涵养功能进一步提升。启动国际葡萄酒庄产业集群建设，浅山区发展取得实质性突破。张坊仙栖谷、蒲洼京郊小西藏和周口店红螺寺三个沟域经济试点进展顺利。南窖沟域完成规划设计方案国际招标，在全市沟域经济规划设计评比中综合排名第一。

【南窖沟域发展规划对外公开征集活动结束】 南窖沟域作为全市7条沟域规划国际招标之一，4月按照市农委安排部署，依据《中华人民共和国招标法》，房山区聘请了北京国际招标公司作为代理人，采用网上报名、专家评审的办法，从具有甲级资质的国内外32家投标规划设计单位中，评选出国外2家、国内3家，共5家一级规划设计公司，进行规划设计，达到控规标准后，通过市、区有关部门研讨，专家评审，评出芬兰萨米宁建筑事务所与北京创新景观园林设计公司组成的联合体。该公司集合其余4家公司精华，多次修改完善，10月底形成了南窖沟域规划，规划体现了生态、环保、低碳、循环的理念，设计出四大基地、八大景区、二十四个节点，定位为"燕山绿谷丰饶之角"。从昔日的煤矿区到未来的宜居型生态旅游示范地，南窖沟域将再现600年古商道的繁华。

【山区人口迁移工程集中安置区住宅建设正式启动】 3月，阎村镇公主坟村山区人口迁移集中安置项目工程正式动工建设，按照规划建设项目将在未来的3～4年内分批安置来自山区产煤乡镇的3万多名群众，为房山区全面退出煤矿和非煤矿山开采，继续深化生态涵养区建设做好人员安置准备。

【治理7条小流域】 2010年，以构筑"生态修复、生态治理、生态保护"三道防线为主要内容，对南窖乡水峪村、大石窝镇三岔村等7条小流域60平方公里面积进行了综合治理，共实施封禁治理1 398公顷，建防护坝1 390米，污水处理站3处，铺设污水收集管网5 086米，加快了山区生态环境发展，也为沟域经济发展奠定了基础。

村镇建设

【概况】 2010年，坚持"以新型城市化引领新农村建设，以新农村建设助推'三化两区'"的发展战略和"量力而行，尽力而为"的工作要求，在204个村实施了以"五十三"工程为重点的新农村基础设施建设，在全市率先完成或超额完成了年度计划。"五十三"工程全面完成，共投入资金171 158万元。编制村庄规划126个，完成计划的100%；道路硬化和绿化、改水、改厕、污水和垃圾处理以及太阳能路灯、大中型沼气站、生物质气化站、太阳能公共浴池、地热采暖等"三起来"工程项目全面完成年度计划。吸纳本地农民参与重点工程建设共65万人次，实现农民劳务性收入5 688万元。实施"三起来"工程共使69 240户农民受益。青龙湖镇南观村以其完善的设施、优美的环境、和谐的村风荣获"北京最美的乡村"称号。对全区462个村的村庄的基本情况进行了普查，摸清了底数。初步确定了"新城建设吸纳型、小城镇建设带动型、园区建设改造型、环境恶劣搬迁型、旅游园区改迁型、并村整合型"等建设模式。总结了霞云岭乡龙门台村、长阳镇葫芦垡村、佛子庄乡上英水村等一批新农村社区建设的先进典型。

【完成基础设施建设】 截至10月底，房山区在全市率先完成"五十三"工程计划。在"五项基础设施"建设方面，编制村庄规划126个村，硬化道路442万平方米，建公厕260座，改造户厕32 600户，建污水处理厂21个，安装"一户一表"22 992个，建供水管网504公里，建污水管网322公里，街坊路两侧绿化184万平方米。在"三起来"工程方面，安装太阳能路灯4 000盏，建设太阳能公共浴池5个，实施地热采暖600户，建设大中型沼气站2个，建设生物质气化站2个，建设户用沼气500户，建设生物质燃料加工厂1个，实施雨洪利用工程16个，实施粪污治理工程20个，新建节能民居600户，改造既有住房400户。"五十三"工程的实施，完善了农村基础设施，优化了农村环境，加快了农村城市化进程，同时，促进了农民增收。全区204个重点村本地农民参与工程建设共65万人次，实现农民劳务性收入5 688万元。实施"三起来"工程使69 240户农民受益。

【"三起来"工程建设全部完工】 2010年，房山区"三起来"工程建设已全部完工，正在进行扫尾验收工作。"亮起来"工程：在全区15个乡镇51个村安装太阳能照明灯4 000盏。"暖起来"工程：在史家营乡柳林水村、韩村河镇二龙岗村、琉璃河镇薛庄村、大石窝镇南尚乐村和南河村新建太阳能公共浴室5座；在全区8个乡镇12个村推广生物质地采暖12 000平方米。"循环起来"工程：在琉璃河镇西南召村、良乡镇东石羊村新建大型沼气工程2处；在琉璃河镇东南吕村、南洛村新建大型秸秆气化工程2

处；在全区7个乡镇的14个村建设户用沼气池500个；在城关镇田各庄村新建生物质燃料加工厂1座。

【召开龙门台村新农村建设现场交流会】 8月26日，房山区在霞云岭乡龙门台村召开新农村建设现场交流会，总结试点村的建设经验，探索农村建设发展新思路。北京市委常委牛有成、市政府副秘书长安钢及市区相关部门领导参加会议。龙门台新村为北京市住房和城乡建设委员会试点工程，该村共有243户，总人口526人，全村分为6个自然片，其中4个为严重缺水和泥石流易发区。2009年2月，龙门台村被确定为抗震节能型新农宅试点工程。一期工程48栋农宅（192套）已具备入住条件。龙门台新村采用太阳能采暖，每年可以节约700多吨煤，为村民节约资金17万元，室内温度比原来提高6℃。新村建成后，可腾退出土地14.67公顷，为发展特色种植、养殖创造了条件，还可以带动地区的旅游产业发展。建设核桃精品园，反季节蔬菜大棚等，将休闲旅游采摘与产品深加工相结合，推动产业发展。

【新型农村社区建设逐步展开】 对全区462个村的村庄基本情况进行了普查，摸清了底数。初步确定了“新城建设吸纳型、小城镇建设带动型、园区建设改造型、环境恶劣搬迁型、旅游园区改迁型、并村整合型”等建设模式。总结了霞云岭乡龙门台村、长阳镇葫芦垡村、佛子庄乡上英水村等一批新农村社区建设的先进典型，为下一步推进新型农村社区建设摸索了经验。建立了区新农村办和规划分局联席会制度，编制规划、制定办法、宣传教育等项工作深入具体。

【南观村获“北京最美的乡村”称号】 青龙湖镇以市级重点村建设为契机，聘请专业公司对村庄建设进行了整体规划，投入资金1 000万元，实施河道清淤、塘坝建设、主要街道两侧残墙断壁整理、文化墙建设、绿化美化等项工程，村庄面貌焕然一新。在市委宣传部、市农委、市旅游局、市新农村办联合开展的2010年“寻找北京最美的乡村”活动中，青龙湖镇南观村被评为“北京最美的乡村”。

【村庄环境整治工作名列全市郊区县第一名】 5月28日，北京市召开2010年新农村“五十三”工程和环境建设工作会，房山区以91.83分的成绩名列全市郊区县第一名。房山区围绕“三化两区”建设和“两轴三带五园区”建设，加强考核，加大村庄环境整治力度，制定了《房山区环境建设规划（2010—2012年）》、《房山区2010年城乡环境建设工作实施意见》、《房山区2010年城乡环境建设考核办法》，对全区村庄环境整治工作进行安排部署，区政府与各乡镇（办事处）、委办局分别签订了《2010年城乡环境建设任务书》，明确整治重点、任务要求和目标，确保环境整治工作有效开展。区城乡环境建设办对全区462个村进行暗查，对环境问题进行现场登记、拍照，并建立整治台账，向问题所属乡镇下发《整改通知书》，督促各相关乡镇在半个月内全部完成整改。在检查方式上，由单向检查向多向互查、定期检查与随机抽查相结合转变，由区城乡环境建设办牵头，每月组织区委、区政府督查室、监察局等部门参加，采取抽签的方式对23个乡镇（办事处）环境建设情况进行拉练检查，现场打分、排名，将结果向全区通报。各乡镇（办事处）积极开展环境自查，共发现各类问题215处，做到整改一处、核减一处，3月底前完成全部整治工作。截至4月底，共组织拉练检查4次、暗查2次，增强各乡镇（办事处）工作的主动性。各乡镇（办事处）对脏、乱、差卫生死角进行集中整治，对各村环境进行地毯式排查，对存在的问题进行督促整改。通过全区上下共同努力，形成了区、乡、村三级齐抓共管的工作局面。

农村改革与管理

【概况】 2010年，全面推进产权制度改革，209个村启动产权制度改革，完成61个。完成了466个集体经济组织产权证书年检工作，实现“文电双管”；完成全区农村集体经济组织合作社登记证书年检；结合“两委”换届，变更83个村集体经济组织的法人。全区463个村实行了“村账托管”，447个村实行了“村级账款双托管”，457个村集体经济组织制定了财务收支预算，107个村集体经济组织实行了工程项目招投标制度。制定村级民主管理制度，进行村级民主理财小组成员备案，为33个村安装触摸屏。采取多种形式宣传《中华人民共和国农村土地承包纠纷调解仲裁法》，完善16项仲裁工作制度，扩建近200平方米的仲裁大厅和合议庭。全年共受理土地承包纠纷87起，纠纷案件结案率100%。

【9家农民专业合作社被授予财务管理示范社称号】 3月始，依据《中华人民共和国农民专业合作社法》、《北京市农民专业合作社会计核算办法（试行）》以及《北京市农民专业合作社示范社建设行动计划》等法律法规和文件要求，区经管站结合房山区实际情况，在全区开展了农民专业合作社财务管理示范社建设活动。活动遵循公开、公平、公正的原则，通过培训指导手段，创建区乡联审机制，采取乡镇交叉互评的方法，评选出机制运行良好、运营管理较为规范的北京泰华芦村种植专业合作社、北京绿绮花卉专业合作社、北京长阳百家乐葡萄种植专业合作社、北京市金帅甜玉米专业合作社、北京峪龙苑林果专业合作社、北京市乐一生蜜蜂专业合作社、北京韩继养殖专业合作社、北京市仙栖谷柴鸡生态养殖专业合作社、北京利民恒华农产品种植专业合作社9家农民专业合作社。

【健全合作社制度建设】 4月20日，下发了《房山区农民专业合作社财务管理示范社建设的实施意见》，修改制定了《房山区农民专业合作社财务管理制度（试行）》，并以市级示范建设内容为依据，以财务管理为核心制定了《房山区农民专业合作社财务管理示范社建设标准（试行）》。根据《北京市实施

〈中华人民共和国农民专业合作社法〉办法》所定职责，在全市率先制定了《房山区农民专业合作社与成员的纠纷调解办法（试行）》，同时与房山区档案局联合出台了《房山区农民专业合作社档案管理指南》，成为合作社规范建设的依据和根本。

【率先制定合作社纠纷调解办法】 贯彻落实《北京市实施〈中华人民共和国农民专业合作社法〉办法》，区经管站以农村社会稳定、维护农民专业合作社和成员的合法权益为目的，以保障农民专业合作社有序经营，推动农民专业合作社规范有序发展为指导，率先在全市制定出台了《房山区农民专业合作社与成员纠纷调解办法（试行）》，7月1日正式实施。《房山区农民专业合作社与成员纠纷调解办法（试行）》共包括28条，明确规定了纠纷调解受理范围、条件、程序和经管部门的职责、权限，为区乡两级经管部门受理、调解农民专业合作社与成员矛盾提供了政策依据，为合作社及其成员申请调解纠纷、维护合作社成员合法权益提供了制度保障。

【规范指导示范建设项目】 6月，对申报市级农民专业合作社示范社的27家合作社进行初审，组织10家合作社上报典型材料。7月8日，组织15家合作社参加市级专家评审会，经过评审，北京泰华芦村种植专业合作社、北京绿绮花卉专业合作社、北京百家乐葡萄种植专业合作社和北京京南明胜蔬菜专业合作社4家被评为市级示范社，北京金帅甜玉米专业合作社5家被评为市级示范社建设单位。

【启动农村集体经济产权制度改革】 8月6日，房山区召开农村集体经济产权制度改革工作会。区领导刘伟、祁红、张祝华、马丽英出席会议。8月9日，印发了《房山区积极推进农村集体经济产权制度改革工作方案》，阐述了产权制度改革工作的目的意义、应遵循的原则、优先推进产权制度改革工作的条件，制定了产权制度改革工作规划，并提出了要求。截至年底，全区乡村集体经济产权制度改革试点村已由年初的41个增至80个。其中已有4个村基本完成改革工作，42个村进入清产核资、人口统计、劳龄登记阶段，34个村正在制定改革方案。

【召开集体林权制度改革工作会】 5月5日，房山区召开集体林权制度改革工作会。总结前一阶段全区林改工作的进展情况，安排部署下一阶段的主要任务。截至4月底，2个林改试点镇工作进展顺利，其中：琉璃河镇完成35个村的勘界填表工作，周口店镇完成18个村的勘界工作。全区23个乡镇、办事处，共有集体林业用地面积13.87万公顷，集体林权制度改革涉及农户15万多户，人口38万余人。

【建立农村土地承包纠纷调处长效机制】 一是建立《土地承包纠纷矛盾排查登记与信息上报制度》、《联席会议制度》两项制度，实现土地纠纷信息资源共享，增强纠纷调处制度保障。二是健全村级土地承包纠纷调解小组、乡镇土地承包纠纷调解办公室和区级农村土地承包纠纷仲裁委员会三级调处机构，增强纠纷调处组织保障。三是实施土地承包纠纷调处主动介入制、土地承包纠纷案件专人负责制、土地承包纠纷解决时限制和矛盾纠纷化解考评制四项机制，增强纠纷调处机制保障。

【区经管站获全国农村土地承包仲裁试点先进称号】 1月20日，在全国农村土地仲裁工作会上，区经管站被评为全国农村土地承包仲裁试点先进集体，是北京市唯一一家获此项殊荣的单位。区经管站以化解农村矛盾、维护农村社会和谐稳定为目标，采取多项措施积极调处农村土地承包纠纷。在处理土地承包经营纠纷案件过程中，区经管站始终坚持以调解为主、裁决为辅的方针，把调解工作贯穿于案件办理的全过程。在仲裁过程中，区经管站始终坚持公开、公平、公正的原则，解决土地承包经营纠纷，不偏袒任何一方当事人，不受任何组织和个人的干涉，及时、合理地解决纠纷，切实维护当事人的合法权益。区经管站始终坚持以事实为依据、法律为准绳的原则，处理农村土地承包经营纠纷，解决了一批棘手问题，巩固了党在农村的土地承包政策，更好地实现了社会公平，维护了农村社会稳定，使房山区的农村土地仲裁工作一直走在全市乃至全国的前列。

【启动农村集体资产产权登记证年检】 房山区2009年度农村集体资产产权登记证年检工作自2010年1月1日开始到3月1日结束。完成了466个集体经济组织的手工年检和数据上传工作，集体经济组织产权证书年检工作实现"文电双管"。

【开展土地征占调查】 区经管站分别于6—7月和9—11月开展了土地征占调查（检查）。对全区14个乡镇99个村的土地征占补偿管理使用情况进行检查或调查，涉及金额55.38亿元。基本摸清了全区土地补偿款的拨付、管理、使用和结存情况，为加强土地征占款管理使用和领导决策提供了有力的支持。

【制定《进一步完善"村级账款双托管"工作的意见》】 12月31日，下发了《进一步完善"村级账款双托管"工作的意见》，该《意见》的下发进一步完善了农村集体财务规范化建设，规范了村集体"三资"管理行为，维护了集体经济组织及其成员的合法权益，推进了社会主义新农村建设，促进了农村经济发展，同时也维护了基层社会稳定。

农民生活

【概况】 2010年，全区城乡居民收入稳定增长。城镇居民人均可支配收入达到23 768.9元，比上年增长8.3%；农村居民人均纯收入达到12 492.3元，比上年增长10.4%。农村劳动力转移就业1.4万人。农村低保标准由家庭人均年收入1 200元提高到2 520元。

【农村低保家庭收入同比增长50%】 随着各项民生政策的逐步落实，房山区农村低保家庭收入明显增加。据农村低保家庭抽样调查资料显示：2010年，全区农村低保家庭人均纯收入达到4 849元，同比增长52%。

【农村低保家庭支出同比增长30%】 2010年，房山区农村低保家庭人均生活消费支出达到4 382元，同比增长33.3%。增幅较大的项目有食品支出、居住支出、医疗保健支出和教育文化娱乐服务支出，同比增幅分别为22%、80%、51%和32%。

【农村居民人均纯收入增长10.4%】 据农村住户抽样调查资料显示：2010年，房山区农村居民收入实现稳定增长，延续上年万元走势，人均纯收入达到12 492.3元，同比增长10.4%。

【农村居民支出增长8.3%】 2010年，全区农村居民人均生活消费总支出达到8 914.8元，比上年增加680.3元，同比增长8.3%。八大类消费支出中，居住支出为2 129.4元，同比增长23.2%；衣着支出为731.3元，同比增长16.7%；家庭设备用品及服务支出为637.9元，同比增长8.7%；食品支出为2654.5元，同比增长6.5%；交通通讯支出、文化教育娱乐支出和医疗保健支出呈下降态势，同比分别下降了3%、5.6%和6.6%。

【乡村从业人员比上年增长1.9%】 2010年房山区乡村从业人员29万人，比上年增加0.5万人，增长1.9%。按国民经济行业分组：第一产业7.6万人，第二产业8.5万人，第三产业12.9万人，比上年分别增长3.7%、1.1%、1.3%。

【关闭煤矿职工通过沟域经济实体实现再就业】 按照"政策全覆盖、服务全方位、就业有出路、生活有保障"的工作思路，区人力资源和社会保障局会同有关乡镇采取组建沟域经济实体吸纳关矿职工就业、引导出山就业、鼓励自谋职业等措施，同时捆绑使用市级政策，争取市级资金支持。到2010年底，共组建沟域经济实体19个，安置3 342名本地关矿职工就业，每年利用市级政策资金6 000万元，稳定了煤矿关闭地区的就业形势和社会稳定。

【出台促进2010年关闭煤矿职工就业政策】 针对2010年关闭的史家营、南窖、大安山、霞云岭4个乡18家煤矿职工，出台政策进行就业扶持。政策规定，2010年6月1日以后对招用关闭煤矿职工，签订1年及以上劳动合同，按照城镇职工标准缴纳各项社会保险，办理了招聘备案或转移就业手续的企业和申领了《个体工商户营业执照》、《税务登记证》，自谋职业并正常经营1个月以上，在区人力社保部门办理了就业登记的关闭煤矿职工给予工资性补贴、岗位补贴和社会保险补贴。具体标准：一是对招用关闭煤矿职工的沟域经济实体给予工资性岗位补贴。补贴标准为在劳动合同期内每人每月850元。二是对到关闭煤矿地区以外用人单位就业的关闭煤矿职工给予工资性岗位补贴。补贴标准为在劳动合同期内每人每月400元。三是对招用关闭煤矿职工的用人单位给予岗位补贴和社会保险补贴。岗位补贴标准为每人每年3 000元，社会保险补贴标准为养老保险、基本医疗保险、失业保险以本市上一年度职工月平均工资的60%为基数，分别补贴20%、9%、1%。四是对自谋职业的关闭煤矿职工给予工资性岗位补贴和社会保险补贴。工资性岗位补贴标准为每人每月350元。其中不属于就业困难人员的城镇户籍的关闭煤矿职工还可以享受社会保险补贴，标准为养老保险、基本医疗保险、失业保险分别以上一年度职工月平均工资的40%、40%、70%为基数，分别补贴14%、1%、6%。

【致富早班车大喇叭广播站成为农民致富路上的加油站】 大喇叭广播站每天早晚时间利用乡村有线广播宣传惠农政策、推广农业科技、传递市场信息，使农业新产品、新技术、新成果快速传播到农村。截至年底，农广校房山分校已投入20多万元在全区建成10个村级广播站，赠送农业科技光盘450张，制作和播出贴近农民生产实际及农村发展的农业广播教育节目165期，提高了农民的综合素质、专业技能和致富能力。

【水产田间学校工作全面开展】 4月20日，房山区西关上村鲟鱼田间学校在水科院鲟鱼基地正式开班，至此，房山区7所水产田间学校辅导工作已全面展开。共开展病害防治、苗种放养、BBT测试及团队建设等多种形式的活动13次。2010年共计开办7所水产田间学校，其中续建6所，新建1所，覆盖了全区主要养殖生产地区，共有正式学员170名，涉及养殖水面133.3公顷，辐射带动养殖户100户。每班计划开展各类活动20次。水产田间学校工作的全面开展，提高了房山区水产从业者的综合素质，将为房山区培养一批有文化、懂技术、会经营的新型农民。

【新农合村级用药制度推行三年效果显著】 2008年以来，累计筛查23个乡镇参合农民近10万人，对确诊且符合用药指征的5.6万名高血压、冠心病、脑卒中和糖尿病患者予以免费基本药物治疗，累计配发药品850万元。

【郊区率先实现门诊"持卡就医、实时结算"】 4月底，全区87家定点医疗机构全部实现门诊"持卡就医、实时结算"，首批近16万张社保卡全部发放到位，提前两个月完成了工作任务。

【启动"房山区行政村文化活动室全覆盖建设工程"】 6月1日，在琉璃河镇祖村举行了"房山区行政村文化活动室全覆盖建设工程"启动仪式。该项工程的实施，将实现房山区行政村文化活动室100%覆盖率的目标，将进一步保障农民群众的基本文化权益，满足农民群众精神文化需求。

【全区实现"村村有书屋"】 益民书屋是市委宣传部、市新闻出版局等六单位联合在全市推广的一项"读书益民工程"。2005年在市委、市政府指导下，全区开始了"读书益民工程"建设，经过几年的建设，全区的益民书屋建设已取得了显著成绩。截至2009年底，全区共建成益民书屋280个，实现了山区乡镇"村村有书屋"的目标，在此基础上2010年新建了182个，全区实现了462个行政村“村村有书屋”的目标。

【开展房山区“体育三下乡”活动】 3月26日，房山区以体育器材送下乡、健身知识讲下乡、健身项目传下乡为主要内容的“体育三下乡活动”在城关街道洪寺村健身广场启动。活动以“服务三化两区、促进和谐发展”为主题，区体育局向乡镇、村、社区赠送健身器材80套，篮球架100付，篮球500个，室内乒乓球台115张，乒乓球拍5 000支，广场音响（收录一体机）100台，照相机23架，体育管理、科学健身知识书籍5 000册。

【举办房山区第九届全民运动会】 6月18日，举办房山区第九届全民运动会。期间共举办举办篮球、足球、乒乓球、羽毛球、门球、保龄球、台球、棋类、游泳、武术、拔河、跳绳、大众健身操、健身操舞、健身路径、体育舞蹈、趣味运动、田径18个项目的比赛，共102个参赛单位的5 058名运动员参加了这次盛会，参与率达到了100%。

【城镇登记失业率降至近十年最低】 截至12月20日，房山区城镇登记失业率为3.17%，比2009年降低0.42个百分点，比“十五”期末下降4.16个百分点，达到近十年来的最低点；有12 698名城镇登记失业人员实现再就业，就业率58.82%，比上年提高1.63个百分点；农村劳动力转移就业14 166人，比上年增加32.8%；城乡就业困难人员实现就业15 892人，保持“零就业家庭”动态为零。

【社保基金收支突破43亿】 2010年，五项社会保险基金累计收缴183 089.86万元，比2009年增加50 269.55万元，增长37.85%。养老保险累计收缴7 064.13万元，同比增加2 038.82万元，增长40.57%；工伤保险累计收缴2 949.43万元，同比增加226.42万元，增长18.73%；生育保险累计收缴2 410.04万元，同比增加380.27万元，增长18.73%；医疗保险累计收缴54 752.06万元，同比增加15 102.43万元，增长38.09%。五险累计支出248 029.05万元，比2009年增加54 182.85万元，增长27.95%。

基层组织与民主政治建设

【概况】 2010年，在全区2 228个基层党组织、58 332名党员中深入开展了“创先争优”活动。组建活动办公室和7个分系统指导机构，制定实施意见，确定实践载体和争创目标，并结合实际，启动了“三争创、三承诺、一保障”（“三争创”即党员争创五星党员，带动群众创先争优；党组织争创五好党组织，带动社会组织创先争优；单位争创先进集体，带动整体工作创先争优。“三承诺”即党员向党组织作出活动承诺，党组织向广大群众作出承诺，单位向全体党员群众作出活动承诺。“一保障”即保障“三化两区”建设的深入有效推进）工程，教育引领基层党组织和广大党员在深化“百村帮扶”等活动中创先争优、在防控整治违章建设工作中创先争优、在深化党群共建活动中创先争优，凝聚起了推动全区科学发展的强大动力。深化基层党建创新项目式管理，共确定基层党建创新项目61个。圆满完成农村“两委”换届选举工作，实现了“6620”预期目标。建立健全了房山区农村基层组织工作规范、社区基层组织工作规范和农村基层组织次序动员管理办法，构建起运行规范、管理有序、模范带动、创先争优的良性运行机制。完善了农村实用人才等级评定标准体系，加强培训平台建设和帮带培养项目的督查力度，农村实用人才开发培养总量在全市名列前茅。

【加强镇村两级干部的教育培训工作】 按照市委组织部、市委农工委和市委党校的要求，组织全区23个乡镇党委书记、22个乡镇长，分别参加了全市乡镇党委书记、乡镇长轮训班示范班。在村级层面，为进一步提升新一届村党组织书记的实际工作能力和水平，于4月28—30日，在区委党校举办了新任农村党支部书记培训班，支部书记培训率达100%。村委会换届选举工作结束后，于11月17—20日，举办“房山区2010年度农村干部培训班”，立足区域经济发展总体形势，综合农村干部个人需求，创新地采取必修课、选修课相结合的“订餐式”授课方式，从全区“十二五”规划的编制、农村基层组织和干部队伍建设、村级产权和林权制度改革等方面，对560名农村干部进行了为期四天的培训。此外，按照市委、市政府统一部署，10月下旬，组织进入村“两委”班子的大学生村官和20名新一届村党组织书记和村委会主任参加了市委组织举办的专题培训班，圆满完成了培训任务。

【组织实施农村“两委”班子换届选举工作】 按照市委的统一部署，区委坚持加强领导、严格程序、强化指导、密切配合，按照“四统一”、“两保证”的工作要求，确保农村“两委”换届选举程序严谨、结果透明。为确保选举工作平稳有序进行，区委组织各乡镇、街道成立矛盾集中化解工作组，采取“一村一策”、“一事一策”乃至“一人一策”的方法，确保重点、难点村换届选举工作顺利进行。换届期间，共印制了各种宣传材料22万册，悬挂横幅1 597条，设置板报1 466块，张贴标语12 000余条，出动流动宣传车79辆，积极营造和谐稳定的社会氛围。换届后，全区村党组织书记与村委会主任“一人兼”的比例达到了62.3%，村“两委”交叉任职比例达到了61.1%，同比分别提高了24.6%和10.1%；非党员村主任比例为18%，同比降低7.1%；继续保持村委会成员中没有党员的“白点村”为零，顺利完成了区委制定的“6620”预期目标。

【健全完善农村和社区基层党组织工作规范】 在全区农村“两委”换届选举工作结束后，区委结合地区新型城市化发展的总体形势，对2007年8月印发的《房山区农村基层组织工作规范（试行）》作了补充修订。修订后的《农村基层组织工作规范》详细论述和界定了村党组织、村委会和集体经济组织的职责、地位和相互关系，明确了村级人、财、事等工作的监管细则，为村集体各项事业发展提供了制度保障。同时，为着力破解城市化进程中“村转居”问题，研究制定了《房山区社区基层组织工作规范》，明确各类社区组织的职责和相互关系，建立了社区议事、决策各项制度，强化了社区党组织的领导核心地位，为“村转居”社区和面临转居的村级组织提供制度上的保障。

【民主评议、考核农村“两委”班子和村级干部】 自11月下旬开始，全区普遍开展民主评议村“两委”班子和村级干部工作。全区有444个村、1995名村干部参加了民主评议，分别占应参评总数的96.73%和96.28%。参评的444个村“两委”班子里，满意率在85%以上的有434个，占97.74%。参评的1 995名村级干部中，被评为“称职”以上等级的有1 904人，其中有1 653人被评为“优秀”等级，占参评干部总数的82.86%。有20人被评为“不称职”等级，占参评干部总数的1%。在此基础上，区委对全区434名村党组织书记进行了“三维”式动态考核，从考核结果看，“优秀”等级有424人，占97.69%；“称职”等级有7人，占4.33%；“基本称职”有3人，占0.06%。

【创新农村基层组织动员发动机制】 11月，结合全区城市化发展对农村基层组织建设提出的新要求，研究制定了《农村基层组织次序动员管理办法》，明确要求在市、区级重大工程项目中涉及农村的拆迁、安置问题上，由农村支部书记、村主任带头，全村上下按支部委员、村委委员、农村党员、村民代表和普通群众的七种身份顺序逐级推进。而在涉及利益分配等问题上，则将次序倒置，由普通村民群众优先享受发展成果。

【完成基层党组织工作和活动经费下拨工作】 根据市、区委的有关要求，按照每名党员每年不低于100元的标准，认真落实基层党组织工作和活动经费。2010年，全区共有行政机关党员5 298名（不含燕山工委），全额拨款事业单位党员6 677名，社区党员6 935名，“两新”组织党员1 331名，农村党员245 671名，共拨付资金3 514 360元。

【完成“届前”审计】 1月，区经管站对全区454名有经济责任的村干部进行届前审计，换届前后未出现一起因财务问题引发的集体访。全区下发审计通知书454份，出具审计报告454份，共发现问题530多个，提出审计意见或建议640多条，向被审计村干部和村级组织下发书面审计意见书380份。

【强化专项资金审计】 1月25日至3月1日，对2009年村级组织正常运转专项补助资金的管理使用情况进行审计，全区审计金额为7 736.98万元；对乡镇集体资产经营公司经理进行2009年度任期经济责任审计，审计金额2.49亿元。

【推行村级账款双托管】 全面推行“村级账款双托管”制。全区466个村集体组织，有460个实行了“村账托管”，其中448个村实行了“村级账款双托管”。

【执行村级工程项目招投标制】 全区460个村制定了工程项目招投标制度，全年191个村有工程项目416项，其中采用招投标方式的有107个村的205项工程，占有工程村的56%，比2009年实行招投标制度的90个村提高了3.7个百分点。

【推进村级财务预决算制】 2010年初，组织村级会计人员和乡镇村级财务服务中心编制各村年度支出和收入预算草案，经村民代表大会讨论通过。年底，结算结果由村集体经济组织负责人向村民代表会报告。年内预算追加项目要严格按照“一事一议”程序，由村集体经济组织提出方案，经村“三委”班子、民主理财小组审核后，交村民代表会讨论通过，并报乡镇备案。

【加强资金监管力度】 围绕新农村建设，不断加强资金监管力度。明确要求各乡镇的新农村建设资金要纳入乡镇财政统一管理，设立专户、专账。在资金使用中严格按照《房山区关于进一步加强资金管理使用监督的意见》的规定操作运行。拨付资金超过50万元的，必须备案，并定期对资金使用情况进行绩效检查和抽查审计，加强事前和事中监督。明确了纪律要求和责任追究办法，形成长效机制，督促相关部门认真履行职责，确保新农村建设成为民心工程、廉政工程。

“三农”工作部署和实施

【中共房山区委六届九次全体（扩大）会议召开】 12月9日，中共房山区委六届九次全体（扩大）会议在区会议中心召开。全会深入贯彻落实党的十七届五中全会和市委十届八次全会精神，听取和讨论了区委书记刘伟受区委常委会委托所作的工作报告，区委副书记、区长祁红所作的《关于制定北京市房山区国民经济和社会发展第十二个五年规划建议》的说明；审议通过了《中共北京市房山区委关于制定北京市房山区国民经济和社会发展第十二个五年规划的建议》；审议通过《中国共产党北京市房山区第六届委员会第九次全体会议决议》。全会号召全区党员干部群众进一步解放思想、抢抓机遇，攻坚克难、创先争优，坚定不移地走新型城市化道路，全力打造首都高端制造业新区和现代生态休闲新城，努力开创“三化两区”建设新局面。

【西南五区领导齐聚房山共商协力推进永定河绿色生态发展带建设大计】 3月12日，房山、门头沟、大兴、石景山、丰台五区主要领导齐聚房山区，共商加快首都西南地区经济发展，协力推进永定河绿色生态发展带建设大计。会上，房山区区长祁红发出《关于五区联合推进永定河绿色生态发展带建设》的倡议。五区领导就如何从本区实际出发，将规划落到实处；如何坚持科学发展，加快推进永定河发展带诸多功能区的开发建设；如何建立和健全永定河绿色生态规划建设管理的体制和机制等一系列问题发表讲话。五区领导一致认为，永定河绿色生态发展带建设是一项系统工程，涉及面广，工作量大，需要建立一个区域性质的协调推进机制，集中各方力量，汇集各方智慧，共同解决规划、资金、土地等方面的矛盾和问题。

【完成渔机补贴工作】 4月22日，窦店镇、琉璃河镇、韩村河镇、蒲洼乡的12个水产养殖场领到由北京市农业局补贴采购的44台增氧机，完成了2010年度政府补贴渔机发放工作。渔机是“小青青”牌叶轮式增氧机，由北京市农业局为北京市各郊区县水产养殖场集中补贴采购，每台1 490元，养殖户出资50%，政府补贴50%，共为养殖户节省资金32 780元。

【开展2010年能繁母猪、后备母牛补贴工作】 为进一步扶持生猪生产，促进奶牛养殖健康发展，9月30日，房山区召开2010年能繁母猪、后备母牛补贴工作会，会上通报了全区关于能繁母猪、后备母牛补贴工作情况，并全面部署了补贴发放工作。全区此次补贴共涉及能繁母猪35 345头、后备母牛5 363头。按照北京市补贴标准，能繁母猪补贴100元/头、后备母牛补贴500元/头，为确保补贴资金尽快发放到位，区农业局分别与23个乡镇政府签订了补贴合同，并要求各乡镇及时作出部署，将支农惠农政策落实到实处。

【农户亩均土地权益费达到383元】 2010年底，对全区农村土地确权权益费兑现情况进行检查。据调查结果显示，全区282个村的1.23万公顷土地应向农户兑现权益费7 063.1万元，同比增长13%；权益费亩均达到383元，同比增长了14.6%。

【区六届人大五次会议共收到议案建议120件】 在房山区第六届人民代表大会第五次会议第三次全体会议上，共收到代表所提出的议案63件，建议、批评和意见57件，共计120件。按照议案、建议内容分类，属于经济发展方面的24件、城乡和环境建设方面的46件、社会事业发展和社会管理方面的40件、政策体制方面的10件。以上议案、建议是人大代表通过深入走访选民，广泛调查研究的成果，议案、建议涉及全区经济发展和社会建设的各个方面，集中反映了百姓关注的热点和难点问题。

【232件提案全部办复满意率达98.5%】 区政协六届三次会议以来，各民主党派、人民团体、政协委员围绕区委、区政府中心工作和人民群众反映强烈的热点问题共提出提案232件，立案174件，转建议58件，截至2009年11月底，提案已全部办理完毕。

【启动房山区“政协委员山区行”活动】 10月15日，房山区“政协委员山区行”活动启动，第一站选点来到南窖乡。山区行智囊团成员，部分政协委员，部分党派、团体同志及南窖乡领导参加活动。委员们在水峪村实地考察了小流域规划治理情况，随后召开了“政协委员山区行”考察座谈会。南窖乡领导就目前的发展思路及存在的问题做了详细的汇报，将南窖乡定位为首都的生态旅游目的地、农耕文化体验地、户外运动集结地和总部经济的后花园。南窖乡未来几年的工作重点将围绕基础设施建设、发展沟域经济和旅游产业建设三方面展开。

【完成全区“深入开展学习实践科学发展观活动”】 按照中央和市委的统一部署，全区深入学习实践科学发展观活动从2009年3月开始至2010年3月结束，共有2 111个基层党组织、57 825名党员参加了学习实践活动，在发展思路上形成了“三化两区”建设新共识，在破解瓶颈问题上实现了经济发展、功能区建设、新城建设等方面的新突破，在改善民生上取得了就业、社会保障、教育教学、医疗卫生等方面的新进展，在发展能力上得到了新提升。

房山区主要领导人

区委	书记	刘伟
	副书记	祁红　苗立峰（2月免） 张祝华（3月任）
	常委	刘欣国　王智慧　高言杰 李江（满族）　赵佳琛（女） 韩裕　孙强（3月任） 赵军（8月任）
区人大常委会	主任	郭先英（女，1月免） 史全富（1月任）
	副主任	李福田　梁顺　刘顺林 段维鹏（1月任） 田雄（1月免） 王淑红（女）
区	长	祁红
	副区长	高言杰　李江（满族） 卢国懿　马丽英（回族，女） 吴会杰　马继业（7月任）
区政协	主席	范文彦（1月免） 唐淑荣（女，1月任）
	副主席	高维魁　王晓芝（女） 李惠英（彝族，女） 周文海（9月任）　万金峰 赵润东　肖武（女）
区纪委	书记	王智慧
	副书记	马俊怀（8月免） 王永年（8月任） 杨玉香（女，7月免） 李学

房山区办事处、乡镇正职领导人

	党委(工委)书记	乡(镇)长、主任
燕山办事处	史全富	翟东
城关街道办事处	陆大勇	李爱军

西潞街道办事处	曹磊(3月免)	胡淑苹(女,4月免)
	胡淑苹(女,3月任)	刘永玘(9月任)
拱辰街道办事处	吕守军	陈广利
新镇街道办事处	孟祥友	孟祥友
良乡地区办事处、良乡镇	胡玉富	李更宇
周口店地区办事处、周口店镇	张海生	杨生军
琉璃河地区办事处、琉璃河镇	刘宝忠(8月免)	陈　水(12月免)
	魏广勋(8月任)	
窦店镇	于英虎	朱立增(8月免)
		李雪生(8月任)
石楼镇	王春菊(女)	钱新宇
长沟镇	李　仲	杨文淑(女)
张坊镇	高海军	慈建民
十渡镇	杨建坡(8月免)	刘永玘(8月免)
	苏秀春(8月任)	许金涛(9月任)
河北镇	陈剑波(8月免)	王红英(女,7月免)
	穆建山(8月任)	张艳珍(女，8月任)
大石窝镇	李光明	李中华（7月免）
		薛满德（9月任）
阎村镇	柳铁良	安保良（8月免）
		张　杰（8月任）
韩村河镇	康宝和（8月免）	豆宝才
	豆宝才（8月任）	
青龙湖镇	任正宽（8月免）	樊会来
	董凤山（8月任）	
长阳镇	李　军（8月免）	齐文东（8月免）
	齐文东（8月任）	李　军（8月任）
佛子庄乡	于瑞林	宿廷虎
大安山乡	苏秀春（8月免）	胡建光（8月免）
	胡建光（8月任）	隗合庆（8月任）
南窖乡	王永年（8月免）	孙建华（8月免）
	孙建华（8月任）	薛全英（9月任）
史家营乡	董凤山（8月免）	齐树水（8月免）
	方玉祥（8月任）	霍奇国（8月任）
霞云岭乡	孟凡兴（6月免）	陈兴柱
	马春雷（8月任）	
蒲洼乡	穆建山（8月免）	王学峰（8月免）
	王学峰（8月任）	陈慧明（8月任）

（房山区史志办　贾　昉）

通　州　区

概　述

通州区位于北京市东南部，面积912.34平方公里。辖10个镇、1个乡、4个街道、475个村民委员会。年末户籍人口66.3万人，其中非农业人口33.0万人，农业人口33.3万人。2010年，在通州区委、区政府的正确领导下，农村工作按照“形成全区经济社会发展一体化新格局”和“建设现代化国际新城”的要求，全力推进新农村建设、城乡结合部重点村建设、都市型现代农业建设和农村改革，全区农村基础设施建设取得显著成效，农村面貌焕然一新，现代都市型农业发展态势良好，农民增收步伐加快，农民得到更多实惠。

2010年，通州区实现地区生产总值326.6亿元，比上年增长17.1%。其中第一产业增加值14.7亿元，比上年增长4.1%；第二产业增加值151.9亿元，比上年增长28.6%；第三产业增加值160亿元，比上年增长9%；三次产业结构为4.5∶46.5∶49。税收总额实现103.4亿元，比上年增长23.6%；全区完成地方财政一般预算收入31.7亿元，比上年增长21.5%；全年完成全社会固定资产投资364.7亿元，比上年增长17.6%；全社会消费品零售额实现187.7亿元，比上年增长16%；实现出口创汇总额14.3亿美元，比上年增长52.1%；城镇居民人均可支配收入、农民人均纯收入分别达到24 426.6元和12 613元，比上年分别增长8.8%和11%。城乡居民储蓄余额565.6亿元，比上年增长23.3%。

城乡一体化

【城乡经济发展水平】 2010年，通州区区级总财力突破200亿元，财政支出结构进一步优化，重点投入新城建设、重大工程、改善民生等领域。创新国有资产经营管理模式，搭建国有资本运营平台；完善投融资机制，开展政府融资平台清理及资金监管，积极推进银政合作，筹措银团贷款95亿元；开展小额贷款公司试点，澳美、首诚两家公司正式开业。引导社会资本参与新城建设和产业发展的力度进一步加大。乡镇完成税收79.8亿元，占全区税收总额的76.7%，台湖镇税收达到16亿元，马驹桥镇、梨园镇税收突破10亿元。园区完成税收27.6亿元，占全区税收1/4，光机电基地税收突破10亿元。商务园成为北京市电子商务聚集区，与物流基地、开发区西区创业园形成“一主两辅”的中国国际电子商务示范基地；开发区西区申报加入中关村国家自主创新示范区取得新进展，与中关村发展集团合作筹建国家院所通州产业园；宋庄文化创意产业集聚区公共服务平台工程竣工；金桥基地扩区工作全面启动；漷县镇农民就业基地升级为通州经济开发区南区。

【农村城市化发展加快】 2010年，通州区大规模实施土地一级开发和旧城旧村改造。编制完成新一轮土地利用总体规划。落实土地储备开发投资269亿元，全面推进园区、功能区和重要节点的土地一级开发，完成1.1万余户村、居民搬迁，32宗地块陆续实现上市交易。旧城旧村改造不断加快，启动24个村的旧村改造；4个市级重点村搬迁工作加快推进，村民安置楼工程完成量均在60%以上。

【城乡结合部建设工作启动实施】 通州区城乡结合部建设工作认真贯彻落实北京市城乡结合部50个重点村搬迁建设工程的相关精神，4月，成立城乡结合部建设领导小组，明确建设目标和宗旨，分市、区、乡镇三级，确定通州区城乡结合部4个市级重点村，分别是永顺镇杨庄村、宋庄镇六合村、台湖镇北神树村、梨园镇高楼金村。签订城乡结合部重点村建设目标责任书。采取“先建后拆，异地安置”的建设模式与土地一级开发、多主体推进的工作方法，保证城乡结合部工作扎实推进。2010年通州区城乡结合部4个重点村城市化工程建设实现良好开局。

【签订城乡结合部重点村建设目标责任书】 5月13日，区委副书记李玉君代表区政府与市城乡结合部建设领导小组签订《北京市城乡结合部重点村建设目标责任书》。6月25日，区城乡结合部领导小组组长李玉君与4个重点村所在乡镇的镇长签订责任书，进一步明确重点村建设整治责任及各项任务完成时限。结合实际完成以下具体任务：农民全部上楼，旧村全部拆除；农民一次整建制转居接轨城市社会保障体系；及时完成集体资产处置和农村集体产权制度改革；发展好集体产业，促进农民充分就业，确保农民上楼后长远发展；完善配套安置楼区市政基础设施和公共服务设施建设；农民集中上楼后及时建立城市社区新型社会组织，加强流动人口服务管理；统筹资金安排，确保资金平衡。

【城乡结合部市级重点村安置楼建设】 由于处于通州新城范围内和城市化建设的需要，2009年，杨庄村、高楼金村和六合村均先期启动安置楼建设。截至2010年底，杨庄村黄瓜园通广嘉园7栋自住楼全面封顶，开始进行内外装修。西果园安置楼项目进行前期手续办理。高楼金村12栋自住楼全面封顶，进行内外装修。六合村地处宋庄文化创意产业集聚区范围内，结合集聚区土地一级开发安置楼“三定三限”的建设方案，14栋安置楼全面封顶，开始进行二次结构施工。由于“两站一街”14个村安置楼2011年5月可达到入住条件，因此将北神树村安置楼与“两站一街”14个村安置楼进行置换，即可解决北神树村安置楼建设的时间问题。截止到年底，北神树村安置楼建设按照“三定三限”的建设方式，进行新建安置楼的前期手续办理工作。

【启动非住宅拆迁】 杨庄村非住宅142个单位，完成140户的拆迁工作，完成非住宅拆迁任务的98.5%。六合村A、B、C地块391个单位，完成A地块174个非住宅单位的拆迁工作，占非住宅拆迁任务的44.5%；B、C地块非住宅拆迁方案报区建委和国土分局。A、B、C搬迁计划补偿方案通过区政府专题会审议。北神树村非住宅79个单位签约率100%。完成42户非住宅单位拆迁，占非住宅拆迁任务的53.2%。高楼金村非住宅60个单位尚未启动拆迁。

【启动住宅搬迁工作】 4个重点村宅基地搬迁，因村而异，适时启动。按照北京市人民政府令第124号《北京市集体土地房屋拆迁管理办法》和《通州区集体土地房屋拆迁补偿安置实施意见（试行）》，采用货币补偿及房屋安置相结合的方式进行拆迁安置。杨庄村旧村拆迁方案确定，待村民代表会通过确定方案后正式启动拆迁工作。梨园镇政府和高楼金村成立两级联合拆迁领导小组，对宅基地逐户认定，按照梨园镇“九步拆迁程序”进行拆迁。六合村拆迁借鉴台湖镇北五村与大兴区庞各庄镇拆迁经验，并结合通州新城拆迁政策制定拆迁方案，拆迁方案制定完成。北神树村完成宅基地入户摸底清登工作，拆迁方案将与“两站一街”14个村的拆迁方案相统一。

【城乡结合部建设多渠道融资】 城乡结合部4个重点村采取多种方式进行融资。杨庄村通过项目收益和银行贷款解决资金问题。高楼金村通过土地一级开发解决融资问题。六合村安置房项目创新融资方式，除银行贷款外，引入青建集团公司以BT模式承建安置房。北神树村通过光机电基地与北京经开投资开发股份有限公司签署合作协议，通过合作开发的方式分阶段融资21亿～23亿元，基本满足北神树村拆迁安置的资金需求。

【4个重点村全部完成产权制度改革】 按照“资产变股权、农民当股东、切实保护农民利益”的思路，将产权改革与产业用地、劳动力就业、社保工作有机结合，使农民真正成为带有集体资产的新市民，保障农民搬迁上楼后的稳定收入。4个重点村在全市率先完成集体经济产权制度改革工作。4个村量化资产30 454万元，农民股东7 988人。

【明确产业发展思路】 据初步统计，通州区城乡结合部4个重点村有劳动力人口4 894人，按照劳均50平方米标准，需要建产业用房24.5万平方米。4个重点村均明确产业发展思路和产业类型。杨庄村与高楼金村地处通州新城范围内，确定发展金融业、租赁和商业服务业。六合村与北神树村利用距离产业园区近的优势，确定发展租赁、商业服务业及文化、体育和娱乐业。确定4个重点村在完成安置楼建设与拆迁的同时，启动重点村产业建设。

【初步确定整建制转居工作思路】 按照与市城乡办签订的责任书要求，重点村农民要整建制转居，与社会保障体系接轨。此次重点村整建制转居可以不挂钩土地管理制度，不区分遗留集体剩余土地多少，不改变剩余土地的产权属性。根据以上精神，4个重点村明确整建制转居思路。在编制重点村建设实施方案中，将整建制农转居费用纳入建设资金平衡当中，为下一步工作创造条件。经调查统计，通州区4个重点村需要整建制农转非人数8 097人，共有超转人员2 264人。

都市型现代农业

【概况】 2010年，通州区第一产业增加值14.7亿元，增长4.1%。实现农林牧渔业现价总产值39.8亿元，比上年增长3.5%，其中，农业产值23.2亿元、林业产值1.2亿元、牧业产值12.3亿元、渔业产值2.3亿元、农林牧渔服务业产值0.8亿元。都市型现代农业持续发展。完成3 533公顷都市型现代农业基础建设，创建粮食高产面积和高标准农田2 533公顷。新建、改造设施农业面积266.7公顷。建设国际种业园核心区，11家国内外知名种业公司入住园区。完成20个采摘园规范化建设。东升方圆等6家企业被评为市级农业龙头企业。第18届国际食用菌大会定址通州。举办樱桃文化节，完成通州大樱桃国家级地理标志申报认定。动植物疾病防控、农产品质量认证、农业机械化、农业保险等工作得到加强。

【种植业】 全年粮食播种面积3.76万公顷，比上年减少1 640公顷；亩产369.87千克，比上年减少24.62千克；总产2.08亿千克，比上年减少2 356.17万千克。夏粮小麦面积1.53万公顷，比上年减少328.4公顷。夏粮总产7 291.39万千克，比上年减少1 032.29万千克；亩产318.32千克，比上年减少37.42千克。秋粮播种面积2.23万公顷，比上年减少0.13万公顷；亩产406.17千克，比上年减少20.73千克；总产1.35亿千克，比上年减少1 529.28万千克。其中玉米播种面积2.168万公顷，比上年减少0.116万公顷；亩产411.56千克，比上年减少21.67千克；总产1.34亿千克，比上年减少1 459.15万千克。水稻播种面积33.2公顷，比上年减少42.53公顷，亩产360.84千克，总产17.97万千克。豆类播种面积515.87公顷，比上年减少70.2公顷，亩产136.73千克，总产105.8万千克。经济作物花生种植面积87.07公顷，亩产240.20千克；棉花种植面积139.47公顷，亩产96.7千克；薯类44.73公顷；西瓜种植面积155.2公顷。

【林果业】 2010年，通州区实施市、区和乡镇级绿化工程33项，绿化面积1 700公顷，栽植各类乔灌木514万株。林木绿化率达到23.38%，城市绿化覆盖率49.04%，绿地率46.86%，人均绿地面积达到60.81平方米。以大运河森林公园建设为重点，坚持高起点规划、高水平设计、高标准建设和高效能管理，发挥重大工程的示范、辐射效应，带动园林绿化建设全面发展。果品、花卉、林下经济等产业健康发展，促进绿色产业提质增效。全年13.1万人次参加义务植树活动，植树70余万株。年内，在5个示范园区推广实施超有机果品栽培生产技术，实施面积66.7公顷，实施地点包括台湖红樱旅游观光园8.67公顷、潞城武窑松江果园4.67公顷、张家湾北京葡萄大观园13.33公顷、漷县吉鼎立达科贸有限公司33.33公顷、通州区果园6.67公顷，树种包括樱桃、桃、葡萄、苹果等。按照实施技术要求，各果园分别进行有机肥、制肥素、净化剂、保护剂的使用，并对果品进行抽样检测，检测结果均符合有机果品生产标准。以推广有机栽培为主，推广面积66.7公顷，其中区果园13.33公顷、武窑6.67公顷、崔楼36.67公顷、双埠头10公顷。

【畜牧业】 2010年，全区各类备案畜禽养殖场162个，其中生猪77家、奶牛34家、肉牛6家、肉羊3家、蛋鸡12家、肉鸡5家、乌鸡10家、肉鸭10家、特种养殖5家。家畜总存栏33.8万头（只），累计出栏60.1万头（只），其中生猪出栏37.8万头、肉羊出栏10.6万只、奶牛产奶9.6万吨（其中农场局奶牛产奶5.1万吨）。全区家禽总存栏135万只，累计出栏536.8万只，其中肉鸭出栏228万只、肉鸡出栏70万只、乌鸡出栏223万只。年产商品蛋0.9万吨。畜牧总产值11亿元。

【水产业】 全区有养鱼水面1 251.33公顷，其中成鱼养殖水面518公顷、鱼种养殖水面266.67公顷、观赏鱼养殖水面466.67公顷。全年食用鱼总产量14 978吨，其中鱼种产量5 100吨；观赏鱼产量20 000万尾，全区放养家鱼苗28 840万尾、观赏鱼苗45 000万尾。全年渔业总产值2.3亿元。

【花卉业】 全区花卉总面积388.2公顷，其中切花21.6公顷、盆花74.8公顷、其他种类花卉50.67公顷、观赏花灌木93.73公顷、草坪147.4公顷，保护地面积为59.63公顷，现代化智能联栋温室8万平方米，组培室面积500平方米。2010年，结合市场需求，共繁育花卉苗木500万株，其中月季200万株、蕨类200万株、菊花50万株、其他50万株。

【设施农业】 2010年，全区完成改造和新建设施农业667公顷，为日光温室、钢架大棚。重点围绕张凤路设施农业产业带、觅西路设施农业产业带、中坝路设施农业产业带、潞城镇后疃设施农业产业群、永乐店镇半截河设施农业产业群等建设项目。

【籽种业】 2010年，进一步做好畜禽、水产良种体系建设工作。利用现有的10家生猪人工授精点，推广使用“浩邦”优质种猪精液，累计推广1 200余户，实施猪人工授精配种6 320余头；利用通州区肉羊良种繁育中心的良种资源，深入开展肉羊品种杂交改良工作，无偿为养殖专业户发放种公羊20只，提供种羊授精6 500枚；完成北京市金展旺养殖场和北京市明兴养殖场由商品养殖场向种畜禽场转变的提升改造工程；年内，鑫淼水产总公司实施观赏鱼良种繁育基地建设项目，总投资900万元。经过精心培育，孵化锦鲤苗种640万尾、优质草金鱼苗种3 000万尾、兴国红鲤400万尾、宫廷金鱼200万尾，销售锦鲤夏花180万尾。食用鱼生产加大名特优新品种引进力度，进行试验示范养殖，截至年底，全区淡水鱼名优品种养殖达20余个。

【休闲农业】 通州区与北京市乡村旅游网合作，

将通州观光农业信息与之有效对接，予以重点推介。以北运河观光休闲农业产业带、台湾第五季观光园、金果冠种植园扩建项目为重点，新发展樱桃、草莓采摘园区200公顷，完成20个采摘园的规范化建设。进行“通州大樱桃”地理标志保护认证工作，进一步提高“通州樱桃”的市场竞争力。新发展集农产品采摘、农耕文化、农业体验、农业科普于一体的农业观光休闲园区23处。

【现代农业服务体系】 全区农业机械总动力25.9万千瓦，农业机械原值2.45亿元，拥有大中型拖拉机3 086台，各种拖拉机农具3 640台件，拥有小麦联合收割机331台，玉米大中型联合收割机150台，农副产品加工机械202台，林业机械124台，渔业机械5 288台，农用运输车2 131辆，万亩玉米拥有联合收获机4.3台，万亩小麦拥有联合收割机14.2台。2010年，农机化研究所在翻抛机的原研发基础上加以改进，提高自动化程度和机械加工翻抛功率，生产制造出具有更大加工效率的食用菌培养料翻抛机，以满足农民需求，提高通州区食用菌培养料翻抛环节的劳动生产率。“三夏”期间，农业服务机构深入乡、镇、村以及田间进行调查走访，充分了解农民需求，做好服务工作。期间，延长营业时间到22点，随时接待用户，送货上门，保证供应，及时做好服务和技术指导工作。

非农产业

【概况】 全区7家农民就业产业基地基础设施投入达到15亿元，其中年内新增投入4 826万元。入区企业406家，累计总投资150亿元，新增投入9.2亿元。基地内用工人数3.4万人。7家基地年内实现销售收入126.8亿元、利润2.37亿元、税金5.78亿元、增加值26.1亿元，分别占全区工业指标的21.8%、9.2%、16.1%和22.3%。

【乡镇企业】 乡镇工业企业（含5个工业园区）累计完成现价工业总产值571.29亿元，同比增长22.2%，占区域工业总产值的95%；销售收入602.95亿元，同比增长24.8%，占区域工业销售收入的94.3%；实现利润27.77亿元，同比增长19.9%，占区域工业实现利润的98.5%；工业增加值140.90亿元，同比增长20.2%，占区域工业增加值的96.3%；上缴税金38.01亿元，同比增长21.1%，占区域工业上缴税金的97.3%。5个工业园区累计完成现价工业总产值218.36亿元，同比增长25.9%，占区域工业总产值的36.3%；销售收入232.06亿元，同比增长30.9%，占区域工业销售收入的36.3%；实现利润10.34亿元，同比增长16.5%，占区域工业实现利润的36.7%；工业增加值43.71亿元，同比增长29.5%，占区域工业增加值的29.9%；上缴税金16.41亿元，同比增长27.3%，占区域工业上缴税金的42%。

【农村商业】 加大产业促进力度，积极引进品牌商业。北京华联武夷购物中心于1月正式营业，占地面积3万平方米，除百货商场、超市外，还包括餐饮、银行等其他配套业态，是一站式的消费场所；蓝岛大厦落户车里坟村，建筑主体为一栋24层的大厦，蓝岛租用此大厦1～4层商业部分，建筑面积2.6万平方米，11月底进行二次装修，2011年春节前开业；万龙洲海鲜通州店于11月24日开业，坐落于八通轻轨临河里车站对面，营业面积5 500平方米。

【农产品流通】 继续推进农村连锁超市建设工作，在新建60家超市的基础上，不断提高配送率，提升连锁超市运营质量；用3年时间对全区社区菜市场和农村集贸市场进行升级改造，2010年进入收尾阶段。累计完成13家社区菜市场及7家农村集贸市场的升级改造工作。促进农产品流通，在新发地批发市场建立“通州区名优农产品展示厅”，东升方圆、金信食用菌公司等数家农产品加工龙头企业参加展示；组织农产品加工企业在市区和郊区新发展专卖店12家；推动农民专业合作组织开设农产品专卖店1处、专卖摊点3处。组织北京东升农业种植开发有限公司、北京雨润食品公司等农产品加工企业参加农业部在成都举办的第八届全国农产品展销会、北京市农委举办的顺义农交会等农业展会。

【民俗旅游】 2010年，通州区民俗旅游接待64万人次，民俗旅游收入8 257.7万元。春节期间，宋庄小堡画家村成为众多艺术爱好者的聚集地，各类创意文化艺术深受游人青睐，7天假期共接待游客1.4万人次，获旅游综合收入70余万元。9月21日，宋庄镇第二届农业节暨第五届梨园采摘节在宋庄镇翟里村通达观光采摘园举行。本次采摘节以“缤纷金秋，灿烂宋庄”为主题，以打造农业旅游与艺术旅游互动融合为模式，与宋庄文化艺术节共同为各界游人提供农业观光休闲采摘与品味现代创意文化艺术的双重享受。采摘节历时一个月，推出采摘、观赏项目50余种，成为京郊金秋旅游的一个亮点。“十一”黄金周，宋庄文化艺术节推出音乐、戏剧、电影和8个艺术学院作品展、11个艺术群落作品展及11个国外机构作品展，并与宋庄第五届梨园采摘节相呼应，为游客提供艺术观赏与观光采摘的双重乐趣。

【农村金融业】 7月16日，北京澳美小额贷款有限公司开业。澳美公司注册资本5 000万元，是由通州区属国有企业发起，大稿村集体企业、民营企业参与成立，是北京市首家由村镇集体经济培育发展起来的设立在农村基层的小额贷款公司。公司成立后，可向广大农户及中小企业发放不超过公司资本净额3%（即150万元）的小额贷款，可有效缓解“三农”和中小企业融资难问题，不仅有利于完善梨园地区农村金融服务体系，弥补现行农村金融功能的不足，而且有利于引导和促进民间融资规范发展，优化金融资源配置，也将对通州区新农村建设起到积极的示范和带动作用。

村镇建设

【概况】 全面完成新农村建设“五项基础设施”和“十二项全覆盖”工程，编制完成全区各村庄规划，完成350万平方米街坊路建设及173万平方米两侧绿化，改造户厕4.2万座，建设农村公厕437座。“三起来”工程加快实施，安装节能路灯1.2万盏，完成农宅保温改造676户。

【基础设施建设】 五项基础设施建设工程包括村庄街坊路硬化和两侧绿化、污水处理、垃圾处理、农村厕所改造五项内容。10月中旬完成全部建设任务。2010年全区街坊路建设工程硬化总任务量为350万平方米，9个乡镇、205个村建设完成350万平方米，完成总任务量的100%。农村户厕改造总任务量41 920座，完成42 000座，超额完成80座。农村公厕建设任务为437座，全部竣工，完成100%。完成农村污水处理项目2处（小堡、口子），完成200%。农村街坊路主路两侧绿化总任务量为135万平方米，完成172.6万平方米，完成总任务量的128%。农村垃圾分类处理项目，在上年完成6个乡镇垃圾分类项目的基础上，本年实施完成5个乡镇垃圾分类处理项目，完成总任务量的100%。

【小城镇建设】 张家湾镇根据25项环境优美乡镇创建指标，永乐店镇老槐庄等14个村根据15项生态村创建指标，广泛深入开展环境建设和环境整治工作，完善基础设施建设，改善村容村貌，提高生态环境建设质量，顺利通过市农委、市环保局专家组的考核验收。完善重点镇垃圾中转站建设，截至年底，漷县镇、西集镇、永乐店镇和台湖镇中转站建设全部建设完成。张家湾镇、潞城镇分别被评为环境优美乡镇和园林小城镇。

【投资新村建设】 新农村“五十三”工程建设“四年任务两年完成”的工作目标顺利实现。投入3 000余万元，支持张凤路、漷大路农业生态走廊建设；投入5 160万元，全面完成2 800公顷中低产田改造；及时拨付资金，支持筹备第十八届国际食用菌大会等工作开展。发放各项农业补贴资金6 700余万元，各项惠农政策得到全面落实；投入资金2亿元，林业绿化、病虫害防治、水环境治理等工作进展顺利；投入3.6亿元，全面落实“家电下乡”、“家电以旧换新”、“汽车下乡”、“汽车以旧换新”等惠民政策。旧城旧村改造不断加快，启动24个村的旧村改造。“三起来”工程中农村节能路灯改造和安装工程完成12 413盏，完成总任务量的103%；既有农宅保温改造工程完成676户，完成总任务量的113%；新建节能民居50户，完成总任务量的100%；雨洪利用工程1处，在平家疃村实施完成；两气维护19处，全部完成。

【新型农村社区建设】 2010年，全区新建成8个镇级农村社区服务中心、394个农村社区服务站。农村社区服务站遵循“统一服务标识、统一项目设置、统一运行流程、统一服务规范、统一资源调配”五个统一工作原则，组织实施社区服务站标准化建设工程。区委办、区政府办印发《通州区农村社区建设全覆盖实施方案》、《关于加快推进农村社区建设的意见》等文件，编印《通州区农村社区建设指导手册》、《通州区农村社区服务项目卡》，用以指导通州区农村社区建设全覆盖工作。截至年底，全区累计建成11个镇级农村社区服务中心、453个村级农村社区服务站，农村社区服务中心的建设率达到100%，农村社区服务站的建设率达到95.4%。12月26日，通过民政部“创建全国农村社区建设实现全覆盖示范单位”验收评估，通州区成为北京市首家“全国农村社区建设实现全覆盖”示范单位。

【环境治理】 2010年，加大对张采路、宋梁路、富壁路等30余条道路、公路两侧环境整治力度；开展对永顺、梨园、潞城镇等城乡结合部地区的强化治理；重点整治张家湾镇皇木场村、潞城镇大营村、宋庄镇小堡村等民俗旅游村环境；加强对运河沿岸、台湖镇星湖园等旅游景点周边环境整治；加强公路沿线、村庄的绿化美化工作；加强运河、运潮减河等20条河道沿岸环境卫生整治工作。以开展“爱国卫生日”、“清洁周”等重大活动为载体，各乡镇、街道积极开展辖区内环境卫生综合整治活动。乡镇生活垃圾分类工作投资1 842.5万元，完成梨园、永顺、潞城、西集、漷县5个乡镇，涉及179个村庄55 850户的垃圾分类工作，购置户用分类桶6.3万套，运输车190辆，建设灰土消纳站、厨余堆肥池和可回收储物笼各158座。完成437座农村公厕的建设工作。

农村改革与管理

【概况】 2010年，通州区围绕“二保”和“两新建设”任务，圆满完成产权制度改革、土地流转、农民专业合作社规范化建设三项折子工程任务，农村“三资”管理业绩显著，农村审计和农民负担两项监督得到进一步强化。

【农民专业合作组织】 2010年，新发展农民专业合作社18家，合作社总数累计达到202家，有社员10 000余户，带动社外农户18 000户，新发展资金互助服务合作社6个，新增互助金本金238.7万元，新增社员82户。累计资金互助试点24个，加入社员680户，筹集互助金605.13万元（其中财政扶持41万元），年周转使用资金达到800余万元，为300户社员解决资金困难。

【产权制度改革】 村级集体经济产权制度改革取得突破性进展。2010年，全区启动改革村243个，其中185个村完成改革。全区11个乡镇累计完成改革村305个，占村级总数的63.8%；量化集体资产36.02亿元，农民个人持股26.91亿元，占74.7%；农民股东人数达19.47万人，占农村分配人口的

53%。成立区级林改机构 1 个，乡镇级林改机构 11 个，村级林改机构 475 个。确权的林地面积达 1.034 万公顷，其中大户承包经营 1.02 万公顷（以家庭承包经营为主），集体股份经营 68.52 公顷，集体统一经营 104.93 公顷。对全区林改范围内的有经营主体的规划林地进行合同梳理，共梳理合同 1 160 份、507.72 公顷，其中 A 类合同 688 份、241.7 公顷，B 类合同 472 份、266.02 公顷。

【土地确权与流转】 2010 年，全区新增土地流转面积 793.3 公顷，超额完成区政府“年流转土地一万亩”的折子工程任务。截至年底，全区累计流转土地面积达 1.77 万公顷。

【农村集体资产管理】 2010 年，进一步加强村级财务管理工作，完善“村财托管”、“大额资金专储账户管理”等村级财务管理制度，强化民主管理，规范公开程序，明确人员职责。采取“公开栏”、“明白纸”、“村民（代表）会议”、“村务公开触摸屏”等公开形式。7 月，全市首家乡镇级集体资产交易市场——“宋庄镇集体资产交易市场”成立并投入运行。市场交易大厅建筑面积 260 平方米，投入资金 60 余万元。年内，承接 25 宗招投标项目，完成 13 宗，为集体增收节支累计达 213.85 万元，取得良好的经济效益和社会效益。

农民生活

【概况】 2010 年，农民人均纯收入 12 613 元，比上年增加 1 252 元，增长 11%。农民人均手存现金 2 451 元，同比增加 408 元，增长 19.9%；农民人均存款余额 11 275 元，同比增加 1 092 元，增长 19.9%。城乡居民储蓄余额 565.6 亿元，比上年增加 106.8 亿元，增长 23.3%。全区实现农村劳动力转移就业 9 146 人。

【农民收入和消费】 2010 年，农民人均纯收入达到 12 613 元，同比增长 11%。其中工资性收入 6 593元，同比增长 5.7%；家庭经营收入 25 653 元，同比增长 36.4%；财产性收入 1 183 元，同比增长 21.2%；转移性纯收入 2 271 元，同比增长 0.3%。农民人均生活消费支出 9 840.1 元，同比增长 18.6%。其中食品消费支出 2 958.3 元，增长 3.9%；衣着消费支出 584.8 元，增长 12.8%；居住消费支出 2 358.5 元，增长 61.6%；家庭设备、用品消费支出 536.5 元，下降 6.9%；交通和通讯消费支出 1447.8 元，增长 78.6%；文化教育、娱乐消费支出 862.4 元，增长 6.1%；医疗保健消费支出 913.5 元，下降 19.4%；其他商品和服务消费支出 178.2 元，增长 28.7%。

【农民教育】 2010 年，大力培育农村实用人才。截至年底，全区农村实用人才总量达到 2576 名。制定印发《2010 年农村实用人才工作要点》；完成 973 名开发培养对象的对接工作；制定出台《通州区农村实用人才实训示范基地评定标准》、《农村实用人才等级评定标准》，上报区级实训示范基地 15 个，共刊出 11 期简报，开展区级培训班共 18 期，培训达 1 000 人次。继续开展新型农民田间学校建设。年内，种植业田间学校新建 3 所、续建 12 所；针对学员的实际情况，全年开展培训 179 次，培训农民学员 7 642 人次，向学员累计发放各类技术资料 3 200 份；田间辅导 105 次，开展 49 个农民专题，团队建设活动 35 个，试验示范 5 个，解决实际问题 20 个，推广或传播实用技术 30 项、新品种 20 个，提高了农民的种植水平，减少了不必要的投入，实现增产又增效。2010 年，全区开办养殖业新型农民田间学校 24 所，其中畜牧业田间学校 18 所，共有农民学员 524 人；水产业田间学校 6 所，共有农民学员 158 人。通过开展畜牧农民田间学校培训活动，带动了 200 户肉羊养殖户进行了优良品种改良；推广应用发酵床养猪 2 000 余平方米等共 6 项新技术；年内水产农民田间学校推广新技术 3 项、新产品 3 个、新品种 4 个。年内，通州区联合专业 IT 公司，创新科普传播手段和方式，设计开发拥有自主知识产权、有开创性的“全媒体科普视窗”，使丰富多彩的科普资源实时展现在街头巷尾。全年在区村镇和社区建设 12 个全媒体科普视窗，扩展科普知识传播的覆盖面，使广大公众能够紧跟信息时代的步伐，不断提高自身科学素养。

【农村卫生和合作医疗】 2010 年，全区拥有乡镇卫生院 18 家、村卫生室 356 家，均属非营利性非政府办医疗机构，覆盖率 74.2%。落实《北京市人民政府办公厅转发市卫生局等部门关于建立健全乡村医生社会养老保险制度与基本待遇机制意见的通知》，完成 496 名乡村医生年度考核、基本待遇的统计及经费分配发放，23 人基本信息核实和组织趸缴工作；522 人次参加乡村医生规范化 60 学时培训。全区参加新型农村合作医疗人员 335 682 人，参合率 98.6%。人均筹资 520 元，筹资总额为 1.7 亿元。本参合年度累计为 27.2 万人次发放报销款 1.6 亿元，其中领到 5 000 元以上报销款的有 4 765 人。

【文化体育】 2010 年，完成 47 个行政村村级文化设施建设，投资 3 560 万元，建设 15 700 平方米。张家湾镇文化中心改扩建工程占地面积为 2 600 平方米，投入近 170 万元，建成后将成为通州区面积最大的乡镇（街道）级文化中心。农村电影放映成效显著，为全区 502 个数字影厅配备放映设备，每一套机器设备全年放映不少于 100 场。流动放映设备 16 套，每套设备全年放映不低于 80 场。为农村地区配建全民健身工程 494 处，总投资 1 760 万元，面积 14.72 万平方米，实现村村都有体育设施，覆盖率达到 100%。

【农民社会保障】 2010 年，为全区 3 870 户 6 961人农村低保对象发放低保资金 1 092 万元；为 1 941名城乡特困群众发放救助金 263 万元；为 168 名困难大学生发放助学金 48.4 万元；全区农村五保供养218人，其中集中供养198人、分散供养20人，五保老人年生活标准8 296元。年内，落实148号文，为马驹桥镇南堤村、梁各庄占地转非人员趸缴、补缴养老保险1 643.04万元，失业保险334.7万元，医疗保险889.15万元。

基层组织与民主政治建设

【概况】 2010年，全区进行第八届村委会换届选举，村民的参与意识和法律意识进一步增强。年内，全区农村基层自治组织建设工作以解决村民群众最关心、最直接、最现实的利益问题为工作重点，不断完善村务公开民主管理制度，全面推进村民自治制度化、民主化、法制化。为加强村务公开民主管理督查，区村务公开领导小组办公室印发《关于做好北京市"村务公开民主管理示范单位"申报工作的通知》，在全区深入开展村务公开民主管理专项督察。区委组织部将村民自治纳入党的建设"三级联创"活动和争创农村"五个好"乡镇党委、"五个好"村党支部的重要内容。通过深入开展农村民主日活动和村级干部"双述双评"，使农村基层自治组织建设得到进一步巩固和加强。西集镇被北京市社会主义新农村建设领导小组评为北京市村务公开民主管理示范镇；漷县镇大香仪等48个村被评为北京市村务公开民主管理示范村。

【基层干部队伍建设】 2010年，进一步优化干部队伍整体结构，增强干部队伍活力，贯彻落实中央《2010—2020年干部教育培训改革纲要》，深化干部教育培训改革，深入开展新一轮大规模干部培训工作，全年举办各类培训班706期，培训干部6.4万余人次，干部综合素质得到较大提升。切实加强后备干部培养锻炼，启动实施"44331"后备干部个性化培养锻炼工程，选派100余名后备干部到基层和外埠挂职锻炼，安排15名新任副处级领导干部到信访部门实岗锻炼，选派5名年轻干部援疆、援藏。以"星级示范工程"创建活动为抓手，深入推进农村党员干部现代远程教育工作；在全市率先启动"远程教育进社区"，远程教育工作领域得到进一步拓展，远程教育工作得到中组部相关部门的充分肯定。

【民主政治建设与组织建设】 圆满完成村"两委"班子换届选举工作，选举产生1 500名新一届村党支部委员，一批年纪轻、学历高、能力突出、群众公认的优秀党员进入村党支部班子。146个村采取直选方式产生村党组织书记，占总村数的31%。从4月27日至8月底，通州区第八届村委会选举工作圆满完成。475个建制村全部参加选举，选举产生新一届村委会成员1 509名，其中主任475名、副主任80名、委员954名。在参加换届选举的37.3万名选民中，参加投票的选民有35.7万人，参选率为95.7%。新一届村委会成员平均年龄48岁，其中具有高中、中专以上学历的845人，比上届提高8个百分点，妇女委员占村委会成员总数的18.1%，比上届提高2个百分点。一批农村"能人"进入村委会班子，有162名各级人大代表被依法选举为村委会成员，村委会班子的整体结构得到进一步改善。全区"一人兼"比例达到70%，交叉任职比例70%，村委会成员中党员比例达到80%，均比上届大幅度提升；村委会主任不是党员的村比例为10%，比上届大幅度下降。确保每个村委会中都有党员，确保村"两委"换届平稳顺利进行，全面实现"三升一降两确保"的目标要求。

【民主公开情况】 2010年，区委组织部和区民政局共同出台《中共北京市通州区委组织部北京市通州区民政局关于在全区农村推行村级重大事项"四议两审三公开"制度的实施意见》。通过"四议两审三公开"制度的推行，进一步巩固村党组织的领导核心地位，扩大农村基层民主，调动广大群众的积极性，充分发挥农村基层组织推动发展、服务群众、凝聚人心、促进和谐的作用，为提高全区新农村建设水平，建设现代化国际新城提供坚强的组织保证。

【党风廉政建设】 召开全区农村基层党风廉政建设大会，明确未来3年工作目标及主要任务。结合村"两委"班子换届，认真落实廉政谈话制度，加强对新上任村干部的廉政教育。编印《通州区农村党风廉政建设制度汇编》，集中梳理汇总118项基本制度，进一步完善农村基层党风廉政制度体系。深入推进廉政风险防范管理向村干部延伸，充分发挥乡镇监察科和村级党风廉政监督员的监督作用，进一步加强对农村党员干部的监督。

"三农"工作部署和实施

【召开农村工作会议】 3月18日，通州区召开2010年农村工作会议。副区长于世疆作《紧抓机遇，聚焦"三农"，推动通州城乡一体化向更高水平迈进》的报告，会议总结2009年农业农村工作，部署2010年"三农"工作任务。2010年，通州区农村工作总体思路是：全面提高新形势下"三农"工作水平，大力推进城乡一体化，力争走在全市郊区县前列。会议明确了2010年的重点工作任务：加快城市化进程，打造新的战略发展空间，以旧村改造和小城镇建设推动城市化，以镇域经济发展推动城市化，依托产业园区和农民就业基地发展镇域经济，带动农村劳动力向二、三产业转移；加快农村基础设施建设，深入推进"五项基础设施"建设工程；繁荣农村经济，加快发展设施农业，推进都市型现代农业生态走廊建设，促进农业与服务业相融合、农业与加工业相融合，培育壮大一批具有竞争优势和较强带动能力的龙头企业；深化农村改革，进一步拓宽农民增收渠道，全面推进村级产权制度改革。

【惠民、惠农政策落实】 2010年，全面落实各项惠农政策，发放各项农业补贴资金6 700余万元。

落实消费政策，推动便利消费。年内，共销售家电下乡产品4.3万件，销售金额达9 493.46万元；销售家电以旧换新产品129万件，补贴金额达3.97亿元；销售汽车摩托车下乡产品847辆，销售金额3 959.42万元；办理黄标车淘汰手续10 946件，共发放补助资金8 526.99万元。

【加强基层人大工作】 区人大重视基层人大工作。分别召开乡镇人大和人大街工委工作会议，统一思想认识，总结交流经验，促进工作开展。坚持邀请乡镇人大专职主席（副主席）和人大街工委副主任参加常委会组成人员学习班和听取各项专题讲座，提高他们的履职能力。坚持常委会主任、副主任联系指导乡镇人大和人大街工委制度，着力保证乡镇人代会、乡镇人大执法检查和专项工作评议的依法顺利进行，着力推进人大街工委制度落实和代表进社区联系选民工作。常委会主任、副主任带领分管委室经常深入乡镇和街道开展调研，了解和反映乡镇人大和人大街工委的意见和要求。全区人大整体工作水平有了新提高。

【社会力量参与、合作】 2010年，区委组织部制定城乡结合部基层党建工作意见，组建百支帮扶农村工作队，初步构建起“城乡一体化”党建工作新格局，建立帮扶台账，增强党员关爱帮扶工作的实效性。年内，区民宗侨办争取民族经济发展资金366万元，用于于家务回族乡蓝莓园、于家务村麒麟瓜园、枣林庄村肉牛养殖场、紫光园餐饮有限公司设备改造、如意食品公司技术改造、大顺斋食品公司技改贴息等经济项目的扶持；协调有关部门为民族乡村争取各种扶持政策，加大新农村建设投人，全面推进民族乡村基础设施建设。2010年，通州区各民主党派开展各种形式的支农活动。4月4日，通州区委统战部与中国农业大学党委统战部联手，邀请民盟农大委员会的11位专家、教授到于家务回族乡的果村和崔各庄村开展智力支农活动，有针对性地深入农户家中进行现场技术指导，向两村的45位农民传授了农业种养实用技术，并围绕农业增效、农民增收、农村发展等内容与两村的村干部进行了交流，提出很多有价值的意见和建议。民革通州区支部在植树节来临之际，组织全体党员到于家务回族敬老院种下团结树，为老人们进行健康咨询义诊。民盟通州区工委教育支部持续开展支教活动，组织盟员到台湖学校开展支教工作，多次开展“教学手拉手”系列活动，帮助台湖学校教师提高教学业务水平。农工党通州区支部充分发挥支部优势，先后进行7次义诊咨询活动、9次医疗健康知识讲座，受益人员达2 510人。九三学社通州支社组织社员积极开展义诊和专场义务健康知识讲座活动，先后在郎府卫生院、台湖卫生院讲解“高血压的防治”、938礼堂讲解“突发灾害的避险与自救、互救”等10余场次，取得良好社会效果。社会各界力量开展对农村困难家庭学生的捐资助学活动。8月19日，北京市基督教三自爱国运动委员会、北京基督教教务委员会、通州区基督教三自爱国运动委员会分别在于家务乡、漷县镇为100名困难家庭的学生捐助助学金共计33万元。非公企业北京四美国际企业管理有限公司，启动了2009—2011年捐资助学工程，每年出资12万元，连续三年共计36万元，捐助本区的低保家庭大学新生。

【领导体制的变革与创新】 强化“书记抓、抓书记”党建工作责任制，落实“一定三有”，推广“双述双评”，“三级联创”活动排名在全市位于前列。推行“三荐两考”，建设了一支素质较高的村级后备领导人才队伍。实施村级重大事项“四议两审三公开”制度，推动了基层民主政治建设。制定城乡结合部基层党建工作意见，组建百支帮扶农村工作队，初步构建起“城乡一体化”党建工作新格局。村两委积极开展“五个好”、“五个先锋”创建活动。建立农村党员积分制管理和入党积极分子“三推两考”制度，以“星级示范工程”创建活动为抓手，深入推进农村党员干部现代远程教育工作。

通州区主要领导人

区委书记		王云峰
	副书记	邓乃平（2月免） 岳　鹏（2月任） 李玉君（3月任）
	常　委	王云峰　邓乃平（2月免） 岳　鹏　李玉君　张秀余 赵玉影（3月任）　尹双曼 郭旭升　尹燕京　张　勇 储怀森　于世疆（6月任）
区人大常委会主任		石进贤（1月免） 张文山（1月任）
	副主任	蒋洪昉　王　平　韩振福 罗明光（1月任） 张晓燕（女）
区长		邓乃平（2月免） 岳　鹏（2月代，7月任）
	副区长	岳　鹏（7月免）　张　勇 赵玉影（5月免） 于世疆　刘淑华（女） 张　华　崔志成（5月任） 肖志刚（5月任）
区政协主席		王玉辉（1月免） 王春元（1月任）
	副主席	高志禄　杜宏谋（1月免） 李淑华（女，回族）　金建华 杜少勋　王子江 田春华（女，1月任）

通州区乡镇党政正职领导

	党委书记	镇(乡)长
永顺镇	刘立新	石国辉

梨园镇	王岩石(8月免) 马峰成(8月任)	于立东
宋庄镇	胡介报	裴志刚(8月免) 潘月东(9月任)
张家湾镇	尚祖国(8月免) 张小艳(女,8月任)	孙奎亮
漷县镇	杨连元	囤国常
马驹桥镇	房亚军	鲁新洪
西集镇	刘雪峰	张德启
潞城镇	苏亚文(女,2月免) 王　晨(2月任)	甄　宇(8月免) 雷晓宁(女,8月任)
台湖镇	刘贵明	倪德才
永乐店镇	张振泉	禹学河
于家务回族乡	陈　宇(8月免) 甄　宇(8月任)	何志强(3月免) 何海龙(3月任)

（通州区史志办　陈宏毅　张亚昆）

顺　义　区

顺义区位于北京市东北郊，城区距北京市区30公里，面积1 021平方公里。2010年度户籍人口58.1万人，其中男性28.8万人，女性29.3万人。农业人口28.6万人，居民人口29.5万人，外来人口25.4万人。户籍人口出生6 017人，政策符合率96.2%。区辖19个镇（地区办事处）、6个街道办事处、426个行政村。2010年完成地区生产总值780亿元，同比增长13%。完成属地财税收入279.8亿元，同比增长28%；完成一般预算收入58.4亿元，同比增长21%。城镇居民人均可支配收入达到25 000元，农村居民人均纯收入达到12 898元，同比分别增长8%和10%。完成全社会固定资产投资410亿元，同比增长19.2%；完成出口供货额310亿元，同比增长2.3%；实现社会消费品零售额180亿元，同比增长16%。

都市型现代农业

2010年是"十一五"收官之年，顺义区在市农委、市农业局的正确领导下，以科学发展观为指导，按照全市农村工作会议的总体部署，明确"规模化、产业化、品牌化、精品化、园区化"的发展方向，加快"高端、高效、高辐射"为特征的特色主导产业发展，努力促进农业结构调整和农民增收，大力发展都市型现代农业，扎实推进新农村建设，加快城乡一体化进程，形成了农业快速提升、农民持续增收、农村和谐发展的良好局面，实现农林牧渔总产值58.6亿元，同比增长3.4%；全区农村居民人均纯收入达到12 898元，同比增长10.7%。

【绿色农产品水平不断提升】 蔬菜产量47.8万吨，果品产量6.9万吨，出栏生猪94万头，农产品生产情况基本稳定。强化标准化生产，全区农业标准化示范基地达到105个，其中国家级农业标准化示范区8个，市级优秀农业标准化基地8个。新建农产品检测机构4个。积极开展"三品认证"，全区有182家农产品生产单位的610个产品通过了"三品认证"，涵盖了蔬菜、果品、畜禽产品、水产品、蜂产品、粮食作物等各类农产品。加强农产品质量安全监管，检查生产基地、市场等农产品生产经营场所2 191个次，抽取蔬菜、果品、动物及动物源性产品等农产品样本11 516个，合格率为100%。

【优质籽种产业效益凸显】 实施商品猪场和种猪场升级改造工程，出栏种猪20.4万头，实现产值3.5亿元，同比增长23.6%；蔬菜种苗生产逐渐形成增收优势产业，销售种苗1 200余万株，农户增加收入1 000万元；育苗面积2 333公顷，在圃苗木2 703万株，产值7 500万元，同比增长4%。全年籽种产业实现产值5亿元。

【花卉产业快速发展】 出台《关于加快现代花卉产业发展的实施意见》，支持花卉新品种研发、培育和物流交易；郁金香节、菊花节、月季节、水仙节、插花花艺大赛等文化活动成功举办；北郎中花木中心等6家企业被授予北京市百万市民走进京郊百花园定点企业。2010年新增花卉生产面积153.17公顷，全区花卉种植面积达到1 133公顷，其中设施花卉面积140公顷，花卉品种近百种，全年生产鲜切花946.4万支，盆栽植物3 924.4万盆，实现产值5.18亿元。

【举办第七届农博会暨第五届旅游文化节】 签约生态农业、都市观光旅游、低碳经济等领域项目达到8个，协议总投资额9.98亿元，创历史新高；展区划分为花卉和农产品加工2个主题专区，以及中心展区、都市观光旅游展区等6个不同的综合展区，展会规模空前，展区面积、参展商数量、参展品种均超过往届；吸引13.3万群众到主会场参观，购买力明显提高，直接销售收入达到3 246万元，同比增长32.3%；开展了北京蝴蝶文化节、插花花艺大赛、中国农民专业合作社理事长论坛等13项丰富多彩的文化活动。

【农业观光休闲蓬勃发展】 "北京草莓季"宣传了13家采摘园区，"北京樱桃季"宣传22家采摘园区；启动"2010北京百万市民观光果园采摘游"活动，组织11家特色观光果品基地加盟北京地区生态观光体验游；全区各类采摘垂钓园区达到100余个，其中市级农业观光园10个，全年共接待观光游客17万人次，采摘特瓜、特菜数量82.5万千克，实现采摘收入657.02万元。

【举办北京市第一届"小麦收获节"与"小麦播种节"活动】 区种植中心与北京市农技推广站、大孙各庄镇政府联合举办了北京市第一届"小麦收获节"与"小麦播种节"活动。

【农田基本建设投入加大】 农业基础设施建设整合资金1.8亿元，完成3 533公顷以农田培肥、田园清洁、节水配水和沟路林渠为重点的农业基础设施建设及综合开发工程；落实设施农业扶持资金1.04亿元，新增设施农业占地面积467.47公顷。全年设施农业实现产值5.85亿元，同比增长16.3%。

【着力加强科技支撑，努力提升农业科技水平】 全区紧抓科技部拟建农业科技城项目的历史机遇，区科委会同农委、三高区、鲜花港、顺鑫农业等有关部门，认真分析，深入研讨，深入挖掘整合顺义区农业科技资源，研究制定农业科技城建设方案，最终成功促成该项目在顺义区落地；强化农村科技协调员队伍建设，加强重点培训，努力提高协调员的科技素质，提高农业科技成果引进示范推广水平，2010年组织科技协调员培训活动6次，参训农村科技协调员600人次。深入实施农民万人培训计划，充分发挥基层科技组织、农民合作社作用，通过集中授课、邀请农业专家实地指导等多种形式，扎实开展农民实用技术培训，切实提高农民科技素质和致富本领，年内培训农村总计11 000人次。积极运作涉农科技项目，依照科技部、市科委支持作重点，紧密结合区情，围绕全区农村科技工作重点领域、核心环节的科技需求，认真组织科技企业及相关部门申报各级各类科技项目。1—12月，累计申报国家级星火计划项目、农业科技成果转化项目等农业科技项目14个，获得批准8个。其中北京农业生物技术种业孵化器项目获得市科委1 500万元资金支持。

【种植业】 全区粮食生产种植夏粮小麦1.55万公顷，亩产344.3千克，总产8 012万千克，总产值16 000万元；玉米2.36万公顷，亩产408千克，总产1.44万千克，总产值29 000万元；牧草面积730公顷，亩产干草1 000千克，总产1 100万千克，总产值1 320万元；甘薯种植200公顷，亩产2 000千克，总产量600万千克，产值1 200万元；花生0.027万公顷，亩产310千克，总产124万千克，总产值620万元。全年粮经类总产值48 100万元，较上年的39 600万元增涨24.0%。菜田耕地面积0.63万公顷，蔬菜播种面积1.39万公顷；全年上市量73 459.14万千克，同比减少3.5%；收入116 946.74万元，同比增加13.3%。

【农业服务】 全区共有农药经营店123家，其中农药配送连锁店17家，推广新型安全农药10种，连锁配送12万千克。全区有种子经营店132家，年销售种子104.9万千克。全区现有农产品追溯制企业17家，种植业（瓜、菜、粮）专业合作社45家，其中蔬菜专业合作社24家。粮食高产创建项目：建立“冬小麦—夏玉米”模式高产示范方666.6公顷（部级）和辐射示范方1 333.3公顷（市级），小麦高产示范方亩产399.9千克，比全区平均亩产增加16.1%；夏玉米高产示范方亩产616.9千克，比全区平均亩产增加51.2%。围绕小麦优质籽种更新工程，通过繁育、推广优质小麦籽种，整体提高顺义区小麦品质。小麦籽种订单生产2 000公顷，小麦籽种销售900万千克，销售收入1 980万元。实施测土配方施肥工程4.67万公顷，设立220个村级测土配方施肥示范方，建立10个测土配方施肥示范基地。全区1.55万公顷冬小麦、2.36万公顷玉米全部实施实施测土配方施肥技术，小麦平均亩增产20千克，增收49.2元；玉米平均亩增产35千克，增收63元。0.33万公顷蔬菜实施了测土配方施肥技术，平均亩增产135千克，增收123.2元。实施农田培肥工程，施用有机肥0.3万公顷，150万千克；配方肥0.33万公顷，16.25万千克。建设果类蔬菜创新团队顺义区综合试验站1所、农民田间学校工作站14所和田间学校53所，共试验新品种364个，推广实用技术43项，主要有多层覆盖保温技术、番茄黄化曲叶病毒病防控技术、展着剂的应用技术、根用缓释农药等。累计培养村级技术辅导员28名，科技示范户34名，农民增收典型户38户，培养新型农民5 000余人，辐射带动2 000余农户增收致富。全年共培训人数2.2万人次，组织镇村技术人员、种菜大户现场观摩9次，发放材料1.5万份；先后接待了致公党、农业部、北京市委、北京市科委、日本农业考察团、孟加拉国农业考察团等有关领导观摩考察。实施工厂化育苗项目：与大孙各庄绿奥合作社合作实施工厂化育苗100万株。依托新品种、新技术展示园项目，实施优质籽种更新工程：与北京市蔬菜中心、北京市农业技术推广站合作在农科所基地、李桥顺沿特菜基地、大孙各庄绿奥蔬菜基地、沿河绿地瓜菜合作社基地、北务仓上精品蔬菜基地安排新品种新技术展示，展示园40公顷，展示国内外优新品种300余个，示范了捕食螨、丽蚜小蜂防虫、膜下暗灌节水、应用生物肥料、冬季秸秆酿热增温技术等10余项新技术，推广大棚西瓜蜜蜂授粉133.3公顷，示范了大棚薄皮甜瓜、番茄、甜椒熊蜂授粉等技术。农产品质量安全体系建设：粮经作物病虫草害发生面积15.57万公顷次，防治面积24.76万公顷次，挽回损失487.14万千克；蔬菜病、虫发生面积2.96万公顷次，防治面积8.73万公顷次，其中推广物理防治杀虫灯0.2万公顷、黄板和防虫网0.3万公顷，生物防治1.1万公顷次。进行农产品产地检疫，全年完成检测小麦75批次，703万千克，合格率达到100%；种子、苗木等检疫894批，23.4万千克，16.91万株，2.5公顷。上市蔬菜农药残留检测覆盖全区16个镇和石门市场，蔬菜样本检测覆盖率90%以上。速测9 654个样本，合格率为99.6%；农产品农药残留定量检测蔬菜、果品样本共450个，合格率为100%。委托检测的蔬菜果品共260个样本，其中检测速测样本172个，定性定量检测样本88个样本，合格率100%。另外，农药质量检测200个样本，合格率99.5%。完成顺鑫顺科等11家基地33个产品的无公害到期续任申报工作及美丽龙湾1家基地6个产品无公害认证申报工作。实施蔬菜质量安全追溯制，17家试点单位累计使用标签120.38万枚。北运河综合治理项目应用配方肥53万千克、缓释肥10万千克、有机肥270万千克、二氧化碳肥2万袋，并建设秸秆设施循环池10个，完成了防虫网、遮阳网、太阳能杀虫灯、常温烟雾施药机、太阳能垃圾站等物理植保设施的安装工作。安全新型农药、药械推广项目覆盖蔬菜2217.39万公顷，补贴金额336.3万元。补贴喷雾器2万台，补贴农药1.53万千克。农村新能源建设项目：22座阳光浴室投入使用，解决了44名农民工就业。会同安全局、质检局对辖区内的22座气站进行了4次安全生产联合大检查，出动车辆60次，人员120次，下达隐患整改通知书30份，各镇上交自查报告220份，发放沼气、秸秆气、吊炕安全使用须知1.3万份。12月13—19日，在顺义电视台黄金时间每天滚动播出“吊炕安全使用公益广告”共42次。实施改造秸秆气化工程2处，具体为龙湾屯镇大北坞秸秆气化工程和七连庄秸秆气化工程。对2006年安装的2 735盏太阳能路灯进行了检修和更换。大孙各庄绿奥合作社和北小营神农合谷园区建设2处农业废弃物循环利用工程，预计2011年4月底完工。

【农机服务】 农机服务工作以科学发展观为统领，秉承“发展现代农机，服务特色农业”理念，全面落实农机购置补贴政策，农机装备结构不断优化。全区农机总动力达38.1万千瓦，农业机械原值为4.8亿元，各种农业机械保有量3.9万台（套）。全区拥有社会化农机服务组织和农机专业户339家。完成小麦玉米等作物机播3.98万公顷、机收3.12万公顷、机械植保4万公顷，机械化水平分别达到99%、77%、100%。其中小麦机收1.55万公顷，机收率100%。完成春夏玉米及冬小麦保护性耕作3.77万公顷，占播种面积的95%；完成小麦、玉米秸秆粉碎还田及收集利用3.91万公顷，综合利用率100%。完成玉米机收1.49万公顷，占播种面积的62.8%，比2009年提高30个百分点；投入玉米收获机180台，平均单台作业58.13公顷。

【水产养殖】 池塘养殖面积946.67公顷，其中成鱼养殖面积833.33公顷，生产成鱼1 088万千克，同比增长2.4%，渔业经济总产值1.6亿元，同比增长2.6%。休闲垂钓渔业发展势头良好，全区垂钓量314.8万千克，与上年同期相比增加17.2万千克，同比增长5.8%；吸引游客34.3万人次，比上年增加1.2万人次，同比增加3.6%；垂钓收入6422万元，比上年同期增加305万元，同比增长4.9%。

【畜牧生产基本稳定】 全区共出栏生猪121万头，同比持平，其中商品猪94万头，同比持平，种猪27万头，同比增长7%；鸡蛋产量1.6万吨，同比增长8%；出栏肉牛4.2万头，同比增长3%；出栏肉羊18万只，同比增长14%；出栏家禽1 200万只，同比基本持平；牛奶产量5.1万吨，同比减少5%。畜牧业实现总收入26.1亿元，同比增长5.7%。种猪产业稳步发展，实施“432”种猪场升级改造工程，将4个商品猪场升级改造为种猪场，将3个年出栏5 000头的种猪场升级到年出栏10 000头，将2个祖代种猪场升级为原种猪场，全部达产后年可增加种猪出栏2万头左右。年内累计出栏种猪27万头，推广良种猪精液30万剂，对加快本市及周边良种繁育体系建设作出了贡献。

【林业】 全年参加义务植树人数30.5万人，植树91.9万株。集体林权制度改革纳入政府折子工程，出台林权改革方案，涉及面积1.24万公顷，其中生态公益林4 067公顷，商品林8 380公顷。举办野生动物保护宣传活动。现有古树56株，2010年新增北京市一级古树国槐1株，北京市二级古树枣树1株。现有苗圃135个，育苗面积2 312.27公顷，产值7 500万元。

【水务】 全区年用水总量2.96亿立方米，其中农业和二、三产业用水2.64亿立方米，城乡居民用水0.28亿立方米，环境用水0.038亿立方米，利用再生水1 548.14万立方米。全区年降雨量431.5毫米，比多年平均值减少26.8%。实施22项水务工程，共完成投资3.96亿元，占投入总额的62%。农村用水计量收费率由2009年的45%提高到49%。推广高效节水技术，新增农业节水灌溉面积0.26万公顷。

【双青林场】 环境整治工作完成清理枯枝落叶120立方米，清除林下杂草和拉巴秧等有害生物500余亩；栽植各类乔、灌木9 460株，幼林抚育88.6公顷，树木粉刷涂白2.1万余株。M15号线沿线环境整治工作投入整治资金35万元。对1 300余亩航空走廊绿化工程林进行了中幼林抚育养护。结合环境整治工作对京密路两侧进行高标准绿化美化。进行美国白蛾幼虫普防工作。

【气象】 新建冬季固态降水观测设备、土壤水分观测站、天气现象自动观测设备并开展观测。完成2006—2010年原始气象资料整理分类和资料室改造工作。发送气象信息服务传真1 439条，发布气象灾害预警信号33次。

【“三高”农业示范区】 主要围绕园区建设和农民专业合作社发展开展工作。农民专业合作社与超市和专业配送企业对接成效显著。绿奥、晨辉、高天顺、金旺、百果惠民等11家蔬果品产销合作社与Tesco、沃尔玛、家乐福、京客隆等20余家超市和专业配送企业对接，年销售产品数量3 000余万千克，交易额1.22亿元。搭建“银农对接”平台，为农民专业合作社提供金融服务。

【汉石桥湿地】 汉石桥湿地自然保护区是北京市唯一现存的大型芦苇沼泽湿地以及多种珍稀水禽的栖息地，有国家Ⅰ级重点保护野生动物2种，国家Ⅱ级重点野生动物17种，具有极大的保护和科研价值，对于区域经济社会可持续发展具有重要意义。保护区划分为核心区、缓冲区和实验区。核心区面积163.5公顷，是保护区的核心和精华，实行全封闭保护，控制人员进入；缓冲区面积12.1公顷；实验区面积1724.4公顷，保护区未来主要针对这一区开发利用，开展生态旅游、科研科普等方面工作。汉石桥湿地大力开展旅游工作，已成为顺义旅游的新热点，成为顺义首批国家3A景区。

新农村建设

按照《2010年北京市新农村“五项基础设施”和“三起来”工程建设实施方案》的具体要求，为进一步提高顺义区农民的生活水平，改善其生活质量，2010年顺义区“五项基础设施”建设累积总投资58 986.1649万元，安排了全区117个村庄进行“五项基础设施”建设。“三起来”工程共涉及16个镇，250个村，累积总投资6 676万元。

【全面推进“五＋三”工程】 编制村庄规划91个村，完成街坊路硬化249.7万平方米，街坊路两侧绿化67.5万平方米，农村自来水老旧管网改造555.155公里，一户一表安装了38 073户，户厕改造35 732户，新建公厕278座。“三起来”工程新建太阳能公共浴室72处，更换村内街道非节能路灯照明总成10 000套，既有农宅节能保温改造622户，雨洪利用工程18处。

【多措并举，低收入农户增收效果显著】 按照《北京市共同致富行动计划工作方案》及“四个一批”的工作要求，加强统筹，扎实工作，实现了低收入农户收入较快增长。2010年，顺义区低收入监测户共计1 602户，涉及17个镇211个村。低收入监测户共有人口4 887人，同比减少31人，其中：有劳动能力的人员3 824人，同比减少50人，占低收入总人口的78.2%；已就业人员2 285人，占具有劳动能力人员59.8%。低收入户家庭可支配收入2 200万元，同比增长9.5%，其中：报酬性收入1 200万元，同比增长13.3%；财产性收入50万元，同比增长19%；转移性收入510万元，同比增长6.9%；家庭经营净收入490万元，同比增长14.2%，家庭经营净收入中一产收入280万元，二产收入75万元，三产收入增幅较大为135万元，同比增长46.7%。低收入户人均可支配收入4 500元以上的户数为650户，增加113户，同比增长21%。低收入户人均可支配收入达到4 800元，同比增长13%。

【农村社区建设达标创建工作稳步实施】 顺义区抓住市委、市政府将顺义区列为社会服务管理创新试点的机遇，全面启动社会服务管理创新试点区工作，制定出台了“1+X”系列文件，围绕“自治、安全、便捷、优美、和谐、富裕”的农村社区建设目标，按照“六有”要求，开展全区农村社区建设五年达标创建活动，工作稳步推进，使农村社区水平有了明显的提升。

【农转非工作顺利进行】 做好农转非工作事关农民切身利益，事关发展改革大局，事关社会和谐稳定。全区各级领导干部高度重视，转非力度不断加大，取得明显的工作成效。通过加强宣传引导，在尊重农民意愿的原则下，分类分步推进农转非工作。截至2010年全区转非人数为22 505人，其中全部完成转非手续的为17 531人，包括征地转非12 957人，学生转非1 328人，新生儿转非577人，投靠转非115人，小城镇转非59人，其他转非2 495人，正在办理手续的为4 974人。

【巩固新农村建设成果，健全长效管护机制】 按照北京市新农村办要求，顺义区加快研究、制定和完善农村基础设施长效运行机制，制定出了《顺义区新农村公共基础设施长效管护意见》。按照“突出重点、突出整合、突出节约、突出实效”的原则，明确长效管护主体，落实管护责任，确保设施有人管、运行有制度、资金有保障，使新农村建设走上规范化、制度化轨道，确保公共、基础设施发挥最大效能，使广大群众长久享受社会发展成果。

【引导社会力量参与新农村建设】 全区有179家非公企业共投入5 600万元积极参与了顺义区的新农村建设和光彩事业；在抗震救灾工作中，顺义区非公企业为汶川和玉树灾区捐赠款物分别达到了3 896万元和589万元；全区非公企业对教育的捐助总额也已达近千万元，吸纳本区劳动力就业16.5万人。

农村二、三产业

【总体发展情况】 全区共有镇村企业2.66万家(含个体)，其中规模企业457家；职工总人数22.9万人，其中本地工14.9万人。到2010年底，全区农村劳动力二、三产业就业率达到90.8%，同比提高了1.9个百分点，其中二产从业人员67 359人，三产从业人员65 847人。

【主要指标保持高位增长】 2010年，镇村二、三产业实现总收入1 077.5亿元，利润63.3亿元，税收79.3亿元，同比分别增长22.2%、21.1%和35%。镇村第二产业完成收入788.9亿元，同比增长20%；第三产业完成收入288.6亿元，同比增长28.5%；二产、三产收入比重为73.2∶26.8。

【重点产业发挥支撑作用】 汽车及配件产业贡献突出。汽车及配件企业全年完成总收入351.6亿元，同比增长25.2%，占工业比重48.3%，占镇村二、三产业总收入的32.6%。其中21家收入1亿元以上企业实现收入346.5亿元，占行业总量的98.5%。新型建材产业保持稳定发展，全年完成收入66.7亿元，同比增长15.2%。

【规模企业得到长足发展】 镇村规模企业达到457家，全年实现收入908亿元，与上年同期相比增长29.3%，占镇村二、三产业总收入的84.3%。2010年规模企业平均收入为1.99亿元，与上年同期比提高了22%。收入5 000万元以上企业实现收入853亿元，占规模企业收入的93.9%，与上年同期比，增加了227亿元。457家规模企业中收入500万～1 000万元（不含）的企业84家；1 000万～5 000万元（不含）的企业203家；5 000万～1亿元（不含）的企业61家，同比增加5家；亿元以上企业109家，同比增加22家。

【镇村经济实力不断提升】 全区19个镇二、三产业收入均超过6亿元，其中超10亿元的镇有16个，仁和、李桥、南法信、天竺、牛山、杨镇、后沙峪、马坡、南彩9个镇二、三产业总收入超过50亿元。19个镇完成地方财政收入21.7亿元，同比增长了26%。全区农村人均纯收入12 898元，同比增长10.7%。

【镇级产业基地平台效应显现】 19家镇级产业基地规划工业用地面积3 800公顷，已开发面积2 667公顷，累计入驻企业508家，入驻企业累计完成投资263亿元，占用土地面积2 000公顷，占已经开发土地的75%。累计安排本地劳动力就业4万人，占职工总数的74%。2010年，入驻企业实现营业收入389亿元，利润28亿元，税金22亿元，同比分别增长19%、21%和31%。2010年，19家镇级基地新增基础设施投入7.6亿元，新引进落地开工项目43个，计划总投资97亿元，到年底到位资金35.7亿元，项目占地119公顷，项目达产后可实现年收入536亿元，利税39亿元。

【盘活闲置资产，技改取得成效】 全区各镇共盘活闲置资产项目68个，盘活资产5.9亿元，盘活土地136.87公顷，盘活建筑面积17.5万平方米，其中30家为转让，38家为租赁，年内盘活项目实际完成投资11.4亿元。2010年，镇村60家企业进行了技术改造，计划投资21.8亿元，其中固定资产投资18.6亿元，到年底，竣工投产项目38个，完成投资6亿元。

【经济社会贡献继续增强】 各镇完成属地税收79.3亿元，同比增长35%。完成属地税收1亿元以上有14个镇，其中仁和镇属地税收超10亿元。2010年，镇村二、三产业为职工提供劳动者报酬总额42.5亿元，同比增长17.8%。2010年农村劳动力向二、三产业转移就业达12 941人。

【私营个体经济健康发展】 全区私营个体经济发展到29 109家，从业人员14.4万人；全年实现营业收入312.5亿元，同比增长11.4%；创利润总额33亿元，同比增长25%。2010年，固定资产投资在500万元以上且吸纳当地劳动力80%以上的新建私营企业37家，总投资12.6亿元，吸纳当地劳动力1 577人；盘活闲置资产在1 000万元以上的私营企业21家，累计盘活闲置资产4.4亿元；当年完成基础设施投资500万元以上的私营企业9家，总投资3.4亿元；当年建设标准厂房5 000平方米以上的私营企业13家；当年农产品加工企业固定资产投资1 000万元以上私营企业6家，带动农户1 000户；当年本区人员新建投资300万元以上的私营企业16家，总投资1.5亿元。

【农产品加工企业产值持续增加】 出台《关于扶持绿色农产品加工产业发展的指导意见》，鼓励龙头企业做大做强、上市融资、提高自主创新能力，2010年扶持金额2 300余万元。全区农产品加工企业达到95家，其中年销售收入1亿元以上的重点农产品加工企业14家。全年农产品加工产值实现110亿元，同比增长19%。

【农产品流通】 全区农产品加工配送企业共65家，配送网点7 228个，重点销往家乐福、超市发、京客隆等超市，年完成配送总量35 400万千克，实现销售收入294 700万元，同比分别增长4%和3%。

【民俗旅游业稳步发展】 市级民俗旅游村4个，市级民俗旅游接待户40户。全年接待游客82.2万人次，同比增长6.4%，实现收入1.37亿元，同比增长36.3%。

农民生活

【农民人均纯收入再创新高】 2010年全区农民人均纯收入实现12 898元，比上年增长10.7%，继续保持全市十个远郊区县之首；人均生活消费支出达到8 639元，比上年增长7.2%；2010年城镇居民人均可支配收入24 825元，比上年增长7.1%；人均生活消费支出14 257元，比上年增长5.9%。虽然农村居民收入、消费水平与城镇居民相比还存在一定差距，但增长幅度明显加快，农村人均纯收入、人均生活消费支出增幅分别高于城镇人均可支配收入、人均生活消费支出增幅3.6个百分点和1.3个百分点。2010年工资性收入仍是农民增收的主体，占人均纯收入的63.6%；其次为家庭经营性收入，占11.3%；转移和财产等非生产性收入占25.1%。

【农村居民消费支出“二降六增”】 在人均生活消费支出中，八项支出除交通和通讯、文化教育娱乐方面支出小幅下降，其他六项支出均呈现不同程度的增长。食品类支出占生活消费支出总额比重恩格尔系数为35.1%。2010年每百户主要耐用消费品拥有量中，增长幅度较大的为：家庭生活用汽车增长61.8%，空调机增长15.9%，抽油烟机增长10.5%，微波炉增长13.6%，家用计算机增长10.5%。2010年全区农民人均住房面积46平方米，比上年的41.2平方米增加4.8平方米。

【农村劳动力就业区创建工程】 2010年，启动了充分就业区创建工程，同时荣获国家级农村劳动力转移就业示范区称号，就业促进中心被评为全国优质服务窗口。农村劳动力转移就业12 643人，完成指标7 000人的180.6%；培训农村劳动力10 804人，完成全年指标10 000人的108%；农村劳动力自主创业383人，其中创业申请贷款65人，发放贷款金额

540万元，带动农村劳动力就业1 395人。

【启动社保卡工程和实现两个“并轨”】 2010年，全区所有定点医疗机构进行端口改造和验收，确保2010年6月底前实现刷卡就医；对全区所有参加医疗保险人员进行信息采集并分批发放社保卡，累计发卡26万张。社保卡工程的启动大幅提高了百姓就医的便捷度，切实减轻了百姓医药费垫付负担。两个并轨即“一老一小”与无业居民大病医疗保险的并轨、公费医疗与城镇基本医疗保险的并轨。实现了医疗保险制度上的统一。

【社会保险参保率稳步扩大】 五项社会保险累计收缴基金25.84亿元，同比增长54.12%；平均参保人数达到23.4万人（生育保险除外），同比增加2.2万人。其中，养老保险参保人数达到21.32万人，同比增加4.13万人，收缴基金17.28亿元，同比增长63.3%；失业保险参保人数达到21.54万人，同比增加2.96万人，收缴基金8 917万元，同比增长46.1%；工伤保险参保人数达到23.52万人，同比增加1.03万人，收缴基金4 559万元，同比增长15.3%；生育保险参保人数达到11.34万人，同比增加0.96万人，收缴基金2 874万元，同比增长21.1%；医疗保险参保人数达到27.36万人，同比增加1.67万人，收缴基金6.92亿元，同比增长38.68%。城乡居民养老保险参保人数11.8万人，收取基金1.29亿元，参保人数和基金收缴与上年基本持平。五项社会保险基金累计支出12.57亿元，同比增长23.29%。为35 447名退休职工发放养老金7.24亿元，同比增长16.4%；为2 301名失业人员发放失业保障金923.65万元，同比增长8.24%；为8 510人次支付工伤保险基金4 038.17万元，同比增长20.7%；为4 508人次支付生育保险基金1 755.2万元，同比增长2.6%；为60万人次支付医疗保险基金3.96亿元，同比增长34.3%；为5.65万名无保障老年人发放福利养老金1.67亿元，同比增长21.53%；城乡居民医疗保险参保人数为7万人，累计支出1 152万元，同比增长9.15%；为2.6万人支付城乡居民养老金1.02亿元，同比增长46.33%。

【农村精神文明建设】 2010年农村精神文明建设以“做文明有礼的北京人”主题宣传实践活动为主线，以群众性精神文明创建活动为载体，继续深化首都文明村镇、京郊环境优美镇、文明生态村、区级绿色家庭、区级和谐家庭等基层创建活动。3月区文明办制定《顺义区精神文明创建工作管理实施办法汇编》，组织全区各镇村开展文明村镇创建工作培训。5—11月开展“靓丽新农村，文明促和谐”第二届农村优秀文化墙设计制作大赛，全区共70处1.7万延米新建文化墙参加评选活动。4—12月开展顺义区“道德模范”评选表彰活动，面向社会公开命名表彰诚实守信、助人为乐、孝老爱亲、敬业奉献、见义勇为5个方面10名道德模范，成立道德模范宣讲团组织3场大型事迹报告会。5—9月区文明办联合区文化委、区文联、马坡镇政府举办第一届顺义区“马坡杯”赞家乡、颂文明曲艺大赛，全区44支曲艺队200多名基层群众演员参加比赛。11月全国文明村北郎中村、全国文明村镇创建工作先进村镇仁和镇、牛栏山镇通过全国精神文明创建工作先进单位复查。2010年全区共有全国文明镇2个，全国文明村1个，全国文明村镇创建工作先进村镇2个，全国环境优美镇6个，国家级生态村1个；首都文明镇11个，首都文明村69个，京郊环境优美镇16个，京郊文明生态村86个，区级绿色家庭1 466户，区级和谐家庭332户。

【农村教育】 2010年，顺义区公办幼儿园36所，入园3 532人，在园10 898人，离园2 494人，教职工955人。小学36所，教学班846个，在校生31 468人，招生5 768人，毕业5 929，教职工2 768人。中学37所，教学班769个，其中初中教学班350个、完中教学班110个、高中教学班212个、九年一贯制学校教学班数97个，教职工3 949人。校外教育单位及其他教育单位9个，教职工345人。中小学市级特级教师18人。中小学教师具有高级专业技术职务1 082人。全年教育经费投入129 000万元。2010年，职业教育学校8所，设置专业35个，开设教学班206个；毕业2 679人，招生1 654人，在校生6 495人；教职工477人，其中专任教师370人。全部职业学校占地1 786 996平方米，建筑面积168 690平方米，固定资产总值12 869.5万元。全年教育经费投入6 602.4万元，其中国家拨款5 284万元，自筹经费1 318.4万元。2010年顺义区各类成人学校426所，其中公办377所，民办49所，开设专业47个；毕业2 800人，招生3 450人，在校生11 000人；教职工850人，其中专任教师260人。成人培训机构860所，在校生73 305人；社区教育中心教职工总数181人，其中专任教师136人。固定资产总值13 615.4万元；全年教育经费投入1 275万元。2010年顺义区共有各级各类民办学校和教育机构76所，其中民办幼儿园9所，在园幼儿园1 113人，教职工226人；民办普通中学5所，民办职业高中3所，在校学生711人，教职工208人；培训机构59所，教职工1 140人。固定资产66 243.3万元，教学实习仪器设备资产值达到164 581万元，教学用计算机666台，多媒体教室座位数329个，占地面积169 991平方米，教学行政用房建筑面积83 377.4平方米，图书藏量61 565册。启动彩虹读书行动，印发《彩虹读书手册》。2010年校舍加固竣工总面积15.09万平方米，占加固总面积的70%。

【农村文化】 加大管理服务力度，进一步将设施建设向街道、社区、社会单位延伸。农家书屋建设方面，补充图书总价值500余万元，新增达标书屋136家，全区总数达到232家，街道和社区分别新建5家、15家图书室，目前全区基层图书室共收藏图书、期刊、音像等25万册件；农村数字电影放映厅目前已达到419个，另外有23套流动放映设备，在此基础上加强了管理和服务，分片区对1 000名数字电影放映员免费培训，组织新增影片140余部，对全区数字放映设备进行普查，上门维护维修设备、拷贝影片，截至10月底，全区共放映电影41 850场，观众人数380万多人次；文艺演出方面，争取市级补贴资金500多万元，完成“周末场”文艺演出近72场，“星火工程”文艺演出850多场，普惠的、免费的文艺演出丰富着居民文化生活。2010年“二月新春”举办12项重点系列文化活动680余场次，5万人次参与，观众达50万人次。举办了“百档花会进社区”活动，从农村走入城区，扩大了活动范围，适应了群众需求。“五月的鲜花”突出“文化服务和谐社会，歌声颂扬顺义辉煌”主线，举办了北京市第四届“天竺杯”红歌合唱邀请赛、北京市第六届“高丽营杯”戏曲票友邀请赛、北京市第六届“后沙峪杯”交谊舞大赛、“马坡杯”第一届“赞家乡、颂文明”曲艺大赛等专项赛事。“十月金秋”书法、美术、摄影大赛以“追溯顺义老八景、描绘绿港新画面”为主题，为“打造临空经济区、建设世界空港城”营造良好的社会文化氛围。创新思路，打造对外文化交流平台，举办了第一届“京冀风景线”文化交流活动，北京十区县与坝上五县书画联展和顺义、石景山、河北唐山书画联展共展出作品近300件。承办了第二届北京端午文化节暨“临空经济区杯”龙舟赛开幕式以及非遗项目展演、花会表演、包粽子比赛等文化活动。配合举办了中美划水对抗赛、燕京啤酒节、菊花文化节等大型活动，在这些平台上数十档民间花会和非物质文化遗产得到有效展示和利用。

【农村卫生】 辖区内有医疗机构468个，卫技人员4 964人，实有床位3 149张。全年出生4 045人，出生率6.97‰；死亡4 089人，死亡率7.05‰；人口自然增长率－0.08‰。参加新农合总人数313 359人。在全区开展病媒生物控制工作，总投入310.4万元。完成13个镇三格化粪池式户厕改造，总投资6 074.44万元。完成29个村改水工程，总投资1 441.72万元。

【农村体育】 以春节、元宵节、端午节“三节”为重点，在各镇、村开展丰富的体育活动。春节体育大拜年活动期间，全区各镇、村举办辖区内趣味运动会、秧歌花会等体育赛事活动百余场次，农民参与近10万人次，3月2日以体育健身方式在北务镇农贸市场开展了龙腾狮跃闹元宵、6月14日在奥林匹克水上公园举行了第二届北京端午文化节暨“临空经济区杯”龙舟赛等具有浓郁节日氛围的大型品牌赛事活动。以村镇特色文化为基础，2月9日举办了“天竺杯”迎新春体育干部趣味运动会、4月6日在奥林匹克水上公园开展了“后沙峪杯”春季长跑、10月27日举办了“龙湾屯杯”登山比赛、11月15日开展了“地税杯”桥牌比赛传统品牌体育赛事，体育活动覆盖全区各村镇，吸引上万农民广泛参与，实现了农村体育活动品牌化发展。分别为马辛庄村、张喜庄村、东方太阳城等83个行政村（社区）更新、配建了全民健身工程；在龙湾屯、大孙各庄、赵全营等镇、街道创建了8个北京市体育健身俱乐部和体育生活化社区，连续两年对到期器材进行免费更新，带动农村体育健身场所改造升级；区体育局分别于12月22日、28日在马坡镇马卷村、北务镇北务村启动了“2010年百村万户助农健身工程”，投入近百万元，向首批40个村发放乒乓球台、乒羽拍、象棋、拔河绳等七种体育器材。向3 000户农民发放跳绳、板羽拍、健身圈、毽子、体育挂历等健康礼包，并开展了以“全民健身乡村行”为代表的系列体育活动，实现农村体育设施普及化发展。

基层组织与民主政治建设

【村民自治】 2010年，顺义区村民自治工作重点突出，机制完善。村委会换届选举工作圆满完成，13个村委会被评为北京市先进村委会，6名村委会主任被评为北京市先进村委会主任。一是圆满完成第八届村委会选举工作。全区426个建制村中，除因拆迁等原因未参加选举的17个村外，409个村全部顺利完成了选举工作，产生了新一届村委会班子，选举呈现出“四高一低”的特点，即“一肩挑”比例高，“两委”交叉任职率高，连选连任比率高，选民参选率高，村委会主任不是党员的比例有所降低。其中：有348名村党支部书记通过民主选举依法当选为村主任，兼职比例为85%，比上届提高5个百分点；有999名村党支部委员进入村委会班子，两委交叉任职比例为75%，比上届提高4个百分点；有980人实现了连选连任，连选连任率74%；有1 114名党员进入村委会班子，党员所占比例为84%，有24个村委会主任不是党员，比上届减少2个，未出现村委会班子成员中无党员现象。二是认真开展村务公开民主管理工作。开展村务公开民主管理“难点村”治理工作，提升村民自治能力。2个镇43个村被评为“北京市村务公开民主管理示范镇、村”。

【农村党政建设】 深入开展“创先争优”活动和搞好村“两委”换届是2010年全区农村党政建设的两大主要任务。5月初，全区426个村级党组织和19 171名农村共产党员，围绕“推动经济发展多元化、城乡发展一体化、社会管理精细化、党的建设科学化”的主题，全面深入开展创先争优活动，先后涌现出北石槽镇良善庄村党支部、龙湾屯镇柳庄户村党支部等优秀村级党组织以及蔡玉民、胡国卿等优秀共产党员。通过活动，农村基层党组织战斗力进一步提升，党员的先锋模范作用进一步加强，农民得到更多实惠，农村基层组织各项建设得到加强。7月中旬，经过区镇共同努力，顺利完成村“两委”班子换届选举工作，村党支部书记、村委会主任“一人兼”比例达到85%，村“两委”成员交叉任职比例达到75%，没有出现村委会班子中无党员的“白点村”，继续走在全市前列。此外，开展大规模村干部轮训工作，504名村党组织书记和分设村委会主任接受了系统培训，综合素质特别是驾驭村级事务的能力得到提升。全区农村党的建设“三级联创”工作再创佳绩，并作为区县先进典型在全市“三级联创”工作会议上作了发言。

农村改革与管理

【推进农村土地承包经营权流转】 全区385个村，确权土地面积4.16万公顷，其中：土地确权确地的村2个，涉及农户478户，2 444人，面积268.47公顷；确权确利的村99个，涉及3.1万户，8.8万人，面积0.81万公顷；确地确利相结合的村284个，涉及8.1万户，26.7万人，面积3.32万公顷。全区流转土地总面积2.78万公顷，占确权面积的66.8%，其中确地后流转（农户间为了耕种方便，在本村农户间进行互换，或暂不愿经营土地的农户将土地流转给本村大户，适当收取土地流转费）面积533万公顷，占流转面积的1.9%；确权确利流转（主要是不确定地块，农户将土地直接流转给村集体，村集体将接转的土地采取集体经营、大户承包和对外租赁的形式经营，农户从村集体领取土地流转收益）面积2.73万公顷，占流转面积的98.1%。2010年全区兑现土地收益1.76亿元，亩均兑现收益422元，同比增长10.2%。

【加强农村集体资产和财务管理】 为了更好地在基层开展工作，提高工作质量，2010年，区经管站一是举办农村财会培训班2期，对500余名镇村两级财会人员进行了业务培训；二是完善“村账镇管”制度，全区426个村全部实行“村账镇管”，所有镇都实行了“村账镇审、集中办公、两级审核、民主监督”的农村财务管理机制，堵塞了各种财务漏洞；三是全区全部实行了财务公开。

【全面加强农民负担监督管理】 为防止村级组织向农民乱收费，确保村级组织正常运转，市、区财政按照城乡统筹的原则，加大了对村级组织转移支付的力度。2010年，全区426个村应收专项补助资金7 333.97万元，实收专项补助资金7 333.97万元，其中干部固定补贴1 062.5万元，干部办公经费补贴318.75万元（享受干部补贴人数2 125人），五保供养补贴18.58万元，农业税附加补助202.14万元，公益事业补助款5 732万元，均已及时、足额拨付到村。

【积极推进农村集体经济产权制度改革】 19个镇89个村顺利通过改革决议、清产核资、资产评估、人员资格认定和农龄登记工作，进行了资产量化配股，选举产生董事会、监事会成员，建立了新型集体经济组织。2010年全区共完成227个村农村集体经济产权制度改革试点工作，占全区行政村总数的53.3%。

【推进农民专业合作组织规范发展】 全区共有农民专业合作社156家，工商注册资金6 815.5万元，带动社员数17 778户。合作社数量、入社成员、注册资金均比上年有所增加，尤其是规模以上的合作社增幅显著。合作社产品交易总额70 534万元，比上年增加39.7%。

【强化信息化队伍建设，提升农经管理水平】 按照全市统一布置，加强农村管理信息化工作的队伍建设，区经管站每季度对镇级信息化师资人员进行业务培训，累计4天，共培训镇级信息化师资人员160余人次。8月对村级业务人员进行培训，累计7天，培训业务人员500余人次。

顺义新城建设与开发

【顺义新城核心区村庄拆迁顺利进行】 陆续进行了大营、北上坡、东马坡、肖家坡4个村的拆迁工作，涉及694宗宅基地，户籍人口3 549人，全部拆迁工作于2010年内完成。

【顺义新城核心区回迁安置有序进行】 启动向阳村回迁安置工作。9月24日至10月17日圆满完成向阳村回迁安置工作。向阳村宅基地共计727宗，涉及人口3 405人，实际销售回迁房2 161套。

【顺义新城核心区市政基础设施继续完善】 陆续完成已建成“十四路、一桥、一通道”中的12条道路和一座跨线桥的竣工验收；向阳路南段和马场东路两条市政道路预计2011年6月前竣工；2011年年底前计划启动顺安路污水工程和花园西路工程建设。

【顺义新城核心区住宅建设有序展开】 新城核心区内佳和宜园、金宝城、香悦四季、民生花园、鲁能7号院、富力湾等住宅项目工程建设有序进行，其总建筑面积224万平方米。

【顺义新城核心区招商引资项目再创新局面】 北京银行后台处理中心项目完成了项目土地成本预算，完成了项目用地内林木评估和林地使用手续办理，并准备签署入园协议。民生银行总部基地项目扎实推进，9月16日民生银行总部基地业务管理中心等5项工程主体结构全面封顶，二次结构施工（除预留工程所涉及部分外）已按计划完成。金蝶软件总部基地项目上半年继续办理用地性质变更手续，并开始施工图设计；9月，经市国土局资源局地价会审核，确定了补缴土地出让金金额，并同意预签补充手续；截止到年底，金蝶软件公司正在着手准备签订出让合同补充协议。中信银行项目、正德人寿项目、华夏银行项目、橙天娱乐影城（数字未来娱乐中心）项目、中外运长航、利星行项目、宝能集团等在谈项目正在积极推进。

新增土地流转面积1 107.63公顷，规模化生产经营程度进一步提高；开办田间学校81所，“百名农业专家兴顺工程”聘请农业专家85名，实用农业技术培训工程完成农民培训4万人次；政策性农业保险覆盖范围不断扩大，2010年总保额达到18.38亿元，参保农户30 691户。

顺义区主要领导人

区委书记	张延昆
副书记	刘　剑（5月免）
	王　刚（6月任）
	胡尚云　闫立刚
区委常委	雷显武　肖韵竹（女）
	杨宝华　周颖博　李国营
	李友生　王海臣（2月免）
	林向阳（3月任）
	王国增（12月免）
	于凤春（12月任）
区人大常委会主任	马庚良
副主任	周庆禄　贾春林　冯庆森
	李福成　周淑伶（女）
区长	刘　剑（7月免）
	王　刚（7月任副区长、代理区长）
副区长	李友生　林向阳　车克欣（女）
	赵贵恒　燕　瑛（女）
	王海臣（4月免）
	张晓峰（4月任）
	陈光浩（7月免）
区政协主席	陶宝金
副主席	赵荣山（1月免）　王玉奇
	田建国（1月任）　刘享文（女）
	田家玉　蒋世林

顺义区街道、镇（乡）党政正职领导

	党委书记	主任、镇（乡）长
仁和镇（地区办事处）	吴耀新	陈汉松
马坡镇（地区办事处）	朱家亮	姜　蒙
牛栏山镇（地区办事处）	赵振英（6月免） 单成刚（6月任）	王文荣（女）
赵全营镇	李宝东	史长生
高丽营镇	肖承继	单晓梅（女）
北石槽镇	宋　鹏	王　江
南法信镇（地区办事处）	郭振江	李　衍
后沙峪镇（地区办事处）	张尚强	赵洪涛
天竺镇（地区办事处）	韩凤桐	单增友（4月免） 史卫东（4月任）
李桥镇	李丙春（11月免） 徐晓武（11月任）	张爱东
南彩镇	张晓峰（6月免） 马朝龙（6月任）	张香东
杨　镇（地区办事处）	张友生	刘晨光
张　镇	洪　全	苏东海（11月免） 王新兵（女，11月任）
北小营镇	王　泽	卞云鹏
木林镇	胡小兵	姚　颖（4月免） 王海松（4月任）
龙湾屯镇	张希德	马云虎
李遂镇	陈长旺（6月免） 孙书林（6月任）	武　捷
北务镇	李长勇	黄海鹏
大孙各庄镇	徐晓武（11月免） 苏东海（11月任）	马　强

（顺义区史志办　刘秀娟　张　然）

昌平区

概　述

昌平区位于北京市西北部，面积1 343.5平方公里。辖15个镇（地区办事处）、2个街道办事处和北企公司、304个行政村。2010年末，全区常住人口166.1万人，户籍人口53.3万人，同比增长1.9%。其中：农业人口20.7万人，占全区户籍人口的38.8%，比上年末下降1.5%。全区户籍人口出生率8.6‰，死亡率10.3‰，自然增长率－1.7‰。年内，完成地区生产总值383.4亿元，同比增长12%。其中：第一、第二、第三产业增加值分别为5.6亿元、185.3亿元、192.5亿元，分别增长10.9%、13.9%、10.2%，占地区生产总值比例为1.5∶48.3∶50.2。区域税收完成142.1亿元，同比增长26.5%；地方财政收入完成35.6亿元，同比增长12.6%。实现城镇居民人均可支配收入24 428元，同比增长8.3%；农村居民人均纯收入12 548元，同比增长10.9%。

城乡一体化

【城乡结合部重点村迁建工作稳步推进】 成立昌平区城乡结合部建设领导小组，协调全区7个城乡经济社会发展一体化重点村［回龙观镇回龙观村，东小口镇贺村、中滩村、马连店村，北七家镇燕丹村、东三旗村，沙河镇七里渠（南、北）村］的迁建工作。2010年，回龙观村拆迁任务已平稳完成，17栋回迁楼建设已全部完成封顶。剩余6个村已按市城乡办要求启动，除燕丹外的5个村（贺村、中滩、马连店、七里渠、东三旗）已取得规划条件，并完成土地预审，其中贺村、中滩、马连店、七里渠已取得立项批复。重点村回迁安置房、产业安置等22个项目已纳入市级绿色通道项目。全年，共组织召开工作协调会议16次，小型和局部性会议45次，确保了重点村城市化工作的有序进展。

都市型现代农业

【概况】 2010年，昌平区坚持“强二优三精一”的产业发展思路，以设施农业为龙头，积极发展精品农业、特色农业。全年实现第一产业增加值5.6亿元，同比增长10.9%。实现农林牧渔业总产值16.8亿元，同比增长9.3%，增幅提高8.5个百分点。其中，农业产值为66 708万元，同比增长9.7%；林业产值为13 492万元，同比增长4.2%；牧业产值为79 034万元，同比增长11.8%，渔业产值为2 987万元，同比下降14.4%。以“一花三果”（百合花、苹果、柿子、草莓）为主导的都市型现代农业发展质量显著提升，年收入超过5亿元，成为首都都市型现代农业的新亮点。西部百合产业区产值突破5 000万元，集种球繁育、技术培训、市场供应、销售服务于一体的百合花产业链条逐步形成。东部精品草莓产业区建设全面实施，第七届世界草莓大会场馆及周边路网、生态环境、产业配套等重点工程加快推进，2009—2010种植季，全区累计生产草莓5 500吨，草莓产业产值突破1.12亿元，成为继苹果产业之后第二个产值过亿元的农业产业。百里山前苹果产业带继续实施提质增效工程，新发展标准化果园102.33公顷，有机示范面积达到139.4公顷，苹果产量达到2 400吨，实现产值1.57亿元。山区传统林果业初步实现了由优良树种向果品品牌的跨越性转变。设施农业规模继续扩大，总面积突破0.28万公顷，总收入达到2.7亿元；老旧畜禽养殖场标准化改造工作积极推进，实现农业立体循环式发展。成功申报了“昌平草莓”国家地理标志产品保护，创建了国家级柿子、板栗标准化示范区，农业品牌效应进一步凸显。

【种植业】 全年农作物播种面积为10 760.53公顷，占耕地8 577.8公顷，同比分别下降8.7%、6.1%。其中，粮食作物播种面积为6 982.93公顷，占耕地5 887.47公顷，同比分别下降15.5%、13.8%；经济作物播种面积为19公顷，占耕地18公顷，同比分别下降52.3%、53.8%；其他农作物播种面积为3 758.6公顷，占耕地2 672.33公顷，同比分别增长9.2%、19.4%。全年粮食作物总产量为22 676.9吨，同比减少10 839.1吨，下降32.3%。其中：夏粮面积800公顷，亩产238.83千克，总产量为2 866.2吨；秋粮面积6 182.87公顷，亩产213.61千克，总产量为19 810.7吨。2010年末，全区发展基本菜田面积累计达到996.67公顷，其中：蔬菜生产设施面积600公顷，食用菌生产设施面积10公顷，其他为大中棚、改良阳畦和露地种植。全年蔬菜总产量为6 000万千克，产值实现1.5亿元，经初步加工的装箱菜年销售量达到30万箱，90%的蔬菜以鲜食产品上市。种植业完成产值6.7亿元，同比增长9.7%。

【设施农业】 重新进行了设施农业基础数据调查，调整设施农业发展规划，进一步明确了设施农业产业集群建设的重点区域，即：温榆河以北至山前暖带，重点在六环路以北区域规划发展设施农业。设施农业建设向规范化、规模化、产业化、精品化方向发展。同时，制定了全区《关于对日光温室卷帘机实施补贴的通知》，对建设日光温室所用的卷帘机实施每台2 000元的政府资金补贴。全年新建发展设施农业4 052栋，其中：日光温室3 276栋，春秋大棚776栋，设施农业总面积突破0.28万公顷，总收入达到2.7亿元，亩效益实现2.08万元。

【林果业】 完成京津风沙源治理工程4 900公顷、废弃矿山植被恢复工程45.33公顷、公路河道绿化20公顷、彩叶造林133.33公顷。继续实施京包高速公路绿色通道建设工程，累计完成绿化面积525.43公顷，占总任务的96%。完成南口小城镇绿化美化13.33公顷和67个村的新农村绿化美化工作，绿化面积45万平方米。2010年全区林木绿化率和森林覆盖率为61.22%和39.43%，分别比上年同期增加0.62个百分点和0.58个百分点。开展苹果示范园建设，在7个苹果主产镇建立示范点26个，建立“无公害、零残留”示范点134.6公顷。针对2010年春冻害影响，通过加强花期管理、苹果套袋等，积极开展生产自救。全区苹果新发展102.33公顷。成功举办北京昌平第七届苹果文化节、第三届中国·昌平苹果擂台赛等系列活动。在年内果品减产的情况下，实现了减产增收，全年苹果产量为19 495吨，同比下降23.3%，产值达到1.57亿元，同比增长10.4%。百合产业稳步推进，全年百合花产业产值超过4 500万元。柿子等传统果品产业稳步发展。同时，三项示范工程成效显著，一是水蜜桃示范工程，新建水蜜桃示范点5个，面积4.27公顷，从江苏无锡引进7个品种的水蜜桃半成苗4 750株，为进一步发展水蜜桃做好了准备。二是甜柿示范工程，从日本引进甜柿157株，从云南省和陕西省引进次郎和阳丰甜柿接穗10.4万个芽，在长陵、十三陵和流村三镇建立甜柿示范点6个，嫁接700余株。三是葡萄反季节栽培技术示范工程，建立了5个大棚的葡萄反季节栽培示范点，5月初香味葡萄园首批葡萄成熟，比露地成熟期提前3个月。

【畜牧业】 发展生态养殖产业，畜牧业逐步向生态养殖方向发展。年末总存栏122.14万头、只，累计出栏154.22万头、只，生产鲜奶4.76万吨，生产鲜蛋0.93万吨，肉类总产量1.26万吨。其中，生猪存栏7.30万头，出栏11.92万头；肉羊存栏1.71万头，出栏 3.06 万头；肉鸡存栏 7.37 万只，出栏 117.58 万只；蛋鸡存栏 96.05 万头；鸭存栏 7.64 万只，出栏 20.33 万只；奶牛存栏 1.10 万头；其他畜禽存栏 0.97 万头、只，出栏 1.33 万头、只。全年销售总产值为 67 405.83 万元。

【水产养殖】 狠抓水产品质量安全体系建设，发展生态休闲渔业，推行健康生态养殖理念，有计划、有步骤地发展全区水产养殖业。全区养殖水面 176.23 公顷，全年放养鱼种 29.59 万千克，主要养殖品种有罗非、鲢、鲤、草、鲫鱼等，成鱼总产量 202.40 万千克，总产值 4 847.42 万元，深加工鱼肉产品 50 吨。特色休闲渔业和温水鱼产业化发展得到进一步推进，新建温水鱼育种及存储车间 6 920 平方米，全年繁育名优鱼种 200 余万尾、15 万千克，辐射带动罗非鱼养殖 100 户。全区观光垂钓场、户发展到 105 家，休闲渔业水面 139.2 公顷，占全区养殖水面的 79%。

【动物卫生监督】 2010 年，昌平区共完成高致病性禽流感免疫 418.39 万只次，猪、牛、羊口蹄疫免疫 41.82 万头只次，高致病性猪蓝耳病免疫 22.49 万头次，鸡新城疫免疫 553 万只次，猪瘟免疫 25 万头次，狂犬病免疫 5.97 万条，完成羊痘、猪乙脑、鸡传染性喉气管炎等 18 种疫病指导性免疫 878.45 万头（只）次。完成奶牛布病检疫 1.9 万头、奶牛结核病检疫 1.8 万头，马传贫检疫 972 头，马鼻疽检疫 972 头。对全区 9 个祖代、父母代鸡场进行鸡白痢、鸡淋巴白血病检疫净化，共抽检鸡白痢 2 744 只份、鸡白血病 2 505 只份。为加强和规范昌平区规模养殖场（户）动物防疫管理，推动全区养殖业健康发展，保护生态环境，确保畜禽产品安全，确保不发生重大动物疫情，制定了《昌平区规模养殖场（户）动物防疫管理规范》、《昌平区养殖户动物防疫管理规范》，对全区畜禽养殖场（户）动物防疫管理等方面提出了具体要求。同时，昌平区与顺义、海淀、延庆、河北省怀来县四个毗邻区县建立了联防联控的工作机制，对重大动物疫病“早预警、早防控、早发现、早处理”，实现北京北部区域无重大动物疫情发生和流行起到了重要作用。

【花卉业】 按照“一花三果”为主导都市型现代农业的发展思路，在西部重点发展以百合花为代表花卉产业。全年新建百合日光温室 329 栋，总规模达到 2 640 栋，采收百合鲜切花 360 万枝，收获百合商品种球 600 万粒，产值突破 5 000 万元，花农经营每栋日光温室获得收入 1.5 万～2.2 万元。引进凯里湖等百合花新品种 13 个，百合种球解除休眠等技术取得新突破。

【休闲农业】 围绕“科技示范、辐射带动、旅游观光”的功能定位，通过实施“科技带园区、园区带企业、企业带基地、基地带农户”系列工程，观光农业园在规范整理的基础上逐步形成了各自特色。全区市级观光农业园总数达到 8 个，以天翼草莓园、十三陵樱桃园、水蜜桃示范园、香味葡萄园为代表的特色农业主题公园成为都市型现代农业发展的新亮点。

【现代农业服务体系】 抓好农业科技推广服务，开办农民田间学校 36 所，培训农民 11 862 人次，进一步完善了农业科技推广应用体系建设。强化农产品质量安全监管，抽检动物产品及饲料样品 846 个，蔬菜、水果样品 712 个，样品合格率分别达到 99.9% 和 99.7%；组织开展农产品质量安全综合整治，出动执法人员 1 011 人次，检查 474 场次；组织全区 27 家“三品”认证到期基地完成了复查换证申报工作。强化农民专业合作社服务功能。制定了全区《关于开展农民专业合作社示范社建设行动的实施意见》，并配合印发了 2010—2012 年农民专业合作社示范社扶持政策。以示范社创建活动为平台，重点规范建设了 23 家农民专业合作社，培训人员 151 人次。截至 2010 年 10 月底，全区经工商部门注册登记的农民专业合作社 310 家，注册社员 12 982 人，带动农户 26 420户。农业信息服务范围不断拓宽。积极推进“221 信息平台”建设，筹备“昌平数字农业”资源管理决策系统。在“四电合一”信息服务模式的基础上，组建了一支由 326 人组成的农村气象信息员队伍，面向农村提供专业的气象信息服务，在全市率先实现了农业气象信息服务全覆盖。

【“关爱生命，情系农机”集中宣传活动】 6 月 2 日，“关爱生命，情系农机”全市农用车交通安全集中宣传活动在昌平区永安公园举办。农用车驾驶人代表向广大农用车驾驶员倡议：要严格遵守《中华人民共和国道路交通安全法》和《农业机械安全监督管理条例》，共同营造安全、和谐、高效的农业生产运输环境。宣传活动启动仪式后，与会领导为在场农用车张贴了反光车贴和标有“文明交通我参与”字样的宣传图标。

【国家现代农业科技城项目正式启动】 8 月 16 日，科技部、农业部与北京市政府在京签订了《科技部—北京市人民政府共建国家现代农业科技城协议》，此举标志着国家现代农业科技城项目正式启动。该项目拟通过高端研发与现代服务引领现代农业走“高端、高效、高辐射”之路，经过 5～10 年时间，将国家现代农业科技城建设成为全国农业科技创新中心和现代农业产业链创业服务中心。国家农业科技城建设采取“一城多园”的布局思路。建设内容以打造“五个中心”为国家层面的支撑平台，以构建“多园”为实施载体，逐渐形成“中心”与“多园”互动、科技城与外埠园区网联的发展态势。此次科技部与北京市政府充分考虑北京地区现代农业发展现状和后期潜力，选择了昌平小汤山国家农业科技园区作为“多园”试点之一先行建设。截至 2010 年 12 月，园区已入驻企业 41 家，2010 年实现产值 8.6 亿元，利润额 6 535 万元，出口创汇 1.93 亿元。

【第七届世界草莓大会筹备】 成立了第七届世界

草莓大会筹委会、指挥部和执委会三级指挥体系，郭金龙市长任筹委会主任，牛有成常委任指挥部总指挥，夏占义副市长任执行总指挥，指挥部下设办公室，设在昌平区政府。昌平区级组委会作为市指挥部的执行机构，下设“一室十一部”，具体负责各项筹办工作。积极争取部门支持，明确大会由国际园艺学会、农业部、市政府、中国园艺学会主办，市农林科学院、中国园艺学会草莓分会、昌平区政府承办。2010年6月11日，召开筹委会第一次会议，审定通过了大会目标、办会模式、宣传口号、会徽、吉祥物等重要事项，并明确筹办工作要求。为推动国内草莓科技要素汇聚昌平，全面展示中国草莓科技的最新成果，提前启动了2010年草莓科技展示试验项目。与中国农业大学、北京农林科学院、沈阳农业大学等全国11家高校和科研机构合作，重点开展了自主知识产权品种、野生草莓和红花草莓、立体栽培、重茬与病虫害综合防治、无土栽培五个方面的科技展示试验工作，集中展示国内自育优新品种20多个，立体栽培模式14种，无土栽培模式3种，草莓土壤消毒处理技术8项，试验展示规模达3万平方米。配套重点项目建设协调推进，“一园两中心”场馆建设顺利启动，精品草莓示范区加快建设，周边路网及环境建设加快实施。

【中共中央政治局常委、全国政协主席贾庆林到南口考察】 1月29日下午，中共中央政治局常委、全国政协主席贾庆林同志到南口镇李庄村百合种植基地考察，仔细询问基地带动农户增收等方面的具体情况。贾庆林指出，要更加注重保障和改善民生，坚持统筹城乡发展，大力发展现代农业、增加农民收入，促进公共服务均等化，加快形成城乡经济社会发展一体化新格局。

非农产业

【乡镇企业】 坚持“调结构、促转变、抓融合、促发展”的主线，狠抓工业新项目建设和现有企业改造升级，全区镇村工业企业经济实现了平稳发展。全区企业个数达到1 004个，职工总人数40 936人，实现增加值446 666万元，实现产值1 736 249万元，利润161 917万元，上交税金98 435万元，资产总额2 062 749万元。主要产品为：服装、食品、汽车配件、印刷、医药、金属制品、专用设备、涂料等。

【农产品加工业】 区内运行良好的农产品加工企业共有60家，深加工产品主要包括：糕点、熟食、中药、饮料、蜂系列产品和干燥花等，还有一部分初级加工产品包括：杂粮、蔬菜、干鲜果（不含果园及蔬菜基地）等。总资产为17.7亿元，年销售收入42.3亿元，年利润26.7亿元，出口创汇2 761万美元。带动本地农户5 978户，职工总数9 632人。100%使用本地原材料的企业7家，80%使用本地原材料的企业10家，50%使用本地原材料的企业20家。

【农产品流通】 完成了新发地市场内昌平特色农产品专卖店建设工作；参与了全市“草莓季”、“花季”、“樱桃季”等农产品推介活动；成功推荐水屯农副产品批发市场、城北回龙观商品交易市场和欧阁有机农庄3家企业获得了市级农业产业化重点龙头企业称号；组织燕昌红板栗、昆利果品等四家专业合作社参加了第八届国际农产品交易会；参与了“农超对接”、“农校对接”等活动。继续推进“5+2”山区农产品社区行活动，位于东小口森林公园东门的600平方米山区农产品销售中心开始运营。回龙观社区4个山区农产品销售网点运转顺利。

【“农企对接”工作成效初显】 12月2日，区农委组织15家农产品生产基地和农民专业合作社，参加了与北汽福田公司的“农企对接”活动。活动仪式上，北汽福田公司与欧阁有机农庄达成蔬菜购买协议。12月13日，北汽福田公司向昌平区卓越果品专业合作社采购了价值10万元的农副产品。

【农村金融业】 逐步扩大农村金融服务面。积极与农业银行、北京银行、邮政储蓄银行以及市、区农担公司等多家金融机构接触洽谈，探索农村各类“联保”模式。全年新增涉农专项贷款8 268.5万元，累计发放总额达到15 725.5万元，同比增长10.9%。农业保险体系进一步完善，开办政策性农业保险险种15个，保险范围覆盖到全区16个镇（街道）、151个村、5 897户，保费总额达到1 478万元。

【第七届苹果文化节开幕】 10月23日，北京昌平第七届苹果文化节在崔村镇真顺果园拉开帷幕。本届苹果文化节围绕“享苹果盛宴、游生态美景、创科技未来”主题，举办擂台赛、书画艺术展、旅游等活动。进一步弘扬苹果文化，塑造昌平苹果品牌，增强产业发展潜力，提高“一花三果”都市型现代农业水平。国家林业局副局长祝列克、市人大常委会副主任柳继刚、市政府副市长夏占义、市政协副主席蔡国雄、总政装备局局长许志明等领导同志出席了苹果文化节开幕式。

【第三届中国·昌平苹果擂台赛举行】 10月22日，第三届中国·昌平苹果擂台赛在昌平区综合体育馆举行。本届擂台赛由中国园艺学会、北京市园林绿化局、昌平区人民政府联合主办，收到北京、陕西、山东、甘肃等9个省市27个市区县报送的六大系列参赛样品493份。经26名专家综合打分，最终评选出富士一系、二系、金冠/王林组、元帅系、新优品种组、传统品种组的一、二、三等奖共72个，其中：一等奖10个，昌平区获得6个，占60%；二等奖24个，昌平获得14个，占58.3%；三等奖38个，昌平获得29个，占76.3%。昌平区夺得富士一系、二系、金冠/王林组和新优品种组4个组别的第一名。

【昌平精品苹果展示】 10月24日，昌平精品苹果展示活动在世贸天阶举行。全区 9 个苹果主产镇的 50 户果农将具有产地认证和品牌商标的昌平优质苹果带进高档商业中心，市民直接接触昌平苹果。展示会上，质量为 532 克的果王竞拍出 8.88 万元高价。

【"2010 昌平冬季美食季暨乡村旅游烹饪大赛"举行】 12 月 26 日，"温暖昌平 2010 昌平冬季美食季暨乡村旅游烹饪大赛"在昌平职业学校举行，昌平 8 个旅游镇组队参加了本次大赛。经过角逐，崔村镇代表队荣获了"昌平美食金奖"、小汤山镇讲礼驴肉馆获得"最佳创意奖"、南口镇荣获"最佳组织奖"，参赛的 8 支代表队分别获得了"金牌菜奖"。北京电视台《京郊大地》等 14 余家媒体记者共同参与了活动报道。

山区建设

【沟域经济】 坚持高起点谋划、高标准规划、高水平建设，将发展沟域经济作为促进全区山区发展的重要突破口。十三陵景观大道作为十三陵休闲产业区建设的重要组成部分，一期工程通过前期的规划、策划、实施方案制定及实施单位的公开招投标工作，建设完成了四个农产品销售港湾，占地面积近 2.7 万平方米。果园大门改造工程共改造完成了 73 个大门。完成了《十三陵景观大道旅游形象策划及设计》（二期），正在进行施工方案设计。通过十三陵景观大道建设工作的实施，进一步提升十三陵世界文化遗产周边的环境水平，解决农户销售果品和游客停车、休息等诸多问题。同时，流村镇西峰古道沟域规划进展顺利。将流村镇西峰古道沟域作为市农委安排的七条重点规划沟域之一。通过公开招投标形式，中标单位为北京天创智业城市规划设计院。北京市沟域经济规划成果展示暨招商推介会于 12 月 1 日至 3 日在北京国际会议中心举行。"西峰古道"（流村镇百里环形）沟域作为全市七条重点规划沟域之一，参与了本次展示，在全市统一组织的三个项目评比中，昌平区获得了规划成果综合水平二等奖，宣传推介活动优秀组织三等奖，规划成果展示创意三等奖。

【林下经济成效显著】 山区林下栗蘑种植补助标准保持不变，实际种植栗蘑 59.6 万袋，涉及长陵、兴寿、南口、流村、十三陵、阳坊、崔村等 7 个镇 38 户。在栗蘑种植过程中加强了培训指导，印制了 2 000份教材及光盘，由技术人员对种植户进行前期培训，种植前组织召开现场会，种植期间每户不少于 2 次的现场指导，使农户掌握种植技术。全年生产栗蘑达到 25 万千克，收入近 500 万元，有效促进了山区农民收入的增长。

【山区农户搬迁工程】 完成市搬迁任务 28 户、86 人，涉及 3 个镇、6 个行政村。同时，完成了市生态移民工程建设任务 100 人，实施了流村镇韩台村、瓦窑村 2 项建设工程。

【对口支山】 2010 年是全区新一轮对口支山工作的最后一年。218 个驻昌企业、部队、大专院校等支援单位对口支援山区 54 个低收入村。各支援单位的领导近 2 000 人深入山区进行调查研究，为低收入村提供帮扶资金 300 万元，对口支山资金总额突破 4 000万元。通过深入开展对口支山，重点扶持产业发展，为长陵镇康陵村春饼宴、十三陵镇德胜口村尜尜枣等一批具有特色的山区产业发展提供了资金支持。

【山区农产品社区行】 "山区农产品进社区活动"自 2009 年开展以来，深受广大社区居民和农民专业合作组织的欢迎。在东小口森林公园东门投资 50 万元建设的山区农产品销售中心于 2010 年 6 月投入试运营。来自昌平区的 37 家农民专业合作社首批进驻该交易中心。回龙观地区办事处在回龙观批发市场、碧水庄园等四个社区设立了山区农产品销售网点，采取定时、定点、订购等方式进行销售。同时，回龙观镇政府还计划在该地区的 46 个社区逐步推广此种销售模式。

【小流域综合治理】 2010 年，推动实施了流村镇韩台村和溜石港村生态清洁小流域建设工程，实施面积 15 平方公里；实施了南口镇羊台子村和大石坡村京津风沙源小流域综合治理建设工程，治理面积 30 平方公里。

村镇建设

【新城、新农村建设全面推进】 城市化率达到 61%，比 2005 年提高 8 个百分点。沙河大学城两所高校新校区建成开学，新城东区土地一级开发顺利实施。累计完成基础设施投资 124.2 亿元，是"十五"期间的 4.8 倍。新建和改造区级以上公路 15 条，道路通车里程比"十五"末增加 111.3 公里。公交线路总长达到 4 555 公里，位居远郊区县首位。新增日集中供水能力 10.1 万吨、污水处理能力 10.2 万吨，集中供热面积达到 3 170 万平方米，16 座变电站建成送电。用于"三农"的资金累计达到 97.5 亿元，是"十五"期间的近 4 倍。全区农民喝上了安全洁净的饮用水，实现了村村通公交和农村便利店、候车亭等服务设施的全覆盖。在全市率先建立了垃圾消纳处理和可再生资源回收利用新模式，垃圾无害化处理率由"十五"末的 70%提高到 95%。城乡环境卫生实现一体化管理。

【新农村建设】 "十一五"期间用于"三农"的资金累计达到 97.5 亿元，是"十五"期间的近 4 倍。新农村"五十三"工程实现"四年任务、两年完成"。2010 年，以加快推进全区城乡一体化为目标，突出农村基础设施建设和城乡结合部重点村迁建两项重点工作，"生态村"和"环境优美镇"创建工作成效明显，城乡结合部建设全力推进，集中突破规划、融资、手续等瓶颈问题，6 个重点村的城市化改造按期启动。

【“五项基础设施”建设全面完成】 2010年，安排剩余建设村92个，其中重点村49个，一般村43个，工程涉及资金总量4.5亿元。共计硬化道路210万平方米，完成绿化147万平方米，完成老化管网改造322公里，安装一户一表2.4万户，建设污水处理工程8处，铺设污水管网282公里，改造户厕6 500户，建设公厕218座，建设垃圾分类储存场所110处。实现了全区农村五项基础设施建设的全覆盖。12月13—15日，通过了市联合检查组的验收。

【“三起来”工程全面完成】 2010年，全区新安装节能灯5 000盏，圆满完成“亮起来”工程任务。“暖起来”工程建设太阳能浴室20座，完成既有住房节能改造2 000户，超额完成任务。“循环起来”工程建设雨洪利用工程10处，粪污治理工程12处。

【村庄规划实现全覆盖】 全区304个村庄中，需要编制规划的有251个村，已于2010年3月全部完成编制工作，并得到了区政府的审批，实现了全区村庄规划编制的全覆盖。

【“两创”工作扎实推进】 2010年，全区共有20个村庄申请了市级生态村的创建工作。9月7日根据市级生态创建主管部门安排，生态验收专家组利用两天的时间，对昌平区申报的20个北京市级生态村进行了实地验收，并且对2004—2006年已创建成功的3个环境优美镇与23个生态村进行了复查。最终，本年度14个村庄通过了专家组的考核获得了命名，复查的各镇村全部通过验收。

【完成城乡住宅建筑节能改造】 2010年，完成既有农宅节能改造2 011户，建筑面积22.2万平方米，新建节能抗震农宅348户，建筑面积4.5万平方米，外墙改造3.6万平方米，门窗改造4 763平方米，政府奖励资金投入1 387万元，农民投资926万元。完成既有城镇住宅楼节能改造42栋20.68万平方米。累计节能设计备案557项，涉及建筑面积183万平方米；累计节能专项验收备案236项，涉及建筑面积172.44万平方米。

【推进小城镇建设】 重点对五个重点小城镇现状、规划、重点项目进行调研，会同区财政局对五个重点小城镇上报的基础设施建设项目进行审查。小汤山镇完成银街路灯电缆改造和工业区大西路铺路罩油工程；北七家镇完成公路站北侧道路排水工程和亚汽路口改造工程；阳坊镇完成阳沙路口改造工程和颐阳路口改造工程；十三陵镇完成新镇区河沟治理、道路硬化和污水管线工程；南口镇完成南响路、水库南路大厂桥桥梁工程。

【最美乡村评比】 确定长陵镇的康陵村、流村镇的长峪城村、南口镇的羊台子村为昌平区2010年最美乡村候选村庄。从6月份开始，三个村陆续接待了部分持套票游客到昌平区候选村体验观光，6月17、18日，市农委宣传处组织北京日报、北京晚报、京郊日报、北京电台、首都之窗等媒体对昌平区三个候选村进行了采访，并在各自媒体上进行宣传推介。最终，长陵镇康陵村获得了本年度北京最美乡村称号。

【推进农村地区水务基础设施建设】 及时推动23个行政村安全饮水老化管网改造和一户一表改造工程，开工实施了16个村的饮水改造和一户一表改造工程，铺设村级供水管网66公里，安装水表4 000余块。完成长陵镇石头园等7个村农村雨洪利用工程7处，进一步增加农村水利工程蓄洪能力，改善农村水环境。实施长陵镇黄泉寺等8个市级民俗旅游村10座污水治理工程，完成3个村3座设施建设并投入运行。推动实施兴寿等12个镇设施农业节水灌溉工程1万余亩，落实91个地块，完成开凿机井26眼，铺设干支管线10公里；启动实施了2010年设施农业节水灌溉工程项目前期工作，已完成规划、立项及初步设计报告，工程项目进入施工准备阶段。

【推进城镇雨水综合利用工程建设】 在南口污水处理厂、空军23厂、北京金湖国际度假村、拉斐特城堡、昌平中心公园5个单位实施雨洪利用工程9个，总投资4 500万元，新增蓄水能力30万吨，年可节水60万吨。

【加快水系综合治理】 启动实施中直渠治理工程，彻底改善创新基地水环境，年底工程进入施工阶段。继续推动实施了半壁店沟治理工程，累计完成明渠和暗涵5.4公里，完成铺设污水管道11公里，交通桥梁4座，完成工程进度的90%。实施蔺沟水网工程，完成6.4公里输水管网工程。推动沙河再生水厂工程建设，已完成主体工程，即将进行试验运行；加快沙河再生水厂污水干管工程建设，重点推动干管工程北沙河北岸段、北沙河南岸、南沙河南岸段工程，累计铺设污水管线16.6公里。启动实施百善再生水厂及配套污水管网工程建设。积极推动马池口再生水厂、阳坊再生水厂、流村再生水厂工程规划前期工作。

农村改革与管理

【产权制度改革】 2010年，区委、区政府坚持把农村集体经济产权制度改革工作摆在突出位置，继续推行“三统一、四挂钩、五奖励”的激励机制，全年兑现奖励资金300万元，全力推进改革工作。通过区、镇包村工作队和各级改革工作人员的共同努力，改革工作推进顺利，进展良好，效果明显。全年166个村完成了改革任务，全区产权制度改革完成村累计达到246个，占312个农村集体经济组织总数的78.8%；正在推进改革的46个村，占全区312个农村集体经济组织总数的14.7%，力争2011年实现区域整体改革。农村集体经济产权制度改革工作重点和难点已经由注重改革推进村数量向加强改革工作质量，由侧重前期宣传推广向完善后期规范管理转变，今后改革的焦点将逐步转移到新型集体经济组织规范化管理上来。

【京郊首个林权、产权制度改革村在昌平区揭牌】 2月6日，京郊首个完成村集体林权改革与农村集体经济产权制度改革相结合的改革试点兴寿镇木厂村举行揭牌仪式。副市长夏占义、市园林绿化局局长董瑞龙、区委书记关成华、区长金树东、副区长苏卫东以及各郊区县领导参加了揭牌仪式。夏占义副市长为林农代表颁发全市第一批集体林权制度改革的林权证，市园林绿化局局长董瑞龙和昌平区区长金树东为股份经济合作社揭牌。

【落实“148”制度体系】 制定了2010年《“148”农村民主管理体系考核评价指标》，明确了农村民主管理的5个方面116项具体指标，划分了镇、村两级落实“148”制度体系的具体职责，有效促进了基层民主管理的规范化和制度化。“148”制度体系指区委、区政府创新建立的农村民主管理制度框架体系。其中，“1”指区委、区政府下发的《关于加强农村民主管理严格执行村务公开制度的意见》；“4”指区委办、区政府办下发的《关于加强农村集体财务管理的实施办法》等配套文件，明确了农村集体财务、资产、合同、村级干部报酬等4个方面规范管理内容；“8”指区委、区政府下发的《村级事务重大事项民主决策暂行规定》，对农村集体资产发包出租、农村集体土地征收及征收补偿费使用、农村集体借贷等8个方面的决策办法和程序作出了明确规定。深入推进农村集体财务管理规范化建设工作；开展农村集体资产产权年检工作，按时完成资产及债权债务调查工作，及时更新资产台账；加强对农村集体合同管理的指导，促进农村集体土地出租、承包经营流转工作由事后管理向事前、事中监管延伸；开展农村土地承包经营情况及土地确权流转情况的调查统计工作，及时更新信息化数据库；完成2009年村级干部及其他工作人员报酬统计工作，及时更新管理台账。

【深度推广应用农村在线审计】 应用在线审计方法完成了全区2009年村级组织正常运转专项补助资金管理使用情况的专项审计；完成了村集体经济组织2010年1—6月财务收支审计工作，实现审计后公开；完成了2007—2009年村干部任期及离任经济责任审计工作，共审计村级单位312个，涉及资金99.95亿元，针对发现问题及时提出了整改意见；完成了村集体经济组织货币资金管理检查工作，指导各镇按照“148”制度体系的具体规定将白条进行清理。在线审计项目被市农委评为“工作创新奖”。

【全面开展农村集体出租土地合同清查及整改工作】 共清查农村集体出租土地合同18 065份，其中文本合同17 207份，无文本事实合同858份。通过逐份清查和梳理，初步掌握了出租土地合同在签订、约定、执行和流转4个环节中存在的18类突出问题，并依据相关法律、法规和政策规定，逐份合同、逐项条款进行整改，进一步规范了农村集体土地出租和使用的管理。非诉讼类合同的整改工作基本完成。

【农民专业合作社规范化建设】 依托优势产业和特色产品，采取宣传发动、培育典型、政策扶持、规范建设等措施，推进了全区农民专业合作社的快速发展。全区在工商部门注册登记的农民专业合作社317家，同比增长42.8%。合作社成员达13 032人，带动农户26 470户。营坊昆利果品专业合作社被列为农业部2010年示范项目单位；区经管站“发挥合作社联盟优势、拓宽农产品销售渠道”被市农委评为工作创新奖。在北京市农民专业合作社示范社评比活动中，昌平区有8家合作社被评为“市级示范社”和“市级示范社建设单位”。

【农村土地承包经营纠纷调解仲裁】 成立了农村土地承包仲裁委员会，建立健全区、镇、村三级调解机制，统筹全区农村土地承包经营纠纷调解工作；制定了《昌平区农村土地承包仲裁委员会章程》，使仲裁委员会的选任更换有章可依、工作职责具体明确、履职严格规范；设置了专门的调解仲裁庭庭审大厅和仲裁庭调解厅并配备了相应的办公设备，保障纠纷仲裁工作随时开展；积极开展了调解仲裁员的培训工作，建立仲裁员培训长效机制，为昌平区农地承包经营纠纷调解仲裁工作的顺利开展提供了人员保障。

农民生活

【农民收入和消费】 2010年，农村居民人均纯收入实现12 548元，同比增长10.9%。其中，人均工资性纯收入7 737元，占农村居民人均总收入的53.7%，人均家庭经营纯收入2 562元，人均财产性纯收入2 210元，人均转移性纯收入1 875元。2010年，农村居民生活消费支出为11 379元，同比增长17.0%，其中：农民人均食品消费支出3 180元，同比增加61元，增长2.0%，占生活消费总支出的28.0%；农民人均衣着消费支出731元，同比增长7.4%；农村居民交通和通讯消费人均支出1 865元，同比增长93.8%，其中，用于购买交通工具的支出人均高达1 306元，同比增长2.0倍，汽车消费逐渐深入农民的视野，汽车消费拉动生活消费提高50个百分点。

【农村劳动力非农就业】 制定出台了《昌平区促进城乡劳动力就业工作意见》及相关配套文件，完善了促进就业的责任体系、服务体系、考核体系、奖励体系和创业促就业五个体系；搭建了政策扶持、协调联动、交流展示、创业培训、创业实战、专业服务、创业宣传七大平台，有效推进了“全民创业”行动；

完善了基层就业服务体系建设，全区303个行政村、177个社区就业服务站正式挂牌成立；启动了“千人培训”工作，对2 000多名基层就业服务组织工作人员进行了系统业务培训；积极尝试重点企业用工对接、失业动态监测、就业三级联席会议等就业工作机制，促进全区就业信息资源共享；制定出台了《关于加强就业培训工作的意见》（试行），进一步提升了职业技能培训质量；建立实施了“六个100%”促进就业资金核查机制，进一步完善了促进就业资金核查制度体系建设。年内全区帮扶就业困难人员实现就业3 689人，7 038名农村劳动力实现转移就业，顺利实现了无“零就业家庭”目标，帮助281人实现成功创业，带动就业1 129人。全年共培训农村劳动力和城镇失业人员6 452人，通过培训实现就业3871人；共举办招聘洽谈会208场，参加招聘单位7 529家，提供岗位101 916个，累计参会求职者24.78万余人次，成功推荐就业4 881人次。

【农民教育】 围绕发展“一花三果”优势主导产业，制定了农民科技培训工作的实施意见，以农业局、园林绿化局、农服中心等为具体实施单位，通过培训班、物化技术补贴、技术指导、现场会等多种教育培训形式，及时解决了农民生产中遇到的技术难题，促进了农业增效，农民就业增收，共计培训农民11 862人次。具体包括：苹果、柿子、桃、汆枣、樱桃等林果种植管理技术培训4 031人次；草莓、蔬菜、百合花等设施农业生产及病虫害防治技术培训4 453人次；畜禽养殖及疫病防控技术培训3 378人次。共举办农闲学习班、生产现场会、专家面对面等各类形式的农民农业实用技术集中培训200余场次，向农民推广农业新技术80余项。倡导各培训单位在直接面授的同时，加强更为便捷、及时的间接培训，积极向农户发放便于理解、简单易行的“明白纸”、“口袋书”、“季节历书”等文字性培训资料，以随时解决生产中遇到的技术难题。全年向农户发放技术指导资料两万余份。同时，积极推进全区农民田间学校稳步发展，全年开办农民田间学校36所，其中，新建13所，续建23所；种植业26所（包括：草莓13所、百合8所、苹果3所、食用菌和西红柿各1所），养殖业10所（包括：柴蛋鸡4所、生猪3所、肉羊和奶牛及罗非鱼各1所）。累计开展农民培训（活动日）350余次，有农民学员825人，辐射带动5 000余户，解决技术问题105个，推广实用技术80余项。

【文化体育】 全区304个村级文化活动室基本建成并达到了市文化局制定的标准。建成13个镇级图书分馆，481个村级和社区图书室，186个益民书屋和298个农村数字电影放映厅。为基层开展群众文化活动配发了携带便利的一体机。正月十五组织的“龙腾狮跃”闹元宵活动，全区各镇（街）22支队伍，1 000余名表演人员齐聚永安文化广场，进行龙狮飞舞、小车会、鼓舞、跑旱船、高跷、秧歌等丰富多彩、形式多样的表演。2010年，昌平区积极推进农村数字电影发展，重点抓了“农村电影工程”，找准载体将电影工作和为各部门、各行业服务结合起来，荣获了全国农村数字电影放映先进单位称号。全年共放映电影32 129场，宣传观众277万余人次。其中，农村数字影厅放映电影30 417场，宣传观众262万余人次；流动放映1 122场，宣传观众98 255人次。

【农民社会保障】 制定出台了《昌平区城乡低保对象城市生活困难补助对象农村五保供养对象参加城乡居民养老保险缴费补贴办法》，对困难群体参加城乡居民养老保险给予全额缴费补贴；认真落实农村居民最低生活保障政策，农村低保对象共计2 093户3 211人，全年累计发放保障金963.56万元；加快推进了社保“五险合一”经办机构改革，优化了社保经办业务流程，提升了服务质量；重点推进了社会保障卡工程，全区145家定点医疗机构开通了持卡就医功能，共发放社保卡17.11万张，发卡率达到99%；加大了社会保险基金收缴力度，通过加强社会保险稽核、清缴历年欠费等措施，提高了社会保险基金收缴率；制定出台了《关于昌平区区属机关事业单位公费医疗纳入基本医疗保险办法》，并组织召开了工作启动大会，为2010年正式实施做好了必要的准备。共办理退休核准3 065人，认定工伤1 172人，为399人提供了劳动能力鉴定服务。年内全区以五项社会保险为核心的社会保障体系覆盖人群达到144.47万人次，其中，五项社会保险参保人次达到128.1万人次；城乡居民养老保险累计参保12.3万人，参保率达到94.1%，超过全年指标（92%）2.1个百分点；老年保障制度覆盖4.17万人。五项社会保险累计收支规模达到40.51亿元，同比增加10.33亿元，增长34.23%，其中，基金收缴规模达到19.7亿元，完成全市下达扩面征缴指标（16.53亿元）的119%；五项社会保险基金收缴率均达到97%以上，超过全年指标（95%）2个百分点。

基层组织与民主政治建设

【圆满完成第八届农村选举工作】 2010年4月至8月，组织开展并圆满完成了第八届村委会选举工作。克服拆迁村选举工作组织难度大、重难点村情况复杂等不利因素，扎实有效推进选举工作，最终实现全区303个村100%如期完成选举工作任务。全区303个村共登记选民250 449人，参加正式投票选举的选民共232 397人，参选率达到92.79%；共选举产生新一届村委会主任303人，村党组织书记当选村委会主任的有158人，占52.15%。有568名村党组织班子成员进入村委会，占新一届村委会成员的51.13%。书记、主任“一人兼”比例比上届39.10%提高了13.05%，村“两委”交叉任职比例比上届36.80%提高了14.33%。

"三农"工作部署和实施

【重要会议、部署和实施】 2月27日全市农村工作会议召开后，昌平区委、区政府高度重视，并立即于当日下午组织区农委、新农办、住建委、经信委、农业局、旅游局、经管站等部门主要领导，各镇（街道）党（工）委书记、相关村党支部书记以及获得表彰的先进集体、先进个人代表共80余人就贯彻落实市农村工作会议精神，统筹城乡社会经济发展，推进全区城乡一体化工作进程进行了认真研讨。区长金树东主持会议并做重要讲话，区委书记侯君舒，区委副书记王书合，区委常委潘建新、李良、孙启出席会议，副区长苏卫东、王承军、洪波分别就昌平区农村、城建和城乡一体化工作发表了讲话，市新农村建设领导小组成员单位主管领导曹跃进、任宗刚同志参加了会议。会上，获奖村党支部书记、先进单位和个人代表介绍了"三农"工作的成功经验和做法，各部门、各镇（街道）、主管副区长结合昌平实际，围绕市农村工作会议上刘淇书记的讲话和夏占义副市长作的报告，针对全区"三农"和城乡统筹工作进行了深入讨论。会议要求：全区上下要认真学习领会中央、北京市农村工作会议精神，在总结2009年"三农"工作的基础上，继续坚定信心，振奋精神，扎实工作，顽强拼搏，全面推进城乡一体化各项工作，努力推动昌平在新阶段实现创新发展。

【惠民、惠农政策落实】 2010年，昌平区因势利导，充分发挥政策引导作用，积极拓展农业的生产、生态和生活功能，全力打造和提升农业的品种、品质和品牌优势，按照高端、高效、高标准的要求，继续做精以"一花三果"为主导的特色都市型现代农业，现代农业的发展质量显著提升。在深入调研的基础上，牵头有关部门对原有的全区《设施农业发展规划（2008—2012）》进行了合理调整，进一步明确了设施农业产业集群建设的重点区域。同时，牵头相关部门制定了全区规范发展设施农业的指导性意见，为设施农业的持续、健康发展奠定了坚实的基础。草莓、百合、苹果等专项产业扶持政策，农机具、农资、日光温室卷帘机等专项补贴政策以及涉农贷款、政策性农业保险等资金保障政策的相继出台，有效提升了设施农业的发展质量。两年来，通过有效实施《关于加快草莓产业发展的扶持意见》，加快了全区设施草莓产业的规模化、产业化发展步伐，从事草莓设施经营的广大农户生产积极性显著提高，草莓产业生产效益稳步提升。借助扶持政策在草莓产业发展过程中所取得的成功经验，牵头有关部门又相继制定了百合花、苹果等特色主导产业的扶持政策。通过一系列的政策引导和有力的资金支持，充分调动了广大农民、集体及社会力量投资"一花三果"产业的积极性，"一花三果"产业的发展规模和发展质量显著提高。

【人大执法、政协提案办理】 2010年，农委系统共承办市政协委员提案1件；区人大代表建议33件，其中主办29件，分办3件，会办1件；区政协提案21件，其中主办15件，分办5件，会办1件。55件建议和提案主要涉及：水环境治理、污水处理设施建设、生活饮水、水利基础设施建设及水资源综合利用等水务建设建议31件；林业发展、林权制度改革、绿化美化、花卉交易市场建设等园林绿化建设建议9件；农村基础设施建设、农村道路养护、村邮员待遇等新农村建设建议5件；低碳农业发展、高山冷凉蔬菜加工厂建设、科学处理垃圾回收等农业发展建议4件；山区民俗旅游、沟域经济、农业生态观光园建设等休闲产业发展建议3件。此外，提案建议中还涉及加大农民专业合作社扶持力度、加强农民实用技术培训、加大政府扶持项目和资金的使用效率等内容。所承办的33件人大代表建议和22件政协委员提案均在规定时限内全部答复完毕，代表、委员对建议、提案中所提问题得到有效解决表示满意。

昌平区主要领导人

区委	书记	侯君舒
	副书记	金树东　王书合
	常委	朱光彤　戴　维（女） 潘建新　李　良　王双武 陈秋生　孙　启
区人大常委会	主任	李福忠
	副主任	武　宁（女）　张文祥 张文良　杨国昌　郑国柱
区	长	金树东
	副区长	金　晖（女）　方　炎 苏卫东　洪　波　王承军
区政协	主席	王振华（女）
	副主席	李永生　张国良　张荣禄 李富和　陈　勉
区纪委	书记	戴　维（女）

昌平区各镇（街道）党政正职领导

	党（工）委书记	镇长（办事处主任）
城南街道	董桂蛟	韩宝田
城北街道	茅　江	石东琨
回龙观镇	贺　军	储　鑫
东小口镇	李志杰	王　军
沙河镇	王学剑	申士学
小汤山镇	牟少华	张新亮
崔村镇	宗　江	刘宝君
兴寿镇	许正锋	叶玉东
阳坊镇	刘长永	李　昌
南邵镇	王　建	徐　强
百善镇	郭向东	李怀来
北七家镇	孟　晖	韩　军

十三陵镇　蒋文云　王建成
长陵镇　宁　澈　石彩红
南口镇　黄建军　段学勇
流村镇　秦建柱　张中武
马池口镇　刘向东　王　力

（昌平区农委　田　宁）

大兴区

概述

大兴区地处北京南郊，素有“京南门户”、“绿海甜园”之称。辖区总面积1 036平方公里，辖14个镇，527个行政村，户籍人口59.5万人。“十一五”期间，全区认真落实北京市“221行动计划”，按照“调整基础产业、提升主导产业、发展新兴产业”的总体思路，形成了以蔬菜、西甜瓜、果品、甘薯、花卉、生猪、奶牛、肉羊、家禽为主的九大主导产业，农业总量达到北京市的1/6强，成为北京市重要的农产品供应基地。以“五业促一村”为重点内容，不断转变农业发展方式，拓展农业新功能，都市型现代农业取得了突破性进展，农村产业逐步融合，产业设施不断完善，农村面貌明显改观，农民生活水平显著提升。

2010年2月，按照市委市政府的统一部署安排，大兴与亦庄北京经济技术开发区进行行政资源整合，两区主要领导实现了交叉任职，大兴区委书记林克庆任中共北京市委经济技术开发区工作委员会书记；大兴区区长、区委副书记李长友任中共北京市委经济技术开发区工作委员会副书记；开发区工委副书记、管委会主任张伯旭任中共北京市大兴区委员会委员、常委、副书记；大兴区常务副区长张晓林任中共北京市委经济技术开发区工作委员会委员、管委会副主任。

城乡一体化

【加快城乡结合部改造建设】 年内，本区率先完成8个市级挂账村拆迁改造工作。年初确定的64个村庄拆迁工作全面启动，完成13 700户民宅、511万平方米拆迁任务，最大限度维护群众合法权益，基本实现了和谐无震荡拆迁，探索出全市城乡结合部改造的“大兴经验”。

【全面实施新农村“五+三”工程】 年内，本区全面实施新农村“五十三”工程，提前两年基本实现五项基础设施全覆盖，累计完成农村街坊路硬化近1 100万平方米，全区35万农民安全饮水问题得到解决。

都市型农业

【概况】 2010年，大兴区着力促进都市型现代农业与二、三产业融合发展，设施农业、精准农业、观光休闲农业和农产品加工业规模不断壮大。御林古桑园等10个观光园区提升工程加快推进，建成韩凤路设施农业产业带，带动周边近2万户农民增收致富，农业的休闲、生态功能进一步拓展。持续深化院区合作，积极推进“科技助农”工程，开展农民实用技术培训6.5万人次，农业科技服务体系不断完善。面向连锁超市和高端市场，积极搭建“农超对接”和网络销售平台，农产品销售渠道进一步拓宽。全面实施新农村“五十三”工程，提前两年基本实现五项基础设施全覆盖，累计完成农村街坊路硬化近1 100万平方米，全区35万农民安全饮水问题得到解决，实施土地整理和中低产田改造0.45万公顷，太阳能、生物质能等新型能源在农村得到初步推广。全面启动285个村的集体经济产权制度改革，集体林权制度改革有序推进。认真落实“共同致富行动计划”，着力解决低收入农户增收问题，全区低收入农户年人均纯收入增长10%以上。继续实施政策性农业保险，覆盖范围进一步扩大。深化村务公开、村账托管、民主决策，规范农村集体土地承包经营权流转程序，农村民主管理水平不断提高。

【西甜瓜产业概况】 2010年，全区西甜瓜总面积为0.6万公顷（西瓜0.53万公顷、甜瓜0.067万公顷），其中棚室面积0.27万公顷、中小拱棚面积0.27万公顷、地膜面积0.087万公顷。主要分布在庞各庄、北臧村、安定、礼贤、魏善庄、榆垡六个镇，种植农户2.6万户。主要栽培品种30多个，包括西瓜中果型品种京欣一号、京欣二号、京欣三号、航兴一号、航兴三号，小果型品种京秀、新秀、L600、特大早春红玉、红小帅、黄小凤、黄小帅，小型无籽西瓜品种蜜童、墨童、京玲；厚皮甜瓜品种京玉系列品种、玉金香、一品红；薄皮甜瓜品种京蜜11、雪王8等。

【蔬菜生产情况】 2010年，全区蔬菜播种面积2.07万公顷，累计上市量10.58亿千克，销售收入11.82亿元，平均单价1.12元/千克。

【甘薯产业概况】 2010年，全区甘薯种植面积0.19万公顷，主要分布在庞各庄、北臧村、榆垡、魏善庄等镇，主栽品种为遗138、豫薯10和徐薯23，生产模式以春甘薯为主，平均亩产2 400千克。

【粮经产业发展概况】 2010年，全区主要粮油作物是小麦、玉米、甘薯、花生、大豆，其中小麦种植面积1.464万公顷，主要品种为京9428、农大211、京冬8、京9843等，总产量7 356.6万千克；玉米种植面积2.608万公顷（其中春玉米0.67万公顷），主要品种为农大108、宽诚1号、京单28、京科308、中单28、中玉15，玉米总产量16 790.3万千克；甘薯种植面积 0.19 万公顷，亩产 480 千克（折粮），总产量 1 392 万千克（折粮）；花生种植面积 0.207 万公顷，亩产 210 千克，总产量 651 万千克；大豆种植面积 0.053 万公顷，亩产 180 千克，总产量 144 万千克。

【生态补贴】 2010 年，全区生态补贴小麦面积为 1.47 万公顷，牧草面积为 150.47 公顷，涉及 11 个镇，398 个村，38 731 户，补贴金额约 891.5 万元。

【生态环保养猪模式】 2010 年，全区累计投资约 1 100 万元，建成现代化生猪标准化养殖示范场 15 个（出栏 500 头以上），推广生态发酵床 1.6 万平方米。年出栏优质生猪 25 万头，年新增效益 6 100 万元。

【种业发展】 2010 年，全区建成种业科技示范园 1 座，新增种业场 8 个。完成 2 个规模猪场和 3 个规模牛场部级畜禽标准化示范场申报工作，并已通过市级验收。使全区种业场总数达到 43 家，种业收入比上一年增加了 34%。发放良种补贴冷冻精液 4 万余支，提供液氮 9 000 升。加速品种改良。

【养殖场粪污治理】 2010 年，全区总投资 500 万元，治理粪污养殖企业 22 家，5 家企业采用设备治理模式，4 家企业采用三级曝气治理模式，13 家采用生态环保养殖治理模式。

【标准化基地建设】 2010 年，本区新确定 10 家区级标准化基地，完成 3 家市级标准化基地改造升级。全区畜牧业共有国家级标准化示范区 1 个，各类市级标准化生产基地 74 个。其中牛场 25 个，猪场 26 个，禽场 15 个，羊场 4 个，渔场 4 个。

【畜牧业保险】 2010 年，将能繁母猪补贴款的发放与能繁母猪保险工作捆绑在一起进行。参保生猪 31.97 万头，发放补贴 400 万元。投保奶牛 1.2 万头。入区奶牛 6 000 余头，发放入区补贴 400 万元。

【渔业增殖放流】 2010 年，渔业增殖放流工作分春、秋两个阶段进行，其中 4 月份，引进优良品种在埝坛水库共放流锦鲤、花白鲢等大规格鱼苗 1.25 万尾。完成 20 公顷老旧坑塘改造。

【农业执法宣传】 2010 年，本区加大执法力度，开展 3·15 农业执法宣传周活动。深入乡镇利用发放宣传单、举办培训班等方式，让农民用上放心农用物资，确保生产顺利进行。落实北京市农资打假专项行动，对饲料企业、兽药经营点、奶站开展专项检查。配合市人大对辖区养殖场的污水排放进行检查，对三个镇的养殖场进行抽查工作；配合渔政加强水产苗种场的违禁药品残留检测工作。积极参加全区防灾减灾宣传活动和"民主法制宣传月"活动，共印制宣传材料 3 000 余份、发放宣传环保袋 1 000 余个。

【畜牧业产量产值】 2010 年，全区生猪出栏 59.6 万头，肉羊出栏 19.85 万只，禽类 1 446.1 万只，鲜奶产量 15.6 万吨，鲜蛋产量 2.2 万吨，水产品产量 1 989.7 吨。畜牧业产值完成 21.1 亿元。

【动物免疫工作】 2010 年，与各镇、各养殖场、屠宰厂、饲料厂、兽药厂、宾馆饭店及经营性冷库等签订责任书、承诺书共计 7 150 份。免疫各种禽类 1 509万只次，免疫各种畜类 188 万头只，免疫注册犬 11.43 万条，各种疫病免疫率均达到 100%。

【举报案件处理】 2010 年，全区共处理各类举报案件 131 起。清理泔水猪 6 213 头。收容无主动物 59 只（小猫），无害化处理 14 头。取缔活禽滥宰摊位 37 个、查扣打毛机 5 台。没收活禽 545 只、白条鸡 284 只、病死猪 16 头，猪肉产品 3 436 千克、犬 1 条。

【饲料、兽药、奶产品、水产品监管】 2010 年，制定了《大兴区饲料、兽药投入品专项整治工作方案》，对辖区兽药生产经营企业、饲料生产企业、大中型养殖场进行拉网式检查。共出动执法人员 215 人次，检查饲料厂 298 场次，发放监督笔录、意见书 252 份；检查奶站 56 场次，发放监督笔录、意见书 112 份；查处销毁检验不合格饲料 11.76 吨、销毁不合格标签 5.3 万张。

【检疫监督】 2010 年，本区加强产地和运输检疫，严把屠宰检疫关，打击经营流通环节的违法经营行为，全面落实定点屠宰、动物及动物产品检疫、动物防疫监督等工作，确保了上市肉食品安全卫生。产地检疫：全面落实了"四单一证一标识"和"三结合"的产地检疫工作制度，产地检疫率达到 100%。屠宰检疫宰前检疫和宰后检疫到位率 100%。共检疫猪 66.89 万头、牛 4 300 头、肉鸭 339.69 万只；无害化处理生猪 2 890 头、肉鸭 5 186 只。公路检疫共监督检查车辆 1.1 万车次，共检疫动物 300.58 万头只，动物产品 5.13 万吨。劝返不符合进京车辆 87 车次。

【兽药管理】 2010 年，全区检查兽药生产企业 22 次，兽药经营企业 56 次，动物诊疗单位 48 次，出动执法人员 215 人次，发放监督笔录、意见书 252 份，没收并销毁假劣兽药共计 24 种。行政处罚 5 起、罚款人民币共计 14 454.4 元，没收非法所得5 240元。

【基础设施】 2010 年，本区到位资金 150 万元，建设魏善庄、礼贤、长子营三个动物防疫站和魏善庄、榆垡、采育三个中心站，完成黄村、北臧村、瀛海、旧宫、西红门五个镇动物防疫站改造装修；开始动工大兴区动物卫生监督所、动物疫病控制中心化验室、大兴区动物无害化处理场完成了榆垡、庞各庄、采育、安定、青云店、西红门 6 个动物防疫站和区动物卫生监督所、化验室的改扩建；与武警四支队和各镇建立应急储备人员联动制度，建立起总数 320 人的区、镇、村三级专业应急人员。150 人的武警战士联防人员。

【驻厂官方兽医室全面投入使用】 2010 年，在区辖北京中瑞食品有限公司和北京资源亚太食品有限公司两个生猪屠宰厂，全面建成驻厂官方兽医室并正式投入使用。投入建设经费 3 万元，派驻 4 名官方兽医，聘用签约兽医 32 名，这标志着大兴区在实施签约兽医辅助下的官方兽医屠宰检疫方面走在全市的前列。

【完成广州亚运会参赛马匹区属安全监管】 8月，广州亚运会参赛8匹赛马从相关区县调入北京大兴京城马匯俱乐部。9月26日，参赛马匹从北京大兴京城马匯俱乐部启运前往广东省。在监管期间，大兴区派驻专人实施监管，细化马匹档案，完善各项监管记录，并顺利完成了马属动物疫病的监测采样及免疫工作。确保参赛马匹安全无疫。

【上海世博会动物食品安全专项整治行动】 5—10月，为确保2010年上海世博会期间供沪动物及动物产品安全，区动监局采取多项措施开展上海世博会动物食品安全专项整治行动。对现有供沪企业重新进行审核登记备案，并对辖区动物产品经营单位和大型养殖场进行专项整治，此次专项整治行动为期半年。世博会期间，全区累计供沪肉鸭314 294千克，牛肉8 750千克，均未发生动物产品质量安全问题。

【林业概况】 全年，全区完成绿化面积0.49万公顷，其中“三北”0.33万公顷，公园绿地0.1万公顷，经济林0.33万公顷，路河绿化0.02万公顷；植乔灌木650万株。林木绿化率达到25.55%，森林覆盖率达到23.21%，城市绿地率33.13%，城市绿化覆盖率40.67%，人均公园绿地10.61平方米。

【绿色通道管护】 2010年，全区绿色通道建设总长度220公里，永久性绿化带面积达29 772亩，产业带39 811亩，涉及全区十三镇、八个国营单位。按照《北京市绿色通道建设工程永久性绿化带管护管理暂行办法》、《五河十路绿色通道产业带管理暂行办法》的要求，本局组织林权单位对区内实施的京开、京九、京津塘、五环路、六环、永定河等绿色通道进行了管护作业。管护内容具体包括：浇水和防涝、中耕除草、修枝整形、病虫害防治、防风防寒、防火和防止乱砍滥伐、禁止放牧、防止人为破坏、保持林地清洁。方案要求各镇林业站及各林权单位按照方案进行管护作业。

【重点生态建设工程】 2010年，六环路重点绿色通道工程，全年完成6.6公顷，栽植各种乔灌木14.68万株。涉及黄村、北臧村、兴创公司、天堂河劳教所、生物医药基地等2镇3国营单位。京山铁路二期绿化工程，全年完成绿化总面积514亩，涉及安定镇、公路局、水务局、北京铁路局四单位。公路河道绿化工程，全年完成绿化长度37.1公里（计划30公里），栽植各种乔灌木139.22万株。涉及魏善庄、安定、庞各庄、黄村、北臧村五镇。

【全民义务植树】 全年，全区共完成义务植树34万株（墩），其中新植23.5万株（墩）多植10.5万株（墩）。组织18次重大义务植树活动，接待了参加义务植树活动的部市级领导及社会各界知名人士60人次，市区群众、院校学生和企业职工4 600余人。

【大兴新城绿化】 2010年，创建首都绿化美化花园式单位8个，首都绿化美化花园式社区2个，首都绿化美化园林小城镇1个，首都绿色村庄5个。锦华园小区行政区属大兴新城林校街道办事处，位于大兴城区的西南部，在永华路以南1 000米、京山铁路西侧500米处，北邻义和庄铁路小区，西邻建设中的滨河公园。小区绿化改造工程规划总面积18 832平方米，改造工程竣工后锦华园小区绿化覆盖率达到38%。工程重点完善提高小区内绿化水平，扩大绿化空间，增大绿量，改造后可增加绿地面积1 675平方米，观赏花卉品种增加15个，增加停车位178个，并把小区的原有单纯停车处全部改造为绿荫停车位。有效改善小区的生态环境，达到三季有花香，四季有景赏，停车绿荫下，健身花园中，小憩可愉悦、出入能舒心的效果。

【果品产业建设】 2010年，全区新建、提升标准化示范基地9个，其中新建6个，提升3个。有机栽培首次应用具有高科技含量的三安生物零农残有机果品生产技术，示范面积66.67公顷，12个果园，共投入使用生产物资169.1吨，包括土壤净化剂、生态有机肥、植物保护剂、生物制肥素。提升3家、规范5家农民专业合作组织，提高农业组织化水平。从本市及国内科研院所，引进果树优新品种237个，其中梨142个，桃78个，葡萄12个，核桃5个。推广应用人工授粉0.4万公顷，应用天达2116抗寒剂66.67公顷，幼树套防虫袋116.67公顷，铺地膜43.33公顷，葡萄避雨设施栽培80公顷。

【林下经济】 全年，全区林下经济完成1 366.73公顷，主要有林菌、林禽、林桑、林粮、林药、林草、林油七种模式。其中：林菌完成196公顷，林禽完成12.67公顷，林桑完成233.33公顷，林粮完成606.67公顷，林药完成67.33公顷，林草完成114.07公顷，林油完成136.67公顷。涉及采育等九镇和大兴林场有林单位。

【花卉产业】 2010年，“北京信采种养殖有限公司”作为区内重点标准化生产示范基地，新建育苗连栋温室2 000平方米，改造日光温室13.33公顷，在全区标准化基地提升工作中荣获一等奖。北京纳波湾园艺有限公司落户大兴，是北京市首家以月季种苗出口为主的花卉生产企业，该基地位于魏善庄镇，面积13.33公顷。

【森林防火】 2010年，本区强化森林火灾防控工作，开展警民联防试点，同时加强巡逻检查森林防火，做到巡逻检查无死角。全年共出动车辆160车次、警力480人次、制止违章用火40余起，查出并消除森林火险隐患72处。

【种子苗木检疫工作】 2010年，全区共登记核发林木种子检验员证62个，审核办理林木种子经营许可证2份；种苗产地检疫率达到100%，对出入境苗木、木材等林产品严格实施检疫管理，堵住林业有害生物传播、蔓延的途径。产地检疫率100%，未发现检疫对象。采用无公害防治、常规防治与三代美国白蛾防治相结合，无公害防治率达96%。

【有害生物控制】 2010年，在全区范围内，全面推进无公害防治、常规防治与三代美国白蛾防治相结合，在药剂使用上主要为仿生制剂。预防控制面积9.9万公顷次，其中：飞防200架次，作业面积0.73万公顷次，地防9.17万公顷次。全区林木有害生物防治率达到99.4%，无公害防治率达到95%，测报准确率达到99.75%，成灾率0.03‰。在周边防控形势日益严峻的情况下，全区未发生美国白蛾灾害。

【林政资源管理】 2010年，全区办理林木采伐证593份，折合蓄积32 761.69万立方米；办理征占用林地15份，其中永久占地12份，临时占地3份，共涉及林地面积37.538 6公顷。

【古树名木】 截至年底，全区共有31棵古树，1棵名木。

【林业执法】 2010年，本区涉林治安状况良好，接警数量明显减少。共接受警49起，其中存档备查21起、初查立受案27起，移交其他单位1起；全年度立、结案27起，其中林业行政案件22起，刑事案件5起；行政罚款45 707元，补种林木1 181株，刑事拘留8人。

【农机概况】 全年争取农机总投入4 450.44万元。其中落实购置农业机械投入2 743.84万元，玉米秸秆还田和土壤深松项目补贴357.6万元，购置监理培训检测设备投入76万元，能源服务站设备购置及路灯维修工时费130万元，农机服务组织基础设施待建设资金1 143万元。实现了全区农业机械总动力达到47.7万千瓦，农业机械净值66 887万元。拥有大中型拖拉机1 359台，拖拉机大中小型配套机具4 452台，玉米大中型联合收割机129台，小麦联合收割机141台，农副产品加工机械766台，畜牧养殖业机械494台，林果业机械186台，渔业机械141台，农用运输车21 745辆，农田基本建设机械74台。党务工作以开展“创先争优”活动为主题，积极开展各类活动，全年共举办各类学习培训30次，培训党员590人次，承诺为民办实事工作13项。在原有科室的基础上新增监察科，2010年年底全系统正式职工100人，其中干部41人，专业技术人员26人，技术工人15人，高级技术职称2人，工程师8人。

【农机基础设施建设】 2010年，争取农业保护性耕作项目资金1 143万元，其中中央投入390万元（占34.1%），市级投入530万元（占46.4%），区县配套223万元（占19.5%）。对安定、魏善庄、青云店镇农机站和长子营镇留民营兴旺农机服务专业合作社进行库棚、维修间、零件库、车辆清洗间改造和建设共计7 866平方米，地面硬化10 522平方米。购置大型玉米免耕播种样机、大型小麦免耕播种机、秸秆粉碎还田机、车辆清洗机、维修工具及仪器设备共计62台套。

【农机规模化作业服务】 2010年，完成农机规模化经营和服务0.608万公顷。其中规模化经营0.075万公顷，规模化服务0.53万公顷（全程规模化作业服务0.067万公顷，重点环节规模化作业服务0.47万公顷）。北京兴绿禾农业技术服务有限公司在青云店镇北辛店村租种土地66.67公顷，安定镇农机站在兴安营村租种土地10公顷，开展小麦玉米两茬规模化经营模式的探索和试验，为今后大面积实施奠定基础，有效解决城乡一体化进程加快带来的土地无人经营问题。

【农机购置补贴工作扎实推进】 2010年，全区共计落实各类补贴机具1 198台套。涉及资金2 743.84万元，其中补贴资金1 371.92万元。市级以上补贴资金1 168.76万元（占总补贴资金的85%）。其中补贴75马力拖拉机75台，玉米收获机57台，小麦收获机10台，小麦播种机1台，玉米播种机1台，增氧机50台，30马力大棚王95台，微耕机200台，卷帘机247台，割灌机10台，7.5千瓦微孔增氧设备5套，保温被6万平方米。区级资金203.16万元（占总补贴资金的15%）。其中45马力拖拉机15台，30马力拖拉机50台，旋耕机50台，微耕机100台，菜苗运输车5辆，剪枝机7套，甘薯机械20台，猪产床200套，育苗盘4万张。圆满完成了政府为农民办实事任务。

【玉米秸秆还田和土壤深松】 2010年，共新增玉米秸秆粉碎还田和土壤深松面积各0.232万公顷，累计达到玉米秸秆粉碎还田0.48万公顷，土壤深松0.232万公顷。涉及补贴资金357.6万元。制定和下发了《玉米秸秆还田和土壤深松项目管理办法》和《致项目区农民的一封信》等宣传材料，培训作业机手114名，顺利完成了项目任务。

【玉米机械化收获成果显著】 2010年，加大对玉米机械化收获环节的推广力度，累计补贴玉米收获机57台。其中带青贮回收功能玉米收获机2台，自走式玉米收获机55台。完成玉米机械化收获任务1.15万公顷，机械化水平44.5%，较2009年同比增长20.9个百分点。全区参加北京市十大玉米机组评选活动10个。其中北京金盛地农机专业合作社进入前十名。

【农机研发工作取得新成果】 2010年，区农机中心完成甘薯插秧机、甘薯起垄铺膜机的研发与推广工作，推广甘薯起垄铺膜机10台，甘薯收获机10台，完成甘薯起垄铺膜作业0.067万公顷，甘薯收获作业0.04万公顷。引进了4台声波助长机，开展了等离子体播种试验，物理农业技术声波助长技术的试验示范。

【新农村能源设施维护工作】 2010年，对全区10 517盏路灯进行统一编号和喷号，建立档案，绘制分布图，规范设施管理。对庞安路、朱马路等重点路段及2006年新农村建设的20个重点村庄的损坏路灯进行控制器及光源的更换，目前已更换控制器500个、光源600个。对青云店镇小谷店村和魏善庄镇赵庄子村的沼气设备出现的储气罐泄露及加热管道损坏等问题进行维修服务，确保新能源设备的高效、持续运转。

【农机安全生产检查】 2010年，在全区共设农机具年审、年检检审点16个，排除治理安全隐患140处，治理尾气排放超标车辆217台。累计出动执法人员290人次，执法车辆178台次，检查农业机械1 061台次，农业机械牌证审核909个。维修网点共开展了2次农资打假活动，检查维修网点87家，检查零配件27种、2 100件次。

【永定河堤防路加宽工程】 5月30日，区水务局永定河管理所，在汛期前对永定河42.7公里堤防由原来10米加宽到25米，完成险工连接段连锁板护砌22.3公里，百里长堤上的汛房，上下堤道口经逐年完善加固，使永定河大堤防洪能力提高到50年一遇标准，区管河道已达到20年一遇标准，镇村级排沟达到了10年一遇标准。

【水务百日整治行动】 6月30日至10月10日，每晚22点到次日凌晨3点，水务监察大队与水务治安派出所采取联合执法行动，共查处盗采砂石案件40起，行政拘留61人，查扣盗采砂石车辆60余台。在重点河道、坑塘设立警示牌910块，在重点水域安装安全防护栏1 300米，清劝游泳、垂钓人员220余人次。检查洗车单位219户，纠正各类违法行为30余起，规劝违规洗车约270人次。

【气象预报服务工作】 2010年，通过电话、电视、网络等手段向各级（区、镇、村）领导及社会各界提供及时周到的气象服务，以便各级领导和有关部门组织和指挥防灾、救灾工作。凡预报有降水、≥5级风、大雾、强降温等天气过程时，按时向区委、区政府、区农委、防汛办等提供不定期气象专报。通过区农委信息平台向全区1 500部手机用户发布天气信息，达16万余条。接受电视台专访72次，在大兴报、大兴咨询刊登气象预报和农业气象提示50余次。接受电话答询60余次。在遇有>1.0毫米以上降水天气过程时，及时统计17个自动站汇总雨量表发传真上报区委、区政府、农委，防汛办和应急办等部门16次。

【专题气象服务工作】 2010年，大兴西瓜节、春华秋实、百果节、中、高考期间天气等，全局预报服务人员与市气象台积极开展专题会商，35次发布专题天气预报，为组委会提供了活动期间的天气预报，确保活动的顺利进行，预报与实际出现天气完全吻合。

【气象科普宣传】 3·23世界气象日，区气象局的领导和业务工作人员到大兴区瀛海二小，进行气象科普宣传活动。业务人员在现场为小学生讲解气象和防雷知识，气象仪器的使用维护，并为小学生发放了气象科普书籍，包括《气象灾害防护指引》、《防雷避险手册》等。

【避雷装置安全检测】 2010年年初，制定了防雷检测管理制度，从管理制度入手，对资料的填写整理归档，仪器的管理和维护，专业技术的学习，安全生产和廉洁自律等进行了规范。在人员上进行了适当调整，启用了年富力强的年轻人带头到第一线进行防雷检测，使本区防雷检测队伍精干，专业知识扎实，年轻有朝气，人员结构更加合理。全年检测700多个单位，3 000多个建筑物，验收57个单位，524栋建筑物。保障了国家财产安全。

【标准化基地建设】 2010年，本区新建7个种植业标准化基地，提升4个种植业标准化基地，10月份通过了验收。

【都市农业建设】 2010年，通过与市环境监测站以及建设单位等各方积极协调沟通，于7月底前完成了采育镇哱啰庄蔬菜园区废弃物循环利用示范点建设，11月底前完成了榆垡镇小黄垡村和庞各庄镇甘薯基地两个示范点建设任务。

【农产品质量安全监管】 2010年，本区农产品质量督导检查工作组，对本区内种植业标准化生产示范基地进行检查。共检查示范基地50个，对存在问题的基地发放了整改通知书，限期整改，检查共发放整改通知书12份，整改效果显著。

【国家级标准化示范区建设】 2010年，本区按照甘薯、蔬菜两个国家级标准化示范区项目任务书的要求，开展建设工作，于8月完成这两个示范区的建设工作，其中蔬菜平均单产提高600千克/亩，达到5 075千克/亩，甘薯平均单产达到2 560千克/亩。10月12日，经专家小组打分评审确定甘薯、蔬菜两个国家级标准化示范区全部通过验收。

【综合试验站工作全面开展】 2010年，本区承担国家级西瓜综合试验站1个，北京市果类蔬菜综合试验站1个，田间学校工作站12个。果类蔬菜综合试验站承接品种试验示范182个，新技术试验3项，年底有1人获得北京市优秀综合试验站站长称号，2人获得北京市优秀田间学校工作站站长称号。西瓜综合试验站在大兴、顺义各建立了一个百亩以上的生产示范区，试验示范西甜瓜新优品种100个。

【农资市场执法】 2010年，区植保站、种子站和农科所三个执法单位采取日常巡查、拉网式检查等形式，对农资经营单位和生产企业开展监管，同时加大联合执法力度。全年共出动执法车辆415余车次，执法人员1 385人次，共做出行政警告11起，发出限改142份，查处违法案件12起（当场处罚11起，立案1起），罚款3 238元，检查转基因食品生产企业和超市8次，检查了转基因大豆油729桶，代表数量39 022桶，散装油0.1吨，代表数量12.78吨。

【加强全区肥料市场监管】 2010年，加大全区肥料市场监管力度，开展法治宣传活动，发放宣传材料1 000余份，咨询解答120余人次。对全区17家肥料生产企业的生产情况进行了全面检查，对新增肥料生产企业照了相片和GPS卫星定位，建立了电子档案。开展对有机肥料、水溶肥料产品质量监督检查工作，对3家有机肥厂、10家水溶肥料生产企业进行了抽样检查。

【育苗及展示基地建设】 2010年，筛选并确定了7个西瓜集中育苗大户、4个甘薯集中育苗大户，西瓜育苗大户年育苗量不低于10万株，甘薯育苗大户年育苗量不低于80万株。通过补贴扶持育苗大户的发展，以促进本区西瓜、甘薯产业水平的提升。

【农业科技成果展示基地提升工程】 2010年，完成大兴区农业科技成果展示基地提升工程，完成基地入口大门的立面改造，门卫室和围墙改造；拉膜小广场的建设；办公区人行走廊改造；增建大型单位名称标牌；操作间建设及温室后墙整体墙面粉刷，一栋卫生间建设；基地水泥路面改造，新修道路宽5米、长300米，补修道路宽3米、长160米，共1 980平方米；添加了美化环境设施，垃圾桶和长椅。

【全国农民田间学校辅导员到本区学习】 6月6日，全国农业部第三期农民田间学校辅导员师资培训班40人，到本区礼贤镇龙头村和东段家务村田间学校工作站进行了参观实习。

【科技示范户培养】 2010年，继续实施“科技助农”工程，确立科技示范户300余户，成立7个辅导班，其中甘薯辅导班1个，西瓜辅导班6个，通过组织培训，入村指导，外出观摩等方式培养一批农民技术骨干，带动周边农户发展，并辐射到全区。累计培训人数达14 000余人次，示范推广了西甜瓜、甘薯新优品种30余个，新技术10余项。

【技术书籍、文章、论文发表及获奖】 2010年，区种植中心农科所参与编著的《农民培训需求调研指南》、《农民田间学校建设指南》出版发行。发表《北京市大兴区甘薯产业现状与发展建议》、《耐西瓜根结线虫病砧木筛选试验》、《膜下沟灌中不同灌水量对黄瓜生长势和产量的影响》等7篇论文。

【采摘观光示范项目】 2010年，对50多个国内外新优西瓜品种进行试验筛选，示范推广丽嘉类型的中果型西瓜、小型无籽西瓜等高端西瓜品种200公顷，示范推广耐根结线虫病的西瓜嫁接砧木品种京欣砧4号6.67公顷。打造老宋“瓜趣园”和乐平“御瓜园”两个大型西瓜观光休闲园区，进行树式栽培、盆栽等展示。

【设施农业智能化精准生产管理系统建成】 2010年，在大兴农业科技成果展示基地完成了“设施农业智能化精准生产管理系统”建设工作，包括语音型环境信息采集系统、温室生产信息采集控制系统、温室安全生产监控系统、园区虚拟展示系统。

【高品质西瓜新品种及观光采摘技术示范推广】 2010年，引进西瓜优质品种20个，其中中果型西瓜品种“京欣3号”和“改良京欣3号”推广面积千亩，示范推广优质小果型无籽西瓜品种京玲3、4、5号，面积约百亩，示范推广鲜食型籽瓜品种1个，示范面积0.33公顷。示范推广优质耐线虫砧木品种京欣砧4号，推广面积133.33公顷。引进西瓜砧木优质品种6个。在御瓜园安排特异观光品种20个，指导观光园生产技术。田间指导与巡查培训瓜农200人。

【功能性西瓜新品种示范与推广】 2010年，区农科所与中国农科院郑州果树所合作开展功能性西瓜新品种示范试验4个，引进功能性西瓜品种金兰无籽、小宝无籽、黄玫瑰无籽、黄肉花皮、中兴红1号、中农无籽。其中中兴红1号、金兰无籽表现较好。

【国家西甜瓜产业技术研发中心大兴综合试验站工作】 区种植中心农科所，2010年初，召开了国家西甜瓜现代农业技术体系大兴综合试验站工作会，建立了30个农户种植档案，建立了一个百亩以上的生产示范区，试验示范西甜瓜新优品种100余个，开展西瓜耐根结线虫、薄皮甜瓜的药害试验。

【蔬菜集中育苗】 2010年，扶持发展瓜菜集中育苗基地（大户）26个。共育蔬菜苗1 528.66万株，比2009年810万株增长88.6%，其中春季育苗828.66万株，秋季育苗700万株。

【设施蔬菜标准园建设项目】 2010年，蔬菜标准园建设项目在民安路核心地带的北京凤河现代农业示范区实施，设施农业占地100公顷，涉及北蒲州营村温室33.33公顷、南蒲州营村大棚26.67公顷、永和庄村大棚6.67公顷、温室3.33公顷、罗庄村温室30公顷。蔬菜标准园创建达到“五化”即：规模化种植、标准化生产、商品化处理、品牌化销售、产业化经营。

【设施蔬菜高产高效示范基地建设】 2010年，在蔬菜标准园内完成了“设施蔬菜高产高效示范基地建设项目”完成开展新品种、新技术的展示示范工作，面积2公顷，推广应用13.3公顷，辐射带动66.67公顷；开展技术培训、现场观摩2次，培训200人，培养农民技术人员10人。

【粮食档案和粮食直补】 按照北京市农业局要求，全年完成小麦、玉米、春播、夏播和秋播粮食种植档案调查表的网上申报工作。7月中旬，完成粮食直补统计汇总工作。全区小麦直补面积为1.464万公顷，共涉及11个镇，396个村，38 419户，补贴金额约2 525.7万元。玉米直补面积为2.608万公顷，涉及12个镇，432个村，57 797户，补贴金额约3 012.3万元。

【粮食高产创建】 2010年，在庞各庄、长子营、青云店、魏善庄和榆垡五个镇建设了0.2万公顷高标准粮田示范方。其中以青云店镇东辛屯村为中心建设一个部级万亩高产示范方，以长子营镇孙庄村和魏善庄镇大狼垡村为中心建设两个市级万亩示范方；在长子营镇和顺场村建设百亩花生示范方。经测产三个万亩高产创建示范方，小麦平均亩产427.8千克，比目标产量高47.8千克；玉米平均亩产541千克，比目标产量高21千克。百亩花生示范方，鲜花生平均亩产达到310千克，比目标产量高出30千克。

【小麦种子更换】 2010年，全区开展了小麦种子更换工作，该项工作分两年实施，本年完成换种面积0.517万公顷，换种数量155.2万千克，主要品种为：农大211、京冬12、京冬17、中麦175和北农9549等，涉及全区六个镇203个村。

【种粮大户补贴】 9—10月，区种植业服务中心完成了《关于中央财政新增农资综合补贴集中用于粮食基础能力建设》项目，主要内容是对本区青云店、礼贤、采育和长子营四个镇6个村的8个种植面积超过12.67公顷种粮大户的粮田全部进行施用有机肥和土壤深松补贴，总面积249.33公顷，其中，项目地块每亩施用有机肥500千克，补贴标准为240元/亩，土壤深松每亩补贴20元。10月7日项目全部完成，共配送有机肥1 870吨，深松土壤249.33公顷。截至11月4日，肥料补贴资金和农机作业补贴资金发放完毕。

【培肥地力】 2010年，北京市农村工作委员会开展的都市型现代农业基础建设工程及综合开发项目进入第二年，由区种植业服务中心负责组织实施的2010—2011年度农田培肥项目，覆盖耕地面积0.53万公顷，包括采育、魏善庄、庞各庄、长子营、榆垡六个项目区，截止到秋播结束，共计配送有机肥28 088吨，配方肥3 476吨，分别完成任务总数的70.2%和86.9%。

【耕地质量监测】 2010年，在本区耕地质量监测项目实施的青云店、魏善庄、采育、安定、庞各庄、榆垡六个乡镇设置监测点60个，设置标牌，标明监测点名称、GPS定位、土壤类型、土壤质地、设立年限、责任单位、联系电话等内容。进行肥料效益监测试验：设立6个监测点为肥料效应长期定位监测点，并进行肥料效应长期定位监测试验。完成肥料质量监督工作：严格执法，配送肥料每批次抽取样品，保证肥料的质量。

【测土配方施肥】 2010年，全区完成对番茄、黄瓜、辣椒、茄子4种果类蔬菜，及西甜瓜、甘薯等特色产业采集土壤样品760个。进行土壤样品的化验，获得有效数据4 560个，发放配方施肥建议卡25 200份。确定10个村级示范片，全面落实有包片指导专家、有科技示范户、有示范对比田、有醒目标示牌的"四有"工作。培养科技示范户28名。推广各种专用配方肥1 500吨，施用面积达0.2万公顷。利用电视、报刊、互联网、科技赶集、现场会等方式广泛进行宣传，全年共开展宣传活动84次，举办培训班61期，共培训21 160人次，发放技术资料49 440余份。

【都市农业走廊综合节水项目】 都市农业走廊综合节水示范工程项目，本区实施地点：榆垡刘家铺的梨园，面积16.67公顷，示范环绕滴灌施肥；礼贤紫各庄，面积23.33公顷，示范微灌施肥。

【瓜菜水肥一体化高效节水技术集成示范与推广】 2010年，区种植中心农科所完成瓜菜水肥一体化技术集成示范与推广项目，实施面积66.67公顷。实施内容包括滴灌设施改造、滴灌专用肥补贴、"M"畦＋"小白龙"水肥一体化技术、发放节水宣传资料、节水宣传展板、组织观摩交流会、发简报、对乡村技术人员和农民开展培训工作。

【菜田土壤墒情监测】 2010年在全区选墒情监测点50个，其中小麦监测点16个，玉米监测点24个，遥感10个，全生育期共监测26次，获得数据3 900个。编写墒情信息简报12期。

【北运河面源污染治理】 2010年，对北运河主流域农田开展肥力监测与施肥调查。测土样364个，摸清土壤肥力底数；以问卷形式调查农户施肥400户，摸清农户施肥现状；针对作物的特点以及土壤肥力特点出具配方施肥建议卡3 700张。在农科所基地建设秸秆发酵池，进行农田废弃物循环利用试验。

【土壤蒸气消毒技术推广】 2010年，完成全区土壤消毒50.33公顷，安排了西瓜土壤蒸气消毒及生物有机肥培肥效果试验一个，效果明显。在北京电视台、大兴电视台、京郊日报都进行了专题报道，还邀请市土肥站的专家进行技术指导。

【植物检疫】 2010年，在榆垡、礼贤等镇设立了6个有害生物阻截带疫情监测点，5月完成监测人员的岗前培训、仪器调试，5月底投入使用。利用监测点共对红火蚁、美国白蛾、黄瓜绿斑驳花叶病毒病、果斑病等11种有害生物进行监测、普查26次。6月17日在长子营镇赵县营村南的小麦田发现小麦腥黑穗病疫情，病田面积4.18公顷。发现疫情后区植保站按照植物检疫法规制定销毁方案，6月22日进行销毁，防止疫情扩散。在庞各庄镇发现瓜类果斑病疫情，7月11日施行了销毁。

【农药管理】 2010年，全区共检查农药标签1 984个；出动执法人员972人次；出动执法车辆304车次；培训281家农药经营单位；进行行政处罚11次，罚款3 238元；签订了农药质量安全保证书281份；普法宣传12次，发放宣传材料1.5万余份；检查生产厂家17个次，农药经营单位871个次。

【番茄黄化曲叶病毒病监测与防控】 2010年初对全区开展了"灭虱清源"行动。涉及棚数为4 680个，面积270.46公顷，发放30%敌敌畏烟剂4 868.4千克，发放毒死蜱150千克，烟剂防治面积1.2万亩次。秋季建立综合防控示范点6个，分别为庞各庄镇西高各庄村、礼贤镇东段家务村、魏善庄镇东枣林村、大东种植园、良种场、北蒲洲示范园，示范内容黄板、防虫网、药剂防治、生长调节剂、新型喷雾器、精准施药量具。其中魏善庄镇东枣林村日光温室基地，成为大兴区、北京市植保系统观摩会的示范基地。

【面源污染控制】 2010年，在魏善庄等5个镇的0.53万公顷项目区进行生态粮经、蔬菜、果园生物防治药剂推广，向农民免费发放阿维菌素、小檗碱等低毒农药8吨，赤眼蜂防治"二代玉米螟"0.4万公顷，回收农药废弃包装70万个，建立了一支专业化防治队，专业化服务面积 0.75 万亩次。

【北运河流域减少农药用量控制农业面源污染项目】 该项目设在长子营镇共涉及 22 个村和基地，共发放黄板 13 万块、防虫网 30 万平方米、精准施药量具 5 500 套，性诱捕器 6 000 套，施药机 12 台套、太阳能植物垃圾处理站 2 座，太阳能诱虫灯 26 台，建立了 2 个大兴区北运河流域减少农药用量控制农业面源污染项目综合示范区（大兴区良种场、长子营镇北蒲州基地）。

【药械补贴项目】 2010 年，对蔬菜种植户采取以旧换新方式推广新型药械 2.7 万台，完成 0.3 万公顷瓜菜基地和农户的农药使用调研和生物农药、高效低毒农药的订货、连锁配送服务站配货工作，补贴实行一村一卡。

【甘薯茎线虫病示范区建设】 2010 年，在庞各庄镇前曹、西高建立 13.3 公顷的甘薯茎线虫病综合防控示范基地，推广高剪苗、秧苗药剂蘸根、定植前药剂处理土壤、安装太阳能诱虫灯等技术。在庞各庄镇丁村、田窑推广甘薯茎线虫病综合防控技术 133.33 公顷。

【农区灭鼠】 2010 年，设立了 5 个鼠情监测点，开展常年鼠情监测。4 月 12—14 日统一投饵，完成农区灭鼠 1.33 万公顷的任务，防治效果 91.5%。11 月 2—5 日开展秋季农区灭鼠面积 0.33 万公顷。全年推广毒饵站 11.22 万个。秋季灭鼠采用专业化防治队进行投饵，全部采取毒饵站进行防控，并推广黏鼠板灭鼠技术 133.33 公顷。

非农产业

【二、三产业融合发展】 设施农业、精准农业、观光休闲农业和农产品加工业规模不断壮大。御林古桑园等 10 个观光园区提升工程加快推进，建成韩凤路设施农业产业带，带动周边近 2 万户农民增收致富，农业的休闲、生态功能进一步拓展。

【第二十二届西瓜节】 第二十二届西瓜节于 5 月 28 日开幕，区种植中心完成了布展工作，展示新品种包括薄皮甜瓜、厚皮甜瓜、小果型西瓜和中果型西瓜等 30 多个品种，生产制作造型瓜和玻璃艺术西瓜各 200 多个，贴图瓜 500 个。

【春华秋实系列活动】 2010 北京大兴春华秋实系列活动以"发展都市现代农业、打造和谐生态新区"为主题，举办了 2010 中华名梨（中早熟品种）·第八届全国梨王擂台赛、2010 北京大兴"春华秋实"系列活动启动暨中华名梨·全国梨王擂台赛颁奖仪式、2010 年"相约金秋，畅游大兴"秋季系列旅游活动、农超对接与农业精品展卖会等系列活动，宣传了大兴以梨为主导产业的新成果。

【采育葡萄文化节】 8 月 26—30 日，第十届北京大兴采育葡萄文化节在采育镇举行。期间举办了第十届北京大兴采育葡萄文化节开幕式暨 2010 年"采育杯"全国马术场地障碍冠军赛，第十届北京大兴采育葡萄文化节拆迁村劳动力就业培训启动仪式暨人力资源招聘会，第十届北京大兴采育葡萄文化节各分会场活动，启动旅游、采摘活动，"相约采育自驾游"系列活动，参观中国葡萄博物馆，京城马汇（北京）国际马术俱乐部休闲体验等活动。

【安定桑文化采摘节】 6 月 2 日至 7 月 2 日，安定镇举办了第九届北京大兴安定桑葚文化节。开展了"夕阳红"老年空竹表演；"乐在其中"象棋、五子棋表演；参观"蓬勃发展中的御林古镇"文化长廊；农民花式跳绳表演；特色产品、手工艺品展卖等活动。

【参展国际花卉园艺展览会】 第十二届中国国际花卉园艺展览会于 4 月 14—17 日在北京展览馆举办，区重点花卉企业杉友兰业、亮民绿奥共同参展，展示蝴蝶兰、香草植物 50 余个品种。展会上与山西、上海、广州、山东等地区的 25 家重要展商达成了合作协议。

【参展月季文化节】 第二届北京月季文化节于 5 月 30 日至 6 月 20 日在北京植物园举办，本区设计布置的以"大花卉兴旺业"为主题的展台布景荣获月季造景一等奖。

【庞各庄镇被评为第一批全国特色景观旅游名镇】 4 月 20 日，按照住房和城乡建设部、国家旅游局"全国特色景观旅游名镇（村）示范"评选标准和专家组筛选、评选结果，大兴区庞各庄镇被评选为第一批"全国特色景观旅游名镇（村）示范"。

【拓宽农产品销售渠道】 2010 年，全区规模提升农民专业合作社 30 家，农民专业合作社达 491 家；组织实施了"农超对接"，全区每天为家乐福等 34 家连锁超市和餐饮企业供应近百吨瓜果蔬菜；通过任我在线电子商务平台日销售农产品 3 吨。

【推进农产品质量安全建设】 2010 年，开展了农产品质量安全专项整治，对大庄、西沙窝批发市场日检测样本 75 个，对标准化基地抽捡样本 1 000 多个；新建、提升了 30 个农业标准化基地，积极建设 0.34 万公顷全国西瓜绿色食品原材料标准化生产基地。

【加强农村金融服务】 2010 年，全区完成种植业入保面积 1.7 万公顷、养殖业入保 22.8 万头（只），分别比 2009 年全年增长 55%和 5%。协调金融部门为本区提供涉农贷款达 23 亿元。

【发展农产品深加工业】 2010 年，通过引进生产线、加强技术改造，推进肉牛、桑葚、酱菜、肉鸭、甘薯等特色农产品深加工，延伸了农业产业链条，实现了农产品加工增值，带动了劳动力就业；三元奶业投资 6.8 亿元落户瀛海镇。

【发展观光休闲农业】 2010 年，实施了十大农业观光园区提升工程，建设了韩凤路设施农业产业带，农业的休闲、生态功能进一步拓展。全年，全区乡村旅游接待游客 262 万人次，实现收入 1.7 亿元。

村镇建设

【概况】 2010年，全区提高新农村建设标准，使农村发展与城市的快速发展相协调。建设新农村示范村。围绕三座新城、小城镇及主干路周边，突出特色，集中力量打造一批现代化的新农村示范村。建设新型农村社区示范村。落实北京市新型农村社区试点建设意见，建设1～2个新型农村社区示范村。建立健全新农村各项设施的管护机制。重点在街坊路、垃圾减量化、公厕、新能源设施、绿化美化、文体设施等方面加强管理，加大管理维护的资金投入力度，并形成长效机制。继续建设环境优美镇村。通过开展农村生活垃圾分类达标、村庄绿化美化达标等活动，积极创建市级环境优美乡镇、首都绿化美化园林小城镇、生态村、首都绿色村庄。继续实施“三起来”工程。实施路灯改造、太阳能公共浴室等建设，探索推进压缩燃气进村工程。

【基础设施建设稳步推进】 2010年，全区完成了72个村庄规划编制、200万平方米街坊路硬化、180万平方米街坊路绿化，改造870公里自来水老化管网，安装20 184户一户一表，完成16 150座户厕改造、193座农村公厕建设、7个镇的垃圾源头分类处理任务。

【“三起来”工程建设进展顺利】 2010年，全区改造5 000盏村内路灯，建设1处地源热泵采暖工程、6处太阳能公共浴室工程及1处秸秆气化扩建工程，新建节能民居610户，既有住房节能改造750户，完成2处雨洪利用工程、22处粪污治理工程。

【北京最美丽的乡村争创工作】 2010年，长子营镇留民营村获北京市最美乡村。

【继续改善农业生产环境】 2010年，全区完成土地整理和中低产田改造工程0.45万公顷。

【新农村绿化美化】 2010年，完成了榆垡、庞各庄、魏善庄等9个镇的新农村绿化美化工作，涉及村庄117个，实施村庄绿化面积约180万平方米，栽植乔木13万株，花灌木110万株，地被植物80万平方米。

【小城镇绿化】 魏善庄镇地处大兴区中心，是北京市42个重点小城镇之一，总面积81.5平方公里，辖39个自然村，总人口3.25万人。镇党委政府紧紧围绕“产业兴镇、生态谋镇、服务优镇、民乐立镇”的工作理念，着力打造“生态绿镇、建设优美宜居新魏善庄”。到2009年末，魏善庄镇全镇林地面积达到2 369.06公顷，森林覆盖率达到了36.48%。人均绿地达到53平方米，城镇绿化覆盖率达到57.2%，花园式单位10个，占到全镇2 000平方米以上单位的65.7%。

农村改革与管理

【概况】 2010年，围绕“坚持科学发展，走城乡一体化道路，建设宜居宜业和谐新大兴”的总体目标，结合“城南行动计划”与“大兴区和北京经济技术开发区行政资源整合”等重大战略机遇，认真落实党在农村的各项基本政策，创新农村经济体制改革，加强三资管理，确保农村经济不断发展壮大。2010年，在做好稳定和完善农村基本经营制度的工作中，加大了解决农村土地承包纠纷力度，加快了推进农村集体经济改革的步伐，为增加农民收入，壮大农村经济做出了积极的贡献。

【推行村级“三托管”工作】 2010年，全区开展了农村财务管理规范化建设工作，对农村集体财务管理规范化试点镇进行考核。结合北京市经管站《关于农村集体财务管理规范化建设的实施意见》，完成了对西红门镇财务管理规范化情况的检查、达标工作。继续加强村级财务预决算工作的检查和指导工作，针对部分村社预决算工作流于形式等问题，进行了督导，制定了整改日程。在严格公章监管，确保用章安全中，区经管站对实行村章镇管的村镇开展公章使用情况季报制度，及时掌握公章使用情况。

【开展农村集体经济产权制度改革】 2010年，全区实际启动改革村285个，已完成改革村236个，累计完成改革村303个。8月25日召开了产权制度改革大会，成立了区级改革领导小组，由区农委、区劳动局、区民政局、区财政局、区信访办、区经管站等相关单位一把手为成员组成领导机构，实行部门联动。领导小组下设办公室，负责改革工作的组织、宣传、培训、政策咨询解答、指导、验收、总结等工作。各镇、村也分别成立了以镇长、村党支部书记为组长的改革小组。按照“区直接领导，镇负责组织，村具体操作，部门搞好服务”的工作机制，制定具体的实施方案和包片包村具体责任人，实行改革不完，人员不撤。利用区电视台、大兴报等多种媒体，进行广泛宣传，区经管站组织编写并发放《大兴区集体经济产权制度改革知识问答》手册15 000册，启动市、区、镇、村四级培训，分别对区级督导组、镇级主管领导、村级党支部书记、村主任、清产核资人员进行了共计38次、4 000余人的全脱产培训。

【合同规范管理工作】 2010年，全区共鉴证农业承包合同份数2 128份，其中家庭承包2 120份，其他合同8份。同时做好农业承包合同的归档工作，所有签订、鉴证合同做到全部立卷归档。

【土地承包经营权流转管理服务】 2010年，本区出台了土地流转的指导性文件。制定了《关于积极推进拆迁村农地流转的意见》和大兴区《关于进一步规范农村土地承包经营权流转工作的意见》，明确了土地流转范围和经营内容，合理确定流转期限，健全完善流转程序，保障农地流转收益，提供镇村格式化合同文本，根据形势发展更新增补合同条款。制定了大兴区土地流转合同范本和农村土地承包合同（30年）范本，起草了《致全区老百姓的一封信》。完成了《土地流转调查表》统计汇总工作。

【成立土地承包纠纷仲裁委员会】 大兴区农村土地承包纠纷仲裁委员会于4月7日成立，并制定了《关于落实农村土地承包经营纠纷调解仲裁法的工作意见》。按照《仲裁法》要求，完善农村土地承包纠纷仲裁的相关程序，增补规范的法律文书，完善仲裁厅所需设备，保证仲裁工作有序开展。仲裁委员会成立后，受理仲裁案件7起，全部立案，结案6起，第7起已下发立案通知书，正准备审理；接待各类农业承包合同纠纷及上访案件24起，52人次。各镇分别成立镇级农村土地承包纠纷调解委员会，按照《调解仲裁法》"镇级调解，区级仲裁，司法保障"的总体要求，全区共成立13个镇级农村土地承包纠纷调解委员，组成人员共85人，调解委员会主任由主管经管的副镇长担任，成员涉及经管、司法、信访、妇联、土地规划等相关部门。

【常规审计及村干部离任审计】 2010年，全区共审计单位561个，其中财务收支审计422个，经济效益审计29个，专项补贴审计27个，财经法纪审计1个，干部任期及离任审计82个。审计金额共计359 008.8万元。

【村级专项补助资金管理使用审计】 2010年，全区528个村应收市区两级专项补助资金85 314 856元，实收专项补助资金85 314 856元。528个村共计使用专项补助资金82 605 106.1元。其中：用于村干部报酬10 635 000元，占使用金额的12.9％；用于办公费3 121 866元，占使用金额的3.8％；用于五保户供养32 356元；用于集体公益事业费用68 740 250.1元，占使用金额的83.2％。用于其他支出75 634元，占使用金额的0.1％。审计过程中未发现挪用集体公益事业补助资金用于发放干部工资、购置小轿车、移动电话、装修办公场所、农村个人水电费、通讯费、招待费等开支以及超标准订阅报刊和抵顶村级拖欠的生产经营性债务的现象。

【农村种养业监测管理】 2010年，本区完成了农村种养业成本、经济效益的跟踪监测工作，共对全区22个品种、148个种养户进行了成本及经济效益的监测，与2009年同期数据相比葡萄、花卉、白薯、梨、肉牛、甜瓜及桑葚等品种平均利润有所增长，尤其是葡萄增长幅度较大，达到71.25％；撰写《大兴农经》期刊4期，供各级领导参考。继续对全区60个农产品成本核算监测点进行监测，完成了农产品的收入、成本、利润核算监测工作。

【农村经济统计分析】 2010年，完成了全区农村收益分配统计报表及低收入农户监测工作。全区农村经济总收入完成4 507 756.9万元，同比增长8.3％。其中人均劳动所得1.35万元，较上年同期的1.23万元增长9.6％。从经济结构分析，一产实现总收入403 661.7万元，同比增长2.4％；二产实现总收入2 288 257.2万元，同比下降了2.4％；三产实现总收入1 170 887.4万元，同比下降了11.3％。监测全区低收入农户9 054户，年人均可支配收入4 047.96元，与2009年低收入农户人均可支配收入3 402.24元比，增长了18.98％；其中有3 132户人均可支配收入达到4 500元以上。从全区经济发展总体情况看，经济运行状况良好，呈现稳步上升趋势。

【加强对农民专业合作社扶持】 截至2010年底，全区农民专业合作社492家，区级示范社50家，市级示范社5家，市级示范社建设单位5家。带动农户5.9万户，其中入社农户2.2万户，统一组织销售农产品总值12.35亿元，合作内容涉及了蔬菜、西瓜、果品、畜禽养殖等多个领域。

【农民负担执法检查】 2010年，对全区14个镇进行了农民负担监督管理执法检查。2010年，全区共拨付村级公益事业补助资金7 145万元，实际支出6 587.09万元，占全部资金的92.2％；尚余557.91万元。其中用于公益设施建设费用2 390.16万元；公益设施维护费用1 111.12万元，社会管理费用1 848.72万元，社会事业费用972.79万元，村务人员工资264.3万元。检查中未发现各镇有截留、平调、挤占、挪用、捆绑使用补贴资金的情况。2010年，公益事业补助资金大部分已经足额拨付到村级账户，只有个别镇由于村委会换届选举，为保证资金安全、有效，镇财政暂未对下拨付。

【提升农经管理信息化水平】 2010年，全区继续加大对村级电脑触摸屏的配备范围，触摸屏配备已累计达到83台，其中使用效率高的西红门镇所属村社全部配备齐全。区经管站加强了对触摸屏使用情况的调研，着重对黄村和西红门两镇的有关村社进行了包括农户在内的问卷调查，对触摸屏的使用效果和运行中存在问题进行了充分的分析和研究，为下一步系统的升级做好准备。利用《村管系统》和《农经平台》进行数据的统计、分析、传输工作，完成了对2009年数据的传输和更新工作。2010年共培训信息人员4批500多人次，进一步提升了全区农村信息化管理、使用水平。

【政策性农业保险工作】 4月，组织召开了各镇经管站站长及农业保险代办员农业保险动员大会，又会同各镇联合各村做好群众宣传工作，做到家喻户晓，自愿投保，增加政策性农业保险的覆盖面。2010年，种植业承保达到9个险种，13个品种，涉及11个乡镇；承包面积达到1.7万公顷，同比增长56％；总保费收入达到1 543.6万元，其中财政补贴1 020.5万元，农户交纳523.2万元。2010年风灾、冰雹等灾害天气达21次，全区有10个镇、845村次、24 866户次农作物受损，受损的农作物包括蔬菜、小麦、玉米、果树、大棚共计0.86万公顷，总赔款金额1 157.69万元。

农民生活

【推进"科技助农"工程】 2010年，全区培养村级科技示范户1 500名；建设了100个典型村级科技示范样板田；开办了75所农民田间学校；完成了6.5万人次农民实用技术培训；实施“院区合作”，引进推广新品种新技术近百项；完善了《大兴区基层农技推广体系改革的实施方案》。

【社会保险覆盖】 2010年，全区参保单位1.1万家，参保职工34万人，同比分别增加2 171家、5.65万人。享受城乡无保障老年人福利养老金5.2万人，参加城镇居民医疗保险7.8万人，同比增加7 316人。城乡居民养老保险累计参保人数18.7万人，同比增加6 843人，参保率达到95.6%。

【人口和计划生育数据】 2010年，本区户籍人口为59.14万人，全年出生5 318人，计划生育率为95.45%，晚育率为78.01%，人口出生率为9.04‰，自然增长率－0.93‰。全区现有户籍育龄妇女15.17万人，已婚育龄妇女11.01万人，一孩育龄妇女7.52万人。全年独生子女父母领证率为79.5%。

【社会救助】 2010年，全区3 030户、5 564人纳入城乡最低生活保障。其中，年内新审核批准149户；因死亡或收入超标撤销287户，保证了动态管理下的应保尽保。城镇低保标准由月人均410元，提高到430元；农村低保标准由年人均2 400元，提高到2 880元；农村五保供养标准达到年人均6 541元，城乡低保和农村五保对象的基本生活得到进一步改善。在免费为农村低保、五保对象参加新型农村养老保险的基础上，将城市低保对象也纳入了免费参保范围，社会救助体系进一步完善。资助农村低保对象4 654人加入新型农村合作医疗，其中1 476人享受门诊医疗垫付，为60周岁以上农村低保对象办理慈善医疗卡，每人每年500元，农村困难群众看病难的问题得到有效缓解。两节期间，市区镇三级慰问城乡低保家庭，覆盖面100%，发放慰问金（物品）计109.7万元。同时，区投入资金47.5万元对各镇、街大病及火灾特困家庭进行了亲情慰问。加大农村困难家庭危房改造力度，年内安排农村社救对象危旧房改造160户，其中翻建120户，维修40户，已全部完工，农村困难家庭的住房条件得到了有效改善。将低收入家庭子女纳入高等教育新生入学救助范围，通过审核办理《低收入家庭救助证》，确保符合要求的困难家庭子女得到入学救助。坚持“自愿求助、无偿救助”原则积极实施逢九救助与集中救助相结合，接待求助人员402人，依法无偿救助372人，维护和保障了流浪乞讨人员的基本权益。加大超转补助资金调整幅度，补助标准上调11.11%，超转人员生活水平进一步提高；全面落实地退人员生活医疗补助待遇，地退人员及其遗属生活稳定。

【拓展“农超对接”平台功能】 2010年，利用农超对接平台，拓展了“农超对接、农餐对接、场店对接”活动，全年成功组织2次较大规模的对接活动，有35家农民合作组织与26家商场、超市、餐饮企业签订了购销合同。每年通过平台配送3.2万吨农产品。农产品采购量平均年增长在10%以上，提高农民收入约15%，减少农产品流通成本10%左右，供货量可占全区同期产量的30%。

【家电下乡成效显著】 年内，积极落实“家电下乡”政策，46家销售网点完成备案，销售家电下乡产品13 080台，累计金额3 132余万元。

【南海子公园建设】 南海子公园位于北京城南中轴延长线，地处北京主城区、亦庄新城和未来大兴新城中间的核心地带，建设范围是：东起凉水河，西至104国道，北接南五环路，南抵黄亦路，总体面积11.65平方公里，其中公园占地面积7.86平方公里。现在建成的一期工程位于公园的东南部，占地面积159.64公顷。南海子公园的规划建设是落实市委、市政府建设世界城市、城乡统筹、加快南城及南部地区发展的战略部署的重要举措之一，公园从1月16日正式破土动工，9月26日公园一期建成开园，初步建成含5个景区、16个景点的绿色生态与文化景观。南海子公园的“展风情郊野”，体现在公园精心打造了30公顷的水景湿地，植乔木5万余株、灌木10万余株、各种地被植物150万平方米，充分体现了“让城市接近森林、让森林走进城市”的理念，展现了北京南城的生态格局。

【大兴新城滨河森林公园】 大兴新城滨河森林公园，总面积538公顷。公园着力打造“一河三区”万亩大绿地格局：即小龙河绿地、北区公园、中区公园、南区公园。2010年公园已经开工建设，拟建面积372公顷。

【科技培训】 2010年，本区建设典型村级科技示范户“样板田”32个，新建农民田间学校45所。培训农民田间学校指导员31名。组建生猪综合试验站1个，农民田间学校工作站8个，编印各类科技材料4套1.2万册，累积培训区、镇两级人员1.5万人次。

【举办新农村建设施工管理干部培训班】 6月28日、29日两天，市住房城乡建设委、区新农村办、区住建委建材办共同组织本区2010年新农村75个基础设施建设整体推进村的建设施工管理干部进行建筑技术知识培训，支持本区新农村建设。

【加强农机宣传培训工作】 2010年，配备了1套移动式农机检测线，建立了200平方米的农机培训教室，铺设了900平方米考试场地，完善了农机培训设备。在榆垡、魏善庄和安定镇建立了3所农机培训分校。全年共组织开展微耕机、卷帘机、玉米收获机、甘薯机等农业机械的使用培训和科技下乡活动26期次，培训人员7 300人次，发放宣传材料20 000份。

【农民田间学校】 2010年，全区共开办了38所农民田间学校，其中新建6所、续建32所，涉及西甜瓜、蔬菜、甘薯三大主导产业及大田作物，其中蔬菜田间学校21所，西甜瓜田间学校8所，瓜菜田间学校6所，甘薯田间学校2所，小麦田间学校1所，38所田间学校共有学员1 208人。

【西甜瓜外埠研修班培训】 2010年，区种植中心农科所组织20名技术人员和瓜农参加西甜瓜外埠研修班，到山东昌乐、寿光等地学习西瓜保护地早熟栽培技术，去河北乐亭学习薄皮甜瓜单蔓整枝多次坐果技术，到大连金州学习小型西瓜高密度栽培技术。

【农业实用技术培训】 2010年，全区共举办培训班257次，发放技术资料16 000份，发送技术短信1 442条，科普赶集4次，培训农民52 000人次。

【组织菜农到山东省寿光学习】 2009年12月至2010年4月在区农委的安排下，由区蔬菜办带领全区30名菜农分4次赴山东省寿光市进行蔬菜栽培技术的研修。主要学习嫁接黄瓜、丝瓜、大椒、番茄集中育苗管理技术，嫁接黄瓜、苦瓜、番茄、大椒、辣椒、彩椒、茄子、架豆栽培和病害防治技术。

民主政治与党的基层组织建设

【基层民主政治建设】 2010年，圆满完成了第八届村委会选举。全区527个行政村，因拆迁涉及91个村暂不参加和暂缓选举，实际参选村数436个，共计选出村委会班子成员1 330名，其中村主任436名，基本实现了区委提出的选优配强村委会班子、“两提高两降低”、应选尽选和确保稳定的四个目标。五是进一步修订完善了《村民自治章程》，使之内容更加规范、条款更加清晰、可操作性大幅提高，确保了村民自治工作有章可循、有法可依、执行到位、和谐发展。

【完成农村“两委”换届选举】 2010年，本区完成农村“两委”换届选举工作，实现了区委提出的选优配强班子、“两提高两降低”、应选尽选、确保农村社会稳定四项目标。通过换届，村党支部书记、村委会主任一人兼比例达到64.5%，比上届提高33.8个百分点；两委交叉任职比例达到50.98%，比上届提高16个百分点；不是党员的村委会主任占比14.91%，比上届下降16.36个百分点；村委会成员中没有党员的“白点村”3个，占0.69%，比上届下降0.47个百分点。村党组织书记直选村达到88个。

【举办新任职村党支部书记、村委会主任培训班】 7月，本区举办新任职农村党支部书记、村委会主任培训班。区委书记林克庆同志进行开班动员，区长、区纪委书记、副区长等区领导分别出席开班动员和进行授课。各镇党委副书记、组织部长、新当选村党支部书记、村委会主任共830余人参加了培训。培训主要采取专家领导讲授、外出参观考察、研讨交流心得相结合的形式进行。

【深化农村党建保障机制】 2010年，本区增设拆迁村党建、党员活动日、党建创新等奖励项目，落实创建活动基本保障和党建创新奖励制度。完善创建考核指标体系，结合年度中心任务和各项工作对考核指标进行了调整，增加了创先争优、两委换届、拆迁村党建等工作的比重，并对拆迁工作进行单独体系考核。

【首次开展镇干部异地党校培训】 10月30日至11月5日，本区组织各镇主管工业副镇长、各园区副职20人赴苏州市委党校、上海市委党校，开展一周产业发展专题班异地培训，培训采取授课与实地考察相结合的形式，增强了学习效果，积累了异地培训的经验。

【农村远教终端站点建设】 2010年，本区下发《关于加强全区农村党员干部现代远程教育站点播放收看工作的通知》，提出“集中学习与分类学习相结合、教育培训与典型示范相结合、农村远教与现场辅导相结合”的具体要求。组织各镇党委对本地区终端站点设备设施运行维护情况、站点覆盖率、站点基本功能、机制建设情况等进行的自查，限时清查整改，保证每个站点都能正常运行。建立播放收看通报制度。每季度对各镇远教站点开展活动情况、存在主要问题进行通报，并与年底“三级联创”工作挂钩，将站点全年使用率作为“五好村党支部”评选要求之一。下发《关于深化党员电教示范播放点创建活动的实施方案》，按照标准评选出48个区级党员电教示范点，并在此基础上进行遴选，参加市级党员电教示范点的评选。

“三农”工作部署和实施

【农业服务水平逐步提高】 2010年，培养村级科技示范户1 500名；建设了100个典型村级科技示范样板田；开办了75所农民田间学校；完成了6.5万人次农民实用技术培训；实施“院区合作”，引进推广新品种新技术近百项；完善了《大兴区基层农技推广体系改革的实施方案》。开展了农产品质量安全专项整治，对大庄、西沙窝批发市场日检测样本75个，对标准化基地抽捡样本1 000多个；新建、提升了30个农业标准化基地，积极建设0.34万公顷全国西瓜绿色食品原材料标准化生产基地。规模提升农民专业合作社30家，农民专业合作社达491家；组织实施了“农超对接”，全区每天将为家乐福等34家连锁超市和餐饮企业供应近百吨瓜果蔬菜；通过任我在线电子商务平台日销售农产品3吨。

【“种子执法年”启动仪式】 3月11日，北京市种子执法年启动仪式在采育镇文化广场隆重举行。农业部、市局及各区县种子管理站等有关部门共300多人参加了活动。

【集体林权制度改革】 2月8日，区委、区政府出台《中共北京市大兴区委北京市大兴区人民政府关于推进集体林权制度改革的意见》（京兴发［2010］3号）。2月11日，北京市大兴区人民政府办公室转发《北京市大兴区园林绿化局关于大兴区集体林权制度改革工作实施方案》。大兴区集体林权制度改革工作正式开始。根据《大兴区集体林权制度改革工作倒排工期实施方案》，12月31日，大兴区集体林权制度主体改革基本结束，全区共有10个镇，317个村，12.62万亩进行了林改。

【城郊低碳畜牧业发展研讨会召开】 11月20日，城郊低碳畜牧业发展研讨会在本区召开。对低碳畜牧业发展的相关问题进行交流探讨。农业部、科技部、大兴区主管领导及市农业局各处负责人、各区县动监局负责人参加本次会议。会上，由大兴区撰写的《低碳养殖——引领郊区畜牧业发展》的调研文件，得到了各位领导的一致肯定。

【园林管理】 3月1日，区园林绿化局开始进行建设项目园林绿化专业审查。这是根据《北京市绿化条例》第二十条、第五十六条相关规定，由大兴区规划行政主管部门核发《建设工程规划许可证》的前置条件。截至2010年年底共审查建设项目121件，涉及绿地235公顷。全区22个公园登记为北京市注册公园。康庄公园被确定为北京市重点公园。

【园林规划】 8月3日，《北京市大兴区魏善庄镇绿地系统规划》通过专家评审。这是北京市园林绿化城乡统筹后完成的全市第一个镇级绿地系统规划。12月，大兴区编制完成"十二五"园林绿化发展规划。提出"一轴、两带，三环、多园、多廊"的绿地空间布局。"十二五"期间，计划新建绿地8 830公顷，改造绿地3 650公顷，使新区森林覆盖率达到24.5%，林木绿化率达到28%；城市绿地率达到44%，城市绿化覆盖率达到46%，人均公园绿地面积达到15平方米。

【平安农机示范区县创建活动】 2010年，区农机中心积极开展全国"平安农机示范区县"争创活动，实现了无人身伤亡、无火灾、无重大农机事故的"三无"目标，在第二次全国平安农机示范区县的评选过程中被农业部、国家安监总局评为"全国平安农机示范县（市、区）"荣誉称号。

【甘薯院区合作项目】 2010年，完成"早熟、优质及保健型甘薯生产综合技术示范与推广"项目。在庞各庄镇及周边推广优质食用品种2万余亩。为农户免费发放新优品种30万余株。示范早熟优质甘薯新品种、设施栽培技术，并推广新优品种1 000余亩，建设育苗和种薯繁育基地。在庞各庄、青云店镇开展甘薯设施栽培技术研究。甘薯高代育种材料（花青素型、胡萝卜素型）筛选工作。举办了薯农培训班、薯苗现场观摩、科普赶集等活动10余次，培训薯农600余人次，发放宣传材料600余份。菜用品种综合栽培技术与示范推广：在魏善庄镇、庞各庄镇示范推广30%辛硫磷微胶囊防治甘薯茎线虫5 000余亩。

大兴区主要领导人

区委书记		林克庆
	副书记	李长友　张伯旭（3月任）　王　新
	常　委	林克庆　李长友　张伯旭（3月任）　李艳萍（女）　马武英　王　新　郭宝东　戴明超　谈绪祥　朱家林　张晓林　李春亭　王有国
区人大常委会主任		张书领
	副主任	李永贵　周静溪　陈晓英（女）　靳文浦（1月任）　邓景全（不驻会）
区　长		李长友
	副区长	张晓林（1月免）　张伯旭（2月任）　谈绪祥（2月任）　李春亭　常红岩（女）　王荣彬　邵　恒　绳立成
区政协主席		高树旺
	副主席	刘志茹（女）　路志权　彭喜忠（1月免）　李维民（1月任）　刘月娥（不驻会）　郭　耕（不驻会）　秦天刚（不驻会、5月去世）
区纪委书记		李艳萍（女）
	副书记	李尚贤　王少权　芦君英

大兴区各镇党政正职领导

	党委书记	镇长
黄村镇	白立成	刘长江
庞各庄镇	左东明(10月免)	王学军(10月免)
	王学军(10月任)	贾卫国(10月任)
北臧村镇	梁建青(10月免)	王志敏(女,4月免)
	温　震(10月任)	安春玲(4月任)
榆垡镇	金卫东(1月免)	杨彦光(1月免)
	杨彦光(1月任)	郑小毅(1月任)
礼贤镇	杜志勇	于宝贵
魏善庄镇	贺　锐	张　帆(4月免)
		戴光伟(4月任)
青云店镇	闫德强	冀学光
采育镇	芦永忠	孟宪金
长子营镇	孙洪伟(10月免)	张　辉(10月免)
	张　辉(10月任)	刘文虎(10月任)
安定镇	张　明	荣俊艳
旧宫镇	张　岭(10月免)	刘景瑞(10月免)
	刘景瑞(10月任)	冯秀海(10月任)
西红门镇	王　健(1月免)	马士刚(1月免)
	马士刚(1月任)	李　强(1月任)
亦庄镇	赵显鹏	刘素然
瀛海镇	沈永刚	何景涛

（大兴区史志办　宋朝辉）

怀柔区

怀柔位于北京城区东北部，东靠密云，南连顺义，西和昌平、延庆为邻，北与河北省丰宁、滦平、赤城三县接壤。全区总面积 2 122.6 平方公里，其中山区面积占 88.7%。2001 年 12 月 30 日，国务院正式批准撤县设区。区辖 12 个镇、2 个满族乡、2 个街道办事处，有 284 个行政村。到 2010 年底，户籍常住人口 27 万人。在户籍常住人口中，农业人口 15 万人，非农业人口为 12 万人。全区面对复杂的经济形势，坚持以科学发展观为统领，紧紧围绕区委三届八次全会和区三届人大四次会议确定的各项目标和任务，解放思想，开拓创新，团结拼搏，扎实工作，实现了经济社会的持续快速健康发展。全年实现地区生产总值 145 亿元，同比增长 10%。完成区域财政总收入 62 亿元，增长 9.6%，其中地方财政收入 18.2 亿元，增长 10.5%。完成固定资产投资 103 亿元，增长 10.4%。实现城镇居民人均可支配收入 23 000元，增长 7%；农民人均纯收入 12 100 元，增长 10%，较好地完成了年初确定的各项任务，实现了“十一五”时期经济社会发展的各项目标。

城乡一体化

2010 年是“十一五”规划的收官之年，是怀柔进一步全面贯彻落实中央和市委关于推进城乡经济社会一体化建设总体部署的重要一年。怀柔不断加大城乡统筹力度，坚持把“三农”工作作为重中之重，城乡建设日新月异，城乡差距不断缩小，城乡统筹发展取得了阶段性成果。

【城乡经济实现融合互动】 坚持把农村产业发展放在首位，积极探索具有怀柔特色的农村产业发展之路。立足农业“公园化”的创意农业理念，探索出了一条以沟、谷、川和公路沿线、河流沿岸为依托，吸引产业集聚、形成特色优势、发展沟域经济的新路子。通过政策引导和农村综合改革的双重促进，将食用菌、茸鹿等一批特色产业发展与消除产业“空壳村”充分结合，进一步拓展了沟域经济发展模式的带动面。牢固树立跳出农业发展农业的理念，重点建设了凤山百果、四季花卉、神龙峪红梨、七彩樱桃等 10 个农业主题公园，更加促进了农业资源向旅游资源的转化，区域经济呈现出了集农业经济、工业经济、知识经济等特征为一体的各种经济形态融合的“田园文化经济”的创意农业发展模式。

【统筹布局城乡建设】 在制定区域总体规划的基础上，将怀柔的城乡发展格局确定为“两城区、两组团、三个重点镇、六个一般镇”，并从组织编制村庄规划入手，依据全市总体规划、怀柔新城规划以及镇乡域总体规划等相关规划要求，对全区各村的村庄建设、产业布局、公共服务设施、生态保护等方面进行统筹规划，科学统筹城乡建设。

【健全和完善农村社会管理服务制度】 怀柔从 2008 年开始探索农村社会管理服务体制机制建设，从试点镇乡设立“驻村工作站”开始，逐层深入、逐步摊开地探索农村社会管理服务体系建设的有效路径，加快推进农村社会管理服务体系建设步伐。通过不断深化改革、大胆创新，在借鉴社会矛盾调处五级网络成功模式的基础上，形成了以区级社会管理服务中心为龙头，镇乡社会管理服务中心、驻村工作站、村级社会管理服务中心和服务组为辅助的辐射到农村最基层的五级服务网络，构筑了农村社会管理服务工作的体制基础。

【加快推进城乡基础设施建设】 克服桥梁隧道多、施工条件复杂等困难，投资 19 亿元、全长 37.24 公里的 111 国道一期建成通车；投资 30.3 亿元、全长 52.8 公里的 111 国道二期基本完成征地拆迁并开工建设；完成了怀长路设计方案和招投标并具备开工条件；中高路、宝山镇中心区路网等一批城乡道路相继开工。东庄、庙城两个 110 千伏输变电工程基本建成并开始送电。

【均衡发展城乡教育事业】 积极推进名校办分校工作，怀柔二小改扩建工程顺利开工，汤河口中学改扩建工程前期工作基本完成。大力推进名师、名校长工程，完善教师资格准入、聘任和交流机制，城乡教育教学质量进一步提高。认真落实国务院“两免一补”政策和贫困学生救助制度，为 29 000 多名中小学生发放补助金 1 552万元。职业教育、成人教育健康发展，学前教育水平不断提高，学习型怀柔建设稳步推进。

都市型现代农业

【概况】 坚持以“保护区域生态环境、发展绿色生态产业、促进农村全面发展、实现农民增收致富”为指导，努力实践创意农业、农业公园化、沟域经济等符合都市型现代农业发展要求的新理念，大力发展都市型现代农业，新发展设施农业 1 790 栋，其中日光温室 1 429 栋，钢架大棚 361 栋。完成了北房城市农业公园二期工程建设。在巩固板栗、冷水鱼、肉鸡等传统产业的同时，大力发展特色种养业，新发展大枣、太平果、红果 2 万亩；新引进、繁育茸鹿 2 694 头，存栏达到 13 288 头；食用菌种植面积达到 568 亩。全区实现农业总产值 17 亿元，同比增长 3%。实现了“十一五”时期农业农村经济社会发展的各项目标，促进了由单一生产向农村综合经济发展的转变。

【粮油高产创建工作再创佳绩】 在怀柔、北房、杨宋、庙城、桥梓五个镇实施粮油高产创建 1 333.3 公顷。小麦高产创建示范田平均亩产 406.14 千克，比目标产量 380 千克增产 26.14 千克，增产 6.9%。春玉米亩产 821.3 千克，比目标产量 800 千克增产 21.3 千克，增产 2.7%。夏玉米亩产 605.6 千克，比目标产量 520 千克增加 85.6 千克，增产 16.5%。花生亩产 322.03 千克，比花生高产创建目标产量 240 千克增产 82.03 千克，增产 34.2%。圆满完成了农业部粮油高产创建项目，为粮油生产再上新阶梯积累了宝贵经验。

【玉米机械化收获取得新突破】 怀柔把玉米机械化收获作为工作重点，积极争取扶持政策，加大推广力度和宣传力度，强化技术培训和服务，玉米机械化收获取得了历史性的突破。三秋期间，全区投入玉米收获机7台，完成机收面积0.071万公顷，机收率达到10.3%，比2009年增长了5.6个百分点。

【食用菌产业增收效果显著】 自2008年怀柔开始大力发展食用菌产业并制定了相应的扶持政策，经过两年的发展，到2010年底，全区共有56个行政村，256户农民种植食用菌。种植面积为37.84万平方米，年生产菌棒1 622万棒，年产食用菌655万余千克，实现总产值4 214万元。种植品种主要有平菇、香菇、杏鲍菇、灰树花、白灵菇、秀珍菇、双孢、鸡腿菇、木耳、灵芝等10余个品种。

【灵菇工厂化栽培技术研究及产业化开发初见成果】 经过一年的实施，“白灵菇工厂化栽培技术研究及产业化开发”项目在怀柔已初见成果。该项目在我国首先建立起了白灵菇珍稀食用菌工厂化栽培生产工艺技术，实现了白灵菇珍稀食用菌的规模化、集约化、标准化、规范化生产，填补了国内外市场空白。该项目技术推广应用后，将有效促进怀柔白灵菇产业的技术升级，实现白灵菇的大面积栽培，带动农户投身到白灵菇的栽培中来，解决农民就业，切实提高农民收入。

【加快推进渔业发展】 为加快农村城市化建设进程，实现渔业经济的快速发展，怀柔以“三节二高”为核心，推广“梭草模式”，发展“生态、安全、优质、集约、高效”的都市型现代渔业。一是大力推广“梭草模式”，全面实现老旧池塘转型升级。充分发挥梭草渔场的示范作用，带动周边养殖户改造老旧池塘，发展高效渔业。二是把山区丰富的水资源利用好，发展设施化更高的名优鱼养殖基地。加大山区流水养殖的升级改造，把山区丰富的流水资源利用好，通过增加设施设备，利用温室保温技术、人工水质调控技术，提高养殖产量、提升产品质量，实现水资源的最大化利用，把冷水鱼产业做大做强。三是抢占更大的市场份额，把社会品牌转换成商业品牌。虹鳟鱼和鲟鱼的苗种业近些年飞速发展，以优质的品质成为全国知名的苗种基地。这些社会品牌都为怀柔今后发展高端水产业打下了基础。

【小麦高产创建工作取得成绩】 在怀柔镇大中富乐村、杨宋镇解村、庙城镇赵各庄村、桥梓镇的前后桥梓村，实施小麦高产创建田266.67公顷。平均亩产达到了406.14千克，比全区小麦平均亩产246.1千克，增产160.04千克，增幅65.03%，圆满超额完成了农业部小麦高产创建田目标产量（单产380千克）。通过小麦高产创建工作的成功开展，有效调动和激发了农民依靠科技发展粮食生产的积极性和主动性，辐射带动全区小麦生产稳步发展，粮食生产水平逐年提高。

【多模式发展林下经济】 怀柔发展林下经济1 215.3公顷，其中林下经济示范工程133.33公顷。重点发展林粮、林油、林蔬、林禽、林菌、林花、林药等多种模式。

【畜牧业实现增长】 到12月底，全区生猪出栏8.9万头，肉鸡出栏1 194.15万只，肉鸭出栏128.44万只，肉牛出栏3 195头，禽蛋产量4 017.2吨，牛奶产量44 263.2吨。全年牧业产值8.3亿元，比2009年同期增长0.2亿元。

【“一鹿一菌”产业】 新引进和繁育茸鹿2 694头，存栏达到13 288头。食用菌种植面积达到37.87公顷，产量655万千克，实现产值4 200万元。

【29万元专项资金扶助特色产业】 五彩花生、食用菌、迷你西瓜、花卉四季园区等特色产业近年来在怀柔各镇乡蓬勃发展。为推动各镇乡的产业发展，充分带动本地区劳动力实现就业，拿出29万元专项资金对这些特色产业进行专项扶持。

【农业部领导来怀调研休闲农业发展】 7月29日，农业部副部长高鸿宾带领农业部乡镇企业局有关领导来怀，就休闲农业发展情况进行调研。领导一行来到慕田峪国际文化村，深入小园餐厅和瓦厂旅馆等地，实地参观了解了独具特色的国际化民俗休闲旅游点的经营和发展情况，对怀柔领先的经营理念和良好的发展态势给予高度评价。

【杨宋镇设施农业蓬勃发展】 经过几年的建设，杨宋镇设施农业正蓬勃发展。该镇拥有设施农业种植面积133.33公顷，以四季花卉产业园和京承农业现代园为核心的园区建设规模不断扩大，现有温室大棚、钢架大棚千余栋，已经成为怀柔都市农业产业的重要基地之一，辐射带动了周边7个村发展花卉果蔬特色产业，实现了“一村一品”、“多村一品”、订单农业的产业发展格局。根据园区建设和发展需要，该镇规范建设了5家农民专业合作组织，并做好相关技术培训和跟踪服务工作，实现了农产品与经销商、餐桌、超市对接的合作化发展。

【庙城镇推进香菇产业发展】 庙城镇把“升级第一产业，大力发展都市型农业，塑造庙城农业特色品牌”作为调整农业结构，促进农民增收，加快农村经济发展的战略举措。在发展设施农业的基础上，引进香菇产业园区，全年共发展香菇生产基地2个，建设香菇大棚305个，种植香菇、平菇等多个品种，实现年销售产值1 485万元，解决农村富余劳动力100余人。在产业发展中，做到“三强三重”扎实推进香菇产业发展。一是重品牌，强规模。二是重技术，强培训。三是重政策，强奖补。

【琉璃庙镇发展林下经济】 琉璃庙镇紧紧围绕农业增效、农民增收、农村稳定的目标，依托山区的自然环境优势，积极推进农业结构调整，拓宽群众致富门路，大力推进林下经济的种植规模，把林下经济开发由传统的农业种植向林粮、林菜等间作模式的高效农业转型。西湾子村在葡萄架下种植红小豆、谷子、大白菜、萝卜等，老公营村在欧李、葡萄园内间作红线椒、狼虎哨村在板栗园内养殖柴鸡、野鸡、野兔等，累计发展林粮间作1 000余亩，林下养殖野鸡、柴鸡3万多只。林粮、林禽、林菜等多元的林下经济，增加了果农的收入。

非农产业

【概况】 怀柔区积极引进、加快建设重大工业项目，新引进新泉志和汽车饰件等投资千万元以上项目26个，其中亿元以上项目4个。投资26亿元的欧曼二工厂项目基本竣工，投资63亿元的福田与奔驰合资项目正式签约。总部经济取得突破性进展，可实现税收5.8亿元的玛氏中国总部基地开工建设，年销售18亿元的首都酒业集团总部基地、投资10.5亿元的稀土高新材料总部基地正式签约落户。大力支持企业技改扩建，共实施欧曼、奥瑞金新美制罐等重点技改项目16个，完成投资7.8亿元。积极扶持农业龙头企业做大做强，红螺食品、御食园和顺通虹鳟鱼等分别被国家及北京市认定为农业产业化重点龙头企业。

【加快发展休闲旅游产业】 大力推进旅游设施建设，完成慕田峪长城5A级景区申报工作，新评定鹅和鸭农庄等3个3A级景区、八宝堂等4个市级民俗村，完成红螺园等5家宾馆饭店升级改造，旅游接待档次和水平不断提升。成功举办了虹鳟鱼美食节、满族民俗风情节等特色活动，开发了中影基地影视旅游、怀北国际汽车营地等新型旅游业态，时尚、多元、特色的旅游格局正在形成。全年接待中外游客1 280万人次，实现旅游综合收入16亿元，同比分别增长6.1%和10.3%，其中乡村旅游分别占接待总人次和旅游综合收入的40%和48%。休闲旅游业的快速发展，进一步增强了区域经济活力，怀柔作为首都市民休闲旅游首选的地位不断巩固。

【观光休闲农业实现平稳发展】 观光休闲农业发展态势平稳，观光休闲农业实现收入26 249.6万元，同比增长4.1%，接待游客409.9万人次，同比增长7.4%。其中234个观光园实现总收入13 901.6万元，接待游客191.2万人次，同比持平；2 168户民俗户实现总收入12 348万元，接待游客218.7万人次。

【怀柔被评为全国休闲农业与乡村旅游示范区】 怀柔区被农业部、国家旅游局评为全市唯一的全国休闲农业与乡村旅游示范区。

【市级农民就业产业基地成为拉动乡镇经济原动力】 为振兴怀柔乡镇经济，拓宽农民就业增收途径，大力开展农民就业产业基地升级改造工作，加大招商引资力度，深入展开基地产业运作情况调查、走访、座谈、研究，探索加快乡镇经济发展的新途径、新办法。通过发展市级农民就业产业基地拉动了周边结点村的工业发展，成为了乡镇发展经济的重要载体和农民增收致富的主渠道。目前，怀柔共发展5个市级农民就业产业基地：怀柔镇的富乐农民就业产业基地、庙城镇的聚源地农民就业产业基地、桥梓镇金桥农民就业产业基地、雁栖镇农民就业产业基地和怀柔区山区农民就业产业基地。五个基地完成基础设施建设等投资1 200万元，落成新建项目9个。基地建成以来已累计拥有企业183家，吸纳劳动力14 552人，其中80%为本地农民。

【《大水峪家乡肠加工操作规范》企业标准发布实施】 《大水峪家乡肠加工操作规范》企业标准于7月20日发布并实施。《大水峪家乡肠加工操作规范》标准的发布，使加工户确立了共同遵循的准则，建立稳定的生产、加工秩序，确保了加工户有标准可依，有规范可遵。标准化的生产模式，为大水峪村家乡肠的生产和销售的科学管理奠定了基础。

【扎实推进农村市场建设】 紧紧围绕城乡协调、布局合理、功能完善、便民利民的目标，进一步加快推进农村市场建设。一是积极推进桥梓镇北京桥北三迪农贸市场、庙城镇庙城村市场两个农村集贸市场改造建设，两家市场已顺利完成了地面硬化、交易厅棚的建设改造，目前全区已累计改造建设集贸市场16家，“一乡一集市”覆盖率达到100%，桥梓、九渡河两个镇实现一镇两集市。二是以实现日用品和农资连锁店进镇、进村，农产品进城、进店的“四进”双向流通网络建设为目标，以营造“货真、价实、安全、便捷”的消费环境为重点，继续推进农村便民连锁店和生产资料连锁店建设，支持二兴益采取直营带加盟模式，累计新建、改造农村连锁便利店346家，北京农升农资连锁店112家，村镇覆盖率达100%。重点加强店铺规范化和企业信息化管理工作，企业统一配送水平逐步提高，主要商品的配送率达到80%以上，农资产品配送率达70%以上。支持宏福宇旭商贸有限责任公司建立山区配送体系，商品配送率达85%。

【农资超市布局田间地头】 春耕期间，怀柔区农资销售一改传统的销售方式，在各农业大村的田间地头开设了125家农资超市和2家配送中心，这些连锁店实行采购、配送、价格、标识、管理、服务“六统一”的经营模式，销售种子、农药、化肥、农膜等农业生产资料，让农民买得既方便又放心，把贴身的优质服务就近“配送”给广大农民。

【与农行北京分行签署战略合作协议】 9月8日，怀柔区政府与农行北京分行签署战略合作协议。根据协议，未来五年，农行北京分行将向怀柔区人民政府提供不少于100亿元人民币的意向性信用额度，用于区域经济发展，助力“京郊明珠”更加璀璨。怀柔区政府与农行北京分行有着良好的合作基础。2010年，怀柔与农行北京分行建立了快速信息渠道，并在中小企业贷款业务、支持特色农业发展方面进行了深入合作。此次签约将进一步拓宽合作领域，深化合作内容。根据协议，农行百亿信贷资金将重点支持城镇基础设施建设、产业化提升、公共服务、“三农”建设等领域。同时，农行还将利用其遍布城乡的网点、专业化金融人才队伍、丰富的金融产品为怀柔区经济社会全面发展提供更实、更细、更好的金融服务。

【全市首家“乡村银行便利店”开业】 7月6日，全市首家“乡村银行便利店”在怀北镇大水峪村正式开业。这是北京农村商业银行继2009年推出怀柔区农村商业银行碾子流动银行之后，又一为解决山区金融服务薄弱问题而专门设立的一种新型农村金融服务方式。“乡村银行便利店”是一种新型农村金融服务模式，主要建设在农村地区的超市、批发市场、村委会等场所。由一台自助终端作为“乡村银行便利店”的主要机具设备，以及一部96198直通电话作为辅助机具设备，另外配备一名机具协管员负责客户引导。当地居民携带存折即可登录自助终端，办理查询、补登存折、转账、代缴费等业务，并可间接实现小额存取款业务，满足金融服务较为匮乏的农村地区的需求。

【七个山区区县来怀观摩重点小城镇二、三产业发展】 8月5日，市农委带领七个山区区县小城镇主管部门到怀柔拉练观摩重点小城镇二、三产业发展情况。2009年，桥梓镇、怀北镇、汤河口镇被确定为北京市重点小城镇。目前，三个小城镇二、三产业发展呈现良好势头，都市型农业稳步发展，工业企业增添动力，休闲旅游产业继续繁荣，文化创意产业有序推进。

【九渡河镇发展特色产业】 一是深入挖掘板栗文化，通过成功举办栗花节、板栗节等特色节庆活动，宣传和推介九渡河镇板栗种植特色品牌，实现板栗年产量400多万千克，经济收入4 800余万元。二是依托怀九河文化和长城文化品牌，大力提升休闲旅游文化内涵，培养地区特色文化旅游品牌。三是进一步深化红色文化，发展红色经济。依托庙上村“怀柔第一党支部纪念馆”、市级爱国主义教育基地和廉政教育基地，做好红色文化村项目规划，推进庙上红色基地建设。四是打造“灯笼镇”品牌，以红庙村为中心，辐射带动周边村，发展灯笼专业村8个，研发灯笼品种400多种，实现收入230余万元，吸纳劳动力就业180多人。五是做足生态文章，发展绿色经济。规划三果产业192公顷，其中大枣嫁接162公顷，红果23.3公顷，太平果6.67公顷，建设日光温室91栋、钢架大棚103栋，利用自然资源优势，发展林菌2公顷，设施栽植栗蘑1公顷，33万棒。

【长哨营乡第三家金融服务企业开业】 2010年12月30日，长哨营满族乡新引进的第三家典当行——北京天华融泰典当有限责任公司正式挂牌营业。为转变经济增长方式，进一步加快工业企业发展，长哨营满族乡从发展金融服务行业入手，严把引进企业关。北京天华融泰典当有限责任公司就是该乡继知名企业北京万里物流有限公司引进之后的又一家金融服务企业，主要从事动产质押典当、财产权利质押典当、房地产抵押典当、限额内绝当物品的变卖、鉴定评估、咨询服务及商务部依法批准的其他典当业务的企业，投资总额达2 000万元。

山区建设

【不断加强沟域经济建设】 重点打造的城北观光大道、长城国际文化村、白河湾、银河谷续建、不夜谷延伸工程等五条沟域经济发展带均已按期完成年度建设任务。同时，完成了“不夜谷—夜渤海”和“天河川”两条市级沟域经济建设的规划设计工作。

【“十一五”期间完成造林绿化49.2万亩】 “十一五”期间，怀柔区通过营林、造林，完成绿化面积3.28万公顷，栽植各类苗木1 300余万株，新增林地0.53万公顷。近年来，怀柔造林绿化坚持“建设精品生态”的宗旨，着力打造示范和亮点工程，重点实施了京津风沙源治理、中德财政合作项目、水源涵养林等工程。京津风沙源工程完成投资1.54亿元，植树670.6万株。投资1 150万元，在水库河道上游风沙危害较严重的地区，营造水源保护林0.073万公顷，植树80万株。在青龙峡景区、红螺山景区等地，实施彩叶林工程0.078万公顷，栽植各类苗木90.7万株；完成废弃矿山生态修复182.33公顷；完成飞播造林0.67万公顷；完成义务植树387.1万株。通过中德财政合作项目，完成森林经营811.27公顷。

【封山育林工程全部完工】 怀柔区投资490万元完成封山育林工程，封育面积0.47万公顷，工程涉及北部山区五镇乡和桥梓镇、渤海、九渡河、雁栖、怀北等10个镇乡12个地块。拉封育围栏3.3万延米，建封山牌40个。工程的实施，加快了土地绿化进程，推动了森林面积、蓄积、覆盖率的全面增长。封山育林形成的森林，构成与当地环境相适应、稳定性高的森林群落，有效地起到了保持水土和涵养水源的作用，改善了封育区的生态环境。

【新建生态林管护站十一座】 怀北镇投资近10万元在大水峪、河防口、椴树岭三个重点山区村新建生态林管护岗站11座，目前已正式投入使用。为确保生态林管护员在重点地区24小时在岗到位，为管护员提供值班避风场所，充分发挥前哨作用，近年来，怀柔区大力兴建生态林管护站，已累计建生态林管护站79座，为全市最多。这些管护站施工坚持高起点、高标准，突出生态林管护站的实用性和服务性。管护站房屋配备了灭火工具及桌椅、水桶等必备器具；制定了值班、器具定期更换、定期保养制度。管护站内生态林管护员做到24小时值班，确保有效地发挥预警、护林、自治的职责。

【深入实施泥石流险村险户和生态移民搬迁工程】 按照农民自愿原则，采取自然村向主村集中以及散户搬迁相结合的方式，完成泥石流险村险户搬迁760户、1 812人。宝山镇下坊村250口人作为移民搬迁对象，已顺利入住新建的74处房屋。通过泥石流险村险户搬迁使山区部分群众彻底摆脱了泥石流的威胁，生产生活条件得到了极大改善，增强了区域生态功能。

【实现山区3797险户安全转移】 近年来，怀柔区始终按照农民搬迁自愿、山区自然村向平原村或行政主村集中整合，并和散户搬迁相结合的搬迁方式实施山区搬迁工作。经过多年努力，怀柔坚持“搬得出、稳得住、能致富”的原则，促进了农民由一产向二、三产业的转移。山区人民的居住环境、自然环境得到了极大改善。在搬迁过程中，有效地实现了山区与平原对接工作，琉璃庙镇辛山村整建制搬迁到杨宋镇耿辛庄村共250人，就近打工就业者达130余人。山区搬迁扩大了山区农民的就业机会和就业空间，促进了农民增收致富。据统计，6年来全区已完成搬迁3 739户8 712人，其中3 351户的搬迁户在建房标准上按照民俗院标准设计和施工，搬迁户新建房后基本具备了民俗接待能力，年户均可增加收入8 000元至10万元不等。

【生态环境建设投资五年逾10亿】 “十一五”期间，怀柔把环境立区、生态兴区同提升区域核心竞争力紧密结合，同生态涵养发展区的功能定位相结合，加强生态环境建设，增强可持续发展能力，使区域环境质量不断得到完善。2005—2010年底，建设生态环境类项目17个，投资10.7亿元，目前已竣工投入使用项目4个。

【怀柔半数镇乡成为园林小城镇】 继杨宋、北房、汤河口、喇叭沟门、桥梓、庙城6个乡镇获得“首都绿化美化园林小城镇”荣誉称号后，渤海镇也被北京市人民政府和首都绿化委员会授予了“首都绿化美化园林小城镇”称号。至此怀柔绿化美化园林小城镇已有7家，达到全区镇乡的半数，在郊区县首屈一指。

村镇建设

【概况】 投入6.6亿元，完成了114个村庄的“五项基础设施”建设工程。按期顺利完成了全区农村街坊路硬化、绿化、安全饮水、污水处理、户厕改造和垃圾处理等五项基础设施建设任务。继续实施“亮起来、暖起来、循环起来”工程，完成街坊路硬化266.5万平方米、绿化87.9万平方米，改造安全饮水管网956.1公里，安装一户一表2.1万个，对38个村实施了污水处理工程，改造户厕1.77万户，建成公厕168座、太阳能浴室36座，农民生产生活条件进一步改善。同时，以产业发展和增加就业为核心，以完善基础设施和公共服务设施为基础，稳步推进了汤河口、怀北、桥梓等三个市级重点小城镇建设，其辐射和带动周边镇村经济发展的能力不断增强。

【推进汤河口、怀北、桥梓等市级重点小城镇建设】 投资1.02亿元，建立了汤河口镇社区服务中心，完成了小中路镇级公路、庄户沟门路、大黄塘支路、庄户沟门桥建设；完成了怀北镇东庄变电站、邓河路建设；桥梓镇完成了灯光篮球场等基础设施和公共服务设施建设。桥梓镇投资6亿元，新引入产业项目16个。

【进一步推进农村阳光浴室工程】 2009年获批复的22个村的农村太阳浴室工程已全部完工并投入使用。2010年获批复20个村的农村太阳能浴室项目已完成设计招标，目前设计与勘察工作正在同步进行，2011年年初即可全面动工建设。据统计，截至目前，全区共有已建和在建的太阳能浴室74座，其中获市发改委批复的农村太阳能浴室共计42座，覆盖全区26%的行政村。

【生态建设取得新成绩】 扎实推进节能减排工作，顺利完成年度节能考核指标。认真落实《怀柔区第十六阶段大气污染控制措施实施方案》，加大黄标车、燃煤锅炉、建筑工地等污染源治理，空气质量二级和好于二级天数达到85%以上。大力推进开展绿化美化工作，启动了新城滨河森林公园建设，继续实施了京津风沙源治理等生态工程，全年完成绿化造林233.33公顷、废弃矿山修复167公顷、生态清洁小流域治理55平方公里。编制实施了“绿色怀柔”行动计划，全面启动了国家生态区和国家环保模范城创建工作。雁栖、庙城、琉璃庙3个镇被环保部授予“全国环境优美乡镇”称号。宜居城市品牌形象进一步提升。

【怀柔再获全市村镇治污先进区县称号】 在全市水务工作大会上，怀柔再次被市政府评为村镇治污先进区县，这也是怀柔连续两次获得此项荣誉称号。

【建设完成111国道（河防口—汤河口）改建工程】 7月22日，投资19亿元的北京市北部重要干线111国道（河防口—汤河口）改建工程项目完工并正式通车，在保留原有道路的同时“另辟新路”改为双向四车道，彻底打通河北等外省市进出京交通动脉拥堵的“栓塞”，市民从北京到丰宁坝上草原将节省近1小时。

【怀柔再增三家“全国环境优美乡镇”】 4月14日，国家环保部第37号公告正式授予雁栖镇、庙城镇、琉璃庙镇为“全国环境优美乡镇”称号，至此怀柔获得“全国环境优美乡镇”称号的镇乡已达8个。近几年，怀柔不断强化镇乡环保机构建设，加强镇乡污染控制，严格农用机动车管理和重大建设项目管理；严格落实绿化植被和矿产资源保护措施；加强镇、乡、村环境综合整治，严格生活污水和垃圾管理；使农村环境保护和生态建设得到了持续改善。

【渤海镇北沟村荣获“北京最美的乡村”称号】 10月15日，“北京最美的乡村”评选结果在媒体亮相，怀柔区渤海镇北沟村以得票排名第四的成绩名列其中。这是继2009年该镇六渡河村获此殊荣之后，怀柔获得的第二个同类殊荣。

【怀柔长城国际文化村开村】 5月2日，怀柔区渤海镇长城国际文化村开村迎客。长城国际文化村的概念不是村域概念，而是文化概念。文化村并不是一村，而是几个村，主要集中在渤海镇域内，包括慕田峪、辛营、北沟和田仙峪4村以及慕田峪路，部分怀黄路和连接村落与村落的路段。文化村建设有特色的国际旅游文化产业区。长城国际文化村定位是构建“吃、住、游、购”四位一体的国际新农村，以强调突出整体特色为理念，着重体现了“吃在田仙峪、住在北沟村、游在慕田峪、购在辛营村”的一体化建设格局，成为汇聚了长城文化、板栗文化、国际文化为底蕴的乡村旅游示范景区。目前，入住长城国际文化村的国际友人共计80余名，来自美国等7个国家和地区，建设欧式居所60处。

【汤河口镇加大力度推进城市化建设进程】 为加快推进新时期农村城市化建设，汤河口镇把农村城市化建设列入汤河口镇“十二五”规划中，明确提出“十二五”期间以小城镇建设为基础，进一步推进农村城市化的建设进程。汤河口镇区建设拟采用以整体开发为主，现驻汤市、区级单位现有31家，计划整合驻汤单位26家，腾退土地与原村民宅基地、闲置土地、新增建设用地等，合计约52公顷，主要用于居住、公共设施、市政设施及绿化等建设。

【琉璃庙镇低碳理念改善生态环境】 琉璃庙镇按照“高标准、低成本、能承受、可推广”的原则，低碳推进环境治理工程，改善了镇域整体环境。围绕创建环境优美乡镇，大力实施了治理垃圾、治理污水、治理脏乱和村庄硬化、净化、绿化、美化、亮化的“三治五化”工程；对西湾子、二台子等13个搬迁村实施了一系列生态修复、生态治理和土地整理工程，废旧用地得到合理利用。坚持基础设施与功能定位相结合的原则，实施了安洲坝生态综合治理、溪水湾工程、白河湾工程等，美化了环境、改善了生态。按照低碳型发展生态的思路，琉璃庙镇经济发展与资源环境保护获得了“双赢”。

农村改革与管理

【概况】 率先在全市全面完成了集体林权制度改革。加快推进了农村集体经济产权制度改革，新组建了社区股份合作社48个，全区94%的行政村完成了改制工作。加强农民专业合作组织建设与管理，全区在工商局登记注册的农民专业合作社达到578家，其中，合作社成员规模在100户以上的62家；有4家农民专业合作社通过了市级示范社认定。积极推行政策性农业保险，全区7 000余农户参保，总保额达3.6亿元，为农业农村经济发展提供了保障。

【怀柔召开集体林改股权证发放工作部署会】 12月21日，怀柔区组织召开了集体林权制度改革股权证发放工作部署会，会议就全区集体林改工作进展情况，采取的措施和取得的成效进行了总结并部署了下一步工作。全区集体林改工作于12月中旬完成了山区集体生态林主体改革任务，明确了林地权属，明晰了股权人，股权证的发放工作成为下一步重点，为接下来的政策兑现打好基础。根据实际情况，怀柔采取的是股权证附带股金发放领取凭证的方式，股权证由村集体保管，领取凭证发放到股权人手中，并凭此领取补偿资金。

【怀柔开展农村土地确权登记颁证试点工作】 为了切实维护农村集体经济组织和广大农民的合法权益，促进农村集体建设用地集约、节约利用和合法有序流转，怀柔区开展了农村土地确权登记颁证试点工作。选取了北房镇作为试点单位，对镇行政辖区内的农村集体土地、集体建设用地和国有土地进行确权、登记、颁证。工作方法主要是清理镇域内集体土地调查档案，查清各宗土地四邻指界签字情况。针对土地权属争议调解工作，本着“尊重历史，面对现实”的原则，深入调查进行确权。

【怀柔召开乡镇林业工作站改革工作会】 12月1日，怀柔区组织召开乡镇林业工作站改革工作会，安排部署下一阶段乡镇林业站改革工作。会上，明确了改革涉及的人员归属、办公场所确定、财产分割、人员福利等改革相关问题。就改革后人员编制调整、经费管理等方面作出规定。

【19家农村合作组织加入农业技术转移“信服通”工程】 共19家农村合作组织加入农业技术转移“信服通”工程，并通过该工程建立了服务网点，配备专业服务器，建立了各自产业推广网站。“信服通”工程由北京市科委在《辐射区县的科技中介服务体系建设》课题中组织实施，内容是筛选符合条件的行政村、农村合作组织，建设区域服务网点，实施农业技术转移示范工程，将科技资源和专业服务及时、快捷、准确、有针对性地进乡落村入户，并依托各区域服务网点，为广大乡镇、农户提供科普知识、科技信息，同时成为乡镇、农村专业化宣传平台，与农业技术转移服务平台有效衔接，形成通畅渠道，实现科技引领区县经济发展。

【首家乡镇总工会在怀柔镇成立】 10月12日，怀柔区首家乡镇总工会在怀柔镇成立，区总工会、14个乡镇相关领导及怀柔镇工会会员均参加了此次会议。会议选举产生了怀柔镇总工会第一届主席、副主席、经审主任和女工主任等。

【怀柔镇深化农村改革促增收】 怀柔镇以经济发展、社会稳定为方向，积极推进行政村产权制度改革。目前已有16个行政村完成了股份制合作社揭牌，入社股东9 000余个，确保了农民失地不失权、不失利；对集体生态林涉及的13个村进行了沟通和矛盾化解，完成林改面积达16 236.7亩；农村服务组织建设顺利完成。截至目前，怀柔镇共发展农民专业合作社26家，辐射带动4 600个农户。经统计，全年农民人均纯收入达到16 505元，同比增长了8.05%，让农民的口袋真正鼓了起来。

农 民 生 活

【农民收入显著提高】 2010年，全区农民人均纯收入达到12 100元，同比增长10%。农民人均纯收入万元以上村达250个，比2009年增加50个，占总村数的88%。

【着力实施“低收入农户”共同致富行动计划】结合怀柔实际，怀柔区相关部门按照因地制宜、稳定覆盖的原则，通过实施产业扶持、解决就业，社会保障等多项扶持措施，切实做到帮扶到户、增收到人，有效达到共同致富的目的。2010年，实现低收入农户户均增收15%。同时，借助联乡帮村工作，有效推动了农村产业发展、农民增收致富，为农村经济社会可持续发展提供了强有力的支撑。

【农村卫生事业再上新水平】 累计投入4.6亿元，实施医药卫生体制改革，区、镇、村三级医疗卫生服务体系进一步完善，居民医疗保障水平不断提高。认真落实新农合报销政策，门诊报销比例由30%提高到40%，住院补偿实行零起付，各级各类医院补偿比例由最低45%提高到50%～70%，全年共为10.7万名群众报销医药费9 100万元。全区18家定点医疗机构实现了社保卡实时结算，减轻个人垫付资金负担2 450万元。

【不断完善就业和社会保障体系】 不断统筹推进城乡就业工作，完善“零就业家庭”、“纯农就业家庭”长效帮扶机制，安置城乡劳动力就业7 650人，城镇登记失业率为2.15%，控制在3.2%目标以内。社会保障体系日益完善，养老、失业、工伤、医疗、生育五项保险收缴率始终保持在98%以上。认真落实一揽子惠民政策，提高城乡各项社会保障待遇标准，切实解决了广大人民群众的基本生活问题。全面落实了“九养政策”和老年人优待办法，为11 280名老年人、残疾人发放1 256万元养老助残服务券。

【城乡社补岗补打破二元体制】 在执行市级各项政策的基础上，结合怀柔实际出台了《关于促进城乡劳动力就业工作的意见（试行）》，统筹解决了城乡就业问题，健全和完善了促进就业政策。新政策将城乡非4050人员和非水资源保护区失业人员等人员纳入到补贴范围内，在全市率先将用人单位招用城乡就业困难人员的岗位补贴和社会保险补贴范围覆盖到全区城乡劳动力，增强了本地劳动力的竞争力。社补岗补实现了区域全覆盖，为社会充分稳定就业、统筹发展城乡就业保障体系提供了政策支持。新政策进一步提高了城乡劳动力就业质量，彻底打破了城乡二元体制的界限，农村劳动力与城镇失业人员可以享受到同等的促进就业政策，使城乡劳动力享有平等的就业机会；促进了农村就业困难群体稳定就业。按照岗位补贴和社会保险补贴“先招用后补贴”和年度分期拨付的规定，确保了企业能够按期缴纳社会保险、履行劳动合同，劳动力能够持续稳定就业。

【全面加强农村实用人才队伍建设】 通过创新机制增强工作合力、加强扶持优化创业环境、创新模式提升培养效果和强化服务调动积极性等多种方式，怀柔促进了农村实用人才的技术优势与区域产业发展的有机结合。2010年，新认定了583名农村实用人才，全区累计达到2 451人，顺利完成了“十一五”规划任务，一支有觉悟、懂技术、能创业、会经营、善管理、有特色的农村实用人才队伍正在不断壮大、示范带动作用正在不断增强。

【开展农村无线网络管理员培训】 自2008年5月在渤海镇北沟村实施低成本接入互联网试点以来，怀柔区共建设了27个农村低成本无线宽带网络入户试点村。为提高无线网络管理技术人员的业务素质和网络信息安全防范水平，使其通过培训掌握网络与信息安全攻防新技术更好地为村民服务，6月17日开办了为期四天的农村无线网络管理员培训班，通过培训进一步提高网络管理员的实际操作能力和解决问题能力，为更好地满足村民用上方便快捷的网络奠定了基础。

【积极推进农村信息化建设和应用】 以221农业信息网、农业资源管理系统和农村经济管理信息系统，“三网”信息平台为主体框架，进一步加强服务功能的开发与推广应用，在信息查询、信息分析、科学决策、综合信息服务等方面取得了新的突破，有效助推了怀柔都市型现代农业发展。同时，继续通过北京移动农网为农民提供政务、气象服务、农产品价格、政策动态、农业科技等多元化信息服务，极大方便了农民的生产与生活，使更多的农民享受到信息化带来的实惠。

【举办茸鹿控光增茸培训】 9月3日，怀柔举办了茸鹿控光增茸培训，聘请了全国著名养鹿专家赵玉芳研究员和绿神公司鹿场场长赵广华就茸鹿控光增茸技术进行了讲解。来自宝山、长哨营、杨宋、桥梓等镇乡30余名茸鹿养殖场人员参加培训。此次培训以学员熟练掌握并能够独立操作为目标，以公鹿的产茸规律、控光原理、控光操作技术、饲养技术操作等为主要内容，采取讲课与实际参观相结合、提问与解答相结合等形式，学员受益匪浅，课程深受欢迎。

【文化体育工作取得新进展】 完成了电影服务中心改造，庙城、雁栖、琉璃庙3个文体中心开工建设，新建益民书屋101家，实现了284个行政村全覆盖。开展了夏日文化广场、来京务工人员才艺大赛、家庭才艺大赛等特色活动，全区人民的文化生活进一步丰富。群众体育活动蓬勃开展，竞技体育水平进一步提高，在十三届市运会上获得28枚金牌，位居远郊区县前列。

【怀柔运动员民运会上展风采】 北京市第八届民族传统体育运动会于8月28日在民族大联欢的祥和气氛中落下帷幕，怀柔代表团喜获丰收。本届民族运动会共设竞赛项目14大项，设表演项目4大类。怀柔代表团共参加了7个竞赛项目和1个表演项目，参赛运动员人数达到138人，比上届翻了一番。经过六天的激烈角逐，怀柔代表团圆满完成预定参赛任务，实现了运动成绩和精神文明的双丰收。

【怀北镇举办第三届农民运动会】 9月30日，

怀北镇第三届农民运动会在怀北学校举办，来自怀北镇十个行政村和铁路居委会的400余名运动员参加了比赛。“推进全民健身运动，增强农民体质”、“舞动村民激情，演绎和谐乐章”的宣传口号推动着比赛进入一个个高潮。运动会分为乒乓球、拔河、田径、趣味项目共四个大项、15个小项，其比赛项目、运动员人数均创怀北镇历届农运会之最。此次农民运动会受到了参赛队员和群众的一致好评。

【喇叭沟门村民热跳交谊舞】 为丰富群众文化活动，让村民能够和城里人一样享受丰富多彩的文化生活，喇叭沟门满族乡聘请了区文化馆的舞蹈老师在文化活动中心开展了交谊舞培训活动。乡政府的机关工作人员和各村的村民积极参加了此次培训，通过培训进一步提高了村民的健身意识，丰富了娱乐生活，提高了精神风貌。

【琉璃庙镇开办农民学校】 为更大地发挥旅游业主导作用，琉璃庙镇通过系列培训将农民变成艺术人才和技术人才，充实旅游产业发展内涵，不断为乡村旅游业注入创意文化元素。截止到目前，全镇共开办编织、手工制作、十字绣、果树修剪、烹饪等手工艺和技能培训班4期，培训人员400余人次。

基层组织与民主政治建设

【加强对新一届农村两委干部、民调干部的“头茬”培训】 7月初，换届结束不久，开展了全区性的新人“两委”干部培训，进一步加强“两委”干部的思想政治建设，提高“两委”干部实际工作能力。同时泉河、怀柔镇、长哨营等镇乡结合本地实际，开展了农村“两委”干部、调解干部的培训活动。其中，怀柔镇、泉河街道还邀请了区内调解专家，分别就如何做好诉前调解、如何做好征地拆迁工作中的信访和调解工作等6项内容，结合生动鲜活且针对性强的典型事例，进行了深入浅出的讲解。

【驻华使馆官员观摩村委会选举现场】 6月12日，来自45个国家的50余名驻华使馆官员来到渤海镇北沟村集体观摩第八届村民委员会选举投票现场。各驻华使馆官员现场观摩了选民确认、发放选票、写票、投票各个环节，进入封闭式投票现场查看了秘密写票处、代书处、投票箱等投票站的具体布局、设置。随后，市、区选举办领导共同就使馆官员提出的正式候选人、代书人是如何确定的、什么情况可以请代书人填写选票、正式候选人中党员人数、女性候选人情况等问题进行了现场答复。

【“五五”普法工作效果显著】 “五五”普法工作开展以来，怀柔区各级领导高度重视，组织机构逐步健全，形成了“党委统一领导、人大政协监督、政府组织实施、全社会共同参与”的“大普法”工作格局，各镇乡、各部门始终坚持以“弘扬法治精神，服务科学发展”为宗旨，以“法律六进”为重要载体，在全区上下形成了学法、守法、用法的社会氛围，法治精神得到进一步弘扬，为推进“三项重点工作”、加快依法治区进程、促进经济社会又好又快发展发挥了重要作用。

【“全覆盖”公益法律服务体系取得明显成效】 怀柔已形成区、镇、村全覆盖的公益法律服务体系，2010年，区法律援助中心共受理民事法律援助案件274件，同比增长81件，上升27.6%，涉及金额258万元，解答群众法律咨询8 671人次；镇村两级法律服务机构共参与调解矛盾纠纷3 000余件，开展法制宣传1 000余场次，解答群众法律咨询5 000余人次。“全覆盖”公益法律服务网络，搭建了群众寻求法律服务的“一线平台”，成为维护基层社会稳定的“第一道关口”。

【合同期满大学生“村官”再就业率达85%】 全区合同期满大学生“村官”共计200人（含2009年续聘4人），目前已实现就业170人，再就业率达85%，目前为北京市各区县就业率之首。

【全市首家“党群共建工作站”建立】 为全面贯彻落实中央关于在基层党组织中开展“创先争优活动”的指示精神，发挥好党群部门在政治、组织、人员和活力上的优势，努力在优化企业文化、提升职工素质、调动职工积极性、增强企业凝聚力、维护和谐劳资关系等方面有所作为，从而在围绕中心、服务发展中找准工作定位。渤海镇依据“党群共建，创新载体”；“围绕中心、服务大局”；“典型引路、稳步推进”；“上下联动、形成合力”；“优势互补、互利互惠”的五项原则，在全市率先启动了“创先争优，党群共建”工程，并建成了集党务、社工、工会、共青团、妇联为一体的“五站合一”式党群综合服务站。

【桥梓镇启用电子扫描程序 深化村级财务管理和监督】 桥梓镇在全镇各村财务管理上启用了电子扫描程序，使各村财务摆脱原来厚厚的纸质账簿和票据，“轻装”走进了电脑。为实现村级财务规范化、科学化和公开化的管理提供了有效平台，通过电子扫描程序，使村级财务管理具备了“原始凭证—记账凭证—明细账—总账”一套完整的电子账系统。桥梓镇利用这一科技资源，将全镇各村财务工作置于“阳光”之下，深化了村级财务工作的管理和监督，有力地推进了全镇各村各项事业又好又快发展。

【杨宋镇廉政文化精品工程亮相花园村】 为进一步加强全镇农村基层党风廉政建设，为新农村建设提供坚强的思想政治保障，杨宋镇以“廉政文化示范村”建设为载体，积极探索农村反腐倡廉宣传教育的新方法、新途径。投资12万元在花园村打造了廉政文化建设精品工程，使廉政文化进村庄，进公园，进产业园区，与百姓生产生活密切联系到了一起。工程借助花园村现有资源优势，将反腐倡廉和法制教育相结合，在该村文化健身公园、街道、四季花卉产业园区和看花台分别设立了廉政文化宣传栏、路旗、法制宣传标语，内容包括八荣八耻、农村干部六不准、警言警句、勤政廉政小故事、反腐倡廉宣传画等，让干部群众在劳作和休闲之余均能接受廉政和法制教育，同时也成为该村另一道亮丽的风景线。

【汤河口镇举办反腐倡廉法制培训活动】 11月4日，汤河口镇举办了“学廉政法规，做勤廉公仆”法制培训活动。该镇邀请区检察院职务犯罪预防处及民刑检查处有关领导为镇机关干部和22个行政村的两委干部进行了警示培训。之后组织培训人员参观了位于长哨营的“反腐倡廉教育基地”，通过实地参观反腐倡廉案例展板，给全镇党员干部敲响了“廉政警钟”。

【喇叭沟门满族乡廉政文化进农村活动打造立体廉政宣教体系】 喇叭沟门满族乡党委、乡政府在全面落实科学发展观，推进社会主义新农村建设中，坚持把廉政文化建设作为加强基层农村党风廉政建设的一个重要抓手，与党风廉政建设向村级延伸相结合、与普法教育、村务公开、开展“文化下乡”等活动相结合，积极开展了党风廉政教育进农村活动。一是建立村级“党风廉政建设室”。二是建立村级廉政文化宣传队。三是开展村级干部“勤廉双述”活动。四是以数字影院为依托，开展乡村廉政文化建设。五是以广播站和宣传栏为廉政宣传阵地，开展廉政宣教活动。

“三农”工作部署和实施

【怀柔召开农村工作会】 3月17日，怀柔召开农村工作会，总结2009年全区农村工作，全面部署2010年的各项任务。农村工作将继续深入贯彻落实科学发展观，抢抓发展机遇，把推进农业农村经济平稳较快发展作为首要任务，坚持并不断完善创意农业和农业公园化建设理念，坚定不移地以发展具有怀柔特色的都市型现代农业为核心，全面提升农业核心竞争力，努力推动城乡一体化发展，保持农民收入稳步增长，为怀柔经济社会又好又快发展提供有力保障。

【怀柔召开深入开展创先争优暨党员作风建设年活动动员部署大会】 5月7日，怀柔召开深入开展创先争优暨党员作风建设年活动动员部署大会，进一步贯彻落实中央和市委有关精神，对怀柔深入开展创先争优暨党员作风建设年活动进行动员部署。全区创先争优活动从4月开始，到党的十八大召开前结束，具体分为三个时段开展：从4月开始至年底，以党员作风建设年活动为专题；从1月开始至7月，以迎接建党90周年为专题；从7月开始至党的十八大召开前，以迎接党的十八大召开为专题，分别开展创先争优活动。通过深入开展创先争优活动，达到推动科学发展、促进社会和谐、服务人民群众、加强基层组织的目标。

【怀柔召开农村党的建设暨村“两委”换届选举工作会】 4月27日，怀柔召开农村党的建设暨村“两委”换届选举工作会，全面部署第八届村民委员会换届选举工作。怀柔第八届村民委员会选举工作在区农村“两委”换届选举工作领导小组领导下进行，全区281个行政村参加换届选举工作，自4月16日开始，到6月28日结束，历时两个多月，分为选举准备阶段、全面实施阶段、总结验收阶段三个阶段。会议强调，此次村民委员会换届选举，是在首都加强社会主义新农村建设，率先形成城乡经济社会发展一体化新格局的新形势下，进一步推进农村基层民主政治建设的一项重要实践活动。

【怀柔召开农村“两委”换届选举工作总结会】 8月17日，怀柔召开农村“两委”换届选举工作总结会。会议总结了怀柔“两委”换届选举工作的经验做法，提出此次换届选举突出呈现了工作方法上有创新、选举秩序有改善、换届结果有突破的特点。

【怀柔召开山区招商工作专题研讨会】 8月11日，怀柔召开山区招商工作专题研讨会，重点寻求北部山区五镇乡招商引资工作的突破口。会上，琉璃庙镇、汤河口镇等北部山区五个镇乡分别汇报了各自下一步招商引资工作，区投资促进局就全区招商工作特点、今后招商工作重点等进行了汇报。与会人员就如何加大北部山区五镇乡招商引资力度及目前招商工作中存在的问题进行了深入讨论。

【政策性农业保险惠民效果显著】 2010年是开展政策性农业保险的第四年，怀柔紧紧抓住为农民办实事的工作目标，积极创新政策性农业保险工作，逐步扩大农险范围，采取多项有效措施，促进农民投保热情，受益农户不断增多。全区共有7 174户农民参加政策性农业保险，总保额3.6亿元，收取保费1 641万元，保险种类包括肉鸡、种猪、生猪、温室大棚、小麦、奶牛等18个。全区有2 100户农民获益，赔付种类包括小麦、玉米、种猪、生猪等14个，得到赔付金额820万元。

【粮食直补工作全面完成】 粮食直补工作已全面完成，直补工作涉及13个乡镇、235个村、51 610户，补贴面积0.847万公顷，补贴资金1 090.54万元，其中：小麦综合补贴资金132.71万元、粮食补贴206.44万元；玉米综合补贴资金439.12万元、粮食补贴312.27万元。

【开展家电下乡政策宣传赶大集活动】 11月17日，区政府组织京北大世界带着“下乡”商品到北部山区镇宝山镇大集开展“亲民心、惠民众”家电下乡政策宣传赶大集活动。活动期间，企业现场展卖指定商品，区商务委工作人员为百姓现场讲解国家制定“家电下乡”等惠民政策的目的，结合宣传材料介绍家电下乡政策的总体内容及如何识别家电下乡产品、购买产品后的补贴程序等。深入农村集市宣传活动受到村民的欢迎，活动当天，共发放宣传海报、购物袋等五百余份，接受现场咨询百余人次，农民现场购买家电下乡产品数十台。

【民主法制建设成果显著】 区政府及组成部门认真执行人大及其常委会决议和决定，坚持重大事项报告制度，自觉接受人大法律监督；主动向政协通报工作，自觉接受政协民主监督。全年共向人大常委会报告工作18次，接受人大代表执法检查、视察工作4次，办理人大代表议案、建议和政协委员提案332件，办复率达到100%。

【区人大代表视察沟域经济发展情况】 8月31日，区人大常委会组成人员和部分区人大代表就沟域经济发展情况进行视察。根据区人大常委会工作计划，在常委会第二十九次会议上将听取并审议区人民政府关于沟域经济发展情况的报告。为提高审议质量，增强监督实效，区人大常委会专门组织了此次视察。当天，区人大代表先后来到北房城市农业公园香草世界、琉璃庙镇双文铺村、汤河口镇后安岭湿地公园和银河谷截流工程、长哨营老西沟食用菌种植园等地进行视察，对各地沟域经济的发展情况给予充分肯定。

【基层党代表首次列席区委全会】 11月19日，在区委三届九次全体（扩大）会议上，20名区三次党代会基层代表作为特邀人员列席了会议。以普通党代表身份列席区委全会，听取了全会报告，参加了分组讨论，与会期间基层党代表将基层党员、群众的意见和建议反映了出来，充分发挥了党代表桥梁纽带、参谋助手、参与党内监督的作用。

怀柔区主要领导人

区委书记	王海平
副书记	池维生　萧有茂　姜伯奎（挂职）
区委常委	王海平　池维生　萧有茂　姜伯奎　刘春锋　王仕龙　李树江　田一农　王贵平　田文杰　赵文广　彭丽霞（女，满族）
区人大常委会主任	吴德增
副主任	吕延发　徐占明　焦振华　赵学恭　李凤仙（女）
区长	池维生
副区长	王仕龙　赵文广　祝自河　周东金　吴群刚　朱淑霞(女)
区政协主席	武占刚
副主席	董林　佘建国　钟建忠　闫振佳（女）　尹永利
区纪委书记	王贵平
副书记	杜连明　鲁泰吉　赵子长

怀柔区街道、镇（乡）党政正职领导

	党委书记	主任、镇（乡）长
泉河街道	乔玉龙	李俊娥（女）
龙山街道	杨素平	石全田
怀柔镇	刘柏林	喻永刚
杨宋镇	武贵军	吕晓国
北房镇	赵海军	宋霁朋
庙城镇	李树才	武贵军
桥梓镇	张卫	李树海
雁栖镇	郭小卫	田志兵
渤海镇	张福利(满族)	王立臣
怀北镇	王国栋	马天彪
宝山镇	王洪利	张军
九渡河镇	孙建杰	任占智
汤河口镇	王永利	周福刚
琉璃庙镇	鲍晓健(女)	肖正凯
长哨营满族乡	马宝良	彭明祥（满族）
喇叭沟门满族乡	肖坤(女)	彭明生（满族）

（怀柔区委研究室　王学明　董少波　杜金喆）

平谷区

平谷区位于北京市东北部，总面积950.13平方公里，其中山区、半山区和平原面积各占1/3。辖14镇2乡2个街道办事处，273个行政村和28个居委会。户籍总人口40.1万人，其中农业人口19万人。2010年，平谷区以“促增长、调结构、上水平、保民生、抓稳定”为主线，以建设都市型现代农业为抓手，以农业持续增效、农民持续增收为目标，突出加强农业基础设施建设，进一步深化“两权”制度改革，充分发挥重大项目带动效益，做大做强特色产业，实现了全区农业经济稳步增长，农村环境较大改善，农民生活稳步提高。全年完成地区生产总值117.7亿元，较上年增长10%；完成农林牧渔业总产值29.4亿元，同比增长11.6%。实现地方财政收入40.1亿元，同比增长194%；完成固定资产投资82.4亿元，同比增长16.7%；完成社会消费品零售总额38.2亿元，同比增长19.5%；完成城镇居民人均可支配收入23 606元，同比增长8.5%，实现农民人均纯收入12 036元，同比增长10.7%。

都市型现代农业

全区农业产品产量以增长为主，八类主要农产品产量仅有两项同比降低，其他六项均有不同程度增长，分别为：出栏猪34.5万头，同比增长2.6%；出栏肉牛1.1万头，同比下降0.3%；出栏羊10.4万只，同比增长0.8%；鲜蛋产量2.8万吨，同比增长3.7%；家禽出栏量712万只，同比增长4.7%；蔬菜产量26.1万吨，同比下降6.7%；水产品产量1.5万吨，同比增长1.2%；粮食产量7.7万吨，同比增长0.3%。

【粮经作物产量整体平稳】 全区春播玉米9.75万亩，夏播玉米4.6万亩，豆类0.504万亩，薯类

0.286万亩，棉花0.095万亩，其他作物0.152万亩。受2009年冬2010春气候影响，2010年小麦亩产312.2千克，比2009年亩产减少27.7千克，因面积增加，总产1.27万吨，同比增加0.046万吨；玉米因气温低成熟晚，单产与2009年基本持平。全年粮经作物产值1.617亿元，同比增加19%。

【蔬菜产量、收入有所增加】 蔬菜的复种面积为7.77万亩，因结构调整，面积略有减少，其中，设施蔬菜面积0.617万亩。2010年蔬菜产量2.89亿千克，同比增加3.4%，全年蔬菜产值3.897亿元，同比增加1.4%。

【大桃促农增收效果明显】 全区果品总产3.57亿千克，比2009年增长1.3%，果品总收入12.005亿元，比2009年增长19.89%。其中，大桃总产2.8亿千克，比2009年增长2.84%，大桃总收入9.447亿元，比2009年增长26.56%。

【开展了第二届北京平谷农副产品展销会甜桃王、大桃王评选活动】 全区各乡镇共计选送52个样品参加甜桃王评比、33个样品参加大桃王评比。经5名专家的现场检测和公证人员现场公证，最终确定出四个甜桃王和四个大桃王。四个大桃王在平谷大集进京城暨农产品展销会上进行了拍卖，最高拍卖价格4万元。

【特色果品基地建设顺利】 完成面积3 485亩，主要包括：优质桃基地2 088亩、优质苹果基地61亩、优质梨基地35亩、优质甜柿子基地629亩、优质薄皮核桃基地638亩、优质甜樱桃34亩。主要集中在大华山、峪口、南独乐河镇、黄松峪等12个乡镇。

【5 000亩大桃增甜示范工程建设完成】 组织专家集成了增施发酵菜籽饼肥、高培垄覆黑地膜节水栽培技术、倒拉枝技术、适时夏剪技术、科学疏果、限产栽培技术、果实采前控水、适期采收、分批采收等9项增甜技术措施。紧紧围绕增甜技术措施开展技术培训，加强了技术指导和工程的监督检查，高水平、高质量地完成了5 000亩增甜示范园工程。

【万亩滨河森林公园建设工程进展顺利】 工程范围涉及平谷新城范围内洳河、洵河规划河道绿化带、洵河马坊段现状河道两侧，以及局部节点进行绿化及相关附属设施的建设，总沿线36公里，总面积11 045万亩。一期总面积3 340亩，二期总面积7 705亩。全年拆迁评估工作已基本完成，一期拆迁评估资金已经陆续发放，中标单位交桩工作已经完成，部分标段已经开始施工，一标、二标边界线已定，其余标段将在2011年完成协调拆迁工作。

【南门大道绿化美化工程完成了绿化主体】 该工程南起东高村镇南埝头村，北至啤酒厂路口。道路两侧建设40米宽的绿化带，涉及总面积11.6万平方米，主体绿化已经完成，共栽植油松、毛白杨等乔木3 300余株，丁香等花灌木1.2万余株。

【林木绿地认养工作积极开展】 以麻子峪、老泉口等首都绿色村庄为重点，积极推广林木绿地认养工作，把村内街道两侧林木绿地按各户建筑占地长度进行分段义务认养，实行责任承包。认养总面积12.3万平方米，总投资3.1万元。

【存栏数"五增一降一平"】 全年存栏生猪26.8万头，同比增长30.7%；肉鸡110.19万只，同比增长39.6%；蛋鸡260万只，同比增长3.6%；肉鸭13.8万只，同比增长2%；肉牛0.935万头，同比持平；奶牛0.126万头，同比增长4.6%；山绵羊7.65万只，同比下降0.6%。

【规模猪场粪污无害化处理与资源化利用】 7个乡镇（街道）区域内的65个猪场进行了改造，项目采用全三级曝气、三级曝气加发酵床或全发酵床三种工艺。猪场改造后，垫料和猪粪尿转化为优质有机肥还田利用，年处理污水38.4万吨，达到了猪场粪污零排放和资源化利用。项目工程总投资1 400万元。

【国家级畜牧业标准化示范基地建设名列全市前茅】 峪口禽业作为蛋鸡标准化养殖示范基地，在市农业局专家组的验收中，取得了97分的好成绩。

【渔业稳中有升】 全年水产品产量1.44万吨，比2009年同期增加0.4%，其中养殖产量1.4万吨，捕捞产量0.04万吨；全年投放鱼种0.315万吨，放养面积1.71万亩，其中池塘养殖1.05万亩、流水养殖0.003万亩、增殖放流0.652万亩；鱼苗产量3亿尾，同比增加178%；全年总产值1.568亿元，同比增长0.3%。

【完成两轮都市型现代农业基础设施建设任务】 2010年完成2.2万亩农田培肥工程任务，其中，土壤深松、秸秆还田面积0.7万亩。工程总投资353.22万元。

【设施农业面积突破6 000亩】 全年完成826亩日光温室和塑料大棚建设，设施蔬菜总面积达到6 167亩。

【鸡场建设】 完成了100万只青年鸡养殖场建设及配套蛋品加工设施，总投资3.4亿元。

【峪口禽业打造"世界第一蛋种鸡城"项目稳步推进】 北京华都峪口禽业计划建造蛋种鸡基地4个。全年圆满完成大官庄、北屯2个育雏基地和小官庄2个孵化基地的建设任务，年底投入使用。工程投资5 600万元，年可新增商品代雏鸡生产能力2 000万只，自主培育的京红、京粉两个新品种实现年推广1.2亿只。

【农业机械化水平不断提高】 全年平谷区共购进各种农机具2 955余台套。帮助农民完成植保机械职业技能鉴定学习和考试，取得植保机械操作工证书1 235个。

非农产业

【乡镇企业运行良好】 全区5 005家镇村企业完成总收入136.9亿元，同比增长8%；实现利润2.6亿元，同比增长11.6%；完成增加值26.7亿元，同比增长101.3%；工业增加值10.9亿元，同比增长15.2%；出口产品交货值5.9亿元，同比下降7.8%。

【家电、汽车摩托车下乡及家电以旧换新工作稳步推进】 累计销售家电下乡产品 24 157 件，销售金额 5 216 万元，在 5 个生态涵养区中排名首位，全市排名第三。共销售以旧换新家电 27 408 件，销售额 10 028 万元，在 5 个生态涵养区销量排名第二。累计销售下乡型号汽车摩托车 456 辆，其中汽车 334 辆，摩托车 122 辆，销售金额 1 356 万元。

【农村商业基础设施进一步完善】 投入 1 400 余万元，进行大范围的市场建设及改造，新增市场面积 3.5 万平方米，新建交易厅棚 0.7 万平方米，完成地面硬化 2.8 万平方米。峪口镇杨桥、马昌营镇天井 2 个集贸市场按期完成了地面硬化等基础设施建设。

【平谷大桃进超市工作进展顺利】 全区 40 多家销售组织与市内外 30 余家大型连锁超市建立了合作关系，为 600 余个超市门店配送平谷大桃，签约总量达 0.85 亿千克。超市销售价格最低为 5.0 元/千克，最高达 20 元/千克。沃尔玛超市还分别在平谷区镇罗营镇北四道岭村和夏各庄镇陈太务村建立了 266.67 余公顷大桃种植基地。两个基地能够为沃尔玛日供鲜桃 2.5 万千克，带动了数百户桃农增收。

【乡村旅游接待收入稳步增长】 全年乡村民俗旅游接待游客 654.3 万人次，收入 34 778.4 万元，比 2009 年分别增长了 6.1%和 24.3%。其中："桃花节"接待 111.013 万人次，收入 3 480.46 万元，同期相比分别增长了 0.1%和 27.89%；清明节接待 8.21 万人次，收入 298.78 万元，同期相比分别增长了 4.3%和 17.4%；端午节接待 14.352 万人次，收入 671.51 万元，同期相比分别增长了 3.4%和 17.48%；"五一"接待 37.046 万人次，收入 1 209.65万元，同期相比分别增长了 60.43%和 64.5%；"十一"接待 42.51 万人次，收入 2 402.01 万元，分别比上年同期增长了 3%和 18.8%。

【21 家民俗户被评为百家喜爱民俗户】 全市推出的 100 家获奖民俗户中，平谷区有 21 家入选，占全市郊区县首位。每户获得 1 万元发展资金奖励。

【举办了第五届厨艺技能大赛暨美食争霸赛活动】 在丫髻山太极广场举办了第五届乡村旅游厨艺技能大赛暨乡村特色美食擂主争霸赛活动。大赛采取两个环节开展比赛，一是以美食为主题，评选质量高、技能强的接待户。二是以特色为主题，评选出黑水湾村年糕、行宫村咯豆、东辛撞村杂粮包三道特色美食。

【开展了乡村旅游大篷车美食宣传活动】 充分利用乡村特色美食培训大篷车，开展丰富多彩的宣传促销活动。该活动以北京、天津等市区街道、社区为主要宣传对象，现场制作、现场品尝平谷特色美食，发放宣传材料，扩大了乡村旅游客源市场。

【农村金融服务体系建设有序推进】 起草了《土地承包经营权抵押贷款管理办法》，拟定土地承包经营权抵押贷款的实施方案。促进小额贷款公司健康有序发展。积极开展资金互助社试点。

【农投谷成小额贷款公司发放小额贷款近 3 亿元】 全年累计发放小额贷款 27 841.5 万元，近 3 亿元，共 144 笔。其中：企业 12 家，总贷款额 2 750 万元；个人贷款 132 笔，总贷款额 25 091.5 万元，占贷款总额的 90.12%。农户贷款总额 21 191.5 万元，占贷款总额的 76.11%。涉农贷款总额 21 691.5 万元，占贷款总额的 77.91%。

山区建设

【打造沟域经济】 成立了由主管副区长任组长，区发展改革委、财政、规划、国土、农委等相关部门及 9 个乡镇等单位在内的项目领导小组，从 3 月份起开始委托北京国际招标有限公司对"十八弯"沟域进行规划招标，经过现场踏查、中期汇报、开标评标等环节，于 7 月 22 日确定了北京土人景观与建筑规划设计研究院的规划设计方案为中标方案。年底十八弯沟域规划方案已编制完成。

【实施小流域综合治理工程】 生态清洁小流域治理总面积 60 平方公里，工程总投资 3 000 万元。其中，花峪小流域治理为市财政土地出让金项目，面积 30 平方公里，投资 1 500 万元。京津风沙源小流域综合治理项目，治理面积 30 平方公里，投资 1 500 万元。建设内容包括整修梯田 7 公顷、栽种经济林 25 公顷、实施节水灌溉工程 95.3 公顷和村庄美化 2.3 万平方米等。全年已完成全部工程量的 80%。

【继续实施山区搬迁工作】 制定并实施了"四项制度"措施，即：联席会议制度、责任追究制度、监理报账制度、补助资金公示制度。关上村和北水峪村搬迁工程已全部完成；大庙峪村已完成建设并入住；西长峪村搬迁工程已完成新村规划和新村址的地质灾害评估工作，各项前期手续已办理完毕，2011 年 10 月份可入住；太后村和北寨村由于前期手续仍未得到批复，导致搬迁工程无法动工，为加快全区搬迁进度，经综合考虑决定将以上两村 116 户、441 人的搬迁任务实施地点变更至金海湖镇将军关村。年底前，将军关村新居建设已完成 49 栋，其余正在建设之中。

【京津风沙源治理工程进度】 完成爆破造林66.0 公顷，栽植侧柏、油松等十余种苗木 9 万株。完成荒山造林 200 公顷，栽植侧柏、油松、玫瑰等十余种苗木 36 万株。完成封山育林 0.067 万公顷，包括修枝定株 466.67 公顷，补种 200 公顷。

【彩叶造林工程进展】 完成造林面积 200 公顷，以栽植黄栌、元宝枫等乔木为主，增加丁香、连翘等以观花为目的的灌木树种共计 16.8 万株。

村镇建设

【乡村公路建设、养护】 全年乡村公路建设总投资 3 736.3 万元，其中市财政补助资金 2 240.15 万元，区财政补助投资 1 496.15 万元。工程总里程

73.48公里，62条路，桥梁6座。乡村公路养护总里程为957.8公里，桥涵、隧道共117座，2 023延米，养护资金为497万元，其中：市财政补助376.1万元，区财政配套120.9万元。

【民生水务建设】 花峪水库建设完成开始蓄水。新建设农村雨洪利用工程30处。治理坑塘29处，河道1处，涉及14个乡镇（街道）的25个村，10月底全部完工，工程投资1 456万元。农村雨洪利用工程总数124处，蓄水总能力350万立方米。全区累计治理水土流失面积370平方公里。一户一表节水改造12个村，工程投资1 755万元。挂甲峪、苏子峪2个市级民俗旅游村污水处理总能力207立方米/天，工程投资1 630万元。黄松峪水库除险加固，工程投资1 136万元。核定登记农业户口水库移民2 822户、5 915人。农转非水库移民1 419户、2 372人，后扶资金487.732万元已全部按时发放到移民手中。

【防汛及抗旱】 狠抓汛前五落实，即落实责任制、完善预案、落实抢险队伍、落实防汛物资、落实避险措施。对平谷区防汛重点部位进行隐患排查，共出动500人次进行逐一检查，做到早发现、早处理、早消除。完成45处400兆电台调试、43处人工雨量观测站、23处遥测站点的维护和管理工作。做好安全迎汛的培训和演练，加强汛期值守信息发布，确保安全度汛。完善了抗旱应急预案，建立了抗旱预警机制及应对措施，完成旱情月统月报工作和土壤墒情监测工作。

【完成“十二五”水务发展规划】 平谷“十二五”水务发展规划将“水润绿谷，生态立区”作为水务发展的总目标，以确保在平谷区实现和维护良好的水资源和水环境条件，为平谷经济社会可持续发展服务，为首都“世界城市”建设提供水资源保障服务。

【投资500万元完成六个村沼气集中供气工程】 建设1 800立方米能源生态型沼气站，供大兴庄镇北埝头、东柏店、唐庄子、吉卧、良庄子、周庄子6个村1 750户炊事用能。年产沼气65.7万立方米，沼液有机肥0.83万吨，沼渣有机肥0.25万吨，处理粪污1.1万吨。该项目已正式运行，年收入211.8万元，运行费用116.2万元，收益95.6万元。

【村庄规划基本完成】 全区275个村，已编制完成并获区政府批复的村庄规划260个。

【“五项基础设施”建设取得积极进展】 完成街坊路硬化94个村、60.3万平方米。完成街坊路绿化121个村、59.2万平方米。12个村一户一表节水改造工程，挂甲峪、苏子峪两个市级旅游接待村污水治理工程，9 000座户厕改造、201座二类标准公厕建设基本完工。垃圾分类工程在9个乡镇（街道）的69个村全面推开。

【“三起来”工程稳步推进】 为2006盏村内太阳能路灯更换蓄电池。5 000户既有住房节能改造工程、160户保温抗震民居工程已全部完成；70个规模粪污处理工程、30处雨洪利用工程全部完工。

【新民居建设工程扎实推进】 王辛庄镇井峪村民俗旅游接待区85个单元、东高村镇南宅新村二期已建成并分配到户；金海湖镇将军关村二期182个单元、向阳村新村96个单元主体工程、装修工作均已完成，现正在进行道路硬化、绿化等基础设施建设；镇罗营镇张家台新村80户、东四道岭新村40户主体工程已完工；黄松峪乡大东沟村141户新民居已完成全部主体工程建设。新建工程正在稳步实施。西长峪村已完成新选村址的地质灾害评估工作；将军关三期完成了工程项目设计，正在进行土地平整；大庙峪村67栋完成主体工程建设；太后村已完成规划设计方案调整工作。

【夏各庄新城建设情况】 夏各庄新城共分为8个地块，现已完成北半部1、6、7、8号4个地块、约2 416亩的征地工作，征地款按规定已全部发放完毕。夏各庄村有住宅2 517处，累计签约1 694户。非住宅拆迁评估工作已全部结束，非住宅373户现已签订协议310户。回迁东区35栋楼已全部开工，其中24栋已封顶。回迁西区业已开工建设。新城主环路全长4.2公里，按照城市主干路标准建设，年底前已完成工程量的83%。回迁房选房工作正在加紧筹备，其他市政项目也在抓紧进行。集中供热工程勘察、设计已完成招投标，进行了设备供货与安装招标。供热场站即将开工建设。市政道路工程正在准备施工、监理单位进场等开工事宜。再生水厂土地、环保手续正在办理。自来水厂项目建设书（代可研）已报审，勘察设计工作正在进行。

【金海湖中心镇建设情况】 中心镇建设涉及7大重点工程，分别是韩庄村回迁房建设、环镇路项目、污水处理厂、镇中心区幼儿园、镇中心区文体中心、ABG地块的一级开发和CNG燃气站项目。韩庄回迁房工程作为金海湖镇中心区开发重点建设工程之一，总占地108 723.8平方米，总投资3.5亿元。工程分两期进行，其中一期施工楼座21个，18栋楼即将封顶。二期回迁房的场地平整已经开始，CNG燃气站建设工程的设计方案已经完成，2011年5月1日前投入使用。环镇路、污水处理厂、幼儿园、文体中心、ABG地块的一级开发等重点工程也在跟进中。

【启动了村物业化试点】 制定出台了农村物业化试点村建设的工作意见和考核办法，每个乡镇确定一村为试点单位，并拨付了试点启动资金。

【农村环境整治】 以桃花节旅游主干公路沿线、游客集散地、民俗旅游专业村、采摘园区、镇村公厕等地区为重点，进行拉练检查，出现环境问题进行现场指认，督促所辖镇村限期整改。由市农委组织市环保局、市政管委、市园林局等部门联合对郊区环境进行的拉练检查中，平谷区列郊区组第三名。

【申报北京市环境优美乡镇、生态村】 共有5个乡镇（大兴庄、东高村、南独乐河、王辛庄、刘家店）和88个村分别申报北京市环境优美乡镇和生态村，王辛庄镇和60个行政村分别获得北京市环境优美乡镇和生态村称号。

农村改革与管理

【合作社建设】 建立了区农民专业合作社运行情况基础档案。同时，对区内相关中高级技术人才、实用型人才以及从各大专院校联系的专家学者级技术人才、实用型人才进行分类整理，建立了区农民专业合作社技术人才储备库。

【举办了第三届东亚合作社发展国际论坛】 成功举办了2010（北京）东亚合作社发展国际论坛，来自我国合作社研究领域的专家学者以及日本、韩国等国家和地区合作社理论与实践专家80多人参加了论坛。平谷区在论坛上做了题为《平谷区农民专业合作社发展概况和特点》的发言，并就平谷区当前农民专业合作社的发展经验、面临的热点、难点和焦点问题与参加论坛的国内外专家进行了探讨。与会者实地参观了平谷区荣涛豌豆合作社和益达丰果品产销专业合作社。

【集体经济产权制度改革取得了新进展】 坚持"资产变股权，农民当股东"的方向，平谷区农村集体产权制度改革工作全面开展。制定了《关于加快推进农村集体经济产权制度改革工作的意见》，重新调整了工作思路和目标。调整充实区委农村集体经济产权制度改革领导小组办公室组成人员。组建了17个包镇（乡）工作队。区委、区政府设立"农村改革创新奖"，年内每完成一个村给予5万元的奖励。区产权制度改革办公室对镇乡产权制度改革办公室工作人员和包镇乡工作队成员共180多人进行产权制度改革政策培训，提高了他们指导改革的能力和水平。产权制度改革工作列入"三级联创，五好乡镇党委"考评内容，年底对各乡镇产权制度改革工作情况进行认真检查，严格考评。全年启动188个村进行产权制度改革。

【林权制度改革工作基本完成】 制定了《平谷区集体林权制度改革实施方案》、《平谷区集体林权制度改革工作中关于享受山区生态效益补偿人员界定的指导意见》，对林改的目标任务、工作程序、时间安排等方面进行细化。深入各镇、乡、村宣传林改政策，共印发林权改革工作文件汇编1 030册，政策宣传材料4 300份。全区累计举办镇乡以上林改培训班33次，参加人员2 693人次。全年共处理村与村之间、村与单位之间林地界线纠纷10多起。全区17个乡镇享受山区生态林补偿的人口界定工作完成，共确定股权人170 140名，平均每人合生态林3.1亩。林地确权面积核实工作结束，股权证全部发放到股民手里。

【农民土地流转情况】 2010年全区土地流转4 328亩。制定了规范的土地流转合同文本。建立健全了全区三级土地流转信息员队伍，建立了平谷区土地流转信息平台并与北京市土地流转网对接，全年成功发布了土地流转信息170亩。

农民生活

【农民人均收入增长】 全区农民人均纯收入12 036元，较2009年的10 872元，增长10.7%。工资性收入较快增长。全区农民人均工资性收入6 835元，比2009年增加1 212元，增长21.6%，占纯收入总额的比重为56.8%。

【家庭经营纯收入小幅下降】 2010年农村居民人均来自家庭经营的纯收入3 535元，同比下降1.3%，占纯收入总额的比重29.4%。第一产业纯收入2 758元，同比下降10.6%。其中：除林业外，农业、牧业、渔业均呈下降趋势，以牧业下降最为明显。2010年，尽管全区活鸡及蛋类价格持续走高，牧业中出售活鸡及蛋类金额同比增长幅度都较大，分别增长88%和27.1%；但出售肉猪头数减少22.2%，总重量比2009年下降19.2%，导致农民人均出售肉猪金额1 268元，下降17.8%；加之牧业费用增长29%，使得牧业纯收入下降幅度较大，达到30.4%。2010年春寒，一部分桃树受灾减产，出售桃数量减少28.9%。但2010年大桃价格较高，均价达到3.22元/千克，较2009年增长35.3%，从而使出售大桃金额小幅下降3.8%。以上原因导致农业纯收入下降2.1%。2010年核桃、栗子等干果价格较高，青皮核桃价格超过4.5元/千克，栗子均价达到13.3元/千克，从而带动林业纯收入增长33.6%。非农产业纯收入777元，同比增长55.7%。其中：第二、第三产业纯收入分别增长52.2%、56.9%。

【非经营性纯收入与上年持平】 2010年，全区农民人均非经营性纯收入1 666元，与上年持平。占纯收入总额的比重15.2%。人均财产性纯收入468元，同比下降1.9%，主要原因是土地征用补偿收入及转让承包土地经营权收入下降。人均转移性纯收入1 198元，增长0.8%，主要是由于福利养老金民生政策的延续，人均离退休金、养老金收入增长26.6%。然而，由于医保卡实时报销使得人均报销医疗费下降54.4%；人均得到赔款下降94.7%；人均其他转移性收入下降16.9%，使人均转移性纯收入增速放缓。

【农民生活消费支出快速增长】 2010年全区农民人均生活消费支出达到8 348元，比上年增加722元，增速为9.5%，其中服务性支出占生活消费支出的34.8%。2010年全区农村居民生活消费八大类呈六升两降趋势。①食品消费支出人均2 294元，同比增长2.1%。其中：蔬菜及制品支出人均174元，同比增长15.6%；肉禽蛋奶及制品支出人均483元，同比下降2.9%；水产品及制品支出人均41元，同比下降16.7%。从消费场所看，农民人均在外饮食支出552元，同比增长5.5%。②衣着支出人均420元，同比下降1.9%。其中购买成衣支出人均418元，同比下降1.9%，占衣着支出的99.5%。③居住支出人均2 082元，同比增长19.3%。原因是购买建筑生活用房材料、生活用房、生活用燃料等支出分别增长11%、75.6%和15.2%。④家庭设备用品及服务支出人均472元，同比增长6.8%。其中：购买日用品支出人均96元，同比下降3%；购买家具类支出人均116元，同比增长43%；购买机电设备支出人均208元，同比下降4.8%。⑤交通和通讯支出人均963元，同比增长35.6%。主要原因是农户购买生活用车及电动自行车等交通工具数量的增加。⑥文化教育娱乐用品及服务支出人均996元，同比下降9.5%。其中：购买文教娱乐用品及服务支出人均479元，同比增长11.9%；教育服务支出人均518元，同比下降23.1%。⑦医疗保健支出人均976元，同比增长19.2%。主要是人均医疗保健服务消费支出同比增长36.6%所致。⑧其他商品服务支出人均145元，同比增长8.2%，原因是农户购买首饰、化妆品档次提高，同比分别增长21.6%和60.7%。

【农村劳动力职业技能培训力度进一步加大】 进一步转变了农村实用人才培养方式，将行政推动、"一带一"帮扶培养的模式，转变成以农民专业合作组织为载体，发展农村实用人才，充分发挥合作组织的带动作用。全区全年共培养各类农村实用人才1 353人，共建设田间学校99所。6月，全区对33名农民田间学校的校长，以及全区村级辅导员进行了集中培训，培训涵盖果树、蔬菜、花卉等各类作物的栽培、土肥和节水等内容。

【健康知识大课堂进村入户】 全年共开展健康大课堂132场次，覆盖16个乡镇2个街道办事处，受教育人数达7 000余人次。

【新型农村合作医疗稳步发展】 全区共有229 476人加入新型农村合作医疗，农业人口参合率99.6%，比2009年提高0.3个百分点。逐步提高新型合作医疗筹资水平，人均筹资520元，其中各级政府出资480元，农民个人缴纳40元，全年总筹资11 932.752万元。24家医院和123个社区卫生服务站推行了医疗费出院即报和随诊随报的便民服务。通过实行网络复核制度、大额单据复查制度、三级公示制度，加强对定点医疗机构报销补偿工作的监管，提高农民的监督制约机制，防止骗取新农合资金现象发生。全区共有124.79万人次享受了新农合补偿政策，参合人员受益率70.55%，新农合基金补偿支出12 310.48万元。

【建立了覆盖全区的农村社区卫生网络和农村医疗卫生数据中心】 18个社区卫生服务中心和38个社区卫生服务站的医疗资源实现共享。患者在以上医疗单位就诊只需携带一张就诊卡，可以进行挂号、诊疗、取药、缴费，各种费用当时结算，并且通过互联网可实时查询诊疗记录。

【完成28个行政村文化活动室建设】 总投资1 312万元的28个行政村文化活动室建设是区政府2010年实事工程之一，经过正式招投标程序和建设，年底全部完成并通过验收。

【支持基层开展文化活动】 投资28万元，为18个镇乡、街道及相关单位配置秧歌及伴奏服装2 300套，并购置车载音响设备21套。提升了秧歌花会大拜年活动的演出效果。

【文体活动丰富】 以"展现城乡和谐、歌唱美丽乡村"为主题的第20届农民艺术节为全区人民送上节日文化。相继举办了新春团拜会、迎新年"绿谷之星"平谷区乡村歌手大赛、第二十届民间花会秧歌健身大拜年、"张灯结彩过大年"环境布置、"和谐绿谷·美丽乡村"农民摄影大赛、农民首届民间手工艺作品大赛、镇乡农艺艺术节、机关企事业文艺联欢、基层千场文艺演出、"影法联姻"数字影厅2 000场法制宣传片放映等一系列文化活动。参加了首届北京城乡歌舞节合唱大赛、首届北京城乡歌舞节歌舞大赛、"融合的城乡"北京市第20届农民艺术节开幕式暨农民春节电视晚会等市级文化活动。约4.3万人登场表演，吸引观众45万余人次。充分营造了团结、向上、喜庆、祥和的节日文化氛围。其中，花会秧歌健身大拜年活动在第五届北京春节庙会·灯会·文化活动评选中荣获"非遗展演奖"。

【大众读书活动深入开展】 以区图书馆和各图书分馆为阵地，结合"世界读书日"、"图书馆服务宣传周"、"科技周"、"清明节"等节假日，利用多种形式深入开展了大众读书活动，共接待读者35万余人次，外借图书56万册次。通过"做文明北京少年"讲故事比赛和"绿色北京"科普剧比赛、"爱心快递图书捐赠总动员"——青海好少年希望图书室捐建活动、"图书伴我行"状元读者评选、"悦读共享，好书交换"和"快乐暑期，共飨世博"、"月是故乡明"民俗风情知识讲座、"万册图书润民心，百场讲座下基层"数字资源推广、"阳光冬日、魅力寒假"冬令营系列读书活动，吸引读者10万余人次。

【群众文艺创作活动繁荣出新】 在"北京市第20届农民艺术节暨首届北京乡村歌舞节总决赛"活动中，平谷区的合唱《将军关之歌》和舞蹈《舞林高手》双双取得第三名的好成绩。

【开展了全国山地徒步大会活动】 4月24日，由平谷区政府和国家体育总局登山运动管理中心主办，平谷区体育局、北京每日徒步运动中心共同承办的全国首届山地徒步大会，在北京平谷国际徒步大道隆重开幕。开幕式由平谷区委常委、副区长王晓光同志主持，平谷区委副书记、代区长张吉福同志致欢迎词。北京市体育局副局长李丽莉、国家体育总局登山运动管理中心副主任颜金安分别在开幕式上讲话。国家体育总局党组成员、中国奥委会副主席吴齐同志宣布全国首届山地徒步大会开幕。来自全国12个省市，在京委办局、驻京单位的100多支代表队和来自泰国、尼日利亚等国内外各界徒步运动爱好者，共计2 000多人参赛。最终，海淀区的张朝阳、平谷蓝天户外的张海山获得马拉松全程男子组前两名，北京联合大学周友永、平谷蓝天户外的王景超并列第三名。荣获女子前三名的是平谷蓝天户外刘小玲、北京联大刘希、平谷蓝天户外刘银铃分获马拉松全程女子组前三名。

【举办了 2010 年北京市农民象棋赛】 4 月 12 日，北京市象棋赛在平谷区黑水湾隆重开幕。来自全市各个区县的 15 支代表队，100 余名运动员参赛。朝阳、海淀、门头沟分获团体比赛前三名，平谷区平谷一队荣获团体第八名，平谷二队获得体育道德风尚奖。

【最低生活保障制度不断完善】 对城乡居民最低生活保障标准进行了重新调整，全区 2010 年城镇居民最低生活保障标准达到每人每月 430 元，农村居民最低生活保障标准达到每人每年 2 040 元。城乡低保动态化管理水平进一步提高，实现了“老低保对象 100%重新核查，新申请低保对象 100%入户、100%评议、100%公示，低保举报 100%核实回复”和“五个百分百”管理。到年底，新认定低保家庭 261 户 660 人，调整 631 户 1 971 人的低保救助标准，取消了 856 户 2 087 人的低保资格。全区城乡低保救助家庭 6 185 户，13 534 人，全年最低生活保障金支出 3 160 万元。

基层组织与民主政治建设

【优化村党组织书记队伍】 出台了村党组织书记队伍建设和拓宽村书记选拔渠道的意见。全年有 72 名机关事业人员报名，3 名机关干部回村担任村党组织书记。村“两委”换届选举之后，及时举办村级干部培训班，共安排了 6 期村级干部培训班，累计参训人员达 690 人次。组织 11 名优秀村党支部书记赴安徽小岗村、山岔村考察农村基层组织建设，开阔村级干部眼界。

【为民办实事承诺制兑现率高】 全区 274 个村级班子和 1 367 名村干部共承诺事项 4 500 余项，兑现率 95%以上。

【基层党建工作有新招】 建立了农村基层党组织书记述职制度。各乡镇党委书记对照岗位职责、目标管理责任书等要求，在区委常委会扩大会议上进行述职。区委常委对述职情况进行点评、指导，提出问题，指明方向，增强干部履职意识。设立 500 万元基层党建专项资金，用于鼓励基层党建创新。全区 2 000～3 500 人的 23 个大村推行社区化管理，拟建立 66 个管理社区，进一步延伸组织手臂，缩小管理半径。建立了基层干部“分级研讨”机制，分级组织区直部门领导、乡镇党委书记、村党组织书记就区域经济发展、基层党组织建设等方面问题展开研讨。制定了机关干部包村工作意见，统一印制包村工作手册，强化对机关包村干部的有效管理。

【加强农村基层党风廉政建设】 针对新情况、新任务、新形势，制定出台了《平谷区村民询问质询制度》、《平谷区村级重大经济事项事前咨商决策制度》、《平谷区新型农村合作医疗监督检查管理制度》等 8 个文件。根据市纪委《关于加强农村党风廉政基本制度建设的意见》和区委有关精神，区纪委编印的《平谷区农村党风廉政基本制度汇编》。各涉农乡镇、街道结合自身实际情况，分别编制了适合本地区的《制度汇编》。全区 300 个村（社区）设立了村级纪委委员。

“三农”工作部署和实施

【落实支农惠农政策】 一是落实能繁母猪及后备母牛补贴政策。足额发放能繁母猪补贴资金 250.45 万元、后备母牛补贴资金 32.5 万元；二是落实国补农机具政策。400 台机动卷帘机、400 台微耕机、955 台增氧机分配到户；完成 16 辆补贴购置的拖拉机的统一编号、登记并分配到户。

【农业补贴落实到位】 完成小麦补贴面积 2 790.45公顷、玉米补贴面积 10 172.76 公顷、棉花补贴面积 17.36 公顷。按照补贴政策共发放粮食直补、农资综合补、良种补贴、生态补贴等各类农业补贴资金2 018.58万元，涉及农户 47 320 户次。在粮食补贴工作中，通过与市农业局、区财政和各乡镇进行积极协调，摸清补贴面积数，严格按照规范操作，确保了补贴资金按时全额兑现到农户。

【政策性农业保险有起色】 开办了政策性农业保险的所有 18 个险种，由人保和中华联合两家保险公司共同承保。全年两家保险公司总保额 6.09 亿元，保费总额 4 588.56 万元，参保农户 11 549 户。总保额和保费总额比 2009 年全年的 5.48 亿元、3 517.5 万元增长了 11.1%和 30.4%。

【农业信息化建设进一步推进】 按照全市统一部署，市农委依托北京市政务外网，建立一个涵盖 13 个郊区县、相关委办局的业务专用网络环境，实现市级平台和区县、委办局相关业务部门之间的数据交换、共享与应用。平谷区于 5 月中旬配合市农委完成平谷区业务专用网的接入、调试工作。“数字家园”建设稳步推进，已建成 30 个。全区实现了 12 个农口单位、16 个镇（乡）以及 273 个行政村移动农网全覆盖，安装信息机 21 台，农信机 276 台。到 10 月底，为农民发送种养殖和市场等各类信息453 752条。

【农民田间学校成为农民培训主课堂】 共开办农民田间学校 99 所，其中，畜牧类 35 所、水产类 4 所、粮经类 6 所、果类蔬菜类 54 所。组织农民活动日 1 188 次，培训农民学员 2 574 名，培训农民 3 万余人次，推广实用技术 103 项。全年投入资金 221 万元。

平谷区主要领导人

区　委　书　记　邱水平
　　　　副书记　张吉福　刘　军

常　委	王晓光（女）	闫维洪	
	侯志光	刘占山	姜　帆
	白长河	武　克	王业亮
区人大常委会主任	王振林		
副主任	曹来成	邢彦峰	路崇武
	金国英	贾喜庚	
区　长	张吉福		
副区长	姜　帆	王晓光	李继合
	李宝峰	王志勉	魏玉瑞
区政协　主　席	王春辉		
副主席	景国忠	刘廷海	张丽平
	刘建增		
区纪委　书　记	侯志光		
副书记	陈凤友	张月春	谢宝德
正　局　级	韩凤武		
副　局　级	宋福蓁	刘汉勤	
副　区　级	郭有才	张彦友	王如生

平谷区乡镇正职领导干部

	党委书记	乡（镇）长
平谷镇	石来福	马立文
金海湖	唐庆育	史立成
王辛庄镇	王文忠	崔　莀
夏各庄镇	于海山	赵卫民
东高村镇	李　臣	孙　扬
马坊镇	李宝峰	李　平
马昌营镇	牛福生	景国平
山东庄镇	景国良	崔曙光
独乐河镇	付湘生	梁　军
刘家店镇	张振江	陈立荣（女）
大兴庄镇	郭明山	孟长城
峪口镇	李　止	胡宝旺
镇罗营镇	石　越	李所印
大华山镇	金永来	胡东升
黄松峪乡	任建义	安　青
熊儿寨乡	陈梦慧（女）	龚禹峰

（平谷区委研究室　白云兵　梁自山）

密　云　县

密云县域面积 2 229.45 平方公里，其中平原面积 263.4 平方公里，占 11.8%；山区面积 1 771.75 平方公里，占 79.5%；水域面积 194.3 平方公里，占 8.7%。作为首都饮用水源基地的密云水库，位于县城中央，最大水面 188 平方公里，最大蓄水量 43.75 亿立方米。全县耕地面积 2.2 万公顷；林地面积 16.65 万公顷（生态管护林 12.07 万公顷）；全县林木覆盖率 64.03%，其中山区林木覆盖率 76.26%。全县辖 17 个镇、2 个街道和 1 个地区（民族乡），有 70 个社区居委会、330 个行政村，常住人口 45.8 万，户籍人口 42.8 万，其中农业人口 25.8 万人，非农业人口 17 万人。有少数民族 33 个、3 万人。全县上下深入贯彻落实科学发展观，按照“三个走在前列”奋斗目标和建设“绿色国际休闲之都”发展定位，深入落实密云生态涵养发展区工作方略，顺利完成了全年的各项工作任务，全县经济继续保持了稳步增长。全年实现地区生产总值 134.1 亿元，比上年增长 12.2%。其中，第一产业增加值 16.4 亿元，增长 7%；第二产业增加值 61.9 亿元，增长 14.7%；第三产业增加值 55.9 亿元，增长 11.2%。全县农村经济总收入实现 176.6 亿元，比上年增长 16.7%。农林牧渔业总产值 39.2 亿元，比上年增长 6.1%，全年农村居民人均纯收入 11 857 元，比上年增长 11%。

城乡一体化

【概述】 全县深入落实《中共北京市委关于率先形成城乡经济社会发展一体化新格局的意见》和《贯彻实施〈中共北京市委关于率先形成城乡经济社会发展一体化新格局的意见〉分工方案》，以加大招大引强力度、加快产业发展、加强基础设施建设为重点，减少城乡生活差距为目标，加快推进城乡一体化发展步伐。

【城乡居民收入较快增加】 城镇居民人均可支配收入 23 438 元，比上年增长 8.5%，其中工资性收入 17 698 元，比上年增长 12.4%，贡献率达 84.8%；农村居民人均纯收入 11 857 元，比上年增长 11%，其中工资性收入 7 324 元，比上年增长 10%，占全部收入的 61.8%。

【农村投资实现较快增长】 全县完成全社会固定资产投资 121.7 亿元，比上年增长 7.9%，完成全年目标的 100.6%。其中，城镇完成投资 81.5 亿元，比上年增长 5.4%；农村完成投资 40.2 亿元，增长 13.5%。农村固定资产投资中，农村非农户投资完成 37.6 亿元，农户投资 2.1 亿元，分别增长 9.3% 和 1.1 倍。

【城乡基础设施不断完善】 西统路、司曹路、密兴路、101 国道绕城线等一批重大城乡道路建设有序推进，全年新建、改建道路 63 公里，完成投入 15 亿元。京沈高速铁路客运专线已确定在县境内设立密云东站。市天然气管网进密云工程进展顺利。供热设施进一步得到完善。完成了县垃圾综合处理中心、新城再生水厂、新城地表水厂、新殡仪馆建设选址，项目审批工作正有序进行。檀营地区、密云镇旧村改造取得重大进展，冶仙公园一期工程如期竣工开放。

【城乡生活环境不断改善】 全县城市绿化覆盖面积 859 公顷，比上年增加 30.8 公顷；城市绿化覆盖率达到 43%，比上年提高 1.6 个百分点；人均园林绿地面积 19.2 平方米，比上年增长 4.7%。中心城区生活污水集中处理率为97.9%，比上年提高0.1个百分点；农村安全饮水达标率为100%。全县生活垃圾无害化处理率为87.9%，比上年提高7.4个百分点。全年空气质量达到二级和好于二级的天数为296天，比上年减少20天，占全年总天数的81.1%，比上年下降5.5个百分点。

都市型现代农业

【概述】 按照全市都市型现代农业发展的总体部署，立足区域生态资源、环境，深化产业结构调整，优化发展布局，以“现代、生态、有机、休闲、高效”为特点的密云都市型现代农业快速发展，着力打造首都安全优质农产品基地和休闲产业基地，培育形成特色种植、生态养殖、绿色林果、民俗旅游四大主导产业。2010年，全县完成农林牧渔业总产值39.2亿元，比上年增长6.1%。

【种植业生产稳步增长】 全县粮经作物播种面积30万亩，比上年增加2%；总产11 495万千克，比上年增加14%，其中：小麦总产493万千克；玉米总产9 702万千克；杂粮等其他作物1 793万千克；花生等经济作物总产525万千克；籽种产量283万千克；平均亩产比2009年增加40千克、增幅12%。实现产值2.6亿元，比上年增加18%。在遭受较重旱灾的情况下，全县粮经作物总产、单产、产值比2009年均有增长。2010年全县共推广栽培食用菌菌棒900万棒、双孢菇种植面积8万平方米。香菇等鲜菇总产量6 000吨，销售收入3 200万元，纯收入1 680万元，农民每亩棚纯收入2万元以上；全县50万棒生产能力的基地规模达到14个，菌棒加工厂达到6个，食用菌生产规模走在全市前列。

【林果业发展效果明显】 森林覆盖率达到58.14%，林木绿化率达到64.03%。实施京津风沙源治理工程8.6万亩（其中封山育林8万亩、彩叶树种造林工程3 000亩、人工造林3 000亩），废弃矿山植被恢复工程4 026亩，栽植各类苗木66.6万株。集体公益林面积121.64万亩。新发展果树4 312亩，765 627株。引进优新品种34个，栽植成活率达到95%。果品总产量8 208万千克，果品总产量比上年减产4.8%，总产值4.3亿元，比上年增加25%。

【畜牧业健康发展】 受经营效益和环境保护影响，畜牧业生产有所下滑。2010年，全县生猪、家禽、肉牛和肉羊出栏量为20.9万头、3 085万只、0.9万头和9万只，分别比上年下降4.9%、2.4%、14.5%和3.1%。年出栏在50头以上的生猪规模养殖场（户）已达1 050户（其中年出栏500头以上场（户）108个），出栏生猪10万头，占到全县生猪出栏的50%；肉鸡生产和牛奶生产均为规模化生产，年出栏肉鸡4 000万只，年产鲜奶8万吨，其产量比重占到100%。

【水产养殖业产量稳步增加】 全年落实渔业水面15.5万亩，比上年增长7.3%。完成商品鱼总产量440万千克，比上年增长10%。实现渔业产值1.7亿元、比上年增长6.3%。全年共向密云水库等大中小水库及河道等公共水域增殖放流鲢、鳙、鲂、草、青、细鳞斜颌鲴等鱼种48.6万千克，2 386.2万尾。养殖水面不断增加，其中自然水域捕捞面积密云水库13.7万亩，三个中型水库5 100亩，22个小水库、截流、塘坝、河道等1万亩，比上年增加1万亩，增幅为7%。人工养殖的池塘2 830亩，流水70亩，比上年增加400亩，增幅为16%。加大新品种新技术引进推广力度，引进细鳞斜颌鲴乌仔3万尾、河鲈1 000尾试验推广。

【花卉种植初具规模】 2010年新育苗782亩，产苗量360万株，出圃种苗532亩，180万株。现有花卉种植面积1 471亩，总产值3 662.5万元。打造百合种球国产化培育生产示范基地65亩，新建日光温室65栋。

【养蜂产业稳步发展】 新发展蜂群7 100群，全县蜜蜂饲养量达82 620万群，蜂蜜总产量达231万千克，蜂王浆总产量达2.1万千克，蜂产品总产值2 650万元。京纯养蜂专业合作社蜂场成为中国养蜂学会蜂产品安全与标准化生产基地，被中国养蜂学会授予“中国蜂产品生产基地”荣誉称号。

【设施农业加快发展】 坚持建管并重，以提高设施农业利用率、产出率及对农民增收的贡献率为重点，新发展设施农业5 00亩（其中日光温室4 500亩，春秋大棚500亩）。坚持建改结合，以提高柴鸡、肉鸡养殖规模化、专业化、产业化、效益化为重点，新建柴鸡标准化养殖设施200栋；改造2005年以前建成的肉鸡舍50栋，改造后养殖规模由2 000只增至5 000只。设施农业销售收入3.9亿元，比上年增长58.9%。其中，设施蔬菜实现销售收入3.6亿元，增长62.5%，占设施农业总收入的92.3%。

【籽种业稳步发展】 扶持籽种生产企业建立优质籽种繁育基地1万亩，其中玉米4 000亩、小麦3 000亩、花生2 000亩、甘薯500亩、蔬菜500亩，收购300万千克，籽种产业使农民增收近100万元。引进各类优种110万千克。完成优种政策性更新补贴30万千克。2010年，全县农业生产优种利用率达到95%以上。

【农业机械化发展取得新进展】 新增机械920台件，全年作业共投入各类机械6.5万台件，完成春玉米免耕播种面积18.2万亩、机收小麦面积1.8万亩、机玉米收获3.6万亩、玉米秸秆粉碎还田2万亩、机械化深松7 000亩。2010年新增13台三行自走式玉米收获机并配套补贴了26台大中型拖拉机，购买了全市第一台价值200万由美国约翰·迪尔公司生产的大型青饲玉米收获机，全县玉米收获机保有量达到了37台，玉米机收面积比上年增加了50%。完成了416万元市级和200万元县级农机补贴资金农机具落实工作。

【测土配方及有机肥培肥地力工程持续推进】 完成土样采集任务500个、完成5个国家级施肥监测点和14个市级长期监测点的施肥调查取样工作；建立有机肥培肥地力示范基地10个、完成测土配方施肥技术推广面积60万亩。发放施肥建议卡2万份，施肥技术指导30万亩，配方施肥建议卡与施肥指导入户率达到90%以上。完成测土配方施肥信息平台建设及测土配方施肥系统网络服务系统升级工作，农民应用测土配方施肥技术更加便捷。按每吨1 700元的补贴后价格完成配方肥配送500吨、补贴金额42.1万元。粮田作物全部实现了测土配方施肥。实施了增施有机肥为主要的土壤有机质提升工程，2010年推广面积2.5万亩，按每亩补贴20元、补贴有机肥3万吨、补贴资金50万元。

【循环农业建设扎实推进】 继续推进十里堡镇国家循环农业试点建设工作，全面实施了市级循环农业试点——密云县水源保护区循环农业区项目的建设工作。以食用菌产业建设、蔬菜园区废弃物综合利用为节点的循环农业建设工程稳步推进。年内仅食用菌生产就消耗当地的废弃物1.2万吨，净化了农村环境、有效保护了密云水库及地下水资源，实现了清洁生产。

【生态环境保护】 建立了水库周边水土流失生态治理综合示范区1 000亩；在太师庄建设面源污染防控示范区2 000亩。开展了都市农业走廊综合节水示范工程建设，完成了韦子峪6万平方米食用菌微喷配套和套里、前南台、东庄1 500亩果蔬园区管路改造及滴灌安装，推广膜下暗管技术，实现年节约用水15%以上、节省人工48个。檀州污水处理厂、太师屯镇污水处理厂、城西北、城西南、城中三座热源厂建成投入运行，全部完成全年减排任务。积极推行农村垃圾源头分类，通过人力推广清洁能源，农村新能源利用率达到53%。通过逐步建立和推行"养山就业、保水就业、保洁就业、养路就业"的生态公益性就业机制，全县已有1万多名农民走上了生态公益就业岗位，其中护林员8 045名、农村管水员1 000名、行政村保洁员1 933名、乡村公路养护员422名、矿管员700余名，参与农民平均年增收近万元。

【休闲农业发展形式进一步创新】 结合京承农业走廊建设，在北庄朱家湾村建立500亩油菜花景观农业带，在北庄镇及檀营乡发展向日葵景观工程1 000亩，接待游人5 000多人次，每亩农产品、旅游综合收入超过1 000元。在穆家峪、石城等镇建设七彩薯采摘园3个1 500亩，形成地上摘果地下采薯的观光模式，促进七色薯品牌建设。依托张裕、吉马等龙头企业，在穆家峪、巨各庄、太师屯三镇发展优质葡萄基地5 000亩，(其中太师屯2 000亩、巨各庄2 200亩、穆家峪800亩)，为建设万亩葡萄基地奠定基础。以休闲垂钓、餐饮娱乐、观光采摘为主的173个休闲园区进一步提升，三次产业实现融合发展。

【农业产业化项目建设实现新突破】 支持农产品加工龙头企业上市融资、做大做强，百年栗园、海华文景两家企业上市一期工作有序开展。海昌渔业项目一期工程完工，建成1.1万平方米养殖车间，安装孵化及配套设备。中华老字号—天福号项目完成土地勘界、地上物补偿方案制订。下屯芦笋种植专业合作社建设项目建成日光温室28栋、钢架大棚50栋。康顺达科技农业建设项目建成日光温室25栋、钢架大棚182栋。

【农业生产安全保障体系建设持续加强】 2010年繁育赤眼蜂、周氏啮小蜂210亿头，圆满完成了全市100万亩玉米和本县板栗防治用蜂繁育工作，全市统一放飞赤眼蜂活动在本县成功举行。开展病虫害预测与防治等170余万亩次的重大病虫害防控工作取得良好效果。医政、药政、渔政、种子、化肥、农机监理等各项农业执法监督工作扎实开展。政策性农业保险有序开展，2010年17个镇301个村的6 103户参保，缴纳保费1 815万元，总保额3.6亿元。依托农业担保公司平台，担保贷款2 920万元。

【农业科技服务体系建设不断完善】 引进和示范食用菌等新品种113个；实施日光温室冬季防寒技术研究推广等试验示范项目78项，带动农民增收4 500万元左右。成为农业部、北京市农业局重要的数据采集基点县，全年完成土壤样品养分检测等数据采集近1万个。全年开办农民田间学校84所，其中新建29所，续建55所。8户生猪养殖户列入畜牧科技入户项目，开展培训活动42次。实施农民农业技术培训4.43万人次，农民生产技能不断增强。

非农产业

【概况】 、二产业平稳发展，第二产业快速增长；全县规模以上工业企业完成产值172亿元，比上年增长20.7%；农副食品加工业完成总产值9.6亿元，增速10.9%。

【农村商业流通成效卓著】 超市下乡实现乡镇和千人以上大村100%覆盖，初步形成了以县城为重点、乡镇为骨干、村为基础的三级农村消费经营网络，商品配送率达到80%，配送商品总货值近亿元；累计发展生产资料连锁超市100家，市场占有率达到全县农资市场的70%。

【特色商业街初具规模】 溪翁庄美食街(一期)1—10月接待顾客87.5万人次，实现餐饮销售1.91亿元。檀城国际餐饮街在2010年"京郊踏青美食行"活动中被北京市饮食行业协会授予"京郊特色美食街"称号。北庄镇综合商业街投入1 500万元，已完成建筑面积5 000平方米。古北口"古御道"商业街已完成规划设计。

【农产品流通稳步推进】 加快"密云农业"品牌建设，成立密农产销专业合作社，推进农超、农企对接。96家合作社分别与市内十余家大型超市、顺鑫农业、奎百宜等企业实现对接。以广州市场为突破口，开展密云板栗市场营销，收购销售密云板栗8 177吨。开展“农超对接”洽谈会、密云特色农产品展卖周启动仪式，为超市发连锁集团和县内10家农产品专业合作社搭建对接平台，共销售出21个品种，2.1万千克农产品，实现销售额19.6万元。

【农产品加工业】 形成“龙头企业＋专业合作社＋生产基地（农户）”的产业化经营链条，超过100家合作社与龙头企业和大型超市实现对接；海昌集团公司、天福号食品有限公司等企业分别与本县实现合作，为农业产业化经营注入了活力。北京百年栗园生态农业有限公司、北京海华文景农业科技有限公司上市工作顺利启动。全县农产品加工企业累计达到75家，年加工产值22亿元。

【休闲旅游产业蓬勃发展】 2010年成功引进了中青旅古北水镇、港中旅房车营地、金鼎湖—蔡家洼旅游综合开发三个重大旅游发展项目，总投资超过185亿元，为把高端休闲旅游业培育成为全县战略性支柱产业奠定了坚实基础。三个重大项目已进入实质性推进阶段。吉马红酒庄园、云蒙山景区开发、101农耕文化休闲产业带等建设工程取得阶段性进展；优龙国际生态文化村等重点工程初具规模；云蒙风情大道、鱼王美食一条街等休闲餐饮娱乐精品工程正在成为体现密云休闲之都的特色品牌。2010年内全县休闲旅游业接待游人830万人次，比上年增长9.5%，实现旅游综合收入11.6亿元，增长10.5%。

【民俗旅游稳步发展】 全县共有民俗户1 651户，实现收入1.2亿元，比上年增长11.6%。2010年推出“密云幸福家庭年”民俗旅游发展主题，开展“幸福家庭度假套票和银发幸福游度假套票”、“城乡一家亲，幸福密云行”、“银发幸福游”、农耕文化节、夏季户外运动及鱼王美食节等活动。“城乡一家亲”特色民俗村（户）300户，已有121户民俗户与386个北京家庭成功结成对子。组织多位民间手工艺人到民俗村进行培训，形成了以北庄镇风筝村、古北口灯笼村为招牌的旅游商品，确定溪翁庄镇、石城镇、北庄镇等八个村的民俗特色旅游商品，包括荆条编织、雕刻、风筝、异型葫芦、麦秸编织、小风车、麦秸画、面人、泥塑等。民俗村、户建设实现升级，全县市级民俗村达到15个，市级民俗户超过1 500家，原生态山水、体验式休闲的旅游品牌知名度不断提高，民俗旅游和农业观光园接待游人529万人次，比上年增长6.7%，实现综合收入3.1亿元，比上年增长26.1%。

山区建设

【沟域经济发展加快推进】 坚持生态、可持续、高标准、高起点的规划编制原则，采取阶段推进工作方式，圆满完成了被列为2010年全市重点打造七条沟域之一的司马台—雾灵山国际休闲度假区（古北口镇汤河至新城子花园）沟域规划设计。

【山区生态林管护不断加强】 山区集体生态林管护面积12.07万公顷，管护员8 051名。集体公益林面积8.11万公顷，拨款1 185.99万元。抚育面积0.1万公顷。建生物防火道21.33公顷，建作业道36.6公里，建集材道路23公里，建宣传牌示15个，建管护站3个。

【山区农户搬迁工程扎实推进】 完成山区泥石流易发区搬迁475户、1 011人。山区搬迁新村建设中：冯家峪镇西苍峪村已完成搬迁新村建设并入住。不老屯镇史庄子村、太师屯镇龙潭沟村、西田各庄镇牛盆峪村、新城子镇塔沟村4个村的搬迁新村建设已完成总工程量的80%。

【山区小流域综合治理效果明显】 全力打造区域生态环境，积极开展环境整治“百日行动”，大力实施水库环线综合治理、京津风沙源治理等国家和市级生态环境工程，完成春季造林173.3公顷，落实封山育林5 333.3公顷，治理水土流失面积30平方公里，区域生态环境质量进一步改善。

村镇建设

【基础设施建设扎实推进】 实现新农村“五项基础设施”建设“四年任务两年完成”目标。131个村完成街坊路硬化176.8万平方米，绿化110.6万平方米，新栽植乔、灌木88.4万株；完成新打水源井62眼，建泵房127座，安装水泵126台，安装管道534千米、水表1.3万块、节水龙头2.6万个。建成公厕223座。启动垃圾分类工作，配送户用分类桶7.23万套、垃圾运输车14辆。完成畜牧养殖场粪污治理工程8处，有机肥场1处，改建生物质气化站改造工程1处，新农村污水治理工程全部完工，农村雨洪利用工程5处，收集利用雨水3万立方米，城市雨水利用工程6处，综合利用雨水量1.1万立方米。

【重点镇建设力度持续加大】 6个重点镇建设加速推进，太师屯镇中心区路网和燃气管网、溪翁庄镇集约化供水、巨各庄镇“两路一河”等基础设施项目相继启动，公共服务设施建设同步推进。

【“三起来”工程全面完成】 2010年完成安装太阳能灯1 075盏；“绿色照明工程”更换户用节能灯1 014 108盏；更换村内节能路灯811盏、村内公共场所直管荧光灯6 680盏；新建太阳能公共浴室18座，新建节能民居458户，改造既有住房333户。

【新农村建设与管理长效机制深入落实】 制定了《2010年新农村建设与管理奖励补助办法》，深入落实农村保洁员管理、垃圾处理、太阳能路灯维护、镇村污水处理等长效管理机制。农村垃圾处理体系不断完善，全县共安排村级专职保洁员2 030名，累计配备垃圾桶1.1万个、垃圾大箱422个。

【环境治理效果明显】 全县城市绿化覆盖面积

859公顷，比上年增加30.8公顷；城市绿化覆盖率达到43%，比上年提高1.6个百分点；人均园林绿地面积19.2平方米，比上年增长4.7%。中心城区生活污水集中处理率为97.9%，比上年提高0.1个百分点；加大农村环境综合整治力度，按季度对全县农村环境进行检查。农村安全饮水达标率为100%。全县生活垃圾无害化处理率为87.9%，比上年提高7.4个百分点。

农村改革与管理

【农民专业合作社规范发展】 依托板栗、奶牛、柴蛋鸡、蜜蜂等主导产业，农民专业合作社累计发展到795个，涉及养殖、种植、果品、农机及旅游业、手工艺制作等行业，入社农户7.44万户，占从事一产农户的78.7%，注册资本4.84亿元。全县农民专业合作社工作已步入全国前列。不断完善"龙头企业＋专业合作社＋生产基地（农户）"的产业化经营链条，超过100家合作社与龙头企业和大型超市实现对接。

【农村"两权"改革、土地流转工作顺利展开】 298个乡村集体经济组织启动产权制度改革工作，已完成改革的293个，分别占应改总数331个村的88.5%；299个村完成林改工作，核发股权证89 511本。积极推进土地流转，2010年流转土地239.87公顷，累计流转面积0.25万公顷。

【农村集体资产管理取得实效】 制定了《密云县村级财务公开内容及操作办法》，将村级收入细化为26项、支出39项，实施村级财务公开。在全县17个镇建立了"镇农村财务托管中心"，全面推广"村级资金委托乡镇管理"工作。相继出台了《密云县村合作组织内部往来票据管理办法》、《密云县村合作组织现金管理办法》、《关于严格村集资金管理强化责任追究的有关规定》，保证农村财务管理步入规范化轨道。

农民生活

【农民收入稳步增长】 全县农村居民人均纯收入达到11 857元，比上年增长11%。农村居民人均工资性收入7 324元，比上年增加663元，增长10%；农村居民人均家庭经营纯收入1 778元，比上年增长1.5%；农村居民人均财产性纯收入864元，比上年增长8.3%。工资性收入为农村居民收入主体。

【农村居民生活消费支出"五增三降"】 2010年全县农村居民人均生活消费支出8 860元，比上年增长0.3%。从支出结构看，生活消费八大类支出呈"五增三降"态势。其中，人均食品支出2 817元，比上年增长3.2%；人均医疗保健支出894元，比上年增长14.5%；人均衣着支出647元，比上年增长7.1%；此外，家庭设备用品服务支出和其他商品、服务支出分别比上年增长3.6%和5.3%。人均文化教育娱乐支出728元，比上年下降20.3%，主要受学杂费支出下降14.7%带动；居住支出和交通通讯支出分别比上年下降2%和2.2%。

【农村劳动力非农就业稳步推进】 全县城镇实有登记失业人员5 280人，比上年末增加392人；城镇登记失业率为2.39%，比上年提高0.26个百分点；城镇登记失业人员就业率为64.1%，比上年下降2.16个百分点。城乡劳动力培训5 500余人次，提供就业岗位2 674个，输出农村富余劳动力3 563名。建立政府部门与企业服务对接制度，组织北汽福田专场招聘会4场，培训672人，已有179人实现就业。全年共开发社区就业岗位4 113个，安置失业人员2 477人，城镇登记失业率控制在市定标准以内，保持了零就业家庭动态为零。

【农民教育效果明显】 劳动力培训针对年轻劳动力开展职业技能培训，对企业开展订单培训和定岗培训，为农村劳动力开展免费职业技能培训，注重抓特色技能培训促进劳动力多渠道就业，全年共培训农村劳动力4 675人。

【农村卫生和合作医疗】 发挥卫生院"乡管办"对村卫生室及乡村医生的管理、监督、指导和培训作用，完成乡村医生聘任工作。政府购买服务的240个村卫生室全部纳入新农合定点医疗机构范畴，销售零差价药品，各卫生院零差率药品均在300种以上，非零差价药品在400种以上，群众对社区药品满意率达98%，农民"不出村就能拿到减免药"，在全市率先走出了一条"新农合服务延伸至村"的特色之路。全县共有27.1万人参加合作医疗，参合率98.69%，筹资标准人均520元，共筹资基金18 573.22万元。

【农村文化体育蓬勃发展】 新建益民书屋29个。"服务三农"下乡售书活动共15次。山区自然村有线电视联网工程全部竣工。放映农村电影3.7万场、观众177.5万人次。组织开展密云县第20届艺术节，举办交响音乐会专场演出、"密云县乡村歌舞节合唱大赛"、舞蹈大赛等县级大型活动。全县共有体育场馆33个，2010年共举办全民健身活动22次，参加活动人数达6.9万。

【农民社会保障】 全县参加基本养老、基本医疗、工伤、失业保险人数分别为5.5万人、10.0万人、7.9万人和6.2万人，分别比上年增加8 670人、5 977人、856人和4 819人；人均养老金1 732元，比上年增加157元；农村新型合作医疗参合率为98.69%，比上年提高2.7个百分点。全县福利中心24个，收养性单位床位数2 568张，共收养1 276人。全县享受城镇最低生活保障的居民为1 462人，比上年增加36人；享受农村最低生活保障的农民为8 892人，比上年增加701人。

基层组织与民主政治建设

【基层组织建设不断加强】 在全市率先完成了村"两委"换届选举工作，圆满实现了"五个确保"的目标。书记、主任"一人兼"的比例达到60.2%，比上届提高了39个百分点；"两委"交叉兼职的比例达到53.3%，比上届提高了32个百分点；村主任是党员的比例达到83%，比上届提高了13个百分点，一批政治素质好、发展能力强、群众拥护的优秀人才进入村"两委"班子，增强了村级班子活力。紧紧围绕"谋发展、求致富、聚民心、保稳定"的要求，深入推进"三级联创"等活动，农村基层党组织的凝聚力、战斗力明显增强，带领群众致富的能力不断提高。各机关党组织围绕中心，服务大局，机关党的建设取得新进展。全面落实各项老干部政策，老干部作用得到充分发挥。

【实行村级干部职责管理】 全县17个镇、334个行政村有村两委干部1 650人。在试点的基础上，全面推行了村级干部职责管理，县委结合实际，制定下发了《关于全面推行村级干部职责管理工作的意见》，明确村级干部职责管理工作按八个步骤进行：明确村级干部职责、建立评价指标体系、编写职位说明书、签订职责管理责任书、公示并承诺、进行职责管理、严格按程序考核、科学运用考核结果。同时，建立了村干部定期履职汇报制度、村干部述职备案制度、乡镇党委每季度听取一次村党支部书记汇报制度、乡镇包村干部定期到村指导检查工作制度，及时发现和研究解决工作中出现的新情况和新问题，定期检查村级干部履行职责情况，对到完成时限但还没完成的工作进行督促，要求村干部提高工作效率，加快工作进度；对已完成的工作进行检查，看质量和效果是否符合标准；对正在开展中的工作加强指导，确保村级干部职责管理各项工作全面落实。

【加强农村民主管理】 采取措施，创新管理方式，加强管理规范化运行，提高民主管理水平。健全和完善村级重大事项民主决策制度，深化各镇政策公开和村务公开工作，配合落实财务逐项逐笔公开、重大事项一事一议、村级班子民主听证会制度。理顺和规范村党支部和村民委员会关系，健全农村基层党组织，完善村民自治机制。抓好"村账村管"工作。做好农户土地承包经营权流转、农村财务审计、村级财务预决算、村级债务债权清查、农村承包合同管理等工作。

【党风廉政建设深入推进】 注重实效，深入开展领导干部作风建设年活动，广大党员干部始终保持昂扬向上的精神状态，形成了抓作风、树形象、讲团结、促发展的良好局面。认真学习宣传贯彻党员领导干部廉洁从政若干准则，加强了对领导干部的监督。全面开展了廉政风险防范管理工作，向上延伸到县级领导班子和领导干部，向下延伸到科、室、站、办、所和行政村，强化了对权力运行的制约监督。开展了专项治理工作，坚决纠正损害群众利益的不正之风。查处了各类违纪违法案件41件，其中大要案17件。

"三农"工作部署和实施

【2010年农村重点工作推进会】 4月21日上午召开了2010年农村重点工作推进会，县委书记汪先永、代县长王海臣、副县长吴成全出席会议，会上贯彻了市农村工作会议精神，部署产业发展、新农村建设、低收入农户增收、农村集体经济产权和集体林权改革等项工作。副县长吴成全同志对全年农村工作从五个方面进行了安排部署。北庄镇、石城镇水堡子村、绿润食品公司、奥金达合作社作了典型发言。代县长王海臣作了重要讲话，提出了明确要求。

【规划编制工作全面展开】 突出规划的科学性、前瞻性、实用性，"十二五"规划纲要（草案）编制完成，新城规划中期评估、土地利用总体规划修编等一系列事关发展全局的重要规划编制工作进展顺利。镇、村规划编制工作取得新进展，溪翁庄镇、巨各庄镇镇域总体规划已经市规划委批准。全县334个行政村中除44个城镇化村庄按县政府要求不需编制村庄规划外，其余290个行政村村庄规划已全部编制完成。

【促进低收入农户增收】 深入落实县委、县政府《关于促进低收入农户增收的实施办法》、《关于建立帮村扶户工作队意见》，98个县直机关、企事业单位，与98个低收入村结成帮扶对子，通过产业帮扶、就业帮扶、救助帮扶等多种有效方式，促进低收入农户增收。全县低收入农户人均可支配收入达到5 099元，比上年增长59.25%。8 954户有劳动能力的低收入户人均收入超过4 500元，超额完成年初制定的人均增收10%，比例减少30%的目标。

【各项扶持政策不折不扣落实】 完成2010年度水库移民农业户65 626人和非农户22 317人的核定登记，发放扶持资金（农户）3 937.56万元、（非农户）1 249.75万元。发放密云水库一级保护区内群众生活困难补助资金2 192.283 7万元，惠及36 196人。完成中央结余资金22个项目初审申报。完成小麦直补1 227.45公顷，发放直补资金310万元。后备奶牛、能繁母猪补贴等政策性补贴全面落实到户。

【依法行政工作】 211件人大代表建议和政协委员提案全部办复。深入贯彻《国务院关于加强市县政府依法行政的决定》，加强依法行政考核，完善行政决策机制，强化法制部门在重大决策、重大发展项目合法性论证方面的关口作用，依法行政工作步入了更加规范化、制度化、科学化轨道。

密云县主要领导人

县　委　书　记　汪先永

副书记　王海臣（3月任）
王玉江（3月任）
常　委　王春林（女）　张晓兰（女）
张玉鲲　韩　耕　王稳东
张　涛（6月任）
钱福生（12月任）
杨　珊（女，12月任）
人大常委会主任　李和平（1月任）
副主任　王成绵　赵利亚(女)
孔令昌　郭瑞权（1月任）
何继玲(女)
代　县　长　王海臣（3月任）
副县长　王稳东　杨　珊(女)
程文化　徐　芳（女）
李光辉（12月任）
蒋学甫（12月任）
县政协主席　杜雨田
副主席　张文伶　孙　奇　齐瑞岳
王森林（回族）　祁树国
杨伟兰（女）
县纪委书记　张晓兰（女）
副书记　李长春（1月任）　席成坡
王　红（女，7月任）
刘荣藻（1月免）
周广文（7月免）

密云县乡镇（街道办事处）**正职领导干部**

	党委书记	乡、镇长（街道、地区办事处主任）
密云镇	周庆国	曹洪利
河南寨镇	张承武	聂卫东
十里堡镇	王振国	付小平
西田各庄镇	孙绍志	何立新
溪翁庄镇	张天杰	宋印双
穆家峪镇	李长全	张明智
太师屯镇	王如新	王东利
北庄镇	王贺虎	王海滨
巨各庄镇	王德云	王　东
大城子镇	任建华	李建民
东邵渠镇	付全利	杨光辉（女）
高岭镇	郭生海	田　野
不老屯镇	宋淑文（女）	齐　超
新城子镇	任小凤（女）	贾志海
古北口镇	何立娟（女）	李东方
冯家峪镇	段启良	宇兴评
石城镇	耿智慧	孙立军
檀营(乡)地区	付振秋	关佩君（女）
鼓楼街道	孙明朝	郭生民
果园街道	相远方	郝立英

（密云县农委　薛云波　赵雪莲）

延庆县

概　述

延庆县位于北京市西北部，距北京市区74公里，是首都北京的北大门。全境平均海拔500米，气候独特，冬冷夏凉，有北京“夏都”之美称。东西最长70公里，南北最宽45.5公里，东、南、西、北分别与怀柔区、昌平区、河北省怀来县和河北省赤城县接壤，总面积1 993.74平方公里（2009年），其中：平原面积522.33平方公里，山区面积1 451.41平方公里。耕地面积42.523 1万亩，农民人均耕地近2.6亩，居全市之首。全县辖11镇、4乡、3个街道办事处、376个行政村，户籍总人口27.89万人，农业人口16.33万人，非农业人口11.56万人，农业人口占全县总人口的58.6%。乡村从业人员12.08万人。2010年，实现地区生产总值67.7亿元，同比增长10.2%；完成财政一般预算收入6.35亿元，同比增长11.8%；全社会固定资产投资达到55.7亿元，同比增长15.6%；城镇居民人均可支配收入23 329元，同比增长8.1%；农民人均纯收入11 531元，同比增长10.1%；城镇单位从业人员人均劳动报酬为34 231元，同比增长9.7%；在岗职工平均工资34 409元，同比增长9.6%。随着人民收入水平的提高和消费观念的转变，县商业发展前景广阔。社会消费品零售额达460 376万元，同比增长12.5%。本年末城乡居民储蓄存款余额达959 548万元，同比增长15.3%。

都市型现代农业

延庆都市型现代生态农业发展，按照中央和市、县农村工作会议的精神，立足生态涵养发展区功能定位，以打造国际一流的旅游休闲名区、国际一流的低碳经济社会示范区、国际一流的宜居城市和美丽乡村为目标，围绕生态产业化与产业生态化，将生态优势转化为产业优势，生态价值转化为经济效益。通过各部门的共同努力，有力推进了农村经济发展方式转变，实现了农村经济健康发展，农业产业逐步升级，农民收入稳步增长。2010年，全县实现农业生产总值20.3亿元，同比增长2%；农村经济总收入完成117.98亿元，同比增长10.6%。

【有机循环农业】 全面启动《延庆县有机循环农业发展三年行动方案》，注册“延庆·有机农业”品牌，编制完成《延庆县有机农产品三年营销计划书》，落实有机蔬菜订单1.32万吨。2010年，10家企业的51个产品获得有机认证或有机转化认证，种植面积1.02万亩，产量1.66万吨。累计66家企业、228个产品取得认证，总面积6万亩，年生产有机农产品

5.6 万吨，占全县农产品产值的 14%。

【粮食生产】 完成秋粮播种总面积 34.4 万亩，平均单产 311.7 千克，总产量 1.072 亿千克。其中玉米播种面积 32.13 万亩，平均单产 325.6 千克，总产量 1.046 亿千克。

【粮食直补工作】 各类作物总补贴金额 2 553.48 万元。小麦补贴面积 4.9 亩，补贴资金 563.5 元；水稻良种补贴面积 651.9 亩，补贴资金 9 771 元；玉米补贴面积 293 545.7 亩，补贴资金 25 524 476.9 元，其中包括面积补贴 9 393 462.4 元、良种补贴 2 921 458元、综合补贴 13 209 556.5 元。涉及 15 个乡镇，358 个村，46 036 户农民。

【玉米高产创建示范工程】 继续在康庄镇实施“万亩春玉米高产创建示范工程”（部级示范区），重点示范推广郑单“958”、“中大 4 号”、“联科 96”等耐密型高产品种，通过采用测土配方施肥、有机肥培肥地力和适当晚收等技术措施，示范区平均亩产达 876.9 千克。

【蔬菜生产】 菜田总面积 4.03 万亩，其中露地蔬菜 3.3 万亩，设施蔬菜 0.73 万亩（建筑面积）。全年共完成蔬菜播种面积 49 160 亩，较上年同期的 47 657亩增加 1 503 亩，增加 3.2%。

【蔬菜销售】 延庆县蔬菜累计上市数量 1.07 亿千克，较上年同期的 1.21 亿千克减少 0.14 亿千克，减少 11.6%；累计收入金额 1.63 亿元，较上年同期 1.51 亿元增加 0.12 亿元，增加 8%。全年市场累计成交量 2.75 亿千克，较上年同期的 2.48 亿千克增加 0.27 亿千克，增加 10.9%；累计成交金额 2.92 亿元，较上年同期的 2.3 亿元增加 0.62 亿元，增加 27%。

【设施农业】 新发展设施农业 2 248 亩，包括日光温室 586 亩、钢架大棚 1 662 亩。全县设施农业累计达到 1.32 万亩，主要分布在包括康庄镇、延庆镇、大榆树镇等重点乡镇。建成一批成规模的设施农业园区：康庄镇园区 2 500 亩，延庆镇广积屯村园区1 700 亩，大榆树镇杨户庄村、下辛庄村、陈家营村三村连片形成园区 600 亩，还有延庆镇中屯园区、永宁镇新华营园区、西关园区、旧县镇常里营园区、绿富隆西羊坊园区、八达岭镇小浮坨园区等。

【新品种展示基地】 基地位于沈家营镇西王化营村，共引进茄果类、豆类、叶菜类、番茄类、瓜果类、特菜类、中药材类、大田作物，以及杂粮等作物新品种 152 个，种植示范面积 15 亩。其中特色樱桃番茄、彩色大椒、异型茄子、水果黄瓜、小型礼品西瓜、观赏南瓜、彩色谷子、彩色甘薯、彩色花生等作物品种成为观光农业的新亮点，接待观摩学习和游客 2 000 余人次。

【中药材种植】 新种植中药材 1.6 万亩，总规模达到 7 万亩，为订单种植。补贴资金 226 万元，涉及 10 个乡镇、88 个村、2 644 户。

【农产品质量监督】 深入开展“延庆县 2010 年深化农产品质量安全整治行动”，共涉及 9 个专项检查。加强农业投入品市场监管，各执法单位均建立了日常检查制度，每月对投入品生产经营单位日常检查不少于 3 次。累计出动执法车辆 1 500 车次，出动执法人员 5 100 人次，开展联合执法检查 6 次，农产品采样 2 100 个，查处违法案件 50 起，收缴罚款 5 万元。举办法规培训班 10 次，培训 450 人次，法律宣传 620 人次，发放材料 11 000 份。完善农资诚信体系建设，各执法部门与农资生产经营者签订质量安全、质量承诺责任书或协议书等形式，明确农资生产经营者的权利、义务和责任。

【控制面源污染示范工程】 在官厅库区建设延庆县康庄镇农田土壤氮磷流失源头控制技术试验示范区，开展了蔬菜、春玉米减量施肥、缓释肥施用技术研究，完成核心试验区面积 100 公顷，技术示范面积 300 公顷，技术辐射 1 000 公顷。继续对上磨村植被净化农村污水处理工程进行土壤和水质监测。在延庆县小丰营村建设了人工湿地净化农村污水工程，共建人工湿地 800 平方米，其中柳树占地 667 平方米，年处理污水能力 1 500 吨。

【北京市首个万吨级林业生物质固体成型燃料生产线正式投入运行】 9 月 20 日，北京市首个万吨林业生物质固体成型燃料生产线正式投入试运行。该生产线引进国内先进生物质固体成型燃料生产设备，采用封闭化无尘作业方式，以本地丰富的林业废弃物为主要原料，进行生物质固体成型燃料生产加工，产品热值达 16 720～20 900 千焦/千克，超过日常生活使用的普通二类烟煤热值。该生产线的建设完成，加快了园林绿化废弃物资源化利用步伐，提升了林业应对气候变化能力。

【林下经济】 发展以林药、林菌、林花、林禽等特色产业为主的林下经济。林药：增加了新品种猪苓。花卉：稳定花卉种植面积一万余亩，产值 4 200 万元。四海镇和珍珠泉乡结合打造沟峪经济种植万寿菊 1 400 亩，全县种植花卉面积 1 万多亩。种苗：新育苗稳定 1 万亩，容器育苗 270 万个。蜂业：本年新发展蜂群 3 000 群，全县蜂群总量达到 2.8 万群，养蜂户 366 户，总产值 1 095.2 万元。

【政策性农业保险】 兑现散养奶牛入区政策性补贴资金 410 万元，申请市补贴冷链设备 88 台套 1 288.5万元；发放玉米粮食直补款 30 万亩 2 552 万元，涉及 358 个村、4.6 万户；农机补贴 40 台件 280 万元；拨付设施农业建设启动资金 1 317 万元、设施农业园区配套基础设施建设资金 950 万元。农业保险共开展 11 个险种，保费收入 1 158 万元，增长 36%；保险金额 21 699.3 万元，增长 78.3%；涉及 15 个乡镇、282 个村、27 116 户，承保户数同比增长 16.9%。

【林业绿化重点工程】 完成国家、市、县林业绿化重点工程 9 项，总面积 8.6 万亩，栽植各类苗木 124.3 万株。主要有：①京津风沙源治理工程 7.35

万亩，其中新造林3 500亩，植树21.4万株，封育7万亩；②2008年废弃矿山植被恢复工程1 000亩，植树6.8万株；③延龙路、八峪路和双龙路三条重点绿色通道工程建设36.3公里，绿化5 547亩，植树49万株；④龙湾河环境综合治理工程600亩，植树2.3万株、地被3.8万平方米；⑤龙湾河绿化二期工程968亩，植树8.5万株；⑥妫河生态走廊绿化完善工程1 000亩，植树17.7万株；⑦彩色树种造林工程3 000亩，植树10万株；⑧农田林网建设22条、4.1公里，植树1.5万株，新增绿化面积304亩；⑨对2009年实施的京包高速（延庆段）、S2线（延庆段）、康庄风沙危害区综合治理等重点工程进行了补植和养护，补植苗木7.1万株。

【森林资源管理】 ①林地征占用管理。审核征占用林地2件，审核面积2.139 9公顷，收取森林植被恢复费162 094元。②林木采伐管理。办理采伐审批377件，13 302.82立方米，8.61万株。其中主伐331.96立方米，抚育间伐1 875.79立方米，更新采伐4 986.61立方米，其他伐6 108.46立方米。批准移植55件，1.56万株。

【森林植物检疫】 检查苗圃120家、花圃26家、木材经销点16家，没有发现检疫对象及危险性病虫害。复检外调苗木574批次81.419万株，其他单位苗木3批次1.57万株。发现带有病虫害苗木32批次48 238株。开具植物检疫证书70份。

【林业有害生物防治】 林业有害生物发生面积6万亩，同比上升20%，完成防治面积5.7万亩，防治率100%。加强对美国白蛾的防控，发现美国白蛾网幕457个，疫点235个，设置美国白蛾测报点155个，向重点地区投放周氏啮小蜂1亿头。

【果品产量】 北京市遭受50年不遇的严重冻害，致使延庆县大部分地区果树受到不同程度的影响。受冻总面积达到144 610亩，致使果品的产量明显下降。据统计，果品总产量为3 214.8万千克，比上年的4 478.7万千克减产1 263.9万千克；总产值1.36亿元，比上年的1.64亿元，减少2 800万元。

【果树设施栽培】 继续完善和提高果树架式栽培1 200亩，其中八里店村发展架式栽培果树1 000亩，刁营发展架式栽培果树200亩。全县已发展设施大棚葡萄395栋，占地面积800亩，其中以广积屯为主要区域发展设施葡萄500亩。

【观光果园建设】 对康庄镇刁千户营苹果主题公园、香营乡燕北缙阳葡萄园、旧县镇白羊峪苹果园、张山营镇西五里营葡萄园、里炮、广积屯设施葡萄园等5个园区进行了完善和提高。在树形改造基本完成之后，主要进行了基础设施建设，新建有机发酵池两座；安装太阳能杀虫灯15盏；水泥硬化路面23 500平方米，整修道路12 000平方米；修围栏3 100延米；修建办公用房28间、厕所1处、大门1处、停车场2处；新建设施大棚3栋；环境绿化15 000平方米。全年果实套袋13万个。

【有机果园建设】 共发展有机果园11个，其中：松湖苹果园、玉佛苹果园、前黑龙庙葡萄园、里炮果品专业合作社4个果园已取得有机认证，面积2 320亩；红杏山庄、久昌种植中心、九龙种植中心、老丰沟种植专业合作社、黄峪口村经济合作社、香营村经济合作社、旺香龙干鲜果品板栗产销协会7个果园进入转换期，面积11 550亩。在有机化果园建设中，推广了沃土栽培、果树行间或周边种植趋避植物、生物防治、旱地果园集雨节水等四项技术。

【标准化基地建设】 以白羊峪果园为中心，建设国光标准化基地1 130亩，涉及黄峪口、屈家窑、黑峪口等4个村。一是对近两年新植的700亩幼树加强管护，培育标准树形。二是对430亩结果大树进行树形改造，营造高光效丰产树形。三是加大有机肥的使用，每亩施有机肥5立方米，有效地提高了土壤有机质的含量。四是加强培训，结合实际情况采取室内理论知识和果园实际操作相结合的形式，举办实用技术培训21次，培训果农76人次。

【果品技术培训工程】 一是对全县果农的培训。针对全县15个乡镇113个村举办果树培训班208次，培训果农15 023人次，发放书籍2 485本，培训材料4 618份，发送技术信息69 156条。培训内容涉及果园建立、土肥水管理、果树整形修剪、花果管理、病虫害的生物物理防控技术等。二是对单位专业技术人员的培训。培训4次，内容涉及有机栽培、病虫害防治、探索林业科技服务体系新模式培养当地不走的乡土林果专家、苹果优质高效标准化栽培技术等方面。三是举办果树工培训班五期，共培训技术人员371人，其中185人参加了考试，经考核已有180人取得果树工中级职称资格。

【退耕还林验收及后续产业建设工程】 从6月开始对全县退耕还林保存情况进行了检查验收，工程涉及全县15个乡镇、278个村、26 266户、8 029个地块，总面积84 444亩。经检查验收合格面积70 466.1亩，不合格面积13 977.9亩，保存面积77 400亩，林损面积7 039.95亩，保存率91.7%。共兑现粮食368.5万千克，生活补助139万元。在后续产业建设方面，完善了黄峪口苹果园和果树场两个观光园的基础设施建设，完成了千家店下德龙湾村、香营乡山底下村、永宁西关村观光园的规划设计。

【果树生物防控体系建设】 在全县提高和完善市、县两级果树有害生物测报点143个，覆盖全县15个乡镇的52个重点果园，包括10大树种、25个测报对象。其中虫害测报点21个，病害测报点4个。同时按照市林保站的要求，在全县布置了10个美国白蛾观测点、30个苹果蠹蛾监测点，60个诱捕器、300个诱芯。

【农民田间学校建设】 新开办农民田间学校4所，至此全县农民田间学校达到13所，涉及旧县、香营、康庄、八达岭、永宁、井庄、张山营7个乡镇、13个村，学员人数达到321人，辅导员10名。

以活动日的形式组织果农开展专业技术学习 83 次，参加活动的果农人数达 1 943 人次。发放各种宣传材料 800 多份，编写简报 3 份，编写教案 5 本，发放各种学习用具近 2 000 份，发放各种小礼品 1 000 多份。通过参与、互动、启发式教学，果农在生产当中的综合素质有了明显的提高。

【市场营销与品牌建设工程】 以各合作社和协会为平台，为果农提供生资供应及果品销售工作。全年为协会、合作社成员提供苹果袋、梨袋和葡萄袋 100 余万个。销售优质干鲜果品 200 余万千克，并与外埠建立了良好的供销关系。组织重点果园参加全国及市级果品评比活动并取得了优异的成绩，其中：在 2010 年中国特色农产品博览会中延庆葡萄荣获金奖；在第三届苹果擂台赛中八棱海棠获传统品种组二等奖；"香槟子"牌帮水峪槟子被中国果品流通协会授予"中华名果"称号。

【畜牧产业】 畜牧业完成产值 10.8 亿元，同比增长 1.1%。奶牛存栏 2.2 万头，鲜奶总产 8 577 万千克；蛋鸡存栏 260 万只，鲜蛋总产 2 938 万千克；肉鸡存栏 120 万只，年出栏 1 200 万只；生猪存栏 5.6 万头，年出栏 9.5 万头；肉羊存栏 1.2 万只，年出栏 2.3 万只，总体数量保持稳定。各类畜牧养殖场、小区达到 205 个，标准化养殖基地达到 14 个。重点加快肉鸡标准化养殖基地建设，新建和改建标准化肉鸡舍 70 栋，总数达到 473 栋。年内，德青源、奶牛中心良种场和中农榜样蛋鸡育种有限责任公司 3 个单位通过农业部畜禽标准化示范场建设项目的检查验收。

【畜禽集中免疫】 分别于 3 月、7 月、10 月开展三次畜禽集中免疫工作，对口蹄疫、禽流感、高致病性猪蓝耳病、猪瘟、新城疫五种疫病实行强制免疫，应免免疫密度达到 100%。全年共免疫奶牛 6.25 万头次、羊 4.61 万只次、猪 16.87 万头次、肉牛 0.36 万头次，免疫禽类禽流感 806.62 万羽次、新城疫 635.94 万羽次，免疫猪瘟 16.87 万头次、高致病性猪蓝耳病 16.31 万头次。

【重大动物疫病免疫抗体监测】 在全县范围内共开展 10 次重大动物疫病免疫抗体监测工作，包括集中监测 3 次、查漏补针监测 2 次、重点监测 2 次、自免规模场监测 3 次。共监测畜禽样本 7 983 份，其中偶蹄畜监测 565 个场户 4 432 份，禽类监测 492 个养殖场户 3 551 份。监测结果表明，免疫抗体合格率均达到 95%以上，免疫效果真实有效，起到疫病防控的有力屏障作用。

【重大动物疫病防控应急机制】 制定了《延庆县重大动物疫情应急处置方案》，开展了 1 次重大动物疫情处置实操应急演练，购置了 1 辆防疫消毒车和 1 辆疫苗冷藏车，各类应急物资储备充足。延庆县防治重大动物疫病指挥部荣获由市农委等四部门颁发的"2010 年度重大动物疫病防控工作优秀奖"。

【养殖场环境治理】 全县 9 个基层防疫机构对各自辖区内的养殖场、小区实施"一对一"监管。专门制定《奶牛养殖场（小区）消毒技术方案》，印发至驻场乡镇干部、包片兽医、村级防疫员，以及所有奶牛养殖场、小区，指导养殖场、小区做好舍内通风、清粪、消毒、驱虫、灭蝇、防鼠等工作。县疫控中心派出 3 辆专用消毒车辆，对全县重点养殖区域进行喷洒式消毒，净化养殖环境，切断疫病传播途径，全年总消毒面积达到 670 万平方米。

【村级防疫员培训】 6 月 21 日至 7 月 1 日，举办村级防疫员培训班，对全县 15 个乡镇的 400 名村级防疫员进行培训。培训内容包括：牲畜口蹄疫、高致病性禽流感、高致病性猪蓝耳病防治技术规范；微生物学、传染病学、免疫学基础知识培训；疫苗免疫、病料样品采集、消毒和无害化处理等实用技术。

【官方兽医工作制度建设】 官方兽医试点工作于 6 月在全县推行，初步建立了签约兽医辅助支撑下的官方兽医工作制度。

【动物卫生监督执法】 共出动执法人员 1 906 人次、车辆 451 车次，检查养殖场、屠宰场、餐饮单位、市场等各类场所 729 个次，制作监督笔录和意见书 1 086 份，作出行政处罚 60 件，其中简易处罚 24 件、一般程序处罚 36 件，罚款 27 698.22 元，无害化处理死牛 1 头，收缴过期伪劣兽药 101 支，对打击违法行为起到了有力的震慑作用。在 2010 年全市农业行政处罚案卷评查活动中，报送的两份案卷均被评为优秀案卷。全年未发生行政复议及行政诉讼案件。

【动物及动物产品检疫监督】 产地检疫实施"一对一"网格化监管，全年累计检疫各种动物 806.02 万头只、动物产品 8 808.243 吨，消毒车辆 4 957 辆。深入推进屠宰检疫，严厉打击私屠滥宰行为，共检疫屠宰禽类 25.55 万只。运输监督检查进京车辆 14 750 辆，检查动物 255.26 万头只、动物产品 19 210.84 吨、生皮 29.9 万张，劝返动物 4 202 头 214 车次、动物产品 17.8 吨 2 车次。

【奶牛养殖小区规范化管理】 对全县 74 个奶牛场、小区进行逐一调研和走访。编印《延庆县奶牛标准化养殖小区技术管理规程》2 000 册，发放到相关专家、奶牛规模养殖场和小区、奶牛繁殖员以及专业技术人员手中，指导实际生产。

【休闲渔业】 全县休闲垂钓达到 37 户，面积 1 000亩，垂钓产量 100 万千克，产值 1 200 万元。

【名优品种引进推广】 引进名优品种 631 万尾（只）。其中长江草鱼子一代水花 500 万尾，细鳞斜颌鲴 50 万尾，松浦镜鲤大乌仔 10 万尾，中科三号异育银鲫乌仔 3 万尾，锦鲤 3 万尾，引进扣蟹 56 万只，小龙虾 9 万只。同时延庆县生产的鱼苗首次投放到房山、门头沟、海淀和昌平四区，数量达 24 万尾，价值 14 万元。

【北京市"加强大水面增产增收，保障有机鱼健康安全"现场会召开】 该项目主要展示并推广在大水面随时、按需捕捞的先进技术。市农业局副局长，北京市水产技术推广站、各区县水产技术推广有关人员和部分媒体出席活动。该项目对进一步改善妫水西湖水质，推广大水面随时、按需捕捞起到了积极的示范作用。

【增殖放流】 4月13日，“一库两县”（官厅水库、河北省怀来县、延庆县）在官厅水库举行联合增殖放流仪式。河北省渔政厅、张家口市畜牧水产局、怀来县水产办、官厅水库管理处、延庆县农业局和水产中心有关领导，以及渔政人员100余人参加放流活动。年内共向官厅水库、妫水湖、白河堡水库、龙庆峡等水域放流鲢、鳙、青等鱼种7.725万千克。

【渔业执法】 执法365天，出动执法人员1 700余人次，车船370台次，没收地笼126个、丝网31 350米、渔船一条、橡皮筏子4个、电鱼设备4套、钓具307套、地钩640米。行政处罚11起，罚款6 600元，拆除违章拦网养殖设施一处。与公安机关联合执法一次，拘留1人。同时，与水务、园林等部门开展了百日专项整治活动，劝戒野泳人员170余人次，野钓9 000余人次，参与县应急办应急救援2次。

【水产品质量安全体系建设】 4月，水生动物疫病防治站所有41台套仪器设备到位。同时启动新建的水化实验室，进行水质环境监测和病害检测。

【参与国家大宗淡水鱼类良种养殖】 参加北京市水产研究所承担的建设《大宗淡水鱼类综合实验站任务》。作为大宗鱼类示范县，组织技术人员和2户项目示范户参加国家大宗淡水鱼类产业技术体系北京实验站培训。

【马铃薯产业研发基地建成投产】 马铃薯脱毒种薯生产基地微型脱毒马铃薯种薯种植面积约151.6亩。种植品种以夏波帝、大西洋、鲁引1号为主。全年共收获微型薯6 500万粒。收获后的微型种薯将在内蒙古进行扩繁。

【国际薯业高峰论坛召开】 4月14日，由农业部农业贸易促进中心和延庆县人民政府共同举办首届“中国国际薯业高峰论坛”。本届薯业高峰论坛是国内举办的一个最具规模的国际性薯业盛会，吸引了300多名国内，以及来自荷兰、英国、美国等国家和地区的专家学者和企业界人士参加，与会代表就薯业发展问题展开了深入交流和探讨。会议期间，中国农业部副部长牛盾协同农业部领导、联合国粮农组织官员、高峰论坛与会代表300余人参观了北京希森三和马铃薯种薯繁育基地和马铃薯博物馆。

【国际马铃薯中心亚太区域中心建设】 经国务院批准并授权，2010年2月4日，农业部部长韩长赋代表中国政府与国际马铃薯中心主任签署了《中华人民共和国政府与国际马铃薯中心关于建立国际马铃薯中心亚太中心（中国）的东道国协议》。《东道国协议》规定了亚太中心在我国境内履行职能所需的法律地位、便利、特权和豁免权，自2010年10月10日起生效。

【水资源概况】 ①降水：本年度全县平均降雨量为499.6毫米，比上年同期降雨量315.5毫米增加184.1毫米，增加了58.4%；比多年平均降水量438.9毫米增加了60.7毫米，增加了13.8%。全县共有65次降水过程，77个降水日。最大的降雨日发生在9月20日，全县平均40.3毫米，其中沈家营站最大为60毫米，张山营站最小为31.5毫米。全县18个雨量站中，全年降水量最小的是八达岭站，为427.1毫米；四海站最大，为616.2毫米；其余各站在428毫米至565毫米之间不等。②地下水：年末全县27眼地下水观测井数据显示地下水平均埋深16.77米，比上年同期下降0.84米。③水资源调度：本年度共向密云水库输水4 001万立方米。④供水：全县用水总量6 451.19万吨，其中：农业用水4 096.12万吨。生活用水1 064.7万吨，工业用水178.72万吨，环境及服务用水1 111.65万吨。

【城乡供排水建设】 结合新农村建设和水库移民后期扶持工作，完成112个村的农村安全饮水工程，近2万户5.1万人的饮水条件得以改善。共安装管道839.6公里、入户水表19 544块，完成机井6眼，建井房9座、高位水池18座。实施过程中，做好工程规划和质量监管，完善农民参与机制。积极推进县城安全供水改造工程，完成工程可研、初步设计和前期手续办理等工作。年内完成6眼水源井定位、26处消火栓改造，预埋了跨大秦铁路管道。全年共完成10个村的污水处理新（改）建工程，其中：通过新农村污水治理、清洁小流域、移民扶持新建村级污水处理工程9处，升级改造1处。共安装污水管道44.5公里，砌筑检查井300座。

【农业节水灌溉工程建设】 注重将农业节水工程规划与乡镇产业发展规划紧密结合，继续发展节水高效农业，逐步提高设施农业比重。共完成节水灌溉面积3.02万亩，其中：节水灌溉工程2.57万亩，移民扶持工程0.22万亩，小流域治理工程0.23万亩。

【创意农业】 全县已经初步形成了园区创意型、体验创意型、艺术创意型、节庆创意型、农业产业创意型、镇村功能创意型、饮食文化创意型和生态资源创意型等八种创意模式。园区创意型代表——华坤生态庄园参加首批“全国休闲农业与乡村旅游星级示范创建”评审，获得四星级称号。

【会展经济】 1月，北京安全农产品流通服务中心举行揭牌仪式，延庆有机果蔬在此亮相，新鲜、质优的水果蔬菜深受各大采购商的青睐。5月27—29日，中国国际有机食品博览会在上海拉开帷幕，绿富隆公司赴上海参加此次展会。8月25日，参加了新发地农产品安全科技示范工程成果落地仪式暨北京新发地国际绿色物流区开业仪式。9月28日至10月2日，延庆县农产品的龙头企业参加了第七届农业博览会暨第五届旅游文化节，丰富了首都人们节日生活的同时提高了延庆农产品的品牌影响力，让人们了解到“天之胜境、人之乐都、生态延庆、有机农业”的深刻内涵。10 月 18—22 日，延庆部分企业参加第八届农交会，夺得“第八届中国国际农产品交易会畅销产品奖”、区县最佳组织奖。

【农业服务体系建设】 2010 年基层农技推广体系改革与建设示范县项目共确定蔬菜、奶牛、果品 3 个主导产业，示范基地 10 个，主推品种 16 个，主推技术 25 项，完成 3 名县级岗位专家、75 名技术指导员、100 名村级全科农技员和 1 009 户示范户的对接。开办农民田间学校 85 所。全年累计进行各类农民科技教育以及实用技术培训 822 次，培训 1.6 万人次。

【农业机械化】 全县拥有农机具 8 900 余台套，机械保有量 28.1 万千瓦。实现玉米机播 31 万亩，机播率达 98%以上；机收 5.2 万亩，机收率达 18%以上。完成机械化收获青贮 3.05 万亩，黄贮 5.96 万亩。初步实现了玉米从耕地、播种、施肥、中耕、机收和秸秆利用全过程机械化作业。

【农业基础设施建设】 实现农田林网建设 4.1 公里，1.1 万亩的农业综合开发项目（核心示范区）在康庄镇顺利实施。发放补贴有机肥 3 250 吨、配方肥 227.5 吨，有机肥施用面积达 21 万亩。对原有设施农业园区和交易市场进行了完善。雨洪利用工程在 3 个村庄完成 5 处坑塘，蓄水容积达到 5 万立方米。

【蔬菜病虫害生物控制现场观摩会】 8 月 2 日，北京市植保站组织的全市生物防控技术研讨、蔬菜病虫害生物控制现场观摩会在延庆举行。

非农产业

【乡村旅游】 已经形成了民俗旅游村 48 个，其中市级民俗村达 23 个，民俗户 1 500 余户，乡村旅游从业人员达 5 000 余人的产业规模。乡村旅游接待游客 240 万人次以上，收入达 1.04 亿元，同比分别增长 30.4%和 43%。成功举办了首届延庆乡村旅游节暨柳沟豆腐文化节、第九届杏花节等系列活动。

【农产品流通】 开展农超对接，扩大农产品销售，为京客隆、物美、超市发、万客隆等配送蔬菜 8 210吨，销售额 1 152 万元。有机系列杂粮产品也着手进行包装设计，目标是形成万吨有机杂粮生产和销售能力。果园老农食品公司开发出的杏仁深加工产品年加工能力在 1 500 吨以上，基本上解决了全县杏仁的销售问题。

【中外签订合作协议】 6 月 15 日，Jonquil Development Co., Ltd.（强奎尔开发有限公司）董事长 John Mara 先生与北京绿富隆农业股份有限公司董事长张会臣先生就马铃薯新品种引进、试验、繁育、推广事宜签订马铃薯种业开发合作协议。

【延庆有机农产品加工配送中心落成】 8 月 19 日，延庆有机农产品加工配送中心在绿富隆农业股份有限公司正式落成。北京市农委副主任张贵忠，延庆县委书记孙文锴，县委副书记、代县长李先忠为中心落成剪彩。

【标准化建设有序进行】 延庆县有机农业示范区建设标准化工作圆满完成，通过了国家第六批标准化示范区评审和国家 GAP 良好农业示范认证，示范区内蔬菜已通过 ISO9002、ISO14001 认证和中绿华夏有机认证。示范区被北京市科委授予“北京市生态农业科技示范基地”和“绿富隆有机农业国际科技合作基地”；被北京市科委、农委、农业局、农林科学院授予“万亩设施科技助农增效工程示范基地”称号。

【薄膜式太阳能农业大棚电站项目签约】 8 月 28 日，绿富隆公司与台湾光宝集团光宝绿能科技（南京）有限公司签署薄膜式太阳能农业大棚电站项目合作协议，双方将就太阳能发电在冬暖式日光大棚上的高效农业科技应用展开合作。预计建设规模面积为 30 亩，发电容量约为 326.4 千瓦，建成将能够满足园区在电力方面的需求。

【生物控制示范区建设合作协议签字仪式】 11 月 12 日，北京市植物保护站、北京绿富隆农业股份有限公司、荷兰科伯特生物系统有限公司在北京绿富隆农业股份有限公司签署了生物控制示范区建设合作协议。

【赴我国台湾参加第十三届京台科技论坛】 12 月 12—16 日，北京绿富隆农业股份有限公司参加了在我国台湾举办的“第十三届京台科技论坛”，与台湾蔬果花卉产业科技发展协会签约“京台农业科技合作项目”。12 月 15 日下午，农业科技分论坛在彰化县立德会馆召开。绿富隆公司在论坛上介绍情况，并发表“依靠科学技术推动两岸现代化农业合作”演讲。

【延庆县第三届乡村欢乐节】 以“文化繁荣，展示农民风采；科学发展，构建文化延庆”为主题，开展培训类、演出类、比赛类、作品征集类、评优类共 5 大类 14 项活动，历时 4 个月，涉及 300 余个行政村，受益农民 20 余万人次。

【“果园老农杯”元宵节花会展演】 2 月 28 日，选拔秧歌、高跷、旱船、舞龙、舞狮、竹马、小车等民间花会 45 档，进行元宵节花卉展演，演员 1 300 余名，观众 5 万余名。北京电视台《我的北京我的家》和《这里是北京》栏目组对活动进行全程报道，并获得第五届北京春节庙会·灯会文化活动“非物质文化遗产展演奖”。

【第五届北京延庆端午文化节】 6 月 13 日，第五届北京延庆端午文化节开幕。本届端午文化节以“传承、展示、参与、发展”为主题，开展了龙舟大赛、包粽子比赛、汽车集结赛、诗文咏诵大赛、隶书笔会、庙会、爱国主义影片展映等多项群众文体活动，策划组织“秭归取水”端午文化交流活动，启动延庆文化志愿者进京城服务“微庙”行动，设计制作端午吉祥物“隆隆”、“庆庆”和端午农民画长卷、延庆端午地图、午临帖、召集令等文化产品，并成功申报知识产权。

【家电下乡】 销售家电下乡产品 10 7740 件，销售额达2 343.4万元；销售指定品牌汽车、摩托车82台，销售额达268万元。

山区建设

【沟域经济规划成果展示暨招商推介会】 参加全市的规划成果展示暨招商推介会。经过评比，延庆县此次沟域规划获得组织工作二等奖、综合水平三等奖、展示创意三等奖。

【沟域经济】 “百里山水画廊”被评为国家4A级景区，二期工程继续高标准推进，启用“百里山水画廊”商标，对旅游产品进行重新包装。“四季花海”规划高标准完成，以花卉产业为支撑的花海景观效果初步形成。全县沟域总体规划有序推进，山区经济社会发展迎来新的机遇。沟域产业发展规模进一步扩大，新种植茶菊106.67公顷、花卉201.33公顷、大枣26.67公顷、苹果6.67公顷等。

【山区搬迁】 扎实推进新一轮山区搬迁工程，积极整合新农村建设、生态移民等政策资金，共同用于新村建设，圆满完成了351户、853人的搬迁任务。

【生态环境建设】 继续高标准、大尺度地打造大地生态景观。完成绿化面积0.57万公顷，栽植各类苗木124.3万株。高标准实施了0.1万公顷的滨河森林公园建设，新植各类乔灌木27万株，地被植物122万平方米。深入开展绿化美化小城镇、首都花园式小城镇、绿色村庄等创建活动，新增造林面积0.12万公顷，全县林木绿化率达到72.5%，城乡生态建设水平得到整体提升。

【山区生态林补偿工作】 生态公益林管理机制进一步完善，生态林补偿机制日常管理进一步加强。完成全县359个行政村、12.86万公顷生态公益林、9 084名生态护林员的轮岗和培训工作。实行岗位化设置，对管护员上岗尽责情况进行监督、检查。

【野生动物保护工作】 ①禽流感防控。野鸟监测工作实行日报制，全县11个市、县监测点共监测野鸟1 200余万只，未发现异常情况。②野生动物救助。2010年救助野生动物41起，救助各类野生动物49只。其中丹顶鹤、金雕、雕鸮、苍鹰、红隼等国家一、二级保护野生动物22只。③野生动物损害补偿。本年野生动物损害涉及10个乡镇、94个村、1 514户，直接经济损失65.8万元，补偿46万元。

【生态走廊建设】 实施了新城万亩滨河森林公园清淤24.6万立方米，护岸工程3 521米。开展官厅水库塌岸治理54.17公里，其中本县境内6.63公里，高程477.5米以下采用工程措施，477.5～479.5米的缓坡处采用生态护坡措施，完工后起到缓冲风浪和固土的双重作用。完成县境内水下抛石3.5万立方米。

【小流域综合治理】 完成清洁小流域治理65平方公里。其中，京津风沙源小流域治理20平方公里，生态清洁小流域工程25平方公里，国家重点水土保持工程20平方公里。在6个小流域65平方公里治理范围内完成树盘19.635万个、经济林74.4公顷、梯田100亩，设封禁标盘11个、拦护设施1 600米、防护坝300米。美化村庄2万平方米，建设水源工程11处，节水灌溉154公顷，整修梯田50公顷。修建谷坊3座、护坡2 610米、挡土墙150米、村庄排水5 040米、生活垃圾处置214个、田间道路14 170米、防护坝500米。完成河岸（库滨）带治理10 000平方米、沟道清理1 000立方米。

村镇建设

【“五项”工程建设】 环境整治和绿化工程：完成绿化面积118万平方米，栽植各类树木29.2万株。街坊路硬化工程：共涉及154个村，硬化面积215万平方米。安全饮水和污水处理工程：安全饮水工程共涉及15个乡镇112个村，安装管道830公里，安装入户水表19 544块；完成5个村33公里的污水管网铺设。户厕改造与公厕建设工程：改造农村户厕13 000户，建设公厕133座。垃圾处理工程：在15个乡镇、70个行政村试点推行了垃圾分类工作，新建垃圾房132座。配置分类垃圾桶3万组、人力三轮车350辆、垃圾收集车25辆，设置垃圾收集员250余名。已开展专题培训11次，入户指导近百次，发放宣传材料4万余份。

【“三起来”工程】 “亮起来”工程：对2005年、2006年5 400盏到期太阳能灯更换电池3 000块，主要涉及大榆树镇、八达岭镇、延庆镇三个乡镇。为全县15个乡镇农户发放高效节能灯泡约54万只。“暖起来”工程：建设1座成型燃料加工厂、搭建吊炕3 600铺，实施既有住房节能改造500户。“循环起来”工程：完成7处“两气”管网和1处天然气管网铺设，恢复9处已建“两气”工程，安装智能卡表5 800块、通风报警设备34处，安装110台自动跟踪太阳能灶，建设集雨工程5处。

【小城镇建设】 对永宁镇、康庄镇、八达岭镇和旧县镇四个重点镇的基本情况进行了摸底调查。八达岭镇镇域中心地块土地一级开发项目规划总建筑面积36万平方米，在县土地储备中心筹备上市交易。康庄三街龙庆·望都家园项目占地8.47公顷，总建筑面积14.6万平方米，一期5.8万平方米已经封顶。永宁东部山区农产品加工基地管委会成立，已完成2 760亩建设用地流转。

【城乡手拉手共建新农村启动仪式】 8月18日西城区金融街街道办事处与延庆县四海镇楼梁村、永安堡村开展“城乡手拉手，共建设新农村”启动仪式。仪式现场金融街街道办事处为四海镇楼梁村、永安堡村分别捐赠村庄绿化资金3万元。

【农村雨洪利用】 农村雨洪利用坚持因地制宜、综合治理、循环发展的思想，从服务生态建设、新农村建设、农业生产、优化水环境条件的着眼点出发，充分利用沟坡、坑塘、庭院等集雨场所，集蓄雨洪，在旧县镇大柏老村、延庆镇赵庄村、张山营镇丁家堡村3个村庄完成雨洪利用示范工程5处。

【新农村绿化】 全县有158个行政村进行了绿化美化，栽植乔灌木26.6万株、花卉7万株，新增绿化面积118万平方米，超额完成116万平方米的计划任务。其中，完成市"五项基础设施"建设村58个，栽苗9万株，新增绿化面积32万平方米。截至年底，累计建成首都绿色村庄45个、县绿色村庄131个。开展单位庭院和住宅小区绿化，11个单位开展了"花园式单位"创建活动，栽植乔、灌木及花卉4万余株。2010年，建成首都绿化美化花园式单位286个、花园式街道1个、花园式社区3个。

农村改革与管理

【农村集体经济产权制度改革】 通过建立领导、联动、培训、督导、考核、依法行政"六项机制"，以及在开展工作时与林权制度改革相结合、与小城镇建设相结合、与村"两委"换届选举相结合、与新农村建设相结合的"四个结合"，全县共启动改革村338个，其中327个村顺利完成任务，超额完成了年初制定的"完成全县80%村级产权制度改革"的工作目标。到2010年年底，365个村完成产权制度改革任务，占行政村总数的97%，在全市排名第一。通过产权制度改革清产核资显示：完成改革村共计可量化净资产总额12.11亿元，其中，集体股3.78亿元，个人股8.33亿元。共有股东170 678个，其中集体股东365个，社员个人股东170 313个。龙聚山庄股份经济合作社兑现红利总额150.2万元，人均红利达到2 974元。

【集体林权制度改革】 全面启动集体林权制度改革工作。出台了《延庆县关于山区生态公益林生态效益补偿资金使用和股权划分的意见》，编制了《延庆县林权勘界指导方案》。截至年底，全县376个行政村有354个完成集体林地勘界确权，306个村完成集体经济组织成员身份界定和股份确认。完成集体林地勘界确权面积14.58万公顷，完成村数和面积分别占全县总数的95%和98%。

【农村集体经济产权与林权制度改革相关政策听证会】 8月20日，为稳步推进农村集体经济产权与林权制度改革，提高决策透明度，完善行政决策机制，配合县政府首次举行重大行政决策听证会——"延庆县农村集体经济产权与林权制度改革相关政策听证会"。北京市政府法制办综合处、延庆县政府办、县政府法制办、县农委、县园林绿化局、县农经站等相关部门参加听证会，同时从山区、半山区、川区有代表性的乡镇中遴选出20名群众代表参加听证会。听证代表覆盖了村民、村党支部书记、村级财务专管员、乡镇农经站工作人员、乡镇林业站工作人员等各类人员。

【农村土地承包管理】 土地承包台账得到有效利用，实现土地承包合同的动态管理。土地承包台账显示：全县确权总面积2.36万公顷，涉及农户6.4万户、15.9万人，签订合同5.8万份，发放证书5.9万份。其中确利面积242公顷，涉及2 433户、6 278人，签订合同3 141份。土地流转总面积0.42万公顷，占家庭承包面积的17.8%，涉及农户2.2万户，签订合同2.7万份，实现流转收益2.2亿元。

【农村财务管理与审计监督】 全县利用电脑触摸屏进行村务公开试点的村达到了99个，新增32个村。其中，张山营镇被评为市级农村集体财务管理规范化示范乡镇。为加强审计力度，审计相关部门用于新农村建设的资金管理、拨付、使用，以及农村财务收支情况，审计金额409 569.1万元，对查处的问题提出整改意见并进行整改。

【村级公益事业专项补助资金管理】 15个乡镇5 570万元村级公益事业专项补助资金全部到位。累计支出4 866.1万元，资金使用率为87.4%，其中：公益设施建设费用支出1 536.8万元，公益设施维护费用支出1 081.1万元，社会管理费用1 580万元，社会事业费用397.9万元，村务人员工资270.3万元。在严格的审计监管下，专项资金的使用基本做到专款专用，促进了村级公益事业的健康发展。

【"延庆县农地流转信息网"应用】 完成土地流转信息基础数据的采集上报工作，网站浏览量累计达到2.6万次。共发布土地转出信息133条，涉及土地面积116.31公顷；发布土地需求信息17条，涉及土地面积35.32公顷。

【农村集体经济合同管理】 加强和规范农村集体经济合同管理，出台《延庆县农村集体经济合同管理办法（试行）》，对农村集体经济合同的订立、履行、变更和终止等相关内容作了详细规定。制定出村一级的《农村集体经济合同管理制度》，选取康庄镇一街村、刁千营村及张山营镇前庙村作为集体经济合同管理工作试点村，明确合同管理办公室人员、职责和相关制度，从源头上强化村级集体经济合同管理工作，促进农村经济健康有序发展。

【农民专业合作社规范管理】 在工商局注册的农民专业合作社达到443家，成员入社总数20 225户，占一产农户的75.6%，辐射带动非成员农户41 800户，成员户均纯收入3.8万元，比非成员高出23%。合作社涵盖农村种植、养殖、服务等多个领域，已发展成为重要的农村市场主体。探索建立以农民专业合作社组织、管理、制度、服务、市场五个体系为框架的规范化管理标准评价体系，共有27项71类管理内容，使规范化管理工作制度化、系统化、常规化。

【农民专业合作社规范化建设】 完成65家试点合作社规范化建设，其中成员户5 906户，带动非成员户28 990户。6家合作社被评为市级示范社，5家被评为建设示范社，在全市示范社建设中排名第二，2家获得了农业部管理干部学院授予的"现场教学基地”称号。规范绿菜园合作社资金互助会管理运行方式，拓宽融资渠道，采取“5+5”贷款绿色通道的方式，为两个专业合作社成功贷款110万元，促进农民专业合作社快速发展。全县443个合作社中，有34个合作社执行农产品生产质量标准，14个合作社建立了农产品质量安全追溯制度，25个合作社通过了农产品质量认证。拥有自己独立注册商标的合作社有20家，其中绿富隆蔬菜产销专业合作社的“绿富隆”商标、八达岭绿美农产品专业合作社的“夏都”商标成为了北京市著名商标。

【“共同致富”行动计划】 继续落实《北京市共同致富行动计划工作方案（试行）》，需要继续监测的低收入农户共10 380户，占全县农户总数72 273户的14.4%，比上年同期的监测户数10 394户减少14户，减少了0.1%。监测人数共有28 863人，比上年同期的29 148人减少285人，减少了1%。监测的低收入农户实现人均可支配收入4 105元，比上年同期的3 507元增加598元，增长了17.1%，完成年计划4 033元的101.8%。人均可支配收入在4 500元（含）以下的低收入农户有7 993户，比上年同期的9 299户减少1 306户，减少了14%。

【农村劳动力就业监测】 全县共有农村劳动力104 442人，比上年同期的104 174人增加了268人，增长了0.3%。其中，就业劳动力为102 359人，比上年同期的102 316人增加了43人，增长了0.04%；就业率为98%，保持稳定。农村劳动力在一、二、三产就业的产业分布由上年的28.9∶4.8∶66.3变化为本年的28.2∶4.7∶67.1，三产对农村劳动力的吸纳能力明显强于一、二产业。

【农业和农村信息化建设】 完成北京农村管理信息化11个数据库2009年度数据的更新上传工作，为各级领导决策“三农”工作提供依据，实现资源共享。共向“221”信息平台上报延庆县涉农信息1 550条，在“农经网”上发布农经工作动态信息292条，为宣传延庆起到了积极作用。2010年，加大支农惠农指导，以“专家+农网+农民”的模式，组织市蔬菜专家、畜牧专家、品种专家、果品专家和节水专家开展“抓好农业信息服务，推进12316热线下乡”主题活动，专家深入合作社、农民身边、田间地头指导生产，面对面服务，开创农经服务扶农、助农、富农的新方式。

农民生活

【农民收入】 农村居民人均纯收入11 531元，同比增长10.1%。其中，工资性收入6 658元，家庭经营纯收入2 784元，财产性纯收入328元，转移性纯收入1 762元。

【农民消费】 农村居民人均生活消费支出达到6 754元，同比增长8.3%。其中，居住人均支出1 371元，同比增长30%，增幅位居八大类消费支出之首。

【农民就业增收】 农民增收渠道进一步扩宽，加快农民向二、三产业转移就业，全县10.2万人实现就业，就业率接近97%，同比增长近3%。全县由政府提供的生态林管护员、绿色生态保洁员、水管员、防疫员、公路管护员等公益性就业岗位已经达2.5万个。

【农村劳动力非农就业】 新增农村就业困难人员转移就业7 981人，帮扶128户纯农就业家庭实现转移就业。截至年底，共有11 948名农村就业困难人员通过生态就业实现致富增收。10月，延庆县被人力资源和社会保障部确定为全国农村劳动力转移就业示范县。低收入农户劳动力在二、三产业就业比重提高5个百分点，公益性岗位安置低收入农户劳动力人数增加20%，45个重点低收入村实现100%对接帮扶，顺利完成2010年共同致富行动计划的主要目标。

【新型农民培养工作】 开展农业实用技术培训、农村劳动力转移就业培训、特种作业人员培训、农民学历教育与职业技能培训、农村业余文化培训等1 200余期，累计培训61 000余人次。

【农村卫生服务】 设有村卫生室183个，均为集体所有制非营利性。有农村社区卫生服务站52个，均为全民所有制非营利性。有注册乡村医生300名。

【新型农村合作医疗】 全县有166 036万农民参加合作医疗，参合率99.45%。为参合农民60 084人次报销医药费用9 528万元。各定点医院为207 626位农民减免费用96万元，下乡巡诊835次，派出医务人员2 730人次，服务群众18 618人次，为9 994人进行免费健康体检，建立完整健康档案1 096份。

【夏日文化广场演出】 以“文化延庆·和谐夏都”为主题，以会展中心广场为演出主阵地，以15个乡镇文化广场与社区文化广场为补充，以综艺演出和传统戏曲演出为主要演出形式，组织各类演出500余场，观众达18万人次。

【星火工程演出】 组织市级以上专业文艺院团和延庆县40支优秀文艺团队演出1 504场，覆盖全县15个乡镇、376个行政村，受益观众达30万人次。

【文化益民工程】 实施农村电影放映工程，放映数字电影3.7万场；推进共享工程信息播放工程，播放3 000余场；开展艺术培训3万人次，均创历史新高。

【群众文化活动】 成功举办春节团拜会、“次仲杯”风筝大赛、农民合唱节、戏曲艺术节、万名农民舞蹈大赛等各类文艺活动2 500余场，达到历史最高水平。

【阵地文化活动】 充分利用文化馆、图书馆、博物馆等文化阵地，开展首届延庆读书节、“5·18”博物馆日、延庆博物馆民间鉴宝会、红领巾读书等主题活动六项，组织妫川大讲堂15场，举办各类展览20余场。

【非物质文化遗产保护工作】 建立非遗资源档案

15类，录入188项非遗项目，编辑出版《八达岭长城传说》。积极开展旱船、竹马等非物质文化遗产进校园活动，在八达岭小学建起首家国家级非物质文化遗产项目——“八达岭长城传说”的传承基地。“延庆旱船”入选北京市小学课外教材，是北京市唯一一项以地域为代表进入学生教材的非遗项目。

【延庆县第三次全国文物普查工作】 完成第三次全国文物普查的野外调查工作，总行程约15 000公里，拍摄照片2万张，手绘图稿200余张，共登记不可移动文物508项。因工作突出，延庆县文物普查队荣获“第三次全国文物普查实地文物调查阶段突出贡献集体”称号。

【公共文化设施建设】 启动44个村级文化活动室建设工程。其中，完成25个村级文化活动室的主体建设；完成永宁镇、旧县镇、康庄镇、八达岭镇四个乡镇文化中心的申报、立项工作；继续开展农村数字影厅建设工程，使全县农村数字影厅达到362家；完成旧县镇“村村响”试点建设工程，建设广播站1座，安装广播设备22套，安装音柱454个，公共文化设施网络得到进一步完善。

【社保所建设】 全县共有社保所18个，其中五星级社保所五家。

【就业政策扶持】 争取市人力社保局、市财政局高失业率地区促进就业政策向生态发展涵养区倾斜支持，制订《延庆县促进城乡劳动力就业再就业办法》，出台《鼓励用人单位招用城乡劳动力岗位补贴和社会保险补贴办法》、《承接行政事业单位劳务安置城乡劳动力岗位补贴和社会保险补贴办法》和《鼓励农村劳动力县域外就业岗位补贴办法》。全年争取市级促进就业政策资金支持13 275.3万元。

【城乡居民养老保险】 参加城乡居民养老保险人数66 527人，其中新增3 568人，续保62 959人。享受待遇人数7 948人，其中基础养老金享受人数7 890人。当年收缴保费8 768.55万元，领取保险金2 888.77万元。

【福利养老金】 城乡无社会保障老年人享受福利养老金人数33 604人，同比减少1 462人，减幅4.17%。累计发放福利养老金8 168.32万元，同比减支325.68万元，减幅3.83%。

【农村实用人才开发培养“1+1+X工程”】 进一步丰富“1+1+X工程”的内涵和外延，把“院县合作”延伸发展到“院乡共建”。北京农学院教授与多个乡镇建立了合作帮扶关系，全年农学院专家来延开展专项培训和技术咨询指导近100班次，培训农村实用人才2 000人次，搭建起了利用社会智力资源开发培养农村实用人才的平台。依托合作组织和行业协会，推广“党组织+合作社（示范村）+专家+实用人才”、“党组织+产业+开发培养对象”的组织化培养模式，实现党组织建设与合作组织发展的互促共进，产业发展与人才开发培养的良性互动。实施组团式培养，建设专业化的培养团队，组建由115名涉农部门专业技术人才和116名乡土专家构成的农技人才服务队，与872名农村实用人才培养对象签订一对一结对帮扶协议，促进农村实用人才开发培养。加强农村实用人才带头人队伍建设，选拔6名优秀农村实用人才参加农业部合作组织负责人培训班，选派24名实用人才到房山区韩村河参加4期专题培训班，实现农村实用人才的深度开发培养。

【组织农村实用人才创业成果展示推介活动】 4月初，组织延庆系列有机农产品参加北京市第二届“农村实用人才创业成果展示推介会”。延庆有机农产品再次成为市民关注焦点，永宁豆腐、绿富隆有机蔬菜均被评为最受市民欢迎产品。

【重点水利工程伤残民工鉴定登记工作】 启动新一轮伤残民工筛查工作。登记标准：因在“三库两渠”工程中意外伤残造成骨骼畸形愈合、功能障碍、功能受限及符合前期标准有漏报的。上报符合标准人员168人，同时做好政策宣传解释和来访接待工作，共接待来访人员970人次、来访电话795个，并对被举报或有争议的10名伤残民工进行调查核实。其中有9人为假冒伤残民工，1人经核实因南干渠工程意外伤害致残。

【水库移民后期扶持工作】 继续落实大中型水库后期移民扶持政策，2010年核定登记农村水库移民27 248人、无固定职业转非水库移民7 893人，发放直补资金1 634.88万元、培训补贴440.552万元。完成移民扶持工程开工101项，其中：2010年扶持项目开工78项，完工36项，完成2009年度结转项目23项，有效提升了移民生活水平。

【低保调标】 自7月1日起，延庆县城乡最低生活保障和五保供养执行新标准。城市低保对象标准由原来的月人均410元调整为月人均430元；农村低保对象由原来年人均2 040元调整为年人均2 520元；五保对象供养标准由原来年5 536元调整为6 239元。

【城乡低保】 2010年，全县有城市低保对象及生活补助对象879户、1 482人，占全县城市居民的1.29%，发放年救助金688.69万元。医疗救助59户、63人，救助金15.74万元；临时救助4户、4人，救助金1万元；燃煤自采暖救助633户、1 071人，救助金25.32万元；春节慰问919户、1 658人，慰问金40.50万元。11月份发放一次性生活补贴899户1 518人，补贴款14.96万元。全县农村低保对象4 709户、7 385人，占全县农业人口的4.44%，发放年救助金1 293.25万元。燃煤自采暖救助4 709户、7 385人，救助金188.36万元；11月发放一次性生活补贴4 827户、7 595人，补贴款72.54万元。农村五保对象561户、573人，供养金164.16万元；燃煤自采暖救助356户、367人，救助金14.24万元；发放一次性生活补贴563户、575人，补贴款5.75万元；农村五保医疗救助57户、57人，救助金13.26万元。全年农村医疗救助302户、302人，救助金79.6万元；资助低保、五保对象入合作医疗

5 525户、8 733人，资金30.56万元；低保对象门诊垫付7 669人次，垫付资金103.30万元。农村临时救助39户、39人，救助金8.38万元；春节慰问5 492户、8 699人，慰问金148.90万元。全年共审批低收入家庭3 005户、10 196人。其中医疗救助6户、6人，救助金10.6万元；农村医疗救助97户、97人，救助金71.18万元；农村临时救助7户、22人，救助金1.25万元。

【农村危房修缮】 为全县30户优抚对象翻建住房115间，共耗资162万元。为全县75户低保对象翻建住房225间，共耗资337.5万元。

【启动“小帮手”发放工作】 8月19日，“小帮手”电子服务器发放部署会召开，会上统一部署了电子服务器的发放工作。首批“小帮手”电子服务器共计1 385台已经全部到位，发放对象为提出申请的65周岁及以上享受低保待遇的老年人、80周岁及以上老年人以及重度残疾人。

【设立慈善专项基金】 日上集团在延庆县慈善协会设立“日上慈善专项基金”，捐赠总额为300万元，分3年捐赠，每年100万元，全部用于资助延庆县慈善协会开展助学、助老、助残、助医以及救助等慈善项目。

【贫困白内障老人免费复明手术治疗】 10月22日，来自15个乡镇的46名白内障老年患者在县第二医院进行免费白内障术前检查，北京国阳医院眼科专家们免费为延庆县老年患者们提供了视力、眼底、裂隙灯等多项白内障术前检查服务。自2008年以来，已开展两批免费白内障复明手术，为45名老年人进行手术并获得成功。本年度又有46名白内障患者进行术前检查，指标合格的将全部享受免费复明手术治疗。

【开通调整郊区客运线路】 恢复925“延庆—大庄科—德胜门”线路，开通由第七中学、第八中学直达东部山区、延庆城区至93762部队两条公交专线；开通“延庆南菜园—干沟—白河堡—三道沟”、“延庆南菜园—西二道河—莲花滩”两条公交线路。

基层组织与民主政治建设

【深入学习实践科学发展观活动】 全县深入学习实践科学发展观活动暨第二批学习实践活动圆满结束。全县1 100个基层党组织、28 518名党员分两批参加了深入学习实践科学发展观活动。县委结合延庆实际，确定了“坚持科学发展，加快实施生态文明战略，建设富裕、宜居、文明、和谐新延庆”的学习实践活动主题。活动期间，全县共举办集中学习培训班、研讨班1 613期，专题辅导报告会550场，参加培训干部33 695人次，党员学习覆盖面达到100%。全县处级以上领导干部围绕产业发展、城乡建设、改善民生、社会稳定等方面深入基层开展调查研究，完成了640个调研课题。发放调查问卷和征求意见表26 989份，查出突出问题1 577个。整改落实阶段，县委、县政府围绕生态经济建设、改善民生、健全体制机制、加强党的建设等五个方面确定了35大项、105小项的具体整改任务。全县各级党组织集中整改解决群众反映的热点难点问题1 606个，办惠民实事3 834件，废止、修订、建立各项制度1 770余项。学习实践活动基本实现了“党员干部受教育，科学发展上水平，人民群众得实惠”的目标要求。县委、县政府学习实践活动群众测评满意率达到了100%。

【农村“两委”换届选举】 在村党支部换届选举中，村党支部书记全部实行直选。新一届农村“两委”班子中，村党支部书记、村委会主任“一人兼”的比例达到了81%，比上届提高65个百分点；村“两委”交叉任职比例达到了71%，比上届提高了39个百分点。高中及以上文化程度的村“两委”干部占51%，55岁以下占87.5%。实现了县委提出的“两提高、两降低、一优化”的工作目标，农村“两委”班子结构得到全面优化，农村基层组织建设得到进一步加强。

【新农村建设驻村服务指导暨结对帮扶工作】 4月13日，县委、县政府组织召开新农村建设驻村服务指导暨结对帮扶工作会，制定下发了《关于做好2010年新农村建设驻村服务指导和结对帮扶工作的实施意见》，108个县直单位与108个村结对帮扶，选派了89名队员驻村服务指导。累计为群众办实事568件，投入资金473.5万元，引进项目29个，提供致富信息832条，举办培训班326个，培训农民6 076人次。

【加强村级工作规范化建设】 制定了《关于进一步加强村级工作规范化建设的意见》。重点强化村“两委”班子的整体合力，规范村级事务民主决策程序，加强对村级工作的监督。继续加大“党员议事会”和“六议工作法”制度的推行力度，推行社会中介机构管理村级财务新模式，结合换届选举工作，共对683名村“两委”主要干部进行了任期和离任经济责任审计。推进村务公开，把政务公开和村务公开工作相结合，按照“五规范一满意”要求，进一步规范公开内容、明确公开重点、拓展公开形式、落实公开制度。

【优化党组织设置形式】 延庆镇、大榆树镇把地域相对集中或临近，发展同一产业的村划成一片，成立了“片总支”。“片总支”在协助镇党委、镇政府贯彻执行党的各项方针政策、指导农村基层党支部加强自身建设、加快新农村建设、维护社会稳定等方面发挥了重要作用。四海镇以花卉种植合作社为依托建立党小组，将镇域内部分村“两委”干部和珍珠泉乡花卉人才吸收进合作社党组织中来，发挥管理、经营、外联等方面的特长，充分发挥了党组织和党员在推动花卉产业发展过程中的战斗堡垒作用和先锋模范作用，实现了党的组织优势与合作组织经济优势的有机结合。

【统筹城乡党建】 千家店镇积极统筹整合城乡党建工作资源，与西城区金融街党工委联合组建了“千家店镇外出务工人员党支部”，建立了双向联系、双管互动的跟进式党员教育管理模式，充分利用城区党组织的活动阵地、学习资料等党建资源，加强对外出务工党员的教育管理。大榆树镇与国家新闻出版总署、什刹海街道办事处等单位携手共建，探索了城乡联合、资源共享的互助式党组织共建模式。康庄镇创新了校村结对、活动联谊的红色“1+1”帮扶模式。通过探索构建统筹城乡的党建资源整合体系，形成了以城带乡、城乡联动、共促互补的城乡党建工作新模式。

【村务公开民主管理难点村治理工作】 在深入排查摸底的基础上，从产生原因、表现形式、负面影响等方面，对全县15个村务公开民主管理难点村的情况进行了深入分析研究，因村制宜，分类指导，逐村制定治理工作方案，落实整治措施，明确责任人和整改时限，全面完成了工作任务。全县15个村务公开民主管理难点村全部实现了转化。

【“一村一名大学生计划”培养工程】 以中国农业大学、延庆县委党校和延庆电大为依托，实施“一村一名大学生计划”培养工程。针对新一届村“两委”干部共招生190人，累计招生总量达到了632人，其中244人已经取得了大专学历。

【大学生“村官”管理】 256名合同期满大学生“村官”中实现再就业243人，就业率达95%。已就业的“村官”中，进入行政机关16人，进入事业单位43人，进入专项事业编制15人，考取社区工作者52人，进入企业45人，自主创业3人，续签及延长劳动合同29人。新录用大学生“村官”191人，其中硕士8人，本科135人，专科48人，本科以上学历占75%；男106人，女85人，男生占55%；北京生源113人（其中延庆生源96人），非北京生源78人，非北京生源占40%；党员47人。完成北京市2010年面向续聘和进入乡镇机关公务员编制、专项事业编制的合同期满大学生“村官”公开选拔乡镇科级领导干部工作。大学生“村官”艺术团获得《北京市优秀文明团队》称号。

【农村“两委”主要干部培训工作】 村“两委”换届选举完成后，围绕新农村建设相关政策、农村集体经济产权制度改革、村务公开民主管理、预防职务犯罪、应急管理等方面工作，对全县462名新一届村党组织负责人、村委会主任进行了集中培训。在此基础上，各乡镇结合实际，围绕农村干部“干什么”、“怎么干”等问题，采取辅导讲座、参观学习、交流研讨、以会代训等形式加强教育引导，使广大农村干部尽快进入角色、适应工作。10月，分别组织20名村党支部书记、村委会主任和4名大学生村官参加了市委组织部、市委农工委联合举办的全市村党组织书记、村委会主任示范培训班和大学生村官示范培训班。

“三农”工作部署和实施

【重要会议】 3月10日，召开2010年农村工作会。副县长徐凤翔总结了2010年新农村建设工作，并部署了2011年工作任务。随会下发了《关于推进社会主义新农村建设促进农民增收致富若干政策的意见》、《关于做好2011年新农村建设结对帮扶和驻村服务指导工作的实施意见》、《新农村百项折子工程》和《新农村建设实施方案》。

【强农惠农政策】 发放玉米粮食直补、退耕还林、设施农业、奶牛入区、中药材补贴、农机补贴等政策资金近2亿元。全县2.7万农户参加农业政策性保险，保险金额2.45亿元。

【人大建议办理情况】 人大共收到代表提出的涉农建议9件，于5月20日全部办结。

【政协提案办理情况】 政协共收到委员提出的涉农提案2件，于5月20日全部办结。

延庆县主要领导人

县委书记	侯君舒（3月免） 孙文锴（3月任）
副书记	孙文锴（3月免） 李先忠（4月任） 郭振清
常委	孙文锴 李先忠（4月任） 郭振清 胡耀刚 于少东 孙强（3月免） 徐维功（5月任） 盛桂荣（女）（12月免） 陈合安 王立明 甘靖中 孟振全
县人大常委会主任	赵淑君（女）
副主任	赵振山 侯林兴 白元玺 郭同林（不驻会）
县长	孙文锴（4月免）
代理县长	李先忠（4月任）
常务副县长	胡耀刚
副县长	李先忠（4月任） 甘靖中 徐凤翔 李满 赵志萍（女） 刘兵
县政协主席	赵双利
副主席	宋献坤 谷艳兰（女） 贾晓明 杨书海（不驻会） 程大庆（不驻会，1月任）
秘书长	丁铁生

延庆县乡镇党政正职领导

	党委书记	乡（镇）长
延庆镇	胡玉民	闫承发
永宁镇	李东升	丁立民
康庄镇	武岗	贺利

张山营镇	王建元	叶　东
八达岭镇	张双锁	卫洪涛
旧 县 镇	张书亭	常迎六
千家店镇	纪文选	黄金龙
四 海 镇	刘明利（9月免）	郑玉伶（女）
	李凤云（9月任）	
大榆树镇	刘瑞成（9月免）	梁志杰（9月免）
	梁志杰（9月任）	王艳宾（10月任）
沈家营镇	杜义忠	张绍芬（女）
井 庄 镇	刘永强	赵琳峰
香 营 乡	谢　强（9月免）	朱万富（9月免）
	朱万富（9月任）	徐自成（10月任）

大庄科乡	田全升（9月免）	胡树森（9月免）
	胡树森（9月任）	晏红利（10月任）
刘斌堡乡	刘占亮	张合林
珍珠泉乡	齐　虎（9月免）	孙　平（9月免）
	孙　平（9月任）	姜言泉（10月任）
百泉街道办事处	鲁振中	赵振华
儒林街道办事处	刘世记	冯浙军
香水园街道办事处	聂书军	史建柱

（延庆县农委　路宝庆　王秋凤　贺志鸿）

市农业系统行政、事业单位

中共北京市委农村工作委员会
北京市农村工作委员会

市委农工委、市农委直属机关党委认真贯彻党的十七大和十七届三中、四中、五中全会和市委十届七次、八次会议精神，以邓小平理论和“三个代表”重要思想为指导，深入贯彻落实科学发展观，以创先争优和党员作风建设年活动为抓手，立足于提高党员素质、提高干部统筹协调推进城乡一体化发展能力，提高基层党组织的创造力和战斗力，充分发挥市农业局直属机关党委作用，两委和市农业局（以下简称“两委一局”）党的建设工作取得了新的进展。市委农工委、市农委实施政府绩效管理，提高行政效率，促进了各项工作的开展。

机关党的建设

1. 做好机关干部教育培训和选拔任用工作。根据两委机关干部的人员变动及职务变动情况，全年共安排了正处级、副处级各1名干部参加了公务员任职培训，以及4名新招录干部参加了公务员初任培训。根据人事局《关于举办“建设低碳城市，实现可持续发展”公共知识讲座的通知》，全机关89名在职机关干部参加学习和进行考核。组织两委机关干部参加讲座，全年共举办了6次讲座，分别就《加快我国转变经济发展方式的思考》、《媒体应对——从传统到新兴》、《世界城市建设》、《十七届五中全会精神专题辅导报告》等热点重点问题进行了详细的分析、讲解。

做好干部调入工作。严格按照市委组织部、市人力社保局的要求，从大学生“村官”和企事业单位中选拔了4名综合素质比较好、工作能力比较强的同志参加公务员考核后到两委机关工作。从区县和有关单位选调了20名同志到机关工作。调任2名同志到机关任副处长。

为进一步创新干部选拔任用机制，扩大干部任用工作中的民主和群众参与程度，推进干部工作的科学化、民主化、制度化建设，组织了对办公室、产业发展处、社会管理处3个处室处长的竞争上岗工作，共有11名同志参加了竞争上岗。经过笔试、面试、民主评议、推荐考察等程序，有3名同志走上了处长岗位。通过民主推荐，有4名同志晋升为调研员，3名同志晋升为副处长。

2. 突出组织建设，夯实机关党建工作基础。党的基层组织是党的全部工作和战斗力的基础。顺应行政管理体制改革的需要，切实加强机关党的建设，先后集中四个多月的时间，在顺利完成了所属基层组织换届选举的基础上（两委的20个支部全部完成换届，其中有7个支部成立了支部委员会，市农业局直属机关党委与所属机关17个支部、19个到届的单位党组织，除1个单位申请延期外，均在规定的时间内完成了换届选举工作），“两委一局”共同筹备召开了市委农工委市农委第一次党员代表大会，选举产生了第一届直属机关党委，标志着机关党建工作步入了一个新的阶段。通过基层组织的换届选举，使机关党内民主建设进一步推进，党员的知情权、参与权、选举权进一步落实，党员的组织意识也进一步增强。下半年，又随着处室领导的调整，及时组织跟进，市委农工委干部处和市农业局办公室、政策法规处、科教处四个支部分别选举了新的支部书记。基层党组织的健全和完善为充分发挥各级党组织的战斗堡垒作用、推动各项工作任务的完成提供了有力的组织保障。

3. “创先争优”，充分发挥战斗堡垒和先锋模范作用。按照市委统一部署，“两委一局”以“五个好”、“五带头”为内容标准，在基层党组织和党员中积极组织开展了创建先进基层党组织、“五好”党支部、争当优秀共产党员的“创先争优”活动。按照市委农工委市农委《关于在市委农工委市农委机关深入开展创先争优活动实施方案》，要求，各支部结合处室的重点业务制定了创先行动计划、每个党员结合所承担的业务工作内容签订了争优行动承诺。同时在每个支部设立了“党员先锋岗”，广大党员立足岗位，在完成本职工作、履行岗位职责、提升素质能力、改进作风、服务群众中创先争优，为推动建设效率型、责任型、学习型和廉洁型机关发挥了主力军作用。为激励党员、表彰先进，“七一”前后，组织开展了评选“我身边的好党员”活动，两委机关评选表彰了18名优秀党员；市农业局结合庆祝建党八十九周年，授予10个“先进党建单位”、8个“先进党支部”、36名“优秀共产党员”、17名“优秀党务工作者”。市委农工委满欣、市农业局韦海涛、王永泉等3位同志被评为市直机关系统“群众心目中的好党员”，市农业局郑建秋同志被评为北京市“群众心目中的好党员”。通过创先争优活动，进一步激发了党员推动“三农”科学发展、服务农民群众的工作热情，激活了基层党组织的创造力和战斗力。

4. “三进两促”，努力推动机关职能和作风转变。“三进两促”实践活动是加强党员干部作风建设的有效载体。两委机关结合实际，继续深入开展进农村、促和谐、促发展、转作风（“一进两促一转变”）实践活动，鼓励支部将“联系两村”工作与两委领导班子建立的基层联系点进行一致性调整并做好经常性联系工作。初步统计各支部党员参与联系30多个联系村，深入基层300多人次。市农业局以“城乡携手、共建文明、结对帮扶、支援新农村建设”为主要内容，在村镇、市场、社区、合作社建立41个联系点，继续深化进农村、进市场、进企业的活动。“两委一局”通过定点联系，促使党员干部深入农村、企业、社区，问政于民、问计于民、问需于民，听民声、察民情、感民心、解民忧，工作作风进一步得到加强，服务农村、服务农民、服务群众的意识进一步得到体现。

5. 创新工作，积极探索学习型党组织建设新途径。建设学习型党组织是党的十七届四中全会提出的一项重大战略任务。把学习型党组织建设与加强党员教育，提高党员干部思想素质相结合，与加快经济发展方式转变、推进城乡一体化中心工作相结合，坚持用中国特色社会主义理论体系武装头脑。通过深入学习实践科学发展观、学习践行社会主义核心价值体系、学习掌握现代化建设所必需的各方面知识、学习总结实践中的成功经验，促进党员对当前形势任务的认识和对大局的把握，增强工作的前瞻性、主动性和敏锐性。开展了“读书、荐书、评书”活动，发放了“学习卡”，为每个支部配发《支部生活》12期、《学习》期刊45期，组织了每月一期报告会，刊发宣传板报共5期、10版，从而丰富了精神家园，营造了快乐和谐、积极进取的工作氛围。以深入学习贯彻刘淇书记在全市上半年经济分析会上的讲话精神、加深对首都新时期“三农”问题的新认识、为新农村建设“十二五”规划献计献策为主要内容，尝试应用“学习型组织”的理论和基本方法，采取“深度会谈”的形式，在机关干部中组织开展了“对话2010”——首都新时期“三农”问题研讨活动，参与研讨活动干部达40多人，有22名同志做了专题发言，收到征文21篇。活动为大家提供了个人表达、深度参与、共同学习的机会和平台，对参与者提高个人表达能力、掌握共同学习的技巧、调整认知和思考方式、提高共同思考的能力和行动水平起到了积极推动作用，达到了预期、受到了欢迎。

6. 加强党风廉政教育，促进党员廉洁从政。认真落实市直机关工委关于学习贯彻《中国共产党党员领导干部廉洁从政若干准则的通知》精神，会同有关部门开展了“党员领导干部廉洁从政教育宣传月”活动。一是举办学习贯彻《中国共产党党员领导干部廉洁从政若干准则》为主题的讲座；二是以支部为单位学习研讨；三是刊出一期专题板报，观看了电影《第一书记》；四是开展“共产党员献爱心”和为玉树灾区捐款活动。“两委一局”捐款达31.052万元。市农业局机关党委还组织了“群众心目中的好党员”报告会、“七一”文艺会演、重温入党誓词等一系列活动，通过回顾党的历史，讴歌党的丰功伟绩，党员干部思想素质、廉洁意识进一步提高，人心更加凝聚，精神更加振奋。

7. 活跃机关文化生活，促进机关和谐建设。以党建带工建，发挥工会密切联系群众的优势，把政治思想工作与活跃机关干部文体生活结合起来，以多种服务形式服务党员、温暖人心、凝聚人心。一是组织机关健身活动，积极参加北京市直属机关第三届运动会。参加了乒乓球、广播操、篮球、羽毛球、游泳以及跳绳、团体托球跑等综合项目共13个项目的竞赛，参赛人数达100多人次，参赛率达91%以上，荣获了优秀组织奖；广播操比赛获二等奖，乒乓球比赛获女子乙组入围奖，摸石过河和团体托球跑获优胜奖。二是继续依托各文体兴趣小组，扩大参与文体活动的覆盖面。为机关配备了乒乓球、羽毛球、篮球、跳绳等运动用品，解决了羽毛球活动场所。在乒乓球、羽毛球两个活动小组带动下，这两项运动已经成为机关干部工间主要运动形式，据不完全统计，约400余人次参加活动。组织了顺义鲜花港参观和摄影采风活动，年底征集摄影作品，举办第四届摄影展览等。三是积极推广和普及工间操活动。通过活动不仅强体益智，而且互相沟通多了、了解多了，向心力、凝聚力增强了。四是坚持开展“送温暖”活动。婚育送祝贺、生日送祝福、困难送补助，生病送关怀、“三八”和“六一”等节日送慰问。先后探望和慰问机关干部13人次、发放慰问补助金6 000元。通过这些活动，使大家感受到机关大家庭的温暖，感受到组织和领导的关怀，融洽了干群关系。

机关绩效管理工作

实施政府绩效管理，是市委市政府贯彻落实科学发展观、推行政府管理创新的重要举措，是进一步转变机关工作作风、提高行政效率、推动两委自身建设发展的重要手段。根据市政府绩效办《北京市市级国家行政机关绩效管理指示及权重调整的方案》、《2010年北京市政府绩效任务书》和市委领导的要求，设计了绩效考评方案。

1. 市委农工委市农委绩效任务。

指标名称	考评内容	分值	考评部门	责任单位
主要职责任务	履行本部门“三定”主要职责的综合情况	10分	市编办	干部处
	会同有关部门，组织实施区县合作和山区建设项目，推进山区经济社会发展			山区处
	协调、指导农村集体经济产权制度改革			体改处
	研究提出农村基础设施建设规划方案，并综合协调、督促落实			村镇处
	研究拟订本市新农村建设和农村经济发展规划、年度计划，并组织实施			发展规划处
	协调配合情况			办公室
重点工作任务	承办市政府折子共34项（主办30项、协办4项）	10分	市政府督查室	督查处督促各相关处室按照督查任务书落实
	承办实事共8项（主办6项、协办2项）			
	承办经济发展折子4项（主办4项）			
	承办新农村折子共44项（主办13项、协办31项）			
规范行政行为	加强对推进依法行政工作的组织领导	5分	市政府法制办	法制处
	完善行政决策机制，提高制度建设质量			
	认真履行执法职责，规范行政执法行为			
	强化对具体行政行为的监督			
审批制度改革	加快电子政务建设，推进“一网式”办公	3分	市监察局	监察处 法制处
	落实行政许可法和信息公开条例，精简、规范行政审批事项			
	建立健全行政审批外部监督与内部制约相结合的长效机制			
效能监察	依法合规履行工作职责	2分	市监察局	监察处 办公室
	优质高效完成工作任务			
	加强机关效能建设，提高管理水平			
队伍建设	推进从“基层一线”考录公务员	5分	市人力社保局	干部处
	推行“竞争上岗、公开遴选”选拔公务员			
	抓好公务员教育培训工作			
	健全科学的公务员考核评价机制			

2. 强化管理效能工作情况。

（1）规范行政行为情况。按照《市农委落实机关绩效管理〈依法行政专项考评工作细则〉办法》，采取日常积分与定期考评、自查打分与综合评定的形式，对两委处室依法行政实施了专项考评。为提高农委机关和农委系统干部的法律素质和依法行政能力，邀请教授学者及律师，就“农村法律状况及对策研究”、“农业市场准入的法律问题”、“农民权益问题研究”、“农村土地依法确权问题的思考”等问题进行专题培训。开展了《中华人民共和国农村土地承包经营纠纷调解仲裁法》和《北京市实施〈中华人民共和国农民专业合作社法〉办法》专项宣传培训活动，组织了农村法制建设专题培训班，提高了农业行政管理部门人员依法管理农村经济和社会事务的能力。严格执行行政规范性文件制定程序以及承办重大决策事项、两委专项资金项目实施合同（协议）履行合法性审核程序，审核行政规范性文件、有关决策事项、两委专项资金项目实施合同（协议）共约50件，清理不符合新颁布的法律、法规和不符合目前发展要求的行政规范性文件18份，完成市人大、市政府有关部门交办的《中关村国家自主创新示范区条例》、《北京市民用机场净空保护区域管理规定》等法规、规章草案征求意见10余件，保证了各项政策的合法性。严格执行《北京市农村工作委员会重大决策事项公开规定》，凡需要公开的重大决策事项和规范性文件制发后，都能通过农委网站及时向社会发布。制定了《北京市农村工作委员会行政执法职权分解方案》，动态调整本委行政执法职权，认真落实行政执法责任制。制定了《北京市农村工作委员会行政复议工作暂行规程》和《北京市农村工作委员会行政复议答复暂行规程》，强化了对具体行政行为的监督。聘用北京信利律师事务所首席合伙人阎建国律师担任本委依法行政和新农村建设工作的法律顾问，为两委依法决策发挥了重要作用，两委无一起行政诉讼或行政复议案件。

（2）效能监察情况。制定下发了《关于2010年党风廉政建设工作的意见》，为每位党员配发了《廉政准则》释义、《从政提醒——党员干部不能做的150件事》等书籍，采取领导授课、专家辅导、案例警示、自我剖析等方式，进行了经常性廉政教育，党员干部廉洁自律、廉洁从政的意识不断增强。全面推进廉政风险防范管理工作，查找岗位风险、监管风险，确定风险等级，制定防控措施。两委21个处室共查找风险点259个，制定防控措施208个，编制流程图34个，提出制度建设计划19项。全员参与过程管理，将党风廉政建设与处室业务工作紧密结合，使干部在查找、评定过程中实现自我教育、自我警示，提高了两委机关干部风险责任意识。健全农村党风廉政制度体系。贯彻落实好与市纪委、监察局联合下发的《关于加强农村党风廉政基本制度建设的意见》，健全和完善反腐倡廉宣传教育、廉洁自律、民主权利保障、“三资”管理、监督检查、领导体制和工作机制。开展了农村党风廉政建设专项检查。牵头构建农村集体资产管理、资产审计、财务管理制度体系，从源头上治理腐败。前三个季度全市已有3 812个村实行“村账托管”，其中2 835个村实行了“账款双托管”，分别占全市总村数的96%、71.2%。

（3）公务员队伍建设情况。严格按照公开、公平、公正、择优的原则选拔录用干部，按照资格复审、笔试、面试、专业科目考试、考察等程序，录用4名、选调14名同志到两委工作，从跟踪考察看，这一批干部学历高、有思想、能力强，进入情况快。严格执行规定的编制和职数，无超编制、超职数、超机构规格或者自设职位任用与晋升公务员的情况。加强公务员考核考察。结合两委的工作特点和任务，制定了《公务员考核奖励实施意见》，明确了考核原则、考核时机、考核内容及程序，注重考用结合，坚持把群众公论和工作政绩作为使用提拔干部的重点，目前竞争上岗处长3名、轮岗交流处长3人，调任副处长1人，通过民主推荐提任调研员4名、副处长3名，均是绩效考评优秀公务员，有效调动了公务员的积极性和工作热情。加大公务员教育培训力度。选派32名局处级干部参加市委组织部举办的各类培训班，选派2名处长参加市人力社保局任职培训。研究制定了农委系统干部系列讲座方案，先后聘请专家就“加快我国转变经济发展方式”、“世界城市建设”等问题进行了专题授课，落实培训56学时。通过公开学习进度、实行量化管理、列入考核内容等措施，确保了机关副处以上干部在线培训任务的完成。组织干部学历升级和专业技术深造，目前有25名干部在职学习。组织开展“新农村建设大调研活动”和“我为新农村建设献一计”活动，每名干部结合自己的本职确定课题，26名干部在大会上作了交流发言，通过开展不同形式的培训，进一步提高了公务员履职尽责的能力。

3. 提升服务效果工作情况。两委始终坚持把“服务中央、服务基层、服务公众”作为转变机关作风、提高执政能力的重要内容，注重拓宽服务方式、丰富服务内容、不断提高服务质量。

（1）服务中央单位和驻京部队情况。圆满完成中央部委交办的各项任务。协助中农办调查“中央新农村建设实施委员会”下设公司违法问题；圆满完成国务院总理温家宝视察任务；协调安排中组部李源潮部长基层党组织建设调研工作；接待全国人大副委员长、民革中央主席周铁农到区县调研新农村建设情况；协助中国城郊经济研究会在京举办全国城郊经济第六次代表大会暨城乡统筹发展论坛；组织召开华北、东北八省市村镇处长会议，为相关省市村镇建设工作进行交流、学习提供平台。组织协调安排中央部委领导的调研活动共16次。接待国家部委、国有企业、党政机关团体、兄弟省市参观学习新农村建设45批次。承办了农业部、文化部和中国文联主办的首届中国农民艺术节，为北京市委市政府争得了荣誉，获得了最佳组织奖和最佳设计奖。承办新疆、四川、山西等省市农产品展销会10次。

（2）服务基层情况。建立联系基层制度，14位委领导共联系14个郊区县，帮助区县推进新农村建设；17个处室共联系17个低收入村和17个新农村建设试点村，开展了“一进两促一转变”活动，通过结对帮扶，为农村送政策、技术、项目57项。坚持调研制度，两委领导共深入农村调研850多人次，通过深入一线调研，了解基层、掌握基层，帮助基层开阔视野、理清思路、提高能力。为基层办实事、解难事。先后帮助基层协调解决“五十三”工程建设、山区搬迁、土地流转等遇到的各种难题43项，组织开展各类拉练观摩活动11次，协调各省市为区县、乡镇外出学习考察活动提供服务21次，联合市委统战部、市工商联推出“光彩惠农行动”，与市政府侨办开展“侨爱工程—万侨助万村活动”，协调组织在京央企、社会团体、个体企业等58家参与新农村建设。

（3）服务公众情况。举办了草莓季、樱桃季、鲜桃季，开展“寻找北京最美的乡村”、“农超对接”、北京农产品展销和送戏下乡等活动，满足农民物质、文化、生态等方面的需求。前3季度，全市观光农业园接待游客1 150.5万人次，民俗旅游接待游客

1 141.7万人次。逐步扩大政策性农险覆盖面，目前，共收取保费3.43亿元，参保农户26.2万户次，总保险金额84.3亿元，赔付支出1.54亿元，总计赔付农户4.6万户次。加大对农村信贷投放，截至第三季度，涉农贷款余额达1 114.3亿元。兑现粮食直补资金，全市0.29万公顷小麦，共兑付粮食直补资金1.08亿元，补贴涉及1 497个村17万户。全市15万公顷玉米，共兑付粮食直补资金1.38亿元，补贴涉及2 611个村43万户。建立新品种新技术示范基地，共示范35个优良品种和18项先进技术，农民增收效果明显。组织了张家口、承德等地的农超对接、农餐对接活动，推动了张承地区蔬菜产业发展，提高了外阜蔬菜基地的供京能力，稳定了北京的蔬菜价格。加大"北京农村工作委员会网"、"北京现代农业信息网"、"北京市农地流转信息网"和"北京乡村旅游网"四大网站的建设，推动涉农政务信息公开，促进市农委与社会公众的信息交流，发布各类政府信息1 245条、在政府信息公开栏目上主动公开信息239条。就《北京市2010年政策性农业保险统颁条款(试行)》、《促进设施农业发展实施细则》等10项政策进行了公开征集公众意见。开展"一把手与市民对话"活动，就加快农民专业合作社发展、郊区乡村旅游、农业补贴政策、促进低收入农户增收、农产品质量安全等方面问题与广大听众进行交流，传递政策信息。组织开展了"融合的城乡——艺术节开幕式暨农民春节电视晚会"、首届北京乡村歌舞节合唱大赛、首届北京乡村歌舞节歌舞大赛、"百团带百村——文化志愿者下乡"等全市性的活动，带动13个区县组织开展了100多项、3 000多场群众文化活动，吸引了300多万人次参加。

4. 推进创新创优工作情况。两委紧紧围绕新农村建设和城乡一体化中的重点、难点问题，推动体制机制创新，在农村土地、产权制度改革、农民专业合作示范社建设、农业服务体系、多渠道选优配强村党组织班子等方面取得了重要突破。

(1) 北京都市型现代农业"221信息平台"推广应用。通过政企合作方式，引入了市场化经营机制，与中国移动北京公司、农信通公司达成"双资合作、双百服务、双新应用"的协议，共同推进"221信息平台"互联网应用。首都涉农综合服务门户网站"尚·农"网正式开通运行，采用多种信息技术手段和最新农业分析模型，结合市场及用户需求，全面整合全市涉农资源。用户可通过"尚·农"网全面查询、分析首都农产品价格与供求、涉农科技、京郊旅游等信息，还可通过网站或手机发布、订制产品和供求信息，洽谈业务，有效助力企业增效，农民增收。"221信息平台"的推广应用，不仅提升了北京农业信息化建设水平，而且为推动农民持续增收提供了信息平台，也深受郊区农民、社会各界和各级领导的重视与好评。"221信息平台"的推广应用，获得2010信息化与现代农业博览会组委会颁发的优秀组织奖、优秀案例奖、推广应用奖、特殊贡献奖等六项博览会大奖。

(2) 沟域经济发展规划国际招标。为全面贯彻落实市委市政府关于"发展沟域经济要'高标准规划、高水平建设'"的决策要求，会同市规划委等相关部门研究制定了《关于公开征集沟域经济发展规划的工作意见》。按照《意见》组织开展了面向国内外高水平团队的沟域规划公开征集工作，共有100多家公司参与了招标工作，经遴选确定了参与过北京奥林匹克公园、上海世博会后滩公园等规划设计的23家公司进入初步规划方案设计阶段（其中涉外公司10家)。征集到一批发展理念先进、定位准确、创意新颖、功能布局合理、节点设计科学的高水平规划方案，不仅奠定了沟域经济建设发展的基础，而且开创了沟域经济国际招标的先河。同时，新华社、中央人民广播电台、北京电视台、北京日报、新浪网、千龙网多家媒体予以了报道。

(3) 多渠道选优配强村党组织班子。村党组织换届选举期间，立足面向现任村干部选管理型人才，面向经济发展能人选经济型人才，面向大学生村官选知识型人才，以优化村党组织干部队伍结构；推进村干部跨村交流任职，推进机关干部到村任职，推进优秀人才回乡任职，推进后备干部提拔任职，以更科学的机制破解选任难题，使一大批农村优秀人才进入了村党组织班子，实现了提高素质、优化结构、增强活力的目标，为加快社会主义新农村建设、推进城乡一体化进程提供了坚强的组织保证和人才支撑。据统计，全市有738名个体私营业主、企业工人、党政机关干部、事业单位工作人员、离退休人员当选村党组织书记，占18.9%；346名村党组织书记由上级党组织从村外选派，占8.8%；85名大学生"村官"进入村党组织班子，占全市大学生"村官"总数的1.1%。中办《每日汇报》予以刊登，中央政治局委员、书记处书记、中组部部长李源潮同志对此作出重要批示，中组部推广了北京市多渠道选优配强村党组织班子的经验。

5. 开展绩效管理主要做法。两委始终把绩效管理工作作为推动市政府重要任务落实、加强自身建设、提升新农村建设标准的重要手段，成立了绩效管理工作领导小组，明确了责任分工，细化了指标体系，制定了年度工作方案，做到了三个纳入：纳入年度重点工作、纳入两委办公会、纳入机关考评内容。突出市政府重点任务落实，始终把重点任务的完成情况作为衡量两委执行市委、市政府决策的标准；突出机关作风的转变，始终把持续提高农民的收入作为工作着眼点和落脚点，做到制定政策充分征询专家、人大代表、政协委员、基层群众意见，推动工作认真考虑基层和百姓的难处；突出机关效能的提高，建立"制度明确、工作规范、反应敏捷、运转协调、执行有力"的工作运行机制，细化每人职责任务，大力营造坚决执行、主动执行、立即执行的工作氛围，做到了特事特办、大事先办、要事快办；突出机关活力的增强，扩大群众的话语权、评价权、监督权，促使机关干部改进作风，坚持从实际出发，从实效着手，树立干事创业的风气。建立了督查考评机制，做到“三结合三挂钩”即考评落实结果与考评履职过程结合、考评目标管理与考评效果评价结合、考评内部管理与考评外部监督结合；考评结果与新农村建设成效挂钩、与公众评价挂钩、与年终奖惩挂钩。目前，通过绩效管理两委机关形成了为人老实、工作踏实、作风务实的工作氛围。

6. 绩效管理工作存在的问题及打算。“三农”工作快速推进的同时，也面临着前所未有的复杂矛盾和挑战。农业和农村经济发展水平需要进一步提高，首都农产品市场的应急保障能力有待加强，转变发展方式的任务依然艰巨；城乡居民收入差距仍然较大，一些地方农民增收困难；城镇化步伐有待加快，农村基础设施和公共服务仍需加强；破除城乡二元体制已进入“深水区”，改革的力度需要进一步加大；基层党组织和民主政治建设也还不能完全适应农村改革发展的要求。就两委自身看，自觉学习的意识还不够强烈，对科学发展观的理解需要进一步加深；干部素质和工作能力需要进一步提升；工作方式方法需要进一步改进，综合协调能力需要进一步提升；深入基层、服务群众还不够到位，工作作风需要进一步转变。从绩效管理工作看，对绩效管理工作的认识还需要进一步深化；绩效管理工作各项机制还需要进一步健全；绩效考核的覆盖面还需要进一步扩大；绩效考核结果与奖惩措施落实还需要进一步结合。

市委农工委、市农委领导班子成员

市委农工委书记　王孝东
副书记　白仙畔　高　华
委　员　赵根武　张贵忠　朱二宏
张　新（2010年2月免）
刘春广（2010年6月免）
陈　涛　康　森
农村纪工委书记　朱二宏
市农委主任　王孝东
副主任　赵根武　张贵忠
刘春广（2010年7月免）
陈　涛　康　森
李成贵（2010年5月任）
李海平（2010年7月任）
委　员　刘亚清　王建中
张宏图　郝　霞
刘春成（2010年7月任）
薛有才（2010年12月任）

（市委农工委、市农委　王凤楼　满　欣　宗大勇　高精华）

北京市农业局

概　况

北京市农业局是负责农业行业监督管理的市政府部门管理机构。机关内设14个职能处室和机关党委、老干部处、监察处，机关行政编制99人。局属单位28家，按照单位经费形式划分：行政执法机构1个，参照公务员法管理单位3个，纳入工资规范单位1个，全额拨款事业单位17个，差额拨款事业单位3个，经费自理事业单位3个。内部管理实际为24家。

机构设置

单位名称	地址	邮编	电话
北京市农业局	西城区裕民中路6号	100029	82031800
北京市农业技术推广站	朝阳区惠新里高原街4号	100029	84638460
北京市土肥工作站	西城区裕民中路6号	100029	82078454
北京市种子管理站	海淀区北太平庄路15号	100088	62051552
北京市植物保护站	西城区北三环中路9号	100029	62016348
北京市优质农产品产销服务站	朝阳区安外北苑路88号	100101	64965639
北京市农业物资供应站	海淀区西直门外高梁桥斜街28号	100081	62218570
北京市农业环境监测站（北京市农业绿色食品办公室）	西城区裕民中路6号	100029	82031875
北京市农业局信息中心	西城区裕民中路6号	100029	82031894
北京市畜牧兽医总站	朝阳区安外北苑路甲15号	100107	84929018
北京市动物卫生监督所	西外上园村甲3号	100044	62248621
北京市兽医实验诊断所	朝阳区慧忠寺96号	100101	64891950

（续）

单 位 名 称	地 址	邮 编	电 话
北京市兽药（饲料）监察所	朝阳区安定门外北苑畜牧服务中心院内	100012	84932317
北京市畜牧业环境监测站	昌平区昌平镇超前路 21 号	102200	89740848
北京市水产技术推广站	朝阳区潘家园华威西里甲 48 号南楼	100021	87702636
北京市水生野生动物救治中心	延庆县大榆树镇西杏园 300 号	102100	81198253
北京市渔政监督管理站	丰台区永外西罗园二区 23 楼二层	100077	67274269
北京市农业机械试验鉴定推广站	丰台区南方庄甲 60 号	100078	67631575
北京市农业机械监理总站	海淀区复兴路 2 号	100038	63312505
北京市农业干部培训中心	搬迁中	—	—
北京市农业局后勤服务中心	西城区裕民中路 6 号	100029	82078481
北京市农民体育工作办公室	西城区裕民中路 6 号	100029	62024158
北京农业杂志社	西城区裕民中路 6 号	100029	62044255
北京市农业局财务服务中心	西城区裕民中路 6 号	100029	82085018
北京市农业局老干部活动站	西城区裕民中路 6 号	100029	82078496

主 要 工 作

由于国内外经济形势复杂多变，农产品市场波动加剧，农民持续增收压力加大，特别是极端低温、持续干旱等自然灾害频发重发，农业经济发展面临不少困难。但在市委、市政府的正确领导下，在各区县、各部门的大力支持下，全市各级农业部门认真贯彻落实市委、市政府的决策部署，坚持都市型现代农业的发展方向，紧紧围绕“农业稳定发展、农民持续增收”的工作目标，立足于“强基础、增能力、突特色、融国际、促融合”的发展思路，齐心协力，迎难而上，开拓创新，扎实工作，圆满完成了各项任务，保持了农业经济稳定发展的好势头。

农业经济运行平稳。全市第一产业增加值完成124.3 亿元，农林牧渔总产值 328 亿元，同比增长4.1%。

粮食生产好于预期。全市粮食作物播种面积22.3 万公顷，总产量 115.7 万吨；总产值 23.3 亿元，同比增长 2.4%。

“菜篮子”产品稳定发展。全市蔬菜播种面积6.8 万公顷，总产量 303 万吨；上市收入 55.5 亿元，同比增长 11.8%。肉类、鸡蛋、牛奶总产量分别达到 46.3 万吨、14.7 万吨和 64.1 万吨；畜牧业总产值 139.6 亿元，占农林牧渔总产值的 42.6%。水产养殖面积 5 003 公顷，水产品产量 6.3 万吨，同比增长 9%；总产值 20.3 亿元，同比增长 7.4%。“菜篮子”生产稳定发展，确保了市场有效供应。

农民收入快速增长。全年农民人均纯收入达到13 262 元，扣除物价因素实际增长 8.1%。

重大动物疫情持续稳定。在全球 39 个国家相继发生口蹄疫、18 个国家发生禽流感、非洲猪瘟逼近国门、国内口蹄疫“三型”并发等复杂形势、不确定因素增多的情况下，全市重大动物疫病防控工作经受住了空前的压力和严峻挑战，确保了连续 6 年未发生区域性重大动物疫情。禽流感、高致病性猪蓝耳病、口蹄疫、猪瘟等 4 种重大动物疫病免疫率和监测面均达到 100%，免疫抗体保护水平常年保持 95%以上。

农产品质量安全保持较高水平。据农业部监测，本市农产品质量合格率为 97.2%，提升了 0.8%。其中，蔬菜、畜产品、水产品合格率分别为 94.5%、100%和 96.7%，确保了全年未发生重大农产品质量安全事件。新制定了 15 项北京市农业地方标准，新认证无公害农产品 556 个、绿色食品 7 个、有机农产品 59 个，“三品”比重进一步提高。重大活动农产品质量安全得到了有力保障。

同时，其他各业协调发展。农业机械化发展步伐加快，农机总动力达到 276 万千瓦，增长 4.5 万千瓦；全市主要粮食作物耕种收综合机械化水平达到64%，提高了 2 个百分点；特别是玉米机收水平大幅提高，机收率达到57%，提高了 22 个百分点。农产品加工业快速发展，农业产业化经营水平不断提高，观光休闲农业发展迅速，农业产业结构进一步优化，有力拉动了农民增收步伐。

取得上述成绩，采取的主要措施是：

1. 明确目标任务，推动当前和谋划长远两手抓。年初，召开了全市农业工作会议，面对复杂形势和繁重任务，提出了“农业稳定发展、农民持续增收”的工作目标，确定了“强基础、增能力、突特色、融国际、促融合”的工作思路，明确了工作重点。在工作推进过程中，又适时召开了全市春季生产工作会议、三夏工作会议、三秋工作会议以及多个行业工作会议，对阶段任务进行了部署和安排，对重点工作措施作出了调整，并迅速在农业系统凝聚了共识、整合了资源、形成了合力，得到了各区县、各部门的普遍认同和大力支持。在抓好当前重点工作的同时，统筹兼顾，深入开展“十二五”发展重大问题专项研究，着力谋划长远发展的思路措施，组织制定《北京市“十二五”时期都市型现代农业发展规划》，以及《北京种业发展规划（2010—2015）》、《北京市畜牧业发展规划（2010—2015）》、《北京“十二五”都市型现代农业服务体系建设总体规划》、《北京市水产养殖池塘标准化改造规划》、《北京市农产品质量安全水平提升行动计划》等专项发展规划，提出了目标任务，明确了主攻方向，为争取政策支持、推动未来发展奠定了基础。

2. 围绕高端高效，农业生产能力和市场控制能力两提升。稳步发展设施农业。新增设施农业面积4.03万亩，全市设施农业面积达到了31.2万亩。在规模发展的同时，更加注重适用技术的推广和质量效益的提高，在通州、大兴、延庆建设了3个部级设施蔬菜标准园，在全市建设了5个市级蔬菜标准园，在8个区县建立了20个蔬菜高产高效示范基地。深入推进粮经高产创建。建设部、市两级高产创建示范区38万亩，集成推广10余种高产高效实用技术，14万亩小麦示范区平均亩产404.1千克，较目标产量提高6%以上；21万亩玉米示范区平均亩产673.3千克，是全市平均亩产的1.9倍。市领导对这项工作给予了高度肯定，郭金龙市长做出了重要批示。着力打造都市型现代畜牧业。《北京市畜牧业发展规划（2010—2015）》全面启动，围绕生猪、奶牛、肉禽和蛋禽四大产业，实施标准化规模养殖、良种体系建设、龙头企业培育、粪污治理和良种产业科技示范园区建设五项重点工程。生产能力显著提升，生猪、牛奶、鸡蛋、禽肉的自给率达到32.5%、59%、60%和65%，保障了首都畜产品的有效供给。标准化、规模化水平明显提高，奶牛入区养殖比例达到95%以上，规模猪场出栏生猪占全市60%以上，禽类规模养殖比重达到75%以上，23家畜禽养殖场入选首批国家级畜禽养殖标准化示范场。产业化经营不断发展，已形成由二商集团、顺鑫农业等13家大型企业组成的生猪产业化体系，年屠宰加工能力1 000万头，占市场消费量的83%；由首农集团为龙头的43家企业组成的肉禽产业化体系，屠宰加工能力1.2亿只，占市场消费量的63%；乳品加工企业38家，日加工鲜奶2 500吨，占市场消费量的79%；牛羊定点屠宰加工企业9个，年屠宰加工能力77万头，占市场消费量的30%；培育出了“双大”、“华都”、“三元”、“鹏程”、“德青源”、“大红门”等多个知名品牌。良种产业优势凸显，全市销售种猪35万头、雏鸡2.9亿只、奶牛冻精450万剂，种业产值18.3亿元。加快发展籽种产业。启动了《北京种业发展规划（2010—2015）》，出台了《关于加快推进北京种业发展方式转变的意见》，提出了建设“种业之都”的目标，勾勒出了“十二五”时期北京种业发展的蓝图，初步启动了“2468种业行动计划”。积极推进种业会展，成功举办了第十八届北京种子大会，2014年世界种子大会筹备工作有条不紊。实施小麦换种工程，完成了45.2万亩换种任务，将对解决“三层楼”现象和种粮农民增收发挥重要作用。

3. 立足首都公共卫生安全，疫病防控和农产品质量安全两确保。面对国内外动物疫情形势复杂多变，全市重大动物疫病防控系统沉着应对，攻坚克难，动物疫病保持平稳，重大动物疫情得到有效控制，为保障畜牧业持续健康发展、维护首都公共卫生安全创造了良好条件。同时，体制建设全面深化，行政管理、监督执法和技术支撑三条主线持续加强，乡镇派出机构实现垂直管理，3 600名村级防疫员到岗到位，120名社会志愿者走进社区，“两级四层”全方位、多格局的运行体制搭建完成。工作机制逐步完善，动物卫生与畜牧管理三大体系率先推行，诚信守法、标准监管、效果评价和责任考核等长效管理机制正在形成。队伍建设加速推进，官方兽医工作取得实质性进展，由监督所、公路、铁路、航空检查站、区域官方兽医室和驻厂（场）官方兽医室组成的首都官方兽医体系构建完成；组织完成了北京地区首次全国执业兽医资格考试，执业兽医师、助理兽医师通过率居全国之首；乡村兽医登记制度有序推进；兽医实验室考核全面启动，全市统一完成畜牧兽医人员培训2 600多人次，为打造“结构合理、配置高效、素质过硬、作风顽强”的行业队伍迈出了坚实一步。基础建设取得新突破，落实《北京市动物防疫体系建设规划（2008—2012年）》，在市发改、规划和财政等部门的支持下，市动物疾病预防控制中心将于明年6月正式投入运行，市畜牧环境检测中心竣工验收，市动物及动物产品留检中心和非犬类动物收容中心选址落地，区县项目同步推进，具有国内领先、与国际接轨的技术支撑和能力保障体系稳步确立。应急管理日趋完善，“一案三制”（预案、体制、机制、法制）得到落实，风险评估和隐患排查逐步深入，物资保障足额到位，预备队伍适时调整，应急演练实现常态，联防联动机制进一步完善，突发事件处置能力和水平显著提高。公共植保、绿色植保工作取得新成绩，应急机制进一步完善。2010年作为农产品质量安全监管体系及管理工作全面启动之年，是以专项整治为中心，构建农产品质量安全管理的基础之年，是由重点风险管理向全面风险控制的转变之年。加快构建检测体系，确定了市级检测中心，完成了大兴、房山2个县级综合质检站建设，开展区县监管职能分工与工作机构专题调研，监管体系初步理顺。深化9大农产品质量安全整治，检查各类生产、经营企业2.6万个次，整顿市场586个次，挽回农民经济损失700多万元。

加强监督检测，完成检测样本1.4万个，产品类、投入品类、环境类检测总体合格率为98.1%、97.0%和87.5%，继续保持了较高水平。积极应对外埠农产品质量安全事件，与全国21个省市建立了省际监管工作联动机制，采取有力措施，维护了北京农产品质量安全的品牌形象。同时，举一反三，强化风险控制，探索了风险调查、风险评估、风险监测、监督抽检“四位一体”的风险管理新模式。

4. 强化科技支撑，技术服务和设施装备两结合。加快农业科技创新，推进现代农业产业技术体系北京市创新团队建设，围绕果菜、生猪、观赏鱼三大产业，建设完成3个产业技术研发中心、16个功能研究室、14个综合试验站和119个农民田间学校工作站，开展试验示范200余项，探索了科技与生产的有效对接，研究解决农业生产关键技术问题，实现了科技成果的快速转化。积极推进基层农技推广体系改革，在大兴、密云、延庆、房山和通州启动村级全科农技员队伍建设试点，设立村级全科农技员500人，探索出了村级综合服务的新途径，全国农技推广示范县建设稳步推进。强化农村实用人才培养和农民技术培训，开办农民田间学校704所，培养农民学员1.7万人，培训农民10.8万人次，实现了农民培训目标转变、组织方式、农技推广模式以及辅导员培养模式的创新，得到了农业部及市领导的充分肯定，市委书记刘淇、市委常委牛有成和副市长夏占义都对此项工作做出了重要批示。强化农业科技示范推广，在籽种产业、观光休闲、安全高效生产、生态循环节约农业等重点领域组织实施科技支撑项目4大类60项，推广新技术1 552项次、新品种1 165个次。大力开展技术服务，实施百村百场科技入户工程，主推品种和主推技术入户率达90%。特别是在粮经生产先后遭到急剧降温、冬季严寒、晚春早夏、夏季伏旱等一系列不利气候条件的情况下，多次组织专家和技术人员深入田间，面对面指导农民防灾减灾，组织种粮大户开展高产竞赛活动，粮经生产好于预期。积极推进农机作业，投入“春耕”、“三夏”、“三秋”生产的农机具达到22万台（套），农机信息服务进一步完善，农机用油得到有效保障，农机作业效率进一步提高，缩短了收获播种时间，争取了宝贵农时。加强农村能源生态建设，继续实施“三起来”工程，安装维护太阳能路灯7万盏，建设太阳能浴室211个、“两气”工程45处，完成规模化养殖场粪污治理与资源化合理利用工程139个，新增受益农户7万余户，节约与开发能源5万吨标准煤，减排二氧化碳13.3万吨。积极推进“三节两高”（节地、节水、节能、高端、高效）的水产养殖模式，加快老旧池塘标准化改造，推动了全市水产养殖向集约化、规模化、标准化和产业化方向发展，促进了渔业持续发展内在质量的提升。扎实开展北运河流域农业面源污染综合防治，推广测土配方施肥18.5万亩，化肥施用量减少30%；开展生物防治、物理防治和精准施药面积3万亩，减少农药用量25%。第16阶段控制大气污染工作任务全面完成。积极发展农业会展经济，第8届中国国际农产品交易会取得丰硕成果。大胆探索创意农业，首届北京小麦收获节、2010北京·金鱼锦鲤大赛、水生生物增殖放流、农业进城市等活动收到良好效果，拉近了农业与市民的距离，开发出了传统农业的新价值。

5. 强化政策支持，积极争取和狠抓落实两注重。2010年中央和本市出台强农惠农政策之多、针对性之强、含金量之高都是多年少有的，农业部门争取和落实政策力度之大、速度之快、效果之好也是多年少有的。重点落实中央良种补贴3 112万元，市级粮食直补2.81亿元，市级农作物生态补贴3 855.1万元；能繁母猪补贴2 500万元，后备母牛补贴3 000万元，奶牛良种补贴372万元，生猪良种补贴500万元；农机购置补贴1.17亿元，新增机具1万余台套。及时制订方案，加快资金拨付，派出督导检查组，在最短时间、用最有效的方式，把各项政策落实到位。针对市场形势变化，适时推动实施调控措施。上半年，针对猪肉价格持续走低、养殖效益下滑的情况，认真落实扶持生猪生产各项政策，提出了适时启动防止生猪价格过度下跌调控预案的建议，增强养殖户抵御市场风险的能力，促进了生猪生产平稳发展。创新农机购置补贴方式，引导社会投入，财政贴息140万元，支持大型农机服务组织进口8台青贮玉米收获机，增加青贮机收面积5.4万亩，全市青贮饲料收获机械化水平提高10.7%。与此同时，还着眼长远发展，推动出台重大政策措施。为统筹推进本市“菜篮子”系统工程建设，保障市场供应和价格稳定，围绕提高“三率一能力”（自给率、合格率、控制率和应急保障能力）的目标，提出了基本菜田最低保有量制度，研究拟定了“实现严格的菜篮子基地占补平衡和补偿机制”以及“对基本菜田给予相应补贴”等相关扶持政策。

6. 形成工作合力，内部联动和外部合作两加强。在区县成立农业局的基础上，强化“大农业、大合作”的理念，强化系统联动，强化部门配合。通过建立完善“部门联动、政策集成、资源整合、资金聚焦”的工作机制，积极争取支持，协同推动都市型现代农业发展的氛围进一步增强。强化行政推动，整合资金项目，扎实推进农业基础建设及综合开发工程。通过两年来的统一规划和标准、分部门实施，2009年的31.9万亩建设任务已经完成，2010年的30.3万亩建设任务也已完成过半，农田节水、地力培肥、田园清洁、沟路林渠建设取得了显著成效，顺义大孙各庄、通州于家务、大兴魏善庄、房山长阳等核心示范区极大改善了农业生产条件，为农民生活提供了优美环境，为市民提供了更加广阔的田园休闲场所。坚持依法行政，充分调动各级农业部门的积极性和主动性，积极推动农业联合执法，形成了协调配合的工作格局。研究制定了《北京市农业机械管理条例》，法律法规体系进一步完善。深入推进“绿剑护农”，全市各级农业部门围绕农资打假、农产品质量安全监管、动植物防疫检疫、渔政监督、农机监理等工作重点，累计组织执法活动2.2万次，出动执法人员7.4万人次，查办案件1 401起，为农民和企业挽回直接经济损失2 000多万元；举办各类法律法规宣传活动1 000余次，发放宣传资料1 500万份。推进农资服务体系建设，顺义、平谷现代农资物流服务中心建设取得实质性进展。“221信息平台”建设取得显著成效，整合了市级15家共建共享单位和13个郊区县共105类、490项数据，研发了430个基本功能，实现了可查询、可分析、可决策，成为都市型现代农业重要的信息服务平台。“12316农业服务热线”充分发挥投诉举报、技术咨询、决策支持“三个平台”作用，农业服务公益品牌效应彰显。加强对外合作交流，与荷兰、西班牙、英国等多个国外大学、研究机构签署协议，开展生物防治、耕地质量等多项国际科技合作，成功举办农业与农村可持续发展国际研讨会，组织德国农协、法国农机协会在京开展技术交流与技术培训。

总之，全年农业经济保持了稳定发展的良好势头，实现了“农业稳定发展、农民持续增收”的既定目标，为保持首都经济平稳较快发展奠定了重要基础，为增加农村消费和扩大内需创造了重要条件，为维护首都社会和谐稳定大局发挥了重要作用。

2010年是“十一五”最后一年。“十一五”农业农村经济发展主要任务全面完成，画上了圆满句号。回顾“十一五”，北京都市型现代农业发展扎实起步，并取得了辉煌成就。5年来，逐步深化了对都市型现代农业的认识，统一了北京发展都市型现代农业的思想。在“221行动计划”指引下，以“开发生产功能，发展籽种农业；开发生态功能，发展循环农业；开发生活功能，发展观光休闲农业；开发示范功能，发展科技农业”为核心，加大强农惠农政策扶持力度，建立起推进都市型现代农业的工作机制，实施了一批重大工程，对都市型现代农业进行了创造性的探索和实践，并取得了重要的阶段性成果。一是农业多种功能全面开发。农业的生产、生态、生活和示范功能不断拓展，农业综合服务价值全面提升，农业的多功能性得到了社会普遍认可。二是都市型特色产业快速发展。围绕农业功能开发，大力发展籽种农业、观光农业、设施农业、农产品加工业等都市型现代农业特色产业，基本建立都市型现代农业产业体系。三是农产品质量安全水平逐步提升。在全国30多个省市排名中，本市畜产品并列全国第一、水产品提升了16位、蔬菜提升了2位，北京农产品合格率处于全国前列。圆满完成了奥运农产品有效供给和国庆60年活动农产品保障任务，实现了北京农业的完美亮相。四是农业科技支撑作用更加明显。郊区信息化水平显著提升，农民的综合素质、技术创新与应用能力、辐射带动能力和增收致富能力显著提高，都市型现代农业的科技引领示范功能极大发挥。五是农业基础建设扎实推进。农业基础建设及综合开发工程、动物防疫体系建设、农业机械化、农业节水等工作取得显著成效。六是强农惠农政策力度加大，工作机制不断创新。总之，“十一五”期间，北京农业的基础地位进一步巩固，5年间发生了重大功能性和历史性变化，有力支撑和保障了“十一五”时期首都经济社会的发展，也为“十二五”都市型现代农业发展提供了强有力的理论基础，积累了丰富的实践经验。

学会、协会

登记证号	社团名称	业务主管单位	会长	电话	地址	邮编
0010022	北京艾维茵肉鸡协会	农业局	尹彦勋	62029651 60431003	马甸桥北华严北里甲1号	100029
0010027	北京市农机流通协会	农业局	王祖南	63260787	宣武区广外红居南街1号	100055
0011041	北京市新能源与再生能源协会	农业局	高振南	82078421	西城区德外裕民中路6号	100029
0011282	北京外贸菜蔬协会	农业局	闫洪泉	69102441 69102051	延庆东外大街25号	102100
0011283	北京谷物协会	农业局	李继扬	84635681	朝阳区市农业技术推广站内	100029
0011324	北京设施农业协会	农业局	沈　瀚	67697320 67634525	丰台区南方庄甲60号	100078
0011370	北京种子协会	农业局	刘　杭	62365472	海淀区北太平庄路15号	100088
0011369	北京市中药材种植业协会	农业局	周春江	84635681 61786343	朝阳区高原街4号	100029

（续）

登记证号	社团名称	业务主管单位	会长	电话	地址	邮编
0011394	中国农业大学北京校友会	农业局	江树人	62373203 62376382	海淀区清华东路17号	100083
0011402	北京畜牧业协会	农业局	尹彦勋	62211790	海淀区西直门外上园村甲3号	100044
0011431	北京市渔业协会	农业局	穆晓萍	87702636	朝阳区潘家园华威西里甲48号南楼	100021
0011530	北京小动物诊疗行业协会	农业局	刘　朗	84929032	北京市朝阳区安外北苑路甲15号	100107
0011532	北京兽药行业协会	农业局	江厚生	84929023/24	朝阳区安外北苑路甲15号	100107

市农业局党政领导班子成员

局　　长　赵根武
副 局 长　刘亚清　沙松平　吴宝新　王振邦
　　　　　马荣才　任宗刚（2010年3月任）
总农艺师　郑　渝
党组书记　赵根武
副 书 记　刘亚清
成　　员　沙松平　吴宝新　王振邦　金兴利
　　　　　郑　渝
纪检组组长　金兴利

（黄生斌）

北京市气象局

概　况

北京市气象局实行中国气象局和北京市人民政府双重领导管理，以部门领导为主的管理体制，是中国气象局的下属机构，同时是北京市政府的工作部门。负责北京市行政区域内的气象管理工作以及承担北京地区气象监测、制作和发布北京地区天气预报和灾害性天气预警任务，开展气象科学研究和气候变化研究等工作。

北京市气象局同时是中国气象局华北区域气象中心，负责对该区域内的其他省（自治区、直辖市）气象局开展气象业务技术协调和指导、科研组织、技术支持及业务培训等工作。

目前全局内设有10个机关处室、8个直属事业单位、下设14个区（县）气象局并代管北京市人工影响天气办公室、北京市避雷装置安全检测中心；北京气象学会、北京减灾协会挂靠北京市气象局。

年内全市气象部门在编职工561人。其中参照公务员管理59人，事业单位管理人员和专业技术人员464人，工人38人。在职职工学历结构：大专以上459人，占全部在职职工总数的81.8%，其中博士32人、硕士104人、本科生197人、专科生126人、中专以下102人。职称结构：具有专业技术职务人员506人，占全部职工总数的90.2%，其中正研级职称17人、副高级职称124人、中级职称192人、初级职称228人。

机构设置

单位名称	办公地点	邮编	联系电话
北京市气象局	海淀区紫竹院路44号	100089	68400858
北京市气象台	海淀区紫竹院路44号	100089	68400581
北京市气候中心	海淀区紫竹院路44号	100089	68400552
中国气象局北京城市气象研究所	海淀区北洼西里55号	100089	68400745
北京市气象科技服务中心（专业气象台）	海淀区紫竹院路44号	100089	68400562
北京市观象台	大兴区亦庄北口	100176	68400731
北京市气象信息中心	海淀区紫竹院路44号	100089	68400527
北京市气象局大气探测技术保障中心	海淀区北洼西里55号	100089	68714282
北京市气象局后勤服务中心	海淀区紫竹院路44号	100089	68400808
北京市人工影响天气办公室	海淀区紫竹院路44号	100089	68400745
北京市避雷装置安全检测中心	海淀区北洼西里55号	100089	68420719

主要工作

全市气象工作的总体思路和要求是：深入贯彻落实科学发展观，认真学习贯彻中央领导同志对气象工作的重要指示精神，贯彻落实北京市委、市政府和中国气象局的部署，千方百计提高预测预报、气象防灾减灾、应对气候变化、开发利用气候资源“四个能力”，努力建设“四个一流”，积极围绕北京建设世界城市目标和“人文北京、科技北京、绿色北京”建设，坚持“面向民生、面向生产、面向决策”，突出大城市防灾减灾和应对气候变化主题，进一步推进首都气象事业新发展。

1. 努力做好公共气象预测预报服务。2010 年气象预报工作以“一年四季不放松，每次过程不放过”的服务理念，“常态化”高标准为首都的重大活动和经济发展以及群众生活提供准确及时的气象预测预报预警工作，相继完成了北京市“两会”和春运、全国“两会”、全国劳模和先进工作者表彰大会、中考和高考、“全民健身日”全民健身志愿服务大行动、鸟巢万人健身气功展示、北京国际网球挑战赛、北京首届世界武博会和第一届北京奥运城市体育文化节、首都中国人民抗日战争胜利 65 周年纪念活动以及国庆节各界向人民英雄纪念碑敬献花篮仪式等气象保障服务；完成广州亚运圣火采集和点火仪式、亚残会点火和传递、十七届五中全会、中央经济工作会议等气象服务保障工作。为中央和北京、国际和国内综合大型活动提供保障服务 35 项，每次重大活动的气象保障服务都在奥运、国庆服务的标准上有所提高，天气预报服务信息直接面向中央领导。在气象决策和公众服务中更加注重以人为本、贴近需求，在 1 月 3 日北京出现暴雪的一大中发布大雪暴雪、道路结冰等三种气象灾害预警信号，市政府据此统一部署采取应对措施，利用区域短信发布平台向市民发送应对降雪提示短信 253 万多条，及时预报预警为防御暴雪灾害提供了重要决策依据。夏季里全面做好应对多年罕见的持续高温高湿天气的气象服务，保证首都城市供水、供电等部门从容应对高峰时段运行。11 月下旬起每天增加了直接给中办提供气象服务专报服务。全年发布决策气象服务产品近 2 500 期，提供决策气象信息专报 16 期，全年共发布各种气象灾害预警信号 70 期。提供的应对北京地区干旱、暴雨洪涝的决策建议得到市领导的批示。汛期气象服务和应急反恐气象保障工作得到了中国气象局和北京市政府的肯定及北京市防汛办、市应急办、市农委等部门的一致认可。

在气象预报服务工作中，努力提升专业气象服务精细化水平，保障城市安全运行。依托专业气象台，以整合市局公众气象服务资源为重点，筹备组建北京市气象服务中心。元旦起专业气象台与北京广播电台新闻台开通了“直播连线”气象节目，每天四个时段为听众第一时间提供及时、权威的气象专家连线直播最新资讯和预警信息。春运期间专业台发布北京主要交通枢纽天气预报，增加重要交通枢纽精细化预报服务信息。供暖气象预报成为市政府规章《北京市供热采暖管理办法》中采暖期起止时间的重要依据，3 月市供暖部门依据气象预报首次把供暖结束时间延长了一周，应对寒冷低温天气，供暖结束期和开始期气象服务取得了良好社会效益；供暖气象节能技术融入市政府供暖改造中，作为示范参加了市发改委的供热改造专项，供暖气象指数精细化到分区发布。雨雪天气象专家现场为道路畅通提供分片、分时的量化信息。开展城市安全运行精细化服务，为高影响天气下能源调度、储备、供应、安全运营和应急提供科学决策依据；与北广传媒集团开展合作发布气象灾害预警信息，自 8 月起通过北广传媒集团的公交车辆电视、地铁电视和楼宇电视等各类移动及户外新媒体近 5 万个终端，多渠道、多手段发布各类气象预警信息，日均覆盖达 3 580 万人次，拓展了公众气象服务的覆盖面。气象物联网建设起步并在北京城市安全运行和应急管理领域应用。

2. 做好京郊“三农”气象服务工作。在京郊“三农”气象服务工作中，与市农委、市农业局联合召开全市春季农业生产会议；与市农业局、市统计局共同组织召开春秋两季农情会商会；针对“春管”、“三夏”、“三秋”等关键农事季节的天气特点，提供大田作物和林果、设施果品等作物的播种、收获适宜气象条件预报及其灾害预报和提示等气象服务专报 30 多期；开展重大农业气象灾害监测预警评估，并制作农业生产电视节目 20 期，分析农业气候特点及对农作物和农业生产的影响和生产形势展望，提供农业生产决策服务。在努力服务首都都市型现代农业和沟域经济工作中，开展了 7 个分布在不同区县的沟域经济对气象服务需求调研，为做好沟域经济服务进行多方面的准备；制作生活气象指数预报服务精细化到区县，开展了郊区以旅游景点和乡镇为主的 124 个预报站点的 0～24 小时乡镇精细化预报。在提升服务质量，促进农业增产农民增收中发挥作用，在平谷东麓角、房山佛子庄乡进行了设施农业高产栽培技术指导，开展果树栽培技术培训。农业气象服务体系和农村气象灾害防御体系建设试点工作取得了明显成效，京郊气象科技为农服务示范区昌平区建成了 6 镇、8 村、8 个农合组织农业气象服务体系示范点；建设了 3 个科普示范村、2 个特色农产品观测基地，利用自动气象站及实景监控系统开展特色农产品观测，开展特色农业气象专题服务，建成覆盖全区镇、街、村、农合组织由 326 人组成的气象信息员队伍，试点成效得到从该区政府领导到村民的各层面的高度肯定，区政府专函表示感谢。

3. 人工影响天气为防灾减灾服务。在人工增雨抗旱工作中完成了“北京市人影对空作业指挥与空域申请业务平台”建设，进一步优化、集成人影业务系统，人影作业空域批复率、人工增雨和防雹作业次数大幅增加，人工增雨防雹作业的针对性大大提高。在2009年的基础上，2010年建成16台遥控无人值守高山地基碘化银发生器进行增雨雪作业，使高山地基增水作业不受空域制约，在市人影指挥中心对作业地点直接实行遥控完成作业过程，提高了作业主动性，成为冬春季增雨雪作业的新手段。在冬春季采用新增遥控作业与人工作业相结合的方式进行人工增雨雪作业，全年开展高山地基增雨雪作业35日次566点次，燃烧碘化银烟条3447根。组织延庆、昌平、密云、平谷和海淀5个区县开展火箭增雨作业33日次219点次，发射增雨火箭弹464枚；除密云外，其他4个区县还组织开展高炮增雨作业6日21点次，发射炮弹387发。年内虽只租用一架运12飞机执行人工增雨任务，但是人工增雨作业架次和飞行时间远远超过了往年。全年共进行飞行90架次257小时54分钟，其中增雨作业飞行21架次计70小时52分钟，作业烟条184根；探测飞行69架次计187小时02分钟，圆满完成了全年飞机人工增雨和大气探测任务。2010年还开展京冀联合增雨作业10日44点次，发射增雨火箭450枚，经统计计算，5—9月人工增雨作业为密云、官厅水库流域增加降水量61.6毫米，密云、官厅、白河堡三座水库因人工增雨增加的入库水量达2 058万立方米，约占总来水量的12.6%，为北京上游地区增雨和水库蓄水工作作出了贡献。

继续在延庆、昌平、海淀和平谷4个区县开展防雹作业。开展防雹作业14日104点次，发射防雹炮弹3 739发，没有发生全市性降雹天气过程，在作业保护区内没有出现明显冰雹灾情。

4. 气象业务与现代化建设取得新进展。1月在南郊观象台和顺义、朝阳、丰台三个气象局观测站新建设了四套全天候自动观测雨量计和四套积雪深度自动观测仪，开展对比分析和评估，推进固态降水自动观测设备的改进和业务定型工作。气象综合探测业务完成各项基础业务指标，气象探测地面自动站数据、辐射报表全部合格。高空气象探测业务工作五项指标全部达标，其中探测质量错情率为0.0‰、重放球率为0.0‰、综合探测探空平均高度38 022米、综合探测测风平均高度36 869米、雷达单独测风高度22 903米。无缺报和过时报、无施放不合格仪器现象。

气象预报中北京24小时晴雨预报正确率为87.6%，一般性降水TS评分为58.3%，与2009年相比，略高出3%。

天气预报业务试点结合“大城市精细化预报”和“中尺度天气分析业务”两项试点任务，继续推进北京地区精细化预报业务体系建设。以中尺度天气分析业务建设带动了本地精细化观测资料在业务中的深化应用，并形成自动化业务产品；以预报系统平台的改进和模式解释应用，带动了对内预报指导产品和对外发布预报预警产品时空精细化程度的提高。初步建立了北京地区短时临近预报业务的检验方法；牵头编制了《中尺度天气分析业务建设指导意见》。依托奥运精细化预报技术成果，牵头负责北方地区的快速更新业务数值预报系统建设，支撑北方地区的风能预报和短时临近天气预报业务发展。

抓好重点工程，加强气象声像影视科技软实力建设，完成对业务楼10层气象电视节目高清演播室的建设改造，《北京市气象局高清电视公共气象服务系统建设》项目通过验收并投入业务运行，提高北京气象服务电视节目质量、满足了北京电视台高清节目播出的技术需求，房山气象应急备份中心房屋修缮完工，密云县上甸子大气本底站建设项目完成业务楼建设。

与市防汛办确定了汛期防汛气象会商联动机制，实现防汛气象雨量信息共享。昌平、房山、怀柔、丰台、朝阳、石景山区均初步建立了气象信息员队伍。在安全生产和应急处置工作中，市气象局成为本市综合应急救援总队成员单位，以避雷安全检测队伍为依托，成立市局应急救援队伍，多次参加了全市突发事件处置应急综合演练。

5. 积极开展应对气候变化工作。在开展应对气候变化中，注重从首都和区域实际出发发挥气象科技支撑作用，向市政府提交《关于减缓北京城市热岛效应的措施建议》，该报告得到了市领导的高度重视，市长郭金龙批示市发改委、规委、住建委等部门予以研究；针对本市风能源开发，研究提出了具有针对性、前瞻性和可操作性的政策措施，为“十二五”期间新能源开发利用工作，编制新能源发展规划提供支撑；瞄准首都建设低碳城市与可持续发展目标，积极开展了城市规划气候可行性论证工作；完成北京科技计划《北京及周边地区重大天气气候事件发生规律及预测技术研究》、完成了华北区域气温资料的均一化检验和订正，建立华北区域极端气候事件监测技术平台；针对区域特点联合开展气候变化对华北区域敏感领域的影响评估工作，开展华北区域极端气温、降水变化规律等研究；牵头组织编写国家气候变化评估报告中的华北区域相关内容；朝阳区气象局关于“朝阳区热岛效应分析及对策建议”等两份材料得到区委、区政府和北京市委的高度重视和肯定。

6. 科研教育工作取得新成果。申报的气象行业专项《冬季降水相态预报技术研究》，国家自然基金项目《京津冀地区暖季对流风暴的雷达气候特征》、《北京MCS椭圆形暴雨云团的组织化机理研究》、《城镇化发展对臭氧污染的影响及下游效应研究》等6项，市自然基金项目《气象条件对北京旅游观赏植物空间分布及观赏期影响机理研究》，市科技新星《北京市边界层结构对污染物分布与输送的影响》，国家外国专家局审批类出国（境）培训项目《新一代天气雷达资料分析及变分同化应用》，财政部专项等总计有11项气象科技创新项目立项实施，全局计有35项科研项目在研究进行中。

“社会公益研究专项影响城市群高速路安全的高危险天气预报系统”,“北京奥运会国际天气预报示范计划支持技术研究”、“北京及周边地区重大天气气候事件发生规律及预测技术研究”和“平安北京与城市气象灾害电视科普教育系列宣传片”科普项目，以及由气候中心和外部门协作承担的“区域可持续发展关键技术研究与示范——北京市应对气候变化方案研究”5个省部级科研项目通过验收。在积极推进北京奥运气象服务成果中，对奥运气象预报服务的核心技术成果和服务组织管理经验进行总结，编写出版了《重大活动气象服务的组织实施与运行》、《临近天气预报数据环境建设指南》、《国家奥运气象方案》等业务技术书籍；分层次组织了相关预报系统、平台的推广应用工作，推广到上海、广州、深圳、西安等重大活动举办地和华北区域以及四川、青岛等省市气象局；并选派人员参加上海世博会、广州亚运会气象预报服务工作。“影响城市群高速路安全的高危险天气预报系统”成果已推广到天津、河北等地气象业务服务应用。

“城市气象精细预报技术研究”获得北京市科学技术奖三等奖；市气象局和王建捷分别获得科技部“十一五”国家科技计划执行优秀团队奖和突出贡献奖；市气象局和陈明轩分别获得科技部世博科技先进集体和先进个人奖；市人工影响天气办公室权建农获得2010年谢义炳青年气象科技三等奖。

全局科技人员发表气象科技论文135篇，其中SCI、EI10篇、核心期刊50篇。由中国气象局北京城市气象研究所研制的“一种花粉粒子影像数据采集系统”和市人工影响天气办公室自主研发的“吸湿性暖云催化剂包装箱、包装方法、拉绳缠绕方法、播撒方法”获得国家发明专利。气候中心开发的“风云三号气象卫星城市热环境监测与评估应用系统”、“城市生态安全气象环境综合评价业务系统”、“北京市政策性农业保险相关气象灾害监测评估服务系统”和气象台“区域气象信息综合分析与奥运场馆精细预报交互系统”4项软件成果获得国家版权局计算机软件著作权登记。

开展多层次的教育培训，职工参加中国气象局培训中心和有关职能司培训109人次、研究生课程进修班12人、外送非气象部门培训41人次、远程培训283人次、组织内部办班进行岗位培训共计1 286人次。

学历教育送学14人，其中研究生12人、专科生2人；博士研究生毕业2人，硕士研究生毕业2人，本科毕业10人，7人取得学士学位。

在科技交流活动中，派遣19批33人次到美国、英国、德国、韩国和我国香港特别行政区等国家和地区进行了气象科技业务培训与学术交流，接待了包括美国、瑞士、澳大利亚、肯尼亚等12个国家和地区的气象科技人员15批45人次外宾参观和交流工作。

7. 气象法规建设与依法行政取得新成效。在推进气象依法行政工作中，以宣传贯彻国务院《气象灾害防御条例》为契机，加强防灾减灾社会联动机制建设，召开《条例》宣传贯彻落实座谈会，与16个委办局单位建立了《北京市气象灾害预警服务部门联络员会议制度》。“市政府可以根据气象等实际情况调整采暖期时间”写入市地方政府规章《北京市供热采暖管理办法》(北京市人民政府令第216号)。防雷安全内容写入市政府《北京市城镇房屋建筑使用安全综合治理办法》文件，其中多处条款涉及防雷安全工作，明确气象行政主管部门应当按照职责做好房屋建筑使用安全相关监督管理工作等。下半年承担并完成了市重大项目5条新城线的轨道交通建设的防雷装置设计审核和竣工验收等防雷许可工作，参照北京奥运服务模式运作，防雷许可工作人员在不到半年时间内受理新城线项目各类申请材料15类、7 000余份，完成953项的审批，办结率100%。

开展了对共计134件气象行政执法案卷综合评查工作，提高了气象行政执法案卷质量，规范气象行政执法和行政许可行为。年终召开全市气象依法行政工作会议，全面总结2004年以来本市气象依法行政工作，部署今后五年加快推进依法行政工作的重点任务，加快推进首都气象依法行政工作。

8. 人事与科技创新队伍建设。在进行领军人才和干部队伍建设和创新团队建设工作中，面向全国气象部门公开招聘引进了研究所、气象台领导岗位双肩挑领军人才，采取竞争上岗等多种方式开展处级干部调整交流和补充19人，3名骨干人员到基层台站担任领导职务；组建了城市边界层观测分析与精细模式、预报支撑平台开发、信息技术应用、精细预报等4个方向的第一批科技创新团队。

对东城、西城、朝阳、海淀、丰台、石景山各城区的防雷检测工作和队伍人员实施整合，调整了检测区域布局，3月完成了避雷检测中心人员竞聘上岗工作。

9. 科学编制“十二五”规划。年内开展的“十二五”规划编制工作，注重气象工作与首都经济社会发展需求紧密结合，承担政府部门重点研究项目《“十二五”期间北京市提升城市综合应急管理水平的重点、思路及对策研究》，调研并组织提出7项专家建议；《北京市“十二五”时期气象事业发展规划》列入市级规划体系，首次实现在市规划纲要中纳入气象内容，北京市规划纲要中健全城市应急管理机制、主动适应气候变化两部分涉及气象内容。参与市级《北京市“十二五”时期都市型现代农业发展规划》、《北京市“十二五”时期应对气候变化及节能减排规划》、《北京市“十二五”时期区域合作发展规划》。开展了《北京大城市公共气象服务发展思路研究》等五项“十二五”部门规划编制软科学研究。朝阳、平谷、怀柔、延庆区县气象事业发展“十二五”规划纳入地方“十二五”规划。参与《北京市“十二五”公共安全领域科技发展》专题研究报告的编写，其中“城市生命线气象保障技术研究”等三项内容纳入了专题研究报告初稿。

10. *积极推进华北区域中心工作*。发挥区域气象中心职能作用，牵头组织召开了华北区域公共气象服务与气象信息共享平台建设研讨会、区域气象中心局长联席会暨区域重大灾害性天气预报技术交流会、区域气象服务平台交流会、区域第三届防雷中心联席会、华北地区夏季极端天气暨区域气象台2010年预报服务技术交流会，加强区域内各省市局经验交流；推广奥运成果，加强区域联防，提升短时临近预报能力；推进华北区域气象服务产品共享与预警发布平台建设，举办首届区域天气预报竞赛，开展区域联合科技攻关等，整体提高华北区域气象科技创新能力。

年终召开华北区域气象“十二五”规划交流会，区域各省市气象局交流研讨气象“十二五”规划，通过一系列的技术和学术交流活动，促进华北区域各省市气象部门在科研、业务、管理等方面相互学习和提高。

11. *大力推进党建和精神文明建设，建设和谐单位*。在党建工作和文明创建活动中，加强学习型党组织建设，局党组先后制定了《推进学习型党组织建设的实施意见》和《党员教育培训实施意见》；抓好中心组理论学习，安排12天学习各种有关材料和辅导报告20次；在党员中开展了“读书、荐书、评书”活动，组织职工学习大讲堂4次，集体学习新知识。以开展党员作风建设年活动为载体，开展“创先争优从我做起”主题实践活动。组织机关、直属单位17个党支部与14个区县气象局党支部结对共建，做到“每个支部一件事，百名党员下基层”，努力为基层办实事，其中机关、直属单位下基层党员452人次，办实事28件。在开展“三进两促”活动中，组织党员进社区、进农村、进企业72次，参加活动党员500多人次。在党风廉政工作中全面推行了廉政风险管理工作。年内通过首都文明办对文明单位的复查，进行了局团委换届工作。

开展评选表彰“群众心目中的好党员”活动、“爱北京、讲文明、树新风”活动、“做文明有礼北京人”知识竞赛活动；开展“防雷检测杯”反腐倡廉制度建设知识竞赛、气象优良传统与作风征文和演讲比赛、“爱气象照台站”摄影作品竞赛等，编辑出版《气象情怀》一书，通过举办职工运动会，迎国庆文艺演出等活动，进一步丰富和活跃基层台站和职工的精神文化生活。开展好气象文化建设工作。组织职工参加市直机关第三次运动会，并取得团体三等奖、广播操比赛一等奖的好成绩。

市局职工多次为市温暖基金会和为西南旱灾、青海玉树、甘肃舟曲灾区受灾群众开展捐助活动，捐款总计17万余元，为困难群众送温暖献爱心。

市气象局连续五年被首都精神文明建设委员会评为“首都文明单位标兵”；海淀、门头沟、平谷区气象局获“首都文明单位标兵”称号；朝阳、丰台、房山、大兴、顺义、昌平、怀柔、密云、延庆气象局和北京气象学会再次被评为“首都文明单位”；市气象台预报室获得北京市先进集体称号，平谷区气象局被评为全国文明标兵气象台站。人影办张蔷获得北京市先进工作者称号，董鹏捷获“北京市三八红旗奖章”；气象台廖晓农被评为“首都学习之星”。

市气象局在2010年全国气象部门工作综合考评中获得“优秀单位”。

学会、协会

登记证号	社团名称	业务主管单位	会长	电话	地址	邮编
0010262	北京气象学会	北京市科学技术协会	徐祥德	68400820	海淀区紫竹院路44号	100089
0010834	北京减灾协会	北京市科学技术协会	夏占义	68400821	海淀区紫竹院路44号	100089

市气象局党政领导班子成员

党组书记　谢　璞
成　　员　王建捷　邓北胜
　　　　　王迎春　冯继超
局　　长　谢　璞
副 局 长　王建捷　邓北胜　王迎春
局纪检组长　冯继超
巡 视 员　杨宝忠（2010年1月任）
　　　　　胡　荷（2010年1月免）
副巡视员　王玉彬

（曹冀鲁）

北京市农林科学院

概　况

北京市农林科学院是一所承担农业应用基础、应用及开发性研究、农业高新技术研究、农业科技成果转化等任务，学科齐全、设备先进、学术水平较高、产业能力较强，为北京农业发展提供强有力科技支撑的地方综合性农业研究机构。现占地1 370亩，各类建筑物近30万平方米，资产总值近10亿元。下设蔬菜研究中心、林业果树研究所、畜牧兽医研究所、植物保护环境保护研究所、植物营养与资源研究所、农业科技信息研究所、农业综合发展研究所、农业信息技术研究中心、农业生物技术研究中心、杂交小麦研究中心、玉米研究中心、草业与环境研究发展中心、水产科学研究所和农产品质量检测与农田环境监测技术研究中心等14个科学研究机构；拥有4个国家级工程技术研究中心、6个农业部资源圃及原种基地、5个农业部高技术实验室及中心、8个北京市高技术实验室和专业研究中心。在职人员1 003人，其中专业技术人员739人，高级技术人员310名，博士（后）210名，硕士300名；院内建有博士后工作站1个，博士生培养点5个，硕士生培养点7个。

机构设置

北京市农林科学院直属单位

单位名称	办公地点	邮编	联系电话
蔬菜研究中心	海淀区曙光花园中路9号	100097	51503032
畜牧兽医研究所	海淀区曙光花园中路9号	100097	51503351
林业果树研究所	海淀区香山瑞王坟甲12号	100093	62591506
植物保护环境保护研究所	海淀区曙光花园中路9号	100097	51503330
植物营养与资源研究所	海淀区曙光花园中路9号	100097	51503325
农业科技信息研究所	海淀区曙光花园中路9号	100097	51503304
农业综合发展研究所	海淀区曙光花园中路9号	100097	51503310
玉米研究中心	海淀区曙光花园中路9号	100097	51503404
农业信息技术研究中心	海淀区曙光花园中路11号	100097	51503423
农业生物技术研究中心	海淀区曙光花园中路9号	100097	51503293
杂交小麦研究中心	海淀区曙光花园中路9号	100097	51503104
草业与环境发展研究中心	海淀区曙光花园中路9号	100097	51503297
水产科学研究所	丰台区永外角门路18号	100068	67586098

主要工作

1. 实现两个对接，承担了一批重大科研项目。年内市农科院落实项目133个，有30个项目进入了科技部农村领域“十二五”的储备项目库。全院在研项目264项，其中“973”、“863”、科技支撑等国家级项目92项；申请的“国家农业智能装备工程技术研究中心”获得了科技部的立项批准。

2. 科技产出显著提高，获得一批高质量科技成果。市农科院获得各类科技奖项37项。其中，国家科技进步奖3项、市科学技术奖16项、市农业技术推广奖17项。信息中心的“数字农业测控关键技术产品与系统”获国家科技进步二等奖。全年审（认）定新品种66个，获得新品种保护授权5项、新兽药证书1项，获得专利授权72项，软件著作权及基因登记238项；发表高水平论文742篇，其中SCI收录73篇，EI收录69篇。

3. 满足多方需求，一批科技成果在经济社会发展中发挥作用。市农科院选育的优良玉米品种“京单28”，在春季持续低温导致小麦晚收，夏玉米播期较常年推迟一周的不利气象条件下，以其早熟高产的优异性状为京郊粮食稳产增收作出了重要贡献。选育出了抗线虫的仙客系列番茄品种，近3年在京郊推广3万余亩，对根结线虫的防控效果达100%。率先发现并报道了葡萄溃疡病在我国的发生，明晰了病菌在我国的主要类型及地域分布，建立了快速分子检测体系，提出了应急防控措施。与中国兽医药品监察所合作，首次研制成功“马流感H3亚型HI抗原与阴、阳性血清”，弥补了国内马流感诊断试剂的空白，这项技术在十六届广州亚运会上得到应用。

4. 国际合作进一步深化。市农科院加强了与意大利高级专家组织、西班牙阿尔梅里亚大学等国外组织的联系与合作，建立了中意合作与交流平台。获得各类国际合作项目8项，其中代表北京市参加科技部竞争的国际科技合作专题项目《北京主要作物高效育种关键技术的合作研发》获得科技部500万元资助。小汤山精准农业示范基地申请到国家外专局“国家引进国外智力成果示范推广基地和国家引进国外智力示范单位”。

5. 坚持服务“三农”，科技成果转化成效显著。

①遴选确定了“林地食用菌”、“绿富隆蔬菜种植”等13个示范基地为重点科技服务基地。基地建设取得显著成效，在房山、通州等地建立的食用菌基地，平均亩纯收益达1万元。在延庆绿富隆和小丰营两个出口型蔬菜基地，集成了多个研究所的研究力量，开展有机农业试验示范，基地通过了有机认证。为大兴安定农村信息化基地开发了6类信息平台，开展科技培训和技术服务。此外，玉米DNA指纹检测、肉鸽工厂化养殖、生物防治等技术都在京郊发挥了重要作用。设施农业创新团队在通州草厂、房山农科所等多个示范基地，示范了茄果嫁接、蔬菜食用菌生态互补种植等7项技术，推广了适合京郊保护地栽培的蔬菜优良新品种10个；向各区县发布了“北京市雪后持续低温设施蔬菜应对方案”。在房山窦店镇芦村指导建立了标准化设施农业基地。②为大兴示范推广蔬菜、西瓜等品种31个，茄果类蔬菜集约化育苗等实用栽培技术4项，建立优新品种展示基地6个，面积达1.2万亩；举办观摩活动、技术培训会16次。与浙江、山西、甘肃等地建立了密切的科技合作关系，191个奥运蔬菜品种已在浙江嘉兴市东进种业、绿华生态等8个生产基地示范、展示，面积达2 400亩。③完成了政府交办的相关工作。一是扎实做好“221信息平台”技术支撑工作。平台已经在市农委、科委、农业局等15家市级共建共享单位，13个郊区县的农业管理部门和部分农业企业得到了推广应用。二是积极参与现代农业科技城建设工作。完成了农业科技创新产业促进中心等科技城四个中心的规划；完成了网站开发、简报编制、网络信息服务中心的策划和建设等工作。三是整合资源，积极参与沟域经济建设。集聚综合所、蔬菜中心等6个单位30余位科技人员，建立了房山蒲洼、门头沟韭园、怀柔六渡河和黄花城四个典型沟域经济示范基地，引进并筛选出果树、蔬菜等品种160余个，开展了适应性栽培技术研究，试验开发出与当地休闲旅游相结合的特色产品。四是通过远程教育平台，开展农村党员干部教育培训。全年通过网上直播安排培训课程2 760项，新增点播课程1 610个，开展系列专题培训20余个。五是做好第七届世界草莓大会的相关筹备工作。组建了专家委员会、完善了网站建设、邀请了国际知名学者来京交流，围绕草莓育种、栽培与病虫害防治加快相关科研与示范工作。六是积极参与各级部门的“十二五”规划的编制工作。先后参与完成了科技部、市农委、市科委相关“十二五”规划的编制工作。完成了平谷、昌平、大兴、通州、延庆、密云农业发展等领域的“十二五”规划编制。还参与制定了“关于全面推进北京都市型现代农业服务体系建设的意见”的工作。七是高质量完成政府交办的科技服务工作。开展了面向四川什邡、新疆和田等地的对口援助工作。④进一步加快科技成果转化步伐。市农林科学院制定了科技产业管理规定相关实施办法，规范了公司制企业的议事、决事程序，进一步完善了企业法人治理结构。组织5家单位参加中关村国家创新示范区科技成果收益分成试点。科技企业绝大部分进入了良性发展轨道。

6. 坚持以人为本，“人才强院”战略取得成效。一是24人次分别获得新世纪百千万人才工程、政府特贴和北京市优秀人才专项经费资助。畜牧所刘爵同志获得了本年度国家杰出青年科学基金这一国家一流人才培养计划项目。二是院博士后科研工作站被评为“北京市优秀博士后科研流动站、工作站”。三是正式启动院“农业技术推广研究员”系列的职称聘任工作，为进一步加强科技服务工作奠定了基础。四是对23个创新团队进行考核，其中8个团队考核优秀。五是对副高以上科技人员进行任期考核，其中，优秀22人，合格103人。六是院出资180万元对获得科技奖励、发明专利，审定鉴定新品种，发表SCI论文的个人和集体进行了奖励。七是采取公开招聘方式，接收毕业生和引进专业技术人员共44名，其中博士21名，硕士18名。

7. 党建、精神文明建设取得新进展。①市农林科学院党委抓好抓实党委中心组理论学习、领导干部的学习培训和党员学习教育，进一步促进了党员、干部思维方式和行为方式的转变。新提拔任用4名副处级干部。完成了15个党支部（总支）的换届选举工作，组建了2个党支部。组织推荐10名优秀党员和专家到相关部门挂职锻炼或参加智力援助团。畜牧所荣获北京市政府颁发的“北京市对口支援什邡灾后恢复重建先进集体”荣誉称号。②组织17个党支部（总支）开展党员评议活动，评议在职党员433人，党员优秀率达52%。开展了“践行科学发展观，加强作风建设，创先争优”的主题实践活动、“群众心目中的好党员”先进事迹征集活动和公众投票活动。“七一”表彰了4个“五个好”先进党支部，47名“五带头”优秀共产党员。③制定下发了廉政风险防范管理意见，开展了院机关各处室和行政处分类试点，完成了处室职责登记，明确了处室岗位职责，完成了查找风险点，岗位风险等级评定，廉政风险防范的自我评价等工作。对14个财政专项、政府采购项目进行招、评标监督。完成了7个单位领导干部任期经济责任审计。④为进一步弘扬“求实创新、团结奋进、争创一流、和谐发展”的农科精神。院党委制定了职工守则、道德规范和行为准则。两节期间筹集送温暖资金30余万元，走访慰问100余困难户。组织1 296名职工为青海玉树灾区捐款；开展了“共产党员献爱心”捐款活动、“我和农科院共奋进”职工摄影大赛、“百姓爱心故事”征集和“七一”红歌演唱活动。

市农林科学院荣获了由全国妇联颁发的“全国城乡妇女岗位建功‘双学双比’活动先进集体”称号；蔬菜中心大白菜课题组荣获三八红旗集体，武菊英、陈立平荣获北京市三八红旗奖章；姜全研究员荣获北京市和全国劳动模范称号。

学会、协会

登记证号	社团名称	业务主管单位	会长	电话	地址	邮编
0010257	北京农学会	北京市科学技术协会	陶铁男	51503204 51503241	海淀区曙光中路9号，市农林科学院	100097
0010591	北京蔬菜学会	北京市科学技术协会	许勇	51503200	海淀区曙光中路9号，市农林科学院蔬菜研究所	100097
0010277	北京昆虫学会	北京市科学技术协会	高希武	51503688	海淀区曙光中路9号，市农林科学院植保与环保研究所	100097
0010192	北京食用菌学会	北京市科学技术协会	王贺祥	51503437	海淀区曙光中路9号，市农林科学院植保与环保研究所	100097
0010738	北京土壤学会	北京市科学技术协会	李保国	68463917 51503739	海淀区曙光中路9号，市农林科学院营养与资源研究所	100097
0010265	北京作物学会	北京市科学技术协会	李云伏	51503241	海淀区曙光中路9号，市农林科学院作物所留守处	100097
0011456	北京农业信息化学会	北京市科学技术协会	赵春江	51503593	海淀区曙光中路11号，市农林科学院信息中心，农科大厦A座311室	100097
2000-03	北京畜牧兽医学会小动物分会	北京市科学技术协会	王金洛	51503671/210	海淀区曙光中路9号，市农林科学院畜牧兽医研究所	100097
3531-4	中国畜牧兽医学会禽病分会	中国科学技术协会	周蛟	51503678/677/355	海淀区曙光中路9号，市农林科学院畜牧兽医研究所	100097
	中国园艺学会草莓分会	中国园艺学会	张运涛	82598882	海淀区香山瑞王坟甲12号，市农林科学院林果所	100093
	中国园艺学会樱桃分会	中国园艺学会	张开春	82596007	海淀区香山瑞王坟甲12号，市农林科学院林果所	100093
0010070	北京水产学会	北京市科学技术协会	殷守仁	67586268	北京市丰台区角门路18号，北京市农林科学院水产所	100068
社政字第3755-13号	中国水产学会观赏鱼分会	中国水产学会	苏建通	61786877	北京市昌平区小汤山镇中心街155号	102211
0010329	北京微生物学会兽医专业委员会	北京市科学技术协会北京微生物学会	张培君	51503455	海淀区曙光中路9号，市农林科学院畜牧兽医研究所	100097
0011586	北京农产品质量安全学会	北京市科学技术协会	王纪华	51503405	海淀区曙光中路9号，市农林科学院信息中心，综合楼508	100097

市农林科学院党政领导班子成员

党委书记　秦树福
党委副书记　李云伏　王　丽(女)
纪委书记　肖　兰(女)
院　　长　李云伏
副 院 长　程贤禄(正局)　王金洛　孙宝启　唐桂均　苏建通
党委委员　喻　京(女，正处)　赵春江(正处)

(郭建强)

北京市农村经济研究中心

主要工作

一、总结历史经验，树立“大农研”意识，进一步明确职能定位

2010年是市委提出建设世界城市目标的第一年，是农研中心成立20周年，中心党组组织开展了以“围绕中心、服务大局、务实创新、推动发展”为主题的中心成立20周年纪念征文和大讨论活动，中心广大干部职工和离退休老同志一起回顾中心建立20年来的发展历程，总结历史经验和发展规律，集思广益，为中心发展建言献策，提出很多很好的意见建议，进一步明确了今后农研中心的发展方向和职责任务，起到了凝聚共识、坚定信心、振奋精神的作用。

中心成立20年来，坚持为领导机关和基层服务的方向，在郊区改革和经济发展、社会发展中做出了积极贡献，但也存在一些差距和不足。在新的形势和任务面前，中心党组在深化对首都“三农”工作认识，深入分析农研中心职能和现状基础上，从立足科学发展，落实工作职责、发挥中心的整体优势出发，提出了树立“大农研”意识的理念。要求农研中心的干部和业务人员要站在全局、战略的高度研究“三农”，成为市委、市政府领导“三农”工作的思想库；要整合研究、信息、经管、区划四项职能，成为服务“三农”、维护发展农民利益的综合部门。要重点抓好构建经营管理体系、政策研究系统、农村信息系统、区域规划系统4个工作体系；搭建数据资源平台、政策指引平台、专家智库平台3个工作平台；打造全市农村改革与发展决策研究和经济数据整合与分析预测系列产品、农村信息化应用、农民专业合作经济、农村集体资产交易、观光休闲农业服务、农村经济发展和对外交流八大服务品牌。

通过树立“大农研”意识，使中心干部职工进一步解放思想，更新观念，明确了新形势下的职责任务，为迎接新机遇和新挑战，切实履行好市委、市政府赋予的职责任务提供了重要基础。

在坚持“大农研”意识前提下，我们从更宽的视野、更新的高度深化对新时期“三农”工作的认识，重新审视和思考农研中心所应承担的历史责任和工作职责，进一步找准职能定位，提出了“为农村经济发展服务，为维护和发展农民经济权益服务，为领导机关决策管理服务”的指导思想。大家认为，这“三个服务”的指导思想，既是对过去20年农研中心职能建设经验的科学总结，也体现了新形势、新任务对农研中心职能定位的新要求。

在落实“大农研”意识方面，我们要求进一步改进完善原有的工作机制，在更高的起点、更大的空间整合农研中心的内部资源，更加有效地利用外部资源，发挥整体优势，最大限度地调动各方面的积极因素，构建和完善内外部工作体系和工作系统，形成新的科学有效的工作体制和运行机制。具体任务是，要把农研中心建设成为“党管农村的工作平台、政府管理农村的支持平台、农民增收致富的服务平台和农村经济市场化的信息平台”，为北京实现世界城市的建设目标做出应有的贡献，进一步明确了新时期农研中心的发展理念、职能定位和目标任务。

二、认真履行职责，全面完成了各项业务工作任务

1. *全力完成农研中心“十二五”发展规划的编制工作*。“十二五”时期是北京市建设世界城市、全面推进城乡经济社会一体化发展的关键时期，也是市农研中心加快发展改革创新的重要转型期。根据市委、市政府领导的要求和中心工作实际，我们把全力抓好“十二五”发展规划的编制工作作为全年工作的重要内容，在深入研究，反复讨论，广泛征求意见，并向市领导专题汇报的基础上，几易其稿，完成了农研中心“十二五”发展（1+6）规划的编制工作，即一个总体规划和六个专项规划。规划以市委、市政府为农研中心确定的工作职责为基本依据，较好体现了“十二五”时期首都城乡一体化建设的新要求，明确了农村改革发展与农研中心自身建设的新目标。

规划的编制与实施对农研中心在“十二五”时期更好地贯彻落实市委、市政府的工作部署，推进农村改革发展，加强农村集体资产管理，维护和发展农民权益，全面加强农研中心的自身建设提供了行动纲领，对农研中心更好地履行职能、完成任务具有重要的指导意义。

2. *推进资源整合取得新成效*。中心党组号召全体干部职工要牢固树立一盘棋思想，不断提高危机意识、整体意识、责任意识和服务意识，加大内外部资源整合力度。

（1）面向决策的信息资源整合和分析利用成效显著。围绕农口的中心工作，对中心分散独立的《农经信息》、《城乡经济信息》等进行统筹整合，形成了具有农研中心特色的“一报、一刊、一网、两个信息”的信息系统，全面提升了农研中心的信息采集、报送和交流工作质量，受到了各级领导的关注、好评和基层乡镇、经管部门、“三农”工作部门的欢迎。整合数据资源，充分挖掘信息中心系统资源和经管统计数据的潜在价值，建立了经常性的统计数据研究和农村经济信息分析预测制度，及时发现经济运行中的突出矛盾和问题，把握农村经济运行趋势，为领导机关研究问题，分析形势，科学决策提供了有力的数据支撑和预测参考。

全年共编印《北京城乡经济信息》40期、《城乡经济通讯》19期，每期总印数2 000份。完成《北京郊区发展亟需加大引入社会资本的力度》等重要的分析预测报告9篇，得到了市委、市政府主管领导的充分肯定和表扬，很多意见观点被市委“十二五”规划建议、“十二五”城乡一体化发展规划采纳。

（2）加强系统建设与跨部门的合作。中心先后召开了区县经管站长座谈会、农民专业合作社社长座谈会、区县研究室主任座谈会、部分乡镇党委书记座谈会、沟域经济开发企业负责人座谈会，加强了与涉农部门的沟通联系，较好地整合利用了系统资源、行政资源和社会资源，使农研中心的业务工作得以迅速的延伸和拓展，提升了工作质量，取得了实效。

（3）加强农村经管体系和队伍建设。落实市领导指示，强化农研中心作为全市农村合作经济经营管理工作指导管理部门的职责，加强对经管工作的领导。中心党组定期研究和分析经管工作的形势，根据市领导和农委提出的重大决策意见，解决经管工作中存在的问题。加强对区县经管站的指导，及时召开区县经管站会议，研究部署和推进工作。建立经管站长例会制度，建立中心党组成员联系经管站制度，立足为基层服务和农民服务，使全市农村经管队伍的建设得到进一步加强，农研中心的整体优势得到发挥。

3. *农村土地承包管理得到稳定加强，乡村集体经济产权制度改革取得突破性进展。*认真贯彻《农村土地承包经营纠纷调解仲裁法》，完成了13个区县农村土地承包仲裁委员会设立备案工作，建立了纠纷调解与仲裁情况月报制度。使北京市成为全国唯一在区县级全部建立农村土地承包仲裁委员会的省份，受到农业部领导的表扬。制定《北京市农村土地承包仲裁员管理办法》；举办仲裁实务培训班，89人获得了《农村土地承包经营纠纷仲裁员资格证书》。

指导推进乡村集体经济产权制度改革加快发展。全市新完成产权制度改革单位1 672个，累计完成单位总数达到2 484个，占乡村集体经济组织总数的59.6%。召开全市农村集体经济产权制度工作会议和经验交流会。加强检查督查，建立完善产权制度改单月报和季度分析报告制度。重点对城乡结合部50个挂账村的改制情况进行摸底调查和跟踪监测。采用信息化手段对2009年以前完成改制的单位跟踪调查，总结出九种产权制度改革模式汇编成册。连续举办7期全市乡村集体经济产权制度改革培训班，培训党支部书记和乡镇干部1 035名，保证了改革顺利进行。

4. *推动农民专业合作社健康快速发展。*认真贯彻《农民专业合作社法》，截止到2009年9月底，全市农民专业合作社发展到4 395个，同比增加989个，带动农户占郊区从事一产农户的70%。配合市农委组织召开了学习贯彻座谈会，编印培训教材5 000册。配合市农委实施“北京市开展农民专业合作社示范社行动计划”，全市评选表彰了50家市级示范社和49家示范社建设单位。总结了一批典型经验，在《农民日报》进行整版宣传。完成了专家指导组的改选工作，加强对专业合作社的指导、扶持和服务。与市农林科学院、市农业银行、市供销总社在支持合作社金融、营销服务等方面协商签署了战略合作协议。

5. *进一步加强农村集体资产管理和审计监督，农村财务管理规范化建设取得新成绩。*开展乡村集体资产调查，提交了《北京市农村集体“三资”管理情况的报告》。结合村两委换届选举加强村干部任期和离任经济责任审计工作。全年全市审计村干部2 928名。发现问题1 141件，涉及金额282.6万元，提出审计整改建议1 004条。按照国务院农村综改办要求对村级组织运转经费落实情况进行了专项督查。指导13个区县对2009年村级专项补助资金管理使用情况进行了审计，对粮食直补资金和生态林补偿资金到村到户情况进行调查。参与起草市农委《关于进一步加强新型集体经济组织管理、指导和服务的意见》，建立了新型集体经济组织财务年度审计制度。配合市审计局完成了集体经济产权制度改革审计调查，制定了整改措施。在平谷区等3个区扩大了在线审计试点。完成了2011年全市农村集体资产清产核资年的各项准备工作。加强农民负担执法检查监督工作，有效保护了农民的合法权益。

修订《北京市村合作经济组织会计制度实施细则》，规范了各类财政资金核算方法。配合市纪委等4部门制定了加强村级会计委托代理服务工作的实施意见，规范了村会计委托代理工作。全市已有95.9%的村实行了村会计委托代理，72.6%的村实现财务资金双代理。推进农村财务管理规范化建设，评选出11个农村财务管理规范化示范乡镇。培训村级财会人员688人次。

6. *农经统计调查分析对领导决策的支持作用进一步加强，农村管理信息化建设稳步推进。*完成郊区农经统计汇总和农村经济运行情况分析，为各级领导提供了准确的数据信息，被农业部评为全国农经统计先进单位。完成郊区农村家庭详细资料和低收入农户监测数据的核查汇总，撰写了监测分析报告和郊区农村劳动力就业情况分析报告，为市政府共同致富折子工程提供参考数据。按时完成了固定观察点和农产品成本核算监测的数据汇总分析，为中央和市政府研究农村热点、难点问题提供了基础信息，得到市领导的肯定和批示。

完成了农村管理信息化数据更新，基本上做到了数据及时准确。发布实施农村基层信息数据元标准。建设了村务公开示范村触摸屏300个，全市触摸屏村务公开示范村累计达到1 000家，有效提升了村级民主决策和管理水平。为村务公开查询系统申报办理了知识产权证书。“郊区自然与社会管理平台”进入了实施运行阶段。农村经济在线审计和《四级网络》推广项目完成立项、评审，进入启动程序。举办了农村信息化管理人员和操作培训班46期，培训市、区、乡、村四级5 823人。

7. *农村信息化建设得到进一步加强。*一是“221信息平台”推广应用取得重大阶段性成果。继续完善“221信息平台”的功能。经过较大修改完善和系统调试，完成了“221信息平台”虚拟专网与政务专网的连接，在“221信息平台”上分配的用户数量达到348个，北京都市型现代农业“221信息平台”列入《北京市重要政务信息系统目录（2010年）》。组织完成了2009年度的数据更新和试点建设工作。开发建设了朝阳区农产品质量安全监控追溯系统。

二是城乡公共信息服务进一步提升和加强。推进涉农公共信息服务，稳定运行市农口综合信息平台，通过市农委、市农研中心官方网站，公开市农委政府信息1 950条，发布“三农”综合动态信息17 000条。稳定运行北京现代农业信息网、乡村旅游网、农产品贸易网等专业网站，全年发布各类农产品供求信息12万条，共享发布农产品市场价格和分析预警信息7万条。全年浏览435万人次，总页面点击量8 680万人次。接听咨询电话639个，接待来访人员53人次。农村法律咨询等四个网站服务信箱全年共收到网上来信357封，答复率100%，满意率100%。北京移动农网应用效果逐步显现，全年共发布政策动态、农事气象、农资农技等实用短信1 249万条，同比增长24.5%。

三是涉农舆情监测系统运行稳定。实现对各大新闻类网站及专业农业网站等新闻源的舆情采集、监测、分析、预警等。选择“食品安全”、“土地问题”、“猪肉价格”、“动植物疫情”等4个专题的200余个信息采集点，进行24小时网情舆情监控。全年共采集信息35 500余条，提供有价值的舆情信息10余条。

四是信息技术支持工作更加有序、更加规范。推进农民专业合作社生产经营信息系统和农村产权交易管理网建设，总结奥运和建国六十周年庆典活动的工作模式和成功经验，开展网络与信息安全管理保障工作。全年上报信息安全月报1 000余次，下载安装系统补丁4 000余个。维护客户端300余次，查杀病毒约3 700个，开发运行农研中心办公自动化系统。启动农研中心外网升级改版工作。进一步加强农研中心的公关形象和社会影响力。为农村管理信息化提供有效的技术支持。加大“数字后沙峪”试点成果的推广应用工作，推动政务光纤“村村通”。北京市政务外网实现了95%以上行政村的接入能力，农村管理信息化具备了“四级组织、四级传输”的网络条件，为市级农经分析平台提供运行环境。完成市经管站全部信息网络终端接入。

为市农委电子政务提供技术支持服务。配合完成北京市“两会”代表对农委网上视频咨询的技术服务工作。保障了“两会”代表与市农委领导的咨询交流。完成了北京市村庄规划管理地理信息系统1 000个村庄规划数据的整理入库，累计完成1 568个村庄规划数据的整理入库。新建“新农村社区规划调查统计系统”，为北京市新农村社区建设规划和农地流转信息平台运行提供技术支持和决策服务。全年在线发布农地转出信息793条、转入信息232条，全年页面点击量超过150万人次。

五是积极开展信息化的发展规划和组织协调工作。完成了上年度北京农村信息化发展报告和《北京市农村信息化“十二五”时期工作规划》的起草与编制工作。接待市委办公厅机要局党委系统信息化建设工作调研。组织召开市农委与市经信委新任农村信息化工作主管领导的座谈会。组织开展了信息网络安全大检查和政务信息化十年总结工作，完成了自查和总结报告。

8. 资源区划和观光休闲农业取得新成绩。拓展工作领域，形成了以观光休闲农业工作为指引，以农业资源区划工作为主题，循环经济工作为促进的工作格局。成功举办了农村实用人才创业成果展示推介会，市委主管领导出席并给予高度评价，北京电视台报道了活动盛况。组织参加郑州全国农交会，北京展区观光休闲农业展位突出展示了首都都市型现代农业的成就。继续举办第四届“凤凰乡村游，体验新农村”系列活动，共刷卡231万元，约5 400人参加了草莓节体验活动，直接带动采摘收入231万元。开展观光农业园复核及星级园区评比，对前三批60个市级园进行复核。开展了“全国休闲农业与乡村旅游星级示范创建活动”。启动休闲农业与乡村旅游动态监测。在10个郊区县及海淀区设置了34个动态监测点。及时分析休闲农业与乡村旅游产业变化，上报简报得到市领导的批示肯定。加强北京乡村旅游网维护运行，编发新闻、信息1 172条，整理上传图片600余张，北京乡村旅游网已成为北京市农口信息平台中知名度较高和最受市民欢迎的网站。编辑垃圾资源化利用和休闲农业与乡村旅游产业发展及农村实用人才创业成果展三本画册，组织了乡村旅游培训班。

9. 围绕中心，紧贴实际，组织重点课题攻关，取得了一批新的研究成果。市领导要求和农委委托的重点调研任务和中心安排的调研课题全部按时完成。在农村城市化中产业发展研究、社会资本推动山区建设的政策支持研究、城乡结合部50个重点村的建设改造研究、土地政策研究、沟域经济开发研究、集体经济产权制度改革研究等多方面取得了成果。完成了一批与市委、市政府、市人大、市政协相关委室以及农委相关处室共同研究的课题；承担完成了部分农口“十二五”规划的研究起草工作。较好完成了中心确定的典型调查任务，已完成的典型调查任务共总结形成典型经验和调查报告18个。全年中心共完成调研成果42项，发表调研报告、研究论文53篇，已经或即将出版的书籍16部，9项研究成果获得表彰。

10. 学术交流与编刊史志工作取得新发展。与市台办合作，在台成功举办了第13届京台合作论坛农业专题论坛。承办了全国城郊经济研究会第六次代表大会暨城乡统筹发展论坛。主办了中德都市农业发展与合作研讨洽谈会。配合房山区政协，参与第四届首都西南区域经济发展论坛的筹备工作。与北京市投资促进局合作，在日本成功举办了第七届日本企业北京发展洽谈会。此外，中心业务人员还参加了第三届中国合作经济高层论坛等多个学术会议。与平谷区签署了战略合作框架协议，积极推进与丰台区的战略合作。通过扩大对外交流与合作，使中心业务人员进一步开阔了眼界，丰富了知识，提升了研究管理水平。

《北京农村年鉴》从2001年开始编纂已有十个年头。从2001年起每年一册，共出版了十册。这十册《北京农村年鉴》成为反映记录郊区农村建设发展历程的大型综合性、连续性、资料性的工具书。十卷在手，总揽了郊区十年经济社会发展全局。其主要成效和特点：一是建立起了北京郊区经济社会发展系统的基础资料库。过去，北京郊区经济社会发展的资料是零碎的、不系统的、不完整的。由于市县局管理系统机构的调整、人员变动，全市农业和农村发展的资料经常出现断档和流失的现象，对于研究经济社会发展运行规律极为不利。编纂《北京农村年鉴》，就可以对上一个年度涉农单位的农业农村信息资料进行系统、客观整理、综合和集中。此外，每年又都有一个相对稳定的框架设计，固定经济社会发展的一些层面栏目，全面系统地反映记录这些层面的事实发端、产生和发展，有点有面，了解纵向沿革。集十年资料大全，存史价值突出，显示出了《北京农村年鉴》的重要意义。二是逐步完善和提高了年鉴的服务性功能，工具书的价值得以显现。十册年鉴标示出北京农村历史的演进过程，又具有纵与横的可比借鉴，为社会各界提供了全面、真实、权威的信息资料，系统地介绍农村各类典型，宣传市区县局“三农”业绩，直接服务于郊区农村经济发展和社会进步。《北京农村年鉴》逐年提供郊区发展动态，提供重要的法规文献、政策规定、领导重要讲话，提供各个方面的综述资料，提供逐年可比的统计数据资料，不仅对于研究当年工作的决定和政策有很大的指导参考作用，而且常年积累，对了解郊区经济发展运行，总结规律制定政策和长远发展规划，都有很好的作用。三是形成了一支较为稳定的编辑队伍。按照市委农工委、市农委和《北京农村年鉴》编辑委员会的要求，各区县、委办局都确定了《北京农村年鉴》的联络部门和联络员。十年来，各编辑部门尽管经过多次调整都能认真负责地完成任务。联络员提供稿件、图片，组织、宣传工作做得都非常出色。市委农工委、市农委各处室和市属与农业农村工作有联系的处室及各区县研究室、农委、史志办等部门的联络员兢兢业业、踏踏实实，努力完成交稿任务，力求高质量地完成文字的编写和图片征集工作。十年来涌现出一批优秀的联络员。市委农工委、市农委委托市农研中心负责具体编辑工作，中心主要领导担任主编、常务副主编，对年鉴编纂工作全面管理、具体指导。四是领导重视是《北京农村年鉴》编纂工作能够做好的根本保证。十年来，市委农工委、市农委曾经两次发出文件通知，明确其编写原则、内容和机构，并聘请市农口领导做顾问，市委农工委书记、市农委主任亲自做《北京农村年鉴》编委会主任，并安排一名副主任具体负责，这些领导同志都对年鉴工作做了明确指导，对每个年度的年鉴都做了认真审阅，提出了建设性的意见。各区县、各农口局、涉农单位的领导高度重视，审阅稿件，提供资料，指导工作。很多区县在召开征集稿件会议时，主管区县长到会讲话，明确职责，提出要求，力度很大。各级领导上下一致把编辑出版年鉴工作作为自身建设的一项重要工程抓紧抓好。

完成《北京农村经济》出刊和《农业·农村志》的编撰编修工作。完成《北京市农村改革发展60年大事记》的出版工作。完成“郊区党建”有奖征文的评比、“北京郊区城乡一体化建设”征文活动、《北京郊区乡镇风采》大型画册等的编辑出版工作。完成了农村实用人才“十二五”发展规划及长期发展规划的编制任务。

学会、协会

登记证号	社团名称	业务主管单位	会长	电话	地址	邮编
0010325	北京市城郊经济研究会	农研中心	赵树枫	64866072	朝阳区北沙滩7号院3号楼	100192
0011244	北京市农产品产销信息协会	农研中心	冯乐平	89288556	大兴区庞各庄镇西四各庄村	100085
0011364	北京观光休闲农业行业协会	农研中心	贺东升	64866037	朝阳区北沙滩7号院3号楼	100192
0011424	北京农史研究会	农研中心	焦守田	64866078	朝阳区北沙滩7号院3号楼	100192

市农研中心党政领导班子成员

党组书记　焦守田（2010年3月免）
　　　　　郭光磊（2010年3月任）
成　　员　贺东升　张秋锦　王瑞华
　　　　　席承奉（2010年3月免）
　　　　　曹四发　吴志强
纪检组长、机关党委书记　王瑞华
主　　任　焦守田（2010年3月免）
　　　　　郭光磊（2010年3月任）
副 主 任　贺东升　张秋锦
　　　　　席承奉（2010年3月免）
　　　　　曹四发　吴志强

（农研办）

北京农业职业学院

概　　况

北京农业职业学院设有10个教学系部及国际教育学院、机电工程学院2所分院，设普通高职专业37个，成人高等教育专业8个，普通中职专业16个。

教职工总数914人，其中，专任教师410人（“双师型”253人），教职工中具有副高以上职称的178人，中级职称389人；专任教师中具有研究生学历或硕士及以上学位的141人。

毕业生2 631人（普通专科生1 550人、成人教育专科生511人、普通中职570人），招生1 952人（普通专科生1 333人、成人教育专科生288人、普通中职331人），在校生5 802人（普通专科生4 064人、成人教育本专科生605人、普通中职1 133人）。高职毕业生初次就业率98.72%，一次签约率87.34%，中职毕业生就业率为96%。

下属北京市农村广播电视学校开设15个专业，学生总数19 275人，招生9 723人，毕业4 032人。学院累计开展农民培训3.5万人次。总占地面积84.6万平方米，总建筑面积27万平方米（均为产权建筑面积），绿化用地面积19.7万平方米。固定资产总值4.04亿元，其中，教科仪器设备资产11 714万元。图书馆建筑面积6 631平方米，藏书44.4万册和电子图书10 087.4GB。全年教育经费投入32 582.3万元，其中，国拨28 621.65万元，自筹3 960.65万元。

机 构 设 置

单位名称	办公地点	邮编	联系电话
北京市农村实用技术服务中心	北京市房山区长阳镇稻田南里5号	102442	80358899-221/217
北京市农业广播电视学校（北京市农民科技教育培训中心）	北京市房山区长阳镇稻田南里5号	102442	80358899-543/661
北京市委农工委党校	北京市海淀区香山普安店29号	100093	82595027
北京市职业教育研究所	北京市房山区长阳镇稻田南里5号	102442	80358899-326

主 要 工 作

北京农业职业学院全面贯彻落实科学发展观，坚持以提高人才培养质量为中心，深化改革，科学谋划，实质性、高质量推进示范校建设，各项事业不断取得新进展。

一、以示范建设为核心，教育教学取得新成绩

1. 落实责任，突出重点，扎实推进示范校建设。按照《示范校建设方案》和《任务书》的要求展开5个项目建设，规范管理，有序推进，各项任务指标均已圆满完成。其中，在人才培养模式创新、课程体系与课程改革、师资队伍建设、实习实训基地建设、“三农”服务建设、交流与合作等项目中多数指标超额完成。

特别是在实训基地建设方面，总投资1.6亿元，建成了园艺植物病虫害防治中心、彩色苗木繁育中心、种禽繁育中心、宠物医院、食品安全检测中心等集教学、生产、科研和技术推广于一体的综合性实习实训基地。同时，与顺义区赵全营镇北郎中农工贸集团合作共建实践教学基地并正式挂牌，进一步密切了同校外实训基地的合作关系。

2. 加强培训，多措并举，打造高素质师资队伍。学院大力开展多层次、重实效的教师培养培训工作，选送18名青年教师在职攻读硕士博士学位，56%的教师达到硕士学位以上学历，培训比例由原来的20%扩大到25%，确保了示范校建设内涵的提升。截至年底，学院已建成4个北京市优秀教学团队，3个北京市创新团队，专任教师双师素质达到80%以上。

同时，学院完成中加项目合作办学协议续签工作，极大拓展了教师赴境外培训的空间，有14名教师赴加拿大合作院校圣力嘉学院培训。全年，学院共安排331人次教师参加国内外各级各类培训，包括赴德国、澳大利亚、加拿大、荷兰等国学习考察，赴国内示范校基地参加培训以及参加学院内部举办的农林基地培训等，是教师参加培训人数最多的一年，并于12月举行了2010年度教师培训成果交流活动，在全院教师中进一步放大了培训成效。此外，教师专业技术职务评审工作也取得新进展，全年共受理88人的专业技术职务申报工作。

学院组织中青年教师说课大赛和师德标兵评选，有效促进了教师队伍素质的提高。其中，5月至6月举行的首届中年教师说课大赛共有15名教师晋级决赛，评出一等奖1名、二等奖3名、三等奖5名和优秀奖6名。5月，食品与生物工程系4名教师参加首届“科隆杯”全国高职高专生物技术类专业与食品类专业教师教学竞赛，获个人一等奖1名，二等奖1名，三等奖1名以及团体二等奖。

此外，经济管理系农村经济管理优秀教学团队在2010年北京市劳动模范和先进工作者表彰大会上，被市人民政府授予“北京市模范集体”荣誉称号。

3. *深化改革，教改及课程建设呈现新局面。*学院教学工作坚持以专业建设为核心，以育人为根本，努力营造学风、教风良好环境，成果丰硕，成效喜人。全年四校区233个班级由880位授课教师共完成1 052门课程，累计13万学时的授课、实训任务。建成包括2门国家级、10门北京市级以及52门院级精品课程的三级精品课程体系。

11月，学院2009—2010教改年度重点支持的67个教改项目顺利通过结题验收。其中，《“园艺植物生长周期循环式”人才培养模式的创新与实践》等13个项目为学院重点支持项目，《绿色蔬菜标准化生产技术》等13门课程为精品课程建设项目，《工学结合人才培养方案编制研究》等41个项目为一般支持项目。验收工作侧重考察了项目研究成果在教学中的实际应用，总结了重点教改项目的特色和亮点，找准了教学过程中的不足，明确了下一步的努力方向。

学院继续积极组织学生参加各级各类职业技能比赛，学生获国家级奖项4个、省部及北京市级奖项6项。其中，学生在2010“高教社杯”全国大学生数学建模竞赛中首获1个全国二等奖，并获1个北京市一等奖；在2010年全国职业院校（高职组）职业技能大赛物流管理专业储配方案的设计与执行项目比赛中获二等奖1项。

4. *以能力为核心，学生素质教育取得新提升。*学院积极更新教育观念，树立全面发展观念、人人成才观念、终身学习观念，鼓励和引导学生走出校园，走进社会，走向京郊大地。在构建适合学生个性发展和各部门齐抓共管的素质教育体系的同时，积极创建学院、社会和家庭“三位一体”共同育人模式，全面加强辅导员、班主任和学生干部队伍建设，较好地实现了全员、全方位和全过程育人。成功举办第五届学生科技文化艺术节，全院90%以上的学生积极参加58个社团开展的各类实践活动，学院同时被授予“首都高校社会实践先进单位”。

在招生工作遇到前所未有的困难和挑战的形势下，学院面向全国在19个省市招生，采取有力措施，较好地完成了招生任务。同时，就业工作取得新进展，学院毕业生就业指导中心被市教委授予“北京地区高校示范性就业中心”称号。

此外，根据市教委的统一部署，学院于10月启动了与北京经贸职业学院携手发展计划，将通过建立两校的共建关系，进一步加强沟通、交流与合作，更好地发挥学院作为国家级示范校的辐射和带动作用，实现共同进步、共同发展。

二、以开拓创新为核心，“三农”服务工作实现新突破

1. *统筹推进科研与“三农”服务。*学院创新服务机制和模式，组织实施了示范校“三农”服务建设项目，专业技术推广服务，专题培训系列服务，专家调研咨询服务，挂职服务、基地建设与研讨5大类共20项重点工作折子工程。围绕农民合作社、设施农业、沟域经济等主题，学院立项开展20个调研项目。建立起以六大科研基金为内容的教师分类管理与支持办法；培育以挂职服务“五个一”带动、专业化服务“工作室”为抓手的组织、带动工作机制；打造了实用技术进百村、三大专业化服务系列与品牌，获得良好的社会影响与声誉，促进了学院与区域发展的融合、互动、双赢。

2. *研发实用技术有突破性进展。*围绕都市现代农业发展，学院在健康养殖、科学种植等专业化服务中大力推广先进实用的农业新技术。学院教授参与研发的生态环保发酵床养猪技术，获得北京市新农村建设创新奖、北京市农业技术推广一等奖。第6批挂职服务团29名教师共开展调查研究、技术指导、咨询培训服务等项目30个，形成调研报告和论文40篇，联系建立产学研服基地10个，为挂职单位引进新技术新品种20余项，直接培训技术员和农民近2 000人次。学院在房山、大兴等郊区组建的示范推广点和示范户达到10个，为农户提供优质种苗15万余株，全年接待培训学习人员超过1 000人。

学院生物防治技术实验室培育的“天敌昆虫”为上海世博会世博园提供技术支持，共培育和释放柳树蛀干害虫光肩星天牛的天敌花斑花绒寄甲卵150万枚，云斑天牛天敌花斑花绒寄甲成虫2 000头、卵5 000枚，法桐蛀干害虫星天牛天敌花斑花绒寄甲成虫5 000头、卵10万枚，为世博园区的生态安全提供了保证。

畜牧兽医系教师主持的“肉绵羊一年两产繁殖技术研究”课题，经过5年研究攻关，成功摸索出肉绵羊（多塞特、萨福克、多（萨）寒杂交一、二、三代）一年两产繁殖技术体系，有5项研究添补了国内空白，使肉绵羊在饲养年限内的繁殖能力由自然的5.5胎提高到9.6胎，课题研究总体技术达到国内领先水平。

3. *全面推进培训工作。*学院坚持与政府工作相结合，与区域经济发展需求相结合，与技术推广服务和实用技术培训相结合，全面推进培训工作。全年共培训各类干部、农民3.5万人次，为农村劳动力转移就业做出了积极贡献。同时为安徽、山西、新疆、河北贫困地区举办多期培训，为贫困地区发展作出了贡献。8月，学院正式被农业部认定为“农业部现代农业技术培训基地”。

学院于6月28—30日主办了“农业职业教育在区域发展中的新定位与新融合”高层研讨会，来自中国职教学会，北京市农委、市教委、市科委、首农集团以及京内外院校的百余名领导、专家围绕职业院校和社会的共同发展，探索教育理念创新、服务社会模式创新、服务体制机制创新、具体做法创新等进行了充分的交流和研讨。会议展示了学院以及兄弟院校服务社会的新模式和服务内容的新转变，宣传了在区域性差异和服务定位转变方面的新做法。

11月19—21日，学院下属北京市农业广播电视学校成功举办“城乡一体化与都市农业背景下的现代农民培养”论坛，邀请中央农业广播电视学校、北京农学会、市农委、市教委相关部门负责同志以及天津、上海、河南、河北等省（直辖市）农广校校长等100余人共同探讨城乡一体化与都市农业发展背景下现代农民教育培养的目标、特点和规律，搭建农广校体系内外交流合作的常态化平台与机制。

学院的“三农”服务工作再次得到市委、市政府的高度肯定。2月，学院荣获北京市“社会力量参与社会主义新农村建设先进集体”称号，设在学院的北京市农村实用技术服务中心荣获“北京新型农民培养先进单位”称号。

12月，学院召开建院以来首次教育培训工作会议。大会工作报告围绕“转变观念，夯实基础，推进教育培训创新发展”，总结回顾近两年的教育培训工作，展望2011年并提出进一步转变发展观念，构建多层次、多元化继续教育办学格局的工作目标和具体工作部署；明确要从服务社会和学院生存发展两个需要的高度，认识教育培训工作的地位和作用，形成以高职学历教育为主导，多种形式职业培训和社会服务与开发为补充的“一体两翼”发展模式。

三、以管理模式创新为核心，各项建设收获新进展

4月，学院北苑分院、清河分院正式更名为国际教育学院、机电工程学院，此举进一步明确了两院的发展定位，突显了地理位置优势和办学特色，为学院拓展国际合作办学以及多层次联合办学空间，推进科学发展打开了新路。

在各项建设方面，一是创建新型后勤服务保障体系。进一步探索和推进后勤社会化改革，探索用人管理机制，加快改革步伐，积极创建标准化食堂、标准化公寓、标准化物业，提高后勤的现代化管理水平。二是科学规划，多方争取资金，贯彻环保、节能、低碳、生态理念，整体提升四校区基础设施建设水平。四校区完成政府采购项目招标22项，资金总额7 902.6万元，有效加强了基础设施建设。三是加大产业技术开发，经济效益明显。完善产业技术开发政策，探讨和研究产业发展和奖惩机制，充分发挥人员的积极性和企业获取经济效益的能力。全年取得经济效益近4 000万元。

四、以质量提升为核心，党群工作再创新局面

一是创先争优活动成效初显。按照中央、市委和农工委的要求，全院各级党组织和全体共产党员按照党委的统一部署，以“坚持科学发展，创建一流职院，服务首都新农村”为主题，扎实推进创先争优活动。活动中，领导干部率先垂范，党员干部积极响应，开展了“读红书，唱红歌，忆传统，树形象”的主题教育培训活动和“尽职尽责做模范，立足岗位做贡献”争先创优主题实践活动。活动中，树立和表彰了一批“优秀共产党员”、“师德标兵”等先进典型，发展党员80名，使得基层党组织的作用和共产党员的先锋模范作用明显加强。

二是强化干部队伍建设有新举措。院党委严格执行《党政领导干部选拔任用工作条例》，坚持德才兼备、以德为先用人导向，健全完善干部选拔任用监督机制，不断推进干部选用工作的科学化、民主化、制度化建设。年内全院调整提拔处级、副处级干部7人，成功组织两次科级干部竞争上岗，15名德才兼备、实绩突出的优秀同志脱颖而出，走上了正、副科级干部岗位。学院于11月被全国厂务公开协调小组授予“全国厂务公开民主管理先进单位”荣誉称号。

三是不断创新活动载体，共创和谐校园。鲜明树立“人格高尚、无私奉献、科学求真、知行合一”的师德观，进一步提升学院文化建设水平，扎实推进精神文明建设。特别是提升了科技文化节和职工十大文体协会的内涵和品位，深受广大师生的喜爱和热情参与。以“学先进创五好，健身心乐晚年”主题活动为载体，精心做好离退休人员的服务工作。全面加强交通安全、消防安全和校园治安管理工作，确保了学院的安全稳定。

北京农业职业学院党政领导班子成员

党委书记　崔砚青
院　　长　王振如
副 书 记　党　明（兼纪委书记）（2010年5月免）
　　　　　周广和（兼纪委书记）（2010年5月任）
　　　　　刘福田
副 院 长　李俊英
　　　　　周广和（2010年5月免）
　　　　　杜保德　王晓华

（肖　兵）

北京农产品中央批发市场管理委员会

管委会在市委、市政府的正确领导和市有关部门的大力支持与关怀下，按照年初工作会议要求，以科学发展观为指引，认真贯彻党的十七大和十七届四中、五中全会精神，围绕北京市“菜篮子”工程建设扎实工作、全面推进，逐步形成“一个目标、三条主线、一个保障”基本工作思路和“想事干事干成事，干正确的事、正确地干事”核心价值观，各项工作取得了新的成绩。

主 要 工 作

一、主要运转形势

截至12月底，全系统实现营业收入6 557万元，比上年同期增加1 354万元，增长26%；实现利润总额706万元，同比增长33.2%；上缴税金558万元；全系统资产总额为4.67亿元，其中经营性资产总额为1.6亿元，净资产3.26亿元，资产负债率30%。全系统直接就业578人，间接实现就业23 110人。过去的一年，通过全系统干部员工的共同努力，所属单位的经营管理能力进一步提升，“北京农产品中央国际物流港”项目推进工作取得阶段性成果，公益服务的深度和广度进一步加强。

二、提升所属单位经营管理水平，壮大经济规模，强化服务支撑力

1. *提升中央批发市场核心竞争力*。市场全年完成主营业务收入3 050万元，同比增长21%；实现其他业务收入1 100万元，实现利润总额1 050万元；资产负债率由年初的66%降至年末的35%。在严格管理、稳定经营的同时，积极服务京郊农产品流通：实施场内供电、消防、油区、道路、北大门等环境塑造工程，改善经营环境，美化市场形象；加强市场安全保障和食品安全检测的力度，确保和谐稳定；完善交易信息监测制度，强化价量分析，提高服务水平；引导市场商户在京郊建立特菜、食用菌种植基地10万余亩，带动农民增收，保证首都供应。

2. *大力挖掘资源潜力*。银地开发在妥善安置16名员工的基础上，重点做好产权办理工作，全年新办理产权证69件，销售地下车库3个；努力做好小区业主欠费追讨工作，相关问题得到较好解决。银地物业坚持“减员增效，内部挖潜”，有效降低成本，首次实现所有者权益为正权益；加强和完善企业内部检查制度，通过项目内部自检、办公室巡检、公司不定期检查等综合手段，切实提高经营管理水平。万柳商城努力探索资源整合，积极做好管委会机关办公场所的日常管理和安全防范工作，协助完成农通万柳缘餐饮公司的筹建和试运营工作。小灵通餐饮公司在总结三年承包经验的基础上，大胆改变经营机制获得新的生机，目前已全部收回投资。金海盛源完成资源资金审计评估工作，正待进一步明确股权转让相关事宜。

3. *积极培育新的经济增长点*。农通电子商务公司完成12项软件研发任务，获得了国家版权局授予的软件著作权证书以及北京市软件企业和软件产品的“双软认证”；与民生银行等金融企业的合作进入业务流程设计阶段；马铃薯、生猪、小麦、羊绒、农资化肥等电子交易中心的建设稳步推进，在农产品批发市场和中远期市场开发方面均取得实质性进展。农通绿洲商贸公司、安食网和上海西郊国际北京馆“三位一体”的展示销售平台已经建立，经营效益逐步向好，逐步提升了北京农产品的品牌形象，特别是安食网，作为全国第一家主打安全牌子的电子商务平台，正越来越受到政府有关部门的关注和老百姓的青睐。

三、推进国际物流港项目建设，打造全市型综合性大型农产品流通平台

市政府及相关部门在深入调研的基础上作出决策，在北京东五环外建设大型现代化一级农产品批发市场。管委会通过认真总结和深入调研，将建设符合“世界城市”目标的国际物流港项目列为全系统重点工作，成立了项目筹委会全面负责项目筹建。

1. *规模功能*。项目一期建设目标为，建筑面积约30万平方米，总投资约30亿元人民币，建设工期约2～3年。项目在汲取国内外农产品批发市场成功经验的基础上，初步设计出五大功能区，即：交易会展区、物流仓储区、电子商务区、加工配送区、商务配套服务区。项目建成后预计承担北京市40%以上的农产品交易量，年交易额达到400亿元左右，提供就业岗位1 800余个。

2. *建设目标*。国际物流港项目要符合政府可调控“菜园子”速生菜和民生菜的需要，满足保淡季、保应急“菜篮子”的要求；要充分体现政府的主动权和调控权，成为政府可控市场的物质保障基础；要成为全国一级批发市场信息网络中心，掌握全国农产品一级批发市场价格信息及储量变化的信息，为政府部门决策提供服务。

3. *工作进展*。一是政府及各部门高度重视。市长郭金龙和副市长吉林、程红、夏占义分别对项目进行了重要批示；市政府在副市长夏占义开展项目调研的基础上，下发了第95期政府会议纪要；市农委将项目纳入全市“十二五”综合专项规划范围；朝阳区政府将项目列为2011年全区重点工程；市规委责成规划设计研究院开展“相关专项规划”研究论证；市科委赞成项目与国家科技城项目挂钩，市商务委支持项目选址，并将项目写入了北京市《“十二五”商业布局规划》之中。二是管委会上下全力推进。会同朝阳区黑庄户乡签订《关于建设北京农产品国际物流港项目合作意向书》；委托咨询公司撰写项目立项申请报告；委托规划设计研究院形成项目专项规划方案，并根据市规委修改意见调整完善；落实项目土地储备计划申报和地上物成本核算；完成项目建设成本估算并形成项目融资草案。三是社会资本积极关注。国内多家大型农产品龙头企业、基金公司等对项目进行了调研论证，初步决定共同出资开展项目各项业务。

四、履行公益服务职能，围绕稳定首都农产品价格、促进农产品高效流通发挥平台作用

通过一年的努力，形成了以北京安全农产品流通服务中心为窗口，北京农产品流通协会和安食网为后台支撑的公益性服务体系，聚合效应逐步显现，围绕稳定首都农产品价格和“菜篮子”工程建设发挥了积极作用。

1. *建立农产品价格调查制度，为政府决策服务*。服务中心通过对30家入驻企业、40家合作企业、

100余家协会会员单位以及新发地区域各类农产品经销商的广泛联系，建立了信息采集渠道，定期有针对性地开展相关调研工作，初步实现了“贴近行业、贴近经销商”的目标。从9月起每周2次开展居民消费主要农产品层级市场价格调查工作，在大兴庞各庄镇钥匙头村和顺义北务镇余地村建立2个产地市场监测点，在中央市场、新发地市场和顺鑫石门市场建立3个批发市场监测点，在二环至五环的超市、社区菜站等建立8个零售终端市场监测点，及时将价格信息上报市委、市政府相关领导和政府相关部门，市级领导给予了肯定和批示。另外，参与撰写研究报告和论文22篇，其中10篇已获发表，为建立现代化的农产品流通体系提供理论支撑。

2. 打造都市型现代农产品展销平台。服务中心、流通协会配合市农委流通处承办了草莓季、花季、大桃季、樱桃季等北京流通季系列活动；代表北京组织农产品生产和经销商参加了近10次各地农展会、研讨会；积极开展京郊农产品进超市、进社区、进机关、进高校活动；依托首都主要新闻媒体，加强全面、系统宣传，累计宣传报道60余篇次；针对产供销各环节，组织专业合作社、经纪人和经销商培训服务。通过有形市场和无形市场相结合，为京郊安全优质农产品搭建起一个公益性、市场化的展示窗口和销售平台。

五、启动外埠蔬菜基地建设，保障首都农产品供应

根据市政府《关于统筹推进本市“菜篮子”系统工程建设保障市场供应和价格稳定的意见》精神和市农委工作部署，管委会及所属单位积极推进环京区域蔬菜应急保障基地建设，第一批约25 000亩基地已经启动。

1. 实行“一保五定”基本建设原则。“一保”即保冬淡季蔬菜供应。“五定”即：一是定区域，选定河北、山西、内蒙古等距离北京500公里以内的地区建设基地；二是定品种，以本市需要量大的20个品种为主，包括大白菜、土豆、番茄、黄瓜、生菜、芹菜、油菜、架豆、圆白菜、茄子、菜花、菠菜、食用菌、豇豆、大椒、白萝卜、西葫芦、大葱、冬瓜、胡萝卜；三是定企业，以管委会所属的中央批发市场、农通电子商务公司为操作主体；四是定面积，第一批确定约25 000亩；五是定标准，基地建设要连片，生产、储存有设施，产品安全无公害，应急调运有保障。

2. 启动三个基地建设，共约25 000亩。一是中央批发市场与河北康城现代农产品开发有限公司合作，以土地租赁三十年的方式在河北省定兴县建设3 000亩蔬菜产销基地；二是农通电子商务公司与内蒙古乌兰察布盟农业局合作注册了经营公司，启动建设约20 000亩的马铃薯产销基地；三是中央批发市场与山西省阳高县合作，结合托管该县产地市场，建设2 000亩设施基地。

北京农产品中央批发市场管理委员会党政领导班子成员

书　　记　赵黎明
主　　任　刘春广（2010年7月任）
副 主 任　吴守荣　王和平　吴宝琴

（吴丽虹）

大　事　记

2010年农口大事记

1月13日　北京市召开城乡一体化宣传工作座谈会。13个远近郊区县、10个有关部委办局和人民日报、北京日报等16家新闻媒体参加会议。市委常委牛有成、副市长夏占义出席会议并讲话。

夏占义指出，座谈会很有必要、也很有意义，既有利于媒体从区县层面了解贴近实际的宣传安排，又有利于从领导层面了解北京推进城乡一体化、建设新农村的总体部署。围绕市委十届七次全会确定的建设世界城市的新目标，站在“三农”工作者和新闻媒体忠实观众的角度，期盼新闻单位能够更好地成为“三农”方针政策的解读者、创新发展的传播者、建设成果的展示者、美好生活的引领者。要善用媒体、善待记者，学会借助新闻媒体的力量不断推进工作。

牛有成强调，新闻宣传部门肩负着帮助人们认识客观、改造客观和认识主观、改造主观的双重任务。要深入分析总结举办奥运会和残奥会、新中国成立60周年大庆等重大事件的宣传经验，从“大事件揭示大道理、大挑战揭示大调整、大实践揭示大思路”的高度，进一步深化对建设世界城市的认识，进一步加强对城乡一体化的宣传。在宣传过程中，特别要注意从三个方面把握：一是历史地认识问题，正确看待城乡一体化的阶段性；二是客观地发现价值，重新认识农林水的生态支撑作用；三是真诚地尊重主体，切实宣传农民的首创精神和利益保护。

1月16日　中共中央政治局常委、国务院总理温家宝到北京新发地农产品批发市场等地考察蔬菜供应和市场菜价情况。

1月16日　农业部部长韩长赋来北京市就农产品生产与供应进行专题调研。在与市主要领导进行简短会晤后，专程来到新发地农产品批发市场，实地参观了批发市场农产品质检实验室、肉类与特菜批发市场，并亲切慰问市场职工和经销商户。在听取了市农业局关于北京市农产品市场供应、质量安全监管和动物疫病防控工作的汇报后，指出：①北京的农产品自给率很高，有很强的市场控制力，北京的都市型现代农业发展得很好，走在了全国的前列；②北京市高度重视农产品质量安全监管工作，农产品市场供应充足，价格合理，质量安全。③对于“两节”期间的农产品生产与供应，要加强产销衔接，确保节日农产品供应稳定；要强化农产品质量安全监管，确保不发生重大农产品质量安全事件；要加强动物及其产品的检验检疫与疫病防控，确保不发生重大动物疫情。

1月19日　北京市召开了市新农村建设领导小组（扩大）会议。会议由副市长夏占义主持，市委常委牛有成出席会议并讲话。会上，市新农办主任王孝东通报了2009年新农村建设工作情况和2010年工作思路；讨论了全市城乡一体化规划工作方案。

牛有成同志指出：2009的新农村建设工作，在市委、市政府的正确领导下，在各部门和各区县的创新工作和共同努力下，取得了积极进展，得到了大挑战促进大调整、大深入突破大难点、大实践揭示大思路等有益的经验和启示。2010年的发展思路和主要任务：一要融入大格局。新农村建设要主动融入“人文北京、科技北京、绿色北京”建设和城乡一体化发展，要提升到建设世界城市的高度去谋划和推动。二要促进新发展。要着眼于发展效果，走内涵式、集约式可持续科学发展道路，促进农民持续增收，提升都市型现代农业的市场控制力和城市应急安全保障能力。三要推进一体化。要实施规划先行，把握重点、难点和关键点，加快新农村基础建设，加快推进公共服务均等化。在工作上，明确了加强组织领导、完善推进机制、创新方式方法等要求。

夏占义同志明确要求，要修改好文件的征求意见稿，认真总结好各方面工作，扎实推进各项建设任务。同时，还特别强调要做好春节前的各项工作。抓好农村环境整治，做好积雪清理工作。抓好农业生产，确保节日期间首都鲜活农产品的供应，特别是要做好鲜花市场的组织工作。抓好农村安全稳定，提高安全防范意识，做好安全生产工作。加大矛盾纠纷排查调处力度，做好困难群体慰问工作，过一个安全、喜庆、祥和的春节。

市新农村建设领导小组全体成员和各郊区县政府主管副区县长参加了会议。

2月3日 本市召开防治重大动物疫病指挥部工作会议暨北京市农业工作会议。会上，全面部署了2010年农业工作和重大动物疫病防控工作，夏占义副市长代表市政府分别与2个区县长代表签订了《北京市动物防疫工作责任书》和《北京市农业基础设施建设责任书》，并举行了北京市重大动物疫情应急志愿者宣誓仪式。

夏占义同志指出：①关于都市型农业发展问题，要有较高生产能力的基础设施；要有较强现代科学技术的支撑；要有较为健全的现代服务体系；要有更加开放和较强的市场竞争能力；要有先进的现代农工业机械装备；要有素质过硬、结构合理的农业劳动者。②关于畜牧业和动物疫病防控工作，要坚持打造首都农产品质量安全放心品牌不动摇、动物疫病防控基础设施建设不放松、落实动物疫病防控责任制不懈怠、动物疫病防控队伍建设不停步。

3月2日 市委农工委、市农委召开城乡结合部50个重点村改革专题会。会议传达了市城乡结合部建设动员大会精神，对城乡结合部重点村的集体资产管理和产权制度改革工作进行了部署。要求相关区县将城乡结合部重点村的集体资产管理和改革作为当前“三农”工作的重中之重，在做好重点村基础数据统计工作、全面了解各方面情况的基础上，分类指导、鼓励创新，让农民充分参与的同时能够充分享受城市化成果。

市城乡结合部建设工作领导小组办公室、有关区县农委和经管站的负责同志参加了会议。

3月16日 2010年“寻找‘北京最美的乡村’宣传评选活动”部署会召开。会议指出，2010年将围绕“共建美丽乡村、共享美好生活”主题，有序推进候选村庄推荐、集中宣传报道、多种形式评选、活动总结表彰、活动深化提升，新评选出10个“北京最美的乡村”，并着力对获奖村庄进行多方面深化提升。各区县一致认为，宣传评选活动已经成为宣传推动新农村建设的知名品牌，经济效益、社会效益、聚集效应日益显现，系统地深化提升50个获奖村庄应时应势、非常必要。

会议要求，各区县要高度重视，严格按照推荐标准筛选候选村庄，集中资源、集中力量加快获奖村庄的各项建设，更好地发挥其示范带动作用。

3月22日 市委常委、统战部部长牛有成到密云县调研沟域经济。实地察看了新城子镇巴各庄村果园改造、新城子镇大街基础设施建设和雾灵山庄路口配套基础设施等沟域经济项目建设情况，听取了市新农办关于沟域经济规划方案征求工作意见和密云县关于沟域经济发展情况的汇报并给予充分肯定。

牛有成同志强调，全市沟域经济发展要按照建设世界城市的标准，用高标准规划促进高水平发展，实现人与自然的和谐发展。第一，要转变发展方式。促进单一的农业生产方式向一、二、三产业融合发展转变，实现集约节约发展、山区资源增值和农民增收。第二，要创新发展模式。创新产业，多引进一些高端、低碳和循环发展的产业；创新机制，建立“部门联动、政策集成、资金聚焦”的工作机制；充分发挥市场配置资源的基础性作用，整合、吸收国内外的先进要素，推动沟域经济快速发展。第三，要适应发展趋势。了解、遵循并运用自然规律。产业经济发展要以生态环境资源保护为前提，真正实现人与自然的和谐。

4月29日 农业部副部长张桃林考察北京农业。先后到大兴区考察了青云店镇农机服务4S店、大谷店村果类蔬菜农民田间学校工作站和安定镇农业综合服务中心；到顺义区考察了大孙各庄镇小麦生长和春管情况、北京市果类蔬菜产业创新团队顺义区综合试验站新品种新技术示范情况。张桃林对北京农业科教工作、农机化工作和春耕春管工作给予了充分肯定，对农民田间学校以农民为中心的参与式、互动式农民培训方式和区县集中建立新品种、新技术展示基地的做法给予高度评价，他希望北京市进一步加强科技和农业机械化对农业的支撑作用，为经济社会发展全局作出更大贡献。农业部科教司司长白金明、农机化司副司长刘恒新一同考察，市农委主任王孝东、市农业局局长赵根武和大兴区、顺义区政府负责人陪同考察。

4月29日 市农委出台《关于进一步规范本市农村土地承包经营权流转工作的若干意见》。《意见》指出：①进一步加强农村土地流转的规范管理。重点从依法规范农村土地流转行为、健全完善土地流转程序、合理确定流转期限、保障土地流转收益、稳定和完善土地承包关系、不得改变土地性质和用途以及全面推行土地流转合同管理等制度上予以规范。②全面加强农村土地流转的服务。重点加强农村土地流转服务组织建设、提高流转信息化服务水平、探索建立农村土地流转价格指导机制、做好流转合同备案和档案登记以及流转纠纷调解仲裁工作。③切实加强农村土地流转工作的领导。各区（县）要加强领导，明确职责，通过综合服务配套措施，对土地流转工作中出现的问题及时予以解决。

5月10日 牛有成、夏占义同志召开专题会议对农口系统改进工作作风转变发展方式提出要求。①认清发展趋势。建设世界城市是目标和方向，各部门要按照建设世界城市的要求，找准工作定位，明确工作任务。②转变发展方式。要围绕统筹城乡发展、建设宜居城市、调整产业结构三个重点方面，充分利用科技、人才优势，积极“调结构，上水平”，加快城乡一体化进程。③创新发展模式。要通过抓典型带动重点工作，善于发现总结区县的创造，并把区县的创造予以推广宣传，起到示范作用，带动发展。④深入基层联系实际。各部门主要领导、主管领导、各处室根据具体工作联系到区县、乡镇、村和企业，把工作抓实抓好。

5月25日 全市人影工作会暨人影办成立20周年纪念会召开。市委常委牛有成、副市长夏占义、中国气象局副局长矫梅燕到会祝贺并讲话。市气象局局长、市人影办主任谢璞作工作报告，回顾总结北京人影20年发展历程，部署2010年重点任务。

会议充分肯定了气象服务工作和气象工作者刻苦钻研的科学精神和奉献精神，20年来特别是2008年北京奥运会、2009年新中国成立六十周年庆典等活动保障中取得的成绩。

会议指出，新形势下，缓解水资源紧缺、加强生态建设，气象防灾减灾、重大活动保障迫切需要加强人工影响天气工作；提升人工影响天气的能力和水平迫切需要提升气象科技水平。气象和人影工作者要在与天气打交道方面，继续了解自然，遵循与顺应自然规律，坚持科学发展观，做好人影防灾减灾工作，使北京的天更蓝、水更清、空气更清新。

会议要求，全市各级政府和有关部门要把人影工作列入重要议事日程，作为农业生产和防灾减灾的重要科技措施抓紧抓好。认清形势，提高认识，推进气象事业再上新台阶，实现人影工作跨越式发展；加强管理，加快发展，坚持人影工作为经济社会建设和人民大众福祉安康服务的宗旨，依靠科技创新，规范管理，加强部门联动与合作，提高人工影响天气的能力和水平；整合资源，形成合力，把防灾减灾气象服务作为当前最紧迫的任务，千方百计提高预测预报、气象防灾减灾、应对气候变化、开发利用气候资源“四个能力”，围绕北京建设世界城市目标和“人文北京、科技北京、绿色北京”建设开展好气象服务和人影工作，继续谱写首都气象事业发展的新篇章。

首都有关军地部门和区县有关负责同志，为气象事业和人影工作作出贡献的老前辈以及华北区域各省市的人影工作者代表160余人参加会议。

6月2日 副市长夏占义到市委农工委、市农委进行调研。听取了市委农工委书记、市农委主任王孝东关于两委主要职责和内设机构、农委系统基本情况以及2010年重点工作的综合汇报。夏占义同志在讲话中充分肯定了市委农工委、市农委及农委系统的各项工作。他指出，两委和农委系统肩负着市委市政府领导“三农”，推进新农村建设的重任，要加强对“三农”重大问题的研究，深入基层、指导基层、服务基层，按照建设世界城市的要求，开拓创新，扎实工作，努力开创农业农村工作新局面。他要求，要统一思想，转变发展方式，认真做好下一步工作。（一）关于改革问题。要做好农村土地保护和管理，坚持农村基本经营制度。要依法合规，规范农村土地流转，确保农村现有土地承包关系保持稳定。要严格宅基地管理，切实维护农民利益。要研究涉农机构的设置，更好地履行工作职能。要研究促进沟域经济、小城镇建设等关键问题的推进方式和具体办法，找到适合北京实际、展示北京特色的发展途径。（二）关于产业问题。要明确都市型现代农业发展的根本目的是增收增效。要着眼于高端高效，研究农业产业化和农产品市场的现状和前景，抓好农业的基础设施现代化，抓好农业服务体系建设，更好地与市场对接，加快一、二、三产业融合，实现长远发展。要下大力气抓好农产品深加工，紧密联系企业，培育具有核心竞争力的龙头企业做大做强，促进农民就业增收。（三）关于农民问题。要加快农村的征地转非安置，会同相关部门形成制度，统计小城镇转非、征地转非等情况。要尽量减少一产农民就业人数，促进农民向二、三产业转移就业，提高农民的工资性收入。要加强农民培训，根据就业需求进行针对性的岗前岗后培训，充分地促进农民就业。（四）关于农村问题。领导新农村建设工作不能停留在行政村、自然村上，要为区县服务，促进区域核心竞争力。工作要立足于符合农村改革的方向，密切配合相关部门服务好、管理好小城镇，统筹考虑城乡结合部50个村、新城、农村五项基础设施等建设。要抓好动员社会力量建设新农村工作，吸引社会资金投入产业发展，为农村农民办实事，解决实际问题。（五）关于作风建设问题。要紧密结合实际，迈开双腿、深入实际，养成研究问题的风气。要善于总结推广基层经验和典型，通过抓典型促带动，实现全面发展。要加强协调区县和各部门的能力，形成工作全力。

7月13日 市委常委牛有成调研市供销合作总社现代农资服务体系建设工作。考察了市农资配送中心顺义沿河连锁店经营情况，参观了北京现代农资物流服务中心建设沙盘，听取了市供销合作总社现代农资服务体系建设工作的汇报，并就现代农资服务体系建设工作进行了座谈。牛有成同志充分肯定了建设北京现代农资服务体系建设，并指出建设现代农业服务体系是当前北京农业面临的一个迫切任务。他强调：一是建设现代农业服务体系是接补“三农”短板问题的重要举措，有关部门要加强沟通，不断完善农业服务体系设置；二是供销合作社要发挥网络优势，在建设北京现代农资服务体系中有所作为；三是现代农资服务体系建设要以农民实际需求为切入点，围绕农产品安全和成本的要求，处理好现代农资物流中心建设和服务网络建设的关系、处理好政府引导建设和企业主体发展的关系、处理好发挥供销合作社沟通供销的功能和创新合作方式的关系。

7月8日 参与首都社会主义新农村建设先进民营企业表彰大会暨“光彩惠农行动”启动仪式召开。全国工商联、中央统战部光彩事业指导中心的领导同志，市委常委、统战部部长牛有成出席会议并讲话。副市长程红主持会议。大会授予74家非公企业“2008—2009年度参与首都社会主义新农村建设先进民营企业”称号，签约22个村企结对子帮扶项目。“光彩惠农行动”是根据《关于动员和引导社会力量参与社会主义新农村建设的意见》精神，在市委统战部的领导下，市工商联、市新农办、市光彩事业促进会联合发起的，得到广大非公经济人士的鼎力支持和积极参与的一项惠民工作。该行动按照“互惠互利”原则，着眼于增加低收入村、户的“造血机能”。据不完全统计，非公有制经济累计实施投资类项目166个，到位资金24.56亿元，培训农民4.47万人，安排农民就业3.59万人，带动脱贫3.83万人。

会议指出，开展对口帮扶，使低收入农户早日脱贫致富，具有重要的历史意义和现实意义。对口帮扶低收入农户工作是首都新农村建设新的着力点，体现的是社会公平与正义，展示的是一种精神和境界。首都非公经济参与新农村建设的实践活动，为开展对口帮扶低收入农户工作提供了良好的基础条件。

会议要求，广大非公经济企业要把握原则，积极稳妥地开展好对口帮扶低收入农户工作。各级统战部门、工商联、新农办，积极组织非公企业开展有针对性、广泛性、实效性的工作，以此次“光彩惠农行动”启动仪式为新起点，切实把非公经济对口帮扶低收入农户致富工作做实、做细、做到位。要从农村的长远建设出发，把此项工作谋划好、服务好、引导好，争取利用2～3年时间，切实抓出成效、抓出特色。

7月9日 市委常委牛有成专题听取“221信息平台”推广应用工作汇报。在听取了专题汇报后，牛有成同志对北京移动、农信通积极参与首都新农村建设，推动北京农业农村信息化发展给予了充分肯定。

牛有成同志指出，新世纪以来，北京农业处于转型期，需要发展都市型现代农业，出发点是满足消费者的需求，落脚点是促进农民增收，目标是实现农业转型。“221行动计划”是都市型现代农业的主要抓手和重要途径。“221信息平台”作为“221行动计划”的内容之一，意义是推动政府职能的转变，需要我们转变工作方式和领导方式，为农民提供信息、技术、新品种等方面的服务。从哲学角度看，世界是普遍联系的。“221信息平台”建设是一个有益的模式，能利用现有信息沟通手段促进信息对称、决策科学。从社会角度看，沟通可使联系符合逻辑，即符合规律。“221信息平台”建设就是要符合规律，更好地满足生产者、消费者、经营者的需求。从实践角度看，“221信息平台”建设要把逻辑付诸于实践，取得成效，让生产者、消费者、经营者满意。对于农民起到典型示范作用，使消费者的个性化需求得到满足，让企业在为市场搭桥的过程中产生利润。

牛有成同志强调，下一步，“221信息平台”建设要注意以下几个方面：（一）重点是应用。重点要在应用上下工夫，特别是企业介入进来后，怎样扩大、拓展案例；政府怎么与日常工作结合应用。要明确政府的定位是服务，转变领导方式、提高工作水平，让信息变成生产力，运用好平台资源，抓好示范点，经历市场检验，用实际应用效果证明“221平台”的价值。（二）难点是信息。即信息的采集与更新。政府和企业要共同研究探索创新的机制和办法，市有关部门要认真研究资源共享、基础数据更新的长效机制，尽快把逻辑变为成效，调动其他部门参与的积极性。（三）关键点是机制。要坚持机制创新，坚持双资、双百、双新这些好的机制，运用好有形的手（政府）和无形的手（市场），利用现代化手段，结合三网融合，选好角度和方式，加大宣传，用实实在在的案例说话，真正让城乡融合。

7月24日 市委常委牛有成到朝阳区调研都市型现代农业。在实地视察了金盏乡蓝调庄园，听取了该区都市型农业发展情况汇报后，牛有成同志充分肯定了朝阳区的都市型现代农业发展，并对全市农业发展提出了3点要求，一是坚持方向。都市型现代农业的价值就在于符合城乡融合的方向。要保护生产者、消费者的利益。注重开发农业的生产、生活、生态和示范功能，发展籽种、休闲、循环和科技农业。二是调整结构。要依据生产力水平的变化、市场的需求，向产业融合性方向去调结构、要效益。要研究不同层次、不同水平的消费群体对农业生产、生态和生活的需求变化，立足于消费者、市场需求动态调整农业结构。要在调整过程中不断引进新技术、新品种，注入创意文化内涵，使都市型现代农业成为一种越来越融合性的产业。三是创新政策。都市型现代农业发展中遇到的新情况、新问题都需要结合实际深入研究、科学制定相应的政策。要实事求是，通过实践检验创新工作的正确性，检验哪个政策更符合实际，更多地创造“北京模式”。“北京模式”要方向正确，特征突出，让城市生活更美好、市民幸福指数不断提高。市委农工委书记、农委主任王孝东同志陪同调研。

7月29日 农业部高鸿宾副部长专题调研北京市休闲农业工作。高鸿宾副部长一行在市委常委牛有成、副市长夏占义陪同下，实地考察了朝阳区蓝调庄园，怀柔区夜渤海乡村旅游带、慕田峪国际文化村，密云县蔡家洼农产品加工观光园区、溪翁庄特色渔街，房山区富恒观光农业园、波龙堡葡萄酒业庄园等，召开了休闲农业发展情况座谈会。

高鸿宾指出，北京休闲农业具有起步早、类型多、分布广、对农民就业增收带动作用大等特点，已走在了全国的前列。

会上，高鸿宾强调，发展休闲农业意义重大，党中央、国务院高度重视休闲农业的发展。从全国来看，休闲农业的发展空间很大。今后，农业部门一定要把发展休闲农业作为解决“三农”问题的重要抓手，立足点放在“富裕农民、改造农业、建设农村”上，基本目标定位是“把农业改造成快乐的产业，把农村建成幸福的家园，把农民变成富裕而有尊严的群体”；要充分发挥农民的主体作用，尊重农民的创造，切实保障农民的参与权和受益权；要加强政策研究，提出符合休闲农业发展要求的财政、信贷、税收、土地等政策，为休闲农业创造良好的发展环境；要强化规划引导和示范创建，引导各地因地制宜，规范发展；要加强人员培训和宣传推介，提高经营人员的从业素质和休闲农业的社会参与度。

7月30日 农业部领导考察北京市农业信息化工作。农业部副部长陈晓华、总经济师张玉香等一行在市委常委牛有成、副市长夏占义陪同下，考察了大兴区安定镇农业服务中心，体验了“农业信息网站”、“农博士”等信息系统。在随后召开的座谈会上，听取了北京市农业信息化建设和“221信息平台”的有关情况。

陈晓华指出，北京市在建设都市型现代农业、加快推进农业信息化建设等方面做出了有益的探索。建设的“221信息平台”起到了引领示范作用，走在了全国的前列。

会上，陈晓华提出推进农业信息化工作要打造平台，建设服务“三农”的多功能信息平台；要改造产业，创新农业科技推广手段、实现农产品质量安全可追溯；要服务设施农业，节约资源，提高农产品产出率和附加值；要提供应急保障和市场信息，集聚传播手段，提高决策效率。下一步，要做好示范，用信息技术改造产品、改造产业，提高竞争力；要做好规划，把农业信息化建设纳入到“十二五”规划当中。

第二届北京平谷农副产品展销会暨北京鲜桃季开季仪式举行。市委常委牛有成同志出席。活动由市委农工委、市农委、市商务委、市园林绿化局、市水务局、平谷区等共同举办。展销会（8月6—9日）以“千种农副产品主打生态牌，文化平谷全力打造中国乐谷，休闲体验、城乡互动、搭建商务会展新平台”为特点，组织参展商179家，开展吃桃冠军大赛、甜桃王和大桃王评选及大桃王拍卖、民俗手工艺制作表演等活动，展览营销“平谷大桃”为代表的农副产品，宣传推介平谷区区位、生态和资源优势。展销会期间客流量达6.3万人次，实现销售额1 870万元，协议金额7 300万元。开季仪式上免费发放鲜桃季地图、宣传册约2万份，推荐了鲜桃采摘园167个、采摘节16个。

8月20日 农业系统召开上半年经济形势分析会。为深入贯彻落实市委、市政府上半年经济形势分析会议精神，市委常委牛有成、副市长夏占义召开会议，全面总结、部署首都农业农村、水务、园林绿化等方面工作。会议听取了有关部门上半年主要指标完成情况和下半年工作思路、措施的汇报。

牛有成同志强调：一是在全局中找准定位。各有关单位要在建设世界城市、推进城乡一体化、转变发展方式等全局工作中找准定位，更好地履行本单位职责。二是在自然中促进和谐。农业系统源于自然，因此要更好地研究和遵循自然规律，正确认识农业系统的生态服务价值，推动宜居城市建设，提高居民生活幸福指数。三是在服务中提升价值。有关单位和区县要牢固树立为大局服务、为基层服务、为合作发展服务的意识，在服务中紧抓发展机遇，提升自身价值。

夏占义同志强调，下半年，有关单位和区县政府要进一步统一思想、协调步调、乘势发展，确保圆满完成各项工作任务。一是全面推进城乡一体化建设，深入研究分析问题，相互学习借鉴经验，牢牢掌控工作主动权，扎实、平稳、安全地完成好城乡结合部50个重点村城市化工程。二是继续推进都市型现代农业建设，高度重视农产品加工企业发展和批发市场建设，以新一轮“菜篮子”工程建设为契机，提高农产品自给率。三是落实强农惠农政策，按照刘淇书记的指示精神，重新深化对首都“三农”问题的认识，特别注意解决好低收入农户增收问题。四是进一步转变工作作风，按照作风建设年的要求，迈开双腿，深入基层，积极为乡镇、企业和农民服务。五是深化农业系统机构改革调整，通过发挥先进典型的示范带动作用，促使本系统更好地履行职责。六是增强工作的科学性和规范性，科学制定“十二五”期间发展规划，提早研究本部门2011年重点工程投资计划。

11月8日 市委常委牛有成到朝阳区调研都市型现代农业发展与农村集体经济产权制度改革工作。在先后观看了专题片《新跨越　新起点——城市化进程中的朝阳区都市型现代农业》、听取了关于农村集体经济产权制度改革和都市型现代农业发展情况的汇报后，牛有成同志对朝阳区10余年来初步形成的六种都市型现代农业发展模式和“十二五”期间围绕农业生产、生活、生态、科技示范功能，着力打造“三区一带三条线”的工作思路给予了充分肯定。

牛有成同志强调，朝阳区都市型现代农业要进一步打造成为建设世界城市的重要特色产业，首先，要认清农业的发展定位。发展都市型现代农业是北京现阶段的必然选择，农业发展必须符合首都市民生活方式的发展。发展规划要广泛听取市民和专业人员的意见，否则就会得不到认可和支持。其次，要转变农业的发展方式。都市型现代农业应该以亩效益作为衡量发展水平的重要指标。要集约、节约的利用土地资源，要依靠科技发展农业，更要调整好生产关系。第三，要创新农业的发展模式。模式创新的关键在于机制创新和政策创新。要在切实保障农民利益的前提下推进城市化进程。要坚持部门联动工作机制，先行先试，大胆探索，创造典型。

北京市出台《促进沟域经济发展意见》。主要内容包括：①加强生态建设。到2015年，完成荒山荒地造林面积40万亩，改造低效林130万亩，林木抚育300万亩；继续实施废弃矿山植被修复工程；规划治理小流域160条。②设立沟域经济发展专项资金。采取以奖代补方式给予扶持。③全面提升乡村旅游服务水平。打造一批山区旅游集散特色镇和国内外知名的乡村旅游目的地；开展酒店式管理民俗村试点。④提升沟域特色林果业发展水平。到2015年，完成10万亩山地果园集雨工程、50万亩零农药残留果园建设工程、100万亩果园沃土工程。⑤加大基础设施建设力度。编制《沟域经济建设规划》，加大公共服务性和产业性基础设施的建设投入力度；继续加快实施山区旅游环线工程，实现贯穿7个山区县的环线全线贯通；全面启动重点镇与高速公路联络线建设，到2015年全面建成连接景点、乡镇、高速公路的山区路网。⑥推进山区农民搬迁。2015年底前基本完成地质灾害和生存条件恶劣地区农户搬迁。⑦集约节约利用土地。实行建设用地指标向沟域经济倾斜的政策。在年度土地利用、供应和储备计划上对高端项目等必要的用地需求给予支持。⑧促进农民就业。沟域经济建设中适合农民经营的项目，鼓励农民自主创业与经营；适合农民参与的工程，尽可能吸纳农民参与；政府采购的公益性岗位，优先安排给低收入农户。⑨鼓励社会力量参与。吸引社会资本以多种形式参与沟域经济整体规划建设和具体项目开发。⑩建立“部门联动、项目集成、资金聚焦”的工作机制。市政府相关部门的年度投资项目和区县政府投向山区发展的资金，优先、集中扶持年度重点启动建设的沟域，形成投资合力。

12月10日 市直机关工委召开“三进两促”活动现场经验交流会。会议由市委常委、秘书长、市直机关工委书记李士祥主持，市委常委牛有成，副市长夏占义出席会议并讲话。市直机关工委常务副书记夏尚武作市直机关“三进两促”活动总结，市住房城乡建设委、市科委、房山区委等单位作交流发言。

李士祥同志强调，市直机关各单位要围绕2011年是“十二五”规划开局之年和建党90周年这个主线，谋划好2011年市直机关党的建设各项工作。2011年要紧紧围绕提高领导科学发展的能力、科学管理的能力、做好新形势下群众工作的能力、抓好自身建设的能力，深入开展“三进两促”活动。要在党员干部受教育上下工夫，在人民群众得实惠上下工夫，特别是在科学发展水平上下工夫，提高四种能力，促进经济发展方式的转变。要开展参加“三进两促”活动的思考征文比赛，深化对作风转变、政策制定、社会管理、党建创新等方面的思考，把“三进两促”活动不断引向深入。

牛有成同志强调，从党的建设角度看，解决了作风问题；从政府工作角度看，解决了机制问题；从新农村建设角度看，解决了建设方式问题。深化“三进两促”活动要处理好三个关系：一是作风与素质的关系；二是机制与职能的关系；三是形式与内容的关系。

夏占义同志指出，“三进两促”活动是结合北京实际，践行科学发展观的宝贵创造，是促进机关党员干部深入农村，了解农民的所思所想所盼的有效途径，需要在巩固成果的基础上，进一步扎实有效地推进。各区县要从五个方面推动“三进两促”活动深入开展，一是结合实际做出规划，提出需求。二是围绕产业提升、基础设施建设等方面，做好与市直机关单位的对接工作。三是为市直机关开展“三进两促”活动提供周密细致的服务。四是领导干部要亲自抓好计划的制订和实施。五是不断完善“三进两促”活动推动新农村建设的长效机制。

会前，实地参观了房山区长阳镇，直观地感受了市直机关参与新农村建设的成果。市直机关工委、市委农工委、市农委有关领导，房山区委、区政府有关领导，市直机关各直属机关党委（总支、支部）书记，各郊区县主管领导以及房山区各乡镇党委书记等近300人参加了会议。

12月16日 全市新农村建设宣传工作座谈会召开。副市长夏占义出席会议并讲话。会议总结回顾了新农村建设宣传工作成果，重点部署了今后工作思路。市委农工委、市园林绿化局、市水务局、市广播电视台、北京人民广播电台先后作典型发言。

夏占义同志在充分肯定了全市新农村建设宣传工作所取得的丰富经验和丰硕成果的基础上，

深刻剖析了存在的不足及面临的新机遇和新挑战。

夏占义同志强调，在当前和今后一段时期的新农村建设宣传工作中，要全面学习宣传贯彻党的十七届五中全会精神和市委十届八次全会精神：一要始终把握正面、积极、向上的主旋律，始终坚持“凝聚党心、激励民心、树立形象、促进发展”的宣传目标；二要始终立足自身实际，依托资源优势确定发展重点，集中宣传形成舆论强势，努力实现新农村建设业务工作与宣传工作的相互支持、相互促进、相互融合；三要始终坚持创新宣传阵地、宣传载体和宣传形式，主动加强和新闻媒体的沟通与交流，不断创建并充分用好《生态北京》等各类宣传阵地，积极做好服务、协调和配合工作，尽力为全市城乡一体化建设新农村提供坚实的思想基础、良好的舆论氛围和浓郁的文明乡风。

12 月 29 日 中共中央总书记、国家主席、中央军委主席胡锦涛到北京金福艺农农业科技发展有限公司等单位考察北京市蔬菜场地建设和节日供应情况。

（市委农工委办公室 李昀 崔国胜）

统 计 资 料

农村基本情况

指标名称	计量单位	北京市	朝阳区	丰台区	海淀区	门头沟区	房山区	通州区	顺义区	昌平区	大兴区	怀柔区	平谷区	密云县	延庆县
1. 乡镇个数	个	182	19	5	7	9	20	11	19	15	14	14	16	18	15
(1) 乡个数	个	40	19	3	2		6	1				2	2	1	4
(2) 镇个数	个	142	0	2	5	9	14	10	19	15	14	12	14	17	11
2. 村委会个数	个	3944	154	69	84	178	461	475	426	303	527	284	273	334	376
3. 乡村户数	户	2159501	318065	143054	176328	48436	235139	246034	199086	180907	198117	90600	108905	123952	90878
4. 乡村人口	人	5894277	823024	430872	515822	107921	553536	669863	553921	550196	632155	226056	308734	309328	212849
5. 乡村从业人员	人	3477777	487329	271892	327439	55053	290498	388229	313289	345242	402711	120443	174556	180303	120793

农林牧渔业总产值（现价）

单位：万元

区 县	农林牧渔业总产值			农 业			林 业		
	2010	2009	2010年比2009年增长（%）	2010	2009	2010年比2009年增长（%）	2010	2009	2010年比2009年增长（%）
北京市	3 280 226.5	3 149 533.6	4.1	1 542 227.8	1 461 294.5	5.5	168 127.2	172 118.9	−2.3
朝阳区	40 830.6	41 880.0	−2.5	16 063.1	16 372.7	−1.9	9 074.8	8 485.1	6.9
丰台区	30 313.1	30 497.4	−0.6	18 596.7	19 517.4	−4.7	3 990.2	3 917.7	1.9
海淀区	40 185.2	43 281.0	−7.2	12 173.4	15 496.7	−21.4	14 024.1	12 999.8	7.9
门头沟区	39 324.6	36 331.1	8.2	9 623.0	7 332.7	31.2	17 359.7	14 634.2	18.6
房山区	426 437.4	412 624.8	3.3	187 660.2	175 472.4	6.9	12 340.0	12 104.0	1.9
通州区	397 882.1	384 584.9	3.5	232 287.1	221 928.9	4.7	11 748.6	9 645.5	21.8
顺义区	585 817.2	566 544.2	3.4	269 400.8	268 322.7	0.4	26 200.4	23 576.6	11.1
昌平区	168 000.6	153 755.4	9.3	66 708.2	60 808.1	9.7	13 491.8	12 952.0	4.2
大兴区	482 140.6	478 867.3	0.7	262 248.5	267 838.8	−2.1	3 253.5	3 275.6	−0.7
怀柔区	170 788.8	165 792.8	3.0	62 080.3	59 319.7	4.7	9 776.5	12 327.8	−20.7
平谷区	294 431.7	263 867.1	11.6	171 728.6	143 664.9	19.5	9 622.5	12 575.3	−23.5
密云县	391 705.5	369 061.3	6.1	167 045.8	147 027.3	13.6	15 253.8	17 179.3	−11.2
延庆县	202 980.1	199 042.4	2.0	66 612.1	58 192.2	14.5	21 991.3	28 446.0	−22.7

（续）

区县	牧业			渔业			农林牧渔服务业		
	2010	2009	2010年比2009年增长（%）	2010	2009	2010年比2009年增长（%）	2010	2009	2010年比2009年增长（%）
北京市	1 395 762.5	1 360 831.4	2.6	115 109.0	102 788.8	12.0	59 000.0	52 500.0	12.4
朝阳区	6 023.1	6 855.1		6 669.6	7 065.3		3 000.0	3 101.8	−3.3
丰台区	4 575.8	4 373.6	4.6	2 398.0	2 264.6	5.9	752.4	424.1	77.4
海淀区	10 324.1	12 292.7		358.6	424.0		3 305.0	2 067.8	59.8
门头沟区	11 724.0	13 736.2		10.8	58.8		607.1	569.2	6.7
房山区	208 161.4	209 361.4		9 235.4	7 211.6	28.1	9 040.4	8 475.4	6.7
通州区	123 186.2	123 828.0		23 028.4	22 027.7	4.5	7 631.8	7 154.8	6.7
顺义区	260 605.8	246 785.2	5.6	16 616.5	16 039.3	3.6	12 993.7	11 820.4	9.9
昌平区	79 033.6	70 707.9	11.8	2 987.0	3 489.0		5 780.0	5 798.4	−0.3
大兴区	208 948.4	201 221.9	3.8	2 040.5	1 703.2	19.8	5 649.7	4 827.8	17.0
怀柔区	83 029.7	80 755.9	2.8	15 226.9	12 756.2	19.4	675.4	633.2	6.7
平谷区	96 229.2	90 965.1	5.8	15 831.4	15 638.8	1.2	1 020.0	1 023.0	−0.3
密云县	196 004.1	193 257.5	1.4	8 119.0	7 582.1	7.1	5 282.8	4 015.1	31.6
延庆县	107 917.1	106 690.9	1.1	3 197.9	3 124.3	2.4	3 261.7	2 589.0	26.0

主要农产品产量

单位：吨

区县	粮食			蔬菜			干鲜果品		
	2010	2009	2010年比2009年增长（%）	2010	2009	2010年比2009年增长（%）	2010	2009	2010年比2009年增长（%）
全市	1 156 865	1 247 674	−7.3	3 029 821.9	3 171 115.0	−4.5	853 984.5	903 331.5	−5.5
朝阳区	1 610	3 807	−57.7	20 425.7	26 007.4	−21.5	1 476.1	1 425.6	3.5
丰台区	1 314	1 740	−24.5	13 593.9	19 207.6	−29.2	1 664.6	1 944.3	−14.4
海淀区	4 198	4 927	−14.8	19 394.0	25 469.2	−23.9	5 260.7	7 402.4	−28.9
门头沟区	1 855	2 694	−31.1	4 748.6	4 908.3	−3.3	3 954.1	4 335.3	−8.8
房山区	135 413	157 589	−14.1	202 665.9	211 842.8	−4.3	69 683.1	69 096.8	0.8
通州区	208 405	234 022	−10.9	680 931.2	685 713.9	−0.7	63 532.7	58 384.0	8.8
顺义区	214 983	226 628	−5.1	478 156.2	548 647.7	−12.8	69 439.6	74 381.1	−6.6
昌平区	22 677	33 516	−32.3	47 160.3	51 033.8	−7.6	41 432.0	51 632.1	−19.8
大兴区	233 162	244 083	−4.5	891 226.9	914 077.3	−2.5	115 026.5	111 607.8	3.1
怀柔区	52 101	52 752	−1.2	35 066.7	33 513.9	4.6	37 393.3	44 798.6	−16.5
平谷区	76 675	76 442	0.3	265 046.0	279 535.8	−5.2	333 193.2	355 451.8	−6.3
密云县	102 917	105 129	−2.1	267 939.5	258 019.5	3.8	79 824.1	86 889.4	−8.1
延庆县	107 251	116 057	−7.6	103 467.0	113 137.8	−8.5	32 104.5	35 982.3	−10.8

注：全市粮食产量为抽样调查推算数据，故与区县合计数不等。

（续）

区 县	肉 类			#猪牛羊肉		
	2010	2009	2010年比2009年增长（%）	2010	2009	2010年比2009年增长（%）
全 市	462 574.6	471 913.6	−2.0	275 343.1	276 173.7	−0.3
朝阳区	27.9	62.6	−55.4	27.9	62.6	−55.4
丰台区	1 180.3	1 248.0	−5.4	1 145.2	1 176.5	−2.7
海淀区	2 395.4	2 911.0	−17.7	1 809.5	1 971.5	−8.2
门头沟区	6 083.7	6 842.0	−11.1	847.8	756.8	12.0
房山区	54 801.4	56 962.7	−3.8	31 309.4	30 966.5	1.1
通州区	41 264.5	42 435.9	−2.8	28 550.0	29 304.4	−2.6
顺义区	101 565.8	101 797.8	−0.2	83 331.7	82 817.7	0.6
昌平区	12 640.2	13 917.2	−9.2	10 033.6	10 521.7	−4.6
大兴区	75 756.6	75 380.1	0.5	51 687.0	50 584.8	2.2
怀柔区	28 671.4	29 636.4	−3.3	7 650.4	7 822.0	−2.2
平谷区	40 394.5	39 350.6	2.7	29 851.5	28 787.1	3.7
密云县	68 363.8	70 334.7	−2.8	18 849.2	20 481.4	−8.0
延庆县	29 429.1	31 034.6	−5.2	10 249.9	10 920.7	−6.1

区 县	奶 类			#牛奶			鲜 蛋		
	2010	2009	2010年比2009年增长（%）	2010	2009	2010年比2009年增长（%）	2010	2009	2010年比2009年增长（%）
全 市	641 122	673 979	−4.9	640 937	673 846	−4.9	151 446	153 988	−1.7
朝阳区	18 809	18 006	4.5	18 809	18 007	4.5			
丰台区	4 186	5 064	−17.3	4 186	5 064	−17.3	1 616	1 527	5.8
海淀区	13 349	14 974	−10.9	13 349	14 974	−10.8	384	482	−20.4
门头沟区	1 152	2 011	−42.7	1 152	2 011	−42.7	452	468	−4.1
房山区	37 042	39 674	−6.6	37 042	39 674	−6.6	10 156	9 400	7.8
通州区	90 213	80 533	12.0	90 213	80 534	12.0	7 257	7 106	2.1
顺义区	51 288	54 100	−5.2	51 285	54 080	−5.2	16 426	15 158	8.3
昌平区	47 586	54 568	−12.8	47 586	54 565	−12.8	9 289	8 695	6.7
大兴区	162 500	176 066	−7.7	162 318	176 061	−7.8	21 476	22 017	−2.5
怀柔区	44 263	45 803	−3.4	44 263	45 803	−3.4	4 050	4 742	−15.3
平谷区	4 523	3 287	37.6	4 523	3 212	40.8	28 227	27 211	3.7
密云县	80 433	80 765	−0.4	80 433	80 736	−0.4	22 726	23 235	−2.2
延庆县	85 777	99 128	−13.5	85 777	99 128	−13.5	29 388	33 947	−13.4

农作物播种面积

单位：亩

区县	农作物播种面积			#粮食作物			#蔬菜面积		
	2010	2009	2010年比2009年增长（%）	2010	2009	2010年比2009年增长（%）	2010	2009	2010年比2009年增长（%）
全市	4 759 018	4 801 968	−0.9	3 351 980	3 394 295	−1.2	1 013 072	1 027 283	−1.4
朝阳区	19 002	30 108	−36.9	4 596	11 775	−61.0	12 653	15 748	−19.7
丰台区	22 393	24 988	−10.4	7 729	7 808	−1.0	8 799	10 594	−16.9
石景山									
海淀区	24 990	32 440	−23.0	11 496	14 750	−22.1	9 783	11 690	−16.3
门头沟区	52 275	55 953	−6.6	30 707	34 384	−10.7	3 848	3 788	1.6
房山区	550 427	551 294	−0.2	451 769	457 902	−1.3	73 066	70 323	3.9
通州区	805 091	832 039	−3.2	563 462	588 017	−4.2	217 099	217 037	0.0
顺义区	821 699	807 011	1.8	577 639	571 126	1.1	159 581	168 995	−5.6
昌平区	161 408	176 864	−8.7	104 744	124 627	−16.0	24 314	26 346	−7.7
大兴区	1 014 014	1 005 761	0.8	599 948	588 213	2.0	298 555	297 164	0.5
怀柔区	190 944	192 698	−0.9	157 925	159 648	−1.1	19 061	18 357	3.8
平谷区	287 698	284 661	1.1	201 470	197 795	1.9	79 065	79 615	−0.7
密云县	389 082	375 752	3.5	296 424	287 669	3.0	68 035	62 327	9.2
延庆县	419 995	432 399	−2.9	344 071	350 581	−1.9	39 213	45 299	−13.4

注：15亩=1公顷。

设施农业

指标名称	面积（亩）			销售收入（万元）		
	占地面积					
	2010	2009	增减（%）	2010	2009	增减（%）
合计	274 846	281 432	−2.3	407 236.5	339 094	20.1
一、温室	126 658	125 910	0.6	271 004.3	221 548.2	22.3
1. 蔬菜	102 519	101 743	0.8	198 188.6	167 222	18.5
2. 花卉				47 840.8	39 984.9	19.6
3. 瓜果类				18 010.9	8 569.1	110.2
4. 水果				2 988.7	3 746.7	−20.2
5. 其他				3 975.3	2 025.5	96.3
二、大棚	88 961	88 221	0.8	98 818.2	83 521.3	18.3
1. 蔬菜	56 283	53 913	4.4	61 846.4	49 685	24.5
2. 花卉				6 470.6	6 084.2	6.4
3. 瓜果类				28 040.3	26 199.4	7.0
4. 水果				587	259.8	125.9
5. 其他				1 873.9	1 292.9	44.9
三、中小棚	59 227	67 301	−12.0	37 414	34 024.5	10.0
1. 蔬菜	24 942	30 999	−19.5	18 053.1	17 865.4	1.1
2. 花卉				522.5	591.9	−11.7
3. 瓜果类				18 498.6	14 791.3	25.1
4. 水果				9.8		
5. 其他				330	775.9	−57.5

注：15亩=1公顷。

生猪生产

区　县	存栏（头）			出栏（头）		
	本年	上年	幅度（%）	本年	上年	幅度（%）
北京市	1 831 253	1 865 691	−1.8	3 119 293	3 140 363	−0.7
朝阳区						
丰台区	8 222	11 667	−29.5	14 552	14 615	−0.4
海淀区	21 321	22 610	−5.7	26 133	25 517	2.4
门头沟	5 031	6 166	−18.4	8 464	6 927	22.2
房山区	274 103	239 096	14.6	366 883	357 426	2.6
通州区	159 028	181 818	−12.5	310 433	331 949	−6.5
顺义区	584 840	578 171	1.2	939 711	949 352	−1.0
昌平区	73 022	82 941	−12.0	119 162	126 453	−5.8
大兴区	277 330	301 594	−8.0	596 038	591 559	0.8
怀柔区	56 871	60 773	−6.4	89 372	93 066	−4.0
平谷区	193 914	205 051	−5.4	344 592	335 750	2.6
密云县	121 743	127 050	−4.2	209 003	219 697	−4.9
延庆县	55 828	48 754	14.5	94 950	88 052	7.8

牛的生产

区　县	存栏（头）			出栏（头）		
	本年	上年	幅度（%）	本年	上年	幅度（%）
北京市	206 885	220 592	−6.2	110 850	116 925	−5.2
朝阳区	3 756	3 846	−2.3	7	7	0.0
丰台区	1 113	1 187	−6.2	128	93	37.6
海淀区	3 299	3 239	1.9	327	248	31.9
门头沟	626	641	−2.3	116	559	−79.2
房山区	13 471	12 646	6.5	7 820	10 033	−22.1
通州区	23 623	23 506	0.5	12 069	12 272	−1.7
顺义区	36 350	39 629	−8.3	41 777	40 426	3.3
昌平区	12 260	12 414	−1.2	1 920	2 517	−23.7
大兴区	37 837	43 738	−13.5	9 949	8 354	19.1
怀柔区	13 541	15 037	−9.9	3 195	2 970	7.6
平谷区	9 863	10 592	−6.9	10 789	10 823	−0.3
密云县	27 487	26 386	4.2	8 772	10 260	−14.5
延庆县	23 659	27 731	−14.7	13 981	18 363	−23.9

羊的生产

区　县	存栏（只）			出栏（只）		
	本年	上年	幅度（%）	本年	上年	幅度（%）
北京市	606 270	673 646	－10.0	864 430	867 281	－0.3
朝阳区	298	1 612	－81.5	1 915	3 767	－49.2
丰台区	2 151	2 435	－11.7	2 049	1 845	11.1
海淀区	2 132	2 541	－16.1	1 967	2 104	－6.5
门头沟	15 369	19 553	－21.4	11 149	7 866	41.7
房山区	122 038	139 278	－12.4	99 695	114 335	－12.8
通州区	67 795	68 193	－0.6	100 989	105 439	－4.2
顺义区	89 109	101 368	－12.1	181 634	159 324	14.0
昌平区	17 110	24 341	－29.7	30 571	29 449	3.8
大兴区	122 263	128 775	－5.1	198 457	200 266	－0.9
怀柔区	20 653	22 931	－9.9	19 139	18 680	2.5
平谷区	74 653	76 997	－3.0	103 773	102 966	0.8
密云县	60 911	66 851	－8.9	90 100	93 019	－3.1
延庆县	11 788	18 771	－37.2	22 992	28 221	－18.5

家禽生产

区　县	存栏（万只）			出栏（万只）		
	本年	上年	幅度（%）	本年	上年	幅度（%）
北京市	2 737.52	2 835.42	－3.5	11 779.74	12 355.01	－4.7
朝阳区						
丰台区	13.94	13.16	5.9	2.67	6.75	－60.4
海淀区	14.46	16.74	－13.6	44.36	73.99	－40.0
门头沟	39.8	48.95	－18.7	323.99	367.26	－11.8
房山区	278.38	356.58	－21.9	1 487.22	1 775.84	－16.3
通州区	146.94	138.66	6.0	812.86	768.95	5.7
顺义区	329.1	318.48	3.3	1 200.21	1 222.55	－1.8
昌平区	111.6	118.81	－6.1	137.90	228.28	－39.6
大兴区	309.02	294.42	5.0	1 446.06	1 453.56	－0.5
怀柔区	208.97	226.11	－7.6	1 322.59	1 361.86	－2.9
平谷区	348.53	343.38	1.5	711.92	680.24	4.7
密云县	536.58	544.19	－1.4	3 084.97	3 161.19	－2.4
延庆县	400.2	415.94	－3.8	1 204.99	1 254.54	－3.9

农业观光园

区 县	农业观光园个数（个）		从业人员（人）		接待人次（人次）		经营总收入（万元）	
	2010	2009	2010	2009	2010	2009	2010	2009
全 市	1 303	1 294	42 561	49 504	17 748 934	15 974 427	177 958.4	152 434.3
朝阳区	16	14	2 603	2 463	1 117 047	959 464	33 888.6	31 332.4
丰台区	10	11	806	877	1 146 306	836 220	2 014.6	1 953.6
石景山区	1	1	56	51	5 000	5 000	28	15
海淀区	71	69	1 354	3 048	375 862	563 028	5 359.5	5 892.9
门头沟区	48	45	1 133	1 199	391 368	302 510	4 441.5	3 200
房山区	102	101	2 887	3 295	1 856 785	1 306 441	15 714.1	13 406.2
通州区	46	32	1 471	2 062	614 543	524 663	7 837	8 920.3
顺义区	71	73	2 485	3 472	821 551	772 069	13 705.6	10 058.8
昌平区	198	207	5 531	6 354	1 257 934	1 175 564	24 335.9	18 291.8
大兴区	110	116	9 715	10 788	2 287 685	2 257 951	17 434	14 988.4
怀柔区	234	233	2 543	2 621	1 912 315	1 940 982	13 901.6	12 921
平谷区	209	205	8 094	9 131	3 125 925	2 669 356	17 676.7	15 708.6
密云县	152	157	2 717	2 960	2 434 421	2 381 447	18 287.8	13 226.2
延庆县	35	30	1 166	1 183	402 192	279 732	3 333.5	2 519.1

民俗旅游

区 县	民俗旅游接待户数（户）		从业人员（人）		民俗旅游接待人次(人次)		民俗旅游总收入（万元）	
	2010	2009	2010	2009	2010	2009	2010	2009
全 市	7 979	8 705	16 856	19 790	15 535 783	13 931 183	73 471.6	60 895.4
朝阳区	10	30	30	30	1 344	1 056	9.9	8.2
丰台区								
石景山区								
海淀区	26	43	31	79	40 136	68 547	227.8	277.6
门头沟区	504	551	1 029	1 120	617 918	570 521	3 447.2	2 899.2
房山区	1 314	1 355	1 927	2 541	1 945 567	1 487 959	11 059.3	6 733.5
通州区	76	61	124	69	25 740	4 000	420.7	5
顺义区	28	31	46	49	24 825	19 285	74.7	73.2
昌平区	365	465	1 315	1 552	1 385 927	1 052 121	5 913.2	4 761.1
大兴区	164	224	763	743	362 702	368 220	1 235	1 522.9
怀柔区	1 476	1 719	2 430	2 769	2 187 359	1 873 756	12 348	12 292.2
平谷区	2 162	2 095	4 706	5 998	3 208 253	3 497 009	14 479	12 270.8
密云县	1 212	1 271	2 457	2 666	2 854 304	2 575 096	12 478.1	11 180.3
延庆县	642	860	1 998	2 174	2 881 708	2 413 613	11 778.7	8 871.4

地方财政收入

单位：万元

区　县	地方财政收入			#地方一般预算收入		
	2010	2009	增长速度（%）	2010	2009	增长速度（%）
朝阳区	23 426 727	1 906 567	22.9	2 313 388	1 883 143	22.8
丰台区	472 831	398 049	18.8	456 362	391 719	16.5
石景山区	190 679	191 608	5.0	188 541	179 832	4.8
海淀区	1 909 391	1 648 042	15.9	1 882 756	1 622 426	16.0
房山区	1 685 783	527 241	219.7	281 573	233 367	20.7
通州区	1 746 727	660 860	164.3	316 524	260 607	21.5
顺义区	1 457 031	852 298	71.0	584 356	481 208	21.4
昌平区	1 402 811	519 579	170.0	355 920	316 138	12.6
大兴区	2 596 455	84 589	206.3	301 382	230 857	30.5
门头沟区	253 058	140 997	79.5	106 754	92 666	15.2
怀柔区	233 921	202 704	15.4	182 440	164 675	10.8
平台区	401 382	136 525	194.0	136 489	122 765	11.2
密云县	240 237	149 120	61.1	155 819	129 269	20.5
延庆县	99 159	69 624	42.4	71 000	63 500	11.8

注：分区县财政收入为区县级财政收入。

资料来源：北京市财政局。

郊区（县）人民生活

单位：元

	城镇居民人均可支配收入	农村居民人均纯收入	城镇居民人均生活消费支出	农村居民人均生活消费支出
全市	29 073	13 262	19 934	10 109
城市功能拓展区	30 509	16 973	21 017	14 150
朝阳区	30 134	18 331	22 406	15 224
丰台区	27 081	14 544	18 207	12 089
海淀区	33 351	17 661	21 597	14 891
城市发展新区	24 352	12 574	15 915	9 703
房山区	23 769	12 492	15 870	8 915
通州区	24 427	12 613	16 046	9 840
顺义区	24 825	12 898	14 257	8 639
昌平区	24 428	12 548	17 123	11 379
大兴区	24 368	12 335	15 805	9 806
生态涵养发展区	23 994	12 024	15 711	8 251
门头沟区	25 313	12 672	17 617	8 632
怀柔区	23 428	12 256	15 137	9 106
平谷区	23 606	12 036	14 895	8 348
密云区	23 438	11 858	15 628	8 860
延庆区	23 329	11 531	13 467	6 754

图书在版编目（CIP）数据

北京农村年鉴.2011/《北京农村年鉴》编委会编.—北京：中国农业出版社，2011.11
ISBN 978-7-109-16189-4

Ⅰ.①北… Ⅱ.①北… Ⅲ.①农村经济—北京市—2011—年鉴 Ⅳ.①F327.1-66

中国版本图书馆CIP数据核字（2011）第212474号

中国农业出版社出版
（北京市朝阳区农展馆北路2号）
（邮政编码 100125）
责任编辑 姚 红

北京通州皇家印刷厂印刷 新华书店北京发行所发行
2011年12月第1版 2011年12月北京第1次印刷

开本：787mm×1092mm 1/16 印张：26 插页：18
字数：977千字 印数：1～1 800册
定价：200.00元